大日本帝国憲法制定史

明治神宮 編

明治天皇御製

ことにふれて

さまざまにうつる世の

おもしをいにしへの道の

聖の君のみこゝ思なりけり

侍従長入江相政謹書

明治天皇御製

をりにふれたる

さだめたる
國のおきては
　いにしへの
聖のきみの
み聲なりけり

侍従長　入江相政謹書

この御製は明治四十三年、
明治天皇ご晩年のご述懐である。

『大日本帝国憲法制定史』復刊に際して

本年は、日本国が国家百年の大計を期し「明治」と改元してより百五十年の節目に当たる。百五十年前の明治元年、我が国は、明治天皇を中心に先人たちが挙国一致、近代国家を目指して出発点とした。そして同年三月（慶応四年・九月立年改元により明治となる）、その精神的中核として発布されたのが「五箇条の御誓文」である。我が国の近代は、明治の初年、明治天皇御自ら、諸臣とともに国の礎として、御誓文を天神地祇に誓はれたことから始まったのである。

そして御誓文の第一「広く会議を興し万機公論に決すべし」の一文は、国史を回顧し、新しい時代に多くの英知を寄せて新生日本の歩むべき道を求めた象徴的な条文であり、その後の民権運動、更には大日本帝国憲法制定の論拠となったと言っても過言ではない。また昭和二十一年、戦後の国難の中で、年頭に発布された「新日本建設ニ関スル詔書」の起草に際しても、昭和天皇御自身「今後の国家の進路を示す観点から詔書案中に五箇条の御誓文の趣旨を挿入するよう御希望になる」と『昭和天皇実録』には銘記されてゐる。昭和天皇をはじめとする数多、明治生まれの国民にとって、戦後の復興を支へた原動力、その理念として「五箇条の御誓文」の精神は存在したのである。

かうした流れの中で、今から五十年前の昭和四十三年、明治百年を契機に神社界では、その歴史を顧みて多くの顕彰活動や関連書籍の刊行などを推進した。しかしながら、先人の思ひはどれ程、今日まで継承されてゐるのか。このことを省みた時、残念ではあるが神社界と雖もその精神を知らうとする者も限られ、忘失されつつあるのではないかと慙愧、危惧の念がよぎる。そこで今般、絶版となってゐた『大日本帝国憲法制定史』の復刊を通して、あらためて明治の精神に学び、先人たちの気魄に触れる一助とすべく本書を企図した。

御高承の通り、明治二十二年に発布された「大日本帝国憲法」は、同時に制定された「皇室典範」と共に、当時、欧米による亜細亜植民地支配から日本を近代法制により統治された独立した国家であることを内外に力強く表明した国史上の精華でもある。そして『大日本帝国憲法制定史』には、時代背景を検証しながら、先人たちが日本の伝統を深く勘案し、山積する難問を踏破しつつ討議と熟慮を重ねて編纂された事実と心情が語られてゐる。

『大日本帝国憲法制定史』の編纂は、昭和五十二年、明治神宮内に設置された「大日本帝国憲法制定史調査会」（会長・伊達巽明治神宮宮司）にて企画され、大石義雄京都大学名誉教授を編集委員長に、原案を神社新報社葦津珍彦社友が執筆、編集した書籍である。また今回の復刊に際しては、本書をより理解して戴くために、葦津珍彦著『明治憲法の制定史話』を別冊附録とした。ここに読者各位に於かれては、近代国家の基盤を培った先人達の偉業を顕彰し、現在直面する多くの課題に対処する叡智を本書から見出して戴きたい。

末尾に、本書の復刊を御承諾戴いた編者である明治神宮、発行元の産経新聞社、並びに発売元の扶桑社に深甚より感謝の意を申し述べ序とさせて戴く。

平成三十年二月十一日

神社新報社代表取締役社長　高山　亨

序

大正九年十一月、明治天皇の御偉徳を敬仰追慕しまつる国民の熱誠によって、明治神宮が鎮座ましましてから、明年は早くも満六十年を迎へます。

御祭神明治天皇、昭憲皇太后の宏大無辺の御聖徳と御偉業は、今更ここに申すまでもありませんが、戦後三十有余年、経済繁栄の中に精神の空白が憂慮される今日、尚広く盛徳鴻業を明らかにすると共に、これを宣揚し、以って社会教化の実をあげることは、明治神宮の重要な使命であります。

さきに明治神宮では、鎮座四十年祭を機とし、明治天皇御集、昭憲皇太后御集を編纂出版し、つづいて明治維新百年祭の記念事業として、明治天皇詔勅謹解を刊行しましたが、今回更に鎮座六十年祭を前にして、大日本帝国憲法制定史を編纂発行する所以も亦、この趣旨に基づくものであります。

かくて昭和五十二年七月、明治神宮に大日本帝国憲法制定史調査会を設置して以来、大石義雄委員長のもと、先づ編纂方針を協議決定し、原案の執筆は葦津珍彦委員が担当され、同委員は委員長以下各専門委員と連絡を保ちつつ、心血を注いで執筆を進められました。この原案に基づいて数度に及ぶ委員会及び専門委員会が開かれ、諸先生には、それぞれ専門の立場から忌憚のない意見を吐露せられ、細部にわたるまで慎重審議、討論検討の結果、漸く本文の決定を見たのであります。

申すまでもなく大日本帝国憲法は、わが国固有の国体を近代の法制によって体系化したものであり、又それは明治維新の大業の法的総括の意味をもつものであります。即ち明治二十一年五月、天皇は皇室典範草案審議につき第一回枢密院会議に出御し給ひ、「惟フニ立憲ノ大事ハ朕カ祖宗ニ對スルノ重責ニシテ」と仰せられ、伊藤議長が「謹テ惟フニ此事タル本邦開國以來空前絶後ノ偉業ニ係リ」と奉答し、君民一体、誠実を竭して制定されたところであります。本書の出版によって、所謂明治憲法の真の精神が明らかになると共に、日本の国体の本義が闡明され、将来わが国の憲法問題を考へる上に、稗益するところ甚大なるものがあることを信じて疑ひません。同時に又、さきの御祭神の御集、詔勅謹解と相まって、御聖徳宣揚の原典が、三部作として完成の運びとなりましたことは、誠に欣快に堪へないところであります。

ここに大石委員長はじめ委員、専門委員の諸先生の絶大なる御尽力に対し、衷心より敬意と感謝の意を表すると共に、事務局その他関係各位の労を多とし、序といたします。

昭和五十四年三月吉日

明治神宮宮司　伊　達　巽

凡例

一、本書本文の仮名は歴史的仮名遣ひに依り、また漢字は、人名を除くほかは原則として当用漢字を用ひた。

二、引用文の仮名遣ひ及び漢字は、それぞれ引用書にしたがった。

三、引用文原文中の合字は、「ヿ」はコト、「𪜀」はトキ、「𪜈」はトモ、ドモ、「𬼂」はシテ、「ゟ」はヨリ、のやうにそれぞれ書き替へた。

四、本文、引用文とも、若い世代の読者の便利を考へて、漢字には最小限の振仮名を付したが、そのうち字音仮名遣ひは表音式に依った。

五、本書の執筆及び編修に当たった大日本帝国憲法制定史調査会の構成員は左の通りである。

会長	伊達　巽	明治神宮宮司	
副会長	高澤信一郎	同	権宮司
同	福島　信義	同	同
同事務担当	副島　廣之	同	同

委員長　大石　義雄　京都大学名誉教授　法学博士

（以下五十音順）

委　員　葦津　珍彦　神社新報社社友

同　飯沼　一省　明治神宮総代　元神祇院副総裁

同　安岡　正篤　全国師友協会会長

専門委員　小森　義峯　京都産業大学教授　法学博士

同　西田　廣義　神社新報編輯長

同　村尾　次郎　大倉精神文化研究所研究主任　文学博士

同　宮田　豊　京都産業大学教授　法学博士

幹　事　渡辺　武平　明治神宮権禰宜　教学部長

同　秋永　勝彦　同　教学部普及課長

書　記　松井　葵之　同

同　長倉　樹　同

目　次

皇室典範制定史

デザイン　I・D・G

大日本帝国憲法制定史

第一章　前史―明治維新の思想

一、憲法学者の維新史評価

大日本帝国憲法は、明治維新の歴史の法的総括として制定されたアジアで初めての近代憲法である。この憲法が日本古来の国体にもとづき「皇祖皇宗ノ後裔《コウエイ》ニ貽《ノコ》シタマヘル統治ノ洪範ヲ紹述」して立法されたものであることは、その憲法の告文にも述べられたところであるが、その憲法が明治の時代、十九世紀の後半に至って初めて出現したといふことを知るためには、少なくともその時代的歴史的背景を一瞥する必要がある。それには日本の国史、とくに明治維新の思想史を明らかにしなければならない。

明治維新は、悠久な日本の歴史のなかでも日本国民にとってもっとも輝かしい過去の記録であるばかりでなく、日本国民が将来へと前進し発展して行くための英知と勇気の精神的源泉としても永く銘記さるべき事件なのである。この明治維新史こそが憲法制定の前史となることは、帝国憲法研究の先学が、ほとんど共通して力説してゐるところである。この明治維新の基礎前提を無視して、ただその制定直前の起案事情のみを見る者には、この憲法がただの外国からの継受法であるかのやうに見えて、その根の深さがわからない（註1）。

この憲法の前史たる明治維新思想と憲法との関連については、往年の憲法学者は必ず一通りの解明をしたものであるが、(註2) ここではそのなかから、佐々木惣一著『日本憲法要論』(昭和五年発行)の一節を引用することにする。同著にいふ。

……衆議ニ依テ政治ヲ決スルヲ要スト云フノ思想ハ封建制度ノ末期ニ於テ既ニ其ノ萌芽《ホウガ》ヲ見タリ。其ノ以前ニ於テモ政治ニ付テ衆議ニ聽クノ風ハ歴代ノ天皇ノ寧ロ方針トシタマヒタル所ナリ。然レドモ是レ唯偏《ヒトヘ》ニ天皇ガ君主道トシテ行ハレタルニ止マリ、社會ニ於テ制度トシテ之ヲ要求スルノ思想存シタルニ非ザルナリ。然ルニ徳川氏ノ幕政三百年ノ久シキニ亙《ワタ》リ人心聊《イササ》カ不滿ヲ懷《イダ》カントスルニ際シ、外國トノ交渉漸ク繁クアメリカ船ノ來テ通商ノ要求ヲ提出スルアリ。幕府其ノ處置ニ苦ミ、從來政治ヲ獨斷ニ決シタルノ態度ヲ改メ、天下ノ諸侯ヲシテ忌《キ》憚《タン》ナク之ニ關スル意見ヲ提出セシムルコトトセリ。是レ政治ヲ衆議ニ依テ決スルヲ要ストスル思想ノ萌芽トス。然レバ衆議要求ノ思想ノ起因ハ徳川幕府ガ專制主義ヲ以テシテハ國家ノ政治ヲ行フコト能ハズト自覺シタルコトニ在リ。

爾來《ジライ》海内各地ニ國政ヲ議スル者續出シ、之《コレ》ト關連シテ政體ノ根本ノ論盛トナリ、遂ニ王政復古ノ主張ヲ生ズルニ至レリ。且王政復古論者ノ間ニハ王政復古ヲ爲スト共ニ國政ヲ衆議ニ依テ決スルノ原則ヲ立ツベシトスルノ主張行ハレタリ。王政復古ナルコトト衆議ニ依テ國政ヲ行フコトトハ、理論上ハ固《モト》ヨリ別個ノ事ナリ。而モ實際ノ運動ニ於テハ兩者結合シテ主張セラレタリ。史家ノ研究スル所ニ依レバ幕臣中夙《ツト》ニ之ヲ主張シタル者アリト云フ。大ニ注目スベシ。然レドモ其ノ主張者ノ多ク諸藩ノ人士ナリシコトハ固ヨリ當然トス。此等王政復古論者ハ衆議ニ依ル政治ヲ要求シ、且一種ノ議會制度ニ關スル具體的ノ考案ヲ示セリ。蓋《ケダ》シ當時既ニ西洋立憲國ノ政體ヲ紹介セル書物アリ、之ニ依テ當時ノ政治家ハ漠然ナガラ其ノ事情ヲ知リ、之ヲ王政復古ノ運動ト結合セシメタルモノノ如シ。就中《ナカンヅク》主タルモノヲ福澤諭吉氏ノ「西洋事情」トス。斯《カ》クテ王政復古ノ大勢漸ク定マリ明治天皇ノ御宇、慶應三年十月十四日將軍德川慶喜氏上奏シテ政權奉還ヲ請フニ當リ、文中「政權ヲ朝廷ニ奉還シ廣ク天下ノ公議ヲ盡シテ陛下ノ聖斷ヲ仰ギ同心協力共ニ皇國ヲ保護」スルノ要ヲ說クノ言アリ。是レ明ニ大政奉還ノコトト衆議ニ依ルコトトヲ結合シタルモノトス。翌十五日天皇詔シテ大政奉還ノ請ヲ許シタマフ。十二月九日ニ至リ所《イハ》謂《ユル》王政維新ノ號令發セラレ、中、「假ニ總裁、議定、參與ノ三職ヲ置キ萬機被爲親裁諸事神武創業ノ始ニ原ヅキ縉紳武辨堂上地下ノ別ナク至當ノ公議ヲ竭《ツク》シ天下ト休戚ヲ同ク可被遊叡慮《エイリヨ》」ヲ示サル。是レ又王政復古ト衆議ニ依ルコトトヲ結合シタルモノトス。次デ貢士ノ制ヲ設ケ、各藩每ニ藩主ヲシテ一人乃至《ナイシ》三人ヲ選出セシム。貢士ヲ以テ下ノ議事所ヲ組織シ國政ヲ議セシメ、以テ輿論《ヨロン》公議ヲ執ルヲ旨トセリ。下ノ議事所ニ對スル上ノ議事所ニ就テハ官制明ナラズ。天皇、皇族、公卿、諸侯ノ會議ヲ上ノ議事所ト云ヒタルガ如シ。

後明治元年三月十四日、天皇紫宸殿ニ出御シ、群臣ヲ率《ヒキ》ヒ、天地神明ニ誓ヒ、五ケ條ノ國是ヲ示シタマフ。曰ク、

一　廣ク會議ヲ興シ萬機公論ニ決スヘシ
一　上下心ヲ一ニシテ盛ニ經綸《ケイリン》ヲ行フヘシ
一　官武一途庶民ニ至ル迄《マデ》各其志ヲ遂ケ人心ヲシテ倦《ウ》マサラシメンコトヲ要ス
一　舊來ノ陋習《ロウシユウ》ヲ破リ天地ノ公道ニ基クヘシ
一　智識ヲ世界ニ求メ大ニ皇基ヲ振起スヘシ

ト。之ヲ五ケ條ノ御誓文ト稱ス。之ト同時ニ、群臣ニ對シテ「我國未曾有《ミゾウ》ノ變革ヲ爲サント欲シ朕躬《ミ》ヲ以テ衆ニ先ンシ天地神明ニ誓ヒ大ニ斯國是ヲ定メ萬民保全ノ道ヲ立テントス衆亦此旨趣ニ基キ協心努力セヨ」ト勅シタマフ。同日又宸翰《シンカン》ヲ宣布シ、國民ニ向テ「私見ヲ去リ公議ヲ採リ」テ大政ヲ翼贊シ奉ルベキ責務ヲ示サル。王政維新ノ國是茲《ココ》ニ定マレリ。

これは、明治維新の思想史が帝国憲法の基礎となった史的関連を、極めて簡潔に要約したものといひ得る。ここで佐々木惣一がとくに力説してゐるのは、「衆議ニ依テ政治ヲ決スル」との思想が、維新の歴史の事実のなかから生じて来たといふことである。

この著書が刊行されたのは、帝国憲法が微動もしないかのやうな権威を感じさせた時代なので、国民は、憲法において天皇が「統治権の總攬者《そうらんしや》」たる地位を占められることは、日本の国においては自然当然の道理として、格別に説明することを要しないと思ってゐた時代であった。けれども今日においては、当時とくらべてかなりに一般の社会意識も変って来てゐる。そこで、維新史が帝国憲法の精神的前史として有する意味を説明するためには、ただそれが衆議公論の政治思想の源流となったことばかりでなく、天皇を統治権の総攬者と認識する統一国家の思想が、維新史の過程においてとくに高揚された事情をも加へて説明するのがいいかと思ふ。

けだし帝国憲法の骨格をなすものは、天皇を統治権の総攬者として、国民の公議公論によって万機の国政を決し、世界列国のなかに相伍して国の光栄ある独立を守ることを目標とすることであるからである。そのやうな意味もふくんで、いささか重複の嫌ひもあるが、維新思想史のあらましについて述べたいと思ふ。

二、幕末国際情勢の急迫

徳川時代二百有余年の間、日本は、長い対外鎖国の政策を固く守って来た。それ以前の日本は、海外にも意外なほどに進出して、インドのゴアからインドネシアのジャカルタあたりを前線として至るところで日本人の経済活動が繁栄し、活潑な国際活動をしてゐた。日本の商品は、アジアはもとよりヨーロッパの諸国にまでも少なからぬ進出をしめした。しかし、徳川幕府が列国の宗教的軍事的侵略政策を極度におそれ、きびしい鎖国政策をとっていらい、国際交流は途絶えてしまった。ただ長崎でオランダ人と清国人とに対してのみ制限貿易を許してゐて、日本国内でも洋学の研究には制約があり自由な研究が許されなかったので、日本人は、国際情勢については、この長崎のオランダ人、清国人を通じての風説書程度以上の情報知識をうることはできなかった。

ところが、この間にヨーロッパ、アメリカでは産業革命が成功して、その経済的生産力も軍事科学の力も格段に大きく強められて、そのアジアへの進出の政策もいちじるしく積極的となった。オランダは既に古くからインドネシアを拠点として活動をつづけてゐたし、フランスはインドでの英国との争覇戦では敗れたものの、一歩前進してインドシナ（越南）を侵略、また英国は、インドを征服した後にシンガポールを経て清国大陸に進んで来た。

その時代のヨーロッパ人は、後進的なアジアの大地を征服してこれを植民地とし、アジア人を奴隷化するのを文明史の必然の法則であると信じてゐた。教会のキリスト者でも、利をもとめてやまない経済人でも、革命家のカール・マルクスのやうな思想家でも、アジアがヨーロッパの征服下におちるのは歴史の必然だと考へてゐた時代である。英国、フランス、それに新興のドイツをはじめ列強が相競って、アジアへの遠征に殺到した。これと同時に、新興共和国アメリカもまた、茫々たる太平洋を越えてアジアでの国際的争覇戦に参加するに至った。

このヨーロッパやアメリカのアジア征服に対しては、アジアの至るところで当然に抵抗（日本流にいへば攘夷）の思想が生じ、先覚者たちがそのために必死の努力をしたけれども、日本以外はどこでも例外なく敗残の悲史を残すにとどまった。それは、アジアがその経済力において、また軍事力において、西欧に劣ってゐたといふことも大きな理由であるが、それのみではなかった。

アジアの前近代的な社会には、どこでも身分的階級的な条件や地域的種族的な条件での社会対立と分裂の壁がいちじるしく、人民を一国民として統一するだけの強い社会意識の核がなく、その抵抗攘夷の思想をもつ社会勢力を統合させるナショナリズムを形成させることができなかったからである。今日では多くの民族国家が植民地から解放され、それぞれに歴史を研究し回想して、その民族の英知ある先覚的なナショナリストを誇りとしてゐる。そして、たしかにアジアの諸民族には、それぞれに少なからぬ英雄的天才的な先駆者がゐた。しかしどこでも、そのナショナリストの先駆者たちは、民族を統合させることができないで、白人の「分割して統治せよ」との植民地征服の剣の前に非命の敗北をまぬがれなかった。

ただアジアの諸民族のなかで、日本のみがその例外として光栄ある独立を守りえた。日本では、前に述べたやうに長崎の小さな窓を通じてではあったが外国の事情がわかってをり、憂国先覚者のなかには、はやくから国防護国の先覚的思想家が現はれた。とくに清国がアヘン戦争で英国に敗北し、亡国に瀕してゐるとの情報が伝はると、非常なショックを感じた。

日本人のそのころの文化教養の主流は、漢学であった。鎖国以後も清国人は長崎に来たが、日本人で清国へ渡航する者はほとんどなかった。しかし日本の知識人は、漢学を通じて、清国の地理、歴史にも今の日本人以上によく通じてゐた。

清国は、日本人にとっては、伝統的文明を有する東洋の大帝国であった。その老大帝国が無法な挑戦をうけて、もろくも英国の遠征部隊のために屈辱的敗北を喫することをまぬがれなかった。これは必ずや明日の日本の存亡を決する重大事を予告するものと思はれた。そして有識者の間に数多くの抵抗攘夷の憂国者が現はれた。この「攘夷」の思想は、どこの国にあっても民族の存亡に際して自然に生まれて来る思想であるが、その思想が日本ではすべて「尊皇」の思想と結びついていった。

日本には、ほかの民族とちがって、あらゆる地域的身分的階級的な対立の鉄壁を越えて、全民族を一つの国民として自覚させうる精神文明の根づよい温床があった。それが「尊皇」といふ意識であった。攘夷の思想者たちは、列強の暴圧に対抗するための民族的統一結集の核として「天皇」に思ひいたり、その日本的文明の本質を再確認するとともに、この文明の高揚こそが日本人としての最高の問題なのだと思ふやうになった。

日本的文明の精神伝統は古く、国史を通じて連綿とつづいてゐるが、徳川時代になると、学問の興隆とともに国史研究を重んずる古学が深くひろく学ばれて、尊皇の精神が一つの大きな潮流となった。漢学の系列においても、とくに水戸学の『大日本史』の編纂《へんさん》を中心として、尊皇精神に立つ大義名分の思想がひろく全国の有志者に影響を及ぼし、頼山陽の『日本外史』などの尊皇的文学は前例のないベストセラーとなった。このやうな思想的風潮と、祖国の危機を克服しようとする抵抗攘夷の思想とが影響しあって、この時代には、尊皇攘夷の思想が一世を風靡《ふうび》するにいたった。

この当時の志士的活動家や思想家、学者の文書を見ると、尊皇と攘夷の二つの思想が相互影響の関連をもって激しく燃えあがり、また深められていったものが数限りなく多い。その数多い文書のなかから、ここではその一例として、長州の吉田松陰の「丙辰幽室文稿」の文章の一節を引用する。

天朝を憂へ、因つて遂に夷狄《いてき》を憤る者あり、夷狄を憤り因つて遂に天朝を憂ふる者あり。余幼にして家學を奉じ、兵法を講じ、夷狄は國患にして憤らざるべからざるを知れり。爾後偏《あまね》く夷狄の横なる所以《ゆゑん》を考へ、國家の衰へし所以を知り、遂に天朝の深憂、一朝一夕の故に非ざるを知れり。然れども其の孰《いづ》れか本、孰れか末なるは、未だ自ら信ずる能はざりき。向《さき》に八月の間、一友に啓發せられて、矍然《かくぜん》として始めて悟れり。従前天朝を憂へしは、並《みな》夷狄に憤をなして見を起せり。本末既に錯《あやま》れり。眞に天朝を憂ふるに非ざりしなり（大和書房刊『吉田松陰全集』）。

との深い自己内省の文を書いてゐる。これは兵学の家を継いだ松陰が、攘夷思想の門から入って尊皇の本たることを知ったとの文であるが、論理的には末とはいひながらも、攘夷の緊迫感からたどりついた尊皇思想には、それだけにまた深くして熱烈なものがあったともいひうるであらう。

三、徳川幕府祖法の旧典を変更す

これは、ただ独り吉田松陰のみの思想なのではなく、松陰と同時代または以後の尊皇攘夷の思想家に相共通したものである。日本の直面した国際的危機を克服するのには国民精神の統合者たる天朝の力によらねばならないとは、吉田松陰のやうな先進的志士ばかりでなく当時の一般国民の良識であり、徳川幕閣の重臣すらもがみとめたところであった。幕府は、弘化元年（一八四四年）にオランダ国王から、列強の対日政策の情況についての詳しい親書をうけて憂念を深くしてゐたが、やがて外政については頻々と京都の天朝（孝明天皇）に奉告し、その御力を大きく期待することとなった。この朝幕交渉は、弘化三年（一八四六年）八月二十九日の海防強化・沿岸防備についての勅諭に対して、幕府が十月三日、所司代酒井若狭守忠義から請書《うけしよ》を上《たてまつ》り、同時に米英仏三国船渡来の顚末《てんまつ》を奏上したのにはじまる。

それからやや年を経て、提督ペルリの率ゐる米艦隊が来航し強硬に開国通商条約の締結を迫るに及んで、今度は幕府の方から進んで上奏して、幕政への支援を願ひ出るにいたった。それと同時に幕府は、天下の諸侯に対しても、外交政策について忌憚なく意見を申し出るやうにとの諮問を発した。これは理論的にいへば、徳川幕府の独断裁決の政治的大原則をみづから破ったもので、天皇の統治大権を復活させ、幕府独裁の政治から諸侯会議政治への移行の端を開いたものとして、維新史上もっとも注目される重大事であった。

嘉永六年六月、ペルリが浦賀に来て強硬な談判を開始したとき、幕府はこれまでの原則を棄てて、諸大名に米国の国書をしめして対外政策についての意見を申し出ることを求めた。また六月十五日、京都所司代脇坂淡路守安宅に命じて外交事情を朝廷に奏聞した。幕府としては、この非常重大の危局に臨んで、全国民の精神的統合者たる天朝のもとに全天下の意思を統一してかからねばならない、と思ったのである。この前例のない措置をとった阿部正弘の英断は正当であったといふべきであらう。しかし幕府の権勢を維持するといふ点から見れば、これこそまさに権勢失墜の道を開いたものとして、徳川家史家の批評をまぬがれない大きな転換であったといふことになる。有名な『幕府衰亡論』の著者・福地源一郎（幕府系洋学者で、明治時代の名ジャーナリスト）はいふ。

凡《およ》そ徳川幕府の政治は將軍專裁の政治なり、上は天子と雖とも下は諸大名と雖とも決して干渉を許さゞるの政治なり、徳川氏は朝廷に對しては盡すべきの尊敬を盡して臣節を全くするを旨としたれども、政治に於ては其内治たると外交たるとを問はず、都《すべ》て將軍の專斷を以て取行ひ、若《も》し朝廷より彼是《かれこれ》と仰下さるゝ旨もあらば、政治の事には京都の御口出しは御無用なりと拒絶し、剰《あまつ》さへ是に關係の公卿堂上を嚴に譴責《けんせき》して罰したるは其例少なからざりき、然るを亞米利加軍艦が浦賀に渡來したりとて何故に所司代より其事を朝廷へ奏聞したりし乎《か》、第一幕府の例式に背き將軍家の御趣意に戻《もと》りたる處置なりと言ふべし、史を按ずれば、嘉永六年六月三日亞國軍艦浦賀渡來、同き八日諸役人浦賀へ出張、同き九日諸向へ閣老より達して云く、異國船萬一江戸内海へ乘入候注進次第、早半鐘の相圖を以て、早々火事具着用登城又は各持場々々へ急速相詰らるべし。同日異國船渡來の事京都所司代へ被仰遣、同く十三日脇坂淡路守より轉奏へ申達し、兩卿より叡聞《えいぶん》に達し候處、宸襟《しんきん》安からず思召され同十五日七社七寺へ御祈願の勅諚《ちよくじよう》ある、卽ち伊勢太神宮の神職共へ御教書を賜はる、其文中には夷船近來屢々《しばしば》寄近海叡念甚不安偏在仰神明之冥助速退攘夷類莫拘國體の語あり、是ぞ卽ち徳川幕府衰亡の源因たる攘夷の初發にして、現に攘夷の字が政治界の實際問題に出現したるは此に初まるものなり。……然るを此度に限り所司代より轉奏へ申達し奏聞に及はせたるは何ぞや、抑《そもそ》も誰か之を上奏せしめたる乎、當時閣老の筆頭たりし阿部伊勢守正弘が、取計《とりはからひ》なる乎、阿部と雖もまさかに斯る幕府の典例に背きたる事はなさゞりしならん、果して然らば水戸殿の意たりし乎、將《は》た將軍家の思召なりし乎、此二つの外には非ざりしならん。余が聞く所に據れば、將軍家慶公には原來尊王の志に篤き御方にておはしければ、亞國軍艦渡來唯今にも戰爭相始まるべき騷動に付き、京都の事も心許なし、兎も角も早く此事を知らせ奉れと仰出され、水戸殿にも此儀尤《もっと》も然るべしとの御同意ありて、然らば直様《すぐさま》所司代へ急使を發せよと閣老に命ありし事なりとは云へり、蓋《けだ》し或は然らん、勿論この奏聞は攘夷の發端となり、京都が徳川氏の内治外交に干渉せらるゝの端緒と相成りて、衰亡の禍源を開くべしとは、將軍家も水戸殿も諸役人も思ひ及はざりし所なりき（福地源一郎著『幕府衰亡論』民友社版）。

また『徳川慶喜公伝』（東洋文庫版1）には次のやうに記されてゐる。

斯くて伊勢守は烈公を延きて後援となし、以て内外紛雜の局に當らんとす、七月朔日諸大名を登城せしめ、亞米利加書翰の和解《わげ》二册を頒《わか》ち、通商の許否は國家の一大事なれば、利害得失を熟慮し、忌諱《きい》を憚《はばか》らず言上すべき旨を命ず（大日本古文書）。凡そ幕府が大政に關して諸大名に諮詢することは、前例なき所なれども、今や外交の事擧國の休戚に關し、且其處置につきては諸大名の協力に須《ま》つべきもの多きが故に、格を破りて諸大名の意見を徵したるは、已むを得ざるに出でたる事ながら、遂に彼等をして、幕府に容喙《ようかい》せしむる端を開きしは、亦以て時勢の推移といふべし。

幕府は諸侯のみならず一般の意見をも徴した。諸侯以下浪人町人にいたるまで、外交策について建議する者すこぶる多く、その意見書の現在保存されてゐるものだけでも八百余通に達する。たしかに「幕府の権力」保持といふ一点から見れば、ここで天朝の権威を高め、全国諸侯および一般人民の政治についての発言権を幕府みづからがみとめたといふことは、政術として得策ではなかったかもしれない。しかし会議政治の端を開き、精神的権威の源泉たる天朝のもとに、日本国の統一を固めようとしたことは、ほかのアジア諸国とちがって、日本の独立を守るための政治の大道を開いたものとして大いに高く評価さるべきものであらう。

事実、封建的で統一力の弱い当時の幕府では、全国の力を結集して難局にあたることはできなかった。ペルリの次にハリスが下田に来て条約の締結を迫った時にも、幕府は京都の天朝の勅許を待たねばならないと主張した。この時に幕府の使節井上信濃守と会談交渉したハリスの『日本滞在記』の記録は注目していい。信濃守によれば、日本の十八の雄藩のなかで真に幕府の外交政策を支持してゐるのは、わづかに四藩である。中小の諸藩でも、幕府の外交策の支持者は三割程度で、七割の多数派が反対なのである。しかし幕府は、米国との条約を結ぶ決心をしてゐるのである。それには京都の勅許を要する。幕府が勅許を得さへすれば、この絶対多数派の諸藩も沈黙してしまって不服を固執しえない事情にある。ぜひ勅許の出るまで待ってくれ、といってゐる。ハリスは、その話を半信半疑で聞いたやうであるが、それが事実であった。この時に、つひに勅許を得ないで条約に調印した井伊大老は、その強引な鉄血政治にも拘らず諸大藩の支持をまったく失って、桜田門外で襲殺《しゆうさつ》されたのみでなく、井伊大老系列の幕府専断派はすべて一掃されてしまふことになった。

京都の天朝は、たしかに武門幕府の時代には、経済的には十余万石程度の中級大名のやうな貧弱な存在で、その世俗政治上の地位はまったく有名無実であるかに見えた。しかし民族の精神文化の上では、征夷大将軍の及びもつかない権威を断然と保ちつづけた。幕府の御用学者であっても、それを明瞭にみとめてゐて、将軍は天朝からの御委任の宣下《せんげ》の沙汰《さた》をいただいてゐるといふことをもって、諸侯を支配しうる政治学の理論的根拠としてゐた。

学問や宗教の領域では、日本国は天皇の国であるとの理義に反するものはなかった。高級な知識人の学問ばかりでなく、一般人民の神仏への信仰、美術、文学（物語り、伝承、歌謡、演劇）から日常生活の習俗などにいたるまで、天朝の文明を高貴とし優雅として仰ぎ憧れる社会意識がひろく深く滲透してゐた。このやうな文化的な民族統合の事実が現存する以上、幕府が、既往の地方分権的な封建制の日本の国力では及びがたいほど絶大な外国の圧力に対抗しようとするときに、武門の権勢のみでは不足すると憂へて、天朝の精神的権威への依存（公武合体）への道を考へたのは、国家的見地からは当然のことであった。外交政策についての朝幕交渉が、まづ幕府の側から始められたことは重要である。（註3）

四、天皇統一の国家と公議政治の思想

徳川幕府が天朝の精神的権威との強い結合を欲したのみでなく、諸大名との会議政治への道を開いたことも大いに意義があった。中央集権的な幕府体制下にあって、幕府の威権は確かに世俗的権力としては第一位の優越性を保ってゐても、各藩には、それぞれ半独立的な権限も意識もある。そのやうな情況のままでは到底統一力のある対外政策は望むべくもない。各藩の意思の真の統一を固めて行くのには、会議交渉による意識統一を緊急とする。それができなければ、他のアジア諸国と同じやうに分割して征服されるであらう（現に当時の日本の国情にも、その危い条件は十分に残存してゐたといはなくてはならない。ここに維新史の詳細を語るいとまはないが、外国の連合艦隊が鹿児島を攻撃し、あるいは下関を砲撃したやうな時の記録を見ると、他藩の人士の意識のなかでは、薩摩藩あるいは長州藩が交戦してゐるとの意識と、日本国が交戦してゐるとの意識とが、それぞれに相半ばするといふやうな心理情況であった）。

このやうな地方分権的半独立性を解消して、強固な国家意思の統一が緊急とされた。しかも外圧は目の前にせまってゐる。いかに専断独裁が「幕府の祖法」であるといっても、諸外国の強圧を受けてゐるなかで、政策を異にする諸藩を武力で克服することはできないし、極めて危い。会議と懇談とによって天下の意識統一をもとめる外には賢明な道はない。

しかし、ひとたび会議政治への門を開けば、各藩は、藩の名誉にかけても他藩に劣らないだけの名論卓説を提示しなくてはならない。それには、藩の意見をまとめるためにも今までの固定的な階級身分の制約をゆるめて、藩内での自由討議をみとめ、たとひ身分門地の低い者の意見であっても採用する新風を必要とした。幕府の会議政治への移行は、全国各藩内での自由討議と人材登用の新風をひきおこした。それを頑《かたく》なに拒んだ藩は、時勢にとり残されて行くほかなかった。このやうな情況が、各藩における藩内派閥抗争といふ、幕末史に特徴的な悲劇的犠牲を生んだ事実も否定しがたいけれども、多くの知識人に高度の国政への関心をひきおこし、公論自由討議と会議政治への思想を高めひろめる作用をした。新時代の潮流は、わづか数年ならずして全天下に満ちて来た。

この新潮流を抑圧して「幕府の旧典」を固守すべく、大弾圧を加へたのが有名な井伊大老の安政の大獄である。しかし、一たび動き出した歴史の潮流は到底防ぎうるものではなかった。万延元年三月三日、井伊大老が桜田門外に斬られるとともに、天下の政局は一変してしまった。安政の大獄で非命に斃れて行った吉田松陰、橋本左内(註4)をはじめ少なからぬ優秀英才の先駆者たちはこの世を去ってしまったが、かれらが希望を托した新しい時代の政治勢力、松平慶永の越前藩、島津家の薩摩藩、毛利家の長州藩、山内家の土佐藩等々が、文久年代から大きな政治勢力として成長し、その地位を固めた。

文久二年（一八六二年）、勅使大原重徳は、薩摩の島津久光の兵とともに江戸に下向し、幕府の人事について強硬に申入れ、その結果、一橋慶喜が将軍後見職に就任し、松平慶永が政事総裁職の地位に就いた。この首脳人事の更迭にともなって、幕府は、京都からの命令によって一連の改革政策を次々に執行することとなった。

この文久二年の政変の意義は、明治維新史における政治思想の上で特記さるべきものがある。この政変によって、幕府の専断独裁の政治思想に終止符が打たれ、そして、日本国の国政統一は天皇のもとにおいてのみ確立され、その政策の決定は天下の公論（諸藩の会議）によっておこなはるべきものである、との政治思想が原則的に公認された。「天下の大政は、征夷大将軍の専裁独決による」との幕府旧典を回復しようとした大老井伊直弼が斬られて消え去ったばかりでなく、井伊大老系の人物はすべて幕府の中枢主流から退けられ（酒井忠就、間部詮勝等）、またその系列の人物は、彦根藩その他の地方でも処分されて勢力を失った（長野主膳、宇津木六之丞等）。同時に幕府の実権は「尊皇公議政治」を主張した徳川慶喜、松平慶永およびその系列の人々によって占められ、その政治思潮の大展開は次々に地方諸藩にまで波及して行った。

一例を挙げれば、後に明治維新の巨柱となる薩摩の西郷隆盛も、この時に流島を赦され、一転して薩摩藩の指導的地位についてゐる。諸藩でも同様に、井伊大老時代に政治犯として罰せられてゐた人物で釈放されて実力を得た者が多く、逆に井伊派の人物で罰せられたり退けられたりした者が少なくない（九條家の島田左近から京都町奉行所の与力・渡邊金三郎、目明し文吉に至るまで、安政大獄関係者が「天誅《てんちゅう》」の名のもとに相次いで暗殺されたのも、この時期である)。この「幕府専断」派から「尊皇公議」派への人物登場の大展開は、天下の「政治原則」そのものが旧典を脱して新しく確立されたことを意味する、といっても決して過言ではない。

五、思想原則を政治的に実現する苦闘

しかし思想的原則が立ったといっても、それを現実化するには苦闘の歴史を経過しなければならない。その原則を実現して行くのには、外交政策の緩急をいかにすべきか、天皇統治の統一国家としての意思を形成し決定して行く指導権をいかなる政治勢力が担当すべきか、といふやうな政治問題の現実的解決を要する。その点で、文久三年には三條實美以下の七卿、眞木和泉守等の激派有志、長州藩士らが京都から追放されて長州へ落ちる政変が生ずる。しかしかれらは、自らの主張があくまでも真に天皇意思形成のために忠正な天下の公議公論である、との烈々たる確信のもとに、再度上京して強行上奏を試みた。これに対して皇城守護の守護職・会津藩主松平容保や薩州藩士は、長州の武装上京をもって無法に私閥の政策を強行しようとするものであると断じて、その退去を命じ、長州が服従しないと見て京都の市中で激しい市街戦を敢行した。世にいふ禁門の変である。眞木和泉守以下の忠烈の士は自刃し、長州藩は戦ひ敗れて還る。維新史上はじめての本格的な内戦である。

公議公論にもとづいて、天皇的統一国家を形成せねばならぬとの思想原則は同じであっても、それを実現するために、徳川勢力を新しく改造してその徳川系列内の新勢力にその道をとらせるのか、あるいは薩州、

長州、土佐、越前等の諸雄藩の連合勢力に指導権をとらせるべきか、等々の政治路線の違ひが鋭い対決と闘争とを生んだのであった。どの政治勢力も、天皇の統治大権を強め、公議公論政治で行かねばならないとの制度思想の原則に背反しようとしたのではない。もっともその時点で、政策の得失、指導権の競争で懸命の活動をつづけた人々の主観においては、政敵はこの大原則に反する賊敵であり、天子の真の精神、天下の真の公論の確立を妨げる賊敵と見えたであらうことは、致しかたもない。それは政治闘争の熱情が生むさけがたい心理法則である。当時の各系列の史料を後世から冷静に研究すれば、その間に相対決した政策についての賢否の差は評しうるし、その政治勢力を構成した人物の政治的能力の優劣を論ずることもできるが、いづれにも天子を敵とする思想はなかったし、自らの主張を天下の公議公論と信じてゐたことも確かなのである。

この政治闘争において、最後には長州薩摩の連合が勝利を得て、悲劇の敗北者となった松平容保の会津藩は維新ののちに賊敵とされた。しかしこの藩が容保以下いかに天子に対して忠誠の信に徹してゐたか、かれらが自らの政策をいかにまじめに天下の公論と信じてゐたか、それは会津藩士の熱誠をもって編纂された山川浩著『京都守護職始末』によって史学的にも十分に証明されてゐる。ただこの時代には、天皇の統治を切望し、公議公論を熱望する思想原則は立てられたが、なにをもって公議公論とするか、なにをもって真の天皇の公的意思として確認すべきか、についての法制度が確立してゐなかった。そのためには悲痛で激しい苦闘の試行錯誤がつづけられねばならなかった。

禁門の変の責任を追及するために、長州征討の軍が出動した。総帥は尾張の徳川慶勝で、西郷隆盛がその幕僚長となり薩摩藩兵をひきゐて長州を攻撃した。この長州征討の戦役のなかで西郷隆盛は、幕府の体制がすでに救ひがたいまでに老朽化してゐることを実感し、新しい時代の建設者としては、徳川幕府にはもはやその能力がないと見定める。かくて同志大久保利通らとともに薩摩藩の政治路線を大きく転向することになった。

この薩藩の転向には、同じく西南の雄藩としての筑前藩や土佐藩の有志の働きかけもあって、やがて薩摩の実質的な代表西郷隆盛と長州代表の桂小五郎（木戸孝允）とがひそかに薩長の連合を約した。かれらは、徳川幕府の改造にははっきりと見切りをつけて、むしろ徳川勢力を徹底的に破砕した情況の上にこそ、新しい公議公論にもとづく天皇的統一国家の建設ができる、との政治路線を確認する。討幕の勢力は、ひろく燃えひろがって行った。

慶応も二年、三年となると、西南雄藩のなかでは討幕の論が有力となって行った。しかしながら、西南雄藩の論はともあれ全天下の大勢から見ると、二百有余年の間、覇権を確保して来た徳川勢力の声望は依然として絶大であった。国内の政治権力関係のみではなく、フランス（公使ロッシュ）は徳川幕府支援の政策を明瞭にしてゐた。これに対抗してイギリスの外交官（パークス、サトー等）は、ひそかに薩摩、長州に期待をかけた。

六、大政奉還から王政復古へ

その政治的指導権を競ひ合った苦闘の経験のなかで、この新時代の政治思想原則はいよいよ鍛練され深められて行った。そしてこの政治思想の原則こそは、やがて維新の国是《こくぜ》である五箇条の御誓文を生み、帝国憲法の基礎思想となったといふことができる。

慶応三年十月十四日、将軍徳川慶喜は、日本の政局の危機を解決するためには、政権を天皇に奉還し、天皇のもとにおいて公議公論の新政を行ふのほかないとの悲壮な決断に達した。

この時代の政情の大局を見ると、長州はすでに反徳川幕府の姿勢を明らかにして二度の戦争をしてをり、薩摩もまた、徳川幕府がこの困難な時局にあたる力のないことを見て、ひそかに薩長の連合にふみきったことは、すでに述べたとほりである。この時の立合人が土佐の坂本龍馬であった。この時から、薩長のみならず土佐をはじめ西南雄藩の志士のなかに、断然と討幕へと進む勢ひが主流となって来た。

しかし徳川は、衰へを見せてゐるとはいへ三百年の伝統と列藩に懸絶せる実力とを有する天下の覇者であり、その長い情実によっても、討幕へと急進することには至難の事情がある。ここでは全天下の大局を見て、討幕の大乱をさけて慶喜公自身に王政復古、大政奉還の決断をさせるがよい、との政治構想が土佐藩におこり、その土佐の山内容堂の建白によって、慶喜の決断が下されるにいたった。

この政権奉還が、徳川の側から提出されたといふことは、世界の政治史上まことに異例のことである。これは日本の長い天皇精神史があったればこそできたことである。その時の事情について、『徳川慶喜公伝』（東洋文庫版4）中の文を多少引用する。

此《かく》の如く薩長土三藩の激派が討幕を企つる時に當りて、一方には又必ずしも討幕を要件とせざる王政復古論を唱ふる者あり、之を土藩の坂本龍馬（直柔）とす。龍馬は今年の春、後藤象二郎（元曄、參政）が藩命を帶びて長崎に至りし時、之と會見し、……兩人は胸襟を披《ひら》きて忽に親密なる交誼《こうぎ》を結べり。龍馬は豫《かね》て思へらく「土藩は幕府に對する關係上、特別の事情なくして討幕の擧に與《くみ》すべきにあらず、容堂公の存在中は殊に行はれ難し。假令《たとへ》討幕の擧に出でたりとも、幕府の海軍力は決して侮るべからず、若し輕擧して一歩を誤らば、毛を吹いて疵《きず》を求むるものなり。されば討幕以外に土藩興起の策を講ずるを要す、宜《よろ》しく正々堂々として幕府に說き、政權を朝廷に奉還せしむべし。其議の行はれざる時に至り、始めて兵を用ゐるも晩《おそ》からず」と。龍馬は此說を象二郎に進めて、公議政體論を幕府に說き、以て政權を奉還せしめんとす。且己は脫藩の身なれば、己が言としては行はるべからず、因りて之を秘し、象二郎一己の意見として周旋せんことをも勸告せり。これ薩長二藩の討幕論に對抗して、別に一旗幟を立てんとせるものなり。……此時龍馬が草せる「八策」は、政權奉還後に於ける公議政體創設の案なり、其文に曰く、「天下の政權を朝廷に奉還せしめ、政令朝廷より出づべき事。上下議政局を設け、議員を置きて萬機に參與せしめ、萬機公議に決すべき事。有材の公卿、諸侯、及天下の人材を顧問に備へ、官爵を賜ひ、從來有名無實の官を除くべき事。外國の交際は、廣く公議を採り、新に至當の規約を立つべき事。古來の律令を折衷し、新に無窮の大典を選定すべき事。海軍を擴張すべき事。御親兵を置き、帝都を守衛せしむべき事。金銀、物價は外國と平均の法を設くべき事。以上八策は、天下の形勢を察し、宇內萬國に徵するに、之を捨て丶他に濟時の急務あることなし、苟《いやしく》も此數策を斷行せば、皇運を挽回し、國勢を擴張し、萬國と並立するも亦敢て難しとせず、伏して願はくは公明正大の道理に基き、一大英断を以て天下を更始一新せんことを」。

すでに討幕路線にふみきってしまった西郷、木戸ともっとも親近なはずの坂本龍馬が、この土佐の後藤象二郎とともに働いてゐるのは注目される。(註5) けだし坂本は海援隊の指導者であり、幕府海軍の統帥者勝海舟の門弟であって、海軍についての知識がある。海軍の軍事力は、諸藩に比して徳川が抜群に強力であった。後で明らかになるやうに、徳川系の諸藩は、兵数は多くても各藩の意識統一がなく、すでに老朽化してゐた(それは鳥羽伏見の役その他で実証された)。しかし海軍は、徳川側が新鋭強力であって、到底諸藩の敵するところではない。事実、徳川の精鋭な海軍が必死抗戦の決断で行動することになれば、鹿児島でも萩でも薩長の本拠に致命傷を与へるだけの戦力を確保してゐたと推測される。これは勝海舟みづからが維新後になってもしばしば公言してゐるところである。坂本のこの建策は、そのやうな軍事力をも計算して、討幕よりも内戦をさける大政奉還の路線を切望したのではあるまいかと思ふ。

それに坂本は、軍事のみでなく政局大転回の後の財政に非常な問題のあることを推察してゐた。かれは、後藤象二郎によって土佐藩論の大勢が定まるとともに松平慶永の越前藩に赴いて、その時代の財政的見識者として知られる三岡八郎(実学の権威者横井小楠と親交ある人で、後の子爵由利公正)と相談してゐる。坂本はその後間もなく暗殺されたけれども、土佐と越前とは、大政奉還の前後を通じてもっとも友好的な連合路線をとることになる。

後藤象二郎は、雄弁をもって藩主山内容堂以下の藩士の論を「大政奉還」の妥協路線に指導して行った。ただ薩摩の西郷と討幕の線を固めてゐた乾(板垣)退助等が武力討幕を主張したが、藩主はそれを暴論として退けてしまった。土佐藩は十月三日、幕府に建白書を提出したが、将軍慶喜は、この建白にただちに同意して、わづか旬日後に自ら大政奉還の上表を呈することになった。その間の事情を『徳川慶喜公伝』では次のやうに書いてゐる。

　此に幕府の意思を考ふるに、公が我手によりて幕府を葬り、政權を朝廷に返し奉らばやと思《おぼ》されけるは、一朝一夕にあらず、既に宗家相續の際にも、はた将軍職御請《おうけ》の際にも、之を斷行せんとの志ましまし丶が、さるにても如何にして其實を擧ぐべきかについて、定見を有し給はざりき。公は、「若し王政を復古せんにも、公卿、堂上にては力足らず、諸大名とても同様なり、さりとて諸藩士等が直に大政を執行するは、事情の許さざる所なり、要するに今天下の人材は下々に集まりたれば、其説によりて、百事公論に決する外あるべからず」と思ひ定められしが、未だ其方法を得ずして、空しく歳月の流れ行くを嘆かれたり。然るに土藩の建白出づるに及び、其中に、「上院に公卿、諸大名、下院に諸藩士を選補し、公論によりて事を行はゞ、王政復古の實を擧ぐるを得ん」とあるを見て大に喜ばれ、「容堂も亦此言をなせる上は、此説によらば素願を達するに足らん、今は政權奉還の好機會なり」とて、之を腹心の老中板倉伊賀守、若年寄格永井玄蕃頭に告げられしに、二人も、「今は餘儀なき次第なり、然か思召さる丶上は、御英斷遊ばされて然るべし」と申す。公重ねて、「祖宗三百年に近き政權を奉還することなれば、譜代大名以下旗本をも召して衆議を盡すべきはずながら、さありては徒《いたづら》に紛擾《ふんじよう》を招くのみにて、輙《たやす》く評決すべしとも思はれず、寧ろ先づ事を決して然る後に知らしむべし」と仰せられ、二人も亦臺旨に賛同しまゐらせたり。此密議に與《あづか》れるは、千百の有司中、唯伊賀守、玄蕃頭の二人あるのみ。

十月十四日、徳川慶喜は謹しみて、大政奉還の上表文を提出した。朝廷では孝明天皇崩御、明治天皇践祚《せんそ》の直後であったが、この上表のあった翌十五日に慶喜を参内せしめて政権返上の願ひを勅許された。かくして鎌倉幕府いらい七百年の伝統的な武門政治の制度は、急流のやうに変革されて行ったが、この間の思想の潮流としていちじるしいことは、「この国際的緊急時に際しては、日本国は天皇統治の統一国家としての本質を明らかにして、公議公論によって国政を決し、光栄ある国の独立を守らねばならない」との政治思想の原則が、あらゆる政派藩閥の別と対立との上にあって、何人にも抗しがたい政治原則として確立されてゐた、といふことである。それは慶喜の上表文にも明記されてをり、勅許された天朝側の文書とも一致してゐる。

七、五箇条の御誓文

この政治原則は、その直後に渙発《かんぱつ》された明治天皇の王政復古の大号令においても、一般に帝国憲法の精神的基礎とされる五箇条の御誓文にも、その時代の朝野の政治文書にも、すべてに共通して見られるところである。

一　廣ク會議ヲ興シ萬機公論ニ決スヘシ
一　上下心ヲ一ニシテ盛ニ經綸ヲ行フヘシ
一　官武一途庶民ニ至ル迄各其志ヲ遂ケ人心ヲシテ倦マサラシメンコトヲ要ス
一　舊來ノ陋習ヲ破リ天地ノ公道ニ基クヘシ
一　智識ヲ世界ニ求メ大ニ皇基ヲ振起スヘシ

我國未曾有ノ變革ヲ爲サント欲シ朕躬ヲ以テ衆ニ先ンシ天地神明ニ誓ヒ大ニ斯ノ國是ヲ定メ萬民保全ノ道ヲ立テントス衆亦此ノ旨趣ニ基キ協心努力セヨ

この五箇条の御誓文は、旧来の幕政の古い弊習を一掃変革して、天皇国日本が光栄ある世界の独立国として雄飛するために、広く会議をおこして公論政治を断行し、全国民に新時代建設の希望をもって協力一致すべきことを天地神明に誓はせられたものである。しかして参列の群臣が、この聖旨をいただいて努力すべき奉答書を作って署名した。この御誓文の起案事情や儀式次第は大切であるが（明治神宮編『明治天皇詔勅謹解』等参照）、それは、あたかも後年の帝国憲法欽定の原型をしめしたかの感がある。

この国是は、七百年の旧制を破る、まさに国史上かつてない「変革」の宣言でもある。しかしてそれは、すでに述べて来たところで理解されるやうに、決してこの起案者等（木戸孝允、福岡孝弟、由利公正等々）の独創的見解なのではない。かれらの労苦は文章の表現に関してであって、思想原則についてではない。それは一部の天才の学説でもなければ一党派の宣言でもなく、また少数者の一朝一夕の主張でもない。

この政治的原則が確立するまでには、弘化嘉永のころから、幕閣が国の前途を憂へて独裁専決の政治の大原則を修正していらい、約二十年の民族の苦闘がつづけられた。その波瀾に満ちた政治的苦闘の中から、数限りない人々が政治的実践の過程のなかで、その総括として生み出した大憲章ともいひうる。それは波瀾の後に、最終的に天皇の神明に対する御誓約として、「欽定《きんてい》」の大原則として明示された。あへて付言すれば、君民一体を理想とし誇りとする日本における「欽定」とは、外国の覇権者の独断決定などとは全く相反して、臣民の苦闘経験の結果が、すべての者の熱望として統合されて来たときに、それを天皇の精神的権威によって、荘重に確認され公定されるといふことなのである。

〔補註〕　明治維新の、波瀾多く先人の貴重な経験の山積する歴史を、このやうな小文で終るのは、いささか心残りがする。詳論すれば維新の苦闘のなかから生れた後の世の憲法思想の芽は、ほかにいくらもある。長州の英才高杉東行は、奇兵隊を組織したが、それは封建時代の身分階級の壁を破って、農工商を問はず人材を隊士とする構想を立てたものであることで有名である。これは臣民平等の思想、国民皆兵の思想、憲法における臣民兵役の義務の思想的発端ともいへる。

板垣退助は、戊辰《ぼしん》の役に際して戦功を立てた武将である。その戦役とくに会津戦の経験を通じて「民権なくしては将来の国の守りはできない」と実感したのが、後年の民権運動提唱の端緒となったとのエピソードを残してゐる。このやうな類例は、限りもなく多いので、ここではただ「天皇を統治権の総攬者とし、国政を公議公論によって決する統一国家の建設」といふ憲法思想の骨格が、この時代の民族苦闘の、日本人みづからの経験のなかから急速に成長して来た、との思想史の大綱を論述するに止めざるを得なかった。その間にあって、橋本左内などをはじめ多くの志士たちが西洋事情についても知識を得たことを述べたが、それはただの教室の教学ではなく自らの政治実践の現実的要求解決の要望とつよく結びついてをり、それだけにその知識が抽象架空の観念論としてでなく生きて発展したことの特徴を見るべきだと思ふ。

〔註1〕　帝国憲法の根本精神が、日本固有の国体不文の大法にもとづくことを特に力説して、大化の改新の政治でも、明治の御代の五箇条の御誓文を基とする帝国憲法でも、断じて外国の継受法でないとの学説を、もっと

も熱心に主張したのは、筧克彦である(『大日本帝國憲法の根本義』等を参照)。同じ系列の著に井上孚麿『君主制の歸趨』『帝國憲法制定の精神』『憲法研究』等がある。

〔註2〕 上杉愼吉著『憲法述義』第三章第一節「我カ立憲ノ由來」、美濃部達吉著『憲法撮要』第二章第一節「日本憲法の歴史的由來」、清水澄著『帝國憲法講義』第二章第五節「帝國憲法制定ノ由來」、『穂積八束博士論文集』所収「憲法制定の由來」――これは大正元年の法科大学の学生に対する告別の辞――等いづれも、帝国憲法が明治維新の成果たることを論じてゐる。しかしてその論は、概して維新の国是としての五箇条の御誓文の意義から解明したものが多い。前記の佐々木惣一もまた、憲法思想史と法制定史とを区分し、その歴史を三段階に分けてゐるのであるが、その思想史において五箇条の御誓文の出現にいたるまでの思想史的過程について論及するところやや詳しい。

〔註3〕 徳川時代において京都の天朝が、俗権を行使されないでも、精神的文化的には絶大な影響力のあった歴史的事実が、維新後における通俗常識者に知られなくなったのはなぜか。その一つは維新の功臣を顕彰するために明治以後の史家が、少数の前衛的忠臣が「江戸の将軍あるを知って天子あるを知らざるが如き時代に卓然として孤忠にはげんだ」といふやうな文学的表現を流行させたことが一つの基礎となってゐる。その基礎の上に戦後の東京裁判いらい、明治維新後の天皇制に反対する風潮が流行したので、(徳川期の史料に暗く明治以後の史料のみを知る)専門の近代史家のなかに、戦前の忠臣列伝などを逆用して、維新前の天皇の精神的権威を否定する者が続出した。

しかし明治維新百年(昭和四十三年)を記念するころから、近代史家の間にも徳川期の多くの原史料の研究が進んで、自然に戦前戦後の史的誤認はかなりに大きく修正されて来てゐる。精神的文化的に一般人の間に天皇意識が絶大なものであったことを実証的に平明に啓蒙したものとしては、戦前においては和辻哲郎著『尊皇思想とその傳統』等がある。徳川幕府が、その政治は独裁的でも、「儀礼的」に天朝をいかに重んじ、朝幕関係がいかに繁雑であったかは、幕政史の記録を知る者にはたれにでも明らかである。幕府がその儀礼を重んじたのは、天下の諸侯および人民に対する天朝の精神的影響力の絶大なる事実を知って、それを独占的に利用することを必須の条件としてゐたからである。

〔註4〕安政大獄で刑死した橋本左内は、主として越前侯の旨をうけて、京都で一橋慶喜を後継将軍として推薦したので斬罪とされたが、英才をもって知られた。海外事情にも関心が深く、実践活動とともに海外の政治事情も研究してゐた。これは維新の志士たちに共通することで、幕末には薩摩や長州の藩士がイギリスに渡り、幕臣がアメリカ、フランスに行って西洋の軍事学とともに、政治知識も学んで来た。外国語に通じない各藩志士たちは、北京や上海で出版された漢訳の西洋書を熟読した。なかでも『聯邦志略』とか『萬國公法』などがよく普及して有名である。英国の外交官アーネスト・サトーの著書『英國策論』は、日本の将来を、天皇を元首とする連合帝国（confederate empire）となると予想したものであるが、各藩で読まれた。このころになると福澤諭吉の『西洋事情』が大変なベストセラーになるが、しかしそれよりも十有余年もさかのぼって安政時代の橋本左内が、西洋立憲君主制をどの程度に理解してゐたかを見る一例として、下記の一文を引用紹介しておく。

西洋事情書（安政二、三年頃のもの）

近來西洋各國、専ら政教を修め、人民を撫育し、其法度紀律整粛懇到中々一方ならず、國王僅十餘人之供にて身輕に致し、民間を巡遊し、疾苦を恤《あはれ》み、苛政を察し、吏治の行届と不行届を訂稽、黜陟《ちゆつちよく》賞罰を行候。國王巡行之節別に行在所を不レ設、何方にても民屋に止宿致候由。租税も先大約二十にして一を取る位のよし、此も國王一身の營、口腹居所の爲には不レ費、重に救荒禦災之手當に致し、國王居所等は至極手輕なる趣、館の周圍漸二町計と申事、詰居候人衆も二十に不レ過位之由、何方よりなりとも面會致度旨申來候者には直に應對有レ之、其事情一々推問有レ之候よし。政體の趣意は一に天帝之意を奉行すると申ことにて、上下共衆情に戻《もと》り公議に背候儀は不レ爲事、第一の律令に有レ之候よし。依レ之役人の選擧抔《など》、先第一に國內の衆論に基き、賢明才學之者を擧用致し候由、國王之一族は貴族と唱、推尊致置候得共、此も不賢なる人は政事等は必不レ預しめ候由、殊に國家の大事法令を改、兵革を勤、工作を起し候様之儀は、學校へ下し、熟議上にて饗論《こうろん》相定、政府へ申達、政府にても夫々《それぞれ》之官、反覆討論して、衆議一同之上にて行候よし、因て國王迚《とて》も一人にて吾意に任せ、恣《ほしいまま》に大事を作すこと不レ能由、學校之政殊更行届、政官之者も多く此より選擧に相成候故、實用の學を主とし、天文・地理・測量・算術・究理・分析・醫科・交易の學等、諸州縣に有レ之、其外邦制・軍爭・禮儀の學校も有レ之、右之内より又數科之學科を分け、幼年より就て習はしめ、其材能成就を待て採用致由。啻男子のみならず、女子も刺繡《ししゅう》・機織等より手習・讀書迄《まで》爲學候學校有レ之候よし。一事にても新發明の事有レ之候へは、其を學校へ下し、其是非利害を糺《ただ》し、定論相立候上にて、或は之を書に著し、或は之を製作して、唯其國のみならず、遠く他邦へ迄覊《ひき》ぎ、人を利、己を利候樣、心掛候事西洋各國之風習に有レ之候由(『橋本景岳全集』上巻より引用)。

〔註5〕 坂本龍馬と後藤象二郎との間には、政治路線の真意に差があったとの史説も有力である。後藤は、和平的大政奉還に努めたけれども、龍馬の真意は、ただそれを第一段階の政略として考へたので、終局的には武力討伐にまで発展せねばやまぬといふ決心であったとの説も有力である。史料はいろいろでも、謀略的人物の真意は文書では断定しがたい。ただ龍馬と勝との関係を考へれば、和平策へ転向したと推測しても決して怪しむべきであるまい。

勝海舟は、天下の大勢を見て、内戦をさけて恭順路線にあくまでも徹したことで、後世すこぶる有名である。しかし、坂本龍馬が生きてゐるころまでは和戦いづれとも決してゐない。かれは海軍力と艦砲砲撃には満満たる自信があった。下記の文は、鳥羽伏見で徳川系陸軍が敗戦して後に軍艦で東帰したころ、海舟が将軍慶喜に対して和戦の両策を説明、しかし慶喜から親しく恭順の決意をきいて、はじめて抗戦戦略を棄てた次第を、慶喜みづからが語った『昔夢會筆記』の一節であるが、本文の貴重な参考ともなると思はれるので引用する。

東歸の後、予(註・慶喜)はひたすら恭順を主張せしも、城中の混雜はひとかたならず。當時主戰論を主張せしはひとり會桑のみにあらず、老中以下諸有司に至るまで、ほとんど主戰論者ならざるはなき有樣なりしかば(なかには隨分抱腹すべき主戰論もありたり)、越中守の事も取り立てては覺えをらず、勝安房守ごときも、「あくまで恭順の思し召しならば、一死をもって御趣意の貫徹に努むべく、もしまた雪冤《せつえん》の戰をとの上意ならば、まづ一方には軍艦を派し櫻島を襲ひて薩州の本據を衝き、一方には艦隊をもって清水港を扼《やく》して、官軍を防ぐなどの策もあり、進止いづれとも御意のまにまに遵行すべし」といへるゆゑ、予は「斷然恭順謹愼して命を俟つべし」と答へしに、勝は大いに感激し、「しからばあくまで恭順の御趣意貫徹に向かって力を盡すべし」といへり。大久保一翁にもその旨を諭したるに、これまた勝同様の事なりき（澁澤榮一編『昔夢会筆記』）。

第二章　五箇条御誓文と政体書
――公議所、集議院時代――

一、政体書

明治天皇が神明に誓はれた維新の国是は、新しい日本国建設の精神的基礎として、その後の日本の進路に対する大きな指標となった。

この国是を政治の上に実現して行くためには当然、旧来の幕府的政治体制ではなく、また京都王朝の古い体制でもない新しい政治制度を必要とする。しかしそれは、現に進行中の複雑多端な政務の実際と、激変して行く情勢とのなかでの試行錯誤を要するものであって、なみなみならない事業である。その新国是の実現を目的として、政体書が明治元年閏四月に定められた。

史家によれば、この政体書の起草には、主として副島種臣、福岡孝弟らがあたったといはれるが、当時の政府の重鎮、岩倉具視や大久保利通の政策意見も強く影響してゐる。副島は、和漢の学に深かったが、かねて長崎でフルベッキから西洋政治制度についても学んでをり、また福岡孝弟も米国の政治組織を研究したといふ。その立案に際しては、日本の『令義解』『職原抄』や元の『文献通考』などの古典とともに、『聯邦志略』（これはアメリカ人が清国で刊行した米国の地理や制度を書いた漢書で、日本でも元治元年に刊行された）や福澤諭吉の『西洋事情』等が参考書とされた。一般的には米国式の三権分立主義の形式がいちじるしく目に立って、はなはだ非実際的であったとの評も多い。この政体書には、

一、天下ノ権力總《スベ》テコレヲ太政官ニ歸ス、則チ政令二途ニ出ルノ憂無カラシム、太政官ノ権力ヲ分ツテ立法、行法、司法ノ三権トス、則偏重ノ患無カラシムルナリ

一、立法官ハ行法官ヲ兼ヌルヲ得ス、行法官ハ立法官ヲ兼ヌルヲ得ス、但シ臨時都府巡察ト外國應接トノ如キ、猶《ナホ》立法官、得管之

一、親王、公卿、諸侯ニ非ルヨリハ其一等官ニ昇ルヲ得サル者ハ、親親敬大臣ノ所以《ユエン》ナリ、藩士庶人ト雖トモ徴士ノ法ヲ設ケ、猶其二等官ニ至ルヲ得ル者ハ貴賢ノ所以ナリ

一、各府各藩各縣貢士ヲ出シ議員トス、議事ノ制ヲ立ツルハ、輿論公議ヲ採ル所以ナリ

一、官等ノ制ヲ立ツルハ各其職任ノ重キヲ知リ、敢テ自ラ輕ンセシメサル所以ナリ

一、僕従ノ儀、親王、公卿、諸侯ハ、帯刀六人、小者三人、其以下ハ帯刀二人、小者一人、蓋《ケダ》シ尊重ノ風ヲ除テ上下隔絶ノ弊ナカラシムル所以ナリ

一、在官人私ニ自家ニ於テ他人ト政事ヲ議スル勿レ、若シ抱議面謁ヲ乞者アラハ之ヲ官中ニ出シ公論ヲ經ヘシ

一、諸官四年ヲ以テ交代ス、公選入札ノ法ヲ用フヘシ、但今後初度交代ノ時其一部ノ半ヲ殘シ、二年ヲ延シテ交代ス、斷續宜《ヨロ》シキヲ得セシムルナリ、若其人衆望ノ所屬アツテ難去者ハ猶數年ヲ延サヽルヲ得ス（『法令全書』）

といふやうな事が示された。

評者は、この政体書は米国の三権分立の形をまねてゐるが、実は太政官が全権を統一してゐて、立法司法

の対等独立の理を知らないといふ。しかしそれは、知らないといふよりも、当時の社会の激変混乱のなかでは到底望みがたいところで、執行府太政官の統一力が緊要であったことはいふまでもない。ただ、立法、司法の権の将来における独立を期し、とくに、大いに立法の府をして公議を張るの望みをもたせ、議政の実際的運用に慣れさせようとしたところに意味がある。さらに、政体書冒頭の「天下ノ權力ハ總テ之ヲ太政官ニ歸シ則チ政令二途ニ出ルノ憂無カラシム」と定められてゐることの最大の意味は、これまでの朝廷（太政官）と幕府との二元的政治を廃して、太政官のみによる一元化を宣言した点にあることを銘記すべきであらう。

立法官のみならず、すべての諸官を選挙としたのは、公論主義の行きすぎか、それとも米国法制を誤解して錯覚したものだとの評もあるが、必ずしも当らない。徳川勢力を討つために全国諸藩の人士が動員され、それが王政復古の名のもとに行はれたので、諸藩士が京都の公家などとそれぞれに結合して、新政府の官職につく者は夥《おびただ》しい数に達した。しかもその大多数が有能でなく、綱紀は早くも紊《みだ》れて政務が混乱する。これを制約して官員の縮少を断行するには、なほ中央の権威が十分でない。その無用の高官を断固一掃するために、大久保利通と岩倉具視とがこの案を入れた。大村益次郎などは、官吏公選が法制的にも不合理なことを強く岩倉に説いたが、岩倉は、その理を十分に理解しつつもあへて投票を行はせた。

諸官公選によって、岩倉は議定の第一位の得票（四十八票）を得、参与では、第一位大久保（四十九票）以下、木戸準一郎（四十二票）、副島種臣（三十一票）、東久世通禧（二十八票）、後藤象二郎（二十三票）、板垣退助（二十一票）が当選し、そして多くの落選者が非職となってゐる（この間の事情については德富蘇峰の『近世日本國民史』第七十八巻の見解が平易に解明してゐる）。

この官吏公選は、外国の法制を誤解したといふよりも、投票の結果を予《あらかじ》めはっきりと見抜いてゐて、政府の人事の過渡的混乱を整理断行するために政略として採用されたとの感がふかい。事実、官吏の選挙といふことは、この時一回限りでその後は行はれてゐない。法制度として、その意義を重く見たとは思はれない。

明治新政府の行政は、外国の革命史などでは見ることのできない円滑なスピードをもって発展した。外国の革命史では、新政権が樹立されても、その後の五年や十年の間は、旧体制（アンシャン・レジーム）との激烈な戦闘――革命と反革命との戦ひ――に全力を投入せざるを得ないのが通例である。新しい建設的な事業に積極的活動をはじめるまでにはかなりの「時」を要する。新しい政権が実務的建設的な人物を育てるのにも「時」を要する。ところが明治維新は、その点ではまったく異例であった。旧幕府政権下で成長してゐた新しい近代的実務知識と経験とをもった人々の多くが、新政府の建設に大きな力となった。第一級の有名なところでは、近代海軍の創始者ともいふべき勝海舟や榎本武揚などがをり、それに経済、工学の技術から法制、文化等にいたるまで近代日本が緊急としてゐた多数の文官や技術者など、その経歴では幕府系列に属してゐた人々で新政府のブレーンとなった者が多い。そのため、新政府の建設は、きはめて実務的に進行することができた。

これは専ら、明治天皇の御存在そのものの偉大さによるところ大きいといふほかはない。この政変が、ただ、徳川対毛利・島津とか、西郷・木戸の革命、といふのであれば、このやうな旧権力系人物の協力をもとめることもできないし、また、世人も同僚も決してそれを許すことはないであらう。しかし、（新政府にたいして「薩長の越権」との世評がなかったわけではないが）政府の大義名分は、赫々《かくかく》として「万世一系の天皇統治」による統一国家の建設にあった。そして現に、明治天皇が御年少とは申しながら厳として君臨し、事あるごとに群臣に対して勅を下され、また国内各地に行幸して新国家の建設を励まされた。これによって外国の革命後においては避けることのできない国民分裂がさけ得られたのみでなく、却って大きな国民統合が実現した。明治天皇のこの偉大なる御存在およびその精神的統合力なくしては、明治史の急速な発展を考へることはできない。

もとよりその間に小反乱や謀反がなかったわけではないが、その変革のいちじるしさを想へば、明治政府ほどにすみやかに安定政権を固め得たものはないであらう。生産の混乱、荒廃が少なかったのみでなく、ただちに新しい建設も進んだ。わづか四、五年の間に、海陸軍の軍事力が強化され、鉄道電信の新設備ができ、産業革命後の新洋式の工場が建設され、鉱山には新技術が移入され、海外貿易は繁栄しはじめ、教育のための新制の諸学校が建てられた。これらの多くの歴史的業績は、明治天皇を直接に統治権者として仰ぐ政府の指導下に進められたが、本書ではそれらの広汎な問題にふれる余裕はない。ただ憲法思想史の立場から、とくに政体書によって生まれた会議政治の問題のみをとり上げて行くことにする。

二、公議所と集議院

政体書では、立法官をおいて諸政についての公議をつくすことを定めたが、それは議政官下局を経て明治二年二月の公議所として実現した。

この公議所についての研究は数多いが、明治文化研究会（吉野作造、尾佐竹猛、藤井甚太郎等々の明治史研究の先学によって設けられた会で、重要な資料を収集し公刊した）編の『明治文化全集』第一巻（憲政篇）に、藤井甚太郎の解題付で、「公議所法則案」、「公議所日誌附前篇」、「官板議案録附決議録」、「集議院日誌」等が復刻収集されてゐて、これでほぼ公議所、集議院がいかなる議案をいかに審議したかは知りつくされてゐる。その詳細は『明治文化全集』第一巻によって知られることを希望する。

公議所の議案では「外国官問題十七ケ条」、「同四ケ条」等の外交政策の根本に関することから、神祇、国体、宗教に関する問題、さらには経済政策論から「いれずみ禁止」、「公娼を廢して私娼とする」、「切腹を禁止する」、「帯刀を廢止する」などの風俗刑法、民商法等の問題にいたるまでが取り上げられてをり、明治二年当時の世相や時代風潮を知るのには非常に興味ぶかい。ただしかし、問題の大小、体系の整理等も未経験のこととて、到底独立の立法府として、行政府と対等の権威をもつものとしての実質能力は、この公議所にはなかった。

その思想としては、概して封建武士そのままと見られる保守的な論が有力であるが、なかには、ただ西洋の新風をまねただけのやうな提案も出て来る。小野清五郎が「切腹禁止案」を出したのに対しては議論がもっとも激しく、結局は可とする者わづか三人、反対二百人で否決されてゐる。森有禮の廃刀案も同様に激しい反対に遭った。森の提案は、正しくは「官吏兵隊の外、帯刀を廢するは隨意たるの議」といふもので強制禁止ではなかったのであるが、各議員から痛烈な反対が出て、満場一致で否決された。この森の提案には、かれの出身地の薩摩藩士の憤激がとくにつよかったといふ。岩倉具視は、森の新知識をみとめてをり、救助の案を考へてゐたが、大久保利通は、岩倉の考へに同感しつつもその激しい反感が岩倉に及ぶのをおそれて止めたといふ。小野清五郎は斬られ、森は罷免された。当時の武士的気風が察せられる。

森有禮の廃刀案は、その三年後によりきびしい形で、山縣有朋によって強制命令として断行されたが、森は明治二年にはかなりにおびやかされたらしい。森は、幕末から海外で勉学した急進的新知識人で、文明開化のために政府に登用された。しかし、この公議所の経験を通じて、「今のままの日本人に議会政治の民権をみとめれば、文明開化は望みがたい。政府の権力作用によって文明開化を推進するほかない」と思ふにいたったらしい。これはひとり森有禮のみならず、洋学文明開化論者のなかでは一つの有力な思潮となり、これが明治の官僚思想の特色となって行く。

公議所では、百姓町人の意見ある者にも進言を許すこととしてゐたが、実際上は、主としてその当時の全国各藩の思想意見を徴するといふ程度に止まったと見ていい。政府では、事務局に神田孝平、加藤弘藏、森有禮、津田眞一郎、鈴木唯一等その時代の新知識を採用したが、かれらの提出意見と各藩から提示される意見との間には、かなりに開きが大きく、明治二年三月から約三ケ月間会議は開かれたものの、見るべき成果はあがってゐない。この間にも国政上の重大な変革は着々と進んだのであるが、その多くは太政官の御沙汰または神祇官、外国官等の達などの形の法令として執行されて、公議所の関せざるところであったといっていい。

明治二年七月には、公議所は集議院と改称された。その官制権限等については、大正いらい尾佐竹猛、藤井甚太郎などによる詳しい史的研究があり、近くは稲田正次の『明治憲法成立史』などにも法制史的な調査があるのでここでは詳説しない。ただ、それが帝国憲法成立史のなかでどのやうな役割を果したしたかについて、政治思想史的に概観しておく。

明治二年九月二十七日の集議院の会議には、明治天皇が親しく臨御になり、三條、岩倉、大久保、廣澤、副島以下の高官もそろって列席した。この日は陸海軍強化の必要なことについての御下問があり、各藩の議員はそれぞれに熱誠をもって所見を開陳してゐるが、その政策意見は多彩多様の論がならべられたといふだけで、現実政策としてのまとまった決議にはなってゐない。藩政と通貨・財政との問題等々の重要な問題も討議されてはゐるが、政府をしてその決議を実行させるだけの明白な意見統一と見識とは生まれなかった。

稲田正次著『明治憲法成立史』上巻が「明治二年七月八日集議院開設以来明治四年（一八七一年）七月十四日の廃藩置県の発令に至るまで、太政官が発した多数の法令の中集議院の議を経たものは殆どなかったことを注意しなければならない」といってゐるのは事実である。新政府の建設と実際政治とが、ほとんど太政官を中心とする諸官省によって進められ、各藩の言論代表としての公議所、集議院が進歩開明の役に立たなかったのも否定しがたい。しかし稲田の右著書が、とくに各藩代表の思想的な保守旧風を嘲《あざけ》り、この会議政治の意義を過小評価してゐるかに見えるのは、必ずしも同感しがたい。

明治新政府は、王政復古を実現したといっても、その政治的基礎は未だ強くはない。各藩は依然として半独立の政治勢力であって、財政権も軍事的な実力もなほ保有してゐるのである。新政府がただ独善的に文明開化を急進するのみでは、決して実際政治が成功するものでないことは分かりきってゐる。中央と全国各地方との間の意思の疎通と連絡こそが緊要である。中央の積極的な政治指導者であった大久保利通が、公議所の議論を「無用の論のみ」と侮蔑《ぶべつ》したのは事実ではあるが、おそらく大久保も、その風潮を見て政策の推進度をはかる一つの参考にしたにちがひない。それが会議政治の有効な価値である。また各藩も、中央の開明政策に幾多の不満や苦々しさを感じてゐても、それを会議で表明しうることによって不満を発散し、反抗までには固まらないですんだ。廃藩置県にいたるまでの公議所、集議院の会議政治を、後世の議会政治の知識の水準から見て無能無用であったと評することはできない。しかも、中央における公議所、集議院の会議政治への志向が、全国の各藩の藩政に及ぼした影響はすこぶる大きい。それは将来の立憲政治の基礎を全国のすみずみまで育てて行く大きな温床をつくった。

明治新政府は元年十月にすでに、藩地においても議事の制を立てることをすすめてをり、公議所に模した制度が多数にのぼった。その影響について小早川欣吾著『明治法制史論』上巻が、中央政府における集議院制度が庶民の参与を全く拒否してゐるに反し、地方においてはしばしば庶民をして藩議会の議員たらしめてゐる藩の存在することを指摘してゐるのは注目してよい。それによれば「例へば松本藩議事局下局に議事局出役人として町方村方役人が領内より選出され参列したるが如き、高知藩議會下院議員が防長、郷長、老總頭等の名目の下に、庶民の總代に依りて組織されたるが如き、淺尾藩公議局下院議員は『里正市正ノ中ニ就テ入札公撰シテ議員ニ任』ぜられし如き、且又大垣藩評定局下局議員は士民を問はず公選投票の法に基きて選出せしめしが如きは其一例であるが、岡山藩亦下院は郷市議者卽ち領内町村より選出されたる議員に依りて組織されたのである」として、藩議会が平民出身の議員をして議政の府に参加させた諸藩の例をしめしてゐるが、全国的にはこの新風はさらに広まり、民権自治を伸ばして行くこととなったと見られる。

とくに前記の例のなかに見える高知藩などは、板垣退助が藩知事山内侯をたすけて堂々と「人民平均の理」を宣言し、全藩民につぎのやうに示諭してゐる。

夫《それ》人間は天地間活動物の最も貴重なるものにして………固《もと》より士農工商の〈隔もなく、貴賤上下の〉階級に由るに非る也。然《しかる》に文武の業は、自ら士の常識となりて、平生は廟堂《びょうどう》に在て政権を持し、一旦《いったん》緩急あれば、兵を執り亂を撥《はつ》する等、獨り士族の責にのみに委し、國家の興亡安危に至ては、平民曾《かつ》て與《あづか》り知らず、座視傍觀の勢となりしは、全く中古封建制度の弊にして、貴重靈物の責《せめ》を私し、賤民をして愈々賤陋《いよいよせんろう》ならしめし所以なり。方今王政一新、宇内の變革に基づき、封建の舊を變じ郡縣の政體を正さんとする際に當て、當藩今日大改革の令を發するは、固より朝旨を遵奉し、王政の一端を掲起せんと欲するが故に、首として從前士族文武常職の責を廣く民庶に推亙《すいこう》し、人間は階級に由らず、………人々に自主自由の權を與へ、悉皆《しっかい》其志願を遂げ使るを庶幾するのみ。………故に　皇國をして萬國に對抗し、富强の大業を興さしめんには、全國億兆をして各自に報國の責を懷《いだ》かしめ………畢竟《ひっきょう》民の富强は卽ち政府の富强、民の貧弱は卽ち政府の貧弱、所謂《いはゆる》民あつて然る後政府立ち、然る後民其生を遂ぐるを要するのみ。

明治三年庚午十一月

これは板垣退助監修『自由黨史』よりの引用であるが、同書では、この人民平均・人民自主自由の権の思想は二、三年前の会津戦争に際して既に板垣が痛感してゐたところであって、高知藩がやがて民権思想の拠点となったのも理由がある、と論述してゐる。ただしかし、この説に対しては、板垣の思想は、その直前まではすこぶる階級的身分的であった、との同郷知人からの鋭い反論否定論もあって、黒白断じがたいものがある。第一章の補註で、会津戦と板垣の談をエピソードとして断定をはばかったのはそのためであるが、少なくとも明治三年の時点において、藩政に大きな力をもつ板垣の思想が前掲のやうなものとなり、東京の中央政府よりもはるかに人民平等の民権思想となってゐたことは明らかだといひうるであらう。

このやうな思想は、やうやく全国的に力強くひろまって行き、やがて廃藩置県によって一段と急速に強められて行く。

三、廃藩置県の断行

明治四年の廃藩置県は、明治史上まことに重大な変革であった。それ以前の日本国の情況は、日本国の政体が、各藩連合の上に立つ天皇国となるのか、中央集権的統一国家となるのか、容易には予断しがたい情況であった。

今日の一部社会科学史家のなかには、この明治四年の中央集権制への変革の意義の重大性を力説して、これを慶応三年の王政復古以上の重大変革と評価するものすらある。しかしこれは、日本国における天皇による統一といふことの意味の重大性を十分に知らないもので、天朝の下における各藩と、徳川覇府の下における各藩の存在との決定的なちがひに対する認識を欠いてゐる。明治の王政復古によって、日本国の統一国家としての性格が決定的に強められたことはいふまでもない。

また、このやうな評価とは反対に、廃藩置県は、その時代の全国各藩の財政的貧困化の条件からすれば当然自明の歴史コースであって、格別な政治的困難もなかったとして、各藩財政が極端に破綻《はたん》に瀕《ひん》してゐた情況を実証する史論も少なくない。たしかに当時の各藩における財政破綻情況のいちじるしかったのは事実であり、それが藩を廃するとの大勢に対する抵抗を弱めた一つの条件となったこともまた確かである。しかし、いやしくも三百年来の藩に対する執着の情念を有する政治権力者が、ただの経済破綻のみによって権力を自ら放棄あるいは返還するといふことはない。廃藩置県に、大きな政治思想的決断と政治的実力とが必要であったことはいふまでもない。

明治の新政府は、着々として新しい近代国家の建設をはじめたが、中央の政府は、名目的には権威を得たものの、財政力も乏しいし、軍事力も貧弱である。しかも全国各藩の実力はなほ根づよい。中央政府への発言権でも、雄藩の背後の力があってこそ力をもってゐた。前掲の板垣などは、東京よりもむしろ土佐にあって藩政の改革につとめてをり、土佐を強化することこそが、真に日本の国政を動かしうる力の根源となると考へてゐる。

維新に際して武功第一と公認された薩摩の西郷隆盛も、盟友大久保利通を中央政府に入れて、自らは薩摩の将士とともに郷土に還った。その将兵は、島津藩の兵なのであって、中央政府にはそれを新政府に編入するだけの政治的な力も準備もない。西郷が将兵の間に声望が高いといっても、その将兵は島津久光の臣である。しかもその島津が新政権の中央集権化には反対なのである。西郷、大久保が共に東京の政府で議論をしたとしても、薩摩の実兵から浮き上ってしまったのでは何の力にもならない。力の根源は薩摩にある。西郷が、歴戦の部下将兵と相別れることなく鹿児島に帰り、彼等とともに進退したのは当然である。中央では、その薩摩の実力を背景にして大久保が有力な発言権を確保した。

しかし新政府は、国家の新建設のためには、地方分権的な藩を廃して中央集権制へと移行することの緊急さを痛感した。すなはち廃藩置県である。しかしこの大変革には当然反対も予想されるし、有力な大藩実力者の同意がなくてはならない。その同意をうべき実力者の第一と目されたのが西郷であるが、西郷は特に、板垣退助が土佐から離れて上京して協力することを条件とした。長州はもともと中央集権派が支配的であるし、それに土佐が協力することを確実にすれば、薩長土を中心とする実力の結集に対して、武力抵抗までして反対しうる藩はほとんどない、と計算したのであらう。

板垣も同意を約したので、西郷は断然上京して廃藩置県を断行し、薩摩の藩兵を主力として強力な近衛兵を組織し、自ら陸軍大将、近衛都督を拝命した。廃藩置県には、財政上の理由もあったが、軍事的に天下を制圧するに足るだけの準備も必要であったことを忘れてはならない。さうでなくては、これほどの重大変革が断行されうるわけがない。改革は、ただの理論的プラン・メーカーの手では行はれ得ない。

それにしても、廃藩置県といふことは、少なからぬ人が予想してゐた連邦国家的性格をまったく消し去って、日本国を全国統一的な中央集権国家とすることに決定づけた。廃藩置県後の新政府の建設指導力は、これによって格段に強化され、日本国の面目を一新する現象が至るところで発展したが、ここでは主として憲法の成立にいたる法制上の発展について略述することにする。

四、徴兵令と人権平等の思想

維新以前の封建社会では、階級身分制が厳重を極めてゐたが、徳川末期に独裁専決の政治原則の鉄壁が破れて会議政治と討論の自由とがみとめられ、階級身分の別を越えて人材登用がいたるところで行はれるやうになってきた。そのために階級身分区別の意識と制度の鉄壁が大きく崩れてきた事情については、すでに本文第一章で述べたとほりである。

この風潮が、明治維新の断行によってさらに大きく進み、維新後の法令では世襲職の廃止が目立って見える。それによって一挙に「法の前の平等」が実行されたわけではないが、その差別が次々に解消されて行ったことは明らかである。もっとも、維新そのものを断行した政治力の主体は武士であり、またその時代の社会的実情としても、教育の程度、国政にたいする関心の高いのは武士階級であったので、これに士族としての名を与へ、一般平民との間に区別を置かざるを得なかったが、しかしこの士族、平民の別なく「人民平均の理」を公的に宣言する土佐藩のやうな思想は、当時すでに、ひろく維新の大潮流として広まって来てゐた。そして廃藩置県後の「徴兵令」こそは、この士族特権に対して最も決定的な解消をせまるものであった。

「徴兵令」は、本来的には人民に対する「義務」の命令であるが、しかし士族は、その特殊の義務遂行者たることを根拠として特権を保って来たのであるから、その義務が一般人民に及ぶときには、当然その特権をも失ふ。徴兵令の立案者には、人民に平等の義務を課するといふ思想とともに、それ以上にも士族の特権を廃止しようとする挑戦的な意図があったとすらいひうる。そのことは、徴兵令に際して短い詔が発せられたときに、それとともに出された太政官の告諭において明らかにしめされてゐる。

徴兵告諭書

我朝上古ノ制海内擧《コゾツ》テ兵ナラサルハナシ有事ノ日天子之カ元帥トナリ丁壯兵役ニ堪《タ》ユル者ヲ募リ以テ不服ヲ征ス役ヲ解キ家ニ歸レハ農タリ工タリ又商賈《コ》タリ固ヨリ後世ノ雙刀ヲ帶ヒ武士ト稱シ抗顔坐食シ甚シキニ至テハ人ヲ殺シ官其罪ヲ問ハサル者ノ如キニ非ス抑《ソモソモ》神武天皇珍彦《ウズヒコ》ヲ以テ葛城ノ國造トナセシヨリ爾後《ジゴ》軍團ヲ設ケ衞士防人ノ制ヲ定メ神龜天平ノ際ニ至リ六府二鎭ノ設ケ始テ備ル保元平治以後朝綱頽弛《タイシ》兵權終《ツヒ》ニ武門ノ手ニ墜《オ》チ國ハ封建ノ勢ヲ爲シ人ハ兵農ノ別ヲ爲ス降《クダツ》テ後世ニ至リ名分全ク泯沒《ビンボツ》シ其弊勝《アゲ》テ言フ可カラス然ルニ大政維新列藩版圖ヲ奉還シ辛未ノ歲ニ及ヒ遠ク郡縣ノ古ニ復ス世襲坐食ノ士ハ其祿ヲ減シ刀劍ヲ脫スルヲ許シ四民漸ク自由ノ權ヲ得セシメントス是レ上下ヲ平均シ人權ヲ齊一ニスル道ニシテ則チ兵農ヲ合一ニスル基ナリ是ニ於テ士ハ從前ノ士ニ非ス民ハ從前ノ民ニ非ス均シク皇國一般ノ民ニシテ國ニ報スルノ道モ固ヨリ其別ナカルヘシ凡ソ天地ノ間一事一物トシテ稅アラサルハナシ以テ國用ニ充ツ然ラハ則チ人タルモノ固ヨリ心力ヲ盡シ國ニ報セサルヘカラス西人之ヲ稱シテ血稅ト云フ其生血ヲ以テ國ニ報スルノ謂《イヒ》ナリ且ツ國家ニ災害アレハ人々其災害ノ一分ヲ受サルヲ得ス是故ニ人々心力ヲ盡シ國家ノ災害ヲ防クハ則チ自己ノ災害ヲ防クノ基タルヲ知ルヘシ苟《イヤシク》モ國アレハ則チ兵備アリ兵備アレハ則チ人々其役ニ就カサルヲ得ス是ニ由テ之ヲ觀レハ民兵ノ法タル固ヨリ天然ノ理ニシテ偶然作意ノ法ニ非ス然而《シカリシカウ》シテ其制ノ如キハ古今ヲ斟酌《シンシャク》シ時ト宜ヲ制セサルヘカラス西洋諸國數百年來研究實踐以テ兵制ヲ定ム故ヲ

以テ其法極メテ精密ナリ然レトモ政體地理ノ異ナル悉《コトゴト》ク之ヲ用フ可カラス故ニ今其長スル所ヲ取リ古昔ノ軍制ヲ補ヒ海陸二軍ヲ備ヘ全國四民男兒二十歳ニ至ル者ハ盡《コトゴト》ク兵籍ニ編入シ以テ緩急ノ用ニ備フヘシ郷長里正厚ク此御趣意ヲ奉シ徴兵令ニ依リ民庶ヲ說諭シ國家保護ノ大本ヲ知ラシムヘキモノ也（傍点は引用者）

明治五年壬申十一月二十八日

（法令全書）

（この徴兵告諭書には、後の明治十五年の「軍人勅諭」と似たやうな文脈が見られるが、両者の情感はかなりにちがふ。ここでは、封建武士の階級的特権が露骨な反感の情をもって非難されてゐる。十年後の勅諭では、その兵制変遷の沿革など、ほぼ似たやうな文章となってはゐるが、武士道の精神的遺産を重んずる感がある。そこに記されてゐる兵制の沿革史は、両者とも同じく頼山陽の『日本外史』などが参考にされたかに見えるが、その起案者としては山縣有朋、西周などが関係したといはれ、軍人勅諭では福地源一郎なども加はって同じ人々が起案してゐる。しかしこの二つの文章では、その品格、威厳および精神的影響がまったくちがってゐる。歴史変遷の事情もさることながら、同一人物であっても、太政官の名において起案する時と、天皇の名において起案する時との精神的差のいちじるしいことをしめす一つの好例であるともいひうる。）

この徴兵令には政治的にも不備の点があって、当初は一般人民に徴兵忌避の風が甚しかったし、士族には階級的敵愾心《てきがいしん》を生んだ。しかし、それがやがて歴史の試練を経て鍛練され、この義務が大いに民権思想の根拠ともなり、憲法条文の大切な一条ともなって行く（憲法第二十条の淵源《えんげん》）。この徴兵令が断行されたのと同じ年に、人権思想発展史上重要な「人身賣買禁止令」が発令されたことも銘記しておかねばならないことである。

これよりやや遡《さかのぼ》るが、明治の維新に際しては公議公論の政治といふことが大目標とされたので、出版言論著作が非常な流行となって現はれた。維新政府は、その中に治安、風俗を害するものがあるとして禁令を出したが、新聞や政治論評にたいする過度の禁圧は社会の進歩を害するとして、そのたびに在野の反論も強烈で、いくたびかの改変が行はれたが、その結論が後の憲法第二十九条となって行く。

近代法の人権のなかで重要な所有権の問題については、明治五年に太政官から「地所賣買禁制の處、自今四民共賣買致所持候儀被差許候事」との令が出たのが銘記さるべきであらう。近代工業未発達の封建期においての主たる財産は土地であったが、寛永二十年（一六四三年）いらい農地の永代売買は固く禁じられてゐた。これは納税者としての農民を確保するための政策で、農民にはその所有地を売却することの自由も居住移転の自由もなかった。実際的には、質入れとか質流れ等の形式による脱法行為も行はれてはゐたが、少なくとも法の上では、農民は自らの所有する財産を自由に処分する権利も居住移転の自由権も与へられてゐなかった。それが維新から明治五年の廃藩置県にいたる間に、ほぼその自由を保障されることになった（憲法第二十二条、第二十七条の淵源）。

司法権についていへば、明治五年、刑法改革のために司法卿江藤新平が、河野敏鎌等多数の随員をつれてフランス刑法を調査する命をうけてゐたが、江藤は洋行できない事情が生じて、河野敏鎌等の随員のみが渡仏した。フランスではパリ大学のボアソナードの講義なども聞き、かれを日本政府へ招聘した。この時に在仏留学生であった司法省官吏井上毅の勉学の業績は優秀で、その後の刑法改革に大きな功があったと評価されてゐる。

帝国憲法の「臣民権利義務」の章の条文は、明治の二十年代にいたって急遽《きゅうきょ》羅列したものではなく、明治維新からこの時代に至るまでに、多くの試行錯誤と修正とを繰り返しながら積み重ねられて来たものである。中でも「信教の自由」に関する条文の由来は、日本では外国のそれとはかなりに趣の異なる経過をたどってゐるので、少しく詳述することにしたい。

五、信教自由権の沿革

明治の新政とともに、国政に対する発言の権利、言論出版の自由の権利、所有権保障の権利、教育を受け徴兵に服する義務、国民としての権利義務の平均等々の近代法的な人権思想と制度とが急速に伸びてきた。それは日本の国が強く新しい近代国家となるために、国内の社会情勢のなかから抑へがたい自然の勢ひとして成長して来たものであった。ところが「信教自由の権」のみは、いささかこれらの諸権利とは異なる発展変遷をしてゐるので、多少詳しくその由来を解明しておく必要があらう。

徳川時代の日本は、外国の封建時代にくらべると「学問と宗教」への圧迫は少なく、自由寛容であった。これは古い封建制を嫌った福澤諭吉などでも、日本人の賢明な点であったとしてみとめてゐるところで、政権が一学派、一宗門を支援して他の学派、宗門を迫害するといふことは、無かったとはいはないまでも非常に少なかった。それは日本の精神文明の潮流が俗権武門に直隷《ちょくれい》しないで、天朝を中心としてゐたといふところから生じた一つの注目すべき民族文化史の特徴でもある。

しかるにこの一般的傾向に反して、ただキリスト教（切支丹）に対してのみは、長期にわたって厳禁政策がとられてゐた。しかも幕末から維新への大きな社会思想の変遷のなかにおいても、日本人有識者のなかでキリスト教を信仰し主張するものが出てこなかった。そのやうな事情から、信教自由の問題は、日本国内での教団対教団の対決とか、国家権力対教団の闘争といふやうな、外国史で見られる一般の人権思想史の過程をとらないで、日本国対外国政治権力との対決交渉といふ独特な過程をとって進展した。ここに日本の信教自由史の一つの特徴がある。

前述のやうに明治維新政府は、その成立とともに「神武創業の初めに基く」とか「祭政一致」とかいふやうな神道色のいちじるしい思想を表明した。神仏の混淆《こんこう》を改めて、神仏を判然と区別することの政策もとられた。維新の思想者には日本古来の神道の影響を深く受けてゐる者が多くて、神仏判然がややもすれば排仏毀釈ともなりかねない不安危険を仏教者に感じさせたこともある。しかし一千数百年の根づよい伝統を有する仏教の社会的力は強大で、とくに新政権の強力な支柱をなしてゐた長州藩は、戦国時代の昔から西本願寺と同盟国といってもいいやうな深い関係にある。幕末における本願寺系の僧には、激派の勤皇家も少なくなかったし、新政府への影響力も確保した。仏教は、邪教(キリスト教)から日本を防衛するための大勢力をもって自他ともに認めてゐて、維新政府は、その宗教政策については旧幕府そのままの政策を少しも変更することなく、「一、切支丹宗門之儀ハ是迄御制禁之通リ固ク可相守事、一、邪宗門之儀ハ固ク禁止之事、慶應四年三月、太政官」と定めて、高札をかかげてゐた。

しかしこれは、キリスト教諸国には甚だしく不評判であった。徳川幕府は、諸列強と開国条約を結ぶに際し外国の要求にしたがって、外人居留地にキリスト教礼拝堂の建設をみとめた。それは居留地に在住する外人の信教の自由をみとめたものであったが、日本人に対する切支丹禁制を解除したものではなく、もちろん日本人への布教を許したのでもない。しかし国際交流がさかんとなって、しかも諸列強が、不平等条約で日本に対して断然優位の特権を誇示するにいたると、日本人のなかから改宗希望者も出て来るやうになる。なかには日本の国法を犯した者が、治外法権の特権ある外国人居留地の教会で保護されるといふやうなことも生じて来る。その情況は、維新後にもそのまま持ち越された。

長崎県浦上で、長らく切支丹の信仰をひそかに信じてゐた「隠れ切支丹」が三千人ほどもあって、外人宣教師と交流してゐた。日本政府九州鎮撫総督澤宣嘉は、慶応四年（明治元年）、これを禁令に反するとして信徒を拘引し改宗を命じたが、信徒が拒否したので各藩に預けて監禁した。これに対して、英国をはじめとする列強の外交官は、連合して激しく日本の切支丹禁制に抗議した。日本政府は、思想的といふよりむしろ政治的に非常な難局に立たされた。

このときの外国からの頻々たる抗議に対しては、岩倉、木戸等の第一級重臣をはじめ、井上聞多、大隈重信、佐佐木高行等が応接して苦労してゐる。かれらは、列強の不信や圧力をおそれてはゐたが、一方ではまた、切支丹は日本人民の万分の一にも足りないし、国民多数が反キリスト教の仏教徒であるため、「外國人の要求を入れて既に捕縛したる者を放免し、該教の禁を解かば、我が國民の多數は、耶蘇教排斥の旗を揭げて兵を起すも計り難い、もし之が幕府の殘黨と聯合せんか、王師の必勝は期せられぬ。然るに一方に於ては、外國人の要求は頗る强硬である、之を根絶して外國と戰はんか、國家は危難の中に陷るので廟堂に列する者は少なからず心を苦しめた」（津田茂麿『明治聖上と臣高行』）。後に引用する勝海舟のごときは「寛容黙許」主義者の典型であるが、海舟もまた、公然切支丹を公認するときは民衆の反乱がおこるとして、列強のキリスト教公認の要求をそのまま受け入れることを恐れてゐる。政府としては、列強権力と保守人民との板ばさみに苦しんだわけである。

この時の会議の事情だけでも多数の記録が残ってゐるが、政府は長年の禁制を一挙に廃しがたい事情を述べて諒解をもとめることにつとめ、なほ、主として大隈重信などは、日本の国民と国内法との間に列国が過度の干渉をするのは内政干渉ではないか、とくに一部の外国教会が国法上の犯人を庇護するなどは万国公法にも反しないか、としてやや積極的な反論をも試みてゐる。しかし、英国公使パークスは、米独仏をはじめ全外交団を結束して強烈な抗議を重ねた。日本政府は、二年後の明治三年から釈放交渉に入って、明治六年にはすべて釈放した。

この明治三年ころからの対切支丹策の論議にはいろいろ波瀾があったらしいが、廃藩置県直後に勝海舟が西郷にあてて書いた「黙許」の意見が、結局のところ明治六年以後の日本政府の政策として実現してゐる。この海舟の「耶蘇教黙許意見書」(『海舟全集』第九巻所収)は、西郷隆盛から西教(キリスト教)対策を聞かれて意見を述べたことを書いた文書であるが、これは高札撤去二年前のことであり、この意見が高札撤去にどの程度、直接的な影響を与へたか否かは俄に判断しがたいが、しかし政府の黙許政策の意図を想像せしむるに十分なるものがある。

耶蘇教黙許意見書　明治四年辛未

……キリスト各派の教師我邦四方に散在し其教を布かば小民忽に………佛教を棄《や》む………或は政治の止むべ

からざる勢を以て彼が教化をして邦内に布かむを求めば下民の情相反し相敵し教堂を焼き教師を暗殺し邦内宗教の小爭鬪間斷あるなからむ、如斯《かくのごとき》時に當て政府何等の法を以て是等を制止せむとする歟、彼服せば我服せず紛々擾々《じようじよう》難事日に月に發せむ嗚呼《ああ》終に定止するを知らざる也《なり》……慶應前後の頃横濱へ天主堂建築の議あり（教師佛人ヂラール氏）我政官殆ど困し談論數日終に此擧を拒む不能《あたはず》約して云、外人の此堂に入る我は不問に可置、若し我邦人を導き以て此教に入らしめば我邦は縛して以て國法に處せむと、此後邦人ひそかに堂に入其教を信ず、我探索吏終に縛して其罪を責む彼の教化師是を聞て怒り甚敷公使に訴へ政府に問、未だ其局を不終して戊辰の事あり、予此時政府の全權を以て佛郎西公使に接し邦民の縛を解き是を不問に附せり、公使予に問ふ……予答へ云ふ夫れ教法は素《もと》より政府の關せざるを以て良とす……今や我暫時の間政權を有す、其不是なるは以て改むべし亦何ぞ疑を有せむやと、公使唯默して止む、明治三、四年朝廷西陲《せいすい》の耶蘇教に入る者數百人を縛して諸藩に附す、此時西郷氏予に問ふ、西教の事處置如何して可ならむ歟と、予答云、唯默許ある而已《のみ》、若し教法に於て政府關係を有せば其結局數萬の無辜《むこ》を殺すに非れば不能也。是尤《もつと》も慘にして爲すに忍びざる事也……天草の亂……
…今や不然、外人我邦に入る者年毎に其數を增す、昔時と其勢を反せざれば治法も亦立べからず、方今邦内多事、宜く默許し其漸を以て先とせむ歟と、西郷氏唯默して止む、と。

海舟は「西郷氏唯默して止む」とのみ書いてゐる。しかし西郷は、この海舟案には同意でなく反対であったらしい。『大西郷書翰大成』第四巻には、西郷自らの筆で書いたきびしい禁制論が出てゐる。筆蹟は明白に西郷のものであるが、署名人を西郷隆盛とはしないで、伊知地正治の名をかりた左院への建議となってゐる。建議の内容は、胡神（外国の神）を信じて人心を煽動する切支丹を国の害と断ずるのは勿論、将来の目標としては、仏教をも解消させる道を考へ、まづ朝廷から神祇専らの道を確立すべきを切言したものである。

これは、参議西郷の説としてはあまりにも激しすぎて、仏教系長州との政論を紛糾させるので、一級下の伊地知の名をかりたものか、と推察されてゐる。

しかし、政府でも外交関係者の間では、キリスト教解禁論の政治的必要が力説され、明治五年の岩倉具視の米国訪問に際しては、伊藤博文が米国との間に現地でただちに「キリスト教布教自由」の条約を結ぶことを提案したが、岩倉、佐佐木が本国政府の同意なしにはできないといってゐる（この時に駐米外交官森有禮が、英文で「日本における宗教の自由」〈*Religious Freedom in Japan*, 1872.〉を発行したのは有名である。但し同書は、日本政府高官あての効果を考へたのか、それとも米人あての目的で書いたのかは明らかではないが、とにかく日本の一般国民対象のものではない）。

岩倉大使は、米国の国務長官フィッシュ、英国の外務尚書グランヴィル、仏国の外相レミュザ等々から至るところで強硬にキリスト教解禁をせまられ、「欧米人がすべて信ずるキリスト教を禁じたままでは、日本人の対外友好心にも信頼がもてない」などと論じ立てられて、本国政府に対してしきりに解禁をもとめ、その結果明治六年二月に至って、ともかくも慶応四年三月の前記高札を撤去した。しかし、その撤去が「解禁」を意味するとは決して公表しなかった。撤去の意味については「禁止の趣旨が、国民の間にはすでに徹底し周知されたので、必要がなくなって撤収したにすぎない」との説明が国内では行はれたし、反対に外人には「解禁した」と説明されたらしい。後世から見てそれを甚だ曖昧《あいまい》かつ頑迷だと思ふ人もあるが、そのころの列強の外交政策とキリスト教とに強い関連があったのは事実である。なほ、渡欧中の木戸が訪問したグナイストなどは、公然とキリスト教を憲法で禁止する必要を論じてゐる（青木周藏がグナイストの指導で書いた憲法案にその明文がある)。ともかく明治六年二月に切支丹禁制の高札が撤去されてしまひ、三月には切支丹信者としての罪名をもって拘束されてゐる日本人がなくなってしまったことだけは確かである。

キリスト教会の当時の事情について、小崎弘道は次のやうに書いてゐる。

禁教制札の撤回の如きも一の布告もなく、又何等の公文もなく、ひそかに實行せられたが如き姿で、此が外國の政府に對してこそ禁教制度の撤回の如く見えたれ、内國の人々に對しては必ずしも左様でなかつた様である。その一例を擧ぐれば、明治十一年の夏、著者が始めて日向高鍋に傳道した時、同地の有志が一軒の家を借り受け、說教會を開かんとするや、警察官は基督教は禁制の宗教故、說教會を開くは不都合であるとの理由を以て直に之を差し止めた。然るに有志之に服せず抗議したれば、警察署長は電報を以て指令を縣廳に仰いだ。縣廳より差支なしとの指令があつたが爲め、無事に開會する事を得た事がある(小崎弘道著『國家と宗教』)。

明治六年の禁札撤去、黙許政策がとられてから五年も経ても、この程度に、地方の警察でも考へてゐたほどであるから、明治六年に高札が撤去されたからといって、日本の民間ではもとよりのこと、政府機関においてもキリスト教が解禁になったのだとは考へてゐなかった。キリスト教に対する非難は、依然としてきびしかった。おそらく禁札撤去を命じた政府の中枢は、キリスト教非難のすみやかに鎮まるのを欲したであらうが、神仏の社会勢力の大きな反撥をおそれて黙してゐたのであらう。

かくて政府は、明治六年には外国に対してキリスト教「解禁」を表明したが、国内的には「解禁」と公約しないで、ただ行政的に圧迫をやめた程度にして、日本の土着大衆の反撥をさけるにつとめた。西南の役の反乱鎮圧後には、欧化開明派が権力を固めるとともに国内的にも「解禁」の公権解釈が固まり、そして明治十年代後半の世にいふ鹿鳴館時代にいたって、貴族、政府高官、知識人等の社会上層の間に洋風キリスト教は大きな勢力を占めるやうになる。この信教自由権の発展史は、信仰者が教会に結集して自然に勢力をましたといふよりも、むしろ日本国が列強との外交交渉の経過を通じて、一歩また一歩と国利をはかるためにみとめて来たといふやうな変則史を残してゐる。この発展史の変則は、その後の歴史にも日本特有の問題を残したかに見える。

六、初期の憲法典研究

明治五年、米欧を歴訪した岩倉具視、木戸孝允、大久保利通等の外交交渉は、はなはだ不成績の評をまぬかれなかった。初めは、ただ歴訪して諸国の条約改正についての意向打診、改正準備の研究をすることを目的にしたにすぎなかったのであるが、ところが米国で、伊藤博文、森有禮等が米国との間の「条約改正」まで一気に進んで功をあげることをすすめた。しかし、それには当然、天皇陛下の委任状を要するといふので、本国に要請した。時の外務卿副島種臣以下「それは軽率で不成功に終はる」として強く反対したものの、結局は新たに委任状をいただいて国務省との本格交渉に入った。しかし重要な点は全く拒否されて挫折《ざせつ》してしまった。

これは、強引に新委任状をいただいた使節としては、天皇にたいしても本国政府にたいしても、甚だ面目ないことであった。木戸の残した文書によって察するに、岩倉、木戸、大久保等の政治家は、日本では維新の大業を成しとげた政治経験ある有能な人物であったけれども、外交事情には全く通じてゐない。ともかく外国事情に通じてゐる第二級の伊藤博文とか在米中の森有禮あたりが、この時を絶好の機として重臣連中を引きずり、条約改正の歴史的大偉業ができるかのやうに錯誤させて、改めて天皇の委任状までもいただくことになった。しかし、実情は極めて困難で錯綜《さくそう》してをり、到底その交渉妥結の望みがたいことが明らかとなった。天性的に神経質な木戸孝允は、この政治的な不成功に深い痛歎をしめしてをり、そのために、本来は維新前からの直系部下であった伊藤博文に対しても不信を強め、とくに薩州出身の森有禮に対しては痛烈な憤りを感ずるにいたった。米国での半歳の外交交渉は、まったく無能と徒労に終る形となった。

『松菊木戸公傳』（下）は、当時木戸が故国の井上馨に与へた書状を引用して、木戸の苦悩、憂憤を次のやうに述べてゐる。

……三月十一日馨に與へたる書中にも「實ニ此度之事件、又我　朝之一大事件ニシテ、妄《ミダ》リニ輕動ナキヲ謀リ、而シテ抑《ソモソモ》一着ヲ失セシ姿ニ而、必竟弟等之不肖、如何トモ今更イタシカタク候得共、痛歎之事而已《ノミ》ニ而御坐候、イ藤共モ一旦歸朝之都合ニ相決シ、弟等モドサクサニ而同意イタシ候ヘトモ、今日倩《ツラツラ》熟考仕見候ヘハ、弟歸朝仕候而、イ藤等ハ留置候事至當ト存、後悔イタシ候、其譯ハ例ノイホーブ之上下ニ而、新下リハ弟等ニ而十分ニ候得共、當地之實際ニ而ハ甚困却仕候、元來今日之行カヽリ、國務卿ヘ面會之初發、我開化之證跡ヲ盡《コトゴトク》擧言シ、其ヨリシテ港數口ヲ開キ、內地ノ歩行ヲ便ニシ、居留地ヲ廢シ雜居ヲ許ス等、其他彼是等之事件、我開化ヲ進歩スルノ一助ニ而、其益雖在我、亦彼モ擧《アゲテ》而希望スル所ニシテ、國務卿之誠ニ結構ナル事ニ而、奇妙々々ドーゾ御開可被下、政府モ御心配ニ可有之ナド甘ク申候而、我權利ヲ失フ所ノ稅則也、港則也、裁判之權也、法規則也、未一ツモ我ニ附與スル事ヲ不許、漸《ヤウヤク》過日地方規制丈ケ且々押付候へ共、未十分ニ至リ不申、始終彼之所曰ハ、日本之進歩驚入候ホドニテ、誠ニ感服イタシ候、且又獨立タルノ權ヲ有スル、元ヨリ言ヲ不待候ヘ共、二十年前ヲ想視候ヘハ、未全國之人蒸汽船モ不見人而已《ノミ》ニ而　天皇陛下ハ不及申、政府上之事決而疑惑イタシ不申候ヘ共、全國之人心偏《アマネ》ク進歩イタシ候ト申事ハ難認、付而ハ人之生命難限難請合ニ付、今日之有様ニ而、御希望之邊爲我人民之ニモ、一々御承諾イタシカタクト申處ニ、固着イタシ、容易ニ動キ不申、困リ果申候、乍去《サリナガラ》開港之事、内地歩行之事等、爾他三尺之童子ヲ以雖言辨、皆相調候事ニ而、我ニ復スルノ權ヲ不復トキハ、タトヘ條約此行ニ雖不調成、我國ト我人民ニ對シ、決而所不伏也ト、奮發覺悟イタシ居候ヘトモ、此間之苦心焦思難申盡、先彼之求ム所ヲ尋候而、徐々ト起議論候トキハ、余程之我益モ有之候處、自慢モ所ニヨリ候而ハ大損ト相成申候………色々御世話ニ而海外ニ遊ヒ、一愉快ト相考候事、種々無量又如此心配ニ而、耳目ニ觸レ候事モ、面白ト存候暇《イトマ》無御座候、イ藤之未一事モ調候事無之ニ、歸朝イタシ候ヲ、今日行當リ候而甚殘念ト相考ヘ申候、乍去於當國十分相論シ置候ハヽ、歐洲ハ自然容易歟トモ存申候」とありて、公が博文・有禮の言を信じて輕擧せるを悔い、憂憤苦悶《くもん》せるの狀想察するに餘あり、………爾來大使は公等と倶に改正條約に關して屢々集議し、時に激論せしことありしが、輙《やや》もすれば、國家の利害を顧慮せずして徒《いたづら》に其功を貪《むさ》ぼるの情弊あり、殊に有禮の意見は、大使以下の容るる能はざる所多きを以て大使は有禮に戒告し、公もまた其言動を懌《よろこ》ばず、漫《みだり》に外國を崇拜して、我が國を卑下するを痛く憤慨せり、即ち公の日載二月晦日の條に「抑此度ノ行タルヤ、又我　朝ノ一大事件ニシテ、我國ノ爲メ、我人民ノ爲メ、損害ナカランコトヲ慮《オモンパカ》リ、初發事件ノ當否ヲ論シ、妄リニ輕動ナキコトヲ謀ル、而シテ自然事ノ本末齟齬《ソゴ》スルモノ不少、必竟余等ノ罪ナリ、且於于此、又可歎息モノハ開國ヲ思ヒ人民ヲ顧ルヨリモ、亦功名ノ馳セルノ弊ナキニシモアラス、故ニ余今日會同中ニオキテ、事ノ輕重ヲ論シ、一等書記官ノ如キハ、又當今海外ノ情實モ、我朝ニオキテハ略知スルノ徒ニシテ　朝廷ニオキテモ、彼等ヲシテ使節ノ補助タラシメントス、然ルニ、從來不能盡意、依テ今日余彼等モ亦十分ニ意中ヲ吐露センコトヲ論シ、其末辨務森有禮ト鹽田書記是否ヲ論義シ、終ニ森蹴坐去、是等ノ擧動實ニ不解モノニシテ、不禮ト云フヘシ、只内醜ノ形スルヲ恐レ處穩便ト雖モ、實ニ爲我　朝慨歎ニ不堪也」と見え、また三月八日の條に「森辨務亦來、過日來同氏ノ擧動不得意モノアリ、米人却テ能《ヨク》我國ノ情ヲ解シ、我國ノ風俗ヲ知ル、然ルニ、當時留學ノ生徒等モ、我國ノ本來所以ヲ深了セズ、容易ニ米人ノ風俗ヲ輕慕シ、未已ノ自立スル所以《ユエン》ヲ知ラス、漫ニ自主ト歟、共和ト歟ノ説ヲ唱ヘ、輕燥《ケイソウ》浮薄不堪聞モノアリ、已《ステ》ニ森等ノ如キ、我國ノ公使ニシテ、公然外國人中ニテ猥リニ我國ノ風俗ヲイヤシメル風説アリ、其他當時ノ官員中ニモ、纔《ワツカニ》此米國ニ游歴シ、其皮膚ヲ學ヒ我國ヲ輕視スルノ徒不少、擧一善ハ一害ヲ添フ、世界古今ノ通患、善害ヲ不顧、只管漫ニ雜取スルニ於テオヤ、愛我國思我人民者、豈可不深憂哉、實ニ國家ヲ維持スルニ當テハ、一朝山ヲ摧クノ斷アリ、又百年築堤緩急順序ヲ不顧ナキハ、甚危キモノアリ、想像十年後懸念夜白眞ニ不安モノアリ」とあるにて、公が千古の我が國史に鑑《かんが》みて確乎《かくこ》不拔の深慮と、有禮等の輕卒に外國の文物に心酔せる態度とを窺ひ知るを得べし。

岩倉大使、木戸副使の外交交渉は、その心労にもかかはらず成果を得られなかった。しかしこの外遊を、ただ無能と時の浪費にすぎなかったとするのは酷である。大久保は大久保流に、木戸は木戸流に、それぞれに近代国家の政法について真剣に勉学するところがあった。ここでは、木戸の憲法研究について一語しておく。

木戸は、五箇条の御誓文いらい、新しい国の法制度について「智識を世界に求め、大に皇基を振起すべし」との念がつよかった。かれは訪問国の法制についても、深い研究心をもったが、主として青木周藏、山田顯義から諸外国の政体についての研究報告を聞くとともに、フランスからドイツに渡り、自らも外人学者などを訪うて法制度について質《ただ》した。稲田正次著『明治憲法成立史』は、

木戸は四月二十三日の日記で、青木の案内でグナイストを訪問して「其の談中に益を得る不少」と書いてゐる。後年（明治十五年）に伊藤博文がグナイストの憲法思想に大きく影響されるより九年も前に、すでに木戸がグナイストと親しく憲法論議をしたことに、格別の興味をひくものがある。

としてゐる。

木戸は、青木をしてグナイストの説を参考に「大日本政規草案」を執筆させたと推定されてゐる。この大日本政規草案は修正されて「帝號大日本國政典」となる。この青木の憲法草案が、ある意味では、もっとも端的なグナイスト案ではないかと思はれる。その詳しい考証は、前記の稲田著を参考されたいが、青木案はいろいろな点で、伊藤の後年の案より以上に「グナイスト談話」を直訳したもののやうに見える。

この青木の憲法案は、明治五年から七年にかけての執筆と修正だといはれてゐるが、この案で注目すべき点は、民権の保障はあるが政治的に民撰議院をみとめてゐないことである。木戸は明治六年に帰朝して「政規典則を制定すべし」との意見書を提出し、五箇条の御誓文の趣旨にもとづいて、有司の随意を抑制する憲法を立て、民意を迎へるの要を力説してゐるが、しかし、「人民の會議を設るに至るは自ら多少の歳月を費さざるを得ず」として、民撰議院設立には時いまだ尚早、としてゐる。

このほかに木戸の憲法思想としては、兵政分離の制をもっとも早くから力説したことが特徴とされる。武官軍人をして政治に介入させぬ、政治家が兵権を動かしてはならない、との主張であり、これは戦後の梅溪

昇著『明治前期政治史の研究』においても、当時のもっとも開明的な主張として高く評価されてゐる。事実、この兵政分離の原則は、後年の「軍人勅諭」によって明確にしめされ、帝国憲法の運用も亦その原則をみとめる前提に立ってゐる。しかし木戸のこの発想が、日本の実際政治において、かれの第一のライバル西郷の兵権を抑圧することとの緊迫感から生じてゐること、しかしてその理論的裏づけをプロイセン憲法の統帥権理論を利用してゐることをも考慮に入れる必要があるであらう。この論については、ただの開明的進歩とか保守的とかいふやうな割りきりかたよりも、もっと深い検討を要するものがある。

青木案の「帝號大日本國政典」では、皇帝の権利第三十八条で「皇帝陛下ト雖モ一人ヲシテ同時ニ文武両官ヲ兼任セシムルコト勿《ナカ》ルヘシ」とし、第三十九条で「陸海軍元帥ハ皇帝タルヘシ」と明記してゐる（プロイセン憲法第四十六条、四十七条より採る）。木戸は、西郷が陸軍大将で参議に任ぜられたことを文武の混淆とし、西欧文明国に遠く及ばざる後進未開の制として痛烈に非難する。これは確かに木戸の一見識ではあるが、文武の分立をプロイセン憲法によって整理しながら、これを文明国の通義としてゐることが、はたしてそれほど「開明的」であらうか。これは、もっともむつかしい問題である。

プロイセンとは反対にシビリアン・コントロールの徹底した国では、武官の間に政党的色彩が自らに滲透して行き、文武の別を立てたり、現役武官の政治中立についての配慮はあっても、実際的にはむつかしいのが実情である。現に米国でも、木戸が会見した大統領グラントは、南北戦争の戦功の故に選ばれた将軍であり、最近でもアイゼンハワーの例がある。ドイツのワイマール憲法下ではヒンデンブルグ元帥、フランス第四共和国ではドゴール将軍の例もある。形式を仮に退役将軍として見ても、この卓抜な名将たちは、武官のなかに現役軍人以上の不抜の根をもってゐた人々である。西郷に陸軍大将の辞令を与へなくても、薩摩西郷の門下が新編成の陸軍を形成する以上、大同小異だったのではないか。木戸のこの兵政分離の考へ方は、その後の帝国憲法にもひきつがれて行く一つの見識ではあるが、その評価については、いろいろの深い研究課題を残してゐる。

今日の明治法制を論ずる人々のなかで、このグナイスト的プロイセン憲法を多分にとりいれて、キリスト教禁止の国教制を立て民撰議院をもみとめなかった木戸、青木案を、かなりに進歩的開明的であったと評する人が少なくない。しかも同時に、同じグナイストの説を入れて、非国教制とし、民撰議会の権限を強くみとめた伊藤の憲法案を、保守反動的だと評する人が多い。このやうな評価は、まったく論理が相反するものであるが、このやうな説が学者によってなんらの反省もなく行はれてゐるところに、戦後日本の学問の公正さを欠く弱みが露呈してゐることを注意しておきたいと思ふ。

この兵政分離の問題は大切であるので、後段で改めて詳しく理義を明白に論ずる。

木戸の憲法意見提出と相前後して、政府機関の左院でも、憲法案の調査、立案、研究が進められた。左院は、廃藩後の新官制で立法機関的任務を有し、その職務権限もこれまでの集議院よりいささか強められ、その人的構成も有力者が任命された。左院は主として立法官、右院は行政実務の各省長官の会議で、左右両院の上に正院があった。正院は太政大臣を中心とする最高会議の場で、太政大臣、参議などによって構成されてゐたが、参議は左院にも関係した。

左院では時の少議官宮嶋誠一郎が主として憲法編纂の調査研究にあたり、大議官伊知地正治の同意を得、後藤象二郎議長や板垣参議にも大いに励まされて研究をすすめた。その研究成果は「國憲編纂起源」、「國會議院規則」などの貴重な文献として残されてゐるが、その要点は、ともかくも議会政治の端を開くにあった。この宮嶋案の特徴とすべきところは、前記の青木案と異なってともかくも国会の制度をみとめてゐることである。もっともそれは、極めて限定された学識あり財ある少数者に、選挙権、被選挙権を厳重に制約して与へるものではあるが、行政権の外に立法機関としての国会を立てて有司の専制を抑止しようとする意図をしめしてをり、立憲史上の初期資料として注目すべき価値を有するといっていい。しかしこの案は、次章で述べる政府閣内の外交論争のため公の討議に発展する機を失った。

第三章　民撰議院設立建白の前後

一、対韓外交の政策をめぐる思想対決

明治六年に、新政府のなかで外交政策についての激しい論争があって、西郷隆盛、板垣退助、副島種臣、江藤新平、後藤象二郎等の維新いらいの有力な諸参議が政府を退いて野に下った。そして間もなく明治七年一月、これらの諸参議が、西郷を別にしてすべて一致して、民撰議院設立の建白書を提出した。これは、国会を開設し憲法を制定する要望をもっとも鮮明に力づよく表明し、全国の有志者大衆の間に大きな影響を及ぼしたもので、憲法制定史上にも不滅の記録として残ってゐる。この建白書が出て来る前提として、これらの建白者が政府を去るに至った対韓外交政策上の経過を一通り明らかにしておかねばならないが、その歴史については、明治史上の重大な問題として既にすこぶる多くの詳しい研究書もあることなので、ここにはできるだけ簡明に、その沿革の大要のみを記することにする。(註1)

日本と韓国とは、徳川の幕府鎖国時代にも対馬藩（宗家）を代理として国交をつづけ、韓国には日本の居留民もゐた。ところが維新後の新政府になると、日本政局の変化について認識をもたない李朝の政府は、日

本が西欧諸国に屈伏したものと錯誤して日本を侮り、新政府との外交を拒否した。日本政府は、根気よく友好外交をもとめたが、韓国では日本の外交官を侮辱したり、在韓邦人への無法な圧迫政策をとったりして、日本の世論をいちじるしく刺戟《しげき》した。

この世論を背景にして参議板垣退助は、韓国との外交には武力的威圧外交をもって臨むべきであるとして、一大隊の精兵をひきゐて軍事外交を強行せよと主張した。これは乱暴のやうに見えるが、あたかもペルリが日本との外交を開くに際して、艦隊をひきゐて来て江戸城を威圧したやうなもので、当時の国際列強の後進国への外交としては一般に行はれたことである。世にこれを征韓論と称してゐる。

この板垣の軍事的外交政策の主張に対して、西郷隆盛は修正を申し入れた。かれは、東洋的道義外交を主張して、自らその任に当ることを切に希望した。板垣に対しては、その強硬論をなだめるためか、私信のなかでは、自分が使節として礼と道とを以て交渉しても相手が自分を暴殺するやうな事になりかねない、そしたらその時にこそ板垣が征韓の将となればいい、といふやうなことも書いてゐる。ともかく西郷は、板垣の出兵外交論を説得して、自らが平和外交使節として韓国に派遣されることに同意を得た。

ところが、その直前に渡欧中の岩倉具視、大久保利通等が帰朝して、対韓政策について再討議することになった。再討議を前にして西郷隆盛は、これまでの閣議の経過を要約した文章（同文数通）を書き、それを閣僚にしめして、遣韓使節に自分が任命されることの再確認をもとめてゐる。西郷のこのときの見解については、後世にさまざまの説があり、一世紀を経た現代に至っても、史家の間に諸説があって必ずしも一致しない。しかしこの文書は、西郷自らが公的責任をもって提示したものであり、史料としてもっとも重んずべきものと思ふので下記するが、ここには、西郷隆盛の国政思想が鮮烈にしめされてゐる。

西郷はこの文書で、東洋的な「道義と礼節」による「天皇国の維新」の理想を高くかかげてゐる。かれは、決して一部の史家がいふやうな保守反動でもなく、もちろん無謀な侵略家でもない。かれは開明家として名高い島津齊彬に忠誠な臣であり、同じ開明家の橋本左内、勝海舟、横井小楠などを高く評価してこれと交はり、新知識人としての福澤諭吉の新著などもとくに愛読した。かれは、新しい統一国家の建設には、西欧の技術のみならず、法制度なども大いに参考として利用しなければならないことを言明してゐる。それは彼の書翰集などにも随所に見えるところであるが、国政の根本的な思想では、日本における天皇精神の伝統、東洋王道の精神をしっかりと確保しなければならないとの信念に立ってをり、「道義と礼節」に反する西欧覇道主義（列強の権力政策）を極度に侮蔑する思想がつよい。その思想は『南洲先生遺訓』などを見ても明らかであるが、この対韓政策についての始末要約書にはとくに、その思想がよく要約されてゐるといってよい。それは東洋的な「道義と礼節」の外交を堂々と主張したものである。

朝鮮御交際の儀

御一新の涯《みぎは》より及二數度一使節被二差立一百方御手を被レ盡候得共、悉《ことごとく》水泡と相成候のみならず、數々無禮を働き候儀有レ之、近來は人民互の商道を相塞《ふさぎ》、倭館《わかん》詰居の者も甚困難の場合に立至候故、無二御據一護兵一大隊可レ被二差出一御評議の趣承知いたし候付、護兵の儀は決て不レ宜、是よりして闘争に及候ては最初の御趣意に相反し候間此節は公然と使節被二差立一相當の事に可レ有レ之、若《もし》彼より交を破り戰を以テ拒絶可レ致哉、其意底慥《たしか》に相顯《あらはれ》候處迄《まで》は、不レ被レ爲レ盡候ては、人事に於ても殘る處可レ有レ之、自然暴擧も不レ被レ計抔《など》との御疑念を以テ非常の備を設け被二差遣一候ては、又、禮を失せられ候得ば、是非交誼を厚く被レ成候御趣意貫徹いたし候様有レ之度、其上暴擧の時機に至候て、初て彼の曲事分明に天下に鳴し、其罪を可レ問譯に御座候。いまだ十分盡さゞるものを以て、彼の非をのみ責候ては、其罪を眞に知る所無レ之、彼我共疑惑致し候故、討人も怒らず、討るゝものも服せず候付、是非曲直判然と相定候儀、肝要の事と見居《みすゑ》建言いたし候處、御採用相成、御伺の上使節私え被二仰付一候筋、御内定相成居候次第に御座候。此段形行申上候以上。十月十七日　西郷隆盛

（『大西郷書翰大成』第四巻所収）

ここには「朝鮮御交際の儀」とあって、「征韓」の語は一語もない。しかし当時の太政大臣三條實美は、「その目的は、使節は戦争を期するの意か、また戦争を期せざるの意か、あるひは又戦争を期せざるも、やむを得ざる時は戦争を開くの意か」との疑念を表してゐる（三條から岩倉宛の書簡）。これをもって見れば、おそらく三條が疑念をもったやうに岩倉や大久保も、西郷を使節とすればその結果として日韓の間に戦争がおこるであらう、と推察したのは確かと見ていい。閣議は紛糾して西郷の案をつひに否決した。

西郷の提案に対してもっとも強硬に反対したのは、維新の大業に際して西郷ともっとも親近で同生共死を誓って来たといってもいい大久保利通であった。大久保の反対説についても、雑多の諸説があるが、これもその時点で大久保利通本人が書いたままの文を、やや長文ではあるが引用することにする。

征韓論に關する意見書　明治六年十月

凡《およ》そ國家を經略し其疆土《きょうど》人民を保守するには深慮遠謀なくんはあるへからす故に進取退守は必す其機を見て動き其不可を見て止む恥ありといへとも忍ひ義ありといへとも取らす是其輕重を度《はか》り時勢を鑑《かんが》み大期する所以《ゆゑん》なり今般朝鮮遣使の議あり未た俄に行ふへからすとせし者は其宜く鑑み厚く度るへき者あるを以《もって》なり故に其旨趣を左に

掲く

第一條

皇上の至德に依り天運を挽回《ばんかい》し非常の功業を建て今日の盛を致すと雖も御親政日未た久からす政府の基礎未た確立せす且一旦《いったん》にして藩を廢し縣を置く等實に古今稀少の大變革にして今日都下の形體を以て臆見する時は既に其事結尾に至るか如しと雖四方邊隅に至ては又之か爲に所を失ひ産を奪はれ大に不平を懷《いだ》くの徒實に少なからさるへし然《しかれ》とも政府の基礎に於て未嘗て甚き變動なく又鎭臺等の設あつて是に備る嚴なるか故に鼻息を止めて隙《すき》を伺ひ未た重大の患難を生することなしと雖も若《もし》間に乘すへきの機あらは一旦不慮の變を醸すも亦計るへからす然るに只《ただ》眼前其形なきを以て既に憂るに足らすとし後患を慮《おもんばか》ることを忘るへからす且維新以來新令多く下り舊法全く變する者不尠《すくなからず》して全國の人心未た安堵《あんど》に至らす常に疑懼《ぎく》を懷き一令下れは俄に能其旨趣を了解するあたはす殆と路傍に方向を失するの勢あり則一昨年より今歲に至る迄或は布令の意を誤解し或は租稅の增加せんを疑念し邊隅の頑民容易に鼓舞煽動され騷擾《そうじょう》を起すにより止を得すして鮮血を地上に注ける既に幾回そや是《これ》實に能慮るへき所の者にして未俄に朝鮮の役を起す可《べか》らすとするの一なり

第二條

今日已《すで》に政府の費用莫大《ばくだい》にして歲入常に歲出を償ふこと能はさるの患あり況《いはん》や今禍端を開き數萬の兵を外出し日に巨萬の財を費し征役久を致す時は其用費又自ら莫大に至り或は重稅を加へ或は償却の目算なき外債を起し或は償ふこと能はさるの紙幣を增出せさるを得す然れは其數增加するに從つて其價次第に減却し人生日用に必要なる品物交換の間自ら紛擾錯亂を生し大に人民の苦情を發し終《つひ》に擾亂を醸し亦言ふへからさるの國害を來すや實に計るへからす且現今我國の外債已に五百萬有餘にして其償却の方法に至て未た確然たる定算なく又定算あるも恐くは此一擧に因て大に目的の差違を生し殆と救ふへからさるの禍を招くに至らん是大に憂ふへき所の

者にして未俄に朝鮮の役を起す可らすとするの二なり

第三條

即今政府の諸業を起し富强の道を計る多くは數年の後を待ち成功を期したる者にして則海陸文部司法工部開拓等の諸業の如き皆一朝一夕の能く效を致す所に非す必す若干の歳月を期し順を踏み序を逐《おひ》て其成功を全するを勉めさるを得す然るに今無要の兵役を起し徒に政府の心力を費し巨萬の歳費を増し幾多の生命を損し庶民の疾苦を重ね終に他事を顧ること能はさる時は政府創造の事業盡く半途にして廢絶し再度手を下すに至ては又新に事を起さゝるを得す然れは即今創造の事業此一擧に依て殆と水泡に屬し其成功の遲速を論するに至て數十年の異を生し後日に至り恐くは噬臍《ぜいせい》の悔あらん是又能慮るへき所の者にして未俄に朝鮮の役を起す可らすとするの三なり

第四條

我國輸出入の總計を察するに輸出の高毎年大凡《おほよそ》百萬兩の缺乏あり其缺乏は便《すなは》ち金貨を以て之を償却する者とす若《も》し如此《かくのごとき》金貨外出する時は國内の金貨從て減少すへし然して現今内國に行はるゝ者は金貨と紙幣となり今其本を乏ふし其實を缺く時は自政府の信用を薄ふし紙幣は漸次其價を失ひ大に民間の苦情を起し後日殆と救ふ可らさるの勢を生せん又製造產物は衆人の手を經て始て輸出に適するか故に或は之を製し或は之を他人の手に移し國人之か爲に產を得衣食住を購ふに足る而已《のみ》に非す又以て大に富を致す者多し故に輸入品に換るに金貨を以てせす既に製造したる產物を以て交換する時始て貿易は一國富强の基たるを知るへし然るに今内國の貧富を問はす兵の强弱を詳《つまびら》かにせす忽然《こつぜん》戰端を開く時は内國の壯丁外に苦み内に役せられ是か父母たる者は憂慮煩亂勤儉業を營むに意なく從て内國の物產を減少し且船艦彈藥銃器戎服《じゅうふく》多くは外國に賴らさるを得す然らは又殆と先年内亂時間の趣を成し益輸出入の比例に於て大差を生し大に内國の疲弊を起さんは必せり是又可慮者にして

未俄に朝鮮の役を起す可らすとするの四なり

第五條

外國の關係を論する時は吾國に於て最重大なる者魯英を以て第一とす夫《そ》れ魯は北方に地方を占め兵を下して樺太に臨み一擧して南征するの勢あり然のみならす輓今《ばんこん》現に不快の事變を生し彼我の關係穩かならす商議半にして其結局未た何れに決するやを知らす縱令《たとひ》方今其結局に至り忽ち國家の大患を起すに至らさるも固《もと》より我國の獨立不羈《ふき》確然不可犯の基礎あるに非されは他日其禍を免るゝ能はさるは是皆世人の能く知る所なり然るに今兵端を開き朝鮮と干戈《かんか》を交ゆる時は恰《あたか》も鷸蚌《いつぼう》相爭の形に類し魯は正に漁父の利を得んとす可し是れ深く注意す可きことにして未俄に朝鮮の役を起す可らすとするの五なり

第六條

亞細亞洲中に於て英は殊に强盛を張り諸州に跨《またが》りて地を占め國民を移住して兵を屯し艦を泛《うか》へて卒然不虞の變に備へ虎視眈々《たんたん》朝に告れは夕に來るの勢あり（註2）然るに今我國の外債多くは英國に依らさるなし若し今吾國に於て不虞の禍難を生し倉庫空乏し人民貧弱に陷り其負債を償ふこと能はすんは英國は必す之を以て口實とし終に我內政に關するの禍を招き恐くは其弊害言ふ可らさるの極に至らん是れ宜く深思細察せすんは有る可らす夫れ印度の英國屬地となるや初は數多《あまた》の英民商社を設け專ら印度地方と貿易を行ひ漸次其利を得るに從て商社の勢强盛を致し陸上に兵を備へ海上に艦を泛へ以て一國君主の姿を爲せり其時印度諸侯は互に相戰ひ齒牙相顧みさるの體ありて或は救を此商社に求め商社は能く其間に乘し彼を打ち是を助け漸次强大の勢を得終に印度の全國彼か術中に陷り不羈獨立を失ひ可憐《あはれむべし》英國の所屬と爲るに至る我國に於ては宜く玆《ここ》に注意し早く國內の產業を起し輸出を增加し富强の道を勸め以て負債を償還せんことを計るへし是實に今日の急務にして未俄に朝鮮の役を起す可らすとするの六なり

第七條

我國歐米各國と既に結ひたる條約は固より平均を得さる者にして其條中殆と獨立國の體裁を失する者少からす是か爲束縛を受け利する所有んとせは先に開戰の説を決せさるを得す然る時は外を征し內を守るの兵寡《すくな》くも十有餘萬を募集すへし且其使役に供せんか爲又數萬の丁民を招集し彈藥銃器船艦運輸其他百般の費用莫大なる者豫《あらかじ》め定算を立て難しと雖も今之を概算すれは日に若干萬を以て算すへし若征役直に利を得ると雖も其得る所恐くは其失ふ所を償ふに足らす況や遠征歲月の久を經るに於ておや譬《たと》へ終に全勝を得或は全國を略有し或は和議を許し賠還を成さしむるも數年の間常に兵を屯し要處を守り彼か違約を豫防せさるを得す況や全國を略有するの日に至ては必國中不平の徒多く四方常に紛擾を生し國土を保有すること殆と餘日なきの勢あるに至らん然れは今征討保衞の費用を算するに恐くは朝鮮全國の物品も又是を償ふに足らす且魯也支那也夫の一二朝臣の語或は默諾に依り朝鮮の事件に關渉することなきを論すと雖も又是を確定するの實證あることなし譬へ實證ありとするも彼兩國政府は謀略を施し間隙を伺ひ其機に乘し突然不慮の禍を來すことあるや亦計る可らす而て其前約を敗るに名を求むること實に難きに非す然るを今茫然として思慮此に及はす卒爾《そつじ》大事を釀さは將來恐くは大なる後悔を生せん最魯の如きは北方僅に吾國と隣接すと雖も已に《すで》屢《しばしば》爭端を發し我國の禍を爲すこと實に少しとせす然るに今又朝鮮の地を略し益《ますます》彼と隣接するに至るは方今內國の形情に依て論すれは實に策の得たる者に非す朝鮮の我國を侮慢するや慨然忍ふ可らさるの議論ありと雖も今般遣使の議の由て起る處を察すれは今特命の使節を送り其接待若傲慢《もしごうまん》無禮以て兵端を開くに確然たる名義を與ふることあれは則征討の師を出し其罪を問はんとするの意に似たり若果して然れは既に今日に於て我國の名譽を汚し國體に關し止むを得さるの事情に至り他事を顧るに暇《いとま》あらすして此役を起さんとするに非さるや固より明なり然るを今國家の安危を顧みす人民の利害を計らす好て事變を起し敢て進退取捨の機を審《つまびらか》にせさるは實に了解す可らさる所にして以て此役を起

すの議を肯《がへ》んせさる所以なり（『大久保利通全集』第五巻所収）。

この大久保の文で、初めに「進取退守は必す其機を見て動き其不可を見て止む恥ありといへとも忍ひ義ありといへとも取らす」と大胆にその政治哲学を断言したのは、まさにかれがもっとも深く知る親友西郷隆盛の政治哲学にたいする挑戦であった。西郷は、

正道を踏み、國を以て斃《たほ》るるの精神無くんば外國交際は全かる可からず。彼の強大に畏縮し、圓滑を主として、曲げて彼の意に従順するときは、輕侮を招き、好親却て破れ、終に彼の制を受くるに至らん（『大西郷遺訓』、頭山満講評＝政教社版）。

といふ。大久保は、西郷のこの信念を深く知ってゐるが、それは現実政治担当以前の在野の志士の思想だと判断する。かれは、維新いらい政治責任の地位に立ち、欧米の先進諸国の政治をふかく視察して帰り、その間に十九世紀の近代国家権力の真相を知りつくした。かれは、欧米の権力政治家に一歩も劣らないだけの知力をつくして「国利」を守らねばならないとの政治哲学を固め、西郷の東洋政治哲学に決然として反論する。

かれの政局の機を見る見解は前記のとほりであるが、これを要約すると、まづ第一條では、維新変革後の不安の情況が去らない時に際しては不平の徒の発生のまぬがれがたい必然を冷徹に直視して、新政権確立の緊急を説く。第二條以下第四條では、主として財政および経済の困難とその克服の緊急なことを詳説して、そこに破綻《はたん》を生ずる時には、国の内政も外交も破綻の危機に瀕《ひん》すると説く。そして第五條以下第七條では、その時点（明治六年）の国際情勢を説きつつ、西郷使節の派遣は開戦にいたるの公算が大きく、この開戦は北

方ロシアからの干渉をまねき、ひいては財政関係とからんで英国からの内政干渉を誘発する危機を意味することを論じて、開戦のおそれの多い対韓政策に断然と反対してゐる。これは政局の「機」を見る大久保のパワー・ポリティクスをしめす名文でもある。

世にこれを武断派西郷と文治派大久保との対決とする史論が長く流行したが、それはあまりにも事の本質から離れること遠い浅見である。その証拠に、それから二年後の明治八年には大久保政府は、韓国に対して海軍で猛攻撃を加へ、強圧外交に成功してゐる。大久保はこの時点では、英露の干渉はない、とその機を判断したのであって、文治とか武断とかの差ではない。この大久保の機を見ての武断外交に対して、西郷はこれをもって「東洋の道義に反する」暴圧外交として怒りをもって非難してゐる。（註3）西郷と大久保とは、どちらが武断派か文治派かで割りきって判断することはできない。東洋政治哲学の近代的発展をはかる西郷と、西欧近代政治哲学の利用移入に主力をおく大久保との本質的な思想対決といふべきであらう。そして実はこの思想対決は、西郷、大久保の二人が死んだ後にも、明治日本の文武官の間に、また在野の政治家にも深い影響を残して行った二大潮流であり、憲法思想とその運用にも間接ではあるが浅からぬ影響を及ぼしてゐる。

二、民撰議院設立の建白とその反対論

ここに維新史上の第一級の功臣、英雄が、同じ憂国の情をもちつつも相反する政見を確信して対決したのであったが、この論争は、岩倉具視の強力な働きがあって閣議は結局、従前の西郷案を否決してしまった。

すでに決議された重大外交策を否決されてしまった以上、西郷以下の諸参議が退官したのは、政治責任をとる上から見ても当然であった。

しかし退官した諸参議は、この否決をもって許しがたい君側重臣の専制専断であると信じた。当時の一般世論は、圧倒的に対韓強硬政策を支持してゐると信じられた。もしも維新の国是である「萬機公論ニ決スヘシ」との精神の前進によって、民撰議院が設立され強い発言権をもってをれば、退官諸参議の主張が堂々と勝利をおさめて、天皇の裁可を得たにちがひないと確信された。かれら諸参議は、退官とともに、政府の構成を一新して明治維新の新国是を前進させるのには、ただ政府が上から任命した者、官撰の者の会議で討議してゐても、真の公議公論の政治は行はれない、民撰議院の設立こそが緊要である、といふ点に意思が一致し、ただちに建白書を提出した。時に明治七年一月十七日のことである（建白書は、板垣退助監修『自由黨史』と『明治文化全集』第一巻の資料とでは多少の相異点があるが、ここでは『明治文化全集』第一巻によった）。

民選議院設立ノ建言

某等別紙奉建言候次第平生ノ持論ニシテ、某等在官中屢《シバシバ》及建言候者モ有之候處、歐米同盟各國ヘ大使御派出之上、實地ノ景況ヲモ御目擊ニ相成リ其上事宜斟酌《シンシヤク》施設可相成トノ御評議モ有之、然ルニ最早大使御歸朝以來既ニ數月ヲ閲《ケミ》シ候得共、何等ノ御施設モ拜承不仕、昨今民心恟々《キヨウキヨウ》上下相疑ヒ、動《ヤヤ》モスレハ土崩瓦解ノ兆無之トモ難中勢ニ立至リ候儀、畢竟《ヒツキヨウ》天下輿論《ヨロン》公議ノ壅塞《ヨウソク》スル故ト實以殘念ノ至ニ奉存候。此段宜敷《ヨロシク》御評議ヲ可被遂候也。

副島種臣

後藤象次郎

板垣退助
江藤新平
由利公正
小室信夫
岡本健三郎
古澤滋

臣等伏シテ方今政權ノ歸スル所ヲ察スルニ、上帝室ニ在ラズ、下人民ニ在ラズ、而シテ獨リ有司ニ歸ス。夫レ有司、上帝室ヲ尊ブト曰ハザルニハ非ラズ。而シテ帝室漸ヤク其尊榮ヲ失フ。下人民ヲ保ツト云ハザルニハ非ラズ。而シテ政令百端朝出暮改政刑情實ニ成リ、賞罰愛憎ニ出ヅ。言路壅蔽困苦告グルナシ。夫レ如是《カクノゴトク》ニシテ天下ノ治安ナラン事ヲ欲ス、三尺ノ童子モ猶其不可ナルヲ知ル。因循《インジュン》改メズ恐クハ國家土崩ノ勢ヲ致サン。臣等愛國ノ情自ラ已《ヤ》ムコト能ハズ。乃《スナハ》チ之レヲ振救スルノ道ヲ講求スルニ、唯ダ天下ノ公議ヲ張ルニアリ。天下ノ公議ヲ張ルハ民選議院ヲ立ルニ在ルノミ。則チ有司ノ權限ル所アツテ、而シテ上下安全、其幸福ヲ受ル者アラン。請《コフ》遂ニ之レヲ陳セン。夫レ人民政府ニ對シ租稅ヲ拂フノ義務アル者ハ、則チ其政府ノ事ヲ與知可否スルノ權理ヲ有ス。是レ天下ノ通論ニシテ復喋々《マタチヨウチヨウ》臣等ノ之レヲ贅言《ゼイゲン》スルヲ待ザルナリ。故ニ臣等竊《ヒソカ》ニ願フ。有司モ亦是ノ大理ニ抗抵セザラン事ヲ。今民選議院ヲ立ツルノ議ヲ拒ム者曰ク、我民不學無識未ダ開明ノ域ニ進マズ。故ニ今日民選議院ヲ立ツル尙應《マ》サニ早カル可シト。臣等以為《オモヘ》ラク、若《モ》シ果シテ眞ニ其謂《イ》フ所ノ如キ歟《カ》。則チ之レヲシテ學且智、而シテ急ニ開明ノ域ニ進マシムルノ道、卽チ民選議院ヲ立ツルニ在リ。何トナレバ則チ今日我人民ヲシテ學且智ニ開明ノ域ニ進マシメントスルハ、先ヅ其通義權理ヲ保有セシメ、之レヲシテ自尊自重天下ト憂樂ヲ共ニスルノ氣象ヲ起サシメズンバアル可ラズ。自尊自重天下ト憂樂ヲ共ニスルノ氣象ヲ起サシメントスルハ、之レヲシテ天下ノ事ニ與《アツカ》ラシムルニ在リ。如是ニシテ人民其固陋《コロウ》ニ安ジ、不學無識自カラ甘ンズル者ハ、未ダ之レ有ラザルナリ。而シテ今其自ラ學且智ニシテ自カラ其開明ノ域ニ入ルヲ待ツ。是殆ンド百年河清ヲ待ツノ類ナリ。甚シキハ則チ今遽《ニハ》カニ議院ヲ立ツルハ是レ天下ノ愚ヲ集ムルニ過ザルノミト謂フニ至ル。噫何ゾ自ラ傲《オゴ》ルノ太甚《ハナハダ》シク、而シテ其人民ヲ視ルノ蔑如《ベツジヨ》タルヤ。有司中智巧固ヨリ人ニ過グル者アラン。然レドモ世復安《マタイヅク》ンゾ學問識見ノ諸人ニ過グル者アラザルヲ知ランヤ。蓋《ケダ》シ天下ノ人如是蔑視ス可ラザルナリ。若《モ》シ將《ハ》タ蔑視ス可キ者トセバ有司モ亦其中ノ一人ナラズヤ。然ラバ則チ均《ヒト》シク是レ不學無識ナリ。僅ニ有司ノ專裁ト人民ノ輿論公議ヲ張ルト、其賢愚果シテ如何ゾヤ。臣等謂フ、有司ノ智モ亦之レヲ維新以前ニ視ル必ズ其進ミシ者アラン。何トナレバ則チ人間ノ智識ナル者ハ必ズ其ノ之レヲ用ルニ從テ進ム者ナレバナリ。故ニ曰ク民選議院ヲ立ツルハ是レ卽チ人民ヲシテ學且智ニシテ而シテ急ニ開明ノ域ニ進マシムルノ道ナリト。

　且ツ夫レ政府ノ職、其ノ宜シク奉ジテ以テ目的トナス可キ者、人民ヲシテ進歩スルヲ得セシムルニ在リ。故ニ草昧《ソウマイ》ノ世、野蠻ノ俗、其ノ民勇猛暴悍《ボウカン》、而シテ從フ所ヲ知ラズ。是時ニ方《アタ》ツテ政府ノ職固リ之レヲシテ從フ所ヲ知ラシムルニ在リ。今我國既ニ草昧ニ非ズ、而シテ我人民ノ從馴《ジユウジユン》ナル者既ニ過甚トス。然ラバ則チ今日我政府ノ宜シク以テ其ノ目的トナス可キ者ハ、則チ我人民ヲシテ其ノ固有ノ勇前敢爲ノ氣ヲ起シ、以テ天下ヲ分任スルノ義務ヲ辨知擔當セシムルニ在リ。而シテ是レ唯ダ先ヅ民選議院ヲ立テ其レヲシテ天下ノ事ニ參與スルヲ習ハシメ、而シテ後始メテ能ク其ノ效ヲ見ル可キ也已《(ママ)》。

　夫レ政府ノ强キ者何ヲ以テカ之レヲ致スヤ。天下人民皆同心ナレバナリ。臣等必ズ遠ク舊事ヲ引イテ之レヲ證セズ。且ツ昨十月政府ノ變革ニ就テ之レヲ驗ス。岌岌乎《キユウキユウコ》ト其レ危イ哉。我政府ノ孤立スルヤ何ゾヤ。昨冬我政府ノ變革、天下人民ノ之レガ爲メニ喜戚《キセキ》セシ者幾バクカアル。啻《タダ》之レガ爲メニ喜戚セザル而已《ノミ》ナラズ、天下人民ノ漠トシテ之レヲ知ラザル者十ノ八九ニ居ル。唯ダ兵隊ノ解散ニ驚クノミ。今民選議院ヲ立ツルハ則チ政府人民ノ間、情實融通相共ニ合シテ一體トナリ、國始メテ以テ強カルベク、政府始メテ以テ強カルベキナリ。

臣等既ニ天下ノ大理ニ就テ之レヲ究《キ》ハメ、我國今日ノ勢ニ就テ之レヲ實ニシ、政府ノ職ニ就テ之レヲ論ジ、及ビ昨十月政府ノ變革ニ就テ之ヲ驗ス。而シテ臣等ノ自ラ臣等ノ說ヲ信ズルコト、愈愈篤ク切《セツ》ニ謂フ。今日天下ヲ維持振起スルノ道、唯ダ民選議院ヲ立テ、而シテ天下ノ公議ヲ張ルニ在ル而已ト。其方法等ノ議ノ如キハ臣等必ズ之レヲ茲ニ言ハズ。蓋シ十數枚紙ノ能ク之レヲ盡ス者ニ非レバ也。但臣等竊《ヒソ》カニ聞ク、今日有司持重ノ說ニ藉《カ》リ、事多ク因循ヲ務メ、世ノ改革ヲ言フ者ヲ目シテ輕々進歩トシ、而シテ之レヲ拒ムニ尙早キノ二字ヲ以テスト。臣等請フ、又之レヲ辯ゼン。

夫レ輕々進歩ト云フ者、固リ臣等ノ解セザル所ナリ。若シ果シテ事倉卒ニ出ル者ヲ以テ輕々進歩トスル歟。民選議院ナル者ハ以テ事ヲ鄭重《テイチヨウ》ニスル所ノ者ナリ。各省不和ニシテ而シテ變更ノ際事本末緩急ノ序ヲ失シ、彼此《ヒシ》ノ施設相視ザル者ヲ以テ輕々進歩トスル歟。是レ國ニ定律ナク有司任意放行スレバナリ。此ノ二者アラバ則チ適《ツフ》サニ其ノ民選議院ノ立テズンバアル可ラザルノ所以ヲ證スルヲ見ルノミ。夫レ進歩ナル者ハ天下ノ至美ナリ。事々物々進歩セズンバアルベカラズ。然ラバ則チ有司亦タ必ズ進歩ノ二字ヲ罪スル能ハズ。其罪スル所必ズ輕々ノ二字ニ止ラン。輕々ノ二字民選議院ト曾《カツ》テ相關渉セザル也。

尙早キノ二字ノ民選議院ヲ立ツルニ於ケル、臣等啻ニ之レヲ解セザル而已ナラズ、臣等ノ見正ニ之レト相反ス。如何トナレバ今日民選議院ヲ立ツルモ尙恐ラクハ歲月ノ久シキヲ待チ、而シテ後始メテ其ノ十分完備ヲ期スルニ至ラン。故ニ臣等一日モ唯ダ其ノ立ツコトノ晩《オソ》カランコトヲ恐ル。故ニ曰ク臣等唯ダ其ノ反對ヲ見ルノミト。

有司ノ說又云フ。歐米各國今日ノ議院ナル者ハ一朝一夕ニ設立セシノ議院ニ非ズ。其ノ進歩ノ漸ヲ以テ之レヲ致セシ者ノミ。故ニ我今日俄カニ之レヲ摸《モ》スルヲ得ズト。夫レ進歩ノ漸ヲ以テ之レヲ致セシ者、豈《ア》ニ獨リ議院ノミナランヤ。凡百ノ學問技術機械皆然ル也。然ルニ彼レ數百年ノ久シキヲ積デ之レヲ致セシ者ハ、蓋シ前ニ成規ナク、皆自ラ之レヲ經驗發明セシナレバナリ。今我レ其ノ成規ヲ擇ンデ之レヲ取ラバ、何ゾ企テ及ブ可ラザランヤ。若シ我自カラ蒸氣ノ理ヲ發明スルヲ待チ、然ル後我始メテ蒸氣機械ヲ用ルヲ得ベク、電氣ノ理ヲ發明スルヲ待テ、然ル後我始メテ電信ノ線ヲ架スルヲ得ベキトスル歟。政府ハ應《マサ》ニ手ヲ下スノ事ナカル可シ。

臣等既ニ已ニ今日我ガ國民選議院ヲ立テズンバアルベカラザル所以、及ビ今日我國人民進歩ノ度、能ク斯ノ議院ヲ立ツルニ堪《タ》ユルコトヲ辯論スル者ハ、則チ有司ノ之レヲ拒ム者ヲシテ口ニ藉《シャ》スル所ナカラシメントニ非ズ。斯《コ》ノ議院ヲ立ツル者ハ天下ノ眞理ヲ伸張シ、人民ノ公論通義ヲ立テ、天下ノ元氣ヲ鼓舞シ、以テ上下親近シ君臣相愛シ、我帝國ヲ維持振起シ、幸福安全ヲ保護センコトヲ欲シテナリ。請フ幸ニ之レヲ擇ビ給ハンコトヲ。

この退官諸参議らによる民撰議院設立の建白は、全天下に大きなセンセーションを捲《ま》きおこした。明治維新後の新政府の文明開化政策には、感歎すべき業績が少なくないが、維新に際して国民がもっともつよく理想として熱望してゐたものをはっきりと表明しえたのは、この民撰議院であったといっていいであらう。

しかし「民撰議院」といふ制度は、日本では初めてで前例がない。それを熱望する思想的基礎は、日本人自らの間に二、三十年も前から生まれて来てゐるが、民撰議院といふ制度そのものは、外国にはあるが日本にはなかった。そこで当然、外国法に学ぶところがなくてはならないが、西欧流の文明開化政策にもっとも急進的で熱意をもってゐた政府官僚にしても、それに近い新進洋学者にしても、ほかのことについては欧化至上主義であったけれども、この民撰議院に対するかぎりはそろって頑強に反対した。これは非常に興味ある明治史の特徴である。

反論の代表的なものは、宮内省の有名な洋学者加藤弘之で、かれは民撰議院設立建白者に対する質問の形でその見解を表明した。これに対して在野の側から、次々と加藤への再反論が行はれた。中でも大井憲太郎（筆名は馬城臺次郎）等が有名であるが、ここではまづ加藤弘之の民撰議院反対論（尚早説）を引用する（板垣『自由黨史』上巻から引用）。

加藤弘之の尙早論

本文（註「建言書」）、臣等愛國の情自ら已む能はず、乃ち之を振起するの道を講求するに、唯天下の公議を張るに在るのみ云々、天下の公議を張る苟《いやし》くも有志者の切に望む所なり。蓋し國家治安の基礎を固ふする公議を張るより善きはなし。然るに其間に一難事なき能はず、何をか難事と云ふ。卽ち公議必ずしも至論明說ならざるを云ふなり。歐洲文明開化の各國に於てすら、尙且つ或は之を免るゝ能はず、況んや開化未全の吾邦に於てをや。蓋し議院を設立するは、專ら國家治安の基礎たる制度憲法を創定せんが爲なり。而して制度憲法を創定するは、先づ邦國今日の世態人情を詳察して、此世態人情に恰當《こうとう》適切なる者を撰ばざる可らず。然らざれば所謂《いはゆる》方底圓蓋《えんがい》、決して眞に治安の基礎たる制度憲法と稱するに足らざればなり。凡そ邦國今日の世態人情に適切恰當なる者を撰ぶ、獨り賢智者の能く爲す所なり。………然るに吾邦開化未然の人民を擧て天下の事を共議せしめ、而して其の公議を採て天下の制度憲法を創定せんと欲す。恐らくは木に緣り魚を求むるに類せんのみ。………又た魯國今時猶ほ未だ實に民撰議院を設立せず、是又其人民預政の識見未だ足らざるに由るなり。然るに吾邦にして魯國の猶未だ爲さゞる所を行はんと欲す。抑《そもそも》難い哉。吾邦人方今漸く文化に向ふと雖も、農商に至りては多くは猶ほ依然たる昔時の農商にして、無智不學自ら甘じ、敢て振起するを求むるに至らず、唯だ士族に至りては大に之に優るが如しと雖も、然も稍《やや》事理を解する者は恐らくは僅々《きんきん》のみ。故に例へば政府の何物たる、政府收稅の權利何の理に出る、臣民軍役の義務何の理に起る等、凡そ淺近平易の事と雖も、猶解する能はざる者殆ど十の八九に下らず、豈に歎ぜざる可けんや。然るに今是等の情實を察せず、一涯《いちがい》に民撰議院を設立すれば、其公議決定する所の菓實は恐らくは愚論取るに足らざる者のみならん。愚論猶可なり、或は之に由て國家の大害生ぜざるを保つ能はず。凡そ人民智識未だ開けずして先づ大に自由の權を得るときは、之を施行するの正道を知らずして、之が爲に却て自暴自棄に陷り、遂に國家の治安を傷害するの恐れあり。豈懼《おそ》れざる可けんや。歐州近今の碩《せき》學鴻《こう》儒、民撰議院の開化國に必要にして、未開化國に害ある所以を論ぜざる者なし。……然れども僕が知る所聞く所を以て考ふるに、今要路有司の外に學識卓越なる俊傑を求むるも、恐らくは數十名に過ぎざる可し。三千萬人中に於て僅に數十名の俊傑あるも、未だ以て人民の聲價を增すに足らず、未だ以て人民の開明を稱するに足らず。蓋し政府自傲の心蔑如の意あらざるも、姑《しばら》く天下の事を以て自ら任ぜざるを得ざる所以なり。……民撰議院なる者は事を鄭重《ていちょう》にする所の者なりと云ふは可なり。然れども今急に民撰議院を立るの議を起すは輕々進歩の誹《そしり》を免るゝ能はず。其理は上に論ずるが如し。……卑見の大意を述て閣下等に質《ただ》す大凡《おほよそ》此の如し。閣下等幸に教示を垂れよ。

但し今此高論ある蓋し他日議院設立の萌芽なり。是れ僕高論に於て疑團なき能はずと雖も、亦大に之を喜ぶ所以なり。因て考ふるに方今政府は姑く特裁の政を施さゞることを得ずと雖も、元來民の爲めに政府ありて政府の爲めに民あるにあらざるの眞理を忘失するなく、偏《ひとへ》に非的利《フレデリツク》の公心を以て自ら政權を限制し、務めて民の私權を伸張せしめ、言路を洞開し、教育を勸勵し、以て吾邦をして速に開明國とならしむるを要す。且つ閣下等の論に由て考ふるに、今既に某二三縣に於て爲せしが如く、姑く府縣にて士族並に平民の上中等邊より選擧を以て府縣内に小議院を設立し、唯其府縣内の事を商議せしむるの擧あらば如何。但し議定を取捨するは姑く知事令等の權にある可し。然れども是亦希望するが如き功益あるや否、或は却て害あるべきや、僕未だ之を考定する能はず。閣下等並に大方君子の高論を俟《ま》つ（『日新眞事誌』七・二・三）。

この加藤の論に対しては、建白者の立場を代表して愛国公党が、答弁の形で駁論《ばくろん》を発表した（古澤滋が起草し、副島、福岡等が修補したといはれる）。加藤を支援する者に英学者福地源一郎等の『東京日々新聞』があり、識者の論争は大いに活潑であったが、議院設立建白者側の見解は、すでに建白書全文でほぼ明らかなので、ここには西周、森有禮等の反対論を加へて当時の反対説の概要を見ることにする。

駁舊相公議一題

西　周

余舊参議諸公左院ニ建白シ、民選議院ヲ起スノ議ヲ讀ミ、竊カニ疑ナキ能ハズ。嘗《ココロ》ミニ其言ノ蔽《オホ》ハルル所ヲ擧ゲテ之レヲ言ハム。蓋シ其大意云フ。政府ノ强キヲ致スハ天下人民ノ同心ヲ致スニ在リ。人民ノ同心ヲ致スハ民選議院ヲ起スニ在リ。而シテ所謂議院ノ法ハ西洋ノ成規ヲ取ツテ之レヲ我ニ施スニ在リ。猶滊《キ》車電信ノ法西洋ノ發明ニシテ、取ツテ之レヲ我ニ用フルガ如シ。若シ我自ラ滊車電信ヲ發明スルヲ待チ、然ル後滊車ヲ用ヒ電線ヲ架スルヲ得ベシト。則チ政府ハ應ニ手ヲ下スノ事ナカルベシト。嗟《アア》亦何ゾ其言ノ條理ヲ失スルヤ。滊車電信ノ如キ西洋ニ在リ何等ノ學ニ在ツテ之レヲ講ジ、何等ノ書ニ於テ之レヲ論ズルヤ。格物《フイシツク》ナリ、化學《ケミストリ》ナリ、器機《メカニツク》ナリ、亦カノ政事《ホリシツク》ナリ、法律《ロオ》ナリ、敎法《レリジヨン》ナリト、同日ニシテ論ズベキカ。余未ダ英ノ引力、佛ノ引力ト、法ヲ異ニシ、日ノ電氣、米ノ電氣ト、道ヲ異ニスルヲ聞カズ。而シテ何ゾ獨リ政事ニ至ツテ之レニ反スル。英ノ議院、佛ノ議院ト其法ヲ同ウセズ。……抑余聞ク西洋政事ノ學ニ在ツテハ人民開化ノ度ヲ審《ツマビラ》カニシ、時ニ適シ地ニ適シ、以テ其宜シキヲ制スルニ在ルノミト。是レカノ物理《フイシカル》ノ諸學ト本來ノ理法《ロオ》ヲ異ニスル者ナリ。今比シテ之ヲ一ニセント欲ス。西洋ニ在リ果シテ其學アリヤ。又曰ク人民政府ニ對シ租稅ヲ拂フノ義務アルハ、則チ其政府ノ事ヲ與知可否スルノ權理ヲ有ス。是レ天下ノ通論ナリト。通論ノ二字何等ノ義ゾ。人民既ニ租稅ヲ出ス。即チ是レニ對シテ其保護ヲ望ムノ權利ヲ有スベシ。然レドモ其之レヲ參與可否スルノ權利ハ則チ其國創《ハジ》メテ政體ヲ建ツル時ニ在ツテ之レヲ定ムベシ。今ソレ政府ヲ以テ國民約束《コンタラツシヤール》ヨリ成ル者トシテ、之レヲ論ズ。國民曰ク我ガ力業ノ半ヲ汝《ナンヂ》有司ニ出シテ以テ汝ヲ養フ。汝之レガ爲ニ我ヲ治メヨト謂フ。是レ一約束ナリ。國民或ハ曰ク我レ我ガ力業ノ半ヲ汝ニ出シ、以テ汝ヲ養フ。汝之レガ爲メニ我レヲ治メヨ。而シテ汝ヲシテ肆縱《シシヨウ》ナラシメザラシムル爲メニ、我レ先ヅ法ヲ制シテ之レヲ與ヘム。汝此法ニ遵《シタガ》ツテ我ヲ治メヨト謂フ。是レ亦一約束ナリ。故ニルウソウ氏ノ説ニ據リ、政府ヲ以テ全ク約束ヨリ成ルトスルモ政府ノ事ヲ與知スルノ權利ハ租税ヲ出スト相對スルノ權利ニ非ラズ。況ンヤ一國ノ政府ハ必ズ約束ニ與ル者ニ非ラズ。古來　歷史《ヒシトリヤル》上ノ沿革其源ヲ異ニスル者アルニ於テヲヤ。是レヲ以テ天下ノ大理ヲ究メタリト謂フ。余未ダ何等ノ學ニ淵源《エンゲン》スルヲ知ラズ。又曰ク、人民ヲシテ學且智ニ開明ノ域ニ進マシムルノ道、卽チ民選議院ヲ立ツルニ在リト。又曰ク先ヅ其通義權理ヲ保護セシメ、自尊自重天下ト憂樂ヲ共ニスルノ氣象ヲ起サシムト。所謂人民ノ權理ヲ保セシムルノ道ハ何《イツク》ニカ在ル。之レヲ民選議院ニ在リトスルカ。之レヲ司法ノ任ニ在リトスルカ。上抑壓ノ政ナク、而シテ司法誠ニ其平ヲ得バ人民ノ權理亦保全スベシ。カノ自尊自重天下ト憂樂ヲ共ニスルノ氣象ヲ有スルハ、學識アル人ニ望ムベシ。其學識ヲ起ス之レヲ文部ノ政ニ求メズシテ、之レヲ議院ヲ開クニ求メムトスルハ、亦眞ニ其道ヲ得ルノ手段ト謂ハムカ。且ツ夫レ演劇ノ一技ノ如キモ之レヲ演ズルヲ學ンデ而シテ後ニ舞臺ヲ開カム歟。又先ヅ舞臺ヲ開キテ而シテ後ニ之レヲ演習セムカ。嗟演劇ノ如キ既ニ之レヲ開クモ客ノ來ル無キハ則チ止マム。而シテ演技其法ヲ失スルモ亦害ナカルベシ。今天下ノ政事ノ如キ亦是レヲ演習ノ場地トナスベケンヤ。凡ソ此等ノ論、諸公身既ニ嘗テ廟堂《ビヨウドウ》ノ上ニ在ツテ自ラ體驗スル所ナリトセバ、則チ余諸公ノ爲ニ慨セザルヲ得ズ。且ツ夫レ帝室漸ク其尊榮ヲ失ヒ、政令百端朝出暮改政情實ニ成リ、賞罰愛憎ニ出ヅルノ數言諸公職ヲ去ルノ後、年間ニシテ政府之レヲ改ムルコト能ハザレバ、則チ之レヲ謂フモ可ナリ。退ク數月ニシテ顧ミテ之レヲ以テ之レヲ政府ニ責ム、亦自ラ其面ニ唾《ツバキ》スルガ如キノミ。余竊ニ諸公ノ爲メニ取ラザル所ナリ。然リト雖モ方今ノ勢政權ノ歸スル所、上帝室ニ在ラズ、下人民ニ在ラズト云フ者ハ、則チ之レアリ。之レヲ維持シテ堅牢《ケンロウ》不拔ナラシメムト欲スル、或ハ議院アリテ其權ヲ分ツニ在ルモ亦其理無シト謂フ可ラズ。唯ダ之レヲ民選ニ取リ遽カニ西洋下院ノ法ノ如クナランヲ欲スルハ、之レヲ時ニ徵シ之レヲ人民開化ノ度ニ質シテ未ダ其肯綮《コウケイ》ヲ得タリト謂フ可ラザル者ノ如シ。余今敢ヘテ議院ヲ起スノ可否ニ就イテ之レヲ論ズルニ非ラズ。殊ニ其論中僞論甚ダ多キヲ恐ル。此等ノ僞論天下ノ人民ノ耳目ヲ煽動シ、誤ツテ一旦僞論家ノ議院立ツコトアラバ則チ僞論家僞論家ト相議シ、天下ノ事岌岌乎《キユウキユウコ》トシテ亦殆《アヤフ》カラザラム乎。

民選議院設立建言書之評

森　有禮

人民普《アマネ》ク國政ヲ議スルニ至ルハ、國ノ獨立ヲ實ニシ民ノ昌榮ヲ進ムルノ兆ナルハ言ヲ待タザルナリ。過ル十八日ノ日新眞事誌ニ、左院ヘ宛テタル副島氏始メ八名ノ建言書ヲ載セタリ。之レヲ看《ミ》ルニ「民選議院」ヲ立ツルノ議ナリ。其論悉ク國政ニ關セザルハ無シ。乃チ此國ノ獨立民ノ昌榮ヲ目的トナス者也。然レドモ其志意未ダ分明ナラズ。又其文義穩ナラザルヲ覺ユ。今茲《ココ》ニ其一二ヲ評ス。

一　「昨今民心洶々上下相疑ヒ動モスレバ土崩瓦解之兆無之トモ難申勢ニ立至リ候儀畢竟天下ノ輿論公議ノ壅塞スル故ト」。今其實否ハ暫《シバ》ラク措《オ》イテ論ゼズ。先ヅ假リニ之レヲ實ト認メバ則チ此形勢ヲ釀シ成シタル責ハ誰ニ歸ス可キヤ。單ニ之レヲ目今ノ在官者ニ歸シテ可ナランカ。抑モ建言諸名ノ君子在官ノ時ト今日トニ比スレバ其差異果シテ如何ゾヤ。竊カニ聞ク往日朝鮮ヲ撃ツノ議ヲ主張セシ人ハ多クハ此諸君子ナリト。此議若シ行ハレナバ今此公議輿論壅塞ノ弊ハ無カルベシト云フトモ一槩《イチガイ》ニ之レヲ信ジ得可カラザルナリ。昨年十月ノ布告ニ新聞紙發行ノ條目中「國體ヲ誹《ソシ》リ、國律ヲ議シ、及ビ外法ヲ主張宣議シテ國ノ妨害ヲ生ゼシムルヲ禁ズ。」「政事法律等ヲ記載スルコトニ付キ妄《ミダ》リニ批評ヲ加フルコトヲ禁ズ。」「猥《ミダ》リニ教法ヲ記入シ政法ノ妨害ヲ生ゼシムルヲ禁ズ」

等ノ箇條アリ。抑モ此等ノ布令ハ諸氏在官ノ時ニ成レリ。建言書ノ始メニ「別紙奉建言候次第平生ノ持論ニシテ某等在官中屢及建言候者モ有之候」トアルヲ見レバ、彼ノ新聞紙發行ノ條目ハ定メテ不滿足ナガラモ同意シテ發セラレシ者ナル可シ。然レバ彼ノ民心洶々上下相疑ヒ土崩瓦解ノ形勢輿論公議壅塞等モ、右新聞紙條目ト同ジク心ナラズモ諸氏亦助ケテ之レヲ釀シ成シタル者ト看テモ無理ニ非ラズ。蓋シ今日ノ形勢ハ目今在官ノ者忽然《コツゼン》ト釀シ成シタル者ニ非ラザルナリ。

二　建言別紙中ニ朝出暮改政刑情實ニ成リ賞罰愛憎ニ出云々。此文ハ蓋シ誤ツテ加入セル者ナラン。建言諸氏ノ如キ有名ナル識者ヨリ發セシ言ト萬々思ハレズ。

三　所謂「民選議院」ナル者ハ其制果シテ如何ゾヤ。政府人民ニ令シテ之レヲ立ツルニアルカ、將タ今之レヲ政府ニ申告シ以テ人民隨意ニ會議ヲ興スニアルカ、或ハ政府ノ許可ヲ得テ之レヲ立ツルニアルカ。建立書ニ「此段宜敷御評議ヲ可被遂候也」トアルヲ以テ察スレバ、政府ハ人民ノ爲メニ議院ヲ立ツ可シト云フノ義ナラン。若シ果シテ如此ナラバ、コレ乃チ人民ノ議院ニ非ラズシテ全ク政府ノ議院ナリ。蓋シ「民選」ノ文字モ民間ノ人物ヲ政府ノ選ニテ設クル議員ノ義ナル可シ。政府ノ好ニテ設クル所ノ議員ナルガ故ニ、若シ好マザル時ハ既ニ設立ノ議院ト雖モ之レヲ廢スルハ還タ政府ノ隨意ナル可シ。若シ此ノ如クナレバ議員無忌憚《キタン》政事ヲ議スル能ハザル耳《ノミ》ナラズ、還タ政府ニ對シテ柔順ナラザルヲ得ザルハ自然ノ勢ニシテ、理ノ當然更ニ辯ゼズシテ明ナリ。既ニ柔順ナレバ議スル所モ亦從ツテ政府ノ所爲ヲ稱揚シ、終ニ政府ノ太鼓持ト云ハレル如ク世上ノ批評ヲ受クルニ至ル可シ。

ここに引用したやうな人々は、その時代では急進的な洋学者で政府の西欧的文明開化政策をつよく推進し、一般の保守的日本人からは、その欧化主義の故にきびしい反感をもって目せられた人々といってもいい。それがなぜ洋風の議院に反対したのであらうか、これは大切な点である。

かれらには、当時のヨーロッパで支配的であった進化論的な思想がつよい。日本の社会は、経済、工業、軍事、教育等々のすべてがいちじるしく後進的であり、列強の水準に比して懸絶するほどに劣ってゐる、とかれらは固く信じてゐた。それらの社会全般のことを西欧水準にまで追ひつき高めて行くためには、強力な文明開化政権の指導こそが大切である。その指導によって半世紀か一世紀の後に、日本社会の文明が進歩し、したがって社会意識も文明開化的となった時には、当然に議会を設け民論を重んずるもいい。しかし、今の段階の日本で――かれらの目から見れば、古い東洋的な封建士族的意識、気風の圧倒的に根づよく残存してゐる日本で――民撰議院に大きな発言権をみとめることは、日本の文明開化を妨げ大きな反動風潮を生ずるであらう、とおそれてゐた。

これは政府官僚系列に属する文明開化、洋学知識エリートのなかでの強大な思想潮流であって、この心理的潮流を正しく把握することが、憲法制定にいたる間の事情を知るためにぜひとも必要な一前提である。むしろ憲法政治がはじまって後も、この思想潮流が、民間在野人の土着意識との間にしばしば鋭い対決を生じつつ、明治時代史を展開して行ったと見ていい。対韓外交についての大久保、西郷の対決から、諸参議の民撰議院設立の建白にいたるまでの歴史は、帝国憲法典の立案には直接には関係ないが、その歴史の背後の思想を見て行く上で決して見失ってはならないものがある。

三、建白後の民権党の動き

民撰議院設立の建白が行はれたのは、明治七年一月十七日であるが、その前後の在野の動きには、すこぶる緊迫したものがあった。一月十二日に、板垣退助等が愛国公党と称する政党を結成した。その翌々日、十四日には土佐の板垣系の激派、武市熊吉等九人の一隊の壮士が岩倉具視の暗殺を企てて要撃した。岩倉は傷ついたが、巧みに濠に逃れて生命を失ふことなく、要撃の壮士は十七日縛について、七月に悉く斬罪となった。建白書の提出は、この一月十七日のことであり、まことに政局の危機緊迫感を背景にしてゐる。当時の対決は、ただの文章言論討議のみのことではなかったことを察すべきであらう。それは、一歩誤れば武力内戦ともなりかねない情況であった。

当時の政府側の姿勢も同じく殺気に満ちてゐる。一月十七日の建白者の一人、佐賀の江藤新平が、郷党の島義勇とともに二月一日「民権、国権の主張」の檄《げき》を発して乱をおこしたが、たちまち官軍に打ち破られて、江藤は四月に斬罪となった。この佐賀の乱については、乱のおこる前からすでに鎮圧軍が動き出してゐる明白な史料などもあるところから、政府側からの挑発作戦であったとの嫌疑説も多い。内務卿大久保は、政府が二分してしまったほどの情況に直面して、維新の新政府を守りぬくためには冷徹果断の大決心をもって、乱を思ふ者に対しては進んで政府の側から挑発し誘導してでも武力弾圧を辞せぬ、との政策をとったもののやうに見える。国情は全く異なるけれども、この時代の地方反乱史を見ると、外国の革命直後の闘争史を連想させるやうなものがある。

板垣退助は、このやうな情況下にあって、民権派の門下生を集めて地方政社としての立志社を設立し、明治民権運動の拠点をつくった。これは純然たる土佐の地方政社であって、その規則のなかに「土佐州民の籍を脱する者」は「社員たる性格を失ふ」と明記されてゐるのが注目される。おそらく、この時代の政治闘争のきびしさから、中核的戦闘組織としての政社の同志に人間的な深い信頼関係の保証を必要としたものであらうか。

けれども立志社は、ただ一地方に割拠してをればいいとしたのではない。全国の同じやうな志を有する地方の有志に対して檄を発し、全国的運動の統合を志した。明治八年の二月には大阪に全国総集会を開き、新しく愛国社と名づける政社を設けて本部を東京におくことを決議し、愛国社合議書を天下に声明した（明治八年二月二十二日）。『自由黨史』はその大阪での会議の参加者を「加賀の島田一郎、陸義猶、筑前の越智彦四郎、建部小四郎、豊前の増田宋太郎、梅谷安良、薩摩の鮫島某、肥後の宮崎八郎、因幡の今井鐵太郎等にして、其他安藝、伊豫、讃岐より來會せる者あり」と誌《しる》してゐる。かれらはいづれも、そのころの名のあった地方民権家の先駆者であるが、そのほとんどが二年後の西南の役およびそれに相次いでおこった大久保襲殺の紀尾井坂事件などに加はって、戦死したり獄死した人々である。民撰議院設立の建白から民権運動の発端の時代には、はげしい武闘的情況の色彩の感じられることは否定しがたい。

〔註1〕民撰議院設立の建白は、西郷隆盛の対韓政策が閣議で否決された時に西郷を支持して、かれとともに退

官した諸参議が連名して提出したものである。しかるに、当の西郷だけが連名してゐないのはなぜか。これは問題の存するところであるが、『自由黨史』は、

> 斯くて板垣は更に西郷に告ぐるに、民撰議院の設立を以て、畢生《ひっせい》の業と為すべきを以てしたるに、西郷鼓掌して之を賛し、且つ曰く、予は言論を以て此目的を達し得べしと信ぜず、如《し》かず自ら政府を取て、然る後ちにこの未曾有の盛時を行はんにはと。世或は西郷を以て武断家の亜流と為す者ありと雖も、此一事に徴すれば、彼も亦た民撰議院論者の一人にして、ただ其執る所の手段を異にせるのみ。

と誌してゐる。これと似た記事は黒龍会出版『西南記傳』のなかにもあり、そこでは西郷が板垣の使者林有造に語ったと書かれてゐる。西郷が、有司の専制に反対で、在野民間の公議公論を重んずべきことを考へたこと、しかしその国政改革の大事は、岩倉、大久保政権への請願で目的を達しうるものでなく、政権の人的構成の変質こそが先決重大だとしたことは、一般に異論がないやうである。しかし西郷が、民撰議院といふ制度にその時点でどの程度まで同感したかについては、なほ多少の問題も残るのではないか。

西郷の東洋的政治思想では、概して法制度論よりも人物の高下、正否により多くの重点をおく風がある。西郷の直門への談話として、「全国いたるところに投書箱を設けて民の声を聞き、公正剛直の士がこれを集めて大政の資として重んずるがいい。人物の公正が大切で、議院ができても今の役人と似た者がその任に当ったのでは同じだ」と語ったとの記録もある。その史料的価値の判断、また理の当否は別として、この時点での西郷の思想を察するのに一つの参考ともなるかと思ふ。

〔註2〕 徳川幕府と列強との間には不平等条約があって、日本国内に外国軍の兵営があり、外国軍隊が警備権をもって常駐した。大久保等の維新政府当局は、これを植民地同然の屈辱として、その撤退を熱望してゐた。『日本外交史』(鹿島守之助著)によれば、文久三年五月(一八六三年五月)英仏両国公使が横浜居留地の警備権を承認させ、日本政府の費用で兵営を築造させた。英国兵営は、土地約二万坪、建造物四千五百坪余、兵数は時によって増減した。フランスはそれより少なかったが、イタリア兵も駐留し、これらの外国軍隊がすべて撤退したのは、この大久保意見書の書かれた明治六年から二年後の明治八年三月のことである。武装力の優劣のいち

じるしい当時では、この外国軍の常駐は日本に対する内政干渉のおそれを感じさせること少なくなかったものといひ得るであらう。

〔註3〕　明治八年に日本海軍が朝鮮江華島を砲撃して威圧外交に出た。この時に西郷は、日本政府が平和的談判交渉の十分な手続きをしないで交戦したことをきびしく非難し、これまで数百年の国交ある隣国との歴史にかんがみても「実に天理に於て恥づべき行為」だと、痛烈に政府（大久保政権）の武力外交を非難してゐる（『大西郷書翰全集』所収の門下生篠原冬一郎宛ての文書）。

　西郷の対韓外交論は、少なくとも西郷が公的責任をもって主張したかぎりにおいては、まさに堂々たる「道義と礼節」の東洋文明的外交論である。後世の史家の間には、西郷の文明外交を征韓論と断ずるのは誤りだとの説もある。現に当時大久保派であった伊藤博文は、朝鮮併合の直前に「併合は西郷征韓論のゴールである」との流行的通説に反論して、「西郷翁は、道のすぢを立てよと大義名分を主張されたので、征韓論者では決してなかった」との筆記記録を残してゐる。併合是か非か最後まで決断しかねた時点での伊藤の切々たる西郷への畏敬の回想である（明治四十三年九月『日本及日本人』に掲載。資料提供者は樺山資英）。

　これに対して大久保が、初めから西郷を征韓派と決めてかかって反論してゐるのは、論理の上からいへば短絡の憾《うら》みがある。しかし政治の実際の上から見れば、その時点で、東洋的外交論の主張者西郷隆盛を支援してゐた政治勢力の大多数が「征韓論者」であったといふ事実もあり、かれらは「道義と礼節」の西郷外交の後には、ほぼ征韓がさけがたくなると見てゐた。大久保も、おそらく政治の勢ひがそこに行くと予想してゐた。それで初めから西郷の「道義外交」の大義名分論を無視し、「国利」権力論を打ち出して反論に出た。このやうに思想の論理と現実政治の計算とが錯綜混線してゐるので、後世に至るまで多様な史論を生むことになった。

第四章　大阪会議から西南の役へ

一、大阪会議と元老院の設立

明治七年、民撰議院設立の建白が拒否され、佐賀の乱が鎮圧された。その後間もなく政府は台湾征討の役をおこし、政府の重鎮大久保利通は自ら北京に赴き、清国に対し賠償を要求してその目的を達した。政府の威権は、ある意味で高まったかに見えた。しかし朝鮮外交で慎重を期し、兵を用ひるべきでないと力説した政府が、外交の機微を察してのこととはいへ、台湾征討に突如として踏みきったことに対しては、西郷、大久保とならんで政府の重鎮であった木戸孝允が強く反対した。木戸は、その台湾征討の政策を不満として政府を去った。

明治六年の政変で西郷、板垣、後藤、副島、江藤等々が退官し、さらに、木戸にまで去られた政府は、ここに維新いらいの実力ある政治家の過半を失ってしまった。しかもその下野した人々は、ただ閑居してゐるのではなかった。すでに天下に公表された民撰議院論は、板垣、後藤等を指導者として在野人の間にひろく燃えあがる勢ひであり、政府孤立の感はまぬがれないものがあった。そこで伊藤博文、井上馨等は、木戸孝允を説いて政府に再び入閣協力させることを希望し、大久保もまた木戸の政府復帰を切望した。これに対して木戸は、かねてから立憲政体樹立の構想をもってゐたので、政府がその構想への同意を明らかにするとともに板垣退助をも同時に入閣させることを条件として、それを聴きいれれば入閣するとの意を示した。

しかし木戸は、すでに前年の渡欧後にその憲法構想を明らかにしたやうに、立憲制には熱心ではあったがあくまでも漸進慎重の思想であって、ただちに民撰議院を立てよと主張する板垣とは、説を必ずしも同じくするものでない。当然、大久保、木戸、板垣の間には明らかに政見の差があった。しかし、この三者の間の調整和解によって政治の安定を欲する伊藤、井上や、板垣を入閣させることによって民権伸張の橋頭堡としようとする板垣系の古澤滋とか小室信夫等が、いろいろと三者の間の周旋奔走につとめた。（註1）そこで大阪において木戸、板垣、大久保の会議が行はれ、協定ができた。三者それぞれに政見の差は消えたわけではないが、史上有名な大阪会議の協定は次の四ケ条にまとめられた。これは概ね木戸孝允の漸進主義の線で作られた文章といふべきもので、伊藤博文が起案し、木戸孝允が推敲したといはれる。

第一　他日國會を開くの準備とし、立法の事業を鄭重《ていちょう》にせんが爲めに、元老院を設置する事。
第二　司法權の獨立を期し、裁判の基礎を固くする爲めに、大審院を設置する事。
第三　上下の民情を疏通《そつう》し、憲政の基礎を樹立する階梯《かいてい》として、地方官會議を興《おこ》す事。
第四　天皇親政の體裁を固くし、且つ行政上の責任を明らかにせん爲めに、内閣と各省との分離を爲す事。
　　但し元勳は内閣に在りて、天皇輔弼《ほひつ》の任に當り、第二流の人物を擧げて、行政諸般の責任に當らしむる事。

なほ、この協定に関連して当時、木戸は自ら筆を把ってその大綱を次のやうに図解した（徳富蘇峰『近世日本國民史』より引用）。

天皇陛下	内閣 左右太政大臣 参議	上元老院	下地方官
		大審院	
		行政	

この大阪会議の結果、東京の政府の同意を得、公式に天皇の御裁可を経て、次の通りの詔書を賜った（明治八年四月十四日）。

朕卽位ノ初首トシテ群臣ヲ會シ五事ヲ以テ神明ニ誓ヒ國是ヲ定メ萬民保全ノ道ヲ求ム幸ニ祖宗ノ靈ト群臣ノ力トニ賴《ヨ》リ以テ今日ノ小康ヲ得タリ。顧《オモフ》ニ中興日淺ク内治ノ事當《マサ》ニ振作更張スヘキ者少シトセス朕今誓文ノ意ヲ擴充シ玆《ココ》ニ元老院ヲ設ケ以テ立法ノ源ヲ廣メ大審院ヲ置キ以テ審判ノ權ヲ鞏《カタ》クシ又地方官ヲ召集シ以テ民情ヲ通シ公益ヲ圖リ漸次《ゼンジ》ニ國家立憲ノ政體ヲ立テ汝衆庶ト倶《トモ》ニ其慶ニ賴《ヨラ》ント欲ス汝衆庶或ハ舊ニ泥《ナツ》ミ故ニ慣ル、コト莫《ナ》ク又或ハ進ムニ輕ク爲スニ急ナルコト莫ク、其レ能《ヨク》朕カ旨ヲ體シテ翼贊スル所アレ（『法令全書』）

ここでは、明らかに立法府としての元老院を設け、司法府としての大審院を立てて、行政府と相ならんで三権分立の構想を示してゐる。しかしその三権の上に内閣参議があって、大審院と雖も、なほ真の司法権の独立を確保したといふわけではなく、将来の準備ともいふべき段階にある。とくに、立法府の元老院は上院にあたるものであらうが、下院にあたるものは政府任命の地方官であって、民撰議院ではない。木戸は将来の民撰議院を考へるにしても、まづこのやうな線から議会政治の準備経験を重ねて行かねばならないと信じた。当時の地方官には硬骨の士も少なくなかったし、これらの地方官に地方の民情を主張させることが、中央政府の独断専行を反省させるのに有効な作用をするものと信じて、木戸はこの地方官会議には自ら議長をつとめるなど特に熱心な期待をかけた。

しかしそれが、すでに民撰議院の設立要求の運動をはじめてゐた急進民権家にとって不満であったのはいふまでもない。板垣系の急進民権家のなかには、初めから大阪会議そのものに反対した者が多かった。板垣は、小室、古澤等にすすめられて入閣したものの、その急進民権家からのきびしい批判や要求を無視することができない。かれは、大阪会議では木戸の漸進案をみとめたけれども、その線で停止して政局を安定させようとするのではなくして、それを橋頭堡として、内閣に対して更に一歩を進める急進案を提出せざるを得ない立場にあった。その第一は、元老院の議官の人事選任であった。議官の人事について、閣内では初めから論争を生じた。

右大臣岩倉具視は、もともと大阪会議そのものに同感ではなかったが、議官の人選にさいしても、推薦名簿のなかの後藤象二郎、由利公正、井上馨、陸奥宗光の四人を在野中の言動から見て不適格であるとして反対し、同じく保守的な左大臣島津久光は、井上、陸奥のほかに加藤弘之をも不適格として反対し、閣議は紛糾した。木戸、板垣、大久保は、このなかで井上のみを削ることに同意し、ともかくも人選を終って元老院を開くこととなり、明治八年四月、次の章程を定めた。

元老院職制章程

第一條　元老院ハ議法官ニシテ、新法ノ設立、舊法ノ改正ヲ議定シ、及ビ諸建白ヲ受納スル所ナリ。

第二條　議長一員
特撰トシ、副議長一員議員中ニ於テ、公撰スベシ。
第三條　議官
特撰タルベシ。
第四條　議長、副議長、議官ニ撰任セラル、者ハ、勅任官ニ昇リシ者、國家ニ功勞アル者、政治法律ノ學識アル者ニ限ルベシ。
第五條　議長、副議長、議官ノ地位ハ一等官タルベシ。
第六條　議官年齢滿三十歳以上タルベシ。
但勅任官在職滿二年以上ノ者ハ、此限ニ非ズ。
第七條　新法ノ設立、舊法ノ改正ニ拘《カカ》ハラズ、議案ハ總《スベ》テ天皇陛下ヨリ附與セラルベシ。縱令《タトヘ》本院ノ起草ニ出ルト雖モ、直ニ之ヲ會議ニ付スベカラズ。
第八條　各行政官ニ於テ、既定ノ法令規則ニ違背スル處アレバ、之ヲ推問シ、其事由ヲ　天皇陛下ニ具奏スルヲ得ルト雖モ、官員ノ黜陟《チユツチヨク》ヲ議スルヲ許サズ。
第九條　大臣參議ハ何時ニテモ其事由ニ拘ラズ、本院ニ出テ、會議ヲ聽キ、其意見ヲ陳スルヲ得ルト雖モ、決議ノ員數中ニ加ラズ。
第十條　各省ノ卿輔《キヨウホ》ハ、其主任ノ事務ニ付、何時ニテモ本院ニ出テ、其利害ヲ辨說シ、其可否ヲ討論シ、及ビ衆議ヲ聽《キク》ヲ得ト雖モ、決議ノ員數中ニ加ラズ。
第十一條　書記官數員ヲ置キ、院中諸事務ヲ分任セシムベシ。
第十二條　本院書記官ノ進退ハ、議長副議長之ヲ具狀シテ、命ヲ乞《コ》フベシ。

元老院の議官としては結局、次の十三名が任命されることになり、議官のなかで公選が行はれて後藤象二郎が副議長に選任された。なほ、当初任命の議官中、勝海舟（安芳）は直ちに辞任し、福岡孝弟も間もなく辞して去った。

前参議　後藤象二郎	参議兼海軍卿　勝　安芳	前東京府知事　由利　公正
前左院議官　福岡　孝弟	外務少輔　山口　尚芳	前宮内少輔　吉井　友實
前租税頭　陸奥　宗光	陸軍少將　鳥尾小彌太	陸軍少將　三浦　梧樓
陸軍少將　津田　出	權大判事　河野　敏鎌	前左院議官　松岡　時敏
三等侍講　加藤　弘之		

二、元老院の憲法起草

ところが、元老院が開かれると、開会直後から難問を生じた。徳富蘇峰の『近世日本國民史』91「大阪會議前後」は、その事情を次のやうに要約してゐる。

抑も第一回の議官任命後、元老院章程に就て、更らに物論を捲き起した。それは議官等は板垣と伊藤の臨席を求め、元老院は新法の設立、舊法の改正を議定するものなるが、本院の議を經ざるものは、法とならざるかと質《ただ》し、伊藤等の然りと答ふるや、然らば天皇より御下附の議案が否決せられたる時は、自然取消となるやと質し、板垣・伊藤の兩人は、元老院の可決を經ずして、國法と爲すの理なかるべし、然れども今之を確答する能はずと答へた。

此に於て議官等は五月二十九日、會議を開き、章程に左の二箇條を加へたる改正案を議決し、三十一日これを上奏して、御裁可を仰いだ。

一　本院の會議に於て、可とする所の議案は　天皇陛下准許の後ち始て法章と爲す。本院の否とする所の者は、法章と爲すを得ず。

一　本院の會議に於て否とする者と雖ども　天皇陛下猶之《なほこれ》を採用せんと欲するときは、本院に命じ、再び之を會議せしむ。若し本院の可とする所にして　陛下の准許を得ざるときは、再議せんことを覆奏するを得べし。其竟《つひ》に可否を異にする者は、倶に法章と爲すを得ず。

他方に於ては、此の改正案に反對する者あり、是れ天皇陛下の大權に向つて、恐れ多くも制限を加ふるものにして、我が國體と相容《あひい》れざるものとし、又一方に於ては此丈けの權能なければ、元老院の創設も、全く徒文、徒法に過ぎずと云ひ、双方の確執は容易に解く可くもなかつた。

此に於て三條太政大臣は、六月四日伊藤を招き、其の對策を講じたるに、伊藤は政體取調委員として、元老院の創設に與かりし木戸・大久保・板垣、及び伊藤を召集して熟議を遂げば、自から解決の途も開く可しと答へた。三條は翌五日、伊藤の議を折衷し、參議一同を會して協議した。大久保・伊藤は元老院の議を經ざるものは、法と爲すを得ずと雖も、之を明文に掲ぐるは不穩當と云ひ、板垣は此の明文なくては元老院創設の本旨に反するものと云ひ、且つ詔書の所謂《いはゆる》「漸次」なる意味には、元老院其物には、何等干係《かんけい》なきものと主張し、遂ひに確定に到らずして散會した。

この章程追加については紛議の結果、後藤象二郎が陛下に拝謁し、「立法については、原則として板垣、伊藤の説明のとほり、立法府の議を経ることを原則としたいが、明文をもってそのことを示すのは憲法欽定の時のことにする」との御沙汰を拝して、元老院にその旨を伝へて一段落した。

かくて板垣の急進論は、初めから木戸の漸進論と対決し、政府の改革案は難航を重ねた。板垣は、大阪会議での参議と省卿との分離決定をふまへて大隈参議が大蔵卿を兼ねてゐることを非難し、参議と行政長官との分離を強く要望したが、その議が入れられないので、十月に至り早くも辞任して政府を去った。木戸は、地方官会議を進め、元老院で憲法調査の事につとめたが、かれもまた、政府の大局が意に満たないことが多く、参議を辞するにいたったが、板垣のやうに野党反政府の立場をとることはなく、ともかくも内閣顧問としての地位に留まった。

大阪会議の結果は、立法府元老院の設立となり、また司法権の独立を目標とする大審院をつくることとなった。しかし右に述べたやうに、その会議の主要人物の一人板垣は、わづか半歳余で不満を表明して下野するにいたり、他の一人の木戸孝允の活動も消極的となり、当時の国民の目から見れば、ほとんど見るべき成果がみとめられなかった。しかし元老院が設立された翌年の明治九年九月七日には、議長有栖川宮熾仁親王に対して勅語が下り、

朕爰《ココ》ニ我建國ノ體ニ基キ廣ク海外ノ成法ヲ斟酌《シンシャク》シ以テ國憲ヲ定メントス、汝等ソレ宜シク之ガ草案ヲ起創シ以テ聞セヨ、朕将《マサ》ニ撰ハントス

と憲法起草が命ぜられ、次いで参考書の一としてA・トッドの著書『英國における議院政治』(*A. Todd, On Parliamentary Government in England: its origin, development and practical operation, 2 vols* 1867—69.)が下賜された。元老院では、これを機として世界列国の法の飜訳や研究をはじめ、一方では日本国史による固有

法の調査をすすめつつ国憲起草にとりかかった。この元老院の国憲草案は、その後、後章で説明するやうにすこぶる批判がきびしく廃案となってしまったが、しかし、ここで元老院が、憲法起草の勅語を戴いて公然と国家機関の仕事として国憲の起草に着手し、そのために日本の固有法および世界列国の憲法の調査研究を綜合的体系的に進めたことは、政府のみならず間接的には民間に対しても、憲法および皇室典範についての前提的な基礎知識を準備したといふ点において、決して過少評価されてはならないといふべきであらう。

三、大審院の創設

元老院の開設とともに、明治八年五月には大審院が設けられた。これまでの裁判では、司法と行政とが分離されてをらず司法卿が最高権限を有してゐたし、各地方の裁判所の判決にも不統一不備の欠陥があった。これを改めて、最高の裁判所によって全国司法の統一を主持し、行政府たる司法省が裁判に干渉することを排して司法権の独立を図ったもので、次のやうな大審院職制章程が公布された(五月二十四日)。

大審院職制

長一人　一等判事ヲ以テ之ニ充ツ

第一　本院判事ノ長トシ各課長ヲ命シ事務ヲ分付シ随時各廷ニ臨ミ重要事件ヲ聴理シ及ヒ司法卿ト往復スルコトヲ掌《ツカサド》ル

第二　合員會議ノ議長トシ判事審論二岐ニ分ル、モノハ多數ニ決シ兩議平分スルモノハ自ラ之ヲ決スルコトヲ掌

ル

判　事

第一　民事刑事ノ上告ヲ判理シ裁判ノ不法ナル者ヲ破毀《ハキ》シ及ヒ國事犯内外交渉ノ事件重大ナルモノ並ニ判事ノ犯罪ヲ審判スルヲ掌ル

第二　死罪ノ案ヲ審閲スルコトヲ掌ル

第三　法律ノ疑條ヲ辨明スルコトヲ掌ル

屬

事ヲ判事ニ受ケ上抄シ及簿書ヲ掌ル

大審院章程

第一條　大審院ハ民事刑事ノ上告ヲ受ケ上等裁判所以下ノ審判ノ不法ナル者ヲ破毀シテ全國法憲ノ統一ヲ主持スルノ所トス

第二條　審判ノ不法ナル者ヲ破毀スルノ後它《タ》ノ裁判所ニ移シテ之ヲ審判セシメ又便宜ニ大審院自ラ之ヲ審判スルコトヲ得

第三條　已《スデ》ニ它《タ》ノ裁判所ニ移シテ之ヲ審判セシムルノ後其裁判所亦大審院ノ旨ニ循《シタガ》ハサル時ハ大審院更ニ自ラ之ヲ審判ス此ノ時ハ本院判事合員會議シテ判決スヘシ

第四條　陸海軍裁判所ノ裁判權限ヲ越ユル者ハ其ノ裁判ヲ破毀シテ之ヲ當然ノ裁判所ニ付ス

第五條　各判事ノ犯罪其ノ違警罪ヲ除クノ外大審院之ヲ審判ス

第六條　國事犯ノ重大ナル者及内外交渉民刑事件ノ重大ナル者ヲ審判ス

第七條　各上等裁判所ヨリ送呈スル所ノ死罪案ヲ審閲シ批可シテ送還ス其否トスルモノハ合員會議シ更ニ律ヲ擬

シテ還付ス

第八條　大審院ノ審判ハ判事五人以上廷ニ列ス五人廷ニ列セサレハ審判スルコトヲ得ス

第九條　法律疑條アレハ大審院之ヲ辨明ス

第十條　法律闕失《ケツシツ》アル者ハ補正ノ意見ヲ具ヘ司法卿ヲ經由シテ上奏スルコトヲ得

第十一條　大審院判決錄ヲ編纂《ヘンサン》シ上告ヲ破毀シ疑條ヲ辨明シタル者ハ逐項記載シ其議決ノ原由ヲ敍錄シテ之ヲ司法省江送致シ刊行セシム

第十二條　課ヲ設ケ務メヲ分ツコト左ノ如シ

第一民事課　第二刑事課

これは、従前の研究では、時の大木司法卿が木戸参議と協議して立案したとの説が多かったが、稲田正次の研究によれば、木戸立案説には根拠がないとし、これは当時新進の井上毅がフランスで学んだ裁判所沿革史を主たる参考として、当時日本の司法省顧問であったボアソナードの協力を得て起案をしたのが、ほとんど採用されたものといふ。(註2)

ともあれ、この大審院の職制章程によって、司法権の独立が確保されたといふわけではなく、その後明治十九年の裁判所官制（司法官の身分保障）等の改革が加へられ、帝国憲法の制定にいたって最終の目標にたっするのではあるが、この明治八年の大審院の設置が、立憲制度にいたる一つの大きな準備前提としての前進を意味したことは疑ひない。

大阪会議を経ての制度改革によって、元老院と大審院とが設立され、日本国は立憲制度へ向っての基本コースを一歩前進した。しかしそれは政府の部内のことであって、在野の国民の関知するところではなかった。それのみでなく、明治八年いらい新聞紙条例、讒謗《ざんぼう》律等が公布されて、国民の世論が国政上の働きに影響を及ぼしえないのみでなく、在野の言論の自由も抑圧せられた。この情勢から、各地の有識者や政論家のなかに、政府の有司専制、公議政治無視に対する反感が強まったのは当然であった。

四、西南の役の政治史的意味

政府の改革は、板垣、木戸の政見が一致しないため、表面的に見るべき進展がないのみでなく言論抑圧の政策すらとられたので、明治七年以後の政情は在野の側からすれば、まったくの有司専制がいよいよ一路直進するかに見えた。政府としては、必ずしも「公議公論による天皇統治」といふ維新の国是を裏切るつもりではなく、前述のやうに司法権の独立を目標としての大審院も立て、元老院では国憲の起草もはじめ、それは後には有用な立法準備の知識ともなって行ったのであるが、しかしそれは、政府官僚のなかにおいてのみ認識されてゐたことであって、広汎な国民の公論とは無縁に見えた。

当時の実権者であった大久保利通は、天皇の英明なる御統治を切望するの念がとくに深く、宮中を改革して諸藩から優れた文武の人材を選んで君側におき、御年少の天皇の御教養に期待した。しかし政府閣僚の中には、天皇を御年少にして未だ御修業中と思ったためか、諸政の御裁可を得るのにもその姿勢がとかく形式的儀礼的にとどまる者もあって、聖慮に十分には添はない憾みもあったらしい。それは、大久保の歿後に君側の侍読、侍講連中が強く反撥して、「御親政」に反するとして内閣との間に激しい対決論争を生じた事実等から推察しても明らかで、否定しがたい。まさに「方今政権ノ帰スル所ヲ察スルニ、上帝室ニ在ラズ、下人民ニ在ラズ、而シテ獨リ有司ニ歸ス」との慨があった。

しかし一方から見れば、廃藩置県の断行によっていちじるしく高められた中央政府の威権をもって、新知識の官僚が世論や批評をもなんら顧みるところなく、文明開化を目ざして一路独往邁進したのであるから、その間の近代的文明化の速度の急速なことは、目を見張るほどの驚嘆すべき業績があったこともたしかである。とくに軍事、産業、経済等における発展は、日進月歩の言葉そのままの業績をあげた。この業績に自信を強めた政府は、急進的進歩派も復古的保守派も、在野の反対世論を一切封殺したまま直進した。この異常な時代の大転換に際して、岩倉、大久保を首脳とする少数の官僚政府が文明開化のためにつくした業績は評価さるべきものがあるが、しかしそれが、維新いらいの公論政治の大義を無視して、政府の施政に反対の徒があると見れば、間諜《スパイ》を放ち、内部攪乱《かくらん》の挑発者《プロボカトール》を駆使して重圧を加へて行くといふのでは、天下に不満の気の満ちて来るのも当然だといはねばならなかった。

さきに述べた公議所や集議院の時代の論を見てもわかるやうに、当時の一般社会と政府の開明専制派との間の意識の開きは大きい。一例をあげても、会議で討論すれば「帯刀随意」(帯刀しなくともいい)の提案が満場一致で否決されるやうな時代であり、しかも、その三年後には政府が帯刀禁止を強制するといふ情況である。このやうな当時の日本人の社会意識は、開化官僚から見れば、度しがたい保守頑迷の一語ですむが、もともと明治維新といふものを推進して来た精神潮流のなかには、日本の古代文明をあこがれる復古の精神が、力強く働いてゐる。この復古の情熱に燃えた人々が、七百年の幕藩体制を破り、天子の下に統一国家を建設するために働いた力は、洋学開明派などよりはもちろん遙かに大きい。この復古派の政府に対する憤りは強かった。

これとならんで、民撰議院設立の建白に見るやうに、民権的急進思想からの有司専制政府を排せよとの主張もつよい。この復古伝統派の思想の論理と、急進民権派の思想の論理とは、後世の人からは一見全く相反するかに見える。たしかにそこには一致しがたい様々の思想があったのではあるが、しかしその間に明白に共通するところもあったことを見落すべきではない。天皇の下に万民一致して、国を守るための公議を立てねばならぬ、一部有司の専制は許さぬ、との点ではみごとに一致してゐる。また急進派から伝統派にいたるまで、反政府、とくに政府の権力的独裁政治には一致して反対する、との政治条件もあった。

その反対派が、長州では前原一誠の萩の乱となり、熊本では神風連の決起となり、また福岡の秋月の乱ともなったのであるが、そのいづれも、佐賀の乱と同じく強権のもとに直ちに破砕された。

しかし、そのあらゆる反対派が、鹿児島の西郷隆盛の決起を待望してゐた。この維新第一の功臣は、廃藩置県の後二年有余にわたり、中央政府の最高実力者として働いてゐたが、朝鮮外交の問題で東京を去り郷土の鹿児島に帰って、私学校を立てて青年の教育に当ってゐた。かれの門流は多様多彩で、鹿児島では薩摩武士の伝統をひく重厚の士風を尚《たつと》ぶ者が多かったが、中には最新鋭の近代軍事学に志を有する俊秀もあった。東京の門弟のなかには、『評論新聞』のグループのやうに米国革命の抵抗権の思想にあこがれて、反政府の激越な煽動をする者もあった。これら西郷門下の鹿児島人のみならず全国の複雑多岐な反政府分子が、それそれにこの西郷隆盛といふ一人の英雄に期待を集中した。

前にも述べたやうに、西郷といふ人の政治思想は、本来的には東洋的道義政治を志としてゐて、ヨーロッパ流の近代権力主義ではない。文明開化の名のもとに是非の別もなく近代ヨーロッパの風を移入し、まねたがる風潮に対しては、西郷は、きびしくこれを蔑視《べっし》する態度をとってゐたし、列強の権力的威圧をおそれる外交姿勢に対しては、強い反撥をもってゐた。その東洋的日本的な重厚の風格が、反政府の復古伝統派に頼もしさを感じさせたのは明らかである。

しかし西郷その人は、幕末維新史上でも、有名な開明派の先人に親しんで来た人で、決してただの保守頑迷ではない。近代西欧文明の長所を学ぶといふ点では極めて理解の深い側面があった。しかも人格が高潔で、権力の座にあってもいささかも驕《おご》るところがなく、安逸に流れず、常に理想をもとめてやまない戦闘的英風があった。これがために、理論はともかくとして、急進民権家に対しても指導者としての頼もしさを感じさせた。そのやうな事情のために、全国の反政府分子が西郷に期待をかけてその決起を待った。

全国の反政府激派の人物が、しきりに鹿児島に往来した。西郷門下第一の豪雄桐野利秋は、これらの全国有志者を迎へて有司専制の政府を非難し、「西郷はワシントンたるべし」と公言して、他日機を見て決起するの意を暗示した。日夜武を練る私学校の門下生たちも東京政府を蔑視して、その意気すこぶる熾《さか》んなものがあった。かくして鹿児島の天地は、あたかも東京政府に対して一敵国たるかの観を呈するにいたり、東京の警視庁は猛活動をはじめて暗殺隊をおくった。

西郷は明治十年二月、政治的反乱の宣言をすることなく、現役陸軍大将の資格をもって、ただ政府不法高官を問責する、と称して大行進をはじめた。政府が鎮台兵をもってこの行進に発砲してから、大きな内戦情況となった。明治十年の二月から九月にいたるまで約七ケ月間、日本の歴史上まれにみる内戦が展開された。

この西南の役に際して、相呼応して各地で決起した者が少なくなかったが、その大多数がそのころの急進民権家のグループであったことは注目さるべきである。福岡では越智彦四郎、建部小四郎等が挙兵したが間もなく鎮圧された。豊前の増田宋太郎、梅谷安良等の中津隊は、戦ひ敗れたが転進して西郷軍の本隊に合流した。熊本では、佐々克堂等の国粋党が西郷軍に加はっただけでなく、宮崎八郎等の植木学校の民権家グループも西郷軍の戦列に参加した。大阪では林有造、大江卓等の土佐民権家の一党が呼応して兵を挙げようとしたが、これは事前に検挙されてしまった。そのほか西郷軍の戦線に参加したものの中には、意外なほどに急進的民権家のグループが多かった。

本書においてこの西南の役の戦闘情況を詳細に記すのは無用であるから省くが、この内戦で顕著にされたことの一つは、官軍がその中央集権的な近代化によって、戦力を大きく強化してゐたことが立証されたことである。武器はその質においても量においても、数十倍の威力を確保してゐたし、海軍および兵站《へいたん》補給にいたっては全く比較を絶してゐた。ただ薩軍将士の猛勇果敢さは、日本固有の武士的教育の決して無視しがたいことを官軍に認めさせて、その後の軍近代化に大きな修正の必要を感じさせた(後述)。

結局、七ケ月余にわたって戦はれた西南の役も、明治十年九月、西郷隆盛が城山で斃《たほ》れて終末を告げるにいたった。しかし、西郷が有司専制政府の強大な権力に公然と抵抗した烈々たる精神の影響力は、近代的中央集権国軍の物量的戦力をもってしても抹消し去ることはできなかった。(註3)

五、民権思想家の西郷評

西郷隆盛の西南の役が、いかにひろく大きな精神的影響を及ぼしたかは、その後の数限りもないほどに多様多彩な史論や論説によって知られる。しかしここでは、憲法制定史といふ立場から、その後の民党の思想的指導者として有名な中江兆民と福澤諭吉の西郷追悼についてのみ一語しておきたい。

中江兆民の門弟幸徳秋水（傳次郎）によれば、兆民がフランスから帰って民権革命の志を立て、勝海舟に親しみ、その勝の周旋によって西郷隆盛に接近し、西郷を上京せしめて近衛の軍をうばひ、太政官を包囲してクーデターを断行せしめたい、と考へて熱心に進言したといふ。しかし、兆民のこの策は行はれずして、西南の役となり西郷は歿した。兆民にとっては、西郷隆盛こそは人民の最高指導者としてのもっともよき資質をもつ人物であり、この西郷を失ったことは兆民終生の恨事であったとして、秋水は次のやうに銘記してゐる。

先生（兆民）又海舟翁の談に依て、西郷南洲翁の風采を想望し、欽仰措かず、深く其時を同じくせざるを恨みとせり。

先生曾《かつ》て吟じて曰《いは》く「圯上《いじよう》受書知既久。澤中誰是斬蛇人」と。先生の志を當世に抱くや、竊《ひそか》に子房を以って自負せり。曰《いはく》、諸葛亮は天下古今第一品の人物、我企及すべき所に非ず。若《も》し夫《そ》れ張房は、我之に任ずるを得ん。但だ我が爲に漢高たる者なきを恨むのみ。若し西郷南洲翁をして在らしめば、想ふに我をして其材を伸ぶるを得せしめしならん、而して今や則ち亡しと。語此に到れば毎《つね》に感慨に堪へざる者の如くなりき（幸德秋水著『兆民先生』）。

右の文に「圯上受書知既久」とは、張良の故事によって、張良に劣らない謀将としての兆民の自信をしめし、「斬蛇人」とは天下を制するの人の意味で、西郷こそはその人であったが、その亡きあとにはその威望ある指導者の望みがたいことを歎じたものである。当時の兆民は、フランス洋学と漢学とに造詣のふかい急進民権家中の卓抜な新進気鋭の人として、青年の間に名声があったが、その兆民が第一の指導者として終生追慕したのが、南洲西郷隆盛であった。

福澤諭吉は、すでに幕末時代から代表的な洋学者として知られ、その啓蒙的な著書は、全国的に大きな影響力をもってゐた。この福澤は、西南の役に際しては西郷隆盛に格別の同情をよせ、内戦から鎮圧にいたる間に新聞雑誌等が政府に阿《おも》ねって西郷を非難するのに対して、憤懣《ふんまん》禁じがたいものがあった。かれは西郷の戦歿直後に、一般言論人や政府の西郷賊敵論に対して詳細な反論を書き、西郷の弁明書ともいふべき「丁丑公論」の文を作った。

その中で福澤は、当時の新聞を「新聞記者は、政府の飼犬に似たり」と痛罵《つうば》し、また政府および官僚系の洋学者が、西郷系の人物に封建士族的反動意識のいちじるしいことを非難したのに対しては、これを「洋書読の洋書知らず」と反論してゐる。福澤によれば、明治の「開国いらい日本の勢は、立憲の民政に赴くものにして」、西郷党が勝利を得たとしても、その歴史の大潮流は変るはずもないし、西郷その人は決して反動頑迷の人ではない。福澤は一々、条を立てて西郷を弁護してゐるが、とくに権力に阿ねるところなき西郷党の自主独立の抵抗精神を高く評価してゐる。もっとも、福澤流の新しい権利思想の理論と、西郷系薩人の理論とが同一だといふのではない。

薩人の争ふ権利は果して人民自治の権利か、其邊に至ては余輩も之れを保證する能はず、恐くは権利の未熟なるものならん、然りと雖も之を争ふは即ち抵抗の精神なり。之を争ひ之に抵抗し、遂には其未熟なるものも熟して自治の権利を發明するに至るべし。

と論じてゐる。このあたりが官僚開明派のアカデミー理論と福澤理論とのちがふところである。つまり福澤は、今の時代の在野民論の意識には当然、士族的遺風のあるのはまぬがれないが、しかしそれを嫌って禁圧してゐたのでは、ただ専制を長びかせるのみである、剛健なる抵抗の精神があって、専制を許さず苦闘しつづける政治的実践のなかからこそ、真に力強い立憲、自治権利の思想が成長する、といふのである。その福澤の理論は、次の「丁丑公論」緒言に明らかである。

明治十年　丁丑公論緒言

凡《およ》そ人として我が思ふ所を施行せんと欲せざる者なし。即ち専制の精神なり。故に専制は今の人類の性と云ふも可なり。人にして然り。政府にして然らざるを得ず。政府の専制は咎む可らざるなり。

政府の専制咎む可らずと雖も、之を放頓すれば際限あることなし。又これを防がざる可らず。今これを防ぐの術は、唯これに抵抗するの一法あるのみ。世界に専制の行はるゝ間は、之に對するに抵抗の精神を要す。其趣は天地の間に火のあらん限りは水の入用なるが如し。

近來日本の景況を察するに、文明の虚説に欺かれて抵抗の精神は次第に衰頽《すいたい》するが如し。苟《いやしく》も憂國の士は之を救ふの術を求めざる可らず。抵抗の法一様ならず、或は文を以てし、或は武を以てし、又或は金を以てする者あり。今、西郷氏は政府に抗するに武力を用ひたる者にて、余輩の考とは少しく趣を殊にする所あれども、結局其精神に至ては間然すべきものなし。

然るに斯《かか》る無氣無力なる世の中に於ては、士民共に政府の勢力に屏息《へいそく》して事の實を云はず、世上に流傳するものは悉皆《しつかい》諂諛《てんゆ》妄誕《もうたん》のみにして、嘗て之を咎むる者もなく、之を一世に傳へ又これを後の一世に傳へ、百年の後には遂に事の眞相を湮沒《いんぼつ》して又踪跡《そうせき》す可らざるに至るや必せり。余は西郷氏に一面識の交もなく、又其人を庇護《ひご》せんと欲するにも非ずと雖も、特に數日の勞を費して一冊子を記し之を公論と名《なづ》けたるは、人の爲に私するに非ず、一國の公平を保護せんが爲なり。方今出版の條例ありて少しく人の 妨《さまたげ》を爲す。故に深く之を家に藏《おさ》めて時節を待ち、後世子孫をして今日の實況を知らしめ、以て日本國民抵抗の精神を保存して、其氣脈を絶つことなからしめんと欲するの微意のみ。但し西郷氏が事を擧げたるに付き、其前後の記事及び戰爭の雜錄等は、世上既に出版の書もあり、又今後出版も多かる可し。依て之を本編に略す。

明治十年十月二十四日　　福澤諭吉記

福澤のこの文は、執筆の時には発表されないで、後年になって時事新報社から出版されたものではあるが、当時の福澤の思想と感情とは十分明らかに示されてゐる。理性的常識的で穏かな福澤でさへも、西郷に同情し政府への反抗に燃えてゐる。地方の民権家は、九州では福岡、豊前、熊本等の各地で西郷軍に呼応して立ったが、官軍の機動力が優秀で、熊本城で薩軍の前進をすみやかに止めたために、九州以東の地では、西郷軍への合流を志しながらもその機を逸した者が少なくない。かれらの激しい抵抗の精神は当然、城山での終戦によって鎮まるものでは決してなく、依然として各地にあって燃えつづけた。

六、紀尾井坂の変

西郷の決起に参加しようとしてその機を逸した連中は、各地に少なくなかった。そのなかで加賀の陸義猶、島田一良、長連豪等のグループは、ひそかに上京して大久保利通以下の政府高官を襲うて暗殺し、天下に檄《げき》を発して、あくまでも西南の役の目的を達成しようとした。かれらの集団テロの計画は周到で、明治十一年五月十四日、大久保内務卿は、太政官への参朝の途上、紀尾井坂で急襲されて惨殺されるにいたった。この紀尾井坂の変は、明治政治史上の一つの大きなエポックとなった。それは西郷の歿後わづかに八ケ月のことである。

十年前の明治維新いらい最も大きな業績をあげた第一級の人物といへば、西郷、木戸および大久保の三名であった。西南の役のさなかで木戸は京都で病死し、その役の最後で西郷が斃れ、それから八ケ月後に大久保もまた非命に斃れた。時代は一転しなければならないところに来た。

西郷と大久保とは少年時代からの親友で、薩摩藩をして明治維新の実力的指導勢力とするために協力した。その同志関係の緊密なことは稀にみるほどで、文字どほり異体同心の活動をつづけて来た。しかし明治五、六年のころから、新日本建設の政見について公然と対決するにいたった。それはまさに龍虎相搏つの死闘となり、そして結局、共に亡びる英雄的悲史を記録した。しかし、この両雄が政見を異にして相戦ひつつも、いづれもが「皇位への忠誠」といふ点では一致してゐたこと、しかも、自らの信ずる公的信条のためには生死の決闘をも敢て辞せぬ間となりながらも、私情においては切々たる友情をひそかに保ちつづけたことは、日本の政治史でなくては見られない特徴ではあるまいか。

紀尾井坂で西郷残党に斬られた大久保利通が、身からはなさずにポケットに秘めてゐたのは古き親友西郷の遺墨であった。かれは、西郷攻撃に国軍を動員し、西郷の政見を公然と非難しつづけたが、当時第一級の史家重野安繹に対して、後世に残すべき「西郷隆盛傳」の執筆を懇請したといふ。これは重大なことである。生死を賭《と》して天下のために決闘するほどの間になっても、その対決者が、心中において相共に「皇位への忠誠」といふ一点での一致がある。対決し苦闘しつづけながらも、西郷も大久保も、やがて次の世代の「日本帝国の発展」のために一つの礎石を築いて行くといふ点において、合流して行く作用を果してゐるのである。

だが、それは一世紀を経てのちの後世人の感慨である。その時点において所信に向って直進してゐる人々としては、将来での合流といふやうなことは問題とは感ぜられないで、当面の対決と敵愾《てきがい》の気が激しく燃えあがって見えるのは当然である。大久保斬奸状に曰く、

斬姦狀

石川縣士族島田一良等、叩頭味死《こうとうまいし》、仰で

天皇陛下に上奏し、俯して三千有餘萬の人衆に普告す。一良等今ま我　皇國の時狀を熟察するに、凡そ政令法度、上

天皇陛下の聖旨に出ずるに非ず、下衆庶人民の公議に由るに非ず、獨り要路官吏數人の臆斷《おくだん》專決する所に在り。

夫れ要路の職に居り、上下の望に任ずる者、宜《よろ》しく國家の興廢を憂る、其家を懷《おも》ふの情に易《か》へ、人民の安危を慮《おもんばか》る、其身を顧る〈の心〉〔者〕に易へ、志忠誠を專にし、行節義を重じ、事公正を主とし、以て上下に報對すべし。然り而して、今日要路官吏の行事を親視するに、一家の經營之れ務めて、其職を盡す所以《ゆゑん》を計らず、一身の安富之れ求めて、其任に適《かな》ふ所以を思はず。狡詐《こうそ》貪婪《どんらん》、上を蔑《べつ》し下を虐し、遂に以て無前の國恥、千載の民害を致す者あり。今其罪狀を條擧する左の如し。曰く、公議を杜絶《とぜつ》し、民權を抑壓し、以て政事を私する、其罪一なり。曰く、法令漫設、請託公行恣《ほしいまま》に威福を張る、其罪二なり。曰く、不急の土木を興し、無用の修飾を事とし、以て國財を徒費する、其罪三なり。曰く、慷慨忠節の士を疏斥《そせき》し、憂國敵愾の徒を嫌疑し、以て內亂を釀成する、其罪四なり。曰く、外國交際の道を誤り、以て國權を失墜する、其罪五なり。公議は國是を定むる所以、民權は國威を立つる所以なり。今ま之を杜絶し、之を抑壓するは、則ち國家の興起を阻隔《そかく》するなり。法令は國家の大典、人民の標準なり。今ま之を漫施するは、則ち上王綱を蔑棄《べつき》し、下民心を欺誣《ぎふ》するなり。國財は人民公供の貲用《しよう》、以て天下の要急に備ふるなり。今ま之を徒費するは、則ち民の膏血《こうけつ》を洩亡《えいぼう》するなり。慷慨忠節の士、憂國敵愾の徒は、則ち國の元氣にして、其興廢の係る所以の者なり。今ま之を疏斥し、之を嫌疑するは、則ち國家の衰廢を求むるなり。國權は國の精神にして、其獨立を致す所以の者也。今之を失墜する、則ち國家の滅亡を招くなり。凡そ此の五罪、是《こ》れ其上を蔑し、下を虐し、以て國家を紊《みだ》るの最も大なる者なり。今又其事實を〈詳明する別紙に錄する所の如し。其餘細大凡百の罪惡に至ては悉《ことごと》く枚擧す可らず〉〔詳擧せざる可らず〕而して粗々《あらあら》天下衆庶の指目する所と爲るを以て、今復之を具載せず。夫れ今日當路姦吏《かんり》輩の罪惡已《すで》に如斯《かくのごとし》。是《ここ》を以て天下囂々《ごうごう》、物情紛々、或は切論風議、以て其非曲を指責し、或は抗疏建白、以て其姦邪《かんじや》を排斥す。而して姦吏輩猶反躬悔悟《はんきゆうかいご》の意なく、益暴を振ひ、虐を恣にし、罰を設け、刑を制し、以て論者を執囚し、議者を拘束し、遂に天下の志士憂國者をして、激動沸起せしむるに至る。則ち、勅命を矯《た》め、國憲を私し、王師を弄《ろう》し、志士憂國者を目するに、反賊を以てす。甚しきに至ては、隠謀密策を用ひて、以て忠良節義の徒を害せんと欲す。而て事敗るゝに及では、則ち天下の民命を驅《か》り、闔國《こうこく》の武備を盡して、之を滅し、以て其跡を掩《おほ》ふ。西鄕、桐野等、世に〈在るに〉有ては、姦吏輩大ひに畏憚《いたん》する所あり。未だ其私曲を極むるを得ず。今や彼徒既に逝くを以て、姦吏輩復《ま》た顧慮する所なし。是を以て更に其暴悍《ぼうかん》を肆《ほしいまま》にし、轉《うたた》其姦兇《かんきょう》を逞《たくまし》ふし、内は以て天下を翫物《かんぶつ》視し人民を奴隷使し、外は以て外國に阿順《あじゅん》し、邦權を遺棄し、遂に以て　皇統の推移、國家の衰頽《すいたい》、生民の塗炭を致すや、昭々として掌《たなごころ》に指すが如し。一良等一念此に至る每に、未だ曾て流涕《りゅうてい》痛息せずんばあらず。昨年西南の事起るに會し、一良等固《もと》より西鄕等非望を圖るの反賊に非らずして、而して事端の起る姦吏輩の隱謀に由るを審《つまびらか》にし、且つ西鄕等若し亡びば、國家前途の事遂に已《や》むを知る。故に其名分條理を唱へ、其正邪曲直を鳴し、遙かに起て彼の徒を助け、以て姦吏輩の罪惡を討せんと欲す。〈而して〉遂に機宜を得ず、事務不可なる者あり、以て其志を遂る能はず。既にして而して思惟す、今姦吏輩の亡狀如斯、苟も此輩をして猶其職に在り、久しく政事を執らしめば、將來國家の事狀、復た測る可らず、今の計を爲す者、速かに姦吏を斬滅し、上は國害を除き、下は民苦を救ひ、以て四方の義氣を振起し、天下の衰運を挽回するに在りと。乃《すなは》ち議を轉じ、策を移し、以て斬姦の事を謀る。因て當時姦魁《かんかい》の斬るべき者を數ふ。曰く、木戸孝允、大久保利通、岩倉具視、是れ其最も巨魁〈たる者〉、大隈重信、伊藤博文、黑田淸隆、川路利良の如き亦許るす可らざる者、其他三條實美等數名の姦吏に至ては、則ち斗筲《としょう》の輩算《かぞふ》るに足らず。其根本を斷滅せば、枝葉隨て枯落す。然れども一良等、同志の者寡少《かしょう》なるを以て、數名の姦魁擧げて以て之を誅する能はず。故に先づ孝允、利通、兩巨魁中其一を除かんと欲す。而して圖らず孝允疾を以て死す。蓋《けだ》し　皇天其大姦を惡《にく》み、既に其一を冥誅《めいちゅう》し、又一良等をして其一を斬戮《ざんりく》せしめ、以て二兇併せ亡ぼすなり。故に一良等、今に天意を奉じ、民望に隨ひ、利刃を振ふて以て大姦利通を斃す。其餘の姦徒、岩倉具視以下の輩に至ては、想ふに天下一良等の事を擧るを觀て、必ず感奮興起して、以て遺志を繼ぐ者あり。此輩應《まさ》に不日斬滅を免

れざるべし。臣一良等頓首頓首仰で
天皇陛下に白《もう》し、俯《ふし》て闔國人〈衆〉〔民〕に告ぐ。一良等既に事忍びざるに出で、敢て一死以て國家に盡す。前途政治を改正し、國家を興起するの事は、即ち
天皇陛下の明と、闔國人衆の公議に在り。願くば明治一新の　御誓文に基づき、八年四月の詔旨に由り、有司専制の弊害を改め、速かに民會を興し、公議に取り、以て　皇統の隆盛、國家の永久、人民の安寧を致さば、一良等區々の微衷、以て貫徹するを得、死して而して冥す。故に決死の際、上下に俯仰し、聊か卑意を陳ず。併せて姦吏の罪惡を狀し、以て　聖斷に質して、而して公評を取る。一良等感激懇迫の至に堪へず。叩頭昧死、謹言。

明治十一年五月十四日

石川縣士族
島田一良㊞
長連豪㊞
杉本乙菊㊞
脇田巧一㊞
杉村文一㊞
島根縣士族
淺井壽篤㊞

（『自由黨史』上巻による）

この斬奸状の本文に次いで、右の文中の「五条の罪状」についての詳細かつ激越な長文の論文が書きつづ

けられてゐる。その要点は、政府が民権を抑圧し公議を杜絶するのを糾弾することから始まり、結論として、

前途政治を改正し、國家を興起するの事は、即ち天皇陛下の明と、闔國人衆の公議に在り。願くば明治一新の御誓文に基づき、八年四月の詔旨に由り、有司專制の弊害を改め、速かに民會を興し、公議に取り、以て皇統の隆盛、國家の永久、人民の安寧を致さば、一良等區々の微衷、以て貫徹するを得、死して而して冥す。

と述べてゐる。それは、英明なる天皇陛下のもとに民権国会の開設さるべきことを悲願とするものにほかならない。この大久保の斬殺により、政府は強力なる支柱を失って大きな動揺を感じ、全国の在野民権家による国会開設の激しい要求にショックをうけたのは当然であった。

〔註1〕大阪会議に臨んだ大久保、木戸、板垣、伊藤、井上、古澤、小室およびこれに対応した東京の三條、岩倉、大隈等々の政治家の各人の考へ方や進退は複雑であるが、その間の事情は、德富蘇峰著『近世日本國民史』に詳しい。

〔註2〕大審院の設立起案における井上毅の研究の次第は、稲田正次著『明治憲法成立史』上巻、参照。

〔註3〕西南の役については黒龍会編『西南記傳』上・中・下六巻および德富蘇峰著『近世日本國民史』に詳しい。また、その思想的合流の情況については、葦津珍彦著『永遠の維新者』が詳論してゐる。西郷の精神的影響の複雑で広汎なことについては、日本史研究の外人も異常な興味をひかれるもののやうである。(*Ivan Morris, The Nobility of Failure-Tragic Heroes in the History of Japan, 1975.*)

第五章　民権家の国会開設要望

一、民権家の国会開設要望

明治十一年五月に、紀尾井坂で大久保利通が斬られて、日本の政局は大きく変った。その前年には木戸、西郷の二人の巨人が歿してゐる。政府では岩倉具視が伊藤博文、大隈重信を従へてはゐるものの、その威力は著しく弱まった。

維新功業の巨人が次々にこの世を去って、在野の板垣退助の進退が大きく注目されるにいたった。板垣は、明治八年に全国の民権急進派を大阪に集めて、愛国社を創立した。しかし、その時に参集した筑前、豊前、肥後等九州各地の代表者は、ほとんど西郷軍の西南の役に参加して戦歿し、土佐の一部の同志もまた大阪で兵を挙げようとして検挙されてゐた。そこにこの愛国社に参加した加賀の島田一良、陸義猶等が大久保暗殺の事変をおこした。

当然、政府の板垣にたいする監視もきびしくなったが、反政府在野の士の板垣にたいする期待も高まって来た。筑前の青年志士頭山満などは、大久保斃《たほ》れるとの報を聞くと、ただちに土佐に急行して板垣の奮起をうながした。板垣は、かねてから愛国社再興の志があり、全国の在野有志に連絡して、十一年九月、はやくも大阪に各地の有志の参集をもとめて、愛国社再興第一会を開くにいたった。主たる参会者は、前記筑前の頭山満、進藤喜平太、佐賀の木原隆通、紀州の山東一郎、備前の小林樟雄、越前の杉田定一、その他豊前、筑後、愛知、熊本、高松、石川等々の代表数十名のほか、土佐からは板垣退助、大石正巳以下であった。ここで愛国社再興の議を決し、さらに全国各地の同志への拡大を期することにした。

これと相前後して全国いたるところに地方政社が結成され、翌十二年三月には第二会が開かれて十八県二十一社の同盟が成り、同年十一月の第三会では、板垣の提唱によって国会開設の建白をすることにした。それはさらに、十三年三月に開かれた第四会の大会において、二府二十二県八万七千余人の総代百十四名によって「国会期成同盟」の結成となり、文字どほり全国的な国会開設請願の運動へと展開して行った。しかしここで、筑前共愛会と土佐立志社との間に、政治路線の上での論争が生じた。

筑前共愛会は、国会開設と同時に条約改正の建白をすることを主張した。もともと在野の民権運動は、明治六年の対朝鮮外交の対決、分裂にはじまる。日本は、安政条約いらいの不平等屈辱条約のもとにあって、完全な独立国としての国権がない。そのため政府の外交に毅然《きぜん》たるものがない。対外国権の独立のない国では、民権の確保はできない。これは外国史でも同じで、民権運動の初期には、多くの国で民権の主張と国権の確立とは相合流した。佐賀の乱の檄《げき》でも「民権則ち国権」との主張をかかげてをり、西南の役に参加した多数者の思想もまた同じで、紀尾井坂の変の斬奸状でも同じく「民権則ち国権」の思想を表明してゐる。板垣の提唱になる愛国社そのものが、民撰議院設立の建白から明治八年の愛国社創立の趣旨、さらに十一年の愛国社再興の合議書でも、民権を伸張し「終に以て　天皇陛下の尊榮福祉を増し、我帝國をして歐米諸國と對峙《たいじ》屹立《きつりつ》せしめんと欲す」（明治八年「愛國社合議書」）ることを目的としてかかげてゐる。民撰国会の要求は、当然に独立国としての日本国国権の確立たる条約改正と相併進せねばならぬ、といふのが筑前の主張であった。この筑前の影響は、山陽道（とくに岡山等）にも強く、「国会開設」と「条約改正」の二事の建白を強く主張した。

土佐の立志社にとっても、条約改正が必要にして重大なことを否定すべき論理はありえなかった。しかし政治戦略的立場からか、ともかくも建白は「国会開設」の一事に集中することを固執して、激しい討論となり、結局、福岡および岡山は独自の立場をとって建白することとなり、「国会開設」の国民運動としては、大局的に連絡連合することとなった。この土佐派が、後年になって自由党の主流となり、筑前共愛会が玄洋社となって、明治史上にそれぞれの異色を生ずることとなるのは、この愛国社第三会にその源流があるといってもいいであらう。

しかし筑前と土佐とは、決して決裂したわけではない。それぞれに独自の建白をしてはゐるものの、後の「報告顚末書《てんまつ》」のごときは、愛国社の河野廣中、片岡健吉の二代表が文を作り、これを筑前共愛会の箱田六輔に渡し、箱田が印刷して各地の惣代に頒布してゐる。その直後の国会期成同盟の第二回大会では、議長は主流の河野廣中がつとめてゐるが、筑前共愛会からは郡利《こほりとし》が副議長として出てをり、また起草委員五名の中には前記の箱田六輔が入り、さらに幹事五名の中には郡利と香月恕經の二名が入るなど、全国組織としての国会期成同盟のなかで筑前共愛会の比重が非常に重いのが注目される。同盟主流と共愛会とでは、その主張に異色はあるけれども、地方政社のなかではとくに共愛会の実力が大きく、同盟の主流も共愛会も、会議では激しく討論しながらも、「国会開設」の大目標に向っては相連合して分裂をさけ、協力することにつとめたものと思はれる。

明治十三年一月、筑前共愛会から、次のやうな「国会開設」建言書が政府に提出された。

國會開設ニ付建言ノ趣意書寫

福岡縣下筑前國一區十五郡九百三十三町村民衆ノ委員タル同國福岡區福岡士族郡利以下六十四人ノ代理トシテ同委員同國志摩郡前原村士族南川正雄早良郡鳥飼村平民箱田六輔ノ二名東上シ謹テ上言ス正雄等之ヲ聞ク人民ハ國ノ大本ナリ政府アリテ人民アルニ非ス人民アリテ政府アルナリ政府ハ人民ノ立ツル所ナリ人民ノ權理ヲ保護スヘキ者ナリ故ニ政府タル者ハ憲法ヲ立テ、以テ民心ノ向フ所ニ従ヒ敢テ其私意ヲ逞《タクマシ》フスヘカラス夫《ソ》レ然リ而テ憲法ヲ立テント欲セハ必ス先ツ國會ヲ興ササルヘカラス國會興ラサレハ其レ何《イヅレ》ノ時カ憲法ヲ立ツルヲ得ン憲法ナケレハ其政體立憲ヲ期スト雖モ亦豈《ア》ニ眞ニ其體ヲ立ツルヲ得ンヤ抑《ソモソモ》是レ正雄等カ區々ノ私意私願ニ非ス是固《モト》ヨリ天地ノ公道ナリ是固ヨリ古今ノ通義ナリ是固ヨリ天皇陛下カ維新ノ始メ天地神明ニ誓ハレタル叡《エイ》旨也嗚呼《アア》陛下五條ノ誓文ハ炳《ヘイ》ト□日星ノ如シ誰カ之ヲ欽仰服膺《キンギヨウフクヨウ》セサランヤ是ヲ以テ前參議某々等ハ既ニ明治六年ヲ以テ民選議院設立ノ建議アリ而テ其緩急ヲ論スル者モ一時朝野ニ紛瞻《フンセン》セリ明治八年漸次立憲ノ聖詔ヲ下サレシヨリ益民心ヲ感起シ遂ニ本年府縣會創立ノ結果ヲ得ルニ至リタリ矣爾來《ジライ》町村會ト云ヒ町村連合會ト云フカ如キ者各地方ニ並立シテ我民心ノ開發ハ駸々乎《シンシンコ》トシテ駟馬《シバ》ノ□キニ走ルカ如ク田夫野老ト雖モ亦我權理ノ我ニ恢復《カイフク》スヘキヲ覺知シ翹首跂足《ギヨウシユキソク》以テ國會ノ開設ヲ希望スルノ今日ニ會シタリ矣即チ我筑前國中ノ人民ノ如キモ其希望ヲ托スルヤ唯《タダ》ニ飢渴ノミナラス亦唯ニ之ヲ希望スルト謂フノミナラス其智ノ進度ハ既ニ已《スデ》ニ之ヲ開設シテ國家ノ政權ニ參與スルニ達シタリ矣既ニ已ニ之ヲ參與シ國家ノ憲法ヲ議定スルニ及ヒタリ矣是正雄等カ今日此ノ乞アル所以《ユエン》ナリ然リト雖モ我自カラ吾ヲ智アリト云フ人或ハ將《マ》サニ之ヲ信セサラントス正雄等請フ一事ヲ擧テ之ヲ證セン即チ本年我カ縣會ノ開設アルヤ其議員タル者ハ必シモ其智識ノ一邊ヨリ撰定セサリシモ尙能《ヨ》ク其議場ニ讜論《トウロン》シテ其議會ノ體裁ヲ整頓セリ況《イハン》ヤ各地方ノ俊才ヲ撰拔シテ之ヲ中央國會ニ登ホスルヲヤ正雄等斷シテ其人ニ乏シカラサルヲ保スルナリ嗚呼我人民ノ國會ヲ佇望《チヨボウ》シ國憲ヲ與議スルニ足ルヤ此《カク》ノ如シ豈ニ一日モ之ヲ苟且ニ付スヘケンヤ且夫レ我大八洲ノ國タル東海ノ中央ニ位シ皇統綿綿トシテ窮極アルコトナシ他邦ノ簒弑《サンシヨク》相踵《ツ》ク者ノ比ニ非ス然リト雖モ方今洋夷跋扈跳《パッコチヨウ》梁《リヨウ》敢テ我ヲ輕侮シ驕慢《キヨウマン》ノ極或ハ我カ隙《スキ》ヲ窺《ウカガ》ハントス此ノ時ニ當リテ人民タル者一心同情以テ天皇陛下ヲ保護スルニ非サレハ亦不測ノ禍ナキヲ保スヘカラス夫レ然リ而シテ人民ヲシテ一心同情以テ天皇陛下ヲ保護セシムルハ唯憲法ヲ立ツルニ在ル耳《ノミ》憲法ヲ立ツルハ唯國會ヲ興シ憲法ヲ立テ立法司法行法ノ三大權ヲ甄別《ケンベツ》シ政權君權民權ノ分界ヲ明ニセハ紀綱修擧シ秩序井然《セイゼン》トシテ互ニ相干涉踰越《ユエツ》セス國家ノ體統是ニ於テカ立ツ矣萬世無□ノ帝業モ亦將サニ是ニ於テカ其□□ヲ加ヘントス矣果シテ然ラハ尙何ソ國威ノ振ハス國權ノ張ラサルヲ□□ンヤ正雄等又博《ヒロ》ク之ヲ歷史ニ彳《テキ》スルニ時ノ古今ヲ問ハス洋ノ東西ヲ論セス憲法ナキ國ハ旺盛《オウセイ》ノ極或ハ人目ヲ驚カスト雖モ必ス久シキコト能ハス埃及ノ如キ法蘭西ノ如キ是レナリ憲法アル國ハ常ニ富强ニシテ百萬ノ大敵ニ逢《ア》フモ之レカ爲ニ辟易《ヘキエキ》スルコトナシ英吉利ノ如キ米里堅ノ如キ是ナリ□シ憲法アルノ國ハ其政府ハ弱シト雖モ其人民ハ强シ故ニ百萬ノ大敵ニ逢フテ辟易セス憲法ナキノ國ハ然ラス其政府ハ强シト雖モ其人民ハ弱シ故ニ一時人目ヲ驚カスコトアリト雖モ久シク其國威ヲ維持スルコト能ハス方今我日本帝國ハ政典ノ華文物ノ美遠ク前古ニ度越ス盛ナリト謂《イヒ》ツヘシ矣然リト雖モ退テ□カニ外交ノ一面ヲ窺ヘハ條約上未タ對等ノ權理ヲ得ス彼レカ□制□束スル所トナル者一ニシテ而シテ足ラサルナリ是固ヨリ舊幕有司ノ失體以テ然ルコトヲ致スト雖モ抑亦我國威ノ未タ振ハス我國權ノ未タ張ラサルヲ以テナリ嗚呼《アア》我國威ノ未タ振ハス我國權ノ未タ張ラサルヤ此ノ如シ豈一日モ之ヲ苟且ニ付スヘケンヤ

此ノ時ニ當リ此機ニ臨ミ尙其早キヲ說キ其漸ヲ以テスヘシト謂フ者アラハ正雄等將サニ此輩ニ答ヘテ曰ハントス凡《オヨ》ソ事爲サヽレハ成ラス今方中ノ一例ヲ擧ケテ之ヲ解セン若シ人アリ浮泳ヲ學ハント欲セハ必ス水中ニ入リテ百方其伎倆《ギリヨウ》ヲ試サルヘカラス水中ニ入ラスシテ浮泳ヲ學ハント欲スルハ固ヨリ其道ニ非サルナリ人民ノ憲法ニ於ケルモ亦然リ國會ヲ創立シテ相會スルニ非サレハ憲法ニ熟達スルコトヲ得サルハ識者ヲ俟《マ》タスシテ明ナリ況ヤ嚮キニ三府三十五縣ノ人民府縣會ヲ興シテ百方其伎倆ヲ試シニ既ニ國政ニ參與スヘキコトヲ知ルヲヤ　加之《シカノミナラズ》國會ヲ興サハ鴻益《コウエキ》ノ生スル所□ケテ數フヘカラス今其□甚ナル者四條ヲ擧ケテ之ヲ論セン一ニ曰ク憲法ナキノ國ニハ一國ノ主權ヲ永遠ニ維持スルコト能ハス一國ニシテ而シ一國ノ主權ヲ永遠ニ維持スルコト能ハサレハ紀綱內ニ振ハス威力外ニ行ハレス外邦ノ淩侮《リヨウブ》スル所トナリ交際上常ニ對等ノ權理ヲ失ヒ其甚シキニ至リテハ我ニ十分ノ條理アルモ其理ヲ非トシ其非ヲ理トシ看《ミ》ス看《ミ》ス彼レノ强制□束ヲ受ケ而シ隱忍以テ之ニ從ヒ惴惴焉《ズイズイエン》トシテ唯其歡心ヲ失ハンコトヲ懼ル我日本帝國ノ外邦ニ於ケルモ亦甚タ之ニ類スル者アルナリ豈歔欷《キヨキ》長大息ニ堪ユヘケンヤ然リト雖モ一旦國會ヲ興シ以テ憲法ヲ立テハ則チ政府ノ爲ス所ハ民心ノ向フ所ニシテ國權ヲ振フノ實力始メテハル《（ママ）》矣二ニ曰ク立法ノ權專ラ政府ニ在ルトキハ人民ハ□謨ノ存スル所ヲ知ラサルヲ以テ必ス其心ニ安セス徒《イタツラ》ニ其心ニ安セサルノミナラス從テ又猜疑ノ念ヲ生スルコト往々有焉維新以來人民カ席旗ヲ飜ヘシ竹槍ヲ携ヘテ所在擾亂《ジヨウラン》セシ者ハ皆政府ノ眞意ヲ知ラサルニヨリ起リシナリ故ニ國會ヲ興シ人民ヲシテ國政ニ參與セシメハ上下ノ情實相通シ國威ヲ振作シ遂ニ我反《カヘツ》テ外邦ヲ凌駕《リヨウガ》スルニ至ラン奚《イズクン》ソ止《タ》タ富强ノ基ヲ開クト云ハンヤ三ニ曰ク人民タル者ハ各々相當ノ權理ヲ有セサルヘカラス苟《イヤシク》モ相當ノ權理ヲ有セサレハ威力ヲ以テ之ヲ恢復スヘキナリ假令《タト》ヒ今日ノ昭代ニ在リテハ固《モト》ヨリ相當ノ權理ヲ有セサルニ非スト雖モ亦如何ナル變革アリテ之ヲ失フコトヲ保セス故ニ國會ヲ興シテ長ク之ヲ有セサルヘカラス且ツ權理ナル者ハ政府ノ與フル者ニ非ス人民自ラ進テ取ルヘキ者ナリ今ヤ皇風ノ及フ所王化ノ播《ハ》ス所人民盡《コトゴト》ク奮起シ速カニ權理ヲ恢復セント欲シ權理ノ爲メニ鮮血ヲ山野ニ流サント欲スル者滔々《トウトウ》トシ

テ皆是ナリ然ルニ我政府措《ソ》ヲ顧サレハ我國家ノ危キコト累卵ノ比ニ非ス然リト雖モ國會ヲ興シテ民心ノ向フ所ニ從テ政ヲ施サハ我國家ノ安キコト亦磐石《バンジャク》ノ比ニ非ス書ニ云ハスヤ民惟邦本本固邦□ト盖《ケダ》シ千古ノ確言ナリ四ニ曰クハ政府ト人民ト隔絶シテ相謀ラサルトキハ經國上ニ於テ如何ナル大計ヲ生シ如何ナル要件ヲ處スルモ人民ハ毫《ゴウ》モ顧慮セス習慣ノ極マル所秦人ノ越人ノ肥痩《ヒソウ》ニ於ケルカ如クナルニ至ラン然リト雖モ今國會ヲ興シ人民ヲシテ各擔當スル所アラシメハ愛國ノ情勃然《ボツゼン》トシテ生シ外邦ノ狡數《コウスウ》ヲ憤リ感激聳動《ショウドウ》シテ國威ヲ皇張シ全邦遂ニ一心同情ニ皈《キ》センカ嗚呼《アア》我國會ヲ起スニ要ナル我人民ヲ奬勵スルニ切ナルヤ此ノ如シ豈一日モ之ヲ苟且ニ付スヘケンヤ伏テ□クハ廟堂《ビョウドウ》一日其四聰《シソウ》ヲ開達シ天地ノ公道ニ基キ古今ノ通義ニ據《ヨ》リ日本全國人民ノ委員ヲ召集シテ我國憲ヲ議定シ我國權ヲ擴張シ彼レカ凌侮ノ心ヲ永遠杜絶《トゼツ》セラレンコトヲ若シ夫レ議會ノ權限憲法ノ制定ハ廟堂諸公ト委員其人ノ考案ニ存スルノミ正雄等□カ見ル所ナキニ非スト雖モ今日敢テ位ヲ踰テ冒言セス

（頭山統一著『筑前玄洋社』より引用）

この建言は、「人民ハ國ノ大本ナリ、政府アリテ人民アルニ非ス、人民アリテ政府アルナリ、政府ハ人民ノ立ツル所ナリ」との徹底せる民権思想から論をおこし、国会開設、憲法制定の必須なることを論じてゐるが、その国情を論ずるに際しては、「洋夷跋扈跳梁敢テ我ヲ輕侮」するの実情を慷慨《こうがい》し、「人民ヲシテ一心同情以テ天皇陛下ヲ保護セシムル」の急務を切言しつつ、条約を改正して国威国権を拡張すべきことを力説してゐる。

しかして文中、すでに府県会が開設されて地方議会の実のあがる見こみがあり、これを拡大して国会に及ぼすことは、決して民間に人材の乏しきを憂ふるに及ばぬことにも論及してゐるのが注目される。この明治十一年の府県会の設置は、国政の大綱に影響が及ばないので政府も案外気楽に決定したやうであるが、初期の県会には地方の名望家が選ばれて、将来の国会政治への期待と自信とを強めたことは、見失ってはならない一つの歴史として記憶さるべきであらう。

もともとこの明治十一年の府県会の制度(七月二十二日太政官布告)を発するに際しての政府の立法意図は、地方民の参政権をみとめるといふよりも、地方官（知事）の徴税を円滑にするために、土着の名望家を利用しようとすることにあったと解していい。そしてその選挙権も被選挙権も、地租十円以上を納める者としてかなりに制限的な「恒産ある者」に限られてゐた。そのため有権者が少ないので、議員は、公選とはいっても推薦とか相談によって選出される者が多かった。しかし、この府県会議員が公選されて出て来ると、当時はまだ民権政党などはなくて無党派だったが、単なる官僚の補助御用機関のやうなものではなくて地方民の利益と希望を代表し、議会が一致して反政府、反知事の態度を示すやうな場合も少なくなかった。

政府はその後、この情勢に対して頻々と法改正を行ってゐるが、やがて自由党、改進党などができると、この地方議会が有力な民権政党の基盤となって行く。この明治十一年の地方議会は、憲政史上の一節として注目すべき問題である。

さて、筑前共愛会の代表的人物とされる箱田六輔とか頭山滿、進藤喜平太などは、西南の役に先立って過激分子として検挙された（明治九年十一月)。そのため西南の役に際して筑前の民権家、越智彦四郎、武部小四郎、加藤堅武等が西郷軍に呼応して決起した福岡事変（明治十年三月）には参加できなかった。この事変では首謀者以下の戦歿者、死刑・獄死者百三名に及び、投獄された者約五百人。一地区の反乱としてはその犠牲は少なくなかったけれども、事前検挙で事変に参加できなかった精鋭が、西南の役の鎮定直後に釈放されて間もなく活動しはじめた。かれらは年少の士族ではあったが、決して孤立の少数者といふのではなく、筑前全体の名望者の間でも信頼ある組織的根底を有してゐた（それは後年に、この筑前共愛会が玄洋社となり、やがて明治の初期議会で、ほとんど福岡県下の代議士を独占するやうな勢力となったのを見てもわかる）。

筑前共愛会が土佐派と別行動をとっても、一つの威力ある存在としてみとめられたのは、それだけの実力があったからである。しかし、愛国社系の国会開設上願書は、ただの一地方に止まらず、ともかくも約八万七千の請願大衆を代表して二府二十三県の総代九十七名が連署してをり、それは全天下の過半の地方の有志を結集したもので、当時としてはまさに堂々たる大衆的示威の感があった。これは片岡健吉、河野廣中等が東上して提出したが、これらの代表の東上とともに、熱烈な地方同志者の上京する者すこぶる多く、かれらは太政官を始めとして政府高官を歴訪して激論し、強硬な談判を繰り返した。

この上京せる民権家たちは、三年前の西南の役の時には獄中にゐたやうな者や、二年前の大久保内務卿を襲殺した連中と親しい同志たちであった。後年の『自由黨史』では、民権運動は西南の役以来はまったく武力闘争主義をやめて合法主義を固めた、といってゐるけれども、政府の側では、この建白運動をもって必ずしも平和合法の運動として楽観しうる根拠はなかった。当時の高官は、すべて大久保内務卿の斬奸状のなかで「斬るべき者」として指名された人々である。朝野の間に緊張感がみなぎったのは自然のことといってい い（憲法制定、国会開設以後の大衆請願と、政治的武闘の頻発した時代の大衆請願とでは、その気流がまったくちがふ）。

この国会期成同盟の上願書はかなり長文のものであるが、この文書も当時の民権思想家の精神を後世に残すべき貴重な文書なので、煩をいとはずその全文を下記引用する。前掲の筑前共愛会の建言書とともに、諸外国の民権運動とはまったく異なる「君臣の情義」の切々たるものを見ることができる。

國會を開設するの允可《いんか》を上願する書

日本國民臣片岡健吉、〈臣〉河野廣中等、敢て尊嚴を畏《おそ》れず茲《ここ》に謹て恭しく我
天皇陛下に願望する所あらんとす。臣等我國に在て國會の開設を望むこと既に久く、其之を望む所以も亦一ならざる也。故に臣等は今先之を上陳せん。夫れ天の斯民《しみん》を生ずる也、之に賦するに自由の性を以てし、之に與ふるに碩大《せきだい》の能力を以てし、其をして至高の福祉を享受《きようじゆ》せしむ。凡そ人間たる者、豈に此本性を保存して其賚《たまもの》を完《まつた》ふせざる可《べ》けん哉。抑人間の責任も亦重大矣哉。蓋人民の國家を結び政法を立つるも、亦其本分を盡し、厥通義を達せんとするに在る耳。然るに我國の如きは、古來政府にして獨り國政を任じ、人民も亦曾《かつ》て自ら之に關與すること無く、自ら焉《これ》を知らざるもの丶如くせり。豈に是れ斯《これ》を可矣とせん哉。蓋斯《けだしかく》の如きは則是れ其自主人たるの力を空ふし、一國民たるの權義を虧《か》くの理にして、眞に耻《は》づ可きも亦太甚矣也。故に臣等は今に在て中心之を愧《は》ぢ、且つ憾《うら》む。焉《いづく》んぞ今より參政の權利を得て以て
陛下が多勞を減ずるを謀り、從來國家の政を擧て皆悉《ことごと》く一に政府を煩はし、政府を勞せし罪を償はざるを得ん哉。是れ其臣等が國會の開設を望む所以の一也。凡そ國家に急要なる所のものは人民の一般協和するに在りて、人民の一致協和することは、各人同じく其國を愛するの心よりせざるは莫《な》く、若夫人民にして愛國の心なければ、各人別離して一致協和する事靡《な》く、國民にして一和せざれば變亂隨て起り、百災由て兆《きざ》し、國力爰《ここ》に衰退し、紀綱茲に頽廢し、甚しければ則竟《つひ》に其國を滅し、若くは其國の大權を喪《うしな》ひ、不可言の大害を蒙《こう》むるに及ぶ可く、而して今其所謂國家の人民をして善く一和せしむるものは、其をして自ら國政に關與せしめ、自ら國事を審

知せしむるに在りて、人民をして愛國の心を減殺せしむるものは、專制政體より甚しきは莫ければ、愈《いよいよ》王室の安泰を保全し、其鞏固《きょうこ》を得可きことは、定律政治に若《し》く事は莫く、王室を危殆《きたい》に陥れ、王位の鞏固を失ひ易き事は、專制政體より甚しきは莫く、國家を危險に傾け、億兆の不幸を醸し易きことも、亦專制政治より甚しきは莫き也。臣等國民たる者定律の政治を望まざることを得ん哉。而して定律の政體を立てんとするも亦必國會を開設せざるを得ざる也。是れ其臣等が國會の開設を望む所以の二也。

陛下明治元年の三月に立定せらるゝ所の誓文五個條の一に曰く、廣く會議を興し萬機公論に決すと。〈夫れ〉廣く會議を興し萬機公論に決することを行はんとすれば、國會を開設せざる可からざる也。國會を興すは廣く會議を興す所以にして、廣く會議を興すの法國會を興すに若くは莫く、且つ其公論と云ふものは則擧國人民の意思より生ぜずんばあらざる可ければ、所謂《いはゆる》萬機公論に決せんとするも亦國會を興して以て全國の代議人を會するに非ざれば能《あた》はざれば也。其二に曰く、上下心を一にし盛に經綸《けいりん》を行と。夫れ上下心を一にし盛に經綸《けいりん》を行はんとすれば、國會を興さゞる可からざる也。專制の政治は則上下の心を隔つるの最にして、國家の代議院を設くるものは、則政府と人民の心を交通し得るの一法なれば也。其三に曰く、官武一〈致〉〔途〕庶民に至る迄《まで》各其志を遂げ、人心をして倦《う》まざらしむと。〈夫れ官武一途庶民に至る迄各其志を遂げ人心をして倦まざらしむるの〉〔此〕道を爲すものは國會を興さゞる可からざる也。專制の政治は則ち庶民をして其志を通ぜず、人民の心をして倦厭せしむるの甚しきものにして、而して國會を開く事は庶民をして其志を勵まし、人心をして競勉せしむる所なればば也。其四に曰く、舊來の陋習《ろうしゅう》を破り天地の公道に基くと。夫れ舊來の陋習を破り天地の公道に基くことを得んと欲するものは、國會を興さゞる可からざる也。專制の政治は則舊來の陋習にして、立憲政體を立てんとすることは則當今我國の公論に係り、且つ其適當を見る所なれば、則公論に循《したがっ》て適當を見るの事を施すものは、即ち天地の公道なれば也。其五に曰く、智識を世界に求め大に皇基を振起すと。夫れ智識を世界に求め大に皇基を振起するの實を擧げんとするも、亦國會を開立するに在る也。今世に在て國會を開く事は便《すなは》ち世界の智を學ぶ所以にして、之を開かざることは世界の智識を棄擲《きてき》して顧みざる者と爲すべく、而して皇基を振起するも亦國會を開て人民の愛國心を發せしめ、及び全國の一致するに非ざれば能はざる可ければ也。而して其尾に曰く、我邦未曾有《みぞう》の變革を爲さんとし、朕躬《み》を以て衆に先んじ、天地神明に誓ひ、大に斯《この》國是を定め、萬民保全の道を立てんとす、衆も亦此旨趣に基き協心努力せよと。夫れ萬民保全の道は豈に專制政體を改革して立憲政體を定むるに在らざらん哉。是れ其臣等が國會の開設を望む所以の三也。

陛下曾て億兆に告ぐるの翰文《かんぶん》に曰く、近來宇内大に開け各國四方に相雄飛するの時に當り、獨り我國のみ世界の形勢に疎く、舊習を固守し一新の効をはからず、朕徒らに九重中に安居し一日の安を偸《ぬす》み、百年の憂を忘るゝ時は、遂に各國の凌侮を受け、上は列聖を辱め下は億兆を苦めん事を恐る。故に朕こゝに百官諸侯と廣く相誓ひ、列祖の御偉業を繼述し、一身の艱難辛苦を問はず、親《みづか》ら四方を經營し、汝億兆を安撫《あんぶ》し、遂には萬里の波濤《はとう》を開拓し、國威を四方に宣布し、天下を富嶽の安きに置かんことを欲すと。於戲《ああ》

陛下の志也卓矣哉。

陛下詢《まこと》に已に此志あり豈國會を開かざる可けん哉。專制政體を墨守して之を改めざることは、世界の形勢に疎く、舊習を固守し、一新の効をはからざるものにして、國家一日の安寧を失ひ易く、還《ま》た百年の憂を釀し、遂に各國の凌侮を受け、一は列聖を辱め、一は億兆の苦となるべく、國會を開立して憲法を確定すること、億兆を安撫し、天下を富嶽の安きに置くの道なれば也。而して臣等善く

陛下が志を體認し、

陛下が業を助けて、神州を保全せんとするも、亦必参政の權利を得ざる可からざれば也。是れ其臣等が國會の開設を望む所以の四也。

陛下明治八年の四月を以て發する所の詔に曰く、朕卽位の初首として群臣を會し、五事を以て神明に誓ひ、國是を定め、萬民保全の道を求む。幸に祖宗の靈と群臣の力に賴《よ》り、以て今日の小康を得たり。顧《おも》ふに中興日淺く、內治の事當《まさ》に振作更張す可き者少しとせず。朕今誓文の意を擴充し、玆に元老院を設けて以て立法の源を廣め、大審院を置き以て審判の權を鞏《かた》くし、又地方官を召集し以て民情を通じ、公益を謀り、漸次に國家立憲の政體を立て、汝衆庶と俱《とも》に其慶に賴らんと欲す。汝衆庶或は舊に泥《なつ》み、故に慣るゝこと莫く、又或は進むに輕しく、爲すに急なること無く、其れ能く朕が旨を體して翼賛する所あれと。

陛下の心進んで既に此に至る。何爲《なんす》れぞ獨り國會を開設せざるを得ん哉。今夫れ未だ曾て一歩を動着せずして、漸次に百里を行かんと欲すと云ふ者あらば人其れ之を不當と云はざらん哉。〈夫れ〉我國は未だ國會なきもの也。陛下漸次に立憲政體の完具する事を望まば、則今先づ國會を開設すべく、未だ國會を開設せずして、而して漸次に立憲の政體を立てんと欲すと云はゞ、是れ何ぞ未だ一歩を動着せずして漸次に百里を行かんとすと云ふ者と異ならん哉。是れ其臣等が國會の開設を望む所以の五也。

陛下卽位以來勇斷決行する所も亦一ならず。明治四年に廢藩〈立〉〔置〕縣の擧あり、亦隨て國民に參政の權利を與へざるを得ん哉。何となれば則今夫藩を廢して縣を立つる者は、全國の善く結合するを欲するが爲めにして、全國の眞に結合すべきは、各民其利害を同ふし、其心志を一にし、偕《とも》に其一國を愛するの道を開かざれば能はざるべく、而して國內各其利害を同ふし、其心志を一にし、偕に其一國を愛せしむるの道は、國會を開設するより良きは莫ければ也。同じく五年に全國募兵の法を立つることあり、亦隨て國民に參政の權利を與へざるを得ん哉。何となれば則全國募兵の法を立つるものは、舊來の法制の如く、國中に兵農を分ち、獨り一部の士族而已《のみ》を以て兵の責を專任せしむるときは、國家未だ鞏固《きょうこ》なる事能はざるが故に、國を以て國を護るの固きを取らんとするものにして、國家の眞に固き事は萬民克《よ》く一致して、同じく其國に報ゆるの心を發せしめざる可からざるべく、而して萬民克く一致し同じく報國の心を發せしむるの道は、國會を開設するより良きは莫ければ也。同しく六年に地租を改正するの令を發し、地劵を行へり。亦隨て國民に參政の權利を與へざるを得ん哉。何となれば地租を改正し地劵を行へるものは、天下は天下の天下にして、政府の私有に非ざるが故にして、既に地劵を發行すれば則國土は政府の私有に非ざること甚だ彰著也。國土既に政府の私有に非ざれば、則人民の身命財產も亦政府の私有に非ざる也。人民の身命財產實に政府の私有に非ず、政府是等に就て租稅を徵するは、人民の私有より徵すると云はざるを得ざる也。將《はた》其租稅は國家の爲めに徵するものなれば、則已に收むる所の租稅は必ず之を國〈家〉の共有物と謂はざるを得ざる也。而して今夫私有は其主一人にして之を所置するの權ある可く、共有は〈共〉衆と共謀せざる可からざること、實に理の當然なれば、政府業既に地劵を發行して、天下は天下の天下たることを明にすれば、則租稅を天下に徵し、及び既に收めて國家の共有物と爲れる所の租稅金を處置するには、政府一己にして之を爲す可き義あることなく、必ずや全國人民と共議せざるを得ざる可く、而して租稅を全國人民と共議するには、國會を開設せざるを得ざる可ければ也。是れ其臣等が國會の開設を望む所以の六也。凡そ人民の其國に在て義務を盡す所以のものは、其國に在て安全幸福を受けんと欲するが爲に非ざるは莫き也。然るに我國維新以來の十有餘年間の如きは、兵亂相續き騷擾《そうじょう》輟《や》む靡《な》く、未た一歲の靜寧安綏《あんすい》を得て以て民其生を聊《やす》んずる能はず、而して叛亂《はんらん》の既に起るに至ては、政府固より之を鎭制せざるに非ずと雖ども、而かも騷亂の起るや人命を傷害し、財貨を費《ひ》耗《こう》し、其慘毒を社會に流すこと實に甚しく、國家の元氣を減損する事少小に非ざる也。陛下豈に之を顧みざるを得ん哉。臣等豈に默過することを得ん哉。而して是《かく》の如きの國勢を救正す可き者は、國會を開設するより先なるは莫き也。是れ其臣等が國會の開設を望む所以の七也。凡そ國家は人民の〈秦〉《（マヽ）》〔湊〕合する者にして、國家の事は人民の事ならざるは莫く、國家の盛衰治亂は人民の安危憂樂に關せざるは莫くして、而して邦國の盛衰治亂は國家の財政に關すること甚だ多矣。然るに今日我國の如きは國債固より夥《おびただ》しく、紙幣頗る過多にして、物貨昂貴《こうき》し、而して、其勢愈益甚しからんとす。豈憂ふ可きに非ず哉。就中《なかんづく》外債の如きに至ては事實に外國に渉《わた》る。若夫償却の道を誤るに至らば、則實に國家の存亡に關すべし。豈に憂ふ可きに非ず哉。臣等陛下と倶に之を慮《おもんばか》らざるを得ん哉。然り而して其勢の此に至るものは、國家甚だ變動多く、非常事件の頻《しきり》に生出せしに關するものなれば、今の計を爲すものは宜《よろ》しく變亂の根を醫《いや》し、其本を療《いや》す可《べ》くして、而して其事は則國會を開設して人民の自主と愛國心を發せしめ、全國人民の心思を通じて相一致し、相合和せしむるに在る可し。是れ其臣等の國會の開設を望む所以の八也。如今各國四方に雄飛するの秋に丁《あた》り、確然國家の獨立を維繫《いけい》し、啻《ただ》に外邦の凌侮を受ざるのみならず、萬里の波濤を開拓し、國威を四方に宣布せんとするは前既に言ふ如く實に陛下の志す所にして、臣等の同じく欲する所也。然るに我國今日の如きは海外各國に對て未だ十分に能く獨立の大權を張る事無く、屈辱を受くる者實に尠《すくな》からざる也。而して今若し之を一變することなく徒らに經過せんとすれば、則益屈辱を蒙むりて止むこと莫く、終《つひ》に言ふに忍びざるの大事を生出せんも亦測る可からざる可し。豈に慨せざるを得ん哉、抑も亦思はざる可けん哉。然り而して國家の原素たる者は人民にして、國は民に由て立つ者なれば、人民に自主自治の精神なく、人民に人民たるの權利を有すること無ければ、國家は能く不羈《ふき》獨立す可きことなく、克く國權を張るを得べからざるの理なれば、今先づ國會を興さゞるを得ざる可き也。是れ臣等が國會の開設を望む所以の九也。是れ〈其〉臣等が以て國會の開設を望む所以の大略也。蓋し今日我國に於て國會を開設することは、
陛下の嘗て欲する所にして、臣等の固《まこと》に望む所、國家に在て已《や》む可からざる所と爲すべし。故に臣等は常に陛下を賛《たす》けて、早く國會の興立を見んと欲し、國會を開設して
陛下と偕に至大の慶福を保たんと欲し、寤寐《こび》國會の事を思ひ、造次にも亦其他を念《おも》はざる也。
陛下乞ふ之を熟察し、臣等の願を許して以て國家を安んぜよ。臣等請ふ、

陛下國家の爲めに國會を開設するを允可して、以て臣等が願に副《そ》へよ。若夫之を開設するの方法制度に至ては、願くは之を開設するの允可を得るに隨て適當の代人を出し、陛下と與《とも》に共に協議して之を定めん。然れども陛下臣等が考按《こうあん》を聽かんと爲さば、臣等固より書して以て之を上《たてまつ》り、或は口づから之を陳ぜむ。陛下乞ふ早く允可を示せよ、臣健吉、〈臣〉廣中等、頓首頓首謹願。

明治十三年四月

この文書の特徴は、維新の五箇条御誓文から明治八年にいたる明治天皇の聖旨を一つ一つ列記して、陛下の臣としての立場から、直接に天皇に上願するものとなってゐる点である。それは外国流の、君権に対する民権の請願とは決定的に異なってゐる。東洋では古来、君主統治の文武官を臣とし、被治者たる民と区別して来た。この伝統からすれば、この上願者は、民ではあるが臣ではないはずである。しかし思想史的に見ると、明治維新は、この東洋古来の臣と民との区別を解消したところに偉大な意味があった。臣と民との区別が消えて、同じく一つの臣民となって行くのが明治の発展である。

それには、最初の民撰議院設立の建白が、古風にいっても、紛れもない明治維新の功臣であり政府の高官である板垣、後藤、副島等々によって提出されたものであったし、それを継承した運動として、「日本國民、臣片岡健吉、臣河野廣中等、敢て尊嚴を畏れず茲に謹て恭しく我　天皇陛下に願望する所あらんとす。臣等我國に在て國會の開設を望むこと既に久く」云々と、自然に陛下に対する臣としての立場での上陳となったといふこともあるであらう。ここには、天皇直系の文武官たる臣と天皇治下の在野の国民との間に、天皇に対する遠近の差を全く認めてゐない情感がある。日本の民権運動史は、初めから君権対民権ではなく、官権(有司)対民権の立場を明白にしてゐる。戦後の日本史の教科書などでは、この思想史的事実を無視して、すべて「君権対民権」の説をとって説明してゐるのは遺憾である。

二、政府要人の所見

政府の側では、福岡(筑前)、岡山の建白をまづ却下し、次いで国会期成同盟のそれも拒否して受理しなかった。政府としては、民論に動かされることなく威厳を保つことを政策上必要であるとしたのであらうが、しかし政府部内では、これを拒否して鎮圧しうると考へた者は少なく、情勢の危急を痛感した者が多かった。当時、明治天皇の御沙汰《ごさた》を奉じて各参議が提出した建議書を見ると、次のやうな意見が述べられてゐる。この建議は、明治十二年十二月、明治天皇が太政大臣三條實美、右大臣岩倉具視の二大臣と謀って、立憲政治に対する意見を各参議に求め給うたのに応じたもので、山縣有朋(十二年十二月)、黒田清隆(十三年二月)、山田顯義(十三年六月)、井上馨(十三年七月)、伊藤博文(十三年十二月)、大木喬任(十四年五月)がそれぞれ建議してゐる(以下は、『自由黨史』所収の諸家の文書を現代文に要約した)。

山縣有朋の建議の要旨

明治維新より十二年を經たが、民心を徴するに、政府を奉戴する情なく、政令に満足せず、ややもすれば猜疑《さいぎ》の念を抱いてゐる。それにはもちろん理由がある。維新以來の文明は大いに進んだかに見えるが、その改革進歩の速度があまりにも急激であったために、措置に適切を缺いた點、あるいは實質的にはまだ十分な効果をあげてゐない點も少なくない。それとともに海外自由の思想が、輕薄な氣風とともに流入して來て人心を刺戟し、政府に缺陷あれば、これを怨府《えんふ》とするに止まらずして「竟《つひ》に臣子の言ふに忍びざる者あるに至るも測る可からず。是臣が以て深く患《うれひ》とする所」である。

これに對處するには、ただ「國憲を確立するに在るのみ」と信ずる。明治九年に元老院に國憲起草を命ぜられたのも、そこに見るところがあったからである。しかし民會を開くといふことは非常重大であるから、愼重を要する。故に今の計としては「特撰議會」を開くの策がよい。幸ひにして既に府縣會の地方議會の制度ができてゐるので、この府縣會のなかから「知にして賢なる」者を撰びて「一の議會を開き、先づ國憲の條件を議せしめ、併せて天下立法諸種の事項」を討議させ、數年の間は臨時期間とすべきであらう。これはあたかも元老院と二重になるかのやうに見えるけれども、しかし、元老院はすべて官吏のみから成るものであるが、特撰議會は府縣會中から人材を撰ぶのであって、質を異にするし、かつ、民心を收攬するにも良法であらうと思はれる。全面的な民撰議會の開設に先立って、まづ地方議會の議員から特撰した者をもって臨時的過渡的な特撰議會を開き、國憲の制定を急ぐのでなくては、政府は人民の怨府となって維持しがたきに至る。

山田顯義の建議要旨

維新以來、五箇條の御誓文あり、明治八年四月十四日の詔（憲法起草の詔）あり、同じく八年府縣會設立の布告あり、聖上よく萬國の形勢を察して人民の將來を慮り給ふ。專政はその害測るべからざるものがあるから、徐《おもむ》ろに立憲の制を定めるのがよい。それには古來の慣習と今時の勢ひとを參考して、一、法律議定（人民一般の權利に關するものに限る）、二、租税徵集並費用報告書の檢査、三、費用予算書の檢査、四、國界變換の四ケ條に關しては、人民に參政の權を許すべきものとする。しかしそれも卽時實行は困難であるし、勅許を得て、初めは元老院と地方官會議で四、五年間これを試み、そこで可否を考へて、憲法を確定し特命をもって布告すべきである。憲法の確定、眞の國會開設は四、五年後のこととして考ふべきである。

井上馨の建議要旨

我政府の執政は、輿論《よろん》公議と其方向を同じくし、皇基を固くし、萬姓を昇平に樂しませ得るかといふに、これは難問である。よろしく民法を編し、憲法を制し、輿論の歸向するところに從って國會を開くのが急務である。現在の政府には、實のところは人心を感服させるにたるだけのものもなく、斷然として威力をもって制壓するだけのものもない。近來は、國會論者が四方に蜂起《ほうき》して政府の失政を咎《とが》め、遂に國會の設立を迫る者が太政官門に絕えず、まさに國家政府の安危相分るるの秋といふべきである。この世論の趨勢《すうせい》は、もはや妄《みだ》りに威權を以て逆ふことはできず、況んや政府にその威權の實もない。

ただ、何の事業にも「予備」「序次」といふことが肝要であり、國會を開くについても、まづ民法を編成し、然るのちに憲法を制定して王室、政府、人民の權限を明確にし、その基礎を固めたのちに始めて國會を開設すべきである（下院では議論のみ多くて緊要なる立法のおくれるのを憂へてゐるやうである）。憲法を制定して國會を開くには、上下兩院で構成することとし、上院は華士兩族中から撰拔し、その撰拔方法は公撰と勅撰とを併用する。但し、平民であっても學術に優れ國家に功ある者は勅撰を以て命ずることもありうる。

伊藤博文の建議要旨

今日中興の大業成るかに見えるのとき、「時事俄かに危機に逼《せま》るが如きあり。以て無事に安ずべからざる者」がある。その原因は、一は、維新以來の急激なる進歩變遷があったのに、これを喜ばずして不平を有し、その極には「一變して急激の論を唱へ、政府に抗抵し世變を激成し、以て自ら快」しとする者が少なくないことである（伊藤には、民權論とは、旧士族が新政に対して不満のあまり一変して過激急進の理論を利用してゐるとの解釈が強い）。二に、これらの不平士族が西歐政體の新説を全國に流行させ、政府の意の在るところを知らず狂暴の説をもって人心を惑はせ、人心をおびやかしてゐることである。しかし、この「現今の世變は宇内大勢の推致する所」であって一國一州の事ではなく、政府としては、これに愼重に應對して急激に流れしめず、大勢にしたがひつつも順序を立てて愼重に事を進むるの道を講ずべきである。

國會を開くのを急ぎすぎてはならない。「國會を起して以て君民共治の大局を成就するは甚だ望むべき事」ではあるが、それは「事苟も國體の變更(註)に係る、實に曠古《こうこ》の大事」であり、決して急燥《きゆうそう》を以て行ふべきものではない。而して、順を以て進めるには、現在の元老院を擴大して將來の上院の準備とし、華士族の中から公撰したる者、國家に勳功のあった者および「士庶の碩學《せきがく》」を収用して、立法の事にあたらしめることにするのがよい。また「公撰檢査官」を設け、府縣會議員のなかから檢査院員外官を公撰させて政府の財政を公明にし、以て天下に對して政府財政の精確な點を信頼せしむるのを、立憲の初めとすべきである。但し、この檢査院員外官の權限は專ら會計檢査のみにとどめ、財政干渉は許さない。

天下の大局的方向が定まらないと、人心は底止することを知らず、狂暴の説が民をひきゐて起つときは収拾すべからざるにいたる。もとより憲法制定の大方針は、明治八年の詔において明らかであるが、政府に對する怨嗟の徒は、勝手に勅諭や御誓文を引用しては、急激の策を政府に迫ってゐる。皇上陛下が親しく聖斷を下し給うて、天下に立憲の大旨を示し給ふとともに「主として天下に告ぐるに漸進の」主義もって昭示されるならば、無知の民が狂暴の徒に惑はされることをまぬかれるであらう。

これら山縣、山田、井上、伊藤等政府の要人の意見には、それぞれに異色はあるが共通点を見出すことができる。在野の国会開設の建白は拒否するとの、一見して強硬の姿勢はとったが、政府自らが天下の人心の支持のないことをみとめてゐる。国会開設論者を狂暴不平の徒などと称してはゐるものの、断固として威圧しうるだけの自信はない。ただ朝野の開きは、国会開設についての時と順序だけである。結局、順を追うて数年の後には、憲法を定めて国会を開くのほかないとみとめた。在野の側では政府の却下に対して大いに怒ったが、しかし政府の側は裏面では、在野の主張の到底ながく抑止しがたいことをみとめたと解せられる。国会開設の全国的要望の結集は、決して空しかったのではなく、着実な成果があがってゐる。

しかし政府の要人のすべてが同一だったわけではない。黒田清隆、大木喬任の建議は、前記の少壮者と多少ちがふ。黒田清隆は、

近ごろ國會設立の論が盛んで、福岡、岡山の如き、上書建白して天下の人心を鼓動し政府を懸念させてゐる。これは後藤、副島等が朝鮮政策で辭職して、民撰議院設立の建議をして四方の不平士族を煽動してからのことである。しかし要するに、今の日本で緊急なことは產業を大いに興すことなのだから、政府は產業振興に思ひ切った政策を斷行して、不平士族に實業の道を與へるならば、無賴不平の徒の無益な過激論は力を削がれるであらうし、實用的國民が多くなってから國會を開くも未だおそしとしない。

と建議してゐる。また大木喬任は

近ごろ誰しも國憲論を唱へるが、御國體に關し容易ならざる議である。これは明治八年の詔が、恐れながら御國體變革(註)の基を開いたもので痛歎禁じがたいが、事實すでに出來たことで致し方もない。八年の詔を取り消しがたい以上は、天皇獨裁にて國威を海外に雄飛することはできない。おそらく臣の案は、開明者流の嘲るところであらうが、世界に比類のない帝憲、政體の二案を奉呈致し度く檢討中である。

といってゐる。ここで大木が、国体の語の概念をどう定義したかは明らかでないが、察するに大木は、「帝憲」として不磨の国体法を立てて政体法と区別し、「政體」は時に臨んで変更しやすい法とすることを考へてゐたらしい。

ここに見るやうに、明治十三年の国会開設の建白は、政府の拒否するところとはなったが、実質的には政府を大きく動かした。黒田清隆のみは、実業を与へれば事足るとして楽観してゐるが、これは例外である。大木も極めて保守的で、本来は国憲も国会も好まない思想を端的に述べてゐるが、それでも、天皇の詔書の厳として存するかぎり国憲制定はやむを得ない、とみとめてゐる。この二人を別とすれば、山縣有朋、山田顕義、井上馨、伊藤博文等の諸参議は、すべて現政府の体制にすでに天下の人心を確保する威信のないことを率直にみとめてをり、憲法を制定し国会を開かざるを得ないとの大勢を認めることで一致してゐると見ていい。その思想の論理なり心情には在野人との間に開きがあり、また民撰国会開設にいたるまでの順序次第についての緩急の差があるにしても、明治十三年といふ時点においては、憲法の制定、国会の開設といふことを遠からざる将来において実現しなくてはならないとの天下の大勢が、ほぼ固まって来たと見ていいやうに見える。

〔註〕伊藤博文の建議書にも、大木喬任の建議書にも、憲法を制定することは「國體を變更し變革することだ」との語がある。この時代以後の文書には、しばしば「國體」の語が出て論争点となる。しかし、この「國體」の語については、当時には法学的用語としては各人の間に共通の概念がないと見ていい。同一の「國體」の語が、それを用ひる人によって異なる意味、概念で書かれ、発言されてゐることに深い注意を要する。これは後章で再論する。

第六章　元老院国憲案と元田永孚の国憲大綱

一、元老院の国憲案

明治十三年に在野民権党の猛烈な国会開設要望があったが、政府はこれを拒否した。しかし、政府の拒否によってこの運動は鎮まるものでなく、民権党は政府の拒否に反撥していよいよ天下の同志に結集をもとめ、国会期成同盟会を大日本国会期成有志会として拡大強化し(十一月)、さらにその中の同志は自由党結成を目標にして、ますます民権運動の発展のために気勢をあげた。

これに対して政府の側では、表面は強い拒否姿勢をもって相対しながらも、裏面ではなんとかして将来の大綱を立てねばならないと苦心してゐた。憲法制定に関する諸参議の意見は前章で述べたやうなものであったが、この年に、かねてから元老院で研究起草されてきた「国憲案」の第三次草案が最終的に作成されたが、しかし廃案となった。

元老院の国憲案は、明治九年に第一次草案ができたが、この案には民撰議会がない。この案は政府でも同意を得られなかったらしく、第二次草案が明治十一年に作成され、ここでは帝国議会が元老院と代議士院とから構成されることになってゐる。しかし政府にはこれを採択する意思がなく、明治十三年になって第三次草案が作成された。

元老院は、明治八年の大詔以来、国憲案の起草を目的として、日本国史、固有法や世界各国の憲法の調査に基礎的な研究を重ねてきた。また、出版などによって国民の憲法知識を啓蒙したところも少なくなかったが、しかしその国憲草案は、政府の岩倉具視、伊藤博文等の強い反対があって、天皇にはともかくも復命報告されたが、公式の検討もされないで廃棄された。その内容は次の通りであるが、この草案は、政府からは全く無視されたかに見えるけれども、後の帝国憲法・皇室典範の起草に際しては存外に、底本的な参考案とされたところも少なくないやうに思はれる。

國憲艸按ヲ進ムル報告書

本官等承ク、明治九年九月七日　皇帝陛下ヨリ前議長熾仁親王ヲ召サレ詔シテ曰ハク、朕将ニ我ガ建國ノ體ニ基ヅキ、海外各國ノ成法ヲ斟酌シテ以テ國憲ヲ定メントス。汝等《ナンヂラ》其レ宜《ヨロシ》ク之ガ草案ヲ起創シ、以テ聞セヨ。朕将ニ擇ハントスト、親王乃《スナハ》チ命ヲ奉ジテ退キ、翌八日元老各議官ヲ集メ、告グルニ此事ヲ以テシ、且議官柳原前光議官福羽美静議官中島信行議官細川潤次郎ヲ以テ國憲編纂ノ委員ト爲ス。本官等命ヲ承ケテ中外ノ載籍ヲ蒐輯《シユウシユウ》シ、其國憲ニ關スル者ヲ取リ、夫《ソ》ノ建國ノ體ト海外各國ノ成法トニ於テ参互比照シテ以テ國憲草案ヲ作リ、將ニ以テ　皇帝陛下ノ採擇ニ供セントス。本官等謹デ按《アン》ズルニ、我ガ　祖宗天命ヲ受ケ、人心ニ順《シタガ》ヒ、　聖子神孫歴世相承ケ既ニ一百二十餘代二千五百二十餘年ノ久キヲ經タリ。建國ノ體動クコトナシト雖モ、祖宗以來ノ例習多端ナリ。裁定シテ一ニ歸セザレバ以テ國憲ト爲ス可カラズ。加フルニ古今宜キヲ異ニスルヲ以テ、舊制ニ於テモ亦或ハ變更セザルコトヲ得ズ。海外各國ノ成法ニ至テハ毎國同ジカラズ。英國ハ立憲君主ノ稱首タリ。然レドモ眞ノ成文國憲ヲ制セズ。合衆國ハ民主ノ國トス。我國ノ體ト異ナリ。佛國ハ屢々《シバシバ》革命ヲ經テ君主ト爲リ民主ト爲ル、國憲ノ文斷爛ニ失ス。故ニ此諸國ニ於テハ只其意ヲ取リテ孛、墺、荷蘭、比日義、伊太利亞、伊斯把泥亞、葡萄牙諸國ノ國憲ニ於テハ多ク其文ヲ取ル、之ヲ要スルニ　大旨君民ノ權ヲ分ツテ以テ主ト爲シテ、而シテ君權ハ則チ亦之ヲ政府ノ各部ニ分チ、立法行政司法ノ三大支ト爲シ、以テ各其職ヲ守リ各其責ニ任ゼシメ、以テ上下相安ジ國隆運ニ膺《アタ》リ人景福ヲ享クルコトヲ期ス。庶幾《コヒネガハ》クハ　聖旨ノ所謂《イハユル》建國ノ體ニ基ヅキ、海外各國ノ成法ヲ酙《（マヽ）》酌スル者ニ於テ大ニ相戻《モト》ラザランコトヲ。伏シテ請フ、之ヲ　皇帝陛下乙夜ノ覽ニ進メンコトヲ。

明治十三年十二月

國憲取調委員

議官　福羽美靜

幹事　細川潤次郎

議長　大木喬任殿

國憲

第一篇

第一章　皇帝

第一條　萬世一系ノ皇統ハ日本國ニ君臨ス

第二條　皇帝ハ神聖ニシテ犯スベカラズ縱《タト》ヒ何事ヲ爲スモ其責ニ任ゼズ

第三條　皇帝ハ行政ノ權ヲ統《ス》ブ

第四條　皇帝ハ百官ヲ置キ其黜陟《チユツチヨク》ヲ主《ツカサド》ル

第五條　皇帝ハ兩院議スル所ノ法按《ホウアン》ヲ斷ジ而シテ之ヲ國内ニ布《シ》ク

第六條　皇帝ハ陸海軍ヲ管シ便宜ニ從ヒ之ヲ派遣ス其武官ノ黜陟退老ノ如キハ法律中掲グル所ノ常規ニ遵《シタガ》ヒ而シテ皇帝其奏ヲ可ス
第七條　皇帝ハ外國ト宣戰講和及ビ通商ノ約ヲ立ツ約内ノ事國帑ヲ費用シ國疆《コクキョウ》ヲ變易スルガ如キハ兩院之ヲ認ルヲ待テ方《マサ》ニ効アリトス
第八條　皇帝ハ赦典ヲ行ヒ以テ人ノ罪ヲ減免ス
第九條　皇帝ハ貨幣ヲ造ルノ權アリ
第十條　皇帝ハ兩院ノ議員ヲ召集シ其會期ヲ延シ又其解散ヲ命ズ
第十一條　皇帝ハ人ニ貴號及ビ勳章ヲ授ク

第二章　帝室繼承

第一條　今上天皇ノ子孫ヲ帝位繼承ノ正統トス
第二條　帝位ヲ繼承スル者ハ嫡長ヲ以テ正トス如シ太子在ラザルトキハ太子男統ノ裔嗣《エイツ》グ太子男統ノ裔在ラザルトキハ太子ノ弟若クハ其男統ノ裔嗣グ嫡出男統ノ裔渾《スベ》テ在ラザルトキハ庶出ノ子及其男統ノ裔親疎ノ序ニ由リ入テ嗣グ
第三條　上ノ定ムル所ニ依リ而シテ猶未ダ帝位ヲ繼承スル者ヲ得ザルトキハ皇族親疎ノ序ニ由リ入テ大位ヲ嗣グ若シ止ムコトヲ得ザルトキハ女統入テ嗣グコトヲ得
第四條　皇帝即位ノ禮ヲ行フトキハ兩院ノ議員ヲ召集シ國憲ヲ遵守スルコトヲ誓フ

第三章　皇帝未成年及攝政

第一條　皇帝ハ滿十八歳ヲ以テ成年トス
第二條　皇帝未ダ成年ニ屆《イタ》ラザルトキハ皇族中皇帝ト最モ親シク且滿二十歳以上ノ者政ヲ攝ス

第三條　皇帝未ダ成年ニ屆ラズ而シテ男統ノ皇族滿二十歳以上ノ者在ラザルトキハ皇太后政ヲ攝ス
第四條　成年ノ皇帝若《モ》シ政ヲ親《ミッカ》ラスル能ハザルノ狀アルトキハ亦攝政ヲ置ク此時太子年滿十八歳以上ナルトキハ太子政ヲ攝ス
第五條　攝政在職ノ初兩院ノ議員ヲ召集シ忠ヲ皇帝ニ刑《(ママ)》シ且國憲ヲ遵守スルコトヲ誓フ

第四章　帝室經費

第一條　皇帝及皇族歳入ノ額ハ法律ノ定ムル所トス
第二條　皇居及離宮新築重修ノ費ハ國庫ヨリ支給ス其費額ノ如キハ法律ノ定ムル所トス
第三條　皇后寡居シ若クハ太子滿十八歳ナルトキハ別ニ歳入ノ額ヲ定ム太子妃ヲ納ムルトキハ其額ヲ增ス此等ノ費額亦法律ノ定ムル所トス

第二篇　帝　國

第一條　帝國ノ土地疆域內ニ在ル者ヲ日本國トス
第二條　帝國府縣郡區町村ノ疆界ヲ變易スルハ法律ノ定ムル所トス

第三篇　國民及其權利義務

第一條　日本國民ハ皆其權利ヲ享《ウ》ク其何ヲ以テ之ヲ有《タモ》チ何ヲ以テ之ヲ失フガ如キハ皆法律ノ定ムル所トス
第二條　國民ハ法律內ニ在テ均平ナル者トス
第三條　內外國民ノ身體財產ハ齊《ヒト》シク保護ヲ受ク但外國人ノ爲メニ特例ヲ設ケタル者ハ此限ニ在ラズ
第四條　國民ハ皆文武ノ官職ニ任ズルコトヲ得
第五條　國民ハ租稅ヲ納ムルノ義務ヲ負フ
第六條　國民ハ兵役ニ應ズルノ義務ヲ負フ

第七條　國民自由ノ權ハ犯ス可ラズ法律ニ掲グル所ノ常規ニ由ルニ非ザレバ拘引拿捕《コウインダホ》若クハ囚禁等ノ事ヲ行フコトヲ得ズ
第八條　國民遷居ノ自由ハ法律ニ由ルニ非レバ限制スルコトヲ得ズ
第九條　國民ノ住居ハ犯ス可カラズ法律ニ掲グル所ノ常規ニ由ルニ非ザレバ人家ニ入リ捜索スルコトヲ得ズ
第十條　國民ノ財產ハ犯ス可カラズ法律ニ掲グル所ノ常規ニ由ルニ非レバ其所有ヲ奪フコトヲ得ズ
第十一條　書信ノ秘密ハ犯ス可カラズ法律ニ掲グル所ノ常規ニ由ルニ非ザレバ之ヲ勾收《コウシユウ》スルコトヲ得ズ
第十二條　國民ハ文(ママ)語文字及印板ニ由リ以テ其意思論說ヲ世ニ公ニスルコトヲ得但法律ニ依遵セザルコトヲ得ズ
第十三條　國民ハ各其宗教ヲ崇信スルコトヲ得其政事風俗ニ害アル者ハ均《ヒト》シク禁ズル所トス
第十四條　國民ハ集合團結ノ權アリ但其制限ハ法律ノ定ムル所トス
第十五條　國民ハ各自上言スルコトヲ得可シ二人以上上言スルトキハ須《スベカラ》ク各其名ヲ署スベシ但官准ノ會社其會社ノ事ヲ上言スルハ二人以上仍《ナ》ホ一人ノ名ヲ用ユルコトヲ得
第十六條　國民ハ皇帝ノ批准ヲ得ルニ非レバ外國ノ貴號勳章及養老金ヲ受クルコトヲ得ズ
第十七條　內亂外患ノ時ニ當リ國安ヲ保ツガ爲メ帝國ノ全部或ハ幾部ニ於テ暫ク國系(ママ)中ノ諸款ヲ停ムルコトヲ得

第四篇

第一章　立法權

第一條　皇帝元老院及代議士院合同シテ立法ノ權ヲ行フ
第二條　皇帝ハ法律(ママ)ヲ兩院ニ下附ス兩院モ亦意見書ヲ上奏スルコトヲ得而シテ其批准ヲ得ル者ヲ法按(ママ)トス
第三條　各法律(ママ)ハ兩院協同ノ後皇帝ノ批准ヲ得ルニ非レバ法律ト爲スコトヲ得ズ
第四條　法律中ノ疑義ヲ釋シテ全國ノ定例ト爲ス者ハ仍ホ立法權內ノ事トス

第二章　元老院及其權利

第一條　元老院議官ハ皇帝之ヲ左ニ記スル處ノ人ヨリ選ム

一、皇族

一、華族

一、嘗テ勅任官ノ位置ニ在ル者

一、功勞アル者

一、學識アル者

第二條　皇子ハ滿十八才ニシテ元老院議官ト爲ルノ權ヲ有シ議官ノ上席ニ坐ス滿二十才ニ始メテ公議ニ參ス

第三條　元老院議長及副議長ハ皇帝之ヲ議官中ヨリ選ブ

第四條　元老院ハ立法ノ事ヲ掌《ツカサド》ルノ外上言書ノ立法ノ事ニ係ル者ヲ受ク

第五條　議官ハ犯罪ノ故及其請願ニ由ルニ非レハ之ヲ免ズルコトヲ得ズ

第三章　代議士院及其權利

第一條　代議士ハ法律ノ定ムル所ノ選擧規程ニ由テ之ヲ選ブ

第二條　代議士ハ任期ヲ四年トシ毎二年ニ其全數ノ半ヲ改選ス

第三條　代議士院會期ノ間議長副議長各三人ヲ公選シ其氏名表ヲ奏進シ而シテ皇帝之ヲ選ブ

第四條　代議士ハ法律ニ定ムル所ノ費額ヲ受ク

第四章　兩院通則

第一條　兩院ハ過半數ノ會員アルニアラザレバ何事ヲモ議スルコトヲ得ズ

第二條　兩院ノ會議ハ過半數ヲ以テ之ヲ決ス

第三條　法案ハ必ラズ三回ノ會議ヲ經

第四條　兩院ノ會議ハ公行ノ者トス但議長若クハ議員五人以上公行スルコトヲ欲セズ而シテ過半數之ヲ可トスルトキハ公行ヲ停ムルコトヲ得

第五條　議員ハ在場發言ノ故ヲ以テ審糾ヲ受ルコトヲ得ズ但シ各院ノ規則ニ遵フ

第六條　兩院會期ノ間議員現行犯アルニ非レバ之ヲ拘引拿捕スルコトヲ得ズ

第七條　何人モ兩院ノ議員ヲ兼任スルコトヲ得ズ

第八條　兩院ハ大臣參議諸省卿及長官ノ臨場ヲ求ムルコトヲ得而シテ大臣參議諸省卿及長官ハ常ニ兩院ニ至リ其意見ヲ述ルコトヲ得但シ其決議ノ數ニ在ラズ

第九條　兩院ハ大臣參議諸省卿及長官ノ罪職務ニ係ル者ヲ劾(ママ)スルコトヲ得

第十條　兩院倶ニ開カザルノ時ニ方リ一院法案ヲ議定スルトキハ他ノ一院ノ開クル日ヲ待テ之ヲ報告ス

第十一條　法案既ニ一院ノ議定ヲ經ルトキハ之ヲ他院ニ送ル他院若シ之ヲ變更スルトキハ又之ヲ前ニ議定スル所ノ院ニ返ス前ニ議定スル所ノ院又之ヲ變更スルトキハ又之ヲ他院ニ送ル兩院竟《ツヒ》ニ協同セザルトキハ各院同數ノ委員ヲ出シ一ノ報告書ヲ作リ各院之ニ據《ヨ》リ自ラ其可否ヲ決ス

第五篇　行政權

第一條　皇帝ハ諸省ヲ置キ大臣參議諸省卿及長官ヲ命ジ又之ヲ免ズ

第二條　大臣參議諸省卿及長官ハ各其職務ノ責ニ任ズ法律及皇帝ノ命令ハ責任アル者ヲシテ之ニ副署セシム

第三條　大臣參議諸省卿及長官ハ國憲ヲ遵守スルコトヲ誓フ

第六篇　司法權

第一條　司法權ハ各裁判所ニ由リテ之ヲ行フ各裁判所ハ只《タダ》法律ニ遵フ他ノ命ヲ受ケズ

第二條　裁判所ノ設置及權利ハ法律ノ定ムル所トス法律ニ掲グル所ノ常規ニ由ルニ非レバ特ニ裁判所ヲ設クルコトヲ得ズ

第三條　陸海軍裁判所ハ別ニ法律ヲ用ユ

第四條　國中ニ大審院一所ヲ置ク

第五條　大審院ノ職務ハ法律ニ掲グル所ヲ除クノ外兩院効（ママ）スル處ノ大臣參議諸省卿及長官ノ罪職務ニ係ル者ヲ裁判ス

第六條　判事ハ犯罪ノ故及其請願ニ由ルニ非レバ之ヲ免ズルコトヲ得ズ

第七條　裁判所ノ裁判ハ民事刑事ヲ分タズ公行トス但事ノ國安及風儀ニ係ル者ハ公行ヲ停ムルコトヲ得

第八條　裁判ハ必ラズ理由ヲ付ス

第七篇　府縣會及區町村會

第一條　毎府縣ニ府縣會ヲ置キ毎區町村ニ區町村會ヲ置ク其選擧規程ハ法律ノ定ムル所トス

第二條　府縣會及區町村會ノ權利義務ハ亦法律ノ定ムル所トス

第八篇　國　費

第一條　政府ハ毎年次年ノ國費計算表及國費ヲ支ユ可キ意見書ヲ兩院ニ送リ又租税徴收及費用ノ報告書ヲ送リ以テ其檢査及承認ヲ得但此事ハ先ヅ代議士院ノ議決ヲ經

第二條　租税ハ法律ノ許ス所ノ者ニ非レバ之ヲ賦課スルコトヲ得ズ

第三條　事ノ租税ニ係ルハ漫《ミダリ》ニ特准ヲ與フルコトヲ得ズ

第四條　國債ハ法律ノ許ス所ニ非ザレバ之ヲ募ルコトヲ得ズ政府ヨリ債主ニ對スルノ義務ハ犯ス可カラズ

第五條　貨幣ノ斤量品性價値法紙幣發行ノ額ハ法律之ヲ定ム

第九篇　國憲修正

第一條　若シ國憲中修正ヲ要スル者アリテ果シテ已《ヤ》ムコトヲ得ザルヲ見ルトキハ立法權之ヲ宣告ス

第二條　國憲ノ修正ヲ議スルハ兩院ノ議員三分二以上相會スルニ非レバ其事ヲ議スルコトヲ得ズ而シテ其事ヲ可トスル者三分二以上ニ上ラザレバ之ヲ變更スルコトヲ得ズ

附　錄

第一條　國憲施行ノ日若シ法律ノ之ト牴觸《テイシヨク》スル者アルトキハ之ヲ廢ス

第二條　國憲施行ノ日ヨリ文武百官ハ忠ヲ皇帝ニ竭シ且ツ國憲ヲ遵守スルコトヲ誓フ

（明治十三年元老院。『秘書類纂憲法資料』下による）

この元老院国憲案の起草調査については、主として報告書提出の福羽美靜、細川潤次郎が担当したと思はれるが、同じく取調委員としては、議官では柳原前光、中島信行が加はってゐた。福羽美靜は、幕末時代には志士として活動した津和野藩士で、大國隆正系の国学神道を学んだ。維新直後から法制度の事にあたったが、合理主義開明の主張が多くて、国学神道者の中には反対者が少なくなかった。細川潤次郎は土佐藩士で、はやくから蘭学英学系で法制と兵学を学んだ。中島信行も同じく土佐藩士で、坂本龍馬の海援隊に入り、維新後は徴士となり、後年は板垣自由党の副総理となった人。柳原前光は京都の公卿出身で、維新後は外交官として国際事情に通じた貴族としてみとめられた。これらの議官取調委員のもとに新進の専門家がならび、外国人としては仏人デュブスケ、米人フルベッキ等が外国の憲法書や法典を訳して資料提供につとめた。そのほか国学者が古典の資料を整理、提供し、多数の議官の意見も聞きながら作ったのが、この元老院案である（但し、議官は多かったが必ずしも意見の調整ができたわけでなく、元老院案とはいっても、議官の正式決議を経たものでない試案である）。

この国憲案に対しては、政府の実力者岩倉具視がまったく反対であった。岩倉はその条章を「不備」と称して反対してゐるが、その主たる反対理由は一、二に止まらず全面的なものであったやうである。そのころの岩倉の「座右日暦覺書」によれば、「明治八年四月十四日の立憲政体詔書には、其際から下官は終始不同意であったが、既に発令されてしまってゐることとてその方針は継がなければならず、各参議の各意見を開陳せしめて上聞に達する」との趣旨の文が記録されてをり、ともかくも明治十三年の時点で、このやうな法典を現実化することに反対であったのは確かである。もっとも右の記録に「もともと明治八年の詔には、不同意であった」との語のあるのは、前記の大木喬任などとも相通ずる思想を思はせるものがあり、大木と同じく岩倉は、帝憲（皇室不動の法を基底とする恒久的な憲法）と政憲（時局対応の政体法）とを区別することの必要性を強く信じてゐたとも見られる。

この明治十三年には、民論の要望を見て多数の政府要人が制憲止めがたしと考へるにいたった大勢は、確かである。しかし政府内でも実力あり最高の権勢のある岩倉具視以下、黑田、大木などの少数実力者は未だ不同意で、何とかならぬかとの執念を棄ててゐない。この時の閣内での実力では岩倉が抜群であったし、黑田、大木も強気の人である。しかし、かれらにいかに実力があるからといって、「明治八年四月の詔」がある以上、反動逆転は許されない。当時の諸文書を見ると、大阪会議後に渙発《かんぱつ》されたこの詔書がいかに重大な作用をしたかが痛感される。天皇の詔が、国の路線決定にいかに重大な作用を及ぼし、制憲への大道を推進して行ったかといふことを、深く知るべきである。

この詔がある以上、閣内でいかに抜群の実力ある岩倉でも、大勢逆転は到底できない。ともかくも岩倉としては、目前に出て来た元老院国憲案を葬り去ることが当面の急務である。それには、岩倉に親近した井上毅や伊藤博文も、元老院国憲案の各条についてそれぞれに痛烈な反対意見を述べて、岩倉を勇気づけたので、岩倉は自信をもって三條太政大臣と交渉し、国憲案を陛下に捧呈することはみとめるものの、公式の検討、審議もしないままに葬り去ってしまふ、といふ政治的決着をつけた。

この岩倉の、無条件的な元老院国憲案への反対強硬決断には、その前年に日本を訪問して明治天皇に進言した米国元大統領グラントの極度に保守的な憲法意見も、かなり強く作用してゐたのではないかと推測される。その事情については、後章の外人の憲法意見を解説するところに譲る。

元老院の国憲案を見ると、後の帝国憲法にあたるものと皇室典範に規定されたものとが同一法典にまとめられてゐる。これに対して、幕末維新以来の複雑深刻な皇室事情を知る公卿の重鎮岩倉が、帝国憲法と皇室典範とを別にすべきだとしたのには、確かに一つの見識がある。悠久な国史を通じて、日本の国の政治が乱れて危機に瀕するときには、その混乱は必ず皇位の継承に波及してをり、皇位継承で問題を生ずればまた必ず国が乱れる。憲法を立てることは、結局は国会を設け、国会と称する政治論争の場を公式につくることである。この政治論争の場と皇位継承法とを全く断絶させて、皇位継承法を政治によっては決して動かしがたいものにすることこそ、天皇国日本にとって絶対の条件である、と信じたのであらう。

この国憲案においては、皇位継承法などの日本の歴史に根ざす不文法を将来紛糾の余地のないやうに明確な成文の法とするために、かなりに慎重な研究と論理的整理とが行はれてゐる。それは不文法の成文化といふ難事業をかなり合理的に進めてゐる、と評価しうるであらう。しかし中には不備のまぬがれがたいものもある。第二章「帝室繼承」の第二条はこれでもよいとしても、第三条で男統の皇位継承者を得ざる場合を規定して、

「上ノ定ムル所ニ依リ而シテ猶未ダ帝位ヲ繼承スル者ヲ得ザルトキハ皇族親疎ノ序ニ由リ入テ大位ヲ嗣グ若シ止ムコトヲ得ザルトキハ女統入テ嗣グコトヲ得」

とあるのは、男統をつらぬいた日本には史上前例がない。元老院では、明治九年以来、日本の皇室史の研究はかなり周到にされてをり、草案作成者の中枢には幕末維新のころからの功臣として著名な神道家福羽美靜などもゐるのであるが、検討不十分のいちじるしいものが見える。第三次草案には見えなくなってゐるが、第二次草案にはその第二章第四条に

「特別ノ時機ニ際シ帝位繼承ノ順序ヲ變易スルコトヲ必要トスルコトアル時ハ兩院ノ承認ヲ得ヘシ」

といふ条文もある。これは明治維新後の思想としては反対が有力で、消されたのは当然である。両院は当然に、政見政策の論争の場として予想さるべき国家機関である。その政策論争の場に、帝位継承の順序変更の権をまかせる時には、皇位の継承決定が当然に政治論争の渦のなかにまきこまれる。それでは、中世以降の悲史を繰り返すおそれがある。反対が強くて消されたのは当然であるが、その代案として出て来たのがオランダ風の女統継承権である。

日本の皇朝史上、女帝の例は必ずしも少なくないが、それは必ず男統を条件とする。その御方の父なる天

皇の御位をつがれるのであって、母なる御方が天皇であられたといふ根拠で御位をつがれた女系の天皇はない。また女帝に配偶者のあられた（現存された）といふ場合も決してなかった。男系男統の継承といふ不文律は明瞭である。しかるにこの案は、その不文の女帝史の厳たる法理を見失ってゐる。当時のベルギー憲法では、女帝をみとめないで「男系男子」の原則を厳守してゐるが、日本には女帝在位の史実がいくらもあるといふので、日本とはまったく異質な王位継承法のイギリスなどに似たオランダ憲法の条文など（註1）を参考したのであらうが、これは軽率のそしりをまぬがれない。

国憲案は、元老院で討議はされたが、議官会議で決議されたのではない。この第二章第三条には河田景与議官が「女統は異姓にして、萬世一系に非ず」として反対、佐佐木、伊丹、東久世、大給等の諸議官も異議を表明した（後の皇室典範では、この反対説が生かされてをり、戦後の皇室典範も男統主義を固守してゐる）。これは元老院国憲案のなかでもっとも不備のいちじるしい一点との評をまぬがれない条文といってもいい。

第一章第十条には、皇帝が両院（上下両院）を召集し解散する権を明記してゐる。その両院とは、後の貴族院とほぼ同質の元老院と民撰の代議士院とから成るが、しかし二院制をとるときに両院が共に解散されるといふのでは、憲政の実際的運用について混乱を生ずる（帝国憲法も現憲法も、衆議院の解散のみをみとめ第二院に解散はない。それで解散後の総選挙によって選出された第一院が、国民多数のその時点における意思を端的に代表するものとして、自らに政権を左右する道が開かれた）。この案では、下院たる代議士院が、その選挙の任期を二分して半数改選としてゐるのも、いささか法理不備の感をまぬがれない。

しかしこの国憲案は、法制史家のなかでは一般に高く評価されてゐる。中には、この憲法を英国風であると評する人もあるらしいが、前記の福羽、細川の報告書やその準拠目録に示されてゐるやうに、これは、英国法をさけてプロイセン、オーストリア、オランダ、ベルギー、イタリア、イスパニア、ポルトガル、それにデンマーク等の大陸法系法典を参考にしたものであることは明白で、疑ふ余地はない。

この国憲案が、戦前の法制史では急進的にすぎたとされ、そして戦後は、稲田正次でも家永三郎でもこの国憲案を「明治憲法よりも遙かに民主的である」として評価してゐるのは、いささか解しがたく、公正の評価とは必ずしもいひがたい。家永三郎などは、第二章第四条の「皇帝即位ノ禮ヲ行フトキハ兩院ノ議員ヲ召集シ國憲ヲ遵守スルコトヲ誓フ」（何人に対して誓ふのか？）との条文などを特に力説して、憲法厳守の立憲主義の明らかなところが、絶対主義的帝国憲法よりもすぐれてゐるなどといふ。しかしこの条文は、欧洲君主国の憲法では普通のものであるためか、国憲案起草の元老院の多数の高官連中のなかに格別の異存者はなかったといふが、未熟の条文といふべきであらう。

帝国憲法では、天皇は「憲法厳守」のことをその告文において「皇祖　皇宗及皇考ノ神祐ヲ禱《イノ》リ併セテ朕カ現在及將來ニ臣民ニ率先シ此ノ憲章ヲ履行シテ愆《アヤマ》ラサラムコトヲ誓フ」として神明に誓はせられ、憲法の前文ともいふべき上諭のなかで、「朕及朕カ子孫ハ將來此ノ憲法ノ條章ニ循《シタガ》ヒ之ヲ行フコトヲ愆ラサルヘシ」と明示されたのである。皇祖皇宗の神前における御誓約のきびしさ、全国民に対する勅語の重さを考へる時に、それは外国の国王の議場での形式的儀礼よりもさらに重みがある。それはすでに明治元年の五箇条の御誓文の際に、君主諸侯会盟の説をしりぞけて神前へのお誓ひとされた国風に相通ずるものであって、帝国憲法の方がはるかにすぐれてゐるといふべきである。

なほ国憲案では、立法権（第四篇第一章）について、

第二條　皇帝ハ法律《ママ》ヲ両院ニ下附ス両院モ亦意見書ヲ上奏スルコトヲ得而シテ其批准ヲ得ル者ヲ法按《ママ》トス

とあって、後の帝国憲法（第三十八条）のやうに国会の法律案提出権を明白に公認してゐないかに見えるけれども、

第四章（両院通則）第九條　両院ハ大臣参議諸省卿及長官ノ罪職務ニ係ル者ヲ効《ママ》スルコトヲ得

といふやうな明文条規のあることが、帝国憲法の文面よりも民主的色彩を感じさせるのかもしれない。しかし帝国憲法第四十九条の「上奏権」は、立法に限ることなく内閣弾劾から行政、軍事外交等の一切の国政に関して行使されたのであって、国会の権限が明治十三年の国憲案よりも縮小され非民主的になったとは評しがたい。むしろそれは、元老院国憲案より約十年後のものであるだけに、その実際的運用についての不備を補ひ、むしろ弾力性のあるものとなったとするのが公正であらう。

ここには、元老院国憲案の欠陥と不備とについて多く述べたが、その功も決して見失ってはならない。とくに、第一章第一条に天皇君臨の大義をかかげる条文編成をしめしてゐるのは、当時の憲法構想としてはむしろ異例とも見られるが(註2)、これは不文の皇室法を整理して明文化することにつとめて憲法制定の大業に大きな一歩前進の記録を残したものであり、上奏捧呈のまま討議もされないで葬られたとはいへ、帝国憲法制定史上銘記すべき一節と称すべきであらう。

二、元田永孚の国憲大綱

明治十三年には、一月いらい各地の在野有志から国会開設の要望がおこって、憲政実施の世論が燃えひろがった。政府の諸参議要人も、民権家の上奏を表面では拒否しながらも、憲法制定の時の流れの止めがたいことをみとめて、活潑に各自の立憲についての見解をねり討議に入った。元老院でも懸案の国憲案を、ともかくも陛下に捧呈した。憲法思想史上、大きな一つの発展の年であった。

ここで一つ注目すべきは、それらの論議のなかで大切な語として、「國體」の語がしきりに用ひられてゐるにもかかはらず、その概念は必ずしも明白な同一概念を意味してゐないことである。これを一通り見ておかないと、この時代から後の文書の議論は理解しがたい。

元老院の国憲草案の報告書によれば、「建國ノ體ニ基ツキ海外各國ノ成法ヲ斟酌シ」て案をねったとあるが、ここにある「建國ノ體」といふのは、元老院議官としては「國體」といふ語と同一に解してゐると見ていい。しかしこの国憲案を実質的に葬り去った岩倉具視は、「この案は國體と合はない」と判断してゐる。この岩倉の判断を大いに力づけたものとしては伊藤博文の文書があり、それには明白に「日本の國體人情を無視したもの」として非難してゐる。岩倉は「國體に適すべき憲法を確立在らせられ度い」と書いてゐる。

同じころに伊藤博文は他の文では、憲法制定の必然をみとめつつ、しかも「國會を起して以て君民共治の大局を成就するは甚だ望むべき事なりと雖も、事苟《いやしく》も國體の變更に係る」（明治十三年十二月十四日付建議書）

と明記してゐる。伊藤博文のいふところは、文章の形からいへばまったく混乱してゐる。元老院の国憲案は「國體に合はぬから不可」と称し、しかも自らが将来に予想するところの憲法が「國體の變更に係る」ことは避けがたいとしてゐる。諸参議の意見書中にも「國體」の語が、しきりに出て来るが、その概念に一致がない。

「國體」の語は、古くは国土国家の情況、情勢とか、国の体裁、体面の義にも用ひられたことが多い。伊藤の国体概念については、金子堅太郎の『憲法制定と欧米人の評論』のなかに、かなり詳しく書いてある。それによれば、明治十七、八年の初めころ伊藤は、国体とはナショナル・オーガニゼイションの意として、国土、人民、言語、風俗等をもふくむものと解し、その中には当然に政体も入るものとして論じてゐた。金子はこれに反して、日本の国体とはナショナル・オーガニゼイションの意ではなく、「萬世一系の天皇が日本帝國に君臨して大権を総攬《そうらん》せらるる」といふのが日本の国体で、憲法は全く国体を変更しないとの論を立てた。しかし伊藤は同意しないで、それは誤りだと断じたが、その後には、この国体の語を久しく用ひなかった。それが明治四十一年の憲法発布記念会の祝賀演説で初めて「憲法政治は断じて國體を變更するものに非ず、ただ政體を變更するのみ」と言明した、と書いてゐる。

伊藤博文が、明治四十一年にいたるまで「憲法は國體を變更せず」といはなかったとの金子説は、誇張されてゐて正確ではないが、少なくとも明治十七、八年頃まで伊藤が、国体概念のなかに政体を入れてゐたのは確かのやうに見える文書が多い。金子は、これに反して政体と国体とをあっさりと区別して、「萬世一系の天皇の統治権總攬」といふ法権一点にのみ国体概念をしぼってゐる。この金子説は、後代の帝国憲法の解釈学において、多くの諸学者の採用するところとなったのであるが、しかし、これが果して古来からの日本人一般の国体概念と一致するか否かは問題である。

教育勅語などには「我カ臣民克《ヨ》ク忠ニ克ク孝ニ億兆心ヲ一ニシテ世々厥ノ美ヲナセルハ此レ我カ國體ノ精華」とされてをり、ただ天皇の法権の問題よりも、むしろ日本国の精神的体質、道徳風俗の問題に重きがおかれてゐる。統治大権の問題はもとより重大であるが、君臣関係、国民意識の構造といふことも、国体といふ語の概念の構成要素としては無視しがたいものがある。

天皇統治の法権は、国体上の一大事であるにはちがひないが、その法権の有無、存否だけで万事が割りきれるものではなく、その法的大権の精神的資質が問題となる。伊藤博文が「國體と政體とは全く別」とあっさり割りきれなかったのにも一理がある。国体と政体とを一切無縁没交渉とは割りきりにくい。

そこで政体上の問題にしても、天皇の任命による国家機関（有司官僚）の法権が、民撰国家機関（国会）によって制約されることは、君権の制約であり、民権の拡大であって、国体に影響を及ぼすところが大きいと考へられた。民権の伸張はある程度やむを得ないとしても、君権の強大さをできるだけ温存せねばならないとする思想にもとづいて解すれば、伊藤の意思はわかる。

他方、民権家の側には反対の「國體」思想がある。もちろん民権家も、天皇統治の大権に反対してゐるのでは決してない。ただ、有司によって任命された官僚的国家機関が天皇を「輔《ほ》弼《ひつ》」（明治の日本政府の英訳語によれば「アドバイス」、日本語では特殊の敬意がふくまれてゐるが、その実質的意味は誤訳ではない）する権限の強大なのに対抗して、臣民公選の国家機関（国会）が天皇を輔翼（アドバイス）しうる権限を強化したいといふのである。民権家からすれば、問題は端的にいって、「君権対民権」では決してなく「官権対民権」の問題なのである。政府が君権即官権と断ずるところに許しがたい有司専制の思想がある、といふことになる。この朝野の憲政思想の対決は、その後も解消しがたくつづいて行くが、この朝野の論争から、憲法問題は専ら政府と国会との法権の強弱を中心にして展開して行くことになる。

国体について考へる時に、万世一系の天皇の統治大権をいふことは、法的には確かに重要な概念の一構成要素ではある。しかし、万世一系の天皇の統治大権が強固でありさへすれば、それで国体は万全だといひうるであらうか。古来の日本人が大切だと考へて来た「國體」といふ語には、もっと深い複雑で貴重な条件がある。それには精神的道徳的な国体の諸条件の基礎があってこそ、真の国体にもとづく憲法ができるのではないか。その精神的基礎があってこそはじめて、憲法もまた真の国憲としての基礎が固まる。

明治の日本が、近代化の途上において、国憲を制定しようとすれば、当然に外国法を参考にしなくてはならない。外国法には、それぞれにその国特有の精神的基礎がある（著しい例をあげれば、英国憲法にはプロテスタントの名誉革命以来の歴史をふまへたアングリカン・チャーチの信仰があり、国王がその信仰の防衛者たることが憲法の精神的基礎をなしてゐる）。しかるに、日本の朝野が憲法論議をして外国憲法を参照するのに、深くその精神的基礎を究明することなく、また日本国国憲の精神的基礎を明確に確認することもなく、その日本国の精神的特性、精神的生命の問題を深く掘り下げないで、ただ世俗的法権の問題にのみ熱中するのは、危いのではないか。

このやうな重厚な伝統的反省の思想が当時存在したことは銘記しておくべきであらう。官権対民権の法権論争の燃えあがった明治十三年に、天皇の侍講として御信頼を得た元田永孚がその「國憲大綱」において、次のやうな憲法構想を表明してゐるのは、その意味で注目すべきものがある。

國憲大綱

一 大日本國ハ天孫一系ノ皇統萬世ニ君臨ス

一 日本國ノ人民ハ萬世一系ノ天皇ヲ敬戴《ケイタイ》ス何等ノ事變アリトモ此天皇ニ背クコトヲ得ス

一 國教ハ仁義禮讓忠孝正直ヲ以テ主義トス君民上下政憲法律此主義ヲ離ル、コトヲ得ス

一 天皇ハ神聖ニシテ犯ス可カラス何等ノ事變アリトモ其神體ニ管セス

一 天皇ハ全國治教ノ權ヲ統フ

一 天皇ハ全國人民ノ賞罰黜陟《チユツチヨク》生殺ノ權ヲ統フ一ニ憲法ニ據テ處斷ス

一 人民ハ身體居住財産自由ノ權ヲ有ス法律ニ非サレハ妄《ミダリ》ニ其權ヲ制スルコトヲ得ス

以下諸憲其目多條ナリ其主任者ノ撰奏スル所ニヨル但右ノ七條ハ皇國君民ノ間必要ノ目ナリ仍《ヨツ》テ之ヲ掲載シ以テ

乙覽ニ備フ

(『教育に關する勅語渙發五十年記念資料展覽圖錄』による)

これは、日本の天皇が精神的道徳的な指導をされることが、統治權の総攬者として大切なことを示し、そして日本の憲法は、この精神的基礎の上に立ち、この精神によって解釈され運用さるべきものとして、その大綱を示したものである。この元田永孚の所信は、前近代的な思想だと評せられることが多い。しかしそれは浅薄の見解であらう。やがて十年の後に、この元田の構想は、天皇の熱心なる御同意を得て、教育勅語と

して、憲法実施の直前に渙発されることとなる。

教育勅語成立の事情は、『明治天皇詔勅謹解』その他の諸著に詳しいので、ここには記さない。ただ一言したいのは、この教育勅語の起草にさいしては、帝国憲法起案の実質的執筆担当者であった井上毅が、元田永孚と相協力して推敲を重ね、とくに親しく明治天皇の思召を拝して奉仕したといふことであり、事実上この勅語の国民道徳意識が、帝国憲法の精神的基礎となったといふことである。本書においては、制定史を明治二十二年二月十一日の憲法発布までの記述として予定してゐるが、その翌年に発布された教育勅語との関連は重大であると思ふので、時代の順としては、いささか記述が後のことに及びすぎるかの感があるけれども、ここに一語言及して、憲法と勅語との関連についての読者の関心をもとめておきたい。

〔註1〕　オランダ王国憲法（一八一五年公布・一八四〇年及び一八四八年改正。細川潤次郎編『歐洲各國憲法』による）

第十五条　「オランジュ・ナッソー」家ノ男統ノ裔全ク無キトキハ大宗ノ席ニ由リ王位ヲ王女ニ伝フ

第十六条　王女無キ時ハ王ノ長男統ノ長女王位ヲ継テ之ヲ其家ニ従ス（謂フハ王位、該長女ノ嫁シタル家ニ従スルナリ）

該長女ノ既ニ死シタル場合ニ於テハ其子孫入テ嗣ク

第十六条　王ノ男統無キトキハ王位其長女統ニ伝フ是故ニ男統ハ常ニ女統ニ先チ長統ハ季統ニ先タツ各統ニ於テハ男ハ女ニ先タチ兄ハ弟ニ先タチ姉ハ妹ニ先タツ

〔註2〕　外国の立憲君主制の憲法では、ベルギー、プロイセンを初めとして一般に、第一章はまづ国家の性格や領土等を規定してゐる。そして国家機関の権限を列挙して行くなかで、行政権の長としての国王の君権と、国民代表の立法府の民権とを対立させる形の編成になってをり、明治十年代初期の日本人の憲法構想もそれに模したのが多かった（後年の山田顯義、井上毅等の法文編成も同じである）。この君権と民権とを対決させる法典編成は、日本の憲政思想にふさはしくないとして、交詢社憲法案は、第一章第一条を皇権とした。元老院国憲案

は、それに先行するものであった。当時、元老院案に反対してゐた井上毅なども、明治十五年頃までは、第一条を国土として、その後に国民の諸権利を列記し、天皇は第十八条で初めて現はれる法典編成試案を考へてゐた。しかし、その井上も帝国憲法の起案に際しては、元老院案、交詢社案の編成構成に従ってゐる。注目すべき大切な点である。

第七章　明治十四年の政変

一、大隈重信の憲法思想

明治十四年の政変は、明治六年の政変（西郷以下板垣等の退官）に次ぐ大きな事変であって、立憲史上に決定的な影響を及ぼした。

明治十三年には、在野有志者の国会開設の熱望が全国的に燃えあがり、政府は、これを表では拒否したものの動揺禁じがたいものがあった。勅命によって起草された元老院の国憲草案も、未審議のまま政治的に葬り去られはしたものの、ともかく陛下に捧呈された。政府の諸参議や高官が国会、憲法について、それぞれにその所信を太政大臣を通じて上聞に達した。なかには立憲を快しとしない意見もあったが、概して立憲を時勢上やむを得ざるものとして、その準備をせねばなるまいとの意見が多かったと見ていい（井上馨、伊藤博文、山縣有朋、山田顯義等）。

伊藤は、十四年正月に、とくに盟友井上馨と大隈重信とを熱海に招待して、参議三人で懇談した。このとき大隈は、門下矢野文雄ほか十数名を引きつれて熱海に来て、数日にわたって伊藤、井上と極めて友好的に懇談した。その時の懇談の内容には諸説があるが、立憲国会に向って協力しようとの友好的な線では一致してゐたらしい。が、確たる決議ができたわけでもなく、文書などは全くない。

大隈といふ人物は、雄弁であると同時に沈勇果断の風格もある。心中いかに考へてゐたか、明治十三年に諸参議がそれぞれに所信を表明する文書を提出したのに、かれだけは一語も書かなかった。天皇も、重要参議の大隈だけが沈黙してゐるので、その所見を申し出るやう有栖川宮熾仁親王を通じて希望された。大隈は「事重大で文書では意を尽しがたく、御前で諸参議列座の場で口頭で論じたいと存じます。文書では誤解も生じやすい」といったが、親王から、ともかくも文書で一応所見を表明するやうにとのお言葉を受けたので、「御内見願ひたいが、公開しないでいただきたい」と、一文を草して親王に提出した。

この文書は、欽定憲法によって議院内閣制をみとめるといふ大胆な建言であって、伊藤博文らが猛反撥するやうな、大きな波瀾を生ずる文書となる。法制史家などの間では、この大隈案は結局は、この政変で葬り去られてしまったと見る人が多いらしいけれども、必ずしもさうとはいひがたい。後の帝国憲法は、法文の形式的辞句を見るかぎりでは、この大隈的憲政論を否定してゐるかに見えるけれども、注目すべき点は、帝国憲法が制定された時点で、後に述べるやうに時の内閣副首相格であった大隈その人は「憲法にはわれわれの希望が入れられた」と言明してゐることである。しかも帝国憲法が成立した後にも議会の民党では、帝国憲法そのものをこの大隈的憲政思想で解釈し運用することを主張しつづけた。しかして大正時代になると、法学者のなかにも大隈的解釈をする学説が有力となってきて、事実の上では帝国憲法が、この大隈的憲政論で運用された一時代が現はれることにもなってくる。

明治天皇欽定の帝国憲法の起案執筆の任をうけて「記室」の作業をしたのは、大隈ではなくて大隈案反対の伊藤博文だったのではあるが、憲法そのものに及ぼした政治的影響力といふ点から見ると、帝国憲法政治史上の大隈の地位は、伊藤に決して劣らないだけの作用をしてゐる。そのやうな意味で、この文書は史的に重大だと思はれるので、長文ではあるがその全文を下記する。

臣謹テ按スルニ根本立テ而テ枝葉榮ヘ大綱ヲ擧テ而テ細目定ル今日ノ政務ニ於ケル應《マサ》ニ立ツヘキノ根本有リ應ニ擧クヘキノ大綱有リ今ヤ廟議《ビヨウギ》方《マサ》ニ明治八年ノ聖勅國議院設立ノ事ニ及フ則チ意見ヲ論述シテ以テ進ム垂鑿《スイサク》採納ヲ賜ラハ何ノ幸カ是ニ若カン臣重信誠惶《セイコウ》誠恐頓首謹言

明治十四年三月　　参議　大隈重信

第一　國議院開立ノ年月ヲ公布セラルヘキコト
第二　國人ノ輿《ヨ》望《ボウ》ヲ察シテ政府ノ顯官ヲ任用セラルヘキコト
第三　政黨官ト永久官トヲ分別スルコト
第四　宸裁《シンサイ》ヲ以テ憲法ヲ制定セラルヘキコト
第五　明治十五年末ニ議員ヲ選擧シ十六年首《ハジメ》ヲ以テ議院ヲ開クコト
第六　施政ノ主義ヲ定ムヘキコト
第七　總論

第一　國議院開立ノ年月ヲ公布セラルヘキコト

人心大ニ進テ而テ法制太《ハナハ》タ後ル、トキハ其弊ヤ法制ヲ暴擾《ボウジョウ》ス人心猶後レテ而テ法制太タ進ムトキハ法制國ヲ益セ

ス故ニ其進ム者未タ甚タ多カラス其後ルヽ者稍《ヤウヤ》ク少キノ時ニ當リ法制ヲ改進シテ以テ人心ニ稱《トナ》フハ則チ治國ノ良《リヨウ》圖《ト》ナリ

去歳以來國議院ノ設立ヲ請願スル者少カラス其人品素出ニ至テハ種々ノ品評アリト雖モ要スルニ是等ノ人民ヲシテ斯《カク》ノ如キ請願ヲ爲スニ至ラシムル者ハ則チ是レ人心稍《ヤウヤ》ク將《マサ》ニ進マントスルノ兆候ニシテ自全一般ノ人心ヲ察スルニ其後ルヽ者亦タ甚タ稀少ナラントス然ラハ則チ法制ヲ改進シテ以テ國議院ヲ開立セラルヽノ時機稍ク方《マサ》ニ熟ストモ云フモ可ナリ

又人心稍ク進ミ法制稍ク後ルヽトキハ人心ノ注著《チユウチヤク》スル所一ニ法制ノ改進ニ在ルカ爲メニ夫《ソ》ノ人民ニ緊要ナル外國ニ對峙スルノ思想ト内國ヲ改良スルノ思想トハ殆ント其ノ胸裏ヨリ放離シ去リ唯《タダ》制法改革ノ一邊ニ熱中セシムルニ至ラントス是亦國家ノ不利ナリ

故ニ民智ノ度位ヲ察シ國内ノ清平ヲ謀リ制法ヲ改進シテ以テ漸次立憲ノ政ヲ布《シカ》セラルヘキ聖勅ヲ決行アラセラレンコト是則今日應《マサ》ニ擧クヘキノ大綱應ニ立ツヘキノ根本ナリ請フ速ニ議院開立ノ年月ヲ布告セラレ憲法制定ノ委員ヲ定メラレ議事堂ノ創築ニ着手セラレンコトヲ

(開立ノ年月ハ第五條ニ詳記ス)

第二　國人ノ輿望ヲ察シテ政府ノ顯官ヲ任用セラルヘキコト

君主ノ人物ヲ任用拔擢《バツテキ》セラルヽハ固《モト》ヨリ國ヨリ國人ノ輿望ヲ察セラルヘキコトナレトモ獨裁ノ治體ニ於テハ國人ノ輿望ヲ表示セシムルノ地所ナキガ故ニ或ハ功績ニ察シ或ハ履《リ》行《コウ》ニ求メ其最モ國人ノ爲ニ展望セラルヘシト叡鑒《エイカン》アルノ人物ヲ迎用シテ政務ノ顧問ニ備ヘラルヽモ是レ已《ヤ》ムヲ得サルニ出《イツ》ル者ナリ若《モ》シ政體ニ於テ國人ノ輿望ヲ表示セシムルノ地所アランニハ其輿望ヲ察シテ以テ人物ヲ任用セラルヘキハ無論ナリ斯クノ如クセハ則チ選拔明ニ其ノ人ヲ得テ　皇室益々尊カルヘシ

立憲ノ政治ニ於テ輿望ヲ表示スルノ地所ハ何ソ國議院是《コレ》ナリ何ヲカ輿望ト謂《イ》フ議員過半數ノ屬望是ナリ何人ヲカ輿望ノ歸スル人ト謂フ過半數ヲ形《カタチツク》ル政黨ノ首領是ナリ抑《ソモソモ》國議員ハ國人ノ推選スル者ニシテ其ノ思想ヲ表示スル所ナルカ故ニ其推選ヲ被リタル議員ノ望ハ則チ國民ノ望ナリ國民過半數ノ保持崇敬スル政黨ニシテ其領袖《リヨウシユウ》ト仰慕スルノ人物ハ是豈《アニ》輿望ノ歸スル所ニアラスヤ然《シカレバ》則チ立憲ノ治體ハ是レ　聖主カ恰當《コウトウ》ノ人物ヲ容易ニ叡鑒アラセ玉フヘキ好地所ヲ生スル者ニシテ獨リ鑒識拔選ノ勞ヲ免レ玉《タマ》フノミナラス國家ヲシテ常ニ康寧ノ慶福ヲ亨有《キヨウユウ》セシムルヲ得ヘキナリ何トナレバ斯クシテ選用セラレタル人物ハ人民參政ノ地所ナル國議院ニ於テ過半數ヲ占有スルカ故ニ外ニハ則チ立法部ヲ左右スルノ權ヲ握リ又　聖主ノ恩寵《オンチヨウ》ヲ得テ政府ニ立チ自黨ノ人物ヲ顯要ノ地ニ配布スルカ故ニ內ニハ則チ行政ノ實權ヲ操ルヲ得ヘシ是ヲ以テ內外戾《モト》ラス庶政一源ヨリ發シ事務始テ整頓スヘケレハナリ其治體ハ立憲ニシテ其國康寧ノ慶福ヲ享《ウ》ケス或ハ時トシテ紊擾《ビンジヨウ》紛亂ノ勢態ニ至ル列國治亂ノ迹ヲ按スルニ是等ノ不幸ニ陷入スルノ病源ハ常ニ執政者カ其地位ヲ眷戀愛惜《ケンレンアイセキ》シテ捨テ難キト當時ノ君主カ其ノ寵遇ノ顯官ヲ罷免シ能ハサルトヨリ立法部ニ於テ輿望ノ歸シタル政黨ノ首領ト行政顯官トノ間ニ軋轢《アツレキ》ヲ生スルニ因ラサル者ナシ夫《カ》ノ有名ノ立憲國ナル英國ノ如キモ千七百八十二年以前ハ則是《カク》ノ如キ狀勢ナリシナリ然レトモ積年累歲ノ經驗ヨリ同年以降ハ君主モ輿望ヲ察シテ顯官ヲ選用シ國議院中多數政黨ノ首領タル諸人ニ重職ヲ授與スルニ至レリ然リシヨリ以來ハ政府議院ノ間ニ於テ復《マ》タ軋轢ノ迹《アト》ヲ見ルコト能ハス同國政黨ノ爭ハ常ニ議院ニ於テスルモ復タ政府ニ於テセサルニ至レリ

立憲政體ノ妙用ハ其實ニ在テ其形ニ存セス立法行政司法ノ三權ヲ分離シ人民ニ參政ノ權理ヲ付與スルハ是其形ナリ議院最盛政黨ノ領袖タル人物ヲ延用シテ之ヲ顯要ノ地位ニ置キ庶政ヲ一源ニ歸セシムル者ハ是其實ナリ若《モ》シ其形ヲ取テ而テ其實ヲ捨テハ立憲ノ治體ハ徒《イタヅラ》ニ國家紛亂ノ端緒ヲ啓《ヒラ》クニ足ルノミ然則前述セル君主カ人材登用ノ責任ヨリ論スルモ一國康寧ノ政理ヨリ論スルモ列國治亂ノ實例ニ鑑照スルモ政府ノ顯官ニハ議院中ナル多數最盛政

黨ノ領袖タル人物ヲ任用アラセラレサル可《ベカ》ラス

然レトモ人智ノ薄弱ナルカ爲メニ一回ハ國民ノ輿望ヲ得タル政黨モ其施政ノ巧拙ニ因テ又衆望ヲ失ヒ議院中ノ多數勢力却テ他ノ政黨ニ移轉スルコトアルヘシ

是等ノ場合ニ於テハ

聖主亦タ衆望ヲ察セラレ新勢ヲ得タル政黨中ノ人物ヨリ更ニ顯官ヲ拔選セラレサルヘカラス議院政黨ノ盛衰ヨリ生スル斯ノ如キ顯官ノ更迭ハ尤《モツト》モ整然タル秩序アルヲ緊要トス其新陳交代ノ間ニ存スヘキ順序ハ左ノ如クナランコトヲ要ス

内閣ヲ新ニ組織スルニ當テハ

聖主ノ御親裁ヲ以テ議院中ニ多數ヲ占メタリト鑒識セラルヽ政黨ノ首領ヲ召サセラレ内閣ヲ組立ツヘキ旨ヲ御委任アラセラルヘシ然ルトキハ是ノ内敕ヲ得タル首領ハ其政黨中ノ領袖タル人物ヲ顯要ノ諸官ニ配置スル組立ヲ爲シ然ル後公然奉勅シテ内閣ニ入ルヘシ

(内閣ノ組立ヲ委任セラルヽハ通例政黨ノ首領ヲ可トスレトモ時トシテ其黨中自餘ノ人ニ命セラルヽモ可ナリ但《タダシ》斯ノ如キ場合ト雖トモ行政長ハ猶其首領ナラサルヘカラス英國ニモ時トシテ此例アルヲ見ルナリ)

斯ク最盛政黨ヲ鑒識セラルヽノ時ニ於テハ政黨ニ關係セサル宮方或ハ三大臣ニ顧問アラセラレンコト可ナルベシ

内閣ヲ組立ル所ノ政黨稍ク議院ニ失勢スルトキハ政府ヨリ下附スル重大ナル議案ハ反對黨ノ爲メニ攻擊セラレテ屢々《シバシバ》議院中ニ廢案ト爲ルヘシ是則チ内閣政黨失勢ノ兆候ナリ斯ノ如キトキハ庶政一源ニ出ルコト能ハサルカ故ニ失勢政黨ハ是時ヲ以テ退職スルヲ常トスヘシ斯ク失勢ノ兆候既ニ現然タル時ニ於テ其政黨勢威ニ眷戀《ケンレン》シ猶ホ行政部ヲ去ラサルトキハ得勢ノ反對黨ヨリ議院ニ於テ「内閣行政ノ顯官ハ議院ニ於テ信用ヲ失ハサルヤ否」ノ決議ヲ爲サンコトヲ動議スヘシ是ノ動議ニ從ヒ取決シテ而テ失信用ナリト決スルトキハ議院ヨリ聖主ニ奉書シ内閣已《スデ》ニ

信用ヲ議院ニ失フ速ニ親裁更撰アルヘキ旨ヲ請願スヘシ失勢政黨猶ホ退職セサルトキハ　聖主ハ議院ノ求ニ應セラレ之ヲ罷免セラルヘシ（英國等ノ例ニ因リ失勢ノ兆候現ハレシト同時ニ退職スルヲ常トスヘシ）然レトモ執政々黨既ニ議院ニ失勢ノ兆ヲ現ハシ失信用ノ議決ヲ受ケント欲スルニ臨ムトモ若シ廣ク國人ノ意想ヲ察シ其實ニ我政黨ニ多數ノ屬望アルヲ洞識シ現在ノ國議員ハ誤選ナリト認ムルトキハ

聖主ノ允許《インキョ》ヲ蒙《カウム》リ　聖主ニ特有シ給フ議院解散ノ權ヲ以テ直ニ之解散シ其改選議員ニ於テ我カ政黨ノ多數タランコトヲ望ムヘシ若シ多數タラハ內閣ヲ永續セン若シ少數タランニハ則退職セサルヘカラス是ノ解散權ハ則各政黨カ最後ノ依賴ト云フモ可ナリ（是權ハ最モ濫用ヲ愼ムヘシ常用スレハ大害ヲ釀ス英國ノ如キモ是例ハ兩三回ニ過キス）以上政黨更迭ノ順序ハ大抵英國ノ例ニ依ル者ナリ

第三　政黨官ト永久官ヲ分別スルコト

前述スルカ如ク政黨ノ盛衰ヨリ顯官ノ更迭《コウテツ》ヲ生スルノ時ニ方《アタ》リ其更迭ハ全部ニ及フヘキヤ將《ハ》タ幾分ニ止ルヘキヤハ則チ重要ナル疑問ナリ凡《スベ》テ諸般ノ事務ハ最モ習熟ヲ要ス加ルニ官銜《カンガ》ノ事ノ如キ其細瑣《サイサ》ノ條件ハ多ク舊法古例ヲ參照スルカ故ニ最少ノ費額ヲ以テ淹滯《エンタイ》ナク最多ノ事務ヲ辨セント欲スルニハ屬僚下吏ノ永續勤務ヲ以テ最モ緊要ナリトス然ルニ是等ノ官吏ヲシテ常ニ政黨ト更迭ヲ與《トモ》ニセシメナハ其不利不便蓋《ケダ》シ言フ可《ベカ》ラサル者アラン且ツ幾萬ノ官吏其進退ヲ政黨ノ盛衰ニ繫《ツナ》ケハ各派軋轢ノ勢轉々暴激ヲ極ムルニ至ラン故ニ官吏中ニ於テ其職指命ヲ司《ツカサドッ》テ細務ヲ親執セザルモノト指命ニ服事シテ細務ヲ親執スル者トヲ區別シ甲ヲ政黨官トシテ政黨ト與ニ進退シ乙ヲ永久官（則チ非政黨官）トシテ終身勤續ノ者タラシムヘシ又上等官人ノ中ニ於テ其地位重職ニ在リト雖トモ一國ノ治安公平ヲ保持スルカ爲メニ政黨ニ關與セシムヘカラサル者有リ是等ヲハ中立永久官ト爲シ一種ノ終身官トスベシ（英國ノ例ニ依ル）

政黨官ノ種類ヲ略記スレハ參議・各省卿輔及諸局長・侍講・侍從長等是レナリ以上ノ政黨官ハ大概《オホム》ネ議員トシテ

上下院ニ列席スルヲ得ル者トス（大抵英國ノ例ニ依ル政黨官及非政黨官ノ別ハ憲法制定ノ時ニ於テ猶ホ詳議ヲ要スルカ故ニ今唯大要ヲ揭ク以下亦同シ）永久官ノ種類ハ各官廳ノ長次官・局長ヲ除テ以下ノ奏任及屬官等是ナリ是等ノ官人ハ議員タルヲ得サル者トス（同例）中立永久官ハ三大臣（政黨ニ關與セス
聖主ヲ輔佐シ奉リ內閣組立ノ爲メ最盛政黨ニ內敕ヲ下サル、時等ニ於テ顧問ニ備リ公平ニ國益ヲ慮《オモンパカ》ラレンカ爲メ其非政黨官タランコトヲ望ム且ツ大臣三位ハ與ニ無人則缺ノ官ト定メラレテ可ナルヘシ）及ヒ軍官・警視官是レナリ以上三種ノ職ハ皆國內ノ治安公平ヲ保持スルニ在ルカ故ニ其最モ不偏中正ノ令德ヲ備ヘンコトヲ欲スヘシ若《モ》シ是等ノ官人ニシテ熱心政黨ニ關與セハ他黨ヲ壓スルカ爲メニ或ハ兵力或ハ裁判權ヲ用ヒ國內ノ治安ヲ妨ケ或ハ其公平ヲ失シ社會ノ騷亂ヲ釀生スルニ至ル是其中立不偏ヲ以テ令德ト見做《ミナ》スノ所以ナリ以上ノ官人モ亦議員タルヲ許サヽル者トス（同例）又永久官則チ非政黨官ニシテ政黨ニ關與スルノ迹アレハ其主長タル者之ヲ退職セシメテ可ナリ何トナレハ政黨官タル主長トノ關係ニ於テ公事ニ不利アルコト多ケレハナリ（同例）

第四　宸裁ヲ以テ憲法ヲ制定セラルヘキ事

法規已ニ立テ而テ人之ニ依ルトキハ事輙《タヤス》ク定ル法規未タ立タスシテ而テ人先ツ集ルトキハ事動テ定ラス今ヤ無前ノ治體ヲ天下ニ施サレント欲スルニ當リ其完成ニ緊要ナルハ社會康寧ノ秩序ナリ轡索《ヒサク》一タヒ絕ユルトキハ六馬奔《ホン》逸《イツ》シテ秩序容易ニ收復スヘカラス故ニ先ツ宸裁ヲ以テ憲法ヲ制定セラレ是ニ依テ以テ國議員ヲ召集セラレンコトヲ欲ス右憲法ノ制定ニ付テハ內閣ニ於テ委員ヲ定メラレ速ニ着手セラレンコトヲ冀望《キボウ》ス

憲法ノ制定ハ重要ナル條件ニシテ就中《ナカンヅク》上院ノ組織下議院ノ選擧權被選擧等ニ至テハ最モ深密ノ用意ヲ要ス是等ノ諸件ハ憲法制定ノ日ニ上陳スヘキカ故ニ今是處《ココ》ニ贅言《ゼイゲン》セス

前述スル如ク立憲治體ノ妙用ハ多ク其實ニ存スルカ故ニ憲法ハ極テ簡短ニシテ大綱ニ止ランコトヲ要ス又憲法ハ二樣ノ性質ヲ具備センコトヲ要ス二樣トハ何ソ其第一種ハ治國政權ノ歸スル所ヲ明ニスル者ナリ其第二種ハ人民

各自ノ人權ヲ明ニスル者ナリ政黨ノ政行ハレテ而テ人權ヲ堅固ニスルノ憲章アラスンハ其間言フ可《ベカ》ラサルノ弊害アラン是レ則チ人權ヲ詳明スルノ憲章憲法ニ添附セント欲スル所以《ユエン》ナリ

第五　明治十五年末ニ議員ヲ選擧セシメ十六年首ヲ以テ國議院ヲ開カルヘキコト

立憲政治ノ眞體ハ政黨ノ政タルカ故ニ立法行政ノ兩部ヲ一體タラシメ庶政一源ニ歸スルノ好結果ヲ得ルニ至ルハ已ニ前述スル所ナリ之ヲ畢竟《ヒツキヨウ》スルニ立憲ノ政ハ社會ノ秩序ヲ紊《ミダ》ラスシテ國民ノ志想ヲ平穩ニ表示セシムルニ在リ然ルニ今國内政黨無キノ時ニ於テ卒然國議院ヲ開立セハ假令《タト》ヒ一朝幾多ノ政黨ヲ生出スヘキモ其根本堅固ナラス一般人民モ亦何レノ政黨ハ如何ナル主義ヲ持張スルヤヲ知ル能ハスシテ政黨ノ勢威頻々浮沈スルコト多カラン果シテ然ラハ其混亂紛擾ノ慘態ヲ政治上ニ現出シ夫ノ社會ノ秩序ヲ保持スルノ治具ニ因テ却テ之ヲ紊亂スルノ恐レアリ戒愼セサルヘケンヤ政黨ノ峙立《ジリツ》セサルハ蓋シ之ヲ生スルノ地所ナケレハナリ然レトモ立憲ノ治體ヲ定メラルルヲ公示セハ政黨ノ萠芽《ホウガ》ヲ發生スルコト應ニ速ナルヘシ斯クシテ一歳若クハ一歳半ノ年月ヲ經過スルヲ許ルサハ各政黨ノ持説大ニ世間ニ現ハレ國人モ亦タ甲乙彼此《ヒシ》ノ得失ヲ判定シテ各自ニ其流派ヲ立ルニ至ラン是ノ時ニ於テ議員ヲ選擧シ議院ヲ開立セハ能ク社會ノ秩序ヲ保持シテ以テ立憲治體ノ眞利ヲ收メ得ヘシ

故ニ議院開立ノ布告ハ太《ハナハ》ダ速カナランコトヲ要ス開立ノ時期ハ卒然急遽《キユウキヨ》ナルヘカラス是等ノ事理ニ因テ考察スレハ本年ヲ以テ憲法ヲ制定セラレ十五年首若《ハジメモシ》クハ本年末ニ於テ之ヲ公布シ十五年末ニ議員ヲ召集シ十六年首ヲ以テ始メテ開立ノ期ト定メラレンコトニ冀望ス斯ノ如クンハ以テ大過ナカルヘキヲ信スルナリ

第六　施政ノ主義ヲ定メラルヘキコト

凡ソ政黨ハ幾多ノ原因ヨリ成立スト雖亦タ專ラ施政主義ノ大體ヲ同クスルヲ以テ相結集スル者ナリ而テ政黨ノ盛衰ニ致ス所以ノ者ハ則チ其施政主義カ人心ヲ得ルト否ヤトニ在リ又各政黨カ互ニ人心ヲ得ンコトヲ望テ相攻擊スル所ノ點モ亦タ各自ノ主張スル施政主義ニ在リ故ニ政黨ノ爭ハ則チ施政主義ノ爭ニシテ其ノ勝敗ハ則チ施政主義

ノ勝敗ナリ前述スルカ如ク立憲ノ治體ヲ定立セラレ國人ノ輿望ヲ察シテ政府ノ顯官ヲ任用セラル丶ニ至ルトキハ則チ政黨ヲ成立セサルヘカラス政黨ヲ成立セント欲スルトキハ則チ其持張スル施政ノ主義ヲ定メサルヘカラス故ニ現在内閣ヲシテ一派ノ政黨ヲ形《カタチツ》クル者タラシメント欲セハ其成立ニ最モ緊要ナルハ則施政主義ヲ定ムルノ一事是ナリ然ルカ故ニ國議院設立ノ年月ヲ公布セラル丶ノ後ニ於テ直ニ現在内閣ノ施政主義ヲ定メラレンコトヲ切望ス施政主義ニ就テハ重信所見ノ在ルアリ他日別ニ之ヲ具陳スヘシ

第七　總　論

立憲ノ政ハ政黨ノ政ナリ政黨ノ争ハ主義ノ争ナリ故ニ其主義國民過半數ノ保持スル所ト爲レハ其政黨政柄《セイヘイ》ヲ得ヘク之ニ反スレハ政柄ヲ失フヘシ是則チ立憲ノ眞政ニシテ又眞利ノ在ル所ナリ若シ其形體ニ則《ノツトリ》テ而テ其眞精ヲ捨テハ獨リ國土ノ不幸ノミナラス蓋シ又執政者ノ禍患ナリ啻《タダ》ニ執政者當時ノ禍患ナルノミナラス其ノ戀權ノ汚名ヲ後世ニ遺傳スルニ至ラン

假令《タト》ヒ潔清明白ノ心事ヲ以テ政ヲ天下ニ行フモ尙ホ或ハ戀權自利ノ心アルヲ疑ハル丶ハ是レ執政者ノ通患ナリ然ルニ今ヤ立憲ノ政ヲ施コサレントスルノ時ニ當リ立憲國現行ノ通則ニ反シ其ノ眞利ヲ捨テ丶而テ却テ戀權ノ痕《アト》ヲ現ハサル執政者ニシテ焉《イツクン》ソ國人ノ爲メニ厭忌《アキイミ》ラレサルヲ得ンヤ其ノ戀權ハ却テ急速失權ノ種タルオヤ然リト雖トモ權勢ヲ棄却スルハ古ヨリ人情ノ難スル所ニシテ唯國家ヲ利スルニ熱渴スル者獨リ能ク之ヲ爲ス政府ニ强大ノ威力ヲ蓄フル今日ノ執政者ニシテ勢威ニ眷戀《ケンレン》セス立憲政治ノ眞體ヲ固定セハ其德ヲ後昆《コウコン》ニ表示スルニ足ラン又假令ヒ社會ノ毀譽《キヨ》ニ關セサルモ亦タ自ラ顧テ以テ中心ニ快然タルヲ得ス世人常ニ曰フ邦國ノ治亂ハ多ク政治ノ慣習ニ生スト果シテ然ラハ社會ノ秩序ヲ紊サスシテ靜穩ナル政黨更迭ノ新例ヲ定立シ政治上ニ於テ國人ニ康寧ノ慶福ヲ享有セシムルノ端緒ヲ啓カンコト是豈今日ノ執政者カ應爲ノ急務ニアラスヤ右謹テ議ス

右明治十四年六月二十七日三條太政大臣ニ乞テ

陛下ノ御手元ヨリ内借《ナイシャク》一讀ノ上自寫之

博　文

（金子堅太郎著『憲法制定と歐米人の評論』より引用）

右に引用した大隈意見書は、その最後に附記されてゐるやうに、すでに陛下に捧呈せるものを、伊藤博文が三條太政大臣から内借して写したものであるが、これは大隈の命によって矢野文雄が執筆したものといはれる。しかしてそれは、福澤諭吉の思想と相通じたものとされてゐるが、ほとんど英国の憲政をそのままに語ったやうなものであり、しかも一、二年にして憲法制定、国会開設にまでいたるとの急進論なので、諸参議を驚かせずにはすまなかった。

それは英国憲政を範とすることを明言してゐる。しかし大隈としては、英国の直訳でなくて自ら考へた点もある。その一つは、欽定憲法の主義を明確にしてゐることであり、その二は、中立永久官として三大臣の制を述べてゐることである。多分、太政大臣、左大臣、右大臣の制を残して永久官として、皇位と政党内閣との間の事を処理させる考へではなかったかと思はれる。ただ、三大臣を永久官としながらも君側の侍講、侍従長などは政党官としてゐるのは、思案不備の評をまぬがれまい（後に帝国憲法が大隈流に運用され、政党内閣時代になっても、大隈は侍従長などの宮中官の政党化を欲したことはなかったし、これは本文起草の際の一時の不備と見るべきか）。

また、この大隈意見書は、その全文を通じて見るに、ただ英国憲政が二大政党の間において平常に運用されてゐる時のことを語ってゐるだけである。この政党の事実は法で定めるわけには行かぬし、日本の将来が二大政党となるか多党化現象を呈するかは、何人も予断しがたい。そのことについて大隈がどう考へてゐたのか、詳しくは憲法の条文規定によるのか、三大臣の永久官制によって調整するつもりなのか、この意見書を見ただけでは判明しない。

ただ大隈は、維新いらい長く政府の中枢にあって、現実政策を担当して来てゐる。かれが憲法の欽定主義をかかげる以上、かれの案がそのままに実現するとは到底期待しえないはずである。保守的な修正の多々あるべきことは計算に入れて書いたものと見ねばなるまい。一年といっても三年五年になり、ここまでは政党官といふ線も永久官となるなど、修正のさけがたいことは分りきってゐる。さうだとすれば、可及的に進歩的提案をして保守系との妥協の余地を残したがいい。他方、在朝参議の大隈としては、在野民権家以上にも進歩的な構想を示して、在野側の猛攻勢を鎮め立憲の主導権を政府側にとる、といふやうな政略も秘められてゐたのではないかとも推測される（なほ、この案を御覧になって明治天皇が驚かれた御様子はないし、また有栖川宮も三條實美も、他の諸参議ほど驚いた様子がない）。

この大隈の憲政意見は、ともかく天皇の御手もとにとどけられたらしいが、有栖川宮から岩倉、三條を通じて伊藤の知るところとなり、伊藤は三條太政大臣を通じて、その御下渡しを願ってこれを筆写した。そしてこの大隈の意見をあまりにも急進過激の論として大いに怒った。熱海での大隈、伊藤の友好関係は、たちまちに一転して政敵関係に逆転した。伊藤は、このやうな大隈参議などと同一閣内では責任をもてないと、岩倉右大臣に対して辞意を表明した（七月二日付、岩倉具視あての伊藤博文の書簡）。

もっとも、これは辞意表明といふよりも実質的には、当然大隈案に反対の岩倉に対して、大隈を退けるやうに励ましたと解すべきであらうか。しかし大隈重信の伝記について最も詳しい渡邊幾治郎によれば「明治天皇はこれを聞召されて、元来大隈の意見は他に見せてくれるなといって出したものを伊藤に見せたから、伊藤が怒り出したのだ、と仰せられたといふことである」（宗高書房刊『明治天皇』上巻）。有栖川宮、三條實美は、閣内の紛議を好ましくないとして、大隈、伊藤の間を斡旋《あっせん》調停することにつとめ、七月八日には和解ができて、伊藤は辞意を取り下げて出勤することになった（三條實美の岩倉あて七月十二日付書簡。『明治天皇』上巻による）。

これで大隈の建白問題については一波瀾はあったが一応の結着がつき、その後間もなく、明治天皇は東北および北海道へ行幸遊ばされることとなり、大隈は有栖川宮熾仁親王とともに天皇に供奉して、七月三十一日に東京を出発した。この行幸は長期にわたったが、その間にまた一つの騒動が生じた。

二、反政府運動激化して政変へ

この行幸の直前、参議の黒田清隆（開拓使長官を兼任した薩摩閥の首領格）が、維新いらい明治政府が総計千四百十万円の巨費を投じて来た北海道の官営事業を、関西貿易商会と称する政商に払下げる提案をした。その当時は、維新以来政府が文明開化促進のために、採算を無視して保護政策の立場で建設した近代工場、鉱山、汽船などを、独立採算の見こみが立つと民間の三井、三菱、住友、浅野、古河等の諸財閥に払下げ、私企業を興隆させるのを政策としてゐた時代である。しかしこの払下げを受ける関西貿易商会は、薩摩の五代友厚、長州の中野梧一などの藩閥政商として世評の高い連中によって経営されてをり、しかもその払下げの条件が非常識に破格の安値であった（時価三十九万円）。

この払下げ案が閣議に出ると、有栖川宮と大隈との反対が強く表明されたが、薩長閣僚が絶対多数で払下げを決定してしまった（七月二十八日）。その直後に大隈は、天皇に随行して東京を去ったのであるが、八月になるとこの払下げ決定が新聞紙上に報道され、全国の新聞が筆をそろへて猛烈にこの問題を政府の暗黒不正財政として糾弾した。東京でも大阪でも糾弾演説会が開かれて、国民の憤激は高まった。この政策が新聞社に洩れ糾弾の声の高まって来たのを見て、在朝の政府要人たちは、これは反対の大隈がニュースを提供し、福澤諭吉がその門下の知識人を指導し、関西貿易の反対商社である三菱が政治資金を提供して、薩長藩閥政府を倒す全国運動をはじめたのだ、と推測した（この推測は多くの史書に詳しく書かれてゐるが、三菱の岩崎彌太郎は徹底的に否定してをり、真否を断定することはできない）。

この官有物払下げ反対の運動がひろがって来た時に、土佐の板垣退助一行が遊説をはじめ、大阪、東京へと熱弁をふるって歩いた。かれは「国会を開かないで有司専制の政権を放任しておけば、このやうな非理不法はつぎつぎに生じて、国民はこれを矯正《きようせい》し得ない」として、国会を開設するための政党組織が急務であることを説いた。板垣が九月十六日に東京の新橋ステイションに着くと、都下の各新聞社や板垣系政論家のみでなく、大隈系の知識人や少壮官吏までもが出迎へて、二十三日には上野精養軒で集会を開いた。

板垣は激しく政府を糾弾して政党の結成を訴へたが、参列した大隈系の少壮官僚は、「目下の急務は倒閣であり、不正払下げの取消しである」として、政党結成には同意しなかった。この時に少壮者の間には、板垣に対して、閣内の国会開設急進論者であり官有物払下げに反対してゐる大隈との提携をすすめる者もあったが、板垣は大隈との合流にはまったくその意思がなく、さらに東北遊説の旅に出かけた（板垣は間もなく自由党を組織し、後に創立される大隈の改進党と対決する）。

しかしこの時点では、政府の薩長要人にとっては、そのやうな隈板《わいはん》の対立などは問題ではなかった。大隈、福澤系の新聞人や政論家が全国に反政府の言論戦を展開し、それに板垣も同じく全国を遊説して、昨年来の国会期成運動の組織を動員し内閣打倒、国会開設を訴へて歩いてゐる。全国に反政府の猛然たる気流が高まって来たのに憂念禁じがたいものがあった。薩長の政府要人の間では、大隈を追放せねば政府は危いとの考へから頻りに交渉連絡がはじまった。

北海道官有物払下げ問題をクローズ・アップして専制政府を弾劾する論は、その論旨きはめて明快であり、反政府の熱が全国に燃えひろがって行った。そこにさらに政府に痛烈なショックとなったのは、軍要人の反政府上奏文捧呈であった。平尾道雄著『子爵谷干城傳』によれば、当時、谷干城は政府に対して甚だ憤懣を抱いてゐた。谷は戊辰の役、征台の役、西南の役等で歴戦し武功を立てたが、兵変が治まると薩長の権力者には、戦陣に斃れた無名の将兵や遺家族を顧みる心情がなく、その後の軍の人事などでもただ薩長主流系のみを偏重して、公正を欠くこと甚しいと感じてゐた。谷は土佐の人であるが、筑後柳川の曾我祐準もこれに同感であった。それに長州人ではあるが長州主流に属せぬ反骨の人物であった鳥尾小彌太、三浦梧樓の両中将も、谷と感情を同じくした。この四中将は、ともに歴戦の猛将として軍将兵の間に威望ある将軍連中であったが、その四中将が世論の騒然たるを見て非は政府に在りとし、国憲の制定を要望し北海道官有物払下げの閣議決定を非とする上奏文を作り、事は急を要するとして東北御巡幸中の天皇の上聞に達した（九月十二日付、有栖川宮左大臣を経て捧呈)。

谷は、維新の戦ひでは板垣と共に戦った人で、その後も土佐の一部に有力多数の支持者をもってゐた。将軍の政府への憤りの激しいのを見て、板垣との提携をすすめる者もあったが、「板垣とはその主義を異にする」といって合流しなかった人で、もとより大隈との連絡もない。しかし政府としては、大隈系、板垣系の民権家が反政府の熱を高めて騒擾《そうじょう》にいたるときに、最後に頼むべきは軍のほかにないのに、その軍のなかで威望ある諸将軍が、明白に反政府の緊急上奏をするにいたっては、そのショックは決定的とならざるを得なかった。四将軍の上奏文には、さすがに在野の壮士やジャーナリストのやうな激越な文字はないけれども、しかしその威力は、新聞論説などの到底及ばないものがあったものと思はれる。

臣等側《かたはら》に聞く。頃《このごろ》朝廷漸く公論を採取し國憲を創立するの議ありと、是れ誠に無上の盛擧なり。臣等豈喋々《あにちょうちょう》として喙《くちばし》を其間に容《い》るゝことを得んや。然るに今上書して愚陋《ぐろう》を陳ずる旨は、自今天下の形勢に於て大に憂苦する所あるが故なり。請ふ、之を左に陳せん。

今日政府の組織頗る其大體を失ふ。古今内外の政度に於て未だ其類例を見ざるが如し。何となれば、立法行政司法の三大權盡《ことごと》く之れを一内閣に統《す》べ、親政の名ありて其實なければなり。天下臣民の疑惑を生ずる所以のもの職として之に由れり。請ふ、速に元老院に立法の大權を委し、陛下親臨して法令を議せしめ、其決する所に由つて之を親裁し、以て之を内閣に附し、施行せしむるの制に改めたまはんことを。

特に願くは、速に國憲創立議會を元老院中に開設し、特命を以て各府縣會議員若干を徵集し、此議會に列せしめ、國憲を制定し、永世不抜の國基を立て、民心をして歸着する所あらしめんことを。

更に陳せさることを得さるものは、開拓使官物拂下の一件なり。其事たる大ならずと雖も、天下の人心をして大に不満を懐《いだ》かしむ。是自ら施政上に於て其宜《よろ》しきを得さる者あらん。請ふ、速かに再議に附し、至公無私の處分に出でしめんことを。
右の件々臣等叨《みだ》りに謂《おもへ》らく、今日の形勢に於て一日も等閑に附すへからさるの急務なりと。陛下断然明詔を下し裁制し玉はずんば、或は恐る、天下の亂階となりて收拾しかたきの患あらんことを。臣等愚戇《ぐとう》敢て瞽言《こげん》を陳す。恐悚《きょうしょう》の至りに堪へず。多罪多罪。
明治十四年九月十二日

鳥尾小彌太
三浦梧樓
曾我祐準
谷干城

(『子爵谷干城傳』より引用)

政府要人は、事情の緊迫に大きな衝撃を感じた。かれらが、板垣対大隈、谷対板垣の間に、どのやうな対立を見たか否かは分らない。しかし、ともかくも北海道官有物払下げ決定は全天下の憤りの的となり、その政府不信の感情が国会開設の要望をさらに燃えあがらせてゐる実情を見て、この民心を無視しては到底無事なることを得ぬと認めざるを得なくなった。当時、政府の中枢ブレーンであった太政官大書記井上毅は、右大臣岩倉具視にあてて次の書簡を書きおくってゐる。

屢《しばしば》奉言上候は、御煩讀之恐無之にあらず候得共、中心憂念に不堪、猶奉仰臺鑑《たいかん》候、現今の景況立志社其他昨年之請願連中は、府中に於て國會期成會を催し、福澤は盛に急進論を唱へ、其黨派は三四千に滿ち、廣く全國に蔓延《まんえん》し、已に鹿児島内部にも及び、其他各地此二三十日來結合奮起の勢にて、此儘《このまま》打過候には事變不測と相見え候、若《も》し還幸後早々聖旨を以て、人心の方向を公示せられず候而、一度彼より先鞭《せんべん》を著《つ》けられ候に至らば、憲法も徒に空文に歸し、百年之大事を誤り、善後の策なきに至り候ば必然と奉存候、況や此度内閣に小變動を生じ候はゞ、一層風潮を激し、一時之勢は政府之全力を用ひざれば、撲滅《ぼくめつ》すべからざるに至るべし、是を爲すには勅諭を以て、廟謨《びょうぼ》を示し、且名義を正うし、旗色を見せ、全國勤王の士に力を著け候事、第一之急務と奉存候、伏願此事猶憂慮を被回《めぐらせられ》、速に御決斷被遊候はゞ、國家之大幸と奉存候、如此《かくのごとき》一大事末生之知る所に無之候得共、下問之辱きに奉對再應奉言上候、頓首再拜、

十月八日　　毅

右公閣下

これは天皇の還幸を待って、憲法制定、国会開設の事を聖旨によって公約するのでなくては変乱をさけがたい、との情勢判断である。しかし、それだけでは大隈の主張がすべて勝ちを制したかのやうに見え、薩長藩閥の権力は破砕されるおそれが大きい。ここは政治の大綱では譲っても、大隈勢力を絶対に圧服せねばならないとの主張が出るのは当然の勢ひであらう。黒田清隆は、岩倉具視にあてて次のやうに書いた。

拜啓川村より只今《ただいま》閣下御歸京被遊候旨吹聴《ふいちょう》を請《う》け、日夜三秋之如く待上兼候、然者山田參議、川村卿より詳細情實御聞取相成候通ニ而《て》、實ニ國體ニ關スル無此上危急之場合ニ而苦慮罷在《まかりあり》中候、既ニ明日大隈參議歸京之由、疾《と》くに御了承候半、近頃恐縮之至ニ御座候得共、御還幸前ニ閣下條公ハ勿論、其他伊藤參議等へ協議智謀を廻《めぐ》らし必す天下之輿論とて陰ニ計策を働き候に萬々相違有御座間敷、決して御動搖無之、彼之術中に陷らさる樣奉悃願《こんがん》候、返す〳〵も姑息《こそく》之情義ニ惹《ひ》かれす、断然たる御處分無之候而は、臍《ほぞ》を噬《かむ》とも不被爲及、不可救御難題ニ立至、天

下萬民をして塗《と》炭《たん》之苦界に陥しむるハ案中ニ而、千歳之遺憾ニ御座候ニ付、是非何《いつ》く迄《まで》も根本之大病根驅逐《くちく》根軸を堅固にし、確乎《かくこ》不抜之標準を立られ、上ハ奉安叡慮《えいりよ》、下ハ億兆之民をして堵《と》ニ安せしむるハ今日ニ在り、非常之事を處するニハ、從て非常之變を生するハ自然ノ者ニ付、如何樣なる事到來候共御動搖なく、御英斷禍を轉して福と爲すハ、是より外ニ有御座間敷、又時機を失してハ一世那翁さへ、一夜の後れニ帝王之尊きも遂に擒《とりこ》となり、其他優柔不斷國家を亡《ほろぼ》したる主枚擧するに遑あらす、即、該時ノ如し、油斷大敵にて時機を失はす、御遺算なきハ勿論、斷然御決行有之樣悃禱《こんとう》之至ニ堪へす、恐々敬具

倘々此ノ病根を治するハ、薩長合一死力を盡し、粉骨碎身するの外なし、乍不及《およばずながら》決心罷在申候以上

十月六日　　清隆

岩公閣下

ここには明瞭に「薩長合一死力を盡し、粉骨碎身するの外なし」と銘記してある。かくて政府の閣議では、大隈が在野民権派と通じて謀叛《むほん》をはかったとの断定を下して、勅命によって還幸と同時に大隈参議を罷免することが、ひそかに決定された。

当時の文書には、大隈が真に謀叛を企てたかのやうに書いたものがあるのみでなく、その後の公刊の著書にさへも、大隈謀叛説を書いたものが少なくない。しかしそれは、まったく根拠がない。大隈と、かれに思想的に同調してゐた福澤とは、終始して合法主義者であり、内乱謀叛などをする人物でないことは論証を待たない。それに同じく政府反対でも、板垣は大隈とは決して協力しない立場にあったし、谷干城等の四将軍の立場もまったく独自の別のものであった。謀叛説は故意に拵《こしら》へあげたものか、妄想にしかすぎない。それ

は後年には明白になったことであるが、ともあれ当時としては、大隈と板垣とは和せず、板垣と軍部諸将とが一致しないにしても、政府がもしも頑迷にその方針を改めなければ民心は激して、その結果が井上毅のいふやうに「不測の事変」ともなりかねない情況となってゐた。

岩倉には多少の躊躇《ちゆうちよ》があったらしいが、黒田のいはゆる「薩長合一死力を盡し」ての勧告に直面し、また伊藤博文などの熱心な要望も入れて、天皇の還幸と同時に大隈罷免を断行することに同意決定した。政府は、万一の場合には武力発動も辞せぬとの決意を固めた。東京鎮台司令官野津道貫は、命令一下動員の準備を整へ、警視総監樺山資紀は、自ら警官隊をひきゐて市内警備にあたった。

天皇の還幸後ただちに政府閣僚はそろって、大隈が民権家と通謀して不穏なので即時免官していただきたい、と願ひ出た。この時の各要人それぞれの動きについては、当時君側にゐた佐佐木高行の伝記『明治聖上と臣高行』に詳しいが、そのなかに佐佐木高行が明治天皇の御直話を記録して残した文がある。この御直話記録の文は非常に大切であるが、事情をよく知らない人には文意不明の点もあると思はれるので、次に註をつけて現代文に要約する(カッコ内は筆者註)。

(旅行中に)開拓使の事は新聞で見たが、初めは針小棒大の論かと存じたが、大河内正質が來ての話で朝野の情況を初めて知った。太政大臣(三條)に尋ねさせたが事情十分に明らかでない。東京着七八日前に左大臣(有栖川宮)が新聞を見せたので、これは多分大隈が歸京すれば參議一同で攻め倒す心組であらうと思うた。十一日東京に着くと(果して)大臣參議一同で大隈の免官を申し立てた。(質《ただ》してみると)太政大臣(三條)は、(大隈の不都合を)よく知ってゐるといふが、右大臣(岩倉、かれは京都旅行中だったが)は六日に歸京して初めて知ったといひ、左大臣（有栖川宮）は歸京して（今）初めて事情を知ったとの答へである。右の次第では、薩長の参議が結合して大隈を退けるのではないかとの疑惑もあるので、確證があっての事かと質した。そしたら、「唯今、確證御取調の上でなくてはならぬとあっては容易ならぬことであります。このことは福澤門人その他から十分に（情報を得て）判《わか》ってをりますし、薩長の参議ばかりでなく平素公正正議の論をする者も憤ってをります。（事は急を要するし）内閣も破裂することになりますので、何分にも御許可願ひたい」と申すので、「事情が明白ならば許容しよう。さりながら曖昧《あいまい》にてはよろしくない。大隈も要路に奉職した者であるから、誰か大隈の所へ行って、事の次第をよく申聞かせてから辭表を出させたらよからう」といったら、伊藤が「私が御使ひに参りたい」と申し出て、西郷（従道）と共に赴いて、大隈も異議なく承服したと復命して來た。また「開拓使の事はどうか」と質したら、大臣（三條か岩倉か不明）が答へるのに、「大隈さへ免官になれば（提案当事者の）黒田においても異議ありませぬ」といった。「それは甚だ不可解な話だ。大隈の事（かれの反政府陰謀の事）と、開拓使のこと（不当払下げを取り消すこと）とは別だ。大隈がやめれば開拓使（払下げの事）のことは異議がないとは、どのやうな關連理由があるのか」と質したら、大臣も困難した様子で「これは申上げやうがわるうございました。開拓使のことは思召の通りにて異議ないと申す意味であります」と（言葉を改めて）答へた、云々。[註]

本書では、諸著に見える明治天皇の御英明を伝へる数多くの伝説も、必ずしも実証明確でないとの疑点あるものは、つとめて遠慮することにしてゐる。ただ実証確かな輔翼の臣民の動きを記録して、それを統合し給うた天皇の御高徳を間接的に遙かにしのび奉ることに止めるのを原則とする。しかしこの明治十四年の危機政変についての明治天皇の御深憂については、黙することを得ず、またその御沙汰《ごさた》の英明かつ公正なるに感激なきを得ない。

右の御沙汰を拝察すれば、天皇には臣下大隈への御不信はなく、むしろ大臣諸参議等への御疑念が残されてゐたのではないか。この英明公正の天子のもとにおいては、政府は当然自戒せざるを得なかったであらう。大隈、福澤を逮捕するとの風評は高かったが、天皇が右のやうな思召であるかぎり、そこまで行くことはできなかった。天皇は、太政大臣、左右大臣、全参議の切迫せる要望にかんがみて、ただ政局の大混乱をさけるために、大隈辞任を御許容なされたのではないかと拝察される。大隈重信自らが後に当時を回顧して、「危くすると命もとられるところであった。明治天皇の御仁徳によって、生命だけは僅かに保ちえた。まことに危かった始末である」（渡邊幾治郎の諸著）と語ってゐるのは道理であらう。

大隈は前記のやうに、勅命によって、伊藤、西郷が来訪した時に「辞表は参内して捧呈する」といひ、翌日参内したが兵力によって阻止され、有栖川宮邸に行ったがここでも門内に入れられなかった。やむなく帰宅し、閉門して静かに命を待ち、右の御沙汰にあるやうに、伊藤の「大隈も退官に異存ありませぬ」との復命によって依願退官となった。それはまさに無血クーデターともいふべき形勢であった。

大隈、福澤の門流の在官知識人は少なくなかったが、この大隈退官と同時に、農商務卿河野敏鎌をはじめとして駅逓総監前島密、判事北畠治房、統計院の矢野文雄、牛場卓造、犬養毅、尾崎行雄、外務省の中上川彦次郎、小松原英太郎、農商務省の牟田口元學、中野武營、文部省の島田三郎、田中耕造、大蔵省の森下岩楠、小野梓等々が相次いで退官して野に下り、政変は一段落した。また、十月十二日、大隈退官が聞きとどけられると同時に、開拓使官有物払下げの取消しが命ぜられた。

さらに、この政変と同日付で勅諭が渙発《かんぱつ》されて、明治二十三年を期して「議員ヲ召シ國会ヲ開ク」との大事が明示された。それは、維新の国是のもと明治八年に立憲の大詔が出て、立憲国会への路線を一歩づつ進んで来てゐたものを、明治二十三年には確実に結実せしめることを公示されたものである。

ただ、それにはなほ十年の時が置かれて漸進慎重の主義が示された。けれどもそれは、これまでの政府要人の漸進慎重とはまったく意味の異なるものがあった。これまでは政府の最高の要人のなかにも、「本来は明治八年の詔には不同意だったが致し方ない」などと称して、漸進慎重の語をもって徒らにただ時をすごし、国会開設を回避する者もあった。しかしこの明治十四年の勅諭は、慎重を期せられてはゐるが、しかし明確に「明治二十三年」といふ時期を限られてゐる。それは決して政情論などで時を遷延することを許さないものである。これで国会が開かれ、憲法が制定されることは、確実に保証された。前年の明治十三年の閣僚所見のなかには躊躇の論も少なくなかったが、今や大道は断じて逆転すべからざることを、天皇が親しく天下有衆に公約されたのである。大隈重信は、その言動の故に、閣僚中ただ一人、謀叛人の嫌疑で追放されてしまった。しかしかれの犠牲によって、一大政変がおこって立憲の大道が不動のものとして固められた。追放されても本望とすべきであらう。ここにその歴史的勅諭をかかげておく。

勅諭

朕祖宗二千五百有餘年ノ鴻緒《コウショ》ヲ嗣《ツ》キ中古紐《チユウ》ヲ解《ト》クノ乾綱《ケンコウ》ヲ振張シ大政ノ統一ヲ總攬《ソウラン》シ又夙《ツト》ニ立憲ノ政體ヲ建テ後世子孫繼クヘキノ業ヲ爲サンコトヲ期ス嚮《サキ》ニ明治八年ニ元老院ヲ設ケ十一年ニ府縣會ヲ開カシム此レ皆漸次《ゼンジ》基ヲ創《ハジ》メ序ニ循《シタガツ》テ歩ヲ進ムルノ道ニ由ルニ非サルハ無シ爾《ナンヂ》有衆亦朕カ心ヲ諒《リヨウ》トセン

顧ルニ立國ノ體國各宜《ヨロシ》キヲ殊ニス非常ノ事業實ニ輕擧ニ便ナラス我祖我宗照臨シテ上ニ在リ遺烈ヲ揚ケ洪謨《コウボ》ヲ弘

メ古今ヲ變通シ斷シテ之ヲ行フ責《セメ》朕カ躬《ミ》ニ在リ將ニ明治二十三年ヲ期シ議員ヲ召シ國會ヲ開キ以テ朕カ初志ヲ成サントス今在廷臣僚ニ命シ假スニ時日ヲ以テシ經畫ノ責ニ當ラシム其組織權限ニ至テハ朕親《ミツカ》ラ衷ヲ裁シ時ニ及テ公布スル所アラントス

朕惟《オモ》フニ人心進ムルニ偏シテ時會速ナルヲ競フ浮言相動カシ竟《ツヒ》ニ大計ヲ遺《ワス》ル是レ宜シク今ニ及テ謨訓ヲ明徴シ以テ朝野臣民ニ公示スヘシ若シ仍《ナ》ホ故《コト》サラニ躁急《ソウキユウ》ヲ爭ヒ事變ヲ煽《セン》シ國安ヲ害スル者アラハ處スルニ國典ヲ以テスヘシ特ニ茲《ココ》ニ言明シ爾有衆ニ諭《サト》ス

奉　勅　　　　太政大臣　三　條　實　美

明治十四年十月十二日

（『法規分類大全』による）

明治十四年は、朝野の闘争、閣内の分裂抗争が相次いだ。その対決闘争を通じて、それを混乱におとしいれることなく、国民統合の道をもとめて大きな前進をさせられた明治天皇の御心労のいかに深かりしか。この年の秋、政変の前後と察せられるが、天皇が独り深夜に思ひをこらし給うた御製がある。

爐邊述懐

埋火をかきおこしつつつくづくと
　　世のありさまを思ふ夜はかな

この多端なりし十四年には御製は少ないやうであるが、明治神宮出版の『新輯明治天皇御集』には同年の御製数首が追加されてをり、その中に、政変、勅諭渙発から間もない十一月七日付、と特に明記し、漢土の名臣「孔明」と題して、

龍のふす丘の白雪ふみわけて
　草の庵をとふ人やたれ

との御製がある。遠謀忠誠の名臣孔明をもとめ給ふ御心をお察しすれば感慨痛切なるを禁じがたい。

〔註〕佐佐木高行の聖上御沙汰の記録。佐佐木高行は、明治天皇に対し特に忠誠の臣であったとみとめられてゐる人物であるが、その政治意見は、大隈のそれとは全く反対であった。この佐佐木の記録が、御沙汰を大隈に対して同情的に粉飾すべき理由はまったくない、と判断されるので、信憑《しんぴょう》性があると判断して、内々の御沙汰記録ではあるが敢へて引用した。詳しくは『明治聖上と臣高行』の第八章を見られたい。

第八章　全国的政党創設の時代
――天皇国特有の民権理論――

一、自由党、改進党および帝政党の創立

国民の切望した国会は、明治十四年十月の勅諭によって、開設されることが確約された。国会の開設を熱望して来た国会期成同盟は、その目的の大前提が実現することとなったので、来たるべき国会に備へて、ただちに今までの期成同盟会を解消して政党の組織にとりかかり、十四年十月十八日、浅草井生村楼でその結成協議会を開いた。まづ後藤象二郎を議長に推し、馬場辰猪が副議長となって、下記の盟約三章および規則を決議した。ここに自由党が結成された。

自由黨盟約

第一章　吾黨は自由を擴充し、權利を保全し、幸福を增進し、社會の改良を圖るべし。

第二章　吾黨は善良なる立憲政體を確立する〈こと〉に盡力すべし。

第三章　吾黨は日本國に於て吾黨と主義を共にし目的を同くする者と一致協合して、以て吾黨の目的を達すべし。

自由黨規則

第一章　東京に中央本部を設け地方に地方部を置く。其地方部は各自地方の名稱により自由黨何部何某と稱すべし。

第二章　黨中に於て總理（一名）副總理（一名）常議員（若干名）幹事（五名）を公撰し自由黨全體に係る事務を管理せしむ。其任期は各一ケ年とす

（以下第十五章まで略。『自由黨史』による）

しかして同月二十九日にいたり、議事を終って、第一期役員として次の人事を決定した。

總理　板垣退助　　副總理　中島信行　　常議員　後藤象二郎、馬場辰猪、末廣重恭、竹内綱

幹事　林包明、山際七司、内藤魯一、大石正巳、林正明

これより後、従来の地方政社が合流して全国的政党を結成しようとする気風が大きく動きはじめ、九州では九州改進党が結成された。この九州改進党は、熊本の自由主義者が九州各県の同志を集めたもので、前記の自由党と親交関係にあった。

これとは別に、十五年三月十四日、大隈重信を総理、河野敏鎌を副総理として「立憲改進党」が組織結成された。これは東洋議政会（慶応の出身者が多く、矢野文雄、犬養毅、尾崎行雄、箕浦勝人等々が活動家で、『郵便報知新聞』を拠点とした）、嚶鳴社（沼間守一、島田三郎、肥塚龍等で、『東京横濱毎日新聞』を拠点として河野敏鎌が後援した）および鷗渡会（小野梓を指導者として新進の大学生などが多かった）の人々が結集して成立した政党であって、前記の板垣等の自由党と相対峙《たいじ》して、その後の日本における二大政党の一源流となったものである。

この改進党の創立に際して、副総理の河野敏鎌は次のやうな演説をした。

吾人の黨を樹《た》つるは自由黨の別動隊を作るに外ならず。蓋《けだ》し自由黨は正義を標榜《ひょうぼう》し剛直にして平等を唱ふ。故に必ず貧民の味方たらん。既に貧民の味方たらば富人はこれを喜ばず。自由黨は氣節を負ふて實行を主とす。故に學者之を快とせず。自由黨は又少壮活潑の士を愛す。故に老實の人はこれを好まず。されば財産家、學者、老成家は遂に政黨の圏外に逸出し、その勢力は終に他黨の得る所とならん。故に吾黨は是等の人々を網羅《もうら》し豫《あらかじ》め別動隊を組織し、他日合同一致の運動を爲すの素地を作るべし。

(『自由黨史』による)

改進党は創立時にあっては、「民権国会開設」との大原則において、板垣系自由党との間に敵対的心理の生ずることを避けようと努めたかに見える。しかし河野の右の演説は、同じ自由民権を主張しながら、その党員の気風の異なることを説いてゐる。自由党には、士族的あるいは義民的気風の伝統をひく壮士の党としての色彩があって、その勢力は農村に強い。これに反して改進党は、新興ブルジョワ、新知識人の党として、慷慨《こうがい》壮士の風をむしろ軽侮して理論知識を自負してをり、都市にその勢力が強い。やがてこの二大政党は、激しい党争を展開することとなるが、今はその結党の事情のみを記しておく。

この自由、改進の二大政党は、創立とともに将来の大きな政治勢力として、反政府の牙城となるかの感があった。これに対して、この自由、改進二党の思想を日本古来の万世不易の国体に一致しない、として対決する政党として「立憲帝政党」が組織された。明治十五年三月十八日、改進党創立直後である。これは福地源一郎(東京日日新聞)、丸山作樂(明治日報)、水野寅次郎(東洋新報)、羽田恭輔(大東日報)等によって組織されたもので、自由、改進の二党をはげしく論難した。この党の背後には政府の後援があるといはれてゐたが、その後、政府が特定の与党を作らぬ超然内閣主義を目標とすることとなったためか、帝政党は大きな発展はしなかった。

明治十五年は、自由、改進、帝政等の諸政党の活動が、活潑に始まった年として記録される。しかしこの日本の初期の政党が、帝政党はいふまでもなく改進、自由の民権諸党にあっても、著しく皇室、天皇に対する敬意、尊皇の精神を明らかに高揚して活動を始めたといふことは、日本の政党史上とくに注目を要する点である。

改進党の総理大隈重信は、前年の政変に際しては、在野過激民権家と通謀して謀叛を企てたといはれた。けれども、かれが官を退いたのち公然と政党を結成して天下に公示した「立憲改進党趣意書」は次の通りであって、後世の常識から見れば、むしろ漸進穏和主義のものである。

立憲改進黨趣意書

大詔一降、立憲の事定まる。我儕《わがともがら》帝國の臣民は、〈萬〉〔百〕世一遇の盛時に遭《あ》ふ。惟《おもふ》に此際如何の計畫を爲し、如何の職分を盡し、帝國臣民たるに愧《はづ》ることなき乎。他なし唯一團の政黨を結び、相集まり相同ふして、我輿望《よぼう》を表するあらん耳《のみ》。來れ我兄弟、來て我政黨を結び、我臣民たるの職分を盡せよ。

幸福は人類の得んことを期する所ろなり。然れども少數專有の幸福は我黨これに與《くみ》せず。蓋し此の如《かく》きの幸福は所謂《いはゆ》る利己のものにして、我黨の冀望《きぼう》する王室の尊榮と人民の幸福とに反すればなり。王室の尊榮と人民の幸福は我黨の深く冀望する所なり。然れども一時暫且《ざんしょ》の尊榮幸福は我黨これを欲せず。蓋し此の如きの尊榮幸福は所謂る頃刻《けいこく》のものにして、我黨の冀望する無窮の尊榮と遠永の幸福に反すればなり。是を以て若し一二私黨の我帝國を專らにし、王室の尊榮と人民の幸福を蔑《ないがしろ》にし、目前の苟安《こうあん》を偸《ぬす》み、遠永の禍害を顧みざるものあらば、我黨は之を目して以て公敵と爲さんとす。我黨は實に〈王室の無窮に保持すべき尊榮と、人民の遠永に〉享有すべき幸福を冀《ねが》ふの人を以て此政黨を團結せんとす。來れ我兄弟、來て我政黨を結び以て其冀望を表明せよ。

政治の改良前進は我黨の冀望して止まざる所なり。蓋し政治にして其改良を加へ、其前進を爲さゞれば、徒《いたづ》らに無窮の尊榮を冀ひ、空しく遠永の幸福を望むも、終《つひ》に之を全ふするを得べからざればなり。政治の改良前進は我黨之れを冀ふ。然れども急激の變革は我黨の望む所に非らず。蓋し其順序を逐《お》はずして遽《にはか》に變革を爲さんことを謀るは、即ち社會の秩序を紊亂《びんらん》し、却て政治〈の進行〉を妨碍《ぼうがい》するものなればなり。是を以て夫の陋見《ろうけん》に惑ひ、徒らに守舊を主とし、夫《か》の急躁《きゅうそう》を競ひ、好んで激昂《げきこう》を務むるものゝ如きは、我黨の卻《しりぞ》けて共に其冀望を與《とも》にせざるものなり。我黨は實に順正の手段に依て我政治を改良し、著實の方便を以て之を前進するあらんことを冀望す。依て約束二章を定むる如左。

第一章　我黨は名《なづ》けて立憲改進黨と稱す。

第二章　我黨は帝國の臣民にして左の冀望を有する者を以て之を團結す。

一　王室の尊榮を保ち人民の幸福を全ふする事。

二　內治の改良を主とし國權の擴張に及ぼす事。

三　中央干渉の政略を省き地方自治の基礎を建つる事。

四　社會進歩の度に隨ひ選擧權を伸闊《しんかつ》する事。

五　外國に對し勉めて政略上の交渉を薄くし通商の關係を厚くする事。

六　貨幣の制は硬貨の主義を持する事。

（『自由黨史』による）

その主張の主とするところは、王室の無窮の尊栄を保ち、人民の幸福、権利を全うすることであって、君民一致の国体思想である。しかもその進路についても「急激の變革は我黨の望む所に非らず」として、社会秩序を重んじ順序を逐うて進むべきことを力説してゐる。これは、ある意味では理性的知識人の党として自負する改進党が、ただ悲歌慷慨の激情に流されてゐるかに見える自由党の壮士的気風と異なるところを、特に明らかにしようとしたとも解せられる。

これに対して、板垣自由党の方では、その反政府反官僚的気風においては、確かに大隈改進党よりも激しいものがあるけれども、その思想の論理においては、改進党と格別本質的に異なるものを有するわけではない。その激しい気風の故に、一部の守旧家の反感を誘発した事実はあるが、板垣退助その人は、明治維新第一級の忠烈の功臣をもって自任してゐる。かれの有名な「自由黨の尊王論」も、その思想の本質と論理においては、大隈改進党のそれとまったく同じだといっていい。ただ、かれの場合には政府官僚に対する反感の情が著しく、「自由党こそが真の尊王である」と力説し強調してゐる。以下いささか長文ではあるが、板垣退助の「自由黨の尊王論」を引用する（これは板垣退助が口述し、『東海曉鐘新報』主筆の土井光華が筆録して、ひろく自由党の主張として宣伝したものである。『自由黨史』より引用）。

自由黨の尊王論

世に尊王家多しと雖も吾黨自由黨の如き尊王家はあらざるべし。世に忠臣少からずと雖も吾黨自由黨の如き忠臣はあらざるべし。但吾黨の所謂尊王は、彼輩の所謂尊王と其旨を異にし、吾黨の所謂忠臣は、彼輩の所謂忠臣と其趣を同くせざるなり。吾黨は平生尊王の主義を執り、立憲政體の事業に従事するものなり。彼輩が始終尊王主義を誤り、専制政體否な有司専制を援助し、立憲政體を妨害せんと欲する者の如きにあらざるなり。彼輩は我皇帝陛下を以て魯帝の危難に陥らしめんと圖る者なり。吾黨は我皇帝陛下をして英帝の尊榮を保たしめんと欲する者なり。故に吾黨は所謂る我君を堯舜にせんと欲する者にして、彼輩は所謂《いはゆる》我君能《あた》はずと云ふ者にして乃《すなは》ち我君を賊する者なり。吾黨は深く我皇帝陛下を信じ奉るものなり。又堅く我國の千歳に垂るゝを信ずる者なり。吾黨は最も我皇帝陛下の明治元年三月十四日の御誓文、同八年四月十四日立憲の詔勅、及客年十月十二日の勅諭を信じ奉る者なり。既に已《すで》に我皇帝陛下には廣く會議を興し萬機公論に決すべしと宣給《のりたま》ひ、又舊來の陋習を破り天地の公道に基くべしと宣給ひたり。吾黨固《もと》より我皇帝陛下の是れを履行し之を擴充し給ふを信ずるなり。又立憲の政體を立て汝衆庶と倶《とも》に其慶に頼《よら》んと欲す、汝衆庶或は舊に泥《なつ》み故に慣るゝ事莫《なか》れと宣給ひたり。既に立憲政體を立てさせ給ひ其慶幸に頼らんと宣給ふ以上は、亦吾黨に自由を與へ吾黨をして自由の民たらしめんと欲するの叡慮《えいりよ》なる事を信ずるなり。又舊に泥み故に慣る事莫くと宣給ふ以上は、舊時の壓制を甘受し卑屈奴隷の境界を脱せしめんと欲するの叡慮なる事を信ずるなり。況んや客年十月の聖諭の如きあり、斷然廿三年を以て代議士を召し、國會を開設せんと叡斷あるに於てをや。吾黨如何ぞ聖勅已に其警戒し宣ふ所の舊に泥み、故に慣れ、天地の公道に戻り、天賦の自由を捨て、奴隷自ら安んずるの陋習を破らざるべけんや。故に吾黨が平生自由を唱へ、權利を主張する者は、悉《ことごと》く仁慈皇帝陛下の詔勅を信じ奉り、一點私心を其間に挾《さしはさ》まざる者なり。是を本居、平田の陋教を奉じ、聖勅に戻り、頑固自ら信じ、舊時の陋習を脱せざる者に比すべけん哉《や》。

斯くの如くにして吾黨は「我皇帝陛下を信じ」我皇帝陛下の意の在る所に随ふて此立憲政體の慶幸に頼らんと欲する者なり。然るに彼輩各其信ずる所を異にし、聖勅を信ぜず、私道を崇び、英國の盛大なる所以《ゆゑん》を解せず、英國帝寶祚《はうそ》の萬々なるは其君臣各其權限を守り、敢て擅横壓抑《せんおうあつよく》の事なく、君民上下自由政治の間に逍遙《しやうよう》するに在るを知らず、又魯國の已に衰頽《すいたい》の兆を顯はせしは何等の點に在るを悟らず、魯帝の今彼の如く貴尊の身を以て敵徒の囚中に捕獲せられし如く、一日も其身命の安全を保存する能はず、君民上下悲痛慘膽の中に沈淪《ちんりん》せしものは、其原因亦何《いづく》の處に引起せしを知らず、邦國昌盛の道途に跡せず、故《ことさ》らに君民相率ひて共に危難の陷穽《かんせい》に赴かんと欲する如きは、吾黨其尊王の何等の點に存し、又何等の業務を以て之を稱道する所以を知らざるなり。

地を掘りて之れに坐し地高しと云ふ者は、地高きにあらざるなり、其坐する所卑《ひく》きなり。駑馬《どば》に御し其徐々歩を進め絶て危險の事なきを視て、其術を得たりと自負する者は、決して御術を得たるにあらざるなり、其御する者駑馬なればなり。方今支那、魯西亞、土耳古諸邦の形狀を察すれば、其帝王は驕傲《きようごう》無禮にして人民を輕侮し、土芥《どかい》之を視、人民は其帝王を畏懼《いく》し、或は怨望《えんぼう》し、雷霆《らいてい》の如く、讎敵《しゆうてき》の如し。故に君民上下の間に於て、曾て其親愛情の行はるゝ事なし。隨て其帝王は外國の爲に輕蔑せらるゝも、其國民更に之れを怒る事なく、其人民は外人の爲めに殺害又は凌辱《りようじよく》せらるゝも、其帝王毫《ごう》も之を意とせず、邦土は廣く人民は多しと雖も、亦一人の愛國者なく、又一民の權利自由を主唱する者なく、國は常に野蠻にして、人民は毎《つね》に卑屈なり。野蠻の國に位し卑屈の民を御す、故に其帝王は卑屈野蠻の帝王にして、文明諸國の嘲笑《ちようしよう》を受け、其帝王たる所以を見ず。豈《あ》に地を掘り之れに坐し地を高しと云ひ、駑馬を御し其徐々なるを見て御術を得たる者と云ふと同一の談話にあらざるを得んや。

眼を轉じて英國の如何を視よ。人民は自由にして人間貴重の眞を顯《あら》はし、地上世人の人上に位するが如く、其帝王は地上帝王の王上に其位置を占るが如し。故に邦國は常に萬國の尊崇畏敬する所となり、人民は毎に外人の敬愛欽羨《きんせん》する所となれり。一民若《も》し偶々《たまたま》他邦人民の殺害凌辱に値《あ》へば、帝王爲めに憤り、一事苟《いやし》くも其帝王を蔑如する如きあれば、國民爲に之を怒り、天地爲に動き、萬國爲めに畏《おそ》る。王良造父にして名馬に御し、大道坦途《たんと》を驅馳《くち》する者と云ふべし。駑馬自ら喜ぶ者の比にあらざるなり。亦山嶺の高城に憑《よ》り、大都通邑《つうゆう》を下瞰《かかん》する如きなり。地を掘り之れに坐する者の類にあらざるなり。

今我黨の我日本皇帝陛下を尊崇する所以は、固より支那、土耳古の如きを欲せざるなり。又大に魯西亞の如きを好まざるなり。吾黨は我人民をして自由の民たらしめ、我國をして文明の國に位し、自由貴重の民上に君臨せしめ、無上の光榮を保ち、無比の尊崇を受けしめんと企圖する者なり。地を掘り之れに坐し地を高しと云ふが如き愚に傚はざるなり。是吾黨が平生堅く聖旨を奉じ、自由の主義を執り、政黨を組織し、國事に奔走する所以なり。乃ち皇國を千載に傳へ、皇統を無窮に垂れんと欲する所以なり。世の眞理を解せず、時情を悟らず、固陋自ら省みず、妄《みだ》りに尊王主義を唱へ、却りて聖旨に違ひ、立憲政體の準備計畫を妨遏《ぼうあつ》し、皇家を率ひて危難の深淵《しんえん》に臨まんと欲する者と同一視すべからざるなり。是れ吾れ吾黨が、古今尊王家多しと雖も、我自由黨に如く者なし、古今忠臣義士少なからずと雖も我自由黨諸氏が忠愛眞實なるに如かずとなす所以なり。

改進党の大隈も自由党の板垣も「尊王」なのである。板垣は「古今忠臣義士少からずと雖も我自由黨諸氏が忠愛眞實なるに如かずとなす」とまで揚言してゐる。大隈も板垣も、維新いらいの天皇政府の高官であって、その尊王は自然である。しかし、党首は然りとしても、改進党、自由党の一般党員や積極的な青年活動家などの思想はどのやうな情況にあったのであらうか。

二、民権思想家の天皇制理論

自由党党首の板垣退助も改進党党首の大隈重信も、天皇に対しては忠誠であった。しかし、維新から国会開設へ至る間において、自由民権の思想家のなかには、日本の君主制に対して不信疑念の思想を有する者もあったのではあるまいか。この点についてわれわれは、著名な特定個人として反君主制論者の存在を直接的に明らかにすることはできないが、極めて少数ではあっても一部の知識人や青年のなかに、君主制不信のアメリカ的あるいはフランス的共和思想の存在した事実は、間接的に察知することができる。

明治四年の維新後間もないころ、政府が岩倉具視を代表として諸外国への訪問団を組織したときに、政府は新進の多くの青年官僚をその随行として派遣した。この時の一行のなかに加はった佐佐木高行の語るところによれば、将来を期待されてゐた新官僚エリートの多くが、日本を近代的文明国にするためには、国体を変革して米仏流の政体をとるべきだ、との説を主張して、岩倉や佐佐木などの尊王維新家と度々討論したといふ。しかし佐佐木の後年の回想談では、それらの青年もやがて帝国の興隆とともに、高位高官者となり華族にもなって、今ではみな初めからの尊王家のやうな風をしてゐる、と語ってゐるだけで、たれが君主制に不信で外国流の民主共和論者であったかを、名指しするのを避けてゐる。明治の文明開化、欧米文明の移入が、まづ政府の有力な指導によって推進されたことを考へると、古来の国体に対する不信、疑惑の思想が、在野よりも、むしろ官僚エリートのなかに発生したと見ても怪しむべきではあるまい。

それから約十年を経て、民権国会開設の機運が高まり、その運動の理論として、米仏の反君主的民権論が大いに利用される時代となり、しかもその民権国会の要望が政府から抑圧される段階になって来ると、民権壮士などのなかには、皇室への不敬の放言をする者などもあったらしい。そのことは、福澤諭吉が明治十四年、ロンドン滞在中の門弟小泉信吉に送った書状に「棄ておきがたい沙汰の限りだ」と書いてあるのを見ても察せられる。福澤はその後間もなく「時事新報」を発行し、その紙上で「帝室論」や「尊王論」を書いて、日本の民権思想にとっては皇室への忠誠こそが大切なのだ、との理論を力説した。これとほぼ時を同じくして、当時の急進的民権青年に対して強い影響力をもってゐた中江兆民も、明治十四年「東洋自由新聞」において、非君主的なフランス流革命共和の思想をもつ者に対して、きびしく反対し警告する論文を書いてゐる。

福澤も中江も、ただ非君主的民権家を浅学、迷謬《めいびゅう》の徒として批判してゐるだけで、とくに名指しはしてゐない。おそらく無名の青年を相手にして論じてゐるのであらうが、一部少数の青年のなかに、明治十四年頃から一つの風潮として識者の関心をひくやうな現象があったのであらう。そのやうな思想情況のなかにあって、当時、急進民権の代表的理論家として注目されてゐた中江兆民や、新知識の洋学者としては最高の権威と仰がれてゐた福澤諭吉が、明快にして自信に満ちた言論文章をもって天皇制の意義を力説した意味は大きい。

中江兆民は、とくに自由党系の急進的青年に対して強い影響力があった。また福澤諭吉は、事実上改進党の指導者たちの思想的師とも仰がれる地位にあった。まづ中江兆民の『東洋自由新聞』の一文を引用する。

政體の名稱數種あり、曰く立憲、曰く專制、曰く立君、曰く共和なり。其事實に就て之を校するときは立憲にして專制なるあり、共和にして立君なるあり、共和未だ必ずしも民政ならずして立君も亦た未だ必ずしも民政ならずんばあらず。今や海內の士皆政治の學に熱心し政體の是非得失を講ぜざる者なし、然るに東洋の風習常に耳を憑《たの》みて嘗て腦を役せず、形態を模擬して嘗て精神を問はず、是《ここ》に於て耳食の徒往々名に眩《げん》して實を究めず、共和の字面に恍惚意を銳して必ず昔年佛國の爲せし所を爲して以て本邦の政體を改正する有らんと欲する者亦其人無しと爲さず。其迷謬固より不學寡聞《かぶん》の致す所にして未だ深く咎《とが》むるに足らずと雖も、今にして其惑を辨ぜずんば啻《ただ》に莠苗淆亂《しゅうびょうこうらん》大に我儕《わがともがら》自由の暢路《ちょうろ》を妨碍《ぼうがい》するのみならず、亦た恐くは蠧毒《とどく》侵蝕暗《あん》に國家元氣の幾分を戕賊《しょうぞく》する

有らん。然ば即ち此惑を辨ずること亦た方今の當《ま》さに務むべきの急たり、

共和政治の字面たるや羅甸《ラテン》語の「レスピユブリカー」を譯せるなり。「レス」は物なり「ピユブリカ」は公衆なり、故に「レスピユブリカー」は即ち公衆の物なり公有物の義なり。此公有の義を推して之を政體の上に及ぼし共和政治の名と爲せるなり。其本義此の如し、故に苟も政權を以て全國人民の公有物と爲し一に有司に私せざるときは皆「レスピユブリカー」なり、皆な共和政治なり、君主の有無は其問はざる所なり。然れば則ち今に於て共和政治を立てんと欲せば其名に就て之れ求めん乎《か》、將《は》た其實を取らん乎、其名に就て之を求むるときは古昔のウエニース國の如きも亦た稱して共和と曰へり、然れども其實は決して人民をして其政治に干預せしめたる者に非ずして衆貴族相合議して之を行ふに過ぎず、是れ豈に眞の共和政治ならんや、獨り此れのみならず、即ち見《げん》今《こん》佛國の共和政治の如きも之を英國立君政體に比するときは共和の實果して孰《いづ》れに在りと爲さん乎。是れに由りて之を觀れば、共和政治固より未だ其名に眩惑《げんわく》す可《べか》らざるなり、固より未だ外面の形態に拘泥《こうでい》す可らざるなり。

……

蓋し見今共和政治の名稱に惑ふ者其黨分ちて二と爲す。曰く共和政治を忌惡《きお》する者なり、曰く共和政治を景慕する者なり。之を慕ふ者の説に曰く、共和を以て政治を爲すときは復《ま》た君と民とを別つ可らずと、其意蓋し必ず米國若くは佛國の政體の如くにして後已まんと欲す。之を忌む者の説に曰く、若し共和を以て政治を爲すときは將《ま》さに我君を何れの地に置かんとする乎と、其意蓋し我邦の必ず米國若くは佛國の如く絶て君を置くこと無きに至ることを懼《おそ》るゝなり。是れ皆皮相の見のみ、形態に拘るの説のみ、設令《もし》前説の人をして眩惑して回らず終に其爲す所を爲さしめば其禍固より測る可らず、後説の人をして其志を得せしめば則ち壓制束縛の政益々力を逞《たくまし》くして其害も亦必ず言ふに勝《た》ゆ可からざるに至らん。嗚呼《ああ》毫釐《ごうりん》の差にして千里の謬を致す寒心せざる可けん哉。仲尼曰く必ずや名を正さん乎と、名の正しからざる一日數千里の善男子をして長く五里霧中に彷徨《ほうこう》して出る處を知らざ

らしむるに至らん、是れ乃ち吾儕の「レスピユブリカー」の實を主として其名を問はず、共和政治を改めて君民共治と稱する所以なり。君民共治の方今に行はるゝ者は嚮《さ》きの所謂英國是れなり、嗚呼人民たる者能く政權を共有すること一に英國の如くなることを得ば此れも亦以て憾《うらみ》無きに非ず乎。

これは中江の「君民共治」の説からの引用である。日本では、これより前に「天皇の下において共和政治を行ふ」といふやうな表現が用ひられた例も少なくない。多分、中江なども用ひたのであらう。しかし、この「共和政治」の語が反君主制の意味に限定して用ひられるやうになって来た時に、中江は断然とこの語を廃して「君民共治」の説の語を用ひる、と宣言したわけである。おそらく「共和」の名を用ひて、反君主、反天皇の思想を論ずる者の現はれて来たのを見て、それらの説が、日本の健全にして良識的な民権思想に害があってなんらの益なきことを、まづ警告したものといひうる。

中江は、フランス革命史を論じ、民権の政治哲学を講義したが、かれは決してその形や名においてフランス革命をまねることをすすめたのではない。日本国における皇室、天皇の貴重なる理由については、詳しく独得の理論をもって解明するにつとめてゐる。

三、「帝室論」における福澤諭吉の説

福澤諭吉が、『時事新報』紙上で連載した「帝室論」および「尊王論」は、立憲時代の新しい情況下において天皇制の意味を体系的理論的に啓蒙したものとして、歴史的な意味を有するものといっていいであらう。

もっとも福澤は、新時代を迎へて帝室の本質が変るといふのではなく、もともと日本の皇室は政治権力者の地位にあるべきものではなく、それより一段と高度の精神的文化的な指標たるべきものであるとしてゐる。その「帝室論」でかれは次のやうに論じてゐる。

帝室は政治社外のものなり。苟も日本國に居て政治を談じ政治に關する者は、其主義に於て帝室の尊嚴と其神聖とを濫用す可らずとの事は我輩の持論にして、之を古來の史乘に徴するに、日本國の人民が此尊嚴神聖を用ひて直に日本の人民に敵したることもなく、又日本の人民が結合して直に帝室に敵したることもなし。往古の事は姑《しばら》く擱《お》き、鎌倉以來世に亂臣賊子と稱する者ありと雖ども、其亂賊は帝室に對するの亂賊に非ずして、北條足利の如き最も亂賊視せらるゝ者なりと雖ども、尚且大義名分をば蔑如するを得ず。左れば此亂臣賊子の名は日本人民の中にて各主義を異にし、帝室を奉ずるの法は斯《かく》の如くす可し、斯の如くす可からずとて、互に其遵奉の方法を争ひ、天下の輿論に亂賊視せらるゝ者は亂臣賊子と爲り、忠義視せらるゝ者は忠臣義士たるのみ。我輩固より此亂臣賊子の罪を免《ゆる》すに非ず、之を惡《にく》み之を責めて止まずと雖ども、這《こ》は唯《ただ》我々臣子の分に於て然るのみ。遙《はるか》に高き帝室より降臨すれば亂賊も亦是れ等しく日本國内の臣子にして、天覆地載の仁に輕重厚薄ある可らず。或は一時一部の人民が方向に迷ふて針路を誤ることも一時これを叱るに過ぎず、其これを叱るや父母が子供の喧嘩《けんか》して騒々しきを叱るに等しく、之を惡むに非ず唯これを制するのみにして、僅《わつか》に其一時を過れば又これを問はず、依然たる日本國民にして帝室の臣子なり。例へば近く維新の時に當て官軍に抗したる者あり、其時には恰《あたか》も帝室に抗したるが如くに見えたれども、其眞實に於ては決して然らざるが故に、事收るの後は之を赦《ゆる》すのみならず又隨て之を撫育《ぶいく》し給ふに非ずや。彼の東京の上野に戰死したる彰義隊の如き一時の姿は亂賊の如くなりしかども、今日帝室より之を見れば、十五年前我國政治上の葛藤《かっとう》よりして人民共が戰争の事に及び、雙方《そうほう》に立分れて鋒《ほう》を争ひしが、雙方共に勇々しき有樣なりし、我日本には勇士多き事なる哉、今にして之を想へば死者は憐《あはれ》む可《べ》しとて、一度びは勇士の多きを悦《よろこ》び、一度びは其勇士の死亡したるを憐み給ふことならんのみ。右の如く我日本國に於ては古來今に至るまで眞實の亂臣賊子なし、今後千萬年も是れある可らず。或は今日にても狂愚者にして其言往々乘輿に觸るゝ者ある由傳聞したれども、是れとても眞に賊心ある者とは思はれず、百千年來絕て無きものが今日頓に出現するも甚だ不審なり。若しも必ず是れありとせば其者は必ず瘋癲《ふうてん》ならん、瘋癲なれば之れを刑に處するに足らず、一種の檻に幽閉《ゆうへい》して可ならんのみ。

去年十月國會開設の命ありしより、世上にも政黨を結合する者多く、何《いづ》れにも我日本の政治は立憲國會政黨の風に一變することならん。此時節に當て我輩の最も憂慮する所のものは唯帝室に在り。抑も政黨なるものは、各自に主義を異にして、自由改進と云ひ、保守々舊と稱して互に論鋒を爭ふと雖ども、結局政權の受授を爭ふて己れ自から權柄を執らんとする者に過ぎず。其爭に腕力兵器をこそ用ひざれども、事實の情況は源氏と平家と爭ひ、關東と大阪と相戰ふが如くにして、左黨右黨相對し、左黨に投票の多數を得て一朝に政權を掌握するは、關東の德川氏が關原の一捷《いつしよう》を以て政權を得たるものに異ならず、政黨の爭も隨分激しきものと知る可し。此爭論囂《ごう》々《ごう》の際に當て、帝室が左を助る歟《か》又は右を庇護《ひご》する等の事もあらば、熱中煩悶《はんもん》の政黨は一方の得意なる程に一方の不平を增し、其不平の極は帝室を怨望《えんぼう》する者あるに至る可し。其趣は無辜《むこ》の子供等が家內に喧嘩する處へ父母が其一方に左袒《さたん》するに異ならず、誠に得策に非ざるなり。如之《しかのみならず》政黨の進退は十數年を待たず、大抵三五年を以て新陳交代す可きものなれば、其交代每《ごと》に一方の政黨が帝室に向ひ又これに背くが如きあらば、帝室は恰も政治社會の塵埃《じんあい》中に陷りて、其無上の尊嚴を害して、其無比の神聖を損するなきを期す可らず、國の爲に憂慮す可きの大なるものなり。世に皇學者流なるものありて、常に帝室を尊崇して其主義を守り、終始一の如くにして畢生《ひつせい》其守る所を改めざるの節操は、我輩の深く感心する所なれども、又一方より其弊を擧れば、帝室を尊崇するの餘りに社會の百事を擧て之に歸し、政治の細事に至るまでも一處に之を執らんことを祈る其有様は、孝子が父母を敬愛するの餘りに百般の家政を父母に任じて細事に當らしめ、却て家君の體面を失はしむるに異ならず。帝室は萬機を統《すぶ》るものなり、萬機に當るものに非ず。統ると當るとは大に區別あり、之を推考すること緊要なり。又皇學者流が固く其守る所を守るが爲に、其主義時としては宗旨論の如くなり、苟も己れに異なる者は之を容れずして却て自から其主義の分布を妨るものあるが如し。人をして我主義に入らしめんと欲せば、之に入るの門を開くこそ緊要なれ、是等は我輩の感服せざる所なり。我輩は赤面ながら不學にして神代の歴史を知らず、又舊記に暗しと雖ども、我帝室の一系萬世にして今日の人民が之に依て以て社會の安寧を維持する所以のものは明に之を了解して疑はざるものなり。此一點は皇學者と同說なるを信ず、是即ち我輩が今日國會の將さに開かんとするに當て、特に帝室の獨立を祈り、遙に政治の上に立て下界に降臨し、偏なく黨なく以て其尊嚴神聖を無窮に傳へんことを願ふ由縁なり。

かれのこの論のなかに、人あるいは薩長閥に反抗する旧幕臣系の感情を見るかもしれない。それもあるかもしれないが、かれは、所謂乱臣賊子と称せらるる者でも、勤王党と称する者でも、日本においては「帝室を奉ずるの法は斯くの如くすべし、斯くの如くすべからず」との「遵奉の方法」を争ったまでのことであって、帝室の神聖なる存在そのものに敵対した者はなかったと説く。換言すればそれは、「政体」に関する「我々臣子の分」においての対決なのであって、本質的な意味においての「君」に対する人民の反抗ではなかったというのである。さすがに洋学者中の先覚として、西洋史と日本史との本質の差をよく見てゐる。つまり、西洋の民権は本質的に君権への反抗として発展したが、日本では、対決はあくまでも臣民のなかの政治権力者対人民の間に限られるべきもので、帝室はその対決の圏外にあって世俗の俗権闘争のなかに入ることなく、より高い地位にあって精神文明の統合者たるべきもの、と福澤は主張した。
この主張は、当時の藩閥政府や保守的勤王党（帝政党）などからは反感をもって見られた。福澤の論は、帝室をただ神聖と称するのみで、それは実際的には、皇室の地位を政治権力から遠ざけて、結局は「虚器を擁するもの」とするもの――名分だけで、実質的な権力も権威も失はせるもの――ではないか、といふのである。これに対して福澤は、当然に反論する。

我帝室の直接に政治に關して國の爲に不利なるは前段に之を論じたり。或人これに疑を容れ、政治は國の大事なり、帝室にして之に關せずんば帝室の用は果して何處に在るやとの說あれども、淺見の甚しきものなり。抑も一國の政治は甚だ殺風景なるものにして、唯法律公布等の白文を制して之を人民に頒布し、其約束に從ふ者は之を赦《ゆる》し、從はざるものは之を罰するのみ。畢竟《ひっきょう》形體の秩序を整理するの具にして、人の精神を制するものに非ず。然るに人生を兩斷すれば形體と精神と二樣に分れて、よく其一方を制するも他の一方を捨るときは制御の全きものと云ふ可らず。………故に政治は唯社會の形體を制するのみにして、未だ以て社會の衆心を收攬《しゅうらん》するに足らざるや明なり。

かれはここでは、西欧のジョン・ロック流の「世俗国家論」のロジックを巧みに転用して、日本の国体を論じてゐるかに見える。世俗の政治といふものは、人心の外的な形体の秩序を整理するだけの手段であって、人間の精神的文明（学問、芸術、宗教等々）の領域に及ぶものではない。帝室は、これらの精神的領域の最高の守護者として神聖を保たれるべきもので、あくまでも政治の圏外に立たれるべきだといふのである。
もっとも、福澤がいふところの「政治」の概念は、極めて局限された範囲において用ひられてゐることに注目しなくてはならない。それは、政党政派の間において自由な利害闘争の行はるべき限界内のこと、といふほどの意味であって、それは到底「神聖」の保ちがたい場なのである。それ故に、政党政派の対決を超えて、日本国が一国としての立場を確保しなくてはならない、政党的意識ではなくして全国家的意識をもって行動しなくてはならない大切な場がある。とくに「軍の統帥」といふやうな大事は、当然に帝室に直属しなくてはならない精神上の問題とされる。

　例へば一利一弊は、人事の常にして免かる可らず、寡人政治の風を廢して人民一般に參政の權を附與し、多數を以て公明正大の政を行ふは國會の開設に在ることならんと雖ども、之を開設して隨て兩三政黨の相對するあらば、其間の軋轢《あつれき》は甚だ苦々しきことならん。政治の事項に關して敵黨を排撃せん爲には、眞實心に思はぬ事をも喋々《ちょうちょう》して相互に他を傷くることならん。其傷けられたる者が他を傷くるは鄙劣《ひれつ》なりなど論辯しながら、其論辯中に復讎《ふくしゅう》して又他を傷くることならん。或は人の隱事を摘發し、或は其私の醜行を公布し、賄賂依托は尋常の事にして、甚しきは腕力を以て爭闘し、礫を投じ瓦を毀つ等の暴動なきを期す可らず。西洋諸國大抵皆然り、我國も遂に然ることならん。

　然るに爰《ここ》に恐る可きは、政黨の一方が兵力に依賴して兵士が之に左袒するの一事なり。國會の政黨に兵力を貸す時は其危害實に言ふ可らず、假令《たと》ひ全國人心の多數を得たる政黨にても、其議員が議場に在る時に一小隊の兵を以て之を解散し又捕縛すること甚だ易し。殊に我國の軍人は自から舊藩士族の流を汲で、政治の思想を抱く者少なからざれば、各政黨の孰れかを見て自然に好惡親疎の情を生じ、我は夫れに與せんなど云ふ處へ、其政黨も亦これを利して暗に之を引くが如きあらば、國會は人民の論場に非ずして軍人の戰場たる可きのみ。斯の如きは則ち最初より國會を開かざる方、萬々の利益と云ふ可し。斯る事の次第なれば、今この軍人の心を收攬して其運動を制せんとするには、必ずや帝室に依頼せざるを得ざるなり。帝室は遙に政治社會の外に在り、軍人は唯この帝室を目的にして運動するのみ。帝室は偏なく黨なく政黨の孰れを捨てず又孰れをも援《たす》けず、軍人も亦これに同じ。固より今の軍人なれば、陸海軍卿《きよう》の命に從て進退す可きは無論なれども、卿は唯其形體を支配して其外面の進退を司るのみ、內部の精神を制して其心を收攬するの引力は獨り帝室の中心に在て存するものと知る可し。且又軍人なる者は一般に利を輕んじて名を重んずるの氣風なるが故に、之が長上たる者は假令ひ文事理財等に長ずるも、武勇磊落《らいらく》の名望ありて其地位高きに非ざれば任に適せず、今の陸海軍の將校が其給料の割合に比して等級の高きも、是等の旨に出たるものならん。

然るに今國會を開設して國の大事を議し、其時の政府に在る大臣は國會より推薦したる人物にして、偶々《たまたま》事變に際して和戰の內議は大臣の決する所なりとするときは、陸海軍人の向ふ所は國會に由て定めらるゝ者の如し、軍人の進退甚だ難きことならん。假令ひ其大臣が如何なる人物にても其人物は國會より出たるものにして、國會は元と文を以て成るものなれば、名を重んずるの軍人にして之に心服せざるや明なり。唯帝室の尊嚴と神聖なるものありて、政府は和戰の二議を帝室に奏し、其最上の一決御親裁に出づるの實を見て軍人も始めて心を安んじ、銘々の精神は恰も帝室の直轄にして、帝室の爲に進退し帝室の爲に生死するものなりと覺悟を定めて、始めて戰陣に向て一命をも致す可きのみ、帝室の德至大至重と云ふ可し。僅に軍人の一事に就ても尙且斯の如し、我輩は國會の開設を期して益々其重大を感ずる者なり。

この、軍の統帥を政治圏外におき帝室に直属させるとの論は、軍人勅諭の精神とまったく一致するものである。そしてこれは、明治十五年当時の朝野一致した良識でもあった。この時代におけるもっとも過激なアジテイターの一人であり、戦後は人民主権主義の先駆者とまでいはれるやうになった植木枝盛でも、軍は皇帝に直結すべきものとの説を書いてゐる。もっとも植木の場合は、軍が「政府の支配下」にあったのでは、急進民権派はたちまちにして武力制圧されてしまふことを恐れて、公正穏和なる帝室の統帥を望んだ、との意味が大きかったのかもしれない。

要するに福澤諭吉は、日本の文明開化のためには、人民の自由の権利を保障し、その自由なる人民が経済的にも政治的にも自由競争をすることをみとめねばならない、それが世界文明史の大勢であり、立憲制、国会政党政治の意義もそこに存するとした。そして、その国会の政党政治こそが日本の近代的文明開化のために必須のものと信じた。

しかし同時に福澤は、このやうな政党政治の自由なる競争と政争とは、社会の進化を進めるのには大いに有効ではあるが、反面においては、政治の世俗的功利化と国民統合の分裂といふ傾向を避けがたいものにすると見てゐる。この世俗化に対して高度の精神文明を守護し、政党による社会の分裂的傾向を超越して全国民の精神的統合をもとめて行く存在として、日本の帝室は貴重な任務を果さるべき歴史条件を完備されたものと信じた。

> 然るに今政治の性質を吟味するときは、如何に完全の政府と稱するものにても、全國を折半して僅に其過半數の歡心を得るのみなれば、其少半數の者は政府に向て多少に不平なきを得ず、況んや今世の人間を平均すれば私慾は深くして思慮は淺く、動《やや》もすれば自から省みずして他を怨む者多きに於てをや。法律の明文に據《より》て裁判を下だされ更に言ふ可き言葉なしと雖も、其敗訴したる者は何か私に口實を設けて不平を唱へざるはなし。一令下りて人民の一部分に便利なれば、他の一部分には多少の不利なきを得ず、租税の減じたる時は左まで評判もなけれ

ども、増税又は新税の沙汰《さた》あれば口を揃へて苦情を云はざるはなし。殊に今の日本の有様にて政府の費用は文明の進歩と共に増加して止むことなきは、永遠の大勢に於て免かる可らざる事實にして、一方には人智の次第に發達するに從つて言論の巧を致し、財政論の喧嘩は之を豫期して違《たが》ふ事ある可らず。此種の不平苦情は恰も人間世界普通の約束なれば、其衝に當りて巧に之を切抜け、多數の得意を後楯《うしろだて》にして少數の失意を押付け、以て一時の安寧を買ふは即ち政治の事なり。其事たるや至極面倒にして堪ふ可らざる程に思はるれども事あれば茲《ここ》に亦人あり、世間自から適當の人物を生じて啻《ただ》に此面倒を憚《はば》からざるのみか、政治の正面に當りて事を執り、國民中の此れを悦ばしめて彼れを恐れしめ、誰れを友として彼れを敵とし、右に顧みて喝采《かっさい》の聲を聞けば、左に盻《み》て案外の誹謗《ひぼう》に逢ひ、一喜一憂、一安一危殆んど心身の休息を得ずして却て自から之を樂しみ、甚だしきは身の健康を害して苦しみ、尚ほ甚だしきは身を殺して悔いざる者あり、之を名づけて政治家と云ふ。故に帝室の高處より臨み見れば俗世界に斯《かか》る政治家のあることそ幸なれ、一切の俗務は擧げて此輩に任じて譏譽《きよ》の衝に當らしめ、其一部分の者共に人望の屬する間は之に施政の權を授け、人望盡くれば他の者をして之に代らしめ、其者共の間には、政敵もあり政友もありて、時としては大に人に怨まれ、又時としては大に人を怨み、其苦情煩悶殆んど見るに忍びざるもの多しと雖も、帝室は獨り悠然として一視同仁の旨を體し、日本國中唯《ただ》忠淳の良民あるのみにして友敵の差別を見ることなし。如何なる事情に迫るも帝室にして時の政府と譏譽を與にするが如きは、我輩の斷じて取らざる所なり。如何となれば帝室は純然たる恩澤功德の涌源《ゆうげん》にして不平怨望の府にあらざればなり。帝室は政治塵外に獨立して無偏無黨圓滿無量の人望を収む可きものなればなり。

福澤諭吉は、幕末時代から洋学の第一人者として有名で、慶応義塾において、明治の文明開化に役立った多くの俊秀人材を教育した。かれは古くから、神州を洋風化するものとして多くの熱烈な国粋派から敵視された。かれが外国知識に明るく、それに比して日本古来の思想にはそれほど深い造詣のなかったのは事実であらう。しかしかれは、ただの外国文物の礼讃者でも直移入主義者でもなかった。かれは、かれとしての日本人的良識をもって外国事情を研究し、その得失の理義について深く考へた。そして日本の文明開化、民権時代の進歩についても、日本の帝室の果すべき偉大な使命の存在することを確信して、大いに国民啓蒙につとめた。その思想的影響力の広くかつ大きいことは、いかなる明治政府の高官連にも劣らないほどのものがあった。

四、『平民の目さまし』――中江兆民

中江兆民は、フランス革命の思想に浅薄に憧れるやうな共和制論者を、「レスピユブリカ」の名を知って実を知らない者であるとし、それは日本の民権を発展させるものでなく、むしろ妨害するものであるとして、「君民共治」の説を表明した。中江はフランス流洋学者として著名であったが、洋学に劣らず漢学に特に造詣がふかく、その政治評論は名文として民権家の間に愛読者が多かった。その君民共治の政治哲学を興味ふかく解明したのが『三酔人經綸問答』の名著である。

この書では、当時のもっとも急進的な理論家と見える洋学紳士と、豪放な東洋豪傑とが、著者南海先生を訪問して酒を酌みながら夜を徹して経綸を論じ、鶏鳴暁を告げるまで議論をつづけた話が書いてある。その中で、東洋豪傑君は、兵をひきゐて大陸へ武力進出を試みるといふ、明治期の壮士らしい豪壮雄大な説を論

じ立ててゐる。それはその時代の青年の一つの夢でもあった。英雄的軍国主義の思想といってもいい。これに反して洋学紳士は、新時代の理学（哲学）を論じ、文明進歩の必然的法則は戦争放棄・軍備廃止を要求してゐるとし、古来の君主制を廃して民主的共和制の時代へ移行すべきだ、と主張してゐる。

この洋学紳士の弁論は、いかにも巧みに論じつくされてゐる。それはおそらく明治十年代、二十年代の日本の進歩的青年の最先端の新理論を論じつくしてゐるかの感がある。出版後すでに一世紀を経た今日（昭和五十年代）の進歩的知識人の理論を全面的に予告してゐるかのやうにさへ感じさせるものがある。その時代の洋学青年のなかに、このやうな風潮にあこがれる者はあっても、兆民ほど巧みに論述しえた者があったかどうかは疑はしい。それで、この著書を読んだ進歩的青年のなかには、この洋学紳士の理論こそ、著者兆民の政治思想の底に秘められた真意ではあるまいかと憶測し、錯誤した者も少なくない。しかし著者は、フランス流民権のロジックがただ抽象的に観念的に発展していけば、このやうな形にならざるを得ない、として論述してゐるのであって、著者兆民自らの思想は、さらに深く重みをもった筆致をもって、南海先生の語として、洋学紳士の思想理論の弱みと欠陥とを鋭く批判し教示してゐる。この南海先生の語の深みを十分に読みとるだけの思想のない者は、洋学紳士の論と兆民の思想とを混線し錯誤する。

さて本書について見ると、南海先生は、東洋豪傑と洋学紳士との間のまったく相反する経綸論を楽しげに聞きながら酒盃を重ねてゐるのであるが、最後に二人から南海先生の見識を質される。そこで南海先生は、初めて二人の説にきびしい批判を加へる。豪傑君の説は痛快の感があるけれども、アナクロニズムだと断言する。この批判は、今日（昭和五十年代）の読者には格別の解明をしないでも理解されるであらう。解明を要するのは洋学紳士への批判論である。

> ……紳士君は力を極て進化神の靈威を唱説するも、夫《か》の神の行路は迂曲《うきよく》羊腸にして、或は登り、或は降り、或は左し、或は右し、或は舟し、或は車し、或は往くが如くにして反《かへ》り、或は反るが如くにして往き、紳士君の言の如く、決して吾儕《わがともがら》人類の幾何學に定めたる直線に循《したが》ふ者に非ず。要するに吾儕人類にして、妄に進化神を先導せんと欲するときは、其禍、或は測る可らざる者有り。唯當に其往く所に隨ふて行歩す可きのみ……。
>
> ……然と雖も、進化神の惡《にく》む所の者も、亦一有り。是れ知らざる可らず。政事家は尤《もつと》も知らざる可らず。政事家にして進化神の惡む所を知らざるときは、其禍、實に勝《あげ》て計る可らざる者有り。……政事家にして進化神の惡む所を知らずして施設する所有るときは、幾千萬の人類、實に其禍を受けん。吁嗟《ああ》、畏る可き哉。進化神の怨む所は何ぞや。時と地とを知らずして言爲すること、卽ち是れのみ。

南海先生は、時（歴史）と地（場所）との現実具体的条件の大切なことを力説し、この時と地の現実を無視した思想は、抽象的架空論にすぎないと断ずる。

この地上において真に生きて発動してゐる進化神の意思（文明進歩の法則）なるものは抽象的ではなくして現実的であり、直線的ではなくして曲線的である。その時と地の具体的条件に応じて複雑多様なコースを進んで行くことを知ることこそが大切であり、それが進化神の本質なのである。地球は丸いといっても、高山もあれば深海もある。海は水平だといっても、現実的には丸く曲線（弧線）をゑがいてのみ実在する。水平とは、ただ人間の抽象的論理においてのみ存在する。抽象的論理と具体的現実との区別を知るべきである。

この現実の具体的条件―「時と地」の条件―を知らないで、ただ海面は水平だとか地球は丸いなどといって、神意（真理の法則）を知ったと思ふ抽象主義は愚かである。そのやうな簡単粗雑な抽象論理によって、本来的に現実具体的なる進歩の法則を予知しうるものと即断して、進化神に導かれて行くべき人間が逆に進化神を先導しようとするやうな錯誤を犯す時は、それはたちまちにして進化神の憎むところとなり、惨害をまぬがれない。これは政治にとっては、とくに大切なことなのだ、と教へてゐる。

南海先生によれば、洋学紳士の説は、ただ、地球は丸いとの抽象論理を知っただけで、地球に高山あり谷間あり大海もあるとの「場所」について知らず、海は水平だと知っただけで怒濤さかまく時も波静かなこともある「時」についても知らない者の論である。進化神の道行きは曲りくねってゐて、登ったかと思ふと降り、左に行くかと思ふと右へ行き、舟に乗ったかと思ふと車に乗り、先へ行くかと思ふと後へ戻る。洋学紳士君がいふやうに幾何学的直線の定まった道を進んで行くものではない。それを人間が、進化神（文明進歩の法則）はこのやうなコースを進むにきまってゐると予断して、進化神が明らかに示しもしない道を先導して行くやうなことを敢て試みたならば、どんな禍ひが生ずるか分らない。人間は進化神の歩みに従って歩いて行くほかにない。進化神の道は知りがたいが、ただ一つ明らかなことがある。政治家はとくに、そのことを知っておかねばならない。時（歴史）と地（場所）とを知らずして人間が動くことは、進化神のもっとも憎むところとなる。政治家がその過ちを犯す時には、幾千万の人類に惨害を及ぼす、といふのである。

この南海先生の評を聞いて、豪傑君と洋学紳士君とが、「それでは先生には、どんな経綸があるのか」と質した。南海先生は、極めて良識的平穏な「立憲君主政体」の憲法構想を述べて『三酔人經綸問答』を結んでゐる。

南海先生乃ち曰く、亦唯立憲の制を設け、上は皇上の尊榮を張り、下は萬民の福祉を増し、上下両議院を置き、上院議士は貴族を以て之に充て、世々相承《う》けしめ、下院議士は選擧法を用ひて之を取る是のみ。若夫れ詳細の規條は、歐米諸國現行の憲法に就て、其採る可きを取らんのみ。是は則ち一時談論の遽に言ひ盡す所に非ざるなり。外交の旨趣に至りては、務て好和を主とし、國體を毀損《きそん》するに至らざるよりは、決て威を張り武を宣ふることを爲すこと無く、言論、出版、諸種の規條は、漸次に之を寛にし、教育の務、工商の業は、漸次に之を張る、等なり。

二客是言を聞くや、笑ふて曰く吾儕素《もと》より先生の持論の奇なることを聞けり。若し單に此の如くなるときは殊に奇ならずして、今日に在て、兒童走卒も之を知れるのみ。

南海先生容を改めて曰く、平時閑話の題目に在ては、或は奇を闘はし、怪を競ふて、一時の笑柄と爲すも固より妨無きも、邦家百年の大計を論ずるに至ては、豈專ら奇を標し新を掲けて、以て快と爲すことを得んや。但、僕の頑放にして時事に通知せざるよりして、言ふ所多くは切實なること能はずして、恐くは二君の求に應ずるに足らざるのみ。

是《ここ》に於て三人又相共に觴《しよう》を傳へ、洋火酒既に盡きて麥酒一二瓶《びん》を取來り、各々渇を醫《いや》し、更に宴語すること霎《しよう》時《じ》にして、隣鶏忽ち曉を報せり。二客驚ひて曰く、請ふ、辭せん。

南海先生笑ふて曰く、公等未だ省せさる乎。公等の辱臨せらるゝより、鶏聲曉を報すること既に兩回なり。公等歸りて家に至れば、已に兩三年を經過したるを見ん。此れ自ら、余か家の暦法なり。二客も亦噱然《きやくぜん》として大笑し、遂に辭して去れり。後十許日にして、經綸問答の書成れり。

二客竟《つひ》に復《ま》た來らず。或は云ふ、洋學紳士は去りて北米に游び、豪傑の客は上海に游へり、と。而て南海先生は、依然として唯酒を飲むのみ。（傍点は引用者）

洋学の新知識を学び、かつ漢学の深い造詣を有した中江兆民の政治哲学を詳論することはさけるが、かれはルソーの一般意思（ボロンテ・ゼネラール）の理義を、孟子の天と相通ずるものと解した（『一年有半』等参照）。その天意が、日本国といふ特殊の場所（地）と歴史条件（時）とによって表明されるのが、天皇意思であるとした（条約改正等に関する政治評論参照）。それ故に、天皇の地位は、天意の表明者としての神聖を保持さるべきであるとした。

かれが明治二十三年の国会開設を予想して書いた『平民の目さまし』には、そのことが問答形で書かれてゐる。この書で兆民は、有司専制、官尊民卑の風習を激しく非難し、国会の開設を機として古来の弊を逆転して民権の確立を緊要とすることを痛烈に論じてゐるが、日本古来の皇位の尊厳については、

> 勿體《もったい》なくも天子様の………尊き事は上もなき事にて、國會や我々人民や政府や皆孰れが尊く、孰れが卑きと云ふ事が出來るなれど、天子様は尊きが上にも尊くして外に較べ物の有る譯のものでは無い。畢竟《ひっきょう》、天子様は政府方でも無く、國會や我々人民方でも無く、一國衆民の頭上に在々て、別に御位を占させ給ふて、神様も同様なり。別して我日本の天子様は………時勢如何に轉ずればとて人情如何に變ずればとて、我國人民の身として天子様の御位に對し奉りて、兎や角《かく》と喙《くちばし》を動す物はよも有らじ。英國杯《など》は……我國と較ぶ可きに非ず……天子様は、常に一天萬乘の君にて、國會の未だ開けざる今日と既に開けたる二十三年後と少も變る譯の物では無きと心得可し。（傍点は引用者）

兆民は、政体論としては明らかに、英国方式を大いに参考とすべきことを論じてゐるのであるが、古来の国体については、日本と英国とは全く比較すべきものに非ずとして、無条件的に、天子神聖の国体について

の日本人民の精神的伝統の不変不動を荘重に答へてゐる。これが、その時代の急進的過激派に対するもっともラジカルな煽動的理論家として注目されてゐた兆民の天皇論なのである。

福澤や中江は当時第一級の洋学の権威者であった。かれらは英国や仏、米の民権論について知るところもっとも深い。その海外の民権思想は、例外なく国王の君権に対抗し反抗するところから源流する。その場合の民権とは、君権の反対概念である。その本質を十分に心得つくしてゐるかれらが、日本といふ国の地とその精神的歴史条件を有するところにおいては、君権対民権といふがごとき対立思想をまったく変質して、天子の神聖を確保して民権を考へる。そして、民権は官権との対決にすぎないと断定したことは、日本の明治民権思想の大きな特徴である。これは福澤や中江のみに限ったことではなく、明治民権史の代表的思想家一般に共通するところである。ここには、ただその代表的な理論家として二人をあげたにすぎない。

明治民権思想が、これらの洋学者によって大きく伸びたことは否定すべくもない。しかもそれらの民権的洋学者は、西欧的民権思想の性格そのものを日本的に変質せねばならないことを深く信じて、後進の青年をいましめることに熱意があった。その精神的指導力は強大であって、一般民権論者の憲法思想に決定的な影響を及ぼしてゐる。

ただ在朝の官僚とその同系列の人々は、むしろ日本民権思想のこの著しい本質的な性格について、十分の理解を欠いたかの感がないとはいへない。かれらが民権論者について評した公私の文書によれば、かれらは在野の民権思想をもって西欧流民権論そのままの亜流として、その本質的区別をみとめないでゐる者が多いやうである。かれらは、民権とは即ち君権に反抗し、あるいは君権を削ることを志とするものであると解して、自らは君権擁護論を根拠として在野の民党に対抗せねばならないとしてゐた。かれらの多くは、民権指導者の文を見ても、それは真意を糊塗《こと》する言説にすぎない、との不信の念をもったのかとも思はれる。かれらは、人民代表の民撰議会の権限が強くなれば、必ずや国会は皇室に対して対抗の姿勢を示すにいたるであらう、との憂念をもった。それ故にかれらは、天皇の任命による政府の権力の温存こそが天皇への忠誠の道だと信じた。

これに反して、民権家の側では、天皇への忠誠の一点において、日本人民は決して政府の有司官僚にいささかも劣るものでないとの信を有してゐた。かれらは忠誠なる臣民を代表する国会の権限を強くすることこそが、「皇室の無窮の尊栄」を確保し、かつ民権を伸張して、新時代の君民一致の実を固めうる道であると信じた。

そこに当時の思想対決の問題があり、苦闘があった。それは福澤のいふやうに、「帝室を奉ずるの法は斯くの如くすべし、斯くの如くすべからずとて、互にその遵奉の方法を争ひ」たるものともいひ得る。憲法の成立にいたるまでの朝野の対決と苦闘の問題の中核は、まさにこの点に存したといっていい。

第九章　民権諸派の憲法私案

一、憲法私案の史的意義

国民が多年にわたって熱望して来た「国会の開設」、「憲法の制定」は、明治十四年十月の勅諭によって、明治二十三年までに必ず実現することが公約された。しかして、その憲法は、「欽定《きんてい》」のものとして制定されることが明示されたのである。

ここに「欽定」の意義について、いささか述べておきたい。欽定とは、法の採否決定を天皇が親しく裁決されるといふことであり、民撰議会の多数決によるとか、君主と国会との討議交渉ないし妥協によるとかいふのではない。決定権が厳として天皇に存する、といふ意味であるのはいふまでもない。

しかしそれは、必ずしも法文の立案を天皇がなさるといふのでもなく、審議検討について国民の意思を無視するのでは勿論ない。仮に国民代表をして審議討論させることがあっても、最終の決定権が天皇に存する以上、それは「欽定」である。事実においては、天皇任命の有司が立案し、これを制憲会議に提案して、天皇親臨のもとに欽定されることとなったのであるが、これは官僚思想で立法すればよいといふわけではない。

もともと国会開設の会議政治の思想は、これまでに述べて来たやうに古い淵源《えんげん》を有するものであり、国民の熱望するところによって推進されて来たものである。しかもそれは、「君民一致」をもっとも必須の条件とする日本の天皇によって「欽定」されるものである。「欽定」の大前提を承認する以上、国民も有司官僚とともに、「欽定憲法はかくのごとくありたい」と希望することは自由であるべきであり、事実、民間からも多くの憲法私案が出された。立法の中枢にある有司としては、それらの憲法思想をよく知って、万民の満足しうるやうな法案の作成につとめなくてはならない。万一にも、「欽定」の名において公布された憲法に対して、初めから有力にして多数なる国民が不満として反撥を生ずるやうなことがあっては、「君民一致」の国体の美風を破り、天皇輔翼の責任を誤るものとなる。これは当時の日本人としては、当然自明の良識であった。

それ故に、憲法の起草に際しては、政府当路者は、有力在野政社の憲法思想については、異常なほどの関心をもって注目し、研究した。あるいは新聞雑誌等によって公表されるものはいふまでもなく、公開されない研究草案とか、意見書の類にいたるまで、警察情報網を使ってまで収集につとめた。ある意味では、神経過敏にすぎるほどに在野の憲法思想についての関心が深かったともいひうる。

そのやうな事情を考へる時に、明治十四、五年前後の「憲法私案」なるものの意味は、決して軽視さるべきではない。この時代の新聞の論説などには、憲法論がすこぶる多く、また憲法私案（試案）の類も少なくない。そのいちいちは、法制史家によって詳しい専門研究がなされてゐるが、「憲法私案」として今までにまとめられたものの多くは、『明治前期の憲法構想』（福村出版刊、家永三郎・松永昌三・江村栄一編）にほぼ収録されてゐる。

本書では、その一つ一つに対して詳述することはできないが、その時代の在野の憲法思想を知るために、特徴あるもの数篇について論述しておきたいと思ふ。

二、筑前共愛会の憲法私案

筑前共愛会については、第五章の「国会期成同盟」のところで一通りの説明をしたが、同会は明治十三年一月に国会開設の要望書を提出した直後に、その立法部において、憲法私案を作成した。これは、民間在野人の憲法私案として政治結社が発表したものとしては、日本での第一号といはれる。この共愛会は、その後間もなく筑前玄洋社となり、急進的民権思想とともに強烈な国粋精神をもって、明治政治史に精彩ある記録を残した政社であり、その憲法案にも異色がある。

筑前共愛会の憲法草案については、金田平一郎、岡義武、林茂等から稲田正次にいたるまで、諸学者の調査論評がある。同会の憲法草案は明治十三年二月ごろ起草され、七月に箱田六輔、三木隆助から筑前各郡区の会員に印刷しておくられ、十月一日に会員の臨時集会を開いて討議の上、修正増補が行はれた、との当時の新聞記事の報道があるが、その修正増補については今日では分らないとされてゐる。その原案は「大日本帝國憲法大略見込書」といひ、これを甲号案ともいってゐるが、この甲号案とほぼ同じ条文が多いが別にこれを修正したと見られる「大日本帝國憲法概略見込書」(乙号案)なる案文も残されてゐる。甲号、乙号両案の関係は明確ではない。

この憲法草案は、大塩操、末永友吉、武谷次郎、郡利等々が討議起草したといはれるが、二案とも同一条文が多く、稲田正次は、各条文を検討した総括として、この案を起草するに際しては『欧洲各國憲法』（元老院出版）を参考とし、主としてイスパニア、ポルトガル、オランダ、デンマーク、イタリア、オーストリア等の条文を参考としてゐるが、プロイセン、ベルギーの憲法は参考としなかったと見て、全体的には明治十一年の元老院国憲案とやや似てゐるが、いかにも民権派らしい抵抗精神を現はしてゐる条文が見られる、と評してゐる。

もっとも、この起草委員のなかの重鎮の一人郡利が、私案の印刷書に毛筆で「他不完全ノケ處アルベシ調査ヲ要ス。憲法見込書甲号乙号トモ吾國體ニ対シ不穏當ノ文（案）有リ宜シク考思スベシ」と書き残したものがある、と報告されてゐる。この郡利といふのは、起草者のなかの学者で、初期帝国議会に玄洋社代表として国会議員をつとめた人である。その起草委員の郡ですら批判を残してゐたとすれば、十月一日の審議討論でそのままに原案が決議されなかったのは当然で、この私案を確定的な共愛会案と見ることはできまい。しかし、それは共愛会の一般思潮を見るのに参考となるところ大きい。ここには修正乙号案を引用する。

〔乙號〕大日本帝國憲法概略見込書（筑前共愛會。明治十三年）

第一篇

第一章　國體及政體

第〇一條　大日本ノ國體ハ皇太神ノ神孫タル無姓ノ皇統卽チ今上〇〇（ママ）皇帝ノ系統ヲ推尊シ萬世不易ニ皇位ヲ傳ヘ如

何ナル時變ニ由ルモ冑姓ノ臣民タルモノ此寶祚《ホウソ》ヲ侵スコトヲ得ス

第二條　〇大日本國ノ政體ハ紀元某々年卽チ明治某年今上〇〇(マヽ)(會)皇帝陛下ノ制可ヲ得テ永世立憲君主政治〇ト定ム

第三條　三大權ノ域ヲ定メ則チ立法ノ權ハ皇帝國會ト之ヲ行ヒ行政ノ權ハ皇帝之ヲ行ヒ司法ノ權ハ司法省之ヲ行フ

第二章

第一款　皇位繼承幷攝政太保

第四條　皇位繼承ハ嫡長入嗣ノ正序ニ循ヒ卽チ尊系卑系ニ先チ同系ニ於テハ近族疎族ニ先チ同類ニ於テハ長少ニ先ツノ例トス

第五條　皇系ヲ重ンスル爲メ特ニ三宮卽チ有栖川宮伏見宮閑院宮ヲ以テ永世皇族トシ嗣皇位權ヲ有セシメ若《モシ》正序中嗣皇位ノ男統ヲ缺《カ》クトキハ三宮中ニ於テ先帝ニ最モ近親ナル系統ノ宮ヨリ其位ヲ入嗣ス若三宮親疎同シキトキハ長幼ノ序ヲ以テス

但シ三宮前條ノ序次中ニ在ルトキハ順次ヲ以テスヘシ

第六條　若又全ク皇族ノ男統ヲ缺クトキハ前文ノ例ニ循ヒ女子其位ヲ入嗣ス然レトモ女主夫有トキハ其夫ヲシテ國政ニ關シムコトヲ得ス

第七條　皇后所生ノ皇子ト妃ノ所生ノ皇嗣ト有ルトキハ少長ヲ問ハス皇后ノ所生ヲ以テ嫡尊トシ妃ノ所生ヲ以テ次卑トス

第八條　嗣皇位權アル者ハ男女ヲ問ハス皇帝ノ允許《インキヨ》ヲ經スシテ結婚スルトキハ其權ヲ失フ

但シ其不允許ノ婚姻ニ由リ未タ子ヲ擧サルニ於テ解婚スルトキハ嗣皇位權ヲ復スヘシ

第九條　皇帝ハ第四條第五條ノ序ニ由リ豫《アラカジ》メ皇嗣ヲ定ムヘシ

第十條　皇帝ノ世嗣ヲ皇太子ト稱ス
第十一條　皇太子成年ニ至レハ元老院及參議院ニ參入ス
第十二條　皇太子世嗣ノ敕命ヲ受クルノ初○國會ニ於テ皇帝ニ忠義ヲ效シ國憲ト法律トヲ遵守スルノ誓ヲ爲スヘシ
第十三條　△皇帝崩シテ未タ皇嗣ヲ命セサルトキハ國會ハ第四條第五條ノ例ニ依リ之ヲ定立ス
第十四條　○皇帝婚姻ヲ結ハントスルトキ又ハ妃ヲ迎ヘントスルトキハ豫メ其旨ヲ國會ニ通知シ之カ承認ヲ得ルヲ要ス
第十五條　○皇帝若シ特殊ノ時機ニ際シ一時皇位傳承ノ序次ヲ變易スルコトヲ必須《ヒッス》トスルトキハ其法按《ホウアン》ヲ國會ニ示スコトヲ要ス國會ハ其法按ニ對シ可否論議ノ上之ヲ承認ス
第十六條　皇帝ノ子女ハ五世迄ヲ皇族トシ六世ニ至レハ華族ノ籍ニ編入ス
第十七條　三宮若シ繼承ノ男統ヲ缺クトキハ皇帝ノ允許ヲ得テ皇子倘《モシ》クハ皇族ノ嗣皇位權有ル者ヲ撰ヒ其宮ヲ嗣《ツガ》シムヘシ

第二款

第十八條　皇帝ハ滿十七歲已下《イカ》ヲ未成年トス
第十九條　未成年ノ皇帝位ニ昇リ若シ先帝豫定セシ攝政職無トキハ成年ニ至ル迄《マデ》太后若無トキハ實父若クハ母攝政ノ職ニ任ス若又其無トキハ第四條第五條ニ定メタル王位（ママ）繼承ノ序次ニ循ヒ皇族ノ滿二十五歲已上《イジョウ》ノ者ヲ撰ヒ其職ヲ委スヘシ若又其無トキハ△國會別ニ參議員中ヨリ三員ノ攝政議會ヲ撰任シ其最在職久キ者ヲ以テ議長ニ任ス
　但シ攝政議會ノ任期ヲ五年トシ五年ヲ過レハ更ニ之ヲ改撰ス
第二十條　皇帝外形（疾病《シッペイ》ノ類）ノ故ト心性（狂癲《キョウテン》ノ類）ノ故ニ政ヲ親ラスル克《アタハ》ス。國會ニ於テ其事實ヲ詳認（ママ）シタル

トキハ之ヲ能スルニ至ル迄攝政職ヲ任スルモ亦第十六《(ママ)》條ニ同シ

第二十一條　皇太子未成年ナルカ又ハ其命セサルトキ皇帝崩スル歟《カ》又ハ皇帝政ヲ親ラスル克ハサルトキハ攝政職其未タ任セサルトキハ太政大臣ヨリ直ニ國會ヲ招集スヘシ

第二十二條　攝政又ハ攝政議會ノ政令ハ皇帝ノ名ヲ以テ之ヲ行フ

第二十三條　攝政及ヒ攝政議會ハ無責任トス

第二十四條　攝政又ハ攝政議會ハ國會ニ於テ未成年ノ皇帝ニ忠義ヲ効シ國憲ト法律トヲ踐守スヘキノ誓詞ヲ宣フヘシ

第二十五條　皇帝未成年ノ間ハ先帝ノ遺命シタル者若其無キトキハ攝政タル太后若クハ實父若クハ母ヲ以テ太保ニ任スヘシ若シ其缺クトキハ國會ハ嗣皇位權有ル皇族ノ外ニ於テ太保ヲ撰ヒ之ヲ任ス

第二章　國民及國民ノ權

第二十六條　日本國内ニ生育スル者ハ日本人タリ然レトモ其父母外國人タルトキハ父母ノ分限ニ循フ

第二十七條　外國ニ生ル、者ト雖トモ日本人ヲ父母トシ若クハ父或ハ母トスル者ハ父母ノ分限ニ循ヒ日本人タルコトヲ得ル

第二十八條　日本人ニ嫁シタル外國ノ婦女又ハ外國人ニ嫁シタル日本ノ婦女ハ各其夫ノ分限ニ循フヘシ

第二十九條　歸化ノ免狀ヲ得タル外國人ハ日本人タルコトヲ得ル然レトモ左ノ二件ヲ行フコトヲ得ス

第一　文武官職ヲ奉任スルコト

但公雇ハ此限ニ非ス

第二　諸種ノ公會ノ議員タルコト

然レトモ十年已上歸化シテ内國ニ本住スル者ハ太臣《(ママ)》參議諸省使廳ノ長次官ニ任スルコトヲ得サルノ外皇帝ノ

允許ヲ得テ民權公權ヲ有セシム
第三十條　歸化ノ外國人其一代ヲ經ルトキハ全日本人タルノ權ヲ具有ス
第三十一條　外國ニ歸化シ又ハ皇帝ノ允許ヲ受スシテ外國兵員トナリ又ハ義務アル外國ノ官爵若クハ勳章ヲ受タル者右ハ日本國人ノ分限ヲ失フ
但義務ナキ外國ノ勳章ハ日本皇帝ノ允許ヲ經テ受ルコトヲ得ル
第三十二條　凡《オヨ》ソ國民ハ法律ニ於テハ同一ノ權ヲ有ス
第三十三條　凡ソ國民ハ其器ニ應シテ文武ノ官ニ任セラル丶コトヲ得ル
第三十四條　凡ソ國民ハ諸種ノ公會ノ議員ニ擧ラル丶コトヲ得ル但シ法律ニ依（ママ）剝權《ハクケン》セラル丶者ハ此限ニ非ス
第三十五條　凡ソ國民ハ自由ニ言論ヲ爲シ又豫メ監査ヲ受スシテ思想或ハ持論ヲ印刷公行スルコトヲ得ル但シ國憲ト法律ニ對シ（ママ）ハ其責ニ任スヘシ
第三十六條　凡ソ國民タル者ハ法律ニ定ムル徵募ニ膺《アタ》リ平時或ハ臨時ノ兵備ニ充チ又一定ノ法律ニ由リ國費ヲ支ユルノ義務アル者トス
第三十七條　人身ノ自由ハ侵ス可《ベカ》ラス
第三十八條　財産ハ侵スヘカラス
第三十九條　信書ノ秘密ハ侵スヘカラス
但シ三十五條以下本條ニ至ル法律ニ定タル場合ニ於テハ此限ニ非ス
第四十條　凡ソ國民ハ皇帝又ハ國會ニ對シ請願上言スルノ權ヲ有ス
第四十一條　凡ソ國民ハ自由ニ結社又ハ集會スルノ權ヲ有ス
第四十二條　學科教授ハ自由ナリトス

第四十三條　教法ハ自由ナリトス

但第四十一條第四十二條ハ法律及ヒ風儀ニ戻《モト》ル等ノコトハ其責ニ任ス可シ

第二篇

第一章　立　法　權

第一款　國　會

第四十四條　國會ハ同權ヲ有スル二ツノ立法院卽チ上院下院ヲ以テ成ル

第四十五條　國會ハ諸種ノ法按ヲ議定シ皇帝ニ奏上シテ制可ヲ受ク

第四十六條　國會ハ尋常一般ノ法按ヲ議定スル而已《ノミ》ナラス國家ノ安寧ニ關スル大事件ヲ謀議スルノ任ヲ帶フ

第四十七條　左ニ掲クル數項ヲ國會ノ職掌トス

第一　○皇帝及ビ皇家並皇族ノ用度ニ棒(ママ)クヘキ金額ヲ議定ス

第二　△皇帝太子及ヒ攝政又ハ攝政議會ノ誓詞ヲ受ク

第三　未成年ノ皇帝ノ爲メ（先帝遺命ナキトキ）攝政又ハ攝政議會ヲ撰定ス

◎第四　毎歳政府ノ豫算表ニ由リ國費ヲ議定シ租稅ヲ配當ス

第五　毎歳政府ノ決算表ヲ檢査ス

第六　負債ヲ約スルコトヲ可否シ及ヒ國債償還ノ方法ヲ立ツ

但第四第五第六ハ先ツ之ヲ民撰議會ニ附スヘシ

第七　國財ヲ費シ國疆《コクキヨウ》ヲ變易スルコトヲ可否シ及國益國安ノ爲メニ承認ス

第八　皇帝ノ起議ニ由リ平時臨時ノ陸海軍ヲ限定ス

第九　皇帝ノ結婚及ヒ皇帝ノ起議ニ由リ特殊ノ際皇嗣變序ノ可否ヲ承認ス

第十　皇帝ノ起議ニヨリ褒賞《ホウシヨウ》金員ヲ承認ス

第十一　國民ノ上言請願ヲ受ク

第四十八條　國會ハ毎年三月一日ヲ定期集會トス而シテ之ヲ招集シ開閑《（ママ）》シ又ハ延期シ解散スルノ權ハ皇帝ニ屬ス然レトモ延期二ケ月ニ越可ラス

第四十九條　皇帝若シ兩院ノ内一流《（ママ）》ヲ解散スルトキハ更ニ該院（解散セシ一院）ヲ徴集スルニ至ル迄ハ解散セサル一院ノ集會モ亦之ヲ延スヘシ又一院歟（兩院ノ内一院）又ハ兩院共解散スルトキ必ス二ケ月内更ニ之ヲ招集スヘシ

第五十條　△國會ハ皇帝崩スルトキ若クハ事由有ツテ（第十七條ノ場合ヲ云）政ヲ親ラスル能ハサルトキハ十五日内必ス之ヲ招集スヘシ若シ此期内ニ於テ召集セサルトキハ國會直ニ自ラ集會スヘシ

第五十一條　皇帝及國會雨院《（ママ）》ハ法按起草ノ權ヲ有ス

第五十二條　凡ソ議場ハ全議員過半數ノ出席ヲ要シ決ヲ擧クルハ議場過半數ノ公詳《（ママ）》ヲ要ス

第五十三條　兩院ハ其職ヲ行フ爲メ須要《シユヨウ》トスルトキハ大臣又ハ諸省使廳局ノ長官ヲ招キ議院ニ出席セシムルコトヲ得ル

第五十四條　一議案ニ於テ兩院意見ヲ異ニシ其議決ヲ得サルトキハ兩院同數ノ委員ヲ出シ合同會議ヲ爲シム而レトモ尚ホ議決ヲ得サルトキハ之ヲ次期ノ議會ニ廻付スヘシ

第五十五條　兩院決議ノ法按若シ皇帝ノ制可ヲ得サルトキ兩院ニ於テ之ヲ必須トスルトキハ再議ニ附シ重テ制可ヲ請フコトヲ得ル而レトモ尚制可ヲ得サルニ於テハ之ヲ本會ニ議スルヲ得ス

第五十六條　兩院ノ議員ハ職務ノ爲ニ發シタル論説並ニ公評ノ故ヲ以テ之ヲ審糾スカ可《（ママ）》カラス

第五十七條　兩院ノ會議ハ皆公行トス

但シ議員十分ノ一之ヲ求メ又ハ議長之ヲ須要トスル時ハ秘密會議ヲ爲スヲ得ル
第五十八條　兩院ハ互相ノ關係及ヒ各自ノ事務施行ニ付細則ヲ規定スヘシ
第五十九條　凡ソ議員ハ兩院又ハ他ノ官職ニ兼任スヘカラス
第六十條　國會ノ兩院ハ憲法法律及ヒ國民自由ノ權ヲ監護ス
第六十一條　凡ソ兩院ノ議員ハ其現行犯罪ヲ除クノ外何《イツ》レノ官廳ト雖トモ本人附屬スル議院ノ許認ナクシテ職事服行ノ際及ヒ其前後三十日間ニ勾捕《コウホ》スルヲ得ス但シ議員犯罪ノ場合ニ於テ其附屬議院ハ直ニ其ノ停職スルヤ否ヲ決議スヘシ
第六十二條　國會議員ハ侵スヘカラス若其ノ安全ヲ害シ又ハ之ヲ教令シ及ヒ教令ヲ受ル者ハ逆罪タリ
第六十三條　國會議員ハ皇帝ニ對シテ左ノ誓ヲ爲ス皇帝ニ忠義ヲ効シ國憲ト法律ヲ遵守スルヲ誓フ

第二款　上　院

第六十四條　上院ハ晋《(ママ)》通復撰法ニシテ左ニ擧ル者ヨリ撰拔シタル人員ヲ以テ成ル
第一　華族ニシテ世故ニ鍛錬ナル者
第二　大學校ノ教員
第三　國家ニ動《(ママ)》勞アル者
第四　才識德望アル者
第五　下院ノ正副議長ニ任セラレシ者及ヒ三ヒ已《(ママ)》上下院ニ撰ハレシ者
但年齢滿三十歳已上ナルヲ要ス
第六十五條　皇子及皇族ハ滿二十五歳ニ至リ上院ノ議員ニ擧ラル、コトヲ得ル
第六十六條　皇太子ハ滿十五歳ニ至レハ上院ニ出席スルヲ得ル

第六十七條　上院議員ハ定限ナシ然レトモ下院十分ノ一ニ越可ラス
第六十八條　上院ノ議長ハ自ラ公評ヲ以テ之ヲ撰擧シ一年間其職ニ任ス書記及ヒ其他ハ議長之ヲ撰任ス
第六十九條　上院議員任期ハ六年トス而シテ二年毎ニ全員三分ノ一ヲ更任ス其ノ更撰ニ當リ舊員重テ撰仕セラル、ヲ得ル
但三分ノ一ノ退任者ハ抽籤《チユウセン》ヲ以テ之ヲ定ム
第七十條　上院ハ立法權ヲ受用ス用《(ママ)》スルノ外左ノ三件ヲ特掌ス
第一　民《(ママ)》下院ヨリ劾告《(ママ)》セラレ若クハ上院ニ於テ自カラ犯罪アリト認メタル大法院長官幷《ナラビ》ニ執政諸長官ヲ審判ス
若シ其罪犯明白ナルニ於テハ皇帝ノ赦裁ヲ經テ直ニ之ヲ大法院ニ廻送ス
第二　皇帝ノ身體若クハ權威ニ對シ又ハ國安ニ關スル皇族ノ所行ヲ尋問シ直ニ皇帝ノ親裁ヲ仰ク
第三　法律ニ定メタル規程ニ循ヒ元老議員及ヒ民撰議員ヲ審糺シ其罪犯明白ナルニ於テハ之ヲ大法院ニ廻送ス

第三款　下　院

第七十一條　下院ハ一般ノ國民ヨリ公撰シタル代議士ヲ以テ成ル
第七十二條　下院ハ毎府縣人口五萬毎《ゴト》ニ代議士一人ヲ出ス但此比例ニシテ尙二萬五千ノ零數アルトキハ更ニ一人ノ代議士ヲ出ス者トス
第七十三條　代議士ヲ擧ルハ晋《(ママ)》通復撰法ヲ以テス
第七十四條　代議士ヲ撰擧スル者ハ其府縣ニ本住ヲ定メタル一家ノ戸主ニシテ年齡滿二十歲已上ノ男子ニ限ルヘシ
第七十五條　代議士ト爲ル者ハ品行端正ニシテ國民ノ權利ヲ具有シ年齡滿二十五歲ノ《(ママ)》男子ニ限ルヘシ
第七十六條　代議士撰擧ノ方法ハ別段ノ法律ヲ以テ之ヲ定ム

第七十七條　左ニ掲クル所ノ者ハ代議士撰擧及被撰擧人タルノ権ヲ失フ

第一　常事犯重禁錮《キンコ》以上ノ處刑ヲ受ケタル者

第二　身代限ノ處分ヲ受ケ未タ負債ヲ辨償シ得サル者

但負債ノ辨償ヲ終ルトキハ其權ヲ復ス

第三　風癲白痴ノ者

第四　治産ノ禁ヲ受ケタル者

但シ其禁ヲ解キタルニ於テハ本權ヲス(ママ)

第五　奴僕タル者

第六　恆産職業無クシテ品行端正ナラサル者

第七十八條　代議士ノ任期ハ四年トス而シテ二年毎ニ其半數ヲ更撰ス其更撰ニ當リ舊員重テ撰擧セラル、ヲ得ル

但初回半數ノ退任者ハ抽籤ヲ以テ之ヲ定ム

第七十九條　下院ノ議長ハ自ラ公評ヲ以テ之ヲ撰擧シ書記其他ハ議長之ヲ撰任ス

第八十條　下院ハ一般ノ法按ヲ議定スルノ外政府ノ豫算表ニ由リ國費ヲ定メ租税ヲ配當シ及國債ヲ承認シ又ハ返債シ又ハ決算表ヲ檢査スルコトヲ主司ス

第八十一條　下院ハ太臣(ママ)及執政諸長官又ハ參議官ヲ上院ニ劾告スルノ特權アリ

第八十二條　下院ハ全國民ノ代理ニシテ之ヲ派遣シタル府縣ノ總代ニ非サルヘシ

第二章

第一款　皇帝ノ權任

第八十三條　皇帝ノ身體ハ侵ス可ラス又責任トスル所ナシ

第八十四條　皇帝ハ國ノ首長ニシテ海陸軍ヲ指揮シ戰書ヲ投シ和親同盟貿易等ノ條約ヲ結ヒ行政司法ノ職務ヲ備設シ諸種ノ官員ヲ撰任免黜《チュツ》シ法律ヲ執行シ之ヲ行ニ（ママ）緊要ナル規則ヲ制定シ命令ヲ布下ス但シ國益國安ノ爲ニスル條件ハ理由ヲ附シ國會ニ通知スヘシ

第八十五條　皇帝ハ法律ノ議按ヲ可否シ又ハ自ラ之ヲ起議ス且ツ國會ニ於テ議定シタル法律ヲ制可シ及ヒ之ヲ布告ス

第八十六條　皇帝ハ最上ナル權ヲ有ス其權總《スベ》テ大臣ニ由ツテ之ヲ行フ但シ大臣ハ其責任ヲ承ク

第八十七條　皇帝ハ每歲定期ニ國會ヲ徵集シ及其必須トスルトキハ臨時之ヲ徵集スルノ權アリ

但緊急ノ時機ニ際シテハ國會ノ集會迄假規則ヲ制シ告布スルヲ得ル然シテ國會ノ集會ヲ待チ之ヲ議決セシム

第八十八條　皇帝ハ法律ニ依リ貨幣鑄造ヲ指揮ス

第八十九條　皇帝ハ國財ヲ統理シ國庫ヨリ給與スル官吏ノ俸額ヲ畫定ス

第九十條　皇帝ハ每年翌年ノ國費豫算表ニ意見ヲ附シ之ヲ國會ニ送致スヘシ

第九十一條　國財ヲ費シ若クハ國疆ノ變易ニ關スル條件ハ國會ノ承認ヲ得ルニ非サレハ行フコトヲ得ス

第九十二條　國會殊ニ下院ノ議決ヲ經ルニ非サレハ國稅ヲ徵收スルコトヲ得ス

第九十三條　皇帝ハ法律ニ由リ外國人ノ歸化免狀ヲ投與ス

第九十四條　皇帝ハ參議官ノ意見ヲ問ヒ大赦ヲ行ヒ又ハ罪人ヲ赦宥《シャユウ》シ若《モ》シクハ減等スルノ權アリ

但大臣執政諸長官ノ犯罪ハ國會ノ承認ヲ得ルニ非レサ（ママ）ハ赦宥スルコトヲ得ス

第九十五條　皇帝ハ位階及ヒ諸種ノ勳章又ハ賞金ヲ賜フノ權アリ

但シ未タ法律ニ限定セサル金貨ノ褒賞ハ國會ノ許認ヲ需《モトメ》テ後チ賜與ス

第九十六條　皇帝ハ國會ニ於テ國憲ト法律トヲ踐守シ內國ノ安寧ヲ保護シ外國トノ和親ヲ保護シ外國（ママ）トノ和親ヲ

保全スヘキノ誓ヲ述フヘシ

第三款（ママ）　大臣並執政諸長官

第九十七條　太政大臣ハ皇帝ヲ輔相シ省使長官ヲ指揮シ内外ノ事務ヲ總理ス

第九十八條　皇帝其權ヲ執行スル爲メ下ス所ノ勅書ニハ大臣必之ニ副署ス而シテ大臣ハ副署又ハ口勅ヲ承認スルニ由リ自ラ其責ニ任スヘシ

第九十九條　皇帝ノ勅書又ハ口勅ニ於テ異見ノ止ム可ラサル場合ニ於テハ大臣ハ直ニ其職ヲ辭シ之ヲ國會ニ訴フコトヲ得ヘシ

但國會大臣ノ異見ニ是眠（ママ）スルトキハ皇帝ニ請ヒ其職ヲ復セシメ且辭職中ノ俸給ヲ與フ

第　百　條　大臣ノ副署ナキ勅書ハ總テ決行スヘカラス

第百一條　各省使諸長官ハ其所部ノ官員ヲ統率シ一切ノ事務ヲ總理ス

第百二條　大臣省使長官其他ノ官員ノ責任ハ別段ノ法律ヲ以テ之ヲ定ム

第百三條　大臣及省使長官ハ其官務執行ニ必須ナル事件ニ付國會ノ議院ニ出席シ辯論主張スルノ權ヲ有ス

第百四條　大臣及ヒ省使長官ハ亦參議院ニ出席シ論辨主張スルノ權ヲ有ス

第百五條　行政諸官員ハ皇帝ニ對シ左ノ誓ヲ述フヘシ

皇帝ニ忠義ヲ效シ國憲ト法律トヲ遵守スルヲ誓フ

第三款　參　議　院

第百六條　參議院ハ皇帝撰命スル所ノ官員五人ヲ以テ成ル

第百七條　參議官ハ他ノ官職ヲ兼任スルコトヲ得ス

第百八條　參議官ハ皇帝ヲ輔佐シ總テ國家ノ重要ナル事件並ニ諸政ノ施行就中《ナカンヅク》宣戰請（ママ）和外國契約ニ參謀スヘシ

第百九條　成年ノ皇太子ハ參議院ノ謀議ニ參與ス
第百十條　參議官ハ皇帝ノ指揮ヲ受ケ法律ノ議按ヲ草シ又ハ政府ノ委員トナリ國會ニ對シ其議案ヲ論辨ス
第百十一條　參議官ハ法律及ヒ國益ニ悖リ奏聞スル所ノ意見若クハ詭詐明白ナル意見ノ爲メ其責ニ任ス

第三章　司法權

第百十二條　司法權ハ不覊《フキ》獨立タリ法律施行ノ權ハ大法院長官各裁判官特ニ之ヲ有ス
第百十三條　大法院長官次官大撿事ハ闔《コウ》國民ニ於テ各五人ノ應撰名票ヲ制シ皇帝ニ奉呈シ皇帝之ヲ撰用ス其他ノ裁判官ハ皇帝之ヲ特命ス
第百十四條　大法院長官ハ司法權ノ域ヲ守リ其一汎《イッパン》ニ管スル事務ヲ總理シ且法律ニ由リ各裁判官ヲ派遣ス
第百十五條　各裁判所ノ設置及搆制權任其權任執行ノ方法ハ法律ヲ以テ定ム
第百十六條　凡ソ裁判ハ皇帝ノ名ヲ以テ之ヲ行フ
第百十七條　凡《スベ》テ裁判ハ公行トス
　但國安ニ關シ若クハ風紀ニ關スル場合ニ於テハ此限ニ非ス
第百十八條　凡ソ裁判官ハ終身之ニ任ス定メタル法律ニ由リ又ハ公正ナル審判ニ由ルニ非レハ免黜セス又大法院長官若クハ上等裁判所ノ長官ノ命令ニ非レハ停職スルコトヲ得ス
第百十九條　凡ソ刑事及國事犯ヲ裁判スルニハ倍審（ママ）ヲ用ユヘシ
第百二十條　凡ソ裁判官ハ擅權《センケン》若《モシ》クハ職務服行ニ付キ犯ス所ノ責ニ任ス
第百二十一條　軍事裁判ハ別ニ法律ヲ以テ之ヲ定ム
第百二十二條　大法院長官ハ國會ニ出席シ民法刑法等ニ付キ意見ヲ陳述スルヲ得ル
第百二十三條　司法官ノ俸給ハ法律ヲ以テ之ヲ定ム

第百二十四條　凡テ司法官吏タル者ハ皇帝ニ對シ國憲ト法律トヲ遵守シ苟《イヤシク》モ犯スコトナキコトヲ誓フ

第三篇

第一章　兵　備

第百二十五條　帝國ノ獨立及邦土防禦ノ爲メ戰鬪スルハ國民緊要ノ義務トス

第百二十六條　國會ハ每歲皇帝ノ起議ニ由リ海陸軍常備兵表簿ヲ議定ス

第百二十七條　海陸軍ノ搆制軍律等ハ別段ノ法律ヲ以テ之ヲ規定ス

第百二十八條　皇帝ト國會ノ諧合《カイゴウ》スルニ非レハ外國兵ヲ內地ニ傭役《コウエキ》スルコトヲ得ス

第百二十九條　凡ソ海陸軍ニ係ル費用ハ國庫ニ於テ之ヲ支ユ

第二章　府縣會及府縣政

第百三十條　府縣會ハ法律ニ依リ撰擧シタル議員ヲ以テ成ル

第百三十一條　府縣會ノ會期又ハ開閉ノ權及ヒ任期權限ハ法律ヲ以テ定ム

第百三十二條　府縣廳ノ長官ノ權限責任及ヒ諸官員ノ進退權限責任ハ法律ヲ以テ之ヲ定ム

第百三十三條　府縣憲法ハ府縣會ヲ以テ之ヲ議定シ皇帝ノ許允ヲ得テ之ヲ行フ

通　則

第一條　國憲ノ條目ヲ改正スルハ皇帝ト國會兩院ノ諧合ヲ得テ之ヲ行フコトヲ得ヘシ

第二條　府縣ノ區畫及ヒ其區畫ヲ變易スルコト又ハ行政ノ權利ヲ得ンカタメ郡區町村ノ離合ハ法律ヲ以テ之ヲ定ム

假　則

第一條　沖繩縣ハ方今猶風土人情ノ異ナル所アルニ由リ通情(ママ)一般ノ法律ヲ施行スルニ不適當ナル部分ハ該縣長官

ノ見込ヲ具狀シ皇帝ノ指揮ニ依リ參議院ノ議定ヲ以テ適宜ノ規律ヲ設ケテ之ヲ施行ス可シ

第二條　開拓使廳ノ管下ニ屬スル地方ハ方今創業ノ際ニ罹《カカ》ルヲ以テ通常一般ノ法律ヲ施行ス可カラサル部分ハ該長官ノ見込ヲ異《(ママ)》狀シ皇帝ノ指揮ニ依リ參議院ノ議定ヲ以テ便宜ノ規律ヲ設ケテ之ヲ施行スルヲ得ヘシ

第三條　北海道殖民開拓等ニ關スル件ハ國會ニ付シ其議決ヲ經テ之ヲ施行スヘシ

（國家學會雜誌第五十二卷第十一號所収、林茂「最近發見されたる憲法私案」（二・完）より引用）

この案で、「国體及政體」を第一篇第一章として、その第一条に「大日本ノ國體」が皇太神（伊勢の天照皇大神）の神孫を永久に皇位にいただくものであるとして、天皇が皇祖神の祭主たる意義を明らかにしてゐるのは注目される。しかして第二条で、政体（永世立憲君主制）は明治天皇に始まる、とするのである。

これは当時の友党であった立志社の思想とのちがひをも推察させる。その翌年に執筆された立志社の案では、後に掲げるやうに、その第七十八条で「帝位ハ今上睦仁天皇ノ血統ニ專屬ス」とあって、皇位の根拠は、その始源としての皇祖神に及ばない。共愛会の甲号案には、国体篇がなく、ただ政体を規定するのみであるが、それでも政体を規定するのに「紀元二千五百四十何年、明治十何年、今上睦仁皇帝陛下ノ制可ヲ得テ之ヲ立憲君主政治ト定ム」として、その政体の基礎前提に、神武天皇いらい二千五百余年の伝統精神の国体の存在を見てゐる。

第五章で述べたやうに、筑前の民権家は、国会開設と相表裏して、不平等条約を撤廃して国権を確立することの急務を力説し、土佐民権家と対決して激論した。しかしその会議は決裂を避けて、国会開設の大綱については連合することを約し、それぞれに憲法試案を作って討議することにして別れた（明治十二年の大阪愛国社会議)。筑前はもっとも早くその草案を作ったが、土佐の憲法案は一年半後になる。しかもその草案を見ると、筑前と土佐とでは、条約、国権についてのみでなく伝統的国体についても、関心の深浅に開きがあるかに見える。

また、国民の参政権について見ると、筑前共愛会の案は、複選挙法ではあるが甲号、乙号の両案ともに普通選挙法を明記してゐて、土佐よりも急進的である。土佐の立志社案でも植木案でも、選挙権は納税を条件としてゐる。しかし筑前共愛会案では、一家の戸主で満二十才以上の男子であれば、財産、納税の有無の条件にかかはらず選挙権をみとめてゐる。これは明治十年代の憲法試案のなかでは異例のものである。

当時の民権憲法思想には、英国の影響が大きい。英国の議会は、もともと納税者としての国民と国王との財政討議の場として発展して来た。それで普通選挙はなかなか行はれなかった。この影響で、国会を納税者会議であるとする思想は日本の明治民権家のなかでも根強くて、もっとも過激急進派といはれた植木枝盛の案ですらも「現に租税を納めざる者は……議員を選挙することを得ず」とのブルジョワ的鉄則を固守してゐる。これに対して伝統国体派の共愛会が、普通選挙を当然としたのは注目していい。

これは、国会を納税者会議とする思想ではなく、社稷《しゃしょく》の大事を決するところとの思想にもとづいて把へてゐる。そして、選挙権者の条件を所得の大小、貧富の別なく「一家の戸主」としたところに、東洋的「家」をもって社稷の基とするとの思想が見られる。政治とは天下の大政であり、社稷を守る民に貧富の別はない。この点についての研究は、頭山統一著『筑前玄洋社』(葦書房刊)に精緻《せいち》な論文がある。筑前共愛会の憲法案は、郡利が書き残したやうに調査不完全との評はまぬがれないにしても、民間政社の試案として最初のものであり、国体伝統を重んじ、しかも国政の急進的改革を熱望した日本的民権家の思想を見るのに、貴重な史料とすべきであらう。

三、交詢社憲法私案

筑前共愛会の憲法私案と相前後して作成されたと思はれるもの（年代不詳）に、金子堅太郎、島田三郎等の嚶鳴《おうめい》社憲法案とか、共存同衆案などがあり、個人名をもって書かれたものに櫻井靜とか、福地源一郎等の憲法案がある。しかし、民間在野の憲法案としてもっとも注目すべき重大なものは、明治十四年四月二十五日付をもって発表された有名な交詢社《こうじゅんしゃ》の「私擬憲法案」、および同社の五月の「私考憲法草案」であらう。

交詢社は、慶応義塾・福澤諭吉系の知識人の倶楽部である。この憲法私案は、そのころ大隈重信が参議として提出した「國會開設奏議」の執筆者であった矢野文雄が中心となって、小幡篤次郎、馬場辰猪等とともに起案したといはれるが、当時、大隈参議の奏議と同一の憲法構想を法案化したものであり、その翌年に創立された改進党の憲法思想と見てもいいであらう。それは、大隈重信、福澤諭吉等の第一級重鎮の同意するところであったと推測されるし、執筆者の矢野文雄は、憲法知識については専門家としての十分な自信もあったやうである。

ただこれを論評する時に、いささか疑念もある。これは、大隈参議の有名な「奏議文」と同じ時期に同一人が執筆したとすると、奏議文にある太政大臣以下の三大臣の永久官の存在がこの法案に見えないことである。

この三大臣永久官の構想は、日本的であるとともに、日本で英国流の憲政運用をするのにもはなはだ有効なものである。大隈は、奏議に際して、日本でも英国のやうに二大政党の成長することを希望し、そのためには多少の時の準備を要する、と書いてゐる。

政党といふものは、自由な国の憲法では、国法で作るものではなくして、政治の実勢のなかから生長するほかにない。予期のとほりに二大政党が自然にできればいいが、三党にも五党にも分裂して多党化現象を生ずる場合も大いにありうる。第一党の議席が国会の過半数に遠く及ばない場合もありうる。形式的には第一党が多数を占めても、党内が実質的に分裂してしまって、多党化現象と同じ情況となる場合もある。このやうな時の憲政運用は、非常に複雑微妙であって、高度の公正な政治見識を要求される。ただの形式的な多数第一党党首といふだけでは、議会との調和がとれない。

英国憲政の要諦は、ただ機械的形式的に議会の第一党党首を宰相に命ずるといふのではなくして、実質的に議会の多数の支持をまとめうる宰相を選ぶことである。二大政党の確立してゐる英国でも、その政治判断が非常にむつかしい場合が生じてゐる。憲政史の永い伝統を有する英国では、国王が自ら政党党首と会談したり、王室の顧問に情報を集めさせたり、政党との連絡をさせねばならない時がある。大隈の奏議書に見る永久官としての三大臣の主たる任務のなかの一つは、このやうな場合のことが予想されてをり、天皇と将来の政党（それはどのやうなものとなるか、未だ予断しがたい）との間に立つものであって、英国流憲法で行くとしても、非常に大切な役である。

ところが、交詢社案にはその三大臣永久官の制度がない。それは、国会を開けば必ず議席の過半数を一党で占めうる政党党首が現はれて来る、との前提に立ってゐるかのやうに見える。交詢社案は、議会政党政治の困難な局面に立つ場合の十分な用意がなくて、平常無事の情況だけを考へてをり、安易で楽観的にすぎる、との評もありうるであらう（帝国憲法下では、憲法に明文のない元老制度ができて、憲政の運用に大きな作用をすることとなったが、大隈が考へた三大臣永久官とは、予めそのやうな必要を考へたものではなかったかと推察される）。しかし、ともかくもこの交詢社案は、「首相ハ天皇衆庶ノ望ニ依テ親シク之ヲ撰任シ、其他ノ宰相ハ首相ノ推薦ニ依テ之ヲ命スヘシ」（第十二条）との議院政党内閣制の原則を明示し、政府、左院、右院の権限を右の政党内閣制の運用に適合するやうに一つの法典体系をまとめあげてゐる。その政治的是非の論評はともかくとして、一つの憲法試案としての体裁の整ったものといっていい。

この交詢社案の思想に対しては、これを英国流の模倣にすぎないとして、在朝の岩倉具視をはじめ伊藤博文、井上毅等は強い反対意見を堅持してゐた。そしてかれらは、交詢社案に対抗するためにドイツ流の憲法を構想した。かれらが交詢社案をもって、政府のドイツ流憲法構想に対峙《たいじ》するところの民間草案の代表的な一権威として注目してゐたのは、明らかだといっていいであらう。

民間の憲法草案としてはこのほか、相愛社（九州熊本の民権政社）のものや、内藤魯一、植木枝盛等々有志者個人の試案などがいろいろと作られてゐる。後にも述べるやうに、改進党と対立した自由党系の民権政治活動は、改進党よりもむしろ激情的な気概を示してゐたが、その中核となる立志社の憲法案にしても、植木枝盛の案にしても、法学的体系の基礎知識が貧弱なるをまぬかれなかった。民権を徹底させるために国会（その下院）に強い権力を集中する英国流議院内閣制の構成方式と、これとはまったく別系列の米国流三権分立方式（そこでは当然に、公選大統領の権限を保障するため議会権限の制約がある）との、この二つの体系の原則の異同を考へて、それをいかに利用すべきかとの立法知識が乏しい。それは立法専門知識のある政府の官僚から見れば、いかにも論破しやすい素人作品と見えたであらう。その時代の官僚間の往復文書を見れば、かれら官僚は、民権政党の政治勢力にはある意味では恐れを感じてゐるが、知識の上では民権派の無学を明らかに侮ってゐる。

ただ交詢社の憲法案については、侮りがたいものがあった。起案に関係した矢野文雄をはじめ福澤系の洋学知識人は、その政治や法律についての知識も、在朝の有司官僚に比して決して劣るものではない。それに加へて、交詢社案には米英両方式の拙劣な混用がなく、英国方式での体系整理ができてゐる。それはドイツ方式を採用しようとする政府官僚の憲法構想に対して、知識的にも堂々と対抗するにたる民間憲法私案の代表的作品であるといって大過ないであらう。

政府の官僚の方では、この時期に井上毅などがしきりにロエスラー等に諮問して草案をねってゐる。明治十五年に執筆した井上毅の憲法案は、まさに交詢社の英国方式に対決したドイツ方式といっていい。しかし明治十四、五年代の対決が、そのままの形で、なんの進歩もなくゴールへと進んで行ったわけではない。政府の側では、交詢社案と対決しつつも大いに苦心し勉強して、その構想に修正改正を重ねてゐる。

注目すべき一点をあげると、明治十四、五年代の政府系の案は、井上毅案でも山田顕義案でも、西周が山縣有朋のために執筆したといはれる案でも、大きな共通線がある。司法卿山田顕義の案では、第一編は「國境」、第二編は「國民の權理」として、国土国民についてまづ規定し、第三編の第十六条以下に初めて「天皇」が出て来る。一方、井上毅の草案では、第一条が「國土」にはじまり、次いで「國民」に関する条文となり、「天皇」の条文は第十八条以下に列記されてゐる。西案でも、第一編は「國土人民」とされ、しかして「既ニ國土アリ人民アレハ君主アリ社會成レハ政府立ツ、是自然ノ理、故ニ第二編是ニ及フ」として、はじめて行政の全権者としての「天皇」について論じてゐる。これらはすべて、国土および人民がまづあり、そして、人民が国会を立てて立法権を主張するのに相対立して政府行政権の首長としての皇帝が存在する、とのドイツ流憲法の構造を、そのままにまねたものといひうる。

この憲法典の構成は、英国流憲法をできるだけ忠実に法典化したベルギー憲法とも似てゐる。ドイツのプロイセン憲法は、このベルギー憲法を一つの典型として、その条文内容で、国会対皇帝政府の権限について君権を強くしたもので、このやうな政府要路者の法典構成は、そのころのヨーロッパ憲法においては通例であったといってもいいであらう。これに対して、英国流と称せられる交詢社憲法案が、これらのヨーロッパ大陸の憲法構成の一般方式と異なって、第一章を「皇帝・皇權」として、第一条を「天皇」から始める編成方式をとったのは、遙かにすぐれた構想といふことができる（結局、それから七、八年後に作成された政府の憲法案も、第一条を「天皇」から始めるといふ構成方式をとることとなった）。

交詢社案が、なぜ政府よりも民権的であるにもかかはらず「國土、國民」から書き始めないで「天皇」を第一にかかげたか。これは非常に大切な点である。それは端的にいって、第八章で述べたやうに福澤諭吉が「帝室は政治圏外のものなり」といった思想の現はれと解していい。より適切にいへば、中江兆民の語のやうに「天子さまは、政府方でもなく、國會やわれわれ人民方でもなく、一般衆民の頭上に在って、別に御位を占させ給ふて神様も同様なり」との思想論理から出て来る憲法構造である。

有司官僚の側では、「日本国があって、その一方に人民代表の国会があり、その国会と相対して、より強力な皇帝（天皇）の政府がある」とのドイツ憲法の構造を考へてゐる。このやうな図式で行けば、列国に類例のない天皇意識の強固な日本国では、天皇政府が圧倒的に権威を確保して、国会での民権の伸びる余地がない。『平民の目さまし』で中江兆民が語ったやうに、天皇は、政府の側でもなく国会の側でもなく、その上にあるものとの構成図をゑがくことによってのみ、国会は初めて政府と対等の地位を保ちうる。この日本的民権思想の特徴を示してゐるところに、交詢社憲法案のすぐれた構想があった。

その点では、政府筋の高官やブレーンの方は、すべて初めの構想ではドイツまたはその原型のベルギーの型をとって、人民国会対天皇政府の構造で臨んでゐたのであるが、紆余曲折を経たのちに帝国憲法がいよいよ起草される段階になると、ヨーロッパ大陸型（ドイツ型）を棄てて、「天皇」を第一章において、天皇を輔弼《ほひつ》する大臣（政府）と、天皇に協賛する議会とを相対する形とする法典構成に改めた。それは必ずしも交詢社憲法草案に学び、影響されたとはいはないにしても、結果的には交詢社案と同じ構成になってゐる。

法制史家の一般通説としては、帝国憲法は、明治十四、五年代からの伊藤、井上流のドイツ流憲法思想の上に築かれたと考へてゐて、英国流の交詢社案などは顧みられなかった、つまり帝国憲法は大隈、福澤流の思想否定の上に成立した、との解釈が少なくないが、それはいささか短見ではないかと思はれる。交詢社憲法案は主として改進党系の憲法思想の主流となって行くが、その改進党の党首大隈重信、副総理河野敏鎌等が、帝国憲法の成立に際して決して浅少でない影響を及ぼしたことを、見おとしてはならない。

交詢社憲法案と在朝有司の案との今一つの著しい対決点は、大臣の進退に関する条件である。交詢社案では大臣の進退について、議会が決定的な権限をもつことを期待してゐるが、在朝有司の側では、議会に大臣進退の権限をみとめない立場である。この政府側の構想を徹底させようとすれば、ただ大臣の進退についての法文をいかに書くかといふばかりでなく、議会の政治権限そのものを強大にしてはならない。議会権限が大きくなれば、法形式の上で任命権がなくても、議会が政府の進退を政治的に決する。そのやうな情況を生じないための用意の一つとして、政府側の案は国会の立法権をきびしく制約して、法案は必ず政府の提出するものとし、国会は法案の提出権なきものとすることを条件としてゐた（これは岩倉の「憲法大綱」、井上毅の「憲法私案」さらに「帝國憲法」政府案等を一貫する方針である）。この、政府有司の側が終始否定しつづけてゐた議会の法案提出権を、最終的には憲法明文に掲げさせて議会権限を大きく前進させたのは、改進党の大隈、河野であったといってもいい。次に、有名な交詢社の私擬憲法案をかかげておく。

私擬憲法案緒言

頃日《ケイジツ》國内至ル所人々國會開設ノ邦國ニ急務ナルヲ説キ、開設ノ一事ニ至テハ殆ト異義ヲ容ルモノ無キカ如シ。然リ而シテ國會開設ノ日如何ノ憲法ヲ制定アランニハ以テ邦國ノ安寧ヲ永遠ニ保持シ其權利ヲ天下ニ伸暢《シンチヨウ》シ得ヘキヤニ至テハ寥々《リヨウリヨウ》聞ク所無キガ如シ。蓋《ケダ》シコレアラン。然ルモ或ハ之ヲ脳裏ニ藏《オサ》メ或ハ之ヲ篋底《キヨウテイ》ニ埋メ、偶マ之ヲ吐露スルモノト雖トモ一二重要條件ニ就キ其意見ノ一斑ヲ示スニ過キサレバ、未タ其全豹ヲ知ルコト能ハズ。抑憲法ノ事タルヤ至大至重其一字一句ハ皆以テ億兆ノ衆庶休戚《キユウセキ》ノ由テ生スル所ナレバ、輕忽《ケイコツ》ニ之ヲ言フヘカラサルハ固ヨリ論ヲ待タサル所ナリ。是レ憲法ノ議論寥々世ニ聞ヘナキ所以ナランカ。余輩亦之ヲ知ラサルニアラスト雖トモ今ヤ黨論未ダ分レス心情未タ熱沸セス、此際憲法ノ條件ニ就キ虚心平氣互ニ其意見ヲ吐露シ一章ヲ定メ一句ヲ作リ、以テ國安ヲ保持シ國權ヲ伸暢スルノ方策ヲ論究シ、豫メ人心ノ向フ所ヲ定ムルハ今ノ時ヲ措《オイ》テ亦何レノ日ソ。是レ余輩カ輕忽ノ罪ヲ顧ミス私ニ憲法案一篇ヲ擬草シ、以テ親友知己ニ頒タントスル所以ノ微意ナリ。親友知己幸ニ其謬迷《ビユウメイ》ヲ示シ其缺ヲ補ヒ其剩ヲ刪《ケズ》リ、以テ憲法ノ主義ヲ明晰《メイセキ》ニシ餘蘊《ヨウン》ナキニ至ラシメナハ、豈ニ獨リ余輩ノ幸慶而已《ノミ》ナランヤ。

編者某々記

第一章　皇　権

第一條　天皇ハ宰相並ニ元老院國會院ノ立法兩院ニ依テ國ヲ統治ス。

第二條　天皇ハ神聖ニシテ犯ス可ラザルモノトス、政務ノ責ハ宰相之ニ當ル。

第三條　日本政府ノ歳出入租税國債及諸般ノ法律ハ元老院國會院ニ於テ之ヲ議決シ、天皇ノ批准ヲ得テ始テ法律ノ効アリ。

第四條　行政ノ權ハ天皇ニ屬シ行政官吏ヲシテ法律ニ遵《シタガ》ヒ總テ其事務ヲ執行セシム。

第五條　司法ノ權ハ天皇ニ屬シ裁判官ヲシテ法律ニ遵ヒ凡テ民事刑事ノ裁判ヲ司《ツカサド》ラシム。

第六條　天皇ハ法律ヲ布告シ海陸軍ヲ統率シ外國ニ對シ宣戰講和ヲ爲シ條約ヲ結ヒ官職爵位ヲ授ケ勳功ヲ賞シ貨幣ヲ鑄造シ罪犯ヲ宥恕《ユウジヨ》シ元老院國會院ヲ開閉シ中止シ元老議員ヲ命シ國會院ヲ解散スルノ特權ヲ有ス、但海關税ヲ更改スルノ條約ハ預《アラカジ》メ之ヲ元老院國會院ノ議ニ附スヘシ。

第七條　天皇ハ内閣宰相ヲ置キ萬機ノ政ヲ信任スヘシ。

第二章　内　閣

第八條　内閣ハ各省長官内閣顧問ヲ以テ之ヲ組成ス。

第九條　內閣宰相ハ協同一致シ內外ノ政務ヲ行ヒ連帶シテ其責ニ任スヘシ。但シ其事一宰相ノ處置ニ出テ他ノ宰相ニ關セサルモノハ此ノ限ニアラス。
第十條　內閣中首相一人ヲ置キ上裁ヲ經タル諸法律並ニ政令ハ其名ヲ署シテ之ヲ布告スヘシ。
第十一條　內閣ノ議決定セサルトキハ首相之ヲ決シテ上裁ヲ仰クヲ得ヘシ。
第十二條　首相ハ天皇衆庶ノ望ニ依テ親シク之ヲ撰任シ、其他ノ宰相ハ首相ノ推薦ニ依テ之ヲ命スヘシ。
第十三條　內閣宰相タルモノハ元老議員若シクハ國會議員ニ限ルヘシ。
第十四條　政府ノ歲入出豫算ノ議案ハ必ス內閣之ヲ起草スヘシ。
第十五條　內閣ヨリ出ス所ノ議案ハ先ツ之ヲ國會院ノ議ニ附シ、議決ノ後該院之ヲ元老院ニ移シテ其議ニ附スヘシ。
第十六條　內閣ハ毎年前年度ノ歲出入計算及其施行シタル事務ノ要領ヲ元老院國會院ニ報告シ、且時々緊要ナル內政外交ノ景況ヲ兩院ヘ報告スヘシ。
第十七條　內閣ノ意見立法兩院ノ衆議ト相合セサルトキハ、或ハ內閣宰相其職ヲ辭シ或ハ天皇ノ特權ヲ以テ國會院ヲ解散スルモノトス。

第三章　元　老　院

第十八條　元老院ハ國會院ト共ニ政府ノ歲出入租稅國債及諸般ノ法律ヲ議決スル所トス。
第十九條　元老議員ハ特撰議員ト公撰議員トヨリ成立スルモノトス。
第二十條　特撰元老議員ハ皇族華族及嘗《カツ》テ重要ノ官ニ在リシ者學識アル者ノ中ヨリ天皇之ヲ親撰シ過失アルニ非サレバ終身其職ニ居ルモノトス。但其人員ハ元老議員ノ總數三分ノ二ヲ過クヘカラス。
第二十一條　公撰元老議員ハ毎元老議員撰擧區ヨリ各二人ヲ撰擧シ四年毎ニ改撰スベシ。

第二十二條　各府縣ノ管轄地ヲ以テ元老議員一撰擧區ト爲シ、一區内國會議員撰擧權ヲ有スル者ヲシテ元老議員撰擧人二百名ヲ撰擧セシメ、此二百名ノ公選ヲ以テ元老議員各二名ヲ撰擧スヘシ。

第二十三條　日本國民ニ生レ年齢滿三拾歳以上ノ男子ハ左ニ記載スル者ヲ除クノ外凡ソ何レノ撰擧區ヲ問ハス其被撰候補トナリ元老議員ニ撰擧セラル、ヲ得ヘシ。但シ府知事縣令郡區長及元老議員撰擧掛ハ其撰擧區内ニ被撰候補タルヲ得ス。

處刑中ノ者

嘗テ重罪ヲ犯シ未タ政權ヲ復セラレサルモノ及身代限ノ處分ヲ受ケ未タ辨償ノ義務ヲ終ヘサル者

白痴及瘋癲ヲ病ム者

日本國内ニ住居セサル者

判事及判事補

神官僧侶

第二十四條　元老議員ハ特撰ノモノト雖トモ日本國民ニ生レテ日本國内ニ住居スル者ニシテ皇族ハ年齢滿二十五年其他ハ滿三十年以上ノモノニ限ルヘシ。

第二十五條　各省長次官内閣顧問侍従長諸寮長及罷職將官ヲ除キ其他ノ官吏ニシテ特撰若クハ公撰元老議員ト爲ル者ハ其官ヲ辭ス可シ。又元老議員ニシテ以上諸官ヲ除キ其他ノ官吏ニ任セラレタル者ハ議員ヲ辭スヘシ。

第二十六條　元老院議員タル者ハ其在職中國庫ヨリ毎年三千圓ヨリ少カラサル俸給ヲ受クヘシ。

第二十七條　元老議員ハ重輕罪ヲ犯シタルニ非サレハ元老院ノ會期中及其前後各三十日間之ヲ拘引スルヲ得ス。又其會議中ノ演説言論ハ自カラ之ヲ出版公布スルニ非サレハ該議院外ニ於テ之ヲ罪スルヲ得ズ。

第二十八條　元老院ハ國會院ノ彈劾ニ依テ行政及司法官吏ノ國事犯及職務上ノ過失ヲ審問シ出席議員三分ノ二以

上ノ同意ニ依テ有罪ト決スレハ奏聞ノ上天皇ノ命ヲ以テ其職ヲ免スヘシ。但シ有罪ト決セラレタル者ハ再ヒ他ノ裁判所ニ於テ法律ニ從ヒ之ヲ審問シテ刑罰ニ附スルヲ得ヘシ。
第二十九條　元老院ハ詔敕ヲ以テ國會院ト同時ニ於テ之ヲ開閉スヘシ。
第三十條　元老院ハ四年毎ニ其議長副議長ヲ議員中ヨリ公撰シ奏聞ノ上天皇之ヲ命スヘシ。
第三十一條　凡ソ事ヲ議決スルニハ出席議員ノ過半數ニ依ルヘシ。但シ可否數相同シキトキハ議長之ヲ決スヘシ。
第三十二條　元老院ハ其議員總數過半ノ同意ヲ以テ其議事規則ヲ議定シ上裁ヲ經テ之ヲ施行スヘシ。
第三十三條　元老院ハ其議事規則中ニ相當ノ罰則ヲ設ケテ議事規則ヲ犯シタル議員ヲ罰スルヲ得ヘシ。
第三十四條　議事ハ總テ傍聽ヲ許スヘシト雖トモ議事規則ヲ以テ其數ヲ限リ或ハ臨時ニ之ヲ禁スルヲ得ヘシ。
第三十五條　元老院ハ其議員ノ出席全員五分ノ一ニ滿タサレハ會議ヲ開クヲ得ス。
第三十六條　元老院ハ其ノ都合ニヨリ休會ヲ爲スヲ得ヘシト雖トモ、國會院ノ承諾ヲ得ルニ非サレハ十日以上ノ休會ヲ爲スヲ得ス。
第三拾七條　元老院ハ其ノ議事錄ヲ作リテ時々之ヲ印行スヘシ。但シ其印行スヘカラスト思考スルモノハ此ノ限ニ非ス。
第三十八條　本院議決ノ議案ニシテ未タ國會院ノ議決ヲ經サルモノ及國會院ヨリ移シタル議案ニシテ本院ノ脩正《シユウセイ》ヲ加ヘタルモノハ之ヲ國會院ニ移シ、該院議決ノ後チ兩院議長ヨリ天皇ニ奏聞シテ上裁ヲ仰クヘシ。

第四章　國會院

第三十九條　國會院ハ元老院ト共ニ政府ノ歲出入租稅國債及諸般ノ法律ヲ議決スル所トス。
第四十條　國會議員ハ全國人民中撰擧權ヲ有スル者ノ公撰スル所ニシテ四年間其職ニ在ルモノトス。

第四十一條　國會議員ノ撰擧區ハ各州ヲ以テ一區若シクハ數區ニ別チ、人口八萬人毎ニ一人ノ割ヲ以テ公撰スルモノトシ八萬人ニ滿タザル端數四萬人ニ滿ル分ハ同シク一人ヲ公撰シ、四萬人ニ滿タザル分ハ之ヲ除クヘシ、但シ一州ヲ成スモノニシテ人口二萬ニ滿ル分ハ一人ヲ公撰スヘシ。

第四十二條　人口二萬人以上ノ都市ハ別ニ一撰擧區トナシ一區二萬人以上四萬人以下ハ各一人ヲ公選シ、四萬人以上八萬人以下ハ各二人ヲ公選シ、八萬人以上ハ六萬人ヲ增ス每ニ各一人ヲ公選スヘシ。

第四十三條　國會議員撰擧人名調査ノ期限ニ其撰擧區內ニ於テ郡村ハ地税金五圓以上ヲ納ムヘキ土地ヲ所有シ若シクハ價直金二百圓以上ノ所有家屋ニ住居シ人口三千以上ノ都市ハ地税金三圓以上ヲ納ムヘキ土地ヲ所有シ若クハ價直金二百圓以上ノ所有家屋ニ住居シ又ハ價直金四百圓以上ノ家屋ヲ既ニ十二ケ月借住シテ其年齢滿二十一歲ニ達シタル男子ハ左ニ記載スル者ヲ除キ總テ其撰擧區內ノ撰擧人タルノ權ヲ有スヘシ。

處刑中ノ者

嘗テ重罪ニ處セラレ未タ政權ヲ復セラレサルモノ及身代限ノ處分ヲ受ケ未タ辨償ノ義務ヲ終ヘサル者

白痴及瘋癲ヲ病ム者

日本國內ニ住居セサル者

判事及判事補

府知事縣令及國會議員撰擧掛

神官僧侶

第四十四條　日本國民ニ生レ年齢滿二拾五歲以上ノ男子ハ左ニ記載スル者ヲ除クノ外凡ソ何レノ撰擧區ヲ問ハス其被撰候補ト爲リ國會議員ニ撰擧セラルヽヲ得ヘシ、但シ府知事縣令郡區長及國會議員撰擧掛ハ其撰擧區內ニ被撰候補タルヲ得ス。

處刑中ノ者

甞テ重罪ヲ犯シ未タ政權ヲ復セラレサルモノ及身代限ノ處分ヲ受ケ未タ辨償ノ義務ヲ終ヘサル者

白痴及瘋癲ヲ病ム者

日本國內ニ住居セサル者

判事及判事補

神官僧侶

第四十五條　各省長次官內閣顧問侍從長及諸寮長ヲ除キ其他ノ官吏ニシテ國會議員ニ當撰シタル者ハ其官ヲ辭スヘシ。又國會議員ニシテ以上ノ諸官ヲ除キ其他ノ官吏ニ任セラレタル者ハ議員ヲ辭スヘシ。

第四十六條　國會議員ノ中欠員アルトキハ其補欠議員ヲ公選スベシ。

第四十七條　國會議員ハ其在職中國庫ヨリ每年三千圓ヨリ少カラサルノ俸給ヲ受クヘシ。

第四十八條　國會議員タル者ハ重輕罪ヲ犯シタルニ非サレハ國會院會期中及其前後各三十日間之ヲ拘引《コウイン》スルヲ得ス、又其會議中ノ演說言論ハ自カラ之ヲ出版公布スルニ非サレハ該議院外ニ於テ之ヲ罪スルヲ得ス。

第四十九條　國會院ハ內閣宰相其他行政及司法官吏ノ國事犯及職務上ノ過失ヲ彈劾スルコトヲ得ベシ。

第五十條　總テ租稅ニ關スル議案ハ本院若クハ內閣ノ他之ヲ起草スルヲ得ス、又其議案ハ元老院ニ於テ之ヲ修正スルコトアルモ本院之ヲ再議シ出席議員三分二以上ノ同意ヲ以テ之ヲ決スレハ其決議ノ元老院修正ト一致スルト否トヲ問ハス直ニ本院議長ヨリ上裁ヲ仰クヲ得ヘシ。

第五十一條　國會院ハ每年必ス一度ノ定期會ヲ開キ事若シ急施ヲ要スルトキハ臨時會ヲ開クコトアルベシ。

第五十二條　國會院ハ第六條ニ依リ之ヲ解散スルコトアルモ解散ノ後九十日以內ニ其議員ヲ改撰シテ會議ヲ開ク可シ。

第五十三條　國會議員ノ議長副議長ハ議員中ヨリ公撰シ奏聞ノ上天皇之ヲ命スルモノトス。
第五十四條　凡ソ事ヲ議スルハ出席議員ノ過半數ニ依リ可否ノ數相同シキトキハ議長之ヲ決スベシ。
第五十五條　國會院ハ其議員總數過半ノ同意ヲ以テ其議事規則ヲ議定シ上裁ヲ經テ之ヲ施行スヘシ。
第五十六條　國會院ハ其議事規則中ニ相當ノ罰則ヲ設ケテ議事規則ヲ犯シタル議員ヲ罰スルコトヲ得ヘシ。
第五十七條　國會議員ノ中非法ノ撰擧ヲ受ケ議員トナリタルモノアレハ本院審査シテ之ヲ退クルヲ得ベシ。
第五十八條　國會院ハ其ノ議員總數三分ノ二以上ノ同意ヲ以テ議員中罪ヲ犯シテ其體面ヲ辱シメタル者ヲ退職セシムルヲ得ベシ。
第五十九條　議事ハ總テ傍聴ヲ許スベシト雖トモ議事規則ヲ以テ其數ヲ限リ或ハ臨時ニ之ヲ禁スルコトヲ得ベシ。
第六十條　國會院ハ其議員出席全員五分ノ一以上ニ至ラサレバ會議ヲ開クヲ得ス。
第六十一條　國會院ハ其都合ニ依テ休會ヲ爲スヲ得ヘシト雖トモ元老院ノ承諾ヲ得ルニアラサレバ十日以上ノ休會ヲ爲スヲ得ス。
第六十二條　國會院ハ其議事錄ヲ作テ時々之ヲ印行スヘシ、但シ其印行スベカラスト思考スルモノハ此限ニアラズ。
第六十三條　本院議決ノ議案ニシテ元老院ノ議決ヲ經サルモノ及ヒ元老院ヨリ移シタル議案ニシテ本院ノ修正ヲ加ヘタルモノハ之ヲ元老院ニ移シ、該院議決ノ後兩院議長ヨリ天皇ニ奏聞シテ上裁ヲ仰クベシ。

第五章　裁　判

第六十四條　裁判ハ總テ法律ヲ以テ定メタル裁判所ニ於テ法律ニ遵ヒ裁判官之ヲ司ル可シ、特別ノ裁判所ヲ開キ特別ノ裁判官ヲ命シテ裁判ヲ司ラシムヘカラズ。

第六十五條　裁判官ハ凡テ天皇ノ命スル所ニシテ過失アルニアラサレバ終身其職ニ在テ其俸給ヲ受クルヲ得ヘシ。

第六十六條　裁判所ニ於テノ訊問辯論及裁判宣告ハ總テ之ヲ公行スヘシ、否《シカ》ラサレバ裁判ノ效無シ。但其事件風俗ヲ壞《ヤブ》ルノ恐レアルモノニ限リ訊問《ジンモン》及ヒ辯論ノ傍聽ヲ禁スルコトヲ得ヘシ。

第六十七條　裁判ハ總テ刑事被告人ヲシテ辯護人ヲ用フルコトヲ得セシムベシ、辯護人ヲ許サヽルモノハ裁判ノ效無シ。

第六十八條　軍律ヲ犯ス者ハ陸海軍裁判所ニ於テ之ヲ裁判スベシ。

第六章　民　權

第六十九條　日本國民ハ國安ヲ妨害スルニ非サレハ各自所信ノ教法ヲ奉スルノ自由ヲ有ス。

第七十條　日本國民ハ國安ヲ妨害シ若シクハ人ヲ誣謗《フボウ》スルニ非サレハ其意見ヲ演說シ及ヒ出版公布スルノ自由ヲ有ス。

第七十一條　日本國民ハ兵器ヲ携ヘスシテ靜穏ニ集會シ又其疾苦ヲ政府ニ訴フルノ權ヲ有ス。

第七十二條　日本國民ノ財產所有ノ權ハ決シテ之ヲ侵スヲ得ス、若シ公共ノ用ニ供スルコトアルモ相當ノ償ヲナスベシ。

第七十三條　日本國民ハ現行犯罪ヲ除クノ外法律ニ遵テ裁判官ノ發シタル令狀ヲ示スニアラサレハ之ヲ拘引シ若シクハ其家屋ニ侵入シ其物件書類ヲ搜索シ若シクハ之ヲ持去ルヘカラス。

第七十四條　日本國民ハ拘引ノ後四十八時間ヲ出スシテ裁判官之ヲ訊問スヘシ、若シ其時間ヲ經過シ裁判官令狀ヲ發シテ拘留セシムルニアラサレハ之ヲ釋放スヘシ。

第七十五條　日本國民ハ罪狀未決中保證人ヲ設ケ相當ノ保證金ヲ出シテ保釋ヲ受ルヲ得ヘシ、但被告人ノ遁逃若《トンソウモシ》クハ罪證ヲ隱滅スルノ恐アルモノハ此限ニアラス。
第七十六條　日本國民ハ拷問ヲ用テ自カラ其罪ヲ白狀セシメラル、コト無カル可シ。
第七十七條　日本國民ハ其族籍爵位ヲ別タズ同一ノ法律ニ依テ其自由權理ノ保護ヲ受ク可シ。
第七十八條　既往ニ溯《サカノボ》リテ施行スヘキ法律ハ制定スヘカラス、但制定ノ法律ニ依テ罪ノ輕減若クハ消滅ス可キモノハ其法律ニ從フヘシ。

第七章　憲法改正

第七十九條　此憲法ハ元老院國會院各其議員總數三分ノ二以上ノ同意ヲ以テ之ヲ改正シ天皇ノ上裁ヲ仰ク可シ、但皇權ニ關スルノ條ハ勅許ヲ得タルノ後ニ非サレハ改正ノ會議ヲ開クヲ得ズ。

（『明治文化全集』正史篇下巻より引用）

四、立志社案その他

改進党系の憲法思想が、ほぼ交詢社案の線に沿ったものであったことは明らかである。帝国憲法が制定された後においても、その解釈運用において、この英国流の憲政思想を発展させたいとの思想が、日本の議会政党のなかには強い一つの伝統を形成した。

これに相対した自由党の側の憲法構想は、いかなるものであったか。法制史家のなかでは、立志社の「日本憲法見込案」といふのが有名であるが、これは交詢社案のやうに公然と立志社が天下に発表しなかったばかりでなく、活字にもされなかった。明治十四年九月頃の作成で、片岡健吉以下の幹部十名が起案委員となったが、とくに植木枝盛等の意見が強く出てゐるやうに思はれる。家永三郎などは、案が急進的だったので世を憚って公表されなかったのだらう、と推測してゐる。しかしこの立志社案を見ると、法典の体系としては交詢社案にかなりに劣るところがあり、立志社ないし自由党員のなかにも異見が多くて発表にいたらなかった、と見てもいいのではあるまいか。

自由党の党員のなかにも、交詢社案と同じやうに、英国流の議院政党内閣制を希望する者の多かったのは明白な事実である。しかし、立志社案の「政体」の骨格は米国流の三権分立制で、行政事務は国帝の親裁するところであり、摂政長以下十五名以内の摂政（大臣の意か）が、国帝を輔翼することになってゐる。摂政の選出や任命についての条文は明確さを欠くが、これは国帝の任命するところと解せられる（「第六十二條　國帝ハ法律ニ由テ行政諸官ヲ任免ス」）。しかし行政を担当する摂政は、三権分立の米国大統領にも似た独立権限を有して、少なくもその任期は四年を保証されてゐる（第百三十七条）。だとすれば、摂政が国会での人望がなく、政治的に不信感をもたれる時にも、天皇が法律によって、憲法で保証された四年の任期中に摂政を免ずることができるかどうかは疑はしい（立志社案は、天皇を精神的栄誉の地位として高く敬するが、その政治権限は制約されてゐる風が強い）。もっとも第五十六条で、天皇は国会に意見を直接に呈することができると定めてゐるが、しかし摂政も、それとは別に第百三十二条によって、独自の意見を国会に呈することができるとされてゐる。どうも不整理、不統一の感をまぬがれない。

しかも議会政党人の方では、自ら摂政官として行政権に当ることはできないのであるから（第百廿五条および第百卅六条等）、政府といふものは、いかなる場合でも、民意を代表する議会人が入閣して構成することはできない。必ず「官僚政府」である。それは、決して公選されることのない官僚政府が、公選された米国大統領政府にも似た権限を有することになるのであるから、民権政治の立場からすると甚だ始末がわるい。君主国の前提に立って民権政治を欲するのならば、交詢社案のやうに議院内閣制を志向するのが当然のロジックなのであるが、立志社案は、奇妙に米国憲法を模することに拘泥してゐて、整合がよくない。その人権条章なども、ただ自由民権の気風のある語句を断片的に列記してゐるにすぎないが、おそらくその政体法を実際に行ふとすると、非常に混乱するか、有司専制政府を国会開設後までも固めてしまふものとなるかのいづれかであらう。

なほ、地方自治については、府知事県令も府県会議員も公選の原則なのは、民権党として当然である。しかし「府縣會ハ府知事縣令ノ任免ヲ内務卿ニ乞フコトヲ得」（第百八十四条）とは、なにを考へてゐるのか意味がよく分らない。府県会も府知事県令も共に民意の公選によるものではあるが、それぞれの公選の時と方式とが異なる。而して両者の意見が対決することも十分にありうるが、どちらも民意にもとづく権威においては優劣がないので、この時に府県会の不信任決議だけで公選の府知事県令を退任させる（免ずる）のは、退任条件として十分でないとして、行政府の官僚たる内務卿の同意がなくては退任させられない、とするのであれば、それはそれとして一つの論理ではあるが、しかし、任免といふ以上は、内務卿が、府県人民の公選ではなく府県会の推挙によって、知事県令を補任するとか任命することもあり得るかのやうである。それでは公選の原則法理と両立しない。このやうに立志社案は、政体法——公機関相互間の権限関係等——については未熟の点が少なくない。

この立志社案にも関係した植木枝盛の個人的な憲法案もある。植木は立志社、自由党系の民権少壮者のなかで煽動文学的な才があり、中江兆民などの影響をうけた。その急進激派らしい文学的気風の故か、戦後の近代史家のなかには、占領中にGHQなどの米人が熱心に推賞したので、この植木を民主的先駆者として格別に高く評価する者もある。しかし、かれは語学を学ばなかったばかりでなく、政治学、法学等の基礎知識がなく、ただ民権的外国書の訳書を〝文学風〟に読んだにすぎないやうに見える。その憲法案も、人権条章などは次々に外書のなかから急進的な条文を借用してゐるが、国家機関の権限関連等についての体系は全く分別がない。

植木案では、日本は武蔵州、山城州等の約七十州から成る日本連邦とされてゐる。この各州にはいろいろ独自の権があるが、変ってゐるのは、各州ごとに常備兵や護郷兵を設ける権利があることである。しかし、日本連邦の兵馬の大権は皇帝に属し、皇帝は宣戦講和の大権を有し、兵備をなし、立法院の議を経ずして徴兵しうる（第七十八条、第七十九条、第八十五条）。また大元帥として将校に関する人事権、統帥権を有し、立法院の同意があれば外国兵でも雇使しうる（第二百六条から第二百十一条まで。前掲条文との重複も少なくない）。しかし、この国軍の大元帥としての天皇の兵馬の大権と、この草案の異色ある各州の独自の常備兵や護郷兵との法的関係はどうなるのか、甚だわかりにくい。

この植木案が有名なのは、その人権条章に米国法をまねて激しい語句がつらねられてゐて、自由民権の気風への憧れの感じが強いからであらう。人権条文はある程度の矛盾があっても調和の道もあるが、しかし、公機関の権限関係が憲法そのもので混乱してゐては、収まりがつかない。植木案は、立志社案と同じく米国憲法の三権分立制を採用して、議院内閣制の道を固く禁じてゐる（第百七十四条等）。しかも議会人は、行政権に立ち入ることができないのに、解散を命ぜられることがあるやうである（第百五十六条）。これでは立案者の文学的ムードは民主的でも、それを実施したときには、実際政治では行政官僚政府が断然優位に立ち、交詢社（改進党）案ほどに民主的な制度は到底望みがたい。この案は、各条が断片的に急進的な外国法を借用してゐる風が著しく、一つの法体系としてのまとまりがわるい。問題点はいくつもあるが、下記引用の立志社案「日本憲法見込案」および植木案「日本國々憲按」について検討されたい。

日本憲法見込案（立志社。明治十四年）

總　則

明治十四年此ニ制定スル所ノ日本憲法ヲ以テ國家諸種ノ政權ヲ區《ク》劃《カク》シ其權義職制ヲ規定シ日本公衆ノ安寧ヲ維持シ其權利自由ヲ保全シ國脈ヲシテ天地ト共ニ存セシメ國威ヲシテ旭日ト共ニ高カラシメントス故ニ如何ナル身位職爵ニ在ル者ト雖トモ此憲法ノ上位ニ在ル能ハス公衆ノ之ヲ必要トスル時ノ外妄リニ此憲法ノ增除改正ヲナス能ハス而テ其之レヲ要スルニ當リテハ適任ノ職官ノ外復《マ》タ之レニ干《アツ》カルコトヲ得ス

此憲法ハ日本立憲帝政ノ廢沒ト共ニ其效力ヲ失フヘシ

第一章　國

第一節　名　稱

第一條　左ノ府縣ヲ以テ日本國ト總稱ス

東京府大坂府京都府高知縣徳島縣愛媛縣

縣名悉《コトゴト》ク記スヲ畧ス

第二條　左ノ諸島ヲ以テ日本屬島トス

千島

諸島ヲ掲クルコトヲ畧ス

第二節　行政區

第三條　府縣ヲ以テ日本行政區劃トス

第三節　管轄

第四條　日本國ハ皇帝之ヲ管轄ス

日本國ハ國民ノ外何人ニモ屬セス

第五條　日本國ハ之ヲ分割他譲スルヲ得ス

第四節

第六條　日本國ハ經緯東經六度四十分ヨリ西經同十七度緯度北緯四十五度四十分ヨリ同廿五度四十八分

第五節　周圍

第七條　日本國ハ周圍大凡《オホヨソ》四千八百九十五里十六丁余

第六節　反別

第八條　日本國ハ反別

第二章　國民

第一節　内國産

第九條　日本内國ニ生産シタル日本人ノ男女ヲ以テ日本人民トス

第十條　日本人ヲ父トシ内國ニ出産シタル男女ヲ以テ日本人民トス

第二節　外　國　産

第十一條　日本人ヲ父トシ外國ニ出産シタル男女

第十二條　父母ヲ外國人トシ內國人ノ養子養女ナル者

第十三條　歸化シタル外國人ヲ以テ日本人民トス

第三節　國　民　義

第十四條　國民ハ日本國ノ法律ヲ遵奉ス

第十五條　國民ハ法律ノ定ムル所ニ由テ國費ヲ辨償ス

第十六條　國民ハ法律ノ定ムル所ニ由テ國家ノ兵務ニ任ス

第十七條　國民ハ如何ナル場合ニ於テモ本國ヲ保護スルノ義務アリ

第十八條　國民ハ諸官權ヲ保護シ帝王（ママ）敬ス

第四節　民　權

第十九條　國民ハ法律上尊卑ノ別ナシ

第　廿　條　國民ハ身體自由ノ權利ヲ保護セラルヘシ

第廿一條　國民ハ思想言論ノ自由權ヲ保護セラルヘシ

第廿二條　國民ハ著書出版ノ自由ヲ有ス

第廿三條　國民ハ其財産ヲ理スルノ權理ヲ保護セラルヘシ

第廿四條　國民ハ其家宅ヲ以テ聖城トス如何ナル官職ト雖トモ之ヲ犯スヲ得ス

第廿五條　國會ノ議決ヲ經ザル租稅ハ國民之ヲ辨納スルノ義務ナシ

第廿六條　國會ノ議決ヲ經サル法律ハ國民之ヲ奉スル義務ナシ

第廿七條　國民ハ證ヲ有セサル逮捕史（ママ）ニ抗スルヲ得
第廿八條　國民ハ奉教ノ自由ヲ得
第廿九條　國民ハ乞願ノ權理ヲ有ス
第三十條　國民ハ其意見ヲ國會若クハ其主任者ニ呈スルヲ得
第卅一條　國民ハ民事刑事ノ訴ニ於テ代言人ヲ出スコトヲ得
第卅二條　國民ハ罪狀ノ宣告ヲ受ケザル間ハ無罪ノ良民タル保護ヲ得
第卅三條　國民ハ人身保護律ニ依テ其身體ヲ保護セラル
第卅四條　國民ハ他國ニ寄留シ或ハ轉籍スルヲ得
第卅五條　國民ハ結社幷《ナラビ》ニ集會ノ自由ヲ得
第卅六條　國民ハ土地ヲ所有スルヲ得
第卅七條　國民ハ所有者ナキ所ニ獵漁スルノ權アリ
第卅八條　國民ハ官職ヲ奉スル權理ヲ有ス
第卅九條　國民ハ其名譽ヲ保護セラルヘシ
第四十條　國民ハ正當防拒ノ權利ヲ有ス
第四十一條　國民ハ兵器ヲ貯フルコトヲ得
第四十二條　國民ハ通信ノ自由ヲ得
第四十三條　國民ハ非法不正ニ抗スルノ權理ヲ有ス
第四十四條　國民ハ國政幷法律ノ改正ヲ求ムルヲ得
第四十五條　國民ノ教育幷ニ文學ハ法律ニ由テ干渉スルコトヲ得ス

第四十六條　國民ノ所有品ハ公益ノ要スル所タルモ本人ノ允許幷前償ナクシテ之ヲ官入スルコトヲ得ス

第四十七條　國民ハ官吏ニ對シ訟ヲ起スコトヲ得

第四十八條　國民ノ業務ハ法律ニ由テ干渉スルコトヲ得ス

第三章　帝　室

第一節　即　位

第四十九條　帝王ハ齢《ヨハヒ》十七歳以上ニシテ卽位ス帝王ハ其位ヲ失スルトキハ定齢ニ充タヅ（ママ）ト雖トモ卽位スル得（ママ）

第五十條　卽位ノ式ハ國會開院ノ席ニ於テ國會議長之ヲ公行ス

第五十一條　帝王卽位ノ時左ノ誓部ヲ開言ス朕卽位ノ后ハ日本憲法ヲ保護シ之ニ由テ日本ハ安寧ヲ維持センコト

ヲ衆庶ニ誓フ

第五十二條　卽位ハ最モ速ニ之ヲ國民ニ公告ス

第二節　帝　位

第五十三條　國帝ハ行政長官タリ別條國帝陸海軍ノ都督タリ

第五十四條　國帝ハ行政事務ヲ親裁ス

第五十五條　國帝ハ攝政官ニ依テ其政ヲ補翼セシム

第五十六條　國帝ハ自ラ其意見ヲ國會ニ呈シ或ハ攝政ヲシテ之ヲ代理セシムルコトヲ得

第五十七條　國帝ハ法律案ヲ起艸シ之ヲ國會ニ出スコトヲ得

第五十八條　國帝ハ國會ノ議決ヲ允可《インカ》シ之ヲ執行ス其允可スヘカラズト思慮スル者ハ左ノ語ヲ以テ捺印《ナツイン》シテ一周間内ニ其議決書ヲ國會ニ返付ス

朕篤《アツ》ク國會ヲ信ス故ニ今之ヲ返付シテ國民ノ爲メ尚ホ配慮センコトヲ望（ママ）

第五十九條　國帝ハ二タビ國會ノ議決ヲ拒ムコトヲ得ス

第六十條　國帝ハ其近衛ノ護衛ヲ受ク

第六十一條　國帝ハ一ケ年五十萬圓ノ宮内費受ク

第六十二條　國帝ハ法律ニ由テ行政諸官ヲ任免ス

第六十三條　帝王ハ攝政官ノ内ヨリ攝政長ヲ提任ス

第六十四條　國帝ハ司法長官ヲ指名シ國會ノ准許ニ由テ之ヲ任免ス

第六十五條　國帝ノ卽位ハ最モ速カニ之ヲ國民ニ公告ス

第六十六條　國帝ハ國益ヲ計ルカ爲メ外國政府ト國會ノ議決ニ由テ條約ヲ結盟スルヲ得

第六十七條　國帝ハ國益ヲ計ルカ爲メ國會ノ議決ニ從フテ國債ヲ起スコトヲ得

第六十八條　國帝ハ通用貨幣ヲ製造ス

第六十九條　國帝ハ國益ノ爲メ罪人ヲ特赦減刑スルヲ得

第七十條　國帝ハ國會ノ開院幷ニ閉場式ヲ執行ス病疾ノトキハ名代人ヲ出スヲ得

第七十一條　國帝ハ國會議員及國會議長當撰ノ報告ヲ受ク

第七十二條　國帝ハ宣戰講和ヲ公布ス

第七十三條　國帝ハ國家ノ爲メ必要ト見做《ナ》ストキハ臨時ニ國會ヲ招集スルコトヲ得

第七十四條　國帝ハ官職ニ位階爵號ヲ與フルコトヲ得

第七十五條　（本文欠）

第七十六條　國帝ハ終身其位ヲ保ツコトヲ得

第七十七條　帝王ハ國益ノ爲メ國民ニ業務上ノ特權ヲ附與スルコトヲ得

第三節　帝　位

第七十八條　帝位ハ今上睦仁天皇ノ血統ニ專屬ス

第七十九條　帝位ハ男姓ニ歸ス

第八十條　帝位ハ尊屬親ヨリ卑屬親ニ下傳ス卑屬親ヨリ尊屬親ニ禪《ユヅ》ルコトヲ得ス

第八十一條　帝位ハ定系ヲ最先ニシ其終ルヲ竢《マツ》テ之レヲ支系ニ傳フ同系ハ男血上系ヲ先ニシ終テ之レヲ女血ノ系ニ傳フ

第八十二條　國帝ハ他國ニ轉籍寄留スルコトニ由テ其位ヲ失フ

第八十三條　國帝ハ叛逆《ハンギャク》重罪ニ因テ其位ヲ失ス

第八十四條　篤疾廢《トクシツハイ》ニ係ル時亦タ之レニ準ス

第四節　皇　族

第八十五條　國帝ノ親族ヲ皇族ト稱ス

第八十六條　國帝ノ妻ヲ皇后ト稱シ其子女ヲ皇太子皇子ト稱シ其祖父母ヲ皇太帝皇太皇宮ト稱ス

第八十七條　國帝ノ親戚《シンセキ》ニシテ帝位ニ卽クヘキ權利アル者ヲ親王ト稱ス其親王外ニ結婚シ及ヒ他國ニ轉籍寄留スルコトニ由テ此權理ヲ失ス叛逆重罪ノ處斷ヲ受ケタル時亦タ之ニ準ス

第八十八條　皇后ハ親王家ヨリ出ツ

第八十九條　皇太子ハ十七歲ニシテ結婚スルヲ得皇太子ハ結婚ニ因テ一ケ年五萬圓ノ保護金ヲ得

第九十條　皇太子ノ妻ハ之レヲ內皇后ト稱ス

第九十一條　皇族ハ外國人ト婚姻スルヲ得ス

第九十二條　皇族ハ親王ノ內七名ヲ以テ皇太子ノ保傅《ホフ》トス

保傅會ハ皇太子ノ齢十七歳ニ達スルヲ竢テ之レヲ廢ス

保傅會ハ皇太子ノ身體財産ヲ理ス

第九十三條　皇太子ハ皇太兄《ママ》皇太弟及ヒ皇子ハ國會及ヒ攝政會議ニ臨席スルコトヲ得其議ニ參與スルコトヲ得ス

第四章　立法府

第一節　組織

第九十四條　立法府則チ國會ハ之ヲ一院ト定メ法律ノ定ムル所ニ因テ出ル所ノ議員ヲ以テ組織ス

第九十五條　議長副議長幹事議員中ニテ之ヲ公撰シ其他諸役員ハ議長之ヲ撰任ス

第二節　財制

第九十六條　國會ハ國民ニ代ツテ國事ヲ議定シ及ヒ國民安寧ヲ保全ス

第九十七條　國會ハ帝位ヲ認定ス

第九十八條　國會ハ諸種ノ法律ヲ起草シ及ヒ之ヲ議定ス

第九十九條　國會ハ租税ヲ定メ國債ノ定額ヲ議定ス國家ニ要スル非常モ亦タ之レニ準ス

第百條　宣戰講和（實）權ハ國會之レヲ掌握ス（斷決）

第百一條　國會ハ立法長官ノ任免ヲ定ム

第百二條　國會ハ貨幣ノ價値權衡斗量及ヒ尺度ヲ定立ス

第百三條　國會ハ帝王攝政官皇族親王法長ニ及ヒ國會議員ノ此場合ニ於テハ國會中ニ特事裁判官ヲ撰定シ之ヲ處分ス

第百四條　國會ハ官職ニ附屬スル位階爵號ヲ定立ス

第百五條　國會ハ國民ノ國事ニ關スル意見書幷乞願ヲ受理シ法律ニ由テ之レヲ取捨ス

第百六條　國會ハ其議員ノ選擧ヲ鑑定認識ス
第百七條　國會ハ毎年開會ノ初ニ於テ行政司法兩省ノ前年度ノ會計報告ヲ受ク
第百八條　國會ハ當路者政務ヲ詢議《ジユンギ》シ及ヒ直チニ其意見ヲ帝王ニ呈スルヲ得
第百九條　國會ハ國家非常ノ事件アルトキハ特ニ行政官吏ヲ會シテ救護ノ策ヲ講スルヲ得
第百十條　國會ハ帝王ノ議案ヲ可納スル時左ノ答書ヲ作ツテ之レヲ陛下ニ奉送ス國會ハ篤ク陛下ニ謝ス國會ハ今
陛下ノ議案ヲ可納ス
第百十一條　國會ハ左ノ語ヲ添テ國王ノ議案ヲ奉返ス國會ハ篤ク陛下ニ謝ス陛下願クハ再慮アランコトヲ
第百十二條　國會ハ左ノ語ヲ以テ議決ヲ國帝ニ送呈ス
國會ハ篤ク陛下ヲ敬ス故ニ今奉呈シテ陛下ノ允可ヲ仰望ス前條ノ議決書ヲ呈シ其返付ヲ受ケタル時ハ再考シ之ヲ猶モ其議決ヲ良トスルトキハ復タ左ノ語ヲ添テ陛下ニ奉呈ス國會ハ陛下ノ深ク國民ヲ愛重シ給フヲ謝ス國會ハ深慮ノ上之レヲ陛下ニ再呈ス願クハ賢慮アランコトヲ

第三節　開閉會期

第百十三條　國會ハ毎年之レヲ開會スルモノトス開會式ハ陛下若クハ其名代之レヲ執行ス
第百十四條　國家非常ノ事件アルトキハ臨時會ヲ開クヲ得
第三章三節《マ》第五十《マ》五條ノ事アルニ當テハ最モ速カニ集會スヘシ
第百十五條　會議ハ毎會七周日ヲ過クヘカラス非常ノ事件アルトキハ九周日ニ及フヲ得
第百十六條　國會ハ議事完結ノ翌日閉場スルモノトス閉場ノ式ハ陛下若クハ其名代人之レヲ執行ス

第四節　議　員

第百十七條　議員ハ國民ノ代理者ニシテ被選地方ノ代理人ニアラス故ニ被選區ノ利害ヲ以テ國家ノ利害トナスヲ

得ス

第百十八條　議員ハ四ケ年間其職ヲ奉スルモノトス

第百十九條　議員ハ充分ノ論議權ヲ有ス故ニ議場ノ說論ハ之レヲ他ノ場所ニ問フコトヲ得ス

第百廿條　議員ハ法律上特殊ノ保護ヲ受ク犯罪ヲ以テ告ケラル、コトアルトキト雖トモ開會中ハ必ス議員過半數ノ許可ヲ得ルニ非ザレハ之レヲ逮捕スルヲ得ス出場退散ノ途中ト雖トモ亦タ之レニ準ス

第百廿一條　議員ハ俸給ナシ然レトモ開會スルトキハ一日七圓以下ノ日當幷ニ一日六圓以下ノ往復旅費ヲ得ルモノトス

第百廿二條　議員ハ陛下ニ謁見シ其意見ヲ奉呈スルコトヲ得ルノ權アリ

第百廿三條　議員ハ二年每ニ其半數ヲ改選ス初度ノ所選ハ抽籤法ニ依ル

第百廿四條　議員ハ位階爵號ヲ頂カス

第百廿五條　議員ハ他官職ヲ兼任スルヲ得ス

第百廿六條　議員ノ罪ハ法長之レヲ彈劾シ國帝之レヲ親裁ス

第五節　議　決

第百廿七條　議決ハ議員三分ノ一以上ノ說ニ依ルヘシ

第百廿八條　議決ハ其書類二通ヲ作リ一ハ之レヲ陛下ニ呈シ一ハ之レヲ國會文庫ニ藏《オサ》ム

第六節　議　決

第百廿九條　國會ハ豫《カネ》テ要スル所ノ主任委員ヲシテ其議案ヲ起草セシム

第百三十條　議員五分ノ一以上贊成ナキモノハ之レヲ議案トシテ討議スルヲ得ス

第五章　行　政　府

第一節　攝　政

第百卅一條　攝政ハ其員ヲ限ラズト雖トモ十五名ニ過クルヲ得ス

第百卅二條　攝政ハ其意見ヲ國會ニ呈スルコトヲ得其議決ニ參與スルヲ得ス

第百卅三條　攝政ハ國帝ノ巡幸シタルトキハ國帝ニ代ツテ政事ヲ專行ス

憲法第三章第二節第二條第廿一條《（ママ）》第六十九條第七十二條第七十五條第七十七條ハ之レヲ專行スルコトヲ得ス

第百卅四條　憲法第三章第三節第八十二條ノコトアルニ當ツテハ最モ速カニ國會ヲ招集スヘシ

第百卅五條　攝政ハ一ケ年四千八百《（ママ）》ノ俸給ヲ受ク攝政長ハ一ケ年六千圓ノ俸給ヲ受ク

第百卅六條　攝政ハ他官ヲ兼任スルヲ得ス

第百卅七條　攝政官ハ四年間其職ヲ保ツ

第百卅八條　攝政宮ハ通シテ十二ケ年其職ニ該《アタ》ルヲ得ル

第二節　諸　省

第百卅九條　省ヲ分ツテ五ツトシ各其卿ヲ置ク

内務省大藏省陸軍省海軍省外務省

第百四十條　各省ハ法律ニ由テ其職務ヲ定ム

第百四十一條　省卿ハ攝政長ノ指揮ヲ受ク

第百四十二條　諸省定員ナシ

第百四十三條　卿ハ他官ヲ兼任スルヲ得ス

第百四十四條　卿ハ其意見ヲ國會ニ呈スルコトヲ得ル

第六章　司　法　府

第一節　法　　廳

第百四十五條　司法廳ハ勅任判事ノ會議ニ由テ法案ヲ定ム

第百四十六條　司法廳ハ勅任檢事ヲ置ク

第百四十七條　判事幷ニ檢事ノ定員ナシ

第百四十八條　法案ノ決ハ法長ノ名ヲ以テス

第百四十九條　法長ハ國家ノ保護幷審判ノ主權ヲ掌握シ法律ニ遵フテ其職務ヲ執行ス

第百五十條　法長ハ法廳大審院上等法院諸裁判所ヲ管理ス

第百五十一條　法長ハ畢生《ヒッセイ》間其職ニ任ス

第百五十二條　法長ハ他官ヲ兼任スルコトヲ得ス

第百五十三條　法長ハ諸法官ヲ任免ス

第百五十四條　法長ハ國會ノ彈劾ヲ處分ス

第百五十五條　法長ハ一ケ年六千圓ノ俸給ヲ受ク

第百五十六條　法長ハ國王及ヒ民事刑事及ヒ保安ニ關スル意見書ヲ國會ニ呈スルコトヲ得

第百五十七條　法長ノ處斷ハ之ヲ破毀《ハキ》スルコトヲ得

第百五十八條　法長ノ罪ハ陛下之ヲ親裁ス

第百五十九條　法長ハ國帝ニ謁見シ其意見ヲ奉呈スルコトヲ得

第二節　大　審　院

第百六十條　大審院ハ院長ヲ置キ法律ニ從フテ其事務ヲ行フ

第百六十一條　大審院ハ民事刑事ノ上告ヲ受ク

第百六十二條　大審院ハ諸裁判所幷上等法院ノ裁決ヲ破毀シ自ラ之レヲ裁決シ或ハ之レヲ裁判所ニ返付シ又ハ他ニ之レヲ判決セシム

第百六十三條　大審院ハ勅任判事三名法案ヲ定ム裁決ハ院長名義ヲ以テス

第百六十四條　大審院ハ上等法院外ニ諸裁判所ヲ管理ス

第百六十五條　院長ハ一ケ年三千六百圓ノ俸給ヲ受ク

第百六十六條　院長ノ罪ハ法廳ニ於テ之レヲ處斷ス

第百六十七條　大審院ハ奏任檢事二名ヲ置ク

第三節　上等法院

第百六十八條　上等法院ハ院長ヲ置キ法律ニ從フテ其事務ヲ行フ

第百六十九條　上等法院ハ奏任判事ノ會議ヲ以テ法案ヲ定ム判事ヲ（ハ）定員ナシ

第百七十條　上等法院ハ其裁判區內ノ控訴ヲ受ケ上等法院ハ之レヲ裁決シ或ハ之レヲ破毀シ又ハ之レヲ他ニ裁決セシム

第百七十一條　上等法院ハ判任檢事二名ヲ置ク

第百七十二條　院長ハ一ケ年二千六百圓ノ俸給ヲ受ク

第四節　諸裁判所

第百七十三條　各府縣ニ地方裁判所ヲ設ケ法律ニ從フテ其事務ヲ行フ

第百七十四條　地方裁判所ニハ奏任判事一名判任檢事一名ヲ置ク其他定員ナシ

第百七十五條　地方裁判官ハ府縣官ヲ兼任スルコトヲ得ス

第百七十六條　一府縣ニ數多ノ區裁判所ヲ設ケ法律ニ從フテ其事務ヲ行フ

第七章　地方政權

第一節　府縣令

第百七十七條　府縣廳ハ府知事縣令ヲ置キ法律ニ從フテ其府縣ノ行政事務ヲ行フ
第百七十八條　府縣令ハ內務卿ノ指揮ヲ受ケ七ケ年間其職ヲ奉ス
第百七十九條　府縣令ハ其縣人民之レヲ公選ス

第二節　府縣會

第百八十條　府縣會ハ其人民ニ代ツテ府縣ノ利害財政ノ事ヲ討議ス其規則ハ內務卿之レヲ定ム
第百八十一條　府縣會議員ハ四ケ年間其職ヲ奉ス其半數ハ二ケ年每ニ之レヲ改選ス
第百八十二條　府縣會ハ每年開會ノ初期ニ於テ前年ノ會計報告ヲ受ク
第百八十三條　府縣會ハ其府縣ノ利害ニ付國會ニ向ツテ其意見ヲ呈スルコトヲ得
第百八十四條　府縣會ハ府知事縣令ノ任免ヲ內務卿ニ乞フコトヲ得
第百八十五條　府縣會ハ府縣ニ關スル府縣民ノ意見書及ヒ乞願ヲ受理シ法律ニ向ツテ之レヲ取捨ス
第百八十六條　府縣會ハ其議員ノ選擧ヲ鑑定認識ス
第百八十七條　府縣會ハ府知事縣令ニ要シテ其行フタル職務ニ付詢問スルコトヲ得
第百八十八條　府縣非常ノ事件アルトキハ府知事縣令府縣會ト謀ツテ救護ノ策ヲ講スルコトヲ得

第三節　郡區町村

第百八十九條　郡區町村ハ自治タルヘシ
第百九十條　郡區町村役所ハ其地方便宜ニ應シテ場家ヲ定ム

第百九十一條　郡區町村ハ法律ニ從ヒ會期ヲ開テ利害ヲ議スルヲ得

第百九十二條　郡區町村吏ハ其人民之レヲ任免ス

日本國々憲桉（植木枝盛。明治十四年）

第一編　國家ノ大則及權利

第一章　國家ノ大則

第一條　日本國ハ日本國憲法ニ循テ之ヲ立テ之ヲ持ス

第二條　日本國ニ一立法院一行政府一司法廳ヲ置ク憲法其規則ヲ設ク

第二章　國家ノ權限

第三條　日本ノ國家ハ國家政府ヲ達行センカ爲メニ必要ナル事物ヲ備フルヲ得

第四條　日本國家ハ外國ニ對シテ交際ヲ爲シ條約ヲ結フヲ得

第五條　日本ノ國家ハ日本各人ノ自由權利ヲ殺減スル規則ヲ作リテ之ヲ行フヲ得ス

第六條　日本ノ國家ハ日本國民各自ノ私事ニ干渉スルコトヲ施スヲ得ス

第二編　聯邦ノ大則及權限竝ニ各州ト相關スル法

第一章　聯邦ノ大則

第七條　日本武藏州　山城州　大和州　和泉州　攝津州　伊賀州　伊勢州　志摩州
尾張州　三河州　遠江州　駿河州　甲斐州　伊豆州　相模州　安房州　上總州
下總州　常陸州　近江州　美濃州　飛彈《（ママ）》州　信濃州　上野州　下野州　岩代州
盤城《（ママ）》州　陸前州　陸中州　陸奥州　羽前州　羽後州　若狭州　越前州　加賀州
能登州　越後州　越中州　佐渡州　丹後州　但馬州　因幡州　伯耆州　出雲州

石見州　隠岐州　播磨州　美作州　備中州　安藝州　周防州　長門州　紀伊州
淡路州　阿波州　讃岐州　伊豫州　土佐州　筑前州　筑後州　豐前州　豐後州
肥前州　肥後州　日向州　大隅州　薩摩州　壹岐州　對馬州　琉球州ヲ聯合シテ日本聯邦トナス

第八條　日本聯邦ニ大政府ヲ置キ聯邦ノ政ヲ統《ス》フ

第九條　日本聯邦ハ日本各州ニ對シ其州ノ自由獨立ヲ保護スルヲ主トスヘシ

第十條　日本國内ニ於テ未タ獨立ノ州ヲ爲サザル者ハ聯邦之ヲ管理ス

第十一條　日本聯邦ハ日本各州ニ對シ外國ノ侵寇《シンコウ》ヲ保《ホ》禦《ギョ》スルノ責アリ

第二章　聯邦ノ權限竝ニ各州ト相關スルノ法

第十二條　日本聯邦ハ日本各州相互ノ間ニ關シテ規則ヲ立ツルコトヲ得

第十三條　日本聯邦ハ日本各州ニ對シテ其一州内各自ノ事件ニ干渉スルヲ得ス其州内郡邑《ユウ》等ノ定制ニ干渉スルヲ得ス

第十四條　日本聯邦ハ日本各州ノ土地ヲ奪フヲ得ス其州ノ肯《アヘ》テ諾スルニ非サレハ一州ヲモ廢スルヲ得ス

第十五條　憲法ニ非サレハ日本諸州ヲ合割スルヲ得ス諸州ノ境界ヲ變スルヲ得ス

第十六條　日本國内ニ於テ新ニ州ヲ爲スニ付テ日本聯邦ニ合セントスル者アルトキハ聯邦ハ之ヲ妨クヲ得ス

第十七條　外國ト諸盟約ヲ結フノ權國家ノ體面ヲ以テ諸外國ト交際ヲ爲スノ權ハ聯邦ニアリ

第十八條　聯邦中ニ用フル度量衡ヲ制定スルノ權ハ聯邦ニアリ

第十九條　通貨ヲ造ルノ權ハ聯邦ニアリ

第二十條　海關税ヲ定ルノ權ハ聯邦ニアリ

第廿一條　宣戰講和ノ權ハ聯邦ニアリ
第廿二條　日本聯邦ハ聯邦ノ管スル處ニ燈船燈臺浮標ヲ設クルヲ得仝種類ノ者ハ順次揚クルヲ得
第廿三條　日本聯邦ハ驛遞ヲ管理スルヲ得
第廿四條　日本聯邦ハ特ニ聯邦ニ關スル事物ノ爲メニ諸法律規則ヲ定ムルヲ得
第廿五條　日本聯邦外國貨幣及尺度權衡ノ聯邦內ニ通用スルモノニ價位ヲ定ムルヲ得
第廿六條　日本聯邦ニ常備軍ヲ設置スルヲ得
第廿七條　日本中一州ト一州ト相互ノ間ニ涉《ワタ》ル爭訟ハ聯邦之ヲ審判ス
第廿八條　日本各州ト外國使節ト公務ノ往復アルトキハ聯邦行政府ヲ經由ス

第三編　各州ノ權限竝ニ聯邦ト相關スル法

第廿九條　日本各州ハ日本聯邦ノ大ニ抵觸スルモノヲ除クノ外皆獨立シテ自由ナルモノトス何等ノ政體政治ヲ行フトモ聯邦之ニ干涉スルコトナシ
第三十條　日本ノ各州ハ外國ニ向ヒ國家ノ權利體面ニ關シ國土ニ關スル條約ヲ結フコトヲ得ス
第卅一條　日本各州ハ外國ニ向ヒ聯邦竝ニ他州ノ權利ニ關セサル事ニ限リ經濟上ノ件警察上ノ件ニ就キ互約ヲ爲スヲ得又タ法則ヲ立ツルコトヲ得
第卅二條　日本各州ハ既ニ寇賊ノ來襲ヲ受ケ危急ニ迫ルニアラサレハ戰ヲ爲スヲ得ス
第卅三條　日本各州ハ互ニ戰鬪スルヲ得ス爭訟アレハ決ヲ聯邦政府ニ仰ク
第卅四條　日本各州ハ現ニ强敵ヲ受ケ大亂ノ生シタルカ如キ危急ノ時機ニ際シテハ聯邦ニ報シテ救援ヲ求ルコトヲ得又タ他州ニ向テ應援ヲ請フコトヲ得各州右ノ次第ヲ以テ他州ヨリ應援ヲ請ハレシ時眞ニ其危急ニ迫ルヲ知ルトキハ赴援スルヲ得其費ハ聯邦ニ於テ之ヲ辨ス

第卅五條　日本各州ハ常備兵ヲ設置スルヲ得
第卅六條　日本各州ハ護郷兵ヲ設置スルコトヲ得
第卅七條　日本各州ハ聯邦ノ許允ヲ待タスシテ二州以上互ニ盟約ヲ結フヲ得ス
第卅八條　日本各州ハ二州以上協議ヲ以テ其境界ヲ變改スルヲ得又タ其州ヲ合スルヲ得此事アルトキハ必ス聯邦ニ通セサルヘカラス
第卅九條（ママ）

第四編　日本國民及日本人民ノ自由權利

第四十條　日本ノ政治社會ニアル者之ヲ日本國人民トナス
第四十一條　日本ノ人民ハ自ラ好ンテ之ヲ脱スルカ及自ラ諾スルニ非サレハ日本人タルコトヲ削カル、コトナシ
第四十二條　日本ノ人民ハ法律上ニ於テ平等トナス
第四十三條　日本ノ人民ハ法律ノ外ニ於テ自由權利ヲ犯サレサルヘシ
第四十四條　日本ノ人民ハ生命ヲ全フシ四肢ヲ全フシ形體ヲ全フシ健康ヲ保チ面目ヲ保チ地上ノ物件ヲ使用スルノ權ヲ有ス
第四十五條　日本ノ人民ハ何等ノ罪アリト雖モ生命ヲ奪ハサルヘシ
第四十六條　日本ノ人民ハ法律ノ外ニ於テ何等ノ刑罰ヲモ科セラレサルヘシ又タ法律ノ外ニ於テ鞠治《キクジ》セラレ逮捕セラレ拘留セラレ禁錮セラレ喚問セラル、コトナシ
第四十七條　日本人民ハ一罪ノ爲メニ身體汚辱ノ刑ヲ再ヒセラルルコトナシ
第四十八條　日本人民ハ拷問ヲ加ヘラル、コトナシ
第四十九條　日本人民ハ思想ノ自由ヲ有ス

第五十條　日本人民ハ如何ナル宗教ヲ信スルモ自由ナリ
第五十一條　日本人民ハ言語ヲ述フルノ自由權ヲ有ス
第五十二條　日本人民ハ議論ヲ演フルノ自由權ヲ有ス
第五十三條　日本人民ハ言語ヲ筆記シ板行シテ之ヲ世ニ公ケニスルノ權ヲ有ス
第五十四條　日本人民ハ自由ニ集會スルノ權ヲ有ス
第五十五條　日本人民ハ自由ニ結社スルノ權ヲ有ス
第五十六條　日本人民ハ自由ニ歩行スルノ權ヲ有ス
第五十七條　日本人民ハ住居ヲ犯サレサルノ權ヲ有ス
第五十八條　日本人民ハ何クニ住居スルモ自由トス又タ何クニ旅行スルモ自由トス
第五十九條　日本人民ハ何等ノ教授ヲナシ何等ノ學ヲナスモ自由トス
第六十條　日本人民ハ如何ナル產業ヲ營ムモ自由トス
第六十一條　日本人民ハ法律ノ正序ニ據ラスシテ屋内ヲ探撿セラレ器物ヲ開視セラル、コトナシ
第六十二條　日本人民ハ信書ノ祕密ヲ犯サレザルベシ
第六十三條　日本人民ハ日本國ヲ辭スルコト自由トス
第六十四條　日本人民ハ凡ソ無法ニ抵抗スルコトヲ得
第六十五條　日本人民ハ諸財產ヲ自由ニスルノ權アリ
第六十六條　日本人民ハ何等ノ罪アリト雖トモ其私有ヲ沒收セラルルコトナシ
第六十七條　日本人民ハ正當ノ報償ナクシテ所有ヲ公用トセラルルコトナシ
第六十八條　日本人民ハ各其名ヲ以テ政府ニ上書スルコトヲ得各其身ノタメニ請願ヲナスノ權アリ其公立會社ニ

於テハ會社ノ名ヲ以テ其書ヲ呈スルコトヲ得

第六十九條　日本人民ハ諸政官ニ任セラル、ノ權アリ

第七十條　政府國憲ニ違背スルトキハ日本人民ハ之ニ從ハザルコトヲ得

第七十一條　政府官吏壓制ヲ爲ストキハ日本人民ハ之ヲ排斥スルヲ得
政府威力ヲ以テ擅恣《センシ》暴逆ヲ逞《タクマシ》フスルトキハ日本人民ハ兵器ヲ以テ之ニ抗スルコトヲ得

第七十二條　政府恣《ホシイママ》ニ國憲ニ背キ擅《ホシイママ》ニ人民ノ自由權利ヲ殘害シ建國ノ旨趣ヲ妨クルトキハ日本國民ハ之ヲ覆滅シテ新政府ヲ建設スルコトヲ得

第七十三條　日本人民ハ兵士ノ宿泊ヲ拒絶スルヲ得

第七十四條　日本人民ハ法庭ニ喚問セラル、時ニ當リ詞訴ノ起ル原由ヲ聽クヲ得己レヲ訴フル本人ト對決スルヲ得己レヲ助クル證據人及表白スルノ人ヲ得ルノ權利アリ

第五編　皇帝及皇族攝政

第一章　皇帝ノ特權

第七十五條　皇帝ハ國政ノ爲メニ責ニ任ス

第七十六條　皇帝ハ刑ヲ加ヘラル、コトナシ

第七十七條　皇帝ハ身體ニ屬スル賦税ヲ免カル

第二章　皇帝ノ權限

第七十八條　皇帝ハ兵馬ノ大權ヲ握ル宣戰講和ノ機ヲ統ブ他國ノ獨立ヲ認ムルト認メザルトヲ決ス
但シ和戰ヲ決シタルトキハ直ニ立法院ニ報告セザル可ラス

第七十九條　皇帝ハ平時ニ在リ立法院ノ議ヲ經スシテ兵士ヲ徵募スルヲ得

第八十條　皇帝ハ外國事務ノ總裁タリ諸外國交官ヲ命スルヲ得外國交際ノ禮ヲナスヲ得
但シ國權ニ關スル條約連盟ハ立法院ノ議ヲ經ルニ非レハ決行スルヲ得ズ

第八十一條　皇帝ハ人民ニ勳等賞牌《ハイ》ヲ與フルコトヲ得
位階ヲ與フルコトヲ得ス

第八十二條　皇帝ハ立法院ノ議ニ由ラサレハ通貨ヲ創造若クハ改造スルヲ得ス

第八十三條　皇帝ハ立法議會ノ承諾ヲ經テ聯邦ノ罪囚ヲ赦免シ及降減スルコトヲ得
聯邦既定ノ裁判ヲ他ノ裁判所ニ移シテ復審セシムルコトヲ得
法司ノ法權ヲ施スヲ沮格《ソカク》スルヲ得ス
聯邦執政ノ職務罪ニ係ル者ハ聯邦立法院ニ反《ソムキ》テ恩赦ヲ與ヘ降減ヲナスコトヲ得ス

第八十四條　皇帝ハ立法議會ヲ延引スルヲ得
立法議院ノ承諾ナクシテ三十日ヲ越ユルコトヲ得ス

第八十五條　皇帝ハ諸兵備ヲ爲スヲ得

第八十六條　皇帝ハ國政ヲ施行スルカ爲メニ必要ナル命令ヲ發スルコトヲ得

第八十七條　皇帝ハ人民ノ權利ニ係ルコト國家ノ金錢ヲ費スベキコト國家ノ土地ヲ變スベキコトヲ專行スルヲ得ス必ス聯邦立法院ノ議ヲ經ルヲ要ス立法院ノ議ヲ經サルモノハ實行スルノ効ナシ

第八十八條　皇帝ハ聯邦行政府ニ出頭シテ政ヲ秉《ト》ル

第八十九條　皇帝ハ聯邦行政府ノ長タリ常ニ聯邦行政ノ權ヲ統フ特別ニ定ムル者ノ外聯邦諸行政官吏ヲ命スルコトヲ得

第九十條　皇帝ハ聯邦司法廳ノ長タリ其名ヲ以テ法權ヲ行フ又法官ヲ命ス

第九十一條　皇帝ハ現行ノ法律ヲ廢シ已定ノ法律ヲ格置スルヲ得ス
第九十二條　皇帝ハ法ノ外ニ於テ租税ヲ收ムルヲ得ス
第九十三條　皇帝ハ法ノ外ニ於テ立法院ノ議ヲ拒ムヲ得ス
第九十四條　皇帝ハ立法議會ト意見ヲ異ニシテ和セザルニ當リ一タヒ其議會ヲ解散スルコトヲ得之ヲ解散シタルトキハ必ス三日内ヲ以テ其旨ヲ各撰擧區ニ達シ且人民ヲシテ更ニ議員ヲ撰バシメ必ス六十日以内ヲ以テ議會ヲ復開セザル可ラズ一タヒ解散シタル上ニテ復開シタル議會ハ同事件ニ就テ再ヒ解散スルコトヲ得ス
第九十五條　立法院ノ議決シタルコトニシテ皇帝之ヲ實施シ難シト爲ストキハ議會ヲシテ之ヲ再議セシムルヲ得此《カク》ノ如キトキハ皇帝ハ其由ヲ詳說陳辨セザル可ラズ
第九十六條　日本國皇帝ノ位ハ今上天皇睦仁陛下ニ屬ス
第九十七條　今上皇帝陛下位ヲ去レバ陛下ノ正統子孫ニ傳フ若シ子孫ナキトキハ尊族ノ親近ナル者ニ讓ル左ノ次序ニ循フ
今上皇帝ノ位ハ第一嫡皇子及其統ニ世傳ス
第二　嫡皇子及其統ナキトキハ嫡庶子及其統ニ世傳ス
第三　嫡庶子及其統ナキトキハ庶皇子及其統ニ世傳ス
第四　以上統ナキトキハ嫡皇女及其統ニ世傳ス
第五　以上統ナキトキハ庶皇女ニ世傳ス
第六　若シモ以上ノ嫡皇子孫庶皇子孫及其統ナキトキハ皇帝兄弟姉妹及其統ニ世傳ス
第八　若シモ皇帝ノ嫡庶子孫兄弟姉妹伯叔父母及其統ナキトキハ立法院ノ議ヲ以テ皇族中ヨリ撰テ其嗣ヲ定ム
第九十八條　帝位繼承ノ順序ハ男ハ女ニ先《サキダ》チ長ハ幼ニ先チ嫡ハ庶ニ先ツ

第九十九條　非常特別ノコトアリ帝位繼承ノ順序ヲ變セントスルコトアレバ皇帝ト立法院トノ協議ヲ經テ之ヲ行フベシ

第四章　皇帝ノ卽位

第百條　皇帝ノ卽位ハ必ス立法議員列席ノ前ニ於テス

第五章　皇帝ノ婚姻

第百一條　皇帝ノ婚姻ハ必ス立法院ノ議ヲ經ルヲ要ス

第百二條　女帝ノ夫婿《フセイ》ハ王權ニ干渉スルヲ得ス

第六章　皇帝ノ歳俸

第百三條　皇帝ハ年々國庫ヨリ〇〇萬圓ノ俸ヲ受ク

第七章　皇帝ノ年齢

第百四條　皇帝ノ歳未タ十八歳ニ至ラサル内ハ之ヲ未成年ト定ム十八歳ニ及ヘハ之ヲ成年ト定ム

第八章　攝　政

第百五條　皇帝未成年ノ間ハ攝政ヲ置ク

第百六條　皇帝長ク事故アリテ親ラ政ヲ秉ルコト能ハサルトキハ攝政職ヲ置ク

第百七條　皇帝事故アリテ攝政職ヲ置クノ時ニ際シ皇太子成年ナルトキハ皇太子ヲ以テ攝政ニ當ツ

第百八條　攝政ハ皇帝ノ名ヲ以テ王權ヲ行フ

第百九條　攝政ノ職制章程ハ立法院ニ於テ之ヲ立定ス

第百十條　攝政官ハ皇帝又ハ主相之ヲ指名シ立法院之ヲ定ム

第百十一條　皇帝嗣ノ未成年中ニ其位ヲ讓ラントスルノ場合ニ於テハ豫メ攝政官ヲ指名シテ立法院ノ議ニ附シ之

ヲ定ムルコトヲ得

第百十二條　皇太子ハ身體ニ關スル賦課ヲ免カル

第九章　皇　族

第百十三條　皇太子ハ年々國庫ヨリ支給ヲ受ク法章之ヲ定ム

第四編《（ママ）》　立法權ニ關スル諸則

第一章　立法權ニ關スル大則

第百十四條　日本聯邦ニ關スル立法ノ權ハ日本聯邦ノ人民全體ニ屬ス

第百十五條　日本聯邦人民ハ皆聯邦ノ立法議政ノ權ニ與《アヅ》カルコトヲ得

第百十六條　日本皇帝ハ日本聯邦立法權ニ與カルコトヲ得

第百十七條　日本聯邦ノ法律制度ハ聯邦立法院ニ於テ立定ス

第百十八條　聯邦立法院ハ全國ニ一ヲ置ク

第百十九條　聯邦立法ノ權ハ限數人代議ノ制ヲ用ヒテ之ヲ行フ

第二章　立法院權限

第百廿條　聯邦立法院ハ聯邦ニ關スル租稅ヲ定ムルノ權ヲ有ス

第百廿一條　聯邦立法院ハ聯邦ノ軍律ヲ定ムルコトヲ得

第百廿二條　聯邦立法院ハ聯邦裁判所ノ訴訟法ヲ定ルヲ得

第百廿三條　聯邦立法院ハ聯邦ニ關スル兵制ヲ議定スルコトヲ得

第百廿四條　聯邦立法院ハ聯邦ノ名ヲ以テ國債ヲ起シ金錢ヲ借リ及之ヲ償却スルノ法ヲ立ルコトヲ得

第百廿五條　聯邦立法院ハ通貨ニ關スル法律ヲ立ルコトヲ得聯邦ニ對スル國事犯罪律ヲ立ルヲ得

第百廿六條　聯邦立法院ハ郵便ノ制ヲ立ルヲ得
第百廿七條　聯邦立法院ハ聯邦ノ通貨ヲ增減改造スルノ議ヲ定ルコトヲ得
第百廿八條　聯邦立法院ハ聯邦ノ共有物ヲ所置スルヲ得
第百廿九條　聯邦立法院ハ聯邦政府ノ保證ヲ爲ス銀行會社ノ規則ヲ立ルコトヲ得
第百三十條　聯邦立法院ハ切要ナル調査ニ關シ聯邦ノ官吏ヲ議場ニ提喚スルノ權アリ又聯邦人民ヲ召喚スルノ權アリ又聯邦人民ヲ召喚シテ事情ヲ質スルコトヲ得
第百卅一條　聯邦立法院ハ憲法ノ許ス所ノ權利ヲ行フカ爲メニ諸規則ヲ立ルヲ得
第百卅二條　聯邦立法院ハ外國人幷ニ國外ノ者ニ關スル規則ヲ立ツルコトヲ得
第百卅三條　聯邦立法院ハ聯邦行政府諸執行ノ職務ニ關セル罪科竝ニ國事犯罪ヲ彈劾論告シ正的ノ法院ニ求刑スルノ權ヲ有ス
第百卅四條　聯邦立法院ハ本院議員ノ權任ヲ監査スルノ權アリ
第百卅五條　聯邦立法院ハ議員ニシテ其職分ニ關スル命令規則ニ違背スル者ヲ處分スルヲ得
第百卅六條　聯邦立法院ハ既往ニ溯ルノ法律ヲ立ルヲ得ス
第百卅七條　聯邦立法院ハ外國ト條約ヲ結ヒ連盟ヲ爲スヲ決定スルノ權アリ
但シ國權ノ獨立ヲ失フノ契約ヲナスヲ得ス
第百卅八條　聯邦立法院ハ行政部ニ對シ推問ノ權ヲ有ス

第三章　立法議員ノ權力

第百卅九條　聯邦立法議員ハ其職ヲ行フニ附キ發言シタル意見ニ就テ糺治撿索セラルヽコトナシ
第百四十條　聯邦立法議員ハ本院ノ許可ヲ經スシテ開會ノ間並ニ其前後三十日間ハ要領ノ爲ニ拘引拘留セラルヽ

コトナシ刑事ノ爲ニ拿捕《ダホ》セラレ糺治セラル丶コトナシ
但シ現行犯ハ此限ニアラス

第四章　議員撰擧及被撰擧ノ法

第百四十一條　聯邦議員ハ聯邦人民之ヲ直撰ス
第百四十二條　聯邦議員ハ一州各七名ト定ム
第百四十三條　現ニ租税ヲ納メサル者現ニ法律ノ罪ニ服シ居ル者政府ノ官吏ハ議員ヲ撰擧スルコトヲ得ス
第百四十四條　現ニ法律ノ罪ニ服シ居ル者政府官吏ハ議員ニ撰擧セラル丶コトヲ得ス
第百四十五條　日本各州ハ何レノ州ノ人ヲ撰擧シテ議員トナスモ自由トス

第五章　議員ノ任期

第百四十六條　聯邦ノ立法議員ハ三年ヲ一期トシ三年毎ニ全員ヲ改撰ス

第六章　議員ノ償給旅費

第百四十七條　聯邦ノ立法議員ハ年々國庫ヨリ三千圓ノ手當金ヲ受ク又其會議ニ出ツル毎ニ往復旅費ヲ受ク

第八章　立法會議

第百四十九條　聯邦ノ立法會議ハ毎年一回之ヲ爲ス其ノ他事ナキニ於テハ十月第一ノ月曜日ニ之ヲ開ク
第百五十條　議事ノ多少ニ依リ皇帝ハ時々期日ヲ伸縮スルヲ得然レトモ議員過半數ノ同意アルトキハ皇帝ノ命アリト雖トモ議會其伸縮ヲ定ム

第九章　立法會議開閉集散

第百五十一條　非常ノ事件アリテ會議ヲ要スルトキハ皇帝ハ臨時會ヲ開クコトヲ得
第百五十二條　聯邦會議ノ開閉ハ皇帝之ヲ司ル

第百五十三條　毎年ノ常會ハ皇帝ノ命ナシト雖トモ聯邦議員ハ自ラ會シテ議事ヲ爲スコトヲ得
第百五十四條　皇帝崩去ノ時ニ在リテハ聯邦議會ハ臨時會ヲ開ク
第百五十五條　現在議員ノ年期已《スデ》ニ盡クルノ際未タ交代ス可キノ議員ノ撰擧セラレサルノ間ニ於テ皇帝崩スルコトアルトキハ前期ノ議員集合シテ新議員ヲ生スルマデ會議ヲ爲ス事ヲ得
第百五十六條　立法會議皇帝ノ爲ニ解散セラレ皇帝國法ノ通リニ復立セザル時ハ解散セラレタル議會ハ自ラ復會スルヲ得

第十章　會議規則

第百五十七條　聯邦立法議案ハ立法院國王倶《トモ》ニ之ヲ出スコトヲ得
第百五十八條　聯邦立法議會ノ議長ハ立法院ニ於テ議員ヨリ公撰ス
第百十(ママ)九條　凡會議ハ議員全數ノ過半數ノ出席ナレハ之ヲ開クコトヲ得
但シ同一事件ニ付再度以上集會ヲ催シタルトキハ過半數ノ出席ナシト雖トモ議事ヲ爲スコトヲ得
第百六十條　特別ニ定メタル規則ナキ事件ノ議事綜《スベ》テ出席員過半數ノ議ヲ以テ決定ス兩議同數ナルコトアルトキハ議長ノ傾向スル所ニ決ス
第百六十一條　聯邦ノ立法會議ハ公ニ傍聽ヲ許ルス其特異ノ時機ニ際シテハ祕密ニスルヲ得

第十一章　立法院ノ決議ヲ國法トナスニ就テ皇帝ト相關スル規則

第百六十二條　聯邦立法院ニテ決定シタル成説ハ皇帝ニ呈シテ承認ヲ得ルヲ必トス
第百六十三條　皇帝立法院ノ成議ヲ受取ラハ三日以内ニ必ス其答ヲ爲サヽル可ラス若シ其熟考セント要スルコトアラハ其趣ヲ申通シテ二十日以内ニ可否ヲ示ス
第百六十四條　聯邦立法院ノ決定スル所ニシテ皇帝準許セサルコトアルトキハ立法院ヲシテ之ヲ再議セシム

立法院之ヲ再議シタルトキハ議員總數過半以上ノ同意アルヲ見レバ更ニ奏シテ必ス之ヲ行フニ定ム

第七編　行政權ニ關スル諸則

第一章　行政權ニ關スル大則

第百六十五條　日本聯邦行政權ハ日本皇帝ニ屬ス

第百六十六條　日本聯邦ノ行政府ハ日本皇帝ニ於テ統轄ス

第百六十七條　日本聯邦ノ行政權ハ聯邦行政府ニ於テ開施ス

第百六十八條　皇帝ノ行政權ヲ行フニ就テハ國家ニ一ノ主相ヲ置キ又諸政ノ類ヲ分テ其各省ヲ設ケ其各主務官ヲ命ス

第百六十九條　皇帝ヨリ出ス諸件ノ布告ハ主相ノ名ヲ署シ當該ノ本任長官副署シテ之ヲ發ス執政ノ副署ナキモノハ實行スルノ效ナシ

第百七十條　皇帝ヨリ發スル諸件ノ布告ニ就テハ主相及當該ノ本任長官其責ニ任ス但シ執政ノ副署ナキモノハ執政ハ責ニ任セス

第二章　行　政　官

第百七十一條　聯邦行政官ハ皇帝ノ命ニ從フテ其職務ヲ取ル

第百七十二條　主相ハ皇帝ニ奏シテ諸省ノ長官ヲ任命スルヲ得

第百七十三條　聯邦執政ハ議案ヲ草シテ立法議會ニ提出スルヲ得又議會ニ參スルヲ得決議ノ數ニ入ルコトヲ得ス

第百七十四條　聯邦行政官ハ聯邦立法議員ヲ兼ヌルヲ得ス

第百七十五條　聯邦行政官ハ其執行スル政務ニ就キ皇帝並ニ國民ニ對シテ責ニ任ス

其一執政ノ分テ爲セシコトハ當該ノ一執政乃《スナハ》チ其責ニ任ス其衆執政分テ爲セシコトハ衆執政連帶シテ其責ニ任

ゼス

第百七十六條　聯邦行政官タル者職務上ノ罪犯過失ニ就テ彈劾セラレ糾問セラル、間ハ其職ヲ辭スルヲ得ス

第三章　行　政　府

第百七十七條　聯邦行政府ハ毎歳國費ニ關スル議案ヲ草シ立法議會ニ出ス

第百七十八條　聯邦行政府ハ毎歳國費決算書ヲ製シ立法議院ニ報ス

第四章　統　計　局

第百七十九條　國家歳出入ノ豫算表精算表ハ行政府統計局ニ於テ之ヲ調成ス

第百八十條　統計局ノ長官ハ立法院之ヲ撰任ス

第百八十一條　統計局ハ國家ノ出納會計ヲ撿査監察スルコトヲ得

第百八十二條　統計局ハ行政各部ヨリ會計ニ關スル一切ノ書類ヲ拾聚《シユウシユウ》スルコトヲ得

第八編　司法權ニ關スル諸規則

第一章　司法權ニ關スル大則

第百八十三條　聯邦司法權ハ法律ニ定メタル法衙ニ於テ之ヲ實施ス

第百八十四條　特別ノ定メナキ民事刑事ノ裁判詞訟ハ司法權ノ管理ニ歸ス

第百八十五條　非常法衙ヲ設ケ非常法官ヲ撰テ臨時ニ司法權ヲ行フコトヲ得ス

第百八十六條　軍人ノ軍律ヲ犯スモノハ其軍ノ裁判所ニ於テ其軍ノ律ニ處ス

第二章　法　官

第百八十七條　凡ソ聯邦法官ハ立法議院ニ於テ任免ス

第百八十八條　法官ハ俸給アル職任ヲ兼ヌルコトヲ得ス立法議員ヲ兼ヌルコトヲ得ス

第三章　法　衙

第百八十九條　聯邦法衙ハ憲ニ遵フノ外不羈《フキ》ニシテ他ノ管轄ヲ受ケス

第四章　裁　判

第百九十條　凡ソ裁判ハ理由ヲ附シ所以ヲ明ニス

第百九十一條　民事裁判ハ代言ヲ許ス

第百九十二條　刑事裁判陪審ヲ設ケ辨護人ヲ許ス

第百九十三條　裁判ハ衆人ノ傍聽ヲ許シテ公ケニ之ヲ行フ風俗ヲ害スル事件ニ限リテ傍聽ヲ禁スルコトヲ得

第五章　高等法院

第百九十五條　高等法院ハ執政ノ職務ニ係ル事案ヲ審判ス

第百九十六條　高等法院ハ皇王ニ對スル犯罪聯邦ニ對スル犯罪ノ如キ通常罪犯ノ外ナル非常ノ大犯罪ヲ審明ス

第九編　土　地

第百九十七條　國家土地ハ全國家ノ共有トス

第百九十八條　國家ノ土地ハ立法院ノ議ニ非サレバ一モ動カス事ヲ得ス

第百九十九條　國家ノ土地ハ立法院ノ議ニ非サレバ之ヲ他國ニ賣リ若クハ讓リ若クハ交換シ若クハ抵當ニ入ル、コトヲ得ス

第十編　租　稅

第二百條　聯邦ノ租稅ハ各州ヨリ課ス其額ハ法律之ヲ定ム

第二百一條　聯邦ノ租稅ハ聯邦立法院ノ議ヲ經ルニ非ザレバ一モ徵收スルヲ得ス

第二百二條　聯邦ノ租稅ハ毎年一回立法院ニ於テ議定ス

第十一編　國　金

第二百三條　聯邦ノ金錢ハ憲法ニ非レハ之ヲ使用シ之ヲ消費スルヲ得ス

第十二編　財　政

第二百四條　憲法ニ依ルニ非レバ政府ハ國債ヲ起スヲ得ス

第二百五條　憲法ニ依ラザレバ政府ハ諸債ノ保ニ立ツコトヲ得ス

第十三編　會　計

第二百五（マヽ）條　毎年一切ノ出納ハ預算表並ニ精算表ニ掲ケテ必ス國家ニ公示ス

第十四編　甲　兵

第二百六條　國家ノ兵權ハ皇帝ニ在リ

第二百七條　國軍ノ大元帥ハ皇帝ト定ム

第二百八條　國軍ノ將校ハ皇帝之ヲ撰任ス

第二百九條　常備兵ハ法則ニ從ヒ皇帝ヨリ民衆中ニ募リテ之ニ應スルモノヲ用ユ

第二百十條　常備軍ヲ監督スルハ皇帝ニ在リ非常ノコトアルニ際シテハ皇帝ハ常備軍ノ外ニ於テ軍兵ヲ募リ志願ニ隨フテ之レヲ用フルヲ得

第二百十一條　他國ノ兵ハ立法院ノ議ヲ經ルニ非サレハ雇使スルヲ得ス

本編初條ニ置ク見込ミ　軍兵ハ國憲ヲ護衛スルモノトス

第十五編　外國人歸化

第二百十二條　日本國ハ外國人ノ歸化ヲ許ス

第十六編　特　法

第二百十三條　內外戰亂アル時ニ限リ其地ニ於テハ一時人身自由住居自由言論出版自由集會結社自由等ノ權利ヲ行フ力ヲ制シ取締ノ規則ヲ立ツルコトアルベシ其時機ヲ終ヘハ必ス直ニ之ヲ廢セサルヲ得ス

第二百十五條　戰亂ノ爲ニ已《ヤ》ムヲ得ザルコトアレハ相當ノ償ヲ爲シテ民人ノ私有ヲ收用シ若クハ之ヲ滅盡シ若クハ之ヲ消費スルコトアルベシ其最モ急ニシテ豫メ本人ニ照會シ豫メ償ヲ爲スコト暇《イトマ》ナキトキハ後ニテ其償ヲ爲スヲ得

第二百十六條　戰亂アルノ場合ニハ其時ニ限リ已ムヲ得サルコトノミ法律ヲ置格スルコトアルヘシ

第十七編　鐵道電信陸路水利

第二百十七條　新ニ鐵道ヲ造リ電信ヲ架シ陸路ヲ啓キ水利ヲ通スル等ノコトハ通常會議ニ於テ之ヲ議スルヲ得ス立法議員特別ノ會議ヲ以テ之ヲ定ムルヲ得議員過半數ノ同意アルモノハ之ヲ行フコトヲ得

第十八編　憲法改正

第二百十八條　日本國憲法ヲ添删《テンサク》改正スルトキハ必ス立法會議ニ於テ之ヲ定ム

第二百十九條　憲法改正ノ議事ハ其日ノ出席議員數如何ニ關スル議員惣數ノ過半數ノ同意ニ非サレバ決定スルヲ得ス

附　則

第二百二十條　日本國憲法施行ノ日ヨリ一切ノ法律條例布告等ノ國憲ニ抵觸スルモノハ皆之ヲ廢ス

（家永三郎他二名編『明治前期の憲法構想』による）

右に述べたとほり、立志社案や植木枝盛案などの自由党系の憲法試案は、これを高く評価しがたいやうに思はれる。法典作成といふやうな点では、改進党系の人物の方が知識的にすぐれてゐたのではないかと思はれる。もっとも、板垣総理を始めとして多くの自由党指導者の思想は、前記の立志社案や植木案のやうに必ずしも米国流ではなくして、英国流憲法に近いものがあったのではないか。

しかし、自由党はその党風として、法典編纂のやうな知識的仕事においては改進党系に一歩をゆづったが、政治的実践活動においては、民権自由の気風を高揚する士気において一歩先行したとも見られる。政府の憲法構想に強烈な精神的刺戟を与へて行くといふことでは、改進党以上のものがあった、といひ得るのかもしれない。事実、板垣は、自由党内で激しい反対があったにもかかはらず明治十五年、在朝の伊藤博文と相前後して欧洲視察の旅行に出かけたが、帰朝に際して、数百冊の政治法学の書を持ち帰ったとはいふものの、格別に憲法案についての見るべき見解をしめしてゐない。その帰朝後の各地の歓迎会での演説でも、民権家の士気勇気を振作するやうな談論だけで、立法意見などはほとんど窺《うかが》ひえない。しかし、その板垣に対して在欧中の伊藤博文、森有禮、西園寺公望等々の政府高官が、外人との会見の世話をしたり、あちこちを案内して調査の便を与へたりして、できればなんとかして憲法構想についての朝野の意見の接近を図りたいとして、板垣の動静に大きな関心をもってゐたことは、かれらの書簡に鮮やかに記録されてゐる。明治維新の際に赫々《かくかく》たる武功を立て、征韓論直後から民撰議会の提唱者となり、全国の熱情的な民権派志士の戦闘的棟梁《とうりよう》として強力な行動力を有する板垣の存在は、明らかに政府の立法調査の官僚たちに大きな心理的重圧を感じさせてゐた。その政治的実践活動において板垣が政府に与へた影響力は、決して大隈に劣るものではなかった。

第十章　憲法構想に助言した外人
――米英独の政治家や学者――

一、グラントとスペンサー

帝国憲法が、日本の君民一致の長期の希望によって制定されるにいたったものであることはいふまでもないが、それはまた、東洋における最初の近代憲法であり、この近代的憲法典ができるまでに外国人の知識が種々学ばれ、参考とされたことは言を俟たない。

明治維新の際の政体書でもすでに『西洋事情』や『聯邦志略』等が大きな参考とされてゐたが、その後に外国書の訳書の出版されたものもすこぶる多い。また、新政府は文明開化のために多数の外人を雇用して、その知識や技術を利用した。法制については、本書でもこれまでにボアソナード、フルベッキ、ジュブスケ等の名をあげたが、なかでも憲法では、ロエスラーは欠くことのできない人物である。ロエスラーについては、すでに戦前にも鈴木安藏著『憲法制定とロエスレル』その他の研究がみられるが、京都大学名誉教授須貝脩一の最近の論文「ロエスラーと明治憲法」(『産大法学』第十一巻所収)に小文ではあるがより正確な論評があるので、ここでは主としてそれによってロエスラーの学者としての立場を述べておく。

ロエスラーは、日本政府の内に入って、直接に井上毅とともに憲法の政府案作成に大きな仕事をした人である。ドイツ人ではあるが、プロイセンのビスマルクを極度に嫌ひ、プロイセン・ファイント（プロイセン嫌ひ）との評判が高かった。かれは、ドイツの法学界では若くして名をあげた新進の学者であったが、その極度の反ビスマルク主義のために大学を追はれた。しかも、かれの社会法的な思想は、当時の法学者多数とも相いれない点があり、ベルリン大学のグナイストなどとも鋭く対立してゐた。在独日本公使の青木周藏が、この新進の学者を日本政府に招聘《しょうへい》する契約をした時に、ドイツ宰相ビスマルクは、その契約を解消させようとして抗議した。青木は「ロエスラーの地位は、決して政治的なものでなく法の技術知識に関するものにすぎない」と釈明してゐる。ビスマルクが外国公使にまで抗議したといふことは、ロエスラーの法学者としての地位が重かったことを意味し、かつ、その反ビスマルク主義のほどが推察される。

かれの法学思想は、その当時では新しい社会法学の立場で、その点ではウィーンのスタインなどと相通ずるものがあったが、ベルリンのグナイスト学派とは鋭く対決し、とくに国家と地方自治との法関係などで相反した。グナイストは、後年かれを訪問した伊藤博文に対して「ロエスラーは自由主義で、プロイセン政治の反対者である」と告げて警告してゐる。このやうな立場のロエスラーが、伊藤に招聘されて来日したグナイストの門弟モッセと法理論的に鋭く対立したのは当然であらう。憲法起草当時の井上毅は、どちらの意見も徴してゐるが主としてロエスラーの説をとり、モッセの説をとることは少なかったらしい。モッセは不満であったが、後に山縣有朋に信頼されて、地方制度ではその意見を採用されたものが少なくないといふ。

ロエスラーの憲法意見については、後に憲法典編纂の章で詳しく論ぜねばならぬことが多いので、ここでは詳しく立ち入らない。ただ、右に述べた経歴でわかるやうに、かれはドイツ政府からは追放者同様に見られ、ドイツの法学者の主流からは異端視され敬遠された人であったが、しかし日本では、井上毅に深く信頼されて、前記の岩倉具視の綱領作成などではすでに大きな作用を及ぼしてゐることを、ここでは指摘しておく。

右に見るやうに、同じくドイツ人といっても、ビスマルクとロエスラーとグナイストとでは、法学的に全く異なるものがある。そのやうな法学思想の違ひをまったく無視して、日本の近代史家の間には、同じドイツ人だといふのでロエスラー、グナイスト、ビスマルクを同一列にならべて、「明治憲法は、これらの絶対主義的ドイツ人の指導によって作成された」などと割りきることが一般化してゐる。まったく法学の学説異同を無視する俗論である。

日本政府の部内にあって憲法制定に協力したロエスラーやモッセの学説については、憲法典編纂の章で詳しく見ることとして、ここでは外部から日本人に対し立憲構想について助言し忠告した外人のうち、その時代に国際的にも第一級の政治家や碩学《せきがく》で、しかも政府の制憲過程で直接あるいは間接に浅からぬ作用を及ぼしたと思はれる数人の外人についてのみ書く。

その第一は、明治十二年に来日した北米合衆国の前大統領グラントである。かれは親しく明治天皇にお目にかかって対話したが、その談論は政治、外交、財政から憲法制定の事にまで及んでをり、天皇にも時の政府にも非常に深い印象を与へた対日進言として銘記されてゐる。

グラントは、奴隷解放の南北戦争において抜群の戦功を立てて人望を集め、リンカーン大統領の政治的後継者として、人種差別撤廃の憲法改正を断行した人である。かれは一八七〇年に、選挙権は人種、体色、以前の服役等によって制約されない、との米国憲法の進歩的改正を断行した（米国憲法改正箇条第十五条）。そしてかれは、岩倉具視を代表とする日本の新政府の使節団を親しく迎へた時の大統領でもあったし、もともと人種差別撤廃の指導者でもあることから、その時代の白人政治家には稀な、東洋、日本に対する同情者であった。かれの来日に際して、開国後の日本では前例のない豪華な歓迎が行はれたが、とくに七月七日の観兵式に臨んだ際に明治天皇からの御希望があり、その約一ケ月後に芝の浜離宮において、天皇に詳細な国政上の進言をした。かれの進言は、あらかじめ十分に用意されてゐたもののやうで、簡明に要約されてゐる。その筆録によれば、明治天皇から意見をもとめられたのに対して次のやうに答へてゐる。

グラント

誠ニ辱キ仰ナリ、凡《オヨ》ソ他國ノ政策ヲ議スルハ、其國人ニ若《シ》カサル事、固《モト》ヨリ言ヲ竢《マタ》サレトモ、請フ爰《ココ》ニ聊《イササ》カ鄙《ヒ》見《ケン》ヲ上聞ニ及フヘシ

余曩《サキ》ニ長崎ニ着港セシヨリ、常ニ倩《ツラツ》ラ當國農業ノ景況及人民進歩ノ狀態ニ深ク注目シ、曾テ聞知スル所アリシヨリモ一層大ニ事情ヲ詳悉《ショウシツ》スルヲ得タルニ因リ、余カ從來久シク日本ノ爲メヲ思ヒ其進歩ヲ望ムノ衷情ハ、是ニ至テ愈々深ヲ加ヘ、自ラ信スラク、眞ニ日本ノ幸福ヲ冀《ネガ》フニ切ナル者　陛下ノ自國人民ヲ外ニシテハ、他ニ復《マ》タ恐ラク余ノ如キハ之レアラサル可シ、蓋《ケダ》シ余一個ノ衷情ニ非ス、即チ我米國人民ノ衆情ナリ　新嘉波ヨリ此方ニ在テハ、新紙若クハ雜誌等ノ亞細亞人ト米歐人トヲ同等視シテ論議スルモノアルヲ見ス、只東京タイムス、及ジヤパン・メールノ兩紙カ東洋諸國ト雖トモ國權ハ各同シク之ヲ有セルカ如クニ論スルアルノミ、又西洋諸國ノ官吏輩ニ

至テハ皆盡《コトゴト》ク利己主義ニ執着シ、日本及清國ノ國權ヲ顧ルモノ、如キハ殆ト希《マレ》ナリトス、其不正貪欲《ドンヨク》ナル、實ニ余ヲシテ往々切齒《セッシ》扼腕《ヤクワン》ニ堪ヘサラシム

陛下

朕深ク卿《ケイ》ノ誠意ヲ嘉《ヨ》ミス

（終りの部分の英語速記原文は、"Whatever is their interest they advocate it without regard to the right of China or Japan. Sometimes my blood boils to see this unfairness and selfishness."）

かれは、いかにも奴隷解放、人種平等のために戦った大統領らしい熱情的な語で、西欧列強に対してその不義を憤り、東洋の日清両国への友情を大胆率直に示してゐる。かれは、日清両国が列強の強欲な侵略からまぬがれるためには、和親を保ち、琉球問題などの紛争懸案も平和的に解決するやうに、と非公式斡旋《あっせん》をした。

このやうに、かれは白人政治家には稀に見る人種偏見のない政治家ではあるが、そのころ問題となってゐた民撰議院の開設については、次のやうに極めて消極的、といふよりも存外なほどに保守的な見解を力説してゐる。

凡ソ文明各國ニ於テハ、皆一般ニ政黨ナルモノアリ、蓋シ政黨ハ相互ヒニ控制シ、失政ノ事無ラシムルノ便益アリテ其効用尠《スクナカ》ラスト雖トモ、亦互ニ現存政府ヲ轉覆セント謀ルノ弊害アルヲ免レス、思フニ當國ニモ亦必ス此政黨アラン、而シテ我米國ニテ「デマゴーグ」ト稱スヘキ政論ノ主唱者アリテ、此輩ヤ其自己ノ黨與ヲ得ント欲シ、覓《モト》メテ政府ニ抗抵スルノ議論ヲ發スルナル可シ、爰ニ余カ所見ヲシテ誤謬《ゴビユウ》ナラサラシメハ、今日此國ノ新聞及人民中ノ輿論《ヨロン》ハ大ニ民選議會ノ設立ヲ冀望《キボウ》スル者ノ如シ、今ヤ果テ其開機ナルカ否ハ余ノ所知ニ非サルモ、能《ヨ》ク時機ヲ察シ之ヲ設立スルハ何國ヲ論セス甚タ利益ナシトセス、方今歐洲各國ニ於テハ露國ニ至ルマテモ皆此般

ノ議會アラサルハ無シ、凡ソ政府ハ其治ノ立君ナルト共和ナルトニ拘ハラス、人民ニ憑依《ヒョウイ》スル者ヨリ強キハナク、當局者ハ頼《ヨッ》テ以テ輿論ノ在ル所民心ノ歸スル所ヲ予知スルヲ得ルナリ、是故ニ此國ニ於テモ早晩必ス該會ノ設立アルヘキナレハ、今ヨリ宜《ヨロシ》ク政府ノ意向ヲ人民ニ示シ、時來レハ將《マサ》ニ其開設アラン事ヲ知ラシメ、人民ヲシテ其責任ニ應スルノ知識ヲ養成セシムヘシ、而シテ一タヒ既ニ選擧代議ノ特權ヲ人民ニ許與シタル後ハ、永々之ヲ許與シ、再決テ取戻スヲ得可ラス、是レ　陛下必ラス御心得アラセラルヘキ事ナリ、故ニ如是《カクノゴトキ》會議ヲ創立スルニ當テハ、用心ノ過ルモ宜シカラサレトモ、深ク注意セスンハアル可ラス、事ヲ起スニ太《ハナハダ》急ナルハ極テ危フケレハ、時期尚未タ到來セサルニ輕卒議會ヲ起シ却テ擾亂《ジョウラン》ヲ招ク事アル可ラス、又初ヨリシテ此議會ニ期望ヲ屬スル事甚タ重大ナル可カラス、最確ナル道ハ徐々ニ進歩ヲ謀リ、漸ヲ以テ人民ノ知識ヲ進マシムルニ若カス、故ニ余今竊《ヒソカ》ニ日本ノ爲ニ謀ルニ、先ツ着手ノ初ハ國中首領ノ人物ヲ擧用シテ顧問議會ヲ起シ、之ニ附スルニ立法ノ權ヲ以テセス只《タダ》討論ノ權ヲ與フル事ト成スヘキ歟《カ》、然ルトキハ自然ニ信任ト知識ヲ得、又其責任ノ性質ヲモ了得スルニ至ルヘシ、畢竟《ヒッキョウ》民選議會ノ要ハ人民ノ知識ニ在リ、而シテ日本人民ノ知識ノ進メルハ余カ實ニ驚愕《キョウガク》ニ堪ヘサル所ナリ

これは伊藤の渡欧に先立つこと三年、明治十二年七月の談話ではあるが、国会を開いても当分の間は、これをただ政治「討議」の場としての地位に止めておいて「立法権」を与ふべきでない（*It seems to me that the first step should be an advisory assembly, a counsel of the leading men in Japan, with power to debate but not to legislate.*）、との保守的主張である。国会の権限としては、初めは在野の有力者に討議を許すだけで立法決議権を与へるな、といふほどの保守忠告であった（以上は「グラント將軍御對話筆記」より引用）。

かれは、ただ異国的な日本人を見て後進未開の国だと思ったわけではない。かれは文明開化派の駐米大使

吉田清成と懇親であり、伊藤博文や森有禮等の日本の知識人をもよく知ってゐて、日本が明治維新後わづか十余年の間に文明開化の急速な進歩をしたことにむしろ感歎してゐるのである。しかもこのやうな主張をするのは、日本の文明開化は、維新後の政府が思ひきって登用した新進の開化派行政官の強力な指導力によるものだと信じたのであらう。開国前のアンシャン・レジーム（旧体制）の心理は、社会的にまだ根づよく残ってゐるにちがひない。その現実を無視して、ただ形式的民権民主の議会政治をとると、進歩の歴史は逆転しかねない、とおそれたのであらう。

これは米国憲法史に深い経験を有するグラントとしては当然の推理である。米国の民主憲法といふのは、守旧派のロイヤリスト約十万を海外に追放しても、なほ賛否相半ばする程度の苦闘をして、やっと成立した。しかもその民主議会といふものも、さらに一歩前進しようとすると守旧派が存外に有力で、奴隷解放の実現のためには、議会では決着がつかず激しい内戦を経過しなくてはならなかった。文明進歩の道は決して安易ではない。進歩派が社会意識の上で十分に実力を固めた後でなくては、議会の多数決政治などは有効には作用しない。これがグラントの、米国政治家としての経験にもとづく思想である。グラントは、日本の文明開化の状況を見るとともに、在野の社会にはまだ封建士族の根が強大だと感じてゐたのではないか（その点でこの外人政治家の見解は、日本政府の洋学開明派官僚と相通じ一致してゐたともいひ得る）。

ここから、欧米に劣らない文明開化を欲するならば、日本では、開明派に行政的権力を与へて民権議会の権限を制約せよ、との法思想の論理が成り立つ。このグラントに対して、時の政治的実力者岩倉具視は、信頼し期待するところ極めて大きかった。二ケ月の滞在中に、しばしば訪問し往来したばかりでなく、帰米後のグラントにも通信しつづけた（これは主として日清外交問題など）。ともかくグラントの明治天皇に対する進言が、日本政府にとって貴重な政治意見として重んぜられたのは明らかである。この明治十二年に元老院で起草されてゐた国憲案を、岩倉が慎重を欠く急進案として判断し、その翌年明治十三年にその国憲案が報告されても審議もしないで拒否したのには、この米人グラントの進言も作用するところがあったと推察していいだらう。

グラントが慎重漸進を切言したのは、一つの見識でもあり、日本政府に対して有力な参考ともなった。しかし、明治十三年に全国的に燃えあがった国会開設要望の熱烈な国民運動は、到底「立法権なき討議の場」としてのグラント案などで収まるものではない実情にあった。岩倉は十四年には、制約された立法権を有する国会を考へるにいたる。

日本の明治民権思想に対して、もっとも大きな影響を及ぼした外国書の著者の一人は、英国の自由思想家スペンサーであらう。ルソーやモンテスキューの名は当時の日本でも有名ではあったが、直接にその論文が詳しく読まれたわけではなかった。むしろ、ひろく民権家の間にベストセラーとなったのはスペンサーであった。スペンサーの著作の訳文としては、明治十年に尾崎行雄の抄訳があり、次いで城泉太郎の訳があるといはれるが、ベストセラーとなったのは松島剛の『社會平權論』で、同書は『明治文化全集』第二巻（「自由民權篇」）に、下出隼吉の解題がついて復刻されてゐる。

この解題によると、本書の第一巻が出版されたのは明治十四年五月。忽ち自由民権論者に非常なセンセーションをおこし、とくに土佐の立志社などでは数百部をまとめて電報で注文して来るし、各地からの注文が殺到して、訳者への激励通信も大変に多かったらしい。あまりにも多く売れたので、初め約束した訳書の稿料が、二十五円であったのが二千五百円と百倍にもなるほどであった。「板垣伯は此の書に心酔して、これは民権の教科書なりといはれ、又宮地茂平は日本政府の支配を脱したいと思ひ、国籍離脱の届をその筋に出し、当時社会の耳目を聳動《しょうどう》させ」たといはれ、また加波山事件の某被告は、東京湾上においてこの書を読み、決起の一党に加はる決意をしたといふやうに、社会的に大変なショックを及ぼした。また民権壮士などに熱読され、後藤新平、谷干城なども精読したといふ。スペンサーの『社會平權論』が、明治十五、六年時代の日本の自由民権家に非常なショックを与へて急進思想の大きな一源流をなしたことは、明治思想史を論ずる人々のなかでは否定すべくもない大きな事実として周知されてゐるところである。

しかるにその当時、スペンサーその人は日本の高官に対して、まったく反動的とも見えるほどの保守的な進言をするのにすこぶる熱心であった。それは、スペンサーの著書を見た日本人はスペンサーの真意を逆立ちさせて読んでゐたのか、と疑ひたくなるほどである。このやうな混乱がどうして生じたのか。その理由を平易に解説しておかないと、西洋思想と明治日本人の思想との間の関連がわからない。これは、スペンサーほど極端でなくても、他の外人の思想についての当時の日本人の西洋思想解釈を見るのにも必要なことである。

西洋では英国の名誉革命からフランス革命へかけて、天賦人権とか社会契約などの自然法思想が流行して、民主自由の時代が来た。ジョン・ロックやルソー、モンテスキュー等の思想がそれで、かれらは、全人類に普遍的にして唯一の正しい自然法がある、と主張した。この思想は、とくに英仏社会の革命的変革に大きな影響と作用とを及ぼしてゐるが、十七世紀から十九世紀にいたるまで現実の政治的社会的思想としても大きな勢力を有し、西洋では長い間、古典的権威を保持した。洋学を学ぶ日本人が、ルソーやモンテスキューを学んだのは当然のことである。

しかしこの時代には、すでに西欧での学問や思想の専門家のなかでは、ダーウィンの進化論が大きな影響を及ぼし、生物学のみならず一切の科学思想に進化論が作用してゐた。カール・マルクスの共産主義などもその一例であって、かれは、社会契約説などはまったく架空抽象の説であり、現実社会の解明には論評にも価ひしないものとして酷評し、「階級闘争史観」を立てる。このマルクスがプロレタリア的進化論者とすれば、スペンサーは、まさにブルジョワ的進化論者としての自由思想家である。進化論に深く影響されたスペンサーと、それより一時代前の自然法そのままの自由主義との思想史的な区別が、日本人には一般に理解されてゐなかった。

法思想史の上でも、法学者の間に歴史法学、社会法学が新しく擡頭《たいとう》して来る。人類普遍の法が初めから存在したなどとは信じない。法は民族の現実的な社会的歴史の所産であるとする主張である。マルクス主義では、法といふものは、人類史の進化の一段階における支配階級の抑圧の手段に外ならぬものとする。ヨーロッパの思想や学問の上では、天賦人権思想、社会契約説はすでに旧説なのであり、スペンサーのやうな自由思想家にとっても、それは過去の貴重なる古典以上のものではない。

この思想史の新旧の発展が、洋学にとりついたばかりの日本人には、明瞭にはわかってゐない。スペンサーが英国での自由放任政策を主張し政治的自由を論ずるのは、かれとしては、英国人社会の数百年の進化史と結びついての理論なのであって、進化論的前提条件の異なる日本については全く別の見解を有してゐた。

それは著書を通じて論述されないで、かれと親しく交はった日本の高官森有禮等への助言忠告として示されてゐる。この間の事情を解明したものとして、雑誌『新勢力』(昭和五十三年一月号)に発表された阪本是丸「帝国憲法制定についての覚書」には、注目すべき資料が提示されてゐる。この覚書は、デイヴィド・ダンカン著『スペンサーの生涯と書簡』(*David Duncan, "Life and Letters of Herbert Spencer," 1908*)を資料としてゐるが、右の阪本覚書は、英文原書にあくまで忠実な直訳文となってゐていささか読みにくい難点もあるので、その覚書によって、原文を参照しながら大要を下記する。

ダンカンによれば、一八七三年(明治六年)スペンサーは、日本の前駐米公使森有禮と知り合った。スペンサーは語ってゐる、「かれ(森)は、日本の諸制度を新しく再組織することについて、私の意見を求めるために来訪した。私は、かれに保守的な忠告を与へ、日本は既有既存のものから、あまりにも大きな進歩への努力をすべきでないと主張した」と。ロンドンに在住し、あるいはロンドンを訪問する日本の指導的政治家が、スペンサーのところへ相談に来た。スペンサーは、東洋文明と西洋文明とが同時に存在する時に生じやすい種々の危険を考へると、憂念を禁じえなかった。内政問題については、今まで専制政治に慣れてゐた国民にいきなり政治的権力を与へることは危険である、との印象を強くもってゐた。また国際的外交的問題については、外国人による干渉政策に対しては、隔離孤立(isolation)政策ではなくて、抵抗政策をとるべきだと主張した。

このことは記憶さるべきである。事実、日本は長くヨーロッパ勢力を前にして、その独立を保持して来た。スペンサーが憂へた危険といふのは、日本が条約や協定などによって往年の中国のやうに、日本領土内に外国人に足場を与へるかもしれない、といふことであった。

スペンサーは、日本の独立に対してとくに同情的で、日本は、外国に対しては断固として抵抗政策をとり、国内的には急進的変革をさけて保守的に国内を固めねばならない、と忠告した。森有禮とスペンサーとは格別に親しくなり、森はスペンサーの忠告にしたがって、反動的とも見られるほどの保守主義を政府に進言してゐる。ところがスペンサーは、日本政府が森公使を通じての保守的忠告を顧みなかったとして不満であった。それは後年のことであるが、森有禮が刺殺された後に金子堅太郎にあてた書簡（一八九二年八月二一日付）で次のやうに書いてゐる。

當時公使であった森氏が、彼の日本憲法草案を私に提示したとき、私は彼に非常に保守的な忠告をし、いままで専制的支配に慣れ親しんでゐた日本人が、たちまちにして憲法政治ができるやうになることは不可能であると主張したことは、貴下に告げましたし、多分御記憶のことでせう。私の忠告は、十分には顧慮されなかったやうです。日本の事柄についての最近の情報から、私が推測する限りでは、日本は、あまりにも自由を一度に大きく與へたために、それから生じる害惡に苦しんでゐます（前記阪本訳による）。

この書簡によって見ると、数年前に森有禮の日本憲法草案を示されて、スペンサーが徹底的に保守的忠告をした事実が書かれてゐる。森有禮の憲法草案といふのは、あまり法制史では問題にされないやうであるが、当時の政府系要人の井上毅、山田顯義とか西周等の憲法私案に比してもすこぶる保守的で、異色あるものである。これは『森有禮全集』第二巻に「日本統治の代議組織について」（ON A REPRESENTATIVE SYSTEM OF GOVERNMENT FOR JAPAN）として収録されてゐる。第一章は一般的歴史事実について、

第二章は特殊歴史事実、第三章は一般的結論、第四章一八九〇年に予定された国会、との全四章から成る。

その見解はかなりに異色のもので、日本の神武天皇から明治維新までの史的発展を語り、とくにその特徴として数々のことが述べられてゐるが、「日本の社会では、財とか所有権とかは、ヨーロッパ諸国におけるほど政治的に重要な役割を演じてゐない。日本の政治的ユニットは常に各家の長と同一であり、この家は、他のユニットで代りうるものではない」として、将来の日本の組織にも家の存在意義の重要さを切言してゐる。また、日本人社会においては本来的に階級的身分的な差別の伝統がない、としながら、臣民のなかでの各専門の知識や才能に応ずる格差をみとめねばならぬことを論じてゐる。そして一つの特徴としては、「政党政略」が実は人民の自由なる意思の表明に反して作用してゐる諸国の実情の害を徹底的に指摘して、日本では、どうしてもこの「政党政略」をさけねばならないことを力説してゐる。

このやうな森の歴史認識と政党嫌ひとから生れて来る「代議制」の組織なるものは、国会の権限を極度におし下げることになる。「国会の投票が国の職分を尽すことについて、少なくも議員三分の二が一致するならば、政府はそれを受け入れるべきだ。しかし国会の多数が三分の二以下であるときは、政府は、それを採用するもしないも自由たるべきである。政府が拒否する場合には、国会議員が選挙民に対して公知させることができるやうに、国会に対してその説明を与ふべきである」といふやうなことが書いてある。国会は、三分の二以上の圧倒的多数をもって決議するのでなくては政府を動かすことができない。しかも政党を強くしないためにあらゆる方法が考へられてゐる。これは、おそらくもっとも官僚主義的な憲法構想であったと思はれるが、それでもスペンサーは、それを進歩的にすぎると評したらしい。

後年の金子へのスペンサーの書簡によると、スペンサーは、森の家父長制の選挙法は非常に大切な条件としてみとめてゐるが、日本の国会に対して許される権限は徹底的に小さくすべきで、それは「政府の機能について苦情を述べること、すなはち彼らが害悪と考へてゐること、除去してもらひたいと思ってゐる害悪について述べること」のみに制限されねばならないとする。つまり、苦情を陳情するだけで、その解決手段について述べる権限を国会に与へるべきではなく、ましてや立法権とか財政権などは論外の沙汰なのである。それは三世代も四世代もの政治的な経験を積み重ねて進化した上でのみ、人民の議会に対して認められる権能だといふのである。議会は、二院で同時に三分の二以上の圧倒的多数を得れば政府に対抗しうる、との森案でも進歩的すぎるといふのである。以上は前掲の『スペンサーの生涯と書簡』および「阪本覚書」中の一八九二年八月二一日付、金子堅太郎あて書簡の要約である（森が、議会決議は三分の二でなくては政府を動かしえない、との構想を立てたのは、これはドイツ法学でもなく英国法学でもない。かれは、もともと米国で学んだ知識が基礎になってゐる人である。現代の日本人は、帝国憲法がドイツ流なので官僚的になった、とよくいふが、日本の国情を前提にして、保守的な思想で米国法学を利用してをれば、この森有禮のやうな論理が出て来るのが自然である。第九章で解説した立志社案、植木案などは、心情的には進歩的だが、政体法を整理して行くと、結論的にはもっとも保守反動的な森有禮の案に近づくことになる）。

この金子あてスペンサーの書簡には、憲法論のほかに、日本政府が外国人の土地所有や借地を禁じ、鉱山業、沿岸貿易を禁じ、国際結婚を禁ずべきことなどの保守的な忠告が、いくつも列記されてゐる。しかし私信としての厳秘を条件としてゐて、伊藤博文に示すことには同意してゐるが、公開はスペンサー歿後にしてくれ、とことわってゐる。スペンサーを急進自由家として心酔した民権書生などが見てをれば、呆然《ぼうぜん》として困惑するほかはあるまい。もっとも、スペンサーが公開を禁じたのは、日本の民権書生の自由思想と論争するのをさけたのではなく、英国をはじめヨーロッパ列強政府の対アジア政策の妨害者としての立場を公示して論争するのを煩らはしいと思ったからではないかと思はれる。かれの歿後にこの遺文は発表されて、ロンドン・タイムズで小泉八雲（ラフカディオ・ハーン）がスペンサーに同感の文を書いたといふ（「阪本覚書」による）。

英国自由主義の碩学スペンサーの日本憲法に対する意見は、米国の元大統領グラントのそれよりも決して進歩的なものではなかった。それに対しては、かれらが日本人に対して全く無知だったからだとの評もありうるであらう。しかし、グラントにしてもスペンサーにしても、米英人のなかで特に日本に対して無知だったのではなく、日本国に対して好意的であるとともに、むしろ欧米人のなかでは日本知識のある人であった。しかもかれらは、日本に権威のある民権国会を開くといふことは、徒《いたづ》らに日本の政局を混乱させ、不安定にするものだと信じてゐたのである。グラントやスペンサーほどの著名人でない米英人も、実は似たやうな見解をもってゐた。日本の民権書生が、外国書の訳文を読んで急進民権の思想を激励されたのも事実であるが、これらの外人と直接に交渉を有した日本の高官が、民権的国会への道を躊躇させられたのも事実である。

米人グラントや英人スペンサーに対して、日本政府の高官が敬意を感じ、思想的に影響をうけたのは明らかだと思はれる。しかし、かれらの説は、政府が在野の急進論に対抗するのに思想的な作用を及ぼしたとしても、憲法制定に際しては、ほとんどその影を残してゐない。枢密院での憲法制定会議において、スペンサーに学ぶところ多かった森有禮は、閣僚のなかではもっとも発言も多く保守主義を熱論してゐるけれども、かれの提言や修正案はすべて否決されてゐる。それは政府の高官のみの間では理解され同感されるとしても、到底、国会開設を熱望してゐる日本国民に同意させることのできる構想ではないと考へられた。岩倉は、明治十四年の綱領ですでに、国会に対して「制限的」ではあっても一定の立法権をみとめざるを得ない、と決意してゐる（グラント進言から二年後のことである）。

後年に伊藤博文は、渡欧してパリおよびロンドンで、森有禮とは格別に熱心に討議し懇談し、大いにその政見と人物とを高く評価して、かれを文部大臣に推すことになる。しかし伊藤は、森よりも遙かに現実政治家であって、その進退は柔軟である。かれは、板垣、大隈流の憲政思想に対しては鋭く対立してゐるものの、スペンサー流の森有禮の憲法論では到底、日本の政治を乗りきれるものではないと判断してゐる。かれは、森の文教制度についての政見は強く支持したけれども、その憲法論は非実際的なものとして採択しようとはしなかった。

二、グナイストとスタイン

これら米人政治家や英人学者の説ではなくして、ドイツのベルリン大学のグナイストや、オーストリアのウィーン大学のスタインの説は、帝国憲法典の作成について少なからぬ実際的影響を及ぼしてゐる。後年に法典として現はれた帝国憲法を見ると、明らかにグナイストやスタインの説を参考とし採択したと見られるものが少なくない。そこで近代史研究者の間では、帝国憲法がグナイストやスタインを師として、その指導の下にできたかのやうに論ずる者が、今日では一般的になってゐるかの観がある。

しかし、これは明らかに行きすぎの史観である。それはただ、これらの学者の提言で採択された条文を見るに急であって、これらの学者が熱心に勧告したにもかかはらず全く無視された条文や、むしろ反対の立場で立法された条文も決して少なくないのを見落してゐる。その否定的な条文を見て行くと、これらの外人学者の説は、日本人に対して「畏敬《いけい》すべき外人の説」として大いに「参考」にされたとはいひ得ても、決してその関係は、師と門弟といふやうな指導関係にあったのではなく、日本人の側にあくまでも独自の見解があり、自主的な識見の確たるものがあったことが明瞭にわかる。

このやうな立場にあったグナイストやスタインの憲法説が、どのやうなものであったか、それはとても小論で要約しうることではないが、かれらの日本憲法に対する見解のなかで、注目すべき諸点についてのみ述べることにする。

グナイストと日本憲法との関係は深い。明治六年のころ木戸孝允がグナイストと会談し、青木周藏をして、グナイストの説を聞いて憲法構想（修補されて「帝號日本國政典」となる）を書かせたことについては、すでに稲田正次の研究がある。この憲法案には民撰議会がなく、後の憲法とは質的に異なるが、初案では、キリスト教（特にカトリック教）を禁じてゐるのが注目される。青木の後にも日本人の研究者でグナイストを訪問したものは多いが、グナイストの日本憲法論については『西哲夢物語』（明治二十年刊）のなかの「グナイスト氏談話筆記」(『明治文化全集』「憲政篇」所収)が有名で詳しい。これは明治十八年に伏見宮貞愛親王(土方久元伯が随行して渡欧)が講義を聞かれた時の筆録である。これより少しく前に伊藤博文もその説を聞いてをり、明治天皇に憲法学を進講する目的で侍従の藤波言忠が渡欧した明治十九年にもその説を聞き、そのほかにもグナイストの説を聞いたものは多いが、それらは当然に同一の立場で論述されたにちがひない。この「談話筆記」は二十回(二十日)の講義で、グナイストの詳しい意見が筆録されてゐる。

グナイストは、法は民族の歴史の所産であるとする歴史法学の創始者ザヴィニーの影響をうけた学者であり、当然に、英国やドイツの法と日本の法とは異なるべきものとする立場である。しかし、英人スペンサーが日英の進化を全的に異なると断定したほどにはグナイストは、日独の間に相通じない異質性があるとは思はなかった。かれはその講義の第一回で、「日本ニハ國會開設ノ催アル由ナルガ、外交兵制經濟ノ三箇條ハ決シテ議院ノ吻《クチバシ》ヲ入レサス可ラズ」といひ、行政権絶対優位の説を前提にして論をはじめてゐる。しかしこれは日本人の異質性の故にかくいふのでなく、グナイストは、ドイツも同じだとの思想なのである。

第二回には、人間の社会には地主、資本家、耕作農民、工員、商人、学者等々の社会階級や職業の別があり、その利害が相対立することを説く。しかして、その利害対立を基とする政論の横行は国政に害があるとして、国民の精神を連帯し統合するものとして、宗教の社会作用の偉大なることを論じてゐる。しかしかれは、集団利害のエゴイズムを制する宗教が、一国の基礎を固める所以を説くのであって、決してキリスト教をすすめるのではない。

第三回では、プロイセンの地方自治(邑制)について述べる。グナイストは、当時擡頭して来た社会主義政

党を危険視してゐる。かれは、

今社會黨ハ貴賤ノ別アルベカラズト論ズル者、歐洲ニ多ク生ゼリ。是亦日本ニモ傳染シ、案外ノ憂ヲ生ズルコトアルベシ。是等ノ徒ハ必ズ權利ヲ均一ニ求ムルコトナルベシ。然ルトキハ政府ハ此徒ニ向ツテ其義務ヲ盡スコトヲ責ムルノ外ナシ。例ヘバ一人ガ三人前ノ義務ヲ盡スニ依テ、即チ多クノ權利ヲ有セント欲セバ須《スベカラ》ク義務ヲ盡スベシト。貴族ノ權ナル者ハ他ナシ、公ケノ義務ヲ多ク盡スニ依ツテ存スル者ナリ。英國ノ貴族ヲ見ルベシ。數百年來國ニ對シテ最多ク納税シ、議院ニ擧ゲラレテ日夜國家ノ爲メニ義務ヲ盡サザルナシ。然シテ此義務ヲ盡スハ皆各邑《カクユウ》ニ於テセザルナシ。

として、とくに地方における英国貴族を高く評価し、特権ありて義務をつくさなかったフランスの貴族が亡びたのは当然であると論じ、ドイツの邑には三等級の公権者の区別あることを説明してゐる。しかしグナイストによれば、日本の田舎には真の貴族なく、豪農あるのみであるから、国民を三等級に分つことなく二等級に分ってもいいといふのである。

ここでは、税率に応じて参政権を区別するプロイセン憲法の等級間接選挙制度が、社会党や無責任な煽動的政治家の横行を防止するのに大切な条件となることを力説してゐる。これはグナイストの憲法理論の大切な一条件である。「社會黨ニ與フル良薬ハ他ナシ、平等ニ權利ヲ與フベシ。但シ富者ト同様ニ義務ヲ盡スベシト云ハンノミ……。數百人ノ智識ヲ具ヘザル者ノ集リテ議員ヲ選擧スルトキハ、必ズ大ナル混雜ヲ免レズ」として、納税額の制限をきびしくし、しかも税率に比例して公権を上下二級に分ち、間接選挙とすることの必要性を主張する。これはグナイストの保守的構想のなかで、本質的な重い意味を有すると見られる。

第四回は郡制について論じ、地方政治が国政の基礎となることを説明。第五回にはフランスの制を述べて、とくに「日本ノ政治ニ獨逸ノ制度ヲ適當スベシト説ク者アレドモ、元來獨逸ノ制度ハ錯雜セルヲ以テ却テ日本ニハ適當スベカラザル者ト考ヘラル。……日本ノ縣制ニハ佛國ノ縣制ヲ取ルヲ以テ尤《モツト》モ可ナリト信ズ」として、フランスの県制を高く評価しつつ、内務省と県令との関係を論じた。

第六回は中央政府（行政権）の国王とその大臣の権の強固なるべきことを論じ、第七回は参事院。第八回の上院のところでは、「上院設立ノ考ハ各國一定ノ主張アルニアラズ。若シ其議員ヲ特《ヒト》リ上等ノ官吏ヨリ取ルトキハ、其國ニ於テ重キ信用ナキモノナリ。又各省衙門ノ權ヲ上院ヨリ制スルニ至ルベシ。又若シ貴族ヲ集メテ之ヲ組織スルトキハ、却テ反動ヲ生ジテ再ビ元ノ有樣ニ歸スルノ恐レアリ。一人一己ノ人トシテハ反動ヲ起サズトモ、多人數集ルトキハ自然時ヲ經テ反動ノ勢ヲ成シ、元トノ貴族卽大名ノ考ヲ引起スニ至ルベキナリ（引用者註、上院が維新前の封建制への反動拠点となることを警戒す）。蓋官吏モ貴族モ共ニ上院ヲ組織スルガ爲メニ必要ナリ。……貴族ト官吏ノ割付方ハ宜シク英國ノ制度ニ則《ノツト》ルベシ」として、英国上院制度の沿革から実情を論じてゐる。

第九回は下院。ここでは、公選の議会は人民の熱望し期待するものではあるが、これをすでに開設する時には、利害にもとづく議論が激しく対立してまとまりがわるいとして、議院に国政上の権限を多く与ふべきでないとする。「議院ニ餘リ多ク政權ヲ付スルトキハ、議院ニ使役セラル可シ。財政上ノ事ノ如キ、議院ノ全權ニ歸スルトキハ、政府ハ議院ニ養ハレ、其使役ヲ受クベキモノトナル可シ。……日本ノ如キモ出入共ニ皆議院ノ許可ヲ受ク可キコトニナシテハ至極秩序アル政治ヲ行フコト能ハザルナリ。……歳入ヲ定ムルノ權ヲ全ク議院ニ與ヘタラバ、已《ステ》ニ政事ヲ行フコト能ハズ。遂ニ大臣ハ職ヲ辭シ、議院ノ多數ニ依テ大臣ニ任ズ」ることとならうとして、下院の財政権を制約することを勧めてゐる。

第十回。ここでは再び、立憲政治のもとでは社会集団の間の対立が激しく、統一国家の思想を保つことの困難を論じ、人民と政府との中間に立つ地方自治政治の果すべき地位について論ずる。しかして、グナイストは、再びここで伝統的宗教の必要を力説してゐる。

佛國ノ學者ハ人ノ性ハ善良ナル者ナリトスト云ヘドモ謬見ナリ。我身ニ近キ者、即チ家内ノ如キハ愛スル者ナレ共、其他ニ對シテハ强弱相制スルハ勢免レザル者ナリ。人ノ性ハ自然ニ善ナル者ニ非ズ。善良ニアルベキヲ要スルノ義ナリ。歴史ヲ見ルニ何《イツ》レノ國ニテモ不善ヲ矯《タ》メテ教育ヲ爲ス者ナリ。然ラザレバ世ノ中ヲ保ツコト能ハザルニ依テナリ。是レ天然ノ性質ニ非ズ。故ニ宗教ガ力ヲ得ルナリ。……教育ノ基トナルハ宗教ナリ。……宗教ナク、學問ノミヲ以テ成立テル國ニテハ生活ノ狀體常ニ動搖ヲ免レザルナリ。

として、「国家の精神的基礎」たる宗教の必要なる所以を力説する。しかしかれは、決してヨーロッパのキリスト教を日本人に対してすすめるのではない。むしろキリスト教を押しつけることには反対で、新教（プロテスタント）はその私的信教の自由をみとめてもいいが、旧教（カトリック）のごときはむしろ制約してでも、東洋古来の仏教を国教（公の国の宗教）として確立すべきだ、と論ずる。

日本ニテ古ク存スル宗教ヲ、外教ヲ以テ押付ルコトハ甚非ナリ。宗教ハ古ヨリ民心ニ浸染シテ感覺ヲ有スル者ナレバ、決シテ之ヲ制スルトキハ、人心ヲ失スルノ恐レアリ。只外教ヲ信ズルノ餘地ヲ存スルヲ要ス。新教ノ如キハ日本ニ入リテモ決シテ害アル者ニ非ズ。此宗教ハ强テ之ニ導キ入ル、ガ如キヲ爲サズ。舊教ノ如キハ强テ之ニ入ラシムルコトアルヲ以テ、往々他宗ヲ制スルノ事アリ。是レ日本ニ入テハ大ナル憂ヲ生ズベシ。歐洲各國ト外交ヲ開クトキハ、歐洲ノ如ク宗教ノ自由ヲ許スベシ。然レドモ勝手ニ之ヲ許スノ義ニ非ズ。卽チ日本ノ宗教ノ外ハ、公ケノ宗教トシテ之ヲ許スコトナク、皆私ノ宗旨トナスベシ。日本ニテ、陛下初メ、政府ノ上ニ立ツ者ト、國ノ宗教ヲ定メ、自ラ之ヲ信奉シテ示サヾルヲ得ズ。佛教ノ主義ハ耶蘇ノ十戒ニ似タル所アリ。……卽チ上天子ヨリ下庶人ニ至ルマデ、通ジテ其心ヲ制スル所ノ者タラザルベカラズ。上下心ヲ制スル所ハ大則ヲ異ニスルガ如キコトアルベカラズ。……。平生ノ行爲自然之ニ適《カナ》フヲ要ス。是レ宗教ノ大旨ナリ。此宗教ノ事ヲ、歐洲ニテモ上等ノ地位ニ在ル者ハ格別ニ重ゼズ、輕々看過シタリ。遂ニ犯上ノ罪ヲ犯スモノアルニ至ル。是宗教ノ信ヲ有セザル者ナリ。上ニ立ツモノ智惠ヅクニテ之ヲ支配セントスレドモ是大ナル誤ナリ（傍点引用者。スタインも宗教については国教説。但し、これは仏教か神道か明白でない言ひ方である。後記参照）。

かれは宗教によって自然に内心の精神の統合を固め、地方の自治制において、法律遵奉の慣習的社会心理を強くするのでなければ、立憲の制度は決して安泰でないと主張する。

第十一回は憲法会議を論じ、第十二回ではまた宗教問題を熱心に説いて、必ず国教を定めねばならぬと力説してゐる。第十三回はドイツの邑制のこと。第十四、五回はプロイセン王のことを論じ、第十六、七回は王と大臣の政府の権限の強大なるべきことを主張し、第十八回で党派を論ずる。第十九回と第二十回には、プロイセン憲法の条文を参照しつつその是非得失を批評しながら、日本人がその中から取るべき点と棄てるべき点とを詳しく論じてゐる。その間にあってもグナイストが国家にとって危険と見てゐるのは、社会党とカトリック（ゼスイット）である。

已ニ宗教自由ヲ許サレタレバ、今更餘儀無キ事ニシテ、又然ラザルヲ得ザルコトナレドモ、外教ノ爭論ニ注意セザル可カラズ。………殊ニ「エジユイト」宗ノ如キハ宗旨合戰ヲ爲サントスル者ナレバ、若シ余ヲシテ日本人タラシメバ外教ヲ拒ムコト勿論ニシテ、外教ハ總《スベ》テ日本ニ在テハ西洋諸國ノ如ク、寺ニテ鐘ヲ打事禁ズルナリ。

と、ずいぶん手きびしい。内面の信教は私的自由として許しても、外形に現はれる布教、礼拝儀式への規律はまた別のことであるから、ゼスイット教会の礼拝堂（寺）などで公然と鐘を打つやうなことは禁じたらどうか、といってゐるわけである。当時の日本の国内では、これを聞けば共鳴者も少なくなかったであらうが、しかしヨーロッパに洋行したやうな人々の心理としては、グナイストの宗教論に共感する者はなかったらしい。

後年の帝国憲法のなかには、グナイストの勧告をいれて起草されたと推定しうる条文も相当にあるが、グナイスト説をまったく拒否してゐる条文も少なくないことは、前に述べたとほりである。前記の「仏教国教制」とか、国会下院の選挙権を二等級に分って間接選挙法とすることなどは、かれの憲法構想のなかでの本質的なものであるが、まったく棄てられてゐる。グナイストは、ただ納税資格の制限条件だけで有権者が平等に直接選挙する英国流の議会は不可としてゐるが、帝国議会の衆議院は公選で直接選挙制をとった。宗教の国教制は、グナイストが事あるごとに国を安定させるための精神的必須条件として、異常なほどの熱意をもって勧告した基本条件の一つであるが、『憲法義解』では信教自由制を説明して、

四百年來信教自由ノ説始メテ萌芽《ホウガ》ヲ發シ以テ佛國ノ革命北米ノ獨立ニ至リ………今日ニ達シタリ蓋本心ノ自由ハ人ノ内部ニ存スル者ニシテ固ヨリ國法ノ干渉スル區域ノ外ニ在リ而シテ國教ヲ以テ偏信ヲ强フルハ尤人知自然

ノ發達ト學術競進ノ運歩ヲ障害スル者ニシテ何レノ國モ政治上ノ威權ヲ用ヰテ以テ教門無形ノ信依ヲ制壓セムト
スルノ權利ト機能トヲ有セサルヘシ

と断定して、国教制を全くの時代おくれの制にすぎないかのやうに書いてある。事実、伊藤博文は、信教は国家の介入すべき領域でない、との法理を固く信じてゐた。しかしグナイストなどとは全く関係なく、日本でも、第六章で書いたやうに元田永孚などは「国家の精神的基礎」の必要を痛感してをり、特定宗教の国教制は主張しなかったが「教育勅語」の重要性を進言することすこぶる熱心であった。これは、道徳によって「上天子ヨリ下庶人ニ至ルマデ其心ヲ制スル」ところの「大則ヲ同ジク」することの必要を不可欠と信じたからである。伊藤博文は、この勅語の起草に際しても大いに躊躇をしめしてゐたが、これは明治天皇の聖裁をいただき、元田や井上毅をはじめとする臣僚の輔翼によって、日本の伝統精神にもとづく道徳典範が渙発《かんぱつ》された。

政府の権限、国会の権限についても、帝国憲法はグナイスト案とは異なるところが少なくないが、権利章典においても、重要な点で帝国憲法はグナイスト説と異なる。その二、三例をあげると、かれはプロイセン憲法の第七款を削除せよと主張し、「國事犯共多ク騒動等起ルトキハ格別ノ裁判ヲ開キ委員ヲ組テ裁判スルコトモ有ル可シ、不得止ノ都合モ有ルモノ也。其時ニ憲法ニ反ストカ云フコトアリテハ不都合ナリ」とした。内乱などの時には、政府の鎮圧軍による委員組織での特別裁判を開くことをみとめよ、といふのである。それと相関連して、司法官の身分保障をした第八十七款については「今日ノ日本ノ法官ハ漸次改良ヲ謀ルベシ。故ニ此款ヲ削」るとして、人権の保障や司法権の全面的独立（司法官の身分保障）などは、将来のこ

とするがいいとした。これはグナイストが棄てることを勧めた条文であるが、帝国憲法では、これを

第二十四條　日本臣民ハ法律ニ定メタル裁判官ノ裁判ヲ受クルノ權ヲ奪ハル、コトナシ

と定め、『憲法義解』では

憲法ハ法律ニ定メタル正當ナル裁判官ノ外ニ特ニ臨時ノ裁判所又ハ委員ヲ設ケテ以テ裁判ノ權限ヲ侵犯シ各人ノ爲ニ其ノ權利ヲ奪フコトヲ許サス

と明記した。また司法官の身分保障についても、

第五十八條　裁判官ハ法律ニ依リ定メタル資格ヲ具フル者ヲ以テ之ニ任ス

裁判官ハ刑法ノ宣告又ハ懲戒ノ處分ニ由ルノ外其ノ職ヲ免セラル、コトナシ

懲戒ノ條規ハ法律ヲ以テ之ヲ定ム

とした。帝国憲法のこれらの条文は、グナイストの説に反対してプロイセン憲法からとったといふよりも、近代文明憲法にとって欠くべからざるものとされたと見るべきであらう。

グナイストは、ドイツ人ではあるが本来英法学者であり、その思考法には存外に伝統的英法流の考へがあって、憲法も、必ずしも硬性憲法ではなくてとりあへずの必要に応じて立法しておき、実施の後で業績をみて、君主が時に応じて修補して行けばいい、と考へたらしい風が見える。不磨の大典を硬性憲法として確立しようとした日本の立法者との間に開きを生じた理由の一つは、そのあたりにもある。しかし、かれの、皇帝行政権を強くし議会権限を制約するとの思想については、日本政府の高官の同意するところであったことは明らかである。

グナイストはまた、

（通商条約のこと等は）人民ノ決テ分ル事ニ非ズ。外交ノ事ヲ不案内ナル人ニテ謾《ミダ》リニ口ヲ出シテハ、只々困ル迄《マデ》ナリ。民法トカ刑法トカノ法律ハ、人民ニ分ルモノ故ニ議院ニ掛ル宜敷《ヨロシキ》也。………故ニ兵力ト税権ト外交権ハ勿論帝王ニ権ヲ占メ置キ、尤モ兵力ト金トハ殊ニ大事ナリ。

として、兵備、徴税、外交の三大権を議院の討議外のこととするがいいと結論してゐる。この三大権を議会に干渉させぬことは、グナイストのみならず日本政府要人の希望であったかもしれない。しかし、帝国議会が開かれて後の明治憲政史を見ると、議会での主たる討議は、グナイストがもっとも嫌ったその三事項、兵備の強化に関する激しい論争や対清対露の外交論争、増税可否の論争に集中することとなった。

おそらく帝国憲法制定の過程において、外人グナイストの提言はもっとも大きな影響作用を及ぼしてゐるといひ得るかもしれないが、事実として成立した帝国憲法の内容は、かれの予想し希望したものとはかなりに異なったものとして結実してゐる。帝国憲法が、日本の君民一致の総力苦闘の結晶である以上、それは当然のことなのであって、帝国憲法をもって「ドイツ人グナイストの指導によって制定された憲法」などと簡単に割りきる俗見は、あまりにも浅薄にすぎる。

帝国憲法の起草に際して参考とされた外国の学者として、グナイストと共にもっとも有名なのはウィーン大学の教授、ローレンツ・フォン・スタインである。かれを訪問した日本人の数もかなりに多いが、かれが日本人に対して語った憲法理論書としては、宮内省から発行された『須多因氏講義筆記』なる書物が有名で、同書は『明治文化全集』（憲政篇）に、今中次麿の解題を附して収録されてゐる。

解題者の説明にあるやうに、この書物そのものは、元老院議官の海江田信義が明治二十年ごろ官命によって訪問した時の講義と質問応答とを、海江田に同行した丸山作樂が筆録したもので、通訳には主として有賀長雄が当ってゐる。海江田は有名な薩摩藩の討幕派藩士で水戸学系の思想の人、丸山は同じく討幕志士で平田門流の神道派である。どちらも国粋主義の人で西洋法学の研究などにはいささか縁遠い感じの人である が、通訳の有賀はパリで研学中の最新知識の人である。

今中次麿は、この『須多因氏講義筆記』はすでに帝国憲法の起草が進んだ時点で出版されてゐる事情からして、この書が帝国憲法に実際的に影響し作用したとは考へにくい、といってゐる。それは当然のことであって、この書そのものが憲法起草の参考書となったとはいひ得ないであらう。しかし、それよりも以前にスタインを訪問した日本の憲法研究者はすこぶる多く、なかでも伊藤博文は、次の章で説くやうに、もっともこのスタインを畏敬して、その説を詳しく聞いてゐる。明治天皇は特にその側近の侍従藤波言忠をスタインのもとに派して憲法講義を筆録させ、その講義を三十三回にわたって聞かれてゐる。明治天皇は、外国の憲法学説をいろいろと聞かれてその知識が深く、しばしば伊藤などが驚歎したとは有名な話であるが、外人の憲法説のなかでも、スタインの説をおそらくもっとも多く聞かれたものであらう。伊藤はスタインをぜひ日本に招請したくて、礼をつくして懇請したが辞退された次第は、次の章で詳しく述べるが、しかしその後も、藤波侍従が訪問したり、官費留学生等が講義を聞きに行ったりしてゐる。海江田、丸山の筆録は、その書そのものが法典編纂の資料にはならなかったにせよ、日本の憲法思想に深い影響を及ぼしたスタインの説がどのやうなものであったかを知るのには、貴重な資料となるはずである（これも伊藤の勧めによるものらしいが、在野の雄、後藤象二郎もスタインを訪問してその説を聴いた)。

ところが今中次麿は、その解題のなかで、

本書によって見ると、彼(スタイン)が如何に日本のために熱心であったかが、眼に見えるようである。熱心であっただけ、日本のことに通暁して居た。その講義の内容も亦グナイストの講義から見ると、遙に詳細であり、又より進歩的であったと思われるが、恐らくこの進歩的だったことが障害となって、伊藤公もあまり近づかなかったらしい。従って我憲法にもあまり彼の説は用いられなかった。例えば枢密院の如きは責任を明らかにする事が出来ないから、置かない方がよいと云い、又プロシヤの等級選挙制度にも反対している。故に若しシュタインの説を用いていたとしたら明治憲法も多少面目を異にしていたと思われる(『明治文化全集』憲政篇の戦後改版第一刷昭和三十年版から引用)。

と書いてゐるが、それは何かの感ちがひであらう。スタインが、老年とはいひながらも当時の新しい学派の社会法学の巨柱であったのは事実であるが、伊藤以下の日本政府要人が、それを進歩的だからとして近づかなかったなどとの感想は、史実にまったく反するとしか思へない。伊藤以下の日本政府が、もっとも近づくことに熱心だったのは、おそらくスタインであったらう。前述したやうに、日本政府の顧問ロエスラーは、グナイストには反対であったがスタインには好意的であった。前述のプロイセンの等級選挙制度は、グナイストの熱心に勧めたところであるが、日本では採用してゐない。

今中は、スタイン説に反対の枢密院について論及してゐるが、日本人がスタイン説に反対したのは枢密院のことばかりでない。スタインは、グナイストと同じく国教制度(仏教または神道)の確立を力説したし、憲法の改正条項にしても、社会情勢の変遷に応じて柔軟に改正しやすいやうに、英国流軟性憲法論をすすめた。これはヘーゲル学派の歴史観に立つスタインとしては当然のことであったが、日本人は国教制度をとらず、改正条項についても米国憲法にも劣らない硬性憲法を目標とした。日本人がそのままに外人の説を用ひなかったのは、スタインに限らず、グナイストにせよロエスラー、モッセにせよ、すべて然りといっていい。日本の憲法は、外人の説を然るべく「参考」にはしたが、なにも特定の学派から「指導」されたのでは決してない。参考として影響をうけたといふ点では、スタインの学説などはもっとも大きなものであらう。

さてそれでは、スタインは憲法について、どのやうな見解をもってゐたか。その詳細は、『須多因氏講義筆記』や、その日本人あての書簡を精読してもらふほかないが、その特徴的な点について少しく紹介し解説してみる。

『須多因氏講義筆記』は、西欧の碩学が日本の武士的意識の強い海江田信義、丸山作樂を相手にして、質問に答へながら懇切に近代法学を語ってゐる筆録で、当時の時代意識も察せられて興味ふかいものがある。スタインは、まづ東西文明の異質について語りながらも、それが新しい時代を迎へて合流する期待をも語ってゐる。とくにかれは、歴史の発展の沿革が、東洋では日本がヨーロッパに似たところが多いと見てゐて、その合流が日本においてまづ期待できると考へてゐる。かれは、日本に対して熱心な期待と好意とをもってゐたやうである。

スタインは、国法はその国の歴史的社会的所産であるが、国家を維持して行くのには、国民の精神が国家の意思としての法と一致して、人民が自発的内発的に国法を守る愛国精神がなくてはならないと説く。そしてそのためには、その国の伝統的な宗教とか風俗文化とかが大切にされねばならないとし、風俗文化から儀式にいたるまでの社会的な意味を説明する。また仏教や神道について敬意を表し、国教を確定すべきことをすすめ、日本人の儀式における礼服の美学的な優秀さなどを大いに高く評価してゐて、聴講した海江田、丸山なども非常に気をよくしたらしい。

さらにスタインは、日本歴史の教育の必要を特に強調して次のやうに論じてゐる。

今日日本ニ於テ歴史ノ振ハザルハ日本教育上一大缺點トス。歴史ノ書ヲ讀マシムルノミニテハ未ダ以テ足レリトセズ。老ト無ク幼ト無ク朝夕心中ニ國家ノ過去ヲ囘想シ、之ニ基テ其將來ニ對スル所爲ヲ定ムルニ於テ始メテ國ニ歴史アリト謂フ可キナリ。他國ノ人民ハ皆其國家ノ連續セル歴史ヲ心中ニ有セリ。獨リ日本ノミ之レアラザルナリ。……サレバ我ガ歐洲ニ於テハ、各科ノ學術ニ於テ所謂《イハユル》歴史派ナル者アリテ、其學ノ關スル所ノ事物ノ變遷ヲ審《ツマビラカ》ニシ、以テ之ヲ處スルノ法ヲ說ケリ。其效力ヤ大ナリト謂フ可シ。而シテ日本ニ於テハ此派ノ學未ダ有ラザルナリ。……

又余ヲ以テ見レバ、日本人從來ノ歴史上ノ考ヘニ於テハ、大ニ日本ノ文化ニ屬ス可キ者ト支那ノ文化ニ屬ス可キ者トヲ混雜スル所アルニ似タリ。……世人ハ日本ノ文化ノ源ハ支那ニ在リト思ヘリ。然リト雖トモ日本ハ自ラ日本ニ特有ノ文化アルコトヲ知ラザル可カラズ。支那ノ文化ハ征服ニ因テ生ジタル者ナリ。之ニ反シテ日本ハ四面海ニ濱シテ外敵ヲ容レザリシガ故ニ、其文化ハ必ズ內國ニ於テ自然ニ發達シタル者ナラザルヲ得ザルナリ。

かれは要するに、日本の国史を知り現代社会の実情の由って来たるところを明らかにして、その歴史の線上において新しい法制も考案さるべきだといふのである。かくしてかれは、世界の各国の法制をその歴史的沿革にもとづいて解明し、その優劣是非等について論評を加へてゐるが、立法部については、下院の政党政治に対してかなりに批判的である。

然リ而シテ數多ノ黨派ノ所感ヲ代表シ、以テ其強キニ決スルノ處ハ、卽チ國會是レナリ。國會ヲ以テ人民ヲ代表スルノ處ト爲スハ誤見ナリ。………衆黨ノ感ズル所ハ斯ク異ナリト雖モ、單ニ一點ニ於テハ多ク合同セリ。卽チ各人自己ノ利益ヲ先ニセムトスルノ念是レナリ。………夫レ然リ、國家全體ノ爲ニセムト欲セバ、人民各自ノ利益ヲ計ル所以《ユエン》ノ者ト異ナル方法ニ出テザルヲ得ズ。卽チ自家ノ利益ヲ離レ、一身ヲ以テ國家ノ大事ニ任ズベキ精神ノ人ヲ集ムルノ處ヲ必要トス。卽チ上院是レナリ。下院ハ利益ヲ代表スルノ處ナリ、上院ハ確信ヲ代表スルノ處ナリ（確信トハ、是レゾ道ノ存スル所ナリト信ジテ動カザル所ノ者ヲ謂フ）。是ヲ以テ上院ハ、下院ト人選ノ法ヲ異ニセザルヲ得ザルヤ、明白ナリ。………一般ノ人民ハ決シテ、國家ノ大事ヲ思ヒテ議員ヲ投票スル者ニ非ズ、其常ニ計ル所ハ利益ナリ。故ニ人民ヲシテ上院ノ議員ヲ選擧セシムルハ不當ナルヤ明カナリ。

スタインは、フランス革命いらいのブルジョワ議会政党が、ただ税の安い自由放任の政策をとって、社会政策や教育に冷淡なのに不満なのである。しかし社会党も、国家への義務をつくさないで徒らに権利を主張するとして、これに対しても批判的である。かれは、かくして知見の高い人物による上院と、良識的にして独立の権限ある行政府とに期待するところが強い。しかしかれは、決して政府が立法府の法律を無視して行政してよいといふのではない。法律は、あくまでも上下両院の国会において決議されなくてはならないが、その法律に抵触しないかぎりにおいて、政府が積極的に命令（政令）を発して臨機応変の行政をなすべきことの必要を強く主張する。これはスタイン法学の一つの特徴であらう。

法律ハ意志ノ決定ヲ述ベタル者ナリ。然レドモ之ヲ實行セムトスルニ臨デハ、決シテ法律ヲ以テ左右シ難キ外部ノ勢力（例ヘバ經濟上ノ勢力、衛生上ノ勢力等）ノ之ヲ障碍《ショウガイ》スルニ遇《ア》フベシ。卽チ立法部ヲシテ法律ノ實行ヲモ主宰セシメムトスル者ハ法律ノ外ニ勢力ヲ有スル者無シト想像スル者ナリ。何ゾ知ラム法律ノ勢力ハ外界事物ノ性質ノ制限スル所タルヲ。是ヲ以テ法律ノ實行ヲ見ムガ爲ニハ外界ノ事物ノ性質ヲ理會シ、機ニ臨ミ變ニ應ジテ處置スル特別ノ智力ヲ要スルヤ明白ナリ、政府是レナリ。

歐洲ニ於テモ佛國革命ノ後暫時立法部ハ行政ニモ適スル者ナリトシタリシガ、千八百二十年ヨリ四十年マデノ間ニ漸ク立法行政ヲシテ各々特立シ、他ニ頼ラズシテ事ヲ處スルノ權力ヲ得シムルニ至リタリ、是レ今日ノ形勢ナリ。……

政府ハ國家ノ或ル事項ニ對シテ自主ノ意ヲ有スル者ナラザルヲ得ズ、只ダ法律ニ違背スルコトヲ得ザルノミ。政府ノ命令ハ法律ノ至ラザル所ニ對スルノ法律ナリ。法律ハ大束ナリ。命令ハ此ノ大束ノ内部ニ於ケル小結ナリ。法律ハ主義ナリ。命令ハ此ノ主義ノ範圍内ニ於テスル細則ナリ。

スタインは、行政法の大家であり、とくに行政の意義を高く評価してゐるので、行政法についての講義が存外に長い。当時日本では、新聞紙条例が朝野の間において激しく論争されてゐたが、これについての質問に対してスタインは、新聞対政府の関係は当然、国会が法律によって定むるのが原則である、と答へてゐる。しかし、その法律の範囲内において、その国、その時の政令があるべきで、「歐洲ニ於ケル新聞條例ハ二國トシテ相同ジキ者有ラズ。大體ノ原理ハ同一ナリト雖モ、之ヲ實地ニ施スノ手段ニ至リテハ各國相異ナレル制度ニ依レリ」として、その実地の行政は、法律ではなく政治の見識に待つ所が大きい、と語ってゐる。このやうなスタインの立場からすれば、英国の議院内閣制は、行政府（内閣）が立法府（国会）に全面的に従属してゐて独立性がなく、そのために行政能力の乏しいものとして批判されるのが自然である。

スタインは、日本国の法典の条文などについては論じない。しかし、かれが上院の権能を高く評価し、政府が国会に全面的に従属するのを好ましくないとした思想は、帝国憲法において貴族院が衆議院と対等権を有したこと、政府の勅令の範囲を大きくしたことなどに浅からぬ影響を及ぼしてゐるのではないかと思はれる。少なくとも政府が、交詢社憲法私案のやうな全面的な英国主義に対抗するのに、スタインの学説が大きな理論根拠を提供すると思ったのは、疑ひないところであらう。

しかしながらスタインは、決して行政権者（有司）の専制をみとめるのではない。スタインの説が、日本の民権家のなかで流行してゐる英仏流の権利思想と大いに異なることに勢ひを得て、海江田議官が権利の概念について質問したのに対し、スタインは次のやうに答へてゐる。それは近代法についての初歩的な問答ではあるが、当時の元老院議官の思想傾向や、スタインの憲法思想を推察させるものとして興味がある。それによれば、

問フ、「講義ノ趣旨ヲ以テ推セバ、権利ハ道理ト同一體ナリ。卽チ余輩嘗テ民権主義ヲ唱フル者ニ言テ曰ク、権利ハ道理ナリ、道理ニ違《タガ》ヘルノ権利ハアル可キニ非ズ。夫《ソ》レ然リ、道理ノ在ル所ハ、天皇ト雖モ之ヲ曲グルコトヲ得ズ。若シ之ヲ曲グルニ於テハ、至賤ノ車夫ト雖モ其非ヲ咎《トガ》ムルコトヲ得ム。何ゾ今ニ至リコトゴトシク黨派ヲ作テ、而シテ後ニ人民ノ権利ヲ擴張スルヲ用ヒンヤト、余輩ノ此ノ見解果シテ正ヲ得タリヤ。」

答フ「正ヲ得タリ。道理ト権利トハ元ト同物ニシテ、只ダ見點ヲ異ニスルノミナリ。貴問ノ如ク権利ノ元トハ道理ナリ。然レトモ人々其道理ト見ル所ヲ異ニスルハ、是レ此ノ事ニ關スル困難ノ由テ起ル所ナリ。卽チ世ニ人ガ道理ナリト思考スル所ノ者多ク有リテ其何レヲ眞ト定ムル由《ヨ》シモ無キニ苦シムナリ。加之《シカノミナラズ》人々其己レノ利益

トスル所ヲ以テ、道理トシテ主張セムトスルハ自然ノ勢ナリ。聖人君子ニ非ザルヨリハ其己レノ利益トスル所ニ勝手ナル道理ヲ擧ゲテ主唱セザル者少ナシ。故ニ人々ノ意見ニ任スニ於テハ、同一事件ニ關シテモ數百千種ノ權利ヲ生ゼムトス。然リト雖モ一事ニ對スル權利ハ、必ズ一種ニ止マルベキコト勿論ナリ。是ニ於テ人間社會ハ、數世ノ經驗ニ由リ、衆人相共ニ道理ト認ムル所ヲ以テ道理ト爲シ、一人一己ノ意見ヲシテ此ノ一般ノ道理ニ從ハシムルノ方法ヲ設ケタリ。即チ公衆ヲシテ其普《アマ》ネク道理ト認ムル所ヲ明言セシメ、之ニ依テ公衆ノ普ネク權利ト認ムル所ヲ定ムルノ法是レナリ。是ニ於テ始メテ不公平無キヲ得ルナリ。斯ク公衆ヲシテ道理ト認ムル所ヲ明言セシムルノ機關ハ、國會ナリ。而シテ其明言ヲ明文ニ記シタル者ハ、法律ナリ。」

として、道理と雖も、あまねく公衆が明言し討議し、国会の議決を経た法律にもとづくところなきものは、権利となりがたいことを懇切に解明してゐる。

スタインの思想は、前述したやうに、国会（とくに下院）は人民すべての意思の代表ではなくして、比較多数の利己的主張を代表するにすぎない、とするものであり、しかも、国会は政府よりも決して賢明ではない、と思ってゐる。だがそれにも拘らず、前時代の貴族や官憲の専制的立法をみとめず、また後世のコミュニズムやファッシズムのやうに「賢明なる政府や指導者」の命令（政令）が法律と同等の効力を有することをみとめない。それは、いかに賢明であらうとも、また道理に一致すると信ぜられようとも、法律と同等ではなく、それ以下のものとされねばならない、と断定する。自由に発言しうる人民公選の機関を含む国会の議決を経ないものは、権利とも法律ともみとめない。行政者が主観的に正しい道理と信じただけでは、法律としての権威をみとめない。これが少なくとも十九世紀の「立憲主義」の根本原則であり基礎である。かれは、日本の国粋主義的議官が英仏民権主義への反撥から、近代立憲主義の根本原則を見失はないやうに、極めて懇切に回答してゐる。

なほ、この講義のなかで特に、海江田が日本の憲法についての意見を質《ただ》したのに対して「憲法を作るならば努めて簡単にせよ。皇室に関することは憲法典とは別にせよ。とくに戒しむべきは、憲法に理論などを書き入れることである。国体ならびに政府に関する理論は、おそらく一人の私見にしかすぎないものとなるであらうし、真正の理論は、十分に公論の道を開いて後に始めて定まるものであらう」と答へてゐるのは、賢明だと思はれる。

次に、天皇側近の顧問としての枢密院を設けることについてスタインが反対してゐるのは、前記今中次麿の解題にも特記されてゐるが、確かに注目すべき一点である。スタインの反対理由は、天皇が文武の政について親しく諮問されるべき人物は、なにも定員を設けて官制を作る必要はなく、無制限的に自由にされるがいい。ことさらに官制を立てた枢密院は、一定の公法的職権を有するものとなって、天皇輔弼《ほひつ》の国務大臣との間に軋轢《あつれき》を生ずるおそれがある。天皇が御自身の参考に大臣以外の臣僚に非公式に諮問されるのはいいが、役所を立てられるのは同感しがたい、といふのである。

おそらく帝国憲法の立案者は、公法に明記されない側近の臣が天皇の文武の大権について親しく御諮問にあづかるのは、公明なるべき立憲の大義の上から見て好ましからぬと考へて、枢密院制度を憲法明文を以て定めたのであらう。しかし後年のことではあるが、大正年代から昭和初年にかけて枢密院と国務大臣との権限問題について、まさにスタインが憂へたやうな紛糾の事実を生じたこともある。長い憲政史を通じて、その官制の存否いづれがよかったかは、決して一概には論評できないことではあるが、スタインの意見もまた一家の言として、史的に記憶されるだけの意味を有するであらう。

第十一章　岩倉具視の後継伊藤博文
在野の雄板垣退助の進退

一、岩倉具視の「憲法綱領」

明治十五年三月、伊藤博文は、天皇の勅書をいただいて、「欧洲立憲ノ各國ニ至リ其政府又ハ碩學《セキガク》ノ士ト相接シ其組織及ヒ實際ノ情形ニ至ルマテ」十分に観察して、立憲の準備の取調べ研究をすることを命ぜられた。なほ、三十ケ条の取調事項も明細に御沙汰があった。伊藤は勅命をうけて、随行員として伊東巳代治、河島醇、山崎直胤、平田東助、吉田正春、三好退藏、西園寺公望、岩倉具定、廣橋賢光などの一行をひきゐて渡欧した。ヨーロッパでは各国駐在の官吏の協力も得て調査研究をすすめ、憲法制定の準備につとめた。この憲法制定史上の記録はあまりにもよく知られてをり、そのために却って、伊藤博文が帝国憲法の作成者であるかのやうな解釈まで生ずるにいたった。

伊藤博文が、帝国憲法の制定について功のあったことは、何人も否定しがたい事実ではあるが、この伊藤渡欧にいたるまでには、すでに述べて来たやうな長年の政治史が、経過としてその根底にあることを知らねばならない。また、なぜ伊藤がこの重任にあたることになったのか、伊藤がいかなる構想をもって渡欧することになったのかを知らなければならない。

端的にいへば、伊藤がこの勅命を拝するにいたったのは、岩倉具視が三條、有栖川宮の両大臣を説得して上奏したのを天皇がみとめられたからであり、その岩倉をしてこのことを決意させたのは、井上毅であった。井上毅は、前年（明治十四年）に政府の閣内で憲法論争のあったころ、右大臣岩倉具視に対してすこぶる熱心な説得につとめた。岩倉は、もともと「明治八年の詔には不同意であった」と称してゐたほどで、国会開設には反対であったといっても過言ではない。井上毅は、大隈案の急進論には反対してゐたけれども、政府がただ時を稼いで立憲国会の準備をしないやうなことでは決してすむものではないと信じ、岩倉を説得して政府最高部の憲法構想を立てることを熱心にすすめた。岩倉も、政府立法の専門家としての井上の進言をいれて「憲法綱領」を草せしめ、これを太政大臣三條實美と左大臣有栖川宮とに提示して参考に供した（明治十四年七月六日）。

しかるに、間もなく閣内の分裂が決定的となって十月政変がおこる。この時に、井上毅は岩倉にせまって、国会開設、憲法制定が聖旨として確約されないかぎり国家の動乱もさけがたい、とまで切言した。幸ひにして、聖断が下って立憲の時期が天下に公示されることになった。

井上の構想は、ここで大いに前進した。七月六日に岩倉の責任において提示された「綱領」こそは、今やただの参考的一試案ではなくして、政府の綱領とすべき時であると信じた。しかしてこの綱領を実現しうる者は、閣僚のなかでは伊藤博文をもって第一とすると考へ、そのことを岩倉に熱心に説いたばかりでなく、伊藤博文その人にも直接に勧告してゐる。井上は、閣僚ではなく一段下の地位にあるが、政府の立法専門家としては中枢の地位にあり、岩倉のもっとも信頼する人物でもあった。

　このやうな事情から考へる時、伊藤としての大きな問題点は、かれ自身が、この大任に当るべきことを推進してくれる右大臣岩倉の「憲法綱領」に同意するか否かであり、次いでこの綱領を実現しうるか否かである。伊藤は、ただ白紙で洋行し研究するのではない。政府案の憲法構想はすでにほぼ内定してゐる。それは岩倉によって立てられ、三條、有栖川宮両大臣の同意も固まってゐる。

　穂積八束「憲法制定之由来」では、このやうな点から、岩倉の憲法綱領をもっとも重視して、「今ニシテ此ノ憲法綱領及之ニ伴フノ意見書ヲ讀ミ、之ヲ現行ノ成典ニ比シテ考フルトキハ、憲法ノ大綱ハ全ク此ノ時ニ於テ確定シタルモノト視ルコトヲ得ベシ。是ヨリ以後憲法制定ノ歴史ハ流水ノ如ク滑カニ進ム」と断じてゐる。これでは、伊藤博文は、岩倉具視（井上毅）の設定したコースを「流水ノ如ク滑カニ」進んだといふことになりかねないし、いささか言ひすぎの感がないでもないが、しかし確かに一見識である。少なくとも帝国憲法の政府草案の大綱的構想を立てたのが岩倉具視であり、その後継者が伊藤博文であることにはちがひない。この綱領に見られる約十ケ条の骨格的な条件は、ことごとく後年の伊藤博文の政府草案のなかに、そのままに条文化されてゐる。穂積八束が、この綱領によって憲法が確定したと論断してゐるのも一つの見識である。この穂積論文に敬意を表し、好学の士の座右に欠くべからざる書としてひろく紹介した吉野作造が『明治文化全集』（憲政篇）にこれを収録し解題するに際して、「批評は略するが、要するに日本の憲法は政治史的には二つの勢力の交錯の結果として生れたものと観るべきであるが、先生の説明は即ちその一方の立場を最も率直鮮明に代辯せるものなるは明白である。帝国憲法の由来の説明にも又その解釈にも之と対角線的関係にある他方の立場もあることを我々は看却してはならない」との評を追記してゐるのは公正である。たしかにこれは、政府案の立場の直線的な解明ではあるが、帝国憲法には、これと対角線的立場の見解も存しうる。それは野党の立場である。

帝国憲法典の作文は政府の仕事であったが、その仕事を推進した原動力が、つねに天皇に忠誠なる野党の側にあった事情は、事実否定しがたい。例を挙げれば、この綱領のなかの最終の条の「凡《オヨ》ソ議案ハ政府ヨリ發スル事」との一事は、最後の欽定《きんてい》会議で否決修正された。それと今一つ、伊藤の政府案ではこの綱領にない条文として「議会の上奏権」の一条が加へられた。伊藤がこの一条を加へたのは、決して岩倉の憲法構想に反するつもりではなかったが、欽定会議いらいの解釈論は、これをもって「内閣弾劾の上奏権」をふくむものとして激論を生じた。そして、それは憲政運用の事実としても現はれ、岩倉綱領の必須条件とした「内閣ノ組織ハ議院ノ左右スル所ニ任セサルヘシ」との鉄則を固守しがたいものとした。この二ケ条は、帝国憲法が岩倉綱領そのままではなくして、大きく修正された後に「欽定」されたものであり、吉野作造のいはゆる対角線的な立場に一つの大きな拠点を与へることになったと見なくてはならない。吉野が帝国憲法の成立を「二つの勢力の交錯の結果として生れた」と解するのには、たしかに根拠がある。

しかしながら、政府の草案そのものが、この岩倉構想にきはめて忠実に進められたといふことは明白であり、その意味でも、この綱領の史的意味は非常に重い。『岩倉公實記』下巻には次のやうに記録されてゐる。

具視憲法制定ニ關シ意見ヲ上ツル事

七月六日具視宿痾《シユクア》頓《トミ》ニ起ルヲ以テ暇《イトマ》ヲ乞《コ》ヒ將《マ》サニ攝津有馬ノ温湯ニ浴セントス其途ニ上ルニ臨ミ憲法ノ制定ニ關

シテ意見ヲ書シ三條實美熾仁親王ニ託シテ以テ之ヲ奏覽セント請フ其文ニ曰ク

先日以來追々御談合ニ及候憲法云々之件未タ端緒ヲ開カサル半《ナカバ》具視不幸ニシテ病氣ノ爲メ請暇致候事恐縮且遺憾之至御座候就而者左之三件兩公深ク御注意ヲ仰キ度奉レ存候

一　憲法制定ニ就キ其條目ニ涉《ワタ》リ候テハ議論百出容易ニ決定シ難キ場合ニ立至ル可《ベ》キヤモ測ラレス就テハ先以《マツ》テ宸衷《シンチユウ》ヨリ斷セラレ其大綱領數箇條ハ確乎《カクコ》不動之聖猷《セイユウ》ヲ被レ定宸筆ヲ以テ大臣ヘ御下附ニ相成候而憲法起草ノ標準ヲ御指示被レ爲レ在可レ然ト存候此事誠ニ全局之眼目ニシテ後來百年ニ涉リ紛議ヲ裁斷スルノ鏡鑑ト存候兩公宜《ヨロシ》ク御奏上有レ之度候

一　憲法起草手續之事ハ左之三樣之方法中何《イツ》レカ御決定相成度候

一　公然ト憲法調査委員ヲ設ケラル、事

二　宮中ニ中書局又ハ內記局ヲ置カレ大臣一人其總裁ヲ命セラレ內密ニ憲法ヲ起草シ成案ノ上內閣ノ議ニ附セラル、事

三　大臣參議三四人內密ニ勅旨ヲ奉シ憲法ヲ起草シ成案ノ上內閣ノ議ニ附セラル、事

一　右憲法起草ハ國家ノ大要件ニ候處內閣一致ニ無レ之テハ完全無缺ノ成案ハ無二覺束一ト存候因テ右起草手續御決定ニ相成候迄ニ衆參議之意見歸二一致一候樣御取纒《マト》メ有レ之度兩公ニ於テ篤ク御配慮是希《ネガヒ》候

一　憲法起草ニ付凡ソ大綱領ト爲ルヘキ條件別紙ニ記載仕候聖上御參考迄ニ御奏上有レ之度候

右條々愚考一筆如レ斯候事

七月　具視

太政大臣殿

左大臣殿

別紙

憲法起草可レ被二仰出一候ニ付先ツ大綱領数件聖断被レ為レ在其他ノ條目ハ此主旨ニ據《ヨ》リ起草可レ致旨御沙汰被レ為レ在可レ然ト存候事

大綱領

一欽定憲法之體裁可レ被レ用事

一帝位繼承法ハ祖宗以來ノ遺範アリ別ニ皇室ノ憲則ニ載セラレ帝國ノ憲法ニ記載ハ要セサル事

一天皇ハ陸海軍ヲ統率スルノ權ヲ有スル事

一天皇ハ宣戰講和及外國締約ノ權ヲ有スル事

一天皇ハ貨幣ヲ鑄造スルノ權ヲ有スル事

一天皇ハ大臣以下文武重官任免ノ權ヲ有スル事

一天皇ハ位階勳章及貴號等授與ノ權ヲ有スル事

一天皇ハ恩赦ノ權ヲ有スル事

一天皇ハ議院開閉及解散ノ權ヲ有スル事

一大臣ハ天皇ニ對シ重キ責任アル事

一法律命令ニ大臣署名ノ事

一立法ノ權ヲ分ツ爲ニ元老院民選院ヲ設クル事

一元老院ハ特撰議員ト華士族中ノ公撰議員トヲ以テ組織スル事

一民撰議院ノ議員撰擧法ハ財産ノ制限ヲ用ウル事

一歳計ノ豫算政府ト議院ト協同ヲ得サルトキハ總《スベ》テ前年度ノ豫算ニ依リ施行スル事

一臣民一般ノ權利及義務ヲ定ムル事

一議院ノ權限ニ關スル事

一裁判所ノ權限ニ關スル事

具視又憲法ノ制定ニ關スル大綱領ニ就キ詳ニ其旨趣ヲ書シ之ヲ實美熾仁親王ニ示シ以テ其參考ニ供ス其文ニ曰ク

憲法起草可レ被ニ仰出ニ付テハ起草委員タル者自己ノ意想ヲ用ヰ一家ノ私議ヲ雜《マヂ》ヘ候樣之事無レ之筈《ハズ》ニ候ヘ共大體ノ目的豫《アラカジ》メ一定イタサス候テハ徒《イタヅラ》ニ架空ノ議ヲ費シ或ハ主義ヲ誤ルニ至ルモ難レ計候歟《カ》ト深ク憂慮仕候因テ左之重大之條々先以聖衷ヨリ斷セラレ起草委員ニ下附セラレ其他ノ節目ハ右根本之主義ニ據リ起草致候樣被ニ仰出ニ可レ然ト存候事

綱　領

一欽定憲法之體裁ヲ被レ用事

欽定國約之差別ハ別紙ヲ以テ具陳スヘシ

一漸進之主義ヲ失ハサル事

附歐洲各國之成法ヲ取捨スルニ付テハ孛國之憲法尤漸進之主義ニ適スル事

孛國之最初ニ憲法ヲ發スルニ當テ紛紜《フンウン》ヲ生セシ事跡ハ別ニ具陳スヘシ

一帝室之繼嗣法ハ祖宗以來ノ模範ニ依リ新タニ憲法ニ記載スルヲ要セサル事

一聖上親《ミヅカ》ラ陸海軍ヲ統率シ外國ニ對シ宣戰講和シ外國ト條約ヲ結ヒ貨幣ヲ鑄造シ勳位ヲ授與シ恩赦ノ典ヲ行ハセラル、等ノ事

一聖上親ラ大臣以下文武ノ重官ヲ採擇シ及進退セラル、事

附内閣宰臣タル者ハ議員ノ内外ニ拘《カカ》ハラサル事

内閣ノ組織ハ議院ノ左右スル所ニ任セサルヘシ

一大臣執政ノ責任ハ根本ノ大政ニ係ル者政體ノ改革、疆土ノ分割譲與、議院ノ開閉、和戰ノ公布、外國條約ノ重大事ノ類ヲ根本ノ大政トスヘキ歟ヲ除ク外主管ノ事務ニ付各自ノ責ニ歸シ連帶責任ノ法ニ依ラサル事

附法律命令ニ主管ノ執政署名ノ事

一立法之權ヲ分タル、爲ニ元老院民撰議院ヲ設ケラル、事

一元老院ハ特撰議員ト華士族中之公撰議員トヲ以テ組織スル事

一民撰議院ハ撰擧法ハ財産限制ヲ用ウヘシ

但華士族ハ財産ニ拘ハラサルノ特許ヲ與フヘキ事

一凡ソ議案ハ政府ヨリ發スル事

一歳計之豫算ニ付政府ト議院ト協同ヲ得スシテ徴税期限前ニ議決ヲ終ラサル歟或ハ議院解散ノ場合ニ當ル歟又ハ議院自ラ退散スル歟又ハ議院之集會定メタル員數ニ滿タスシテ決議ヲ得サルトキハ政府ハ前年ノ豫算ニ依リ施行スルコトヲ得ル事

一一般人民之權利各件各國ノ憲法ヲ參酌ス

意見第一

立憲ノ政ヲ行ヒ民會ヲ開クニハ先ツ其時期ノ適度ト及其立憲政體中何等ノ制度カ尤《モツト》モ我國體民俗ニ適スヘキヤヲ講究スルハ不レ可レ闕ノ要用ナルヘシ今其時期ハ既ニ熟セリト假定セハ次ニ制度ノ事宜ヲ問フノ場合ニ到著セリ

歐洲各國ニ行ハル、立憲ノ政體其標的ハ大抵同一ナリト雖其方法順序ハ各ゝ其國ノ開化ノ度ト國體民俗トニ從テ多少ノ異同アリ卽チ國會ノ權ニ大小ノ差アルコト是ナリ國會ノ權其小ナル者ハ僅《ワツカ》ニ立法ノ議ニ參預スルニ止

マリ其强大ナル者ハ政令ノ實權ヲ握ルニ至ル

議院ノ勢力各國異同アリ而シテ最大至强ノ勢力アル者ハ英國議院ニ若《シ》クハナシ 但シ共和國ヲ除ク 英國ノ議院ハ獨リ立法ノ權ノミニ非ス併セテ行政ノ實權ヲモ把握セリ英國ノ 諺《コトワザ》ニ英國議院ハ爲シ得サルノ事ナシ但男ヲシテ女タラシメ女ヲシテ男タラシムルコト能ハサルノミト

何故ニ英國ノ議院ハ併セテ行政ハ實權ヲ把握スト云フヤ英國ノ習慣法ニ從ヘハ英國王ハ自ラ政治ヲ行ハスシテ專ラ內閣宰相ニ責任セシメ內閣宰相ハ卽チ議院多數ノ進退スル所タリ內閣ハ多數政黨ノ首領ノ組織スル所タリ議院政黨多數ノ變更アル毎《ゴト》ニ從テ內閣宰相ノ變更ヲ致シ輾轉《テンテン》相代リ一輪動テ二輪之ニ應スルニ異ナラス而シテ國王ハ一ニ議院多數ノ爲ニ制セラレ政黨ノ贏輸《エイユ》ニ任シ式ニ依リ成說ヲ宣下スルニ過キスシテ一左一右宛《アタカ》モ風中ノ旗ノ如キノミ故ニ名ハ行政權專ラ國王ニ屬スト雖其實ハ行政長官必ス議院中政黨ノ首領ニ取ルヲ以テ行政ノ實權ハ實ニ議院ノ政黨ノ把握中ニ在リ名ハ國王ト議院ト主權ヲ分ツト稱スト雖其實ハ主權ハ專ラ議院ニ在リテ國王ハ徒ニ虛器ヲ擁《ヨウ》スルノミ英國ノ語ニ國王ハ國民ヲ統率スト雖自ラ國政ヲ理セスト云フ是ナリ其實形宛モ我カ國中古以來政治ノ實權ハ武門ニ歸シタルト異ナルコト無シ

是ニ反シ普魯西ノ如キハ國王ハ國民ヲ統《ス》フルノミナラス且實ニ國政ヲ理シ立法ノ權ハ議院ト之ヲ分ツト雖行政ノ權ハ專ラ國王ノ手中ニ在リテ敢テ他ニ讓予セス國王ハ議院政黨ノ多少ニ拘ハラスシテ其宰相執政ヲ撰任スルモノトス但實際ノ事情ニ從ヒ多クハ議院輿望ノ人ヲ採用スト雖其權域ヲ論スルトキハ決シテ議院政黨ノ左右ニ任スルコト無シ

以上兩樣異同ノ間ニ於テ政學論者ノ說一定ナラスト雖大槩《タイガイ》各國ノ國體人情ニ從ヒ同一ナルコト能ハスト謂《イ》フニ歸セリ蓋《ケダ》シ若シ英國ヲシテ遽《ニハカ》ニ普國ノ制ニ傚ハシメハ忽チ內亂ヲ起スコトヲ免レサルヘキハ猶普國ニシテ英國ノ爲ス所ヲ學フモ亦平和ヲ紊《ミダ》ルコトヲ免レサルカ如シ

今我カ國ニ於テ立憲ノ政ヲ起シ國會ヲ設立セント欲セハ事誠ニ新創ニ係ル是レ宜ク一進シテ英國ノ政黨政府ニ摸倣シ執政ノ進退都《スベ》テ議院ノ多數ニ任スヘキカ又ハ宜ク漸進ノ主義ニ本ツキ議院ニ付スルニ獨リ立法ノ權ノミヲ以テシ行政長官ノ組織ハ專ラ天子ノ採擇ニ屬シ以テ普國ノ現況ニ比擬スヘキヤ此二樣取舍ノ間ハ實ニ今日ノ廟謨《ビョウボ》以テ永遠ノ基本ヲ立テ百年ノ利害ヲ延《ヒ》クヘキ者ニシテ最要至重ノ問題ナリ

英國ノ慣法ハ政黨ノ結成大抵兩黨ニ歸ス故ニ一黨少數ヲ得ルトキハ即チ他ノ一黨多數ヲ得今我カ國ノ如キ政黨未タ結成セス縱令《タトヘ》結成スルモ必ス數小黨各自ニ分立シテ一大團結ニ歸スルコト能ハス此時ニ於テ現在ノ内閣少數ヲ得テ罷免セント假定センニ其後ニ代ルノ黨果シテ衆望ノ歸スル所多數ノ集マル所ナランヤ數小黨必ス鑣《ヒョウ》ヲ並ヘ競立シテ相合一スル能ハス其現成ノ政府ヲ攻擊スルニ當テ一時聲勢ヲ合セ以テ各自ノ勝欲ヲ達シタルモ一黨其位地ニ代リ以テ内閣ヲ組成セントスルニ當リ他ノ數黨必ス爭競ノ勢ヲ成シ行政權ノ位地ハ一ノ爭區タルニ過キスシテ輾轉相攻メ甲蹶《ツマヅ》キ乙僵《タホ》レ安定スル所ナク將ニ政務ノ何物タル國事ノ緩急何樣ナルヲ問フニ暇アラス其終リ力ヲ兵刃ニ假ルニ至ルコトヲ免レサラントス是レ彼此《ヒシ》事情ノ同カラサルノ第一ナリ

英國ニ於テ各局各課ノ長及法官ノ類ハ是ヲ永久官トスルヲ除クノ外諸省卿輔書記官長諸官ハ皆一政黨ヲ以テ組織シ議院ノ多數一變シテ内閣ノ更替アル每ニ重要ノ諸官ハ一時ニ類ヲ擧ケテ退職スルヲ以テ慣法トス今我カ國ノ内閣一變セント假定センニ參議及各省ノ長次官並ニ重要書記官ノ如キ一時其後任ニ代ルヘキ人ヲ求メンニ在野ノ俊傑二三著名ノ人ヲ除ク外果シテ衆望ノ歸スル所人心ノ屬スル所歟將タ少年才子蹶起《ケツキ》シテ爭進スルニ任セントスル歟是レ彼此事情ノ同シカラサル第二ナリ

更新以來王化未タ人心ニ浹洽《ショウコウ》セス廢藩ノ擧怨望《エンボウ》ノ氣正ニ政府ニ集マル今若《モ》シ俄カニ英國政黨政府ノ法ニ倣ヒ民言ノ多數ヲ以テ政府ヲ更替《コウタイ》スルノ塗轍《トテツ》ヲ蹈《フ》ムトキハ今日國會ヲ起シテ明日内閣ヲ一變セントスルハ鏡ヲ懸ケテ視ルニ均《ヒト》シ議者内閣更替ノ速ナルハ國ノ平安ヲ扶《タス》クル所以ナリト謂フ予ハ議者ノ或ハ英國ノ成蹟《セイセキ》ニ心酔シテ我

國ノ事情ヲ反照セサルモノナルヲ疑フコトヲ免レス
立憲ノ大事方ニ草創ニ屬シ未タ實際ノ徵驗ヲ經ス其一時ニ急進シテ事後ノ悔ヲ貽《ノコ》シ或ハ與ヘテ後ニ奪フノ不レ得レ已アラシメンヨリハ寧《ムシ》ロ普國ニ傚ヒ歩々漸進シ以テ後日ノ餘地ヲ爲スニ若カスト信スルナリ

意見第二

內閣執政ヲシテ天子ノ選任ニ屬セシメ國會ノ爲ニ左右セラレサラント欲セハ左ノ三項ニ依ルヘシ

第一　憲法ニ於テ「天子ハ大臣以下勅任諸官ヲ選任シ及之ヲ進退ス」トノ明文ヲ掲クヘシ此明文ヲ掲クルトキハ縱令實際ニ於テハ執政大臣ハナルヘク衆望ノ人ヲ採用シ其ノ極メテ輿論ニ背クノ人ハ之ヲ罷免セサルヲ得スト雖進退ノ大權一ニ天子ニ在ルヲ以テノ故ニ宰臣タル者亦天子ノ知遇ト國家ノ慶賴トニ倚リ衆議紛言ノ爲ニ左右セラレス其意見ヲ一定シ確然不拔ノ針路ヲ取リ縱令一二ノ議事ニ於テ議院ノ少數ヲ得ルモ仍《ナ》ホ終始內閣ノ大局ヲ全クスルヲ得テ旦夕廟猷《タンセキビヨウユウ》ヲ變更スルニ至ラサルヘシ　普國ノ國憲ニ依ル

第二　憲法ニ於テ宰相ノ責任ヲ定メ其連帶ノ場合ト各個分擔ノ場合ヲ分ツヘシ　佛國千八百七十五年ノ憲法ニ「宰相ハ政府ノ大政ニ付テハ連帶シテ其責ニ任スヘク各個ノ職掌ニ付テ各自其責ニ任スヘシ」トアリ若シ英國ニ傚ヒ諸大臣ハ一概ニ連帶ノ責ヲ負フ者トセハ一省長官ノ職務失錯アリテ議院ノ詰責ヲ得ル每ニ他ノ各省長官モ從テ一同ニ退職セサルヲ得ス此《カク》ノ如キトキハ內閣ハ容易ニ議院ノ攻擊ヲ致シ更替頻煩一ノ爭區トナルニ至ランコト必セリ且理ヲ以テ之ヲ論スルニ若シ一執政ノ過失必ス衆執政ノ責ニ歸セシメハ凡ソ行政ノ事務ハ各部ノ分任專掌アルニ拘ハラス必ス豫メ衆執政ノ公議ヲ經セシメサルヘカラス而シテ却テ各自分擔ノ責任ヲ輕クセルニ至ラントス英國ニ於テ連帶責任ノ法アルハ其內閣執政ヲ以テ一個政黨ノ集合體トシテ一個人ト同一ニ看做《ミナ》スヲ以テノ故ナリ抑《ソモソモ》行政事務ニ省ヲ分チ職ヲ定ムルハ理固《モトヨ》リ立法議院ノ數員合同シテ一ノ集合體ヲ結成スル者ト同カラサルヘキナリ

第三　憲法ニ於テ普國ノ左ノ一條アルニ傚ハサルヘカラス

普國憲法第百九條ニ云「舊税ハ其力ヲ保ツ」ト其説明ハ若シ歳計豫算ニ付テ政府ト國會ト協同セサルトキハ前年ノ豫算其效ヲ有スヘシト云ニアリ

蓋シ此一條ハ普國ノ建國憲法ニ於テ專ラ行政權ヲ維持スル所以ノ主腦タリ此一條ナキトキハ議院若シ內閣ヲ攻擊シテ內閣ノ重大法案ヲシテ少數ナルニ至ラシメ而シテ內閣仍ホ天子ノ保護ニ依リ退職ニ至ラサルトキハ議院ハ其議ヲ固執スル爲ニ獨リ徵税ヲ抗拒シ國庫須要《シユヨウ》ノ資料ヲ貢納セサルノ一法アルノミ議院ハ其力能《ヨ》ク立國ノ生命ナル租税ヲ拒ムコトヲ得ルカ爲ニ英國及他ノ白耳義伊太里諸邦ノ如キモ亦皆議院ノ爲ニ政黨內閣ヲ組織シ以テ議院ノ衆望ヲ買フコトヲ務メタリ今果シテ普國ニ倣ヒ內閣ヲシテ議院ノ外ニ在ラシメント欲セハ必ス又普國ノ税法ノ條ニ依ラサルヘカラス然ラサレハ天子ハ宰相ヲ進退スルノ條アルモ亦將サニ有名無實ニ歸セントス

以上三項ハ漸進ノ主義ヲ維持シ永遠ニ國ノ洪福ヲ保ツ爲ニ必要ナルモノト信ス

意見第三

前第二議ニ於テ揭クル所ノ三項ノ中第三項ハ歐洲中獨リ普魯西ニ其例ヲ見ル所ニシテ普國建國法ニ此條アルハ政論學者ノ滿足セサル所ナリ政論家ノ說ニ從ヘハ普國ノ國憲ハ幾分ノ壓制ヲ免レサルモノニシテ普國ノ議院ハ完全ナル氣力ナキ者タリト云フ

元老院上奏ノ憲法艸案第八篇第二條ニ「法律ノ承認ヲ得サル租税ハ之ヲ賦課スルコトヲ得ス」ト此レ乃《スナハ》チ明カニ賦税ノ全權ヲ國會ニ附與スルモノニシテ此條ニ從ヘハ政府徵税ノ法案ニシテ若シ議院ノ異議スル所ト爲レハ人民ハ租税ヲ課出スルノ義務ヲ免レ國庫由テ以テ資給スル所ナカラントス賦税ノ全權既ニ議院ニ在ルトキハ虎ニシテ嵎《グウ》ヲ負フカ如シ內閣ヲ進退シ王命ヲ左右スルモ孰《イツ》レカ敢テ之ヲ防カン此レ急進政論家ノ十分ニ滿足スル所ナルヘシ

又第一項第二項ニ於テ執政ノ進退ヲ専ラ天子ニ歸シ及連帯責任ヲ免レシメントスルカ如キモ亦現今國憲ヲ主唱スル論者ノ説ト相反對スル者ナリ交詢社ニ於テ起草セル私擬憲法案第九條ニ「内閣宰相ハ協同一致シ内外ノ政務ヲ行ヒ連帯シテ其責ニ任スヘシ」云々第十二條ニ「首相ハ天皇衆庶ノ望ニ依テ親シク之ヲ撰任シ其他ノ宰相ハ首相ノ推薦ニ依テ之ヲ命スヘシ」第十三條ニ「内閣宰相タル者ハ元老議員若クハ國會議員ニ限ルヘシ」第十七條ニ「内閣ノ意見立法兩院ノ衆議ト相符合セサルトキハ或ハ内閣宰相其職ヲ辭シ或ハ天皇ノ特權ヲ以テ國會院ヲ解散スルモノトス」以上各條ノ主意ハ内閣執政ヲシテ連帯責任セシメ而シテ議院ト合ハサルトキハ輙《スナハ》チ其職ヲ辭シ議員中衆望アルモノ之ニ代ル所謂《イハユル》政黨内閣新陳交替ノ説ニシテ正ニ英國ノ模範ニ傚フモノナリ因テ惟フ今日急進ノ論ハ漸クニ朝野ノ間ニ浸染シ一時風潮ノ勢積重シテ昇リ必ス最上極點ニ至テ而後止マントス予ノ深ク慮《オモンパカ》ル所ノ者ハ當局者或ハ理論ニ心酔シテ深ク各國ノ異同ヲ究メス永遠ノ結果ヲ思ハスシテ徒ニ目前ノ新奇ヲ悦《ヨロコ》ヒ内閣ノ組織ヲ以テ衆議ノ左右スル所ニ任セント欲スルアラハ一タヒ與フルノ權利ハ流汗ノ再タヒ回《メグ》ラスヘカラサルニ同シ獨リ國體ヲ敗ルコトアルノミナラス其レ世ノ安寧國民ノ洪福ヲ圖ルニ於テ亦或ハ將ニ空理臆《オク》想《ソウ》ノ外ニ出テ悔ユトモ追フヘカラサルニ至ラントス

立憲ノ大事ハ實ニ非常ノ變革ニシテ廟猷遠大一定シテ回ラサルニ非サレハ衆議紛擾《フンツヨウ》何ノ底止スル所ナルコトヲ知ラス漸進ノ主義ハ一時世論ノ満足セサル所予カ意見三項ノ如キ之ヲ實際ニ施スニ於テ物議ヲ激動シ囂々喧譁《ゴウゴウケンカ》臂《ヒジ》ヲ攘《ノ》ケテ相迫ルモ亦料《ハカ》ル可カラス其確然不抜以テ永久ノ固メヲ為スモノ獨リ我カ天皇ノ聖斷ト輔相《ホショウ》大臣畫策誤ラサルトニ賴ルノミ予カ區々微衷實ニ仰望ニ堪ヘサルナリ

明治十四年七月　　　具視

この十四年七月の岩倉の「綱領」には、さらに「別紙憲法考に曰ク」として「欽定憲法考」なる一小論文がついてをり、それには「英國内閣ブロック氏ニ依ル」、「佛國宰相ガバンツー氏ニ依ル」、「佛國宰相責任ブーフ氏ニ依ル」などと諸外国の政治家の憲法論を参考資料として列記し、最後に「普魯西ブロンチユリー氏著國法汎論執政ノ條」を掲げて、外国の憲法論の資料を添付してゐる。そして『岩倉公實記』では、この「欽定憲法考」掲載に引きつづき最後に「具視憲法ノ制定ニ關シ意見ヲ開陳スル爲メ毎ニ太政官大書記官井上毅ニ命シ其材料ヲ調査セシメ之ト共ニ其利弊得失ヲ論究スト云フ」と記して、これが井上の起案であることを明記してゐる。この「欽定憲法考」は、前記の綱領の理論解明で興味ふかいが、あまり長文になるので、最後のブルンチュリーの論のみを掲げておく。この人はスイス生れでパリに在住してゐたが、一八四八年の革命に関連して同地を逃れ、ドイツに入って大学教授をした人で、進歩的法学者として有名であった。

普魯西ブロンチユリー氏著國法汎論執政ノ條

執政若シ兩院多數ノ望ヲ失フトキハ國ノ重害タリ何トナレハ形勢此ノ如クナルニ至ルトキハ兩院執政ノ處分ヲ准許スルヲ欲セサルカ故ニ縦令其方法中公衆ノ爲ニ良善ナルコトアルモ或ハ阻閣《ソカク》セラレテ遂ニ行フ能ハサルニ至レハナリ是ノ故ニ執政兩院ノ嫉惡《シツオ》ヲ受ケテ銷《ショウ》スヘカラサルニ至リテハ已《ヤ》ムヲ得ス其職罷免スルノ外他術アルナシ然レトモ此事決シテ國法ノ規律タルニハアラス既ニ各國ニ於テ惟兩院少數ノ左袒《サタン》ヲ得タル執政多數ヲモ顧ミス猶多年ノ間自若トシテ其職ニ止マリシ例少カラス英國ニテハ往昔ヨリ議會政令議會ノ威權盛ンニシテ専ラ政令ノ實權ヲ握ルノ法行ハレテ議會ノ威權強盛ナルコト實ニ驚クニ堪タリ蓋シ若シ他ノ立憲各國ニ於テ議會ノ威權此ノ如ク強盛ニ過ルトキハ治安ニ害アル必然ナリト雖英國ニテハ此法却テ治安ニ益アリ故ニ執政若シ議會ノ爲ニ一敗ヲ取ルコトアレハ其職ヲ辭スルニ至ルコト從來ノ風習トナレリ然ルニ此國ニ於テスラ古來二三ノ執政ハ大ニ下院ノ嫉惡ヲ受ケテ尚且數年間能ク政柄ヲ握リタリキ賢相「ビツト」一千七百五十年ニ生レ八百零六年ニ死スノ如キ是ナリ蓋シ若シ大地各國大地各國トハ歐洲各國ヲ云

ニテ執政一敗ヲ取ル毎ニ其職ヲ辭スルノ習アルトキハ國ノ爲ニ甚タ不利ナルヘシト雖英國ニ於テハ却テ然ラサルハ何ソヤ英國ニ於テハ君主及兩院ノ信ヲ兼ネ得タル人傑少カラス且英國ニ於テハ國衆ノ柱石トナリテ强盛ノ威權ヲ備フル者ハ貴族富豪及學識者ニシテ貴族ハ父祖ノ品格ヲ墜《オト》サンコトヲ恐レ富豪ハ自己ノ利ヲ失ハンコトヲ恐レ學識者ハ其道ニ背カンコトヲ恐ル、カ爲ニ輕擧暴動シテ政府ニ抗拒セント欲スルノ意アラサレハナリ然ルニ大地ノ羅馬人種各國及日耳曼人種各國ノ如キハ未タ英國ノ如ク眞ノ靜寧ヲ得ル能ハスシテ殊ニ平民（殊ニ貧賤無識ノ徒ヲ云フ）ノ權强大ニ過ルヲ以テ縱令執政一旦兩院多數ノ嫉惡ヲ受ルコトアリトモ自若トシテ其職ニ止マルヲ緊要トス但執政終始多數ノ嫉惡ヲ受ルニ至リテハ勢復《マ》タ其職ニ居ル能ハサルハ論ヲ俟《マ》タサルナリ

右の政府試案ともいふべき岩倉の綱領および意見は、前記した福澤系交詢社私擬憲法の主要なる条文をかかげて、それを論敵として反論することに力をそそいでゐる。しかして、その参考として掲示したブルンチュリーの論では、政府が国会多数の信を失ふ時には引退せざるを得ないのが政治の実情ではあるが、それは決して「國法ノ規律タルニハアラズ」単に政治判断にもとづく憲政運用問題であり、英国でもそれは成文法ではなくして慣習法的なものであると論じ、そして、その政治慣習も、英国では良法であっても欧洲大陸諸国では却って国家の不利となる、としてゐる。これを引用して岩倉（井上）は、交詢社案が「我國體民俗ニ適スヘキヤ」否やの十分なる検討をすることなく英国の慣習法を明文化したことを先づ非難し、「其一時ニ急進シテ事後ノ悔ヲ貽シ或ハ與ヘテ後ニ奪フノ不得已アラシメンヨリハ寧ロ普國ニ倣ヒ歩々漸進シ以テ後日ノ餘地ヲ爲スニ若カスト信スルナリ」と交詢社案につよく反対してゐる。この岩倉の意見は、やがて三條太政大臣、有栖川宮左大臣の同意を得て、明治十五年の二月に同一趣旨の上奏がされてゐるが、これは重複の

感があるので改めて引用しない。

二、伊藤博文の訪欧

伊藤博文の一行は、明治十五年五月二日にイタリアのナポリに到着し、陸路ただちにドイツのベルリンに赴き、ここでグナイストに会見した。グナイストは伊藤に憲法論の大綱を語り、その間、伊藤はグナイストの門弟モッセからも詳しい講義を聞いた。八月に入ると伊藤はオーストリアのウィーンに赴き、スタインに会見してその説を聞いた。八月の下旬、かれはドイツ皇帝を訪問して親しくその談話を聞く機会を与へられた。その後に、かれはパリを経て再びウィーンのスタインを訪れ、約二ケ月にわたってスタインの講義を聞いた。

この間に、グナイストや、スタインが伊藤に説いた憲法論の大綱は、すでに前章で述べたやうな論旨であったと思はれる。この二人の談話は、伊藤に非常な希望と自信とを与へたもののやうである。伊藤は、政府から与へられた目的を達成しうると確信した。

伊藤博文の立憲作業を援けた金子堅太郎は、博文をもって日本で最初に憲法学を研究した人であると語ってゐる。金子によれば、伊藤博文は明治三年に渡米した時に、時の国務長官フィッシュにすすめられて米国憲法の教科書『フェデラリスト』を熱心に研究したといふ。金子は、明治九年にハーバードで憲法研究をした時に同じ教科書を読んだし、伊藤にとっても金子にとっても、米国憲法書『フェデラリスト』は、起草の時から枢府の制憲会議中にいたるまで、もっとも大切な参考書の一つであったといってゐる（『憲法制定と欧米人の評論』のなかの「憲法制定篇」）。

明治三年いらいの憲法研究といへば確かに早いが、おそらく日本で最初ではあるまい。幕末時代の留学生で憲法に関心をもった人もある。（註）ただ、伊藤博文が幕末時代に初めて留学したのは英国であったし、憲法知識を研究しはじめたのは米国法についてであった。かれは政府の高官のなかでもっとも洋学知識に詳しく、しかも文明開化の熱心な主張者ではあったが、その法学知識の基礎は英米の学であった。しかるに現実政治の上では、かれは政府の要人として、福澤、大隈系の英国法と相対決する立場をとるにいたった。かれは、前記のやうに英国法反対の政府案（岩倉案）を推進せねばならない立場に立ってゐる。それが果してどこまでできるかどうか、かれとしては心中ひそかに懸念なきを得なかったのではないか。

それが、グナイストの講義を受けスタインの説を聞いて、十分に政府案を推進しうるとの確信を見出した。当時のドイツは、現実の政治ではフランスと戦って赫々たる勝利を得てゐたし、経済も急速に発展して、英国に追ひつき追ひ越す勢威をしめしてゐた。科学の発展も目ざましかったが、法学についても有名な「法典論争」時代を経過して、英仏流の自然法学から脱して歴史法学、社会法学の新学説が発展をしめしてゐた時代である。米仏流の社会契約説は、すでに学者の間では過ぎ去った古典とされてゐた。英国の法学者でさへ新しいドイツ法学を高く評価してゐた。オックスフォードの教授ダイシーでもアンソンでも、英国流憲法を英国の特殊例外的な政治史の所産と解してゐた。かれらは、やや数年後のことであるが、日本が憲法を制定するのに、英国流よりもドイツ流を多く参考としたのを賢明であったと評してゐる。それは十九世紀後半期のヨーロッパ法学界の風潮の一端をしめすものでもあった。常に新時代の文明開化の第一線に立つことを志した博文にとって、かれが青年時代に学んだ英米の学は、むしろ過ぎ去りつつあるもので、もっとも新しい法学によって、日本の政府案の理論的確認もでき、その法典化も必ずできるとの見透しを立てることができたのは、大きな力づけとなった。

右の日程から見ると、おそらく伊藤がグナイスト、モッセの講義を聞き終って、ウィーンでスタインの説を聞きはじめたころと思はれる八月十一日に、かれは東京の岩倉具視にあてて長文の報告通信をしてゐる。この書状の中で、とくに憲法調査に関する部分だけを次に引用する（外には条約改正案や政治犯に対する政策の諮問への回答等がある）。この通信報告は、伊藤の希望と自信とが、すこぶる固まったことを示してゐる。

魯帝即位は何月の事か不相分、多分當年は六ケ布《むつかしく》との世評に御座候。博文來歐以來取調の廉々《かどかど》は、片紙に盡兼候故不申上候處、獨逸にて有名なるグナイスト、スタインの兩師に就き、國家組織の大體を了解する事を得て、皇室の基礎を固定し、大權を不墜の大眼目は充分相立候間、追て御報道可申上候。實に英、米、佛の自由過激論者の著述而已《のみ》を金科玉條の如く誤信し、殆んど國家を傾けんとするの勢は、今日我國の現情に御座候へ共、之を挽回《ばんかい》するの道理と手段とを得候。報國の赤心を貫徹するの時機に於て、其功驗を現はすの大切なる要具と奉存候て、心私《ひそか》に死處を得るの心地仕候。將來に向て相樂居候事に御座候。兩師の主說とする所は、邦國組織の大體に於て、必竟《ひっきょう》君主立憲體と協和（共和）體の二種を以大別と爲し、此中に種々分派有之候へ共、小差別なり、譬へば立君にして協和體あり、無君にして協和體あり、立君專政あり、君主立憲にして議會を有するある等。君主立憲政體なれば、君位君權は立法の上に居らざる可からずと云の意なり。故に、憲法を立て立法行政の兩權を並立せしめ、立法議政府、行政宰相府恰《あたか》も人體にして意想と行爲あるが如くならしめざる可からずと云。只邦國の人體と異なる所は、意想、行爲の兩體共に其組織ありて、各箇其運用を異にす。此兩組織の運竝《ならび》行はれて相悖《もと》らざるの理あり。君主は則此兩組織の上に在りて、所謂邦國の元首なり。故に法以て之を束縛すべからず、刑以て之に加ふ可からず、不可干犯の地位に立て邦國を統括す。是君主の位なり職なり。君主の許可なくして一も法と爲る者なく、君主の許可なくして一も命令と爲る者なし、此許可權は君位君權に固有專屬す。

法律は兩院卽ち議會の議決する所、命令は政府の發布する所、而して法律命令其效力を均しくす。只々此兩箇の者、相撞着《どうちゃく》するを得ず、又撞着を豫防するの方法あり。總て法律の草案は政府卽ち内閣行政府の起草する所なるを以て、縱令立法議會に於て、政府の意に反するの法律を議定するも、政府承諾せざれば、君主之を許可發布せず、君主の許可發布に非ざれば、法律にあらずして草案たるに過ぎず。凡《およそ》大體雖如此、之を細論すれば一朝の能く盡す所に無之候。

故に上に所謂二種の別は、縱令立君の國と雖も、君權完全ならざれば、其政體乃《すなは》ち協和なり。邦國統治の權國會に偏倚《へんい》して、宰相は國會の衆寡に依り進退せらるゝ者協和なり。到底歐洲現今の形勢にて、漸次君權を削弱し、政府たる者は國會の臣僕の如き姿に墜《おち》り、統治の實權歸する所なきに至ては、國權を擴張し、民庶の幸福を保持する所以《ゆゑん》に非ず。故に君主立憲にして君權を完全にし、立法行政兩立並行の組織を固定せん事を期す。此眞正の政體にして又眞理の然らざるを得ざる者なりと。由是觀之我皇室の如きは、二千五百有餘年邦國の體裁を固定せざる以前に於て、既に君主の地位を占む、豈《あ》に國憲を定め國會を起すの時に至り、始めて君主たる事を認めらるゝを俟たんや。歐洲の政學者既に君位は國憲の上に駕《が》するを說く斯の如し。況んや我皇室の如きに於ておや。尙細密に申上度候へ共、紙に餘白なし、後鴻《こうこう》に讓り可申上候。時下爲邦家御自重被遊度候。此書匆卒《そうそつ》の間に相認候故、前後矛盾も不少候へ共、不惡《あしからず》御推讀奉願上候。頓首再拜。

八月十一日　　　　墺國維納府　博　文

岩　公　閣　下

（春畝公追頌記念會発行『伊藤博文傳』）

この八月に伊藤は約三週間ウィーンにあって、熱心にスタインの学説を聞き、月末にはポツダムに赴いてドイツ皇帝に引見されてゐるのであるが、このウィーン三週間の印象は強かったらしい。

九月十一日付の伊藤の松方大蔵卿あての書状は、皇帝と会見後ウィーンに再び戻る途中のパリで書かれてゐるが、そのころの伊藤の心理をよく語ってゐる。さきに岩倉にあてた書簡で、伊藤はスタインと会見して「心私かに死處を得るの心地仕候」と書いた信念は、この松方あての書状でいよいよ高まって来てゐる。それと共に、日本からの報道通信によって、英国流憲法構想で政党（改進党）の活動をはじめた大隈重信への敵愾心《てきがいしん》が露骨にしめされてゐる。ここでは、朝鮮問題や人事に関する文を削って、書簡のなかから、「改進先生」（大隈の意だらう）への批判およびグナイスト、スタインへの敬意、ドイツ皇帝の談話など、憲法問題に関する部分のみを下記に引用する。これらの私信は、公式報告文よりも端的にその真意、真情を語り伝へるものといへる。

（前略）追々内閣諸公の報及び新聞等にて、政黨團結、演説集會の模様承知仕候處、彼の改進先生の擧動、實に可憐ものなり。人も身を置くの所を轉ずれば、如斯《かくのごとく》志操迄《まで》も變じ得るもの乎《か》。必竟《ひっきょう》彼是《かれこれ》と名稱を設けて理窟《りくつ》らしき事を首唱し、世の衆愚を籠絡《ろうらく》し、衆力を假らんと欲するの外なしと雖、抑《そもそ》も國家を經理せんと欲する者、一定の見識なく、青年書生が漸く洋書のかじり讀みにて拈《ひ》ねり出したる書上の理窟を以て萬古不易の定論なりとし、之を實地に施行せんとするが如き淺薄皮相の考にて、却て自國の國體歴史は度外に置き、無人の境に新政府を創立すると一般の陋見《ろうけん》に過ぎざる可し。況んや今日の浮薄なる人情を熟知しながら、政黨だの、團結だのと、奔走驅逐《くちく》、騷ぎ廻るも、必竟風を捕ふるに不異。無智無識の青年輩が糊口《ここう》の策に苦んで、何か可依頼者あらば、之に依て己が目下の窮乏を救ひ、歳月を經過する內には何か僥倖《ぎようこう》もあらんもの位にて、意を迎かへ說を作て附從するとも不知、斷金の交友と認め、他日志を得て內閣を組織するの時には、股肱《ここう》の輔翼となる者かと、馬鹿馬鹿しき夢を樂しむに外ならざるべし。安ぞ知らん、彼等は何も束縛せらるる程の義務もなければ、恩愛もなしとて、都合次第に聚散《しゆうさん》離合、所謂相手代れど主は不替との俗諺《ぞくげん》に墜り、此間人に被欺人に被賣、數年の後始めて、其謀略の非なるを悟るべし。是僕が可憐と云所以なり。賢臺以爲如何乎。

明治二十三年に至り、縱令憲法を定め國會を興すも、決して彼等が希望する國會の衆寡を以て內閣宰相の進退更迭を爲すが如き、所謂議會政府〔パーリアメンタリー・ガブルメント〕の我日本に適せざるは不俟論而已《のみ》ならず、如斯は則純然たる君權完全の政治に非ずして、英國の古今無比の一種なる政體を數百年間の沿革に依り作り出したる一例ある而已。英人は自國に適當せるを以て、最上の政體なりと誇稱するも、彼等が祖先の抑も豫期したる所に非ずして、沿革興亡七八百年間の變遷の力に依り、自然に今日の體を爲したりと云も誣言《ふげん》にあらず。而して彼等誇稱する所、古昔の賢哲シセローの語を引用して、王室、貴族、衆民此三原素を合體して創立したる政體を以て、最上と爲す云々と、恰も符合するを以て得意とせり。然るに上古より中古、中古より近代、之を歴史上に徵するに、王室も貴族も衆民も悉皆《しつかい》我國に在る所と同種の者に非ずして、亦此三原素互相の關係も我國の事實、形跡に對照するに一も同樣なる者ある事なし。就中《なかんづく》貴族の一部に至ては霄壤《しようじよう》の差あり。此差は冗長に涉るを以て玆に之を略す既に一原素の異なるを以てするも、英國政體に比して論ずれば、三足鼎立《ていりつ》の一を缺く。三足を以て立つ事を得るの鼎にして、一足を缺き、二足にして確立するを得ると云はゞ、三尺の童と雖、其迂拙《うせつ》を笑ふべし。

千八百期の末年に當り、佛國王家擅横《せんおう》の事跡あると、佛民亂を好むの質あるとに依り、又ルーソーが如き誤見の學者が惡を世海に流したるとに依り、其結果自由民權の說世の風潮を爲し、終《つひ》に革命變亂に至て勢ひ窮まり、英雄衆を籠絡して己が功名利達の志を遂ぐるの好時機を作り、乃ち那勃烈翁《ナポレオン》が當初民權を首唱し、志を得るに至りて帝位に昇り、兵威を以て四隣を慴伏《しようふく》し、其勢を以一時佛國の民心を維持する事を得たるも、英雄の通患として、勝に乘じ無飽の欲を逞《たくましく》したる爲めに、歐洲連衡《れんこう》の力を養成し、之に抗し、竟《つひ》に一敗地に塗《まみ》れ、絕海孤島の囚人と爲るに至て止む。而して歐洲連衡の力を以て、那勃烈翁を滅却したるは、卽ち歐洲の各王家なり。歐洲各王家連衡の力能く勝を制したるに依り、一時鎭靜に至りたるも、民權、自由、協和（共和）論の餘毒尙人心に感染して、時ありて起伏し、千八百四十年間再び佛國協和論を生ずるに至り、那勃烈翁三世機に乘じ、大統領の職に當る。而して四十八年歐洲一般の風潮を爲し、獨澳共に內亂を釀成し、終に憲法を公布し國會を開くに至る。是れ此間の大略なり。然るに近時に至り、色々種々に變遷し、或は社會黨の如き者を現出し、或は虛無黨の如き者を現出し、又國會あるの國は、早晩も君主統御の權を削弱し、無智無學議員の多數に國政の得失を任ぜん事を主張し、不得止して之を放任したるの國は、今日如何共する事不能、內閣宰相は何時議院の爲め進退せらるゝか自から量る事不能、自然に事に任ずるの力を弱くするに至れり。是等の理由あるが爲めに、識見ある學者政治家は皆な此弊を救護せんと汲々《きゆうきゆう》たり。

小生八月上旬より維納に遊び、有名なるスタインに就き、其說を聞き、實に得る所不少と心竊《ひそか》に樂み居候處、俄に獨逸皇室より至急歸れと電報到來、伯林に歸り、二十八日皇帝の別居にて陪食せし時に、皇帝勅して曰、汝は國憲等の取調を爲すと聞ゆる、然るに朕は日本天子の爲めに、國會の開かるゝを賀せずとの意外の言あり。食事を終り、別室に至り、懇々切々今日歐洲流行の非なるを教示せられ、竟に日本の形勢不得止して國會を開くに至らば、能く注意し、國法を定め、而して縦令如何様の事あるも國費を徴收するに、國會の許諾を不得は不出來樣の下策に出る勿《なか》れ、若し其權を國會に讓れば、內亂の基と知るべしとの事なり。獨帝の此勅諭固より他國人に向て容易に發せらるべき事に非ず。又た決して世上に公にすべき事に非ざれば、僕が心中に收藏する而已。此事を玆に記載するの爲差要用なしと雖、前論の不虛を證する爲めに其一例を擧ぐる而耳。是れ歐洲識者の論、殊に獨逸流儀の主旨は、大概右の論點に傾斜する者の如し。獨逸の大學者尤《もっとも》憲法學に有名なるグナイストの論も、獨帝の勅語と大同なり。グナイストの論にては、憲法に會計の事を掲ぐるは、豫算書を國會集會の目前に讀む事を得、國會は之を論ずる事を得ると云に止むべしとの事なり。決して國會の承諾を得るに非ざれば、政府歲入を徵する不能とか、國費供給する不能とか、國會に會計全權を擧て委するが如き失策に陷る時は、政府は手を束《つか》ねて彼等の指揮に從はざる事を不得、是れ國政萎靡《いび》して不振の基を開き、彼等飽く事なきの求め、終に國君を廢し、協和政治を創立せんと云ふに至る、各國同一般なりとの說なり。墺國の博士スタインの說は、過日大略を書し山田へも差送り置候故、自から御一覽被下候事と愚考仕候。餘り長文に涉り候故、此度は先づ是にて擱筆《かくひつ》可仕候。乍憚《はばかりながら》九鬼へ別書なし、宜しく賢臺より御傳言奉願上候。僕一兩日間より再び墺國へ罷越、十月中旬頃迄滯在のつもり、夫《それ》より再び伯林に回るべし。餘は讓後鴻。頓首拜白。

九月六日　　　　　　　　　　佛國巴黎府　博　文

松方賢臺

（『伊藤博文傳』）

かれがグナイスト、モッセの講義を聞き、スタインの說を知るに及んで、大いに日本帝国の憲法構想に自信を固めて行く心理は、この松方あての書簡でよくわかる。かれは英国流の福澤、大隈に断じて負けないと自信した。しかしながらこの書簡のなかで、ドイツ皇帝の懇切なる談話といふのを感心したやうに書いてゐるのは問題である。この皇帝は、もともと憲法政治を好ましからぬものと信じてゐる人なのである。現在の日本の近代史家のなかには、その間の事情がまったく分らずに混線した史論が多いので、そのころのプロイセン憲法と皇帝のことを概記しておく。

プロイセン憲法に対して、皇帝と軍部とは非常な不満を感じてゐた。軍部は、プロイセン憲法を無視し踏みにじってでも、軍の近代的強化を断行しうる政治家をもとめて、パリ大使であったビスマルクを推薦した。ビスマルクは、皇帝に任命されて、初めからプロイセン憲法の国会と対戦する決意で首相となった人物である。その鉄血政策は、憲法の敵であるとして猛然たる反抗を誘発した。そのころのプロイセンの王朝は英国との関係がふかく、宮廷でも反ビスマルク主義が根づよい。皇后、皇太子夫妻をはじめ皇族や君側では、「ビスマルクを退任させねば憲法闘争は革命へと発展する」として皇帝に忠告する。皇帝はやや躊躇《ちゅうちょ》したが、ビスマルクは決然として切言する。「陛下、たれでも死はまぬがれませぬ。戦場で死するも革命の断頭台で死するも同じでございます。臣は、かのチャールス一世の宰相ストラットフォード卿のやうに堂々と陛下のために死するのを悔いぬ決意で戦ひます。陛下、もしも政戦に敗れるとも、ルイ十六世のごとき弱者として死することなく、陛下には断じて死を畏れず躊躇することなく、チャールス一世（有名な反立憲議会の英国王）のやうに王者としての威厳をもって断頭台に上る御決意をこそ固めていただきたいと存じます」と。この有名なビスマルクの進言で、覇王ウィルヘルム二世の決意は固まった。皇帝は、断固としてビスマルクを信任し、議会のあらゆる言動も決議も拒否した。そして十九世紀後半のドイツ帝国の覇権を築いた。

伊藤博文が皇帝に会見したのは、皇帝とビスマルクとが赫々たる勝利を得た後のことである。博文は、もとよりこのドイツの憲法闘争史の経過事情はよく知つてゐる。かれは、皇帝とビスマルクとの覇業に感歎もしたであらう（かればかりでなく世界の人が感歎してゐた時代である）。しかしこれは、もともと憲法と国会とを好まなかつた皇帝の談話である。天皇が親しく憲法の制定と国会の開設とを切に望ませられる日本とは全く異質の話である。

君民一致を最高の大義とする国で、「陛下、断頭台に上る御決意を願ひます」などといふ大臣は狂人でしかない。博文の思想の本質が「皇室御安泰第一」であることはいふまでもないが、かれのドイツ感歎はただの異国趣味程度のことで、まじめに日本に移入して真似することではない。ドイツ皇帝は、国会を開かないのが好ましいが、万止むを得ないならば「かくせよ」といつてゐるのである。日本の天皇とは対極的異質の覇者の語である。こんな語に伊藤が共感したやうなことを書き残してゐるので、後世の誤解も生ずるのであるが、よくよく事の本質を考へてみれば大筋はわかるはずである。

伊藤博文が理想とした皇室は、議会人民と対決して戦ひ勝つやうな覇王でなく、万民すべてが心から仰ぎ憧れる、大和をしろしめす仁道の伝統であることは疑ふべくもない。片々たる資料の辞句に目をうばはれて、ビスマルクと伊藤とを混同するのは、歴史の本質を知らざるものといはねばならない。伊藤が、憲法調査で目前の論敵として熱中してゐるのは、大隈、福澤流の英国議院制なのである。それを打ち破るための反感感情が激してのあまり、度をすごしてこのやうな私信も書いたといふ程度に見ていい。それは時を経て、しだいに修正もされ是正もされて行く。伊藤のドイツ皇帝やビスマルク礼讃の文章は、いくらも残つてゐるが、それだからとて帝国憲法がビスマルク流になつたとは決していへない。現に伊藤のブレーンであつた井上毅やロエスラーは反ビスマルク思想であった、という事実を考へねばならない。

しかして伊藤は、たれよりもスタインへの敬意の情がもっとも深く、日本政府に進言して、スタインを天皇陛下の名において最高の礼遇をもって迎へ、制憲の師としたいと思った。この伊藤の熱心な希望は、日本政府によって聞き入れられたが、その申し入れに対して、スタインは長文の論を書いて辞退した。

スタインのこの辞退の文は、さすがに一世の碩学たるの見識をあますところなく論述したもので、かれが片々たる立法技師ではなくして、国法学の大家たることを示してゐる。かれは、その文で、老齢にしてその任に耐へないともいって渡日を辞退してゐるが、それよりもむしろ大きな理由は、日本の国語を解せず、したがって真に日本国民の人情、民情を深く理解しえず、社会事情の由って生じて来た歴史についての知識の乏しい外人としての自分が、直接に立憲のことにあたるのは「陛下に対して」申訳ない、というのである。今日、欧洲では外国の法を参考し利用するのに、その法の原因沿革についての十分な基礎研究なしに模倣することは決してない。自分は、日本については知るところ浅いけれども、欧洲諸国の法律制度を比較し、その歴史上の沿革については、自ら以て通暁しえたとの自信を有する。自分は、陛下の辱いお招きに応じて渡日することは御辞退申上げるが、外国法についての参考資料を御下問なさるやうなことがあれば、その法の由って来たる歴史的社会的基礎を明らかにし、その得失を弁じて御参考に供することはできるだらう、と述べてゐる。

これは、片々たる数条の条文の巧拙を論ずるのではなくして、由緒あり歴史ある国の憲法を立てる根本見識を教へたものである。スタインは、「日本人は、日本の歴史によって、日本自らの憲法を作れ」との大義を力説してゐる。そしてかれは『須多因氏講義筆記』の終りの所で、日本人の研究者の来訪する者は多いが、片々たる知識の表相のみを学んで学の深底を学ぶところのないのを慨歎してゐる。

伊藤博文は、このスタインをもっとも深く畏敬《いけい》したやうに見える。しかし、スタインを畏敬しながらも、英国流は不可、ドイツ流は優秀などと割りきってゐるのでは、未だ真の国法学の深底に達したとはいひがたいのではあるまいか。この碩学の日本招請拝辞の文は、日本天皇に対する深甚の敬意と政府（伊藤）の知遇に対する謝意とを礼義正しく表明しながら、しかもさらに一歩を進めて、伝統ある日本国の誇り高き憲法を制定するの要を教へた名文として特記するに価ひする。

伊藤参議公閣下

余、樗櫟《ちよれき》非《ひ》才《さい》誤りて文衡の選に與《あづ》かり、貴國叡聖《えいせい》皇帝の隆顧を辱ふす。既に優等の旭日勳章を賜ひ、今復た貴國に赴きて　陛下に謁を請ふべきの邀命《ようめい》を蒙《かうむ》る。恩情隆渥《りゆうあく》拜嘉汗顔、敢て鳴謝する所を知らず。余日に恩命の嚴切なるを荷ひ、至微にして罪を逃るゝ所なし。唯だ悚然《しようぜん》として命を奉じ、粉骨砕身、力を盡して以て　陛下鴻恩《こうおん》の萬一に酬《むく》ゆる所あらんとするのみ。

謹で貴國既往の事蹟を按《あん》ずるに、國歩駸々《しんしん》開明の域に進み、燦然《さんぜん》として舊體を一變す。而して方今の勢ひ自ら文明の木鐸《ぼくたく》となりて、將《まさ》に將來に於て文化を寰宇《かんう》東方の大部に波及せしめんとす。余豈に　陛下の宏圖《こうと》を欽賞輔翼せざるべけんや。抑も余が　陛下の爲めに盡すべき所二途あり。方法異なりと雖ども、亦均く日本帝國の爲めにするに至ては、則ち其道一なり。是に於て乎《か》余は彼此《ひし》孰《いづれ》を去り孰に就き、以て　陛下の恩命に報ゆべき歟《か》は、最も潛心考量せざるべからざるものあり。請ふ第一策より說かん。第一策は、謹で　陛下の招聘《しようへい》に應じ余躬《みづか》ら日本に到り、敢て官の高卑を論ぜず、祿の厚薄を問ず、唯だ　陛下の命肅然として之に赴き、孜々《しし》勤勉するに在り。

退て考ふるに第一策に就くときは、余は徒らに　陛下の恩命に赴き、終に陛下を利する所なくして止むに至らん事を慮るなり。復た何ぞ能く　陛下恩顧の渥《あつ》きに報ゆる事を得んや。余一たび歐洲の地を去るに及んでや、勢ひ必らず百般の便宜を失ふに至るべしと雖ども、余が偏《ひとへ》に恩命に負くを慮るゝ所以のものは、抑も余が一身の便宜を失ふが爲めに非ず。顧て指を屈すれば、余本年既に六十八歳の齢《よはひ》に達し、桑楡《そうゆ》の暮景衰頽《すいたい》日に甚だし。故に命に日本に到るの日は齢将に七十に垂《なんな》んとす。唯だ恐る瀕耄《ひんもう》の老儒敢て奔命に堪へざらん事を。想ふに五年若《も》しくは十年を期して　陛下の劇務に當り、要件重事を措辨《そべん》するの士は、獨り肢體の健輕なるのみならず、年齢未だ衰へず精神活潑にして、事に臨んで明裁晰斷《せきだん》、多々益々辨ずるの才幹あるを要すべし。余や年齢に比すれば、稍々《やや》健全なる所ありと雖ども、齢既に耳順を經たり。何ぞ能く此大任に當るべけんや。況んや風土氣候の異なる地に赴かば、自愛衛生の道も亦殆んど期し難きものあり。然らば則ち假令ひ命に貴國に赴くも、常に悄々《しょうしょう》として年を窮め、毫《ごう》も力を盡す能はずして終に遲慢の罪逃《のが》るゝ所なきに至らん事を慮るるなり。既に　陛下に辱うするに、隆渥の恩情を以てす。是れ余が常に骨に刻み心に銘し、終身忘れ難き所、何を以てか此の鴻恩に報ひんや。余が一身上の事姑《しばら》く措《おき》て論ぜず、苟《いやしく》も命に貴國に赴きて實際事に任ぜんと欲するときは、益々恩命に負くの虞を固ふするなり。方今貴國勢威赫々《かくかく》として日に輝き、獨り東洋諸國の仰瞻《ぎょうせん》するのみならず、猶ほ歐米各國の刮目《かつもく》驚嘆する所たり。

今や余躬ら此の大國に赴きて實際事に任じ、聊《いささ》か之を利せんと欲せば、素《もと》より其國の風土、人情を詳《つまびら》かにせざるべからず。假令《たと》ひ　陛下幸に余に一官の榮を賜ふべきも、余は日本の邦語を解せずして能く其職に堪ゆべきを知らず。余が舊來の經驗に依れば、政治上の事多く一身上直接の交際より功を奏するもの多し。邦語人情を解せずして洽《あまね》く其國の人士に交らん事、復た希望すべからざる所なり。然らば則ち何に因て以て能く社會の現當を熟察し、舊來の慣行を斟酌《しんしゃく》し、孰《いづ》れか能く民情に適し、孰れか能く實際の便宜に應ずべき歟《か》を取捨裁斷せんや。是れ余が其職に堪へざらん事を虞《おそ》るゝ所以なり。

是に由て之を觀れば、則ち第一策に依るときは、余は貴國の爲めに力を盡すも、到底寸功をだも奏する事能はざるに至らん事必せり。是を以て余は他に方策を考究し、以て貴國將來の宏圖を輔翼する所あらんとす。

竊《ひそか》に聞く、貴國方今の勢ひ議政及び行政上の事項に關し、新法の制定を要するもの多端なりと。果して然らば、則ち余は應《ま》さに云んとす、此の時勢に臨んでは、獨り英佛獨等の如き歐洲各國の現行の法律制度を諮詢《しじゆん》するに止らず、猶ほ議政及び行政上の事に關し、他日將に如何の釐革《りかく》を要するに至るべき歟を探知するを得ば、則ち大に陛下將來の洪謨《こうぼ》を裨補《ひほ》するものあらん事、余の斷じて疑はざる所なりと。今日歐洲各國に在ても亦國王の新法を發し、或は法案を議政府の議に付する毎に、洽く歐洲各國の法律制度を纂集《さんしゆう》比較して、以て其新法若くは法案の說明に充るの便あるを知りてより以來、議政府より國首及び人民に向て發議する所の事項も、亦多少他國同一の類例を引證《いんしよう》して、以て參考の便に供すべきの主義を遵行するに止れり。蓋し歐洲に於て他國の類例を引援《いんえん》するものは、專ら法律の明條を說き、體裁《ていさい》を明かにするに在るを以て、其利益僅少ならずと雖ども、抑も法律制度の起る所必らず其邦治亂興廢の沿革に基き、確乎《かくこ》たる淵源《えんげん》なくんばあらず。今其淵源に溯《さかのぼ》らず、徒に支末に流るゝ事を爲さば、竟に本末混同し逆施倒行の弊隨て生ぜん。例へば、憲法と行政上の制度とは、其性質の精萃《せいすい》を以て約言すれば、則ち彼此同一なるが如しと雖ども、國王の發すべき法律と議政府の議決すべき法案とは、大に異ならざるべからざるものあるが如し。因て以て他國の法度政令にして、果して其自國に適用すべき歟否は、全く自由の性質と現當の目的とに關するを以て、密《ひそか》に其利害の及ぶ所を審《つまびらか》にせざるべからざるを知るべし。是を以て唯だ僅に其法律制度の明條體裁を知るのみを以て、未だ遽《には》かに其自國に適應すべき歟否を決するに足ると爲すべからず。苟も實際に之を適用せんと欲せば、則ち始め其國に於て、何等の緣故ありて其法律制度を施行するに至りたる歟、最も其淵源を尋ね、其沿革を考へざるべからず。是を以て歐洲各國に於ては、直接に他國の法律制度を採りて自國に用ふる事なく、又も他國の法律制度の善美にして模倣するに足るものあるを見れば、則ち各國の立法府は、其原由沿革を考究したる後に非ざれば、之を自國に適用する事なし。

歐洲今日の慣行、概《おほむ》ね此の如し。故に貴國　皇帝陛下余に命じて、歐洲各國の法律制度を編纂して、彼是長短を考較せしめば、他日貴國に於て議政及び行政上の事項に關して釐革を施すの時に當り、多少裨益する所あるべし。而して余が此比較論を起草するに當りては、一問題毎に緒言を付し、其性質條目及び他の立法に關係して當《まさ》に設くべきの細目等に就て、大體の理義を敍述すべし。全篇の立論明瞭を旨とし、簡約に之を結了する事を得ば、唯だ僅に一國に局促せず、廣く歐洲各國の法律制度を擧て其歴史上の沿革を比較歴觀するの便あるべし。

余非才と雖ども、歐洲各國の法律制度を學ぶ既に茲《ここ》に四十年、星月固り短しと云ふべからず。故に彼此の考較及び其歴史上の沿革に至ては、概ね皆な通曉せざる事なし。憲法の活動其他行政及び公權の諸法律權限に渉りては、歐洲各國と雖ども、猶ほ其蘊奥《うんおう》を極めざるものあり。是れ余が自ら誇稱して大言を放つ所以にあらざるなり。余潜思熟考するに、此の方法を以てするの外、他に　陛下の爲に盡すべきの道なし。陛下幸に芻蕘《すうじよう》の言を捨ずんば、余は第一　陛下の施政に不便ならざる各種の政治上の問題、第二憲法に關するの問題、就中行政府の組織權限、第三其他行政に關する制度方略人民社會一般及び各種の利益を保護し、全國の經濟及び理財等に關する問題等に就て詳論し、猶ほ貴國政府の垂問を辱ふせば、此等の事項に關しては、歐洲各國の法律制度に就き自然の元素と政治上に就て現出したるの元素とを區別し、彼此其異なる所に隨て法律制度上に種々の差異を生じ、共に併行して發達を爲す所以の理義を講説せば、則ち議院等の組織に於るが如く、僅に一局部に拘束せずして洽《あまね》く歐洲一般の現狀に關して重要なる問題の如何を了知するに足るべし。余は貴國政府の爲に、其事の聊《いささ》か無益の業に屬せざるを信ずるなり。是れ余が自ら進んで　陛下の政府の爲に、任に當らん事を冀《こひねが》ふ所なり。其採るべきと否とに至ては、余は謹で閣下の命を待つべし。其他何等の事項に關せず、若《も》し貴國政府の垂問を辱ふする事あらば、則ち余は力の及ぶ限り詳細復命して以て　陛下隆顧の渥きに報ゆる所あらんとす。

以上陳述するの外、猶ほ余は傍《かたは》らに當府留學の貴國青年書生を幇助《ほうじょ》し、獨り彼輩の爲めに、大學入門の周旋を爲すに止らず、余が一身の學友として彼輩の學事を勸奬すべし。是に於て乎《か》余は自ら日本書生の歐洲の學科を修むるもの丶爲めに、一個の中點となりて他日貴國に大學を作興するの元資を生ずるの媒介者たらんとす。夫れ智識の發達を謀るは、大學を興すに若くはなし。若し貴國にして大學校の教育を振作《しんさ》せば、則ち其洪益は自ら東洋諸國に波及するに至らん事必《ひつ》せり。余此の志を懷く事既に久し。唯だ未だ之を實際に試みざるのみ。

余自ら進んで此等の事業に任ずるが爲めに、更に莫大《ばくだい》の給料を望むに非ず。幸に褒賞として二三千圓の金額を投じ給はゞ、余は之を以て滿足すべし。若し余をして今日の地位を捨て、家宅鐵道新誌及其歳入等の如き財産を擲《なげう》ちて遠洋を渡航せしむるの爲めに、要すべき費用に比せば、其二三千圓の額は以て過當なりと云ふべからず。況んや老後若し不幸にして途上不虞《ふぐ》の災害に逢遭《ほうそう》し、當《まさ》に　陛下の爲めに盡すべきの資力をして忽ち泡沫《ほうまつ》に歸せしむるの事あらば、漫《みだ》りに鉅額《きょがく》を費して竟に寸效なきに至らん事を顧るに於てをや。余は區々情言を縷陳《るちん》し、伏て閣下の裁鑒《さいかん》を仰がんとす。

今余は筆を茲《ここ》に擱《お》かんとするに當り、誠心一意以て閣下に謝すべきあり。閣下の府内に羈留《きりゅう》するに當りてや、屢々謦咳《けいがい》に接し、淸談に時を移す事を得たり。厚誼《こうぎ》懇篤感銘の至に堪へず。今にして之を追考すれば、余が生前の愉快此の時に過ぎるものなし。余は當に永く此の事を記念して終身忘れざるべし。尊威を冒瀆《ぼうとく》して惶懼《こうく》已《や》む事なし。

一千八百八十二年十一月十五日維也納府に於て

維也納府大學校大學士　ドクトル　ローレンツ　スタイン

（『伊藤博文傳』による。傍点は引用者）

伊藤はスタインの来日をあきらめざるを得なかったが、立憲に際しての日本人の確固たる自主性の必要を教へたこの辞退の表を見て、さらに一段とふかく学んだであらう。

伊藤は晩秋にウィーンを去って再びドイツに行き、十六年の新年を迎へたのちオランダ、ベルギーを経て三月初めに英京ロンドンに到着、約二ケ月間ロンドンに滞在して、ここで世界列国の憲法ならびに関係資料の蒐集につとめた。ここには森有禮がゐて、大いに将来の憲政について議論した。五月にロンドン発、命によってロシア皇帝の戴冠式に参列し、六月再びナポリ港にいたって帰国の途につき、八月三日帰国して、その調査の結果を陛下に奉告した。

伊藤は、一年有半の渡欧に多くの秀才をひきゐて勉学につとめることすこぶる熱心で、多くの法学新知識を学んだ(その学び方は、同じ時期に渡欧した板垣退助と全く対照的である)。しかし伊藤が、この間に最も学んだものはいったい何であったのか。端的にいへばそれは、かれが出発に際して岩倉から提示された政府案は、そのままでよいと確認したことである。伊藤はこの渡欧調査によって、岩倉案を法典化し、それを理論づける十分の知識に確信を有するにいたった、といっても過言ではない。政府案を修正せねばならないと考へた格別の条項はなかった。

伊藤は、欧洲からの帰途、岩倉の健康のすぐれないのを聞いて憂へてゐたが、岩倉は伊藤の帰朝の直前に病歿した。しかしながら、岩倉によって樹立された政府の憲法構想は、そのまま伊藤博文によって継承されることになった。伊藤の渡欧は、かれが岩倉構想の後継者たることを自信づけた、といふ点にその意義を見出すべきであらう。

なほ、須貝脩一の前掲「ロエスラーと明治憲法」は、

伊藤公は、明治十五、六年に欧州の研究旅行に出かけるが、その研究事項の目録はロエスラーの手が加えられたものであり、ルドルフ・グナイストとロレンツ・フォン・シュタインを訪問、受講するが、そしてこの両者が伊藤の思想および明治憲法に及ぼした影響は過重評価されているが、実は伊藤が既にロエスラーの影響下に懐抱するに至っていた立憲主義的思想の確認を受けるためにわざわざ出向いたようなものであった。

と、スタイン、グナイストおよび伊藤渡欧の過重評価をすこぶる大胆に鋭く批判してゐるが、この文だけでは、この時の政府案をそのままロエスラーの目録と即断する者があるかもしれない。正確にいへば、それは井上毅とロエスラーの法学知識にもとづき、岩倉具視の政治見識で決断されたものであり、伊藤はグナイストやスタインなどの説を聞いてその政府案の確認を得て帰朝したといふべきであらう。

もっとも明治十四年の時期には、井上毅のドイツ法学についての知識はまだ十分ではなかったであらう。かれは本来は、フランス法学を基礎にして学んだ人であり、ドイツ法学の知識はロエスラーに学ぶところが少なくなかったやうである。しかし、岩倉綱領の作成に必要な日本の政治情況とその由って来たる法制史の知識は井上にのみあって、当時のロエスラーには全くなかった。綱領草案が、この二人の協力によってできたのは、岩倉もみとめてゐたことと思はれる。

穂積八束が、岩倉綱領作成の史的意味を高く評価して、「憲法ノ大綱ハ全ク此ノ時ニ於テ確定シタルモノト視ルコトヲ得ベシ、是ヨリ以後憲法制定ノ歴史ハ流水ノ如ク滑カニ進ム」と評価したことは前にも述べた。これは、必ずしも伊藤博文のその後の労と苦心とを無視するのではない。しかし、伊藤は明らかに岩倉

具視の後継者なのである。かれがその後継者としての確信をもって帰朝するのを待たずして、岩倉は歿した。政府の憲法草案の基礎をきづいた岩倉具視の足跡は大きく、それは銘記さるべきである。
なほ、宮内庁において著作刊行した大著『明治天皇紀』第六巻「明治十六年二月」の記には、伊藤がスタイン招請ができないで、その代りにドイツの学者を招くことを提議して来た時のことについて、次のやうに記録されてゐるのは意味深い。

八日　在獨逸國參議伊藤博文の議を容れ、獨逸國の政治學者三名を内閣顧問に聘《へい》することを聽《ゆる》したまふ、初め博文の憲法を研究し、立憲政治の實情を視んとして歐洲に航するや、多く獨澳の間に駐《とど》まり、主として兩國の憲法及び政治を學び、深く其の組織の完備したるに服す、既にして獨逸の學者ルドルフ・グナイスト、澳國の學者ローレンツ・スタイン等に就きて其の說を聽くに及び、其の淵源する所を知り、心竊《ひそ》かに期するあり、遂にスタインを聘して日本に伴ひ歸り、憲法制定の顧問と爲すと共に、スタインに依りて我が大學の基礎を定め、學問の方《ほう》嚮《こう》を正さんと欲し、客年十月遙に書を政府に致して朝議を請ふ、廷議之れを聽し、博文に委するに雇傭《こよう》結約の事を以てす、然るにスタイン辭するに老齢遠く異邦に航する能はざるを以てし、且博文に告ぐるに、法律制度は必ず其の國の歷史に基づかざるべからず、其の淵源に溯らずして徒らに下流を模するが如きことあらば、本末混同し、逆施倒行の弊隨つて生ぜん、若し他國の法の取るべきものありとせば、其の法の發する所以の源を究め、其の沿革を考へ、自國に適應するや否やを察せざるべからず、故に招聘に應ずる能はずと雖も、命あらば歐洲諸國の法律制度の原由・沿革等に就きて考較論述を試み、貴國政法制定の業を裨補《ひほ》する所あらんと云ふを以てす、博文益〻其の說を喜ぶと雖も、遂に雇聘《こへい》を強ふる能はず、乃《すなは》ち更にスタインに代るべき碩儒を求めんと欲し、之れを獨逸國宰相オットー・フォン・ビスマルクに諮る、ビスマルクの博文を見るや、深く日本近時の進歩を稱し、熟達練能の政治學者にして行政官の經歷ある者三名を簡抜して日本の需《もとめ》に應ずべきことを告ぐ、博文大に喜び、電報を以て其の聽許を請ふ、時に太政大臣三條實美・右大臣岩倉具視思へらく、獨逸國學士雇聘の事異議なしと雖も、後來我が內政・外交を制約するの虞あるに至らんことを慮《おもんぱか》らざるべからずと、仍《よ》りて外務卿井上馨、旨を稟《う》けて博文に電訓し、雇聘の允許《いんきょ》を報ずると共に、博文の注意を促して曰く、顧問招聘の事に依りて、ビスマルク及び獨逸勢力の日本に及ぶことなからしむるを要す、前年佛蘭西國陸軍教官を聘するや、諸事佛蘭西國の訓令を仰ぎ、佛蘭西流を行はんとして、我が陸軍卿等と不和を生じたるが如きことあらしむべからず、又凡そ純然たる獨逸流の憲法及び諸法規を移入せんとするが如きは我が意にあらず、人選に當りては宜しく雇聘の本義に鑑《かんが》み、日本官吏として能く任に堪ふべき者を選擇すべしと、（傍点は引用者）

ここには、在欧中の伊藤がいささかドイツ流、ビスマルク流に流れる懸念を感じてか、君側の岩倉具視等が伊藤に対して、日本国の自主独立の精神を確保すべきことを懇切に教示した事情を想察せしめるものがある。

三、板垣、後藤も洋行

伊藤博文が渡欧した明治十五年に、政府反対の急進野党の党首板垣退助と後藤象二郎もまた、党員をひきつれて同じくヨーロッパの憲法視察に出かけた。その事情も見すごしてはならない。

板垣退助は、十四年の国会開設の勅諭を拝するや、後藤象二郎とともにただちに自由党を創立し、国会における自由民権の戦線確立を目標として全国の遊説につとめた。その演説は、自由民権の士気を鼓舞し、官僚政府の非政《ひせい》を痛烈に糾弾して天下の人心を動かした。しかし反対に、その激烈な自由民権の思想をもって、板垣を君権に反抗する不臣の徒であると信ずる者もあって、板垣は岐阜の遊説の際に一刺客に襲はれて傷つくといふ事件がおこった。この事件は、自由党員の反政府の気勢をいやが上にも燃えあがらせた。かれらは五年前に、川路大警視が西郷謀殺のために十数名の精鋭を鹿児島に特派したことを連想した。自由党壮士の対政府敵愾《てきがい》の気は燃えあがった。

岐阜の変報が東京に達すると、明治天皇は深く憂へられてただちに侍従を特派し、見舞を命ぜられた。そのころ鉄道の東海道線はまだ出来てゐなかったので、勅使の到着は数日後になったが、勅使を迎へて板垣は感激禁ずる能はず、傷身の病軀《びょうく》をおこして端坐し拝謝して、感涙しきりなるものがあった。当時の政府官憲のなかには、民権家をもって不臣の徒と信ずる者が少なくはなく、岐阜県令のごときも初めは至って冷淡の態度であったが、勅使差遣の報を聞いて俄かにその態度を急変したといふ。この時に板垣の傷を治療した医者が後藤新平で、かれは、板垣の天皇陛下に対する至誠感激の情を見て、自由党を不臣の徒のやうに評する世人に対してその過ちを正すことにつとめた。

自由党員は、板垣に対せられる聖恩には深く感激したものの、政府への敵愾の情と疑念の心理とは、たやすくは解消しがたいものがあった。しかし、板垣に対する刺客は政府とは無縁であり、この自由党員の疑念は誤解であったと断じていい。その誤解をとくために釈明に力をつくしたのは、佐佐木高行であった。かれの思想的立場は、板垣、後藤とは異なってゐたが、もともと幕末期から維新へかけての回天の大業に際しては、共に土佐藩勤王の士として行動した間柄であって、同藩同志としての人的信頼感は深かった。佐佐木が後藤を説き、後藤が板垣を説いて、朝野の間の緊張を緩和した。

そこまでは無事であったが、後藤象二郎がさらに一歩進んで、板垣を誘って共に欧洲の憲政視察に行くことを提議するに及んで、自由党内に新たな紛議が生じた。これは、政府が後藤、板垣に巨費を投じて野党を買収し、懐柔するものだ、との風説が流れたからである。清節の士風を尚《たっと》ぶ板垣は憤った。この間の事情は『自由黨史』に詳しいが、この時の後藤、板垣およびその随行一同の旅費経費は、もともと板垣自由党の支持者であった大和の土倉庄三郎といふ富豪が政治献金したもので、一点の疑念の余地もない、と詳細な証言をしてゐる。

板垣の清節は疑ふべきではない。しかし、当時の風説がただの無根のものでもなかったらしい、複雑な事情がある。後年明らかにされた政府高官の通信を見ると、板垣本人には知られないやうにして、なんとか板垣を渡欧させたい、と複雑な工作をしてゐた事情が書いてある。後藤、板垣に、政府資金でなく民間の資金を提供させ、しかもそれが決して政府の意図にもとづくものでないと板垣に思ひこませるやうに工作されてゐるのである。板垣に知られないやうに自由党支持者の富豪に資金が流れたのではあるまいか。その真相は敢て断定しないが、時の政府が岩倉、伊藤、井上馨をはじめ一同そろって、板垣の欧洲憲政視察の旅を切望したことだけは、一点疑ひの余地がない。

なぜそれを切望したのか。明治も十五年になると、維新の第一級功臣は西郷隆盛、木戸孝允、大久保利通すでに亡く、板垣退助の存在はきはめて大きい。この人は土佐の上級武士の出で、急進討幕派として戦功を立てた。その資質には誇り高い伝統的武将の風格がいちじるしく、それが征韓論争いらい急進的な自由民権運動の先駆者となって政府をなやませてゐる。政府の文明開化派から見ると、板垣の思想は、封建的な激しい武将の戦闘精神と、西欧の前世紀的な革命ヒロイズムとが奇妙に結びついて、一つの哲学的な夢をゑがいてゐる。この男を、現時点でのヨーロッパに行かせて、実地に仏、英なりドイツの実状を視察させれば、その夢も消えて政府との間に多少の歩みよりもできるのではないか。それが望めないにしても、板垣が日本にゐて悲歌慷慨の壮士の頭首として活動するのは、もっとも厄介である。ぜひ渡欧させたいと思った。この見解は、ある程度まで当ってゐると思ふ。

板垣はパリに行った。しかし、そこにはすでに革命的ヒロイズムはなかった。フランス大革命、共和国からナポレオン帝制、ブルボン王朝の復活、第二共和制、ナポレオン三世の帝制、それからプロイセン帝国との戦争と惨敗、パリコムミューンの破綻《はたん》と、内乱的な不安定をつづけた後の第三共和制のパリ市民は、ただ安楽さを欲してゐた。選挙では、その安楽さをもとめる市民に媚びた安直平俗なアピールのみが横行してゐた。板垣の私信は、革命的ヒロイズムの消え去ったかに見えるパリ市民の表情に失望してゐるかのやうに察せられる。『史伝板垣退助』の著者絲屋壽雄は、在パリの板垣の思想を説明して、

彼はまたフランスの普通選挙制民主主義を見て「其政治家の買はんと欲する処の歓心は、少数の智者にあらずして多数の愚者にあり、即ち中等以下の人にあるを以て」その政治は「到底不完全を免れず」というような観察を下している。そこには人民べっ視の武士の精神があり、人民のための政治という民主的な観点が彼には欠けている。

と評し、また、かれは旅行中の東洋諸国の原住民の奴隷情況を見ては列強に対抗すべき日本海軍の大拡張を思ひ、軍国主義的国権論の思想を深めた、などと評して、板垣は結局「士族民権家」の限界にとどまったとしてゐる。しかし征韓論に源流する板垣民権論としては、むしろそれは自然当然のコースであったと見るべきであらう。

板垣に対して、伊藤はベルギーで訪問はしたが両者の意見は一歩も接近しなかった。後藤の方は、伊藤のすすめでスタインの憲法論を聞いた。その間、西園寺公望は、板垣の随行者今村和郎とも格別に懇親だったので板垣に接近して、フランスの視察の世話や著名人への会見の世話などをしてゐる。西園寺は、伊藤の憲法調査の随員のはずであるが、ここでは専ら伊藤の内命を受けて、反政府の巨頭板垣に接近してその思想心理を観察し、またその思想を少しでも政府に接近させるのに役立つ知識を提供することにつとめたらしい。

十六年三月、在ロンドンの伊藤への報告通信がある。

> 拝啓。奉別後板翁（板垣）と共に歸巴黎《パリ》、無恙《つつが》送光仕候。閣下には龍動府御盛にて御到着の由、大賀の至御座候。廣橋賢光小生歸府と同日來着、病氣平癒のよし是可賀。閣下昔日の御寓居《ぐうきょ》に罷在《まかりあり》候。山崎直胤亦來府也。暫時滞留にて伊太利亞に趣《おもむく》よし也。光妙寺（三郎）には、柏村云々申候事及詰問候處、甚驚愕《きょうがく》様子に御座候。いづれ同人え掛合候事と存候。扨鳥渡《さてちょっと》申上置候事は、今朝板垣翁來寓にて、後藤歸府に付金の事相談候得共、何か氣のをける様子故、小生に盡力相叶《かなひ》候はゞ暫時周旋頼度云々に御座候。此儀は過日話の序《ついで》に困却甚敷《はなはだしき》ならば、何か考の付く事も無之やなど申候に付、小生にて一策出來と見込たる事也。拜鳳の時委細可申。しかし返却の邊も如何かとも存候間、小生は聞置申候。右に付來十八日マルセイユ出立の船にて、歸邦と決心の趣に御座候。此段如

何可仕や。今二三千フランも遣候はゞ、一二ケ月此地に滞在為致候事は容易に御座候。或は此儘《このまま》にて帰邦為致候方宜《よろしき》布や、謹乞教。後藤同息、今村等歸府昨夜面會仕候。今村の話ぶりにて察すれば、板垣に金を分ち暫時此地に在らしむる考は、後藤に在事とも被存候。然《しかる》時は今朝板垣よりの話も水泡歟《か》不可知也。井田（讓、駐佛公使）は愈《いよいよ》十八日歸邦のよし也。此外別段可申上事も無之候。諸君えよろしく。此書御投火。板垣等の事縷《る》々《る》申上候事は、今村などにも祕密になし被下度、況や他人おや。書不盡言。草々頓首。

三月七日　　西園寺生

春畝先生梧下

（『伊藤博文傳』より引用）

西園寺が二、三千フランの用立てをしたか否かは分らないが、ともかく板垣は帰国を延期して、後藤とともにロンドンに行った。ロンドンでは森有禮が迎へて世話し、板垣の説得につとめたが、伊藤が懇談しようとしても相手にしない板垣である。森の説など問題にもしない。

森は、板垣をハーバート・スペンサーと会談させた。スペンサーならば、日本の自由民権家が世界的自由思想家として礼讃してやまない碩学であるし、しかもその対日意見では、日本政府の高官以上に保守穏和なのである。しかも板垣は、それを知らないで、日本で「スペンサーの書は世界民権の教科書なり」などといってゐる。これに会談させるのは、もっともいいと思った。

板垣も、スペンサーとならぜひ会談したいといって、機嫌よく訪問した。しかしこの会談では、滔《とう》々《とう》と自由民権を論ずる板垣に対して、スペンサーが猛反論した。板垣は十年も前からの民撰議院設立論者で、議院で大政を決すべしとの主張者であるが、スペンサーは、日本では議会政治など百年後のことだと信じてゐる進化論者である。到底話の一致するはずはなく、共に立ち上って議論し、相別れてしまった。その様子を森有禮は、伊藤あての文中で、次のやうに報じてゐる。

（前略）板垣今夕より和蘭博覧會見物の爲出足と申事也。同人宿題の本尊スペンサー面謁も、三日前、川上通譯にて相濟ミ、餘程の滿悦と申事、但其面談ノ體ハ、師弟換位にて、弟子の説法居多、且例の無根據の空論不少より、本尊の堪忍袋破レ、談半にて、no, no, no, の聲と共に立ち上り、其儘にて相別申候由

博文賢兄　　　　　　　　　　　　　　　　　　　　倫敦　有禮

（大久保利謙著『森有禮』より引用）

ここに「師弟換位」とは、有禮としては自由民権説ならば当然スペンサーが師で、板垣が門弟として聞くべきである、といふのである。スペンサーは気むづかしい人で、知友もかれへの紹介は躊躇し遠慮したといはれる。森は格別に懇親の間であったし、豫《あらかじ》め諒解は得ておいたらうが、それが、板垣の滔々たる説教にスペンサーが反対して、どちらも立ち上って激論になったまま別れたといふのである。板垣の側では、帰朝後もスペンサー批判はしてゐないやうだが、心中に板垣は、「スペンサーも結局は白人特権主義者で、東洋人を侮ってゐる」として見限ったにちがひない。スペンサー流の民権国会の権限制約説などには一歩も近づいてゐない。

板垣は、さすがに日本流の士族民権家である。フランスの実情に失望し、国際的自由思想の権威として有

名なスペンサーに説得されても、少しも転向の風がない。かれは、自分の自由民権の哲学をあくまでも固守する。世上一般の外国書で自由民権論になった程度の洋学者流ならば、フランスで失望し、碩学スペンサーと直接対話すれば、転向せざるを得ないであらう。しかし板垣退助は、外国の著書は誤読してゐたかもしれないが、かれの自由民権論は、日本における自分自身の政治体験のなかから生じたものである。かれは、もともと洋学者などではない。外国書の誤読があったとすれば、外国書を棄てればいいだけで、板垣の日本的自由民権論の節義は変らない。

結局、板垣については政府が期待したやうな歩みよりはできなかった。しかし政府の関心は深かった。西園寺は、政府の最高実力者岩倉具視あてに次のやうな板垣情報の報告をしてゐる（前掲『伊藤博文傳』より引用。傍点は引用者）。

（前略）後藤、板垣洋航後情況可申上旨奉謹領候。蓋《けだし》兩人鞋《わらぢ》を巴里に解候は、昨年極月にて、小生は伯林に在り、小生今村和郎と心易き故、彼是相尋候處、兎角《とかく》板垣は跼蹐《きよくせき》にて後藤と不合、只管《ひたすら》理學に類せし事而已《のみ》申居候趣也。其内後藤、今村伯林に來遊、度々面會仕候末、小生は巴里に來り後藤は維也納に行く、維也納にてスタインの講義を聞候よし、是は伊藤参議の勸によると存候。小生巴里にて伊藤内命も有之、板垣面會候處、同人は只々矮屋《わいおく》に籠居《ろうきよ》し、佛國形勢人情の兼て考たるに異なるを歎ずる位也。如此《かくのごとく》にては洋行も無益と存候て、小生紹介いたし候て有名の人などに爲引合、議院見物など爲致候。しかし何分頑固にて歐洲英雄運用の妙などは決てわかり不申、只々理學に一偏する者の如し。蓋し當人心事は歸朝後は自由黨總理を辭し、退隱の外策なしと考居候事と被察候。伊藤には白耳義國にて初て板垣と面會候得共、話も程よく熟する場に至らず、其後龍動《ロンドン》にて面會有之候哉《や》如何承知不仕候。要之に飜然改心は出來不申と存候。何分薩人を畏惡《いお》するの甚きと、改進黨を忌諱《きい》するとは慥《たしか》に御座候。後藤と伊藤の話合は如何哉、小生承知不仕候得共、是又後藤失望の方と奉存候。柳原（前光）より御聞取被下候はゞ、大抵はわかり可申と存候。後藤と板垣は其實甚だ不和なり。然て互に捨てざる所以は篤《とく》とはわかり兼候。蓋後藤は土佐の人望を存せん爲に板垣を捨不得かとも存候。彼是推察の角も有之候得共、書狀にては間違候ても恐入候に付、且最早不遠拜顔も叶候事と擱筆《かくひつ》仕候。板垣龍動に罷在候時は、森公使（有禮）よりも說得有之候得共、馬耳東風のよし也。後藤、板垣共、明後日はマルセール出帆の船にて、印度洋より歸朝の趣に御座候。兩人の事に付少々愚考も有之候得共、總て拜顔の日に讓候。（中略）縷々申上度事も有之候得共、愚文亂筆にて餘り長相成候間筆を止候。此書御覽後御投火被下度候。草々百拜。

五月十日夜認　　　　　　　　　　西園寺公望

岩倉公下執事

この西園寺情報は、かなりに確度が高い。板垣は、あくまでも自由民権の節義を堅守して妥協しない。後年、老骨を挺して台湾に赴き台湾島民の自由解放運動の端を開く大正初年にいたるまで、かれは終始、民権自由の闘将としての生涯をつらぬいた。しかし西園寺の予測したとほりに「歸朝後は自由黨總理を辭し、退隠の外策なし」と考へてゐたのは事実であった。

板垣の帰朝を、東京でも大阪でも非常な歓迎で騒ぎ立てた。しかし板垣は、フランスで失望したことも、スペンサー等と激論したことも演説しなかった。ただ、日本人に自由民権の精神元気振作の緊要なることを力説した。『自由黨史』によれば、板垣一行は帰朝に際して、すこぶる多くの憲法書を持ち帰ったと記録されてゐる。しかし板垣は、西園寺の予想どほりに党総理を辞してしまったし、持参の洋書を用ひて法典編纂を試みたわけでもない。滞欧中になにか深く考へるところがあって、しばらく沈黙することにしたのであらう。

かれは、自由民権の節義は厳守したが、さすがに西欧の実情を見ては、前途の理想の遠いことを思はずにはをられなかったのであらう。政府は国会権限制圧の政策をすすめてゐる、とかれは信じた。ここでは、維新いらいの闘将としての板垣退助は、「沈黙の監視者」となるべきだと思ったのではあるまいか（板垣については、その後の華族辞退や日本最初の政党内閣組織などに関して語るべきことは多いが、後段にゆづる）。

〔註〕大政奉還の前後に、私擬憲法の嚆矢ともいふべきものがすでに起草されてゐる。その一は、慶応三年九月の津田眞一郎（後の眞道）の「日本總制度」であり、他は、同年十月の西周助（後の周）の「議題草案」である。この両者は、周知のごとく幕末に、いはば幕府派遣の第一回遣欧留学生として、オランダにおいて社会科学を体系的に学んだ新知識であったから、かの地で得た憲法学の知識にもとづいて、それら憲法案を作ったのであった。両憲法案は、多くの点で共通してをり、共に、わが国を朝廷、徳川家および各藩による連邦制とし、行政権は「大君《タイクン》」と称せられる徳川宗家がにぎり、立法機関として二院制の議会を設け、上院は各大名から成り、下院は国民の代表から成るものとしてゐた。また両者は、統治制度の大綱を定めたものではあったが、国民の権利に関しては何ら触れるところがなかった点においても、軌を一にするものであった。

第十二章　立憲への精神的前提準備

——軍人勅諭の下賜および祭祀・宗教の分離——

一、軍人に勅諭を下賜せらる

明治十五年春から十六年の夏にいたる間、伊藤博文とその一行とは、ヨーロッパにあって憲法の調査研究をつづけてゐた。しかし、その間において政府は、ただその報告結果を待ってゐたのではない。すでに政府案の大綱は内定してをり、将来に予想される立憲後の制度準備を次々に急いでゐた。

憲法を樹て国会を開くことは国の一大事であるが、そこで国の法制度のあらゆることが立憲の日から一時に急変革されるのでは、国政の一大混乱を生ずるであらう。その混乱を避けるためには、諸般の法制度や精神をあらかじめ立憲後の新体制に即応しうるやうに改革しておいて、憲法実施の後にも、できるだけそのままに事を進めうるやうに準備しなくてはならない。この準備とも見られるべきは、明治十五年一月の軍人勅諭の渙発《かんぱつ》にはじまり、国政の全般に及んだ。そして準備工作は着々と進められたが、そのなかでも、精神的準備としてもっとも注目すべきは軍人勅諭である。

この勅諭の本質は、忠勇義烈なる日本軍人の精神的基礎となるべき武人の道義をしめしたもので、その大綱は、歴史的制度の変遷を越えてつねに守らるべき教へであるといひうる。しかし、それが明治十五年一月といふ時点で下賜されたことについては、明らかにその前年における十四年政変の事情と、その政変によって憲法が発布され国会が開設されることになったといふことが、大きな問題意識の一つとなってゐたのは明らかである。

十四年の政変では、すでに述べたやうに三浦、鳥尾、曾我、谷の四中将が、政府の政治を非難して国会を開設することを要望し、かつ北海道官有物払下げの閣議決定を否認すべきことを上奏した。その上奏は、結論的には反政府野党と一致するが、正当の議としてみとめられ、天皇の聖断とも一致してゐる。時の政府が、この威望ある諸将軍の政治的反対に大きな脅威を感じたのは明らかである。しかし憲法が行はれ国会が開かれることを予想すれば、事の正否はともあれ、軍人の政治干渉はこれを禁じなければならない。それは政府要人の考へであると同時に、反政府の在野民権理論家の一致した考へでもあった。当時の在野の民権家の憲法理論を見ても憲法草案を見ても、朝野いづれの側も、国軍が天皇に直属して政治的中立を保つべきことを例外なく希望してゐる。

最近の史家のなかには、この、軍事が天皇の大権に属することを闡明《せんめい》し「世論に惑はす政治に拘らす只々一途に己か本分の忠節を守るへし」として、軍人の政治不関与を諭された勅諭を見て、時の政府権力が、軍人の民権家への共感をおそれたとのみ説く者がすこぶる多い。しかしこれは偏見である。軍が政治的中立性を守り、天皇にのみ直属するのでなくては、国会が開かれても民権伸張の期しがたいことは、政府以上に民権家の方が痛感してゐた。そのことは、当時の政府がもっとも民権の泰斗として政敵視してゐた福澤諭吉の「帝室論」の、切々たるクーデター回避の論を見ても明瞭であり、また急進民権書生の典型ともいふべき植木枝盛の憲法草案にも、明記されてゐるところである。

しかし、かくいへばとて、前記の上奏文を捧呈した四将軍は正しくなかったとするのは即断にすぎる。明治十四年の上奏は剛直であったし、正しく天皇の御判断と一致した。勅諭を精読すべきである。「されば此時（王政復古の後）に於て兵制を更《あらた》め我國の光を燿《かがやか》さんと思ひ此十五年かゝ程に陸海軍の制をは今の様に建定めぬ」として、試行錯誤の苦難を経てきた過去の軍制の変遷沿革の史実が初めに書いてある。軍人の政治的中立といふことは、この十五年間の史的条件変化のなかから発展して確立されて来たものである。

明治維新に際して、武人は政治的第一線の任務にあたらねばならなかった。これは日本の維新史のみでない。どこの国の建国史あるいは政治史を見ても、新しい政体への変革の初期には、軍は、新政権を確立し政治的反対者から政権を防衛し確立する治安確保を第一の任務としなければならない。変革激動の時代の軍制は、その本質において例外なく兵政の全面的一致を必須の条件とする。米国の革命独立から憲法制定、共和国大統領政府の樹立にいたるまでの第一の指導者は、独立軍の最高司令官ジョージ・ワシントンであったし、またさうであらねばならなかった。フランス革命の成果を確保する指導者としてはナポレオン将軍を俟たねばならなかった。近くはフランスの第四共和国も第五共和国も、その建設の指導者はドゴール将軍であったし、かれの兵政一致の強力な指導なしには建設はできなかった。

文武官の峻別、軍人の政治不干与といふことは、政体が安定して無事の日を迎へてからはじめて現はれる。この政治的基礎条件を無視して、時の条件を考へることなくして文武の官制、軍制の当否、優劣を論ずるのは、ただの抽象的法理論にすぎない。国家の最高地位者（英国国王、米国大統領など）は常に大元帥であり、その下部機関のどの場で文武の別を立てるのを適当とするかは、歴史的にその時代、その国の政体の安定度によって変るものと解すべきであらう。中国、ソ連などは、革命後すでに三十年、六十年を経てゐるにもかかはらず、未だに軍の政治中立などは問題とならない。軍に対する党の指導などと称してはゐるけれども、実質は軍権を有する者のみが政権を維持し発展させてゐる。

明治維新においては、朝廷には兵力がなく、薩長土肥を中核とする諸藩兵力の連合軍が、天皇の精神的権威のもとに連合することによって、政体変革を推進しえた。王政は復古し、統一国家への大目標は樹立されたものの、現実的には新政府自身に軍事力がないため、依然として連合諸藩が新政府を支援する体制であった。

この連合軍のなかで最大の武力は、薩摩であり、次いで長州、土佐であり、海軍では肥前が第一位であった。日本軍制史の専門研究者松下芳男は、肥前が明治新政府に大隈重信、副島種臣、江藤新平、大木喬任等を参議として入閣させえたのはこの海軍の実力であったと説く。そして、この連合諸藩の兵を統一的国軍にまとめ始めたのが明治四年の廃藩置県であった。

実は、各藩の連合軍を統一国軍に綜合して行くことが、そのまま近代日本国の建設でもあった。この間の功績者として卓抜であったのが、薩摩の西郷隆盛である。かれは統一国日本の建設者として、武将としての威望と政治家としての信望とを共に備へてゐた。江戸の開城に際して、かれが幕府の代表勝海舟と、日本武士道の情義と至誠とをつくして統一国家建設の後に宿敵を残すことのないやうに努めたことは、あまりにも有名である。また東北の地に転戦するや、王師に帰順した藩に対して示されたかれの誠意ある同情は、まことに感歎すべきものであった。

戦ひといふものは、勝利者の殺伐と苛酷とをさけがたい宿命としてゐる。いかに王師であり、錦の御旗をかかげて勝利を得たとはいっても、戦友を殺され、生死の間に相対決した戦闘直後の勝利者の言動が、敗者の恨みを残さないですむものではない。東北の戊辰戦史には、長薩土等の官軍にたいする敗者側の長恨の記録が少なくないのは、当然である。薩摩藩兵への恨みの記録もいくらもある。しかしそれにもかかはらず、西郷が親しく臨んだところでは、敵愾《てきがい》の情を残さないのみか信頼と親愛の記録がいくらも残ってゐる。一例をあげれば、かれは親愛なる実弟を戦死させた直後に、庄内藩鶴岡に入ったが、その和を講ずるや一転して、昨日の敵をも将来の朋友とさせるにたる十分な武士道的至誠をつくした。京都政府の厳命を宥和《ゆうわ》し、大義の前に恭順せる敵将兵の痛苦に限りない同情をよせ、その誠意は庄内藩士民をふかく感動させた。かれこそは、天朝のために国内無敵の統一国家を建設する武将として、軍事的にも政治的にも英知ある指導者であった。(註1)

廃藩置県によって諸藩連合の形体から統一国軍への移行に際しても、かれは土佐藩(代表的武将は板垣退助)を重く見て、統合への万全を期した。新国軍は形式的に統合されても、実質的には藩閥対立がきびしく残り、それは三年や五年で解消されうるはずのものでない。とくに、第一位の武力を有する薩摩に対して、第二位の長州の嫉視不信がつよい。現に長州の大村益次郎が、将来の仮想敵として薩摩を目標とする軍事政策を構想してゐたのは史上明らかである。

長州の兵権は、大村が斃《たほ》れたのち山縣有朋により代表された。しかるに山縣は、新政権の疑獄（山城屋事件）について追及され、その責をもって軍職を辞した。西郷門下の桐野等はこのとき、断然山縣を罪して、国軍を薩摩によって制覇《せいは》することを熱望した。けれども西郷は、全力をつくして山縣をかばひ、その辞表を撤回させて、山縣に陸軍卿としての地位を確保させた。山縣自らが責任をみとめて辞したのを引き止めたのであるから、これは法的には「公正」の度を越して山縣を支援しすぎたともいひうるであらう。おそらく西郷としては、薩摩が独占制覇することは、将来の統一国軍建設のためにも、政治的に好ましからぬと信じたのであらう。後年、この山縣の軍によって西郷は城山で戦歿したが、西郷の銅像の前で、あの冷徹な山縣が慟哭《どうこく》を禁じ得なかったといふのは、さすがに当然のことであらう。

ともあれ、この時代には維新の新政権は未だ固まってゐないし、兵政一致が必要とされてゐた。文武官の別も明確には定めがたい草創の時代である。明治七年の佐賀の乱鎮圧のために全権を授けられて赴いたのは、内務卿大久保利通であったが、かれは元来文官である。西南の役の征討総督有栖川宮熾仁親王も、皇族ではあるが武官ではない（西南の役よりも後、明治十年十月に初めて武官陸軍大将を命ぜられる）。文武官の別が明白となるのは、草創の時代が終って政局が安定した後のことであるのは、どこの国でも通常のことである。松下芳男がその著『日本軍制と政治』で、明治十年前の法制は兵政一致を法とした、といふのは当ってゐる。

明治五年藩を廃した直後に、長州の木戸孝允が、文武官の別を論じて西郷の陸軍大将・近衛都督拝命に反対し、その親任後もプロイセン憲法などを根拠に反対しつづけた事実がある。戦後の史家では、この木戸の立憲思想を高く評価する人が多いらしい（梅溪昇『明治前期政治史の研究』等がその代表）。しかし、たしかに木戸の立憲思想は一見識として記憶さるべき歴史的意義はあるが、明治五、六年における説としては同感しがたい。

西郷が最高の武官として不可であるとすれば、たれが適任なのか。当時の廟堂《びょうどう》に西郷以上の者はあるまい。現に木戸は、西南の役がおこると、自ら征討の戦線に立つことを熱望し主張してやまず、天皇より厳しく禁ぜられて痛歎してあきらめた。天皇の聖断がなく、もしもこの西南の役の武力鎮圧の実力者が木戸になってをれば、木戸の「文武官判別」の理論を木戸自らが破って、木戸孝允が実質的には、明治五年の西郷よりも遙かに強力独占的な文武両権指導の最高統一権力者とならざるを得ない。木戸の西郷批判・兵政分離の論を開明的立憲的だとして論じ立てる現代史家が、西南の役における木戸の征討熱望といふ明白な史料について論評をさけてゐるのは、理解しがたい。

本書は、単なる抽象論として憂国の志士木戸孝允の論理矛盾を証言しようとするのではない。木戸はその心中において、日本国の統一の将来を憂へ、薩摩を信じがたいとし長州を信じた。元治元年いらいの深刻にして複雑な薩長の対決と連合の実体験から、木戸が薩摩不信だったのはやむないとしても、そのプロイセン的「文武官判別」の官制理論は、明治十年前には通用し得ない政治条件があった。木戸自らが西南の役討伐を熱望してやまなかったのが、その何よりの証明になる。

ここに明治六年十月二十五日、明治天皇より陸海軍武官に賜はった勅諭を明記しておく。

西郷従三位病氣ニ付辭表ノ趣アリテ參議、近衛都督等差免シ尤《モツト》モ大將如舊申付置ケリ、元ヨリ國家柱石ト依賴致スノ意ニ於テ渝《カハ》ルコトナシ、皆皆決テ疑念ヲ懷カス是迄《マデ》ノ如ク職務ヲ勉勵セヨ西郷は明治六年に、文官としての参議ははっきりと退官してゐるが、武官としての陸軍大将の退官は、天皇の思召によって許されなかった。明治十年の西郷は、右の勅諭に公示されてゐる通りに、天皇から「国家柱石」として依頼された現役陸軍大将なのである。陸軍の最高の官にあって、国防治安の公的責任を有する。福澤諭吉は、政府が現役大将の俸給を支給しつづけた事実をあげて、その道理を力説してゐる。当時の軍の任務には、対外国防と同時に国内の治安保持があった。

西郷、桐野、篠原等の諸将軍が、謀反人として、天皇の名において官を免ぜられたのは、明治十年二月二十五日である。この日以後の西郷を反徒とするのには道理があるが、しかしその日までは、西郷を国家の柱石と恃《たの》み現役陸軍の最高官として信頼された大元帥が全国将兵に示された「勅諭」は生きてゐる。それにもかかはらず、この最高官を撃破する陸軍卿（中将）山縣有朋の指令は早くから出されてをり、この日にさきだつこと五日、二月二十日には熊本鎮台が、この上官にたいして夜襲攻撃をしてゐる。これは西郷の側からいへば、不法なる警視庁の暗殺隊と同じく、陸軍当局が法に反して上官抵抗の罪を犯したことになる（明治五年『歩兵内務書』第四章第十二条「凡ソ下タル者、上タル者ニ服従スルハ階級ヲ逐テ嚴重ナルヘシ」。同年『海陸軍刑律』第八十二条「……上官ノ命令ハ直下ニ服従スヘキ耳《ノミ》ナラス……事ノ可否得失ヲ論セサルヲ法トス」。なほ、この時代の軍制は、官と職とを未分離に扱ってゐる）。

現に大久保利通は、西郷の不穏上京の報に接するや、自ら勅使として鎮撫《ちんぶ》交渉の任にあたるべきことを願ひ出た。これが正当な法手続きであらう。もしもその勅使の命をきかなければ、初めて、最高武官を免ずるのも、賊として討つのもよい。しかし大久保の意見は「政府に不利」として採用されなかった。そして西郷の問責にも応ぜず交渉もしないままに、勅諭によって陸海将兵に対し「旧の如く」最高武官として公示されたままの、現役大将西郷を討伐すべき軍命令が、ひそかに次々に出てゐる。これは決して正しい軍法に則《のっと》ったものでなく、いはば政治的暗殺にひとしい。西郷軍が、城山で全滅する直前にいたるまでこの政府軍の不法を、軍使をもって詰問しつづけてゐるのは一理ある。

本書は、必ずしも西郷をもって法的に正しく、政府軍を不法と断ずるのではない。それはむしろ軍制・軍法が未整理のために、軍人が政治的に動かざるを得なかった時代の悲劇と解すべきものであらう。当時の福澤諭吉が「丁丑公論」で西南の役を論じて、それは官賊の戦ひではなく、政府部内の一局対一局の戦ひと見たのは正当である。

その一局が、天皇の側近をかためてをり、他の一局は玉座から遙かに遠方にあった。遠方にあった不利が影響して、賊としての手続きが戦闘開始の後に整へられた。天皇がそれを深く遺憾とされたのは事実であり、明治十六年には、西郷の遺族に対して勅旨をもって仁恩が達せられてをり、憲法の発布に際しては、西郷隆盛に対しとくにその旧功を賞して正三位を追贈された。この時には、藤田東湖、佐久間象山、吉田松陰にも同時に追贈があったが、これらの功臣は、すべて四位であり、西郷ただ一人が最高の追贈を受けてゐる。天皇は、軍制整はず法制不備なる時代に「国家柱石」と依頼し給ひし忠臣が、賊名をもって斃れて行ったことをながく痛恨事とされた。この時に、西郷がただ「罪を赦《ゆる》される」といふのでなく、最高の贈位を受けたといふことは、聖旨のほど特に銘記すべきものがあらう。

西南の役の後、陸軍卿の山縣は軍人が政治で動くことをいましめる訓示を出した。しかしそれは未だ軍律ではない。現に政治不干与を訓示した山縣中将本人が長州藩閥の要人として政治活動に熱中してゐる。前に述べた四将軍にしても同様であり、かれらは、国家の一大事と信じたから政治問題についても上奏したのである（山縣有朋はその後も現役のまま内務卿、総理大臣等々を歴任して終生政治活動をつづけた）。これが歴史の事実である。明治十五年一月に軍人勅諭が出たのを見て、その時点の史的意味を無視して、それを遡《さかのぼ》らせて四将軍を非難し、西郷を不法と断ずることはできない。明治維新の大業を推進するためには、兵政一致の必要な時代もあったのであるし、試行錯誤の経験もさけられなかった。西郷の維新に際しての政治的軍治的功績が卓抜であったこと、四将軍の剛直なる上奏がその歴史的意味を有したことを否定することはできない。

しかし時代は大きく転回して来た。憲法政治が行はれることになれば、軍の政治中立といふ目標原則が立てられねばならない。この大転回は到底、陸海軍卿の指令訓示などでは徹底しがたい。ここでもっとも権威ある大元帥の懇切なる勅諭をもって諭《さと》されることが必要とされたのであらう。これは立憲準備の一つの大きな精神的礎石として見るべきである。

もっとも、軍の政治中立とか兵政分離などといふことは、ただの言葉でいふやうに簡易には割りきれない。軍事政策が国政の上で大きな地位を占める以上、軍人の無条件的政治無関心とか、軍部の政治発言禁止はありえないわけで、いろいろと複雑な問題が残る。世界各国の法制の上でも、武官の国民としての政治的権利、軍事機関の権限の定め方は、決して一様ではなく多様である。(註2) しかし、自由なる立憲政治が、軍および武官の政治的中立のために、なんらかの政治的制約を必要とすることは共通してゐる。軍人勅諭の「世論に惑はす政治に拘らす」とは、立憲のためにその大綱原則を示されたもので、それをいかに定めるかとの苦

労は、ながく後年にまでつづく。(註3)

〔補註〕 この時代に軍制の改良は熱心に研究され進められてゐるが、陸軍と海軍とでは、ややその事情が異なる。しかし「軍人勅諭」は、陸海軍人に共通で、明治の軍人精神のみならず、国民道徳にも非常に広く大きな影響を及ぼしたもので、その精神史的意味は極めて重い。ここでは政治中立の立憲制との関連のみを書いたが、この勅諭の発せられた事情については、明治神宮編『明治天皇詔勅謹解』をぜひとも参照されたい。

二、祭祀と宗教教学との分離

軍人勅諭が陸海軍将兵に下賜されたのは明治十五年一月であるが、その月の二十四日に、政府は神宮神社の神官に対して、宗教的教義教説をもって国民を導く「教導職」を兼補することを禁ずる命令を出した。軍人勅諭が、軍将兵に対して政治的中立の目標をしめしたとすれば、この命令は、神官(神職)に対して、宗教的政治的中立性の目標を命じたものともいひうる。それは神官に対して、宗教的神道の教説布教者たることを禁じ、葬儀等の宗教行為を禁じたものであって、憲法制定の準備として、時の政府当局がぜひとも必要だと信じた一つの行政措置であった。

内務省達乙第七號　　府縣

自今神官ハ教導職ノ兼補ヲ廢シ、葬儀ニ關係セサルモノトス、此段相達候事、但府縣社以下神官ハ當分從前ノ通

明治十五年一月廿四日　山田顯義

これは法的形式からいへば、一内務卿の達であって、事は小さいやうに見えるが、憲法を準備する政府としては一つの重大な決定であった。前にも見たやうに、外人の憲法学の助言者は、グナイストにせよスタインにせよ、国教確立の緊要を力説したが、この点に関しては、日本の政府当局はそれら外人法学者の説をいささかも顧みないで、まったく日本にのみ特殊な型の国家と宗教との分離原則をとって動かなかった。これは憲法の精神的基礎とも関連するところ極めて大きい問題なので、政府がこのやうな決定をするにいたった沿革と理由について触れておく。

それには明治維新直後の国の神祇《じんぎ》制度から述べねばならないが、維新後十五年間の神祇制度の変遷は非常に複雑なものがあり、その詳細なる経緯については、軍制史と同じくその道の専門書にゆづることとして、(註4)ここにはその変遷の大綱のみを述べる。

明治維新に際して日本国固有の神道が高揚され伸張したのは、周知のとほりである。維新当初の一連の詔勅は鮮烈な神道精神をしめしてをり、一千年有余の永きにわたって日本人の間に習俗化してゐた神仏の混淆《こんこう》を改めて判然と分ち、神祇官が設けられて「祭政一致」の精神が闡明された。明治元年、天皇が東京に遷られた時に、武蔵一の宮の氷川神社において御親祭があり、

神祇を崇び、祭祀《さいし》を重んずるは皇國の大典、政教の基本なり。然れども中世以降、政道漸く衰へ、祀典擧らず、遂に綱紀の不振を馴致《じゅんち》す。朕深く之を慨く。方今更始の秋、新たに東京を置き、親しく臨みて政を視に、将《まさ》に先づ祀典を興し、綱紀を張り、以て祭政一致の道を復せんとす、乃《すなは》ち武藏國大宮驛の氷川神社を以て、當國の鎮守

と爲し、親しく幸して之を祭り、自今以後、歳ごとに奉幣使を遣し、以て永例と爲せ。

と詔せられた。そして、祭政一致への復古といふことで、宮中、神宮、山陵、神社の祭祀で次々に復古せられたものはすこぶる多く、また維新の新国情に即して改革されたことが少なくない。

この「祭政一致」は、水戸学の教学においては『大日本史』いらいもっとも熱烈に主張して来たところであり、水戸学が全国の維新の志士に対して及ぼした影響のふかく大きかったことは、いまさらにこれを説くまでもないであらう。しかし維新に際して高揚された神道精神といふのは、ひとり水戸学系のもののみでなく、教学的には幾多の諸学派諸潮流をふくむものであった。

例をあげれば、同じく神道といっても、江戸時代いらい古典古学を復古して大きな業績をあげた本居宣長、平田篤胤の門流には、平田鐵胤を中心とする多くの勤王志士があったが、この門流は神仏を判然と分つのみでなく、儒学と神道との異質の闡明についてもきびしく、その点では孔孟の学を尚ぶ水戸学の神道とは同じからぬ学風があった。この平田学派の影響下に成長して、さらに平田神学とは別に一流派の神道教学を形成したものに大國隆正の学派がある。これは津和野藩主龜井兹監とか同藩士福羽美靜などに大きな影響を及ぼしてをり、かれらは維新政府の神祇制度確立に大きな働きをした。維新政府の重鎮岩倉具視が討幕時代から師としての礼をもって深く結んだ玉松操も、神道家として一見識を有する人であった(かれの建言は岩倉を大きく動かしたが、後には岩倉と決裂して憂憤の情をもって歿した)。このほかにも京都の公家や伊勢の神官のなかには、それぞれに独自の神道教学があった。

その異同についての専門的論及は省くけれども、ともあれ神道といふものが、このやうに一つの体系的な教義教説によってまとまったものではないといふ事実の認識が大切である。すなはち神道とは、皇室を中核として悠久な民族史を形成して来た日本人の祭祀の伝統から、自然に成長し発展して来た精神である。しかして、その精神の教義化は、後世の信仰者、思想家、学者等の業績として行はれたものであって、それも諸説必ずしも一致しがたい。皇祖神を敬ふこと、日本国を重んずるといふやうな大綱については一致しても、それを一つの宗教教学としてまとめることは、至難あるいは不可能にも近いことである。

そこで、明治維新に際しても、天皇が惟神の精神を高揚し祭政一致の大道を示されたことは、神道人の各流派がひとしく感激したところではあったが、政府がその神祇制度をいかに定めるか、教学の道をいかに定めるかといふ段階になると、諸説相対立して容易に安定するところがなく、次から次へと改革論がおこった。そのことは、神祇に関する官制と行政とが転々として変遷流動して行った跡を見れば、ほぼ推察しえられるであらう。

そこでここには、官制の変遷を基準にしてその間に行はれた重大事実についての年表を下記して、その変遷の跡を概観する。この年表的記載は、主として飯沼一省記録『明治以降ニ於ケル、祭、政、教ノ制度ノ變遷（未定稿）』のなかの神祇行政沿革年表の「明治元年一月から明治二十二年」にいたるまでの分である。

第一期　神祇官時代（明治元年一月―四年八月）

一、神祇事務科時代

太政官中ニ神祇、内國、外國、海陸軍、會計、刑法、制度ノ七科ヲ置ク（明治元年一月十七日）

太政官代ヲ九條道孝ノ邸ニ置キ（一月十三日）後二條城ニ移ス（一月二十七日）近衛忠房神祇事務總督ニ

任セラル（二月二日）

二、神祇事務局時代

職制更定セラレ、三職（總裁、議定、參與）八局（總裁、神祇事務、内國事務、外國事務、軍防事務、會計事務、刑法事務、制度事務）制トナル。白川三位神祇事務局督ニ任セラル（明治元年二月三日）

熾仁親王ヲ議定兼神祇事務局督ニ任ス（二月二十日）

王政復古、祭政一致ヲ令セラル（三月十三日）

五ケ條ノ御誓文出ツ（三月十四日）

學習院再興ヲ命ス（三月十九日）

神佛判然ノ布告出ツ（三月二十八日）

學習院ヲ大學寮代ト改ム（八月十七日）

三、神祇官（太政官内）時代

新ニ官制ヲ定メ、太政官ヲ分チテ議政、行政、神祇、會計、軍務、外國、刑法ノ七官トナス。鷹司輔凞神祇官知事タリ（明治元年閏四月二十一日）

皇居ヲ二條城ニ經營セラレ、太政官代ハ假ニ禁中ニ移サル（閏四月二十一日）

政體書發布セラル。「天下ノ權力總《スベ》テコレヲ太政官ニ歸ス卽チ政令二途ニ出ルノ患無カラシム太政官ノ權力ヲ分ツテ立法行法司法ノ三種トス則偏重ノ患無カラシムルナリ云々」（閏四月二十七日）

幕府置ク所ノ昌平黌ヲ復興ス（六月二十九日）

皇學所、漢學所ヲ設ク（九月十六日）

太政官ヲ東京ニ移ス（明治二年二月二十四日）

官制ヲ改メ、人材公選入札ノ法ヲ始ム。中山忠能神祇官知事トナル（五月十三日）
皇道興隆ノ御下問書出ツ（五月二十一日）
昌平黌ヲ大學校ト改ム（六月十五日）

四、神祇官（太政官外）時代

官制大改革ヲ行ヒ、神祇、太政二官ヲ置キ、民部、大藏、兵部、刑部、宮内、外務ノ六省ヲ置ク。中山忠能神祇伯ニ任ス（七月八日）
宣教使ヲ置キ、太政官ニ屬セシム（七月八日）
神祇伯中山忠能ヲシテ宣教長官ヲ兼ネシム（十月四日）
宣教使ヲ神祇官ニ屬セシム（十月九日）
白川、吉田両家ヨリ八神ヲ神祇官ニ迎フ（十二月十七日）
天神地祇並ニ八神、列皇神靈ヲ神祇官ニ鎭齋《チンサイ》ノ詔出ツ（明治三年正月三日）
大教宣布ノ詔出ツ（正月三日）
學則六條ヲ制ス（二月）
大學規則及中小學規則ヲ定ム（二月）
宣教使心得書出ツ（四月二十三日）
諸藩ニ宣教掛ヲ置ク（十一月十四日）
内閣大更迭アリ、神祇伯兼宣教長官中山忠能ヲ罷《ヤ》メ、右大臣三條實美ヲ以テ神祇伯ニ任シ宣教長官ヲ兼ネシム（明治四年六月二十七日）
大教御趣意發布、宣教使ヲシテ大教ヲ宣布セシム（七月四日）

太政官ヨリ全國大小神社ニ氏子取調ノ命ヲ發ス（七月四日）
廢藩置縣ノ大詔降ル（七月十四日）
大學ヲ廢シテ文部省ヲ置ク（七月十八日）
官制ヲ改革シ、左右兩大臣ヲ廢シ、太政大臣、納言、參議ノミヲ殘シ、太政官中ニ正院、左院、右院ノ三部ヲ置ク（七月二十九日）

第二期　神祇省時代（明治四年八月―五年三月）

神祇官ヲ廢シ、神祇省ヲ置ク（明治四年八月八日）
官制等級ヲ改定ス（八月十日）（例言一、太政官是ヲ本官トシ諸省是ヲ分官トス云々）
初メテ式部寮ヲ置キ太政官ノ下ニ屬セシム（八月十日）
皇靈ヲ宮中ニ遷祀ノ詔出ツ（九月十四日）
神祇省ニ奉齋ノ皇靈ヲ賢所ニ遷祀ス（九月三十日）
大嘗祭執行セラル（十一月）
皇上齋祀御親管、教部省設置ニ付左院建議ス（十二月二十二日）
教法ノ儀ニ付外務、兵部、文部三省卿輔ニ下問（明治五年正月十八日）

第三期　教部省時代（明治五年三月―十年一月）

神祇省ヲ廢シテ教部省ヲ置キ、神社寺院ヲ管セシム（明治五年三月十四日）
神祇省廢止ニ付自今祭事祀典式部寮ニ於テ執行ノコトトナル（三月二十三日）
八神、天神地祇宮中ヘ遷座アラセラル（四月二日）
宣教使ヲ廢シテ教導職ヲ置ク（四月二十五日）

三條ノ教憲ヲ發布ス（四月二十八日）
學制ヲ頒布ス。學問奬勵ニ關スル太政官布告出ツ（八月三日）
神官スヘテ教導職ニ補ス（八月八日）
大教院ヲ置ク（九月七日）
教部省及文部省ノ二省ヲ合併シ、文部卿教部卿ヲ兼ヌ（十月二十五日）
島地默雷大教院分離建白書ヲ提出ス（十二月）
氏子調中止ノ太政官布告出ツ（明治六年五月二十九日）
氏子帳取調並ニ守札渡方等見合スヘキ旨ヲ達ス（六月十四日）
內務省ヲ置ク（十一月十日）
板垣退助等民選議院設立ノ建白書ヲ提出ス（明治七年一月十八日）
神道事務局創建セラル（明治八年三月二十八日）
神佛合同布教ヲ廢止シ、大教院ヲ廢ス（四月三十日）
信教自由ノ口達アリ（十一月二十七日）
式部寮ヲ宮內省ニ附ス（明治八年）
式部寮ヲ正院ニ附ス（同年）

第四期

內務省時代（明治十年一月―現在）
教部省ヲ廢シ、內務省ニ社寺局ヲ置ク（明治十年一月十一日）
式部寮ヲ宮內省ニ附ス（明治十年）
學制ヲ廢止シ、教育令ヲ定ム（明治十二年九月二十九日）

改正教育令出ツ（明治十三年十二月二十八日）
神官ノ教導職兼補ヲ廢ス（明治十五年一月二十四日）
神佛教導職ヲ全廢ス（明治十七年八月十一日）
式部寮ヲ廢シ、式部職ヲ置ク（明治十七年）
憲法發布（明治二十二年二月十一日）

この頻々たる官制変革は、時の流れの激しかった当時としては必ずしも怪しむにたらないともいひうるが、問題は祭祀、教学に関することであって、一定の所信が定まってをればこれほどの流転はなくてもすむはずである。この頻々たる変遷の背後には神道教学の不一致があったといはねばならない。ことに問題として注目すべきは、明治五年の教部省である。この教部省は、神社のみでなく仏教寺院をも所管するものであり、ここで有名な三条の教憲を立てて、神官僧侶を教導職として、この教憲をもって国民教化の任務につかせた。三条の教憲とは

第一條　敬神愛國ノ旨ヲ體スヘキコト
第二條　天地人道ヲ明ニスヘキコト
第三條　皇上ヲ奉戴シ朝旨ヲ遵守スヘキコト

といふものであって、この教憲を国民に徹底させるために、僧侶とともに神官もすべて教導職に補せられ（五年八月八日）、大教院が置かれて（九月七日）、神仏合同で国民精神の教化にあたることとなった。

しかし神仏が相合して大教院で合同教化の任に当るといふことには少なからぬ異見を生じた。神仏判然を

断行した神道人の側では、仏教僧侶が教憲の趣意を真に正しく国民に教化しうるかどうかについて、甚だ不信の念があった。一方、仏教の側でも、（もともとこの教部省設置による大教宣布の政策は仏教側からの強い要請で実現したものであったのだが）大教院を中心とした神仏合同布教の実情に不満を感ずることが多くなり、つひに合同布教に反対の意を表明するやうになった。

当時の仏教は、維新後やや後退の風潮にあった。日本の仏教は、千年有余にわたって、神仏混合によって民心を集めて来た。その仏教にとって、神仏判然分離の維新政府の施策は大きな精神的打撃でもあった。しかし仏教は、徳川幕府時代には国教的地位にあったものであるし、全日本国民を檀徒とする権力を有してゐた（神社の神主の家族であっても、寺院の檀徒たることを拒むことは原則として許されなかった）。それは維新後も殆んど全国民を檀信徒として確保してをり、仏僧は神主に数倍する勢力があった。しかも幕末に際しても、勤王僧として活動した人が少なくなかったし、とくに浄土真宗教団は、戦国時代いらい朝廷および長州藩との伝統的縁故が深かった。長州藩は真宗本願寺派（西本願寺）と同盟関係にあったといってもいい。維新後に、新政権の政策が神道的色彩をしめしたとはいっても、新政権の大きな柱となった長州藩閥に対する真宗教団の発言力は、すこぶる強大であった。真宗の理論家島地黙雷（西本願寺）が大教院分離・神仏合同布教廃止の建白を出したのは、少なくとも長州系の政府権力者を動かすにたる十分の政治力の自信があったからであらう。

しかもこの明治五年といふ時代は、日本政府が、諸外国政府の連合の圧力により切支丹の解禁、信教の自由をせまられて、「黙認自由」許可の政策へと転換を余儀なくされてゐた時代である。欧米への使節全権岩倉具視は、しきりに信教自由政策への転換を本国政府に要求、とくに岩倉の随員伊藤博文とその莫逆《ばくぎゃく》の同志井上馨とが、本国政府にあって切支丹解禁、信教自由政策のために努力してゐた（この当時の事情は、本書第二章の中の信教自由権の一節を参照されたい）。

教部省時代の大教院を根拠とする教導職の活動も、国家の精神的基礎を固めるための大切な任務を有するものではあったけれども、その実施についての政府の思想的準備は、はなはだ不十分であって、安定しがたい情況にあったといはねばならない。明治三年の大教宣布から明治五年の三条の教憲にいたるまでの政府の国民教化に対する姿勢は、概していへば神道国教、または神主仏従の国教を目標としてゐるかに見えるけれども、その根底には確たる教義教説の安定があったわけでない。将来の不安定と動揺とをまぬがれないものがすでに予感されてゐた。

しかし、明治維新の大理想として高く掲げられた「祭政一致」の大原則が、宗旨や教学の論争によって動揺することをおそれたためか、政府は教部省の官制を立てるとともに、教学教導のことは同省の所管としたが、天皇の祭事祀典はこれを式部寮において執行することとして、これを教学のことと分離した。その祭事祀典は公の国式国礼として伝統的に神式をもって執行するが、それは宗教教学の所管問題とは切りはなすことにしたのである。即ち「祭祀と宗教との分離」がここに行はれた。

しかし、教部省は、依然として神官、僧侶を動員して、従来の宣教使を改めて教導職とし、三条の教憲にもとづく教化活動を強めるため神官すべてに教導職を兼補させることにしたのは、前記年表のとほりである。ところが、教導職の活動は神仏の足なみが揃はないので、政府は神仏合同布教を廃止せよとの仏教側の建言を入れて明治八年に大教院を廃し、次いで明治十年には教部省をも廃して、明治十年一月いらいは社寺のことは内務省の所管となった。

　このやうな官制の変遷はあったが、神道側の教導職は、明治八年の大教院廃止の直前に神道事務局を創建して、依然として教化活動をつづけてゐた。これは政府の命令による国家の教化活動であった。ところがこの神道事務局では、神道教導職の間にも神学上の鋭い見解の対立があって、この神道事務局に神殿を建てるについて、その祭神をいかにすべきかとの問題で激しい論争を生じた。これがいはゆる「祭神論争」で、伊勢派の田中頼庸と出雲派の千家尊福とを指導者とする二大潮流が相対決して、収拾しがたい論争となった。この祭神決定は、教導職が国の公の任務に服するものである以上、政府が決定するほかにない。結局これは天皇の勅裁によって解決し、事務局総裁には一品幟仁親王が就任して統合されることとなった（明治十四年二月二十二日）。

　しかしこの神学論争は、当時の政府要人にとってはいかにも厄介な問題であった。とくに開明派の要人には、「神道国教」説を敬遠させるのに決定的な作用を及ぼしたやうに見られる。伊藤博文などは、明治五年ころから外交政策上の信教自由・政教分離の主張者で、国家が信教の問題に立ち入ることを嫌った。かれは、これよりさき明治十二年九月に内務卿であったときに、天皇から元田永孚の「教學大旨」――国民の道義的信念教育の要を力説せしもの――を示されて御下問があったのに奉答して、「夫《ソ》レ古今ヲ折衷シ、經典ヲ斟酌《シンシャク》シ、一ノ國教ヲ建立シテ以テ行フカ如キハ、必ス賢哲其人アルヲ待ツ、而シテ政府ノ宜《ヨロ》シク管制スヘキ所ニ非サルナリ」として、国教否定を明言した。このやうな国教否定の米国憲法流の思想は、はやくから伊藤の所信として固まってゐたが、それは明治十四年末までにはほとんど政府高官の主流思想となってゐた。かれがいかにスタインを畏敬《いけい》し、グナイストに同感しても、すでに日本政府の憲法構想では「教義教学を固有する宗教」を国教として立てることはしない、との方針が固まってゐたと見ていい（この点では、英国憲法に学ぶべきことを大いに主張した在野の交詢社系でも、英国流の国教制度には存外に関心が乏しかった）。

しかしかれらも、日本民族固有の祭祀が国家の大事であり、とくに天皇の皇祖皇宗に対せられる祭祀の執行が、皇位にとって欠くべからざるものであることを認めないわけにはいかない。そこで、皇室をはじめ、全国の神宮および神社（とくに官国幣社）の神官に対しては、伝統的な祭祀に奉仕させるが、かれらが宗教的教義教説に関与することは禁断する、との新構想を立てた。

それにはまづ、宗教的な活動をしてゐる教導職と祭祀奉仕の神官とを分離してしまふのを第一段とし、次いで第二段において、国教的な教導職そのものを廃止してしまふとの方策が考へられた。これは国民の精神に及ぼす影響が重大であり、伝統社会の人心を刺戟するところも少なくない。憲法の制定が目標としてきまった以上、すみやかに第一段の準備をしなくてはならないと考へられたのであらう。『明治天皇紀』明治十五年一月二十四日の記録には、

神宮竝びに官國幣社神官に達し、神官の教導職兼補を廢し、神官をして葬儀に關與することなからしむ、但し満一年以後の靈祭に限り、神官の祭事を行ふを許す、蓋し神社祭祀を宗教より區別し、政教の混淆《こんこう》を避けんがためなり

とあり、やがて同じく『明治天皇紀』の十七年八月十一日の記事で、第二段の決着が、はっきりとついたこ

とが次のやうに記されてゐる。これで神道国教の線も神仏国教の線も、ともかく国教制度はまったく廃せられてしまったものと見ることができる。

十一日　神道各派・佛道各宗に管長を置く、明治五年四月教導職の制を設け、神官・僧侶を教導職に補して、勅奏判任の官等に准じて之れを保護せり、然れども政府が直接宗教に關渉するは、政教上幾多の弊害なきこと能はずとし、其の廢止を唱道する者あり、又神佛兩教徒間にありても、宗教の本質に鑑《かんが》み、政府直接の保護を離れて立制上の刷新を行ひ、政治の外に立ちて宗教精神の獨立と振興とを圖らんとする者あるに至れり、是の年眞宗大谷派權中教正渥美契緣及び眞言宗五千六百餘寺總代等、相共に直接保護の弊を論ずるの建議を上《たてまつ》る、廷議之れを可とし、奏して是の日太政官布達を以て神佛教導職を廢す、乃《すなは》ち神道各派・佛道各宗に管長一人を置き、勅任官を以て之れを遇し、各宗派妄《みだ》りに分合を唱へ、宗論を爲すを誡《いまし》め、又各派・各宗の立教・開宗の主義に由り、教規及び宗制・寺法を定め、寺院の住職を任免し、教師の等級を進退すること等は、總て之れを管長に委任し、管長は内務卿の認可を得て之れを行ふ、而して從前教導職たりし者の身分は、總て其の在職時の等級に准じて之れを取扱はしむ

この時いらい、仏教の管長は勅任官の礼遇は受けるけれども、仏教寺院そのものは私法人的性格のものとされ、神社は祭祀執行のみを行ひ宗教活動を禁ぜられた公法人として、後世のいはゆる「国家神道」的法制の基本が固まった。この推移については、島地默雷が大教院の合同布教廢止を建言していらい、神官と教導職とを分離し教導職を全面的に廃するまで、渥美契緣（東本願寺）などの仏教者とくに浄土真宗僧侶の政府への建議が少なからぬ力を及ぼしてゐるのは、前記『明治天皇紀』の文を見ても明らかである。

明治十七年をもって、教導職の国教的活動はここに廃止されるにいたった。ここにいたるまでには、前記

したやうに明治維新において神道精神が高揚されたけれども、神道家の間に教学上の一致がなかったこと、政府の高官が国教制を好まなかったこと、それに仏教側とくに真宗教団の建言が大きく政府を動かしたことなどが注目される。

かくして宗教的教義と断絶せる神祇祭祀といふ特殊の新制度が成立することとなった。政府は、宗教的教義教説と分離した祭務官（神官、神職）を必要とするにいたった。いはゆる非宗教的神社の奉仕者である。それはいかなる性格のものなのか。明治十五年に政府の後援（皇室の御下賜等）によって設立された皇典講究所や神宮皇学館は、このやうな非宗教の神官教育を目的としたものであったが、政府の憲法起草の要人であった井上毅が皇典講究所において行った講演は、その「非宗教的」神社の祭務奉仕者なるものについて、政府が考へてゐた思想を表明してゐる。

井上毅氏の演説

國典のことに係つて、私の兼ねて心得て居る所の意見を述べます。先頃《さきごろ》或人が私に向つて問題を設けて「國典は之を講究することの必要があるか否や」といふことを問はれました。其の節私は之に答へて、「無論必要である」と云ふことを答へました。併しながら、「國典を講究することは何の爲に必要で有る」と云ふことを問はれるならば、私は之に對して分析的の返答をしなければならぬ。其分析的の返答は、國典は國家の政治の爲めに必要である。并《ならび》に國民の教育の爲めに必要である。而して宗教の爲めに必要で無い。また一つの政黨の論據《ろんきよ》材料の爲めに必要でないといふことを以て答へなければならぬ。なぜ宗教の爲めに必要でないかといふならば、國典に載する所のものを敷衍《ふえん》して、一つの宗教的の論理と爲して、倘言はゞ之を以て宗教的の看板におしたてゝ、佛法又は耶蘇宗を攻撃する爲めの旗じるしにするといふやうなことは、勿體《もつたい》ないことである。これは卜部流の神道より淵源《えんげん》し來り、近年二三の豪傑の士が世を憤り激する所あつて爲したることで、其れよりして、世には誤つて神道を以つて一つの宗教と看做《みな》し、或は宣教師の仕業に倣ひ、冥界《めいかい》の教なりとか顯冥界に通ずるの教などと說きなし、遂には西洋の人が「シントイズム」と云へる名稱を拵《こしら》へて、東洋の一つの宗旨の名目を立てることにまで至りたるは、私の意見では、御國のかんながらの道の本意に背いて、残念なことであると存じます。

第二には、一つの政黨の論據材料として國典を利用することは、甚だ勿體ないことでありまた好ましからぬことである。國典は御國に生れたる有らゆる人の、學ばねばならぬこと、論究せねばならぬことである。故に國學の學問は、御國の有らゆる人を支配する區域のものである。然るに國典に精《くは》しい人が其の國典を利用して、自身又は自身の一黨派の專賣物と心得て、他の黨派を國典の支配の外におしおとさんとするは、其の人に取つては狹い量見であるのみならず、甚だ國典の本意に背いたることである。故に宗旨の考へ又は政黨の考への爲めに國典を講究することは必要ではない。

さて之に反して、政事の爲めに國典を講究することは、政治上隨一の必要である。何んとなれば、海の東西を問はず、總ての國が其の憲法及び百般の政治に就いては、其の淵源《えんげん》基礎を己れの本國の歷史典籍に取らぬ國は無い。國の歷史上の沿革及故典慣例は、其の憲法幷に政治の源である。

西洋の或學者の說に、凡《およ》そ政事は樹木を植うる如きものであつて、其の土地の固有の樹木か、又少なくとも其の固有の樹木にツギ木をして密着の生育を爲すだけのものを採用し、並に密着の生育を爲すやうに仕向けねばならぬといふ論がありますが、これは至つて手近い譬喩《ひゆ》である。この國典の政治上に於ける關係に就きましては、既に趣意書に悉しくありますによつて私は贅言《ぜいげん》を煩はしませぬ。次に國典は國民教育の爲めにまた隨一の必要である。凡そ人民が集つて國を爲す以上は、從つて其の國を護ることの必要がある。人民が自ら其の國を護ることは、人民が其の國を愛するより生ずる結果である。人民愛國の心は總べて普通の國民教育によつて生成發達するものである。故に是れまた海の東西を問はず、何《いづ》れの國に於ても、國の獨立を保つ爲めには、國民教育を第一の貴重なるものとしなければならぬ。國民教育の材料は、一つには普通教育の生徒に向つて、本國の歷史を教ふること、二つには國語を教ふること、これが國民教育の材料である。國典は己れの國の祖宗並に先哲の偉業を知らしめ、己の國の貴きことを感觸せしめ、己れの國は父母の國たることを腦髓に銘刻せしむるものである。並に國語をしらぶるに付いても、國の古典古書に就いて國語の出所を見出すことが出來る。故に國典を講究することは、國民教育の必要の材料となります。

話が枝になりますけれども、序《ついで》に申すことがあります。若し反對に於て、一つの國の人民の愛國心を磨滅せしめむとせば、其の國の人民に國の歷史を讀むことを妨げ、及び本國の國語を忘れしむる爲めに、他の國語を教へ込むと云ふことが、至つて巧みなる策略である。露西亞が中央亞細亞の人民を手につけるには、則ち此の策略を用ひてある。此の反對の點より觀察すれば、國の歷史と國語とを教ふることは、人民に愛國心をふきこむ爲め隨一の必要と云ふことが明瞭いたすでありませう。故に國典を講究することは、國民教育の上で最も必要である。私は各國に於て、國民教育の元素中の一部分となることに同意するのみならず、御國に於ては、國民教育を以て教育の腦髓とし、德育の全體を包括する所の主眼とするの一つの意見がありますが、これは後日に讓ります。

さてまた「國典を講究することは、斯くまでに必要である故に、政事教育なり國典を講究するのみを以て、充分滿足なるや」との問題あらば、私の意見にては、否と答へなければならぬ。なぜならば、人類の知識の度は、世を逐《お》ひ時を逐つて進步するものである。御國の人も、西洋の人も、其の中には少しづゝの長短出入は有るにもせよ、畢竟《ひつきよう》は皆人類知識進步の永遠なる年度の中に、競爭連步しつゝあるに相違ない。故に外の國に新規の發明があり、新規の著述が有れば、或は其の儘《まま》に採用し、或は斟酌折衷して、我が物にして用ふることは、智識進步年度中にある人類の當然である。中古漢學を採用されたる時世に、宇多天皇の詔に、「則を大經に求め、道を有識に問ふ」と仰せられましたが、即ち聖明なる帝王の至公至平の思召である。

（『皇典講究所五十年史』より引用）

今までの神道人は、水戸学の藤田、會澤や本居、平田の古学者その他の諸先学によって「神ながらの道」が示されたと思ってきた。ところが井上は、仏教、キリスト教などに対決するそれらの説は、すべて一家の私説にすぎないといふ。国典研究は、日本国民のあらゆるものを宗旨を越えて教育するに足る精神性格のものでなくてはならないといふ。非宗教的非政党的でなくてはならぬといふ。端的にいへば、宗教教派とは対立しない国体精神そのものでなくてはならないといってゐるのである。

それは一道理でもあるが、すべての日本国民を教へるに足る超宗教的精神とは、いかなるものであるか。それを明治十二年の伊藤博文のやうに、「一ノ国教ヲ建立シテ以テ行フカ如キハ、必ス賢哲其人アルヲ待ツ、而シテ政府ノ宜シク管制スヘキ所ニ非サルナリ」として、未解決のままに未知の後世の賢哲にまかせておいていいものか。それでは、憲法ができても、日本の君民がひとしく一致するところの精神的基礎があいまいのままに残され、憲法そのものの精神的基礎も真に固まることができないのではないか。

これが明治十五年から十七年にいたるまでの情況であった。このやうな情況に対して、元田永孚や、かれと同じく国体精神の問題を重く見る人々は、憂念禁じがたいものがあった。明治天皇もその点に関しては深く憂へられた。これは、すでに第六章中の元田永孚の「国憲大綱」のところでも論述したところではあるが、最終的には明治二十三年十月三十日（憲法発布の直後、国会開設の直前）の教育勅語の渙発によって解決されたと解すべきである。この教育勅語が、帝国憲法とともに日本国の精神的基礎を固めるものとして、大きな権威を有するものであったことを重ねて追記しておく。

〔註1〕　庄内藩主酒井忠篤は恭順講和に際し転封を命ぜられた。しかし藩民は転封阻止を請願しつづけたので、財政困難な新政府は明治二年七月、酒井家の庄内復帰を許して、その条件として七拾万両の大金の献納を命じた。この苛酷な献金命令に領民は心痛したが、明治三年八月までに参拾万両献納した時に残金献納に及ばずとの達しがあった。また既納の分も返還されたとの説もある。この異例の寛容政策は、終始同藩に同情した西郷隆盛の尽力によるものとして、庄内藩士は西郷に感謝した(鶴岡市史編纂委員、齋藤正一著『鶴岡百年小史』に由る)。
西郷の庄内藩に対する精神的同情と影響とはすこぶる深く、『西郷南洲遺訓』等の名著の刊行も庄内藩士の手によって残されたものである。庄内藩と西郷との間には敵愾の気が残らなかったといふ程度ではなく、格別の親愛信頼の関係があったことは、西郷研究者のひとしくみとめるところである。

〔註2〕　この時代に軍制が一通り整備され、軍政軍令の機関の別もできて、後の帝国憲法第十二条、第十三条の基礎が固まる。しかしそれを見て戦後の史家は、帝国憲法が軍部大臣の陸海軍武官制をとり、軍令権を国務大臣の権限外におく制度を固定化したとして、非難するのが一般的となってゐるが、それは誤りである。それは帝国憲法の運用について、この立憲準備時代の官制が慣習的に大きな力を残したといふだけで、憲法そのものには、陸海軍大臣の武官制を固定化すべきなんらの明文もない。現に明治の西園寺内閣いらい軍部大臣の文官制が考へられ、大正の原内閣いらいの政党全盛期には、参謀本部の廃止論すらも議会などで公然と討議されたが、それを実行しなかったのは、憲法上の制約があったからではなくして「政策上」の問題であった。政策の是非はともあれ、軍政軍令機関の長官が武官たることに限られるとの憲法上の制約規定のないことは、帝国憲法時代の有力な学説もみとめてゐた事実である(一例、京都帝国大学の佐々木惣一等)。戦後に流行してゐる帝国憲法批判は、この憲法を政治家がいかに運用したかといふことと、特定の学者がいかなる解釈をしたかといふことと、そして憲法そのものがいかなるものであったかといふこととの、三つの論理的に区別さるべき問題をことさらに混乱させたものが多い。憲法の歴史を見るものの注意を要する一点である。

〔註3〕　高級武官は当然にその職責として、軍事政策についての所見を有すべきである。自由にして民主的なシビリアン・コントロールの複数政党制の国では、与党と軍事政策の一致する武官が昇進し、野党的政見の武官は退けられるか、辞して政党員としてその軍事政策を主張する。軍機関の非政党化のためには厳重な制約があつても、武官の政治的立場の非政党化には限度がある。フランスでは、平常は現役武官軍人の政党加入、政治活動は許されないし、武官の政見公表は上司の許可を要するが、その武官も公職選挙期間中は政党に加入して立候補することを市民権としてみとめてゐる。フランス共産党は、同党支持の武官が退任することなく現役に止まることを望んでゐる。いかなる政党政権も、自党と政見を同じくする武官なしには、その政権の軍事政策が行はれがたいのは当然である。米国での武官の政治的自由の制限については、非政党的文官と同一の政治規制法が適用されてゐる。立憲制下にあつて、軍機関の政治的中立は厳格に確保さるべきである。そのためには武官の政治中立は好ましいことではあるけれども、それを徹底して要求することは不可能であり、その国の政治情況と条件とに応じて、その政治活動の自由に制限を加へてゐる。その制限は、その時の国情によつてそれぞれに異なるものとされる。

〔註4〕　明治以後の神社制度の変遷史については次の諸書が詳しい。まづ戦前出版のものとしては、①皇典講究所発行『皇典講究所五十年史』②筧克彦論文『明治維新以後に於ける神社制度沿革』③明治神宮発行、内務省神社局指導課編『明治天皇の御敬神』④飯沼一省著『明治以降ニ於ケル祭、政、教ノ制度ノ變遷』（未定稿）など。戦後の出版では⑤神道文化会発行『明治維新神道百年史』⑥西田廣義編著『近代神社神道史』。

第十三章　太政官から内閣時代へ

一、新華族制の制定

国会開設のためには、国家諸機関の制度を新しく憲法によって定めるを要する。そして日本における国会開設とは、端的にいへば、民撰議院（衆議院、代議院）開設の要望であったが、そのための憲法を樹てる構想においては、朝野ともに、二院制の国会を正当とする論が大多数であった。

一院制は、当時においてはフランスなどに前例があるのみで、諸外国にその例は少なかった。フランスが、大革命いらい近代法発展の大きな業績をあげたのは事実であるが、その後の第一共和国からボナパルト帝制に移り、それがオルレアン王朝となり、第二共和制を経てナポレオン三世の帝制へと移り、さらに第三共和制へと政局転々として安定することなく、その憲政実績の劣れることは、フランス学の泰斗と称せられた中江兆民なども明言してゐたところで、日本にフランス流憲法の移入を主張する者は少なく、一院制論者は例外的少数であって、まったく政治勢力となり得なかった。しかして、二院制度をとるとすると、ドイツのグナイストでも、オーストリアのスタインでもが、英国議会の貴族院をもって優秀典型的なものとしてほめた。

憲法調査のために渡欧した伊藤博文に同行した岩倉具定、西園寺公望等は、諸外国の貴族制度に関する調査についての特命を受けてゐた。その調査資料なるものは、今日の法制史専門家のなかでも解明せられること少ないが、それは、西園寺等が勉強しなかったといふのではあるまい。西園寺が英国の王室、貴族、国会などの事情に精通してながく君側の重臣としてつとめたことは、世上一般の周知するところである。

伊藤博文は、かねてから、華族制度についてはすこぶる熱心な主張者であったが、帰朝の翌年、明治十七年七月七日、左記の詔を拝して華族令(註1)を頒《わか》ち、爵五等を設けて、その家格、勲功に応じてこれを授け、そのほかに新しく文武の功臣数十名を華族に列して、明治の華族制度を作った。

詔

朕惟《オモ》フニ華族勲冑《クンチユウ》ハ國ノ瞻望《センボウ》ナリ宜《ヨロ》シク授クルニ榮爵ヲ以《モツ》テシ用テ寵光《チヨウコウ》ヲ示スヘシ文武諸臣中興ノ偉業ヲ翼賛シ國ニ大勞アル者宜シク均《ヒト》シク優列ニ陞《ノボ》シ用テ殊典ヲ昭《アキラカ》ニスヘシ茲《ココ》ニ五爵ヲ敍テ其有禮ヲ秩ス卿等《ケイラ》益爾《ナンヂ》ノ忠貞ヲ篤《アツ》クシ、爾ノ子孫ヲシテ世々其美ヲ濟《ナ》サシメヨ

ここに明治の新しい華族制度が設定されて、国会の一院としての貴族院議員を選出する基礎ができた。ここにいたるまでの日本の華族制度案の変遷は、すこぶる曲折を経てゐるが、ここには一応の沿革を書いておくことにする。

明治維新後の明治二年六月十七日、勅によって公卿、諸侯の称を廃し、これをすべて華族と称した。明治四年、廃藩置県に際してこの制度について改めて論議があり、とくに伊藤博文がその起案の任にあたり、木

戸孝允なども国家の柱石としての貴族制を固めるのに熱心であったらしいが、公定されるには至らなかった。木戸は、渡欧中に立憲君主諸国における貴族の政治的働きの大きいことに感銘をうけたもののやうである。

西南の役が鎮圧され、その後に国会開設の要望が高まって来て、朝野の憲法構想が進むとともに、外国の国会、二院制度の問題が注目され、多くの人は、元老院（貴族院、上院）には華族および士族のなかから政治的経験あり学識ある者を特に選任して、一般の民撰議会（代議士院、衆議院）と相対する地位を与ふべきだとする構想を立てた。これは概ね英国の議会にその原型をもとめた発想といひうる。

しかし、英国の議会といふのは、もともと国王に対立する地方の強力なる豪族、貴族がこれを設立して憲政を運用して来た、といふ数世紀の古い伝統を有するものであって、日本とはその歴史の本質において非常に異なるところがある。すべてを、英国主義を典型として模倣したかの感がある交詢社の憲法私案ですらも、日本に英国流の貴族院ができるとは考へなかったらしい。この案では、その一部を皇族、華族からとり、一部は高官経験者をとり、そのほかに各府県を選挙区として複選挙法によって選出される議員を出す、との試案をしめしてゐる。

ところが、交詢社の憲法私案を、英国主義の直訳だとしてもっとも強く反対した政府閣内の伊藤博文が、この点に関しては英国流の華族をまねた制度を固めるのに熱心であったのは注目される。それは、かれが当時の自由民権論者をもって君権に敵対するものと強く思ひこんだために、維新によってすでに亡びつつある「封建の餘焔《よえん》」でも何でも、たとひ「時勢に反し人情に背するところ」あるとしても、自由民権派に反対する勢力はすべてこれを利用しようとしたものといっても過言ではあるまい。そのことは、明治十四年九月十四日に伊藤博文が井上毅の爵位反対論に対して書きおくった文書に、もっとも明白端的に示されてゐる。

この当時、井上毅は、岩倉具視の下にあって、政府の法制万般の起案にあたってゐたが、かれは明治二年いらいの華族の名称は廃しないにしても、今さらに爵位の制を立て、新しい華族階級をつくることには徹底して反対であった。その理由は、第一に、少数の華族に対して新しい栄誉と特権とを与へることは、それに千倍する多数士族の不平を煽《あほ》るのみにすぎないし、第二に公侯伯子男の名称は日本古来の情感にもなじみがなく、第三に、西欧の貴族五等級を学ぶなどは中古封建の遺物であって、世のもの笑ひになるにすぎぬ、今までのただ「華族」との名称だけでいい、ここで華族を五爵に分つとか新華族をつくるなどは、ただ国事を繁多にして混乱させるだけだ、といふのである。

これが九月十二日の井上の爵位反対説なのであるが、それに対して、自由民権派に反対の勢力を利用することは「封建でも時勢に反してでも」ぜひとも必要だといふのが、伊藤の端的にして率直な態度であった。井上は、この論争について、特に岩倉にも詳しい反対理由を提示したが、岩倉も十一月二十三日付書簡で、この件については伊藤参議とも大激論したと報じ、「五爵の件高論至れり尽せり感佩《かんぱい》此事に候」として、井上毅の説にまったく同感を表明してゐる。

しかし、伊藤は初志貫徹にあくまで熱心であったし、それにロシア駐在公使の柳原前光なども欧洲貴族のことを論じて華族制の確立を力説したので、晩年の岩倉は、つひに同意したものらしい。さらに明治十六年、三條實美が華族会館長に就任して、華族の現況を慨いて上奏文を提出した。その趣旨とするところを要説す

れば、

将來の立憲を論ずるには、華族の存在は大切でありますが、現在の華族の情況を審《つまびらか》にするに、累葉の高貴、寵《ちょう》榮《えい》になれて、遊逸の習を成し、才あるも往々文弱に流れて有爲の人たることができませぬ。今のままの勢ひでは清華門葉は、塞微《さいび》の士に譲らざること能はざる有様でありますが、これは各國貴族の通病と申します。この病弊を治療するためには、新しく有功有勳の人を擧げて華族の列に入れ、新鮮の氣を鼓舞するとともに、舊家と雖も賤汚なる者は之を列外に除き去るのほかないと存じます。伏して願はくば、陛下斷ずるに聖裁を以てし、維新の元功に特に優旨を下して華族に列せしめ、以て賢を厚くし勞を重んずるの道を擧ぐるとともに華族をして激勵歡感する所あらしめられ、將來國家を守るの任に愧《は》ぢざるやう、お取りはからひ下され度く存じ上げます。

といふのである。この上奏後、伊藤博文の「新華族制論」は閣内の主流を制し、十七年七月七日、つひにその懸案が解決するにいたった（以上、主として『井上毅傳』史料篇第四、同第六の資料および社団法人霞会館編纂『華族會館史』第一編による）。

『明治天皇紀』第六巻、明治十七年七月七日の記事には、「參議伊藤博文亦夙《つと》に華士族を重んじて爵制を定め、元老院を更張し、民撰議院に對抗せしめんことを欲せしが、是の年三月宮中に制度取調局を置き、立憲政治創設のために經劃するや、華族の制度を更定し、五爵を設けて階級を分ち、以て貴族院組織の基礎を定めんとし、華族令を草して閣議に諮る、實美等固《もと》より之れを贊す、仍りて閣議を奏して聖裁を仰ぐ。是の日裁して此の令を頒《わか》ちたまふ、實に皇朝古今の沿革を稽考し、漢歐諸國の制度典章を折衷して成る、其の要に曰く、爵を分ちて公・侯・伯・子・男の五等と爲し、之れを授くるは總《すべ》て勅旨を以てす、華族の戸籍及び身分は宮内卿をして管掌せしめ、其の結婚及び養子は同卿の許可を受けしむ、爵を襲《つ》ぐは男子に限り、嗣なければ其の榮典を失ふ、華族の家族は其の禮遇を享《う》くと、天皇乃《すなは》ち今明兩日を以て従一位九條道孝、同三條實美以下華族及び文武の功臣五百四人に、尋《つ》いで十七日を以て正四位副島種臣等五名に爵を授けたまふ、之れを表示すれば左の如し」として、この時の華族名が列記されてゐる。

古来の名門の華族としては、旧公家にありては摂家を公とし、清華を侯とし、大臣家、羽林家、名家等を伯とし、以下を子、男とする。武門では、徳川宗家を公とし、旧禄実高十五万石以上の旧大藩知事を侯とし、五万石以上を伯とし、五万石以下末端を子とし、大藩家老一万石以上を男とした。このやうな家格の原則に加へて、維新に際しての勲功等が参考されて三條、島津、毛利等は特に公爵とされた。

問題は、新しい華族である。新しい華族としては、木戸孝允の子正次郎と大久保利通の子利和とが侯爵となった。伯爵として黒田清隆、大木喬任、寺島宗則、山縣有朋、伊藤博文、井上馨、西郷従道、川村純義、山田顯義、松方正義、大山巖、佐佐木高行等の在朝の顕官がならび、それに長州の廣澤眞臣の子金次郎が加はってゐる（子爵以下は略す）。その後、約十日して副島種臣、伊知地正治、吉井友實が伯爵に追加されてゐる。この時に土方久元、品川彌二郎も子爵となってゐるが、この爵位の序列加除など、かねて井上毅が予想したとほりに、かなりに議論があって紛糾したらしい。五人が十日おくれたのも、そのためである。『明治天皇紀』でも、「惟ふに爵制の設は十餘年來の懸案を解決し、頗《すこぶ》る時宜に出づ、而して新華族の出現に依りて、新興の氣滿ち、華族は名實共に國民の儀表たらんとするに至れり」と記しながらも、その時点において世評のかなりに手きびしいもののあった事実を明らかにみとめてゐる。民間でも、政府の与党新聞であった『東京日日新聞』が大いにその史的意義をほめた外は、各新聞の論評は概して冷く、あるいは反感的であった。

明治維新から未だ十数年を経たのみの時代であるから、公家や旧大名を華族として、将来の貴族院の一構成分子とするのは、当時としてはたしかに、実際政治の上では意味あることであった。封建時代の貴族は、ただの一私人ではなくして、一藩の地方的家臣団を統率する公的集団の中核であり代表であった。それが、新しい時代の大変革により古来の特権を失っても、反抗することなく忠順に協力したのである。藩は公的に解体したとはいっても、その数百年の伝統的社会集団が一朝にして解消し霧散するものではない。その集団の核である華族に、名誉とある程度の権能とを与へて貴族院の構成を考へるといふことは、時代の動揺をさけて安定的変遷を進めて行くためにも、理の存するところではあった。それは、その時代の外国でも通常の良識とされてゐたことであるし、「貴族院」の憲法構想そのものには根拠がある。

しかし、貴族院に多数有能の人物がないからとて、新華族をつくるのはどうか。貴族の存在理由は、前記したやうに一私人としての能力ではなくして、社会制度の永続から生れた伝統的結晶といふ点にある。華族に人物がなければ、勅選議員の数を多くすればいい。ほかにも道はあるであらう。仮に、有能にして学識ある勲功者を貴族院に集めるとしても、それを世襲華族としなければならない理由はない。政府の中枢法制家の井上毅ですら鋭く反対してゐたのであるから、民権的諸新聞が冷評したのは怪しむにたらない。

しかし世間一般の批評には、政治理論よりむしろ人物論評の方が多かった。新華族の名を見ると、在朝の、主として長薩の高官がずらりと名を列ねてゐるだけである。そしてそれは、維新いらいの勲功を賞するものとして、木戸、大久保、廣澤等功臣の子孫にまで及んでゐるが、明治維新当時の勲功としては、政府が公式に現任の諸参議よりも上位の者として公認してゐたはずの土佐の後藤象二郎、板垣退助、それに肥前の大隈重信などはまったく無視されてゐる。これでは国家へ勲功ある者か、政府へ勲功ある者か、との世評をまぬがれないのは当然である。もっとも、後藤、板垣、大隈らは民権家であって、華族志望者といふわけではない。したがって、本人が華族になるのを望まないことが明示されてゐるのならばいいのであるが、初めからこれを無視した政府の選考措置は、やはり穏当とはいひがたい。政府は華族制度を藩閥政策に利用すると評せられた。

閣内では、有栖川宮がその不公正を遺憾とされ、その意見は上聞に達せられた。そして、それが改められ修補されたのは三年後の明治二十年五月のことで、ここで初めて、故意に無視された維新の勲功者たちへの授爵が追加された。『明治天皇紀』二十年五月九日の記事には次のやうに記されてゐる。

九日　授爵式を行はせられ、勳功に依り、従三位勳一等大隈重信・正四位後藤象二郎・同板垣退助・同勝安芳に伯爵を特授し、又従二位勳一等森有禮・従三位勳二等福羽美静・同勳二等田中不二磨・同勳二等林友幸・同勳二等岩下方平・同勳二等青木周藏・同勳二等吉田清成・同勳二等杉孫七郎・同勳二等田中光顯・同勳三等渡邊昇・同勳三等清岡公張・同勳三等香川敬三・同勳三等野村靖に子爵を特授し、共に華族に列したまふ、曩《さき》に五爵の制を定めらるるや、重信等其の榮に與《あづか》らず、人或は其の在朝者に偏するを譏《そし》る者あり、是《ここ》に於て授爵の議再び起る、仍《よ》りて熾仁親王聖旨を候す、時に聖旨授爵を是と爲したまひしが、是に至りて遂に此の榮典を賜ふ、

この明治二十年五月といふ時は、伊藤博文が内閣総理大臣として孤立した時であった。この時に内閣が政敵として重視してゐた第一級の人物が、後藤、板垣、大隈それに勝海舟である。その四人に一時に伯爵を授

けられることに伊藤が同意したについては、おそらくよほどの政治的考慮がそこにあったにちがひない。しかし、この時に伯爵を授けられた板垣退助は、市井の急進書生も及ばない痛切な「新華族制反対」の忠諫上奏文を書いてゐる。『明治天皇紀』六月四日の記事を引用する。

四日　板垣退助上表して爵を辭す、曩に退助の伯爵を授けらるゝや、偶ゝ《たまたま》土佐に在りて其の事を知らず、五月十五日開催の全國有志大懇親會に臨まんとして大阪に赴き、會合畢《おは》りて神戸に抵《いた》り、始めて伯爵後藤象二郎の使者を派して爵記を傳達するに會す、退助深く聖恩の優渥《ゆうあく》なるに感激すと雖も、固より爵を拜受するは其の宿志にあらざるなり、因りて之れを固辭せんとし、同月二十五日東京に到り、尋いで宮内大臣伯爵伊藤博文を訪ひ、其の志を陳ぜんとす、博文神奈川縣夏島に赴きて在らず、乃ち宮内次官伯爵吉井友實に就きて願意を執奏せんことを請ひ、又自ら事端を滋《しげ》くせんことを憂ひ、竊《ひそ》かに内大臣公爵三條實美竝《なら》びに内閣顧問伯爵黑田清隆に詣り、素志を述べて其の盡力を求め、奔走大に勉む、既にして事外間に傳はり、朝野囂々《こうこう》として退助が擧措の是非を論ず、全國舊自由黨員の多數は其の決意を壯とし、飽《あ》くまで之れを固辭すべしと論じ、事の成否を以て、自由主義の消長を卜《ぼく》せんとするに至る、政府黨の人は其の不可を論じ、或は不敬と爲し、或は違勅を以て論ずる者あるに至る、是に於て退助遂に意を決し、是の日辭爵の表を書し、六日友實に就きて之れを奉呈せんとす、友實事例を東西に引き、懇諭して辭表を卻下《きやつか》し、且辭句の當を得ざるを指摘す、退助肯《がへん》ぜず、九日更に之れを修正し、再び友實に抵り、其の執奏を請ふ、表に曰く、

臣退助

伏して五月九日の勅を奉ず

陛下特に臣を伯爵に敍し華族に列せしむ

天恩の優渥なる臣誠に感愧《かんき》激切の至りに任《た》へず直ちに闕下《けっか》に趨《おもむい》て寵命《ちょうめい》を拜すべき也而して臣退て窃《ひそ》かに平生を回顧するに臣素《も》と南海一介の士朴忠《ぼくちゅう》自から許す常に君に事《つか》へて身を忘れ國に報ひて家を遺《わす》る嘗て維新中興の運に會し錦旗を奉じて東北戡定《かんてい》の功を奏すと雖も是れ皆
陛下威靈の致す所而して
陛下臣を賞するに厚祿を以てし並に物を賜ふこと若干次て參議に任じ正四位に敍せらる
陛下の知遇を受くる已《すで》に極まり人臣の榮之に過ぎず何ぞ圖らん今又此の非分の寵命を辱ふせんとは臣唯惶懼《こうく》措《お》くを知らず抑《そもそ》も臣が身は廊廟を去り江湖に在るも其夙夜《しゅくや》に以て
陛下に報ひ國家に盡すの赤心は何ぞ曩日《のうじつ》に異ならん一朝事あり闕《けつ》に詣《いた》り
陛下に咫尺《しせき》して以て臣が說を進むるを得ば臣の願既に足れり尚ほ何ぞ伯爵に敍し華族に列するの特典を拜するを須《もち》ひんや且臣平生衷《うち》に感ずる所あり高爵を拜し貴族に班するは臣に於て自から安んずる能はず縱令《たとひ》
陛下の仁愛なる臣が舊功を錄し重ねて特典の寵命を下さるるも臣にして敢て
天恩に狃《な》れ一身の顯榮を叨《みだ》りにする事あらば則ち臣復《ま》た何の面目以て天下後世の淸議に對せんや因て臣茲《ここ》に表を上り謹で伯爵並に華族に敍列するの特典を辭す伏して願くば
陛下臣が區々の衷情を憫《あはれ》み其狂愚を咎《とが》めず以て臣が乞ふ所を聽《ゆる》されん事を慚懼《ざんく》懇欵《こんかん》の至りに任へず臣退助誠惶誠恐頓首頓首

と、友實遂に執奏す、越えて十一日友實、退助を其の第に招き告げて曰く、去る九日卿が辭表を奏聞したてまつりたるに、深く叡慮《えいりよ》を煩はせられ、且宣《のたま》はく、板垣が維新前後の功勞は朕克《よ》く之れを知る、銘じて忘れず、酬《むく》いざるは朕の意に安んぜざる所なり、汝能く此の意を以て、板垣を懇諭すべしと、夫《そ》れ聖意の優渥なること此《かく》の如し、子謹んで前意を飜し、速かに天恩を拜受し、復聖慮を煩したてまつるなかれと、退助深く聖恩の隆渥なるに恐懼し、感泣して言ふ所を知らず、熟考を約して辭去す、是に於て退助益ゝ進退に窮し、再思三考の後、更に其の友星亨をして博文を夏島に訪ひ、衷情を悉《つ》くして其の斡旋《あつせん》を請はしむ、博文之れを謝して曰く、板垣如何に之れを固辭すと雖も、天皇敢へて聽《ゆる》したまはざるべしと、既にして十四日內閣會議を開き勅命囘すべからずと云ふの理を以て、飽《あ》くまで聽くべからずと決す、退助以爲《おもへ》らく、親しく天顏に咫尺して微志の存する所を上陳するの外なしと、二十日友實に就きて拜謁の執奏を請ふ、允《ゆる》されず、是に於て再び上書して辭爵の趣意を聖明に達せんと欲し、七月七日復表を上る、其の要に曰く、中興維新の大業は天下人心の嚮《むか》ふ所に從ひて之れを濟《な》せるに因らざるはなし、陛下大政を親《みづか》らしたまふや、五事の神誓を天下に宣布し、遂に公卿・諸侯の稱を廢して華族と爲し、士族をして亦等級の別なからしむ、是れ四民平等の制に循《したが》ふものなり、尋いで藩を廢し縣を置き、士族の兵役を罷めて徵兵の制を布《し》き、穢多《えた》非人の稱を停《や》め、華士族平民婚を通ずるを許し、閏刑《じゆんけい》を廢する等皆人權を齊一《せいいつ》にするの聖旨に因らざるはなく、明治八年漸次國會を開くの詔は門閥政治を棄て、人民平等の制度に就く所以《ゆゑん》なり、然るに近歲華族をして皇室を擁護《ようご》し人民の標準たらしめんとするの勢を致し、五等の爵を置き、世襲財產の法を設け、功臣を華族に列せしめ、貲財《しざい》を賜ひ、世々相襲《つ》がしむ、臣淺識妄《みだ》りに其の是非を判じ難しと雖も、制度の得失、進退の當否、陛下最も深く省察を加へたまはんことを冀《こひねが》ふ、抑ゝ我が國中古以來の歷史を顧み、又之れを歐洲各國の事例に徵するに、禍亂の因多く貴族に由らざるはなく、未だ嘗て貴族の王室を擁護したるを見ざるなり、我が國開闢《かいびやく》以來、祖宗列聖の深仁厚澤永く衆庶の頭腦に浸染す、陛下一旦國會を開きて君民同治の化を布かば、誰か感激して忠を陛下に效《いた》すを願はざる者あらんや、何ぞ特に華族を以て帝室の擁護たらしむるを要せん、愚臣廟議の存する所を審《つまびら》かにせずと雖も、若し沈默言はずんば、自ら欺きて以て陛下に負《そむ》くなり、臣今敍爵の寵命を固辭する精神は、即ち曩時邦家に盡すの精神なり、陛下特に臣が頑愚を容れ、偃蹇《えんけん》の節を遂ぐるを得しめば、恩德是れに過ぐるなしと、退助先に微功錄するに足らざるを述べ、謙退して榮典を拜辭し、今更に五爵を設くるの非を論じて拜辭の理を明かにす、其の旨炳焉《へいえん》たり、然れども聖恩寛厚遂に聽したまはず、翌八日宮内書記官櫻井能監、退助の旅館に就きて、上表は親閲あらせたまひしも叡旨前日に異ならずとの御沙汰《ごさた》を傳へ、辭表を郤下す、退助拜辭するの途《みち》全く絕ゆ、以爲《おもへ》らく、徒《いたづ》らに乞ふて宸襟《しんきん》を煩はしたてまつるは不臣の罪を重ぬる所以なりと、遂に十五日參內して拜受書を奉呈す、

たしかに板垣退助の自由民権の論には、維新の重臣としては過激の反政府感情に流されたかに見える点も少なくない。しかし、この授爵拝辞のことは、直接に陛下の恩命に関することなので穏かにすませたい、との気が十分あったと見られる。いったんは星亨を伊藤のところに赴かせて懇請してゐる。しかしその懇請が伊藤に一蹴され、聖旨を待たずして拝辞を許さず、と閣議決定されると、板垣の憤りは禁じがたく、やがて八月の上奏文は、反政府敵愾《てきがい》の情に燃えた激語に満ちた文になってゐる。

明治維新の内戦に際して、板垣退助は土佐の精鋭をひきゐて転戦、武功においては西郷隆盛に次ぐ殊勲の将として赫々たる戦歴を記録した。かれは、この維新をもって門閥政治を棄て、人民平等の公議政治の理想を開くものと信じた。明治七年に民撰議院設立を建白、明治八年に大阪会議によって元老院が開設され、国会開設・立憲の大詔渙発を仰いだのち、板垣は下野して全国在野の民権有志を動員し、明治十三年には国会開設の国民的要望を結集した。しかし、このころから在朝の諸公とはまったく相敵視するごとき地位に立ち、明治十七年の新華族令では一顧だにせられなかったが、三年後には強引に伯爵を命ぜられ、拝辞の参内歎願すらも入れられなかった。明治二十年の板垣の政治的立場は、いかにも悲痛である。この明治二十年の状況を解明するのには、明治十八年に成立した伊藤内閣いらいの朝野の抗争史にさかのぼらなければな

らない。

二、太政官を廃し内閣制度へ

明治十八年十二月二十二日、これまでの政府の官制（太政官）を廃して新しく内閣の制度を定め、久しく太政大臣の任にあった三條實美がその職を辞し、新華族の伯爵伊藤博文が内閣総理大臣に親任された。伊藤博文は、外務大臣に井上馨、内務大臣に山縣有朋、大蔵大臣に松方正義、陸軍大臣に大山巖、海軍大臣に西郷従道、司法大臣に山田顕義、文部大臣に森有禮、農商務大臣に谷干城、逓信大臣に榎本武揚を奏薦、すべて親任されて初めて立憲制に対応すべき内閣制度ができた。これは数年後に予定された国会開設、憲法制定に相応ずるやうに政府の官制を改めたものであって、帝国憲法制定の準備として大きな史的意味を有することであった。この内閣制度の創設は、主として伊藤博文の建策によるものとされる。

これより前、維新いらいの政府の組織、官制にはしばしば変更があった。王政復古の直後、維新政府が発足した慶応四年正月十七日には、まづ総裁に有栖川宮熾仁親王、副総裁に三條實美および岩倉具視が任ぜられ、議定としては公卿諸侯が任命されたが、間もなく政体書が発せられて、明治元年閏四月以後は太政官制となった。その太政官の官制も、その後しばしば改変され、明治四年の官制改革で、初めて太政大臣一員をおいて、専ら天皇を輔翼して庶政を総判せしめることとし、その下に納言、参議があって、参議は「太政ニ参与シ官事ヲ議判シ、大臣納言ヲ補佐」することとなった。明治六年の官制では「太政大臣、左右大臣のみが天皇輔弼の責任者」と定められてゐるが、実際政治の上では参議に政策決定の権があるものと見られてゐた。しかも参議は、職制の上では大臣を輔けて万機の政治方針を決する閣議を構成するが、その法的執行の権限と責任とは大臣にあり、しかもその実際の執行は各省の卿が大臣の命によってあたることになってゐて、参議と各省卿との間の権限、責任についてしばしば論議が行はれ、参議と諸卿との関係の官制は時に多少の変更があった（山崎丹照著『内閣制度の研究』による。詳しくは同書参照）。

しかし大筋としては、天皇に対する責任者は太政大臣、左右大臣のみであり、参議は、ただ議事を論じ、諸卿は、大臣の命を奉じて行政を執行するといふに止まってゐる。法的には太政大臣が一人にして全責任を負ふことになってゐるが、実権は下にあるといふ形となってゐる。政府がこのやうな形では、将来の立憲制には対応しがたかった。

憲法はいまだ定まってはゐないが、いづれにせよ問題は国会対策である。国会が開かれれば当然に、政府は国会に対して、立法について討論し、財政予算についてその同意をもとめねばならなくなる。国会は政府の行政を批判し、討論する。これに対応するのが政府の大きな任務となるが、それには、大宝令いらいの古式の官制を模したままの太政大臣のみ（あるいは三大臣のみ）が国政責任者であったのでは到底国会対策は立たない。どうしても、政府の政治方針を自ら議決し、その執行を自ら担当して責任を果しうる諸大臣の内閣を強化しなければならないのは、当然である。

しかもこれまでの政府では、三大臣のなかでもっとも強い政治力と実行力とをもち、諸参議の上にあってこれを指導しえたのは、右大臣の岩倉具視であった。しかしその岩倉具視が歿した後は、はなはだ心細い感じをまぬがれなかった。伊藤博文は、初め政府の応急的補強のために、右大臣岩倉の後任として黒田清隆を推した。三條太政大臣は伊藤の説に同意し、黒田に対してその就任をすすめた。しかし黒田は三條に対して就任を約しておきながら、その直後に強く辞退を申し出た。この時の黒田の進退ははなはだ異常であったが、一般には伊藤に対しての激しい反感のためだと解せられた。黒田は、「伊藤は薩閥の自分を右大臣に推して、折からの財政整理、官吏淘汰《とうた》などの困難不人気な政策を強行させ、人望まったく失はれた後に自らが政府の実権をにぎる謀略を立ててゐる」と思ったらしい。それは黒田の過度の猜疑《さいぎ》であったと思はれるが、ともかく非常識なほどの激越な言動に出て右大臣就任を拒否し、政局を混乱させた。

臣僚の混乱せる諸情報を聞かせられた天皇は、「すでに新しい政府の組織を研究準備してゐるのであれば、まづその組織を定めて後に、その新組織に応ずる人事を考へよ」と命ぜられた。三條もここで右大臣の補充は打ち切り、伊藤は、かねてから立案検討中の新内閣制度案を提出することにした。この内閣制度案は、前年の明治十七年三月に伊藤が長官として制度取調局を設け、井上毅、金子堅太郎、伊東巳代治等を集めて秘《ひそ》かに立案を進めてゐたものである。この間の事情については、その起案に参加した金子堅太郎が後に次のやうな回顧講演を残してゐる（山崎丹照著『内閣制度の研究』所収。傍点は引用者）。

先づ第一に今日御話致したいのは、明治十八年に太政官を廢して内閣制度を置かれたといふ、之れは日本開闢以來の大問題である。御承知の通り隋唐の制に倣つて一官八省を置かれて、朝廷の政治を爲された。それで王政維新になつても、其一官八省に則《のつと》つて太政官を置き、各省を置かれた。それで十八年までは、其制度に依て王政維新以來天皇親裁の政治を遊ばされた官制であつたが、偖《さて》十六年に伊藤公が獨逸から歸られて、是非共憲法を作らなければならぬと云ふ事になり、其の憲法の起草を吾々どもが致しました。所が從來の一官八省の制では迚《とて》もこの議會制度には適合せぬ。然らば歐羅巴、亞米利加あたりの立憲國の政治の組織に倣ふの外はないと云ふことに、伊藤公が決められて、隋唐の制を採用されて以來、朝廷の貴重なる官制であつたけれども、どうしても之を改革せなければならぬので、それには伊藤公は余程苦心されました。先づ第一には太政大臣は三條實美公であつて、維新の大元勳、其人の官を廢するのであるから、今から見れば容易《たやす》いやうであるけれども、當時にあつてはなかなか大問題であつた。又果して明治天皇が御裁可になるかどうかも分らない。併し憲法政治を行ふには、どうしても歐羅巴の憲法政治の内閣組織にしなければならぬ。天皇輔弼《ほひつ》の大宰相たる總理大臣が、この第一の責任者である。其下に各省の大臣があつて、それが内閣として、さうして國政を上下兩院に議するので、どうしても是は官制を改革せんければならぬため、遂に太政官を廢して、内閣制度に改められた。之が十八年の冬でございます。この官制が十八年の十二月二十三日に發布された。それは十月頃から一方では憲法を作り、又一方では今の總理大臣の官舍、あれが當時伊藤參議の官舍であつた、太政官が四時に退《ひ》けて井上毅と伊東巳代治と私とが、その伊藤參議の官邸に行つて、それから二階で、四人寄つて、太政官及各省を廢して、内閣制度にするため、その官制から手續の總てを立案した。先づ内閣各省、それから地方廳、郡役所と、全體を總て憲法的組織にせんければならぬといふので、今から言へば大した事はないやうでありますが、なか〳〵それは面倒な事でありました。それは總て他人に相談する事は出來ぬ、假令《たとひ》内務省の人でも、大藏省の人でも相談することは出來ぬ、全くの四人きりで四時退けてから、或時には夜の十二時までもかゝつた。それが殆んど毎晩のことである。さうして若し之を人が知つたならば大變で、それは屹度《きつと》蜂の巢を突ついたやうに反對論が起るに違ひない。そこで、我々は、之は秘密の中の最秘密としてやつたので、幸ひ誰も知らなかつた。斯うして愈ゝ出來上つて、暮の十二月二十三日に發表になつたのである。（中略）

さて内閣制度の官制はすつかり出來上りました時、こゝに難問題が起りました。それは三條公の進退でありました。何分維新第一の元勳で、多年の太政大臣であります。此の人の進退に付いては極めて困難な事である。併し新たに出來る總理大臣は、將來議會が開かれゝば議場に出席して議員を相手に討論しなければならない。其の激務には三條さんは如何であるかと云ふ説があつた。ところが三條さんには注意する人がありましたが、あのやうな公正な賢明な人でしたから、内閣制度が創設せらるれば、私はその任には適しない。それに付ては私が奏議を陛下に上《たてまつ》らうと云ふので、早速井上毅を呼んで旨を告げて奏議を起草させられた。井上は其の草稿を以て伊藤さんの所に來り、實は三條さんに頼まれて之を書きましたと云ふて見せました。我々も一讀しましたが實に堂々たるものでありました。之れなら三條公の精神も立派に立ちますと云ふので、遂に上奏されることになりました。さて三條公は退かれたが、誰を總理にするかと云ふ問題が起りました。伊藤さんは例の如く仲々引受けない。いや黒田がよからう誰がよからうなどとて種々辭退されましたが、とう〳〵引受けることになりました。此時若し三條公が自ら進んで辭退せられないと困難なことになりましたらう。併し三條公が衷心から隱退せられたのは、誠忠無二の精神から出た事と、一は二十三年には國會が開かるゝといふことがあつたからであります。然るに三條公を其儘《そのまま》にすることは出來ない。まさか宮内卿にもされない、そこで新に内大臣といふ官を設け公を之に任じ、御璽國璽を尙藏し、常侍輔弼すといふことになり、其の下に秘書官長を置くことになりました。(註2)

この内議が定まって、三條實美は正式に辭職、奏議の手續きをした。その上奏文にいふ。

臣躬臺鼎《タイテイ》ノ重キヲ荷《ニナ》ヒ日夕憂懼《ユウク》以テ報効ヲ圖ル嚮《サ》キニ親シク
陛下内閣ヲ改制スルノ旨ヲ承《ウ》ク幸ニ微衷ヲ披《ヒラ》キテ以テ
聖聽ヲ仰クノ機ヲ得タリ竊《ヒソカ》ニ思フ今日ノ事前途猶遠シ立憲ノ基ヲ建テ以テ中興ノ業ヲ終ヘントセハ區々前轍《ゼンテツ》ニ因習スルノ能ク成スヘキ所ニ非サルナリ維新ノ初

陛下幼冲《ヨウチユウ》臣寵撰ヲ叨《ミダ》リニシ大政ヲ薫督《クントク》ス實ニ已ムコトヲ得サルニ出ツ蓋《ケダシ》大寶ノ令唐ノ尙書省ニ倣ヒ太政官ヲ以テ八省ヲ統《ス》ヘ八省ハ左右辨ニ分屬シ官符ヲ得テ施行ス明治二年職員令ヲ定メ六省ヲ置クニ當テ仍《スナハチ》大寶ノ制ニ依リ太政官ヲ以テ諸省ノ冠首トシ諸省ヲ以テ隷屬ノ分官トス此レヨリノ後諸省ハ專ラ指令ヲ太政官ニ仰キ太政官ハ批ヲ下シテ施行セシメ凡ソ文書ノ上奏スル者ハ皆太政官ニ經由シ往復ノ間省ノ寮ニ於ケルニ均《ヒト》シ此レ蓋一時ノ權宜ニシテ獨　親政統一ノ體ヲ得サルノミナラス亦各省長官ノ責任ヲ輕クシ徒ニ曠滯《コウタイ》ノ弊ヲ爲ス者ナリ方《マサ》ニ今

陛下聖德日ニ躋《ノボ》リ大政ヲ綜攬《ソウラン》シ事ヲ內閣ニ視諸宰臣ヲ引見シ文武ノ務親シク奏議ヲ聽キ玉フ而シテ中外ノ事盤錯多端官制宜シク更張スヘク財政宜シク節度ニ就カシムヘク要務ノ經畫施措スヘキ者一ニシテ足ラス此レ宜シク時宜ヲ斟酌《シンシヤク》シ古今ヲ變通シ太政官諸省ニ冠首タルノ制ヲ改メ併セテ太政官諸職ヲ廢シ內閣ヲ以テ宰臣會議

御前ニ事ヲ奏スルノ所トシ萬機ノ政專ラ簡捷《カンシヨウ》敏活ヲ主トシ諸宰臣入テハ大政ニ參シ出テハ各部ノ職ニ就キ均シク

陛下ノ手足耳目タリ而シテ其中一人ヲ撰ヒ專ラ中外ノ職務ニ當リ旨ヲ承《ウ》ケテ宣奉シ以テ全局ノ平衡ヲ保持シ以テ各部ノ統一ヲ得セシムヘシ此レ乃《スナハチ》

祖宗簡實ノ政親裁ノ體制ニシテ立憲ノ議亦是ニ外ナラス此ノ如クニシテ綱紀振張シ各部宰臣均シク其責ニ任シ用ヲ節シ實ヲ務メ以テ立國ノ目的ヲ達スルコトヲ得ハ天下ト之ヲ公ニスヘク宇內各邦ト之ヲ競フヘク

陛下中興ノ大業始メテ成緒ヲ終ヘ微臣犬馬ノ勞亦與《アヅ》カリテ餘榮アラン若シ其人ニ至テハ必

陛下ノ聖鑑ニ由リ大局ニ明達シ時務ニ精鍊ナル者ヲ得テ以テ之ニ任スヘシ而シテ中外多端ノ機務ニ當ルカ如キハ實ニ臣カ堪フル所ニ非サルナリ伏テ願クハ

陛下臣カ誠ヲ察シ今ノ時ニ及テ內閣ノ組織ヲ改メ併セテ臣カ職ヲ解キ臣ヲシテ奬順贊襄《サンジヨウ》ノ微忠ニ負カサラシメハ獨臣カ幸ノミニ非サルナリ言非常ナルカ如クニシテ實ニ時宜ノ已ムコトヲ得サルニ出ツ惟《タ》タ

陛下之ヲ斷シ玉ヘ謹奏

明治十八年十二月

かくして新内閣制の案は閣議で議決され、聖上に捧呈された。『明治天皇紀』によれば、天皇はこの案を嘉納されて侍講元田永孚を召し、「衆議は伊藤を推してゐるやうであるが、いかに」との御下問があり、なほ宮内省の吉井友實にも諮らしめられ、政府要人の衆議一決するを見て、聖旨を決せられたといふ。

これは当時としては、かなりに重大な変革と感ぜられた。政治の事実としては、すでに長薩の参議に実権が移り、前年にはこの実権者たちが新しい華族となり国政を動かしてゐたが、しかし社会心理としてはなほ、「太政攝關の職は、中世以來政事の變遷種々多様なりしと雖も、常に春日明神の子孫なり」との意識が根づよく残ってゐた。そこに、公家でも諸侯でもない、長藩下級者の出身である伊藤博文が、公然と初代総理大臣に任命されるといふのは大いに人心を驚かせた。

この組閣に際して、天皇が、伊藤への大命降下について臣僚の衆議の存するところを御下問になった一端についてはすでに述べたが、大命を拝した伊藤が前記のやうに各省大臣の閣僚名簿を奏薦すると、詳しく御覧になり、特に森有禮については「洋教に偏するところなきか」との御下問があった、と『明治天皇紀』には記されてゐる。森有禮は、剛直にして英敏、青年時代には洋風急進の説を主張して衆論の激しい非難を浴びせられ、その後も外交の高官として諸方に使ひしたが、当時にあっては、もっとも民権論者に対する痛烈な反対論者として格別の一見解を固執してゐた。一家の見識はあるが、いつも激しい論敵を生ずる人物である。天皇は、最初の内閣の創立に際してそれを憂へられたのではあるまいか。しかしこれは、伊藤博文が切に御憂念に及ばぬことを申し上げて、そのままに親任を得たといはれる。後年の枢府会議における伊藤対森の激論、そして森の最後の非命を思ふとき感慨なきを得ない。
この新しい制度は、太政官達第六十九号を以て次のやうに示された。

今般太政大臣左右大臣参議各省卿ノ職制ヲ廢シ更ニ内閣總理大臣及宮内外務内務大藏陸軍海軍司法文部農商務遞信ノ諸大臣ヲ置ク

内閣總理大臣及外務内務大藏陸軍海軍司法文部農商務遞信ノ諸大臣ヲ以テ内閣ヲ組織ス

明治十八年十二月二十二日

奉勅　　太政大臣　公爵　三　條　實　美

これと同時に内閣職権が制定された。

内閣職權ヲ定ムルコト左ノ如シ

明治十八年十二月二十二日

奉勅　　太政大臣　公爵　三　條　實　美

第一條　内閣總理大臣ハ各大臣ノ首班トシテ機務ヲ奏宣シ旨ヲ承テ大政ノ方向ヲ指示シ行政各部ヲ統督ス
第二條　内閣總理大臣ハ行政各部ノ成績ヲ考ヘ其說明ヲ求メ及ヒ之ヲ檢明スルコトヲ得
第三條　内閣總理大臣ハ須要《シユヨウ》ト認ムルトキハ行政各部ノ處分又ハ命令ヲ停止セシメ親裁ヲ待ツコトヲ得
第四條　内閣總理大臣ハ各科法律起案委員ヲ監督ス
第五條　凡ソ法律命令ニハ内閣總理大臣之ニ副署シ其各省主任ノ事務ニ屬スルモノハ内閣總理大臣及主任大臣之ニ副署スヘシ

第六條　各省大臣ハ其主任ノ事務ニ付時々狀況ヲ內閣總理大臣ニ報告スヘシ但事ノ軍機ニ係リ參謀本部長ヨリ直ニ上奏スルモノト雖トモ陸軍大臣ハ其事件ヲ內閣總理大臣ニ報告スヘシ

第七條　各大臣事故アルトキハ臨時命ヲ承テ他ノ大臣其事務ヲ管理スルコトアルヘシ

また同時に、憲法制定準備機関としての参事院および制度取調局も廃せられて、内閣総理大臣の管下に法制局が設けられた。

これが新制度の概要であるが、注目すべき諸点は次のやうなことであらう。まづ、宮中府中の別といふことは維新いらいの方針であったが、宮内大臣が内閣に入らないことでその別が一段と明確になった。さらに、今までの閣僚諸参議とは異なって国務大臣が行政官省の長官を兼ね、その行政執行の責任者としての立場が明らかにされた。しかし、各省大臣の輔弼は国政一般に及ぶので、その間に不統一混乱なきを期するために、内閣総理大臣をして指示、統督の任に当らせることにした。もっとも、この総理大臣の法的権限が強い統一的指導力をもつことに対しては、その本質が英国の内閣制の論理に通ずるとして、井上毅がねばり強く反対した。そして憲法制定後の内閣官制では「指示」、「統督」の権の語が削られて、各国務大臣の輔弼権限が強化され、総理は「行政各務ノ統一ヲ保持ス」(第二条)といふ限度に改められた。

しかしそれにしても、過去の太政大臣が、天皇に対する独占的な輔翼者とされたのに比すれば、各大臣が輔翼の権限を分有するので内閣総理大臣の権限は法理的には多少小さくなったとも解せられるが、政治の実際においては、総理大臣伊藤博文は、太政大臣三條實美が諸参議に対して臨んだよりも、はるかに強力なる政治権限をもって政局に対処しうることを期待された、といっていいであらう。

伊藤博文は、ヨーロッパから帰って十七年三月宮内卿となり、制度取調局長官として将来の立憲構想を立て、まづ七月にはかねての懸案であった新華族制度を設け、翌十八年には、人事錯綜《さくそう》せる困難を排して自ら立案した内閣の総理大臣に任ぜられた。その足跡を見れば、才気縦横の伊藤が巧みに穏和な太政大臣三條實美を操り、頑迷な薩閥の黒田を追ひ、やすやすと天皇の裁可を得て、無風のなかを疾走したかのやうに解する者があるかもしれないが、それはちがふ。伊藤にもこの間大変な苦労がつづいたことをみとめねばならない。

伊藤博文が宮内卿となるに際しては、天皇は、伊藤の有能にして才幹あることはみとめられたが、かれのドイツ主義に偏するごとき言動を憂へられて、特に元田永孚、松方正義に諮られ、また佐佐木高行、土方久元等にも御下問があった。伊藤の就任に対して一同が同意の旨を申し上げたので任命せられたが、伊藤が起草して提出した帝室制度更革の案に対しては裁可がなく、「慎重にすべし」とて却下された。伊藤としては非常な心理的重圧であった。ただ、三條が伊藤をふかく信頼してゐたので、十七年七月には新華族制度の実現を見たけれども、その後の天皇は、伊藤の参内を好ませられないものか久しく拝謁がしにくかった。伊藤は辞意を決してその不満を述べた。宮内大輔の吉井友實は、侍従の藤波言忠を招いて、「身命を賭《と》してでも忠諫申し上げ、参議としての伊藤の国務奏上は必ずお聞きにならなければならぬ、と進言せよ、古の聖帝は襟を正して大臣の言を聴く、と申し上げよ」といった。藤波は御幼少のころから親近申し上げた側近第一人者だったが、これには非常に躊躇《ちゆうちよ》した。しかし吉井に励まされて忠言申し上げると、天皇は「それは汝《なんぢ》の職分としていふべきことではない」と激しくお叱《しか》りになり、そのままに寝室に入られた。しかし翌日、天皇は伊藤を召して積日の奏務を聞召され、その後二ケ月して侍従藤波に「汝はよく忠言した」と申され、金時計を賜はったといふ（藤波談話として『明治天皇紀』に掲げられてゐる）。

その後も、やはり同じやうなことがあったらしい。翌十八年の七月には、伊藤は杉孫七郎を使として侍従長徳大寺實則と侍講元田永孚とに対して抗議してゐる。伊藤の拝謁を君側の者が妨げるといふのである。永孚はこれに対してきびしく反論した、「侍講は岩倉具視在世中から、国務に関して大臣参議の参内する時には、陛下と対談中でも退出することにしてゐる。伊藤がそのやうなことをいふのは許しがたい」と。しかし伊藤は、この反論を聞いていよいよ不満に思ひ、太政大臣三條實美あてに「陛下は實則、永孚等の言をのみきかれてゐるが、かれらは世界の大勢に暗く、時務の得失を知らず、陛下が今のままであられては憂慮痛恨に堪へない」との文を書いてゐる。この文は、伊藤の文としては驚くほど大胆で、中には非礼の語も見える。もっともこの文は、伊藤が書いたのは確かだとしても、それを実際に三條に渡したか否かは明らかでない、とされてゐる。これは伊藤が薩閥の黒田と相争ひ、また内閣官制を作成中のころのものらしい。

伊藤と元田や徳大寺、吉井等の宮中側近者とは、思想的にしばしば相反した。宮中側近派は、端的にいへば古い型の天皇親政主義者である。かれらは板垣、大隈派の民権思想を好まない。しかし側近に侍して、常に全国各地を巡幸せられる天皇のお伴をしてゐると、地方の人民の天皇に対する忠誠、天皇を信頼申し上げる情の強烈なことは、どこに行っても感動禁じがたいほどのものが実感される。この忠誠な日本の臣民が帝国政府を怨むなどといふことがもしあれば、それは政府がよほど心得がわるいからだ、との思想がある。したがってかれらは、伊藤博文等の思想が西洋流の「君権対民権」の原則に立ってゐるのに同感しない。かれらは勿論、西洋民権論を嫌ってゐるのであるが、民権家の上奏文などを見ると、むしろその方が政府よりも一理義があると思ふこともしばしばあった。天皇との平素の対談にも、ともするとその感想がでた。

これは当時の博文としては、憤懣《ふんまん》禁じがたいものであった。博文は、国際知識についての第一人者をもって自任してゐる。民権家の論は、あれこれと敬語を用ひてはゐても、帰するところは反君主の革命に到達せざるを得ない、と信じてゐる。その国際的革命思想に懸命の対抗をしてゐる政府を、裏から、なにも思想のわからない時代おくれの側近が足を引くやうなことをすると思ってゐる。しかしこの連中が、ともすると政府以上にも天皇の信任を得てゐる。したがって、民権家を弾圧するやうな態度で臨むわけには行かぬ。あらゆる人脈を動員してでもこの連中にも同意させ、積極的に同意させ得ないまでもせめて反対させぬやうにせねばならない。

この伊藤的思想に対するもっとも良き理解者は、岩倉具視であった。そして、岩倉亡き後は三條實美のみである。伊藤の新華族制設立から新内閣制への進展を見るとき、それを実現させたについては、巧妙なる伊藤の進退才能もさることながら、太政大臣公爵三條實美その人の存在の重みを銘記すべきであらう。

この間にあって、天皇は概《おほむ》ね結論的には、帝室制度問題のほかは伊藤の献案をみとめられ、初代総理大臣の大命をも下された。けだし太政大臣三條實美の進言を容れられたのであらう。しかし、それと同時に元田永孚の同意も確かめられ、吉井友實の意も御下問になってゐる御慎重さが注目される。吉井は、前にも述べたとほり、伊藤宮内卿の国務上奏についてはは侍従藤波言忠をして異例の忠諫をさせたこともあるやうに公正にして忠篤の人物ではあるが、もともと薩摩藩士である。この初代総理大臣の任命は、薩摩の巨頭黒田清隆と伊藤博文との間に激しい対決のあった直後の重大な政府人事であり、この時代の政治の実際として、長薩の間の決定的な分裂は政治の破局を意味する。天皇は、おそらく吉井をして、黒田一人はやむを得ないとしても、他の薩摩人が新しい内閣に対してどの程度に協力する真意があるかを確かめられたのではないか、と推察される。英明なる天皇には、事情の複雑さがよくわかってをられるだけに格別の御心労があった。

ともかく明治十八年の歳末に、政府は将来の立憲議会に対応する準備を整へて、日本で初めての内閣制にもとづく施政が始まった。この新制度の創立に際しては、黒田清隆の異常な反撥はあったものの、少なくとも在朝の高官は、薩閥をふくめて伊藤に一致して協力することになった。伊藤もまた満々たる自信をもって憲政の準備にかかった。しかしこの新内閣は、引きつづき在野勢力との間の激しい波乱の闘争を経ねばならなかった。

〔註1〕 華族令（明治十七年七月七日　宮内省達）

第一條　凡ソ爵ヲ授クルハ勅旨ヲ以テシ宮内卿之ヲ奉行ス

第二條　爵ヲ分テ公侯伯子男ノ五等トス

第三條　爵ハ男子嫡長ノ順序ニ依リ之ヲ襲《ツ》カシム女子ハ爵ヲ襲クコトヲ得ス但現在女戸主ノ華族ハ將來相續ノ男子ヲ定ムルトキニ於テ親戚《シンセキ》中同族ノ者ノ連署ヲ以テ宮内卿ヲ經由シ授爵ヲ請願スヘシ

第四條　嗣今有爵者又ハ戸主死亡ノ後男子ノ相續スヘキ者ナキトキハ華族ノ榮典ヲ失フヘシ

第五條　有爵者ノ婦ハ其夫ニ均シキ禮遇及名稱ヲ享《ウ》ク

第六條　華族戸主ノ戸籍ニ屬スル祖父母、父母及妻及嫡長子孫及其妻ハ倶《トモ》ニ華族ノ禮遇ヲ享ク

第七條　本人生存中相續人ヲシテ爵ヲ襲カシムルコトヲ得ス

但刑法又ハ懲戒ノ處分ニ由リ爵ヲ奪ヒ又ハ族籍ヲ削ラレ更ニ特旨ヲ以テ相續人ニ授クル者ハ此例ニ在ラス

第八條　華族ノ戸籍及身分ハ宮内卿之ヲ管掌ス

第九條　華族及華族ノ子弟婚姻シ又ハ養子セントスル者ハ先ツ宮内卿ノ許可ヲ受クヘシ

第十條　華族ハ其子弟ヲシテ相當ノ教育ヲ受ケシムルノ義務ヲ負フヘシ

〔註2〕　**内大臣官制**（明治十八年十二月二十二日太政官達第六八号）

内大臣　一人

一御璽国璽ヲ尚藏ス

二常侍輔弼シ及宮中顧問官ノ議事ヲ總提ス

宮中顧問官　十五人以内（一等官ヨリ三等官ニ至ル）

帝室ノ典範儀式ニ係ル事件ニ付諮詢《シツユン》ニ奉對シ意見ヲ具上ス

内大臣祕書官　一人又ハ二人　奏任

内大臣ニ専屬ス

第十四章　朝野激突の波瀾

一、反政府諸事件の頻発と政府の治安策

明治十八年の歳末に初めて内閣が成立し、間もなく明治十九年から政府は、いよいよ憲法法典の起案にとりかかった。しかしこの内閣は、太政官いらいの多くの難問題をひきついでをり、その施政のコースには波瀾多く多事多端であった。今ここに憲法の起案進行と並行して政府がどのやうな進み方をしてゐたか、その情況を概説しておく。

まづ財政問題について。政府の財政を担当したのは松方正義蔵相で、太政官いらいの思ひ切ったデフレーション政策を強行しつづけて、一段落する線にまで到達した。しかしそれは、多くの社会的犠牲をよぎなくする強行政策であった。

明治維新政府は、新しい国造りに際して大きな財力を必要としたが、しかしその財源がなかった。租税は地租を主としてゐたが、それだけでは到底不足するので紙幣を乱発した。しかし紙幣の信用がなくて、「明治元年に太政官札を発行した当時は、其の流通は極めて困難で、価格の如きも非常に下落した。たまたま人

民が金札を領しても、直に両替店に持参して、相当の割引をなして金貨と引換へた。従って東京大阪の如き都会に於てすらも、発行当時に於ては、金札百両を以て正貨四十両と交換する」といふやうな情況であった（朝日新聞社編『明治大正史』経済篇）。

その後、政府の信用が強まり、それに政府があらゆる手段をもってその改革につとめたので、明治十年当時にはやや安定するかに見えたが、西南の役がおこると、その戦費を紙幣発行にたよらざるを得なかったので、再び混乱した。それは当然に物価の異常な高騰を招き、「西南戦争直前の明治十年一月に米一石の相場が四円六十銭であったが、明治十一年の最高値は七円に達し、十二年の最高値は八円九十九銭、十三年の十二月には終に十二円十一銭」と三倍近くなり、それと同時に政府の公債は下落し、額面百円の公債が「明治十二年十月は七十円台、十三年末は六十円の平均相場」となった（同上書）。

明治十四年十月、松方正義が大蔵卿に就任すると、この大勢を克服する決意を固め、兌換《だかん》制度樹立の方針を立てて強行政策を進めた。明治十四年十月に流通してゐた紙幣合計一億五千万円を、「政府では、一方に於て財政を節約して、歳入剰余金を以て紙幣償却にあて、明治十四年度から十八、九年度にわたり紙幣を償却した高は一千三百六十万円、紙幣償却準備金に繰り入れた高は二千六百四十万円、合計四千万円に達した」（同上書）。これは政府としては財政破綻《はたん》をさけるための緊急行政でもあったが、そのため課税負担を感じたり（とくに地方税）、経済破綻に瀕した国民が少なくない。インフレ時代に債務を作り、デフレ時代に債務の履行をせまられる者は、到底対処しきれなくなる。農民耕作者で高利貸などから土地を取り上げられるやうな者が、非常な数に達した。秩父困民党の騒擾《そうじょう》などが生じた所以である。

秩父暴動のみならずこの時代には、明治十五年の福島事件から十六年の高田事件、十七年の群馬事件、加波山事件などが頻発してをり、十七年には板垣の自由党は自ら解散するにいたった。十八年には、これらの諸事件（深浅の差はあっても）にもっとも多く関連してゐた自由党急進家の大井憲太郎を首領とする大阪事件を生じてゐる。これらの事件の多くは、内閣成立以前に発生したものであるが、その風波は伊藤内閣時代に及んでゐる。その検挙や鎮圧の任にあたったのは山縣有朋（内務卿から内務大臣へ移る）であり、それらの裁判は主としてこの内閣時代に行はれたが、憲法で司法権の独立の確保されない時代のことであり、それは当然に伊藤内閣の政治裁判だったともいひうるであらう。この一連の政府反抗の諸事件については、新しい資料の発掘やその思想史的意味の追究等、近代史家の間で近年多くの研究がなされてゐる。

この時期には在野の政党としての自由党、改進党は解散してゐるが、その一連の騒乱の中核に、その比重の大小はともあれ、自由党の党員が関連してゐるのが一つの著しい共通点でもある。

自由党と改進党とは、その立党の当時から、政治綱領においては明白な対決点が公示されなかったにもかかはらず、間もなく激しい闘争を展開する。そして、自由党から転じて改進党へ行く重要人物も生ずるし、反対に改進党から自由党へ近づいて行った人物もある。ことにこれらの騒擾事件がおこると、改進党の側の新聞などでは、政府を非難しないで、むしろ自由党の過激暴力主義を痛烈に攻撃した。自由党の側でも、加波山事件などの少数者テロについては、その機関紙『自由新聞』などは事件決行者を犯罪人とみとめる前提に立っての論を公表した。それは、「多数の党員のなかにたまたま犯罪人があったからとて、それを自由党の行動として中傷するのは、まったく許しがたい中傷デマである」として反論するやうな論説である（「茨城縣民ノ暴擧ヲ聴テノ感アリ」、「自由黨ヲ傷ツケントスル卑劣手段ヲ笑フ」等々)。

たしかに改進党がこれらの暴力手段に反対の思想をもってゐたのは明らかである。また、自由党の主流が「自由新聞」のやうに反論するのにも一理あるけれども、しかしその反抗運動が自由党と無縁だと断定することはできない。現に決起者のなかには、有名な自由党の活動者や指導者も少なくない。では自由党は合法主義主流と非合法急進派との二潮流に分裂してしまったのかといへば、事情はそれほどに明快でない。非合法に走った者のなかにも様々の思想と人物とがある。いろいろの史論論争の生じうる所以であるが、そこに深入りしたのでは際限がない。ただ一語しておけば、これらの頻発した諸地方の暴動事件の参加者のなかには、農民の貧困を見るにしのびないで悲壮な決起をした者もある。党主流の態度にあきたらないで急進的な理想に燃えた人もある。なかには暴力無頼の無分別な者もある。それは多様多彩で、その多くは憲法発布とともに特赦されて再び自由党で活動する。しかし、中には中途で刑死したり獄死してしまった人も少なくない。

ともあれこの一連の騒乱は、かなりに多数の自然発生的な人民大衆を動員したにもかかはらず、時の権力をおびやかすだけの威力はなかった。時の権力が動揺を感じて後退するのは、むしろこれらの騒乱がすんでしまって後、明治二十年代になって再び在野の重鎮が公然堂々と動き出してから以後のことである。

騒乱の鎮圧者山縣有朋は、西南の役の内戦で悪戦苦闘した経験者である。この時には、政府は大軍六万有余の陸海軍将兵を動員し、砲弾七万三千発、銃弾三千五百万発を用ひて、八ケ月に及ぶ内戦を通じて権力を守った。しかし、この一連の騒乱では、西南の役の百分の一の武力を必要としたものもない。地方警察に、三百か五百の兵を援助させれば、たちまちにして鎮圧できる。武力主義の山縣にしてみれば、自分が第一線に出て戦った内戦の強敵とは比較すべくもない。一発の砲弾で四散してしまふ烏合《うごう》の衆にすぎない。かれが内務省警察を督励して、むしろ暴動を誘発するかのやうな政策をとったのは、そのためであらう。

かれが敵視した自由党も改進党も解散して活動を停止した。しかし憲法制定と国会開設とは、天皇の勅諭によって公示されてゐるので、これは決して動かせない。国会は必ず開設されるにきまってゐる。その時に国会にいかなる議員が出て来るか。おそらく国会に選出される議員は、欽定憲法の保護下にあって、憚《はばか》るところなく藩閥政権を糾弾するであらう。それは目に見えて明らかである。その時となっては、すでにかれの指揮下の警察も軍隊も、その威力を議会に及ぼすことは期待しがたい。国会開設以前に、急進的民権派を徹底的に弾圧し、その社会的政治的勢力を抑圧しておかねばならない。これがおそらく、武将山縣の政治計算だったのであらう。

戦後の民主主義史家には、このきびしい政治計算がわからないらしい。それで山縣内務卿の挑発的警察政策に反抗した少数激派のヒロイズムを礼讃して、大隈、福澤系の改進党のあり方はもとより、板垣、後藤等の自由民権思想をも日和見主義として低評価する史論が流行する。これは無責任でなければ無知にすぎないのではあるまいか。

この時の暴力抵抗派の主将格は、馬城将軍大井憲太郎である。かれは最後の抵抗として、朝鮮に渡って独立党を援助する義軍を結成しようとして、自由党急進派の精鋭残党を集め大阪事件をおこした。かれは生涯熱血の人で武力主義を好んだ。そのやうな事情もあってか、かれは出獄後には筑前玄洋社の頭山満と格別に親しく交はったし、頭山が武力行使をする時には援助も惜しまなかった（その協力は、筑前玄洋社の大隈外相襲撃にも見られる)。大井憲太郎がその波瀾の生涯を終った時に、その葬儀委員長となって死亡通知を出し、その墓碑銘を書いたのは親友頭山満である(平野義太郎著『大井憲太郎』)。

しかしこの頭山満は、大阪事件の直前、大井が支援しようとした金玉均と親しく懇談した後に、玄洋社員の武装渡韓の計画をきびしく禁じてゐる。社員が中江兆民等とともに、釜山に語学校研究所を開きたいといふのには同意し、また亡命中の金玉均には同情して支援金を提供したが、武力援助は厳禁した。それは、頭山が合法主義者であったからではなくして、大井よりも本格的な武力主義者であり「武力」の計算が大井よりも明確だったからに外ならない。

数十名の日本の壮士が渡韓して、それで韓国に独立派政府ができる程度に、韓国の情況がなってゐるのかどうか。韓国人の日本人有志への依存度は、どの程度なのか。もしもその依存度が高きにすぎるとすれば、その独立韓国なるものが、清国や日本の藩閥政権に対抗し維持しがたいのは分りきってゐる。日本の警察力にすら対抗し得ない武力で韓国の独立政権を樹立して、逆に日本の自由民権を推進しうるなどと考へた大井憲太郎、新井章吾等には、武力主義の計算がない。

福澤や後藤の場合は、頭山とはいささかちがふ。かれらは、頭山とは本質的にちがった意味で合法主義者である。かれらは、日本国の同意または諒解のない武力援助は、まったく望みがないと見たのである。福澤は、金玉均やその一党に対しては大井以上に同情的であり、事実十年余にわたって韓国独立党を援けた。その実績は極めて大きいが、しかし大井のやうな非合法援助はしなかった。

後藤、福澤には、幕末いらい二十余年の艱苦の政治経験があったし、内務卿山縣の政治計算も見えてゐた。将来の憲法がどうなるかについての予測は明らかでなく確たる自信もないにしても、それでも、二、三年後に憲法が欽定されて国会が開かれれば、今よりも条件が好転するのは確実だと見てゐる。その時までに、山縣の計算とは反対に、国民のなかにどれだけ多くの同志を準備しうるかが、後藤、福澤らにとっては第一の問題であった。

米国建国の長老フランクリンは、連邦憲法ができた時にいった、「連邦憲法ができて私は満足してゐる。列記された個々の条文については、私は悉く不満で批評的意見をもってゐる。しかし連邦の憲法ができたのに私は大いに満足してゐる」と。さすがに艱難の生涯を通じて独立のための実践活動を積み重ねて来た者の卓抜な英知である。福澤が、もっとも早くから自由の説を論じ、当局者にも働きかけながら、「欽定」公約の期限を前に、その無事なる成立を待つ態度をとったのには、この老フランクリンの感想に近いものがあったやうに見える。よりよき条件を望むのはいふまでもないが、なによりも大切なのは、憲法が定められて公式に国会が開かれることである。憲法に条件希望は表明しても、国会を開く時をおくらせるやうな情況を作ることこそが、もっとも拙劣だと思ったのである。それが、福澤系の時事新報が穏和な主張をして来た背後の思想である。

二、伊藤、井上の欧化政策

憲法制定の公示期限が近づいて、少壮激派のなかには多少の刺戟的な行動はあったけれども、全国民的な影響力をもつほどの板垣、後藤とか、大隈、福澤などの重鎮は、政府を監視しつつも穏かに憲法制定を待つとの態度を持してゐた。しかし政局は、それほど平坦《へいたん》無事には進まなかった。伊藤、井上政権の欧化主義政策、外交政策が、反政府系有志のみならず、閣内の非主流派をも刺戟して政局が大混乱におちいり、伊藤内閣の総辞職にまで発展して行った。以下その経緯を概説する。

初代の内閣総理大臣に就任した伊藤博文は、その外務大臣として無二の親友井上馨を就任させた。伊藤と井上とは、その青年時代から無二の同志であり親友であった。かれらは、まず長州藩の討幕激派の青年志士として活動をはじめ、次いで藩命によって幕末期に英京ロンドンに学び、大いに英国文明の開化に感歎して、長州藩の攘夷政策を急転させるのに懸命の協力をした。伊藤博文は花山春輔と称し、井上馨は春山花輔と称したが、あたかも同一人格の表と裏のやうにその終生にわたって協力した。

伊藤博文が維新後、長藩の下級者であるにもかかはらず驚歎すべき抜群の昇進をしたのは、その外国知識にあった。明治政府の政策コースが西欧化による文明開化政策の一直線を進んで来たことが、伊藤の昇進をいよいよ抜群有利にしたといっていい。伊藤のほかにも、洋学知識のある人材は少なくなかったにしても、維新政権の権力中枢を占める者は当然、討幕派としての経歴を必要としたし、薩長の士でなくてはならなかった。このやうな条件を集めた国際知識が、伊藤博文であり井上馨であった。

かれらは、日本国を文明開化の富強の国とすることを第一義として、その文明開化とは、日本を欧化することであると信じて疑はなかった。この信条は、しばしば洋風軽薄として批判されたり、抑止されたりしたこともあったが、今やかれらは内閣の最高権力の地位についた。かれらはその信念にもとづいて、大胆に日本国の進歩即欧化政策に直進しなくてはならないと確信した。

しかも伊藤、井上は、憲法制定以前に日本国の悲願たる不平等条約の改正を断行することを、その内閣の使命であると信じた。この条約改正のためには、日本国の法制度が西欧の水準にまで近代化されなくてはならない。それは諸外国との交渉ですでに明らかになってゐるが、それには民法も商法も必要である。しかし、国会が開かれて後にそれらの新立法をしようとすれば、法学論争がやかましいのみでなく、政党派閥の駆引きによって立法が渋滞し、困難な情況を呈するにちがひない（事実、民法の制定は国会後に提案されることになったので、日本法制史上有名な大論争となって多くの年月を要した）。伊藤内閣は、国会が立法権に立ち入る前に、ともかくも近代的諸法典の立法を終るのでなくては、条約改正はいつのことになるかしれないと思った。

しかも日本の海関税は、不平等条約のために破格の低率であり、これが政府財政の重荷となってゐるばかりでなく、日本の工業発展の大きな足枷《あしかせ》ともなってゐる。領事裁判権は依然として残ってをり、それが日本国民の大きな不満となってゐることは、朝野を問はず一致した国民感情である。この条約改正を緊急とすることは、朝野の一致するところではあるが、現実問題としては、国会が開かれて立法権が国会の権限に移ると、外交は停滞する。一気にここで改正断行をせねばならないといふのが、伊藤、井上の政見であった。

それには、諸外国人をして日本の近代化、西欧化をはっきりと印象づけねばならない。その近代化、西欧化とは、伊藤、井上によれば、そのまま日本国の進歩富強と同一なのであるし、多少の抵抗はあっても急速に断行せねばならない。しかも古い日本の文化があらゆる点で文明の進歩を妨げてゐる。これを洋風に文化革命することが必要だと考へられた。

そのころ、日本を訪問する外国貴賓の数がしだいに多くなってゐたが、それを迎へる礼式も一定してゐなかった。伊藤、井上は、華族や高官、さらにその家族たちをも集めて洋式儀礼を教へたり、外人教師に音楽や舞踏を教授させ、外国風の社交をするために東京クラブを作らせたり、有名な鹿鳴館を建てたりした。澁澤栄一や大倉喜八郎に帝国ホテルを建てるやうに命じた。首相官邸や鹿鳴館では、外国人を招待して華麗な舞踏会が頻りに開かれた。

前記したやうに、政府が極端な緊縮財政をとって国民が不景気になやんでゐるのに、高官の官舎や華族の豪邸だけが、文明開化の洋風建築にいっせいに建て変へられた。それは外人を驚歎させる反面、不況下の日本人民の反感を誘発した。井上外相はローマ字会を作らせて「東洋的漢字を廃して英国式ローマ字に変へることが文明への道である」などとも演説した。婦人の生活を洋風にするためには、官制の儀式だけでは急速に進まないとして、皇后にお願ひして「洋装を奨《すす》める」思召のお言葉をいただき、貴婦人連の洋服サイズをとっては外国公館に命じて舶来洋装を註文する、といふ始末である。

井上馨といふ人物は、幕末の志士時代から猪突猛進型で、ある意味では正直だが、節度の感覚がない。その動機は条約改正を急ぐ愛国の精神なのであるが、この節度を無視した欧化文明主義、衣食住から一般日常生活までの欧化を、政府権力を利用して強行する政策は、一般人士の激しい反感を挑発するとともに、また多くの華族や高官の生活風俗を軽薄にして浮薄なものとしたことも、疑ひないやうである。外人などでも、日本の文化に親しみを感じた人々は、この明治十九年、二十年の欧化のけばけばしい情況に眉をしかめてゐる（後述のボアソナードなどもその一人であるが、伊藤の畏敬《いけい》したスタイン博士などでも、日本女性の礼服の伝統的な美しさと、洋装した姿の見苦しさとを直言した）。伊藤内閣成立後一年のことであるが、宮中から次のやうな皇后のお言葉（思召書）が出てゐる。

十七日、皇后、女子服制に關し思召書を賜ふ、皇后以爲《おもへ》らく、現今女子の服制は南北朝以後、戰亂の餘弊に出でたる不具の制にして、固《もと》より王朝の古制に反し、且方今文明の世に適せず、西洋女服の卻《かへ》りて本朝の古制に類するものを見る、宜《よろ》しく傚ひて以て我が制と爲すべしと、是の日左の思召書を内閣各大臣・勅任官及び華族一般に達し、女子の洋裝を奬勵すると共に、特に國產服地の使用を勸奬したまふ、

女子の服はそのかみ既に衣裳の制なり孝德天皇の朝大化の新政發してより持統天皇の朝には朝服の制あり元正天皇の朝には左衽《きじん》の禁あり聖武天皇の朝に至りては殊に天下の婦女に令して新樣の服を著せしめられき當時固より衣と裳となりしかば裳を重ぬる輩もありて重裳の禁は發しきされば女子は中世迄《まで》も都鄙《とひ》一般に紅袴を穿《は》きたりしに南北朝よりこのかた干戈《かんか》の世となりては衣を得れば便《すなは》ち著てまた裳なきを顧ること能はず因襲の久しき終に禍亂治まりても裳を用ひず纔《わづか》かに上衣を長うして兩脚を蔽はせたりしが近く延寶よりこなた中結ひの帶漸く其幅を廣めて全く今日の服飾をば馴致《じゆんち》せり然れども衣ありて裳なきは不具なり固より舊制に依らざる可らずして文運の進める昔日の類《たぐ》ひにあらねば特《ひと》り坐禮のみは用ふること能はずして難波の朝の立禮は勢ひ必ず興さゞるを得ざるなりさるに今西洋の女服を見るに衣と裳とを具《そな》ふること本朝の舊制の如くにして偏《ひと》へに立禮に適するのみならず身體の動作行歩の運轉にも便利なれば其裁縫に傚はんこと當然の理《ことわ》りなるべし然れども其改良に就て殊に注意すべきは勉めて我が國產を用ひんの一事なり若し能く國產を用ひ得ば傍《かたは》ら製造の改良をも誘ひ美術の進歩をも導き

兼て商工にも益を與ふること多かるべくさては此擧却て種々の媒介となりて特り衣服の上には止らざるべし凡《およ》そ物舊を改め新に移るに無益の費を避けんとするは最も至難の業なりと雖ども人々互に其分に應じ質素を守りて奢《しゃ》美《び》に流れざるやう能く注意せば遂に其目的を達すべし爰に女服の改良をいふに當りて聊《いささ》か所思を述べて前途の望みを告ぐ（『明治天皇紀』明治二十年一月十七日の記事）

このころ閣僚のなかの農商務大臣谷干城は、西欧視察の旅をしてゐた。谷干城は、有名な熊本城死守の古武士的な人で、その家系は土佐の著名な神道家で国粋派である。その視察は、大臣としてはずゐぶん長く、長期一年有余にわたってゐるが、海外で日本のこの情況を聞いて非常に憤慨してゐる。その渡欧日記にいふ。

伯林へ電報にて皇后の宮の御洋服御注文あり、伊藤氏其他の妻君の服も亦然りと云。電報にて婦人の服を注文とは驚き入る計《ばかり》なり。諸大臣狂するには非ざるか。今の時何の時ぞ、強露鴟《し》慾《よく》を縦《ほしいまま》にし、英支結て之れに當らんとす。不レ遠兵爭は必然なり。吾が諸港一も備なし。而して數十萬圓を費し服を外國に注文し、外強敵を恐れず、内人民の困苦を顧みず、只汲々《きゅうきゅう》として外人に諂《へつら》ふを以て政策とす。嗚呼《ああ》吾が此位置も亦諸大臣と共に危哉。余の調ふる所の意見行はれざる可三豫知一なり

谷干城は、外国語はできなかったが、有名な政治小説『佳人之奇遇』の著者柴四郎が随行してゐる。柴四郎は七、八年間も米国で留学勉強した新進の国際通であり、朝夕、干城の耳目となってよく働いた。『佳人之奇遇』は、当時の日本では大変な評判になった国際小説であるが、この小説には谷干城の思想的影響があるともいはれる。それと同時に、谷干城が朝夕親近して自分の耳目となって働いてくれたこの新進の作家から、国際知識について学んだところも少なくあるまい。ここで『佳人之奇遇』の解説をするいとまはない

が、そこに現はれた思想の一つの特徴は、英独露等のヨーロッパの強大国に対する痛切な反感不信と、その強大国に抵抗する弱少民族、ポーランド、エジプト、トルコ、アイルランド等々に対する強烈な同情連帯の心理とで（東洋では大清国に反対で、漢民族の明国の遺臣や韓国に同情するなど）、世界の政治情況をゑがいてゐることである。これは、その時代の日本国民大衆の対外心理にひじょうに共感された。

谷干城は、この柴四郎を通訳として、あらゆる国をめぐって存外自由に勉強してゐる。そして武官としては、当時の日本陸軍がドイツ主義に固まって行くのに対して批判的な見解をもち、政治についても、伊藤首相がかねてから礼讃してやまぬスタイン博士と十分な時日をかけて懇談を重ね、スタイン本人から伊藤批判の意見をも引き出したりしてゐる。この大臣は、一年有余も海外旅行をして、自分の入閣してゐる伊藤内閣を徹底弾劾する研究をしてゐたやうなものである。谷干城のスタインとの往来の最後のころの日記にいふ。

午後三時より石氏《スタイン》に行く。日本行政上の事に付き質問を爲す。遂に財政より役人徒黨専行の事に渉《わた》り、役人多員に至る理由、及條約改正の事、今の政府の政略にては目的を達し難き等の論に及び、忠告最も深切なり。日本の行政は歐洲各國未だ曾《かつ》て聞かざる所の現況にて、此儘《このまま》に經過せば人民は日に衰弱し、國の元氣は日に消滅すべしとて氏の歎息甚し。本省改正案提出の順次等夫々《それぞれ》示教せらる。日本の地租は非常に重き故、是を減ずるの目的を立つるは農商務省の任なり。右に付所得税を起すと、工業税と、家屋税を起すと三の說あり。別に記す、談種々に渉り、氏特に云ふ、是迄日本より來る人伊藤氏を始め多く憲法の事を問に止まり、足下の如く行政の順次を逐《お》ふて質問を受けし事なし。故に余も日本の事には疑の件も不レ少、如何と思事多かりしが、子の質問を受けて了解する事多し、子の質問する所は實學なり。子の目的を達せずんば日本の前途危し。只返す〲も短氣を起す事勿《なか》れと忠告せらる。

三、井上毅、ボアソナードおよび勝海舟の反対

谷干城は、海外にある時から日本政府の欧化政策を公然と非難してゐたが、それは在外中の非主流閣僚のみでなく、日本政府の中枢部にも同じやうな批判が高まってゐた。そのもっとも熱烈な者が、人もあらうに伊藤首相がそれまでもっとも信頼して立法の仕事を急がせてゐた憲法起草の井上毅であり、民法編纂の主力となってゐたボアソナードであった。

政府は、華麗な社交外交を展開するとともに、諸外国公使と条約交渉を進めてゐた。ところが、外国側からいろいろと修正案や希望が提出された。そのなかでもっとも重大な条件の一つは、日本政府は遠からず近代的諸法典を制定することを約してゐるが、その法は、泰西の近代法の主義に則《のっと》り、その実施以前に必ず相手国に法案を示すといふこと、今一つは、治外法権を撤廃する代りに、日本の裁判官に、外人訴訟の担当者として外人の司法官を採用する、といふことであった。これは明らかに独立国としての日本の立法権、司法権が制約されることを意味する。

この外交交渉を聞いてボアソナードは、非常な不満を感じた。井上外相は楽天的に、法案を内示するだけだ、将来の法が泰西ヨーロッパ法の原則で作られるのは当り前だ、といってゐるが、外交条件として法案を事前に示せといふ以上、立法に註文をつける権利を保留してゐるのでなくては意味がない。ボアソナードは、日本政府からの依頼で起案する以上、日本政府が採否を決するのは当然とみとめてゐる。しかしこの誇

り高きフランス法学者は、自分の起案した民法が第三国の利益で改変されるのは許しがたい、と思ったこともあったであらう。それにこのフランス人は、当時の白人学者には稀な人種偏見のない親日家で、まじめな人道的リベラリストであった。

井上毅が青年時代に初めて本格的な法学研究をはじめた時に、井上に教授したのはボアソナードであった。井上にとって、ロエスラーやモッセは御雇ドイツ人であったが、ボアソナードは、私的には十数年来の師でもあったわけである。井上も、条約改正には非常な不信をもってゐたが、ボアソナードと会見して熱烈に反対運動をすすめられ、その決心も固まった。このボアソナードと井上毅とが、伊藤内閣の外交に反対する会談をした時の記録は、ただの法理のみでなく、独立国としての誇りある法治国日本を建設しようとする熱情を感じさせるものがあるので、左に全文を引用する。

ボアソナード氏應接書

明治二十年五月十日

寒暖ノ挨拶終テ、
ボアソナド氏云、足下(井上毅)近來ハ多忙ナリト察シ、態《ワザ》ト見舞ヲ怠リタリ、
余云、足下コソ頃日《ケイジツ》來外務ノ事ニ非常ニ盡力サレタリト聞ク、近コロハ稍閑暇ヲ得ラレシ乎、又云、足下ノ我國ノ爲ニ盡サレタル事件ニ付、其結果ハ如何、
ボ云、其事ナリ、條約改正ハ意外ノ結局ヲ得タリ、予カ感覺スル所ニ依レハ、此事若シ實行セラレナハ、日本國民ハ再タヒ二十年前ノ變動ヲ起スナルヘシト想像ス、
余云、足下若シ予カ秘密ヲ守ルコトヲ信用サルルナラバ、願クハ予カ爲ニ其詳細ヲ語ラレヨ、足下ノ不満足トセ

ラル、點ハ何々ノ條件ナルヤ、

ボ云、足下ハ予カ日本國ニ於テ平素其忠勤ナルコトヲ信スルノ中ノ一人ナリ、予ハ此ノ事ニ付、予ノ感慨ヲ足下ニ吐露スルコトノ機會ヲ得ルヲ喜ブ、予ハ曾テ予ノ持論ヲ外務大臣(井上馨)并《ナラビ》ニ青木(周藏)次官及シキボルト氏ニ向テ、屢々《シバシバ》切直ニ陳述シタレトモ、予ノ意見ハ一モ採用サレズシテ、今日ノ結果ニ至リタルハ、予ノ甚タ遺憾トシテ日本國ノ爲ニ深ク哀痛スル所ナリ、予ハ又栗塚省吾氏ヲ仲人トシテ、司法大臣(山田顯義)ニ意見ヲ述ベタレドモ、司法大臣ヨリハ「其當務ニ非ズ、且談判ノ模樣ハイツモ筆記ニテ承知スルノミナリ」トノ意味ヲ以テ答ヘラレタリ、予ハ日本ノ大臣タル人ノ「エ子《ネ》ルヂー」ナキコトヲ驚歎セリ、若シ歐羅巴ノ政事家ナラシメバ、予カ說ニ同意ナラバ、必ス奮テ內閣ニ向テ一ノ問題ヲ提出サル、ナルヘシ、予ハ自然ノ道理ヲ以テ感情トシ、此事ニ付日本ノ爲ニ深ク忠實ナル意見ヲ以テ外務省ニ助言シタルガ故ニ、佛國公使ヲ初トシテ各國公使ヨリ甚シキ嫌忌ヲ蒙レリ、佛國公使 J.A.Sjenkiewicz ノ出發ノ折、予ハ新橋停車場ニ見送リタルニ、佛國公使ハ別ニ臨ミ、予ニ向テ苦澁ナル一言ヲ吐カレタリ、曰「足下ハ予ニ向テ多少ノ困難ヲ予《アタ》ヘタリ」ト、此ノ時意太利公使 C.R.Martino 傍ニ在テ、佛公使ニ向ヒ「否ボアソナト氏ハ當然ノ理ヲ以テ日本政府ニ助言サレタルナリ」ト謂《イヒ》テ、予ノ爲ニ寬解サレタリ、蓋《ケダ》シ墺國意國ノ二公使ハ予ト感情ヲ同クスル人ナリ、予カ不滿足トスルハ、改正ノ總《スベ》テノ個條ナレトモ、就中《ナカンヅク》三ツノ重要ナル點ナリ、

第一　外國裁判官ヲ用ヒ、且組織中ノ多數トスル事ナリ、此ノ裁判ハ公平ナルヘシト信スルコトヲ得ル歟、其親近ナル所ニ偏庇《ヘンピ》スルハ普通人心ノ短處ナレハ、通常此ノ裁判ハ日本人ノ爲ニ不利益ナルヘシ、訴訟ノ件ニ付、看《カン》々《カン》不公平ノ裁判ヲ得、不利益ノ結果ヲ蒙《カウム》リタル日本人ハ、外國人ヲ怨《ウラ》ムルヨリモ、寧ロ政府ノ國民ニ對シ、此《カク》ノ如キ境遇ヲ與ヘタルコトヲ怨ムルナルヘシ、舊條約ニ從ヘハ、原告タルトキニ限リ、外國ノ裁判ヲ受ケ、其被告タルトキハ、仍《スナハチ》本國ノ裁判權ニ從屬シタルヲ以テ、日本人ノ不利益ノ區域ハ狹隘《キョウアイ》ノ部分ニ過キサリシモ、改正草案ニ依レハ、原告タルト被告タルトニ拘ラス、總テ日本人ハ外國裁判官ノ勢力ノ下ニ從屬セサルベカラズシテ、其

不利益ハ廣ク一般ノ部分ニ波及シタリ、

余問、裁判長ハ亦外國人ナルヤ、

ボ答、草案ニ裁判長ノ事ヲ明言セズ、然シナカラ外國裁判官、既ニ多數ナル上ハ、裁判ノ決着ハ必外國裁判官ノ所見ニ傾クナルヘシ、此時ニ於テ裁判長ハ其勢力ヲ恃《タノ》ムコト能ハザルベシ、

余又問、外國裁判官ヲ任用スルノ組織ニハ年期アリテ一時ノ便法ニハアラザルカ、

ボ云、十五年間ハ随分長キ歳月ナリ、今日ノ日本人民ハ稍ヤ才智ヲ發達シタレバ、十五年間ノ屈辱ヲ忍フコトハ能ハザルベシ、縦令《タトヒ》屈辱ヲ忍フモ、政府ハ此レカ爲ニ深重ナル怨望《エンボウ》ヲ招キ、到底舊幕ノ外國交際上ニ弱點ヲ示シタルカ爲ニ、全國ノ變動ヲ引起シタル覆轍《フクテツ》ニ倣《ナラ》フコトヲ免レザルヘシ、

第二ハ、違警罪ノミ外國人民モ日本裁判官ノ裁判ニ從フト雖、他ハ重罪輕罪共ニ外國裁判官多數ノ組織ナル裁判所ニ於テ裁判シ、幷ニ違警罪及百圓以下ノ訴訟ノ日本裁判官ノ裁判權ニ專屬スル者モ、亦彼ノ特別裁判所ニ控訴ヲ許スコトナク、外國人民ハ通常日本裁判官ノ裁判ニ服セスシテ、其上ノ裁判所ニ控訴スルナルベシ、控訴ノ場合ニ於テハ、日本人民ノ爲ニ初審ニ於テ利益ナリシ裁判モ、多クハ翻テ敗訴トナルノ結果ヲ招クナルベシ、違警罪ニ於テモ亦同様ナルベシ、

第三ニハ、條約ノ實行期限ヨリ八個月前ニ日本各種ノ法律案ヲ以テ外國政府ニ通知スル事ナリ、此事ハ草案ノ趣意ハ單ニ通知《コミニケシヨン》ニ止マリシナルベケレトモ、外國公使ハ此條ヲ以テ外國政府ノ「エキザミ子《ネ》ーション」ニ掛クルコト、シテ解說シタリ、即チ日本國ハ其立法ノ權ニ付、外國ノ制縛ヲ受ケ左右ニ動搖サル、ノ意外ノ結果ヲ來スナルベシ、此事ハ尤《モツトモ》不吉ナル重要ノ件ナリ、予ニシテ若シ今二年間日本ノ爲ニ勤務スルナラバ、此法律通知ノ期ニ於テ「此法律ハ日本國ノ主權ニ據リ發行スル所ニシテ、他ノ外國ノ干涉ナカルベシ」トノ確定ノ意義ヲ以テ、外國政府ニ通報スヘキノ意見ヲ述ヘントス、

余問、足下ハ舊條約ト新草案トノ比較ニ於テ何《イヅ》レカ優レリトセラル、乎、
ボ答、新草案ノ舊條約ニ劣ルコト甚タ著シ、何トナレハ舊條約ノ害ハ、區域狹少ナレトモ新草案ハ不利益ヲ一般全國ニ流セハナリ、
猶、此ノ外ニ擧クベキコトアリ、外國人組織ノ裁判所ハ、全國八個所ニ限ルヲ以テ、日本人ハ外國人ニ對シ、原告タルト被告タルトヲ問ハズ、訴訟ノ爲ニ遠隔ノ地方ニ在ル所ノ裁判所ニ呼出サレサルコトヲ得ス、例ヘハ沖繩ノ人民モ海ヲ越エテ長崎ヘ呼出サル、コトアルヘシ、此レ亦日本人民ノ爲ニハ不利益ノ一事ナリ、
予問、然ラハ足下ノ高案ニテハ、舊條約ヲ存スルニ在ルカ、
ボ答、否、予ハ刑事ハ重罪ノミニ限リ、外國人ハ外國裁判ノ下ニ在ラシメ、輕罪ハ日本裁判所ニ於テ裁判シ、民事ニ至テハ何等ノ約束《コンツシヨン》モナシニ專《モツパラ》日本裁判ノ管轄ニ歸セシムベキコトヲ提出シタリ、
予ノ稿案ハ採用サレスシテ、今日ノ結局ニ至リタルハ、日本ノ爲ニ哀ムベク《チリスト》、痛ムベク《レグレターブル》、嘆クベキ《デプロラーブル》ノ極度《エキステレム》ナリ、
予ハ今日ニ在テモ、仍《ナホ》日本ノ爲ニ此ノ如キ不利益ヲ傍觀スルコトハ能ハズ、日本人ノ中ノ忠實ナル人々ヲ結合シテ、責テハ天皇ノ批準ヲ與ヘラレズシテ、寧ロ舊條約ヲ保存セラル、コトヲ願フノ一路ヲ取ラントス、足下ハ高等ノ位地ニ在リ、且平生ノ志操ハ予ノ信用スル所ナリ、
本國ノ爲ニ古今未曾有《ミゾウ》ノ危急ニ際シ、何等ノ盡力ヲモナサヽル乎（此等ノ言語ヲ吐クトキニハ、ボアソナド氏ノ顏色勃《ボツ》然《ゼン》トシテ憤怒ノ色アリ）且云、予ハ今日ホド深切ノ言語ヲ吐キシコトナシ、
余云、足下ノ意見ハ伊藤伯（博文）ニ話サレタル乎、
ボ云、未嘗テ話サズ、想フニ伊藤伯ハ外務大臣ト同一意見ナルベシ、
余云、予ハ前ニ秘密ノ約束ヲナシタレトモ、此事國ノ大事ナルヲ以テ、足下ノ許可ヲ得テ今日ノ問答ヲ伊藤伯ニ報道セントス、

ボ云、何ノ差支モナシ、

又云、足下ノ爲ニ思慮スルニ、足下若シ未タ條約談判ノ明細筆記ヲ見サルナラハ、伊藤伯ノ秘書官ニ請ヒ、其一部ヲ借リ得テ、予ト之ヲ對讀シ、詳細ニ其不利益ノ點ヲ了解シテ、然後チニ又予ノ意見書ヲ一讀アリ、十分ニ此事ノ始末ヲ洞知アリテ、其上ニテ伊藤伯ニ足下ノ意ヲ以テ忠告アリテハ如何、

予云、其邊ハ都合次第ニスヘシ、

右一段ノ話終テ、ボ氏突然トシテ予ニ問テ云、足下ハ伊藤伯ノ「プアンシ、ボール」ニ赴キシ乎、

予答、偶々《タマタマ》病氣ノ故ニ辭シタリ、

又問、鳥井坂邸ノ芝居ニハ赴キシ乎、予答、又病ヲ以テ辭シタリ、

ボ氏云、足下ハ定テ予ト同感ナル故ニ、態《ワザ》ト辭セラレシナルヘシ、予ハ近日宴會ノ席ニ赴クコトヲ好マス、日本國ハ今日、外ハ權利ノ屈辱ヲ受ケ、内ハ進歩税《アンボーブログレシフ》ヲ徴收シ、前途囘復シ難キ暗黒哀痛《ソンブルチリスト》ノ境界ニ沈淪《チンリン》セントスルノ時ニ當リ、東京ノ都府ハ建築土木ト宴會トヲ以テ太平ヲ頌讚《ショウサン》セリ、予ハ贅澤《リユクス》ノ時ニ非ラスト信スルヲ以テ、各大臣ノ宴會ハ都《スベ》テ謝絶スルナリ、

予ハ再會ヲ期シテ握手シ、別ヲ告ケタリ、

別ニ臨ミ、戸外ニ於テボアソナド氏ハ、「若シ仍ホ盡力ノ機會アラハ、等閑ニスルコト勿レ」ト云ヘリ、

又「若伊藤伯ニ於テ予ニ面會ヲ與ヘ、此事ヲ陳述スルノ機會ヲ望マル、ナラハ、通辨ハ栗塚省吾氏ヲ用ヒラレタシ、外務省ノ人ヲ用ヒラル、コトヲ欲セス」、ト云ヘリ、

予ハ通辨杉田氏ニ固ク秘密ヲ守ルヘキコトヲ懇諭シテ立去レリ、

明治廿年五月十日朝

（『井上毅傳』史料篇第五、傍点引用者）

欧化政策、条約改正外交に対する政府批判は、政府部内のみでなく外部にもひろまって行った。そのなか

で政府に不気味な重圧と憂念とを感じさせたものの一つに、勝海舟の建言がある。

勝は、明治の政府にとって不気味な政治的一存在であった。かれは旧幕府の最後の政治責任者として、維新政府に恭順した。その江戸城明渡しの際の西郷隆盛との交渉は、天下に有名である。事実、西郷と勝との人間的親近と信頼とは格別であった。西郷の私学校は、薩摩人でなければ同志でも他藩の者は入れなかったのに、勝の保証があれば格別の措置として入門できたといはれる。西郷亡きあとの残党で、勝を信頼し、勝に期待する者が少なくなかったのも事実である。

それに、なによりも勝は、徳川宗家の後見人とでもいふべき立場にあった。明治の社会は一新されたとはいっても、なほ旧藩の人脈が強く生き残って作用してゐた。徳川家は恭順して反抗しなかったが、それだけにその多数の人脈を温存した。その人脈の大きいことは、ほかの大きな藩の五つや六つ程度のものではない。現に新政権は、薩長に次いで土肥の藩士が最高権力の人脈を形成してゐたが、その下で実務的な仕事をしてゐるプランメーカーなどには、旧徳川系の知識人が断然多かった。それに民間の言論人や文化人にも徳川系が多く、東京下町の市民までもが徳川系である。しかも、自由民権家と称してゐる連中のなかには、長薩権力を嫌った心理から流入して行った徳川系人物が存外に多い。後世から見ると奇妙な話であるが、自由党激派の最後の決起計画として知られる静岡の獄では、初めには徳川慶喜を擁立する案を立てたが、論議の末、旧主に累を及ぼすのを恐れて慶喜擁立をやめたといふ（『自由黨史』下巻）。この徳川人脈の守旧保守派から急進激派にいたるまでの人物を、もっとも強く大きくつかんでゐたのが勝海舟である。

しかもこの人物は、機略縦横の才があって、政治実務の経験もふかい。新進気鋭の民権理論家中江兆民

が、当今第一級の英才長老として畏敬し感歎したのは勝海舟であった。中江兆民の門下書生幸德秋水の文に

人物論に至っては先生（兆民）辭を極めて勝房州を賞賛せられ、殊に當世に用ひられざるを憾《うら》めり、予（秋水）されど文王を待て後ち起るは凡人なり、勝先生にして希有の人物ならば、自ら進んで其地位を獲取し以て經綸《けいりん》の大策を行ふべきに、他人に用ひられざるとて爲す所なきは怪しむべしと。先生曰く汝は成敗を以て人を論ずるや、古來幾多の英雄豪傑は皆其技倆《ぎりよう》を試むるに及ばずして埋歿せり、是れ其人の罪に非ざるなり

として、兆民が門弟の人物論の浅薄を叱り、勝を絶賛して、勝と後藤との間の連絡役などをしてゐた話を書いてゐる。

筑前玄洋社の來島恆喜なども勝をふかく信頼した。勝は無名の一書生來島と長文の往復通信もしてゐる。その後間もなく、來島が大隈外相に投弾して霞ケ関で自刃した時に、勝はその墓碑銘を書き、その横に「暗夜之燈」と大書して燈明台を立てた。警視庁は、この語を不穏として削ることを命じたが、石工は僅かに石の断片を削ったのみで、はっきりと勝の文字を読みうるやうに残したといふ。

勝の所には、警視庁にとってもっとも危険人物とされるやうな連中が集まって来る。勝自身は黙してゐるが政治情報に明敏で、そこに集まる人物はまことに複雑多彩で物騒なのである。政府が明治二十年五月に、伊藤、山縣と同地位の維新勲功者としての名目で勝に伯爵を授けたのも、この不気味な存在をして反政府策動をさせまいとの配慮があったればこそであらう。

ところが勝は、受爵と時を同じくして、政府の現状を非とする二十箇条の建白文を提出した。要するに政府の欧化政策に反対してゐるのであるが、試みにそのなかから数条を抜萃引用しておく。旧幕臣らしい古風

の文体で抽象的表現ではあるが、政府の欧化政策に対する反対が強くかつ大きいことの趣旨ははっきりとしてゐる。

一、論鋒《ろんぽう》不合、彼れ我れ見を殊にすと、中心不快にて、萬不折合と鳥渡《ちよつと》見候得は、其の異なる點同樣には見得候へ共、結果大に異なれは、邦家或は一家と雖も各心中不快を懷《いだ》き、不折合に候得は、富豪の家は貧家と變し邦家に於ては貧國に移り可申、經濟の要一國不快ならざる事最も第一の注意すべき緊要の點に御座候事。

一、年々下民貧困に陷入り候樣に及べば、是より遡昇《さかのぼ》り府政の缺乏を生じ候事久しからず、是を實際に顯る丶樣なる形勢と可相成痛心の儀に御座候。是等の處最も厚く御注意の事。

一、邦家の政權近來にては舊薩長兩藩人にあらされは掌握難きか如く衆人相心得、他は絕念の恨に候、何人にても宜敷《よろしく》候得共右樣之人情にては、兩藩人自から政權を爭ひ候形勢に陷入可申候間、各少しも御隔意御心中に無之樣、益々御協和被成度候事。

一、近來高官の方がさしたる事も無之に宴集夜會等にて太平無事奢侈《しやし》の風に御流れ候哉に相見へ候。何とか御工風穩便の御宴會に被爲度候事。

一、舞踏會盛んに被行、附いては淫風《いんぷう》の媒介となる如き風評も下にては紛々竊《ひそか》に相傳候。左樣の儀萬々有之間敷候へ共、今少し御控へ所謂《いは》ゆる程能く被成候方宜敷候事。此二箇條は、どうにても宜敷儀ながら、下民困窮の餘り喋々訛傳《かでん》に至り、終《つひ》に僞をして眞と成し、又眞を僞となし候情有之外國人共思誤無之とも申難く、左樣にては、大に萬事相響を生じ候樣相成可申と存候事。

一、御東幸以來近年に及び候得は、唯た下民厚稅に困《くるし》み候のみにて、荷恩の感覺、愛國の精神滅耗候哉《や》に存候、下民と雖も心掛け宜しく士大夫に恥ざるものも可有之、是等時々御取調家稅御免とか、或は恩賜等にて特別に御賞被成氣象御引立有之度候事。

一、邦內長里數の鐵道は人民の便利のみに無之軍備の必要其多きに居り候事故に陸軍省にて多人數徴兵を被召候事を被止、鐵道築造に費用御差出相成度候事。

一、數百年の慣習は一朝に改り候事には無之候。御維新以來御改の廉《かど》二十年を經て元に復し居候事甚だ多く、從前の御改革は無用徒勞に屬し、是れが爲めに財用莫大《ばくだい》、空く消費候事。

一、田租は低く相成候得共國內は舊より賦課大に相增《まさ》り、下民困窮相極め候。牧民の事厚く御注意有之度候事。

一、幕法兎《と》角《かく》御好み不被爲、無益の御改正御座候得共、幕法とて德川家にて元來新法相立候儀には無之總て舊慣に依り其弊を改めし迄の事に候處、久しくして再び弊を生じ、良法掩はれ候儀にて候、能く〳〵御調べ相成候はゞ詳悉《しようしつ》御了解可相成候事。

一、慶長以來邦內の金銀總數多からず候處維新以來、其半ばを消費せしのみにて、別段富國の基相立ち候や分り不申候。是等は多年取調べ置候書物有之明了にて候。自今以後、支那の交易を盛にし、後年富國の基礎相成候樣御計畫有之度候事。

一、(前略)橫井、佐久間、西鄉、大久保、木戶數氏の如き人物變死致し候後、後世具眼の者必ず定論も可有之、是事も現今に及び候ては一睡の夢と相成り申候。今日の事行末今ま二十年も經候はゞ、成程《なるほど》同一大樞、泉下に相逢て相哭《そうこく》可致は不可免の數に候間、後年今日に立勝り候樣の人物輩出候樣に御工夫專一に候。方今の高官何もかも御一世に餘さず洩《もら》さず可被成遂とて御性急は勞して其の功無き事顯然の儀に候。既に目今の英士を培養せしは、寧ろ誰れなる乎。御閉目、御一考被成候はゞ卽座に御了解相成る可きこと〻存じ候。件々陳腐《ちんぷ》に屬し候得共、無諂《むてん》の直言、獻芹《けんきん》の微衷宜しく聽納奉希候也。

(『海舟全集』第九卷)

四、谷干城、政府に反対し辞任す

この勝の建白が出た翌月の二十年六月に、谷干城が海外から帰朝して、かねての決心のとほりに全面的な政府批判の意見書を提出し、伊藤首相と会談して欧化主義政策の条約改正を停止することを要求した。この政府批判書はすこぶる長文なので、その要点を抜き書きする。

國家の大要

情實の弊

邦家の大患は苟且偸安《こうしょとうあん》に在り。苟且偸安は情實に牽連《けんれん》せらるゝに在り。而して情實の起るは確乎《かくこ》たる自說なく、志操動《やや》もすれば外物の爲に動き易く、事務を決斷するの勇氣に乏しきに在り。蓋其流れて弊害となる者は上流の士人悉《ことごと》く然るより來る。上流の赴く所、下流の從ふ所、漸々惡風を醸成し上下風を爲し、因襲の久しき知らす識《し》らす遂に性と爲り、活潑有爲の元氣消耗して、報國の精神腐敗し、邦家衰弱の一原因をなす事之を古今東西の史乘に徵して歷々明かなり。

我國維新の始に當りて銳進活潑の政略を取り、更に情實を顧みす、大に見る可きの功績ありしが、年を追ふて敢爲の氣象挫折《ざせつ》し、隨て情實の弊起り、冗費冗員漸々相加はり、改革をなす事幾回なるを知らすと雖も、愈ゝ益ゝ弊害を增殖するに過ぎざりき。明治十八年に至り內閣諸公は殊に一刀兩斷の大英斷を以て未前の大改革を擧行し、新に官制を設け、諸官の責任を重くし、吏員の黜陟《ちゅっちょく》を苟《いやしく》もせす、冗員を汰《た》し、冗費を省き、繁を去り、簡に就き、私門を塞《ふさ》ぎ、情實を破り、殆んど一新政府を創立せり。是に於て上下內外讃稱感嘆目を刮して改新の功業を待たざるはなし。而るに其後僅に一年ならざるに漸々壞破、百度皆改革以前に復歸するの實を呈し、威令地に隕《お》ち、道路目を以てするもの比々然らざるものなきに至れり。豈《あに》惜からすや。蓋其因りて來る所を推究すれば情實の牽連よりするの弊害に非さるはなし。何ぞ其れ情實の政路に惡《にく》むべきの甚しきや。方今の時國家の前途猶遼《りよう》遠《えん》にして、施行改良せざる可からざるの事業數ふるに遑《いとま》あらず。徒《いたづら》に太平無事を裝飾して歌舞遊樂日月を消費すべきの時に非す。苟も官祿に衣食する者は夙夜《しゆくや》勵精、上陛下の聖意を思ひ、下は人民の休戚《きゆうせき》を懷《おも》ひ、戰々競々唯其責任の盡す能はざるを恐れ、而して後纔《わづ》かに以て上下に對すべし。然るに情實に牽連して忠正の心を枉《ま》ぐ、豈天に愧《は》ぢざらんや。豈地に愧ぢざらんや。抑《そもそ》も又天下人民に愧ぢざらんや。故に曰く、情實の政を絕つは今日の急務なり。情實の政を絕つに非ざれば國家の隆盛を觀る能はず。情實の政を絕つに非ざれば他日謂ふに忍びざるの事を生ぜん。

且今日の如き訛言《かげん》百出、是非混合の世態に際しては公事は勿論、私事と雖も務めて公明を主とし、決して曖昧《あいまい》の擧動を爲し、以て世人の疑惑を起さしむる事ある可からず。設し擧動の間少しく釁《きん》を啓《ひら》く事あらば威望忽《たちまち》損して駕馭《がぎよ》の微機自ら伐《う》つの拙謀となり、小事の爲に大事を誤り、樗蒲《ちよぼ》に類するものあるに至らん。豈深く謹戒せざる可けんや。

抑ゝ我國君臣の間誠に相親密なる風俗にして、所謂君主は父母、人民は赤子なるものなり。故に天皇陛下の臣民を見賜ふ事一視同仁にして、人民の政治思想各ゝ相異なるものあるも決して愛憎を其間に夾《さしはさ》む事ある可きに非らず。又必らず是有らざる所なり。然るに近年に至り、執權者天皇陛下を見る事恰《あたか》も自黨の如く、三千七百萬の聖主たる實を民間に失はしめんとするの恐れあり。豈恐れざる可けんや。故に有功勳位の人と雖も當路の執政者と政論を異にする者ある時は天皇陛下の罪人たるが如きの感觸を起さしめ、其待遇に至りても俄然冷熱の變を來し、國家に不忠不義なる者と異ならざるが如し。夫《そ》れ我國體たる天皇陛下は民命の主にして千古動かす可からざるも、政論の如きは事務の一部なれば日新月進の世に當り、反對主義の出るは固より怪むに足らず。否國家の良藥と謂ふも可なり。是故に天皇陛下と政論とは全く相異なるものにして、其意見の執政者と同不同によつて待遇の異なるある可からざる所なり。夫然り故に宮内大臣は斷然行政部分を離れ、在野の名士を待つ事猶在朝の官吏を待つが如くすべし。若し現今の如く總理大臣、宮内大臣を兼ぬるが如きは徒に失當のみならず、大に皇室に害あるものと思考す。歐洲各國總理大臣の兼ぬる所は内務、大藏、外務の三省の外ならず。宮内大臣を兼ぬるが如きは某《それがし》未だ聞かざる所なり。蓋し此の如くなれば不平の衝は執政者に歸して毫も陛下を怨み奉るの恐れなし。是れ我が國體に於て最も必要の件なりとす。

且他日政黨大に起りて内閣更迭するの時に當り、互に天皇陛下の名を假り、天皇陛下の身を擁し、號令を天下に發し、以て自黨を利する事を務むるものあるに至るも固より計る可からず。勢茲《ここ》に至らば則陛下は衆怨の府《あつ》まる處となり謂ふに忍びざるの禍害を釀成する、期して待つ可きなり。嗚呼天皇陛下は公平無私、一視同仁以て天下億兆の輿望《よぼう》に從ひ給はゞ、身を泰山の安きに置き、望みを日月の明なるに均《ひとし》うし、國家と共に長久なるべし。一朝孤柱となつて愛憎の形顯はるゝに至らば、其弊害擧《あ》げて謂ふに堪へざるものあらん。情實の牽連豈愼まざる可けんや。

内閣の弊

歐洲諸國、内閣會議の狀其軌を一にせずと雖も、之を要するに概ね左の順序を履まさるなし。

議案――内閣會議（連帶責任、諸大臣同意なる時、各自責不同意なる時）――君主に捧出す――立法官に提出す

諸大臣の責任

一　君主に對する事

二　立法官に對する事

三　内閣の疑問
四　信用投票
五　普通投票
六　特別投票

以上略表を以て示すが如く、一大臣の一議案を内閣に提出するに當り、總理大臣以下皆其れに同意を表する時は、其議案に就き其内閣は上君主に對し、下立法官に對して一般に責任を負ふものにして、所謂連帶責任是なり。若し又内閣會議に於て一致同意の協議を得ず、而して提出せる大臣の猶自說を主張して止まざる時は所謂各自責任なるものにして、其論の行不行に因りては唯一身の進退を決するに過ぎざるなり。蓋其可否を裁決するものは其權悉く君主に在りて、而して君主は連帶と各自とを問はず皆裁決するものなれ共、是又内閣會議決定の上に非ざれば裁決を仰ぐ可からざるは萬國然らざるなし。卽ち是を以て内閣制の本體と謂ふ可きなり。我國も又内閣制なれば此内閣の本體に則る可きは則固より其處なり。然るに往々然らざるものあり。是亦改正せざるべからず。

今日は則兵馬倥偬《こうそう》の世に非ざるなり。又刺客横行の時に非さるなり。然り而して我が大臣の出入往來必ず巡査の護衛を要するものは何ぞや。其歐米の各邦を巡視し、君相大臣巡行の狀を見る事少しとせざれ共、未だ曾て此の如きものあるを見さるなり。外人をして之を見せしめば威嚴を裝ふと云ふ歟、將《か》た怯懦《きょうだ》と云ふ歟、抑も日本は未開野蠻の徒多く是れ條約改正の妄《みだ》りに寬恕《かんじょ》す可からさるの證なりと云ふ歟。是一瑣事《さじ》のみ、深く關するに足らさるもの丶如しと雖も、速かに辭するは又大臣身上の一美事と謂ふ可し。夫死を決して暗殺を企つる者あらは、一二巡査の護衛者有るも以て之を防拒する能はさるは古今の史上に明なり。往時舊幕の末造官に在る者國家人民を思ふの念に鈍く、在位の久しき遂に驕慢《きょうまん》の心を生し、傍若無人皆以爲らく、吾輩を外にして天下又政務を知る者なしと。然るに未た久からすして人才輩出、上下地を替へ、幕府倒れて帝業舊に復し、遂に維新の大業を大成するに至れり。嗚呼今日の時亦豈《あに》此に鑑《かんが》みさる可けんや。天下何の世か才なからん。四海何の國か賢を生せさらん。執政者唯其政治の主義を一定し、主義に據りて以て其一身を左右すべし。主義を以て合する可なり。主義を以て離るゝ亦可なり。主義の如何に關せすして苟も合ふを以て一身を處するは丈夫の事に非さるなり。天下の人望を得は、自ら進んて其位に上る可し。天下の輿望に背かは決然冠を掛けて民間に退き、更に別に國家に盡す所あるべし。豈巡査を擁して内外人の嗤笑《ししよう》を招くを用ゐんや。

輕佻《けいちよう》の弊

近來施政の狀を見るに其方針更に一定せず、朝令暮改、輕佻極まるものあり。是又國家の名聲を落し、威令を損するもの最も愼まざる可からさるなり。今一二の例を擧ぐれば明治十八年の改革は其主意專ら政費を省減するに在つて百事百物皆節約を事とし、甚しきは陸軍の必要なる所の砲臺の如きも已《すで》に建築を中止するの議起るに至れり。其可否如何は暫く論せさるも、國家の爲に費を省き、用を節するは實に喜ふ可きなり。然るに其後未た久からすして臨時建築局を置き、大に土木を興し、更に臨時砲臺建築局を設け、俄然大工事に着手せられ、又大臣の官邸を新築し、交際費を增加すと聞く。數月前には國家の費用を省かんと欲して必要缺くべからざる砲臺も中止せんとし、今や忽然《こつぜん》以上の大工事を創設して數千萬の巨金を消糜《しようび》せんと欲す。前後懸隔の甚しき此の如し。豈輕佻なるなからんや。

殊に外面より之を觀るに甚惑なき能はさるものあり。夫《か》の海軍を擴張し、千五百萬の國債を起し、又急に海防を主張し、更に皇室より數十萬金を下附し、人民に勸めて義捐金を募り、以て沿海の防禦《ぼうぎよ》を脩《おさ》むるは何そや。敵國隙《すき》を窺ふが爲か、敵艦襲ひ來るが爲か、焦眉《しようび》の急迫るか爲か。抑も我國は海防の缺く可からさるに因るか。其是非得失は暫く論せす、其跡に就きて其狀を察すれは、國家の多事見るに勝《た》へさるものあるに似たり。然るに黐つて其裏面を窺へは、驕奢を競ひ、華美を争ひ、大臣の邸宅には舞踏の會を開き、婦人の衣服は悉く西洋に摸せしめんと奨勵す。實に昇平の雲靄々《あいあい》として四海に靉靆《あいたい》たるか如し。夫日本の官吏は僅々の外、盡く俸給に衣食するものにして、皆民の汗液より出つるものなり。自産より生するものを以て自由に散するものと自ら殊なる所あるべし。日本の俸給は歐米に比して已に高度に在り。又歐米物價の高きに比すれは更に甚しとす。若現任の人退て野に就き、新任者の爲す所此の如くなる時は如何の感情を起して又如何の論評を爲すや、必す唯々默々徒に其爲す所を見、其爲す所に服せさるを知るなり。

主義の變し易き事此の如く、主義の固からさる事此の如く、其政令の朝令暮替定まらさる事又此の如し。是を以て其外交上に影響して我國家の不利を來す事又鮮少に非さるべし。朝鮮の變亂の如き、金玉均の處置の如き、其一斑を察すべし。是故に從來歐米諸國は皆清國人を輕侮して大に本邦人を稱譽せしに、近來に至り全く相反し、清國の名聲反つて日に漸く昇進するの狀あるは豈歎息の至りならずや。

某外國に在りて靜かに觀察するに政治の方針獨逸に傾き、學術專ら獨逸に傾き、軍事專ら獨逸に傾き、商業專ら獨逸に傾き、甚しきに至りては衣服の末に至るまで獨逸に傾くか如し。其内實如何は遽《にはか》に判し難しと雖も、形に顯るゝ所内外人の皆視聽する所なり。夫外人の遠く波濤を侵し、我國に來るものは商業の目的に非すや。而して政府の方針一も獨逸、二も獨逸と頻に獨逸に傾き、遂に萬國共に争ふ所の商業の如きも政府より獨逸に保護を施す有らば、英米佛魯の怨を買ふのみならす、政治の範圍外に出てたる處置と謂ふべし。且米は初より厚誼《こうぎ》最も深き國なり、又公平なる國なり。我か商業上に於て第一の愛顧主なり。然るに聞く所に依れは條約改正の議に付き、獨人の忠告に依り幾分か英人の歡を買はんと欲し、英の產物税を輕くしたりしに、米の商品に賦するものと權衡を失するありと。嗚呼若果して此の如き事ありとせは、米國人民は之を見て果して如何なる感想を發したるや。彼が條約改正を賛成したるは公平の主義を取るが故なり。而して彼は異議を容れさるか爲に重税を課せられ、英人は異議を唱ふるが故に輕税を賦せらる。何ぞ其輕佻にして且不公平なるや。此の如くにして止まさる時は遂に信義を各國に失ひ、又如何とも爲すなきに至る可し。獨逸の我を助くるものは利を以ての故なり。利盡れは又離るゝは勢の免れさる所なり。之を譬《たと》ふるに貞節なき一婦人の意を數男子に賣らんと欲して遂に臭名を四隣に流し、衆男の彈指擯斥《ひんせき》する所となり、一人の顧みる者なきに至るか如し。豈耻《は》つへきの極ならずや。

之を要するに皆輕佻の弊より來る所にして、自信する事淺く、漫《みだり》に外人を信じ、外人を恐れ、唯其歡心を求めて國家の獨立を維持せんと欲するに由る、一大失計と謂ふ可し。

外交上の弊

近者我國の外交上を見るに圓滑巧妙、絶えて葛藤《かっとう》を同盟の諸國に結はす、交際日に益ゝ親しく、月に愈ゝ密に、實に國家の爲に賀す可きか如し。然れども將來國を興し、隆盛を歐米と競ひ、屹然《きつぜん》獨立を東海に維持せんとするに至りては固より疑なき能はざるなり。夫外交政略なるものは外に柔和《にゅうわ》懇篤の風を表し、信を守り、義を重し、務めて親密圓滑の法を取らざる可からず。然れ共國權を爭ひ、自國の安寧を保たんとするに至りては死も且避けざるの勇氣を備ふるを要するものなり。此の如くなる時は他をして自然我を敬憚《けいたん》するの心を生せしむるを得可し。之に反して徒に外人の歡心を得ん事を之れ務め、唯々諾々以て國家を萬世に維持せんと欲するは却て外人の輕侮を招き、外人の姦策《かんさく》を來す所以にして國を誤るものと謂ふ可きのみ。

夫我國の位置たるや遠く東海に屹立し四海の沿岸に嵯峨《さが》たる岩礁《がんしょう》多し。天然の要害萬國比類を見ざる所、加之《しかのみならず》土地豐饒《ほうじょう》、氣候溫和、天産に富み、人工に富み、人口三千七百萬あり。而して外國人種の錯綜《さくそう》するなく、言語文章の雜列するなく、敎法の爲に紛亂を起す事なく、藩國屬地の獨立を謀るか如き恐れなく、接境に敵國あらされは警報と共に敵兵の國境を犯すか如き危急なく、歐洲各邦の如く一方急あれは直ちに四面に備へさる可からさるか、又は局外中立を爲さんと欲せは兵馬を四境に固めさる可からさるか如き憂慮なく、皆金穀本邦の生する所なれは、食を海外に仰く英國の如きにあらず、即ち、一旦已《や》むを得さる時は退て自ら守り、外人と拒絶して數年を支ふは實に易々たる事に過ぎず。嗚呼地勢の勝此の如く、國土の富此の如く、而して且歐人と對等の位置を保つ能はざるのみならず、復々《また》其輕侮凌辱《りょうじょく》する所となる、何ぞ其奇異なるや。何ぞ其衰弊の甚しきや。

然れ共物必す因あり、事豈原なからんや。之を要するに我國の輕侮せらるゝ如きものは蓋因りて來る所無くんはあらさるなり。語に曰く、自侮りて而して後人之を侮ると。我國の輕侮せらるゝもの又自取る所なりと謂はさる可からす。抑々歐洲諸國の外交家は談笑の中に劍あるを常とす。而して我國從來の外交は只畏敬に外ならざるが如し。是れ敬憚と輕侮との因りて分るゝ所なり。古人謂へるあり。曰く、仁の過ぐるは弱に近し、禮の過ぐるは諛《ゆ》に近しと。況んや依頼主義を守り、理否を論せず、曲直を問はず、一に平和を唱へ、二に又平和を唱へ、以て彼が歡心を買はんと務むる時は、外人の敬憚する所となるは復望む可からざるなり。嗚呼一二外人の愛憐《あいれん》を得、之を以て國家を長久に維持し、條約改正を今日に行ふ事を得可きか。利己主義を執り、射利厭《あ》くなきの慾を抱き、虎視眈《たん》々食を方外に求め、好機を得は領地を海外に作らんと欲するは歐人の志なり。依頼主義以て此輩を動かす可きか、豈其れ動かす可けんや。

然らは即今日の時宜く如何の政略を取るべき。曰く、斷然從來の主義政略を廢絶し、他に依頼するの念慮を拋《ほう》擲《てき》し内政を改革し、兵備を嚴にし、此に溝渠《こうきょ》を深ふし、此に城堡を高ふし、外には信義を表し、威嚴を正ふして、國光を汚す事をなさず、内には民と共に守るの志操を揮攉《きかく》し、以て歐洲の變亂を待つ可し。歐洲は早晩必ず干戈破裂して馬蹄《ばてい》中原を蹂躙《じゅうりん》するの期あるべし。我邦固より歐洲中原の變亂は干與す可きに非ずと雖も、歐洲の變亂は其波及する所甚だ弘く、爲に東洋の諸國を動搖して東洋にも亦兵亂を生ずるに至るや必せり。故に我國は歐洲諸國に向つて輕重をなす事なきも、其東洋諸國の中に在りては牛耳を取りて盟主たるを得る者なれば、此時に當り我國にして堅牢《けんろう》の兵艦二十餘隻、精鋭の陸兵十萬を擁せば、衡を東洋に爭ひ、重きを歐の諸國に示すを得可し。即ち英、魯釁《きん》を啓《ひら》くの事あらんか、我魯に與《くみ》せば魯を以て英を制す可く、我英に與みせば英以て魯を挫《くじ》く可し。清佛再兵を構ふる事あらんか、我國の兩國に關する事又猶英魯二國の勝敗に關するが如し。且我敢て他國の救援をなさゞるも、病院、通信、糧食の便を我國に得ると否とは是又勝敗の關する所なり。故に我國は坐して東洋勝敗の全權を握り、諸國をして敬憚せしむるを得る事屖《てい》を燃くよりも明かなり。此の如くにして遂に歐の强國と對峙《たいじ》するに至らば豈一大快事ならずや。然れ共是決して依賴主義の能く爲す可きものにあらざるなり。

嗚呼煙海萬里の外に在りて我か東洋と勢力甚關せさる歐洲一二の邦國に依賴して、以て我か國權を伸張し、以て我か獨立を固ふせんと欲するは眞に一大失計と云ふ可きなり。今春獨逸の名將モルトッケ將軍說を議院に演《の》へて曰く、一家人其家を保たんとするに當り、猶且他人に依賴するを不可なりとなす。然るを況や堂々たる大國をや。豈他國に依賴して以て平和安寧を保つ可けんやと。聖主ある獨逸の如く、賢相名將ある亦獨逸の如く、乘勝の勢ある亦獨逸の如く、而して且其國家依賴の弊を論斥すること此の如し。我豈鑑みさる可けんや。

行政の弊

行政の弊中其最大なるものは高等官吏の責任無きに在り。數千萬の國債を起し、之を以て築港を企て、運輸を助け、鐵道を計畫し、殖産工業を創設し、而して其功擧らず、空しく中止或は廢絕に歸し數百萬金を消糜せし者實に少しとなさゞるなり。夫政府に要する所の金員は其何費何用たるを論せず、多く細民の風に櫛《くしけず》り、雨に沐《もく》し、酷熱に曝露し、終歲田圃《たんぼ》に勞働して僅かに獲たる所を納めしむるものにして、即人民の血涙に外ならず。然り而して今此萬民の血涙を集めて之を功なく、益なく、影なく、形なきものに徒消して、而して譴責《けんせき》に遇《あ》ふものあるを聞かず。何ぞ官吏の責任なく、放恣《ほうし》の甚しきや。凡そ事務の擧ると擧らざるとは責任の如何に在り、既に責任なき事此の如し。事業の成功を望むも豈得可けんや。

夫功を賞して善を勸め、罪を罰して惡を懲すは邦家經綸の大本にして、若し之を濫用する時は政事の大本既に紛亂するものなり。然るに上に陳する如く、懲戒せらるゝもの絶えて無くして、稀に有るに過ぎざるは其弊又極れりと謂ふ可し。蓋是又情實の弊より來るものにして、其害功を賞し、爵位を與ふるに波及し、一人の有功者を賞したるが爲に直に情實に牽連せられて他の功尠《すくな》き者にも之を與へざる可からざるに至るものあり。是に於てか、勳位は官等に隨伴するが如きの狀となり、與ふるに惜まず、受くるに喜ばざるに傾かんと欲す。此弊害豈一洗せざる可けん哉。

次ぎに行政の弊は官吏の過多なるに在り。是亦責任なきの致す所に因るもの多しと雖も、先きに所謂情實の弊より來るもの最大なりとす。蓋方今行政の狀たる、必要の事業あるが爲に官を設け、官を設けたるが爲に人を用ゐるにあらず。却つて人の爲に官を設け、官の爲に事業を設くるの風あり。大本の轉倒する亦甚しと謂ふ可し。是故に有功者を賞するに官を以てし、舊友を憐むに官を以てし、私德に報するに官を以てし、朋黨《ほうとう》を造るに官を以てし、遊樂を求むるに官を以てし、甚しきに至りては在野有志者の口を鉗制《かんせい》するに亦官を以てするものあり。官途官仕を見る事恰も私物の如く、國家の租稅を見る事私財の如く、官吏の增加する事日々益ゝ多く、而して無要の官吏終日不要不急の事務に從事し、徒に繁雜の弊を增し、却つて要務の遲滯する事月に愈甚し。是を以て天下の人民愁苦《しゆうく》を下に唱へて怨泣《えんきゆう》せざるなし。嗚呼限りある租稅を以て限り無きの官吏を養ひ、以て目前の小康を求めんと欲す。豈鴉片《あへん》を喫して一時の快樂を貪《むさぼ》るに異ならんや。久からずして全身瘦弊《そうへい》遂に救ふ可からざるに陥らんのみ。是故に今日の計をなす者は國家の長久を計るが爲に斷然歐米の風に習ひ、無要の官吏を一掃し、畫然官制を立て、官吏の員數を定め、速に官吏試驗法を實施し、決して情實の爲に公事を枉《ま》げざるを誓ひ、而して夫の不才不能者が情實諂諛《てんゆ》を以て官途を僥倖《ぎようこう》するの弊を絕ち、又甲省に退けられて乙省に仕ふるが如き弊害を禁ぜざる可からず。

又各省の間に一の陋弊《ろうへい》あるを見る。卽各省の官吏互に其省の廣大を誇り、定額の多少を以て長官の賢不肖を評定し、而して各省互に事務の分畫を爭ひ、協和一致事務を圓滑速成せしむるを務めず、恰も封建の時藩々相對峙するが如し、其弊延《ひ》いて省中の各局に波及し、爲に大に事務を停滯する事少からず。是亦一弊の改めざる可からざるものなり。

次に今日の改良せざる可からざるものは地方の政務に在り、中央政府獨り事務に敏捷《びんしょう》にして百事能く整頓すと雖も地方の政務擧らざる時は恰も胸中に高尚の理論を有すれども、手足の痲痺《まひ》して之を實地に如何共する事能はざるが如し。其實業の擧らざるや必せり。故に地方の政務は最行政官の心を注がざる可からざる所なり。而して地方政務の擧ると擧らざるとは一に知事其人の賢不肖に關するものなれば、之を選む事最肝要なりとす。然れども今や四十有餘の府縣の爲に、四十有餘の有爲偉才の知事を求むる事亦甚だ易きに非ず。而して且我國中に四十有餘の府縣を置くは其多きに過ぎ、費用の點よりするも亦然り。故に小縣を合して大縣となし、方今の半數に減縮し、方今の知事中より選擇して之に任せば或は其人を失はざるに庶幾《ちか》からん歟。且今や交通漸く開けて道路の便昔時の比に非ざれば、又甚不便を感ずるに至らざる可し。此の如くして又郡長を民選に委《ゆだ》ね、其責任を重くし、其權限を廣くし、行政警察の如きも多少郡長に委任し、以て地方自治の政を奬勵し、漸々中央集權の制を寛にし、而して人民の結合及區畫は唯地方の經濟、物産、風俗、習慣等に因るの方針を取り縣郡區の分離結合も大に中央政府に不都合あるに非ざれば地方人民の輿望に任し、力《つと》めて干渉せざらん事を期す可し。然らば則縣廳及裁判所等の設立如何に因りて地方の冷熱を感ずるが如き事尠からん。又方今縣吏、郡吏、警察吏等の人民を待遇せる實狀を見るに恰も征服したる藩地《ばんち》を鎭壓するが如く、小吏の威權を弄する事殊に甚しく、己れ人民の租税に衣食するものなれば人民の爲に誠實に義務を盡さゞる可からざるものなる事を覺らず、却つて人民を視る事奴僕の如きものあり。是蓋上位に在る者の俑《よう》を作るに外ならず、心本然らざるも亦其譏《そしり》を免るゝ能はざるなり。某親く歐米官吏の人民に接するを見るに忠篤誠實にして決して我が官吏の如きものにあらず、近時に至り地方官吏は其地の豪農、豪商又は名望家が人民の依頼を受け、俸給を受けずして名譽の爲に其任に當る者多し。蓋其名譽たる僅々の俸給の比す可きに非ざるを以てなり。我國は則然らず、時に或は地方の名望家人民の輿望に從ひ、力を其地方に盡さんとせば直に附するに官等を以てし、判任に非ざれば等外たるに過ぎしめず。嗚呼衆人の爲に心力を盡さんと欲せば、却つて下吏たり小官たるの名を附せらるゝのみならず、往々五斗米の爲に腰を折らざる可からざるの冷遇に逢ふ。誰か自進で辱を取るものあらんや。是に於てか經驗なく、資産なく、道德なきの青年輩、官名を濫用し、少く文字を解するより徒に法律の文字に拘泥《こうでい》し、更に取捨斟酌《しんしやく》繁を省き、費を減ずるの努む可きを知らず、區々たる細政に人民を勞し威を地方の人民に張る。是を以て中等以上の人、猶且官吏の横柄不信切を嘆息せざるなし。況や地方細民に接するの不信切なる知る可きなり。我が農商務、山林事務の如き亦此弊を免れざるものあり。蓋以上の諸弊は皆速に改良せざる可からざるものなり。

其他又速に改良せざる可からざるは警察の事務なり。我が警察の狀を見るに人民の幸福安寧を保全す可き行政警察に力を盡さずして、專ら司法警察を務め、罪を未萠《みぼう》に防く事をなさすして罪を現行犯に驅《か》る事を事とするが如し。卽ち細事の爲に人民を召喚し、小故の爲に人民を拘引し、公義心よりするものを處するに連累の如く、未決人を遇する事囚徒の如く、過酷奇怪往々見聞するに忍びざるものあり。今や條約改正は我より進んで外人に證するに內地人民の開明進歩を以てし、法律規則の改良完全を以てし、以て外人の我が法權の下に立たん事を誘引するものなり。然るに條約改正成るの日、警察の事務今日の如くならば歐米人の不平不滿を唱へ、意想外の難事を生するや鏡に掛けて見るが如し。且夫の祕密探偵なるものは殊に人民に害あつて、政府に益尠きものなれは、宜しく改正せざる可からざるものなり。

儉勤

上の好む所下焉《これ》より甚しきものあり。上位に在るもの豈深く注意せざる可けんや。今我が地方人民の現狀を察するに施政の方向一定せず、舊來の工業衰へて新業未た起らず、且連年の不景氣によりて財源已に涸れ、困弊實に甚しく、加之政費の増加年を追ふて多きより、流離疲憊《ひはい》の狀目見るに忍びず、耳聞くに堪へざるものあり。昨年の調査に據れば中等の農家終歳勞働して而して其餘す所實に僅々數金に過ぎずと。嗚呼本邦の如き工商の隆盛ならざる邦國に在りては農は眞に國の本と謂ふ可く、農家先富みて而して後工商の業起る者なり。而るに農民の税最苛酷萬國其比を見す。是豈國家の良計ならんや。

人或は曰く、今日の租税維新前に比すれば大に輕減せりと。然れども封建の時と今日改新の世と全く勢を異にするものあり。即封建の時は民は唯土地を耕して租を納むるの外他に國家の義務を負ふなきも、今や既に血税の義務を負擔せり。封建の時は土地は政府の所有にして農は小作人たるの狀なりしも、今や既に地券の交付ありて全く其情を異にせり。封建の時は物種税にして金納にあらざるを以て甚だ痛苦を感ぜず、加之地方分權の制度なるを以て地方の資金常に其地方に留在せしも、今や租税は悉く金納となり中央集權の制となり、地方の資金年々散出して其殖産に使用する事能はざるなり。故に今日の租税は輕減せるに似て其實非常に増加せるのみ。嗚呼農民の不幸なる事殆ど世界に其例なき所なり。此の如き勢にして以て物産を繁殖す可きか、以て工商を振起す可きか、決して望む可からざるなり。方今政治の方針を運轉する者は道を改進に取る事を務めざる可からず。故に歐米の良點即ち租税の輕減の如きは最も採用す可きものにして決して舊時に比して邪説を保辨するに足らざるなり。

然らば即宜く之を如何す可き。曰く、痛く政費を省き、中央集權の偏重を絕ち、更に上流社會の驕奢に近き事を謹み、節倹を本とし、國家の大本なる民力を休養する事を務む可きなり。且某の歐洲に在るや竊《ひそか》に以爲《おもへ》らく、本邦の物種税日に漸く増加す。宜く聖詔に基き、大に地租を輕減して民力を養ふ可し。其不足を補充するには所得税を起す可しと。而るに近者《ちかくは》所得税の令下りて未た地租輕減の令あらず、是某の深く遺憾なりとする所なり。願はくは約の如く地租を輕減せん事を。若又一に之を輕減する事能はざれば、先つ其勅を下さん事可なり。是某が官職の爲に願ふに非ず、實に天下蒼生の爲に願ふなり。且先年皇后陛下辱くも稼穡の勞を視察せられ、殖産の事を奬勵あらせられんと欲し、養蠶を親からせられ、大に民心を興起し、本邦の外人に對し經濟を維持するは養蠶を以て第一となすに至れり。是眞に美なり。眞の聖旨なり。然るに今や宮中府中何となく文明の末節に拘泥するものゝ如く、且其因りて來る所を知らずと雖も、恐らく儉勤民を休養する聖意に背くなきに非ざるか。方今滔《とう》々《とう》たる千萬の生靈短褐完《たんかつまった》からず糟糠《そうこう》猶飽かず、豈能く文明の末節を追ふの暇《いとま》あらんや。恐らくは他日聖德の累をなさん事を是亦深く慮《おもんぱか》らざるべからず。

蓋、衣食の改良は決して我國に要せざるにあらず。却て某の希望する所なり。然れども之を行ふに序あり、之を施すに法あり。之を誤るときは國家の經濟を攪し、社會の秩序を亂るものなれば最も注意せざる可からず。而るに今日の舞踏會等を創設して衣服等の改良をなさんとするありと聞く。歐米の舞踏會は今日頗《すこぶ》る物議あるものにして漸々廢止せんと欲する所なり。而して我國今に方《あた》りて之を奬勵するが如きは、其解する能はざる所にして其風教壞亂の端、斯《ここ》に基するを恐るゝなり。抑も我國進歩の度を考ふるに衣食住の三は既に淸國に及ばず、文明は數十年の勉强を積むに非ざれば以て歐米と馳騁《ちてい》し難し。而るに世人往々歐米の書を讀み、歐米の說を聞き、其口聲を摸擬し、其論說を剽竊《ひょうせつ》し、揚々自得或は改むるに及ばざるものを改めんとするあり、或は早く既に文明に達したる空想を懷くあり、何そ其誤れるの甚しき。文明とは學術、教法、政治より農工商、國民の精神、衣食住の程度に至るまでを總稱するものにして器械の如きものにあらず。豈一朝一夕の摸擬移取すべきものならんや。請ふ夫の埃及國を見よ、埃及國は今を去る四千年前、國富み、兵强く、歐東に雄視し、四方を征服し、屢〻兵を以て土京に迫り、威を希臘に輝したりしも、英傑メヘメツト、アリ父子の死後、歐米文明の皮相を艶慕《えんぼ》し、一躍して彼と馳騁せんと試みしも、財源に度あり國力に限りあるを知らず、外人を招き、外人に諂《へつら》ひ、文物典章より以て兵制衣食に至るまで、皆直に之に摸擬せんと欲し、豪奢を競ひ、勤儉を務めず、國疲れ、民弊へ、僅々三十年を經ずして亡國の慘狀に陷るに至れり。某埃及に遊び其衰頽の由來を見聞し、我現狀と跡甚相似たるものあるを覺れり。嗚呼大勢の壞廢此の如きに至らば、忠臣孤憤、烈士悲泣、身を棄て、命を損するも亦國勢の陵夷《りょうい》を挽回《ばんかい》する能はざるなり。前者の覆轍《ふくてつ》後者の戒、豈鑑みざる可けんや。

立憲政體

聖詔に基き立憲政體を組織するの期は已に迫りて僅に三年の日月を剩《あま》すに過ぎざるに至れり。故に今日は上下共に其準備に奔走從事して日も且足らざるの時也とす。卽諸省は省務を整頓し、既往將來とも議員に向ひ答辯するの準備に汲々たるべく、人民は又聖意に戾《もと》らざらん事を期すべし。然るに政府に在りては憲法の草案未だ成るを聞かず。各省競ふて土木に從事し、在野の諸士に在りては集會條令、新聞條令の過嚴過酷なるより幽々鬱々《うつうつ》竊に二十三年を期し大擧して以て多年鬱積《うっせき》せる不平を洩さんと欲するもの丶如し。是皆誤れる者なり。夫政府は金權あり、兵權あり、如何なる非理の憲法も斷行する事を得可く、如何なる不平徒も殺し盡す事を得べし。然れども從來政府の處置中に顧みて疚き事無きや。某甚疑なき能はず。既に內に疚《やまし》き事あり、而して強て他人の口を塞《ふさ》くは不可なり。況んや外敵を禦《ふせ》ぐの兵を以て內地の不平徒を殺すをや、實に忍びざる所なり。蓋今日は上下力を共にす可きの時にして、外に强國の恐るべきあれども決して內訌《ないこう》を釀すべき時に非ず。故に政府は宜しく人心の存する所を察して輿望に協《かな》ふの政略を執る可く、人民は宜しく聖意の存する所を奉戴し、立憲公議の眞旨に反かざらん事を務む可し。若政府は人民を見る事敵の如く、人民は政府を見る事仇の如く、互に相睨視《げいし》して暗に衝突を期するが如き狀あるに至らば、實に歎息の至なり。近年往々此の如き象を現するものは罪其者に在りと雖も、抑も亦此勢を馴致《じゅんち》するの罪は政府人民の口を閉づる甚しきが爲なりとす。然れども既往は咎《とが》めず、遂事は說かず、政府大英斷を以て新聞條例を改め、大に集會條例を寬にし、縱橫自在に世人をして論ぜんと欲する所を論ぜしめ、議せんと欲する所を議せしめば二十三年の準備に於て其功莫大《ばくだい》なるものあらん。蓋此の如くする時は人民は思想を明にし、意見を詳《つまびらか》にする事容易にして、随つて之を處理するの方法を案出する事も亦容易なり。之に反して集會、新聞の嚴律ある時は人民と情意の通ぜざる事甚しく、何を以てか公議輿望の存する所を知るを得んや。今之を兵事に譬ふれば、新聞集會を許して政を執るは、敵兵の虚實を明にして兵を用ゐると同じ。新聞、集會を禁じて政路に當るは、暗夜に敵兵と衝突すると同じ。其勝敗を決するに望みて難易豈啻《ただしょうじょう》霄壤のみならんや。

人或は曰く、今にして新聞條令(ママ)を解き集會條令(ママ)を寛にせば漫《みだり》に過激の言論をなし、恣《ほしいまま》に政府の處置を攻撃するものあらん。然れども是れ深く憂ふるに足らず。其非なるもの横なるものは政府官吏も亦自ら進んで新聞に、演說に、討論辯解する事歐米諸國の如くす可し。此の如くなる時は互に戒心を加へ、士氣漸く振興し、人心漸く活潑に赴き、酔眠の政夢を喚起し、腐敗の世態を回復するに至らん。國家の利益豈勝《あ》げて謂ふ可けんや。且夫政府は歐米自由國の事物を慕ひ、我が法律規則を改良し、我が家屋衣服を改良し、一に歐米の治に倣ひ、遂に歐米人をして我が治下に服せしめんと盡力し、而して新聞演說に至りては全く其方向を異にし、執政者の意に滿たざるの論をなすものあるか、又は施政の方向に異議するものある時は則目して國安を妨害すとなし、直に之を禁止停止するは言行相反し先後相戻るものと謂はざる可からず。歐米の具眼者をして之を知らしめば豈嗤笑《ししょう》せざらんや。

且善良なる立憲の政體を組織するにも、今日の政體にも、一大改革を望むものは元老院なり。元老院は眞に國家の元老人傑を以て組織する名譽の地位たらしめざる可からず。然るに情實の弊より世人をして元老院を目して衰老人の退穩處(ママ)の如くならしめ、議官も亦自甘んして之を受け、再縣知事たる事を希望するが如き實況を呈せしむ。豈歎息の至りならずや。故に宜く元老院に大改革を斷行す可きなり。抑も廟議《びょうぎ》は歐米の治に倣はんと欲せば其己れに利と不利とを問はず、唯其美たり善たるものを移して而して國家を益する事を務む可し。其己れに利なるものは弊風も亦之を摸擬し、其己れに不利なるものは美風も亦之を取らざるは豈宜く爲す可き所ならんや。愚敢て包む所なく赤心を吐露する此の如し。文明瞭を缺き言の不當なるあらば乞ふ、之を恕《じょ》せよ。

明治二十年七月　　　　農商務大臣　谷　干城

内閣諸公閣下

（『子爵谷干城傳』）

五、井上外相、反論につとむ

伊藤は、谷の政府批判に対して激しく反論するとともに、谷を追放せねばならないと決心して、黒田清隆に通信した。この通信文では、「谷が民権論者になったと自称した。おそらく鳥尾、三浦、曾我等の将軍連中も同一論に帰するのは疑ひない」と断じてゐる。黒田から明治天皇に申し上げたか否かは分らないが、『明治天皇紀』によれば、天皇からは、谷干城がルソー主義、共和制論者になったとの風説を聞くが本人の真意を質《ただ》してみるやうに、との御沙汰があってゐる。そして、この御沙汰を拝して佐佐木高行が、谷を訪問し詳しく質した結果として、「谷はルソー主義でも民権論でもなく、東洋王道思想で以前と少しも変りませぬが、現政府の政策には反対してをります」と報告してゐる。これでは天皇の名によって無理な追放をすることはできない。

しかし井上外相は、政府内外からの非難に屈しないで、ボアソナード、谷干城等の主張に対して一条ごとに痛烈に反対し、その欧化主義の信念を強調して条約改正を進めるべきことを演説した。かれの欧化思想は、後世では保守家のみでなく進歩家のなかでも好意的支持者がない。思想としては文化的にも浅く、俗流と評せられるほかにないかとも思はれるが、井上としては、それは真摯《しんし》なる愛国の精神にもとづくものであり、確信に満ちたものであった。その意見書は余りにも長いので、部分引用に止めるが、伊藤、井上外交の思想的性格を推測することができる（『世外井上公傳』から引用）。

惟《オモンミ》ルニ今ヤ宇内ノ形勢ハ、將《マサ》ニ何等ノ運ヲ成シ、我國ヲ何等ノ地位ニ置カントスルモノナル乎。本大臣ハ請フ試ニ之ヲ陳ゼン。夫レ泰西各國ガ、其力ヲ展開シテ新地ヲ外ニ求ムルハ、一朝一夕ノ事ニアラズ。殊ニ第十九世紀ノ初メヨリ以來、卽チ七八十年以來、歐洲各國ノ間ニテハ事物整頓シテ妄リニ撼動《カンドウ》ス可ラザル事トナリシヨリ、此等各國ハ益々其力ヲ殖民拓地ノ政略ニ專ニシ、駸々《シンシン》トシテ今日ノ勢ヲ致シタリ。卽チ印度・東蒲塞・交趾ノ如キハ弱肉已ニ强食トナリタル者ナリ。然レドモ本大臣ガ今特ニ各大臣ノ注意ヲ喚《ヨバ》ント欲スル者ハ、歐洲各國ガ三四年以來更ニ一層其力ヲ亞細亞・亞非利加ノ間ニ展開シテ、漸ク將ニ東洋ノ表ニマデ其勢力ヲ震ハシメントスルニ至リタルノ事實ナリ。嗚乎、今ヤ亞細亞・亞非利加ノ兩大洲ハ、將ニ歐洲各國ガ逐鹿《チクロク》ノ場トナラントセリ。而シテ其ノ此等ノ場ニ於テスルノ馳驅《チク》ハ、各自本國ノ艱難安危ヲ釀スノ虞甚ダ少ナキモノナレバ、各國ハ甚ダ他顧ノ憂ナクシテ力ヲ之ニ用ル事ヲ得テ、互ニ呑噬《ドンゼイ》ノ雄ヲ競ヒ、殆ンド現今歐洲各國一定ノ國是トナレリ。

（中略）

左レバ今日日本帝國ヲ環《メグリ》テ國スル者ハ、只ダ支那ト歐洲諸國ノ殖民地アルノミ。殊ニ歐洲諸國ガ右等ノ領地ニ於ケルハ、徒ニ其地ヲ領スルノミヲ以テ足レリトセズ、之ヲ鞏固《キヨウコ》ニシ之ヲ改良スルガ爲メニハ、數百萬ノ人ト雖ドモ、數百萬ノ財ト雖モ、之ヲ費シテ曾テ惜マズ。各國ノ國會ハ年々互ニ新保護金ヲ給スルノ多少ヲ競ヒ、實ニ殖民拓地ハ近時歐人一種ノ特性トナリ、內閣更替ノ如キ一時ノ事情ニヨリテ乃チ變換スルモノニ非ザルヲ見ルナリ。卽チ獨逸ガ北獨逸ロイド會社ニ保護金ヲ給シテ亞細亞地方ニ定期航海ノ事業ヲ開カシメタルガ如キ、偶然特出ノ事ニアラズ。此例證ハ近年歐洲ニ往來シタル我國人ハ皆ナ親シク目覩《モクト》シタル所ナル可シ。（中略）

　故ニ歐洲各國ハ一タビ機會ニ遭遇セバ、必ラズ之ガ利ヲ收ムル事ヲ失ハザル可シ。若シ暗君庸相《ヨウシヨウ》ノ政府アリテ、一タビ之ニ其罪ヲ鳴ラスノ口實ヲ與フルトキハ、必ラズ之ニ乘ジテ充分ノ利ヲ收ムル事ニ遲疑セザルベシ。而シテ是モ亦タ彼ガ各々其國ノ爲ニスル所以《ユエ》ンナリ。左レバ今日幸ニ亞細亞洲中ノ暫ク安キモノハ、決シテ恃《タノミ》トナスニ足ラズ。歐洲各國ハ俄ニ拓地ノ志ヲ變ジタルニアラズ。又タ其乘ズベキノ機會ナキガ故ニアラズ。（中略）本大臣ハ各大臣ノ能ク今日内外ノ大勢ヲ達觀シテ萬世不抜ノ基ヲ立テラレン事ヲ望ムナリ。

　本大臣ハ、請フ本大臣ガ之ニ處スルノ意見、卽チ此等ノ患ヲ未然ニ防グ所以ノ意見ヲ陳ゼン。蓋シ本大臣ハ以爲ラク、之ニ處スルノ道惟ダ我帝國及ビ人民ヲ化シテ、恰モ歐洲邦國ノ如ク、恰モ歐洲人民ノ如クナラシムルニ在ルノミ。卽チ之ヲ切言スレバ、歐洲的一新帝國ヲ東洋ノ表ニ造出スルニ在ルノミト。夫レ一國人民ハ、其分子タル各國人民ガ、先ヅ勇敢活潑ノ人民トナルニアラザルヨリハ、獨リ其强大ヲ致ス事能ハズ。卽チ日本人民ノ自治ノ制ト活潑ノ行動トハ日本國民ノ强大ヲ致シ、日本政府ノ强盛ヲ致スニ於テ萬缺ク可ラザルモノトス。何ントナレバ我政府ハ固ヨリ我國民ヲ代表スルニ止ルモノナレバナリ。然ラバ則チ如何ニシテ此敢爲ノ氣象此獨立自治ノ精神ヲ我三千八百萬人民ノ腦裡《ノウリ》ニ注入スルヲ得ベキ歟。本大臣ノ所見ヲ以テスレバ、我人民ヲシテ歐洲人民ト觸擊シ、各自ニ不便ヲ感ジ不利ヲ悟リテ、泰西活潑ノ知識ヲ吸取セシムルニ在ルノミ。卽チ我國人ガ各自ニ文明開化ニ要スル活潑ノ知識敢爲ノ氣象ヲ具フルニ至テ、我帝國ハ始メテ眞ニ文明ノ域ニ躋《ノボ》ル事ヲ得ベキナリ。本大臣ハ、我　皇帝陛下ノ威靈ニ賴リ、各大臣ト倶《トモ》ニ誓フテ此ノ新帝國ヲ東洋ノ表ニ造出セント欲スルナリ。若シ夫レ其手段ニ至テハ、亦實ニ内外人ノ往來交通ヲ自由自在ナラシムルニ在リトス。之ニ反シ、今ヤ外國貿易自由交通ハ萬國交際上特出ノ形象トナリタルノ秋《トキ》ニ方リテ、我帝國ハ其一部分ヲ除クノ外之ヲ外國人ニ閉鎖シテ其内地ニ入ル事ヲ許サザルハ、啻《タダ》ニ固陋背理ノ事タルノミナラズ、實ニ外國人ニ其苦情ヲ鳴ラスノ口實ヲ與フルノ虞アルモノトス。(中略)

斯ク本大臣ハ經濟上ノ利害ヲ辯ジ置キ、此ヨリ復タ主タル問題ニ歸ランニ、本大臣ハ更ニ前ノ斷言ヲ反覆シテ以テ之ヲ提起ス可シ。我帝國ヲ化シテ歐洲的帝國トセヨ。我國人ヲ化シテ歐洲的人民トセヨ。歐洲的新帝國ヲ東洋ノ表ニ造出セヨ。只ダ能ク如レ此ニシテ、我帝國ハ始メテ條約上泰西各國同等ノ地位ニ躋ル事ヲ得可シ。我帝國ハ只ダ之ヲ以テ獨立シ、之ヲ以テ富强ヲ致ス事ヲ得ベシ。而シテ此ノ大目的ヲ達スルガ爲ニハ、實ニ現行條約ノ改正ヲ以テ第一著歩トス。故ニ本大臣ハ任ニ外務ニ當リシヨリ以來、夙夜懈《シユクヤオコ》タルニアラズ。誓フテ治外法權ノ辱ヲ洗雪セン事ヲ期シ、幸ニ我　皇帝陛下ノ威靈ニ賴リテ、漸ク各國政府ヲシテ改正ノ議ニ一致セシメタリ。然レドモ我ガ今日條約上ノ地位ヨリシテ、直チニ一躍シテ充分完全ナル對等ノ地位ニ超上スル事ハ、實際終ニ做《ナ》シ得ベカラザルノ事ナルヲ以テ、本大臣ハ姑《シバ》ラク左ノ讓與ヲ以テ已ムヲ得ザルモノトナシタリ。

(第一) 法典ノ編制ニ就テハ、

(イ) 條約批准十六ケ月内ニ法典ヲ編制スル事。

(ロ) 泰西ノ主義ニ基キ諸法典ヲ編制スル事。

(ハ) 日本國ノ法律ヲ外國人ニ適用スル時ヨリ八ケ月以前ニ其英語正文ヲ外國政府ニ送付スル事。

(第二) 司法裁判所ノ制ニ關シテハ、

(イ) 外國屬籍ノ人ヲ我司法官ニ任用スル事。

(ロ) 裁判所ニ於テ英語ノ使用ヲ許ス事。

(ハ) 特別ニ管轄裁判所ヲ定ムル事。

右諸項ハ實ニ締盟十六ケ國ヲシテ治外法權ヲ廢去セシメンガ爲メニ之ヲ讓與シタルモノニシテ、實ニ已ムヲ得ザルノ事情ニヨリタルナリ。本大臣、各大臣ガ右諸項ノ譲與ヲ以テ現行條約治外法權ノ我面目ヲ辱メ我利益ヲ害スルモノト比較シテ、善ク之ヲ察セラレン事ヲ冀望《キボウ》スルナリ。（中略）

今夫レ我國ニ於テ諸法典ノ已ニ制定セラレタル者ハ果シテ幾バクアル乎。民法・商法・訴訟法ノ三法典ハ已ニ備リタル乎。夫ノ一切苟且《コウシヨ》ノ慣習法ノ如キハ、決シテ不成文法律トナシテ此等法典ニ代用シ得ルモノニアラズ。何ントナレバ我國今日ノ制度ハ多ク維新以來造出セラレタル者ニシテ、其齢尚ホ稺《オサナ》ク、未ダ以テ直ニ慣習法トナルニ足ルノ力ヲ有セズ。又タ其舊幕時代ヨリシテ傳來シタル者ハ、大抵今日文明人民ノ所要ニ適セザレバナリ。左レバ我法典ノ泰西主義ニ適合シタル者ハ、只ダ明治十三年ニ於テ公布シタル刑法・治罪法ノ二法典アルノミナルガ、此二典モ早已ニ多少ノ不完全ヲ見《アラ》ハシ、現ニ法律取調委員會ニ於テ「ボアソナード」氏ガ修正中ナリ。又タ我行政法ノ中ニハ内外法律學士ノ其過嚴ヲ議スルモノモ亦タ少ナカラズ。之ニ加ルニ我維新以來進歩ノ速ナル事ハ、動《ヤヤ》モスレバ内外人ヲシテ其反動ノ或ハ劇ナラン事ヲ恐ルノ情ヲ生ゼシムル者ナキニアラズ。此等ノ事實ヲ合シテ之ヲ觀ルトキハ、各國全權委員ガ輙《スナハ》チ右刑法・治罪法ヲ以テ我ガ將來制定スベキ他ノ三典ノ見本トナス事ヲ承諾セズ。條約案第四條ニ於テ特ニ其ノ泰西主義ニ從フ可キ事ヲ約スルヲ要シタルモ、亦タ必ラズシモ甚ダ謂レナキノ請求ニハアラザル歟。

次ニ裁判所ノ景況ヲ一看センニ、我裁判官ガ外國裁判官ノ如ク素《モト》ヨリ法學ヲ習ヒ兼テ實際經驗ニ富ミ、其相當資格ヲ具フル者ニアラザル事ハ、復タ爭フ事ヲ得ザルモノトス。然ニ是モ亦タ怪ムニ足ラズ。我ガ刑法・治罪法ノ實施セラレタルハ纔《ワツカ》ニ明治十四年一月以來ノ事ニシテ、未ダ我裁判官ニ充分ノ經驗ヲ與フルニ足ルノ歳月ヲ經過セズ。殊ニ我裁判官ハ若干取除ケノ外ハ、皆ナ泰西各國裁判官ノ如ク試驗及第シテ登用セラレタル者ニアラズ。其能ク外國裁判官ノ如キヲ得ル事ハ、固リ望ム可ラザル事ナリ。且ツ歐洲各國ニテハ、裁判官ヲ以テ終身官ト爲シ、以テ裁判官ノ獨立ヲ保スルノ法トナセドモ、我裁判官ハ斯ル安心ナキガ故ニ、其原被告ノ是非・曲直、犯罪ノ有無・輕重ヲ判決スルニ當テモ、或ハ枉ゲテ行政官ノ指揮內訓等ニ従フモノナカラズ。是レ我國人ノ猶且ツ往々其例ヲ擧ゲテ批難攻擊スル所トス。之ヲ要スルニ我裁判官ハ未ダ充分ニ外國人ノ信用ヲ得ルニ足ルノ資格ヲ具ヘザルナリ。又現今我裁判所ノ組織モ亦タ往々泰西主義ト相矛盾スルモノナカラズ。（中略）

本大臣ノ如キハ、我　皇帝陛下ノ親任ヲ辱クシテ全權委員トナリ、各國全權委員ト商辨討議シテ此ニ至リタル者ナレバ、會議ノ結果トシテ一旦承諾シタルノ案ハ、復タ故ナクシテ之ヲ破ル事ヲ得ズ。然レドモ本大臣ハ乏《トボシキ》ヲ外務ニ承《ウ》ケシヨリ以來、身ヲ以テ報效スル事ヲ決心シタル事、實ニ已ニ久シキナリ。君ノ爲メ國ノ爲メナラバ如何ナル辱ニ遇フモ固ヨリ甘受シ辭セザル可シ。各大臣ハ國家ノ爲メ人民ノ爲メニ此條約案ヲ斥《シリゾ》クル事ヲ以テ必要トセラル、ナラバ、斷ジテ之ヲ斥ケラレヨ。本大臣ハ敢テ以テ憾《ウラミ》トナサザル也。各大臣ハ唯善ク之ヲ察セラレヨ。

閣議では、井上外相の熱論にも拘らず山田顕義法相が反対した。山田法相は、初めには井上案を諒解してゐたはずであるけれども、井上毅、ボアソナードの強烈な反対説に動かされたのであらう。谷農相は辞して内閣を去り、山田法相が公然と反対し始めた。伊藤首相は、七月の末にはこの条約交渉を「中止」することにした。八月になると、在野の反対気勢がいよいよ強くなって来た。この年の五月、君命を名として辞爵を許されず悲痛な沈黙をさせられた板垣退助が、八月になると政府の秕《ひ》政《せい》について激情に満ちた上奏文を捧呈した。

伊藤首相は、上奏文を見て激怒し、「板垣上奏文は事実に反するから差し戻す」と表明した。上奏文が黙殺されるのは怪しむべきではないが、「事実に反する」として差し戻されるといふのは異例であらう。伊藤の激怒のほどが察せられる。しかし天下の風雲は、大きく反政府の側に動いた。条約改正反対の怒濤は停止すべくもないと見えた。九月に入って井上外相は痛恨の辞任を余儀なくされた。伊藤内閣が当面第一の使命と信じた欧化急進政策は破綻《はたん》し、猛然たる世論の集中砲火を浴びせかけられた。

この政策破綻をさせた最後的な反対勢力は谷干城農相であったが、その谷に決定的な政府反対論を提供したのは、前記したやうに政府が憲法典作成の第一任務を与へてゐた井上毅であり、民法典作成の任務を与へてゐたボアソナードの協力であった。これが谷干城の反対運動に決定的な理論的武器となったことはいふまでもない。条約改正外交がほとんど破綻したころの明治二十年七月三十日に、井上毅は次のやうな文を書いてゐる。もっとも「案成不用」と書いてゐるのを見ると、文書として公式には提出しなかったものらしい。『日本近代法の父・ボアソナード』の著者大久保泰甫によれば、井上外相はボアソナードが反政府活動をしたとして怒った。かれは今後の民法典編纂も法律取調べもやめさせよと主張したが、これに対しては山田法相が強く反対して無事解決したといふ。井上毅がこの文案を書いて提出しなかったのは、かれより一階級上の閣僚間で政治解決がついたのを見て、不用になったと思ったのであらう。しかし、ボアソナードと井上毅との関係の深さを察せしめる一文なので引用する。

ボアソナード宥免意見

明治二十年七月三十日

（表紙自筆）
「案成不用」

近日之御配神ハ誠ニ不一方御事ニ而有之然ルニ鎖小ノ末生トシテ更ニ

臺意ヲ煩シ候事千萬恐縮之至奉存候得共苦心切迫ニ存候ニヨリ
高明ニ訴ヘ御諒察ヲ仰候外無之ト決心イタシ候

右ハ餘ノ事ニコレナク風カニ傳聞イタシ候ヘハボアソナド氏外交上ノ機密ヲ漏洩《ロウエイ》シ且政府ノ一般ノ政圖ニ對シ誹謗《ヒボウ》ヲ恣《ホシイママ》ニシタルノ過失ヲ以テソレ々々懲責可被仰付哉ニ承候然處右ボアソナド氏ノ過失ハ全ク小官ノ關係ニテ小官同人面晤ノ節最初ニ秘密ノ約束イタシ彼レノ所存相尋候ニヨリ彼レハ小官限親密ナル慨嘆ノ説話ヲ致シ候ノ事情ニ有之、結末一小官ヨリ此話ハ伊藤伯ヘハ報告スベシト相斷候得共其他ヘ漏洩センコトハ夢々ボアソナド氏ノ感覺セザル所ニテ況ヤ此ノ一場ノ説話ヲ筆記シテ奉供内覽候末内閣諸公ノ見聞スル所トナリタルハ同氏ニ對シ全ク小官ダシヌケノ所行ニ相當リ候然處同氏ニ於テ意外ニ此事ニ付譴責《ケンセキ》ヲ蒙リ或ハ面《マノア》タリ譴責ヲ得ストモ間接ニ政府ノ冷遇スル所トナリ十五年間忠實ナル勤務モ一朝ノ過失ニ由リ畫餅水泡《ガヘイスイホウ》トナリテ快々不平空シク本國ニ歸途ニ就クニ至候ハヽ、小官ノ身ニ取リ實ニ慚愧《ザンキ》ノ極ト存候

小官ハボアソナド氏ヲ欺キ一場ノ説話ヲ釣取リテ筆記トナシテ政府ニ内報シ同氏ヲ不幸ナル結菓ニ落入ラシメタリ然ルニ此ノ小官ノ所行ハ故造有心ヲ以テ犯シタル事ニテ初ヨリ國ノ大事ト心得候ヘバ同氏一人ノ幸不幸ト幷ニ小官ノ同氏ニ於《オ》ケル友誼《ユウギ》上ノ道徳ハ毫モ顧慮スルニ暇《イトマ》アラザリシハ同氏ト雖、亦小官ノ爲ニ諒恕《リヨウジヨ》スル所ナルベシト存シ候然シナカラ小官ハ初同氏ノ説話ヲ筆記イタシ候節、同時ニ此事ノ結末ハ必面倒ニ至ルベシト豫想シ又同時ニ此事ノ責ハ小官ノ一身ニ擔當シ誓テ同氏ノ困難ヲ引起サヽルヘシト決心イタシ候

今日ハ果シテ小官當初ノ決心ヲシテ有効ナラシムルノ時ニ立至リ候此事ニ付先日來小官心中ニ憂苦イタシ候ヘドモ一大事件ノ未タ結着ヲ見ザル迄ハ他ノ小事ハ放擲《ホウテキ》シ打過候處此兩三日既ニ廟議《ビヨウギ》決定ノ場合ニ至候歟《カ》ト察シ候ヘハ既ニ躊躇《チユウチヨ》スベキノ時ニコレナクト決心致候外交上ノ機密ヲ漏洩候ハボアソナド氏ニ無之卽チ小官ニ有之候小官ハ官吏服務紀律ニ對シ自ラ不レ免之罪ヲ認候此上ハ縱令政府ヨリ特別ノ寛典ヲ以テ宥恕セラルヽトモ小官ハ中心

ノ安シ許サヾル所ニシテ乍恐《オソレナガラ》辭職奉願候外無之候

第二ニ小官輩末列ノ身分トシテ國事上ノ意見ニ因リ進退ヲ決候トハ越分ノ事ニ候ヘトモ小官ハ本職ノ外ニ機密ノ事件ニ關係シ奉務ヲ辱クシ候處此度新條約決行ニ相成候ハ、法律上ニ於テハ憲法ト矛盾シ政略上ニ於テハ國會ト両立セザル者ナリト竊《ヒソカ》ニ確信イタシ候

埃及ニテ國會ヲ起シタレトモ外交上ノ困難ヲ引起スノ顧慮ニ因リ幾ハクナラスシテ廢止シタリ

先日詳細ノ教示ヲ荷ヒ候修正ノ數十條ハ皆大體ノ國權ニ關係シタル根本ノ病ヲ藥治セザルモノニ候ヘバ此ノ條約ノ内治干渉ヲ甘受セル半主國ノ性質ニハ少シモ變化ヲ予《アタ》ヘザルモノニコレアリ因テハ依然トシテ城下ノ盟ト同様ノ條約ニシテ且十五年ノ後十萬ノ軍、十億ノ債ニ倚《ヨ》ラザレバ永世ニ回復ノ目途コレナキ者ト存候

埃及ハ五年コトニ改正ノ年期條約アレトモ些少《サシヨウ》ノ修正ニ止マリ決シテ根本ノ國權ヲ回復スルコト能ハズ其他東洋各國ノ條約ハ大抵定限年期アレドモ一タビ讓歩シタルノ權利ハ決シテ後日ニ回復シタルノ例アルヲ見ズ

公法家ノ説ニ定限條約ハ明許又ハ默許ニ由リ再行ノ効力ヲ生スト云ヘリ故ニ定期ニ至リ若シ其一方ニ於テ利益アル條約ヲ改正スルコトヲ好マスシテ改正ノ條件ニ付更ニ困難ノ問題ヲ提出シ容易ニ承諾セザルトキハ和親ヲ絶チ交際ヲ破ルノ方法ヲ除ク外、徒ニ時日ヲ遷延シテ結局、默許繼續ノ條約タルニ至ルヘク若シ他ノ一方ニ於テ鋭意ニ改正ノ名譽ヲ熱望スルコトアルモ徒ニ有名無實ノ改正ヲナスニ止マルカ又ハ舊條約ニ劣レル新條約ヲ締《ムス》ヒ一ヲ得テ二ヲ失ヒ益々國ノ不幸ヲ重ヌルニ至ルニ過ザルヘシ故ニ國トシテ一タヒ外國ト卑屈ナル條約ヲ結ブトキハ縦令其條約ニハ定期アリト雖、兵力ノ外ニハ回復ノ塗《ミチ》ナシト信スルモ不可ナカルベシ

此ノ修正案ハ一二ノ論難スルニモセヨ遂ニ實行ニ至ルベク候ヘバ此ノ半主國條約ノ管屬ノ下ニ於テ憲法又ハ法律ヲ調査スルコト小官ハ到底能ハザル事ト自認イタシ候ヘハ此亦不レ得レ已辭職奉願候外無之候

或ハ十ニ三四ハ外國政府ノ不承知ニ因リ破談ノ幸結果ヲ望ミ候ヘドモ若シ既ニ調談ニ至リ候後ニ至リ本文情願

申立候トモ詮《セン》ナキ事ニ候ヘハ今日ニ於テ決心ノ次第ヲ哀訴イタシ候
右ノ心情　高明之諒察ヲ以テ採酌ヲ賜ハリ度奉願候頓首
明治二十年七月三十日
井　上　毅
総理大臣閣下
（『井上毅傳』史料篇第一による）

六、後藤象二郎の大同団結運動

井上外相は辞任した。条約改正の交渉は打ち切られた。しかし伊藤首相は、引責辞任することなく、自ら外務大臣を兼任して政権の維持につとめた。在野の反政府運動は、井上外相辞任の後いよいよ激しく燃えあがって行く勢ひをしめした。

これより先き八月一日、自由党の領袖林有造が、都下の壮士を靖国神社社頭に集めて、条約改正に反対して閣外に去った谷干城を表彰する集会を開いた。林有造は板垣直流で、同じ土佐であってもこれまで谷干城とは全く異なる政治的立場にあった。谷は、もとよりこの集会には出なかったが、集合した自由党の壮士は、示威行進をして谷干城の私宅におしかけ、谷が条約の屈辱的修正を打破したことに対して、その功に感謝し表彰するとの熱意を表した。『子爵谷干城傳』によれば、谷は余儀なく儀礼的な挨拶をしたといふ。しかしこの集会は、過去の民権運動に見られなかった一つの新しい潮流を生み出すものであった。

谷は、政党的自由主義者でも民権家でもない。佐佐木は、谷の思想をさして東洋王道思想といったといふが、その時局に即していへば、むしろ国権論者に近い。しかし自由党の林有造は、進んでこの谷干城を反政府の英雄にしようとした。強固な藩閥有司政権を攻撃するのには、大きな共同戦線を構築せねばならないといふのが、自由党の一部から生じて来た政治構想だったのであらう。それは林有造のみの発想でなく、存外に多くの者が考へたことではないか。

高知県民の代表は、「地租軽減、言論集会の自由、外交政策の輓回《ばんかい》」を現下の三大事件として建白する運動をはじめた。それは高知についで新潟、栃木、長野、埼玉に及び、やがて全国的な建白運動に発展して行った。その運動を始めたのは、自由党系の人物に多いが、この三大事件に目標をしぼって行けば、独り一自由党のみでなく、藩閥政権を快しとしない全野党の共同戦線ができるはずである。谷干城が伊藤内閣の非を責めたのもこの三大事件に一致する。谷は政党を結成してゐたわけではないが、板垣、後藤に劣らない国民的信望があった。林は、この共同戦線に谷を引き入れることを考へたのであらう。

林と同じ土佐の中江兆民も、在野勢力の大同団結を志して、後藤象二郎の決起をせまった。後藤にはとかくの評もあるが、かれが明治維新の第一段階として徳川慶喜に大政奉還の表を捧呈させた時の第一人者であることは、天下周知の事実である。大同団結の代表者として働きうる名声がある。同志協議して、後藤象二郎が親しく天皇に拝謁して表を奉ることとし、その文章は兆民中江篤介が精魂を傾けて執筆した。下記はその全文である。

後藤象二郎の上奏文

叡聖《えいせい》文武皇帝陛下、先帝、幕府の政を失うて内憂外患交《こもご》も起り、我邦の日に危殆《きたい》なるを憂慮し、赫然《かくぜん》威怒を奮ひ、中興の業を建てむとせしも、時期未だ到らず、中道にして昇遐《しょうか》し給ひしは、天下の人民の普《あまね》く痛悼惋歎《つうとうわんたん》する所なり。

陛下、先帝の盛志を繼ぎ、天下敵愾《てきがい》の氣を鼓し、內憂外患を排除し、遂に維新の事業を成就し、以て先帝在天の靈に報答し給へり。當時臣の不似なるも、中興諸臣の後に從うて國事に奔走し、陛下の眷寵《けんちょう》を蒙り、叨《みだり》に太政に參し、身を以て之に酬ゆる事を期せしに、一旦同僚と意見の合はざる有るに因り、內閣を退き、爾來《じらい》民間に在つて、國家內政外交の狀態を觀察し、竊かに痛歎に堪へざる者あり。陛下の爲めに愚衷を述べむと欲する者、幾回なるを知らざりしが、未だ時宜を得ざるを以て、遷延して今日に至れり。今や外交の一大失策已に發露して、復た隱蔽すべからず。內憂外患方《ま》さに目前に迫れり。臣復た默々として國家の危難を傍觀する能はず。因て時事の最も急なる者を陳述して、以て陛下乙夜の覽に供せむと欲するなり。蓋し近日內閣の內政外交は、多く其目的を誤り、全く海外の信用を失ふに至れり。臣今必らずしも一々之を擧ぐる事を須《もち》ひず。獨り今回條約改正會議の始末の如きは、我日本帝國の獨立を妨害し、上は陛下の威德を損し、下は人民の困難を釀せし事、實に鮮少ならず。然り而して、內閣大臣等は職を辭し罪を謝する事をなさず。靦然《てんぜん》として政府に立ち、內外竝に信用なきの身を以て、愈切迫して愈困難なる內外事情の衝に當らむとす。禍亂の機、實に此に蘖芽《げつが》せり。是れ臣の慷慨流涕《こうがいりゅうてい》して陛下に告げむと欲する所の一大要件なり。

夫れ條約改正は、現內閣の素より全力を出して經營せし所にして、惟《おも》ふに大臣等は、其初、當《まさ》に陛下に告ぐるに、此を以て、我國の獨立を維持し、我邦の名譽を發揚することを以てしたるなるべし。然り而して其結果たる、外國全權委員の爲めに要求せられ、遂に一國獨立に大關係ある立法司法の二大權を擧げて、之を外人の干涉に附することを承諾するに至れり。國の光榮を虧《か》き、民の損害を招くこと、之より甚しきは無し。然り而して大臣等は、之を陛下に告げず、之を人民に示さず、一朝其會議の結末を知る所の外臣の爲めに、其失策を指斥せられ、之に因つて、一二の異論を騰《あ》ぐる者ありしが爲めに、急遽狼狽《きゆうきよろうばい》して、俄かに會議を中止せり。陛下の信用に負《そむ》き、帝國の體面を汚すこと、一に此に至る、尚何を以て外人の輕蔑《けいべつ》を受けざるを得むや。蓋し國家多事の際に在ては、鞠躬《きくきゆう》力を盡す者と雖も、或は時に錯誤なきこと能はず。而して事體の瑣少《さしよう》にして、且一時の誤に出づる者は、陛下固より之を寛容すべく、内外國人も固より之を宥恕すべし。條約改正の如きに至つては、果して瑣事と謂ふことを得べき乎。是れ直に國家安危興衰の機の決する所に非ずや。而して今此の如し。内閣大臣たる者、陛下に對し、人民に對し、一日も其職に在ることを得べきに非ざるなり。

然れども、臣の視る所を以てするに、内閣大臣が此の如くにして國の大事を誤りたるは、決して一時偶然の故に非ざるなり。近歳以來天下に表白したる内政外交の狀況を察する時は、其漸く以て此を馴致するに至りたるは、勢の已むべからざる所なり。内閣大臣は内外の政策に於て、素より一定の目的ある事なく、事を擧ぐる毎に、專ら模稜糊塗《こと》を務め、外人の輕蔑を招き、國民の憤怒を起さゞるはなし。然らば卽ち條約改正の如き重大なる事件に至りては、固より現内閣大臣の能く當る所に非ずして、其著々敗を取りしは、初めより怪むに足らざるのみ。臣今試に陛下の爲めに、一二其最も明白なる事實を擧げむ。其外交に在ては、前に朝鮮の事件に干涉して清國と競爭を試みむとし、一たび小事變に逢ふに及び、遽かに自ら沮喪《そそう》し、朝鮮を放棄して敢て復《ま》た與《あつか》らず、清國の專横跋扈《ばつこ》に一任するに至れり。遠大の計畫なく、反覆姑息《こそく》の處置を施して、以て隣國の輕侮を招きしは、是れ其失策の一なり。弱小の邦を以て强大の國と交るには、往來酬接の際、及び自家經國の術、竝《ならび》に一種出色の處ありて、始めて自ら樹立する事を得るなり。若し然らずして依倚《いい》齷齪《あくせく》、以て歳月を玩過する時は、竟《つひ》に自ら縻盡《びじん》するに歸せむのみ。維新の初、國家の政略、實に玆《ここ》に慮《おもんばか》る有りき。然るに内閣大臣は、卑々として專ら一二强國に諂諛《てんゆ》し、其歡心《かんしん》を買ふ事を求め、却て其輕蔑を受けしのみならず、因て以て他の列國の嗤笑を招き、外交の政に於て異常の困難を貽《のこ》すに至りしは、是れ其失策の二なり。其内政に在つては、凡そ内閣の處置を誤りし者は、殆んど枚擧するに遑《いとま》あらず。言論集會の規律を苛にして、憂國の志士をして内政外交の得失を論ずる事を得ざらしめ、上書請願の條例を嚴にし、陛下の赤子をして、意見を九重の上に達する事を得ざらしむるが如きは、正に夫の萬機公論に決すべしとの御誓に背違する者にして、今日天下有識の士の深く憤慨する處なり。陛下聰叡《そうえい》、固より已に之を明知し給ふべければ、臣今一々縷述《るじゅつ》する事を須《もち》ひざるなり。財政に關する處置の如きに至つては、決して之を默默に附すべからざる者あり。陛下明治十年に當り、人民を休養するの聖意に因り、詔を下して地租を減少し給ひしは、人民の今に至るまで盛德を歌誦《かしょう》する所なり。其後民間生活の狀況は、益悲慘の境に沈淪《ちんりん》するを見る。而して内閣大臣等は種々の口實を設けて、各種の租税を賦課し、近く數年の間に於て、殆んど二千萬圓の額を增加し、遂に陛下の赤子をして、所謂公賣處分に遇ひ、流離困頓する者、年々十萬戸に下らざらしむるに至る。陛下の聰明慈仁なる、必ず夙《つと》に聞知して深く聖慮を惱し給ふならむ。蓋し今日宇内の大勢を察する時は、海陸軍備を擴張するは、固より已む可からざる所にして、一國の資力を擧げて之に充つるも亦た不可なきなり。顧ふに内閣大臣は、必ず此を以て口に藉き、以て陛下に上奏して、租税を增加するの政略を斷行せしならむ。然るに内閣大臣等は、此租入を以て不急の土木を起し、無用の觀瞻《かんせん》を張り、爲めに年々國庫の空乏を告げ、年々租税の增加を見るに至れり。天下萬民、何ぞ内閣の處置に於て憤怨《ふんえん》せざるを得むや。臣の尤も痛嘆に堪へざる所は、夫の國防費の獻納を以て豪戸を誘導せし一事なり。夫れ賞を懸け、金を募るは、舊幕府弊政の一なり。故に陛下は維新の初に於て、斷然之を禁止し給へり。蓋し國家非常の難あるに當り、人民の自から奮うて財を政府に納《い》るゝは、其贊美すべき事、固より言を待たざるなり。夫の舊幕府の所謂御用金と同一の形を呈する者に至ては、假令强迫の迹《あと》なきも、決して政事上適當の計に非ずして、要するに外人の爲めに、文運半開を以て侮蔑せらるゝ、東洋諸國に行はるゝ所の者のみ。故に近時歐洲文明の諸國に在つては、一旦寇《こう》敵都城に逼《せま》るに至るに遭ふも、此の如き拙劣なる處置を爲す事は、決して無き處なり。然り而して今國家無事の時に於て、此汚下策を行へり。國の體面を傷害する、之を何とか謂はむ。且夫れ官宅を營み、宴會を盛んにする等、無用不急の用度に在ては、租稅を增加し、公然給を國庫に取りて憚《はばか》る所無くして、國の獨立を固むる所の正當なる軍防費用は、反て此非計に循《したが》ふが如きは、措置の際、其顚倒錯亂せし事、實に言ふに忍びざる者と謂ふ可きなり。夫れ此の如くにして、內閣大臣の其內外の政に於て、著々措置を誤りたる所以の者は他なし。素より大臣の器に非ずして、已に陛下に忠ならず、又國民に仁ならず、姑息《こそく》卑劣の手段によりて、專ら身を容《い》れ、位を保つ事を求むるの致す所にして、其條約改正の會議に於て振拔する事能はず、諸強國委員の爲に玩弄《がんろう》せられ、一國の面目を傷害して、殆んど國家百年の大計を誤らむとせしは、必ずしも意外の事には非ざるなり。夫れ內閣の失策たる、已に天下に暴白せし事、此の如し。陛下の宏量《こうりょう》なる、天の如く、海の如く、務めて群臣の過失を寬容し給ふと雖も、內外に信用なき大臣をして、復た一日も其職に在らしむ可からざるなり。且つ往《さき》に國家、歐洲立憲政體の諸國に倣ひ、凡そ重要なる內政外交に關して、各大臣皆連帶の責任を負ふに至りたる事は、內外人民の明認する所にして、即ち明治十八年十二月、三條太政大臣の奏議に於て、內閣の組織を論ずるや、各部宰臣均しく其責に任ずるの言あり。而して陛下之を嘉納し給ひ、以て現內閣を組成せり。然るに現內閣は、國家の大事に關し、一大失策あるに及び、專ら責を一大臣に歸して、己は則ち、靦然《てんぜん》として其職を守れり。是れ條理に於て一二專斷の迹ありしも、其會議は遠く萬里の外に在つて擧行せし處にあらずして、一切談判の記事は、卽日以て內閣に呈出して、各大臣の檢閱に供せしならむ。果して然らば、一省の雇人たる外臣の忠告に因て、初めて其專斷失策を覺りたりと謂ふが如きは、是れ直ちに國の大事を度外に置きたる事を證する者にして、滋々《ますます》以て衆大臣放慢の罪を重ぬるに過ぎざるのみ。若し枉げて一步を讓り、他の大臣は各部を分擔するに因り、外交上に關し、直ちに其責を受くる事なきを以て口實と爲すも、兼て中外の機務に當り、全局の平衡を保持するを以て職掌と爲す所の總理大臣に至つては、陛下に對し、國民に對し、竝に外國に對し、凡そ條約會議に係る所の失策に於て、決して其責を免るゝ能はざるなり。

臣の聞く所に由れば、近時欧米諸國に在つては、凡そ内外の政に於て一たび誤ある時は、其事未だ必しも、國家の安危に繫《かか》るに至らざるも、内閣大臣は皆自ら咎《とが》を引き、責を負ひ、一時共に其職を退く事、是れ其常例なり。此の如くならざれば、以て交際諸國の信を得べからず、以て人民の憤りを洩《も》らす可からざるを以てなり。今我内閣大臣の國家の大計を錯《あやま》り、外人の信を失ひたる所、前に述ぶる所の如くなるを以て、新に内閣を置き、別に人物を以て再び談判を開くも、尚ほ後圖の困難にして、容易に我國權を擴張す可からざるを憂ふ。然るを一たび處分を誤りたる現内閣大臣をして、再び外交の衝に當らしめ、以て功を奏する事を望むは、臣の決して信ずる能はざる所なり。我國民は是まで現内閣の政策に就て、常に不平を懷けり。今や條約改正會議の始末を傳聞するに及ては、慷慨《こうがい》切齒せざる者なく、全國一時に激動するの勢あり。此の如く民心を失ひたる諸大臣をして、猶ほ職に在らしめ、以て内治の績を擧ぐる事を望む、是れ亦臣の決して信ずる能はざる所なり。陛下猶覺悟せず、現内閣大臣に委任して疑はざる時は、彼輩の後來に施設する所の者知るべきのみ。外は卑屈姑息の計に循ひ、務めて外國に諂諛し、我國の體面を汚損し、我國の獨立を亡失するを顧みず、内は陛下の威權に憑藉《ひょうしゃ》して、專ら人民を壓抑し、其憤怒を激して、己れは卽ち遊侈《ゆうし》粉塗して、專ら天下の攻擊を避くる事を求めむ。彼輩職に據り祿を利するに於て、復《ま》た他策なければなり。此の如くなれば、之を外にして諸强國の强迫を受け、之を内にして民心の瓦解を致し、凡《すべ》て陛下が先帝の遺志を繼で成就し給へる中興の大業は、遂に湮滅《いんめつ》に歸するに至らむ。祖宗三千餘年の社稷《しゃしょく》を如何せむ。此の日本帝國を如何せむ。此の三千七百萬の蒼生《そうせい》を如何せむ。故に臣は今日内閣の易置を除き、他に國家の危急を濟《すく》ふの道なきを見るなり。

惟ふに、現内閣大臣等は、内閣の易置を以て、直ちに國家の秩序を變更するの革命と同一視し其言を誇大にして以て陛下を熒惑《けいわく》するならむ。然れども内閣の易置は、決して此の如き危險の計に非ず。且つ陛下と與《とも》に安危を共にする所は、内閣に在りと爲す乎。將た國民に在りと爲す乎。陛下枉げて現内閣を保ちて、以て國民の憤怨を買ふ時は、是れ正に危険の計なり。陛下一たび聖衷より断じ、現今朝に在ると野に在るとを問はず、素より幹識の名ありて、陛下の信用し給ふ者一人を宮中に召し、命ずるに内閣組織を以てする時は、政治の面目を一新する事、特に一朝夕の業に過ぎざるのみ。此の如くにして、始めて現内閣の失敗を匡正《きようせい》して、再び條約改正の會議を開設するを得べく、始めて天下に磅礴《ほうはく》する不平の氣を開散して、穏かに内政を整頓するを得む。苟も然らざれば、我日本帝國、異日潰決《かいけつ》横流して、或は禍を皇室に延《ひ》くに至るも、未だ知るべからず。臣何ぞ尊嚴を冒《をか》し、流涕して之を陛下に上奏せざるを得むや。

然れども内閣大臣等は、一身の利害に惑うて國家の大計を忘れ、臣の此の言あるを聞かば、必ず百方口實を設け、自ら辯解し、臣を以て、妄りに現内閣を讒誣《ざんぶ》する者と爲さむ。陛下若し曲直の有る所を疑ひ給はゞ、幸に在廷の羣臣《ぐんしん》中、肯《あへ》て交を内閣大臣に通ぜずして、夙に忠鯁《ちゆうこう》の聞えある者を御前に召して、之に質すに臣の言を以てし給へ。陛下必ず臣が言の妄ならざるを察せむ。陛下尚猶ほ疑ひ給ふ所あらば、試に詔を下して大に天下の忠言を求め給へ。其内閣大臣を駁撃《ばくげき》するの上書は、玉案の上に堆積するに至らむ。然れども陛下の聖明なる、豈此に察する事なからむや。臣固より、陛下の疾《と》くに内閣大臣の其職に堪へざるを知り、方さに英断を出し給ふ事を知るなり。

臣は終りに臨んで更に一言せざる可からざる者あり。現内閣大臣は大率皆維新の前後に於て、臣と倶に國事に奔走し、若しくは同じく廟堂の上に立ちたる者にして、臣今陛下に向うて公然其咎を責むるに於ては、私情實に忍び難きものあり。然れども彼輩既已に輿論《よろん》の攻撃を蒙り、猶ほ其職を守る時は、啻《ただ》に天下を誤るのみならず、災必ず其身に逮《およ》ばむ。故に今に及んで之を閑地に居き、自ら洗磨する事を得せしむるは、亦陛下大臣を優遇するの道を得たりと爲す所以なり。臣何ぞ盡言を憚からむや。臣は内外の政務に就き、陛下に陳述せむと欲する所、此に止まらず。但今日國家の大事と稱すべき者は、條約改正會議の始末に過ぐるは莫《な》く、今日陛下の英断を要する者は、内閣大臣の易置より急なるは莫し。故に狂愚を憚らず敢て謇言《こげん》を上る事、此の如し。臣象二郎、誠恐誠《せい》惶《こう》、頓首頓首。

（大町桂月著『伯爵後藤象二郎』より引用）

これは急進民権家中江兆民が書き残した政治文書のなかでも、もっとも真摯に熱血をそそいだものの一つである。それは日本民権思想史の重要な一古典でもある。ここでは大同団結を期して、雑多の事には論及せずに問題の核心闡明《せんめい》に全力を集中してゐる。独立不羈《ふき》の名誉ある外交の確立を主張し、政府が英独強国へ追従するの卑屈を憤り、憂国志士の言論自由への強圧に反対し、公法によらざる財閥の政治献金により政財界の私的結合を生じ、国政の公私を混同することを戒しめ、人民の貧苦を無視して軽薄洋風の贅沢に流れるの非をきびしく責めてゐる。しかして、内閣が天下公論に対して責任を重んずることこそが、「先帝の遺志」を継ぎ「祖宗三千年の社稷」を確保し「三千七百萬の蒼生」をして安んじしめて君民一致の美風を保つ所以であると忠言し、大政奉還の時代を回顧して切々たる君臣の情に訴へて、天皇の御英断をせまってゐる。そこには、公議言論の自由、責任内閣制の確立等の自由民権の骨格とするところが明示力説されてあますところがないが、同時に君臣の一致をもとめる忠誠の真情切々たるものがある。有司官僚の称する「君権対民権」の反君主的洋風異端の風などは、ただの片影だに見出されない。

この上奏文は、上下の人心を動揺させた。後藤象二郎はこの上奏にさきだち全国遊説の旅に出て熱弁を振った。旧自由党系のみならず往年の政敵であった旧改進党系からも精鋭犬養毅らが参加、犬養のごときは、その幕僚中のもっとも強力な謀将、組織者として活動した。かつては後藤を洋風民権の亜流かと疑ってゐた国粋系の野人も、後藤を再び大政奉還の英雄としてみとめ、相呼応するの情況となった。後藤は、上奏文と同一の趣旨を闡明しつつ、民心を激励すること強烈なものがあった。各地の人民総代が陸続として同様の建白をもって上京し、決死の覚悟で当局と談判する、との決議などもあって、物情にはかに騒然としてきた。

これは政府にとっては、一地方の暴力騒乱などとは本質のちがった、遙かにおそるべきものであった。天下に信望ある多くの著名人が、全天下の公論を背景としてせまって来る。しかもそれは公然と武装してゐるわけではない。いかに武断主義の警察でも銃弾を浴びせかけるわけにはいかぬ。

そこで最後の弾圧政策として、山縣内務大臣は二十年十二月二十六日、史上有名な保安条例を発して、在京中の政治活動者約六百人近い者に対して「皇居又ハ行在所ヲ距ル三里以内ノ地」から三年間追放することを命じた。この命令に反する者は禁錮する、といふのが条例の骨子である。端的にいへば、東京または京都ではその後三年の間、国会が開設される明治二十三年までは、政府が好ましくないとみとめる反政府主義者の居住を許さないといふのである。それはまさしく戒厳令政治といっていいであらう。警視庁の退去指令書に従はない者はただちに捕縛され、多数の者は私宅の始末もつけられないままに放逐された。さすがにこの年の春「国家に勲功ありし者」として伯爵を授けられた後藤象二郎に対しては、政府のもっとも恐れ敵視するところではあったけれども追放を命ずることはできなかったが、後藤の上奏文を執筆した中江篤介は、青年壮士連中とともに追放されて大阪へ転住した。

しかしこの暴圧は、すでにおそかったといっていい。警視庁が狼狽《ろうばい》して作成した過激派リスト（主として土佐自由党系の人物が多い）の五百人や六百人の追放では、到底政局の安定は期しがたく、反政府の運動はむしろ一層つよく全国に燃えひろがって行った。この保安条例の暴圧後わづか百日にして、伊藤博文は内閣総理大臣を辞するにいたった。そして、後任の首相としては薩閥の黒田清隆を推し、薩長連合政権を成立させて野党の猛攻を防衛させることとし、自らは枢密院議長として、時期切迫せる憲法の成立に専念することとなった。

第十五章　朝野の対立から合流へ

一、明治民権家と欧化思潮

立憲を目標にして欧化政策を華々しく推進した伊藤内閣は、外交政策に行きづまって黒田内閣に政権をひきついだ。二年間の朝野の激しい対決のなかで、華族や高官の間に欧化開明が進行した反面、在野の側においては、欧化反対の風潮が民権党国権党の別なくひろく一般に伸びて来たことは、この時代の著しい気流として見失ってはならない。この二年の間の在野の政治関心は、主として伊藤博文、井上馨の欧化政策、条約改正外交に対する反対に集中し、伊藤博文をもってドイツ・ビスマルク主義者として痛烈に論難した。

反政府の民権家は、とくにドイツ流ビスマルク主義に強い敵意をもった。それは激しいものであったが、しかしかれらは、ドイツ強権主義を憎んだからといって、必ずしも英仏米の民主自由主義を信頼したのでもなかった。かれらが、その憲法思想形成の過程において米英仏等の外国書の影響をうけたのは事実であり、また、その論文に米英仏人の政治思想書を引用したことなども少なくないけれども、だからといって、米英仏人やその国家を真に信頼したわけではなかった。むしろ、明治二十年前後にはその米英仏諸国に対しても明白な不信感を強くするにいたった。これは、戦後日本の民主主義が米英の国家と人民とを模範典型としたのとは著しく異なるところであって、この点の認識がなくては明治の民権思想は理解できない。近代史家のなかには、この特徴をみとめて、日本の民権家に欧米人との国際連帯のなかったことがその弱みであった、などと評する者もあるが、それは十九世紀の国際政治史に対して無知なる者の評であらう。

英国は、その時代に香港、ビルマ等を拠点として、東洋をその制覇の下におくために懸命に北進の努力をしてをり、一時は朝鮮の巨済島をも占領した。英国へ渡航する日本人は、その遠い航路のうち上海、香港、シンガポールからインドまで行っただけで、はやくも、英国こそが東洋人に対するもっとも恐るべき暴圧者であることを知った。ただその国内政治は日本の民権家に良い参考とされたが、その本質では英国は、前章で述べた『佳人之奇遇』にも見られるやうに、東洋人のみならずアイルランド人に対してすらも苛酷な暴圧者であった。実は英国内でも、保守党の帝国主義外交についてはリベラリストの側から幾分の批判の声もあがってはゐたが、しかし、一八八〇年に自由党が政権をとっても、英国の東洋に対する利己的帝国主義侵略の圧力政策は、少しも変らなかった。

英国の自由主義者として有名で、異民族に対しても同情的であったスペンサーは、その著書によって日本の民権家に大きな影響を与へた。しかしそのスペンサーは、日本が欧米列強から侵略されないためには、国会の自由権限などは当分みとめないで、強固な統一政権を立てて対外抵抗につとめねばならない、と助言してゐた。それでは日本民権家との連帯は望めない。板垣が憤然として席を蹴って別れざるを得なかったわけである。

その時代にヨーロッパで社会主義者として新しく登場して来たカール・マルクスは、主として英京ロンドンに住んでゐたが、かれは当時の議会制度そのものに鋭い蔑視反感をしめしてゐた。議会主義者の「自由」とは、ブルジョワジーがプロレタリアートを搾取する「自由」でありプロレタリアートの「不自由」を意味する、議会主義者の法的「平等」とは社会的経済的「不平等」を意味する、といふのがマルクスの政治論理であった。日本の国会開設を要望する自由民権家にとっては、それは橋の懸けやうもない理論であった。

もっとも近ごろでは、マルクス、エンゲルスも、議会制を利用してのプロレタリア解放について、その晩年には希望をもったとの説が多い。その有名な証拠として引用されるのはマルクス著『フランスにおける階級闘争』のエンゲルスの序文であるが、それは一八九三年（明治二十六年）版のもので、日本の憲法論争の時代から七年も八年も後の話である。日本の民権家が憲法構想についてマルクス社会主義などと縁のつくはずがない。日本でもっとも早く社会主義思想に着目したのは『國民の友』の徳富蘇峰であるが、それについては後述する。

マルクスは、その当時には西欧資本主義を憎んだけれども、しかしその資本主義は、人類文明史がさけて通ることのできない必然の一段階であるとも主張してゐた。かれは、そのやうな必然論的な唯物史観にもとづいて、アジアの前近代制社会が進歩するための一段階としては、アジアは西欧の植民地とならざるを得ないとの理論をもってゐた（マルクス主義者が、民族問題でアジア人との対等に近い連帯を考へるやうになるのは、二十世紀のレーニン以後のことである）。マルクスの印度政策に対する英国支配必然の理論（米国のニューヨーク・トリビュン紙上の論説）などを見て、マルクス主義者と連帯しようとするアジア人はあり得ないであらう。

フランスの大革命は、たしかに日本の民権家にとって一つの歴史物語としての感銘を与へたといっていい。しかし、それは昔の話なのである。この時代の日本人が現に見ることのできたフランスは、ナポレオン三世の帝政から第三共和国にいたる間であった。一八七五年のフランスの議会では、共和主義者は貧弱でみすぼらしかった。王党派が断然として絶対多数なのである。ただその王党派が、ブルボン王朝系、オルレアン王朝系およびボナパルト帝政派の三派に分裂してゐて、激しい王位継承の争ひをして権謀術数の限りをつくしてゐた。オルレアン王党が、一時の駆引きで共和主義者と妥協連合して、わづか一票の差で「共和国宣言」をし、敵対する二派王党の進出を妨げた。それが第三共和国と称するものであるが、第一共和国の精神はすでに昔語りとなってゐて、いづれは三派のどの王朝かが勝つだらうと思はれてゐた。議会は四分五裂して無能力であったし、ただ官僚がナポレオン三世いらいの仕事ぶりをつづけてゐた。そしてアジアでは、清国と戦ひ、ベトナムを植民地とする野望に成功した。それが一八八〇年代のフランス共和国と称するものの実相である。一七八九年から一八七五年までの間に、フランスは次々に七つも憲法をつくった。外国の青年がパリの本屋でフランスの憲法書はありませんかといったら、本屋のおやぢが眼鏡ごしに渋い顔をしていった、「君、この店ではそんなきはものは売らないんだ。新聞雑誌の売場にでも行くんだね」(木下廣居『フランスの政治』)。約十年に一度は憲法変革がおこなはれてゐたのである。

ボアソナードは博学の人で、パリ大学でも民法、刑法のみでなく憲法の講義もしてゐた。かれは日本に来て、近代法学の講義で多くの学者、政治家、言論人を教育した。かれが、日本でまだ拷問の行はれてゐるのを知って、その人道的情熱を傾けて拷問廃止のために努力した話などは感動的である。かれは、真に日本人を愛し、日本の刑法や民法の近代化のために直言した。条約改正反対では、政府の権力者に憎まれても抗争した。しかし、かれが憲法について諮問された時には、故国フランスにおいても成功しなかったイギリス流の議院内閣制には反対した。これが政府の「岩倉綱領」を作成した時の井上毅に心理的に自信を強めさせたことは、おそらく想像以上であらう。

当時の民権家がパリの学者を歴訪したとしても、日本人に親切な博学者は、ボアソナードやロンドンのスペンサー以上のことはいはなかったにちがひない。それがヨーロッパ人の対日常識といっていい時代なのである。前世紀に、自由の情熱に燃えて米国の革命戦援助に赴いたラファイエット（フランスでは王党派）が仮に生きてゐたとしても、板垣を満足させるほどにラジカルであったかどうかは疑はしい。

前世紀に米国人が自由平等博愛の旗を樹てて戦った歴史も、フランス革命史と同じことである。明治初期の朝野の日本人で、米国現地で学んだ人は多い。しかし、現に見る米国では、グラント大統領が人種差別撤廃の憲法改正を断行したものの、実際的には日本、清国から渡米した移民たちは、奴隷そのままの情況なのである。日本人に親切な米人ならば、明治天皇に進言したグラントなどと似たやうなことしか言はなかったにちがひない。そしてやはり、政府を核として国論を統一し、(国会での分裂をさけて)対外圧力に抵抗することこそが緊急だといったであらう。

米国は、あり余るほどの茫々《ぼうぼう》たる大領土を所有しながらも、なほメキシコと戦って西部の領土を拡張し、さらに太平洋上のハワイ王国を侵略し、次いでフィリッピンへと進出しつつあった。東洋人としての日本人には、それは英露とともに恐るべき将来の暴圧者と見えた。明治二十年の日本の民権家に外国人の同情者も協力者もなく、国際連帯の民権戦線がなかったのは、当然すぎるほど当然だったのではないか。

ただ日本政府は、この欧米の暴圧をよぎない世界史の現実としてみとめてゐた。その暴圧のなかで日本の独立と富強とをすすめるためには、外人の知識と技術とを利用せねばならないと信じてゐた。井上外相の語法でいへば、日本国がヨーロッパの諸国そのままの国になるほかはないと信じた。政府は、思ひきった高俸を支出して米国、英国、ドイツ、フランス等、どこからでも外人を雇って来た。いつも三百人から五百人もの外人が日本政府のために働いてゐた。法律関係では、トップ級ではフランス人のボアソナードとかドイツ人のロエスラーをはじめ、優秀な知識人が各省にゐて忠実に協力してゐた。国際知識では、大きな公金の使用できる政府が、自由党、改進党などとは懸絶する水準にあったことは事実である。ドイツばかりでなく米英仏の情報でも学問でも、政府が在野の個々の国際知識人以上の水準の組織的知識を所有したのは、当然のこととといはねばならない。

国会開設を前にして、反政府の民権家のみでなく、中正派でも国権派でも、この綜合組織的な国際新知識を利用して欧化政策を進め、政治の前途を決しようとする政府に猛反撥したのが、いはゆる「大同団結」であった。かれらは、欧化政策の巨頭伊藤博文をもってドイツ主義者だと断定してゐた。しかし、それに対抗するのに英国主義やフランス主義に依存したところで、到底全日本国民を動員することはできない。明治維新の原点に戻り、「萬機公論ニ決ス」との天皇の御誓約を根本とし、対外独立の国権を確保するための公論を伸張するには「民撰議会」の開設を緊急とする、との維新いらいの日本精神を再確認するほかない、との風潮が高まった。

伊藤、井上の欧化主義政策は、反面教師的な大きな作用をして在野日本人の民族意識を高揚させた。反政府の政治勢力のなかでも、英仏思想亜流の色彩がうすれて、純粋日本主義の比重が断然と大きくなった。五、六年前の明治十四年当時の憲法論争では、政府のドイツ流の君権官僚政府制に対するに、イギリス流の議院内閣制といふ線に、対決の主流があるかに感ぜられた。しかし、政府批判勢力のなかの大きな指導力として、勝海舟や谷干城、三浦梧樓、鳥尾小彌太等々（世に中立保守と称するグループ）が進出して来るとともに、後藤象二郎の「大同団結」運動が各流各派の在野勢力を動員するにいたって、問題は欧化的ドイツ主義に対する日本国民主義の対決といふ様相を呈してきた。この風潮の推移によって在野反政府派勢力は、国民の大きな部分を合流させるのに成功して、その政治圧力は非常に大きくなった。この条約改正外交反対や特権的貴族、政府高官の欧化主義に反対の運動が高潮して来たところで、保安条例による大弾圧が強行された（明治二十年十二月）。

そのころ、秘密地下出版として『西哲夢物語』の著が流行した。それにはグナイスト談話の筆録や政府の憲法案と思はれるもの（実はロエスラーの私案）が印刷されてゐたが、在野人は、この憲法構想に猛烈に反対した。「グナイスト談話」では、初めに「国会ができても外交軍事経済には決して吻《くちばし》を入れさせるな」といふ書き出しなのであるから、条約改正反対論などは無視圧殺せよとの説に見える。また、司法権の真の独立をみとめず「国事犯などは政府の委員で裁判するもいい」といふのだから、保安条例以上の暴圧へと走らないとはかぎらない。このやうなドイツ人の説で憲法を作るなどとは許せぬとの怒りがおこる。この秘密出版は反ドイツ主義を煽り立てるのに有効であった（この地下出版物は、自由党の星亨の指令で発行頒布されたといはれてゐる)。

ところが、それが一年半の後には、自由党も改進党も保守中立派も、政府起案の「欽定憲法萬歳」で一致してしまった。その間には、思想的、政治的に、また人物的に、いかなる変転の経緯、事情があったのか、それを多少とも究明することなしには帝国憲法の成立史は解しがたいであらう。

二、井上毅の国典研究

この朝野の鋭い対決から、朝野の合流へいたる間には、多くの人物とその思想について語らねばならないが、その一人としては、まづ、伊藤博文の下にあって法典編纂の実務にあたった井上毅を挙げるべきであらう。

世間では、伊藤博文に対して、極端な非日本的欧化主義者、ビスマルクの亜流としてのイメージを強く感じてゐた。そのイメージの当否はともかくとして、政府の条約改正外交が在野ナショナリズムのために破綻《はたん》し、政情騒然となるに至るや、伊藤首相は山縣内相の提案によって保安条例を発してその強権政策を示した。この間、伊藤は憲法草案の作成を進めてゐたが、この仕事の第一の協力者である井上毅その人は、ボアソナードとともに在野の慷慨《こうがい》の士にさきがけて、強硬に伊藤内閣の欧化政策、条約改正外交に反対した人であったことは、前章で述べたとほりである。また、政府の保安条例強行に対しても強くそれを不満とした一人でもあった。

井上毅は、政府の官吏として、つとめてその政見を公然化することをさけたのは当然であるが、その思想の本質においては、猛然と政府を攻め立ててゐる野党の政客よりもむしろ日本主義の思想を深めてゐたといっていい。かれは明治二十年には伊藤内閣の高官を辞することを度々決意してゐるが、それほど伊藤首相とは時局の政策について対立したし、またそのことを直接端的に表明もしてゐる。

これに対して伊藤博文は当然、怒ったり憤ったりしてゐる。しかし伊藤は、その時局的政見について全く政敵のやうな所信を示してゐる下僚井上毅を手放すことなく、恒久的将来の国政の基礎としての憲法起草については、井上毅をもっとも重要な地位においたままであった。ここには伊藤博文の非凡な政治見識があったといっていい。憲法は、一内閣の政策ではなくして、数十代にわたって移行して行くすべての内閣の行動を律するものである。伊藤はその次元の異なるところを知ってゐたのであらう、しばしば激しい討論をしながらも下僚井上毅をして存分にその知能をつくさせた。それは、あるいは伊藤博文の最高の政治的功績ともいひうるのではないか。

井上毅が、太政官時代の明治十五年に試作した憲法草案を見ると、その法典の構成様式からしても、まったくのドイツ法学の立場であったことは明らかである。かれは、かれがもっとも法学的に深く学んだフランス人のボアソナードに対しても勿論その見解を質《ただ》し、「岩倉綱領」の作成にはボアソナードの同意や協力も得た。また新来のドイツ人ロエスラーからも多くの外国の資料の提供を受けた。井上の明治十五年の憲法私案は、在野交詢社の矢野文雄を中心にして起案された英国法学と真正面から対決するドイツ憲法学であったといっていいであらう。

しかしその後、井上は、日本の政治情況の分析判断や常識的な日本法制史程度の知識では満足できずに、日本の国史古典についての専門的な法学研究を始めた。その研究を始めてから、かれは日本の国史を通じて流れる固有法の思想について非常な関心をもって熱情的な研究に没頭した。それがやがてかれの思想に新しい日本主義的転回をもたらすこととなった。

かれは少なからぬ専門国学者（小中村清矩等）と交はって国典研究を進めたが、日常の研究助手としては新進の古典研究者小中村義象（清矩の養子、のち池邊姓に戻る）を用ひた。稲田正次の著書によれば、井上が特に参考研究した日本の古典としては、次のやうな著書名があげられてゐる。すなはち、古事記、日本書紀、續日本紀以下の六國史、令義解（特に職員令、神祇令、儀制令、公式令）、古語拾遺、萬葉集、類聚國史、延喜式をはじめとして貞觀儀式、江家次第、姓氏錄、和名抄、玉海、禁秘抄、神皇正統記、職原鈔等々。下って徳川時代のものとしては大日本史、日本政記、本朝皇胤紹運錄、古事記傳、職官志、弘道館記述義、新論等々があり、まづ堂々たる国典研究の基本を見ることができる。この古典研究の助手小中村義象は、井上の歿後に『梧陰存稿』の編集をしたが、その編集の後記に、井上毅の熱情的な日本法制史研究の情況を回想して次のやうに書いてゐる。

梧陰存稿の奥に書きつく

（前略）この年（明治十九年）十二月の末つかたより明年一月にかけて先生に隨ひて安房上總相模の名ある處々を經めくりしことありき常にはさはかり勉强したまへと旅の間はおのつから怠りたまふこともあらむなとおもひしにさはあらて持ちたまへるものは悉かの草案の類にして船の中にても車の上にてもさては木かけに休らひ晝餉《ひるげ》の

ほとにも取りいて丶見たまはぬはなく見たまふかたはしより筆くはへたまはぬはなし鹿野山にのほるほとなりき車にてはゆきかたきところ多かりしかは先生は右の手に仕込杖をもち左の手にかの書類を握りなから歩きたまひしかふきおろす風いみしくて手も凍るはかりなれは之をかばんに納めたまひいさ話せむとて問ひおこされしは大國主神の國譲の故事なりきかれはいかにこれはいかになと問ひたまふ中にかのしろしめすとうしはくとの事に及ひしかは（中略）

先生は洋服をもときたまはす火鉢をいたきて宿のあるしをよひ硯とりよせて書きたまふはかの道すからかたりまつりしことのあらまし也さてこれにてよきかこのことは調へてよなとのたまふその事にあたりてつとめたまひしことかくのことし

鎌倉の雪の下に遊ひしころしはかりの事は大寶令にはいかゝありしかとのたまふにをほく答へまつりしかと暗記の疎漏《そろう》もやあらむかへるまてまたせたまへといひしに大事なりさらは一日はやめてこの旅をはらむとのたまふ時に雪ふり風さへふきあれて車もめくりかぬるをいさ是より藤澤まてはしらむとて畔道つたひに出立たまふ例の杖を肩にしてたた走りにはしりたまふにおのれもまけしと走る雪はいよく降りまさりて目鼻にみたれいり顔は針もてさゝるやうなるに遙に旅人の一行見ゆ（中略）

藤澤につきしは晝過るころなりしか是より車をやとひて神奈川まていそかせつあはれその折はかくはかりをゝしくかくはかりいさましくおはせしものをけに無きものゝかすそふ世には有けり

大宝令の一点に問題意識が及び、その場に確かな参考書がないと帰宅の予定日まで待つことができない。折から霏々《ひひ》として降りしきる雪のなかをひた走りに田の道を急いで帰る。池邊の語るこの井上毅の国典研究の情熱の姿は、まことに鮮烈なものがある。それは、政府高官の調査研究のお役所仕事一般とはいちじるしく異なる。

『井上毅傳』史料篇（第五）に、次のやうな扁額仕立ての文字があると書いてある。

舊事追懐

（明治十九年）

自今一年、從事立憲、三年從事經濟、又三年、從事國典國語、

一、一身孤子、爲國犠牲、以遂素志、聊可補前過、瀝精耗神、亦何所吝、投難致節、甘如薺薺、

右六月十九日在金澤客舍、追懐舊事、省悔前過、不堪痛戚、恍然得此數語、援筆書之、

かれは、憲法研究のために国典研究を始め、それに非常な関心をもった。憲法の制定は、すでに公定期限があり、一年以内に成案を作りあげねばならない、しかし晩年は再び全力を投入して国典国語の研究に従事したい、と強く思ったもののやうに見える。かれの国典研究は、近代法を修辞学的に荘重に修飾する程度のものを考へたのではなくして、学問的思想的にも真摯なものがあったとみとめられる。

かれは国典研究中に、日本の帝国憲法は、ヨーロッパのドイツやイギリスなどの憲法の写しに非ずして「皇祖皇宗の不文憲法」の近代的発展でなくてはならぬ、との強い信念をもつにいたった。かれのドイツ法学主義に大きな転回期が来た。かれは、その日本固有法の思想なるものについて下記の「言靈」なる小論を書いてゐるが、そこには次のやうな独自の思想が解明されてゐる。

（前略）　古言を取調ふることは歴史學の一として數ふるの價値あるなり抑々言靈の幸はふ國と稱《とな》ふる御國の古言には樣々尊きことのある中に余は一の上なきめてたき詞を得たり

土地と人民との二の原質を備へたる國を支配する所作を稱へたる詞に付いて國々にて種々なるが支那にては國を有《たも》つといへり有つとは我か物にし我か領分にして手に入るゝ心にて俗に一の屋敷を手に入れた或は一の山を我かものにしたといふと同じ意なり詩經に奄有天下とあり奄有《えんゆう》すとは掩《おほ》ひかふせて手に入るゝ心にして天下は廣大なるものなりしかはかく稱へしものとそおほゆるこれ國土國民を物質樣に一の私産と見たるものにして中庸には富有天下ともいへり一人にして天下を私有すとは穩ならぬ詞なれは彼支那の聖人は此の詞を脩飾《しゆうしよく》するために有二天下一而不レ與といへれと不與といふことゝ有つといふことは一句の言語の中に意義の矛盾ありともいふへし（中略）

又人民に對しては如何なる作用言を用ゐたるかといふに民を御すといひ又は民を牧すといへり御すとは馬を使ひ牧すとは羊を畜《か》ふことにしてこれ人民を馬羊に喩《たと》へたる太古未開の時のおほらかなりし思想を其のまゝ畫きたるものなり

歐羅巴にて國土を手に入れたることを何といひしかと問ふに國を占領すといへり占領といふ詞は（オキュパイド）やがて奪ふといふ意味をも含めり又人民に對しては（ゴーウルメ）船の舵《かぢ》を執る意味の詞を用ゐたり卽支那にて御すといひ牧すといひしと同しく人民を一つ物質に見なしたるより轉用したるものなり支那も西洋も昔の人の國土人民に對せし作用言はいと疎《おろそ》かなる語を用ゐたるものにして國土を繩張して己れの領分にすといふことを目的とし人民を一の品物と見て手綱を付け舵を取りて乘り治むといふあしらひをもて稱へたるものと覺えたり是は古の人は今の世の人の如く政治學の精密なる思想無かりし故にそあるへき諸御國にては古來此の國土人民を支配することの思想を何と稱へたるか古事記に建御雷神を下したまひて大國主神に問はしめられし條に汝之宇志波祁流葦原中國者我子之所知國言依賜とありうしはぐといひしらすといふこの二つの詞そ太古に人主の國土人民に對する働きを名けたるものなりきはて一はうしはぐといひ他の一はしらすと稱へたまひたるには二つの間に差《けぢ》めな

くてやあるへき(中略)

正統の皇孫として御國に照し臨み玉ふ大御業《おほみわざ》はうしはぐにはあらすしてしらすと稱へ給ひたり其の後神日本磐余彦尊の御稱名を始馭國天皇と稱へ奉り又世々の大御詔に大八洲國知ろしめす天皇と稱へ奉るをは公文式とは爲されたりされはかしこくも皇祖傳來の御家法は國をしらすといふ言葉に存すといふも誣《し》ひたりとせす國を知り國を知らすといへるは各國に比較を取るへき詞なし今國を知る國をしらすといふことを本語のまゝに意譯を用ゐすして支那の人西洋の人に聞かせたらは其の意味を了解するに困《くるし》むへしそは支那の人西洋の人には國を知り國を知らすといふことの意想は固よりその腦髓の中に存せされはなり知るといふことは今の人の普通に用ゐる詞の如く心にて物を知るの意にして中の心と外の物との關係をあらはしさて中の心は外の物に臨みて鏡の物を照すことく知り明むる意なり(中略)

故に支那歐羅巴にては一人の豪傑ありて起り多くの土地を占領し一の政府を立てゝ支配したる征服の結果といふを以て國家の釋義となるへきも御國の天日嗣の大御業の源は皇祖の御心の鏡もて天か下の民草をしろしめすといふ意義より成立たるものなりかゝれは御國の國家成立の原理は君民の約束にあらすして一の君德なり國家の始は君德に基つくといふ一句は日本國家學の開卷第一に說くへき定論にこそあるなれ

御國の肇國《ちようこく》の原理は國知らすといふこと其の原理よりして種々のめでたき結果を生したり第一は歐羅巴の國々の歷史上の狀を尋ぬるに大かた國は一の豪傑の人の占領したるものにして大なる財產なり故に國を支配することを民法上の思想により一の財產のあしらひもて處分し其の人々の世を去るときには民法上の相續を行ひ子三人あれは其の國を三つに分ち與へたり(中略)

此は歐羅巴には珍しからぬことにして二百年前まて行はれたりしに二百年前の墺地利亞帝の聯邦各國との條約に一國の相續は一統の子孫に傳ふへきものにして數多《あまた》の子孫に分割すへきものにあらすといふことを始めて約定

したり是を彼の國の學者は學理様に說き明して古は私法と公法との差めを知らす國と家との別ちを知らず一家の財産相續法を以て國土の相續に混雜したるものなりなといへり御國にては公法私法なとの學理論の有無に拘らす神隨のおのづからの道に於て天日嗣の一筋なることは自然に定り居て二千五百年前より此の大義をあやまりしことなし（中略）

歐羅巴人が二百年前に辛うして發明したる公法の差別は御國には太古より明かに定りて皇道の本となり居れり是は何故ぞといへば卽ち御國をしらすといふ大御業は國土を占領すること丶おのづから公私の差別ありしに由るなり（中略）

そもく御國の萬世一系は恐らくも學問様に論すへきにあらされとも其の初に必一の原因あること疑なし今多言を憚《はばか》るま丶に終りに一言の結論を爲すに止むへし曰く恐《かしこ》くも我か國の憲法は歐羅巴の憲法の寫しにあらすして卽遠つ御祖の不文憲法の今日に發達したるものなり

かれが、天皇と日本国との間は「知らす」といふ関係にあって、外国の権力支配とは全く異なると確信したのは大切である。「知らす」とは「知る」の敬語である。国と民との意思を根底的に知る。知るとは「同一化する」といふほどの意味にも通ずる。この思想の上に立って、かれの研究が進む。かれは、前掲文にあるやうに、「歐羅巴人が二百年前に辛うして發明したる公法（と私法と）の差別は御國には太古より明かに定りて皇道の本となり居れり」と断じてその独得の法思想を展開し、国民の権利義務の思想もまた御国の公民（おほみたから）の典故習俗に源流するものと解するにいたった。その法思想は、まったく日本固有法の復古発展を目標としたもので、かれは「我か國の憲法は歐羅巴の憲法の寫しにあらすして卽遠つ御祖の不文憲法の今日に發達したるものなり」と断言するにいたったわけである。

かれはその憲法草案にも、この「知らす」の古語を第一条に明記して、外国語には訳しがたい貴重な語として固執した。しかし、それは伊藤博文の同意するところとはならず、結局「統治」の漢語に改められたが、憲法義解の註釈においては、この統治とは「しらす」の語義であるとの説を入れてゐる。

これは井上の法思想の根底となった。この点については、『國學院大學大學院紀要』（第八輯）所収の大原康男「シラス考——近代化と天皇制序説」に詳細な研究がある。ここで井上が「しらす」といふ語を「うしはく」といふ語の反対概念として考へたことについては、国語学の専門家の説では確かに疑点とされる問題があるけれども、井上の日本国固有法についての見識は大いに敬重さるべきものである。

憲法起案者の主柱として、井上の上司であった伊藤博文は「ビスマルク的権力主義」の典型として野党からの集中攻撃を浴びた。伊藤がある意味で「異国の英雄」としてのビスマルクを畏敬した事実は否定しがたいが、少なくとも伊藤の下にあって実務を執行した井上毅が、ビスマルク的権力主義を「うしはく」思想の典型として、日本の法思想に反すると信じたのは明らかである。かれは、ロエスラーやモッセ等の外人法学者と緻密《ちみつ》な研究をするとともに、小中村清矩、落合直文、増田于信等の国学者とも交はった。

なほ注目すべきは、野党の急進激派のリーダーとして治安警察からもっとも敵視された兆民中江篤介や新進の自由主義ジャーナリスト蘇峰徳富猪一郎などとも、井上は親しく交はって意見を語り合ってゐることである。

この時代の徳富は、自由党左派系の新進理論家として注目され、その人事往来はすこぶるひろい。かれは、当代第一の新思想家で、日本に初めて社会主義思想を移入した人として思想史上特記さるべき人である。かれは、初めは井上毅を藩閥政府の官僚ブレーンとして反感をもって見てゐたが、間もなく深い関係に入った。藩閥政府の中枢にある井上について、このジャーナリストは、かれに迷惑を及ぼすことをおそれて書かなかったが、後年その追想を書いて、井上が政府から退官する決意をしたときに、この民権ジャーナリストが切々として隠忍在官をすすめたと書いてゐるのは感ふかい。この徳富の回想のなかに、かれが井上家を訪問したときに、中江兆民が来訪してゐて、井上毅に『三醉人經綸問答』の稿本を読ませ、その批評を聞いて談笑してゐた話がある。井上は、兆民の経綸問答の政治哲学を、大変に興味ふかい良著であるが世俗大衆の読み物としては難解で、到底『佳人之奇遇』などのやうなベストセラーにはなるまい、などと微笑しながら批評してゐる。その対談の様子は、青年時代にフランスに留学したころから信じあった知己親友らしい話しぶりである（『蘇峰文選』による）。果してこの中江の名著は、発売当時にあってはあまり売れなかったらしい。二十年五月、中江は大隈重信に対して「未だ独立の生計立てる能はず」として「前々のことながら生活費の援助を求める」との書状を書いてゐる。自由党系の人々の大隈に対する不信反感はきびしかったけれども、中江は人間的には大隈とも親しく交ってゐた。

兆民の時事的政治評論は秋霜烈日、政府当路者のもっとも憎むところであった。したがって、当然にかれは、公開の文では井上毅との往来親交などは書かない。しかし、井上の歿後に書いたかれの最後の著述『一年有半』では、「今の日本の政治家中には思想する能力者が全くない。思想する政治家としては井上毅君ただ一人を見たが今はすでに亡い」、また「今の役人に真面目なる人としては、ただ井上毅君と白根專一君の二人ありしのみだが、そのいづれもすでに今は亡い」と、ふかい追悼敬弔の評を銘記してゐる。しかも、それと同時に「山縣、伊藤などは死ぬこと一日早ければ早いほど国のためになる」などと酷評しつづけてゐる。井上毅の在官中にこのやうな評論をすれば、井上が伊藤、山縣から信を失ひ遠ざけられるのは分りきってゐる。中江は黙して語らなかったのである。徳富でも、井上と中江との対談とか、井上が伊藤内閣時代に退官しようとした話を書いたのは、井上死去（明治二十八年十一月）以後のことである。

世俗の評では、中江をフランス学者といふ。しかし中江は、当代第一の漢学の碩学《せきがく》とされた岡松甕谷の最高弟（徳富は同門の後進）で、フランス民権論よりもむしろ東洋学にふかく、人間的には洋学者風の人物を極度に嫌って東洋風を好んだ。かれは、民権とは東洋の王道と同一だと主張した。この東洋王道の理想は、井上毅の日本固有法論と決して遠くはない。

中江は、新聞論評ではしきりに政府（伊藤）のビスマルク的権力主義を痛罵しつづけた。しかし、かれが東京から追放されて、大阪の『東雲新聞』時代に書いた「憲法論」、「国会論」等々の法理論は、意外なほどに、起案当局者間において論議の集中した点に現実的にせまってゐる。議会の代表（議長）を通じての天皇への上奏権の問題などがそれであり、中江はこの上奏権をできるだけ大きく確実にすれば、君民一致の大原則を前提にして、軍事、外交、内閣の進退から憲法改正の大事にいたるまでも、官権に対抗してあらゆる面で民権を伸張する道が開ける、と思った。次には議会の法案提出権の問題等に力を入れてゐる。かれは、将来の問題としては議院内閣制をも考へたであらうが、この時点では、そのやうな議論は問題にしないで、すでに当事者間で討議されてゐる現実問題に論点をはっきりと集中してゐる。井上毅が、厳格な官規に反して、公務上の機密を私的に洩らしたとは思はないが、ボアソナードの先例もあるし断定はできない。あるいは中江は、枢密顧問官勝海舟からの情報を得てゐたのかもしれない。
勝海舟が、憲法発布と同時に、伊藤博文に対して制憲を祝し今後の運用について忠告した文中に、「これで保安条例の輩も殺気が消えた口振りだ」と報じてゐる。「保安条例の輩」とは何者を指すのか。勝の親近者のなかで「保安条例の輩」の第一人者は、兆民中江篤介ではなかったか。おそらく勝は、早速に中江等の口振りを聞いて「殺気が消えた」と書いたのであらう。

ともあれ井上毅は、密室に閉ぢこもって法理研究に没頭してゐたばかりでない。世間では対極点に立ってゐるかに見られた中江兆民などとも遠慮なく議論して、全国民的コンセンサスをもとめてゐた。その井上が、中江等を追放した保安条例の政府の政策に不満を禁じがたかったのにも道理がある。また藩閥政治家としての伊藤博文、山縣有朋を苛烈に酷評してやまなかった中江が、井上毅に対しては、日本で唯一人の思想的政治家と評したのにも理由がある。

井上文書を見ると、保安条例の実施に際して、かれが弾圧執行者の警視総監三島通庸と激論したのを松方蔵相が憂へてゐる。井上は、この年の前半には条約改正外交で正面から強く伊藤首相に反対した。歳末の政府の保安条例では、政府に失望して長文の辞表を呈してゐる。その辞表でかれは伊藤に対し、これを機として政府行政の大転回を忠告するとともに、この保安条例が一歩を誤まると立憲を無効にすることを憂へて、

「心ヲ潜《ヒソ》メテ今日ノ情勢ヲ観察スルニ政府ノ人望ハ實ニ地ニ墜チタリト謂フ事ヲ得ヘシ何トナレハ意ヲ枉《マ》ケテ短ヲ護スルニ非ザルヨリハ蔽《オホ》フベカラザルノ事實ナレバナリ、今日ノ現況ニシテ一變スル事能ハザレバ國會開設ニ多數ヲ得ル事ハ萬々望ム可《ベカ》ラザルノミナラズ或ハ其少數ヲモ得ル事能ハズシテ國會ハ全會一致ニ政

府ニ反對シ施政上非常ノ困難ヲ生シ遂ニ國會ヲ廢絶シ憲法ヲ中止シ都兒其ノ先轍《センテツ》ヲ蹈ミ以テ歐羅巴人ノ笑ヲ招キ或ハ慘膽ナル國運ニ落入リ挽回《バンカイ》スベカラザルノ形勢トナルモ亦知ルベカラズ」との憂念を表明して政策の大転回を切望、結論として「閣下幸ニ狂愚ヲ憫《アハレ》ミ、聖明ニ奏請シテ閑地ニ放棄シ小生ヲシテ性ノ長スル所ニ從ヒ讀書ノ緒業《シヨギヨウ》ヲ終ヘシメ且以テ病ヲ養ハシメバ區々ノ微躬《ビキユウ》何ノ幸カ之ニ加ヘン、小生竊《ヒソカ》ニ聖恩ノ優渥《ユウアク》ナルヲ感シ又閣下ノ高誼ニ服ス素ヨリ進退ヲ以テ志操ヲ貳《フタ》ツニセザルヲ誓フナリ」と述べてゐる（明治二十年十二月二十九日）。

これは憲法立案のさなかである。この時点での井上毅は、政府の情況に失望し、これでは到底、法典の作成に懸命の努力をしたとしても政府と国会との激突をまぬがれず、憲法は空文と化し惨たる破綻におちいる、と憂へてゐる。内務大臣山縣有朋は「それもいいではないか」と強気だったらしいが、伊藤首相などは、いささか動揺を感じてゐたらしい。後述するが、伊藤は弾圧を自由党系にしぼり、ひそかに改進党系との妥協に苦慮してゐる。

三、矢野文雄の「国風」の政治論

明治十四年いらいの憲法論議で朝野がもっともきびしく対決したのは、政府が政府大臣の進退を専ら天皇の大権に限るとして、議会の関するところにあらずとするに対して、交詢社憲法案を代表とする野党側が、英国風の議院内閣制を正面から強く主張した点にあったといってよい。これが、理論的には朝野対決の第一問題であった。そして、この議院内閣制の英国主義憲法案の主張者のなかの代表的理論家は、福澤諭吉の門下であり、かの大隈重信の書記長として、井上毅のライバルともいふべき立場にあった矢野文雄である。

この矢野文雄は、学識のみならず文才にも富み、明治十六、七年に当時のベストセラー『經國美談』を出版して民権思想を大衆化するのに大いに成功したが、十七年の春から外遊した。かれはフランスに赴いてクレマンソー以下の政治家を訪ひ、イタリアのローマを経て英京ロンドンに赴いて、英国議会政治の実情を詳《つまびら》かに視察し、十八年は主として英国ですごし、十九年にドイツ、アメリカ等の政情を視察して、二年有余にわたって立憲政治の研究につとめ、十九年の八月に帰朝した。

この間、かれの議会政治の思想はいよいよ成長したけれども、政治思想に一つの大きな転回の必要を感じて帰って来た。その問題点は、真の立憲政治を確立するためには、なによりも「国風」といふものが大切であって、ただの法典の語句文章では、決して実際政治は動かぬとの思想であった。かれは、それを「日本人が最も不注意なる政事上の要訣《ようけつ》」と題する論文で次のやうに発表した（かれは『國民の友』の德富蘇峰などとも親しかった）。

日本人が最も不注意なる政事上の要訣

初め余は良規則をさへ設けなば何れの家も皆な同様に治まるべく思ひ良憲法をさへ設けなば何れの國も皆な同様に治まるべく思ひ居たりしが其の後に至り始て規則、憲法の外に尙ほ一種大切の者あるに心付きたり。而て余の之に心付きたるは余が諸國を遊歷して其の國風國俗と其制度憲法とを比較せし後に在りしなり、規則、憲法の外なる一種大切の者とは何ぞや、家に於ける一家の氣風、國に於ける一國の氣風、即ち是れなり、（中略）

當時、世界中にて立憲制度の最も都合好く甘く行はるゝは何れの國々ぞ、第一ハ其の本家なる英國にて其次は米國なり。又其次ハ濠洲、亞非利加、北米加拿太《カナダ》等なる英國の植民地の諸政府之れなり、是等の國々は皆な長きハ百餘年來、短きも數十年來、此の制度を行て曾て混雜の不幸なく落付きたる成行きを經過し來りし者なり、而して右の諸國ハ何れも皆な同一樣の氣風ある英索《アングロザクソン》人種の建てたる國々なり。又た佛《フランス》、西《スペイン》、白《ベルギー》、等の諸國ハ近年立憲制度を行ひ居たりと雖も其の國內に不折合ひ絕へず打續き動《やや》もすれば動亂の恐れあるハ世人の熟知する所なり。而て右の國々の氣風を察するに何《いづ》れも皆な英國とは非常に相ひ反する場合少からず。又、南米の共和政國、七八ある中にて羅甸《ラテン》人種に屬する者ハ隨分、其の國政の不折合ひなる者多し。然る所以《ゆゑん》の者ハ他なし。夫の緩漫不取締りなる立憲制度ハ相容《い》れ、相忍び、守るに堅く、犯すに薄き沈重溫厚の氣風ある人種の國に最も甘く行はれ夫の輕佻《けいちよう》にして激發し易き氣風の國々には徒《いたづ》らに騷亂の便を與へ狂人に酒を強るが如き有樣と爲り易きを以てなり。

從來、我日本人は其の思慮淺薄なりと評する者なれども必しも然るにあらず。其の思慮の薄きに似たるハ唯だ其の見聞の廣からざるに坐するのみ。其の見聞廣からざるが故に自分極めの空想を懷き、實際に行ハれ得ざることをも尙ほ行はれ得べき如く自信し居るの場合多きなり。若し其《それ》をして事物の眞相《まことのすがた》を悟らしめ現在諸國の實際を知らしめば幡然《はんぜん》として其過を改るの美質あり、右の過に坐するが故にもあるべき歟。近來立憲政躰を主張する者の中にハ己に都合好き場合には例を甲國に取り又た或る場合には乙國に取り或る場合には丙國に取るの奇態あり。例せバ其唱道制度ハ英國の產物に在りながら人民の氣風は之を佛國に則《のつ》とらしめんと欲し或は之を曼國に倣はしめんと欲す。此の如くんば是佛の慓悍《ひようかん》曼の粗豪を以て英の政躰を甘く行はんと欲する者なり、注文だけは如何樣にも爲し得べし。唯世間の實物が左樣に行き難きを如何んせん、(中略)

立憲政躰の仕組は之を形骸《からだ》に譬ふべく沈重溫厚の國風は之を精魂《たましひ》に譬ふべし、其の精魂なき、形骸何をか爲さん、沈重溫厚の國風なき、立憲政躰夫れ將《は》た何の幸福をか生じ得ん、後來我邦にて幾多の治亂を閲する者あらば余が今日の言を記臆せよ必ず思ひ當たるの時あるべし、（筑摩版明治文学全集第十五巻『矢野龍溪集』所収）

かれは五年前と同じく、依然として英国主義風の議会政治を好ましい目標としてゐる。しかし、その目標に到達するには、憲法法典上の法文をいかに書くかといふのが第一義では決してないと思った。政治家の間の憲政運用の「国風」こそが大切である。法典をいかに英国風に書いても、議会が四分五裂して院議がまとまらなかったり、与野党の間に仇敵のやうな不信反感が鋭く対決したのでは、円満な議会政治は到底行はるべくもない。それを示す実例は諸外国にいくらもある。英国では、法典の文章には必ずしも議会が首相を任命するとは書いてなくても、政治的習慣が固まり、政治的国風が成長して議院内閣制が安定してゐる。日本でも、この政治的国風を現実政治に即して成長させて行くことこそが緊要である、と痛感したわけである。そして、この思想を同志の間に説き、社会的にも主張した。

このやうな時に、条約改正問題で野党の猛反攻を浴びて後退をよぎなくされた外相井上馨が、退官を決意した。その時に井上外相は、日本国を破局的に分裂させないためには、野党にも人望があり所信断行の実力もある大隈重信をぜひとも後任に推したいと申し入れた。伊藤首相は、親友井上の説を入れて、十四年いらい政敵となってしまった大隈重信との間に和解協力を申し出た。大隈の参謀矢野文雄は、これこそ「立憲への国風」を生み出す絶好の機として、大隈に対して入閣の交渉をすすめるとともに、ひろく改進党系の同志に対してもその同意をもとめた。明治十四年のクーデター的政変で追放された大隈改進党系の人々が、たやすく満場一致で伊藤系と妥協することは至難であったが、矢野の提案を大隈は採択して政府と交渉を始めた。矢野が大隈に対して進言した入閣条件の文書は次のやうなものであった。（『大隈重信関係文書』五、明治二十年九月十日矢野文雄書翰）

拝啓仕候、昨日御話之事ハ非常に御大切之儀ト相考候ニ付、愚存左ニ奉申上候、

一　先方之申分ヲ慥《タシカ》ムルハ一日モ急ニ被遊度候、二日にても、三日にても後ルヽ程、成ル事モ敗ルヽノ恐有之候、

此方より一番に新紙にて、天下ニ吹聴スレハ此方に利アリ、若シ他ノ新紙等に種々ノ浮説ヲ構造セラレ、最初ニ流布致候ハヽ、世人には先入主ト爲リ、其後如何に辨解スルモ、功力薄キコト明白ニ御坐候、今十日ヲ出テスシテ、此度ノ事ハ他ニ洩《モ》レ可申候、（寺島ノ手ヨリ、三田邊ニハ筒抜《ツツヌ》ケナレハナリ、十日ヲ待タス、）然レハ何事モ次週間ニ相運ヒ、其事の大略ヲ第一ニ此方ノ思通リ、世に示スコト肝要ニ御坐候、地方ノ六十餘州ノ諸新紙ハ第一ニ掲ケタル東京ノ新聞ヲ抜萃《バツスイ》致候（眞僞ヲ問ハス）得ハ也、一日モ急ニ御慥メ相成度キハ、蓋《ケダ》シ左ノ條々ト存候、

一、先方ノ後來ノ主義如何、

一、役割如何、

一、後藤、板垣等ハ如何、

右タケ相分リ候ハヽ、充分ト存申候也、

右之上にて左ノ如ク望ミ度候、

一、双方より主義上ニ付、退讓シテ折リ合ハレ得ルヤ否ヲ議スル爲メ、内密ニ双方より二三名ノ委員ヲ出シ、穩ニ懸合ヲ爲シ度シ、之ヲ諾スル否ヤ、

右懸合ヲ始ムルコトト爲レハ、「最早ヤ斯ク々々迄《マデ》運ヘリ、其ノ成行キ如何ナラン」抔《ナド》ト、新紙にて世上ニ吹聴致シ宜カラント存申候、ケ様ニ公明ニ爲サヽレハ、攻撃群集可致候、

尤《モツト》モ其前閣下親《ミツカ》ラ「秩序アル靜穩進步之主義ナルコト」ヲ、先方江御話シ被遊候方ト奉存候、
○先方に望ム條々愚見、
一、國會開設八年以内にハ遲クトモ責任內閣ト爲スヘキコト、
一、選擧資格ハ十圓以下ナルヘキコト、
一、明後年（廿二年）に國會ヲ開クヘキコト、
○此方ノ諾スヘキ條々、
一、斯ク漸く改進ニ向フ上ハ力ヲ盡シ、暴激ノ改革ヲ防止シテ、現カビ子ツトを助クヘキコト、
右ハ倉卒ノ思慮に候得共、此節柄故申上置候也、尙ホ月曜早朝可罷出心得ニ御坐候、

ここで矢野が大隈をして要求させた条件は、選挙権を上層所得者に制限しないで、かなりに広い国民に参政権をみとめることと、近い将来を期して責任内閣制を目標とする、との二条件である。選挙権も普通選挙断行といふやうな急進論でなく府県会程度であるから、これは穏かな条件である。ここでは、五、六年前の議院内閣制の理論ではなく責任内閣制となってゐる。ここでの責任内閣といふのは、議会で不信任決議をされた内閣は（一度の解散をしても議会の多数を制しえないならば責任をとって）退く、といふほどの意味である。議会は直ちに政党内閣（議院内閣）を自ら組織する権能は有しないが、不信任の政府を拒否しうる、その程度の議会権限をみとめよ、といふのである。まづこの責任内閣制の政治的国風が固まれば、勢ひの赴くところ、議会に健全な大政党が固まり、政治指導者の間の「国風」が穏かに進行し、その「国風」に天皇が御安心なされば、日本も議院内閣が英国と同じやうにできる。それを政府の実力者伊藤と大隈とが約束し、とく

に後藤、板垣にも諒解《りょうかい》させようとする案で、これならば朝野の談合が成立すると見たのであらう（事実、憲法ができて後の憲政の運用の上ではほぼ矢野構想が実現して行く）。

この矢野の「責任内閣制」の条件は、往年の議院内閣制案から見れば、政治学的抽象理論としては一歩後退の形に見える。しかし現実政治の上から見ると、極めて実際的で賢明な案であったといひうる。それから二ケ月後の後藤象二郎の上奏文でも、代筆者中江篤介もまた「責任内閣」の語を用ひて立憲の条件としてゐる。少なくも在野の理論は、「責任内閣制」の一線でならば大綱的に一致しうる。

ただ法典で議院内閣制の規定を書いても、この時点では、自由、改進の両党いづれも政党内閣、議院内閣を組織し、政権を運用しうるだけの政治実力がない。国会を開いても、自由、改進とそれに対する政府与党およびその他の保守中立派やそれに類する諸党派で多党現象を生じて、当分は安定的な政党内閣の成立しがたく維持しがたいのは明らかに目に見えてゐる。ここでは、責任内閣的な政治的「国風」を成長させて行くのでなくては、法典がどんな文章で書かれてゐても実現しえない憲法になる。この責任内閣制の実現には、政治勢力代表者の間にそれを実現させようとする政治的「国風」が生じなくてはならない。それには藩閥代表の伊藤と大隈とが合意するばかりでなく、板垣、後藤にも諒解させねばならない。議院内閣、政党内閣のスローガンでは、日本の現実の国風では行はれない。責任内閣論で行けば、各流各派の間での歩みよりの見こみが大きい。

しかし、藩閥政府の側では、その時点でも強い反対があった。警視総監などは、大隈をいまだに謀反者、危険人物視してゐる情況で、スパイを利用して矢野文書を山縣内務大臣に報告した。政党嫌ひの山縣は、伊藤が在野の政党と欽定憲法についての談合取引きをするなどは穏当でない、として注意する。一方大隈の側では、これを入閣条件として、入閣とともにその憲法運用の将来の構想を天下に表明したいとせまった。

この交渉は二十年の九月から二十一年の一月末まで約五ケ月の長期にわたり、伊藤、大隈間で幾十度となく懇談された。その懇談の中途の経過は全く明らかでないが、最終的には大隈提出の条件文書は焼いて、二月一日に大隈が外相として就任した。大隈のこの五ケ月間の条件交渉は結局は無視されて無条件入閣となった、といふのが近代史家の多数説となってゐる。伊藤の助手をした金子堅太郎の談話などが、その条件拒否説の有力な根拠となってゐる。ただ大隈重信の研究に詳しい渡邊幾治郎は、この時のことを書いて、条件成立の文書を作らないで（文書を焼き）大隈と伊藤とは精神的諒解をして妥協した、との説を立ててゐる。これは少数説ではあるが、渡邊説が正しいと思はれる。その理由を下記する。

伊藤が、この大隈案を全面的に拒否するものとすれば、この政局危急の際に五ケ月間もの長期にわたって入閣をすすめる理由がないといっていい（伊藤が応諾しなかったのは、それを天下に公表することは、この案に反対してゐる藩閥政府部内を到底説得しがたいとの考慮からである）。多数説は、両者の精神的諒解の成立を証する文書資料のないことを強い理由としてゐるが、大隈といふ人物は近代政治家のなかで稀に見る人で、ただ一片の自筆の文書も残さなかったので有名な人物である。政治の実際の消息に遠い学者や歴史家は、文書のみで歴史を解しようとする風が強いが、生きた現実政治の決定は、一人対一人の談判のみによって決することが少なからずあって、文書はただの残影にすぎないことも多い。

大隈は、その後の制憲会議に臨んでも、議場で一語も発言してゐない。議場で発言しない有力者といふ者は、議場の外で事前「諒解」をとりつけてゐることが政治の上ではとかく多い。政治的公式の議場での発言や決定は、それ以前の予備交渉の結末を公式の記録に止めて残すほどの意味と解していい場合が多い。大隈の場合、その議場での役割りを果す者としては、改進党副総理河野敏鎌が選ばれてゐた。

欽定憲法が渙発《かんぱつ》されると、大隈は初めて旧改進党員を集めて、「自分等が希望した憲法ができた」として、この憲法は責任内閣制から議院内閣制へと発展する諸条件を具備してゐる、と演説してゐる。大隈が演説したのは、かれの真意と解すべきである。かれがそのやうに解しなかったとすれば、伊藤は、制憲会議で終始沈黙してゐるわけがない。またその後の憲政史は、大隈の演説の通りに進展してをり、伊藤は、形式的法理論の主義演説はともかくとして、責任内閣制への推移に対して、その後の現実政治の上では反対してゐない。

伊藤は、法理論としては「責任内閣」説を公認しない立場のやうな演説を度々表明しながらも、入閣した大隈との間は友好的で、次の黒田内閣に移った後で大隈が閣内で孤立した時までも陰での支援をつづけてゐる。この、表の立場では決して同一の立場としての責任をとらないが、裏では明治十四年いらいの政敵関係を解消して実質的に支援する、このやうな微妙な政治関係を「精神的諒解成立」といふのである。「表の公式の約束はできない。しかし意思は十分に諒解して歩みよりにつとめる」との話で文書を焼いたと見るべきである。

多数説のやうに、大隈が五ケ月もの長期にわたって要求し交渉した条件を、伊藤がまったく否定拒否して反古書のやうに焼き棄てた、といふのでは、大隈が何故に交渉を打ち切らないで伊藤、井上外交のあとを引き継ぎ、文字通り生命を懸けて（実際は投弾で片脚を失ったに止まったが）活動し、枢府での制憲会議の絶好の場では、活潑な各議員の討論のなかで黙々として伊藤議長の議事進行を妨げることもなく、憲法発布と同時に満足の意を表明したかが理解できない。大隈の実際政治上の強引ともいふべき風格を知悉《ちしつ》する渡邊幾治郎が「精神的諒解」説を表明してゐるのには、文書の形だけを見る者よりも遙かに真実に近いものがある（渡邊幾治郎はこの外に、岩倉具視が病歿する直前に大隈との会見を切望し、過去の行きがかりを棄てて後事を託する話をした、との説も書いてゐる）。これは第三者の文書資料に由るものではあるが、文書があっても、その当否は俄かに断じがたい。文を書かず、機密については固い沈黙を守った大隈には、この種の異説がいくらもあるが、歴史の真相は、ただの遺文の文字のみによっては断じがたく、その前後の事情、その後の推移発展の跡、その人物の特性等をふかく洞察しなくては分らない。

四、後藤象二郎のその後の進退

内閣は、伊藤内閣から黒田内閣に移ったけれども、その本質は似たやうなものである。大隈が留任入閣し、河野が枢府に入り、在野の改進党系主流と政府とは確かに歩みよった。

しかし在野勢力は、後藤象二郎を代表として依然として反政府の気勢を燃やしつづけてをり、とくにかれらは、新しく在野から入閣した大隈重信に猛烈な論難を集中した。これは、大隈が藩閥でなく民党であったがために、一層の激しさを加へた（大隈は条約改正については黙したままであった）。この後藤の政府攻撃戦線のなかで、もっとも強力な組織者かつ謀将として活動したのは、かねて大隈と旧縁浅からぬ木堂犬養毅である。大隈は、後藤の演説に対して激しい憤りを感じてゐたらしいが、そのころ犬養が大隈にあてた書簡には注目すべきことが書いてある。かれは後藤の「大同団結」の謀将なのだが、今や黒田内閣の副首相とも見るべき大隈外相に対して次のやうに書いてゐる。

拝啓仕候、過日モ申上候如ク、頃日來《ケイジツライ》小生ノ身上及行爲ニ關シ、嚶鳴社ノ一派ハ勿論、報知社ノ一派マデ、小生ヲ以テ改進黨ノ謀叛《ムホン》人ノ如ク看做シ、讒誣《ザンブ》百出、殆ド聞クニ堪ヘサル者有之候ニ付、聊《イササ》カ小生ノ意見、左ニ開陳候間御配量可被下候、嚮日《キヨウジツ》小生ガ大同團結ニ關係仕候元來ノ旨趣ハ、決シテ自由黨ト事ヲ共ニスルニハ無之、又後藤伯ト意見ヲ同フスルガ爲メニ無之、唯一時ノ狂熱ニ罹《カカ》リテ大同論ニ左袒《サタン》シタル者ノ中ニ就テ、一方ニハ穩和ナル種類ヲ引拔テ後來ノ用ニ備ヘ、他ノ一方ニハ各地方數多ノ有志者ヲ擧テ、一ニ激徒ノ掌中ニ歸セザラシムルガ爲メニ有之候（中略）

且ツ朝野ト報知トガ、閣下ニ對スル關係ハ本ヨリ同一ニ御坐候得共、細カニ區別仕候得ハ、意見行爲ニ於テ多少ノ相異御坐候、報知ハ矢野ノ命令ノ及ブ所ニシテ、朝野ハ同人ノ命令ノ及ブ所ニアラズ、瑣《サ》細《サイ》ノ行爲ニ至リテハ、往々反對ノ處モ御坐候程ノ事ユヘ、十分同一ノ擧動ニ出ルコトハ六ツ敷カル可ク奉存候、此邊ハ御含迄ニ申上置候、（簡單ニ申上候得ハ、朝野社ノ一派ハ矢野ノ旗下ヲ脱シタル脱兵ノ集合ニテ報知社連中トハ往々色ヲ異ニセルモノニ御坐候）、（中略）

後藤伯暴言ニ付テハ、本ヨリ御立腹被遊候事トハ存候得共、同氏ハ蔭ニテコソ大言ヲ放タレ候得共、閣下御面會ノ上御説示被成候ハヽ、無論異議アルベキ筈《ハズ》無之候ニ付、同氏歸京ノ上御訪問仕リ候節ハ、一夕御面會相成候樣仕度候、是レハ後藤伯ヲ以テ有爲ノ人物ト看做シタル譯ニハ無之候得共、同伯ヲシテ虚無黨ヨリ救ヒ出シ置キ候時ハ、板垣伯ハ全ク孤立無援ノ人ト相成リ、舊自由黨中ノ過激黨ハ頭首ヲ失ヒ益々政事世界ニ力ヲ失フコト可相成候故ニ飽迄《アクマデ》モ御寛容相成候様仕度候、但其處分方ハ何程モ可有之存候得共、同伯ヲ官途ニ入ラシムルコトハ當今六ツカシカル可ク被存候、其譯ハ同伯近來地方人ニ對シ頻リニ大言壯語ヲ吐キ居候場合ニ付、俄ニ方向ヲ變シ難キ事情モ可有之被察候、左レドモ時々御接見ノ上御寛待相成候ハヽ、追テ虛無黨ヨリ救出スコトハ出來ラルベク奉存候、要スルニ小生ガ計畫ハ非ナリトノ攻撃ハ蒙リ候トモ、本ヨリ意見ノ異同ニ止リ候得ハ、聊カ殘念ニハ無之候得共、改進黨ニ叛キタリ閣下ニ叛キタリトノ讒誣ニ對シテハ、聊カ辯解不仕ンハ不相成、依テ右ノ如ク事情申上候、書餘千萬御酌量可被下候、謹　言

（渡邊幾治郎著『明治史研究』より引用）

表では対決し仇敵のやうな演説をしてゐるけれども、直接に会談すれば必ず相通ずるはずだと断じてゐる。事実この書簡後わづか一ケ月の後に後藤象二郎は、大隈と和解したのみでなく、同一の黒田内閣の閣僚として入閣してゐる。この時の犬養はまだ三十五歳の新進気鋭であるが、その政治能力には、その時代から卓抜なものがあったらしい。かれは、帝国憲法が成立すると、この憲法をもって責任内閣制の憲法であるとの見解をとって、初期議会から議員となって、終始「憲法擁護」の旗の下に政党政治のために活動し、明治三十一年には、日本初めての政党内閣（板垣大隈内閣）を成立させる謀将となった。かれの生涯は、藩閥打倒の民党政治家としてもっとも典型的な節義あるコースを進むが、この明治二十、二十一年の朝野激突を思はせる時代にあって、犬養が反政府激派の指導者として主導権をとりながら、しかも、憲政実施を直前にして、朝野の対決から合流へ転回する、との遠謀をもって進退したのは注目される。

大同団結を叫び反政府第一の巨頭として仰がれた後藤象二郎が、憲法発布の日に馬車で参内するのを見て、野党の群衆は「後藤萬歳」の声援をした。この日までかれは依然として在野の英雄的指導者であった。しかし、かれがそれから数日後に入閣すると、野党のなかでは急転して、後藤を変節漢として罵倒する声が高くなったのも事実である。とくに日本新聞の三宅雪嶺など、それを無節義として論難することすこぶるきびしかったらしい。憲法に同意するのはいいが、自ら藩閥権力の閣僚となるのは許しがたいと思った者が少なくない。

しかし、この後藤を急転させる働きをしたのは、前記の犬養ばかりでない。後藤直流の大江卓、大石正巳、福澤門下の井上角五郎等が熱心に力説して、板垣退助も同意の上で入閣したものである。板垣は後藤を非難する者の集会に出て、次のやうに断然と後藤の入閣を弁護してゐる。

後藤が大同團結の論を以て、天下の有志を翕合《きゆうごう》連結したるは、余の贊成を表する所なり。其入閣の擧も、亦余の贊成を表する所なり。世間或は後藤入閣の擧を以て、其平生の持論に違ふものとなし、大に之を非難するものなきにあらず。然れども後藤の入閣は、蓋し深意の存するあるべし。妄りに揣摩《しま》臆測《おくそく》を逞《たくまし》うして之を非難するは、余の尤も取らざる所なり。抑も人は輕信すべからず、又輕疑すべからざるなり。苟《いやしく》も已に其人を信じて、之を己れの上に推し、而して其一擧一動に依て、之が信任を輕重するは、其人を待する所以にあらざるなり。其一擧一動にして、苟も不可なるものあれば、之に勸告を加ふるも可なり。之を矯正《きようせい》するも亦可なり。如何ぞ其不可なるを見て、忽ち之と相離るゝが如き、輕卒浮薄の事あるべけむや。況や其之を非難し、其之を排斥するものをや。且つ夫れ政黨の首領たる者は、善く時機を察して運動せざるべからず。故に往々機微の間に於て、其進退を決することあり。此時に際し、凡人俗士の爲に其一擧一動を掣肘《せいちゆう》せられて、其進退意の如くならざるときは、首領は更に一世の智勇を伸ぶる能はずして、遂に一政黨の機械たり、傀儡《かいらい》たるに過ぎず。此に至れば、政黨は達人俊傑を求めて、之を其上に推すの必要あらざるなり。果して然らば、後藤の入閣は、敢て非難すべからざるなり。後藤は其機を見、其時を察して、已に内閣に入れるなり（大町桂月著『伯爵後藤象二郎』から引用）。

これは板垣が、世論に抗して大阪倶楽部で後藤を弁護して演説したものである。当時の世論が後藤を猛烈に非難したのみでなく、後世の民権史でも、この時の後藤を無節義とするのが通説である。しかし板垣は、「達人俊傑」の進退だと弁明してゐる。民権節義の士とされる中江兆民、犬養毅もこの時の後藤をみとめ、この後に中江兆民は、後藤象二郎と勝海舟との間の連絡者として働いてゐる。大隈、後藤、板垣の間の交渉には、後世人の察し得ない深い遠謀があったやうに思はれる（但し、それは後日の大隈の条約改正外交で立ち消えとなったと推察される）。

明治二十二年二月十一日、文部大臣森有禮が国粋壮士に刺殺されたといふ事件はあったけれども、少なくともこの時点では、伊藤博文、黒田清隆等の長薩巨頭も、改進党首領の大隈重信も、自由党の後藤象二郎、板垣退助も、党外の政府監視者勝海舟も、全国的な影響力をもつ指導的代表者の間では、一人の例外もなく一致合流の「話し合ひ」ができあがってゐたわけである。その休戦は、憲法発布後三、四ケ月の後に、大隈外相の第二次条約改正案の進行が明らかとなって再び破られてしまふが、ともかく二十二年の二月十一日といふ時点では、王政復古いらい二十一年間かつて前例のない挙国一致の政治情況をもって、欽定の憲法を迎へる情況ができた。予想された激突とは全く反対に奇蹟的ともいふべき万民協和ができた。

この明治二十二年二月にいたるまでの政治の表の潮流と裏の底流との複雑さについては、ここではその一端を述べたにすぎない。代表的な重鎮や、その下で動いてゐる知識人や謀将の意識は、決して一様ではない。その前途の構想についても錯綜《さくそう》複雑を極めてゐる。けれども大局的には、既往の鋭い対決を、なんとかして欽定憲法発布の日までには一段落の終止符を打って、平和的挙国一致の形をもって憲法の制定を迎へたいとの意識が、すべてを通じて作用してゐる。この潮流を生み出し得たのは、それが聖天子の欽定憲法なればこそである。それが聖天子の欽定憲法でなければ、法典がいかなる学識、知能をつくした名条文を列記したとしても、それが進歩的であれ保守的であれ、国民の政治信条はどちらも強いのであるから、決して挙国一致の平和的な情況での立憲は望み得なかったであらう。

以下この欽定憲法が、起案され、討議審議を経て、欽定発布されるにいたるまでの経緯、事情について述べる。

第十六章　憲法典の起草検討

一、前提としての一般的政治情況

帝国憲法の制定を目標として内閣制度が創設され、伊藤内閣が政権を担当したが、政務は繁忙で波瀾が多かった。明治十九年は、伊藤は政務に忙殺され、主として井上毅が憲法典起草の中心として調査研究に没頭した。

井上毅は、明治十四年に岩倉具視の下にあって憲法の調査にあたったばかりでなく、この問題に対処すべき政治方略についても建言するところがあった。岩倉の憲法綱領を立てるに際しては、かれが法学研究でもっとも古くから信頼したフランス人ボアソナードの意見も聞き、ドイツ人ロエスラーの知識も大いに利用した。その後、グナイスト門下のモッセが来日して、かれもまた少なからずその知識を提供した。イギリス人法学者ピゴットその他の外人の意見も徴された。かれらの意見は、おびただしい資料として現在も残されてゐる。

これらの外人の知識を直接に聞くのに、井上は、列国憲法のあらゆる条文規定の利害を検討するのみでなく、その規定がもとづくところの法哲学の根本理念についても極めて熱心に各人の学説を質《ただ》してゐる。その質問と応答とは、ただ政策上の便否を論じたのみでなく、法哲学とその法の歴史変遷の理由までを深くほり下げて、学問的な基礎研究にも力をそそいでゐる。これらの外人法学者の意見のなかで、もっとも大きく、また精細な点にいたるまで影響を及ぼしてゐるのがロエスラーであったことは、資料を通覧しただけでも明瞭である。

井上は、特に熱心に列国憲法の比較検討をした。ドイツ諸邦はもとより英、米、仏（フランスについては幾変転した各憲法）、ベルギー、オランダ、スウェーデン、スペイン、ポルトガル等の憲法条文とその根底の法理とを探究して、みづからの試案作成に援用してゐる。力強い助言者であったロエスラーの提案は、主としてバイエルン憲法によるところが大きかったし、それが参考にされたところが少なくないけれども、明治十九年の井上は、前章で述べたやうに、その法思想の本質がドイツ法学から日本固有法学へと深い根底で変質し転回して来てゐるので、ロエスラーの西欧的君権主義との間に全面的な一致を見ることができなかった。その点は後で詳述するが、熱心な「法学的」研究を経て明治二十年の五月ころまでに、井上の試草甲号、乙号の二案と、別にロエスラー案との三案が作成され、伊藤首相に提出された。伊藤首相は、この三案を検討しつつ修正を重ねて、翌二十一年四月に御諮詢《ごしじゆん》案を天皇に捧呈《ほうてい》し、それが枢密院の議案となるのであるが、ここではまづ井上毅の草案作成にいたるまでの事情を書く。

この井上案を見るのに必要な一つの前提は、それが明治十四年の岩倉綱領を基礎として、岩倉の後継者としての伊藤博文に提出されたものであるといふことである。しかし、この案の提出前後からその検討の時期にかけて、井上とその上司たる伊藤との政見が異なってゐたといふ事情も注目すべきである。その政見対決は、憲法典の編纂とは論理的には区別されるが、しかもなほそれに浅からぬ影響を与へてゐる。この点を無視しては、歴史の生き生きとした真相は明らかとならないであらう。

この草案提出の明治二十年五月のころ、井上は職を辞する決意で、ボアソナードと共に、伊藤内閣の第一政策である条約改正外交に反対するため全力を投入してゐる。この案を伊藤首相が夏島で検討し修正中の七月には、首相の盟友井上馨外相は、ボアソナードおよび井上毅を許すべからざる官紀背反者として処分すべきことを主張、そして井上毅は、ボアソナードのために弁明し、自ら辞表を書いてゐる（七月三十一日）。

伊藤内閣の外交は挫折《ざせつ》し、天下の世論が騒然として伊藤首相に猛攻を集中してゐる中で、憲法案修正の作業が進む。この野党の猛攻に対して十二月に保安条例の大弾圧が強行されたが、この時にも井上毅は辞意を表明した。この井上毅の次々に表明した政治意見には、かれの思想的立場が、伊藤博文の欧化政策よりも、反対者としての勝海舟、谷干城、後藤象二郎などの方にむしろ近いものが、底流として見える。

このやうな情況下にあったけれども、伊藤博文は井上の辞意をみとめないで、あくまでも岩倉時代のままに井上を原案起草者の地位に止まらしめて、存分な討議をつづけて行った。これは伊藤博文の非凡な業績といはねばならない。このやうな政治情況を前提として考へながら、井上毅の初稿、甲乙二案の作成、ロエスラー案の作成とその修正、削除、復活等を見て行きたいと思ふ。

二、井上毅案の作成

井上毅の憲法案初稿といはれるものは、おそらくかれの一私見としてはもっとも端的に日本固有法の発展的成文化として書かれたものといへよう。それには「第一條　日本帝國ハ萬世一系ノ天皇ノ治《シラ》ス所ナリ」、「第二條　天皇ハ大政ヲ總攬《ソウラン》シ此ノ憲法ニ於テ勅定スル所ノ條款ニ循《シタガ》ヒ之ヲ施行ス」、「第三條　皇位ハ皇室典範ノ定ムル所ニ依リ皇子孫之ヲ繼承ス」など、前章で述べた『梧陰存稿』の中で論ぜられてゐる要点がそのままに出てゐる。日本国と天皇との関係は、外国語には訳語がないとして、古語「しらす」といふ語で示されてゐる。また第四条で「疆土《キヨウド》」の永久不分割をとくに明記してゐるが、それは、ただ法規としての必要を感じたのみでなく、日本国公法の由来するところの遠くして深いことを明示したかったからであらう（『梧陰存稿』で井上が力説してゐるところである）。

なほ、後の完成した憲法と対比して目につくのは、この初稿には天皇の「神聖不可侵」の語がないことである。井上によれば、日本人の天皇崇敬の精神的根底は、列国の君主とは全く異なる深切なものがある。したがって、かれは、かやうな語は無用の贅語《ぜいご》だと判断した。外国の立憲君主国の憲法には、少なからずこの「神聖不可侵」の語がある。この語は、古くローマのユスティニアヌス法典に淵源《えんげん》するが、近代憲法では、君主がその権威と権力とを制約されて行くときに、最後の防衛線として用ひられたかの感がある。むしろこの語を不用とし「贅語」として無視することこそ、天皇崇敬の国民精神に一致する、と井上は考へたやうである。

次にこの初稿では、天皇の大権事項も国民の権利義務も、条文として列記しないで、ただその大綱を憲法前文のなかで述べてゐるにすぎない。井上としては、それが日本固有法の発展としての形としても好ましいと思ったのであらう。その初稿は次の通りであるが、これはまだ万全を期したものではなく、次の試案に移って行くことになる。

井上毅憲法案初稿

第一章　皇　室

第一條　日本帝國ハ萬世一系ノ天皇ノ治《シラ》ス所ナリ

第二條？　天皇ハ大政ヲ總攬シ此ノ憲法ニ於テ勅定スル所ノ條款ニ循《シタガ》ヒ之ヲ施行ス

（註）欄外に『此一條ハ寧ロ之ヲ前置ノ上諭ニ讓リ條章ニ擧ケザルヲ可トセン歟姑《シバラ》クモスセ氏ノ說ニ依リ「バウイエル」「ウユルテンベルヒ」等ノ國ノ憲法ニ傚ヒ之ヲ擧ケテ以テ考ニ備フ』と朱書入あり（井上自筆）。

第三條？　皇位ハ皇室典範ノ定ムル所ニ依リ皇子孫之ヲ繼承ス

（註）欄外に『此一條ハロスレル氏ノ說ヲ採リ之ヲ存シテ考ニ備フ但シ皇室ノ事ハ第一條ニ止メテ他ハ前置上諭ニ讓ルヘキカ』と朱書入あり（井上自筆）。

第二章　國土及國民

第四條　日本帝國ヲ組立テタル現在ノ疆土及附屬ノ島嶼《トウショ》ハ統一ノ版圖ニシテ永遠分割スヘカラズ

第五條　日本帝國ニ於テ公權ノ享有《キョウユウ》ヲ得ル爲ニハ、日本國民タルヲ必要トス

日本國民タルノ身分ハ或ハ出生ニ由リ或ハ法律ヲ以テ定メタル要件ニ從ヒ歸化スルニ由リテ之ヲ得

第六條　日本政府ヨリ任用シタル外國人ハ別段ノ約束アルニ非サレハ任用ノ間歸化ノ國民トス

外國人ハ既ニ歸化法ニ依リ歸化シタルモ法律ヲ以テ特別ノ許可ヲ予《アタ》フルニ非サレハ仍《スナハチ》内閣員參事院議官兩院議員及陸海軍將官タルコトヲ得ズ

第三章　内閣及參事院

（註）右の第三章云々は原本に見えぬけれども恐らく書き落したのであらう。

第七條　内閣ハ天皇臨御シ各大臣ノ輔弼《ホヒツ》ニ依リ萬機ヲ總《スブ》ルノ所ナリ

第八條　内閣員ハ各省大臣（及參事院議長）ヲ以テ組織ス

（註）第二項として「（特ニ内閣総理大臣ヲ置クハ天皇ノ叡旨《エイシ》ニ依ル）」を一旦かかげ後で赤で抹消してゐる。

第九條　内閣總理大臣及各省大臣ハ其職務ニ就キ各〻其責ニ任ス

第十條　内閣總理大臣各省大臣ノ進退ハ總《スベ》テ天皇ノ大權ニ由ル

第十一條　法律勅令其他國事ニ係ル詔勅ハ内閣總理大臣及主任ノ大臣又ハ臨時代理ノ大臣奉勅對署ス

第十二條　參事院ハ内閣ノ諮問ニ應《コタ》ヘ法制ヲ草按《ソウアン》シ及特定ノ條項ニ就テハ行政ノ事務ヲ審査ス

（參事院ハ法律ノ疑義ヲ說明ス）

第四章　元老院及議院

第十三條　天皇ハ元老院及議院ノ輔翼《ホヨク》ニ依リ立法ノ事ヲ行フ兩院議決ノ後天皇ノ裁可ヲ經ザレハ法律ヲ成サズ

第十四條　國ノ安全ヲ保ツ爲ニ已《ヤ》ムヲ得ザルノ情狀ニ由リ急施ヲ要スルノ事宜アルトキハ勅令ヲ發シ法律ニ代フルコトヲ得

此ノ勅令ハ次ノ開會ニ於テ兩議院ノ承認ヲ取ルヘシ

第十五條　法案ヲ發シ議院ニ付スルハ天皇ノ大權ニ由ル

天皇ハ裁可スル所ノ法律ヲ公布シ之ヲ施行セシム

第十六條　外國條約ニ由リ國疆ヲ變更シ又ハ國及人民ニ義務ヲ負ハシムル者ハ兩院ノ認可ヲ經ザレハ其効ヲ有セズ

第十七條　元老院ノ組織ハ　年　月　日ノ勅令ニ依ル

此勅令ハ法律ニ由ルニ非サレハ將來ニ改修スルコトヲ得ズ

第十八條　議院議士ノ定員組織及撰擧ハ別ニ法律ヲ以テ之ヲ定ム

第十九條　議員ノ任期ハ四年トシ選擧法ノ定ムル所ニ從ヒ二年コトニ其半ヲ改選ス

議員ハ再三選ニ當ルコトヲ得

第二十條　議院ノ議員ハ全國人民ノ代議人タリ故ニ議員ハ其所屬選擧區ノ人民ノ爲ニ囑托《ショクタク》セル持議ヲ代表スル者ニ非ズ

第二十一條　議員ハ非職武官ヲ除ク外、國庫又ハ地方税ノ俸給ヲ受ル行政官屬ト相兼ヌルコトヲ得ズ官吏ニシテ議員ノ撰擧ヲ承諾スルトキハ其官ヲ辭スヘク議員ニシテ官吏ニ任スルトキハ議員ノ職ヲ失フヘシ但教官技術官博物局員衞生會員農會員其他將來ニ特ニ指定スル員屬ハ其職務ニ妨ケズシテ議員ト相兼ヌルコトヲ得ベシ

僧侶《ソウリヨ》ハ兩院ノ議員タルコトヲ得ズ

第二十二條　何人モ同時ニ兩院ノ議員タルコトヲ得ズ

第二十三條　兩議院ノ會議ハ公聽ヲ許ス

但シ左ノ場合ニ於テハ公聽ヲ禁スヘシ

一　議長又ハ十名以上ノ議員ノ求アルトキ

二　天皇ノ詔命ヲ以テ内閣ヨリ秘密ノ通牒《ツウチヨウ》ヲ得タルトキ

秘密ノ會議ハ刊行スルコトヲ許サズ

第二十四條　兩院ハ毎年十月上諭ヲ以テ之ヲ召集ス

第二十五條　議院ノ開閉ハ兩議院ノ合會ニ於テ天皇親臨シ又ハ勅使ヨリ詔命ヲ宣《ノ》フヘシ

第二十六條　兩院ノ會期ハ三個月トス

第二十七條　議院ノ解散中止及閉院ノ延期ハ總テ上諭ニ由ル

第二十八條　議院解散ノ命ヲ受ケタルトキハ其命ヲ得タル日ヨリ二月内ニ新ニ撰擧ヲ行ハシメ三月内ニ之ヲ召集スヘシ

解散ノ議員ハ再タビ撰擧セラル、コトヲ得

第二十九條　議院ノ開、閉、中止及閉院ノ延期ハ兩院同時ニ之ヲ行フヘシ

一議院解散ノ命ヲ受ケタルトキハ併セテ他ノ議院ヲ閉會セシムヘシ

第三十條　兩院議事方法及兩院ノ關係ハ別ニ法律ヲ以テ之ヲ定ム

第三十一條　代議院ハ當撰議員ノ資格ヲ檢査シ撰擧ノ訴ヲ審理シ及議員ノ辭職又ハ除名ヲ議決ス

第三十二條　兩議院ハ其職務ヲ行フ爲ニ各〻其規則及紀律ヲ制定シ上裁ヲ經テ議長之ヲ施行ス

第三十三條　兩院ハ各〻其意見ヲ以テ天皇ニ建言スルコトヲ得

第三十四條　各大臣及其代理タル各官ハ何時タリトモ兩院ニ參會スルコトヲ得但シ可否ノ數ニ預ラズ

兩院ハ各大臣ノ參會及說明ヲ求ムルコトヲ得

第三十五條　兩院ハ人民ヨリ呈出シタル文書ノ請願ヲ受ケ政府ニ報告シ又ハ意見書ヲ付シ天皇ニ上奏シ及主務大臣ノ辯明ヲ求ムルコトヲ得

請願ヲ受ルノ方法ハ議院規則ノ定ムル所ニ依ル

第三十六條　兩議院ハ事務ヲ審査スル爲ニ各省ニ向テ必要ナル當該事件ノ報告又ハ證憑《ショウヒョウ》文書ノ抄出ヲ求ムルコト

ヲ得各省ノ外他ノ官衙《カンガ》ニ向テハ直接ニ往復スルコトヲ得ズ

兩議院ハ直接ニ人民ヲ召喚スルコトヲ得ズ

第三十七條　兩院ノ議員ハ議院ニ於テ陳述シタル言論ニ付皇室ニ對スル犯罪ヲ除ク外司法ノ告訴糺問ヲ被ルコト無カルヘシ

但シ議員自ラ其言論ヲ新聞又ハ著述ニ公布シタルトキハ普通ノ法律ニ依リ責ニ任スヘシ

第三十八條　兩院ノ議員ハ現行犯罪又ハ内亂外亂ニ係ル罪ヲ除ク外開會ノ間議院ノ承諾ナクシテ逮捕又ハ糺問スルコトヲ得ズ

前項ニ指定シタル特別ノ場合ニ於テ議員ヲ逮捕シタルトキハ司法大臣ヨリ直チニ本屬議院ニ報知スヘシ

第三十九條　兩院ハ政府ノ承認ヲ得ズシテ全國又ハ一部ノ人民ニ向テ公告ヲ發スルコトヲ得ズ

（稲田正次著『明治憲法成立史』による）

三、井上毅の甲乙二試案

井上毅は、この「初稿」に独善的に万全の自信を有したわけではなく、ロエスラーやモッセに詳しくその所見を質してゐる。かれらは、井上流の日本固有法思想なるものを深く理解しなかったか、少なくとも同感しなかった。そして、この初稿の案では、近代法として君権を防衛するには不備不十分と思ったやうである。かれらは詳しい法理論を展開して、それぞれに批判的修正意見を提示した。

井上は、その意見を参考にしつつ、二つの試案を作成した。また、外人顧問の意見のみでなく、列国の憲法条文に詳細精緻《せいち》な参考資料をもとめた。その甲案試草は、各条文についてモッセおよびロエスラーの意見を一々参照して、伊藤の判断のための資としてゐる。

乙案試草においては、各条文を立てるに際して特に参考とした外国憲法の条文を列記した。独、英、米、仏をはじめオランダ(一八一五年)、バイエルン(一八一八年)、ポルトガル(一八二六年)、ベルギー、スペイン、イタリア、プロイセン、オーストリア、スウェーデン、デンマーク、スイスなどの憲法条文が、随所に参考とされ援用されてゐる。プロイセン憲法を専ら底本として帝国憲法が起案されたなどといふのは、井上の周到な各国憲法の研究を無視した俗評であって、決して公正な論評ではない。帝国憲法案の作成にあたって、その時代の各国憲法がいかに多く比較参考され、また援用されたかは、この乙案試草を精読すれば分る。井上毅が、独得の日本固有法思想の上に立ちながらも、他方、いかに豊富に、かつ広く諸外国の憲法の知識を利用したかが、そこには明らかに示されてゐる。

この甲案、乙案は、前記のとほりロエスラー、モッセの意見を入れて、初稿とはかなりに形の異なる、修正されたものとなってゐる。けれどもロエスラーは、この二案に対しても異存が少なくなかったので、別に「日本帝國憲法草案」と題する独自の一私案を草して伊藤に提示することにした。その異なる点については、「草案」そのものを見てもらふことにしてここに詳説はしないが、概していへば、ロエスラーは井上よりも法学的に厳格に、君権を強く確保する周到さを必要とみとめた。かれは、井上が初稿において天皇大権の条文列記をしない方針をとったことに反対して、大権事項を洩《も》らすことなく明確周到に列記することを主張した。その意見は、井上の乙案では大きく採り入れられてゐる。

ここでロエスラーが、井上案では「勅令ヲ以テ法律ヲ變更スルコトヲ得ス」（甲案十八条、乙案二十一条）と明記し、これを立憲主義不可欠の原則として明示してゐるのに対して同意しなかったらしいのは、かれの法思想を見るのに注目すべきである。かれは、国会議決の法律が行政機関の命令に優越するとの原則を明示することをさけてゐる。ロエスラーのこの提案は採択されないで、結局は井上の法律優先の原則が帝国憲法にも明記されるが、ロエスラーの行政命令を重んずる思想は、帝国憲法にも少なからざる影響を及ぼしてゐる（特に第八条および第九条を参照）。それを戦後の帝国憲法批判では、保守反動性の著しい特徴としてゐるけれども、それは法学思想史の上から見ての誤認も少なくない。このロエスラーの法思想史の立場を解明したものとして、上智大学教授J・ジーメス著、本間英世訳の『日本國家の近代化とロエスラー』および同書を論評した京都大学名誉教授須貝修一の前掲論文等が、ぜひ参考とせらるべきである。

四、ロエスラーの立場

ロエスラーの立場は、十九世紀の社会法学の先駆的なものであって、ドイツでは社会主義者と混同されて、学界の主流からは非難され排斥された。かれが、ドイツではビスマルクに対するもっとも鋭い反対法学者の一人であったことは有名である。

当時新しく進出して来た社会法学者は、十九世紀のヨーロッパの議会が、ブルジョワ的個人自由権の思想を有するのみで、社会的公共福祉政策に冷淡であるのみでなく、頑固にこれを拒否して、政治的には党派の利害以外に顧みることのないのに強い不満をもった。かれらは、議会を支配する政党（特にブルジョワ政党）と議院内閣の法律万能主義——法律による以外には無能無活動——とに不満で、良心的公正な政府が積極的に、法律を待たずして政府命令で、人民のための社会福祉の政策を推進することの必要を希望した。それには、議会に全面的には制約されない良い政府と良い君主とが望まれるが、ロエスラーは、日本に来て明治天皇とその臣僚とに接し、良き政府を作りうると信じた。かれは、この国に「社会的君主国」の条件があると信じた。ロエスラーがとくに太政大臣三條實美の忠正純粋さに深い敬意を感じたといふのは興味深い。かれの好みによれば、伊藤博文は必ずしも人格的には敬意を表しがたい策士の風があるけれども、その政府の要人たちは、ともかく維新の後継者としてエゴイズムに流されてしまふことなく、国民中のエリートとして政府の行政の任に堪へうるまじめさがある、と思った。

ロエスラーは社交家でなく、したがって多くの日本人と交際したわけではないが、当時の自由民権家や壮士などを無学無思想と見て、かれらが議会に出て来たとしてもヨーロッパの議会政党者以下の能力見識しかない、と軽侮した。かれは、行政官による社会政策の推進を期待し、それが無見識な議会の干渉によって妨げられることを少なくした方がいいと思った。そして、大多数の日本国民の幸福と安寧のためには「社会的君主」の政府が必要だと信じた。社会的君主とは、「社会的改革の君主」を意味する。ロエスラーやスタインは、社会主義者ではなく、階級闘争による国家の分裂を嫌ひ、階級の和合による国民の統合をもとめたが、それには「社会的改革の君主」がもっとも大切であると思った（以上、ジーメス著、本間英世訳の『日本國家の近代化とロエスラー』等を参照）。

かれらは、ヨーロッパの歴史文化のなかに成長したのに、日本人の目からは覇道的君主として見るほかないヨーロッパの君主に、どうして「社会改革者」としての使命を期待し得たのであらうか。それは次のやうな事情からである。

中世のヨーロッパ封建社会では、人民を直接に支配し税を取り立てたのは地方封建貴族であった。地方貴族の権勢は強大であって、国王の地位をおびやかしうる者は、主としてこれらの貴族であった。国王がその隷下の貴族を制御して行く政術の一つは、国王が貴族支配下の人民大衆の庇護者《ひごしゃ》として、人民大衆に対し貴族よりもより同情的な意向を示すことであった。近代になって新興のブルジョワ階級が進出して来て、十九世紀の議会は、貴族とブルジョワとの権力の拠点となった。しかし初期ブルジョワは、個人的自由人権のみに強く固執して社会的義務を拒否したので、君主に歴史的経験による英知があれば、封建貴族を制御したのと同じ政術でブルジョワを制御しうる道があった。スタインは、社会改革をしない君主制は亡びるほかないであらう、といってゐる。(註1)

社会法学者は、それ以前の君権対民権を論じた古い自由主義法学から一歩前進し、単に君権対民権でなく、社会階級関係をも見てゐる。ここに社会法学の先駆としてのロエスラーの思想がある。かれは、十八世紀流のただの市民的自由国家に対しては不満であった。もっとも、この市民的自由国家の様相は、二十世紀に入るとかなりに変って来る。とくにロシア革命の後では、市民的自由主義国家も、進んで社会福祉政策を採るのでなくては亡国革命をさけがたいと思って、議会が進んで社会改革の法律を作るやうになった。そこには時代の大きな変遷がある。古い市民的自由主義国家の法思想が、新しい社会改革の思想を採り入れることになる。

ロエスラーは、その前期の古い市民的自由主義国家の法思想に不満で、進歩のために行政による社会改革の必要をみとめたのである。この一世紀の法思想の変遷を顧みることなくして、ロエスラーの法思想を、前期市民的自由主義の法律至上、議会至上主義よりも保守反動的であるとして割りきってしまふのは、歴史的評価としては、いささか公正を欠くのではないか。

ロエスラーは「社会改革の王制」をめざしてをり、そのやうな意味での君権の強化について極めて熱心で、ただ国費支出の少ないことを第一理想とするブルジョワ自由主義の議会権限の強大なのを好まなかった。ことに予算案によって、議会が党利党略を事とするのを欲しなかった。その熱意がやや度を越して井上案と対決した。井上案では「両議院ニ於テ豫算ヲ議決セサルトキハ政府ハ前年度の豫算ニ依リ之ヲ施行スヘシ」（第六十一条）とした。これは岩倉綱領いらいの方針で、井上案がスペイン、スウェーデンの憲法をとったことはその甲号試案によって明瞭であるが、ロエスラーは、これでは君権が弱いと判断したやうである。

政府の予算案を議会が年度内に議決しない時には、行政はどうすべきか。これは有名なビスマルクの憲法闘争の中心問題であり、国際的にも諸学説の論争があった。ビスマルクは国会を無視して、戦費でも軍備拡張費でも思ひきった支出をした。井上は、戦時でもないかぎりは前年度予算をみとめて、行政の空白をさけるスウェーデン憲法程度を穏当とみとめた。しかしロエスラーは、国会の側が憲法違反（大権事項の無視否定など）をして予算決議をしない時は、君主の同意があれば、政府の責任で前年度以上の財政支出をしてもいいし、新税を課し国債を発行することもできるやうにすべきだ、と主張した（モッセは、このやうな法思想には全面的に反対した。後述)。

また、井上は甲案ででも乙案ででも、国民権利の保障については、法律によらずして刑罰をうけることのないことを明記したけれども、ロエスラーは、勅令による刑罰の必要をみとめてゐる。『明治憲法成立史』では、ロエスラー案を井上案に比して非民主的だと評してゐるが、その格差はかなりに激しいものがある。このほかにも井上案との相違点は少なくないけれども、後世から見て井上案よりも非民主的だとされるやうなロエスラーの案は、結局においては帝国憲法には採択されてゐないことを明記しておく。

なほロエスラー案は、憲法の改正については、天皇にのみ発議権があることは井上案と同じであるが、その改正は、通常の立法手続きと同じ方式で成立することにしてゐる。議会の三分の二以上の出席とか、三分の二以上の議決とかといふ重い条件は、天皇の発議する改正案の成立を極度に困難にするのみで、君権を制約するだけのことになる。君主の政府以外の者には改正発案をさせないが、君主の欲する改正であれば、容易に成立させることこそ君権の強化のための良策だ、と信じたのである。かれは論じてゐる。

憲法ノ修正ヲ實行スルニ當リ外國ニ在テハ（議決は一般法律よりも）一層大多數ヲ要ス。乃《スナハ》チ孛國ノ如キモ亦然リトス。而シテ國會ニ於テ修正ヲ發議スルノ權ヲ有セバ、當《マサ》ニ此《カク》ノ如クナラザルベカラズト雖《イヘド》モ若シ發議ノ權專ラ政府ニ屬スル時ハ、何ガ故ニ政府ガ修正ヲ實行スルコトノ困難ヲ深クセザルベカラザルノ理由存スル乎《カ》、更ニ解スベカラズ。若シ果シテ政府ガ憲法ヲ修正スルコトヲ適當ト思惟セバ尋常多數ヲ以テ足レリ（『秘書類纂』憲法資料・下、伊東巳代治訳）。

井上案が、憲法改正の発議の権を「天皇」にのみ属するとしておきながら、君権主義者としてはできるだけ政府に有利に改正しやすくするのが合理的論理的なのに、なぜ政府にとって不利不便で困難な特殊条件をつけるのか、全く不可解千万だ、といふのである。これが、かれの思想である。

ロエスラーは、良心的な君主主義者ではあったが、「泰西の君主」の法理で考へて、日本天皇の特質については理解しかねた。日本においては、欽定の憲法である以上、後代の天皇がそれを改正されることは、明文を以て昭示せられた祖宗の遺制の改変にも関することであって、容易ならぬ重大事であり、慎重の上にも慎重でなければならぬ。この祖宗の遺制を改めるには、忠良なる臣民代表の尋常ならぬ多数の同意がなくては、君主の一存で決すべきではない、と信じてゐる。しかし、このやうな日本人の伝統心理は、ロエスラーには到底理解しがたいことであった。

かれは君主主義者であるが、それは西欧君主主義者であり、井上が諸外国の元首と日本の天皇とを異なるとして「神聖不可侵」の語を嫌ふやうな感じも、全く理解できない。そして、この語は当然に君主の特権を表はす語として特記さるべきだと主張した。そのほかにも、しばしば君権について外国人らしい異論を立てて論争してゐる。

このロエスラーの試案が民間に洩れて、グナイストの談話筆録と合はせて地下出版され、これが政府の憲法案であるとして流布されたことは前にも述べた。グナイストの談話は、その初めに「軍事外交経済については議会に吻《くちばし》を入れさせるな」との話から始まる。あたかも条約改正外交で政府が攻撃されてゐた時である。そのやうな外交論などは国民に許すな、といってゐるかのやうに見える。ロエスラー案には、法律を俟たずして勅令ででも刑罰を執行するといふやうな条文がある。外交論などで政府を非議する者は、政府の一存で投獄も辞せぬものとも解せられかねない。この地下出版は、野党の人心を激しく刺戟した。法学思想の精緻な研究をしたわけでもない野党の有志者が、この地下出版物を読んで、伊藤博文がドイツ人からビスマルク流の政術を学んで強権主義憲法を作成してゐる、と怪しんだのも無理からぬ政治情況ではあった。

たしかに伊藤博文、井上馨は、自ら「泰西の主義と一致する諸法典を編纂」すると公言してゐた。しかし伊藤博文は、いやしくも欽定憲法の起草に際して、ドイツ人の勧告をそのままに学ぶほど軽薄では決してなかった。天皇の臣僚として、日本帝国の自主的判断を失ふやうなことはなかった。伊藤博文は、井上毅の甲乙両案およびロエスラーの私案を参考資料として、明治二十年の六月からその憲法案の検討を始めた。ここに井上毅の甲乙二つの試案（抄）とロエスラーの私案（抄）とをかかげる。（註2）

憲法案試草甲案（井上毅案文の抄）

第一章　根本條則

第一條　日本帝國ハ萬世一系ノ天皇ノ治《シラ》ス所ナリ

第二條　皇位ハ皇室典範ノ定ムル所ニ依リ皇子孫之ヲ繼承ス

第三條　天皇ハ大政ヲ總攬シ此ノ憲法ニ於テ勅定スル所ノ條款ニ循ヒ之ヲ施行セシム

第四條　日本帝國ヲ組立テタル現在ノ疆土及附屬ノ嶋嶼ハ統一ノ版圖ニシテ永遠分割スヘカラス

第五條、第六條　略

第二章　國　民

第七條　凡《オヨ》ソ日本國民タル者ハ總テ左ノ權利ヲ保護セラル

一　何等ノ名稱位列タルニ拘《カカハ》ラス法律ニ於ケル一般ノ平等

二　特ニ許可ヲ有スル者ヲ除ク外法律ニ觸レス及秩序安寧ニ妨ケサル營業ノ自由
三　生計ノ救助ヲ受クル者、刑法ノ監視ヲ受ル者及兵役ニ係ル制限ヲ除ク外內外移轉ノ自由
四　法律ニ掲ケタル場合又ハ裁判ノ效力ニ依ルノ外强制拿《ダ》捕《ホ》勾留《コウリユウ》ヲ受ケサルコト
五　法律ニ定メタル規定ニ依ラサレハ糾治ヲ受ケサルコト
六　法律ニ指定シタル場合ヲ除ク外家主ノ承諾ナクシテ家宅ニ侵入スルヲ許サヽルコト
七　正條ノ外刑法ノ處分ヲ受ケサルコト
八　公益處分ノ法律ニ定メタル場合ヲ除ク外各人ノ所有財產ヲ侵サレサルコト
九　安寧秩序ヲ妨ケス及國民ノ義務ニ背カサル信敎ノ自由
十　法律ノ範圍內ニ於テ言論著作印行集會及結社ノ自由
十一　刑事ノ檢探及戰時又ハ內亂ノ場合ヲ除ク外郵信ノ秘密

法律ハ安寧秩序ヲ維持シ又ハ公益ノ必要ノ爲ニ正條ヲ掲ケテ前ニ擧ケタル各項ニ適當ノ制限ヲ設ケ及戒嚴ノ時ニ於テ一時停止處分ヲ行フヘキ場合ヲ定ムヘシ

第八條、第九條、第十條　略

第三章　內閣及參事院

第十一條　天皇ハ內閣ニ臨御シ萬機ヲ聽覽ス

第十二條　內閣ハ各省大臣〔及參事院議長〕ヲ以テ組織ス

第十三條　內閣總理大臣及各省大臣ハ其職務ニ就キ各々其責ニ任ス

第十四條　內閣總理大臣及各省大臣ノ進退ハ總テ天皇ノ大權ニ由ル

第十五條　略

第十六條　參事院ハ内閣ノ諮問ニ應ヘ法律勅令ヲ草按シ及特定ノ條項ニ就テハ行政ノ事務ヲ審査ス（參事院ハ法律ノ疑義ヲ説明ス）

第四章　元老院及代議院

第十七條　天皇ハ元老院及代議院ノ輔翼ニ依リ立法ノ事ヲ行フ

兩院議決ノ後天皇ノ裁可ヲ經サレハ法律ヲ成サス

第十八條　國ノ安全ヲ保ツ爲ニ已ムヲ得サルノ情狀ニ由リ急施ヲ要スル事宜アルトキハ勅令ヲ發シ法律ニ代フルコトヲ得

此ノ勅令ハ次ノ開會ニ於テ兩議院ノ承認ヲ取ルヘシ

又第十八條　國會ノ協同ヲ待タスシテ法律ヲ施行スル爲ニ又ハ國ノ安全ヲ維持スル爲ニ必要ナル勅令ヲ下スハ天皇ノ大權ニ屬ス但勅令ヲ以テ法律ヲ變更スルコトヲ得ス

第十九條　法律ノ起案ヲ議院ニ付スルハ天皇ノ大權ニ由ル

（兩議院ハ法律起案ノ意見ヲ具《ソナ》ヘテ天皇ニ上奏スルコトヲ得）

第二十條　略

第二十一條以下第四十條　略

第四十一條　上下議院ハ相當ノ敬禮ヲ守リ天皇ニ意見ヲ建議スルコトヲ得

第四十二條　兩院ハ人民ヨリ呈出シタル請願ノ文書ヲ受ケ政府ニ移牒《イチヨウ》シ又ハ意見ヲ付シ天皇ニ上奏シ或ハ主務大臣ノ辨明ヲ求ムルコトヲ得（以下略）

第四十三條　各院ハ必要ナリトスル場合ニ於テハ内閣大臣ニ質疑ノ文書ヲ送付シ其辨明ヲ求ムルコトヲ得

第四十四條　略

第四十五條　兩議院ノ議員ハ議院ニ於テ陳述シタル意見及投評ニ付糾彈ヲ被ルコト無カルヘシ（以下略）
第四十六條　兩院ノ議員ハ現行犯罪又ハ内亂外亂ノ罪ヲ除ク外開會ノ間議院ノ承諾ナクシテ逮捕スルコトヲ得ス
（以下略）

第五章　司法權

第四十七條　裁判ハ専《モツパラ》法律ニ依ル裁判官ハ天皇ノ名代トシテ其職務ヲ行フ爲ニ不羈《フキ》ノ權ヲ有ス
第四十八條以下第五十三條　略

第六章　租稅及會計

第五十四條　國稅ハ法律ヲ以テ之ヲ定ム
第五十五條以下第六十條　略
第六十一條　兩議院ニ於テ豫算ヲ議決セサルトキハ政府ハ前年ノ豫算ニ依リ之ヲ施行スヘシ
第六十二條以下第六十四條　略
第六十五條　兩議院ノ承認ヲ經サレハ國債ヲ起シ及國庫ノ負擔ニ係ル政府ノ保證ヲ予フルコトヲ得ス

第七章　軍　兵

第六十六條　徵兵ノ方法ハ法律ノ定ムル所ニ依ル（以下略）
第六十七條　陸海軍ノ編成ハ勅令ノ定ムル所ニ依ル
第六十八條、第六十九條　略
第七十條　軍隊ハ服務ノ內外ヲ論セス多衆議事スルコトヲ得ス
命令ニ由ラスシテ集會スルコトヲ得ス（以下略）
第七十一條、第七十二條　略

（右の甲案試草は、前記初稿の趣旨により、天皇の大権は、これを前文で書くのみで条文に列記してゐない。次の乙案では、それを条文のなかに列記する）。

憲法案試草乙案（同じく井上毅案文の抄）

第一章　主　権

第一條　日本帝國ハ萬世一系ノ天皇ノ治ス所ナリ

皇位ハ皇室典範ノ定ムル所ニ依リ皇子孫之ヲ繼承ス

第二條　天皇ハ國權ヲ總攬シ此ノ憲法ノ勅定スル所ニ循由シテ之ヲ施行セシム

第三條　天皇ハ陸海軍ヲ統督ス

第四條　交戰ヲ宣告シ及外國ト條約ヲ結フハ天皇ノ大權ニ由ル

第五條　各大臣及文武官ヲ任免シ行政各部ノ組織ヲ制置スルハ總テ天皇ノ大權ニ由ル

但法律ハ別ニ特例ヲ定ムルコトヲ得

第六條　天皇ハ勳章爵位及其他ノ賞典ヲ勅授ス

第七條　法律ヲ施行スル爲ニ又ハ國ノ治安ヲ保ツ爲ニ必要ナル規則及處分ハ天皇ノ勅令ヲ以テ之ヲ發シ又之ヲ發セシム

第八條　（甲案第四條と同じ）

第九條、第十條　略

第二章　國土國民

第十一條　（甲案の第七條と同じ）

第十二條　凡ソ日本國民ハ相當ノ敬禮ヲ守リ法律ノ規程ニ循ヒ天皇及議院ニ請願ヲナスノ權利ヲ有ス（甲案第八

條とほぼ同じ）

第十三條以下第十五條　略

第三章　內閣及參事院

第十六條以下第十九條　略（甲案の第三章とほぼ同じ）

第四章　元老院及代議院

第二十條以下第四十九條　略（甲案の第四章と同じ）

第五章　司法權（第五十條以下第五十六條まで。甲案に同じ）

第六章　租稅及會計（第五十七條以下第六十八條まで。甲案に同じ）

第七章　軍兵（第六十九條以下第七十五條まで。甲案とほとんど同じ）

第八章　總　則

第七十六條　略

第七十七條　命令ヲ以テ法律ヲ變更スルコトヲ得ス

第七十八條　略

第七十九條　將來此ノ憲法ノ條項ヲ修正スルノ必要アルニ至ラハ上諭ヲ以テ議案ヲ下付スヘシ
兩議院ハ其全員ノ三分ノ二以上出席シ而シテ出席員三分ノ二以上ノ同意ヲ得ルニ非サレハ修正ヲ議定スルコトヲ得ス

（甲案試草が第七十二条で終ってゐるのに対して、乙案は第七十九条となってゐるのは、乙案では天皇大権事項を条文化し、さらに終りに総則を加へたからであって、同一事項についての条文は、表現にわづかの差があるのみで、ほとんど同じと見ていい）。

ロエスレル憲法私案（抄）

原　規

第一條　日本帝國ハ萬世分割スヘカラサル世襲君主國トス　帝位ハ帝室家憲ノ規定ニ從ヒ帝室ニ於テ之ヲ世襲ス

第一章　天　皇

第二條　天皇ハ神聖ニシテ侵スヘカラサル帝國ノ主權者ナリ（以下略）

第三條以下第十六條　略

第二章　國　會

第十七條　國會ハ元老院及代議士院ヲ以テ成ル

第十八條以下第三十六條　略

第三章　國會ノ權利

第三十七條以下第三十九條　略

第四十條　國會ハ政府ノ提出スル法律案ヲ議決ス　各院ハ法律案ノ提出セラレンコトヲ建議シ又ハ自ラ法律案ヲ提出スルノ權ヲ有ス　但憲法ニ關スル法律案ハ政府之ヲ提出スルコトヲ得

第四十一條以下第四十九條　略

第四章　權利義務

第五十條以下第六十條　略

第六十一條　本章ノ規定ハ天皇ニ屬スル特權ノ施行ヲ變更セス

第五章　司　法

第六十二條　裁判ハ裁判官ノ職掌ヲ施行スルニ於テ一モ政府ノ干渉ヲ受ケサル不羈ノ裁判所天皇ノ名ヲ以テ之ヲ

行フ

第六十三條以下第七十條　略

第六章　行　政

第七十一條　天皇ハ大臣ヲ任免ス（以下略）

第七十二條、第七十三條　略

第七十四條　天皇ハ其命令處分ヲ實行スル爲刑罰及强制方法ヲ宣告シ及施行スルノ權ヲ有ス

第七十五條　天皇ハ國家ノ安寧公共ノ秩序安全ヲ維持スル爲必要ナル命令ヲ發ス

天皇ハ戒嚴ヲ宣告スルノ權ヲ有ス其結果ハ法律ヲ以テ之ヲ定ム

第七十六條以下第八十條　略

第七章　財　政

第八十一條　第十五條ニ掲ケタルモノヲ除ク外政府ノ一切ノ收入支出ハ毎年之ヲ豫算シテ會計豫算表ニ記載ス會計豫算表ハ政府之ヲ提出シ國會ノ承諾ヲ以テ確定ス

此承諾ハ現行ノ法律又ハ其他ノ權利名義ニ基ツク收入ノ徵收ニ及ホサス又ハ現行ノ法律又ハ其他ノ法律上義務ニ基ツク支出ノ支辨及此支出ニ充ツル爲必要ナル金額ニ及ホサルモノトス故ニ國會ノ檢查ハ豫算額ノ法律ニ適スルヤ否ヤ及多寡並支出ヲ支辨スル爲提出シタル金額ノ便否外ニ及ホサス豫算確定ニ關シ協議整ハサルトキハ內閣ノ責任ヲ以テ天皇之ヲ裁決ス

第八十二條　一切ノ國家行政ハ第八十二條ニ從ヒ確定シタル會計豫算表ニ基ツキテ之ヲ行フ外部ノ事情ニ依リ正當ノ期限內ニ國會ヲ召集スルコト能ハス又ハ會計豫算表ヲ確定スルコト能ハサルトキハ一時現行ノ會計豫算表ニ由ル　但第八十八條ノ規定ハ格外トス

第八十三條以下第八十六條　略

第八十七條　新税ヲ徴收シ國債ヲ起スニハ如何ナル場合ニ於テモ國會ノ承諾ヲ要ス但此承諾ハ他ノ方法ヲ以テ憲法上ノ支出ヲ支辨スルニ必要ナル金額ヲ徴集スルコト能ハサルトキハ之ヲ拒ムコトヲ得ス

臨時ノ急切ナル需用アル場合ニ於テ國會未ダ集會セス且外部ノ狀況ニ依テ速ニ之ヲ召集スルコト能ハサルトキ又ハ國會ニシテ憲法ニ背反シテ決議ヲナシタルトキハ天皇ハ内閣ノ責任ヲ以テ必要ナル財產上ノ處分ヲナシ時宜ニ依リテハ新税ヲ徴集シ若クハ國債ヲ起スコトヲ得　其處分ハ可成《ナルベク》速ニ之レヲ國會ニ提出シ其徴集シタル金額ノ支出ヲ證明スヘシ

第八十八條、第八十九條　略

第八章　通　則

第九十條、第九十一條　略

第九十二條　憲法ハ立法ノ手續ニ依ルニアラサレハ之ヲ變更スルコトヲ得ス（参照　第四十条にて憲法改正発案権は政府にあるとされてゐる）

第九十三條、第九十四條　略

五、伊藤博文の修正作業

伊藤博文が、明治二十年の六、七、八月の間に神奈川県の夏島で、金子堅太郎、伊東巳代治、井上毅と草案の研究検討に努力して、伊藤自らの責任において修正案を作成したとの話は有名である。しかし実際には、この時の研究に終始熱心に伊藤を助けたのは伊東巳代治と金子堅太郎の二名で、原案を提出した井上毅は、八月に数日間出て来て、金子、伊東とは別宿に行き、夏島で試案の説明をしたにすぎなかったのではないかと思はれる（ロエスラーも説明のために出て来たが、モッセは招かれなかったので不満であったといふ）。

憲法起草とは別に、井上は甲案、乙案を提出した直後から、ボアソナードと共に伊藤内閣の外交政策反対のために全力を投入した。この政府反対論は、六月には谷干城農相が帰朝して閣内でも激論となり、世論も高まった。井上、ボアソナードの反対論は、決定的に反政府派を勇気づけ、自信を固めさせた。井上馨外相は激怒して、ボアソナードの追放を主張、要求した。閣内で山田顕義法相がボアソナードを弁護して、ともかくもひとまづ解決したが、伊藤内閣は致命的ともいふべき政治的挫折に瀕《ひん》した。このころ井上毅は、健康がわるくて上州磯部の温泉などにも行ってゐたらしいが、明白な政府反対の理論家とされてしまった責任もあるし、七月三十一日には、前記のやうにボアソナードを弁護して、自ら職を辞するやうな文を書いてゐる。夏島で伊藤と心平らかに法理研究をするやうな情況ではなかった、と見るのが自然であらう。

政局は激動してゐたし、伊藤はしばしば東京に帰っては参内し、また、閣議を開いて在野勢力の猛攻に対しての反撃を指導せねばならなかった。板垣の上奏文などは、「事実に反する」として、勅使につき戻させる、といふやうな異常な闘志に燃えてゐた時期である。七月の伊藤は、野党に対する満々たる闘魂をもって進退してゐる。しかし、八月には形勢がまったく悪くなって、無二の盟友として信頼して来た外相井上馨の辞任を、無念痛恨の思ひをもってみとめざるを得ない情況に追ひつめられる。

この怒濤のやうな政局のなかで、憲法典の研究検討を着実に進めて行った伊藤博文は、確かに偉とせねばならない。しかし、冷静な法典研究のためには、その時は決して良い条件ではなかった。井上との対座討議も十分であったとは思はれない。この時期の伊藤内閣は、列国政府に対して、泰西の主義と同一の法典を編纂して示すと約束して、外交を進めてゐた。伊藤が法の概念を確かめて行くのに、いちいち外国語で考へたのはよく知られてゐるが、その点で伊東巳代治の卓抜な語学力は有用であったし、金子堅太郎の米国法学も大いに役立ったと思はれる。しかし、井上毅の「憲法は日本固有法にもとづく」とする理想が、この時の伊藤にどの程度に共感されたかは問題である。井上毅が、その初稿いらい非常な熱意をもって特記して来た、天皇の「しらす」の古語は、条文本文からは消えて「統治」の語が固まる。

もっとも「統治」の語も、決して翻訳語として新造された語ではない。あまり一般では用ひられなかったが、例へば水戸学の會澤正志齋『新論』上篇の「國體　上」で、大化の改新を論じたところにこの語が見える。「至中宗天智天皇……以國司統治國郡、而遂成郡縣之制」とある。『新論』は、明治維新前の志士のたれもが教科書としたもので、井上も貴重参考書としたが、伊藤もよく読んだ書である。

井上の「しらす」の語は、条文本文からは消えたが、「統治」の語義解釈としては、その後の『憲法義解』等にも引きつづき残されてゐる。しかし本文から消えたので、井上一流の法思想の重みは後退せざるを得なかった。井上は「しらす」の語義を権力支配（うしはく）の語の対語として意識してゐたけれども、本文が「統治」となると、その語義は学者によっては多様に解釈されて、“The King reigns, but does not govern.”の場合の‘govern’と同一語とされて、ただ‘reign’の対語と解する人も少なくないやうになる。[註3] 伊東巳代治が訳し、日本政府が外国に示した英訳の憲法では、その第一条は“Article 1. The Empire of Japan shall be reigned over and governed by a line of Emperors unbroken for ages eternal.”となってゐる。

但し、二十年六、七、八月の時点においては伊藤博文は、板垣退助、後藤象二郎（自由党系）や、大隈重信（改進党系）、谷干城（保守中立）等に対して政敵感情を烈々と燃やしてゐた。伊藤が憲法案を見る時、「議会」の語はただの抽象的法概念としてでは決してなく、それらの政敵やその亜流の徒が進出して来て猛攻する場としてのイメージと無縁ではあり得ない。「政府」「大臣」の語を見ても、同じくそのイメージは現実具体的ならざるを得なかったであらう。

かれが、欧化外交政策で政府が危機に瀕した時に修正した憲法案（八月案）では、その底本に井上の甲案を用ひてこれに加除修正しながらも、存外に、西欧法理に徹したロエスラー案をかなり多く採択した、といはれるのも分るし、また議会権限を極度に制約しようとして、井上案やロエスラー案等が共通してみとめてゐた議院の上奏権、請願受理権、質問権、各省に対する報告および証拠文書の請求権をことごとく削除したり、官吏議員兼職禁止の条文を削ったのも、それなりに理解できる。国民の頻々たる請願や重臣の上奏になやまされてゐた伊藤としては、憲法上の重要機関としての議会に改めて上奏権をみとめたり、質問権・請願受理権をみとめたりしたのでは、到底政局は収拾しがたいと思ったのかもしれない。

ともかく伊藤首相は、八月末までに修正憲法草案を作りあげた。この案は、これまで種々の名でいはれてゐた「議院」の名称を貴族院、衆議院の名称で固めたり、「統治」の語を定めたりしたのは後にまでつづくが、その後に再修正の意見が出て、伊藤もまたそれに応じて多くの修正をみとめて行ったので、その歴史的重みは、さほどに大きくない。その案の全文は、これを割愛し、後述文では、その必要関連条文のみを引用する。

六、憲法条文と国体

伊藤博文が、二十年八月に夏島で修正した憲法草案のなかで、天皇、国体に関する根本条文は、次のやうになってゐた。

第一条　日本帝國ハ萬世一系ノ天皇之ヲ統治ス
第二条　皇位ハ皇室典範ノ定ムル所ニ依リ皇子孫之ヲ繼承ス
第三条　日本帝國ノ疆域ハ現在ノ統一ニ屬スル版圖タルヘシ
　國疆ノ變更ハ專ラ法律ニ依ル
第四条　天皇ハ帝國ノ元首ニシテ一切ノ國權ヲ總攬シ此ノ憲法ノ主義ニ基キ大政ヲ施行ス
第五条　天皇ノ身體ハ神聖ニシテ侵スヘカラス（以下、天皇大權事項を列記）

これは国体に関する根本的な規定であり、ここでは井上試案の思想がほぼ採用されてゐる。井上が大変に熱心であった「しらす」の古語や表現には修正が加へられてゐるが、その思想骨格は、ほぼそのまま入れられてゐる。ただ井上が本条文で「治《シラ》ス所ナリ」としたのが「統治ス」と変り、不用の贅語だとして特にさけた「不可侵」権が成文化された。モッセもロエスラーも、不可侵権を必要としてゐた。これを外国なみになるとして嫌った井上毅は、あまりにも外国法の知識過剰のために、これを非日本的だとして嫌ったわけであるが、外国法をあまり知らない日本人は、むしろ素直に日本流にこれを解して、それを当然のこととし、その後もさしたる議論を生じなかった。

むしろここでは、日本人のたれもが、自明当然の良識として疑はなかった第一条に対して、ロエスラーが深刻な反対意見を提出してゐるのが注目される。ロエスラーは、おそらく外人（ドイツ人）のなかでは、帝国憲法の制定に最も深く大きな影響作用を及ぼした第一人者といっていい。その人が、帝国憲法における最も重要な根本条規たる第一条に、本質的な意味で異存を表明してゐることは、反面から見れば、帝国憲法がその精神的本質骨格においては、日本国民固有の一般的良識を基礎前提としたものであって、ドイツ法学者の君権主義とはまったく異質のものであることの証明の一つともなる。また日本の国体精神の特殊性を鮮やかにする資料ともなる。そこでロエスラーの第一条の反対修正意見をここに引用する。

「修正された憲法草案第一条は『永遠に中断することなき系統に出づる天皇』云々というが、私はそれが誇張でないことを望む。無躾《ぶしつ》けではあるが、人間に遠い将来のことを確実に知ることはできないと申上げたい。天皇の王朝が遠くこの先き幾世紀も継続するかはだれも知ることはできない。現在の世界列強が天壌《てんじょう》と共に永遠であるわけでないことは一般的確信ではないか。法的ならびに政治的理由からこの案に同意することはできない。私は一つの歴史的事実を想起するのであるが、将来を軽率に予言し、神々や人間の怒りを挑発したくない。ハノーバー王室繁栄期に、八百年祭か九百年祭かの折りに、国王は勅語を発して「わが王室は永遠に国土を支配する」と宣言した。その二、三年後国王は王位を失い、国土はプロイセンに併合され、王室は滅び、先祖の祭祀《さいし》は廃された。私はこの例を挙げて、他処《よそ》でもそうなるというのではない。ただ私の言いたいのは、そのような漠然たる命題を据《す》えて憲法の基礎的条項となし世界の批判を挑発するのは得策でないということにほかならない」。「天皇支配が創始以来中断されない系統において相伝されてきたというのは歴史的事実である。これに似たことは全世界に例がない。この真に誇るべき事実を憲法の明文中に規定することは有意義である。そこで『永遠に中断されることなき系統』を『創始以来中断されしことなき系統』と改めたならば一層憲法に華を添えることになろう」。

（『産大法学』十一巻二・三号所収、須貝脩一論文「ロエスラーと明治憲法」より引用）

これは敬虔《けいけん》なるカトリック教徒ロエスラーの所信表明と見るべきであらう。キリスト教は唯独りなる神の全知全能の神意に対する絶対無条件的服従の信仰を第一義とする。この地上において、いかに絶大なる権力を有する王国であっても、神意によっては、ただの一夜にして亡び去ることもありうる。それが神の意思であれば、ただその神意に忠順に服することが義である。この全知全能なる神の意思は、神のみが知ることであって、あはれむべき人間の測り知るべきことではない。その理義を深く承認することこそが、神の偉大さを知る信仰者の態度である。未来は、ただ神のみが知り、神のみが決定する。この神を無視して未来を予言し、とくに永遠を宣言することは、神の怒りを誘ふおそれがある。それは神の全知全能の意思を無視した神への不敬である。地上の権力者にしてその不敬を敢てした者は、亡びて行くのが道理である。神に非ざる人間が、永遠を予告し宣言するのは許されないことである。——これがおそらくロエスラーの所信であったにちがひない。

ロエスラーは、日本国と日本人とを親愛する。しかしこの国人は、真の神を知らずして「萬世一系の統治」を予告し宣言しようとしてゐる。これには忠告を与へなくてはならない。この国の民は、正しき真の神を知らざるが故に、民族の古伝承を素朴《そぼく》に信じて、この国の君主（天皇）は神の子孫であり、神命によって君権を授けられたのだと信じてゐる。しかも、この国の歴史によれば、確かに天皇は古くからして王位を占めてをり、それが歴史以前からのことであるのは、否定すべき史料も存在しない。日本人は、その古来の歴史的事実に大きな誇りをもってゐる。それは動かしがたい国民感情である。

ロエスラーは、その過去の歴史を日本人が民族の誇りとして光栄とするのは、神もまた寛恕《かんじよ》し給ふであらうと思ふ。しかし未来永遠を改めて予告し宣言するのを黙過することは、キリスト者としての自分の良心に反する。かれは、最小限度の責任として忠告せざるを得ないと信じた。そして、日本人がその古伝承を尚び、帝国の過去の光栄を誇りとし、天皇を「創始いらい中断されしことなき系統」であったとして、それを過去の事実に限定し、遠い将来への予言としての意味をもたせないやうにしたい、と忠告したのである。

このことについて上智大学教授のジーメスは、ロエスラーが非科学的「神話」を嫌ったからだとの解釈をしてゐるが、これはロエスラーその人の宗教的生涯から見ると、キリスト教的カトリック的信仰が根底にあって切言したものと解すべきではあるまいか（かれは、ただヨーロッパの習慣としてキリスト者になったのでなく、深く思ひ悩んで、プロテスタントからカトリックへ転宗してゐる）。しかし、ともかく日本人にとって、このやうな異邦人の忠告は、いささかも顧みるべき余地のないものであった。欧化主義者と称せられる伊藤博文にとっても、このやうな忠告は日本には全く無用としか考へられず、一顧もされなかった。

この帝国憲法第一条の成立事情についての文書考証は、『國學院大學紀要』特集号（昭和三十九年三月）に、藤井貞文が詳しい多数の資料をもって解明してゐる。それは、多くの日本人がその意識において、共通の良識として承認したことを詳しく論証してゐる。

日本の法学者はすべて、万世一系をもとより当然のこととし、この条文を、憲法成立以前からの歴史的事実を明示するとともに、将来への厳然たる法規範であると解した。しかもその「萬世一系」といふのは、世襲的血統の永遠を意味するのみではなく、皇祖いらいの天皇精神の不断永続性を意味すると解した。そこに憲法理論と日本の特殊の国体論との結びつきが生ずる。

帝国憲法は、天皇統治国の憲法である。しかし、その政治体制（政体）は明らかに立憲以前のものと大きく変って来る。「國體」の語は、古くは政体や国風、風俗等をもふくめた広い意味に用ひられた。伊藤博文なども、前には「立憲は當然に國體を變更する」と解したこともあったが、この第一条が固まるころから、国体の法概念と政体の法概念とを区別するやうになって来て、政体は変遷するがその根底深くには不変の国体が永続する、との思想が固まったと見ていい。

ただその後、憲法の上で「國體」をいかに解するかが重要な問題になり、そこでいろいろの国体論が生ずる。天皇の大権をもっとも強く力説した憲法学者として上杉愼吉はその複雑さをさけようとして次のやうに論じてゐる。

國體ノ區別ハ統治權者ノ構成ノ區別ナリ、統治權タル意思カ如何ニ組織セラルルヤノ區別ナリ、如何ニシテ一定ノ國家カ、其ノ統治權者ニ依リテ建立セラルルニ至リシヤノ建國ノ歴史、又ハ其ノ統治權者ヲ有スルニ依リテ、如何ハカリ國家ノ本質ヲ充實スルコトヲ得ルヤノ特定ノ國家ノ實質上ノ價値如何ノ問題ハ之ト區別セラレサルヘカラス。

然レトモ一定ノ國家カ一定ノ國體ヲ有スルハ、其ノ建國ノ歴史ニ本ツキ、其ノ國家ノ、實質上ノ價値ヲ定ムルノ根本要件ナリ、法上國體ヲ定義スレハ、何人ノ統治權者ナルカノ區別ナリト云フヲ以テ足レリトスルモ、人ノ國體ト云フトキ、其ノ建國ノ歴史ト其ノ國家ノ實質上ノ價値ヨリ、之ヲ分離シテ考ヘ得ヘキニ非ス、之レ法學者ニ非サル人々ノ國體ノ意義ノ法上ノ説明ヲ以テ滿足セサル所以《ユエン》ナリ、予ハ之ヲ國體ノ精華ト稱シ單ニ國體ト云フト區別セムト欲ス（『新稿憲法述義』）

法学者の間では、「統治権者」又は「統治権の總攬者」が天皇であるといふことが日本の国体である、との説がひろく行はれた。しかし上杉愼吉みづからもみとめてゐるやうに、それだけでは満足しきれないものが残る。博士は、あっさりと法上の「國體」と「國體の精華」との概念を区別してゐるが、その「精華」なるものは、国体そのものの本質の異同から生じて来るものではないのか。第一条でいふ「萬世一系」とは、ただ「世襲的君主」といふのではなくして、古くからの伝統的に貴重な精神の永遠的連続の意味を有してゐる。しかも天皇の「統治」の語が、井上毅のいふやうに、外国君主の権力支配とは異質の「しらす」といふ意味を有するとすれば、ただ、日本の国体とは統治権者が天皇であるといふことで足りる、との説明では不満の者が生ずる。

上杉もそれをみとめて、それは法上の国体とは区別して、法学者以外の国学者や国民道徳論者、倫理学者、哲学者等が、「國體の精華」の問題として研究すればいいといふのであるが、はたしてそれは法学と切りはなしうるか。「萬世一系」、「天皇」、「統治」の語は法上の語である。

井上毅は、それを古典研究の成果としてゐるし、その法概念を明らかにしようとするには、古典研究の天孫降臨にまでさかのぼらねばならないとした。それは日本の古典的精神史の問題であり、法学以外の多くの諸学の研究を待たねばならないが、法学そのものとしても、「國體」と「國體の精華」とを切りはなしたのでは、「萬世一系」や「統治」の解明について日本法学としての万全を期しがたい。その点で、古典的精神史を法学のなかに導き入れようとする法学者も当然に生じて来る。「神ながらの大道」を高揚しようとする筧克彦、井上孚麿などの異色ある憲法学者が出て来た理由がある。日本の憲法学では、国体論は重要な研究討議の課題である。

戦後になって、帝国憲法の骨格ともいふべき第一条以下の条文が消えて、日本の国体とはいかなるものか、いかにあるべきか、との学者の研究が乏しくなった。その間にあって京都産業大学教授の小森義峯が、(註3)帝国憲法時代の法学者として有名な穂積八束、美濃部達吉、上杉愼吉、佐々木惣一、筧克彦、清水澄等々の先学の国体説を紹介し、かつ小森自身の国体説を解明した論文は、戦後の帝国憲法史研究者にとって有益な参考となるであらう（『産大法学』昭和五十二年十二月発行所収の「日英君主制の比較憲法的考察」参照）。

帝国憲法における「國體」をいかに解すべきかについては、立憲以後においても諸学者の間に論議を残したが、それを条文化することについては、伊藤博文の修正案以後ロエスラーの反対再修正説が提出された後には、多少の用語修正の問題以外にはほとんど重要な論議なくして終ってゐる。立案者は、憲法の条文そのものでは「萬世一系の統治」の語をもってその根本を示し、その意味については、随時随所においてこれを補完するのが適切であるとの考へから、精細にこれに立ち入ることをさけたものと解すべきであらう。

思ふに、万世一系の天皇統治の国体精神は、天皇の皇祖皇宗に対せられる祭祀を根底とするものである。

それ故に、天皇はこの憲法を欽定せられるや、まづそのことを皇祖皇宗の大御前に奉告せられ、全国の神社に対してもまた奉告祭を執行せしめられた。その御告文においては、万世一系の天皇統治の精神が「皇祖皇宗ノ統治ノ洪範ヲ紹述スル」に外ならざることを誓はせられた。この皇祖皇宗の統治の精神が、万世を通じて易《かは》ることなく、連綿として永続して行くところに国体がある。

しかして、この万世一系の精神を確保して易ることなき祭祀を継承し統治を継承されて行くのは、天皇であり、その連続性は、皇統子孫への皇位継承によって保障されて行くべきものとされる。これは憲法典成立以前からの不文の国体法である。

憲法典では、この「國體」は、その皇祖皇宗への告文、臣民への上諭および数条の簡潔なる条文においてその大綱を昭示し、それと不可分なる皇位継承、祭祀継承等のことは、別に皇室典範を立てて規定することとした。したがって、国体の問題をいかに解すべきかとの問題は、憲法典のみならず、皇室典範その他教育勅語等を併せて究明することが必要であらう。国体の問題については、別に皇室典範制定史を論ずる際に改めて再論することとし、ここでは国体論議はその大綱を述べるに止めて、次に立憲に際して「議会」はいかなる地位を占むべきものとされたか、との政体論に言及したい。

七、議会の財政権

伊藤博文とその協力者たちとの間で、もっとも熱心に討議されたのは、議会の権限に関する問題であった。これは明治十四年の政変いらいの朝野の論争点とも深く相関連する。議会に大きな権限を与へれば、条文の体裁はいかなる形をとっても、政治の勢ひの趨くところは議院政党内閣制とならざるを得ないであらう。これに反して、議会に権限を与へること少なきに過ぎれば、責任内閣の国風すらも生じがたく、また維新いらいの公議公論政治の目標も達しがたく、したがって、国会開設の多年の国民熱望も満足させえないこととなるであらう。議会の権限をどの程度のものとするか、それが立案当局者間の議論の主題となって行ったのは当然である。

伊藤博文の八月の夏島での修正案は、原案者の井上毅の甲案試草、乙案試草およびロエスラー私案よりも、さらに議会の権限を小さく制約してゐた。それで起案者の側から再検討の逐条意見が提出されたわけであるが、ここでは各人の立場の重要点のみを平明に説明するために、記述を条文の順を逐はないで、まづ議会の財政権限に関する伊藤修正案に対する起案者の反対意見から述べることとする。この財政権をいかにするかは、明治二十年代の政局にとっては、政権の存亡を決するものとして、立法権に劣らない大きな作用をすると思はれてゐた。

伊藤博文は、財政権の条文については、井上毅の甲案、乙案のいづれも不採用とし、ロエスラーの案を資料として条文の条件を変更し、次のやうな修正案文を作った。

第八十五條　帝國議會ノ一院ニ於テ豫算ヲ議決セズ又ハ豫算ニ關シ政府ト帝國議會ノ一院トノ間ニ協議整ハサルトキハ少クモ一院ノ承認ヲ得ルニ於テ勅裁ヲ經之ヲ施行ス、若シ兩院共ニ議決セス又ハ豫算ニ關シ協議整ハサルトキハ、勅裁ヲ經、内閣ノ責任ヲ以テ施行ス。

これでは、政府は勅裁をうればいいわけで、議会の予算議決権は全く無視されてしまふ。ただロエスラーは前記のやうに議会の予算議決権を強く制約しようとしたが、伊藤構想とはいささかちがふ。伊藤修正案では、ただ一院が反対する場合と両院が反対する場合とを書き分けてゐる。しかしロエスラーは、それを実質的に無意味な区分と評してゐる。ロエスラーは、政府対議会の一致しない時には、その可否は勅裁によって決すべきであるといふのであって、君主が政府の意見を可とするか不可とするかは予定してゐない。しかし伊藤の条文では、勅裁が政府に与へられるのを当然のことと予期した書き方で、政府案を施行するときめてゐる。これは不満足だと評してゐる。

「社會的君主」主義者としてのロエスラーは、天皇とは、政府対議会の上に厳然として勅裁を下すものとしてゐる。しかし伊藤は、政府とは天皇の命によって成るものであり、天皇の勅によって行為するのであるから、その判断に異なることはなく終始一致してゐる、と安易に考へてゐる風がある。ロエスラーの原案と伊藤修正案とは似てゐるかに見えるが、その法理の根底がちがふ。ロエスラーは次のやうに再修正をもとめてゐる。

第八十五條　本條モ亦二ツノ場合ヲ示スモノナリ。第一ハ帝國議會ノ一院ニ於テ、第二ハ兩院共ニ豫算ヲ議決セザル時是ナリ。蓋《ケダ》シ第一ノ場合ニ於テハ天皇ノ勅裁ヲ以テ直ニ之ヲ施行シ第二ノ場合ニ於テハ內閣ノ責任ヲ以テ之ヲ施行スルナリ。而シテ熟々《ツラツラ》此二ツノ場合ヲ察スルニ、其勢ヒヨリ云フモ結果ヨリ云フモ別ニ異ナルナシ。畢竟《ヒツキヨウ》憲法上ヨリ云ヘバ一院ノ反對ハ二院ノ反對ト均《ヒト》シク、彼此《ヒシ》ノ間更ニ輕重ヲ爲サズ。一院ノ議決譬《タト》ヘバ下院ノ議決ニシテ他ノ一院卽チ上院ノ議決ニ依リテ廢棄セラレタルヲ聞カズ。又何《イツ》レノ場合ニ於テモ內閣ノ責任ヲ要スベキ點ニ至テハ異同ナシ。本條載スル所ヲ以テ憲法ノ大則ヨリ論ズル時ハ甚《ハナハ》ダ不滿足ニシテ、大ニ通義ニ背戻《ハイレイ》スルモノナリト謂ハザルヲ得ズ。

原案第八十二條ノ旨意ハ政府ノ提出シタル豫算ハ、議會ガ反對スル時直ニ決行シテ議會ノ議決ハ顧ミルニ足ラズトスルニアラズ。唯ダ余ハ政府ト國會ノ間ニ爭論ヲ生ジタル時ハ他ニ之ヲ裁決スルノ道ナキニ因リ、天皇ノ勅裁ニ依ルベシト思考セリ。而シテ天皇ノ之ヲ勅裁セラル、ヤ、或ハ政府ノ意見ヲ可トシ又ハ不可トセラルル歟《カ》ハ其場合ノ如何ニ依ルベキナリ。修正案第七十九條第八十條ノ規定ト、政府ヨリ提出シタル一切ノ議案ヲ議決スルノ義務アリトスル原案第三十九條ニ對（ママ）キ熟慮スル時ハ、豫算ヲ議決セザル如キ不都合アルベカラズト雖モ、豫《アラカジ》メ防止スルニモ拘ラズ未ダ此事ナキヲ保シ難シ。故ニ余ハ左ノ明條ヲ加フルコトニ於テ異論セザルナリ。

帝國議會ノ一院又ハ二院ニ於テ豫算ヲ議決セズ、又ハ憲法ニ背馳《ハイチ》シタル議決ヲ爲ス歟、若クハ豫算ニ關シ政府ト帝國議會ノ一院又ハ二院ノ間ニ協議整ハザルトキハ、其爭論ニ係ル事項ハ全内閣ノ責任ヲ以テ天皇ノ勅裁ヲ請フベシ。

（『秘書類纂・憲法資料』下より引用。伊東巳代治訳）

ロエスラーは、議会が予算案を否定する時には「勅裁ヲ經テ内閣ノ責任ヲ以テ施行ス」との伊藤案を改めて、「勅裁ヲ請フベシ」とすべきだといってゐる。かつ、その時に天皇が、議会討議の情況を見た上でいかなる「勅裁」を下されるかは未知未定の形にせよ、といふ。

しかしそれにしても、このロエスラーの修正意見ではなほ、議会の予算に関する法的権限が完全に無視されてしまふことがありうるわけである。これでは議会を解散して、改めて国民の信を問ふ必要もない。これは伊藤案への妥協である。そこで井上毅の意見書では、伊藤修正案はロエスラー意見と同じで、この点ではロエスラーがビスマルク主義をとってゐるとして、激しい反対を表明してゐる。井上の反対意見は痛烈で、それは次のやうに論じてゐる。

「帝國議會ノ一院ニ於テ豫算ヲ議決セズ又ハ豫算ニ關シ政府ト帝國議會ノ一院トノ間ニ協議整ハザルトキハ少クモ一院ノ承認ヲ得ルニ於テ勅裁ヲ經テ之ヲ施行ス若シ兩院共ニ豫算ヲ議決セズ又ハ豫算ニ關シ協議整ハザルトキハ勅裁ヲ經、内閣ノ責任ヲ以テ之ヲ施行ス」

(朱書)謹按　本條ハ千八百六十三年ニ於ケル「ビスマルク」侯ノ議院ノ演説ヲ採用シテ正條トナシタル者ナリ本條ノ主義ヲ略言スルトキハ、政府ト議院ト豫算ノ叶議整ハザルトキハ政府之ヲ断行スト云ニ過キズ果シテ然ラハ始メヨリ豫算ヲ議ニ付セザルニ若カズ又始メヨリ議院ヲ設ケザルニ若カズ又始メヨリ憲法ヲ定メザルニ若カズ

※「ビスマルク」侯ノ演説ハ、既ニ千八百六十六年ノ普國王ノ勅諭ニ於テ其憲法ノ主義ニ非サルコトヲ認メ、已ムヲ得ザル當時ノ情勢ニ出タルコトヲ明言シタリ

今我カ國ニ於テ又此ノ如キ立憲ノ主義ニ背ケル專制ノ舊態ヲ愛惜セントナラハ何ヲ苦ンテ立憲政體ヲ設ケラル乎《カ》乃是レヲ以テ憲法ノ正條トナサントスルニ至テハ憲法亦憲法ニ非サルヘキナリ何トナレハ天下豈《アニ》專制ノ憲法アラン乎

　ロスレル氏カ「ビスマルク」氏ノ政略主義ヲ採テ我國ノ憲法トナサントノ意見ハ畢竟東洋ノ立憲ハ名義ノ立憲ニシテ未タ眞ノ立憲ヲ行フノ度ニ達セズトノ度外ノ推測ニ由ルニ過キザルノミ

但シ議院ニ於テ豫算ヲ議決セザルノ場合ハ其處分法ヲ示サヾルヘカラズ而シテ立憲各國ノ例ニ倣ヒ前年ノ豫算ヲ用ヒ更ニ已ムヲ得サル必要ノ理由アル場合ヲ示スヘシ今左ニ修正ヲ呈出ス

議會ニ於テ豫算ヲ議決セズ又ハ一定ノ期限内ニ豫算成立ニ至ラザルトキハ政府ハ前年ノ豫算ニ依リ之ヲ施行スヘシ但前年ノ豫算ノ外ニ於ケル臨時ノ費用ハ法律上ノ義務ニ由リ又ハ國ノ危急ヲ妨ク爲ニ必要ナル理由アリテ勅令ヲ以テ裁可シタル場合ニ非サレハ支出スルコトヲ得ズ而シテ此ノ場合ニ於テハ次回ノ議會ニ提出シ其承認ヲ經ヘシ

（『井上毅傳』史料篇第一より引用）

井上は、この伊藤修正案をもってロエスラー案を利用したと解してゐる。そしてそれは、ビスマルクの非立憲・専制主義の政略を、そのまま憲法正文にしようとするのと同じで、このやうな条文ならば、国会を設けて予算など討議しないがいい、とまで激しく言ひきってゐる。

この井上の反対意見は、結局その趣旨が通って帝国憲法の規定ができるのであるが、近代史家などのなかには、ビスマルク主義に激しく反対して作られた帝国憲法の条文を、ビスマルク主義に学んで作ったのだと平然と説明する学者が少なくないのは、甚だ困ったものである。この伊藤修正案に対する井上の見解をさらに説明すれば、次のやうになるであらう。

ビスマルクは、一八六三年いらい憲法に違反して、非立憲専制の財政政策を不法に強行した。それが不法であったことは、一八六六年の勅諭も明らかにみとめてゐる。ビスマルクの政策や戦争が「政治的」に成功したからとて、不法を適法とすることはあり得ない。もっとも、これはプロイセン憲法そのものにも欠陥があったので、日本では、予算が年度内に成立しない場合のことを考へて「立憲各国」の例を参考にし、前年度予算施行の原案を作ったのである。プロイセン憲法には不備があり、かつ、ビスマルクは非立憲的であった、それを学ぶやうでは憲法など作らぬ方がいい、といふのである。この井上の意見が通って制定された帝国憲法の条文を、とくにプロイセン流とかビスマルク流などといふのは、その制定史を全く無視するものである。

なほ、井上が参考にしたスペイン憲法には「モシ歳計予算法ニ付立法両院ノ間ニ協議ヲ得ザル時ハ前年ノ予算法ヲ適用スベシ」（一八四五年制定）との明文がある。またスウェーデン王国憲法（一八〇九年制定）は、その後に民主的な社会主義王国としての長い憲政変遷史を有するが、現在でもその第百九条に「期待に反して国会が新会計年度のはじまる前に予算案を通過させず、又は新税を可決しない場合には、新予算案が通過し、かつ、新税が可決されるまで、旧会計年度の予算および税は、なほその効力を有する」（大石義雄編『世界各國の憲法』）と規定して、前年度予算有効の条文を温存してゐる。

もっとも、この前年度予算施行の案といふのは、年度内の予算不成立に際して行政の空白をさけるために考へたもので、すでに明治十四年に井上が作案した「岩倉綱領」にも明記されてゐたものである。井上はその後、諸外国の憲法条文や憲政慣習を研究調査して、いよいよその確信を固めたわけである。

ところが、この条文については案外誤伝が多く、岩倉綱領のできた後で渡欧した伊藤博文が、ドイツに行ってビスマルクから教へられて来た、などとの俗説もあるが、これは論評すべき価値もあるまい。伊藤がビスマルクに会ふよりも以前に「岩倉綱領」に明記されてゐるところであり、プロイセン憲法には見られないが、スウェーデンやスペインの憲法には明記されてゐる。これは岩倉綱領の継承であり、伊藤博文がロエスラー案を見てそこで思ひついた修正案第八十五条などは、まったく伊藤博文の一時的な思ひつきの迷ひにすぎず、非立憲的脱線にすぎない。

次の文は、伊藤修正案第八十五条に直接に関連するものではないが、モッセの財政に関する国会権限についての答議である。モッセが、国会の財政権限をロエスラー以上に強くみとめてゐた、と推測される資料なので、参考に引用しておく。これは帝国憲法の実際的運用についても大いに参考とされ、帝国憲法下において、議会の否決した新予算が実施された例はまったくない。

軍隊ノ編制ヲ定ムベキ君主權ト代議院ノ豫算權トノ間ニハ法律上矛盾ノ存スルモノニアラズ。若シ君主ノ權ニシテ憲法上全ク無制限ナルトキハ、右二權ノ間ニ或ハ矛盾ヲ生ズルモノ、如シト雖モ、立憲政體ノ國、殊ニ獨逸帝國ノ憲法ニ於テハ斯《カカ》ル例決シテアルコトナシ。卽チ立憲政體ノ國ニ於テハ兵制ニ關スル國民ノ負擔ハ身體上ノ服役ト金錢上ノ負擔トヲ問ハズ、總テ國會ノ承認ヲ經ルニアラザレバ賦課スルヲ得ズトノ原則ヲ確守スルニ依リ、君主ノ軍隊編制權ハ此原則ノ爲メ制限セラル、モノトス。語ヲ換ヘテ言ヘバ君主ノ軍隊編制權ハ憲法上獨リ此制限内ニ在テ存スルノミ。此制限内ニ於テ其權ハ自由ニ運動シ、且ツ獨逸國ノ實例ニ依テ徵證スベキガ如ク、此制限内ニ在テ充分ノ實效ヲ致スニ足ルモノトス。今若シ軍制改革ノ爲メ、新ニ國民ノ負擔ヲ增加セントスルトキハ、政府ハ必ズ豫算法ニ依リ又ハ別段ノ法律ニ依リ、國會ノ承認ヲ得ベキモノトス。予ガ知ル所ニ於テハ如何ナル論者モ此制限ヲ不可トシタル者アラズ。帝國政府モ亦始終此原則ヲ確守シタリ。故ニ夫《カ》ノ有名ナル軍費爭論ニ於テ、國ノ安寧ヲ維持スルガ爲メ一時此ノ制限ヲ踰趣《(ママ)》シタルコトアリト雖モ、忽《タチマ》チ復《マ》タ代議院ノ憲法上ノ權利ヲ正當ノモノト認メ、代議院ニ向テ責任解除（インデムニテート）ヲ求メ、且ツ爭論ノ根本タル軍費ヲ法律ニ依據《イキヨ》セシメンコトヲ務メタリ。

苟《イヤシク》モ國會ヲ開設スル以上ハ、立憲政體ノ大則ヲ認メズンバアルベカラズトノ鄙見《ヒケン》ハ、嘗《カツ》テ閣下ニ呈シタル予ガ意見書中ニ詳說シタリト信ズ。政府若シ代議院ヲシテ軍費豫算ニ容喙《ヨウカイ》セシメザルトキハ、甚ダ畏懼《イク》スベキ禍害ヲ醸生スルノ端緒トナルコトアルベシ抑々《ソモソモ》普通兵役ノ重キ負擔ヲ有スル人民ハ、既ニ此一事ニ對シテモ言論ヲ以テ兵制ノ經濟ニ參與スルノ權ヲ有スベシ。政府若シ此權ヲ議會ニ附與セザルトキハ、人民ニ重キ軍費ヲ負擔セシムルコト轉《ウタ》タ困難トナリ、兵制ノ爲メ甚ダ不利ナル結果ヲ來スベシ。之ニ反シテ代議者ノ承認ヲ經テ其負擔ヲ人民ニ賦課スルトキハ、政府ノ專斷ヲ以テ賦課セラル、モノト異ナリ、人民喜ビテ之ニ應ズベシ。其他代議院ヲシテ軍費ヲ議セシメザルコトハ民心ヲ激昂《ゲキコウ》スルノ具トナリ、政府ニ反對スルノ口實トナルベシ。國家ノ政務中、軍政ハ特ニ臣民ノ信用ト國ニ盡ス所ノ德義心トヲ要スルモノナルニ、(就中《ナカンヅク》普通兵役義務ヲ施行スルノ國ニ於テ然リ)前陳ノ如ク代議院ノ議權ヲ奪フトキハ、政府ノ責任重キヲ加フルノ外、又人民ガ國ノ軍務ニ反對スル危險ノ弊害ヲ生ズベシ。且政府ノ內ニ於テモ軍政ハ別ニ一ノ政府ヲ成スノ危險ヲ生ズベシ。何トナレバ國庫歲入ノ最大部ヲ消費スル軍政ニシテ、夫ノ統一ナルベキ國政ノ全體ヨリ分離スレバ、國政ヲ支體痲痺《マヒ》ノ病ニ陷ラシムレバナリ。又國ノ軍政ヲ處スルニ單ニ兵略上ノ主義ノミヲ以テシ、他ノ政務ヲ顧ミザルトキハ、其國ノ財政及人民ノ稅源ト一致セザル表面ノ兵力ノミヲ强メントシ、偏輕偏重ノ弊ニ陷リ、竟《ツヒ》ニ國ノ覆滅ヲ招クニ至ルベシ。是レ恰《アタカ》モ身體ヲ練ルコト過度ナル者ハ體力ヲ增サズシテ却《カヘツ》テ狂勢ヲ發スルト一般ナリ。是故ニ軍務ナリ教育ナリ土木ナリ何等ノ行政ニ在テモ、其主管事務ノ便利ノミヲ先ニナシ、他ノ行政ニ對シテ特別ノ地位ヲ占メントスルノ傾向ヲ抑フル爲メ、一ノ機關アルヲ要ス。其機關ハ各種ノ政務ヲシテ現在ノ國力ト並行セシメ、相互ノ間ニ彼此權衡ヲ保タシメ、以テ國政ノ統一ヲ得セシムルモノニシテ、專制國ニ於テハ大藏大臣及內閣大臣若クハ君主之ニ當リ、立憲國ニ於テハ代議院之ニ當ル。然ルニ今若シ行政ノ一派ニシテ最大ノ費用ヲ要スルニ拘ラズ、自然ノ連合ヲ離レ、代議院ノ議決ヲ俟《マ》タズトスルトキハ、代議院ハ行政ヲ監察スベキ職務ヲ如何ニシテ施行スルヲ得ルヤ。又立憲國ノ大藏大臣ハ其同僚タル海陸軍大臣ニ對シテ如何ナル地位ヲ有スベキヤ、大藏大臣ノ地位ニ關シテハ爰《ココ》ニ唯《タダ》其一端ヲ示シ、尙末文ニ於テ再ビ之ニ論及セントス。

以上ノ論旨ニ由リ本題ニ對スル予ノ意見ハ左ノ如シ。代議院ヲシテ軍費豫算ニ全ク關係セシメザルコトハ普通兵役ノ制ト撞着《ドウチヤク》シ軍隊及全國ノ經濟ヲ害シ、且ツ危險ナル民心挑發ノ原素ヲ包藏スルモノナリ。如何ナル議院ト雖モ國民負擔增重ノ事ニ參與スベキ憲法上最要至緊ノ權利ヲ剝奪《ハクダツ》セラレテ能《ヨ》ク沈默スルモノアランヤ。必ズヤ此重大ナル議權ヲ挽回《バンカイ》スルヲ勉ムベシ。斯ノ如クナルトキハ政府議院間ノ葛藤《カツトウ》ハ之ヲ避ケントスルノ素志ニ違ヒ國會開設ノ初ヨリ直ニ蜂起《ホウキ》スベシ。

前記ノ弊害ハ白耳義ノ「エントレブリーセ」制一定ノ金額ヲ以テ政費ヲ支辨セシメ其節目ヲ問ハサルノ制並ニ數年間獨逸ニ行ハレタル「パウシクワンチウム」制ニ在テモ亦之ヲ見ルナリ。此二制ニ對シテハ其他尚二三ノ議論アリ。抑々「パウシクワンチウム」卽チ行政費受負ノ制ニ於テ、金額高キ時ハ當該官省ハ其金額ヲ濫用シ、節險《(ママ)》ヲ爲シ得ベキ場合ニ於テモ之ヲ爲サズ、節倹ヲ爲スモ一ノ利益ナキヨリ偏《ヒト》ヘニ其委任金額ノ將來減少セラレザランコトヲ勉メ、國ノ經濟ニ損失ヲ被ラシムルヲ例トス。是レ行政ノ實務ニ通曉《ツウギヨウ》スル人ノ能ク知ル所ナリ。但今日ノ政府ハ實際ノ需要ヲ超過スル多額ノ行政受負費ヲ確定スルコト極メテ困難ナルガ故ニ、其弊害稍々《ヤヤ》輕シトスルモ之ヲ既往ニ徵スルニ、斯ノ如キ行政受負費ハ動《ヤヤ》モスレバ不足ヲ生ジ定例ノ歲出ヲモ支ヘ得ザルヲ例トス。假リニ定例ノ經費ニ不足ヲ告ゲザルトスルモ、全ク避クベカラザル臨時ノ經費ヲ要シ、例之ハ臨時ニ兵器ヲ購買セザルベカラザルノ場合起リテ、政府ハ其臨時費ニ付國會ノ承認ヲ求メザルベカラズ。此時ニ當リ國會ハ元ト其軍費ニ關スル議權ノ制限セラレタルヲ不快トスルモノナレバ、該臨時費ノ請求ニ對シ殊ニ兵制ノ經費ニ對シ他ノ行政費ニ對スルヨリモ冷淡ノ議決ヲ爲スベシ。國會ノ承認及監察ヲ脫シタル軍費豫算ハ國會ノ憎惡嫌忌ヲ受ルコト固《モト》ヨリ怪ムニ足ラズ。隨テ海陸軍大臣モ亦竟ニハ國會ノ信望最寡《スクナ》キ大臣トナルベシ。斯ル大臣ニシテ今其行政受負費ヲ以テ支辨シ得ザル臨時費ノ承認ヲ國會ニ求ムルトキハ、國會ハ先ヅ其受負費ノ不足スル所以、卽チ其明瞭ナル理由ヲ求ムベシ。此《ココ》ニ於テ國會ハ軍費豫算ノ全體ニ論及シ恰モ其初メニ遡《サカノボ》リ之ヲ逐一討論スルニ至ルベシ。而シテ其討論ハ國會ガ豫メ軍費豫算ノ確定ニ參與スルノ權ヲ有シテ之ヲ議スルトキヨリモ更ニ酷烈ナルベシ。此ニ依テ之ヲ觀レバ行政費受負ノ制ハ軍政ノ爲メ毫《ガウ》モ利益ナク從來ノ經驗ニ依ルニ却テ大害アルモノトス。加之《シカノミナラズ》何等ノ經費ヲ定例費ニ屬セシムベキヤ、即チ受負費ノ中ニ編入スベキヤ否ヤニ關シテ、國會ハ成ルベク許多ノ費目ヲ定例費中ニ編入セントシ、海陸軍大臣ハ臨時費ノ目ヲ增サントシ其爭議ハ永ク絕エザルベシ、行政費受負ノ制ニ在テハ、國會ハ其行政ノ需要ヲ秤量《ヒヨウリヨウ》スルノ道ヲ缺クニ依リ、如何ニシテ臨時費ノ適度ヲ議定シ得ベキヤ。

歐洲各國ノ歷史ニ於テ、國會カ兵制ヲ憎惡スルノ起因ハ槩《ガイ》シテ當時ノ政事家、軍費ノ固ヨリ一般ノ財政ニ從屬スル事ヲ忘レ、之ヲ一般ノ賦政ヨリ別離シ、財政上必要ノ監察ヲ免レシメタル短見淺識ニ淵源セズンバアラズ。如何ナル邦國ト雖モ行政ノ各派ヨリ請求スル所ノ需要ニ悉《コトゴト》ク滿足ヲ得セシムルコト能ハザルモノニシテ、唯一面、現在資金ノ多寡ヲ酌量シ、一面、當時ノ特別ナル必要ヲ辨別シ、以テ或ハ此種ノ行政ニ特ニ資金ヲ注ギ、或ハ彼種ノ行政ニ別段ノ力ヲ用ヰルモノナリ。既ニ前ニ述ベタル如ク、國會ハ大藏大臣及內閣ト協同シテ行政各派ノ需要ヲ折中シテ其宜《ヨロシ》キヲ得セシメ、彼ノ極端ニ走ル所ノ各官衙偏頗《ヘンパ》ノ請求ヲ抑ヘ、其中道ヲ得セシメ、國家全體ノ隆盛ノ爲メ缺クベカラザル權衡ヲ保ツモノナリ。國會ノ職務ハ正ニ此點ニアルナリ。然ルニ若シ行政費受負ノ制ニ依リ、軍費豫算ヲ確定シ、國庫金ノ最多額ヲ要スル軍政ヲ全體ノ豫算ヨリ分離スルトキハ、國會ニ於テモ、內閣ニ於テモ前陳ノ必要ナル職務ヲ行フコト能ハザルベシ。且之ガ爲メ海陸軍大臣ハ他ノ大臣ニ異ナル一種特別ノ地位ヲ占メ、各大臣ノ會合シテ成ル所ノ內閣ヲ離レ、而シテ他ノ大臣ニ於ルガ如ク大藏大臣ト協合スルノ必要ナリ（ク）、又內閣ト共ニ議定シタル豫算ニ付輿論及國會ニ對シテ連帶責任ヲ負フニモ及バザルベシ。夫《ソ》レ海陸軍大臣己レ獨リ數百萬圓ノ金額ヲ處分シ、己レ獨リ主務省ノ豫算ヲ定メ、己レ獨リ其豫算ヲ實施スルハ立憲國ノ官制ニ戾《モト》リ國政ノ統一主義ニ背クモノト謂ハザルヲ得ズ。如何ナル場合ニ於テモ國家ヲ二分シ、其一半ヲ內閣會議ニ於テ統理シ、他ノ一半ヲ別派ノ主務長官ニ於テ主宰スルコトハ之ヲ許スベカラズ。

（『秘書類纂・憲法資料』上より引用）

八、議院の上奏権その他

明治二十年夏、夏島において作成された伊藤修正案は、議会の財政権を無視したばかりでなく上奏権、請願受理権、質問権等をも拒否したもので、議会をあまりにも無力な存在におくものであった。法案の発議権もないのであるから、既定の法令の改廃もできない。それでは議会にいかなる権限があるのかといへば、ただ将来の政府が新しく法律を作らうとする時に、その可否を決する程度のことにすぎない。これでは、なんのために国会を必要とするかとして、国民の反感を誘発するだらう。井上毅は、まづ財政予算についての議会の権限を明白にして、政府権限を制約する原案の復活をもとめるとともに、上奏権以下の議会の権限の復活を要求した。ロエスラーもほとんど井上と同じく、それらの権限がなくては立憲制の名に価ひしないと主張した。

ここで一語しておきたいのは、日本の国においては、上奏権といふものは特に大きな意味を有することである。天皇の統治においては、古くから、民の心を知り民の欲する統治をするために上奏、請願をすすめられた。そのことは、記録に明らかなものとしても、大化改新の詔においてすでに明示されてゐる。『日本書紀』に掲げられてゐる、鐘を懸け匱を設けて民の声をもとめられたこの孝徳天皇の詔は、『憲法義解』もとくにこれを明記してゐる。天皇の統治は、民意を知って君民一致の道をもとめられた。これは日本の固有法において、誇るべき由緒をもつものである。英国の歴史に見るやうな、いかなる請願をしてもそのために刑罰をうけない（英国の権利章典＝一六八九年）といふ消極的な請願権の沿革などとは、精神的本質沿革が全くちがふ。

もちろん上奏や請願は、それがそのままに実現するとは限らない。それが無視されたり、拒否されることもありうる。しかしそれは、君民一致の日本の国風として、同一問題についての上奏や請願について国民相互の間に一致が得られないから採択されない、といふことなのであって、これが「国民の意の存するところ」といふことが明白になれば、非常な重みを有する。議会が開かれて、その国民意思の代表機関である議会が上奏し請願するといふことになると、当然それは無視しがたい。日本の天皇が、君権の利を守るために民意の上奏を拒否するといふのでは、国体が保たれない。そのことは、議会の議決についても同じであって、日本では天皇の裁可権といふものは大切とされるが、外国の君主や大統領のやうな拒否権の発動は、よほど重大な格別の条件がないかぎりはあり得ない、と見ていい伝統的国風がある。議院が国民代表の名において上奏することは、ほかの国とは全く異なる重みを有する。

これは日本人にはよく分るところであるが、外国人には、いささか理解しにくい点もある。井上毅は、明治十四年の岩倉綱領の作成いらい、非常によく調査し研究して、その法思想も深めて来たが、それは、穂積八束も端的に指摘してゐるやうに、すべてその綱領の枠内《わくない》での立憲構想を進行して来たもので、その枠外に出る構想は立ててゐない。しかし、この議院から天皇への上奏といふことは、岩倉綱領においては認めるとも認めないとも書かれてゐない。しかし井上毅が、日本固有法の研究を深め、その上奏権、請願権の誇るべき歴史を知った時に、これを原案に明記したことは当然であった。端的にいへば、明治維新いらいの王政復古、公議公論政治から立憲制への道は、国民の意思、公議公論を結集して、統治権総攬者としての天皇に直通する、といふことこそがその第一要義であったといってもいい。他の権限とか規則とかは、そのための一手段であり、その一部的方法といってもいいもので、議会の意思、国民の公議公論に直通することこそ、第一義でなくてはならない。

しかるに伊藤博文は、上奏権以下の諸権をすべて否定する修正をした。それに対する左記井上の反論は、例によって上長に対する下僚としての官吏らしい慎みの文体を保ちつつも、その文章の実質には、すさまじいほどの闘志が満ちてゐる。

憲法ナク議院ナケレハ已《ヤ》マンノミ既ニ憲法アリ議院アルトキハ少クトモ相當ノ権利ヲ以テ議院ニ予《アタ》ヘザルヘカラズ憲法ヲ設ケ議院ヲ開クハ主要ノ目的トシテ以テ権勢ノ平衡ヲ保チ偏重ノ専横ヲ防カントス此事獨現在ノ爲ニ謀ルニ非ス即チ將來ノ爲ニ國ノ幸福ヲ永久ニ維持セントスルナリ此レ固ヨリ喋々《チヨウチヨウ》ヲ假ラズ

議院ノ政府ニ對スルノ権如何

一　大臣弾劾ノ権

二　行政審査ノ権

三　政府ニ質問シ辯明ヲ求ムルノ権

四　請願《ペチシヨン》ヲ受ルノ権

五　建議奏上ノ権總代ヲ以テ直奏スルコトヲモ得セシムルアリ

第一ノ権ハ英國ニ起源シ佛白西伊葡澳丁等各國皆之ヲ予ヘタルモ普ハ予奪ノ間ニ依違シ其他ノ獨乙各小邦ハ之ヲ許サヽル者多シ《アリ》

第二ノ審査ノ権ハ委員ヲ設ケテ審査ス白丁。〔普〕澳諸國ノ明許スル所ナリト雖、事ノ干渉ニ過ルノ弊アルヲ以テ。〔他ノ〕各國ハ[多ク]〔或〕ハ第三質問ノ権ヲ以テ之ニ代ヘタリ

第三第四第五項ニ至テハ多少ノ制限ヲ加ヘテ其濫用ヲ防止スルニ拘ラズ各國立憲ノ制ニ於テ之ヲ許可承認シテ以テ憲法ノ美徳、國民幸福ノ淵源トナサヾルハナシ

此レヲシモ愛惜シテ予ヘズトナラハ憲法ハ何ノ爲ニシテ設クルコトヲ知ラズ議院ハ何ノ爲ニシテ開クコトヲ知ラズ實ニ我カ憲法ノ性質ハ千八百年代〔距今七八十年前〕ノ初メニ於ケル獨乙各小邦ノ憲法ニモ比較シテ遙《ハル》カニ劣等ニ居ル者タルコトヲ免レザルヘク、而シテ現在國民進歩ノ迅速ナルト加フルニ理論ノ勢力ハ無前ノ傾向アルコトノ容易ナルトニ依テ或ハ恐ル十年又[三]〔八〕十。〔五〕年ヲ出ズシテ時[勢]〔世〕ノ變遷ト政事社會老少ノ自然ノ更代トハ全國ノ衆思輿議ヲ驅迫シ遂ニ憲法ノ改正ヲ促カシ永遠ノ根本基礎ヲ動搖シテ佛國西國ノ覆轍《フクテツ》ヲ蹈《フ》ムニ至ラ〔ン〕。モ料《ハカ》ルヘカラズ然ルニ此ノ事ハ専《モツパラ》當局ノ政圖ニ存シ學理管見ノ區域ノ外ニ在ルヲ以テ茲《ココ》ニ聊《イササカ》愚見ヲ陳《ノ》ヘテ採酌ノ一端ニ備フト云ノミ

二十年八月廿八日

井上毅謹識

（『井上毅傳』史料篇第一より引用）

ロエスラーも、同趣旨の意見を提出してゐるが、法理的には井上よりも一歩進んで、議会の法案提出権もみとめるがいい、といってゐる。しかし、それは法理論として述べてゐるだけで、実際問題としては、当分の間は第三十三条の規定（法案改廃の建議案提出の権）があれば間に合はせることができるとして、一応の法理を示してゐるにすぎない。ロエスラーの意見は次の通りである。

修正案ニ依レバ帝國議會ノ権限ハ單ニ法律議決ノ権ヲ與ヘラレタルノミ。余ノ當初ノ案ニハ左ノ諸権ヲ與フベ

キヲ發議シタリ。
一、法律起案ノ權　第四十條
二、天皇ニ請願又ハ上奏スルノ權　第四十二條
三、一個人ノ請願ヲ受領シ及議決スルノ權　第四十三條
四、國事ニ關シ政府ヘ質問スルノ權　第四十五條
五、說明ヲ求ムルノ權　第四十八條
法律案ヲ提出スル權利ノ外總テ前ニ列記シタル重要ナル事項ニ付テハ修正案中絕テ見ル所ナシ、之ニ依テ觀レバ總テ前記ノ諸權ハ議會ニ與ヘラレザルモノト認メザルヲ得ズ、若シ果シテ然ラバ此憲法ハ甚ダ不滿足ナルモノナリト云フノ批評ヲ來スベキハ豫メ余ノ斷言スル所ナリ。總テ前記ノ諸權ハ各國何レノ邦國ニ在テモ之ヲ議會ニ授與セザルナシ、素《モト》ヨリ立憲政體ニ於テ是等ノ諸權ハ關要最モ重キモノトセラル、ガ故ニ、余ハ憲法ノ明條ニ於テ、此重大ナル諸點ヲ載スルコトニ付尙ホ充分再考ヲ費サレンコトヲ切望ス。

議事規則ハ第三十七條以下第四十條ニ至リ第四十四條第四十六條第四十七條第四十九條等ノ如キ規程ニ於テ指定スルノ意ナリシト雖モ、別ニ議事ニ關スル法律ヲ定メテ之ニ詳記セリ。必ズシモ憲法中ニ載スルヲ要セズ。然レドモ余ガ之ヲ憲法中ニ掲ゲタル所以ハ、立憲政體ノ上ニ於テ甚ダ緊要ナルヲ認メ、殊ニ議員タル者ノ憲法上ノ權利ヲ定ムルヲ以テナリ。故ニ之ヲ憲法ニ明記シテ議員ニ與フル時ハ大ニ人民ノ感觸ヲ善クスルノ利アリトス。

法律起案ノ權利ハ修正案第三十二條ニ於テ特ニ政府ノ掌中ニ屬セシメラレタリ。但シ余ノ原案ニ於テハ此ノ如キノ專權ハ獨リ憲法ノミニ關スルコトニ限レリ、然リト雖モ第三十三條ニ於テ帝國議會ハ新法ノ制定又ハ現行法律ノ改正廢止ニ關スル意見ヲ建議スルコトヲ許サレタリ。憲法上ノ權利ノ點ヨリ果シテ第三十三條ヲ以テ當分ノ內充分ノ權利ト認ムルノ意ニ出シナランニハ、余ハ之ニ同意ヲ表スベシ。

（『秘書類纂・憲法資料』下より引用）

これに比して井上の論は、前記のやうに、上奏権などに関しては伊藤に対して全く妥協の余地のない、鋭い詰問的ともいふべき姿勢をもってせまってゐるのに、議会の法案提出権の主張はしてゐない。いづれかといへばロエスラーよりも実質的に議会の権限を強くすることに熱心な井上が、この時にどうして議会の法案提出権をみとめることに躊躇《ちゆうちよ》したのであらうか。それは、井上とロエスラーとの日本の国風についての認識の差である。

岩倉綱領で、議会の法案提出権をみとめなかったのは、それが議院制内閣を阻止するための重要不可欠の条件だと考へられたからであった。議会が、もしも政府の欲しない、政府の反対してやまない法案を議決した時には、どうなるか。外人のロエスラーとしては「その時にこそ、裁可権を有する天皇に対して、政府が不裁可を願ひ出て拒否すればいいではないか。米国の大統領でもヨーロッパの国王君主でも、拒否権を発動した例はいくらでもある」と思ってゐる。しかし、日本の天皇が「不裁可」の権を発動されるのは、それこそ国家国体の存亡に関するやうな一大異変事に限らるべきであるといふのが、日本人的良識である。一法案一政策の優劣での不裁可などは望みがたい。

しかりとすれば、政府は政府の反対してやまなかった法律を、野党の意思にしたがって執行することを強制されることになる。法文にどう書いてあっても、政治の実際においては、議会の法案議決によって、政府は政治責任をとって辞任せざるを得ない立場に追ひこまれる。議会野党は、まづ政府に法案反対をさせておいてその法案を議決すれば、政府を退任させることができる。とくに議院が上奏権を確保して、天皇に対し、国民を代表して政府への不信任を表明し、政府の反対する法案を提出して議決すれば、政府が退任せざるを得ないのは明白である。その事情は、政治計算に機敏な伊藤博文にはわかってゐる。到底同意の得られる情況ではなかった。

議院上奏権も、議会の法案提出権も、法理論の上ではどのやうにでも説明がつくにしても、政治の実際の上では、責任内閣制への道を大きく開くものなのである。その二つを合はせてみとめれば、岩倉綱領そのものが根本的に変質せざるを得なくなる。井上毅も、明治二十年の秋までは、そこまで行きえなかったのが事実である。この二つの権限が、共に相合してみとめられるのは、次の枢密院における御前会議の大論争を経て後のことである。

井上およびロエスラーからの意見を提出された伊藤は、自らの試案を再修正することとし、井上毅、伊東巳代治、金子堅太郎等を高輪の伊藤邸に集めて討議し、十月中に第二次修正案を作った。この時には、夏島で伊藤が削った国会の権限（議院の上奏権、請願受理権、質問権等）については、ほとんど井上毅の主張がいれられた。乱暴なビスマルク流の予算に関する条文も、井上毅の案の通りに戻った。夏島の修正からわづかに二ケ月、このやうな重大事について、伊藤があっさりと議会権限の強化をみとめるに至ったのは、どうしたわけであらうか。けだし、この憲法案審議とともに進行してゐた大隈重信と伊藤博文との九月いらいの政治交渉の大きな影響を、そこに想像することも無理ではあるまい。

大隈は、矢野の責任内閣論をもって、伊藤と幾十度となく交渉してゐるが、その責任内閣制への条件として、大隈が伊藤に対して要求したところは、議会の予算決定権の強化と議会の法案提出権とであった。この段階で伊藤は、まだ議会の法案提出権をみとめるには至ってゐないが、この時に採択した上奏権の内容の説明については、伊藤は次のやうに述べてゐる。「両議院ハ……政務ノ得失ヲ論ジ、官吏ノ非違ヲ矯《タダ》シ大臣ノ淑慝《シュクトク》ヲ甄別《ケンベツ》スルノ意ヲ述ルモ皆妨ゲザル所ナリ」（『伊藤博文公修正憲法稿本』）。これは政府不信任の議を、議院が直接に御前に出て上奏することをみとめたもので、責任内閣制への歩みよりとも解せられる。

この十月の会議で、ほぼ帝国憲法政府案の綱領的骨格は固まったと見ていい。憲法編纂の方針も、ほとんどこの時に内定した。伊藤首相は、大隈との会談を通じて、在野の要望への歩みよりの線を進みはじめてゐた。しかし、それは一般の知るところではなかった。九月の井上外相辞任の後も、野党の政府糾弾の声はいよいよ高まる気勢を示し、十二月には有名な後藤象二郎の上奏となり、都下の政情は穏かならざるものがあった。伊藤は、野党への歩みよりを進めてゐたが、閣内の有力者、内務大臣山縣有朋は、強硬姿勢をもって保安条例の大弾圧を強行するにいたった。

井上毅は、この弾圧に深く失望した。かれは、八月の伊藤首相の修正案に対しては、到底立憲の実はあがらず、このやうな憲法や国会ならば作らない方がよい、とまで切言した。そして、この熱烈な忠言がいれられて、やうやく国会の権限も強化され、憲法案の作成もほぼ軌道に乗って来たと思ってゐた。在野の然るべき理論家に対しても堂々とその正当性を主張し、国民の同感をも得られるとの成算ができたと思ってゐた。ところが、それから二ケ月後に山縣内相の大弾圧が強行された。井上は、これでは野党の反撥は必至であり、国会を開いても国民はすべて反政府の野党を支持して、円満な憲政は望むべくもないと思って、辞意を表明した。

伊藤首相は、井上を慰留して、十月草案の線で憲法案の条文辞句の整備につとめ、議会法など立憲と同時に必要となる諸法案の作成を急いだ。それは金子堅太郎、伊東巳代治などが担当した。また憲法条文の明確な立法理由説明書の推敲につとめた。伊藤は、この世紀の事業のために内閣総理大臣を辞し、枢密院議長となって憲法案の仕上げに専心し、二十一年四月には御諮詢案を捧呈するところまで進んだ。二十年十二月の保安条例は、伊藤内閣の政治弾圧にはちがひないが、実質的には山縣内相の指揮するところであり、伊藤首相は、閣内事情のため消極的同意をせざるを得なかったのではないか、と推測されてゐる。

伊藤その人は、十月いらいは野党との歩みよりを志向する線を進んでをり、二十一年二月には、やっと大隈重信を入閣させることができた。これは伊藤の念願であった条約改正外交のためでもあったが、世紀の立憲の大業について大隈改進党の諒解、協力をもとめることにも大きな意味のあったことは疑ふべくもない。その後間もなく伊藤内閣は、黒田内閣へ政権をゆづるが、この政権移行は、すべて新旧内閣の打合せ同意で進行してゐて伊藤は閣内に留まってをり、大隈もまた、新黒田内閣においても重鎮として留任し、伊藤、黒田との間に友好緊密な連絡を保った。

〔**参考資料**〕伊藤博文公修正憲法稿本（諮詢案）

上諭

朕祖宗ノ遺烈ヲ承《ウ》ケ萬世一系ノ帝位ヲ繼キ朕カ親愛スル所ノ臣民ハ即チ朕カ祖宗ノ惠撫《ケイブ》慈養シタマヒシ所ノ臣民ナルヲ思ヒ其ノ康福安寧ヲ保護シ其ノ徳性智能ヲ自由ニ發達セシメンコトヲ願ヒ又宇内變遷ノ世運ニ當リ往古來今ノ大局ヲ察シ我カ臣民ト倶《トモ》ニ文明ニ進行スルノ必要ヲ認メ而シテ公議ノ府ヲ設ケ臣民ニ諮詢スルノ便宜ヲ廣メ

ンコトヲ欲シ乃《スナハチ》明治十四年十月十四日ノ詔命ヲ履踐シ茲《ココ》ニ國ノ大典ヲ宣布シ首《ハツ》メニ統治大權ノ大義ヲ明カニシ次ニ臣民ノ權義ヲ掲ケ及帝國議會ノ組織權限ヲ定メ又行政司法諸部ノ制置ヲ條擧シ各ゝ踰《コ》ユヘカラサルノ範圍ヲ劃《カク》シ以テ朕カ俯就《フシユウ》率由スル所ヲ示シ朕カ後嗣及臣民及臣民ノ子孫タル者ヲシテ愆《アヤマ》ラス遺《ワス》レズ永遠ニ循守スル所ヲ知ラシム

國ノ大權ハ朕之ヲ祖宗ニ承ケテ之ヲ子孫ニ傳フル所ナリ朕及朕カ子孫ハ將來此ノ憲法ノ條章ニ循《シタガ》ヒ之ヲ施行シ及施行セシメントス

朕ハ我カ臣民ノ身體財産ノ安全ニ向テ國家ノ安寧及公益ノ爲ニ又ハ戰機時變ノ爲ニ必要ナル制限ヲ除クノ外ハ之ヲ貴重シ之ヲ保護シ又一般ニ臣民ノ公權及私權ノ享有《キヨウユウ》ヲ完全ナラシメ其幸福ヲ增進セシメンコトヲ期望ス

帝國議會ハ二十三年ノ冬期ヲ以テ之ヲ召集シ二十四年度ノ豫算ヲ議スルニ適當ノ時間ヲ誤ラサラシムヘシ開會以後ニ制定スヘキ諸般ノ法律及新ニ租税ヲ徵シ國債ヲ起スニハ朕自ラ發議ノ權ニ據《ヨ》リ議案ヲ草セシメ之ヲ議會ノ議ニ付スヘシ

將來若シ此ノ憲法ノ或ル條章ヲ改正スルノ必要ナル事宜ヲ見ルニ至ラハ朕及朕カ繼統ノ子孫ヨリ發議ノ權ヲ執リ起案ヲ以テ之ヲ議會ニ付シ議會ハ此ノ憲法ニ定メタル要件ニ依リ之ヲ議決スルノ外朕カ子孫及臣民ハ敢《アヘ》テ容易ニ紛更ヲ試ルコトヲ得ザルヘシ

朕ハ國家ノ隆盛ト臣民ノ幸福トヲ以テ朕カ中心ノ欣榮《キンエイ》トナシ上ハ祖宗ニ對シ謹テ盟誓ヲ宣《ノ》ヘ下ハ朕カ現在及將來ノ忠實ナル臣民ノ爲ニ不磨ノ寶典ヲ宣布ス自今朕カ在廷ノ大臣ハ朕カ爲ニ此ノ憲法ヲ施行スルノ責ニ任スヘク朕カ現在及將來ノ臣民ハ此ノ憲法ニ對シ朕カ繼統ノ子孫ニ對スルト同ク永遠ニ從順ノ義務ヲ負フヘシ

惟《オモ》フニ我カ祖我カ宗及我カ臣民ノ祖先ハ相與《トモ》ニ心ヲ叶《カナ》ヘ力ヲ合セテ我カ帝國ヲ肇造《チヨウゾウ》シ以テ今日ニ至リ國ノ光榮ハ恆久ニ失墜アルコトナシ此レ乃《スナハチ》獨我カ國體ノ美ナルニ由ルノミニアラス又我カ臣民ノ賦性醇厚《ジユンコウ》ニシテ國ヲ愛ス

ルニ專ニ私ヲ棄テ公ニ殉《シタガ》ヒ合同一致ノ力以テ此ノ光輝アル史乘ノ事跡ヲ宇内ニ貽《ノコ》シタルナリ朕ハ朕カ臣民ハ卽チ祖宗ノ忠實勇武ナル臣民ノ子孫ナルヲ回想シ朕カ意ヲ奉體シ朕カ事ヲ奬順シ相與ニ心ヲ一ニシ和衷叶同ノ方嚮《ホウコウ》ヲ取リ文明安富ノ軌道ニ就キ相議シ相謀テ益ゝ我カ帝國ノ昌榮ヲ中外ニ宣揚シ祖宗ノ遺業ヲ無窮ノ久シキニ鞏固《キョウコ》隆盛ナラシムルノ希望ヲ同クシ此ノ大事ノ負擔ヲ分ツニ堪フルコトヲ信ス

大日本帝國憲法（但し各章条の説明は省略）

目　錄

第一章　天　皇

第一條　日本帝國ハ萬世一系ノ天皇之ヲ統治ス

第二條　皇位ハ皇室典範ノ定ムル所ニ依リ皇子孫之ヲ繼承ス

第三條　天皇ハ神聖ニシテ侵スヘカラス

第四條　天皇ハ國ノ元首ニシテ統治權ヲ總攬シ此ノ憲法ノ條規ニ依リ之ヲ施行ス

第五條　天皇ハ帝國議會ノ承認ヲ經テ立法權ヲ施行ス
第六條　天皇ハ法律ヲ裁可シ其ノ公布及執行ヲ命ス
第七條　天皇ハ帝國議會ヲ召集シ其ノ開會閉會停會及衆議院ノ解散ヲ命ス
第八條　天皇ハ國家ノ危難又ハ國民ノ災厄ヲ避クル爲ノ必要ニ由リ帝國議會閉會ノ場合ニ於テ法律ニ代ルヘキ勅令ヲ發ス
此ノ勅令ハ次ノ會期ニ於テ帝國議會ニ提出スヘシ若議會ニ於テ之ヲ承認セサルトキハ將來ニ向テ法律タルノ効力ヲ失フヘシ
第九條　天皇ハ法律ヲ施行スル爲ニ又ハ國家ノ安寧ヲ維持シ臣民ノ幸福ヲ增進スル爲ニ必要ナル命令ヲ發シ又ハ發セシム但シ命令ヲ以テ法律ヲ變更スルコトヲ得ス
第十條　天皇ハ官制ヲ定メ及文武官ヲ任免ス
但シ此ノ憲法ニ特例ヲ揭ケタルハ各〻其ノ條項ニ依ル
第十一條　天皇ハ文武官ノ俸給及恩給年金ヲ定ム
第十二條　天皇ハ陸海軍ヲ統帥ス
陸海軍ノ編制ハ勅令ヲ以テ之ヲ定ム
第十三條　天皇ハ交戰ヲ宣告シ和親幷《ナラビ》ニ條約ヲ締結ス
第十四條　天皇ハ戒嚴ヲ宣告ス
戒嚴ノ要件ハ法律ヲ以テ之ヲ定ム
第十五條　天皇ハ爵位ヲ授ケ勳章及其ノ他ノ榮賞ヲ賜與ス
第十六條　天皇ハ赦免減刑及復權ヲ命ス

第十七條　攝政ヲ置クハ皇室典範ノ定ムル所ニ依ル

攝政ハ天皇ノ名ヲ以テ大權ヲ施行ス

第二章　臣民權利義務

第十八條　日本臣民タルノ要件ハ法律ノ定ムル所ニ依ル

第十九條　日本臣民ハ法律命令ノ定ムル所ノ資格ニ應シ均ク文武官ニ任セラレ及其ノ他ノ公務ニ就クコトヲ得

第二十條　日本臣民ハ法律ノ定ムル所ニ從ヒ兵役ノ義務ヲ有ス

第二十一條　日本臣民ハ法律ノ定ムル所ニ從ヒ納税ノ義務ヲ有ス

第二十二條　日本臣民ハ法律ノ範圍内ニ於テ居住ヲ移轉スルノ自由ヲ有ス

第二十三條　日本臣民ハ法律ニ依ルニ非スシテ拿捕監禁及糾治ヲ受クルコトナシ

第二十四條　日本臣民ハ正當ノ裁判所ヨリ阻《ソ》隔《カク》セラル、コトナシ

第二十五條　日本臣民ハ法律ニ指定シタル場合ヲ除ク外其ノ承諾ナクシテ住所ニ侵入セラレ及檢探セラル、コトナシ

第二十六條　日本臣民ハ法律ニ定メタル場合ヲ除ク外郵信ノ祕密ヲ侵サル、コトナシ

第二十七條　日本臣民ハ其ノ所有權ヲ侵サル、コトナシ

公益ノ爲必要ナル處分ハ法律ノ定ムル所ニ依ル

第二十八條　日本臣民ハ安寧秩序ヲ妨ケス及臣民タルノ義務ニ背カサル限ニ於テ信教ノ自由ヲ有ス

第二十九條　日本臣民ハ法律ノ範圍内ニ於テ言論著作印行集會及結社ノ自由ヲ有ス

第三十條　日本臣民ハ相當ノ敬禮ヲ守リ法律ノ定ムル所ニ從ヒ請願ヲ爲スコトヲ得

第三十一條　本章ニ掲ケタル條規ハ戰時又ハ事變ノ場合ニ於テ天皇大權ノ施行ヲ妨クルコトナシ

第三十二條　本章ニ掲ケタル條規ハ陸海軍ノ法令又ハ紀律ニ牴觸《テイショク》セサルモノニ限リ軍人ニ準行ス

第三章　帝國議會

第三十三條　帝國議會ハ貴族院衆議院ノ兩院ヲ以テ成立ス
第三十四條　貴族院ハ皇族華族及勅任セラレタル議員ヲ以テ組織ス其ノ資格選任特權及其ノ他ノ制規ハ勅令ヲ以テ之ヲ定ム
第三十五條　衆議院ハ撰擧法ノ定ムル所ニ依リ公選セラレタル議員ヲ以テ組織ス
第三十六條　何人モ同時ニ兩議院ノ議員タルコトヲ得ス
第三十七條　凡《スベ》テ法律ハ帝國議會ノ承認ヲ經ルヲ要ス
第三十八條　帝國議會ハ政府ノ提出スル議案ヲ議決ス
第三十九條　兩議院ハ新法ノ制定又ハ現行法律ノ改正廢止ニ關《カカハ》ル意見ヲ建議スルコトヲ得但シ其ノ採納ヲ得サルモノハ同會期中ニ於テ再ヒ建議スルコトヲ得ス
第四十條　兩議院ノ一ニ於テ否決シタル法案ハ同會期中ニ再議ニ提出スルコトヲ得ス
第四十一條　帝國議會ハ毎年之ヲ召集ス
第四十二條　帝國議會ハ三個月ヲ以テ會期トス必要アル場合ニ於テハ勅命ヲ以テ之ヲ延長スルコトアルヘシ
第四十三條　臨時緊急ノ必要アル場合ニ於テハ常會ノ外臨時會ヲ召集スヘシ
臨時會ノ會期ヲ定ムルハ勅命ニ依ル
第四十四條　帝國議會ノ開會閉會會期ノ延長及停會ハ兩院同時ニ之ヲ行フヘシ
衆議院解散ヲ命セラレタルトキハ貴族院ハ同時ニ停會セラルヘシ
第四十五條　衆議院解散ヲ命セラレタルトキハ勅命ヲ以テ新ニ議員ヲ撰擧セシメ解散ノ日ヨリ五箇月以内ニ之ヲ

召集スヘシ
第四十六條　両議院ハ各其ノ總議員三分ノ一以上出席スルニアラサレハ議事ヲ開クコトヲ得ス
第四十七條　両議院ノ議事ハ過半數ヲ以テ決ス可否同數ナルトキハ議長ノ決スル所ニ依ル
第四十八條　両議院ノ會議ハ公行ス但シ政府ノ要求又ハ其ノ院ノ決議ニ依リ祕密會ト爲スコトヲ得
第四十九條　両議院ハ其ノ意見ヲ天皇ニ上奏スルコトヲ得
第五十條　両議院ハ臣民ヨリ呈出スル請願文書ヲ受ク
請願文書ヲ受ルノ條規ハ法律ノ定ムル所ニ依ル
第五十一條　両議院ハ必要トスル場合ニ於テ政府ニ對シ文書ヲ以テ質問ヲ爲スコトヲ得
第五十二條　両議院ハ此ノ憲法及議院法ニ掲クルモノ、外其ノ會議及内部ノ整理ニ必要ナル諸規則ヲ議定シ勅裁ヲ經テ之ヲ施行ス
第五十三條　両議院ノ議員ハ議院ニ於テ發言シタル意見及表決ニ付キ院外ニ於テ責ヲ負フコトナシ但シ議員自ラ其ノ言論ヲ演説刊行筆記又ハ其ノ他ノ方法ヲ以テ公布シタルトキハ一般ノ法律ニ依リ處分セラルヘシ
第五十四條　両議院ノ議員ハ現行犯罪又ハ内亂外患ニ關ル罪ヲ除ク外會期中其ノ院ノ承諾ナクシテ逮捕セラル、コトナシ
第五十五條　内閣大臣各省次官及政府ノ委員ハ何時タリトモ各議院ニ出席シ及討論スルコトヲ得

第四章　國務大臣及樞密顧問

第五十六條　國務大臣ハ天皇ヲ輔弼《ホヒツ》シ其ノ責ニ任ス
凡ソ法律勅令其ノ他國務ニ關ル詔勅ハ國務大臣ノ副署ヲ要ス
第五十七條　樞密院ハ重要ノ國務ニ就キ天皇ノ諮詢ニ應《コタ》フ

第五章　司　法

第五十八條　司法權ハ法律ニ依リ天皇ノ名ヲ以テ之ヲ施行ス

裁判所ノ構成ハ法律ヲ以テ之ヲ定ム

第五十九條　裁判官ハ法律ニ依リ定メタル資格ヲ具フルモノヲ以テ之ニ任ス

裁判官ハ刑法ノ處斷又ハ懲戒ニ由ルノ外其ノ職ヲ免セラルヽコトナシ

懲戒ノ條規ハ法律ヲ以テ之ヲ定ム

第六十條　裁判ノ對審判決ハ之ヲ公行ス但シ安寧秩序又ハ風俗ヲ害スルノ虞アルトキハ法律ニ依リ又ハ裁判所ノ決議ヲ以テ對審ノ公行ヲ停ムルコトヲ得

第六十一條　行政官廳ノ違法ノ處分ニ由リ權利ヲ傷害セラレタリトスルノ訴訟ニシテ行政裁判所ノ裁判ニ屬スヘキ者ハ司法裁判所ニ於テ受理スルノ限ニ在ラス

第六章　會　計

第六十二條　新ニ租税ヲ課シ及税率ヲ變更スルハ法律ヲ以テ之ヲ定ムヘシ

國債ヲ起スハ帝國議會ノ承認ヲ經ヘシ

第六十三條　現行ノ租税ハ更ニ法律ヲ以テ之ヲ改メサル限ハ舊ニ依リ之ヲ徴收ス

第六十四條　國家ノ歳出歳入ハ毎年豫算ヲ以テ帝國議會ノ承認ヲ經ヘシ

豫算ニ超過シ又ハ豫算ノ外ニ生シタル支出アルトキハ後日帝國議會ノ承認ヲ求ムルヲ要ス

第六十五條　豫算及其ノ他會計ニ關ル議案ハ前《サ》キニ衆議院ニ提出シ其ノ議決ヲ經タル後貴族院ニ提出スヘシ

貴族院ハ豫算ニ付全體ヲ議スルニ止マリ逐條修正スルコトヲ得ス

第六十六條　皇室經費ハ現在ノ定額ニ依リ毎年國庫ヨリ之ヲ支出シ將來増額ヲ要スル場合ヲ除ク外帝國議會ノ承

認ヲ要セス

第六十七條　天皇ノ憲法上ノ大權ニ基ケル歳出及法律ノ結果ニ由リ又ハ帝國議會ノ議決ニ由リ生シタル政府ノ義務ヲ履行スルニ必要ナル歳出ハ之ヲ豫算ニ揭クルモ帝國議會ハ政府ノ承諾ヲ經スシテ既定ノ額ヲ廢除シ又ハ削減スルコトヲ得ス

第六十八條　國家ノ須要《シユヨウ》ニ應シ政府ハ豫メ年限ヲ定メ特ニ繼續費トシテ帝國議會ノ承認ヲ求ムルコトヲ得

第六十九條　避クヘカラサル豫算ノ不足ヲ補フ爲ニ又ハ豫算ノ外ニ生シタル必要ノ費用ニ充ル爲ニ豫算中ニ豫備費ヲ設クベシ

第七十條　國家ノ危難ヲ避クル爲ニ緊急ノ需要アル場合ニ於テ內外ノ情形ニ因リ政府ハ帝國議會ヲ召集スルコト能ハサルトキハ勅令ニ依リ財政上必要ノ處分ヲ爲シ國債ヲ起シ又ハ臨時ニ新稅ヲ課スルコトヲ得

前項ノ場合ニ於テハ次ノ會期ニ於テ帝國議會ニ證明シ其ノ將來ニ法律ノ効力ヲ要スルモノハ議會ノ承認ヲ求ムヘシ

第七十一條　帝國議會ニ於テ豫算ヲ議決セス又ハ豫算成立ニ至ラサルトキハ政府ハ前年度ノ豫算ニ依リ之ヲ施行スヘシ

第七十二條　國家ノ歳出歳入ノ決算ハ會計檢查院之ヲ檢查確定シ政府ハ其ノ檢查報告ト倶ニ之ヲ帝國議會ニ提出スヘシ

會計檢查院ノ組織及職權ハ法律ヲ以テ之ヲ定ム

第七章　補　則

第七十三條　將來此ノ憲法ノ條項ヲ變更スルノ必要アルトキハ上諭ヲ以テ議案ヲ帝國議會ニ下附スヘシ

此ノ場合ニ於テ兩議院ハ各其ノ總員三分ノ二以上出席スルニアラサレハ議事ヲ開クコトヲ得ス出席議員三分ノ

二以上ノ同意ヲ得ルニアラサレハ何等ノ變更モ之ヲ決議スルコトヲ得ス

第七十四條　皇室典範ノ變更ハ帝國議會ノ承認ヲ經ルヲ要セス

第七十五條　憲法及皇室典範ハ攝政ヲ置クノ間之ヲ變更スルコトヲ得ス

第七十六條　此ノ憲法公布ノ際現行スル所ノ條規ハ法律規則命令又ハ何等ノ名稱ヲ用ヰタルニ拘ラス總テ遵由ノ效力ヲ有ス

〔註1〕「すべての君主制は、もしそれが社会改革の君主制になろうとする高い人道的勇気をもたないならば、今後は必ずや空虚な形骸か専制になるか、あるいは共和制に解消されてしまうであろう」＝ローレンツ・フォン・シュタイン "Geschichte der sozialen Bewegung" Bd. Ⅲ. J・ジーメス著、本間英世訳『日本國家の近代化とロエスラー』所収

〔註2〕ここにかかげた三つの試案は『伊藤博文傳』中巻参考文書の「三十九」「四十」「四十一」から抄記した。但し、伊藤、井上、伊東等所持の文書史料の比較調査に詳しい稲田正次によれば、前記のロエスレル私案（これは『西哲夢物語』と同じか）には誤謬があるといふ。同案の第八十一条（正しくは第八十二条）の第二項は、此承諾ハ現行ノ法律又ハ其他ノ權利名義ニ基ツク收入ノ徴收ニ及ホサス又ハ現行ノ法律又ハ其他ノ法律上義務ニ基ツク支出、或ハ天皇憲法上ノ權利ニ依テ定メタル支出ノ支辨及此支出ニ充ツル爲必要ナル金額ニ及ホササルモノトス

であって、傍点の部分が脱漏してゐるといふ。このほか用語等にも多少の異同が見える。

〔註3〕参考例、清水澄『帝國憲法講義』。

清水澄は「天皇ハ統治權ノ主体ニシテ統治ノ機関ニ非ス」との学説を前提として、しかも「統治權ハ強制的權力ナリ……意思ノ強弱アリテ玆ニ命令服從ノ強制的観念ヲ生ス……統治權的主張ハ其ノ主張ヲ強制シ得ルトコロニ權力存在ノ理由ヲ存ス、即チ統治權ハ命令強制ノ權力ナリ」と断じた。これは法の本質の一端を明示する

もので、一つの学説としての存在理由はあるが、「統治」をもって「知ラス」とし、外国法との異質概念を力説する法学者とは、近接しがたい対立学説の一つであった。帝国憲法解釈史上の問題点ともなったところなので、一つの参考例として引用しておく（清水澄は最後の枢密院議長で、戦後、憲法改正を終ったのち、その責を感じて自決した憂国の法学者）。

第十七章　枢密院の憲法案審議
――附・帝国憲法非難への反論――

一、枢密院の組織成る

明治二十一年四月、伊藤博文は「帝國憲法」ならびに「皇室典範」の起草を終へて、天皇に捧呈《ほうてい》した。それは国家の政体を新しく定める世紀の大法典案であり、それを欽定《きんてい》せられるまでには、いかなる審議検討を必要とするか、すでに伊藤としては成案はあったと見られるが、それは一つの重大な問題であった。

問題の一つとして、元老院の存在があった。明治八年の大詔いらい立憲の目的をもって設立された元老院は、すでに明治十三年に国憲草案を捧呈してゐたが、それは廃案のままになってしまった。政府では別に、その後に宮内省制度取調局などを設けて憲法研究をつづけてをり、伊藤博文が主としてその事に当り、井上毅、伊東巳代治、金子堅太郎をはじめ有力な要員が鋭意研究に努めて起案をして来た。その結果、内閣総理大臣として伊藤博文が憲法典案を作成して捧呈した。しかし、元老院の仕事は、その後停止されたのではない。前述した元老院議官の海江田信義や丸山作樂がスタインを訪問し研究してゐるやうなことも、その元老院の活動の一つであり、とくに柳原前光などは皇室制度や華族制度の研究に熱心であった。これを無視するわけにもいかないが、そのほかにも、欽定前の審議についてはいろいろの意見や案があった。

その点について伊藤は、すでに憲法案のなかに「枢密院」の官制を考へてをり、おそらく初めから新設枢密院での審議をひそかに予想してゐたことと思はれる。はたして、憲法は新たに設けられた枢密院で審議されることとなった。

この枢密院会議の審議経過については清水伸著『帝國憲法制定會議』の書があるが、それは書記官伊東巳代治の詳しい会議筆録を資料とした代表的な著書であり、本章はこの書に由るところが多い。この書の初めに、枢密院審議にいたるまでの事情について、金子堅太郎の次のやうな談話が引用されてゐる。

> 憲法ノ起草ガ漸《ヤウヤ》ク終リマシテ、明治二十一年ノ春ニナツテ伊藤公ガ其ノ草案ヲ、陛下ニ奉ツテ其ノ任務ヲ終ラレマシタ。偖《サ》テ憲法ハ、陛下ノ御手許ニ奉呈セラレタガ、之ヲ如何ニシテ世ニ發表スルカトイフ問題ガ此ノ時ニ起ツタ。當時政府部内ニ於テモ憲法會議トイフモノヲ開イテ、或ル政府ノ官吏モ是レニ列シ、或ル民間ノ者モソレニ列シ、官民共同デ憲法會議ヲ開イテ日本ノ憲法ヲ定ムルコトガ必要デアルトイフ論ガナカナカ一時喧《ヤカマ》シカツタ。當時政府部内ニ於テモ伊藤公ノ手カラ此憲法ヲ引離シテ自分共デ燒直サウトイフ野心家モアツタ爲ニ、ソレ等ガ民間ノ者ト相呼應シテ、民間カラモ憲法會議ニ列スル委員ヲ出シ、又政府カラモ其ノ委員ヲ出シテ、憲法ヲ制定セントイフ議論ガ餘程アツタ。

初めは、第一案として内閣の閣議で審議するとの意見、第二案としては元老院での審議案、第三案は国民会議を開くとの案、第四案では勅令に依って憲法会議を開くとの案、第五案は枢密院を開くとの案があって、いろいろ討議されたが、結局、内閣は第五案をとった。それはある意味では、第四案とも相通じて、その憲法会議を立憲後にも存続させて天皇の国務上の諮詢機関とするものであった。『明治天皇紀』四月三十日の記にいふ。

三十日　內閣總理大臣伯爵伊藤博文の任を解き、農商務大臣伯爵黑田清隆を以て內閣總理大臣に任じ、遞信大臣子爵榎本武揚をして農商務大臣を兼ねしむ、博文久しく辭意あり、清隆を以て己れに代へ、外務大臣伯爵大隈重信をして之れを輔佐《ほさ》せしめんとし、其の機を待つ、是《ここ》に至り遂に辭表を上る、大臣等博文の辭意固きを知り敢《あ》へて留むる者なし、天皇亦皇室典範及び憲法草案既に成れるを以て、樞密院を設け、之れに諮詢《しじゆん》して將《まさ》に之れを制定したまはんとす、而して博文を除きて他に其の事を託し、議事を董督《とうとく》すべき者なきを思ひ、是の日博文の請を聽《ゆる》し、優詔して其の任を解き、更に樞密院議長に任じ、特に命じて內閣に列せしめたまふ、是の日又樞密顧問官を任命したまふ、卽ち宮中顧問官伯爵川村純義・同子爵福岡孝弟・同伯爵佐佐木高行・同伯爵寺島宗則・同伯爵副島種臣・同子爵佐野常民・同子爵品川彌二郎・伯爵勝安芳・正四位河野敏鎌を樞密顧問官に任じ、元老院議長伯爵大木喬任・同副議長伯爵東久世通禧・宮內次官伯爵吉井友實をして同顧問官を兼任せしめ、又法制局長官井上毅をして樞密院書記官長を兼任せしめ、內閣總理大臣秘書官伊東巳代治・同金子堅太郎・同津田道太郎を同院書記官に任ず、是に至りて樞密院の組織始めて成る、天皇內廷謁見所に大臣及び顧問官等を召して親任式を行はせたまふ、

と。また五月八日の記にいふ、

八日、樞密院組織既に成れるを以て、謁見所に於て開院式を行はせたまふ、內大臣公爵三條實美・宮內大臣子爵土方久元・侍從長侯爵德大寺實則扈從《こしよう》し、內閣總理大臣伯爵黑田清隆以下內閣各大臣、樞密院議長伯爵伊藤博

文以下樞密顧問官一同召されて席に列す、勅語を賜ひて皇室典範及び憲法案諮詢の旨を告げ、勵精審議して獻替啓沃《けいよく》の績を致さんことを望ませたまふ、曰く、

朕前《サキ》ニ閣臣ニ命シテ起草セシムル所ノ皇室典範及憲法ノ案ヲ以テ樞密院ニ下シ詢議《ジユンギ》ニ付ス惟《オモ》フニ立憲ノ大事ハ朕カ祖宗ニ對スルノ重責ニシテ經營創始朕自ラ之ヲ斷スルノ任ヲ取ラントス而シテ帷幄《イアク》ノ中勵精研思卿等《ケイラ》ト之ヲ倶《トモ》ニシ獻替啓沃一ニ卿等ノ忠悃縝密《チユウコンシンミツ》ニ倚藉《イシヤ》セスンハアラス其他重要ノ法律勅令ニシテ憲法ト關係ヲ有スル者更ニ相續キテ院議ニ下サントス朕卿等ノ勞劬《ロウク》ヲ勉メ機務ヲ愼ミ日ヲ期シテ功ヲ終ヘ以テ夙夜《シユクヤ》ノ憂ヲ分タンコトヲ望ム

と、實美議案を博文に手授す、博文拜受し、内閣大臣及び顧問官と共に議場に退出し、直に議事を開かんとす、天皇再び博文を召し、告ぐるに、樞密院開議の日には奏請に依り臨御して其の議事を聽召さるべきを以てし、各員に其の旨を傳へしめたまふ、

明治天皇は、枢密院における帝国憲法、皇室典範の審議について、非常格別なる熱意をもって臨ませられた。天皇は特に、その審議については必ず親臨して臣僚のあらゆる所信を聴くとの思召であった。枢密院会議は、五月八日に開院式が行はれたが、その前日に、聖上が常になくきびしく臣僚をいましめられたことが『明治天皇紀』に記録されてゐる。

尚後年子爵藤波言忠の語り傳ふる所に曰ふ、樞密院開院式の前日博文其の勅語案を草し、宮内大臣子爵土方久元に就きて之れを上《たてまつ》る、天皇、博文の措置を喜びたまはず、久元に告げて曰く、勅語を下賜するは事極めて重大なり、博文何故を以て豫《あらかじ》め自ら之れを奏上せざりしか、今遽《にはか》に此の事を奏し、朕をして唯之れを朗讀せしめんとするは何事ぞ、博文自恣にして誠實を缺くこと此《かく》の如し、朕敢へて明日の開院式に臨むを欲せず、案は之れを博

文に返附すべしと、辭色頗《すこぶ》る厲《はげ》し、久元曰く、陛下既に聖斷を以て樞密院を設置し、顧問官を任命したまふ、今博文の處置を怒り、勅語を賜はらざる如きことあらば、樞密院設置の旨を空しうするものなり、若し其の案にして聖旨に愜《かな》はざることあらば、速かに博文を召して聖意の在る所を示し、之れを改めしめたまふべしと、宸怒《しんど》尙釋《と》けず、宣《のたま》はく、汝朕《なんぢ》の言を聽かずんば汝の隨意たるべし、朕之れを知らずと、遂に勅語案を机上に擲《なげう》ちたまふ、是に於て久元再び言ふことを知らず、只《ただ》博文を召して叡慮《えいりよ》を示させたまはんことを請ひて退出す、既にして夜に入り、侍從長侯爵德大寺實則急遽《きゆうきよ》久元を其の邸に訪ひて曰く、聖慮深く今朝の事を憂ひたまひ、予を召し、今朝の事を取り消し、明日は樞密院に臨みて伊藤奏請の如く勅語を賜ふべし、仍《よ》りて此の旨を土方に傳へよと仰せられたりと、久元大に感激し、謹みて聖旨を伊藤に傳宣せんと奉答す、既にして開院式滯りなく終る、久元前日のことを以て博文に告ぐ、博文恐懼《きようく》し、直に謁を請ひ、當初自ら參內して委曲を奏上せざりし過ちを謝したてまつり、將來を愼むべきことを誓ふ、而して天皇、博文を信賴したまふこと舊の如し、

このことが、いかに伊藤博文に対して強烈な反省となったかは想像にあまりある。枢府会議の議長としての伊藤は、ただ提案者として自説を固守主張して通過議決を第一とするのでなく、各「議員」の説を存分に述べさせる公正さを失はなかったし、特に「欽定」の意義を重んじて、その議事進行についても絶えず聖意の存するところを察して公正慎重に事を進めた。

天皇は、議場においては決して意見を述べたり批評したりはなさらなかった。天皇の御発言があれば、議員は、聖意に反することを憚《はば》かって、十分に自由な発言をすることをしないだらうからである。天皇は黙々として各議員の熱烈な討論を克明に聞かれ、御記憶になった。会議が終ると、後で議長の伊藤博文や井上毅を参内せしめて、疑義のある点を質《ただ》された。その天皇の記憶の正しさと質問の論理的な正確さとには、伊藤

や井上が感歎してゐる。

天皇は、提案当局の伊藤や井上にも、議事進行や問題の論点についての意味を質されたが、直接的な批評や主張は努めてなさらなかったらしい。しかし、君側の元田永孚や宮内大臣土方久元に対しては、「某議官の論はすぐれてゐたが、某議官の論は明快ではなかった」などと洩《も》らされたやうである。しかしそれは、全くの内秘であったと見える。それを察しさせる有力な一資料としては、皇室典範の一条文での討論で、三條實美が伊藤、井上案の不備を論じたのに対し、井上毅が鋭く反論して可決された条文がある。天皇は、ひそかに「あれは三條の方に理があったのだ」と批判されたが、敢て修正の内示はされなかった。皇室典範の改正は、帝国議会の議を経ないで修正しうるし、さほど緊急決定的な大事でなければ後日の補修を待てばよい、審議が始まったばかりであるから、干渉的な意図を示して自由な討議の風を妨げまいとのお考へで、その御批評を承った土方宮相にも干渉するなとおさとしがあったものらしい（これは皇族の臣籍降下のことで、明治四十三年にいたって増補補修された。皇室典範制定史で詳述する）。

天皇は、天子としてただ黙々として諸説を聞召されてゐるが、英明な御判断があった。議長の伊藤にはそれがよく分ってゐる。『明治天皇紀』をはじめ諸書を通じて見るに、その御内意をもっともよく承りうる立場にあったのは元田永孚のやうに察せられるが、元田は枢府会議には出てゐるが議場では少しも発言してゐない。しかし議場外で、伊藤は元田の勧告を非常に注意ぶかく聞いてゐる。それは聖旨の存するところを察するためであったらう。元田も議場では討論しないで、場外で議長に勧告したり励ましたりしてゐる様子がある。第一審議会が七月に終り、さらに内閣で修正案を作ったときなどに、元田はその修正案に同意し、つよく推進する文書を伊藤に与へてゐる（もっとも、天皇の御意が常に元田と同一であったといふのではない。『明治天皇紀』には、元田の切なる進言を天皇が拒否された例も明記されてゐる）。

元田のほかに、議場では終始沈黙してゐて大きな作用をした者が、少なくとも二人あると思はれる。その一人は、内閣の副首相格である外相大隈重信である。枢密院顧問官に改進党の副総理であった河野敏鎌が入ってゐるのは大隈の推挙によるものであり、その発言はほぼ大隈の意思に近いものと察していいが、大隈自身は、会議には五回出たのみで終始黙ってゐた。しかし、第一審議会が七月に終って、改めて翌年一月に内閣修正案が出されるまでの間、この内閣修正案について閣僚中でもっとも有力な発言をしたのは、黒田首相以上に大隈外相であったと推察できる。理由は後述する。

今一人は、勝海舟。かれはもっとも熱心に全回出席して諸説を聞いてゐたが、議場では一語も発言してゐない。議場外で金子書記官が意見を聞くと、「初めは朝野の風評でドイツ流の憲法のやうなものが出て来るかと思ってゐたので御忠告もしたが、原案を見ると大変に良いので、ただ黙って聞いてゐる」といふやうな話をしたといふ。

しかし、これは書記官相手の話である。勝は会議の開かれる前に、立法、行政の根本姿勢について政府に強い勧告をしてゐる。これを伊藤内閣の後継者黒田首相が読んで、深く感銘して乙夜の覧に供した。天皇は、とくにこの文を枢密顧問官としての元田永孚に下して読ましめられた、と『明治天皇紀』は記録してゐる。勝の文書として残ってゐるのは、この外には、会議終結後に伊藤議長の労を讃《たた》へ、将来の憲政運用について忠告し、また民権家の憲法所感等を報じたものしか見当らないが、枢府開設に際して、議官として在朝の人以外にとくに起用されたのが河野敏鎌（前改進党副総理）と勝海舟との二人のみであることを想へば、政治的に周到な伊藤議長が、この沈黙の長老の助言なり諒解をもとめなかったといふことはないであらう。勝が議場で発言しないでも、政府や宮中に対して少なからぬ影響力を有してゐたことは、前に述べた黒田首相が勝文書を乙夜の覧に供したことでも分るが、『明治天皇紀』には次のやうに記されてゐる。

是の月　是れより先、樞密顧問官伯爵勝安芳、政府の爲す所を觀、人心の趨《おもむ》く所を察して憂歎措《お》く能《あた》はず、去る五月時弊十一條を擧げて、樞密院議長伯爵伊藤博文に贈り、速かに西洋翻譯の政令を停《や》め、誠意と著實とを以て政治の要と爲し、賦税を輕くして下民を安んずべきことを論ぜしが、是の月更に書を內閣總理大臣伯爵黑田清隆に呈し、申《かさ》ねて其の意を述べ、幕政の往事を省みて內閣諸大臣を誡《いまし》む、曰く、臣殘年七十に近く、心膽消磨《しんたんしようま》し、筋骨枯瘦《こそう》す、今歲至高顧問の任を拜す、固辭再三するも聽《ゆる》されず、出でて諸賢の後に從ふ、聖上の重恩を顧み、敢へて所思を記して獻芹《けんきん》の微誠を表すと、乃《すなは》ち曰く、今日政府の爲す所を見るに、改革を先にして人民の困《こん》憊《ぱい》を省みず、海陸軍費・外國交際費及び官員の俸給に於て國帑《こくど》の大半を糜《び》す、此れ等《ら》は國家の急務にして猥《みだ》りに節略すべからずと雖《いへど》も、自ら緩急輕重あり、之れを測らずして一時に著手せんとするは、未だ其の可なる所以《ゆゑん》を知らざるなり、今にして上下厚く協和して節減の方を講ずるにあらずんば、上下共に疲弊して、彼の幕府末造の日の悔を再びするに至らん、現時政府の強盛固より積弱の幕府に比すべからざるも、財用足らず、人心の背戾《はいれい》するに至りては、其の禍一ならずんばあらず、諸省の高官多く放恣にして忠愛の志乏しく、事少しく意に會せずんば直に其の政治を罵《ののし》り、政府に抗す、政府亦敢へて罷免する能はず、遂に人のために官制を變ずるに至る、現行の税法は敢へて不當なりとすべからざるも、其の改正の所置轉倒せり、若し海外貿易緒に就き、財貨豐實し、國內融通の道大に成りて後税法を改正せば、其の結果豈《あに》今日の如くならんや、然るに數百年の慣習を無視して、俄《には》かに西洋の税法を模す、人民の困窮する主として之れに因る、過まれるも亦甚《はなはだ》しからずや、嗚呼《ああ》爲政當路の者、今にして燥急《そうきゆう》浮華の風習を釐革《りかく》せざれば、何れの日にか之れを能《よ》くせん、宜《よろ》しく民心に順應し、冗費を節し、誠意著實、上下協戮《きようりく》して邦家の急を救ふに力《つと》むべし、聖天子上に在り、諸大臣深慮猛省し、相協戮して聖徳の累を爲すなかれと、淸隆深く安芳の忠誠に感じ、上《たてまつ》りて乙夜の覽に供したてまつる、天皇仍《よ》りて樞密顧問官元田永孚に下して之れを讀ましめたまふ、

その時点での伊藤議長と元田永孚、勝海舟、大隈重信等との交渉は重要と思はれるが、これについての文書に乏しい。しかし、議場で発言し討論した顧問官の意見については、伊東巳代治書記官の明細な記録がある。それを資料とした清水伸著『帝國憲法制定會議』によって、まず第一審議会の情況を見ることにする。

二、第一審議会の情況

多くの議員は、初めて憲法草案を見たので、議員相互の間での意見の調整や研究が十分でなかった。それで、それぞれの解釈意見が多様に開陳され、白熱的な討論が行はれたが、政治的に重要な修正意見は提出されても多数の同意はまとめあげられず、第一審議会はただ条文の語句修正のみで終ってゐる。

会議は六月十八日から七月十三日まで（毎回午前十時ころから午後三時すぎまで）の間に十回行はれた。

第一條　日本帝國ハ萬世一系ノ天皇之ヲ統治ス

については、国号を他の法典と同じく「大日本帝國」とせよとの修正が出た。提案者の井上は「大」の文字

を好まず、むしろ他の法典を改めても原案通りが好ましいといったが、これは多数で「大日本帝國」と修正された。

第五條　天皇ハ帝國議會の承認ヲ經テ立法權ヲ施行ス

については、この「承認」の文字が良くないとして議論が次々に出て、結局第一審議会の結論としては「翼賛」とされた（しかしこの「翼賛」の語にもその後に異見が生じ、最終的には「協賛」と改められた）。これは辞句修正の論ではあるが、それぞれの辞句修正議論のなかで、憲法思想についての多岐多様さを察せしめるものがある。

天皇の大権事項については、各条ともに語句修正の限度で進行したが、しかし、第二章の「臣民権利義務」の条になると、議論が鋭くなった。第十章で述べたやうに、文部大臣森有禮は、スペンサーと親しく、かねてから極度の保守憲法論者であったので、次のやうな所信を表明した。以下『帝國憲法制定會議』から引用する。

先づ、森は立論して曰く、

『本章ノ臣民權利義務ヲ改メテ臣民ノ分際ト修正セン。今其理由ヲ略述スレハ、權利義務ナル字ハ、法律ニ於テハ記載スヘキモノナレトモ、憲法ニハ之ヲ記載スルコト頗《スコブ》ル穩當ナラサルカ如シ。何トナレハ、臣民トハ英語ニテ「サブゼクト」ト云フモノニシテ、天皇ニ對スルノ語ナリ。臣民ハ天皇ニ對シテハ獨リ分限ヲ有シ、責任ヲ有スルモノニシテ、權利ニアラサルナリ。故ニ憲法ノ如キ重大ナル法典ニハ、只人民ノ天皇ニ對スル分際ヲ書クノミニテ足ルモノニシテ、其他ノ事ヲ記載スルノ要用ナシ。』

意外なる提唱に、議場は一驚を喫したものの如く、中にも井上毅は森の説を確かめざるを得なかつた。

『分際トハ英語ニテ如何ナル文字ナルカ。』

これに對し先づ森は、

『分際トハ「レスポンシビリテー」、即チ責任ナリ。分際ノ際ノ字ニ嫌ヒアレハ、分ノミニテ可ナリ。』

と一應の解説を加へたが、彼のこの主張は、國民を家僕となす封建的思想に基いてゐた。言ふまでもなくこれに對する伊藤議長の説論は、議場に凝視された。伊藤は森を駁《ばく》するに、立憲思想のそもそもの由來より説き起し、終に森説を反憲法思想なりと斷じ去るのであつた。即ち曰く、

『森氏ノ説ハ憲法學及國法學ニ退去ヲ命シタルノ説ト云フヘシ。抑《ソモソモ》憲法ヲ創設スルノ精神ハ、第一君權ヲ制限シ、第二臣民ノ權利ヲ保護スルニアリ。故ニ若シ憲法ニ於テ臣民ノ權理ヲ列記セス、只責任ノミヲ記載セハ、憲法ヲ設クルノ必要ナシ。又如何ナル國ト雖モ、臣民ノ權理ヲ保護セス、又君主權ヲ制限セサルトキニハ、臣民ニハ無限ノ責任アリ、君主ニハ無限ノ權力アリ。是レ之ヲ稱シテ君主專制國ト云フ。故ニ君主權ヲ制限シ、又臣民ハ如何ナル義務ヲ有シ、如何ナル權理ヲ有ス、ト憲法ニ列記シテ、始テ憲法ノ骨子備ハルモノナリ。又分ノ字ハ支那、日本ニ於テ頻《シキリ》ニ唱エル所ナレトモ、本章ニアル憲法上ノ事件ニ相當スル文字ニアラサルナリ。何トナレハ、臣民ノ分トシテ兵役ニ就キ租税ヲ納ムルトハ云ヒ得ヘキモ、臣民ノ分トシテ財產ヲ有シ言論集會ノ自由ヲ有ストハ云ヒ難シ。一ハ義務ニシテ一ハ權理ナリ。是レ即チ權理ト義務トヲ分別スル所以ナリ。且ツ維新以來今日ニ至ルマテ、本邦ノ法律ハ皆ナ臣民ノ權理義務ニ關係ヲ有シ、現ニ政府ハ之ニ依テ以テ政治ヲ施行シタルニアラスヤ。然ルニ今全ク之ニ反シタル政治ヲ施行スル事ハ如何ナル意ナルカ。森氏ノ修正説ハ憲法ニ反對スル説ト云フヘキナリ。蓋《ケダ》シ憲法ヨリ權理義務ヲ除クトキニハ、憲法ハ人民ノ保護者タル事能ハサルナリ。』

伊藤の所説は憲法の本義を明にし、森の主張の矛盾を指摘し、且つ維新以來の政治の實際に鑑《かんが》みて、森説の存立すべからざる所以を證明した。しかし森もこの程度の駁論では引退るものではなかつた。即ち森には森の哲學があつた。こゝに於てか森は、自説の根本理念に説き及ぶのであつた。

『臣民ノ財産及言論ノ自由等ハ人民ノ天然所持スル所ノモノニシテ、法律ノ範圍内ニ於テ之ヲ保護シ、又之ヲ制限スル所ノモノタリ。故ニ憲法ニ於テ此等ノ權理始テ生シタルモノ、如ク唱フルコトハ不可ナルカ如シ。依《ヨツ》テ權利義務ノ文字ノ代リニ分際ノ字ヲ用ヒント欲ス。又臣民カ天然受クヘキ所ノ權理ヲ無法ニ取扱ヒ、徒《イタヅ》ラニ王權ヲ主唱シテ民權ヲ保護セサルモノヲ稱シテ專制ト云フ。且ツ内閣ハ臣民ノ權理ヲ保護スル爲メ働クヘキモノナレハ、假令《タト》ヒ爰《ココ》ニ權理義務ノ字ヲ除クトモ、臣民ハ依然財産ノ權理及言論ノ自由ハ所持スルモノナリ。又此ノ權理義務ハ何物ニ對スル權理義務ナルカ。天皇ニ對スルモノカ、將《ハ》タ國家ニ對スルモノカノ疑ヲシテ、本邦人ノ腦裡《ノウリ》ニ生セシムルヲ如何セン。西洋各國ニ於テハ、其歴史上ノ沿革ニ依リ、國家ト帝王トノ思想及區別ハ分明ナルカ故ニ、臣民ハ帝王ニ對シ若干ノ權理ヲ有シ、又國家ニ對シ若干ノ權理ヲ有スト云フコト明瞭《メイリヨウ》ナリ。然ルニ本邦ト西洋トハ大ニ異ナル所アリテ、日本ノ臣民ハ天皇ニ對シ權理義務ヲ有スト云フ語ハ、語ヲナサヽルノミナラス、又之ヲ有スヘキモノニアラサルナリ。故ニ憲法ニハ、只、第一章天皇、第二章臣民トノミ書テ、權利義務ト云フカ如キ文字ヲ用ヒサルコト必要ナリ。』

この森文相の反対説は猛烈であったが、伊藤議長が専ら提案者としての立憲思想を説明して、表決によって森修正案を否決した。ほかの議員には各条文、用語の修正説はあったけれども、実質的には原案の趣旨に本質的な批判反対もなく審議が進んだが、第二十八条のところで一波瀾を生じた。ここでの議論は注目すべきものがある。

原案第二十八条（「日本臣民ハ安寧秩序ヲ妨ケス及臣民タルノ義務ニ背カサル限ニ於テ信教ノ自由ヲ有ス」）は、信教の自由を宣示する條規である。本條は結局原案の如く決したが、信教自由に關する論議は、國體と外來宗教との矛盾を鋭く衝いた。

その一は、佐佐木高行の追究であった。卽ち臣民は安寧秩序を妨げず、臣民の義務に脊かざる時は、如何なる宗教を信ずるも、また信ぜざるも自由なりとするならば、官吏が宮中の宗教的御儀式に從はざるを得る結果になるであらう、この不都合は本條の主旨よりして何《ど》う見るべきかと、報告員伊東巳代治に向って訊《ただ》した。

『此條ニ付聊《イササ》カ疑アリ。報告員ニ質問セントス。本條日本臣民ハ安寧秩序ヲ妨ケス及臣民タルノ義務ニ背カサルノ限ニ於テ、トアリ。此安寧秩序ヲ妨ケス及臣民タルノ義務ニ背カサルノ限ニ於テトノ事ハ、注解ニモ辨解アル通、禮拜、布教、演說等ニ關スル事タルハ知ルヘキナリ。然レトモ是レ其禮拜、布教、演說ノ安寧秩序又ハ國民ノ義務ニ關スルトキノ場合ニシテ、國民ノ義務ハ固《モト》ヨリ何ノ宗ヲ問ハス免カレサル所ナリ。然ルニ之ハ人民一般ニ涉《ワタ》ル事ニアラサレトモ、官吏ニハ朝廷ニ於テ御親祭等之アル節、禮拜ノ義務アリ。今或ル宗旨ニ於テハ他宗ノ禮拜ニ一切參與セサルアリ。若シ此《カク》ノ如キ宗旨ノ者、官吏ニ在テ朝廷ノ御親祭ニ參拜セサルトキハ、別段國民ノ義務ヲ守ラサルニモアラス、又安寧秩序ニ關係ストモ云フヘカラス。之ハ人民一般ニ涉ルニアラスト雖モ、官吏ニハ此等ノ事アリ。若シ官吏ニシテ自分ノ宗旨ニ據《ヨ》リ朝廷ノ親祭ニ參拜セサルトキハ、憲法ノ本條ノミニ依テハ如何トモスヘカラス。或ハ此ノ如キ場合ニ於テハ之ヲ不問ニ置クカ。或ハ官吏ニハ別ニ定ムル所アルカ。』

然るに伊東はこれに對し、佐佐木の問は信教上の問題に非ずして、これを官吏服務規律の問題と混同せるに過ぎないと論駁した。

『二十八條ニ掲クル宗教ノ自由ハ、絶對的ニアラス、制限的ノ自由ナリ。其制限ヲ擧レハ、一ハ國民ノ義務ニ背カス、二ハ社會ノ秩序ヲ妨ケス、三ハ一個人ノ信仰ノ自由ヲ妨ケス、是ナリ。此範圍ヲ超越セサル限リハ、此憲法ニ依リ、人民ハ信教自由ノ權ヲ有スルナリ。故ニ此條ハ臣民一般ノ憲法上ノ權利ヲ示スモノニシテ、更ニ官吏ニ關係スルコトナシ。官吏カ朝廷ニ出テ禮拜スル等ノ事ハ其服務上ノ關係ニシテ、憲法上ノ事項ニ屬セス。且ツ官吏タル者ハ必ス宗廟《ソウビヨウ》ニ禮拜スヘキ義務アリト云フ事ニ就テハ、刻下一定ノ規則アルコトナシ。臣民ノ憲法上ノ權利ト、官吏ノ服務規律トハ素《モトヨ》リ混同スヘキニ非ス。況《イハン》ヤ其事將來ニ係リ、未タ逆《アラカ》シメ料《ハカ》ルヘカラサル疑議ニ付、强テ本條ヲ適用セントスル如キハ、佐々木氏ノ爲ニ採ラサル所ナリ。』

次に鳥尾小彌太は、この自由は、引いては外来宗教の自由を公認する結果となり、こと頗る重大なるを指摘し、且つ佐佐木と同様、朝廷に於ける祭祀上の不都合をも挙げて論難の調子を強めた。

『本條ニ付テハ既ニ佐々木氏ノ説モアリ、極メテ重大ノ件トス。此《ココ》ニ信教ノ自由ト云フ事ヲ憲法ニ掲クルハ、必ス單純ナル道理ニ據リ、或ハ徒ニ外國ノ例ヲ模倣シタル迄《マデ》ニハアラサルヘシ。必ス國家ニ大切ナル必要アルニ據リ生シタルモノナルヘシ。試ミニ此信教ノ事ニ就テ十年前ヲ回顧スレハ、外教ニハ嚴禁アリ。尋《ツイ》テ默許ノ狀トナル。曾《カツ》テ明治十四年ニ於テ統計院ヨリ我國耶蘇宗信徒ノ數ヲ其統計表ニ掲クル事ニ付キ政府ニ伺ヲ出シタルニ、之ヲ政府刊行ノ書籍ニ載ストキハ明許ノ姿トナルヲ以テ載スヘカラストノ指令ヲ得タリ。卽チ始メ嚴禁タリ、後默許タリ。之ヲ既往ニ照ラスニ其變遷此《カク》ノ如シ。而シテ今ヤ此憲法ヲ以テ斷然明許セントス。立案者ニ於テハ必ス深ク工夫ヲ費ヤシ、之ヲ明許セハ如何ナル結果ヲ生スヘキカハ充分熟慮セシ所ナラン。固ヨリ一般人民ニ關シテハ伊東氏ノ演《ノ》ヘタル丈《ダ》ケノ制限ヲ以テ足ルヘク、且ツ若シ朝廷祭祀《サイシ》ノ際ニ於テ人民カ禮拜セサルモ、別段國體ニ關シ又ハ義務ニ負《ソム》クト云フヘカラサルヘシト雖トモ、若シ政府ノ大臣、官吏中ニ此ノ如キ事アラハ、臣民ノ義務ヨリ云ヘハ非禮トナリ、國體ヨリ云ヘハ失體トナルヘシ。此等ノ場合ニ對シテハ既ニ其措置アリヤ。此事隨分國體ニモ關スルヲ以テ、此レ丈ケノ事ヲ切テ放ツ以上ハ、此所ハ此丈ケ、彼所ハ彼所丈ケノ次第ヲ付ケテ置カサルヘカラス。若シ此措置未タ之アラサレハ、本條ハ不明瞭タルコトヲ免レサルヘシ。』

しかしながら、右の佐々木や鳥尾の主張は、たゞ不都合を鳴らすのみで、何等の具体的動議を提するものではなかった。然るに、伊東は、鳥尾の発言中、本条の不明瞭たることを免れずとの一言にいたく激したるものと見え、議長の許しも乞はずに、反駁の為に立上つた。

『鳥尾氏ノ抗議ニ対シテハ……。』

伊東の舌端に右の一語が迸《ほとばし》り出た時、議長は俄かにその発言を禁じ、且つ伊東を宥《なだ》めた。手記には左の一文が附記されて、伊東の負けじ魂の一端と、議長が部下を説得する珍風景を伝へてゐる。

此時議長ハ伊東ニ向ヒ、何ヲ歟《カ》説明セントスル乎《カ》ヲ問フ。伊東答テ曰ク、既ニ鳥尾氏ハ本條ヲ以テ不明瞭ナリト論セリ、是ヲ以テ本條ノ不明瞭ナラサルコトヲ詳細ニ辨明シ、且鳥尾氏ノ說ヲ反駁セントス、ト。議長ハ更ニ伊東ニ諭《サト》シテ曰ク、鳥尾氏ノ所說ハ、將來國家ノ宗教ニ對スル政略如何ニ關スルモノナリ、人誰カ百年ノ壽ヲ保ツモノアランヤ、之ニ處スルハ其時々ノ政治家ノ方寸ニ存スル事ニシテ、今釋明ノ限ニアラス。是ニ於テ乎、伊東默シテ止ム。

こゝに於てか伊藤は、『本條ニ就テハ修正ノ意見之ナキニ付、原案ニ就キ表決ヲ取ラン。……』と決を求めた。

この時起立したものは、全出席者中十八名であつた。

これは十八名の多数で可決されたと記録されてゐる。反対者数は明瞭ではないが、少なくとも五、六名が反対であったと思はれる。その条文の可決は、近代憲法としては当然であらうが、伊藤の「人誰カ百年ノ壽ヲ保ツモノアランヤ……今釋明ノ限ニアラス」との答弁は、あいまいの感をまぬがれない。
臣民の権利義務の第二章を終ったのち、「帝國議會」の章ではいろいろの発言があったが、中でも森文相の議会権限制約の主張が、もっとも激しい修正論であった。

森の議論は次の如く展開された。

『第三十七條ヲ今日議決セラル、ニ於テハ、本官ハ第四十七條ノ過半數ニ付意見ヲ陳ヘサルヲ得ス。抑モ承認ト云フモ承諾ト云フモ、其實ハ一ナリ。卽チ帝國議會ヲ一ノ立法府トシテ之ニ行政府ニ對等スル權力、或ハ場合ニ依テハ其上ニ出ツル權力ヲ與フル事ナリ。此議會ナル者ハ天皇陛下ノ諮問ノ府トシテ千古未タ曾テアラサリシ者ヲ創設セラレ、新タニ此ノ如キ大權ヲ托セラレタルモノナリ。抑モ議會ノ議員ハ或ハ英ノ制度ノ如ク官吏ニアラストスルモノアリ又之ヲ官吏トスルモノアリ、米國ノ如キ議員ヲ以テ官吏トスル國ニ在テハ、議員ハ官吏ノ俸給ヲ受ケ、官吏ノ待遇ヲ受ケ、而シテ議院ハ嚴然タル立法官衙《カンガ》タリ。其他各國其制一ナラスト雖トモ、要スルニ其相異ナル所ハ議員ヲ官吏トスルトセサルトニアリ。而シテ之ヲ官吏トスル所ニ在テハ、議員ハ卽チ立法官ナリ。今此草案ノ主意ニ依レハ、議院ハ官衙ニハアラス。然レトモ立法ノ權力ヲ握ルナリ。抑モ此問題ニ付《ツイテ》而ハ憲法學ニ深ク通セル學者ノ中ニモ種々ノ説アリ。且ツ憲法ノ學ハ歐米共ニ近來開ケタル學術ナルヲ以テ、學者ノ説、造詣未タ深カラス。多ク其國ノ沿革ニ偏ス。卽チ英ノ學者ハ英ノ沿革ニ、佛ノ學者ハ佛ノ沿革ニ、獨逸ノ學者ハ獨逸ノ沿革ニ據テ其説ヲ立ツ。今我國ノ立法府ヲ以テ之ヲ英國ノ制度ノ如クナラシメンカ、英國ノ議院ハ其權行政官吏ノ進退ニ迄モ及ヒ、獨リ立法ノ事ニ止マラサルナリ。此ノ如クナルニ於テハ、前回屢々《シバシバ》各位ノ聽ヲ煩ハシタル如ク、天皇陛下固有ノ大權ヲ殺《ソ》キテ之ヲ議會ニ附スルモノニシテ、議會ノ權力甚タ大ナリト云フベシ。最モ考慮ヲ要ス。議會ノ權或ハ此ノ如キニ至ラスト雖、其承認或ハ承諾ヲ經テ、ト云ヘハ、立法ノ權ハ尚其掌中ニアリ。況ンヤ第四十七條ニ兩議院ノ議事ハ過半數ヲ以テ決ストアリ。議決ノ方法ニシテ第四十七條ヲ採用セラル、ニ於テハ、最モ危險ナルニ於テオヤ。……』

承認、承諾その他何と稱するも、過半數を以て決すると云ふ第四十七條の存在する以上、大權を損し奉るものでなければならないと斷ずるのであつて、殊に當時の憲法學を以ても未だ信憑《しんぴょう》すべきにあらずと斷言して憚らなかつたのは、森の並々ならぬ自信を物語るものと云はねばならない。のみならず森は引續き、アメリカ、イギリスに於ける立法權の功罪を顧みつゝ、これを我憲法問題に於ける重大事實として注意を喚起した。森によれば、アメリカの立法權の優秀性は、所謂「承認」が過半數に據らない精巧なる制度に由ると云ふ。即ち曰く、

『………外國ノ例ハ或ハ適セサル事ナキニシモアラサルベシト雖トモ、試ニ米國ノ例ヲ陳ヘン。米國ノ憲法ニ於テハ元老院、代議院ノ議三分ノ二ノ多數ヲ以テ決シタルモノハ必ス法律タラサルヘカラスト雖トモ、三分ノ二以下ノ多數ノ時ハ、認可不認可ノ權全ク大統領ノ自由ニアリトス。之レ誠ニ能ク實際ニ通シタルノ制度ナリ。適當ナル結果ハ實際ノ事情ニ明カナルモノニアラサレハ之ヲ立ツル事能ハス。且ツ議院ハ立案ノ際黨派ノ軋轢《アツレキ》等ニヨリ互ヒニ權謀詐術ヲ逞《タクマシ》クシテ國家ノ利ヲ後ニスル等ノ事屢《シバシバ》之アリ。米制ノ如キハ能ク此弊ヲ防クモノト云フヘシ。蓋シ米制ニ依ルニ、下院議員ハ二ケ年ノ在職、上院議員ハ六年ノ在職トス。下院ハ議員ノ在職年限短縮ナルヲ以テ議事精密ヲ缺ク事アリ。然ルニ上院ハ在職年限六年ニシテ稍《ヤヤ》長キカ故ニ、議事自ラ精練ヲ致シ且ツ政黨ノ術數ノ爲メニ左右セラル、事モ亦少ナシ。故ニ議案ハ下院ヲ經テ上院ニ到リ、上院ノ手ヲ經テ始メテ完備ス。而シテ上院ノ議員ハ各州ヨリ二人宛《ズツ》ヲ出シ、州會之ヲ撰擧ス。皆經驗學識ニ富ムノ士ナリ。此ノ上院アリテ下院ヲ經過セル議案ヲ審査スルカ故ニ、其出ル所ノ法モ亦多ク事情ニ適ス。此ノ如ク綿密ナル制度ノ上ニ尙大統領ニ彼カ如キ權力アリ。米國憲法ノ制定セラレテヨリ既ニ百年ヲ經過シ、些《イササカ》ノ動搖ナキモノ之ニ職由セスンバアラス。

之ニ反シテ米ノ憲法ニシテ初メニ過半數決議ノ法ヲ採リシナランニハ、其既ニ廢滅ニ屬セシハ蓋疑ヲ容レサラン。大統領カ議院ノ決議ヲ否決シ却《カヘツ》テ人望ニ副ヒシ事其實例少シトセス。此ノ如キ場合ニハ議會ハ公論ヲ代表セスシテ黨派又ハ或ル營業ノ勢力其他種々ノ事情ノ爲メニ動カサレテ決議ヲナセルナリ。………』

森の議論は宛《あた》かも一種の學術報告の如き觀があつた。アメリカを檢討した彼は更にイギリスに言及した。

『………英國ニ於テハ大統領ノ如キ者ナシト雖トモ、其貴族院ハ恰《アタカ》モ米ノ大統領ノ如キ効用ヲナセリ。此レ蓋シ其國ノ沿革ニ依ルナリ。予ノ知ル所ニ據ルモ、下院ニ於テ毎年可決シ、上院ニ於テ毎年否決シ、數年ニ渉テ上下兩院ノ議相協《カナ》ハサルニ依リ未タ結了セサル案件今日尚二三件アリ。其他下院ニ於テ大多數ヲ以テ可決シタル議案ノ遂ニ上院ヲ經過スル能ハサリシモノ其例屢之アリ。要スルニ英米兩國ノ制度共ニ立法ノ輕率ニ流ル、ヲ防ク者自ラ其方法慣例アリ。今我憲法ハ此點ニ於テ如何ナル措置ヲ設ケタルカ。或ハ我貴族院ハ恰モ英ノ貴族院ト同一ノ効用ヲナスト云ハンカ、抑モ我ト英トハ國情自ラ異同アリ。英ノ政府ハ實際權力ヲ有セス、其權力ヲ有スル者ハ下院ナリ。或者ノ評ニ、英ノ女帝ハ無用ノ長物ト云ヘリ。以テ政府ノ無力ヲ知ルヘキナリ。尤《モツト》モ或ル者ノ說ニ、英帝ハ決シテ無用ノ長物ニアラス、陰々ノ中ニ頗《スコブ》ル勢力アリト云フト雖トモ、要スルニ英ト我トノ異同ハ分明ナリ。米國ニ於テハ統御ノ大權大統領ニ在リ、大統領ハ握リ得ヘキ丈ケノ權力悉《コトゴト》ク握レリ。米ノ憲法ノ鞏固《キヨウコ》ナル所以ノモノハ實ニ此ニアリ………』

森は憲法制定のこの機會こそ、能ふ限りの權力を大權下に集中すべく、議會への分與は極く僅少に止むべきを强調するものであつた。而してその激語は遂に伊藤議長の彈壓を買ふの極端に達した。乃ち續けて曰く、

『………然ルニ今我憲法ニ於テ第四十七條ヲ以テ、議院ノ決議ハ過半數ニ依ルモノトセハ、政治ノ大權ハ議會ニ移リ、其極終ニ英國ノ如クナラサルヲ得ス。殊ニ承認若シクハ承諾………』

森の語未だ終らざるに、この時伊藤は憤然と起立し、『森氏ノ辯論ヲ禁止ス』と中止を命じた。

森の理論は、米大統領の拒否権の法理を転用して、議会の議決定数を初めから三分の二以上とすることによって、議会の発言権を圧縮し制約しようとするものであった。その主張は、「三分の二以下の多数では、議会は政府の意思行為を動かすことができない」との行政権絶対優位説である。かれはすでに英文でもその憲法構想を論じたし、英国の自由主義の碩学《せきがく》スペンサーから「日本ではさらに保守的な線から始めるべきだ」との激励をもうけてゐた。しかし日本の政治情況は、到底このやうな保守論では収拾できない。ここまで原則論がちがって来ると、到底民党を諒解させるやうな憲法案は望めない。伊藤議長は、森文相に対して「発言中止」を命じた。

森は、一度は発言を中止したが、午後には議長の発言中止命令に抗議しはじめた。鳥尾小彌太が森を支援し、議長独断の発言中止を不可として「発言中止は議場に諮って多数決によるべし」と主張したが、議長は、この提案をも禁止してしまった。伊藤は多少あせりを感じたやうである。

鳥尾小彌太は、森の発言の自由を支援したけれども、議会権限そのものについては、森とは反対に伊藤原案よりもさらに強大な権限をみとめねばならないとの思想であった。伊藤の原案では、議会は、法案については政府に対し立法を欲して建議する権限があるのみで、自ら法案を作って提案し議決する権限はない。これは、すでに説明したやうに「岩倉綱領」いらいの官僚超然内閣制を防衛するための大切な一線であったが、鳥尾は、議会の法案提出権を熱心に主張した。その発言はすこぶる多くまた長いが、その中から一端を引用する。

『………若シ議會ニ起草權ヲ與エサルトキニハ、議員ハ欽定憲法ノ制裁ニ依リ此權ヲ有セサルカ爲メ、表面ニハ之ヲ批議セサルモ心中ニハ必ス不滿ノ念ヲ懷クニ至ラン。然ラハ則チ面從腹議ハ免レサルモノトス。又名ト器トハ慢《ミダリ》ニ借スコト能ハス。名ト器トハ政治上ニ重大ナル關係ヲ有スルモノナリ。既ニ立法院ト稱シ、且ツ認メタル以上ハ、名義ノ上ニ於テ人民ノ公撰ニ依リ撰出セラレタル議員カ有スル政治上ノ機關ナリ。故ニ年月ヲ經過スルニ從ヒ必ラス憲法ノ基礎ニ變動ヲ生スルカ如キ憂アラントス。是レ本官カ顧慮スル所ナリ。依テ此條ニ明文ヲ以テ起草權ナキコトヲ示スト雖トモ、將來必ラス議會ハ法律ヲ起草シテ其意見ヲ提出スルニ至ラン。若シ之レアリトスル時ハ、今日ヨリ進ンテ其權ヲ議會ニ與ヱルヲ可トス……』

鳥尾の修正案によれば、第三十九条は「兩議院ハ、新法ノ制定又ハ現行法律ノ改正廢止ニ關スル法案ヲ提出スルコトヲ得、但シ其裁可ヲ得サルモノハ同會期中ニ於テ再ヒ建議スルコトヲ得ス」となるので、本質的な修正となる。副島種臣は、さすがに民撰議院開設の建白者だけあって、ただちに鳥尾説に同意を表明した。しかし、他の議員は沈黙してゐた。伊藤議長は、議場に修正説が少ないとして原案のままでの表決をもとめ、絶対多数で可決してしまった（この法案提出権は、後の第二審議会では、鳥尾修正案よりも積極的な条文が多数を得て成立した。第一審議会では、鳥尾の修正案文の説明が議官に十分によく理解されないままに、伊藤議長が急いで巧みに原案可決の表決をしてしまったかの疑念もある）。

次に論争点となったのは、第四十九条の、議院が天皇への上奏をする権限についての条文であった。議会の法案提出権がみとめられないのならば、この上奏権を存分に活用して行くほかない。提案者の説明書では、上奏文には「政務ノ得失ヲ論ジ、官吏ノ非違ヲ矯正シ、大臣ノ淑慝《シユクトク》（よしあし）ヲ甄別《ケンベツ》スル（明らかに区別する）ノ意ヲ述ルモ、皆妨ゲサル所ナリ」と書いてあるが、これを内閣弾劾権と解してもいいのか、内閣は上奏があれば退くのか、との解釈質問が出て来た。

佐佐木高行、東久世通禧、三條實美等の諸議官は、いづれも君側に近いだけに、この上奏権に関心を集中して質問する。提案者の伊藤は、上奏権は大臣の弾劾権とは全くちがふ、と答弁した。佐佐木は、その解釈では提示された説明書とちがふ、弾劾が上奏権のなかにふくまれないのなら、なぜ明白に本条文でそのことを明記しないのか、とせまった。

伊藤の答弁が不明瞭だとして、ほとんどの議員がそれぞれの見解を表明した。鳥尾小彌太は、弾劾権を議会の固有当然の権力だと主張した。河野敏鎌は、条文があいまいでその説明書も適切でないとした。かれは、官吏や大臣の私行の是非（淑慝）を上奏することはよろしくないが、特に大臣の「政務の得失、非違」を摘発するのは大切で、それは議院のほかに適当な機関がない、と力説した。鳥尾は、河野説に同感の意を表して、大臣の専横、非違を論告するのは議院の任務である、と熱心に論じ立てた。河野敏鎌はいふ。

『故ニ本官ハ下院ヲシテ政務ノ得失ニ關シ意見ヲ上奏セシムル事ヲ可トスルモ、一般ノ官吏ノ非違ニ付意見ヲ上奏スル事ハ不可ナリト信ス。故ニ注解ニアル官吏ノ非違ヲ大臣ノ非違ト修正シテ、議院ヨリ非違ニ付意見ヲ上奏スルハ、只國家ノ重任ヲ負擔スル大臣ニ止メ、一般ノ官吏ニハ之ヲ適用セシメサラント欲ス。何トナレハ大臣ノ如キハ憲法ニ於テ行政權ノ重ナル部分ヲ掌握シ、官吏ノ進退モ亦其方寸ニアルモノナレハ、之カ非違ヲ摘發スルカ如キハ普通官吏ノ爲シ能フヘキモノニアラス。此摘發ノ事タルヤ不羈《フキ》獨立ノ議院ニ尤モ適當ナル職掌ナルノミナラス、議院ヲ措《オイ》テ他ニ之ヲ委《ユダ》ヌル適當ノ官衙ヲ見サルナリ。故ニ本官ハ本條ノ解釋ノ廣狹ニ依リ非常ノ結果ヲ生スルカ爲メ、意見ノ文字ヲ確明ナラシメンコトヲ望ム。依テ委員ヲ設ケ此事ヲ調査スルノ動議ニ付速ニ表決ヲ取ラン事ヲ乞フ。』

と。そして、鳥尾の論はさらに激しかった。

『本條ハ重大ナル事件ナルヲ以テ、山田氏ノ説ノ如ク容易ニ之ヲ經過スル事能ハス。議長ノ演説ニ依レハ、此議場ニ於テ彈劾ノ事ヲ論スルモノハ君主ヲ重セサルモノノ如ク聞ユレトモ、彈劾ト黜陟《チュツチョク》トハ異種ノモノニシテ自ラ區別アリ。國會ハ官吏ノ非違、大臣ノ淑慝ヲ審査シ、其甚シキモノアレハ之ヲ告發スルコトヲ得ルモノナリ。大臣ト雖トモ過チナシトモ云ヒ難シ。而シテ其過ヲ天皇ニ通知スルノ途《ミチ》ハ、國會ヲ措テ他ニ良機關アルコトナシ。故ニ彈劾ヲ行フノ途ヲ開ク事國政上尤モ必要ノコトナリ。此彈劾ノ權ヲ國會ニ附與スルト否ハ天皇ノ叡慮《エイリョ》如何ニアルモノニシテ、之ヲ論スルモ敢テ君主ヲ輕スルニアラサルナリ。本條ニ只意見トノミアリテハ漠然トシテ、注解ノ意味ヲ含蓄セシムルニ足ラサレハ、本條ニ於テ注解ノ意味ヲ書キ加ヘ文意ヲ分明ナラシメン事ヲ望ム。然レトモ若シ委員ヲ設ケテ本條ヲ調査スルノ説行ハレスシテ第二讀會ヲ經過スルトキニハ、本條ニハ飽《アク》マテ注解ノ意味ヲ含マシムルコトヲ希望ス。又議院ハ大臣ヲ質問シ又ハ彈劾スル固有ノ權ヲ有スルモノナリ。是レ議院ノ性質ヨリ之ヲ論スルモ、其精神ヨリ之ヲ説クモ、固有當然ノ權力ナリ。依テ樞密院ノ議場ニ於テ此ノ注解ノ如ク本條ノ意見ノ文字ヲ認ムルトキニハ、後日日本ノ議會ハ此彈劾權ヲ有スルニ至ラントス。本官モ亦東久世氏ヲ贊成ス。』

『抑人民一般ノ非違、非法ハ警察官、檢察官アリテ之レヲ告發スルモ、大臣ノ非違、非法ニ至テハ其行政權ノ下ニ左右セラル、カ爲メ、行政官、警察官ハ之レヲ摘發スル事能ハス。然ラハ則チ行政大臣ノ非違、非法ハ議院ニ於テ之ヲ論告スル事尤モ至當ナリトス。

又至尊陛下ハ宗廟《ソウビョウ》、社稷《シャショク》ニ對シ、又國民ニ對シ、憲法ニ從ヒ政治ヲ執行スルノ責任アリ。故ニ陛下ニシテ若シ此憲法ヲ敗犯セラル、カ如キ事アレハ、大臣代テ其責ニ任セサルヲ得ス。何トナレハ第三條ニ天皇ハ神聖ニシテ侵スヘカラスト明記シアレハ、天皇ノ過失ハ卽チ大臣之ヲ負擔セサルヲ得サレハナリ。故ニ憲法違犯ノ過失ハ天皇ノ國家ニ對スル責任ナレトモ、天皇ハ神聖不侵ナルヲ以テ、大臣其責ニ任セサルヲ得ス。而シテ之ヲ論告スルハ議院適當ノ職掌ナリ。若大臣ハ獨リ天皇ニ對シテ責任ヲ有スルモノナリト云フトキニハ、天皇ニ於テ非違ノ大臣ヲ信用シ、其在職ヲ繼續セシムルトキニハ、其專横、非違ヲ檢制スル救正方法ナキヲ如何セン。故ニ議院ヲ開設スル今日ニ於テハ、大臣ノ非違ヲ告訴スル事ハ議院固有ノ權理ニシテ、之ヲ憲法ニ明記セストモ、議院ノ性質ヨリ所有スヘキ當然ノ權理ナリトス。是レ恰モ日本人ト云ヘハ無論日本語ヲ談スルモノナルカ如シ。後日憲法ノ意義ニ付爭議アルトキ之ヲ判定スルハ陛下ノ特權ナリ。若シ之レヲ樞密院ニ下シテ諮詢セラル、カ如キ場合ニ於テハ、本官カ爰《ココ》ニ陳述シタル所ノ議院固有ノ權理ニ基キ、此意見ノ文字ニ註解セラレン事ニ確定シ置カン事、本官ノ衷情ナリ。』

伊藤は、この憲法では大臣任命権は天皇にのみあって議院の左右するところではない、との法理を力説するのみであったが、議員は釈然としなかった。伊藤は、議論がつきないと見てか表決をもとめ、賛成十二票反対九票で原案どほりに可決した。

伊藤は、この議場での議論を聞いて、弾劾上奏の大きく作用するのを嫌ってか、上奏に関する説明文を『憲法義解』では書き改めた。それによって上奏権に制限を加へたいと思ったらしいが、しかしこの上奏権は、その後の帝国議会にとって事実上もっとも重大な権限として、内閣の進退を決するやうな弾劾上奏や外交軍事上のいはゆる大権事項に関する上奏が行はれて、政局を大きく動かすものとなった。

後の憲法学者の説でも、その上奏に限界をおく説は見当らないやうである。もっとも美濃部達吉は、上奏には儀礼に関するものと政治上のものとがあり、政治上の上奏は聖慮を煩はし奉るので濫《みだ》りにすべきではなく、やむを得ざる時に限るべきだといってゐる（美濃部達吉著『憲法講話』）。佐々木惣一は「上奏事項ハ制限ナシ。儀禮上ノ意味ヲ有スルモノアルベク、政治上ノ意味ヲ有スルモノアルベシ。政府ノ失政ヲ上聞ニ達シ、國務大臣ノ進退ニ關スル大權ノ發動ヲ請フガ如キハ後者ノ主タル者トス。上奏アルトキハ天皇ハ之ヲ受理シ其ノ内容ヲ了知シタマフコトヲ要ス。而モ其以外何等ノ拘束ヲモ受ケサセラルルコトナシ」（佐々木惣一著『日本憲法要論』）。また上杉愼吉は、「上奏は、如何なる事項に就ても、これを爲すことを得るのである。開院式の勅語に對する奉答文、奉祝奉悼の上奏は云ふまでもなく、統治の全般に亙りて、希望を述べて、採擇を乞ひ奉ることを得る。法律豫算に關することのみに限らず、大權事項に屬し、軍事外交に關する事であつても、奏問することを得るのである。國務大臣その他の官吏の進退に就ても上奏し得る。天皇は上奏を受理せらるるも、これに對して、必らず勅答せられ、又は何等かの處置を執られなければならぬことは、絶對に無いのであるから、以て大權に干渉すると爲すことを得ぬ」（上杉愼吉著『帝國憲法逐條講義』）と論じた。

上奏が天皇に対して法的拘束力を有しないことを、各博士とも述べてゐる。それは法学者としては当然であるが、政治的には重大な作用をするのは（特に日本の国体では）明白である。伊藤には、それがこの討議を通じて痛感されたらしい。

ただ、ここでの議員と提案者との問答は明らかに混線してゐる。議員の側では「弾劾上奏は必ず政治的に内閣の進退を決することとなる」との前提に立って、弾劾上奏を必要とするものと、弾劾上奏をさせるなとするものとの論が対立してゐる。それに対して伊藤は、内閣の進退を決するのは天皇のみの大権で、上奏では、弾劾は法的に無効であるし、議会に内閣を進退させる権限は根本的にない、との法理論を頻りに力説して答へてゐるのみである。それは前記の法学者のすべてがみとめる法理論ではあるが、しかし、いかに「法的権限なし」といっても、政治的には政局が事実上動かされることになって来る。伊藤議長は、この法的有効性と政治的有効性との区別を明白に諸議員に理解させないままに、表決で原案どほり可決としたらしい。

しかし伊藤は、議場の論議から見て、この条文が将来、政治的には弾劾権規定と同じやうな政治効果を発揮するであらうと思ふやうになって、憂念を生じた。かれが、自ら提案者として原案のままに可決されたこの条文を、後日になって削除しようと試みたのは、そのやうな事情があったからであらう。それまで政府は、板垣や後藤の上奏を勅答の要なしとして拒否して来た。しかし、国民代表の議院の上奏に「勅答の法的義務なし」との法理だけでは憲法政治はできない。この条文では激しい議論があったにもかかはらず、十分の論議をつくさなかった感が大きい。

同じやうに議論が続出して、しかもその解釈が明瞭を欠いたものに、会計の章の第六十八条（諮詢案の第六十七条）がある。


天皇ノ憲法上ノ大權ニ基ケル歳出及法律ノ結果ニ由リ又ハ帝國議會ノ議決ニ由リ生シタル政府ノ義務ヲ履行スルニ必要ナル歳出ハ之ヲ豫算ニ揭クルモ帝國議會ハ政府ノ承諾ヲ經スシテ既定ノ額ヲ廢除シ又ハ削減スルコトヲ得ス

この条文の解釈について、鳥尾、河野議官等から疑義が出て、それに対する提案者の答弁があったが、その答弁は必ずしも明確でなかった。司法大臣山田顕義は独自の修正意見をもってゐて、右原案から、㈠「帝國議會ノ議決ニ由リ生シタル」の辞句を削り、㈡「政府ノ義務ヲ履行スルニ必要ナル歳出」を「民法上ノ義務ヲ履行スルニ由リ生シタル必要ナル歳出」と改めて「政府ノ義務支出」の限度を示し、㈢「既定ノ額」とあるのを削る、との修正案を出した。ところが、この山田案が出ると、寺島宗則、副島種臣、佐佐木高行、福岡孝弟、松方正義、佐野常民、鳥尾小彌太等が次々に発言をもとめて、議論がまったく混乱した。

そのなかで、寺島の発言は注目さるべきである。かれは、本条では「既定」といふ語がもっとも大切であると指摘しつつ、この憲法では天皇大権にもとづく行政が行はれるのであるから、これも「大權ニ基ク」歳出、これも「大權ニ基ク」といったのでは、「豫算中議会ノ議スヘキモノ殆《ホトン》ド之レナキニ至ラン」と評した。寺島は、大権にもとづく歳出といっても、前年度までに議会がみとめて既定の施設事業として固まり、運用されてゐるやうなことに限っては、これを議会が政府の同意なしに、一方的に廃除することはできない（例へば既定の役所や官吏の俸給を廃したりはできない）、しかし新しい事業や増強しようとする施設は、天皇大権にもとづくものであっても予算等に対する議会の同意を要するのは当然で、「既定」の二字を削ると議会の予算権は空文に帰する、といふのである。これは、提案者の井上毅も十分に理解してゐた法理であるはずだが解明不十分だったために、議員連中がそれぞれの解釈で議論し、議長も論理的な整理をしないままで、次々に出た修正案を表決で否決、原案を十一名賛成、不同意九名（出席者二十名）で可決してしまった（しかしこれは、提案者の側でも条文の推敲不十分をみとめて、後日に再審議することになった）。

国会の上奏権とか財政権のやうなもっとも重大な問題を、その解釈も十分に一致させないで、しかもかなりの多数反対票を残したまま議決してしまった。議員の側に十分な研究検討をする余裕がないため、優れた修正案文の提出ができないで議論がまとまらず混乱してゐる間に、議長が表決して僅少差で決めてしまったかに見られる条文も少なくなかった。辞句の修正は相当に行はれたが、第一審議会の修正には政治的意味の大きいものはなく、ほぼ原案通り可決となった。

しかし、終始親臨せられた天皇は、各議員の多様な主張議論を聞召されて、「欽定」にいたるまでの審議討議としては不十分と御判断になったやうである。伊藤議長は、七月十三日までにともかく枢密院の憲法審議を終へて、その結果を天皇の御前に捧呈したが、天皇は、内閣総理大臣黒田清隆をお召しになり、枢府の決議を改めて内閣で検討すべきことを命ぜられた。枢密院では、その後、引きつづき議院法、選挙法、貴族院令等の諸件の審議がつづいたが、政府はその責任において枢密院の会議に臨むとともに、それとは別に、枢密院で議決された憲法案の再審議をせねばならなかった。

三、内閣修正案のできるまで

明治天皇は、その後の議院法以下の枢密院会議にも必ず御出席になった。憲政の実際的運用に重大な関連があるからである。伊藤議長は、枢密院と内閣との二つの会議に責任があったが、中途で朝鮮国の視察旅行に出かけたりしてゐる（八月から九月）。その不在中は副議長寺島宗則が司会し、提案の報告には、立案者の書記官伊東巳代治等が当り、議事を進行した。このころになると欠席者も生じて来たが、天皇は毎回熱心に親臨された。

十一月十二日、天皇が議事を聴かせられてゐる時、侍従が猷仁親王の薨去《こうきょ》をひそかに報じて来た。伊藤は、陛下にこの事を報じて議事を中止しようとしたが、天皇はこれを聴《ゆる》し給はず、議事を続行せしめられた。臨席の顧問官一同は、その事を知らないので平素の通りに自由に討議した。議事が終って天皇が入御されて後に、議長が始めて親王の悲報を告げた。諸顧問官は、今さらのごとくに天皇の立憲への御志と御熱意の深く切なるを知って感激禁じがたく、制憲論議の奉公に一層の緊張を覚えたといふ。

これは「統治権を総攬」せられる日本の天皇の本質を、まことに印象ぶかく示された一記録である。おそらく外国人であれば、数多い重臣の集まる会議のなかで、どの議員よりももっとも英知ある見識と能力とを示しうる国王を、英明の君主として讃へるであらう。しかし日本の国体では、天皇に対する期待は、決して単なる英知英明ではなく、より格段に高いものがある。その会議に参集せる者のすべてに対して、より真摯《しんし》に、より熱心に、そのあるかぎりの能力をつくさせるやうに絶大な精神的影響を及ぼされることこそが、日本国の統治権総攬者としての天皇の任務なのである。英明なる明治天皇には、議員の討論を聞召されつつ多くの御感想がおありになったやうであるが、しかし、それは秘《ひそ》かに洩らされることはあっても議場においてはただ黙々として、全議員がより真摯に、より熱心に全能力をつくすやうに導かれた。

この枢密院会議と併進して、内閣としては憲法に対する奉答案を作らねばならなかった。もっとも、内閣といってもこの時の黒田内閣には、特に枢密院議長伊藤博文が参加してゐる。再審議も、伊藤が中心となって総理大臣官邸で行はれたやうである。この内閣での再検討が、どのやうな方式で行はれたのか、それは必ずしも明細には知られてゐない。枢密院における審議状況についてもっとも詳細な記述をしてゐる清水伸著『帝國憲法制定會議』も、この時期の内閣での再審議に関しては、「内閣の審議経過に就ては知る由もないが、審議が終了したのは明治二十一年末、乃至《ないし》は二十二年一月」とただ推定して、合計二十四条もの修正事項を奉答したことを記し、それが再び枢密院の第二審議会に諮問されたことを書くのみである。また、稲田正次著『明治憲法成立史』も、この間の事情については伊藤博文対井上毅の文通、および佐野常民や元田永孚等の書簡で、それらの人々の往来や意見について述べてゐるのみで、もっとも資料調査に詳しい同書でも、いかなる会議討論があったかについての文書資料は発見できなかったらしく、ただ二十二年一月十二日に閣議決定したと推測してゐるだけである。

しかしこの再審議は、天皇より黒田首相に対して検討を命ぜられたものであって、内閣の責任で修正案を作ったはずである。伊藤が提案当事者として中心で働いたのは当然であるが、内閣の主たる責任者の黒田や大隈が関与しないわけはない。閣内の森文相などは、あまりにもその論に開きが大きいので遠ざけられたかも知れないが、山田法相や松方蔵相の意見などは、内閣修正案に反映してゐるやうに見える。ことに、それが黒田首相に対して御下問になってゐる以上、首相の意見や外務大臣大隈重信の意見は重視されたと見るのが当然である。しかし、この修正審議は、頻々と閣僚会議を開いて討論するとか、文書を集めるといった方式ではなく、首相官邸の内外で要人が意見を交換したり、会談して話を進めて行ったことが多いやうに見える。当時の新聞には、枢密院や内閣の憲法審議のことを報道し、その非公開方式に不満を表したものもある。

そのころ、反政府野党の第一流代表者と目せられてゐたのは後藤象二郎と谷干城であったことは、前章で述べた。谷干城に対しては、天皇からの格別の御沙汰《ごさた》があって、二十一年の夏頃から元田永孚、吉井友實等がしばしば閣僚または枢密顧問官に入ることを勧めてゐるが、谷は、聖慮に感謝しつつも頑《かたく》なに辞退して動かなかった。その往来交渉は、内閣案が枢密院で第二審議会に入る二十二年一月まで頻繁である。谷が固辞した理由はいろいろあるが、谷は、黒田内閣に入っても必ず閣議不統一となるとの予想をもらし、枢密院については其の存在そのものに同感しがたい旨を語ってゐる（以上は、『明治天皇紀』および『子爵谷干城傳』による）。この枢密院反対の理由はスタインの理論と同じで、その影響があったのかもしれない。

黒田内閣は、谷干城を入閣せしめてもよし、枢密顧問官に迎へてもいい、として交渉したが、それと併して、後藤象二郎や板垣退助との和解工作もすすめてゐた。これは、黒田が立憲の大業を挙国一致で迎へたいと熱望したからであらう（後藤が板垣の勧めもあって入閣するのは立憲後のことになる）。その政治交渉が何時から始まったかの期日は明確ではないが、それが内閣修正案の決定前からのことであることはいふまでもない。

これらの高等政策の交渉をするのに、憲法案は極秘でその一部といへども洩らすことはできぬ、などといった話はできない。谷も後藤、板垣も概要は承知してゐたにちがひない。現にその直系の謀将が知ってゐる。ただ後藤系の言論機関『政談』は、その論説では強い民権主張をつづけてゐるが、しかし存外に審議中の情況を知ってゐるらしい点も見え、それは最後までできるだけ憲法を民権の線に近づけるための牽制《けんせい》とも見られる。しかし、言論人のなかで特に機密情報に明るかったのは、矢野文雄とか中江篤介あたりではなかったかと思はれる。

矢野は、終始して大隈の謀将である。大隈の議院内閣論も、その後の責任内閣論も、矢野の進言によるものである。内閣修正案作成中に大隈が矢野に対しても話さなかったと思ふのは、政治的に考へて非常識である。矢野は、事情を知って大いに大隈を援《たす》けたにちがひないし、矢野の望む責任内閣制への道としては「議会の法案提出権」をもっとも強く要望するのがすぢである。

責任内閣制への道を開く憲法としては、なによりも議会（とくに衆議院）が、立法権、財政権等の権限を強く確保しておかなくてはならない。それがあれば、後は議会の運用で自然に責任内閣、政党内閣へと進む道もある。この時の枢密院で論議されてゐる案でもっとも議院の権限として欠けるのは、議会に「法案起草権」がないことである。大隈、矢野あたりがこれを見のがすことはあり得ないであらう。大隈は、憲法の欽定が公表されるとただちに、「自分は議会の法案提出権と衆議院の予算先議権とを強く希望してゐたが、それができたので満足だ」と言明した。枢密院の第一審議会で否決された「議会の法案提出権」は、岩倉綱領いらいの政府にとって大切な禁止条文なのである。それが内閣修正案で、忽然《こつぜん》として現はれて来てゐる。これは大隈の主張する責任内閣制を作るための貴重にして重要な橋頭堡《きようとうほ》である。この時点での大隈と黒田とは、他の閣僚とは格段の差のある信頼関係にあったし、閣内の発言力もまた強大であった。大隈がこの法案提出権を強く要望したのは当然であらう。

大隈系の矢野あたりが事情を知ってゐたのみでなく、在野代表の後藤の助言者、中江篤介なども会議の情況を知ってゐたと推測される。中江は保安条例で追放され、大阪の『東雲新聞』で「國會論」を連載し、さらにそれを内閣案作成中の十一月にはパンフレットにして発売してゐるが、そこで力説されてゐるのは、国会が上奏権を確保すべきこと、議会が法案提出権を有すべきこと、議会が財政権を確保すべきことの三点だといっていい。文章では、このほかに議員の院内での発言自由保障や議院の許可なくして逮捕されることなきことの保障など、提案者でも枢密院でもすでに文句なしに認めてゐることを加へて、六ケ条を立憲の必須条件として挙げてゐるが、これは前記の三条件（枢密院の審議で討論の白熱してゐるもの）のみを書いたのでは、ニュース・ソースが分ってしまって迷惑を及ぼすことが必然だからである（有能な新聞人なら必ず用ひるニュース・ソース秘匿のための文章用意である）。

中江は、明治十四年政変の時には、矢野と同じく議院内閣制を主張した（明治十四年四月三日『東洋自由新聞』）。かれは、東洋自由新聞時代から「君民共治」の説を書いて、フランスの政情学ぶべからず、英国の政情学ぶべしと論じてゐる。世俗の論のなかには、かれがフランス語に通じルソーの訳書を出版したからとて、かれをフランス流民権家と称するものがあるが、それは当らない（かれは、自ら『ルソー小傳』でも『一年有半』においても、ルソーの亜流ではないことを示してゐる）。かれの憲法思想において、先進的立憲国とみとめた外国は、英国であった。それは東洋自由新聞時代の初期から、立憲以後にいたる論文にまで、随所に明記されてゐる。しかし、この自由急進家も、後藤象二郎を推し立てて政治の実践活動に入り、「時と所」の条件を経験的にも学んだ（『三酔人經綸問答』の南海先生の語を想起されたい）。かれは、議院政党内閣制の主張が「時」の条件に一致しないで、責任内閣制の主張こそが緊要だと痛感してゐた。その変遷の大局は矢野と同じと見ていい。

矢野は、議院政党内閣的な法文よりも、責任内閣への道を開く政治的国風が大切だと主張してゐた。憲法が作られ国会が開かれても、国会が四分五裂して諸党派が連帯も統合もできないであらう今の情況では、議院内閣制を内容とする法文などは書いても空文にすぎなくなる、と考へたからである。

この矢野の政情判断は正しい。現に最初に開かれた第一回帝国議会では、定員三百のなかで民権的大同派の大同倶楽部五十五、改進党四十六にすぎないし、議員は全体で九つもの党派に分れてゐる。これではどうにもならぬとして、旧自由党に近い五党派が集って、立憲自由党として百三十議席がともかくまとまった。しかし政府との対決になると、その中核主流の自由党土佐派――古い運動経歴を有する林有造、竹内綱から、青年急進言論家として知られる植木枝盛までも――があっさりと藩閥山縣内閣の誘ひに応じて、民権連合を裏切ってしまふやうな政治実情であった。山縣にせよ、林、竹内、植木にせよ、それぞれになにかの言ひ分はあるであらう。しかしこのやうな政治的国風が存在するかぎり、英国風の議院政党内閣が成立し得ないのは確かである。

このやうな国会しか開かれない現実の国風の下では、議院内閣の法文などは無意味でしかなく、少なくも責任内閣制への道を開くことこそが健全な民権路線だ、と判断した矢野の見解は正しい。実際に行はれもしないやうな架空ユートピアンの憲法などは、憲法そのものの威信を致命的に傷つけ、立憲の大道を誤まるものである。

中江が議院内閣制論を固守しないで責任内閣論へと移行した変遷も、大局的には矢野文雄と同じであったといっていい。この責任内閣制への道を日本が進むためには、日本国に即して考へれば「天皇への議院上奏権」、「議会の法案提出権」、「議会の財政権」の三つが確保されればいい。しかもそれが、枢密院では白熱論議の中心となった。明治二十一年の夏から秋へかけて、ここに憲法論を集中した中江の『國會論』は、小著ではあっても新聞人としてはきはめて実践的である（『國會論』は明治二十一年十一月に刊行。但し新聞ではそれに先立ち同年一月、二月に連載）。

その三点の中で、もっとも鉄壁となるのは議会の「法案提出権」である。これは岩倉綱領いらい、伊藤は勿論、井上毅も拒否することを大切な条件として来た。しかし、枢密院会議の論戦を通じて、伊藤には大きな動揺が生じてゐた。かれは、井上毅の「上奏権」を二十年八月の夏島では拒否したが、十月の高輪では同意した。その「説明書」は、大隈への一つの歩みよりであったのかもしれない。責任内閣風に解釈されかねない文字が見えてゐる。しかし伊藤は、枢密院での論議を見てゐて、これは反政府野党にとって法案提出権にも劣らない強力な武器として利用されかねないことを痛感した。

それに君側の元田永孚も、この上奏権を好まなかったらしい。政府の秕政を糾弾してやまない板垣退助、後藤象二郎、谷干城等の頻々たる上奏に際して、深く御心を労せられる天皇の御様子を知る元田としては、それが個々の臣僚ではなく国民を代表する議院から同じやうな上奏が頻々として出ることは、しのびがたいと思ったのではあるまいか。元田永孚は、明らかに議会への全面的な立法権限（法案提出権）をみとめて、上奏権の乱用を避けた方がいいと考へた。

これらの多くの条件が重なって、つひに伊藤も「議会の法案提出権」に同意せざるを得ないとあきらめた。かくて明治二十二年の一月十二日までに内閣の修正案が確定されて、それが一月十六日の枢密院第二審議会、次いで一月二十九日の第三審議会に提示されて、最後の「欽定」にいたる。内閣が作成した修正案は二十四ケ条の多きにたっし、枢密院第一審議会の修正よりもよほど実質的なものもあるが、中でももっとも重大なのは、議会の法案提出権の一ケ条である。この時の内閣修正案は、下記のとほりである。

第一章　天　皇

第九條　天皇ハ法律ヲ執行スル爲ニ又ハ國家ノ安寧ヲ維持シ及臣民ノ幸福ヲ增進スル爲ニ必要ナル命令ヲ發シ又ハ發セシム但シ命令ヲ以テ法律ヲ變更スルコトヲ得ス

第十條　天皇ハ行政各部ノ官制及文武官ノ俸給ヲ定メ及文武官ヲ任免ス但シ此ノ憲法又ハ他ノ法律ニ特例ヲ掲ケタルモノハ各〻其ノ條項ニ依ル

第十一條　天皇ハ陸海軍ヲ統帥ス

第十二條　天皇ハ陸海軍ノ編成ヲ定ム

第十三條　天皇ハ戰ヲ宣シ和ヲ講シ及諸般ノ條約ヲ締結ス

第十四條　天皇ハ戒嚴ヲ宣告ス

戒嚴ノ要件及効力ハ法律ヲ以テ之ヲ定ム

第十五條　天皇ハ爵位勳章及其ノ他ノ榮典ヲ授與ス

第二章　臣民權利義務

第二十二條　日本臣民ハ法律ノ範圍內ニ於テ居住及移轉ノ自由ヲ有ス

第三章　帝國議會

第三十四條　貴族院ハ貴族院令ノ定ムル所ニ依リ皇族華族及勅任セラレタル議員ヲ以テ組織ス

第三十八條　兩議院ハ政府ノ提出スル法律案ヲ議決シ及各〻法律案ヲ提出スルコトヲ得

第四十條　兩議院ハ法律又ハ其ノ他ノ事件ニ付各〻其ノ意見ヲ政府ニ建議スルコトヲ得但シ其ノ採納ヲ得サルモノハ同會期中ニ於テ再ヒ建議スルコトヲ得ス

第四十六條　兩議員ハ各〻其ノ總議員三分ノ一以上出席スルニ非サレハ議事ヲ開キ議決ヲ爲スコトヲ得ス

第四十九條　（削除）

第五十一條　兩議院ハ此ノ憲法及議院法ニ掲クルモノ、外内部ノ整理ニ必要ナル諸規則ヲ定ムルコトヲ得

第五十四條　國務大臣次官及政府委員ハ何時タリトモ各議院ニ出席シ及發言スルコトヲ得

第四章　國務大臣及樞密顧問

第五十六條　樞密顧問ハ樞密院官制ノ定ムル所ニ依リ天皇ノ諮詢ニ應《コタ》ヘ重要ノ國務ヲ審議ス

第六章　會　計

第六十二條　新ニ租税ヲ課シ及税率ヲ變更スルハ法律ヲ以テ之ヲ定ムヘシ

但シ報償ニ屬スル行政上ノ手數料及其ノ他ノ收納金ハ前項ノ限ニアラス

國債ヲ起スハ帝國議會ノ承諾ヲ經ヘシ

第六十四條　國家ノ歳出歳入ハ毎年豫算ヲ以テ帝國議會ノ承諾ヲ經ヘシ

豫算ノ款項ニ超過シ又ハ豫算ノ外ニ生シタル支出アルトキハ後日帝國議會ノ承諾ヲ求ムルヲ要ス

第六十五條　豫算ハ前ニ衆議院ニ提出スヘシ

貴族院ハ豫算ニ付全體ヲ議決スルニ止マリ修正スルコトヲ得ス

第六十七條　憲法上ノ大權ニ基ツケル既定ノ歳出及法律ノ結果ニ由リ又ハ法律上政府ノ義務ニ屬スル歳出ハ帝國議會ニ於テ政府ノ承諾ヲ經スシテ之ヲ廢除シ又ハ削減スルコトヲ得ス

第六十八條　特別ノ須要《シユヨウ》ニ因リ政府ハ豫メ年限ヲ定メ繼續費トシテ帝國議會ノ承諾ヲ求ムルコトヲ得

第七十條　國家ノ危難ヲ避クル爲ニ緊急ノ需用アル場合ニ於テ内外ノ情形ニ因リ政府ハ帝國議會ヲ召集スルコト能ハサルトキハ勅令ニ依リ財政上必要ノ處分ヲ爲スコトヲ得

前項ノ場合ニ於テハ次ノ會期ニ於テ帝國議會ニ提出シ其ノ承諾ヲ求ムルヲ要ス

第七章　補　則

第七十三條　將來此ノ憲法ノ條項ヲ改正スルノ必要アルトキハ勅命ヲ以テ議案ヲ帝國議會ノ議ニ付スヘシ

此ノ場合ニ於テ兩議院ハ各ミ其ノ總員三分ノ二以上出席スルニ非サレハ議事ヲ開クコトヲ得ス出席議員三分ノ二以上ノ同意ヲ得ルニ非サレハ何等ノ改正モ之ヲ決議スルコトヲ得ス

第七十六條　法律規則命令又ハ何等ノ名稱ヲ用ヰタルニ拘《カカ》ハラス此ノ憲法ニ矛盾セサル現行ノ法令ハ總テ遵由ノ効力ヲ有ス

歳出上政府ノ義務ニ係ル現在ノ契約又ハ命令ハ總テ第六十七條ノ例ニ依ル

議会の法案提出権をみとめることは、明治十四年の岩倉綱領の路線を忠実に守って来た伊藤博文にも井上毅にも、大きな決断をせまられた問題である。その間には、よほど重大な修正発言がかなりにあったものと推測せねばならない。その数人のなかの一人に元田永孚があったことは、まちがひあるまいと推定される。明治二十二年一月十五日付の元田永孚から伊藤あての書状にいふ（国会図書館憲政資料室蔵『伊藤家文書』第六所収）。

拝啓仕候然者豫《カネテ》而御内意仕候通熱海行明日より發途之儀今日思召奉伺候處御許容被遊候ニ付則明朝一番汽車より發足仕候將又《ハタマタ》憲法御修正之件も

御沙汰《ゴサタ》を蒙《カウム》り右者御開會之上衆議ニ御決ニ候得者愚意申上候迄《マデ》ニも無之候得共起案權を議院へ御附與ニ相成上奏之件ヲ御取省キニ相成候儀者最御修正案を贊成仕候其他者素《モト》より異論ニも不及相考申候典範之修正者制度調局之異論有之哉ニ今日

御内旨を拝聽仕候處皇族一條之調へ等深キ

聖慮も奉伺御賛成申上置通ニ而何分典範御表決ニ相成候上者御動し無之様ニ申上候右者聊《イササカ》之愚存內々御下問に應し申上置候事ニ付御含ミニ申上候敦《イツ》れ來月上旬ニ者歸京可仕先々右迄拝呈仕置候頓首

一月十五日　　夜認ム　　永孚拝

伊藤議長伯閣下

四、第二、第三審議会の情況

枢密院の第二審議会は一月十六日に開かれた（その前日に協議会が開かれて内閣の修正案についての説明があったが、この説明会の記録は残されてゐないらしい）。伊藤議長は、枢密院が既に否決してしまった議会の「法案提出権」を再び提出して、その代りに既に可決されてしまった「上奏権」を削除したいとの意を表明してゐるが、その態度はいささかあいまいである。「起案権ヲ議會に與フルノ案ハ法理論ヨリ出デタルニアラス。今日ノ事態ヲ観察シテ斯クノ如クナシタルモノナリ。蓋シ起案権ハ議會ノ熱望スル所ナリ。故ニ之ヲ以テ其上奏権ニ代ヘタルナリ、然レトモ上奏権ヲ存シテ起草権ヲ取ルモ亦差支ナシ」云々（『帝國憲法制定會議』）といってゐる。

変更するのは、法理を考へてのことではなく「今日ノ事態ヲ観察シテ」のことだといふのである。また議会の熱望ともいってゐる。しかし、この「今日ノ事態」とは何なのか。枢密院の第一審議会では、鳥尾小彌太の熱望はあったが、議場では副島種臣のほかは一人の賛成者もなくて葬り去られたのは、前述のとほりである。伊藤に多年の鉄壁の破れるのをあきらめさせるほどの「今日ノ事態」を痛感させたものは何か。元田永孚がその一人であったのは疑ふ余地がない。しかし元田一人ではあるまい。元田一人の勧告であれば、それはむしろ上奏権の敬遠にあるのではないか。伊藤としては外にも多くの事情や理由があったらしい。

この議会の起草権は、枢密院の会議では、前回は鳥尾のほかにはほとんど熱意がなかったのであるが、第二審議会ではかなりの支持者があり、激しい討論があった後に表決して、今度は多数で可決した。その時に、伊藤議長は「第三十八條（法案提出權）ノ表決ハ直チニ第四十九條（上奏權）ノ存廢ヲ決スルモノトス」と宣言して、第二審議会では上奏権を削除してしまった。ここまでは元田永孚の希望通りなのであるが、伊藤議長は約十日後の第三審議会で、すでに廃案となったはずの第四十九条の「上奏権」を復活したいと申し出てゐる。これは前の第二審議会で河野敏鎌が、議会には法案提出権と上奏権との二つが共に必要だ、と論じて無視された線に立ち戻った形である。第二審議会での河野敏鎌の主張について、清水伸著『帝國憲法制定會議』は次のやうに記述してゐる。

河野にあつては、兩權の共に議會政治の運用上に重要にして、しかも本來兩立するを妨げざる所以に關して明快なる論述を試みた。否、河野に從へば、起案權なき上奏權、また上奏權なき起案權は、共に弊害堪へざるものがあると云ふのであつた。

『本官ハ副島氏ノ說ニ不同意ナリ。第三十八條ハ本案ノマヽニテ可ナリ。第四十九條ハ舊案ヲ存スヘシ。議院ニ起草權ヲ與フルコトハ深ク懸念スルニ足ラス。若シ起案權ヲ與ヘサレハ必ス上奏權ヲ與フルヲ必要トスルニ至ルヘシ。然ルニ意見ニハ限ナキニ依リ、此場合ニ於テハ、假令ヒ起案權ナキモ議院ハ意見上奏權ニ依リ法案ヲ上奏スルヲ得ヘシ。然ルトキハ起案權ナシト雖モ制限トハナラサルナリ。各國ノ例ヲ見ルニ亦起案權ナキ國會ハ未タ一モ之アラス。且ツ若シ起案權ヲ與ヘスシテ意見上奏權ノミヲ與フルトキハ、其害却テ甚タシ。何ントナレハ法案ヲ作ルニハ材料ヲ要シ、智識ヲ要シ、深思熟慮シテ其意見ヲ首尾完全ナラシムルヲ必要トスヘキニ依リ、自ラ輕燥《ケイソウ》ノ擧動ナカルヘシト雖トモ、唯タ意見ヲ上奏スルト稱スルトキハ、却テ漫然タル意見モ提出セラレ易クシテ、從テ意見上奏ト云フコトモ屢〻起ルヘケレハナリ。故ニ起案權ハ之ヲ議院ニ與ヘテ却テ害ナシト信ス。將タ第四十九條ニ至テハ第三十八條ノ如何ニ拘ラス存スルヲ可トス。何ントナレハ大臣不德アルニ當テ議會ハ之ヲ其ノ大臣ニ訴フルコトハ難シ。必ス之ヲ陛下ニ訴フルノ道ナカルヘカラサレハナリ。』

しかしながら伊藤は飽くまで、起案及び上奏の兩權を兩立せしめざる意向の如く、且つ上奏權を以て彈劾權の如く考へる見解を佐野、河野の中に認めて注意せざるを得なかつた。即ち曰く、

『三十八條ヲ存スルト否トハ大問題ナリ。各位ノ熟慮ヲ乞フ。又舊案第四十九條ノ上奏權ヲ以テ彈劾權トシテ論セラレタレトモ、其ノ相同シカラサルハ殆ント辯スルヲ要セサルカ如シ。然レトモ尙念ノ爲メ一言ヲ陳セン。抑モ彈劾權ノ國會ニ在ルハ之ヲ君權下ニ移レリト云ハサルヲ得ス。大臣ハ君主ノ委任シタル大臣ナリ。獨リ君主ノ威權ニ依リ大臣ヲ進退黜陟《チユツチヨク》スルニ依テ、君權始メテ立ツト云フヘシ。舊第四十九條ノ上奏權ハ固ヨリ彈劾權ニアラス。然ノミナラス此憲法全體ハ曾テ彈劾權ノ主義ヲ容《イ》レサルナリ。第四十九條ノ舊案ヲ存シ、第三十八條ヲ舊案ニ復スルノ動議ハ既ニ贊成アリテ成立セリ。今ハ第三十八條ノ議事ナルニ依リ、第三十八條新舊兩案ノ可否ヲ表決ニ問フ譯ナリト雖トモ、第四十九條ノ存廢ハ既ニ此第三十八條ノ增損ト相聯絡スルニ付キ、第三十八條ノ表決ハ直チニ第四十九條ノ存廢ヲ決スルモノトス。』

このやうに第二審議会では、河野の主張は無視されたはずであったが、伊藤は第三審議会での説明で、

議院ニ上奏權ナキハ憲法上ノ缺點ナリトスル説多シ。故ニ再ヒ之ヲ提出ス。本條ハ重大ナル事件ニシテ、前會ニ於テモ可否相半シタルコトナレバ（これは第一審議会の事か）、各官ノ熟思ヲ乞ヒタル上可否ヲ表決ニ問フヘシ

（前掲書）

とのみいってゐる。そして表決の結果、復活賛成十四名で可決となった。これは議事録だけでは判断しがたい変遷である。結局、河野敏鎌の説が通ったわけであるが、一度否決されたものを復活するほどの政治力が河野一人の発言にあったとは到底思ひがたい。伊藤は「缺點ナリトスル説多シ」といってゐるのみであるが、よほど有力な復活の説得者があったとしか考へられない変則的な議事進行である。

ともかく、これで議会の権限はいよいよ強くなった。それに反対の森有禮は、「第三十八条（議会法案提出権）の可決は、第四十九条廃止を前提としての可決なのであるから、第四十九条が復活する以上、当然に第三十八条は削らるべきだ」として、反議会の闘将としての最後の抗論をした。しかし森の提案は、同意者六票の少数で否決された。

議事録風の伊東巳代治の筆記を見ると、森有禮が議会の上奏権にも法案提出権にも猛反対して、議会権限の制約に熱中してゐる姿は、一見すると、著しく非常識な反動理論で伊藤博文議長を迷惑させたかに見える。しかし顧みれば、一年有余前に夏島で伊藤議長が金子堅太郎、伊東巳代治の補佐で修正案を作った時には、伊藤も森と同じくこの二条とも否定抹消してゐたのである。それが、いづれも伊藤議長の提案として可決されることになった。そこに大きな政治潮流の発展がある。

その間の変遷には不詳の点もあるが、伊藤をして「変遷せざるを得ぬ」との政治判断をさせた有力な提言

が、決して少ないものではなく、かつ強力なものであったことを察すべきである。かれは私説に固執せず、公論を聴いて名実ともに「欽定」にふさはしい結論をもとめた。

このほか第二、第三審議会では、条文の多くの辞句修正がなされた。第一審議会で波瀾をまきおこした第六十七条（議会の予算改廢の制限）の条文は、

「憲法上ノ大權ニ基ツケル既定ノ歳出及法律ノ結果ニ由リ又ハ法律上政府ノ義務ニ屬スル歳出ハ政府ノ同意ナクシテ帝國議會之ヲ廢除シ又ハ削除スルコトヲ得ス」

と修正された。この「既定」の辞句が必ずしも明確でなく（美濃部達吉著『憲法撮要』の評参照）、そのために学者のなかでは後に多少の異論解釈も生じたが（上杉慎吉の諸著参照）、ともかく、立法者の意図が前よりもよほど明確に表現されるにいたって可決、確定した。

この「既定」とは、前年度予算において既にみとめられた歳出の意で、初年度歳出はすべて議会の同意を要することに公権解釈が固まった。ただ上杉慎吉は、「既定」とは必ずしも前年度を意味しない、「予算案作成」以前に決定の意である、との異説を強く主張し、それでなくては天皇の大権執行が妨げられるとした。この説をとれば、軍備拡張などで政府は苦労しないですむが、この上杉説は、ただ一学説として存在したのみで、帝国憲法時代に実行されたことは一度もなかったことを記しておく（上杉慎吉もその運用事実は明記してゐる）。

そのほかでは、予算に関する貴族院の権限がやや強められた。内閣案では貴族院の予算修正案を否定する条文があったが、これは佐野常民の強い反対で削除された。しかし「衆議院の先議権」は動かなかった。議

会の限定的会期中に、衆議院が先議権を有するといふことは、衆議院の対政府交渉力を強いものとすることであって、財政のベテラン大隈重信が「責任内閣制」への準備条件として衆議院の予算先議権を非常に重視したといはれるが、その原則には変りなかった。

今まで述べたのは、枢密院でもっとも議員の討論の激しかった諸条についてのみの概要であるが、このほかにも枢密院で議決した条文のなかで重要なものは少なくない。とくに皇室典範との関連事項は大切と思はれるので、以下その諸条文について要記する。

五、皇室典範関連条文

枢密院の会議は、憲法の審議について第一審議会から第三審議会まで熱心に討議をつづけ、二十二年一月三十一日にその議事を終った。それは、第一条の「大日本帝國ハ萬世一系ノ天皇之ヲ統治ス」との国体の根本に関する条文から始まって補則第七十六条までを議決した。

本書ではこれまで、その全七十六ケ条の審議のうち、多く議会の権限事項についての討議の説明に集中した。政治的意見では白熱的な議論をした議員も、国体観念においてはまったく一致してゐて、提出原案に対してわづかな辞句修正の申出でをしたにとどまり、それも極めて穏かに話がまとまってなんらの問題がなかったからである。憲法には多くの皇室典範との関連条文があるが、皇室典範が先決してゐたこともあって、国体に関連ふかい条文は全く無風情況で、ほとんどが満場一致の可決であった。しかしその中には、帝国憲法としてはもっとも重大な条文が少なくないので、以下、皇室典範関連の条文を列記して多少の解説をしておく。

第一条の天皇統治の根本条規に次いで、国の重大事であるその天皇の御位の継承法を、

第二條　皇位ハ皇室典範ノ定ムル所ニ依リ皇男子孫之ヲ繼承ス

と定めた。また、天皇が親しく大権を行使されることが不可能な非常時の用意として「摂政」を立てる場合を予想して、

第十七條　攝政ヲ置クハ皇室典範ノ定ムル所ニ依ル
攝政ハ天皇ノ名ニ於テ大權ヲ行フ

とした。この大権行使については、

第七十五條　憲法及皇室典範ハ攝政ヲ置クノ間之ヲ變更スルヲ得ス

との制限を加へたのみで、摂政は天皇の名において大権を行使するものとしてゐる。これをもって見ても、帝国憲法の運用については、皇室典範の存在が決定的に重大なものとなってゐるが、その皇室典範の性格については、

第七十四條　皇室典範ノ改正ハ帝國議會ノ議ヲ經ルヲ要セス
皇室典範ヲ以テ此ノ憲法ノ條規ヲ變更スルコトヲ得ス

と定めた。

これらの条文は、議員すべての意見があまりにも一致共通してゐたために、格別の討論や解釈究明がされ

ないまま原案者の提案のとほりに可決されたので、それだけ後世の学者の間では、法理論の上で多少の学説異同を生ずるにいたった。

右の「帝國議會ノ議ヲ經ルヲ要セス」とあるのは、日本語特有の表現法であって（筧克彦博士の説）、憲法が「皇室典範で定める」とした条項については、帝国議会は一般にこれに干渉してはならない、との意味に解するのが穏当であらう。それは政治争論対決の場となりやすい大きな可能性を有する「議会」の討議決定から切断する意であらう。

しかし同時に、「皇室典範ヲ以テ此ノ憲法ノ條規ヲ變更スルコトヲ得ス」との明文があるので、皇室典範の条規は帝国憲法に反することはできない。具体的にいへば、典範は憲法の枠内での立法、改正でなくてはならない。したがって、例へば皇位継承は、帝国憲法によって必ず皇男子孫に限るのであるから、典範は、皇男子孫の継承順位を定め、あるいは変更することはできるけれども、女帝制などは、帝国憲法そのものが改正されない限り、皇室の古例があっても皇室典範で女帝をみとめることは許されない。

摂政については、何人が摂政となるか、いかなる条件がある時に摂政が立てられ、また退くか、を決するのは「皇室典範」であるけれども、摂政の権限は「天皇ノ名ニ於テ大權ヲ行フ」と憲法が定めてゐる。しかして憲法は、摂政に大権行使の権限として制約してゐるのは「憲法および典範の改正発議権」のみであるから、一般に、それ以外の天皇大権の行使は摂政期間中はすべて摂政に許されてをり、天皇御自らは大権行使を停止なさるべきであると断ずる説が多かった。しかし、それに対してはいささか疑義なきを得ない問題も生ずる（参考、美濃部達吉著『憲法撮要』）。

摂政についての規定は、必ず皇室典範において定めなければならない。皇室典範が、摂政制度を無視する形で、例へば古例にもとづいての御退位制を立案立法することは許されないであらう。「皇室典範ヲ以テ此ノ憲法ノ條規ヲ變更スルコトヲ得ス」とは、そのやうな意味をふくむであらう。

しかして、「皇室典範ノ改正ハ帝國議會ノ議ヲ經ルヲ要セス」との条文の「要セス」をもって、前記のやうに、帝国議会が皇室典範の条規に干渉しない、と解するのは穏当であるが、そこから更に進んで、「皇室典範」関連事項については帝国議会の関与をまったく禁じたと解するのは行きすぎであらう。そのやうな法理論は、帝国憲法第七十三条の天皇の憲法改正発議権そのものを制約することとなる。天皇が摂政その他皇室典範関連の帝国憲法条文についての改正発議権を禁ぜられてゐるとすることは、決して欽定憲法の精神とは解しがたい(帝国議会の議を経ずして憲法改正はできない)。

皇室典範関連条文は、あまりにも日本人の国体に関する通常の良識に一致してゐたので、枢密院の憲法審議では法理論的に詳細な検討論議なくして可決された。それが後世の法学者の間に、解釈上の学説対立を生ずる原因となったともいひうる。しかし、その条文は、いづれも日本の国体と憲法とについて重大なる意義を占めるものであり、精緻なる学説の法理論はともかく、その条文の趣意は、満場一致的な国体良識によって可決されたことを銘記しておく。

〔参考一〕　美濃部達吉著『憲法撮要』

攝政ガ天皇ヲ代表スルノ範圍ハ一切ノ大權ニ及ビ、國務上ノ大權ノ外皇室大權軍令大權及榮典大權モ亦等シク其代行スル所ナリ。憲法ニ攝政ハ天皇ノ名ニ於テ大權ヲ行フ（十七條）ト曰ヘルハ國務大權ノ外軍令大權、榮典大權ヲ含ミ、而シテ皇室典範ニ攝政ガ皇族監督ノ大權ヲ攝行スルコトヲ規定セルハ（三六條）皇室大權ヲ意味ス。典範ニハ單ニ皇族監督ノ事ノミヲ規定スト雖モ、皇族監督ノ外御料ノ管理、宮内官ノ任免等一切ノ皇室大權ガ攝政ノ代行スベキ所ナルコトハ疑ヲ容レズ。

攝政ノ代表權ハ必ズシモ法律上ノ效力ヲ生ズベキ行爲ニノミ止マルモノニ非ズ。法律上ノ效力ヲ生ゼザルモノト雖モ、苟モ天皇ガ國ノ元首トシテ、皇室ノ家長トシテ、又ハ陸海軍ノ大元帥トシテ爲ス所ノ心意ノ表示ハ常ニ攝政之ヲ代行ス。………然レドモ………攝政ノ行啓ハ行幸ノ鹵簿《ロボ》ノ式ニ依ラズ、攝政ノ服裝ハ天皇ノ御服ノ制ニ依ルコトナシ。

祭祀《サイシ》及儀禮ニ付テモ攝政ハ必ズシモ天皇ヲ代表スルモノニ非ズ。踐祚《センソ》ノ式、卽位ノ禮ハ天皇幼年ト雖モ攝政之ヲ代行スベキモノニ非ザルハ勿論《モチロン》、祭祀ニ付テモ皇室祭祀令ニハ天皇幼年ノ場合ニモ親《ミヅカ》ラ出御アルベキコトヲ定メ、以テ攝政ノ必ズシモ代行スル所ニ非ザルコトヲ示セリ。唯天皇事故ニ由リ出御アルコト能ハザル場合ニ於テ攝政之ヲ代行スルノミ。………

大元帥トシテ陸海軍ヲ統帥スルノ大權ハ固ヨリ攝政ノ代行スル所ナレドモ、唯皇族女子ガ攝政タル場合ニ於テハ、現時ノ軍制ニ於テハ恐クハ統帥大權ニ付テハ特ニ之ヲ他ニ命ジテ行ハシムルノ必要アルベシ。

大權施行ノ形式ニ付テハ攝政在任中モ親政ノ場合ト異ナルコトナシ。攝政令ニハ『攝政ヲ置ク間御名ヲ要スル公文ハ攝政御名ヲ書シ且其ノ名ヲ署スルノ外天皇大政ヲ親ラスルトキト形式ヲ異ニスルコトナシ』（三條）ト曰ヘリ。

攝政ハ其攝政タルガ故ヲ以テハ一身上ニ別段ノ特權ヲ有セザルヲ原則トス。就中《ナカンヅク》、神聖不可侵ノ原則ハ其儘《ソノママ》攝政ニ適用セラルルニ非ズ、天皇ハ在世中如何ナル理由アルモ廢位セラルルコトナシト雖モ、攝政ハ場合ニ依リ其意ニ依ラズシテ退任スルコトアルコトハ後ニ述ブベキガ如シ。唯攝政ガ大權ノ行使ニ關シテ自ラ責ニ任ズルコトナキハ天皇親政ノ場合ト同ジ。

攝政ノ一身上ノ特權ハ唯二ノ點ニ付テ認メラル。

（一）攝政ハ在任中刑事ノ訴追ヲ受クルコトナシ（攝政令四條）。攝政ハ刑事ニ關シテモ全ク責ニ任ゼザルモノニ非ズト雖モ、唯在任中ハ國家最高ノ權力ヲ行フ者ナルヲ以テ、刑事ノ裁判ニ服スルコトナク、全ク訴追ヲ受ケザル特權ヲ有ス。退任後ニ於テハ、既ニ時效ニ由リ公訴權ノ消滅シタル場合ノ外、在任中ノ行爲ニ付テモ刑事ノ責ヲ免ルルコトヲ得ズ。

（二）皇族ノ班位ニ關シ、皇太子皇太孫又ハ皇后、皇太后、太皇太后ノ攝政タル場合ニ於テハ普通ノ例ニ依ルト雖モ、他ノ皇族ノ攝政タル場合ニ於テハ之ヲ他ノ皇族ノ上ニ列セシム（皇族身位令四條）。

〔參考二〕 伊藤博文の『皇室典範義解』では「皇室典範ハ皇室自ラ其ノ家法ヲ條定スル者ナリ故ニ公式ニ依リ之ヲ臣民ニ公布スル者ニ非ス」としてゐたが、この家法説は学者一般の承認するところとならなかった。典範は後の明治四十年の増補にいたって公布され、公式令にも皇室典範の改正の公布の式を定めた。

〔參考三〕 上杉愼吉著『憲法述義』

皇室典範ノ内容ハ、皇位繼承ノ事、攝政ノ事ヲ初トシ、國家成立ノ根本ニ關スル法規ヲ包含シ、國體法ノ重要ナル一部ヲ成スモノタルハ云フヲ俟《マ》タス、決シテ「皇室自ラ其ノ家法ヲ條定スル者」ニ非ス、歐羅巴諸國ニ在リテハ、本來國家ハ國王ノ私領ニシテ、中世ニ在リテハ、國政ハ皆國王ノ私事トシテ行ハレタリ、從テ王位相續ノ規定ノ如キハ、固ヨリ王室一家ノ私法タル性質ヲ有セルハ當然ナリトス、然ルニ現代國家成立シ、立憲政體ノ行ハルルニ至ルト共ニ、國家ハ國民國家トナリ、國家ハ一ノ法人ニシテ、國王ハ其ノ機關トシテ、公法上ノ權限ヲ有スルモノトセラレ、之ヲ國王ノ私事ト區別スヘシトスルニ至リ、王位繼承、攝政ニ關スル規定ノ如キハ、國家ノ機關ノ構成組織ヲ定ムルモノナルカ故ニ、最早《モハ》ヤ王室ノ內規ニ非ス、國法ノ一部ヲ成スモノナリトセラルルニ至レルナリ、我カ國ニ在リテハ全然之ト其ノ本質沿革ヲ異ニシ、皇位ト國家ハ一ニシテ分レス、皇位繼承ノ事ノ如キハ、初メヨリ最モ重要ナル國家ノ根本法トセラレタリ、皇室ナル一家ノ存在セサルハ我カ國體ノ本質ニ屬シ、皇室ノ私事ナルモノナク、天皇ニ私ノ地位行爲ナルモノノ存スルナキハ、我カ國體ト離レサル固有ノ制度ナリ、故ニ憲法ト共ニ皇室典範ヲ裁定シ、天皇皇室ニ關スル事項ヲ規定セルモ、故《モト》ノ如ク其ノ國家ノ公法タル性質ヲ失ハサルナリ、故ニ皇室典範ハ之ヲ公布スルコトナカリシモ、後明治四十年皇室典範增補ノ制定セラルルヤ、之ヲ公布シ、臣民ニ對シテモ率由ノ效力アル國法ナルコトヲ明ニセリ、要スルニ皇室典範ハ、大日本帝國憲法ト相並ンテ、我カ國家ノ實質的憲法ノ淵源《エンゲン》タルモノナリ。

然レトモ皇室典範ハ形式上憲法法典ニ附屬シ、其ノ一部ヲ構成スルモノニ非ス、歐羅巴諸國ニ在リテ、王位繼承ニ關スル規定ヲ、憲法ノ實質的一部ナリトスルニ至レルト共ニ、或ハ之ヲ憲法ノ條項中ニ移シ、又ハ形式上憲法ノ一部ナリト定メ、又ハ憲法以下ノ效力ヲ有シ、何時ニテモ憲法ヲ以テ改ムルコトヲ得ルモノナリト爲セリ、我カ國ニ於テ、此ノ主義ニ從ハサリシハ、我カ國體ノ根本ニ本ツクモノニシテ、我カ法制ノ一特色ナリトス。

六、制憲会議非公開の理由

枢密院は、明治二十二年一月三十一日、その全条文の議決を終って、ただ天皇の裁可、欽定を待つのみとなった。帝国憲法案の起草者として、また枢密院での諮問審議の議長として働いた伊藤博文および関係者の審議についての感想の一端を『明治天皇紀』から引用する。

天皇臨御して其の議事を聴きたまふこと一日も闕怠《けったい》したまふことなし、季方《ときまさ》に炎暑の候に入り、烈日窓を射て聖體を直照することあるも、未だ曾て其の暑を訴へたまふことなく、神色自若として能く其の議を聴き、少しも倦《う》ませたまふことなし、入御の後更に院議の修正條項を徴せられ、其の議事の可否を考察したまふこと常に渝《かは》らせられず、子爵土方久元宮内大臣兼顧問官として議事に與《あづ》かる、天皇勵精の狀を拜して感激措く能はず、後年之れを語りて曰く、天皇憲法會議中一日も臨御を闕《か》きたまはず、常に莞爾《かんじ》として其の論戰に御耳を傾けさせられ、或は一句或は數週を經るの後侍臣に漏したまふに、某事を議したる際、某官の議論頗《すこぶ》る聽くに勝《た》へたりき、某官の主張は其の當を得たりと雖も、言語明晰《めいせき》ならざりしを惜しむと一々之れを指摘したまふことあり、其の叡明《えいめい》强記洵《まこと》に感佩《かんぱい》したてまつる所なりと、金子堅太郎又樞密院書記官として議場に列し、後に語りて曰く、天皇毎回侍臣を以て小官等に命じ、院議の修正條項を朱書して上《たてまつ》らしめ、聖意に會せられざるものあらば、輒《すなは》ち直に博文を召して之れを質《ただ》し、疑義氷解したまふにあらずんば止まず、其の御考察の精緻《せいち》にして詳密なる、博文時に奉答に苦しみしことありと、又後年博文帝國憲法の聖衷に負ふこと大なりしを述べて曰く、我が憲法制定に關して重大なる困難の存せしは、國內の議論の多岐《たき》複雜なるにあり、一方に於ては、前代の遺老にして尙天皇神權の思想を懷《いだ》き、苟《いやし》くも天皇の大權を制限せんとするが如きは其の罪叛逆《はんぎやく》に等しと信ずる者あり、他方に於ては、マンチエスター派の論議全盛時代に敎育を受け、極端なる自由思想を抱懷せる多數有力の少壯者あり、又政府の官僚が反動時代に於ける獨逸學者の學說に耳を傾くるに反し、民間政治家は徒《いたづ》らにモンテスキュー、ルソー等佛蘭西學者の過激奇矯《ききよう》なる言說に心醉して得々然たる者あり、卽ち帝國憲法草案成り、之れを天皇に奉呈したる當時の國情は、方《まさ》に此の如きものありしなり、天皇乃ち之れを樞密院の審議に付し、親しく其の討議を統理したまひ、院內に起れる保守及び進步の種々の意見を聽きたまふ、而して當時院の內外に於て極端なる保守主義の暗流存せしにも拘らず、陛下の聖斷は殆ど常に進步の思想に傾きたまひしを以て、我が國民は遂に現在の憲法を仰ぐことを得

るに至れりと、

この伊藤博文の談は、おそらくかれの実感であらう。ここで一語しておかねばならないのは、伊藤博文が、当時の思想議論の多岐複雑なことを語って、そのなかで、第一に「前代の遺老」なる者をあげて立憲の困難であったことを説明してゐることである。本書では主として、政府対在野民権派の対立の潮流を論じて、漸進立憲と急進立憲のことのみを述べて来た。それは憲法制定への前進を論ずるために必要であった主流の諸論議を中心に取り上げたからである。しかし歴史の実際においては、国民のなかには、国会にも憲法にも無関心あるいは反対の思潮が非常に強大であったのも事実である。

伊藤は「前代の遺老」と称してゐるが、明治二十年ころまでには、そのやうな思想は少壮の士のなかにも少なくなかった。伊藤が「遺老」といったのは、年代的老人の意ではなく思想史的に古いといふ意味であらう。当時は封建期に教育を受けた人でまだ三十代の者もかなりに多かったのである。それらの人々の思想は封建時代の教養そのままで、「政は聖賢の道を重んずれば足る、聖賢の道についての正否を多数決で左右すべきでない」との思想や、王政復古、天皇親政とは、ただ君命に忠順でありさへすれば良いとの思想である。かれらは、もともと忠良の臣民であって、「萬機公論ニ決スヘシ」との詔は謹しんで承はったが、しかし、公論を多数論とは認めず、洋風の多数決方式を極度に嫌った者もある。

これら忠良の臣民は、「欽定」の憲法が制定され懇切なる勅語を拝して、はじめて憲法に従ふことを思ふやうになったが、それまでは、前述の枢府会議で激しい反民権論を主張した森有禮などよりも遙かに強烈な反民権主義者であった。森有禮は剛直にして所信表明に大胆であったので、民権派にも敵が多かったが、同時に「前代の遺老」も、かれを敵視した。かれらの一部は帝政党の活動などにも参加したが、その多くは政党政派を嫌ひ、立憲への時の流れを冷然として白眼視した者が少なくない。しかも地方では、それは隠然たる社会勢力であった。

立憲の当局者として伊藤博文が、表で相対立して論争した相手は主として在野民権の政論家であったが、かれの心中においては、これらの保守反動者の社会的圧力をも感ぜざるを得なかったであらう。実に明治の前半期は、国の歩みが急流のやうに進んだ時代であっただけに、その人心の複雑にして多岐多様なることは甚だしく、これを統合して典憲の二大憲章を作案することは非常な難事であったにちがひない。それを二つの大法典にまとめた伊藤博文を議長とする枢密院顧問官の苦労を多とせねばならない。

帝国憲法は国民の絶対的礼讃のもとに成立したのであるが、戦後になってそれが改正されるに及んで、これを改正させた外国占領者が、新憲法を謳歌《おうか》させるために、帝国憲法とその制定史に対してあらゆる非難と中傷とを浴びせた。曲学阿世《きよくがくあせい》の徒は、その走狗《そうく》としてさまざまな史論を展開したが、そのもっとも主たるものの一つが、この「枢密院制憲会議は非公開であった」といふことである。それで戦後には、「藩閥政府が、非公開で絶対主義的な憲法を作った」などとの俗説が一般に流布されてゐる。このやうな俗説は、歴史の真を誤まらせるものといふよりもむしろ、憲法そのものに関して無知なるものといはねばならない。

もともと世界の憲法の制定史とはいかなるものか。法学の形式から分類すると多様になるが、立憲政治史の実際から見れば大別して二つとなる。その一つは、一国の権力を制覇せる者が（それが革命勢力、軍事クーデターの勝利者、覇者、皇帝等の何者であれ）、一国統治の根本体系を宣言せるものである。それは、権力を制覇せる者が、権力に反対する者を痛烈に追及制圧し、一語一句の反対も許さない情況のもとで、勝利者の宣言として公布するものである。古くはフランス大革命の時から、近代ではソヴィエトの憲法、ドイツのナチ憲法、中国の憲法をはじめ、現存する列国憲法の過半は、この類型に属するといっていい。それは、制憲以前から反対者の言論を全面的に封殺して強制的に制定される。これを近代憲法とはみとめない法学者もあるが、世界列国の憲法の大半がそのやうな性格のものとして現存する以上、その重大事実はこれを無視できまい。

これに反して「自由なる憲法」といふべきものがある。これは、一党派の権力の一方的意思の専決ではなくして、国内に反対者の存在すべき自由をみとめて制定される憲法である。自由なる憲法の典型としては英国憲法があげられるが、しかし、このやうな憲法は、政治権力がバランスのとれた情況でなくては成立しがたい。英国のマグナ・カルタ（大憲章）は、国王の権力と諸侯連合の権力とが相対立しつつも、その自由共存を相互に承認することによって成立し得た。英国の今の憲法の基礎となる名誉革命であっても、民権を代表する国会の意思が大きくまとまり統一されて、しかも君権の必要をみとめたので、新王朝との間に協定的な憲法ができた。それは、政敵を制圧し抹殺《まっさつ》することによって成立した憲法ではなくして、会議の協定と議決とによって成立したものである。国会の憲法構想がまとまらないで分裂してをれば、民権と君権との協定など成立しうる余地がない。

政治的に対立する者との共存自由を前提とする憲法の樹立といふことは、英国史に見るやうに、その国の憲法構想の大綱が一つ又は二つの大潮流に統合されてゐる時に可能なのであって、一国の憲法構想が三潮流以上の多岐に分裂してゐる時には、統一ある法体系の結論が出ないのを通例とする。フランス第三共和国の憲法体系が三十年も固まらなかった所以である。

そのやうな二大政治勢力の安定といふ権力のバランス条件が事前になかったのに、憲法会議が成功した稀な例としては、アメリカ合衆国の憲法がある。米国では、独立後に憲法を作るのに多様な構想が対決してゐた。起案者の主流がフランス法学思想であるのに反して、英国法学思想でこれと対決する根強く有力な潮流があった。連邦統一を緊要とする潮流と各州の独立を重しとする潮流とが対立した。特殊な利害が共通する諸州と対立する諸州とがあった。立憲当時には二大政党による整理と統合とはできてゐなかった。

このやうな多端な会議論争の情況下で、一国の基礎法をまとめることは至難であった。会議の討論が議場外の政治闘争に波及すれば、議事のまとまる見こみはなかった。政治闘争は、すぐに武闘になる時代であった。議場外の政治勢力の消長進退が議場に反映すれば、憲法案の各条文に修正意見がいくつも続出して、どの案も過半数を制し得ない。一度成立した条文も後から修正をせまられる。一度否決された条文が復活する。到底収拾できないのは明らかであった。それで制憲会議の代表たちは、会議を非公開厳秘にすることを約した。そして、非公開会議では激しい討論が行はれたが、ともかくも合衆国憲法なる一法典を成立させ得た。それが発表されると、勿論多くの反対者があった。自由なる憲法であれば、反対者の少なくないのは怪しむにたらない。

相異なるイデオロギーと利害とで対立する者が、相手の自由を剝奪《はくだつ》することなく、会議によって一つの結論をもとめようとすれば、第一に絶対多数を占めるだけの共通条件を発見し、第二に絶対多数を破るやうな自己の主張を抑制するほかはない。そして絶対多数者が大綱的には同意するけれども、各党派に多少の不満を残すものとなるのが論理の必然である。一党派の者が全面的に満足するものでは、対立党派が不満なのは当然である。自由なる憲法は、各党派を大きく満足させても小さな不満を残すものとならざるを得ない。

独立いらいの長老フランクリンは、その論理を、激しい永年の苦闘を通じてよく心得てゐた。かれは、合衆国憲法への同意者として署名するに際して、次のやうな意味の演説をした、「自分は、この憲法がまとまったのに非常な喜びの感激をもってゐる。これでアメリカ市民が統合されることができる。憲法の各条文についていへば、私には一々不満の点がある。しかし、私は諸君に告げる。自分の所信を過重評価して、相手を無視してはならない。それを私は長い苦闘の経験で学んだ。各条文に私は文句があるが、この連邦憲法の成立に格別に満足してゐる」と。真に勇気をもって戦った者の深い「寛容」の思想を披瀝《ひれき》した。このフランクリンの演説は、すべての党派の人々を感動させた。多様複雑な思想を有する自由の民が、政治的対立者と併存して自由なる憲法を作るのには、このやうな寛容の精神による以外にはない。一党派のものが全面的に満足するものは、対立党派の不満禁じがたいものとなるのが論理の必然である。

フランクリン風の感慨をもってこの憲法に同意し、それを支持した有権者は約十万人で、否定反対票を投じた者は六万人(三分の一を少し上回った)。かくして合衆国憲法は成立したのである。どのやうな憲法でも、その程度の反対者があるのは怪しむにたらない。これは世界の憲法史の上で、賢明な憲法会議とされた。それは、複雑多岐に分裂してゐた米国人を一連邦の市民として統合し得た。独立の長老フランクリンの演説は銘記さるべきである。

さて日本では、各流各派の複雑多様な思潮はいかにして統合されたか。当時の日本人の思潮の多岐なることは、ある意味では米国以上であった（米国では独立革命後にロイヤリストは海外へ追放されたが、日本では旧幕藩派は依然として残存した）。伊藤、金子が枢密院立憲会議を、微細な点にいたるまで米国制憲会議の非公開方式に学んだのは賢明であった。当時の日本人の政治思想の多岐に分れてゐた実情は、その直後の衆議院の当選者の派閥を見れば分る。

帝國議會第一回當選者黨派別表（朝日新聞社刊『明治大正史』政治篇による）

（一）中立派六七名　（二）大同倶樂部五五名
（三）改進黨四六名　（四）愛國公黨三五名
（五）保守派二二名　（六）九州同志會二一名
（七）官吏一八名　（八）自治黨一七名
（九）自由黨一七名　（十）無所屬二名

右に見るやうに十党派に分れてゐる。もっともこれは、十党派に各自の強い自主的強みがあったといふわけではない。改進党が独り理論政党的に固まってゐただけで、他の諸党派の間では合同の話が進み、政府与党の大成会と野党の立憲自由党とが多数の議員を集める。しかし、その合同は必ずしも根底が固いものでなく、国会審議が進むと分裂現象を生じた。過半数安定政治勢力のなかったのは疑ひない。この選挙結果を一つの参考ともしながら、それ以前の政治活動や言論機関の影響力から推測して行くと、立憲直前の時代の国民の政見派別を次のやうに五つの潮流に分類整理しうるであらう。

（一）改進党系（大隈重信、河野敏鎌等を代表とする民権論者。後の憲政会の源流）。

（二）自由党系（後藤象二郎、板垣退助を代表とする民権論者で、改進党との感情対立が激しく、政策でもことごとに対決した。後の政友会の源流）。

（三）保守中立系（日本主義を掲げ、保守中立と称したが、政府欧化政策反対以後は、改進自由派の反政府分子の合流もあり、言論界では改進自由系よりもむしろ有力とさへ評価された。三宅雪嶺、陸羯南、福本日南等の有名言論人が多く、谷干城、鳥尾小彌太、三浦梧樓、それに勝海舟などもこの系列に近いか。後の国民党の源流）。

（四）政府与党系（伊藤博文、黒田清隆等を代表とする。ここには権力があって国民の約半分の支持はあるが、思想的には存外に不統一で、井上毅から森有禮まで多彩な人物が要位にゐる）。

（五）伊藤の称する前代の遺老派（前掲の保守中立派日本主義といふのは、その保守の自称にもかかはらず存外に近代教養の知識人が多い。が、この遺老派は、それとは異質の前近代派）。

以上のやうに、まさに四分五裂の情況であり、かつ、この五流派の間にはそれぞれ、理論的には近いにもかかはらず人間的感情的な不信が強かったり、人間的に近い者の間で理論対決が深い、といふやうな複雑な条件もあった。枢府会議の構成を見ても、政府閣僚の参加は勿論であるが、改進党系の大隈、河野が出てをり、保守中立系に親近な鳥尾、勝も出てゐて、代表の直接参加してゐないのは（二）の自由党系と（五）の前代遺老派との両極のみである。

ただ伊藤博文は、前述したやうに自由党系の後藤、板垣には間接交渉につとめてをり、保守中立系で強固な政府反対をつづけた谷干城等にも懇切な連絡交渉を保ってゐる。（註1）前代の遺老派は、伊藤博文にも森有禮にも不信反感的な者が少なくないが、元田永孚、佐佐木高行などが信望を保ってゐた。枢密院の会議は、ほとんど当時の日本国民の複雑な諸潮流を代表してゐたし、またその諸潮流に対して指導的影響力を及ぼしうる人材が集まってゐた。それで討論も活潑であった。多くの条文で黒白が分れ、賛否同数で議長の一票で決した条文もある。

これは非公開の御前会議（および政府の代表的在野政治指導者との直接的な交渉）によったからこそ、まとまったのであって、公開討論などしてをれば、十年も二十年も要したであらう。しかも、そのまとまった結論に対しては、米国憲法のやうに三分の一を上回るほどの反対がないどころか百分の一の反対者もなく、満天下が礼讃した。まさに世界の立憲史上、万邦無比の光輝ある歴史である。

そこで、帝国憲法史の中傷者のなかには、反対の声のあがらなかったのは帝国政府の威圧が強大であったからだ、といふやうな書き方をする者もあるが、これは日本の民権史に対する侮辱ではないか。板垣退助、後藤象二郎等の烈々たる忠諫の幾多の上表文を見るがいい。かれらは、主張すべき時に権威をおそれて沈黙してゐるやうな卑劣漢では決してなかった。

また、大典の発布とともに政治犯の釈放が断行され、大井憲太郎、河野廣中、星亨、片岡健吉、大石正巳等をはじめとして、権力への武力抵抗を辞せぬ五百有余の急進活動者が自由を得た。かれらは、憲法発布の盛事に対して謹しんで敬意を表したが、しかし、それは権力を畏れたのではない。その後わづか三ケ月にして、政府の条約改正外交の進展情況を知るに及んで、猛然たる反抗運動をおこした。その反政府運動は、たちまちにして黒田内閣を打倒して、その政権を破砕した（この政治闘争で大井憲太郎は、玄洋社の頭山満、來島恒喜と盟約して、その武力主義を発動する）。

その政見当否の論は別として、この明治二十二年代の在野反政府の活動者は、権力の威圧をおそれて沈黙するやうな臆病、卑劣の徒ではなかった。またその反政府勢力は、決して貧弱でもなかった。その士気には烈々たるものがあった。帝国憲法制定に対して在野の反政府活動者が反対を表明しなかったのを、権力圧迫の故であるかのごとくに想像する者は、当時の反骨の士の勇気と義心とを知る能力がない。それは臆病卑劣な曲学阿世の徒のみすぼらしい推理妄想にすぎない。

次に、帝国憲法の制定が万民の礼讃によって慶賀されたのではないと主張したい論者が、とくに誇大視して問題にするのは、兆民中江篤介の明治二十三年の憲法「點閲論」である。しかし、この「點閲論」の意見は、欽定憲法が枢密院や内閣などの意見を徴して作成されたのであるから、帝国議会でも、逐条点閲して意見を捧呈したいとの議院上奏をして、その上奏に御裁可があれば、点閲してその結論を上奏すれば、帝国憲法がいよいよ重きを加へるであらう、といふまでのことである。その点閲も、議院で第四十九条に則《のつと》っての上奏をしてから御裁可を得た後にするといふのである。初め大井憲太郎等の再興自由党の党議草案として出されたが、その総会では無視され、議会でも問題にされなかった。

中江が立憲直前にその『國會論』で主張した六ケ条要求は、ほとんど帝国憲法の上に実現してゐた。ただ『國會論』で議会の法案提出権を要求したなかに、中江は憲法改正権も考へてゐたが、それが入れられなかった程度である。いよいよ憲法ができれば、今一歩進めて他にも二ケ条や三ケ条の希望があったかもしれない。しかし、これは中江が当時親近した大井憲太郎でも、板垣、後藤、勝でも、政治的指導力のある同志先輩が相手にしなかった。歴戦の指導者は、片々たる一、二の条文の点閲などするよりも、国民精神の高揚したこの好機に、謹しんで欽定憲法に敬意を表し、いよいよ民心を結集する方が遙かに将来の戦力となると判断した。中江は優秀な文人であったが、その国民大衆指導の政治能力は板垣等にくらべれば遙かに劣った。

これと関連して、幸徳秋水が中江の歿した後にその追想文で、兆民が、帝国憲法では議会に条約外交等に対する発言権が全くないとして、著しい不満をもってゐた、と書いてゐる。その秋水の文をしきりに引用する者が今日多いが、これは秋水の記事のほうが史実に反する。二十三年の「點閲論」よりも前に中江は、二十二年の大隈の条約改正外交に痛烈な反対論文を発表して、「外交に対する議会の意見を聞け。国会開設を直前にしての条約改正は許せぬ。憲法第四十九条には、外交についての議院発言権を重んずる趣旨が当然にあり、この立憲議会の開設を待たないで公論反対の外交を推し進めることは許せぬ」として、議会が外交政策に対する貴重な発言権を有する法理論を明快に論じてゐる。この立場で中江は、三国干渉後の対露強硬外交を貴衆両院の同志にもとめつつ歿した。

秋水の言を否定する中江の史的論説はいくらもある。明治二十二年の中江の「非條約改正論に係る破壊的善後的の説」、同じく「外國の信用」等の諸論文を見るがいい（明治四十二年版『兆民文集』有倫堂出版）。秋水は知らなかったかも知れない事情も考へられはするが、（註2）そんな些々《ささ》たることは問題にならない。日本国民がこの帝国憲法を礼讃したのは、その全文七十六ケ条の各条文に同感し、それを礼讃したといふのではない。フランクリンではないが、各条についての批判的意見は、現に見て来たやうに、枢密顧問官の大多数のなかにあったのが明白なのである。それにもかかはらず日本国民は、明治維新の精神が、対立する党派の別を越えてつひに統合せられ、憲法が「欽定」せられたことに、感動禁じがたい礼讃の敬意を表したのである。

〔註1〕 明治二十年ころから立憲までの期間に反政府激派の人望が集中したのは後藤象二郎と谷干城とであった。政府警察は、後藤以上に谷を過激危険視し厳重に監視してをり、その対決緊張の情は畏くも天皇の御憂念となった。元田永孚、土方久元（宮相）、吉井友實（宮内次官）および佐佐木高行そのほか多くの友人が、黒田、伊藤政権と谷との和解を図って往来したが、谷は頑強にそれを固辞した。しかして国会開設後は、第一回から貴族院の子爵議員に選ばれた。その往来の消息は『明治天皇紀』、『子爵谷干城傳』等に詳しい。

〔註2〕 幸德秋水は憲法発布の時には中江の書生であった。かれは、その時に森文相を刺殺した国粋壮士西野文太郎を「報国の至誠至忠」の人として礼讃した論文や芝居脚本を書くのに熱中してゐた。西野文太郎にすっかり心酔して脚本などを持ち歩いてゐた秋水は、その師が当時いくつもの憲法論文を次々に書いたのを学ばなかったらしい。

時流に敏感な幸德の思想は、幾変転して行った。その師中江兆民への人間的親愛感は深かったが、晩年の兆民の対露強硬派の政治外交思想とは対立した（幸德は中江よりもむしろ親露和平派の同郷の谷干城に接近してゐた）。このやうな思想変転の激しかった人の回想文を見るのには、その執筆時点における条件を検討しないと意外な誤謬を犯す。

附・帝国憲法非難への反論

帝国憲法は、井上毅が力説したやうに「外国憲法の写しではなく、日本固有法の近代的発展」である。それは日本固有法を根本精神としつつ、外国法をも十分に参考とした。原案の井上毅の試草乙案に逐条的に明記されてゐるやうに、ドイツ、スウェーデン、デンマーク、スペイン、フランス、イタリア、オランダ、ベルギー、オーストリア、英、米等の憲法条文の法理に学んでをり、そのなかでドイツを参考としたものの多いのは否定しない。しかし、世人の多くが考へてゐるほどにドイツの例の参考は多くない。

ドイツ流だと思ってゐる人のなかには、その第七十一条「前年度予算施行」の条文までもドイツ、ビスマルク主義だなどと平気で放言する者がある。しかし事実は、井上毅やモッセがビスマルク主義に強く反対して、スペイン、スウェーデンの条文や諸国の憲政慣習に学んだものである（第十六章参照）。原案者が名指しでビスマルク反対を主張して立案した条文を、ビスマルク主義を学んだなどといふのは、無理もはなはだしい。強ひてその連関をいへば、立案者がプロイセン憲法の不備、ビスマルクの違法に強い関心をもって、ビスマルク流におちいらないやうに作った条文なのである。

ドイツ法の参考、ドイツ人学者の助言は少なくないが、同じドイツ人でも、ロエスラー（スタインに近い法思想）、モッセ（グナイスト門流）、ビスマルクの法思想はそれぞれ異質で対立点が多い。その異同を識別することなく「ビスマルク、グナイスト、スタインのドイツ法学で立法した」などと評するのは、まったく法学無視の論であるといはねばならない。そのなかで、もっとも法技術の上で影響の多かったのはロエスラーであったが、帝国憲法の起案審議の関係者数十人のなかで、根本性格を示す第一条およびその改正条項の第七十三条に反対したのは、このロエスラー唯一人であった事実は印象ぶかい。それは、この憲法が、その本質的性格において、ドイツ法学の写しではなくして、日本固有法の発展であったことのなによりも端的明白な一証明である。このほか、ロエスラーと井上との対立討論のあとを見れば、帝国憲法が泰西流の君主権力主義とは異質の天皇思想にもとづいてゐることが明白にわかる（憲法改正条項その他）。

次に、帝国憲法を絶対主義とする説も明らかに誤まりである。絶対主義と称する人の法概念が、まちまちで、かつ曖昧《あいまい》ではあるが、その多くは近代自由立憲以前の君権万能主義で、無制限に天皇大権が専制的に行使される憲法といふやうな意味のことであるらしい。かれらは、帝国憲法第四条の「統治権の總攬」といふことと、大権の無制約無条件行使といふこととをまったく混同して、天皇が無条件無制約に何でもなされる機能があったかのやうにいふ。しかし憲法は、例へば第五章の司法の規定によって司法権の独立が定められ、天皇が裁判に干渉されたことは一度もない。立法については第三十七条の規定があり、議会の同意（協賛）しない法律はただの一つもない。議会が可決した法案で、天皇が裁可されなかった例も一つもない。行政も第五十五条によってすべて国務大臣が輔弼《ほひつ》することとなってをり、国務大臣の副署のないものは国政上無効である、と憲法は明記してゐる。

天皇が独断専行されることは、何一つとしてない。すべて憲法所定の国家機関の輔佐責任なしには行はれない。ただ、そのすべての各国家機関が、統治権は上御一人の總攬し給ふところであるとの大義を心得てゐて、天皇精神に忠に、公正でなくてはならないとして、相戒める体制になってゐた。国家機関の輔佐同意がなくとも、天皇が御一人の判断で執行されることは祭祀のみであった。美濃部達吉は、これを祭祀大権の執行とした。しかしそれは、祭祀の執行のみであって、神宮神社に対する行政は、国務大臣の輔弼を必要条件とされた。かくのごとき憲法が、どうして絶対専制なのか。帝国憲法時代の法学者で、この立憲君主制を絶対主義と解した憲法学者は一人もゐない。帝国憲法を絶対主義だなどといふ説は、帝国憲法を学ぶ者がゐなくなってから出て来た曲学阿世の法学説にすぎない。

以上、帝国憲法への非難に対する反批判を要約したが、あはせて通俗中傷説の著しい五、六の条文についても解明しておくことにする。

まづ第三条の「天皇神聖不可侵」の条。これを帝国憲法の特徴とし、神権万能説などと混同する俗説がある。これは第十六章で述べたやうに、真に尊王的固有法論者の井上毅は「無用贅語《ぜいご》」としたが、しかし、日本が真に近代法治国となる以上は、外国なみに元首無答責の条文がなくては、法的不備になるとして加へられた条文である。諸立憲国の君主、あるいは共和国大統領にでも用ひられうる条文なのである。

第八條　天皇ハ公共ノ安全ヲ保持シ又ハ其ノ災厄ヲ避クル爲緊急ノ必要ニ由リ帝國議會閉會ノ場合ニ於テ法律ニ代ルヘキ勅令ヲ發ス
此ノ勅令ハ次ノ會期ニ於テ帝國議會ニ提出スヘシ若議會ニ於テ承諾セサルトキハ政府ハ將來ニ向テ其ノ效力ヲ失フコトヲ公布スヘシ

この条規を絶対主義と称する非難がある。どこの国でも既定の法律で解決できない緊急事態はおこりうる。英国では、そのやうな場合には、首相の命令で独断解決する。そして議会に対して、「憲法違反であったが緊急対策としてやむを得なかった」と報告して、事後承諾をもとめる。これが憲法習律となってゐる。この事実は、帝国憲法第八条と同じである。

しかし、英国のやうな長い憲政国ではそのやうな不文習律でもいいが、新しく憲法を立てるのに、「憲法違反」の事後承諾をもとめなければならないやうな制度にしたのでは、憲法尊重の風は固まらない。だから不文ではなく明文で、あらかじめ緊急勅令の制をみとめて事後承諾を要するとしたもので、いたって穏当である。昭和二十一年の憲法改正後、この条文を廃したので、政府は緊急時（三木内閣や福田内閣のハイジャック対策）には、法律違反の命令で行政をしておいて、「憲法の予想しない超憲法事情」などと称して議会の事後承諾ももとめなくなった。帝国憲法の方が、今の憲法よりもよほど議会の権威を重んじてゐるわけである。

〔参考〕 上杉愼吉著『帝國憲法逐條講義』

承諾は、また帝國議會の政府に對する監督の作用の、一のあらはれである、イギリスなどでは、緊急勅令と云ふものは、憲法上認められて居らぬ。しかし、矢張《やは》りこれを發する必要には、事實上遭遇するのであるから、政府は已むを得ず、憲法に違反して、適當の處置をするのである。この場合に、後にこれを議會に向て陳謝し、議會がこれを認容し、憲法違反の責任を解除して、この處置を正當のものとせられんことを乞《こ》ふのである。これと異り、我が憲法では、緊急勅令を發することを、憲法上認めて居るのであるから、これを發するのが、憲法違反と云ふことはなく、承諾はこれに對する責任解除を求むるのではないことは云ふまでもない。しかしながら、政府の緊急勅令を發することを天皇に奏請するに、或は本條所定の條件に合せざることもあるかも知れぬ、さすれば、憲法違反である。されば、議會は緊急勅令の憲法違反ならざるや否やを審査し、これを憲法違反なりとするときは、不承諾を決議するのである。

第九條 天皇ハ法律ヲ執行スル爲ニ又ハ公共ノ安寧秩序ヲ保持シ及臣民ノ幸福ヲ増進スル爲ニ必要ナル命令ヲ發シ又ハ發セシム但シ命令ヲ以テ法律ヲ變更スルコトヲ得ス

この「臣民ノ幸福」のための勅令といふのは、第十六章で述べたやうに、社会改革を希望する新進の社会法学を採用したものである。これは、ヨーロッパ十九世紀の古い自由主義法学の停滞期に、その情況の克服を考へた社会法学進歩派の法思想なのである。一世紀後の今日において、その存否いづれがよいかは別問題として、その立法精神を理解して評すべきである。今日の批判者のなかには、これを自由法学以後の新しい社会法学の思想にもとづく条文であることを解しないで、逆に自由法学以前の封建絶対主義として非難する者が多い。これは歴史的に逆立ちしてゐる。

この条文の但書「命令ヲ以テ法律ヲ變更スルコトヲ得ス」の一句は、これが絶対主義の法思想、自由法学以前のものではなくして、自由法学よりも以後の新しい法思想のものであることを示してゐる。それから一世紀後の、二十世紀後半の今日の問題として、この条文の適否を論ずるのはいいにしても、その立法史を批評する者に法思想変遷史の欠如してゐることを注意しておきたい。

次にもっとも非難の激しいのは、第十一条、第十二条の軍統帥、軍編制の条である。

第十一條　天皇ハ陸海軍ヲ統帥ス

第十二條　天皇ハ陸海軍ノ編制及常備兵額ヲ定ム

これらを非難する者は、その条文が陸海軍大臣の武官制（軍統帥幕僚機関はもちろん武官制）で、軍事が国務大臣の輔弼外にあって軍部の専横を許す憲法であった、との解釈に立ってゐる。しかし帝国憲法には、何もそのやうなことを規定した条文があるわけではない。憲法解釈誤解者の浅薄なる俗評にすぎない。

憲法には武官大臣制などは一語も書いてない。憲政史について見れば、明治の西園寺内閣時代から閣僚の原敬は、陸海軍大臣文官制を主張した。原敬は、大正期に入って山本内閣と協定し、その結果、山本内閣では文官制へ移行する準備としての現役武官制廃止の一段階として、すでに予備役になった政党議会人の陸海軍武官経歴者でも差支へないことに改めた(昭和の廣田内閣で逆転する)。

帝国憲法は、決して陸海軍大臣の武官制を規定してはをらず、文官制を否定してもゐない。それは、ただ官制できめられてゐたことで、政府と議会とが欲すれば文官制への移行は許されてゐた。

また第十一条の統帥権についても、憲法はなんら統帥部の武官制を規定してゐない。それを国務大臣(政府)輔弼の権限外とするとの条文もない。それで大正時代の政党内閣時代には、原敬、三浦梧樓、近衛文麿、中野正剛等々の間に、有力な参謀本部廃止の説があった。それは憲法上は差支へない問題であるとされた。一流の憲法学者も「憲法上差支へなし」と講義してゐた(下記の佐々木説を参照)。

しかし、その点では議論がわかれた。立憲以前に、政府も民権党も、平穏なる憲政運用のためには、政府権力者と軍を動員する権限者とを分離したいとの熱心な希望があったのは史的事実である。かくて立憲の精神の根底には、政治責任機関と軍統帥機関との分離をもとめる思想があった。それは憲法の明文規定にまではならなかったが、憲法精神の論としては一つの説である。しかし、その分離は憲法条文で定められたわけではなかったので、大正時代には、政党政府の文官を軍令機関の長官として政軍一致の体制にしてもいいと解したが、それは実現するにいたらなかった。しかし、戦時中に内閣総理大臣東條英機は、陸軍大臣、参謀総長を兼任した。これは兵政の一致である。

第十二章で述べたやうに、政務と軍務との問題は、いかなる憲法下においてもむつかしい問題ではあるが、帝国憲法そのものが武官に優先的特権を与へたといふことは決してない。帝国憲法に武官特権の思想もなければ、軍部独裁を助長する法思想もないのは、左に掲げる佐々木惣一の講説を見ても明らかである。

〔参考〕　佐々木惣一著『日本憲法要論』

二　陸海軍ノ統帥。天皇ハ陸海軍ヲ統帥シタマフ。陸海軍ノ統帥モ亦固ヨリ天皇ノ國務上ノ行爲ナリ。帝國憲法ノ規定ニ依レバ國務大臣ノ輔弼ヲ以テ行ハルベキモノトス。帝國憲法其ノモノガ當然陸海軍ノ統帥ナル天皇ノ國務上ノ行爲ヲ國務大臣輔弼ノ範圍ノ外ニ置ケリト解スベキ理由ナケレバナリ。然レドモ今日我國ニ於テハ慣習法上天皇ノ陸海軍統帥ノ行爲ハ國務大臣ノ輔弼ヲ要セズト云フベシ。

今帝國憲法ノ規定其ノモノヲ觀ルトキハ天皇ノ陸海軍統帥ノ行爲ガ國務大臣輔弼ノ外ニ置カレタリトスルヲ得ズ。從來普通ニ天皇ノ陸海軍ノ統帥ヲ以テ國務上ノ行爲ナリトシツヽモ、而モ帝國憲法ハ之ヲ以テ國務大臣輔弼ノ外ニ置クトスルノ説行ハルレドモ、蓋シ是レ一ノ獨斷タルノミ、何等法上ノ根據アルナシ。思フニ軍事行動ノ機密ヲ尊ビ自由敏活ナルヲ要スルノ故ニ他人ノ容喙《ヨウカイ》ヲ許サズトシ、從テ右ノ解釋ヲ爲スモノナルベシ。然レドモ之ガ爲ニ天皇ノ陸海軍ノ統帥ノ行爲ヲ性質上國務大臣ノ輔弼ノ外ニ置クノ理由ヲ生ズルコトナシ。軍事行動ノ機密ヲ尊ビ自由敏活ナルヲ要ストスルコトハ通常唱ヘラルヽコトニシテ固ヨリ異論アルベキニ非ズ。唯所謂《イハユル》軍事行動ニハ天皇ノ陸海軍統帥ノ行爲ト軍隊ノ事實上ノ技術的行爲トヲ分ツヲ要ス。天皇ノ陸海軍統帥ノ行爲ニ付テハ國務大臣ノ輔弼ヲ受ケタマフモ毫《ゴウ》モ必要ナル機密ヲ侵サレ自由ヲ害セラルヽコトナキナリ。蓋シ（一）先ヅ天皇ノ陸海軍統帥行爲ノ機密ヲ尊ブコトハ天皇ガ陸海軍統帥ノ行爲ニ付他人ノ輔弼ヲ受ケタマハザルコトノ義ニ解スベキモノニ非ズ。何人ノ輔弼ヲモ受ケズ獨斷シタマフコトヲ以テ機密ヲ尊ブニ必要ナリトシ、此ノ意味ニ於テ機密ヲ尊ビ他人ノ容喙ヲ許サズトセバ、是レ全ク不可能事ニ屬ス。又天皇ハ或者ノ輔弼ヲ受ケタマフモ之ニ拘束セラルヽコトナク親《ミツカ》ラ決定シタマフモノナレバ、毫モ天皇ノ行爲ノ自由敏活ナルヲ害スルコトナシ。既ニ此ノ如ク天皇ガ陸海軍統帥ノ行爲ニ付他人ノ輔弼ヲ受ケタマフモノナリトセバ、之ヲ輔弼スル者ノ國務大臣タルコトハ毫モ妨ゲナシ。國務大臣ノ輔弼ヲ受クルコトニ依テ機密ヲ侵サルト云フハ國務大臣ノ性質ヲ誤ルモノナリ。苟モ天皇ガ信任シテ一般ノ國務上ノ行爲ニ付輔弼セシメタマフ所ノ國務大臣ニ依テ機密破ラルト云フガ如キコトヲ考フベキモノニ非ズ。又國務大臣ノ輔弼ヲ受ケタマフモ之ニ拘束セラレタマフコトナキガ故ニ天皇ノ自由敏活ヲ害スルコトナシ。卽チ天皇ガ陸海軍統帥ノ行爲ニ付國務大臣ノ輔弼ヲ受ケタマフモ其ノ行爲ノ機密ヲ害シ其ノ自由敏活ヲ妨グルコトナキナリ。(二)若シ軍人以外ノ者ノ容喙スルコトヲ以テ軍事行動ノ機密ヲ害シ其ノ自由敏活ヲ妨グトスルノ意ナランカ。是レ國務大臣ノ輔弼スル所ノ天皇ノ統帥行爲ノ性質ヲ忘レタルモノナリ。天皇ノ統帥行爲ハ、後ニ述ブルガ如ク、天皇ガ事實上ノ技術的行爲ニ依テ軍隊ヲ指揮シタマフコトニ非ズ、意志行爲ニ依テ軍隊ノ最高指揮ヲ爲シタマフコトナリ。故ニ之ヲ輔弼スルコトハ軍人以外ノ者ニ於テモ之ヲ爲スコトヲ得、之ヲ爲スモ軍隊ノ行動ノ機密ヲ侵シ其ノ自由敏活ヲ害スルガ如キコトアラザルナリ。要スルニ天皇ノ陸海軍統帥ノ行爲ヲ以テ性質上國務大臣ノ輔弼ノ外ニ在リトスベキ理由存セズ。且之ヲ國務大臣ノ輔弼ノ外ニ置カンカ、國務大臣ハ之ニ付國民ニ依テ責任ヲ問ハル、コトナク、而モ其ノ以外ニ國民ニ依テ責任ヲ問ハルベキ機關存セズ。卽チ天皇ノ國務上ノ行爲ノ結果ニ付テ國民ハ責任ヲ問フヲ得ザルニ至ラン。是レ明ニ立憲政治ノ根本要求ニ反ス。然レバ帝國憲法其ノモノガ當然天皇ノ陸海軍統帥ノ行爲ヲ以テ國務大臣輔弼ノ外ニ置ケリトスルコトヲ得ザルナリ。

然ルニ我國從來ノ實際ノ制度ニ於テ天皇ノ陸海軍統帥ノ行爲ニ付テハ國務大臣以外ニ天皇ヲ輔弼スルノ機關ヲ設ケ、又國務大臣中獨リ陸軍大臣、海軍大臣ノミ直接ニ上奏スルノ風行ハレ、之ヲ帷幄《イアク》上奏ト云ヘリ。此ノ如キコトハ前述ノ如ク帝國憲法ノ規定ニ違反ス。而モ是レ從來一般ニ存スル慣習ニシテ今日一ノ規律トナレリ。故ニ今日ニ於テハ天皇ノ陸海軍統帥ノ行爲ハ國務大臣ノ輔弼ヲ要セズトスルノ慣習法成立セリト解スベキナリ。

(佐々木惣一はこの法理に立って、憲法を変更することなく、この慣習法を法律をもって改正しうると講じた)。

次に人権条文について。帝国憲法の自由権は、概ね「法律ノ範圍内ニ於テ」との制限がある、だから自由が制約されてゐた、との俗説が、素人ばかりでなく法学者のなかでも有力である。しかし外国の憲法であれ、現行日本国憲法であれ、人権に国法の制約のあるのは当然のことである。

世界の憲法史上、フランス大革命の「人および市民の権利の宣言」(一七八九年八月二十六日)は、革命的自由人権法章の典型とされてゐるが、その人権宣言十三ケ条を見るがいい。第一条から第三条までは、自由平等の権利とその保障、国民主権について宣言するが、

第四條　自由とは他人を害しないすべてをなし得ることである。したがって、各人の自然の権利の行使は、社會の他の人々に同一の権利の享受を保障するものの外は制限されない。この制限は法律によるのでなくては定めえない。(傍点引用者)

として法的制限の条件を示し、以下の諸条文によって刑法による自由の制限についての条規を列記したのちに、第十条および第十一条においては、「思想上の意見」、「宗教上の意見」、「言論・著作・出版」等々の自由が、法律によらずして妨げられないことを宣言してゐる。例へば、

第十條　何人であっても、法律で定められた公共の秩序をみださない限り、その意見及び宗教的意見のために苦しめられない。(傍点引用者)

として、法律が公共の秩序を紊《みだ》すものとみとめれば「宗教的意見」の発表でも制約しうる。また、政治的、社会的意見の発表から、思想表現、言論・出版・著作等の自由に対しても制禁しうることは、第十一条でも明らかである。条文の修辞的なニュアンスの差はあるとしても、法理的には「法律の範圍内」の自由といふのは同じことである。英国では議会の立法権力は、より重大と考へられてをり、いかなる自由といへども、

法律の制限を拒否することはできない。これは仏英にかぎらず、その大綱原則は、法治国では共通するものである。

日本国憲法においてもその制限は当然ある。言論表現の自由といっても、刑法、民法（名誉を毀損《きそん》する、風俗を紊す、他人の営業を妨げる等の言論）や、そのほか選挙法等によって、いろいろの法的制限が加へられてゐる。結社の自由といっても、風俗をみだしたり破壊活動をしたりする結社、やくざ等による結社は、いかなる名目をつけても制約される。職業、営業の自由といっても、各種の法律ばかりでなく地方の条例によってさへ制約される（病気治療は、その能力の有無に関せず国家資格のある医師でなければ許されない。物品の製造販売についても雑多な法的制約がある）。そのほか移転（旅行）、居住についても、その他の自由権についても、法律や条例による制約がある。それは第十二条（公共の福祉）にもとづく法的制約と解されてゐるが、仮りに第十二条の明文規定がなかったとしても、法治国に無制限の自由人権がありうるわけがない。ただその制約が、国民代表の議会の同意（法律）によって定められるか、官権の判断命令で決められるかが問題である。帝国憲法は、多くの臣民の権利義務の制約を法律（議会）の同意をうることとした。なにも格別のことではない。

ただ、実際の問題として、過去に人権の制約がきびしかったとするならば、それは国民代表の議会人の意識として、自由制限にきびしい政治意識が多数を占めてゐたからであり、国民がそのやうな議会を作った、といふ国民政治思想の問題なのであって、憲法条文の法的問題ではない。「法律ノ範圍内ニ於テ」の辞句は、書いてあってもなくても同じなのであるが、帝国憲法は、アジアで初めての憲法であり、わかりきったことでも書いておかないと議会の立法権限を理解しない者の生ずるのをおそれて、書いたものと解すべきである。

自由権のなかで一つの異例は「信教自由」の条項で、これは憲法で二つの制約を明記し、この二条件に該当せざるかぎり、法律をもってしても制限し得ないとした。戦後、この二条件がよく問題にされるが、美濃部達吉は、その『新憲法の基本原理』、『日本国憲法原論』のなかで、現行憲法にこの二条件の明記がなくとも、それは法治国として当然の制約であり、新旧憲法に法理上格別の差のないことを論証してゐる。美濃部達吉は、その著『新憲法の基本原理』で、

……宗教的信仰に基づく教義の宣布又は儀式の執行に対しては国権に依り何等の制限をも加ふるを得ないものと解してはならぬ。基本的人権の濫用は一般に禁止せられて居り（十二条）、信教の自由に付いても其の濫用と認むべき限り法律を以て之を制限することは、固より国家の当然の任務である。殊に宗教の名を僭称《せんしょう》して淫祠《いんし》を祭り邪説を宣布し、公共の秩序を紊り善良の風俗を害するものの如きは当然禁ぜらるべきである。

とし、同じく『日本国憲法原論』においては、国家神道についての教義の制限（神道指令）をしたのも、憲法第二十条と矛盾するものでないとの趣旨を述べた後で、

宗教の教義には当然此の如き国法上の制限が加へられて居る外、尚公共の安寧秩序を保持し、国民としての義務を守らしむる為に、法律を以て宗教に対し必要なる制限を加ふることは国家の当然の任務と見るべく、本条は敢てそれをも許さない趣旨であると解すべきではない。（傍点引用者）

としてゐる。これで見れば、宗教を制限すべき二つの条件も「帝國憲法第二十八條」と同じことで、法理論としては変ったものではない。ただ問題は、その実際的立法に際して、国民とその代表の議会とが、なにを

安寧秩序、国民の義務、又は公共の福祉と考へるかのちがひが生じてゐるだけで、憲法そのものに本質的な差はない。

ただ一語しておきたいのは、美濃部達吉が神道教義に関する神道指令の制限を日本国憲法下の法律と同視してゐるのは、法学的には誤りである。この指令は、占領軍の軍命令なのであって、憲法に拘束されない絶対権力の命令である。それは占領中に法律によらずして日本人に刑罰を科したこと、公職追放したこと、検閲制を行使したこと等々と同じく超憲法的絶対権力の作用であって、これを憲法第二十条の解釈のなかに入れたのは、一流法学者としてはその引例を誤まったことが惜しまれる。しかし信教自由の憲法条文が、新旧憲法のいづれにしても、同一の制限原則に立つものであるとの法理を明白にしてゐる点は正しい。

帝国憲法から今の憲法が明白に変質したのは、国体に関する諸条、国防に関する諸条等であって、帝国憲法に対する今日の中傷的批判はまったく混乱してゐることを指摘しておく。本書の立場は、この本質的な国体、国防等の点での改変を遺憾とするものである。ここにさほど重要でもない諸条文の流行的非難に対する反論を試みたのは、現代一般の帝国憲法批判なるものが混乱してゐるので、その整理反省をもとめるための一助にすぎない。

帝国憲法が制定されてから既に約一世紀、三世代も四世代もの時を経てゐる。その個々の条文が、今日においてもすべて万全だといふのではない。もし改めらるべき条文があるならば、それは当然改正されて然るべきである。帝国憲法自らが、時代条件の変遷によっては将来改正の必要のあるべきことを予想して、第七十三条を設けてゐる。今の時代にあってその条文を「點閱」してみるのは大いに意義がある。しかしそれは、先人たちの立憲にいたるまでの貴重な苦労とその由って来たるところの事情とを学んで、然る後のことでなければならない。

長年月にわたる立憲史を述べ来たり、枢密院での条文確定の章を記述するに際して、制憲の事に当った先人の労苦をしのび、帝国憲法に対する現代の俗流非難への要約的反論の一端を示しておくものである。

第十八章　大日本帝国憲法の発布

一、帝国憲法発布さる

明治二十二年二月十一日、神武天皇即位元年を記念するこの日に、明治天皇は、大日本帝国憲法を発布せられた。この日の帝都は、白雪をもって清められたかのやうな風景であった。天皇は、朝（午前九時）内大臣三條實美、宮内大臣土方久元、侍従長徳大寺實則以下の諸官をひきゐて賢所に渡御あらせられ、熾仁親王外諸親王、内閣総理大臣黒田清隆、枢密院議長伊藤博文以下国務各大臣等もまた扈従《こしょう》した。

天皇は、皇祖神の大前において、謹しみて皇室典範および帝国憲法制定の由を御奉告、次に皇霊殿に御拝、同じく告文を奏して御奉告、次いで神殿に御拝ののち入御あらせられた。この時の天皇の皇祖皇宗に奏せられた告文は、次のとほりである。

告文

皇朕《スメラワ》レ謹ミ畏《カシコ》ミ
皇祖

皇宗ノ神靈ニ誥《ツ》ケ白《モウ》サク皇朕レ天壤無窮ノ宏謨《コウボ》ニ循《シタガ》ヒ惟神ノ寶祚《ホウソ》ヲ承繼シ舊圖ヲ保持シテ敢《アヘ》テ失墜スルコト無シ
顧ミルニ世局ノ進運ニ膺《アタ》リ人文ノ發達ニ隨ヒ宜《ヨロシ》ク
皇祖
皇宗ノ遺訓ヲ明徴ニシ典憲ヲ成立シ條章ヲ昭示シ内ハ以テ子孫ノ率由スル所ト爲シ外ハ以テ臣民翼贊ノ道ヲ廣メ
永遠ニ遵行セシメ益々國家ノ丕基《ヒキ》ヲ鞏固《キヨウコ》ニシ八洲民生ノ慶福ヲ増進スヘシ茲ニ皇室典範及憲法ヲ制定ス惟《オモ》フニ此
レ皆
皇祖
皇宗ノ後裔《コウエイ》ニ貽《ノコ》シタマヘル統治ノ洪範ヲ紹述スルニ外ナラス而シテ朕カ躬《ミ》ニ逮《オヨビ》テ時ト倶《トモ》ニ擧行スルコトヲ得ルハ
洵《マコト》ニ
皇祖
皇宗及我カ
皇考ノ威靈ニ倚藉《イシヤ》スルニ由ラサルハ無シ皇朕レ仰テ
皇祖
皇宗及
皇考ノ神祐《シンユウ》ヲ禱《イノ》リ併セテ朕カ現在及將來ニ臣民ニ率先シ此ノ憲章ヲ履行シテ愆《アヤマ》ラサラムコトヲ誓フ庶幾《コヒネガハ》クハ
神靈此レヲ鑒《カンガ》ミタマヘ

つづいて午前十時、正殿において憲法発布式を行はせられた。文武百官および地方府県会議長（これは民間代表の意味）等が参列し、締盟各国の外交官等も拝観を許され、天皇は高御座（たかみくら）に立御あらせられ、侍従、剣璽および御璽を奉じ、三條實美、憲法を納めたる筥を奉じて従ふ。皇后は、高御座の右側の別座に立たせられた。

天皇は、三條實美の上る憲法典を受けられて、下記の勅語を下された。

憲法發布勅語

朕國家ノ隆昌《リユウシヨウ》ト臣民ノ慶福トヲ以テ中心ノ欣榮《キンエイ》トシ朕カ祖宗ニ承《ウ》クルノ大權ニ依リ現在及將來ノ臣民ニ對シ此ノ不磨ノ大典ヲ宣布ス

惟フニ我カ祖我カ宗ハ我カ臣民祖先ノ協力輔翼《ホヨク》ニ倚《ヨ》リ我カ帝國ヲ肇造《チヨウゾウ》シ以テ無窮ニ垂レタリ此レ我カ神聖ナル祖宗ノ威德ト並ニ臣民ノ忠實勇武ニシテ國ヲ愛シ公ニ殉《シタガ》ヒ以テ此ノ光輝アル國史ノ成跡ヲ貽シタルナリ朕我カ臣民ハ卽チ祖宗ノ忠良ナル臣民ノ子孫ナルヲ回想シ其ノ朕カ意ヲ奉體シ朕カ事ヲ奬順シ相與《トモ》ニ和衷協同シ益々我カ帝國ノ光榮ヲ中外ニ宣揚シ祖宗ノ遺業ヲ永久ニ鞏固ナラシムルノ希望ヲ同クシ此ノ負擔ヲ分ツニ堪フルコトヲ疑ハサルナリ

朕祖宗ノ遺烈ヲ承ケ萬世一系ノ帝位ヲ踐《フ》ミ朕カ親愛スル所ノ臣民ハ卽チ朕カ祖宗ノ惠撫《ケイブ》慈養シタマヒシ所ノ臣民ナルヲ念《オモ》ヒ其ノ康福ヲ增進シ其ノ懿德《イトク》良能ヲ發達セシメムコトヲ願ヒ又其ノ翼贊ニ依《ヨ》リ與ニ俱ニ國家ノ進運ヲ扶持セムコトヲ望ミ乃《スナハ》チ明治十四年十月十二日ノ詔命ヲ履踐シ茲《ココ》ニ大憲ヲ制定シ朕カ率由スル所ヲ示シ朕カ後嗣及臣民及臣民ノ子孫タル者ヲシテ永遠ニ循行スル所ヲ知ラシム

國家統治ノ大權ハ朕カ之ヲ祖宗ニ承ケテ之ヲ子孫ニ傳フル所ナリ朕及朕カ子孫ハ將來此ノ憲法ノ條章ニ循ヒ之ヲ行フコトヲ愆ラサルヘシ

朕ハ我カ臣民ノ權利及財產ノ安全ヲ貴重シ及之ヲ保護シ此ノ憲法及法律ノ範圍內ニ於テ其ノ享有《キヨウユウ》ヲ完全ナラシ

ムヘキコトヲ宣言ス

帝國議會ハ明治二十三年ヲ以テ之ヲ召集シ議會開會ノ時ヲ以テ此ノ憲法ヲシテ有効ナラシムルノ期トスヘシ

將來若《モシ》此ノ憲法ノ或ル條章ヲ改定スルノ必要ナル時宜ヲ見ルニ至ラハ朕及朕カ繼統ノ子孫ハ發議ノ權ヲ執リ之ヲ議會ニ付シ議會ハ此ノ憲法ニ定メタル要件ニ依リ之ヲ議決スルノ外朕カ子孫及臣民ハ敢テ之カ紛更ヲ試ミルコトヲ得サルヘシ

朕カ在廷ノ大臣ハ朕カ爲ニ此ノ憲法ヲ施行スルノ責《セメ》ニ任スヘク朕カ現在及將來ノ臣民ハ此ノ憲法ニ對シ永遠ニ從順ノ義務ヲ負フヘシ

御名御璽

明治二十二年二月十一日

内閣總理大臣　伯爵　黑田清隆
樞密院議長　伯爵　伊藤博文
外務大臣　伯爵　大隈重信
海軍大臣　伯爵　西鄉從道
農商務大臣　伯爵　井上馨
司法大臣　伯爵　山田顯義
大藏大臣兼內務大臣　伯爵　松方正義
陸軍大臣　伯爵　大山巖
文部大臣　子爵　森有禮
遞信大臣　子爵　榎本武揚

勅語の後に、内閣総理大臣黒田清隆に大日本帝国憲法を授けられた。当日発布された大日本帝国憲法の正文は次のとほりである。

大日本帝國憲法

第一章　天　皇

第一條　大日本帝國ハ萬世一系ノ天皇之ヲ統治ス
第二條　皇位ハ皇室典範ノ定ムル所ニ依リ皇男子孫之ヲ繼承ス
第三條　天皇ハ神聖ニシテ侵スヘカラス
第四條　天皇ハ國ノ元首ニシテ統治權ヲ總攬《ソウラン》シ此ノ憲法ノ條規ニ依リ之ヲ行フ
第五條　天皇ハ帝國議會ノ協贊ヲ以テ立法權ヲ行フ
第六條　天皇ハ法律ヲ裁可シ其ノ公布及執行ヲ命ス
第七條　天皇ハ帝國議會ヲ召集シ其ノ開會閉會停會及衆議院ノ解散ヲ命ス
第八條　天皇ハ公共ノ安全ヲ保持シ又ハ其ノ災厄ヲ避クル爲緊急ノ必要ニ由リ帝國議會閉會ノ場合ニ於テ法律ニ代ルヘキ勅令ヲ發ス
此ノ勅令ハ次ノ會期ニ於テ帝國議會ニ提出スヘシ若《モシ》議會ニ於テ承諾セサルトキハ政府ハ將來ニ向テ其ノ效力ヲ失フコトヲ公布スヘシ
第九條　天皇ハ法律ヲ執行スル爲ニ又ハ公共ノ安寧秩序ヲ保持シ及臣民ノ幸福ヲ增進スル爲ニ必要ナル命令ヲ發シ又ハ發セシム但シ命令ヲ以テ法律ヲ變更スルコトヲ得ス
第十條　天皇ハ行政各部ノ官制及文武官ノ俸給ヲ定メ及文武官ヲ任免ス但シ此ノ憲法又ハ他ノ法律ニ特例ヲ掲ケ

タルモノハ各〻其ノ條項ニ依ル
第十一條　天皇ハ陸海軍ヲ統帥ス
第十二條　天皇ハ陸海軍ノ編制及常備兵額ヲ定ム
第十三條　天皇ハ戰ヲ宣シ和ヲ講シ及諸般ノ條約ヲ締結ス
第十四條　天皇ハ戒嚴ヲ宣告ス
　戒嚴ノ要件及效力ハ法律ヲ以テ之ヲ定ム
第十五條　天皇ハ爵位勳章及其ノ他ノ榮典ヲ授與ス
第十六條　天皇ハ大赦特赦減刑及復權ヲ命ス
第十七條　攝政ヲ置クハ皇室典範ノ定ムル所ニ依ル
　攝政ハ天皇ノ名ニ於テ大權ヲ行フ

第二章　臣民權利義務

第十八條　日本臣民タルノ要件ハ法律ノ定ムル所ニ依ル
第十九條　日本臣民ハ法律命令ノ定ムル所ノ資格ニ應シ均《ヒトシ》ク文武官ニ任セラレ及其ノ他ノ公務ニ就クコトヲ得
第二十條　日本臣民ハ法律ノ定ムル所ニ從ヒ兵役ノ義務ヲ有ス
第二十一條　日本臣民ハ法律ノ定ムル所ニ從ヒ納税ノ義務ヲ有ス
第二十二條　日本臣民ハ法律ノ範圍內ニ於テ居住及移轉ノ自由ヲ有ス
第二十三條　日本臣民ハ法律ニ依ルニ非スシテ逮捕監禁審問處罰ヲ受クルコトナシ
第二十四條　日本臣民ハ法律ニ定メタル裁判官ノ裁判ヲ受クルノ權ヲ奪ハルヽコトナシ
第二十五條　日本臣民ハ法律ニ定メタル場合ヲ除ク外其ノ許諾ナクシテ住所ニ侵入セラレ及捜索セラルヽコトナ

シ
第二十六條　日本臣民ハ法律ニ定メタル場合ヲ除ク外信書ノ祕密ヲ侵サル、コトナシ
第二十七條　日本臣民ハ其ノ所有權ヲ侵サル、コトナシ
公益ノ爲必要ナル處分ハ法律ノ定ムル所ニ依ル
第二十八條　日本臣民ハ安寧秩序ヲ妨ケス及臣民タルノ義務ニ背カサル限ニ於テ信教ノ自由ヲ有ス
第二十九條　日本臣民ハ法律ノ範圍內ニ於テ言論著作印行集會及結社ノ自由ヲ有ス
第三十條　日本臣民ハ相當ノ敬禮ヲ守リ別ニ定ムル所ノ規程ニ從ヒ請願ヲ爲スコトヲ得
第三十一條　本章ニ揭ケタル條規ハ戰時又ハ國家事變ノ場合ニ於テ天皇大權ノ施行ヲ妨クルコトナシ
第三十二條　本章ニ揭ケタル條規ハ陸海軍ノ法令又ハ紀律ニ牴觸《テイショク》セサルモノニ限リ軍人ニ準行ス

第三章　帝國議會

第三十三條　帝國議會ハ貴族院衆議院ノ兩院ヲ以テ成立ス
第三十四條　貴族院ハ貴族院令ノ定ムル所ニ依リ皇族華族及勅任セラレタル議員ヲ以テ組織ス
第三十五條　衆議院ハ選擧法ノ定ムル所ニ依リ公選セラレタル議員ヲ以テ組織ス
第三十六條　何人モ同時ニ兩議院ノ議員タルコトヲ得ス
第三十七條　凡《スベ》テ法律ハ帝國議會ノ協贊ヲ經ルヲ要ス
第三十八條　兩議院ハ政府ノ提出スル法律案ヲ議決シ及各〻法律案ヲ提出スルコトヲ得
第三十九條　兩議院ノ一ニ於テ否決シタル法律案ハ同會期中ニ於テ再ヒ提出スルコトヲ得ス
第四十條　兩議院ハ法律又ハ其ノ他ノ事件ニ付各〻其ノ意見ヲ政府ニ建議スルコトヲ得
但シ其ノ採納ヲ得サルモノハ同會期中ニ於テ再ヒ建議スルコトヲ得ス

第四十一條　帝國議會ハ毎年之ヲ召集ス
第四十二條　帝國議會ハ三箇月ヲ以テ會期トス必要アル場合ニ於テハ勅命ヲ以テ之ヲ延長スルコトアルヘシ
第四十三條　臨時緊急ノ必要アル場合ニ於テ常會ノ外臨時會ヲ召集スヘシ
臨時會ノ會期ヲ定ムルハ勅命ニ依ル
第四十四條　帝國議會ノ開會閉會會期ノ延長及停會ハ兩院同時ニ之ヲ行フヘシ
衆議院解散ヲ命セラレタルトキハ貴族院ハ同時ニ停會セラルヘシ
第四十五條　衆議院解散ヲ命セラレタルトキハ勅命ヲ以テ新ニ議員ヲ選擧セシメ解散ノ日ヨリ五箇月以内ニ之ヲ召集スヘシ
第四十六條　兩議院ハ各〻其ノ總議員三分ノ一以上出席スルニ非サレハ議事ヲ開キ議決ヲ爲スコトヲ得ス
第四十七條　兩議院ノ議事ハ過半數ヲ以テ決ス可否同數ナルトキハ議長ノ決スル所ニ依ル
第四十八條　兩議院ノ會議ハ公開ス但シ政府ノ要求又ハ其ノ院ノ決議ニ依リ祕密會ト爲スコトヲ得
第四十九條　兩議院ハ各〻天皇ニ上奏スルコトヲ得
第五十條　兩議院ハ臣民ヨリ呈出スル請願書ヲ受クルコトヲ得
第五十一條　兩議院ハ此ノ憲法及議院法ニ掲クルモノヽ外内部ノ整理ニ必要ナル諸規則ヲ定ムルコトヲ得
第五十二條　兩議院ノ議員ハ議院ニ於テ發言シタル意見及表決ニ付院外ニ於テ責ヲ負フコトナシ但シ議員自ラ其ノ言論ヲ演說刊行筆記又ハ其ノ他ノ方法ヲ以テ公布シタルトキハ一般ノ法律ニ依リ處分セラルヘシ
第五十三條　兩議院ノ議員ハ現行犯罪又ハ内亂外患ニ關《カカハ》ル罪ヲ除ク外會期中其ノ院ノ許諾ナクシテ逮捕セラルヽコトナシ
第五十四條　國務大臣及政府委員ハ何時タリトモ各議院ニ出席シ及發言スルコトヲ得

第四章　國務大臣及樞密顧問

第五十五條　國務各大臣ハ天皇ヲ輔弼《ホヒツ》シ其ノ責ニ任ス
凡テ法律勅令其ノ他國務ニ關ル詔勅ハ國務大臣ノ副署ヲ要ス

第五十六條　樞密顧問ハ樞密院官制ノ定ムル所ニ依リ天皇ノ諮詢《シジユン》ニ應《コタ》ヘ重要ノ國務ヲ審議ス

第五章　司　法

第五十七條　司法權ハ天皇ノ名ニ於テ法律ニ依リ裁判所之ヲ行フ
裁判所ノ構成ハ法律ヲ以テ之ヲ定ム

第五十八條　裁判官ハ法律ニ定メタル資格ヲ具《ソナ》フル者ヲ以テ之ニ任ス
裁判官ハ刑法ノ宣告又ハ懲戒ノ處分ニ由ルノ外其ノ職ヲ免セラルヽコトナシ
懲戒ノ條規ハ法律ヲ以テ之ヲ定ム

第五十九條　裁判ノ對審判決ハ之ヲ公開ス但シ安寧秩序又ハ風俗ヲ害スルノ虞アルトキハ法律ニ依リ又ハ裁判所ノ決議ヲ以テ對審ノ公開ヲ停ムルコトヲ得

第六十條　特別裁判所ノ管轄ニ屬スヘキモノハ別ニ法律ヲ以テ之ヲ定ム

第六十一條　行政官廳ノ違法處分ニ由リ權利ヲ傷害セラレタリトスルノ訴訟ニシテ別ニ法律ヲ以テ定メタル行政裁判所ノ裁判ニ屬スヘキモノハ司法裁判所ニ於テ受理スルノ限ニ在ラス

第六章　會　計

第六十二條　新ニ租税ヲ課シ及税率ヲ變更スルハ法律ヲ以テ之ヲ定ムヘシ
但シ報償ニ屬スル行政上ノ手數料及其ノ他ノ収納金ハ前項ノ限ニ在ラス
國債ヲ起シ及豫算ニ定メタルモノヲ除ク外國庫ノ負擔トナルヘキ契約ヲ爲スハ帝國議會ノ協賛ヲ經ヘシ

第六十三條　現行ノ租稅ハ更ニ法律ヲ以テ之ヲ改メサル限ハ舊ニ依リ之ヲ徵收ス
第六十四條　國家ノ歲出歲入ハ每年豫算ヲ以テ帝國議會ノ協贊ヲ經ヘシ
豫算ノ款項ニ超過シ又ハ豫算ノ外ニ生シタル支出アルトキハ後日帝國議會ノ承諾ヲ求ムルヲ要ス
第六十五條　豫算ハ前ニ衆議院ニ提出スヘシ
第六十六條　皇室經費ハ現在ノ定額ニ依リ每年國庫ヨリ之ヲ支出シ將來增額ヲ要スル場合ヲ除ク外帝國議會ノ協贊ヲ要セス
第六十七條　憲法上ノ大權ニ基ツケル既定ノ歲出及法律ノ結果ニ由リ又ハ法律上政府ノ義務ニ屬スル歲出ハ政府ノ同意ナクシテ帝國議會之ヲ廢除シ又ハ削減スルコトヲ得ス
第六十八條　特別ノ須要《シユヨウ》ニ因リ政府ハ豫《アラカジ》メ年限ヲ定メ繼續費トシテ帝國議會ノ協贊ヲ求ムルコトヲ得
第六十九條　避クヘカラサル豫算ノ不足ヲ補フ爲ニ又ハ豫算ノ外ニ生シタル必要ノ費用ニ充ツル爲ニ豫備費ヲ設クヘシ
第七十條　公共ノ安全ヲ保持スル爲緊急ノ需用アル場合ニ於テ內外ノ情形ニ因リ政府ハ帝國議會ヲ召集スルコト能《アタ》ハサルトキハ勅令ニ依リ財政上必要ノ處分ヲ爲スコトヲ得
前項ノ場合ニ於テハ次ノ會期ニ於テ帝國議會ニ提出シ其ノ承諾ヲ求ムルヲ要ス
第七十一條　帝國議會ニ於テ豫算ヲ議定セス又ハ豫算成立ニ至ラサルトキハ政府ハ前年度ノ豫算ヲ施行スヘシ
第七十二條　國家ノ歲出歲入ノ決算ハ會計檢查院之ヲ檢查確定シ政府ハ其ノ檢查報告ト俱ニ之ヲ帝國議會ニ提出スヘシ
會計檢查院ノ組織及職權ハ法律ヲ以テ之ヲ定ム

第七章　補　則

第七十三條　將來此ノ憲法ノ條項ヲ改正スルノ必要アルトキハ勅命ヲ以テ議案ヲ帝國議會ノ議ニ付スヘシ
此ノ場合ニ於テ兩議院ハ各〻其ノ總員三分ノ二以上出席スルニ非サレハ議事ヲ開クコトヲ得ス
出席議員三分ノ二以上ノ多數ヲ得ルニ非サレハ改正ノ議決ヲ爲スコトヲ得ス
第七十四條　皇室典範ノ改正ハ帝國議會ノ議ヲ經ルヲ要セス
皇室典範ヲ以テ此ノ憲法ノ條規ヲ變更スルコトヲ得ス
第七十五條　憲法及皇室典範ハ攝政ヲ置クノ間之ヲ變更スルコトヲ得ス
第七十六條　法律規則命令又ハ何等ノ名稱ヲ用ヰタルニ拘《カカハ》ラス此ノ憲法ニ矛盾セサル現行ノ法令ハ總テ遵《スベ》由ノ效力ヲ有ス
歲出上政府ノ義務ニ係ル現在ノ契約又ハ命令ハ總テ第六十七條ノ例ニ依ル

ここに帝国憲法は発布されたのであるが、この式典に際しての天皇のお心づかひには、なみなみならぬものがあった。伊東巳代治が、伊藤博文にあてた二月七日付の報告の書状によれば、この日まで天皇は、しばしば勅語の文字などを親しく御推敲御修正になったことがわかる。祖宗の威徳を継がせられ、不磨の大典を宣布することの重責をいかに深く御痛感されたかが拝察せられる。

この告文、勅語、上諭は、日本の国体にもとづき憲法を制定された精神を、きはめて明らかに示されたものであって意義ふかい。憲法の発布直後には、未だ解釈学としての「帝国憲法講義」はなく、全国民にその法典条文の意味がただちに十分理解されたとはいひがたいにしても、この勅語だけで大多数の国民を感激させるに十分であった。後日、帝国憲法を見た外人の助言者スタインもグナイストも、とくにこの告文、勅語、上諭の完美なることに大きな讃辞を呈してゐる。

二、二月十一日の慶祝

ここにいたるまでには、長い政治的な変転があった。世論は四分五裂の情況を呈し、時によっては朝野の間に激突の様相を呈したこともあった。しかし、今や万民の敬仰せる天皇が、国論を統合せられて憲法を欽定発布せられた。二月十一日、日本国中に明るい希望の気が満ちた。もとより国民のすべてが憲法の法理を十分に理解してゐたわけではないが、君民一致のこの憲法が、国民にとって画期的な意味をもつものであることは十分に感じとられてゐた。同日午前には皇居で前記のやうに荘厳な儀式が行はれ、午後には天皇は青山練兵場での大観兵式に臨ませられた。夜はひきつづき宮中で華やかな大祝宴が行はれ、おそくまで正殿で宮中舞楽を演ぜしめられた。翌十二日には、東京市民の請ひにより、天皇、皇后両陛下おそろひにて、上野公園の祝賀会に臨ませられたが、沿道には市民群衆し歓呼してやまず、皇基の萬歳を祝し奉った。首都東京のみでなく、全国的に慶祝の気が満ち満ちてゐたことは、当時のあらゆる文書や写真、絵画等がその情景を鮮やかに伝へ残してゐる。

この日、宮中における儀式とともに、伊勢の神宮、畝傍山東北陵（神武天皇陵）、後月輪東山陵（孝明天皇陵）に勅使を派して大典欽定のことを奉告させられ、なほ各地方長官をして各管内の官国幣社に奉幣せしめられた。

これらの祭儀御執行とともに、故岩倉具視、木戸孝允、大久保利通、山内豊信、毛利敬親、島津久光、鍋島直正等物故の重臣の墓前にも勅使をもって憲法発布のことを告げさせられた。いま憲法が発布されて、翌二十三年には、いよいよ国会が開設される。顧みれば十四年前の明治八年に立憲の詔を渙発《かんぱつ》せられ、次いで元老院を開いて法典の起草を命ぜられたころ、もっとも熱心にこの事に尽力してきたのは木戸孝允であり、木戸が歿して後も大久保、岩倉と次々にこの世紀の大典編纂のために尽した臣僚は少なくない。その主たる者にこのことを告げしめられたのである。二月十一日の盛儀は、政府でも宮中でも予定の行事がすこぶる多く、宮内大臣土方久元は、これら物故功臣の墓前への勅使差遣は数日の後に致したいと願ひ出たが、天皇は聴《ゆる》し給はず、必ず当日勅使を立てよとの御厳命があって、宮相も深く恐懼《きょうく》したといふ。

憲法典編纂のための事業が公式に始まったのは、明治八年の元老院設立いらいのことである。しかしながら、この明治八年の詔は、もともと明治維新の精神の結実をもとめて発せられたものであって、その源流はさらに遠く、かつ深い。幕末の時代に憂国の志をもって、天下の公議公論を振興すべく力を尽した志士たちこそは、この憲法の精神的先駆者ともいふべきである。その志士たちの代表的な西郷隆盛および藤田誠之進（東湖）、佐久間修理（象山）、吉田寅次郎（松陰）等に対して、この日、特旨をもって贈位せられた。聖旨まことに深遠、帝国憲法の精神的源流の深くして根づよいことを知るべきである。帝国憲法は、五年や十年の記室の作業や一時の政論によって作りあげられたのではなかった。

この日、政治犯五百四十人に対しても大赦があり、河野廣中、大井憲太郎、片岡健吉等々の在獄者がその恩典に浴した。大赦は、いはゆる国事犯のみでなく、政治的思想的色彩のある在獄者にもひろく及んだ。在獄者の釈放と同時に、保安条例で皇居外三里以遠の地に退去を命ぜられ、政治活動の自由を制約されてゐた尾崎行雄、竹内綱、林有三、中江篤介等もまた、帰京して自由な政治活動をみとめられることになった。

出獄者は、国民歓呼の声で迎へられた。『河野盤州傳』によれば、この時に長期の獄中生活から釈放されて帰って来た河野廣中を迎へた郷党の民の温い歓迎は異常なもので、沿道の民はすべて歓呼して敬意を表したといふ。河野廣中は、国会開設要望運動の先駆者の一人で福島県県会議長を勤め、東北自由民権家の指導者として重きをなしてゐた。福島事件に際して投獄されたが、郷党の民は廣中を犯罪人とは見なさず、依然として第一級の人民代表者としてのかれへの信望は揺がなかった。

大阪事件の大井憲太郎等の釈放時の風景も華々しいものであったらしい。市民が歓迎大集会を開いて花火を打ち上げ、大井等は騎馬行進をしてこの歓迎に応へた。その行進の旗には「抜山蓋世《がいせい》の気」、「自由泰斗警世木鐸《ぼくたく》」等の大文字が書かれてゐたといふ（平野義太郎著『大井憲太郎』）。

大赦といふのは、「罪を赦す」だけであって、贈位のやうに格別にその功を公認したわけではない。しかし、社会心理の実際においては、この大赦に浴した人々こそが、真に国会開設の立憲自由のために身を挺《てい》して来たのだ、との痛切な印象を受けたのは事実である。

大赦に浴した人々は、その直後から自由な政治活動を始めてゐるが、非常に社会的人気が高まって、これら大赦に浴して議会へ立候補した人々の多くが、翌年の第一回帝国議会の衆議院議員に当選してゐる。初めの議員選挙時では、選挙権資格は、かなりの有産者、納税者にかぎられてゐたにもかかはらず、これらの大赦組が非常な好成績で当選してゐるのは注目していい現象であらう。この大赦は、国民に対して、一視同仁の聖徳の洽《あまね》きことを知らしめたのみでなく、これからの政治が今までとは全く変った一新の気風のものとなる、との希望と期待を持たせた。その心理効果は、非常に大きかった。それは、いかにも「自由の大憲章」の宣布にふさはしい明るさを感じさせるものであった。

帝国憲法の発布が国民に非常な明るさと希望とを感じさせたのは確かな事実であるが、日本で初めての憲法政治の将来はどうなるのか、それは未だ十分に国民に分ってゐたとはいひがたい。国民に分らないだけではなく、立憲の当局中枢者であった伊藤博文以下の人々にも、この憲法が将来の日本の政治にいかなる作用を及ぼすかについては、分りにくい問題が多かったといっていい。

三、伊藤、黑田の憲法論

憲政の前途には、大きな未知数が残されてゐた。明治天皇は、国史をつらぬく不文の憲法に立脚しつつ、忠良の臣民およびその子孫に対して、当時の東洋諸国においては前例のない参政権をみとめられた。しかし、その参政権にもとづいて国民がいかなる国会を構成しうるかは、未知の問題である。そこには何人といへども明白には予断しがたいものがあった。それは立憲の中枢にあった伊藤博文にも予断しがたいことであった。

伊藤博文は、右大臣岩倉具視の遺志を継承して、立憲の中心人物としての努力をつづけた。かれは、穂積八束がその著『帝國憲法之由來』で指摘してゐるやうに、岩倉綱領の線を忠実に守って、議院内閣制を拒否する法理をもって終始して来た。その法理論がともかくも貫かれたかのやうな形の憲法典ができた。しかしそれは、もちろん岩倉、伊藤の独断によって制定された憲法ではなくして、一視同仁の明治天皇の「欽定憲法」でなければならなかったし、そのためには、必ずしも「綱領」が予定した枠《わく》を固執しがたく、天下の公論をきき、公論にしたがって枠を大きく開かねばならなかった。その結果は、はたしてどうなったであらうか。

憲法典編纂に際して終始その労苦を共にして来た井上毅および伊東巳代治、金子堅太郎の労を慰むべく、伊藤が憲法発布直後に三人を招待して懇話した時の話が、金子堅太郎によって語り伝へられてゐる。それによれば、このとき井上をはじめとして三人は、この憲法の性格を論じて「政府が衆議院にしっかりとした支持勢力を有しないかぎり、この憲法の円満な運用は期しがたい」として、伊藤自らに政党の結成をすすめてゐる。この三人は、公論にしたがって帝国憲法に「議院の法案提出権」、「議院の上奏権」、「衆議院の予算先議権」等がみとめられ、議会の権限が初めの予想より強化されたのを見て、将来の憲政運用は、事実上は責任内閣制から議院内閣制へと進んで行くほかにない、と推測する点で一致してゐたわけである。

しかし伊藤博文は、大権内閣の法理を力説して三人の説に反論し、欽定憲法は、議院に進退を左右されるやうな内閣ではなく君権内閣であって、明治十四年来の方針をつらぬき通し得たものだ、と力説強調した。かれは、下記するやうに、憲法発布直後の演説でもとくにその法理論を力説してゐる。

しかし、かれがその公式の演説そのままを確信して疑はなかったのかどうか、それは問題である。かれは憲法発布の直後に『憲法義解』を公刊した。その執筆は、井上毅等が諸学者を集めて担当したものではあるが、伊藤自らが一語もゆるがせにしないで校閲したものである。その『憲法義解』のなかで、「國務各大臣の責任」について次のやうに書いてゐる。

大臣ヲ任シ又之ヲ黜《シリゾ》ケ又之ヲ懲罰スル者人主ニ非スシテ孰《タレ》カ敢《アヘ》テ此ニ預ラム乎《ヤ》憲法既ニ大臣ノ任免ヲ以テ君主ノ大權ニ屬シタリ其ノ大臣責任ノ裁制ヲ以テ之ヲ議院ニ屬セサルハ固《モト》ヨリ當然ノ結果トス但シ議員ハ質問ニ由リ公衆ノ前ニ大臣ノ答辯ヲ求ムルコトヲ得ヘク議院ハ君主ニ奏上シテ意見ヲ陳疏スルコトヲ得ヘク而シテ君主ノ材能ヲ器用スルハ憲法上其ノ任意ニ屬スト雖《イヘドモ》衆心ノ嚮《ムカ》フ所ハ亦其ノ採酌ノ一ニ洩《モ》レサルコト知ルヘキトキハ此レ亦間接ニ大臣ハ責ヲ問フ者ト謂フコトヲ得ヘシ故ニ我カ憲法ハ左ノ結論ヲ取ル者ナリ第一大臣ハ其ノ固有職務ナル輔弼ノ責ニ任ス而シテ君主ニ代リ責ニ任スルニ非サルナリ第二大臣ハ君主ニ對シ直接ニ責任ヲ負ヒ又人民ニ對シ間接ニ責任ヲ負フ者ナリ（傍点筆者）

これは、政府の進退は君主の大権によってのみ決定するとの法理を固守しつつ、政治の実際においては、間接に人民、議会に対する責任をもって進退する「責任内閣制」への道をも開いたものと解せられる。伊藤博文の憲法発布直後の演説は、右の『憲法義解』で述べられてゐる第一条件（天皇への直接責任）を特に力説してゐるが、一方、大隈重信の談話（後述）は、ことさらに法理論にこだはることなく第二条件（人民に対する間接責任）の存することを政治的に確信して、責任内閣制から議院内閣制への移行の明るい希望を語ってゐる。それは、単に言語表現の形のみを見てゐると、同一の欽定憲法について全く相反する見解を示すもののやうに見えるが、その根底では相互の間に「精神的諒解」が結実してゐるとしても過言ではない。しかし立憲後の政府は、事実においてはどのやうなものとなって行くことになるのであらうか。以下『伊藤博文傳』から、その演説を抄記する。

越えて十五日公（伊藤博文）は樞密院議長官舍に全國の府縣會議長を招き、憲法の制定に就き、大要左の趣旨を說示した。

今般發布せられたる憲法は、言ふまでも無く欽定憲法なり。蓋《けだ》し欽定とは既に諸君の熟知せらるゝ如く、天子親《みづか》ら定め玉ふの辭にして、天子の特許して一國の臣民に賜與し玉ふの義なり。故に此憲法は全く天皇陛下の仁惠に由り、臣民に賜與し玉ひしものなるを恆《つね》に諸君の心に銘じて記憶せられんことを冀望《きぼう》す。抑ゝ《そもそも》我が憲法は七章七十六條を以て成立するものにして、諸君は業既に反覆熟讀せられたるべきを以て、今各條を引擧して辯論するの要なきを信ず。

今我が憲法制定の體式を以て他の立憲諸國の憲法と比較するに、其間大差別の存するものあり。乃《すなは》ち第一章に君主の大權、卽ち主權を明記するものは、他國の憲法に其例あるを見ざる所なり。而して其然る所以《ゆゑん》のものは、一考直に了解するを得べし。抑ゝ我が日本國は開闢《かいびやく》の始より、天皇親ら開き玉ひ、天皇親ら治《しろ》しめすを以て、之を憲法の首條に載するは實に我が國體に適應するものと謂ふべし。是れ他國の憲法と大に其構成體裁を同くせざる所以なり。而して第二章は臣民たる者の當《まさ》に享《う》くべきの權利と、當に盡すべきの義務とを揭げたり。想ふに法律の範圍内に於て、當に臣民の享くべきの權利は約《おほむ》ね羅列して餘す所なし。第三章は天皇立法權を行はせらるゝに當り、豫《あらかじ》め臣民の代表者に詢謀《じゆんぼう》し、其協翼參贊を得らるゝが爲に構成すべき集合體の制を載す。其他條章に付ては殊に贅辯《ぜいべん》するを要せず。

今般發布せられたる憲法は、天皇陛下の深く宸慮《しんりよ》を勞し玉ひ、又充分審議を盡させ玉ひし所にして、此の憲法に於て日本臣民たる者の享受すべき權利の境域は甚《はなは》だ廣汎《こうはん》にして、普通憲法學上より之を論ずるも、殆《ほと》んど完全なりと云ふも敢て不可なるべし。夫《そ》れ議會を開設して政治の得失を議するの必要如何を問へば、第一に凡《およ》そ法律を制定するは臣民の代表者を待て衆謀を詢《と》ふを要し、第二に國家の歳計即ち歳出入を定むるは衆言を聽くことを要す。蓋し國庫の歳入は國民より徵するの租稅より成立し、歳入は國家生存の爲に必要なる需給に充つべきものなるを以て均《ひと》しく議會に詢謀して其議決を經るを要す。是れ則ち議會を開て政治の得失を議せしむるの最大效力なり。而して我憲法中、此二個の最大要素は整然として備る所あるを見るべし。次に政府は如何なるものなるかを言へば、乃ち政府は天皇陛下の政府なりと言はざるべからず。我政府は主權の存する所に支配せられ、活動すべきものたり。蓋し我國の主權は天皇陛下の玉體に集合するを以て、百揆《ひやつき》の政皆之を至尊に總《す》べて其綱領を攬《と》らせらるゝなり。宰相の如きも獨り天皇陛下の任免し玉ふ所にして、敢て他の干預を待たず。而して宰相は國政を行ふに於て其責任を負はざるべからず。即ち責任宰相たらざるべからざるなり。是れ亦憲法學上に於て種々議論ある事なれども、我國將來の政體に於ては責任宰相たることは既に炳焉《へいえん》として、更に疑を容るるの地なしと云ふて可なり。(中略)行政各部の機關の活動は、主權の委任權に過ぎずして、決して固有のものにあらず。故に官吏の動作は委任權にして行政各部の機關は支派を別ち、各々定分を有して獨立に運轉するの機能を有するに拘《かかは》らず、歸一の主權は君主の總攬せらるゝ所なり。之を以て假令《たとへ》議會を開き、公議輿論の府と爲すも、主權は唯だ君主の一身に存在することを遺忘すべからず。

然りと雖も既に憲法を以て立法權の活用を規定せらるゝ以上は、天皇固有の大權を施用せらるゝに當りては、謀議周匝《しゆうそう》を旨とし輿論《よろん》の公平を期し、以て臣民と和同して之を行はせらるゝ、是れ憲法の約束なり。然れども將來如何の事變に遭遇するも、日本に於ては開闢以來の國體に基き、上元首の位を保ち、決して主權の民衆に移らざることを希望して止まざるなり。

夫れ憲法は永遠不磨の寶典なるを以て、其規定する所は、天皇陛下も、官吏も人民も、等しく其範圍内に於て享くべきの權利に依て各々其働を爲し、以て一國の幸福を增進することを期せざるべからず。是れ天皇陛下の大典を親裁して、天下に宣布し玉ふ所以にして、要は唯だ上下和同して、内は一國の康福を増し、外は我國威を張るの叡慮《えいりょ》に在《あら》せらるゝは昭々たり。故に今憲法發布の盛事を歓呼し、其權利を曉知すると共に、天皇陛下の至仁至愛の叡慮に對し奉り、深く其聖慮を奉戴せんこと、予が冀望に堪へざる所なり。

同日、内閣総理大臣黒田清隆は、鹿鳴館に各地方長官を招いて演説した。長州の代表格の伊藤に比して薩摩代表格の黒田は武骨でもあったが、かれは憲法を論じて、政党内閣を否定し「超然内閣」を理想とするものであると断言した。この黒田の演説は、さすがに民党論客の反感を挑発した。民党系の論客は、憲法発布の勅語に対しては謹しんで敬意を表しつつも、伊藤、黒田の憲法論には激しい批判を加へた。民党が憲政論でその後数十年にわたって非難した「超然内閣」反対論は、この黒田首相演説への批判にはじまる。

四、大隈重信と民党の憲法論

この時に大隈重信は、ただ微笑して多くを論じなかった。かれは、明治十四年に議院内閣制による憲政実施を主張して野に下ったが、隠然たる政治力を発動して再び廟堂《びょうどう》に立ち、この憲法の発布に際しては、その発布の勅語に黒田、伊藤とともに国務大臣として副署してゐる。大隈のその時の情況を『大隈侯八十五年史』より引用する。

当時、君（註・大隈重信）の聲望は隆々としてゐた。憲法發布當日、群集が市中を練り歩いて、新聞社の前で萬歳を唱へた時、他の大臣の名を呼ばずに獨り「大隈伯萬歳」を唱へた。これは島田三郎の直話である。憲法發布の日、君は別段表立つた感想を述べなかつた。當時、君は多く沈默を守つたのである。が、二月二十一日夜、君が改進黨々首として、上京中の府縣會議長三十餘名を自邸に招き、祝宴を開いた時、感想を洩《も》らした。それは「わが憲法について、世間では種々の説を爲す者がある。或は演說に或は新聞にその不服を表明する有様だ。けれども憲法の妙は運用如何の上にあつて、法文の規定が不十分だからと云つて、さのみ不服を唱ふべきではない。特にかの政黨內閣制の如きは、憲法文中に規定すべき筈のものでないから、明記してないが、若し政黨員にして聖上の御信任を得、且併せて世上の輿望《よぼう》を得るなら、勢、政黨內閣の實現を見る事は、むづかしくあるまい。現にイギリスの如きは歴史的發達によつて今の狀態に達したのだから、わが國も政黨の發達次第で、イギリスと同一進步を見られぬことはあるまい。諸君の奮勵を祈る」といふ意味であつた。

議院内閣制の憲法となるか、超然内閣制のままで行くか、それは、単に憲法典の条文のみからは断定しがたいことであった。もしも国民の選出する議員が四分五裂してゐて、強力統一的な院議を固め得ないとすれば、国政は一日もゆるがせにするわけに行かないし、院議を無視してでも超然大権内閣のままで行くほかないことにもなりかねない。しかし、国民の選出する議員が議会のなかに大きな統一的政治勢力を固めて、その政見が政府と相対立するにいたるとすれば、政府は、法理的には「議会に対する責任内閣」ではないとの理論は立て得ても、君民一致の大政を「輔弼」する能力に欠けるものとして、伊藤のいふところの間接責任によって引退せざるを得ない国風（政治潮流）の生ずべきことは明白である。責任内閣制の国風が固まれば、議院内閣制への移行は自然の趨勢《すうせい》ともなるであらう。

しかし、憲法発布の時点では、それはなほ未知数であったといふべきであらう。法文の形式は、岩倉綱領時代のままに大権内閣主義の色彩の文辞がいちじるしい。しかし、法文の内容では、岩倉綱領の予想しなかった議会権限が強化されて「責任内閣制」へ移行するにたるだけの条件を帝国憲法は明記してゐる。欽定の憲法は、その点では、将来の国民の政治的意思と能力とによって前途を決するとの立場をとるものであった。吉野作造がいみじくも指摘したやうに、それは二つの政治勢力の「交錯」線上に成立したものであった。

このやうな理解の上に立って見るとき、明治十四年の政変で鋭く対決した伊藤博文・黒田清隆と大隈重信とは、憲法の発布に際しても前述のやうに相異なる憲法理解の談話を発表してゐるけれども、そこには往年のやうな鋭い対決は消え去って、いづれもが欽定の「帝國憲法」に対して深い敬意を表し、かつ連名して副署し、その前途に帝国の発展と明るい希望とを感じてゐる。十年に近い間の労苦空しからず、欽定憲法は、全日本国民が拠って以て立つべき国政の基礎としての十分なる大憲章として成立したといふべきであらう。

もっとも、前掲の大隈に関する記事は、当時の事情をさぐる上で極めて関心をひくものがある。憲法制定にいたるまでの歴史を見ると、明治十二年いらい国会開設を要望して政府にせまった民権の代表巨柱は板垣退助であり、その流れは自由党系である。いよいよ立憲の大方針が確定した明治十四年に民権的憲法構想を提唱したのは大隈重信であり、その流れは交詢社、改進党系である。明治十四年の前後に在野の民権憲法案として発表されたものは必ずしも少なくないが、官僚の憲法構想と相対立した民権憲法の主流が、大隈系の議院内閣・責任内閣憲法論であったのは明らかである。自由党系の政治活動は、改進党に比してより激しいかの感想を与へはしたけれども、全自由党員の間に憲法の統一的な理論があったわけではない。前に憲法私案を述べた際に立志社案や植木案についても論じたやうに、それは一部自由党員のひそかな試案試策であり、公表もされなかった程度のもので社会的な影響力はなかった。民権思想の憲法理論としては、大隈的交詢社流の思想が主流であり、改進党や大隈を好まなかった自由党の論客であっても、憲法の理論については、民権家の理論は概《おほむ》ね大隈流交詢社のそれと大同小異であった。民権の気流気風の推進についての自由、改進両党の優劣はともかくとして、民権的憲法理論の代表的典型が大隈流の交詢社理論であったのは明らかである。

しかし、その民権家の憲法理論から見て、この帝国憲法はいかなるものと見えたか。大隈によれば、「種々の説をなす」者があり「不服を表明する」者があったといふ。これは注目すべき言葉である。その当時の新聞や演説を見ても、それほど決然明白なる不服批判論は見出しがたい。後年に残る文書によってもわづかな疑念や不審の問題点を指摘した以上のものはない。しかし、民権的憲法の理論的代表と目せられた大隈のもとには、あるいは公表された新聞雑誌の論以上に不服や疑念の声が集中したのであらうか、とも察せられる。憲法の審議中は非公開であったし、況んやその討議経過は知らされてゐない。議院内閣ないしは責任内閣憲法論を主張しつづけて来た民権政治論者には、この憲法を一読しただけでは、その理論構造も解しがたい点があった。国民大衆は歓呼して礼讃してゐるが、今まで憲法理論を講述して来た民権家の間には不服疑念があったとしても当然であらう。しかし大隈は、ただ「これでいいのだ」と微笑して満足してゐるだけである。

大隈は、理論を自ら語らずして、この帝国憲法の成立によって責任内閣制への道が開け、明治十四年来の宿志は遂に達成される時が来ると自信してゐる。後に、大隈が創立した早稲田大学の総長となった高田早苗が、憲法発布とほぼ同時（二月十七日）に『講壇改進憲法雑誌』と題する憲法理論誌を発刊し、なほ読売新聞その他でも「帝国憲法解説」を書いてゐるが、それは大隈理論の解明と見てもいいのではないか。この『憲法雑誌』の創刊第一号には、高田のほかに矢野文雄も執筆してをり、坪内雄藏が英国憲政史談を連載し、それと同時に、英国憲法、フランス憲法、米国憲法、ドイツ憲法等についてそれぞれの筆者による諸講座がならび掲載されてゐる。これは明らかに二月十一日の帝国憲法発布を予測して、少なくとも枢密院の第二審議会以前（一月十六日以前）、多分前年の二十一年末頃から編集を始めたものであることは明らかである。

高田の論文は、その編集の形から見て、おそらく第三審議会の終了直後（一月三十一日）ころ、大隈か河野あたりから議決の内報を得て検討執筆したものと思はれる。そして最後に印刷した形が見える。それは、民党としての立場から憲法の全構造を精読したものの論であり、特に河野敏鎌が枢府において力説した論争の中心点であった第三十八条（議院の法案提出権）と第四十九条（天皇への上奏権）との二ケ条の重大性を力説してゐる。閣僚や顧問官の非公開の約束は、政治的信義を以て守られたが、後年の金子堅太郎の回想談が語るほどに厳秘されてゐたものではなくて、「オフ・ザ・レコード」の信義を守りうる一流の知識人には内報され、またその助言も求められてゐたと思はれる。それでなくては、二月十一日に初めて全条文を見て、高田が責任をもってこれだけのまとまりのいい論文を一夜で書けるわけがない（印刷するにしても数日は要するであらう）。高田の論文から下記引用する。

帝國憲法を讀む　　　　高田早苗

大日本帝國憲法の發布式を行ハせられてより、未だ幾日も經過せざるに、これに就て批評を爲すハ、輕卒なるに似たりと雖も、恭しくこれを拜讀したる其日より、余が胸中に起りたる感慨ハ、殆んど自ら別し難し、且憲法雜誌第一號發刊の好機會も、容易に失ふ可らざれバ、聊《いささ》か意見を開陳して、世の博識の是正を俟《ま》たん

余ハ大日本帝國憲法を良憲法と思ふなり、聞しに優《まさ》る良憲法と思ふなり、未だ憲法の發布せられざる日に當りて、世間に種々の風評を爲す者ありき、日本の憲法ハ君民同治の主義に基く乎《か》、覺束無しといふ者ありたり、日本の國會ハ發議の權を有する乎、心もとなしと說く者ありたり、余ハ心痛せり、憖《なまじひ》に政治の學に志し、憲法の如何なる者かといふことを、少しばかり學しだけに、殊に心痛したりしが、今に至りて回想し、杞憂《きゆう》に過ぎざりしを覺悟したり

大日本帝國憲法ハ、君民同治の主義に基けり、何となれバ、憲法の序文とも見做《みな》すべき詔勅中に、「又其翼贊ニ依リ與ニ倶ニ國家ノ進運ヲ扶持センコトヲ望ミ」と宣《のたま》ひ、「朕カ率由スル所ヲ示シ朕ガ後嗣及臣民及臣民ノ子孫タル者ヲシテ永遠ニ循行スル所ヲ知ラシム」と宣へバなり、憲法發布勅諭の中にも、「此負擔ヲ分ツニ堪フルコトヲ疑ハザルナリ」の一節あるを以てなり、且憲法の正文中にも、天皇ハ帝國議會ノ協贊ヲ以テ立法權ヲ行フ（第五條）國家ノ歳出入ハ毎年豫算ヲ以テ帝國議會ノ協贊ヲ經ベシ（第六十四條）とあれバなり、其他憲法第八條、第三十七條の如き、皆同治の意を示す者にあらざるハ無し、而して國會が發議の權を有する事ハ、憲法第三十八條に「兩議院ハ政府ノ提出スル法律案ヲ議決シ及各法律案ヲ提出スルコトヲ得」とあるに依りて明瞭《めいりよう》なるべし、然れども、憲法發布せられて國躰《こくたい》の君民同治となれること、國會が豫算議決の權の外に、法律案提出の權を有することハ、固より當然の事なれバ、これを以て特に日本帝國の憲法を、稱揚すべき理由と爲すに足らざるべし、日本憲法ハ尚此上に、其第二十二條以下第三十條までの中に於て、日本臣民に與ふる居住移轉の自由、法律に據るにあらざれば逮捕監禁審問處罰を受くるを要せざる權利、法律に定めたる裁判官の外裁判を受くるを要せざる權利、家宅不侵の權利、財產所有の權利、奉敎の自由、言論著作印行集會及結社の自由、請願の權利等を以てし、

其第四十九條以下第五十三條迄《まで》の中に於て、議院に許すに、天皇に上奏する特權、内部整理の特權、言論の自由、捕縛の自由、等を以てしたり、其他歐米文明諸國の憲法中なる、骨髓とも稱すべき箇條にして、日本帝國憲法中に、記載せられざる者殆《ほと》んど有る無し

然かのみならず、日本の憲法ハ簡明なり、伸縮自在なり、都合好き箇條或ハ不足なるかは知らねど、不都合なる箇條ハ多く其中に見當らざるなり、夫《そ》れ不都合なる箇條一度憲法の中に現ハるゝ時ハ、これを刪正《さんせい》するの困難ハ、不足なる都合好き箇條を加ふるの比にあらず、余ハ日本帝國憲法の簡明にして、議院法撰擧法等の中に多少散見する保守の精神の其中に蟠《わだかま》らざるを賀せずんバあらず、然り而して日本帝國の憲法を讀む者、或ハ疑ふて問ハん、日本帝國憲法の中に、大臣責任の制備る乎、何が故に大臣彈劾の箇條無き乎、何が故に修正の手續斯く嚴重なるやと、余請ふ敢て鄙見《ひけん》を開陳せん

謹んで帝國憲法第三條を按《あん》ずるに、「天皇ハ神聖ニシテ犯ス可ラズ」とあり、又同第五十五條を按するに、「國務各大臣ハ天皇ヲ補弼シ其責ニ任ズ」とあり、この「其責ニ任ズ」云々ハ陛下に對し奉り、責に任ずるの意か、或ハ國民に對し、責に任ずるの意乎、余の妄《みだ》りに斷じ難き所なりと雖も、天皇陛下ハ神聖にして犯す可らざれバ、政治上無責任に在《ま》します事、無論なるべし、神聖にして犯す可らざる皇帝の無責任なること、憲法の原理に照して、明瞭なりといふべし、果して然る時には、この責に任ず云々ハ、上天皇に對し奉り、下國民に對して、内閣の國務各大臣、責任を有するの意なるべき乎、然れども、余この事に就て、未だ立法者の精神を聞かざれバ、確たる解釋を爲し難し、只《た》だ余が假りに解釋するが如くならんことを、希望するに過ぎざるのみ、然り而して帝國憲法七十六條の中に於て、大臣彈劾の箇條無き事ハ、余も亦これを認ると雖も、余ハこの事を以て帝國憲法の非難點と爲すを欲せず、夫れ大臣彈劾の事ハ、立憲政治の進歩、今日の如く著しからざる時に於て、官民の軋轢《あつれき》甚しかりし日に當りてハ、各國の人民が金科玉條視したる者なれども、責任内閣の制定まり、内閣更迭の習慣起り

たる今日に於てハ、其必要ハ大に減じたり、アンソン曰ハずや、最近八十年間英國に於て曾て彈劾權を實行したる事無し、この事に關する法律ハ、實際不必要なりといふも可なりと、思ふにエドワルド三世の時より彈劾權を利用して、内閣大臣を掣肘《せいちゅう》せんと試みたる英人も、今日既にこれを見捨てたり、この非常なる殺伐なる掣肘手段を採る事を止めて、穩和なる通常の掣肘手段を採ることゝなれり、果して然るに於てハ、我が帝國憲法中に彈劾の事無きを理由とし、これを非難するの必要無らん、余ハ帝國憲法が彈劾の事を載せざるを憂へざるなり、余ハ寧《むし》ろ内閣更迭の習慣起りて、彈劾を無要たらしめんこと希望するなり、況《いは》んや憲法第四十九條ハ、「兩議院ハ各々天皇ニ上奏スルコトヲ得」と明言するをや

この上奏の權利、卽フリードム・ヲフ・アクセスと稱する者を有するハ、日本の帝國議會のみに限らず、左りながら、若しこの權利を利用することを勉めバ、それが爲めに内閣更迭の習慣も起るべし、彈劾權の代用をも爲すなるべし、而して憲法修正の如きも、(若し必要あらば)この道によりて請願すること難からざらん

思ふに帝國憲法が定めたる憲法修正の手續ハ、頗《すこぶ》る嚴重なりといふべし、日本の帝國議會ハ憲法修正を發議する權を有せず、何となれハ憲法の御前文に、天皇陛下詔して、「將來若此憲法ノ或條章ヲ改定スルノ必要ナル時宜ヲ見ルニ至ラバ朕及朕ガ繼統ノ子孫ハ發議ノ權ヲ執リ」云々と宣ハせたれバなり

憲法の補則第七十六(三)條に「將來此憲法ノ條項ヲ改正スルノ必要アル等(ママ)ハ勅命ヲ以テ議案ヲ帝國議會ノ議ニ附スベシ」とあれバなり、日本帝國の憲法ハ欽定の憲法なれバ、固より斯くある可《べ》き筈《はず》なるべし、去《さり》ながら帝國議會にして、上奏の權ある以上ハ、改正の必要ありと認るに際して、其理由を上奏し、聖慮を煩し奉りたりとて、何の不可かある可や

右に述べし所に依りて、日本憲法に關する疑惑の氷解したるや否や、余ハ未だ帝國憲法を精査したるにあらず、故に其完全無缺なるを保證する能ハずと雖も、一讀して其の良憲法たるを悟りたり余ハこの良憲法を制定し給

ひ、發布し給ひたる、天皇陛下の厚恩を謝し奉らんと欲するなり、余ハ天皇陛下の顧問となりて、この良憲法を起草し、評定したる伊藤議長及顧問官諸氏の労を犒《ねぎら》ハんと欲するなり、日本人民ハこの帝國憲法を貴重せよ、徒《いたづ》らに改竄《かいざん》を求る勿《なか》れ、日本人民ハこの帝國憲法の與へたる権利を、有効ならしめよ、徒らに未だ得ざる者を希望する勿れ、寶祚《ほうそ》萬歳國民多福帝國家法萬々歳

大隈系で特殊微妙な関係を有した者に木堂犬養毅がある。かれはそのころ、大同団結の旗の下に急進激派壮士の第一線に立って、反政府民権論を主張してゐた。しかも高等政策では、大同団結の首領後藤象二郎（および板垣退助）と閣内の大隈とをひそかに連携せしめ、内外相応じて藩閥政権の打倒を策してゐた（第十五章参照）。

かれは第一回帝国議会では少壮精悍《せいかん》の民党第一の論客として名声をあげた。中江兆民はその新聞時評で議員評を書き、犬養が「官吏の奢靡《しゃび》の頭上に鉄槌《てっつい》を下したるが如きは、聴者をして毛髪竦然《しょうぜん》たらしめたりき」と評し、かれこそ「我衆議院をして少からず議院らしからしめたりき」として、俗流議員とは別視して高く評価した（党派は中江と犬養とは別であった）。犬養は、以後四十有余年にわたって、民党第一の気鋭の闘将として、伊藤、山縣、桂等の軍人官僚政権に対する一敵国であるかの如き威を以て行動をつづけ、つひに昭和の政党内閣大宰相として斃《たほ》れるまで「護憲の第一線」で敢闘した。

犬養は、伊藤博文や黒田清隆とは全く相反する立場での「護憲主義」者であった。しかしかれは、この憲法欽定に際しては『朝野新聞』の社説として、ただ聖上の仁徳によって諸外国に比類なき美しい立憲史が東洋で初めて出現したことの奉頌《ほうしょう》文を書いた。それは後年、かれが中国、越南、印度等のアジア解放の同情者

として卓抜な活動をしたこととも関連して感ふかいものがある。この犬養の論説は、平素得意の論争文の風は一片もなく、朝野の論を通じてもっとも謹厳にして荘重な文章であった。かれの後の憲法理論の学問的当否は暫《しばら》く措《お》くとしても、この欽定憲法に対する無条件的感激こそが、護憲第一人者としてのかれの信念と情熱との源泉ともなったのであらう。

憲法發布　　犬養　毅

謹テ惟《オモンミ》ルニ　天祖降臨以還、聖子神孫世々相承ケ、數千年ノ久キニ亙《ワタ》リ大鼎遷《ダイテイウツ》ラス、金甌《キンオウ》缺ルナシ、五洲萬邦孰《タ》レカ能ク神聖不黷《フトク》我カ大八洲ニ比スル者ソ、蓋シ覆載ノ間未タ有ラサル所、矧《イハ》ンヤ
今上睿聖《エイセイ》文武皇帝即位ノ初メ、列聖ノ光訓ヲ紹《ツ》カセ復古ノ大典ヲ行ハセ、四目ヲ明ニシ四聰《シソウ》ヲ達シ、弛ヲ張リ廢ヲ興サセ玉ヒ、放勳極リ無ク四表ニ光被シ、百姓昭明萬邦協和ス、洵《マコト》ニ千古ノ盛運ナリ、矧ンヤ維《コ》レ明治二十二年二月十有一日
皇祖神武皇帝起元ノ大節日ヲ以テ、茲《ココ》ニ社稷宗廟《シヤシヨクソウビヨウ》ヲ祠《マツ》リ上下神祇《ジンギ》ニ告ケ、以テ我帝國憲法ヲ敷キ有衆ヲ率ヒ萬機ヲ詢《ハカ》ルノ大典ヲ行ハセ玉フ、我神州開剖《カイボウ》以還ハ論ナシ五洲萬邦歷世帝王孰レカ能ク此ノ如《カク》キソ、夫レ歐米ノ成憲美ナラザルニ非ス、第《タ》ダ其之ヲ得ル美ナラザルヲ恨ム、或ハ君、德ヲ愆《アヤマ》チ臣、誠ヲ失ヒ或ハ君、臣ヲ虐シ臣、君ヲ弑《シヒ》シ顚越《テンエツ》不恭百殃《ヒヤクオウ》竝至ル、奈何《イカン》ソ我カ文恬武凞《ブンテンブキ》上下穆々《ボクボク》ノ中、此千古ノ大典ヲ行フニ比スヘキ、嗟《アア》　陛下ノ聖德何獨リ我臣民ノ長ヘニ之ヲ奉頌スルノミナランヤ
書ニ曰ク「弗詢之謀勿庸」陛下至仁至愛四門ヲ闢《ヒラ》キ億兆ニ詢ラセ玉フ、其レ我カ億兆臣庶何モノカ能ク　陛下ノ休命ニ對揚シ奉ルベキ、第《タ》ダ其レコレヲ欽《ツツシ》マン哉、第ダ其レコレヲ懋《ツト》メン哉、又曰ク「可愛非君可長畏非民衆非元后何戴后非衆罔與守邦」我臣民ノ忠誠天賦ニ成リ萬世ヲ亙《ワタ》リテ渝《カハ》ラス、矧ンヤ穆々上ニ在リ焉《イヅクン》ゾ明々下ニ

在ラザラン、日月天ニ在リ列聖上ニ在リ、臣等誓テ　陛下ノ休命ヲ長ヘニ翼賛シ奉リ、上下爕和《シヨウワ》天壌ト窮《キハマ》リ無カランコトヲ期ス

又曰ク「一人元良萬邦以貞」今ヤ憲法制定、實ニ東洋萬邦生民以來未タ曾《カツ》テ有ラサル所、而シテ我邦永ク之カ儀表トナリ、萬邦ヲシテ以テ則《ノツト》ル所アラシム、然ラバ則チ東洋萬邦ノ黎民《レイミン》、洽《アマネ》ク　陛下ノ德澤ニ浴セン、何ソ獨リ我臣民ノ幸ノミナラン、嗚呼《アア》其レ偉ナル哉、顧フニ立憲ノ政、基督敎國ニ起リ白種ノ民ニ行ハレ、古來彼レ獨リ其美ヲ擅ニシ、以爲《オモヘラ》ク白種ノ民、基督ノ徒ニ非レハ此ノ天祿ヲ享《ウク》ル能ハスト、安《イヅクン》ソ知ラン、東洋先覺ノ邦、黄種ノ民、茲《ココ》ニ　聖天子ヲ奉ジ此ノ自由政體ヲ開創シ、以テ東方ヲ風靡《フウビ》セントハ、歐洲ノ文物何ソ彼レ獨リ其美ヲ前ニ擅《ホシイママ》ニスルヲ得ン、我臣民タルモノ其レ之ヲ懋メン哉、或ハ逸豫以テ　聖天子ノ休命ヲ曠《ムナシ》フスル勿レ

謹テ案スルニ憲法ハ國家萬世ノ大典神聖無極ナリ、故ニ臣等敢テ之ヲ私議セス、唯或ハ理義ノ解シ難ク衆庶ノ惑ヒ易カランコトヲ恐レ、臣等古ニ稽《カンガ》ヘ賢ニ詢リ沉潛《チンセン》講說、別ニ憲法評論ノ一欄ヲ設ケ以テ衆庶ヲシテ詳《ツマビラカ》ニ聖慮ノ在ル所ヲ知ラシメント欲ス、敢テ僣評《センピヨウ》私議スルニ非ス、彼ノ群頑衆愚ヲシテ其則ル所ヲ知ラシムルノミ、若シ夫レ之ヲ解クノ詳ナラスシテ或ハ之ニ惑フモノアラハ我臣民、至忠天稟《テンピン》ニ出ルト云フト雖モ、人心ハ惟レ危《コ》ク道心ハ惟レ微ナリ、或ハ敢テ竊《ヒソカ》ニ之ヲ私議シテ以テ大典ノ神聖ヲ瀆《ケガ》スモノナキヲ保セス、故ニ臣等不肖敢テ之レカ解說ノ任ニ當ラントス

抑モ我臣民タルモノ憲法ノ範圍ニ於テ十全ノ自由ヲ享受《キヨウジユ》セサル可ラス、將《ハ》タ憲法ニ向テ喙《クチバシ》ヲ容《イ》ル、カ如キハ不《フ》吉不迪《テキ》コレヨリ甚《ハナハダ》シキハナシ、之ヲ要スルニ憲法ハ萬法ノ元法タリ、之ヲ卷ケハ萬法一ニ歸シ、之ヲ放テハ萬機道ニ合ヒ、之《ユ》ク所トシテ善ナラサルハナシ、唯善ト不善ト之ヲ運用スルノ如何ニ在ルノミ、彼ノ英ニ監《カンガ》ミ彼ノ佛ニ監ミ又之ヲ列邦成敗ノ蹟《アト》ニ監ミレハ、優劣昭々トシテ視ル可シ、我臣民タルモノ尙《コヒネガハ》クハ善美ヲ運用ノ上ニ期シ、長ヘニ　聖天子ノ彝憲《イケン》ヲ弼《タス》ケテ以テ永ク天祿ヲ享ケヨ、嗚呼欽マン哉懋メン哉。（明治二十二年二月十一日

発行「朝野新聞」号外社説抄録）
朝野の憲法論――伊藤、大隈から高田まで――は、いづれも仁政を礼讃してゐるが、その心理の底には後進国としてのコンプレックスの影がないでもない。しかし、犬養のこの文は、「欧米の立憲成立史は美ならず」、日本聖天子の盛徳によってはじめて「万邦をして則る所あらしむる」優秀の立憲史を欽定し得たと断じてゐる。このあたりは、さすがに木堂の卓見である。

五、明治天皇、大日本帝国憲法欽定の史的意義

然り、列国の憲法は、専ら君権対民権の利害闘争の末に結実した。しかし、日本では君権対民権の対決は全くなかった。民撰議院の設立建白、国会開設の要望等々、その民権確立の要望には一として君権への対決思想はなかった。ただ、明治十四、五年いらいの憲法論争において、朝野の論客の間に君権、民権の語を誤用した者はあった。日本国民の政治的文明の能力を未だ低いと判断した者は、君権確保と称しつつ実は官権政府の指導力の強大さを保守すべきことを主張した。これに反撥する者は、民権議院強化徹底を主張してやまなかった。そこには官権と民権との対立はあったが、しかし民族祖先いらいの天皇国を守り発展させねばならないとの大綱的根本義についての対決は全くなかった。要言すればそれは、国家体質の根本義の対決ではなくして、国民と官吏との政治能力に関する評価にもとづく政見の対決にすぎなかった。

憲法を制定し国会を開設することを決意せられた明治天皇には、官（臣）と称し民と称しても、その間に

別はなく一視同仁、すべてはただ忠良の「臣民」としてつよく信頼された。臣民が公議公論をつくして大政に参与し、君民一致して皇祖皇宗の精神を発展させることをのみ祈念せられた。ただ官権対民権の国家機関の権限問題については、制憲の一時点の条件によってのみ法を固定させることなく将来の時の発展をも考へ、せまい条件に固着することなく幅ひろく自由発展の道を開かれた。それは、国民の意思と能力とによって、またその実情の程度に応じて、君民一致の大道を進むことができるやうに欽定されたものであった。

この賢明にして創造的なる「欽定」は、数千年の高貴なる君民一致の伝統を恢弘《かいこう》し給へる明治天皇の御存在、そして、そのなみなみならぬ御心労なくしては到底望み得ないことであった。その光輝ある実績は、まさに東洋萬邦の民をして則る所あるを知らしむるものであり、日本の国史上赫々《かくかく》たる文明の記録として銘記される。

日本人が十九世紀の国際的危機に直面して、天皇国日本の民としての独立を守るべく、公議公論政治の重要なるを痛感して明治維新を断行し、あらゆる流派の国民が切嗟《せっさ》琢磨《たくま》につとめて苦闘を重ね、やがてその国論が統合され、欽定されるにいたった帝国憲法制定の歴史は、もちろん、決して単に過去の記録にとどまるものではない。それは、将来日本の国の歩みを深思する者にとって、貴重なる数々の教訓を残すものとして固く銘記せらるべきものである。

皇室典範制定史

第一章　前史―明治維新と皇室典範

一、「神武復古」の精神

明治維新は、わが国史の上でもっとも光輝ある記録である。この維新の変革によって、日本は世界列国のなかに雄飛しうる偉大な国政上の基礎を築いた。しかも、その維新の精神は、民族固有の伝統の上に確りとした根底を有するものであり、その維新の大業は、天皇、皇室を中枢として推進された。したがって、維新はまた皇室制度の維新でもあった。

慶応三年十二月九日の王政復古の大号令において「諸事神武創業ノ始ニ原《モト》ツキ、縉紳《シンシン》武辯堂上地下ノ別ナク至當ノ公議ヲ竭《ツク》シ天下ト休戚《キユウセキ》ヲ同ク可被遊叡念《エイネン》ニ付各勉勵舊來驕惰《キヨウダ》ノ汚習ヲ洗ヒ」云々として、維新の目標を「神武創業ニ基ツク王政復古」であると明示されたことは、その意義すこぶる深いものがあった。

幕末維新激動の時代に、維新を推進する人々の王政復古への志をはげましたものとして、建武中興の悲史への回想が大きな影響を及ぼしてゐることは、精神史上明らかなことである。維新の直後に楠正成を祀る湊川神社をはじめとして、建武中興において忠をつくした多くの功臣たちの神社が、次々に創建された。明治維新はまさに建武中興を精神的先駆とするものであったともいひうる。

しかしながら、明治の志士たちは、建武中興への敬慕が痛切であればあるほど、その中興の大業が、何故に、あまりにもはかない結末を告げざるを得なかったか、といふことについて、深く思ひを至さざるを得なかった。それは鎌倉の覇府の政権を倒して、延喜天暦の治と讃《たた》へられる平安の盛治を復古の理想としてゐたが、その復古は破綻せざるを得なかった。その理由について幕末の志士たちは、いろいろと深く考へた。そして、建武忠烈の先駆者に対しては最高の敬意を感じつつも、来たるべき維新は、ただ平安朝風の王政への復旧ではなくして、新しい時代の条件に十分に対応しうる積極果断の政治が行はれねばならないとは、多くの人々が豫《かね》てから切望したところであった。

しかしながら、ただの伝統復古であってはならない（平安朝時代の王制は、そのままに範とするには足らない）といっても、この維新が日本民族の精神的統合者としての天皇を中核としてのみ推進せられるものであるかぎり、それは皇室の精神的伝統にもとづくものでなくては意味をなさない。民族の精神的文化伝統から遊離した思想や制度では決して根づよい改革はできない。そこで、時代の変遷とともに停滞し古くなった形式的な平安以来の制度旧慣などには拘泥《こうでい》することなく、むしろこれを「舊來ノ汚習」として一洗して、初代神武天皇の精神的原点に立ち戻って、天皇精神の本源にもとづいて大いに改新の実をあげたいと熱望した。このやうな思想の論理が「神武創業之始」といふ表現となったものであって、この詔にこの語を用ひられることを進言したのは、岩倉具視の顧問として、そのころ大いに重んぜられた玉松操であるといはれてゐる。

もっともこの「神武創業之始」の詔は、大國隆正（津和野藩の神道家）が大いに主張したもので、玉松操は一時期この大國の神道説に教へられ、後に大國神学と訣別するにいたったが、この「神武」の説は、その後も深い印象として残り、それを岩倉に教へたのだ、との有力な説がある。あるいはそのやうな事情もあるかと思ふ。しかし、それはいづれであっても、格別にここで論定しなくてはならないことではない。問題は、玉松、大國に限らず、その時代に維新を志とした人々が、その理想目標としたところが、建武中興なり大宝令の回復といふやうな線上に止まるものでなく、成文的に固定化された大宝令時代よりもさらに深い、しかし（不文なるが故に）より自由に創造し改革しうる「神武創業」を思ふ思想に大きく心をひかれ、その意識がよく統合されて、この大号令が発せられた、といふことである（維新後の祭儀での著しい特徴とすべきは、大宝令以後の永い古例では、皇室の遠祖としては中興の英主、天智天皇の御陵に対する儀が格別の重みを有したが、その後では神武天皇陵に対する儀が極めて重きを加へ、やがて橿原神宮の御創建へと発展して行く。これは明治維新後の皇室祭祀制度の特徴として、各方面に大きな影響を及ぼして行く）。

明治の王政復古の第一義は「神武創業ノ始ニ」もとづくと云ふのであるが、それはいかなるすぢ道をもって発展して行くのであらうか。それは、初代神武天皇の祭政一致の根本精神に対する復古を意味すると同時に、平安いらいの京都王朝の旧習や旧慣に対しては、きびしい再検討と改革の必要であることを予告するものとして注目される。すなはち、この大号令では、その大綱を示し、旧来の官職を廃し、新しい人事を命じた後に、

一　朝廷禮式追々御改正在せらるべく候得共先づ攝籙《せつろく》門流の儀止められ候事

一　舊弊御一洗に付言語の道洞開せられ候間、見込これある向は、貴賤に拘《かかは》らず、忌憚《きたん》なく獻言致すべく、且つ

人材登庸《とうよう》第一の御急務に候故、心當りの仁有之候はゞ早々言上有るべく候事

一　近年物價格別騰貴、如何ともすべからざる勢、富者は益々富を累《かさ》ね、貧者は益々窘急《きんきゅう》に至り候趣、畢竟《ひっきょう》政令正しからざるより致す所、民は王者の大寶、百事御一新の折柄、旁宸衷《かたがたしんちゅう》を悩ませられ候、智謀遠識救弊の策有之候はゞ、誰彼《だれかれ》なく申出づべく候事

等々の事が仰せ出されてゐる。まったく旧弊一洗、断然たる積極開進の気に満ちてゐて、保守停滞の気風は見られない。

それでは、神武創業いらいの天皇の伝統精神とは、いかなるものと解せられたのであらうか。それはこの大号令から間もない明治元年（慶応四年）の三月十四日、有名な五箇条の維新の国是誓約に際しての御祭文に見ることができる。新しい国是は、天神地祇の神意を奉じて、神明の大前に誓約して大政を行はせられること、祭政一致の大道こそが、天皇統治の根本であり、これこそが日本国として復古し、高揚すべき貴重なる伝統と信ぜられたのである。「一、廣ク會議ヲ興シ萬機公論ニ決スベシ」との条章以下五箇条の新国是は、天皇の神明への御誓約であり、百官群臣が、これに奉答するとの神前の儀として固められたのである。

神武創業の初にもとづく維新とは、皇祖をはじめ天神地祇の祭りを遊ばされる天皇が、神意を奉じて大政を施行し給ふこと、祭政一致の大道への復古であって、それは真に貴重なる天皇精神の伝統の復古であるとともに、中世いらいの形骸化せる旧慣陋習の一洗であるとされたのである。

この維新の精神は、明治初年に頻発された一連の詔勅に、鮮烈にしめされてゐるところである。その主たる詔勅については、『明治天皇詔勅謹解』（明治神宮編纂）において、その歴史的背景の事情とともに懇切な解

義説明がなされてゐるので、ここでは重複をさけて詳説しない。

このやうな意味での復古精神は、皇室の永年の制度のなかで、真に貴重であると信ぜられるものは、中世いらい中絶したものをも大いに復古させるとともに、一方においては、旧制をも廃棄したり、改新を加へられた。このやうな明治維新の精神によって復古され、あるいは改新された皇室の諸制度の大綱が、明らかな成文法典の形をもって、整備され、確立されたのが「皇室典範」である。

その一例として、まづここに明治の即位改元とともに定められた一世一元の元号制度について述べる。

二、即位の礼と一世一元の元号

慶応四年八月二十七日、新帝（明治）には即位の礼を行はせられた。これよりさき、岩倉具視は、古来の宮廷儀式が唐の制度を模したものであるとして、これを改廃して維新の精神に即した儀礼を考察するやうに神祇官副知事、津和野藩主の龜井玆監に命じた。玆監は下僚をしてその調査研究にあたらせたが、その新儀式の案は主として同藩士福羽美靜（後に子爵となる）が考案した。八月十七日に執行された即位の礼式は、永く用ひられた唐制の礼服を廃して、紫宸殿の中央に十九世紀の地球儀をおいて、天皇が将《まさ》に宇内に雄飛せられんとするところを示すといふやうな、著しく目新しい儀式であって、古例を尚ぶ京都の公家たちにとっては、いかにも新奇異様のものと感ぜられたらしい。

福羽美靜は、異色ある神道学者で、前記、大國隆正の門弟であった。幕末の時代には隣藩の長州藩士とともに活潑な政治工作につとめた人であり、津和野藩主の信任も厚く、また維新政府の長州系要人とは特に親しく、神祇官で新しく考案された改新の儀式や制度には、この人の大國流神道の思想によるところが多い。この時の儀式については福羽の記録がある。

即位新式抄

古來天皇陛下即位ノ御儀式上古ハ上古ノ式アリ、中古ハ中古ノ式アリ、近古ハ近古ノ式アリ、今上(明治)陛下御即位ニ付キ大禮行ナハセラレシ場合、即チ舊儀ノアル所ト新ニ設ケラルベキ儀式トヲ併セテ行ナハセラルベク治定セリ、是《コレ》ニ依テ其新式ヲ取調ブベキ旨命ヲ蒙《カウム》リ美静(福羽)謹デ之ヲ務メタリ、(中略)

御即位中最モ重キモノハ、高御座御登壇ノ場合、其御儀式之ヲ重ンズベキコトトス、其高御座ノ式、上古ノ儀式、自カラアリシコトナルハ明カナレトモ、其明細ナルコトヲ知ルニ由《ヨシ》ナシ、中古ノ儀式、之ハ近古迄《マデ》モ其形ヲ同ジクシタルモノニテ充分結構ナルモノナリ、其圖別ニアリ、其之ヲ造ルノ日月又久シキヲ要ス、故ニ今般ハ其御式ノ高御座ヲ止メラレ、御帳臺ヲ以テ高御座ニアテラレタリ、是ハ今後ノ儀ハ別ニ御定メアルベキコトナリ、

今般ノ圖、御装飾方、御登壇ノ次第別紙ニアリ、

御儀式鋪設《ホセツ》整ヒテ奏スル時、出御直チニ高御座ノ壇ニ登ラセラル、其御前ニ設ケアル所ノ地球儀、我日本國ノ正面ヲサシテ御足ヲ上ゲ給フコト左右左ナリ、コレ御即位式中ノ最モ重キ所ナリ、此時彼ノ御即位ノ宣命及壽詞等ノ式アリ、委細ハ別册ニ之ヲ記載ス、此高御座今度ハ至急ナル儀ニ付キ、假リニ御帳臺ヲ以テ用ヰサセラル、此式畢《ヲハ》リテ入御ナリ、

今度ノ御儀式ハ、彼ノ上代ノ高御座ノ御登壇ハ、専ラ古事ヲ擧ゲサセラレ、其結構ハ後世ノ美ヲ用ヰ給フコトナガラ、右御登壇ノ節、服御ハ、中古ハ袞冕《コンベン》十二章ノ御服ナリシヲ、此儀ハ今般廢止ニ御治定ナリ、其他唐土ノ歴

史ヲ以テ用ヰサセラレタル旗、其他夫々《ソレゾレ》ニ類スル品々ハ、悉《コトゴト》ク廢止ニ御治定ナリ、偖《サテ》之ニ代フルニ、專ラ我國固有ノ道ヲ取調ブベキ定メニテ、彼ノ榊《サカキ》ノ枝ニ鏡劒璽等モ付ケサセラレ、夫レヲ以テ神代以來ノ大禮ニ用ヰサセラレタルナレバ、之ヲ以テ宜《ヨロ》シトシテ、夫々ノ備ヘヲ盡サセラレタリ、其設ケ方圖ノ如シ、但シ前ニ述ルガ如ク、今般ノ御次第ハ至急ノ儀ニ付キ、其儀ヲ飾ルノ設ケ方、決シテ至レリ盡セリトハ云ヒ難シ、將來ノ御式ハ、其基ク所ヲ前ニ述ルガ如クトシテ、尚宜シキヲ加ヘサセラルベキコトナルベシ、（帝國學士院編纂『帝室制度史』第四巻）

この儀式については、伝統固守の有職故実に詳しい公家や神道国学者の間には、批判的な感想も少なくなかったらしい。福羽美靜その人も、前記の文にあるやうに「今般ノ御次第ハ至急ノ儀ニ付、其儀ヲ飾ルノ設ケ方、決シテ至レリ盡セリトハ云ヒ難シ」と自ら言って、さらに改めることの要をみとめてゐるが、その考案が旧習を一洗するとの改新の熱意によるものであったことは注目されるべきであらう。

即位のやうな皇室の大事あるに際しては、古来、元号を改められるのを通例とした。明治天皇も、即位の礼が終って間もなく、古例のごとくに改元せられたが、その改元に際して、大化の元号いらい初めての元号制についての一大改新を断行せられた。その改元の詔に曰く、

詔す。太乙を體して位に登り、景明に膺《あた》り以て元を改む。洵《まこと》に聖代の典型にして、萬世の標準なり、朕、否徳と雖も幸に祖宗の靈に頼り、祇《つつし》みて鴻緒《こうしよう》を承け、躬《みづか》ら萬機の政を親しくす。乃《すなは》ち元を改め海内の億兆と與《とも》に更始一新せんと欲す。其れ慶應四年を改めて明治元年と爲す。自今以後、舊制を革易し、一世一元、以て永制と爲せ。主者施行せよ。

明治元年九月八日

日本の元号制は、孝徳天皇の大化以後、一千三百年の永い伝統を有する。その源は、漢土から渡来したも

のであるが、およそ人生にとって極めて大切な「時」を記録し考へるのに、日本国民が天子の定められた同一年号を用ひて来たといふことは、国民の精神文化の上にも極めて重要な意味を有することであった。

しかし唐制の元号の思想には、年の干支によって革命を生ずるとか、あるいは天変地異が生じた時には改元をせねばならないとかの格別の学があって、頻りに改元が行はれた。その迷信的な風習は、そのまま日本にも伝はって、清原、菅原両家を主として年号勘者の専門家を生じ、しばしばの改元については常に繁雑な手続きを要し、暦法を論じて迷信の風を助長することも少なくなかった。

その弊風は、元号制の源であるシナにおいても反省痛感され、明清時代の学者には、天子一代の元号を改めないで一世一元の制とするがよい、との説が行はれ、日本でも水戸学を中心として一世一元の制を可とする有力な改新説があった。また幕末に渡欧した留学生などによっても、英国の王朝などの公式文書の年号には、国王の在位年代を明記する一世一元の制と同じ思想習慣のあることも知られてゐた。幕末に渡欧留学して勉強し、維新政府の初めから岩倉具視に格別にその洋学新知識をみとめられた薩摩藩の森有禮などの文書では、慶応年間から「統仁《おきひと》貳拾年」などと書いたものがある。統仁（孝明天皇）御即位二十年の意であり、一世一元式年号法であるが、これは洋式であらう（日本教文社発行論集『元号』中の荒川久壽男論文を参照）。

もっとも、荒川論文も書いてゐるやうに、岩倉に直接決断させたのは、主として水戸神道の学者、加藤櫻老の建言であり、それにより、一世一元の制への改新断行を是として、天皇に進言してその裁可を得たものと思はれる。そこで旧来の縁故ある清菅両家からは二、三の佳号を勘進せしめたのみで、旧例の繁文縟礼《じょくれい》の手続きは一切廃して、直ちにそれを天皇に奏請し、天皇が親しく賢所を拝して「明治」との元号を定められた。その「明治」の出典は「聖人南面而聴天下嚮明而治」(『周易』)との語である。

この一世一元の制は、永い伝統のなかから固守すべき貴重なるもののみをとり、一洗すべき陋習を切り棄ててしまったといふ好い一例である。明治の元号は、天皇の御即位と維新創業とを元年とするものであり、国民は明治の年号によって、天皇とともに維新建国後の年数を明記することとなり、非常に印象ふかいものとなった。この明治元年の改元の詔が、そのままに後年の皇室典範の大切な一条文となったことは周知のとほりである。

皇室典範第十二条　踐祚ノ後元號ヲ建テ一世ノ間ニ再ヒ改メサルコト明治元年ノ定制ニ従フ

三、祭儀の復古と改新

即位改元の儀が終って間もなく、天皇はまず大阪へ、次いで江戸へ御東行の途につかれた。九月二十日に京都を発せられ、途中九月二十七日には、皇祖神授の草薙の剣を奉祀する熱田神宮に御参拝あり、十月十三日江戸城西の丸に御到着。これよりさき江戸を東京と改称せられ、江戸城を東京城と称せられた。

東京御到着後間もなく、武蔵一の宮、氷川神社へ御参拝、ここで御親祭があって「方今更始の秋、新たに東京を置き親しく臨みて政を視るに、将《まさ》に先づ祀典《してん》を興し綱紀を張り、以て祭政一致の道を復せんとす」との詔が発せられた。史上これを祭政一致の大詔として銘記するところである。

江戸を東京と改称されたのは、初めのころは京都を本京として、西の京大阪と相対するほどの意であるかに見える文書が少なくない。ところが明治も二十年に近くの文書になると、大阪は問題でなく、西京なる語が明瞭《めいりよう》に京都を意味するやうに、いつしか変って来る。皇室典範の起案文中に見える「西京」の語は、明らかに京都である。

しかし、ともかくも京都が天子の都である、との意識は非常に根づよく、東京を設けても、京都から東京へ「遷《うつ》る」とは公式に言明しがたい強力な抵抗力が残ってゐた。後に詳しく述べるやうに、政府要路には、断然京都を棄てて遷都すべし、との主張が強いが、これに反対して京都をあくまでも皇居の所在すべき首都として固守する強烈な主張があって、政府としても人心の動揺をおそれて、公式に遷都の意を表明することができなかった。厳格にいへば、京都の首都たることを廃して東京を首都とするとの公式決定は、その後もつひになされなかった。

天皇は、明治元年にしばらく東京に御滞在の後に京都へ御還りになり、明治二年に再度御東行、この時の御東行の途次、歴代天皇として初めて伊勢の神宮への御親謁が行はれた。

皇室は、その永い神祇崇敬史上、いつも伊勢の皇祖神、神宮をもっとも深く崇敬せられたことは、歴世を通じて変ることがなかった。皇室、国家に重大な事のある時には必ず神宮へ奉告または祈願の勅使を立てられた。神宮の祭祀の維持については、神宮は常に朝旨を仰いでこれを決した。神宮は皇室にとって第一の崇敬の祭りの場であることは、皇室の祭祀制度の上で一点疑ひのないところである。しかし、いかなる理由があってのことか、歴代の天皇は諸社の神明へ御参拝の例は数限りもなく多いが、伊勢の神宮へ御参拝なさった前例は、史上ただの一度もない（その理由については、諸学者の説があるが、いづれも公認されたものはなく、公の文書では、ただ前例なしとの事実を明記するのみなので、ここに敢て私説は述べない）。先帝孝明天皇は、国難を憂へてしばしば神宮を遙拝《ようはい》し祈請されたのみでなく、その前例を改めて親しく御参拝なさりたいとの聖旨を明示されたけれども、つひにその事なくして崩ぜられた。

明治天皇は、明治二年三月十二日、御東行の途次、とくに前例なき神宮親謁の儀を行はせられた。これは神宮にとってのみでなく、皇室の祭祀制度の上でも銘記さるべき改新であった。これが維新の際でなく平常の時代であれば、前例旧慣を第一とする京都の公家や有職故実の学者には大いに異論が出て、到底行はれがたいことであったと思はれる。しかし、一大維新の際ではあり、天皇の伊勢への行幸に反対はなく、その後の皇室の祭儀の上での新例となり、この明治二年の御親謁は、その後の皇室と神宮との制度を定められる上で、非常に重大な意義をもつこととなった。

宮中の祭祀について詳しい八束清貫元掌典の文「皇室祭祀百年史」（神道文化会編『明治維新神道百年史』第一巻）によれば、「明治時代の皇室祭祀令に定める大祭級では神嘗祭、新嘗祭（附鎮魂祭）の二祭、小祭級では歳旦祭、祈年祭、賢所御神樂の三祭、その他、四方拝、節折《よをり》、大祓《おほはらひ》の三式」のみが、維新以前からの古来の祭儀であって、そのほかの数多い大小の祭儀はいづれも維新後の制度によるものであり、維新前のものでは五節句、端午、七夕、重陽等々の諸儀で廃止されたものが多い。

このやうな整理改新が行はれるためには、その間にさまざまの議論もあり試行錯誤もあったのが当然である。維新直後の神祇官から神祇省、教部省時代へかけての祭儀、制度の起案者として大きな役割りを果した神道家福羽美靜は、すこぶる開明進歩を主義とした人で、はなはだしく改新の案に熱心であった。

明治初年には祭祀、儀式の改廃や新制定が次々に行はれた。伊勢の神宮奉祀の神鏡および熱田の神剣を東京の皇居に御移しするとの改革案が、左院で決議されたことがあったが、神祇大輔福羽美靜、神祇少輔門脇重綾以下の当時の神祇官要人も連名をもって同じく建議してゐる。この改革提案の始末については、『神宮明治百年史』（神宮司庁発行）補遺に詳しい史料が編集解明されてゐるけれども、維新時代の一つの混乱をしめすものであらう。

その建議の論旨は、要するに、日本書紀の神器親授の伝承、同殿共床の神勅を論拠として、伊勢の神鏡を東京の皇居に御移しすることこそ、神武創業の始に還るものであるといふのであるが、これはただの抽象的形式論理にすぎないであらう。神宮の御鎮座は大宝令などよりも遙かに古く、決して唐の制度の影響などによるものでもなく、崇神天皇の深い聖旨によるものであり、鎮座の地を伊勢と定められたのは、大御神の御神意によりて決せられたと信ぜられた。崇神天皇いらい、神鏡は伊勢に御移りになっても、その御代宮としての神鏡が皇居の賢所に奉祀されて、同床共殿の神勅の御精神の伝統はそのままに生きてゐる。神鏡が伊勢に鎮座せられ、御剣が熱田にましますのは、神意と解すべきもので、これをただの抽象論理で、東京へ御移しすることを旧習一洗であるなどと思ふのは、信仰的伝統の深さ重みを知らないものと評すべきではあるまいか。この議に対しては、伊勢尾張の信仰者の強い反対があった。それに浦田長民といふ神道家が、伊勢の神宮少宮司として強く反対して、建議は立ち消えとなった。この浦田長民も初めは、東京へ御移しする論者であったと見られるが、自ら神宮に奉仕するにいたって深く反省するところがあって、神宮の伝統護持の信念を固めて反対につとめるにいたったと解せられる。

時代の大きく転回する時に、このやうな試行錯誤の現象の生ずるのは、決して怪しむべきことでもなく、立ち消えになった改革案などに言及するのは無用にも見える。しかし、これをとくに論ずるのは、東京への遷都論と、京都での大嘗祭に関する思想上の対決事情を理解するための当時の思想対決情況を察する一つの参考ともなり、その対決の結果、皇室典範において、即位の礼と大嘗祭とを京都において行ふとの条文が固まるにいたった思想的理解をするにも役立つかと思はれるからである。

四、遷都の議と改新の思想

王政復古の大号令において旧習的古例を一洗すると示され、五箇条の御誓文において旧来の陋習《ろうしゅう》を破るとの聖旨が公示されたが、その旧例陋習の根源は、一千年余の京都王朝の停滞せる風習そのものの中にあると痛感した者が多かった。その中の主柱として、新政府の要人(参与)として登用された大久保利通があった。かれは、維新前に薩摩を代表する政治工作者として、京都の王室に対して交渉を重ねて来た事情と経験から、その事を強く感じてゐた。王朝では宮中府中の別が明らかでなくて、公家たちは徒《いたづ》らに繁文縟礼をのみ事とし、人事は情実錯綜《さくそう》して、その縁故弊風は、下は京都の一般庶民の間にまでも及んでゐる。この地には、賄賂情実の人縁と地縁とが深く全都にしみついてゐる。ここで真に陋習を打ち破り、皇室をして維新の中枢となすためには、ただ宮廷のなかに多少の新鮮な人材を入れる程度のことで解決するものではなく、皇室がこの京都の古都そのものから立ち去られることが緊急だと信じた。

かれは、新政府第一の政策として、大阪への遷都を建議した。この遷都の論には、長州の廣澤眞臣、木戸孝允等も同感であった。その後に、官軍が江戸を占領するに及んで、江戸への御東行遷都の論が生ずるが、これら諸藩の武人政治家の遷都の主張は、大阪が良いとか東京が良いといふよりも以上に、京都の古びた風習のなかから脱出するのでなくては、維新の気風に満ちた皇室の改革は望みがたいといふにあった。下記は、大久保利通の遷都建白文である。

大坂遷都の建白書（明治元年正月廿三日）

（按）岩倉公ニ由リ朝廷ニ上レル浪華遷都ノ建言書ナリ

今日之如キ大變態開闢《カイビャク》以來未曾テ聞サル所ナリ然ルニ尋常定格ヲ以豈《アニ》是ニ應セラルヘキ今ヤ一戰官軍勝利ト成リ巨賊東走スト雖巣穴鎮定ニ至ラス各國交際永續ノ法立タス列藩離叛シ方向定ラス人心洶々《キヨウキヨウ》百事紛紜《フンウン》トシテ復古之鴻業《コウギヨウ》未其半ニ至ラス纔《ワヅカ》ニ其端ヲ開タルモノト言ヘシ然レハ
朝廷上ニ於テ一時ノ勝利ヲ恃《タノ》ミ永久治安ノ思ヲナサレ候テハ則北條ノ跡ニ足利ヲ生シ前姦《ゼンカン》去テ後姦來ルノ覆轍《フクテツ》ヲ踏マセラレ候ハ必然タルヘシ依之深ク
皇國ヲ注目シ觸視スル所ノ形跡ニ拘ラス廣ク宇内ノ大勢ヲ洞察シ玉ヒ數百年來一塊《イッカイ》シタル因循ノ腐臭ヲ一新シ官武ノ別ヲ放棄シ國内同心合体一天ノ
主ト申シ奉ルモノハ斯ク迄ニ有難キモノ下蒼生《ソウセイ》トイヘルモノハ斯ク迄ニ賴モシキモノ上下一貫天下萬人感動涕泣《テイキユウ》イタシ候程ノ　御實行擧リ候事今日急務ノ最モ急ナルヘシ是迄之通
主上ト申シ奉ルモノハ玉簾《ギヨクレン》ノ内ニ在《イマ》シ人間ニ替ラセ玉フ樣ニ纔ニ限リタル公卿方ノ外拜シ奉ルコトノ出來ヌ樣ナル御サマニテハ民ノ父母タル天賦ノ御職掌ニハ乖戾《ハイレイ》シタル譯ナレハ此御根本道理適當ノ御職掌定リテ初テ内國事

務之法起ル可シ右ノ根本推窮シテ大變革セラルヘキハ遷都ノ典ヲ擧ケラル、ニアルヘシ如何ントナレハ弊習トイヘルハ理ニアラスシテ勢ニアリ勢ハ觸視スル所ノ形跡ニ歸ス可シ今其形跡上ノ一二ヲ論センニ

主上ノ在ス所ヲ雲上トイヒ公卿方ヲ雲上人ト唱ヘ

龍顔ハ拜シ難キモノト思ヒ

玉體ハ寸地ヲ踏玉ハサルモノト餘リニ推尊奉リテ自ラ分外ニ尊大高貴ナルモノ、樣ニ思食サセラレ終《ツヒ》ニ上下隔絶シテ其形今日ノ弊習トナリシモノナリ敬上愛下ハ人倫ノ大綱ニシテ論ナキコトナカラ過レハ　君道ヲ失ハシメ臣道ヲ失ハシムルノ害アルヘシ

仁德帝ノ時ヲ天下萬世稱讃シ奉ルハ外ナラス即今外國ニ於テモ　帝王從者一二ヲ率シテ國中ヲ歩キ萬民ヲ撫育《ブイク》スルハ實ニ君道ヲ行フモノト謂《イフ》ヘシ然レハ更始一新王政復古ノ今日ニ當リ本朝ノ聖時ニ則《ノツト》ラセ外國ノ美政ヲ壓スルノ大英斷ヲ以テ擧ケ玉フヘキハ遷都ニアルヘシ是ヲ一新ノ機會ニシテ易簡輕便ヲ本ニシ數種ノ大弊ヲ拔キ民ノ父母タル天賦ノ君道ヲ履行セラレ命令一タヒ下リテ天下慄動《リツドウ》スル處ノ大基礎ヲ立推及シ玉フニアラサレハ

皇威ヲ海外ニ輝シ萬國ニ御對立アラセラレ候事叶《カナ》フヘカラス

一、遷都之地ハ浪華ニ如《シ》クヘカラス暫ク　行在ヲ被定治亂ノ體ヲ一途ニ居《ス》ヘ大ニ爲スコト有ヘシ外國交際ノ道富國强兵ノ術改守ノ大權ヲ取リ海陸軍ヲ起ス等ノコトニ於テ地形適當ナルヘシ尙其局々ノ論アルヘケレハ贅《ゼイ》セス

右內國事務ノ大根本ニシテ今日寸刻モ置クヘカラサル急務ト奉存候此儀行レテ內政ノ軸立チ百目ノ基本始テ擧ルヘシ若シ眼前些少《サシヨウ》ノ故障ヲ顧念シ他日ニ讓リ玉ハ、行ハルヘキノ機ヲ失シ

皇國ノ大事去ト云フヘシ仰願ハ大活眼ヲ以一斷シテ卒急

御施行アランコトヲ千祈萬禱《バントウ》奉リ候死罪

正月　　　大久保一藏

（副總裁岩倉具視副書）

別紙之通大久保一藏ヨリ手元迄差出候事ニ候得共爲賢考入高覽候也

正月二十三日　　具視

議　定
參　與
　御　中

〔解説〕利通ハ王政維新ニ當リ朝廷ノ積弊ヲ洗除シ紀綱ヲ振張スルニハ非常ノ英斷ヲ以テ帝都ヲ大坂ニ遷サヽルヘカラスト爲シ先ツ岩倉公及ヒ廣澤ニ之ヲ說キ其ノ贊成ヲ得タルヲ以テ更ニ總裁有栖川宮及ヒ三條副總裁ニ建言ス然ルニ當時ニ於テハ遷都ノ如キ實ニ破天荒ノ議論ナリシヲ以テ容易ニ行ハルヘキ形勢ニ非ス而シテ正月二十三日之ヲ朝議ニ付スルコトヽナリシヲ以テ利通ハ本書ヲ起草シ岩倉公ニ提出シタルナリ此ノ議ハ果シテ朝議ニ於テ否決セラレシカ幾《イクバク》モナクシテ大坂親征行幸ノコトアリ尋《ツイ》テ七月ニ至リ江戸ヲ改メテ東京ト爲シ、モ實ハ利通ノコノ議ニ基因セルモノト云フヘキナリ

（『大久保利通全集』）

御東行があって後に、新政府の実力的要人の間で、東京遷都の論はいよいよ急速にひろまった。京都の公家や市民が、この遷都の論に大きな不安と反撥を感じたのはいふまでもない。しかしその反対は、主として古都への絶ちがたい愛着の情や、私的利害の意識であって、それだけでは満々たる改新の気風には対抗すべくもなかった。しかしそれらの人々の外にも、維新討幕の熱情的な活動をした復古主義的神道人のなかに、強烈な遷都反対論の大きな潮流を生じたため、その反対論には無視しがたい迫力が生じてきた。

その一例として、権田直助の建議などがある。権田は、薩摩の有志者と相謀って、関東、江戸などで激しい反幕の地下活動もして来た、平田学派の有志神道者中の激派であったが、遷都の議に対しては猛反対をし

た。かれは、すでに明治元年（大久保建白の直後のころか）、天皇の御東行が遷都への第一段であるとして、次のやうな建言書を書いて反対してゐる。

乍恐《オソレナガラ》決死奉建言候、

御東幸之儀ニ付、憂國之士ヨリモ數々《シバシバ》奉建言候趣ニ承リ候得共、御止リモ不被爲　在趣ニ付、乍恐　宮堂上方之御情實ヲモ密《ヒソカ》ニ奉伺候處、御進ミモ無之由、諸侯方之情態ヲモ承リ候處、是モ　却《カヘツテ》而奉止候者多由、左候得者藩參與之説ト奉存候　乍憚《ハバカリナガラ》參與方ハ多クハ洋説心醉ヨリ外國人程才能明辨ナル者無之ト心得、夷賊ノ虛喝《キヨカツ》ニ欺誘サレ、彼レ等ノ勝手宜シキ湊近《ミナトチカク》エ引附ラル、モ不察……然ルヲ喋々《チヨウチヨウ》シク便利得失富國强兵ナドト國中ノ疲弊モ不悟、大活眼ヲ開ト云テ横文字ノ横ニ行ヲ知ノミニテ有直道ヲ不知、萬國公法ト云テ公議公論ハ更ニ無之……天津日ノ神、皇統ナル　皇國ヲ以萬國ト並立《ナラビタテ》ント云、是美玉ト瓦礫《ガレキ》トヲ不辨《ワキマヘズ》ト云フ者ナリ……微賤臣決死議論仕度候間、願ハ行政官ニテモ辨事御役所ニテモ御召出シ可被下候樣奉存候　乍憚參與衆ト公議公論ヲ以テ辨明可仕候、右者不絕憂憤マ、罪臣ノ罪ヲ不顧《カヘリミズ》決死奉建言候、誠恐《セイコウ》誠惶謹白。

二月　（國學大系・第二十巻『權田直助集』より引用）

その論理は必ずしも明快ではないが、御東行の儀は、ともかく堂上や諸侯の意見でなく、新進の藩参与（大久保とか木戸、廣澤あたり）などの洋説論者が、皇国の伝統を無視して立ててゐる説であるから、死を決して公議公論で論破する機会を与へられたい、といってゐるのである。

權田ばかりでなく、神道家には御東行反対論者が多くて、いよいよ九月御東行に決すると、伊勢の神官は「外宮で祭典執行中に大鳥居が倒れた」と急報し、公家の大原重德は、すでに天皇が大津まで行かれてゐるのに、これを皇祖神の御警告として京都へ還御あらせられるやう申し立てた。しかしこれは、岩倉具視によって阻止されたといふ。

公家や神道家には御東行に反対し、江戸を東京と改称されたことに強く反撥する者の多かったのも事実であるが、神道家のなかにも進んで遷都を主張する者もあった。前記の神祇官の福羽美静などがその代表的な人物で、神宮の鳥居の倒れた報を聞くと、「鳥居は立てたものだから、倒れたからとて何の怪しむべきこともない」といって、神官連中を冷評して、ひどく憤慨させた（山田孝雄「福羽美静」＝『文藝春秋』昭和十八年八月号所収）。

この明治元年には、政府に神祇官復興の議が決し、また神道国学の府として皇学所が設けられたが、概して云へば神祇官系には進歩改新の風が強く、遷都反対などの論は主として皇学所の系列に多くて、二つの潮流が相対立した。その間にあって、もっとも苦しんだのが岩倉具視であった。

岩倉が新帝の即位式の考案を命じた時に、地球儀を設けて唐風の儀礼を廃した神祇官の福羽美静を中核とする一連の神道家は、新政府の実力主流などに劣らない進取開明派であった。福羽が神祇官時代に用ひた笏《しゃく》には、とくに「進取・文明・尚徳」の三語が銘記され、その文は、

いにしへの人覺悟すべきことを笏にしるすと、いま朝廷の恩命によりて衣冠の身となれり、もとより國につくさんとすることの地を得たるがごとし、故にまづ笏にしるすこと左のごとし、一議を發し一事を處するに、左の三言に照らして、そむかざるをよしとす、私事においてもまた然り、

進取、文明、尚徳、

規言かくのごとし

（「硯海の一勺」。神社新報に昭和三十九年十月より連載の「明治神道夜話」参照）

云々といふものであった。

福羽は、新政府参与等の実力者の開明主義に共感してをり、新興国の皇都は国の中央に位置するがよく、千島列島にまでも皇化の及ぶ新時代のことなれば、京都などは西に偏してをり、江戸よりもさらに東北に進んでもいいとの論者である。かれは、岩倉にも信用されてゐて、明治の新制度の考案には大いに働き、また、元老院議官として明治十三年の国憲案の起草などにおいても中枢的な地位を占めてをり、後には宮中顧問官、子爵になった人である。前記の権田直助などとは神道人でも対極的な立場である。

岩倉が、慶応年代から薩長討幕派と結んで活動したころに、もっとも深く畏敬し信頼した神道家に玉松操がある。この玉松操は、その血統は公家の出身ながら（本姓山本）すこぶる剛直の人であったが、維新後前記皇学所の創立にあたり、平田鐵胤や矢野玄道とともに教学の任にあたり神道家の間に威望があった。これは岩倉具視が格別に畏敬した人であったが、この玉松が、前記の権田直助等と同じく、明治新政府の実務派主流を洋学心酔の徒だと信じてゐて、御東行にも反対、江戸を東京と改称することにも反対で、きびしく岩倉にせまった。

玉松以下の皇学所の学者連中には、遷都反対論が有力であって、それが堂上の絶対多数派から京都の市民にいたるまでの京都固守論と結果的に結合することとなった。岩倉は、この一連とも人的に深い間であったし、新政府の実力要人とも親近なので、大いに苦しんだ。岩倉は、公家のなかでは長薩の実力的政治家ともっとも深く相許した関係にあり、その進言をほとんど入れてゐるが、遷都の議については少なくも表面的には不同意の建言をしてゐる。遷都論の有力になった明治二年正月二十五日に、四件を朝議に附すべく文を提出した。それは「政體の事」「君德培養の事」「議事院の事」の三事について述べ、終りに「遷都の事」について下記のやうに建言してゐる（『岩倉公實記』）。

一遷都論ノ事

今度東京ヘ御再幸ニ付朝野ノ臣民聖意ノ在ル所ヲ知ラス遷都アラセラル、カ如クニ心得居ルモノモ亦《マタ》少カラス之カ爲ニ京坂ノ人心動搖スルコト尤《モツトモ》甚シ昨年江戸ヲ以テ東京ト稱セラル、事ヲ仰出サレシモ畢竟《ヒツキヨウ》天子ハ四海ヲ以テ家ト爲スノ本義ニ據《ヨ》リ東西一視ノ御趣意ニ出テ、決シテ遷鼎《センテイ》ノ御趣意ニ非ラサルナリ殊ニ京都ハ桓武帝以來千餘年ノ都府ニシテ列聖山陵ノ在ル所此後千百年ヲ經ルモ決シテ東京ニ遷鼎シテ此都府ヲ廢セラル、コトハ萬々之レ無キ筈《ハズ》ナリ元來關東諸國ハ王化ニ霑《ウルホ》ハサルヲ以テ已《ヤ》ムコトヲ得ス車駕《シヤガ》再ヒ東京ニ幸シ新政ヲ施シ奧羽ハ勿論《モチロン》蝦夷千島ノ末マテモ王化ニ霑ハシメントノ御趣意ニ外ナラス因テ是事ヲ朝野ノ臣民ニ篤《トク》ト領會スル樣ニ御諭令ヲ發セラレンコトヲ望ム又朝堂ノ上ニ於テモ遷都論ヲ唱フルモノ無キニ非ラサルモ具視ハ徹頭徹尾不承知ナリ乍レ併《シカシナガラ》今上ノ叡慮ヨリ出テ、遷鼎ノ御沙汰《ゴサタ》アラハ是非ナキ次第ナルモ臣子ノ分トシテ之ヲ唱ヘ之ヲ勸メ奉ルカ如キハ具視ノ敢テ同意スルコト能ハサル所ナリ

右ハ今日ノ急務ニ付不レ憚二忌諱《キイ》一鄙見《ヒケン》ヲ縷陳ス宜ク御評決アランコトヲ是レ希《ネガ》フ

正月　　　　具視

岩倉は、その文では遷都に強く反対してゐるかに見える。しかし真意では、最後に書いてゐるやうに「叡慮ヨリ出デ、遷鼎ノ御沙汰アラバ是非ナキ次第」として片づけるつもりだったのではあるまいか、とも推察される。

史実の上では、明治元年七月には江戸は東京と改称されるし、実際的政務は東京で行はれることになって行く。天皇は、東京と京都との間を頻りに往復され、明治三年には、天皇の侍読として日本書紀を進講した玉松操も命によって召されて東京に出て来たが、そこで岩倉と激しく論争して、憤懣《ふんまん》禁じがたく、岩倉を痛《つう》罵《ば》して東京を去って京都へ戻り、以後官を辞して世俗の交りを絶ち、孤影鬱々《うつうつ》として間もなく亡くなった。玉松は、心底から岩倉に裏切られたとして怒ったが、岩倉の側では玉松との決裂を終生の恨事としてゐたらしい。『岩倉公實記』には玉松について、次のやうに書いてある。

具視王政復古ノ基礎ヲ玉松操ニ咨問スル事

初メ正月具視ハ三上兵部（三宮義胤）ニ囑シテ曰ク予ハ時務ヲ論スルノ書ヲ草スル毎ニ筆意晦澁《カイジユウ》シ自ラ不學ヲ憾《ウラ》ム若シ汝《ナンヂ》カ識《シ》ル所ノ人ニシテ心志端正且文筆ノ才ヲ備フル者アラハ當《マ》サニ誘引シテ以テ吾カ廬《ロ》ニ來ルヘシ予ハ之ニ起草ヲ託セント欲ス兵部曰ク吾カ郷里ニ玉松操ナル者アリ所謂《イハユル》古ノ隱君子ナリ兵部之ニ師事スル年久シ玉松ニシテ明公ノ左右ニ侍スル有ラハ必ス明公カ一臂《イツピ》ノ力トナラン具視曰ク予之ヲ見ント欲ス汝宜ク提携シテ來ルヘシ兵部之ヲ諾ス是ニ於テ兵部ハ操ニ説クニ具視ニ謁センコトヲ以テス操敢テ應セス兵部乃チ樹下茂國ト共ニ之ヲ説ク再三ナリ操始テ之ヲ肯《ガヘ》ンス二月二十五日操ハ兵部ト相偕ニ至ル具視之ヲ一見シテ異常ノ器タルヲ知ル待ツニ賓禮《ヒンレイ》ヲ以テス且文學ヲ兒孫ニ教授センコトヲ乞《コ》フ操之ヲ諾ス是ヨリシテ操屢《シバシバ》具視ノ門ニ出入シ機事ヲ計議ス九月具視ハ中山忠能正親町三條實愛中御門經之ト共ニ王政復古ノ大擧ヲ圖議スルヤ忠能等建武中興ノ制度ヲ採酌シ官職ヲ建定セント論ス具視以謂《オモヘラ》ク建武中興ノ制度ハ以テ模範ト爲スニ足ラスト之ヲ操ニ咨問ス操曰ク王政復古ハ務メテ度量ヲ宏《ヒロ》クシ規模ヲ大ニセンコトヲ要ス故ニ官職制度ヲ建定センニハ當サニ神武帝ノ肇基《チヨウキ》ニ原ツキ寰宇《カンウ》ノ統一ヲ圖リ萬機ノ維新ニ從フヲ以テ規準ト爲スヘシ具視之ヲ然リトス是ニ於テ新政府ノ官職制度ハ操ノ言ニ從フテ之ヲ建定

スト云フ

〔附注〕 玉松操ハ具視カ入幕ノ賓ト爲リテ明治中興ノ鴻圖《コウト》ニ參畫ス頗《スコブ》ル功績アリト雖世人之ヲ知ルモノ至テ希《マレ》ナリ因テ其略傳ヲ此ニ附載ス

玉松操初メ名ハ重誠後ニ眞弘ト更《アラタ》ム侍從山本公弘ノ第二子ナリ幼ニシテ山城國宇治郡醍醐寺ニ入リ僧ト爲ル猶海ト曰フ大僧都法印ニ任敍《ニンジョ》ス曾テ僧律ヲ革新センコトヲ唱ヘ一山僧徒ノ憎ム所ト爲ル髮ヲ蓄ヘ袈裟《ケサ》ヲ脫シテ山本毅軒ト稱ス又玉松操ト更ム人ト爲リ剛毅ニシテ皇儒佛ノ典籍ニ通シ最モ皇學ニ長ス嘉永安政ノ間泉州貝塚卜半ノ家ヲ主トシ此《ココ》ニ留ル屢勤王攘夷ノ大義ヲ卜半ニ說キ其歸俗ヲ勸ム卜半ハ眞宗ノ僧ナリ卜半幕府ノ嫌疑ヲ受ケンコトヲ恐レ稍《ヤヤ》之ヲ厭《イト》フ是ニ於テ操辭シ去テ京師ニ歸ル文久元治ノ間幕府益〻政ヲ失フ操之ヲ見テ悲憤ニ堪《タ》ヘス乃チ江州坂本ニ隱レ後ニ眞野ニ移ル妻妾《サイショウ》ヲ蓄ヘス葷肉《クンニク》ヲ食《クラ》ハス寒ヲ喜ヒ熱ヲ嫌フ嚴冬ト雖仍《ナ》ホ棉衣ヲ襲《カ》サヌル無ク火爐《カロ》ヲ近ツクル無シ朝昏《チョウコン》讀書ヲ以テ自ラ樂ム慶應三年二月始メテ具視ニ謁シテ其器識ニ服シ心ヲ傾ケテ之ヲ輔《タス》ク大政復古ノ時ニ方《アタ》リ朝廷ヨリ出ツル所ノ詔勅制誥《セイコウ》多クハ操ノ起草ニ係ル明治元年二月徵士內國事務權判事ト爲ル朝廷歐米列國ト締盟ノ事ヲ布告スルヤ操慨歎シ之ヲ具視ニ詰《ナジ》ル具視曰ク宇內ノ形狀復《マ》タ昔日ノ比ニ非ス列國ト締盟スルハ情勢已《ヤ》ムヲ得サルニ出ツルナリ操長吁《チョウウ》シテ曰ク奸雄《カンユウ》ノ爲ニ售《ウ》ラレタリ二年正月堂上ニ列セラレ從五位下ニ敍シ昇殿ヲ聽《ユ》ルサル三年十月侍讀ト爲ル翌四年正月之ヲ辭ス五年二月病テ卒《シュツ》ス文化七年三月ニ生ル年ヲ享《ウ》クルコト六十三、二十六年一月特ニ從三位ヲ贈ラル蓋《ケダ》シ操カ攘夷ノ念ハ終身少《シバ》ラクモ衰ヘスト云フ

もっともこの文で、玉松、岩倉の決裂を、新政府が外国と国交を開いたのに玉松が反対であったかのやうに書いたのは誤りであらう。玉松を深く敬した伊藤武雄著『復古の碩學《せきがく》玉松操』（金鶏学院発行）でも、玉松は岩倉と王政復古を相謀ったころから、すでに維新政府の開国外交政策については十分に承知してゐたとし

て、右の説を否定してゐる。

玉松としては、開国後の新政府の要人の精神が、洋風の文明開化思想に流れて、日本固有の精神文明がくづれて行く風潮を怒ったのであらう。かれは皇学所を開いて、維新の学問文明の基礎を固めたいとの熱烈な大志をもってゐた。皇学所についてのかれの構想では、皇国の学を基とし、漢学はこれを参考の学とはするが、仏教や洋教はこれを拒否してゐる。西洋の理工科学や技術の学はみとめるが、洋教思想は拒否するのである。この皇学所の構想が、新政府の文教政策と一致しないで、政府は、京都の皇学所も漢学所もこれを廃してしまって、東京に新しく大学を建てることにした。

玉松は、陋習一洗の維新断行論者である。王政復古と共に、皇室の後宮の女官が宮中府中の別をみだるのをきびしく禁じ、公家の賄賂を厳禁し、歯を黒く染めたり眉をえがく優柔文弱の風を禁じたり、そのほか中世以降の王朝の陋習を打破することには、諸藩の参与にも劣らない熱意がある。しかし玉松の旧習一洗は、あくまでも日本的国粋文明にもとづくもので、西欧流を学ぶものでは決してなかった。かれは新政府要人の西欧的文明開化の風潮に激しく反撥した。そして政府要人が、古都を嫌って東京遷都を主張する根底には、この洋風開化への思想があると固く信じた。かれは公文にも「江戸」と書いて東京とは断じて書かなかった。それだけに、京都の皇学所を廃して東京に大学を建てる政府の構想は、それこそ玉松にとっては復古維新を裏切る策謀と信ぜられた。かれは御東行による洋風改新に反抗して、古都における復古維新を固執したといふべきであらう。

御東行とともに伝統的文明精神が軽侮されるとして憤る者は、少なくなかった。玉松は明治三年末に辞意を表明し、明治四年正月に辞任を認められたが、その直後の三月に公家の外山光輔一党が捕縛され、次いで同じく愛宕通旭一党も捕へられた。かれらは、熱烈な遷都反対論者であって、その家臣等と共に、地方有縁の伝統国粋派を糾合して、武力をもって遷都に反対し、新帝を奉じて京都への還都を強行するつもりであったといはれる。外山も愛宕も、その家臣等とともに死罪となってゐる。東京遷都反対の熱烈な動きは、無視できぬ反政府行動を誘発しかねない力があった。

三月二十二日には、矢野玄道、權田直助、角田忠行、丸山作樂等々の一連の有名神道人が検挙された。丸山正彦著『丸山作樂傳』によれば、その日には、作樂は福井藩への御預けを命ぜられ、兵隊百余人の警固にて連行されるといふものものしさであった。同じく矢野玄道、權田直助、角田忠行等も同様に召喚、それぞれに監禁された。これは、この神道家たちが、豫てから新帝の大嘗祭を、ぜひ正式の皇都である京都で執行さるべき旨を強く建言してゐたためと見られてゐる。政府も京都府民に対して大嘗祭の京都執行を公約してゐたが、朝議が東京での執行へと変更決定したので、反対の余地を与へないための監禁であったと見られる。愛媛県教育会発行の『矢野玄道』のなかにその時の連座者、角田忠行の次のやうな談話引用がある。

明治四年三月廿二日、大學退出、矢野先生と共に下谷池端《いけのはた》にて書林に居り候處、先生の門人來り、只今《ただいま》先生と同じき御用掛の松岡七助勅使にて、御預けと申す事也、至急歸宅すべしとの事也。此時先生は九段坂下なる旗下邸《はたもとやしき》を宿とす。忠行は神田明神下なる舊藩邸を宿とす。翁は夫より備前岡山藩邸へ保管せらる。（中略）此一條は大嘗祭は京都御所にて行はるべく東西の各三十三ケ國をトして悠紀主基《ゆきすき》を定められたき旨を、翁と共に屢々岩倉家へ建言せしを、福羽美靜が開化妨害の徒也と強ひて、木戸大久保に讒言《ざんげん》して、こゝに至りし事は後に樹下氏に慥に《たしか》聞き込み候。翁が「此世にてさもあらばあれ報いずてあるべき物かこれの恨は」との詠は、此を激しての事也、同年十一月千代田にて大嘗會濟みて後、十二月翁は下谷なる大洲邸へ引取、忠行は岩村田邸へ引取り候。然るに五年正月になり、孰《いづ》れも本藩へ護送すべしとの達しにて、池の端の茶店にて翁と予と八田知紀老人其他と別盃を酌みて孰れも國許《くにもと》へ引取りたり。

この三月二十二日検束の直後、同月二十五日に「今冬、大嘗祭を東京において行はせられる」旨の公式の布告があった。その御用掛として大納言嵯峨實愛、大辨坊城俊政を始め、神祇少副福羽美靜、神祇大祐北小路隨光、同門脇重綾等が任命された。その実務は主として福羽、門脇等が担当すると見られた。この三月には、前記のやうな検挙召喚等が頻々として行はれたほかにも、山口藩士、久留米藩士等に不穏の動きがあるとして、兵を動かしたことが多いが、それには主として広島、山口の藩兵とともに、福羽の属した津和野藩兵も命をうけて活動してゐる。しかもこの時に監禁された神道家は、丸山作樂一党の外は格別の取り調べも受けないで、大嘗祭が終ると間もなく釈放されてゐる。角田のいふやうな疑念をもつ神道家があったのも故なしとはしない。

この時に監禁された者のなかで、ただ丸山作樂は、神道の事のみでなく朝鮮外交の事などもあって、もっともきびしく処分され、裁判の判決では終身禁獄（実際は明治十一年釈放）となり、その処罰は、たれよりも苛烈であった。しかしその丸山が、その後に福羽美靜とは、その所見は必ずしも一致しないまでも親しく交はってゐるのを見れば、福羽讒言説は、そのままには信じがたい。

五、東京で大嘗祭執行さる

その後の五月には、大嘗会の悠紀を甲斐の国に、主基を安房の国に卜定された。古例によれば、首都以東の地を悠紀とし、以西を主基としたものであったのが、この時の卜定はその反対になってゐるかに見える。『明治天皇紀』には「其方位を誤れるが如くなれども、是れ東西の別なかりし古例に據れるなりと云ふ」と書いてあるが、おそらく当時の故実家や神道人のなかで論議のあったのを、穏かに暗示したのではあるまいかと思はれる。

ともあれ、この大嘗祭の準備は着々として進み、明治四年十一月に厳粛に執り行はれた。御一代一度の重儀であり、しかも新例も加はってゐるので、いささか長文であるが『明治天皇紀』によってその次第を抽記する。

（十一月）十五日　大嘗宮造營の功全く竣れるを以て、午前八時神祇省・式部寮及び土木寮の諸員、同宮に參向して鎭祭・神門祭・悠紀主基兩殿祭を行ふ、（中略）是の月十七日を以て大嘗祭を行はせらるゝに因り、午後四時賢所前庭に於て大祓の儀あり、太政大臣三條實美以下大祀關係の諸員百二十餘人參向す、是れより先午後二時、天皇、賢所便殿御服間に於て行はるゝ節折の儀に出御あらせらる、節折・大祓は六月の儀に同じ、舊制、大祀執行に方《あた》りては散齋・致齋の修禊《しゅけい》を行ふを例とす、然れども其の實行はれ難くして虚禮に屬し、神意に適せざるべしと爲し、之れを廢して節折・大祓を修することに決

せるなり、今夕より十八日朝に至る間、重輕服者の參朝を停《とど》む、又諸寺の梵鐘《ぼんしょう》を打つを停止す、

十六日　明十七日大嘗祭を行はせらるゝに因り、鎭魂祭を修す、午後七時儀畢る、（中略）

十七日　大嘗祭を行ひたまふ、是れより先、政府祭儀の趣旨を定む、其の概要に曰く、大嘗の大禮は國家の重典にして神代の遺範なり、故を以て世に治亂あり時に隆替ありと雖も、歴代其の儀を更めず、一に舊に依る、中葉以降大權武門に移りてより百官其の職を失ひ徒《いたづ》らに空名を存す、殊に神代より沿襲せし職官に至りては其の名實既に亡《ほろ》ぶと雖も、尙中臣代・忌部代等の如く、某代と稱して儀式に列せしむること是れ近代の通例なり、今や皇業古に復し、百事維れ新なり、大嘗の大禮を行ふに、豈に舊慣のみを墨守し有名無實の風習を襲用せんや、仍《よ》りて大禮の儀式の或は未定に屬するものは、姑《しばら》く現時の形勢に鑑み敢へて修飾を用ゐず、偏《ひとへ》に實際に就くを旨として之れを制定す、而して彼の中臣代・忌部代の如きは今時神祇省の官吏是れに相當せるものにして、固《もと》より改めざるべからず、又六衞(ママ)の官人矛・楯を執り、伴・佐伯の宮門を守るの類の如き虛禮に屬するもの亦廢せざるを得ず、其の辰日の節會の如きに至りては不便尠《すくな》からず、豐樂院・淸暑堂等、皇居是れに充つる殿堂無きを以て、故典も隨つて行はれ難し、抑ゝ《そもそも》今次の大典は專ら假式を以て之れを行ひ、後來大禮の大に定まるを竢《ま》つ、凡《およ》そ卯・辰・巳三日の大典、最も簡易朴素《ぼくそ》を旨とす、然れども是れ固より猥《みだ》りに古例を廢するにはあらず、時世の變遷已むを得ざるに出づ、但し悠紀・主基兩殿の建造竝《なら》びに殿內の儀式、御親祭の次第等に至りては、一に舊典に從ひ、間ゝ今代の新制に據る所ありと、而して昨十六日、大嘗祭・豐明節會の儀注を天皇及び皇太后・皇后に上《たてまつ》る、抑ゝ大嘗會の本儀たる御親祭の大典は是の日より翌日曉天に亙りて之れを行はせらる、即ち是の日、早旦《そうたん》大嘗宮四門を裝飾し、次いで神祇省神部等、神門・中門・腋門及び南門に候し、式部寮、群僚の版を神門外庭上に設く、又午後一時悠紀・主基兩國の神物を神祇省內の齋場所より大嘗宮に致して悠紀・主基各膳屋《かしはや》に納む、次に神祇省・式部寮の諸官各ゝ幄舍《あくしゃ》に候す、四時神祇大輔福羽美靜・同少輔門脇重綾等、悠紀・主基兩殿の神座を設く、

是の間皇靈に神饌《しんせん》を供進するの儀あり、第一鼓午後五時を報ずるや、勅任官・奏任官・各省寮司判任官總代及び悠紀・主基兩國の地方官等參入して中門外の幄舎に著《つ》く、是れより先、天皇、太政大臣三條實美・參議西鄕隆盛・同大隈重信・同板垣退助・文部卿大木喬任・左院副議長江藤新平・外務大輔寺島宗則・大藏大輔井上馨・兵部大輔山縣有朋・司法大輔宍戸璣竝びに宮內卿兼侍從長德大寺實則・侍從長河瀨眞孝・從一位中山忠能等を隨へ、肩輿《けんよ》に御して大嘗宮行在に幸す、而して第二鼓六時を報ずるや、御衣を帛《はく》に更めたまひて廻立殿《かいりゅうでん》に渡御し、同殿西方の床子《しょうじ》に著御あらせらる、兩侍從長、捧持《ほうじ》せる劍璽を白木の床子に安置す、太政大臣・參議・諸長官竝びに神祇輔・式部頭等廻立殿の庭上に候す、次に御湯の儀あり、侍從之れを上《たてまつ》る、畢《をは》りて祭服を著し、手水を上らしめたまふ、次に式部頭坊城俊政進みて群僚の名簿を上り、悠紀殿渡御を奏請す、乃ち廻立殿を出御あらせらる、神祇輔前行し、太政大臣之れに次ぐ、宸儀《しんぎ》、侍從二人左右に脂燭《ししょく》を秉《と》りて筵道《えんどう》を照し、侍從長二人劍璽を奉じ、侍從四人菅蓋《すげがさ》を捧ぐ、次に參議・諸長官・式部頭等扈從《こしょう》し、中山忠能列外に隨行す、玉步悠紀殿に通ずる廊を進ませられ、同殿南面より入御し、玉座に著きたまふ、侍從長劍璽を奉じて南面の簀子《すのこ》に、忠能階上便宜の所に候し、神祇省官吏燭を秉りて階下に候す、次に太政大臣以下扈從の群僚、悠紀殿庭上の幄舎に著く、既にして第三鼓の響くや、神門・中門及び東西腋門を開く、勅奏任官・判任官總代及び悠紀方地方官甲府縣知事土肥實匡、西腋門より入りて中門內の幄舎に著く、伶人《れいじん》亦西腋門を入りて版の西に著き、國栖《くず》古風を奏し、畢りて悠紀國風を奏す、是の時悠紀方地方官、幄舎を出でて版の東に著く、悠紀國風の一に曰く、

白嶺 巨摩郡

君か代の光にいとゝあらはれて
かひのしらねのかひはありけり

神祇大輔福羽美靜の作る所なり、其の二に曰く、

青柳里　同郡

大御世の風にしたかふ民草の
　　すかたを見する青柳の里

宣教権中博士八田知紀の作る所なり、次に太政大臣・参議・勅任官、庭上の版位に列立し、奏判任官前庭に列立して一齊に八開手《やひらで》を拍《う》ち、畢りて幄舎に復す、次いで太政大臣、悠紀殿に参進して殿上の廂《ひさし》に候し、神祇輔・式部頭同殿南面の簀子に侍す、第四鼓の報あるや、神祇輔の命に依り、悠紀膳屋より悠紀殿に通ずる廻廊に神饌行立あり、神祇少丞一人警蹕《けいひつ》を稱し、少掌典二人左右に燭を秉りて前行す、神饌捧持の掌典・釆女《うねめ》・神部等進みて悠紀殿南階の下に至るや、簀子に候せる陪膳・後取《しどり》の釆女二人、次第に之れを取る、又大掌典以下庭積《にはづみ》の机代物《つくえしろもの》を列す、天皇更に手水を上らしめたまひて神饌供進の儀を行はせられ、畢りて太政大臣祝詞を奏す、祝詞に曰く、

天皇乃新代乃茂御代乃大御典止今年十一月乃中卯日乃生日乃足日尓大嘗祭仕奉給布止爲弖齋清麻波利造奉礼留是乃悠紀乃大殿乃神牀乃大前尓太政大臣従一位三條實美恐美恐美母白左久高天原尓神留座須皇親神漏岐神漏美乃命以弖天日嗣乃高御座乎天地乃共動久事無久變留事無久堅石尓常石尓定給比之大御詔乃隨尓天皇乃知食須御代乃初乃天津御饌乃遠御饌乃大嘗聞食須賀故尓先皇神等乃大前尓御服波和妙荒妙御酒波白酒黒酒乎始弖種々乃多米津物乎百取乃机代止置足波志弖太政大臣従一位三條實美乎始弖官々乃長官次官等諸乎率給比阿登母比給比弖神事仕奉給波久乎甘良尓聞食弖天皇乃大御代乎萬千秋乃長五百秋尓立榮志米給比天下内外乃國乃國止云國島止云島落留事無久洩留々事無久見行志聞食須天皇乃朝廷乎始弖仕奉礼留親王百官人等乎毛彌助氣尓助給比彌進米尓進給倍止白須事乎聞食世止恐美恐美毛白須

次に御直會《なほらひ》の儀あり、畢りて手水を執らせらる、次に撤饌《てつせん》あり、第五鼓にして天皇廻立殿に復御す、其の列次前

儀の如し、次に勅任官以下中門外の幄舍に退下し、茲《ここ》に悠紀殿の儀全く畢る、時に午後十時を過ぐ、尙皇后御拜あるべきも、御都合により其の儀あらせられず、十一時主基殿に渡御し、更に御親祭を行はせらる、其の儀悠紀殿に於けるが如し、但し主基方地方官として參列せるは舊花房縣大參事淸水豐宜なり、主基國風の一に曰く、

　　長狹川 長狹郡

　岩間ゆく水のみとりも長狹河

　　いさよふ瀨々のすゑふかむらむ

神祇少輔門脇重綾の作る所なり、其の二に曰く、

　　蓬島 同郡

　名くはしき蓬かしまは君か代の

　　なかさ縣の神やつくりし

神祇大錄飯田年平の作る所なり、翌曉午前二時、主基殿御親祭畢る、三時を過ぎて皇居に還幸あらせられ、諸員退出す、乃ち神門及び中門等を鎖《とざ》し、平明に及びて悠紀・主基兩殿の神座を撤す、是の日陰雲深くして時々微雨至る、是の日より百官に休暇を賜ふこと三日、又十八日諸省奏任官以上及び在京地方官の豐明節會《とよのあかりのせちえ》に召されたる者に、十九日非役華族及び諸省判任官に、二十日より七日間庶民に、大嘗祭場の參拜を許す、

十八日　大嘗の大祀畢れるを以て豐明節會を行ひたまふ、正午節會に召されたる太政大臣・參議・諸省奏任官以上竝びに在京の府・縣・開拓使勅任官、各ゝ直垂《ひたたれ》を著して參内す、午後一時直衣《のうし》を著して大廣間に出御、御帳臺の御座に著きたまふ、諸員磬折《けいせつ》す、神祇大輔福羽美靜進みて、諸員起立の間に天神壽詞を奏し、畢りて諸員拍手す、次に太政大臣三條實美宣命を捧讀す、曰く、

天皇乃大命尓坐世今年十一月乃今日乃生日乃足日尓大嘗乃直會乃豐明聞食須賀故尓親王百官人等悠紀主基乃二國乃仕

奉礼留黒酒白酒乃大御酒乎赤丹乃穂尓海川山野乃種々乃物等乎母賜波利恵良岐弖罷礼止宣留
天皇乃大命乎諸聞食世止宣留

次いで式部頭坊城俊政、悠紀・主基兩國獻物の色目を捧げて進み、悠紀方地方官は悠紀國獻物の搗栗《つきぐり》・白柿・絹を取り、主基方地方官は主基國獻物の干鮑《ほしあはび》を取りて羅列す、式部頭乃ち獻物を奏す、畢りて白酒・黒酒各四坏《よつき》を供せしめ、諸員に各一坏を賜ふ、次に玉食を銀盤に盛りて供せしめ、諸員に饗饌《きょうせん》を賜ふ、既にして御箸下る、諸員之れに應ず、國栖奏畢りて次第の物を供せしめ、又之れを諸員に賜ふ、是の間、悠紀・主基の國風を奏し、久米舞・舞樂あり、畢りて入御あらせられ、諸員退出す、時に午後五時なり、（中略）又京都にありては、天皇御贈進の饗饌を皇太后に供し、女官・三仲間等に至るまで酒饌を賜はる、（中略）是の日又各國公使等を延遼館に召して日本料理の饗饌を賜ふ、乃ち午後六時伊太利國特派全權公使を始めとして和蘭・西班牙・佛蘭西・亞米利加合衆國等各國公使及び伊太利・獨逸・西班牙・佛蘭西四國公使館書記官等參席す、外務卿輔以下外務省官員・神祇省官員等之れが接伴に當り、伶人樂を奏す、外務卿副島種臣起ちて大嘗祭の旨趣と賜饌の所以《ゆゑん》とを演述す、伊國公使總代として祝辭を陳《の》べ、一同和蘭國公使の發聲に和して祝盃を擧ぐ、次に外務卿の答辭あり、而して宴畢る、又大阪・神奈川・兵庫・新潟・長崎・函館各港在留の領事以下には在留地に於て、各省雇外國人には各省に於て各ゝ饗饌を賜ふ、但し文部省にありては十九日を以て賜はり、文部卿大木喬任の祝辭あり、東校雇獨逸國人ドクトル・レヲポール・ミュルレル答辭を述ぶ、尙御親兵砲隊、昨十七日日沒時、日比谷門外操練所に於て祝砲二十一を發し、是の日又同所に於て祝砲を發すること日出二十一・正午百一・日沒二十一、又正午神奈川砲臺・內外諸軍艦祝砲の禮を行ふ（以下略）

前記の文（引用者傍点の部分）にあるやうに、これは明治の維新激動の時代に、「今次の大典は専ら仮設を以て之れを行ひ、後来大礼の大に定まるを竢つ」との精神をもって執行されたといふ点は、深く注意すべきところと思はれる。皇室典範が明治二十二年に制定された後にも、宮中の諸祭儀については、年月を費して慎重にして周到な調査研究がつづけられ、皇室祭祀令や登極令等が定められるにいたった所以である。

十一月の大嘗祭執行に先立ち、明治四年の八月八日には神祇官が廃せられて、神祇省が太政官内の一省として設けられた。

この官制改革を見て、神祇官が格下げされたと誤り解して歎いた神道家も少なくなかった。しかし、もともと大宝令による神祇官は、太政官の上位に在ったのではない。職員令の首（はじめ）に位置したのであるが、行政上は太政官の指揮下にあったのである。しかるに、明治の初めの神祇官は、太政官の外におかれたかの形であったので、官員も少なく、実務上の行政能力が全国に及ばない憾《うら》みがあった。太政官内の神祇省となって、行政力が強化したと歓迎する神道家もあった（西田廣義著『近代神社神道史』等を参照）。この年の八月に初めて式部寮を設け、九月十四日に皇霊を宮中に遷祀の詔があり、九月三十日に神祇省に奉斎の皇霊を賢所に遷祀された（この間の事情については、明治神宮編『明治天皇詔勅謹解』に多少詳しい解明があるので省く）。

しかして、前記のやうに大嘗祭が東京の新都で執り行はれ、東京皇居の神殿における諸祭儀も、次々に東京での新しい風に改められて定着して来たともいひうる。

その一つの例をあげれば、京都では平安初期の宇多天皇の御代に始まって、その後の歴朝を通じて連綿踏襲して一日も欠かせられなかったといふ「石灰壇の御拝」の御制があった。旧記によれば、旧皇居の清涼殿の石灰壇に、天皇が毎朝御引直衣を召されて出御、神宮ならびに賢所を遙拝遊ばされる厳格な御制であったが、東京には石灰壇の設けがないとの故をもって、これに代って明治四年十月から「毎朝御代拝」の制が定まった。これは毎朝八時半に側近の侍従が、潔斎して賢所、皇霊殿、八神殿の宮中三殿に御代拝することとしたのである（八束清貫『皇室祭祀の展開』による）。

このやうな改新が、しだいに定着して来たのであるが、その後も京都の首都をやめて東京に「遷都」する、との公式の決定は示されなかったものの、実質的には遷都と同じやうな事実が固まって行った（この間の京都対東京の関係については、岡部精一著『東京奠都の眞相』に詳しい）。

明治四年七月には、宮中制度の改革が始まった。西郷隆盛は、宮禁数百年来の宿弊を改革するためには、華奢《きやしや》柔弱の旧公家をできるだけ側近から退けて、剛毅《ごうき》清廉の武人を採用せられんことを欲した。その人選も公正で、旧幕臣山岡鐵太郎などの剛直の士も奉仕することとなった。これには木戸孝允も大久保利通も同感で、三條、岩倉の英断をせまり、しだいに側近の気風情況が質的に変ってきた。五年七月には、西郷自らが近衛都督を拝命して近衛の精鋭の鍛練につとめ、天皇に尚武の御教養をおすすめした。この近衛都督は、後には東京地方の第一師団とは別の近衛師団となるのであるが、近衛師団は東京にのみ存在する。

明治四年の八月には「服制更革の內勅」が下されてゐる。「………今衣冠ノ制中古唐制ニ模倣セシヨリ流テ軟弱ノ風ヲナス朕太ク慨《イタ》之、夫レ神州ノ武ヲ以テ治ムルヤ固ヨリ久シ天子親《ミヅカ》ラ之カ元帥ト爲リ衆庶以テ其風ヲ仰ク神武創業神功征韓ノ如キ決テ今日ノ風姿ニアラス　豈《アニ》一日モ軟弱以テ天下ニ示スヘケンヤ朕今断然服制ヲ更メ其風俗ヲ一新シ祖宗尚武ノ國體ヲ立ント欲ス………」と。これから宮中での衣冠、直衣等着用の旧慣がしだいに廃せられ、天皇は大元帥服を御着用になる。服制の改革といふことは、必然に礼法の改変を生ぜざるを得ない。

新帝には、ぜひ神武天皇の御再臨としての英姿を仰ぎたいとの念は、維新の先覚たる臣民の烈々たる熱望であった。列強の重圧から神州を守るのには、新帝に神武天皇と同様になっていただきたいとの臣民の熱望は、切実であった。新帝は、その切望をいれて、皇居の御日常の服制をも断然一変せられた。

かくして維新の道は急速に進んだ。服制が変り、礼法が変り、御住居の様子が変って来る。それは、確かに京都ではなくて、東京の新皇居であればこそ、急変し得たとの事情が少なくない。「神武創業」と同じ語が用ひられても、東京での御改新には洋風の御採用についても抵抗が少ない。

洋風を極度に嫌った玉松操、矢野玄道をはじめとする純粋復古派が、京都を固執したのは、その洋風化が日本の国体にとって、真に貴重なる伝統を傷つけることをおそれたからであらう。世の中が、ただ自然の勢ひに流される時には、止めがたい新しい弊風をも生ずるものである。それを抑制すべき伝統の気風は、千年の伝統ある京都にこそあると信じてゐた。かれらは、その故に皇風の伝統乏しい江戸への御東行（遷都）に熱烈に反対した。そして新政府の実力的要人のなかでは、それを理解し同感しうるのは、岩倉具視のみと信じてゐたのに、その信が破られたと思って悲憤禁じ得なかった。

しかし岩倉には、その切なる伝統主義者の悲願が分らなかったのではない。岩倉は、古都の保存には格別の熱意執心があった。明治十三年に、天皇に御伴して京都に赴き、旧御所の大修築を行ひ、将来の皇室の大典は必ず京都御所で行はるべきものであるとの意を示してゐる。その晩年明治十六年一月の進言では、「即位大嘗會立后ノ三禮ハ國家至重ノ大典ナレバ平安京ノ宮闕《キユウケツ》ニ於テ古式ノ如ク執行セラルルモノト定ムベシ」

（『岩倉具視文書』第一。傍点引用者）との切々たる国事意見書を内閣に提出した。

その直後に岩倉は病床の人となった。天皇は四月二十六日、侍従萬里小路通房をして見舞はしめられ、二十八日にまた御下賜があり、この日に「大嘗祭及即位の礼は京都御所に於て行ふべき旨の聖旨」についての勅が下った。岩倉の感激いかばかりであったか。かれが王政復古の大業に身を投じてより二十有余年、その地位は重くして波瀾多く、復古改新の道を進み、多くの後進者を引き立てたが、また少なからぬ親交の人を所見を異にして失ったこともある。その歿する直前に、かれは将来の憲政を想ひ、皇室典範の制定について苦慮した。しかして「即位ノ禮及大嘗祭ハ京都ニ於テ之ヲ行フ」（第十一条）との原則は、ここに勅定された。後の世の典範を読む者、この「京都ニ於テ」の一語の背後にも、多くの先人たちの精神的苦闘の存せしことを銘記すべきであらう。

〔補註〕大嘗祭の古義の精神的意義については、古来神道諸大家の間において、いろいろと深遠な学説がある。本書においては、異同ある諸大家の神学説については敢て深入りすることなく、いづれの諸派においてもみとめられうる一般的な沿革意義を述べた帝国学士院編『帝室制度史』の文を左に引用して、解説の参考に供するにとどめる。

天皇即位の後、始めて新穀を以て皇祖及び天神地祇を請饗したまふの儀を大嘗祭と謂ふ。或は踐祚大嘗祭又は大嘗會とも謂へり。大嘗は「オホニヘ」又は「オホムベ」と訓《よ》む。上古は大嘗即ち新嘗にして、其の區別なかりしが、中世以後毎年行はるゝ新嘗祭に對し、一代に一たび行はるゝを大嘗祭と稱するの例を爲せり。大嘗祭は之を他の祭祀と區別して特に大祀と稱す。

大嘗祭の起原は、遠く之を神代に求むべきことは、日本書紀に、天照大神、天忍穗耳尊を斯土に君臨せしめたまはんとするに當り、神器と共に齋庭《ゆには》の瑞穗《みつほ》を授けたまひ瓊瓊杵尊の皇妃吾田鹿葦津姫は、卜定田の稻を以て新嘗を行ひたまひしことを記せるに依り、之を察することを得べく、又台記別記康治元年十一月大嘗祭の條所載の天神壽詞《あまつかみのよごと》に「皇孫尊波《スメミマノミコトハ》高天原仁《タカマノハラニ》事始天《コトハジメテ》、豐葦原乃瑞穗乃國遠《トヨアシハラノミツホノクニヲ》安國止《ヤスクニト》平介久所知食天《タヒラケクシロシメシテ》、天都日嗣乃《アマツヒツギノ》天都高御座仁《アマツタカミクラニ》御坐天《マシマシテ》、天都御膳遠《アマツミケヲ》長御膳乃《ナガミケノ》遠御膳止《トホミケト》、千秋乃五百秋仁《チアキノイホアキニ》、瑞穗遠《ミツホヲ》平介久安介久《タヒラケクヤスラケク》由庭仁《ユニハニ》所知食止《シロシメセト》事依志奉弖《コトヨサシマツリテ》、天降坐之後仁《アマクダリマシシノチニ》」とあるに依りても、其の由來する所を徵すべし。

上古に於いて、天皇即位の後、大嘗祭を行ひたまひしことは、日本書紀淸寧天皇紀二年十一月の條に「依㆓大嘗供奉之料㆒、遣㆓於播磨㆒國司（下略）」と見え、同書顯宗天皇紀即位前紀には「白髮（淸寧）天皇二年冬十一月、播磨國司（中略）親辨㆓新嘗《ニハナヘ》供物㆒」と見え、又同書用明天皇紀二年四月の條に「御㆓新嘗《ニヒナメキコシメス》於磐余河上㆒」と見え、同書皇極天皇紀元年十一月の條に「天皇御《キコシメス》㆓新嘗《ニハナヒ》㆒」と見ゆるに依り、之を窺《うかが》ふを得べく、又當時に於いては、未だ大嘗と新嘗とを區別せざりしことを知るに足る。

大嘗と新嘗との區別の史に見えたるは、天武天皇の二年十一月に即位の大嘗祭を行ひ、五年及び六年に新嘗祭を行ひたまへるを以て其の最初とす。大嘗祭を行ひたまふに、悠紀主基二國の新穀を以てしたまふ例となりしも亦、此の時に始まれるが如し。

大嘗祭の次第を記せる古儀式書の今日に傳はれるは、貞觀儀式を以て其の最古のものとす。之に依れば、其の儀を行ひたまふに先だち、天皇即位の年豫《あらかじ》め悠紀主基の二國を卜定《ぼくてい》し、其の國に產する新穀を以て大嘗祭の神饌に充てたまふ。大嘗祭を行ふ年には、八月下旬奉幣使を差遣して伊勢神宮を始め五畿七道の官國幣社に幣帛《へいはく》を奉らしめたまふの儀あり。十一月の卯日を大嘗祭の第一日とし、當夜天皇廻立殿に渡御、御浴湯の儀終りて後、祭服を著したまひ、大嘗宮に御し、先づ悠紀殿、次に主基殿に於いて徹宵《てつしょう》親ら皇祖及び天神地祇を祭り、神饌を供し、又躬《みづか》ら御饌を聞食《きこしめ》したまふ。次いで辰巳兩日に悠紀主基の節會を、午日に豐明節會を行はせらる。之を大嘗祭の儀典の大綱とす。

大嘗祭を行はせらるゝ神殿に付いては、貞觀儀式には、朝堂院内大極殿龍尾道の前に於いて行ふを其の制と爲せども、之を史に徵するに、必ずしも一定せず。或は太政官院に於いて、或は豐樂院《ぶらくいん》に於いて、或は紫宸殿の前庭に於いて行ひたまふ等種々の例あり。明治天皇は東京遷都に由り、宮城内吹上御苑に於いて行ひたまへり。

大嘗祭を行はせらるゝ時期に付いては、弘仁式、貞觀儀式、延喜式及び北山抄等に據るに、七月以前に卽位の禮を擧げたまふ場合は其の年に於いて、八月以後に及ぶ場合は其の翌年に於いて行ひたまひ、諒闇《りようあん》中は行はせられず、諒闇闋《をは》るを待ちて行ひたまふを常例とす。されど古來異例なきに非ず。淳仁天皇は八月卽位の儀ありて十一月に大嘗祭を行ひたまひ、後白河天皇、後伏見天皇は十月卽位の儀ありて十一月に大嘗祭を行ひたまへり。又宮城造營、遷都、上皇又は女院の崩御、將軍の薨去《こうきよ》、兵亂、災異等種々の事情に因りて、大嘗祭を延引したまひし例も亦尠《すくな》からず。

天皇重祚の場合には、重ねて大嘗祭を行ひたまへり。蓋し大嘗祭は、一代に必ず一たび之を行ひたまふを定例と爲すに因る。

大嘗祭は、後土御門天皇の文正元年十二月之を行ひたまひてより後、兵亂相踵《つ》ぎ、朝儀亦隨ひて衰へ、其の儀中絕すること、後柏原天皇より靈元天皇に至る九代に及べり。東山天皇の貞享四年十一月に至り、其の儀を再興したまひしが、次代中御門天皇の時には又行はれず。次いで櫻町天皇の元文三年十一月に至り、更に之を復興したまひ、爾後《じご》再び恆例と爲り、以て今日に及べり。

皇室典範の制定に及び「卽位ノ禮及大嘗祭ハ京都ニ於テ之ヲ行フ」と定めたまひ、又登極令の制定に依り、古例に基づき、大嘗祭を行はせらるべき時期と、其の典禮とを詳細に規定したまひ、以て大嘗祭が、皇位繼承に伴ふ大祀として、即位の禮と共に必ず之を行はせらるべきことを明らかにしたまへり。

六、元老院の設置まで

明治四年には、東京で初めて大嘗祭が行はれた。この年に、東京の新皇居での神殿が造られ、「神器及ビ皇靈遷座ノ詔」が渙発《かんぱつ》されてゐる。

朕恭ク惟《オモン》ミルニ神器ハ天祖威靈ノ憑《ヨ》ル所歴世聖皇ノ奉シテ以テ天職ヲ治メ玉フ所ノ者ナリ今ヤ朕不逮ヲ以テ復古ノ運ニ際シ忝《カタジケナ》ク鴻緒《コウショ》ヲ承《ウ》ク新ニ神殿ヲ造リ神器ト列聖皇靈トヲコヽニ奉安シ仰テ以テ萬機ノ政ヲ視ントス爾群《ナンジグン》卿《ケイ》百僚其レ斯《コノ》旨ヲ體セヨ

この大嘗祭の新例、神殿の造立によって、東京の皇都としての実が格段と強くなり、明治の皇室諸制の復古改新のコースの上に大きな記録を残したことは、銘記さるべき事実である。祭政一致の精神が復古されるとともに、明治の新しい改新が進められた。この詔が発せられるにいたった歴史の背景事情は、明治神宮発行の『明治天皇詔勅謹解』に詳記されてゐるので、ここには重複をさけて書かないが、ぜひ参照されたい。

この明治四年は、国政の上では廃藩置県の重大変革が断行され、明治五年には徴兵令が制定され、明治六年には神武紀元を奉祝する紀元節の祭儀祝典が執行された。しかして、明治六年には政府で対韓国外交政策について閣議で大論争があって、維新いらいはじめての危機的政変がおこり、西郷隆盛、板垣退助、後藤象二郎、副島種臣、江藤新平等が退官して、政局不安の状を呈した。この政変で退官した諸参議は、明治元年の五箇条の御誓文の趣旨にもとづいて、民撰議会設立の建白をした。この政情不安を解決しようとする努力が、明治八年の大阪会議となり、木戸孝允、板垣退助等の間で立憲のための元老院設置の案が進み、明治八年に元老院が設けられることとなった。明治八年四月十四日の詔は、日本憲政史上特記すべきものである。すでに「憲法篇」においてしばしば論述したやうに、明治の太政官の重鎮たちは、必ずしもすべてが、この明治八年に憲法を制定することを緊要だと信じたわけでもなかったのが実情である。しかし、天皇が大阪会議の結論を嘉納《かのう》せられて、元老院を設けて国憲を草することを詔せられた。この大詔があるために、憲法典の作成を中止することもできず、したがって、皇室典範の成文化も避けることのできない至上命令として、その後の国の歩みを決定づけたのである。この元老院設置の史的意義は、まことに重大である。

元老院は、国憲の立法準備にかかることとなった。ここで初めて国憲を立てることになれば、日本の国としては、これまで不文の大法とされて来た「皇位繼承」の重大事が、憲法上の明文をもって示されることが必要であるとの議がおこって、その調査研究が始められた。一般に「皇室典範」といふ法典の立法が考へられたのは、明治十四年の岩倉具視の「憲法綱領」ができて、そこで憲法とは別に独立の法典としての皇室の法典作成の方針が立てられてから以後のこととされる。

それは確かに法典制定史としては一理あることではあるが、後年の皇室典範を見ると、そのなかでもっとも大切な第一章の「皇位繼承」法の条文作成の準備は、既にこの元老院の「国憲案」から始まってをり、この元老院案が典範作成の前提となる。しかして、それに次いで重要な第二章の「踐祚卽位」の条文は、すべてこの維新後からここに述べた歴史を前提にして成立してゐる。明治元年の王政復古の大号令から、元老院開設にいたるまでの歴史事情を、とくに皇室典範制定の前史として、一章を立てて書くことを必要とみとめた所以である。

第二章　元老院国憲案と以後の研究

一、元老院の国憲案

明治八年四月、元老院は開設されて立法部としての任務を与へられた。天皇は明治九年九月七日、議長熾仁親王を御座所に召し、

朕爰《ココ》ニ我建國ノ體ニ基キ廣ク海外各國ノ成法ヲ斟酌シ以テ國憲ヲ定メントス汝等《ナンヂラ》ソレ宜《ヨロ》シク之カ草按ヲ起創シ以テ聞セヨ、

朕將《マサ》ニ撰ハントス

との勅語を賜はった。翌八日議長は、各議官を集めて、直ちに議官の中で柳原前光、福羽美靜、中島信行、細川潤次郎の四人を国憲取調委員に命じた。この国憲案については、すでに憲法編で記したので、ここには要約的に述べて行く。

元老院では、右の勅語に基づいて調査研究を始めて、日本の法制史料および列国憲法の研究を急いだ。そのなかで後の皇室典範への準備となったものの一つは、研究資料としての『舊典類纂皇位繼承篇』十巻の編

纂であらう。この書は、熾仁親王の題字、柳原前光の序文を附して、議官福羽美靜が検閲し、少書記官横山由清、大書記生黒川眞賴が編纂者となってゐる。これは、元老院蔵として明治十一年八月に、十巻をまとめて上中下三冊の和本として出版されてゐる。これは、議官に提供されたばかりでなく一般にも市販されて、ひろく国民に対して皇位継承史を知らせる上にも、少なからず役に立った書である。

それは国史専門家にとっては格別の資料ではない。古事記、日本書紀、続日本紀、本朝皇胤紹運録等をはじめとして、懐風藻、栄花物語、大鏡、水鏡、愚管抄、保元物語、源平盛衰記、東鑑、神皇正統記、増鏡、梅松論等々、ほとんどすべて一般によく読まれて来た古典として著名な書籍約四、五十点を資料としてゐて、未公開の皇室文書とか、朝幕交渉関係の文書等の見るべきものは殆《ほと》んどない。しかしそれでも、著名古典の中から「皇位繼承」に関する部分だけを資料として選び出し、その継承の事情、理由等を百二十余代すべてにわたって詳しく分類整理し、簡明な解説を加へてゐる。その詳しい分類は、下記の目次を一見すれば、ほぼ推察ができる。

この一冊があれば、国史専門家でなくても、万世一系の皇統が継承されて来た大綱とともに、御一代ごとの継承についてのあらゆる場合の事情や、その時の理由がわかる。特に国史を研究したことのない者にも、皇統継承法を考へ討議する際に、ほぼ十分な歴史資料となりうる。おそらくこの書は、その後の立法官に非常に便利な参考資料となったものと思はれる。継承法論議では、あまり国史に詳しいとも見えない議官が、その後約十年も、古代から中世のあらゆる史実を論拠として討議してゐるが、おそらくこの書が利用されて、議官（元老院から枢密院にいたるまで）たちが抽象理論でなく歴史についての知識資料を論拠として共有してゐたと思はれるので、その整理分類を概観するために目次のみを下記しておく。

舊典類纂皇位繼承篇

總　目

卷一

皇位

皇統

天神授國ノ事

葦原中國ノ主ノ事

寶祚《ホウソ》無窮ノ事

天ノ日嗣ハ必ス皇緒ヲ立ツヘキ事

御代數ハ神武天皇ヨリ數ヘン事

代數ト世數トノ差別ノ事

世數捷覽《シヨウラン》圖

皇位ノ繼承ニ正位ト不正位トノ別アル事

正位

不正位

皇位繼承一覽表

卷二

皇子ノ皇位ヲ繼承スルヲ辭シ而シテ後非常ノ事故有テ皇位ヲ繼承セシ事
皇子ノ皇太子ノ暴虐ナルヲ以テ撃《ウチ》テ之ヲ滅シ己コレニ代リ皇位ヲ繼承セシ事

皇女

皇女ノ皇太子ト爲リテ皇位ヲ繼承セシ事
皇女ノ直ニ皇位ヲ繼承セシ事
皇女ノ皇后ニ立チ而シテ後皇位ヲ繼承セシ事
皇女ノ皇后皇位ヲ繼承シテ天皇ト稱セス仍皇后ト稱セシ事
皇女ノ皇位ヲ繼承シテ仍天皇ト稱セサリシ事
皇女ノ萬機ヲ攝行シ而シテ後皇位ヲ繼承セシ事
皇女ノ羣臣ノ勸進ニ從テ皇位ヲ繼承セシ事
皇女ノ皇后ノ群臣ノ勸進ニ從テ皇位ヲ繼承セシ事

卷四

諸王

諸王ノ直ニ皇位ヲ繼承セシ事
諸王ノ皇太子ト爲リ而シテ後皇位ヲ繼承セシ事
諸王ノ皇子ト爲リ而シテ後皇位ヲ繼承セシ事
諸王ノ降テ臣下ト爲リ復《マタ》昇テ親王ト爲リ尋テ皇太子ト爲リテ皇位ヲ繼承セシ事
諸王ノ羣臣ノ勸進ニ從テ皇位ヲ繼承セシ事

女王

女王ノ直ニ皇位ヲ繼承セシ事

女王ノ皇后ニ立チ而シテ後皇位ヲ繼承セシ事

幼主

皇太子幼クシテ皇位ヲ繼承セシ事

皇太弟幼クシテ皇位ヲ繼承セシ事

日嗣皇子幼クシテ皇位ヲ繼承セシ事

皇子幼クシテ皇位ヲ繼承セシ事

皇女幼クシテ皇位ヲ繼承セシ事

諸王幼クシテ皇位ヲ繼承セシ事

卷五

定策

群臣先帝ノ遺詔ニ從テ皇位ノ繼承ヲ議定セシ事

群臣皇親ノ中近族ヲ擇《エラ》ヒ以テ皇位ノ繼承ヲ議定セシ事

群臣皇親ノ中年長ヲ擇ヒ以テ皇位ノ繼承ヲ議定セシ事

群臣皇親ノ中德ノ高キ者ヲ擇ヒ以テ皇位ノ繼承ヲ議定セシ事

群臣卜筮《ゼイ》ニ從テ皇位ノ繼承ヲ議定セシ事

權臣議ヲ建テ群臣コレニ從ヒシ事

卷六

定策異例

後堀河天皇ヨリ以來四條天皇後嵯峨天皇後深草天皇龜山天皇後宇多天皇伏見天皇後伏見天皇後二條天皇花園天皇後醍醐天皇ニ至テノ十一代ハ北條氏ノ奏スル所ニ從テ皇位ヲ繼承セシ事

定策非例

權臣兩皇統迭立ノ議ヲ建テ定メテ治世ノ期限ヲ十年トセシ事

皇位繼承異例

落飾ノ後初服ニ還《カヘ》リテ皇位ヲ繼承セシ事

落飾シテ後再ヒ皇位ヲ繼承セシ事

皇位繼承非例

神器無クシテ皇位ヲ繼承セシ事

皇位繼承餘論

皇位ハ子孫相承《ウク》ルヲ以テ常規トスヘキ議アリシ事

重祚ノ事

重祚ニ似テ重祚ナラザル事

上世ハ、皇弟ト雖《イ》ヘトモ勳績アレハ皇兄コレニ皇位ヲ譲ル、皇弟乃《スナハ》チ皇兄ノ譲ニ從テ皇位ヲ繼承セシ事

皇太子及皇子剔髪《テキハツ》シテ皇位ノ繼承ヲ辭セシ事

天皇皇族ニ命シテ皇位ヲ繼承セシメント欲シ豫《カネ》テ後事ヲ付囑セシ事

皇子ノ皇后ヲシテ皇位ヲ繼承セシメントセシ事

卷七

踐祚

天皇事ヲ擧クルニ便ナラントシテ皇位ヲ讓リシ事
天皇上皇ノ意ニ從テ皇位ヲ讓シ事
讓位非例
天皇權臣ノ奏スルニ從テ皇位ヲ讓シ事
遜位《ソンイ》
廢位
廢位異例
卷十
親族圖
繼承類例
皇統略系圖
女主ノ皇位ヲ繼承セシ大意
附錄
三種神器篇
神器起原
神器傳來ノ事
寶鏡災
天德四年ノ災ノ事
寛弘二年ノ災ノ事
長久元年ノ災ノ事

神宮御正體御動座ノ事
熱田神社御正體御動座ノ事

元老院への国憲起案の勅語には「海外各國ノ成法」をも参考すべきことが示されてゐるが、その国憲草案の報告書によれば、議官は、米仏の共和国の法はこれをとらず、不文憲法の英国も多くとらず、プロイセン、オランダ、ベルギー、スペイン、イタリア、スウェーデン、デンマーク、ノルウェー等の法を研究してをり、とくに皇位継承法に関してはオランダ憲法などの法理を参考にしようとしたことが、その後も永く立法当事者間の論争点となったらしいことは注目していいと思ふ。『秘書類纂　憲法資料』下（伊藤博文編）には「元老院國憲案同準據書目」と題する文書があって、第一条以下各条文に外国法準拠条文が明記してある。この時の案の帝位継承には、最終案で論争となる「女統女帝」の準拠外国法の条文は明記されてゐないが、その準拠書目一般から察するに、元老院の女統女帝肯定説の準拠書が、前記日本史の「皇位繼承篇」ではなくして、イギリス流のオランダ憲法であらうと推察してもほぼ誤りあるまい（「憲法篇」第六章を参照）。

元老院の国憲案は、十三年十二月に天皇に報告提出された。それには初めから岩倉具視等の強い反対があって、葬り去られてしまった経過事情等は、すでに「憲法篇」において書いたのでここには述べない。しかし、この国憲案の第一篇（第一章から第四章まで）の皇室に関する条文のみは、後の皇室典範と同一問題を規定してゐるので、重複をいとはず、ここに掲げておく。

第一章　皇　帝

第一條　萬世一系ノ皇統ハ日本國ニ君臨ス
第二條　皇帝ハ神聖ニシテ犯スベカラズ縦《タト》ヒ何事ヲ爲スモ其責ニ任ゼズ
第三條　皇帝ハ行政ノ權ヲ統《ス》ブ
第四條　皇帝ハ百官ヲ置キ其黜陟《チユツチヨク》ヲ主ル
第五條　皇帝ハ兩院議スル所ノ法按《ホウアン》ヲ斷ジ而シテ之ヲ國内ニ布ク
第六條　皇帝ハ陸海軍ヲ管シ便宜ニ從ヒ之ヲ派遣ス其武官ノ黜陟退老ノ如キハ法律中掲グル所ノ常規ニ遵《シタガ》ヒ而シテ皇帝其奏ヲ可ス
第七條　皇帝ハ外國ト宣戰講和及ビ通商ノ約ヲ立ツ約内ノ事國帑《コクド》ヲ費用シ國疆《コクキヨウ》ヲ變易スルガ如キハ兩院之ヲ認ルヲ待テ方《マサ》ニ効アリトス
第八條　皇帝ハ赦典ヲ行ヒ以テ人ノ罪ヲ減免ス
第九條　皇帝ハ貨幣ヲ造ルノ權アリ
第十條　皇帝ハ兩院ノ議員ヲ召集シ其會期ヲ延シ又其解散ヲ命ズ
第十一條　皇帝ハ人ニ貴號及ビ勳章ヲ授ク

第二章　帝室繼承

第一條　今上天皇ノ子孫ヲ帝位繼承ノ正統トス
第二條　帝位ヲ繼承スル者ハ嫡長ヲ以テ正トス如《モ》シ太子在ラザルトキハ太子男統ノ裔《エイ》嗣グ太子男統ノ裔在ラザルトキハ太子ノ弟若《モシ》クハ其男統ノ裔嗣グ嫡出男統ノ裔渾《スベ》テ在ラザルトキハ庶出ノ子及其男統ノ裔親疎ノ序ニ由リ入テ嗣グ

第三條　上ノ定ムル所ニ依《ヨ》リ而シテ猶《ナホ》未ダ帝位ヲ繼承スル者ヲ得ザルトキハ皇族親疎ノ序ニ由リ入テ大位ヲ嗣グ
若シ止ムコトヲ得ザルトキハ女統入テ嗣グコトヲ得

第四條　皇帝卽位ノ禮ヲ行フトキハ兩院ノ議員ヲ召集シ國憲ヲ遵守スルコトヲ誓フ

第三章　皇帝未成年及攝政

第一條　皇帝ハ滿十八歳ヲ以テ成年トス

第二條　皇帝未ダ成年ニ屆《イタ》ラザルトキハ皇族中皇帝ト最モ親シク且滿二十歳以上ノ者政ヲ攝ス

第三條　皇帝未ダ成年ニ屆ラズ而シテ男統ノ皇族滿二十歳以上ノ者在ラザルトキハ皇太后政ヲ攝ス

第四條　成年ノ皇帝若シ政ヲ親《ミツカ》ラスル能《アタ》ハザルノ狀アルトキハ亦攝政ヲ置ク此時太子年滿十八歳以上ナルトキハ
太子政ヲ攝ス

第五條　攝政在職ノ初兩院ノ議員ヲ召集シ忠ヲ皇帝ニ刑シ且國憲ヲ遵守スルコトヲ誓フ

第四章　帝室經費

第一條　皇帝及皇族歳入ノ額ハ法律ノ定ムル所トス

第二條　皇居及離宮新築重修ノ費ハ國庫ヨリ支給ス其費額ノ如キハ法律ノ定ムル所トス

第三條　皇后寡居シ若クハ太子滿十八歳ナルトキハ別ニ歳入ノ額ヲ定ム太子妃ヲ納ムルトキハ其額ヲ增ス此等ノ
費額亦法律ノ定ムル所トス

第二篇　帝　國

第一條　帝國ノ土地疆域內ニ在ル者ヲ日本國トス

もっともこの国憲案は、元老院で正式の決議をしたものでなく、議官のなかにも多くの異論があった。それは、前掲書中に「國憲草鞍各議官意見書」と題する記録として収められてゐるが、皇室に関する条文のなかでもっとも重視すべきは、帝位継承法第三条に対する反対意見であったといひうる。東久世通禧以下の反対意見は、次のやうに記録されてゐる。

第三條　上ノ定ムル所ニ依リ而シテ猶未ダ帝位ヲ繼承スル者ヲ得ザルトキハ、皇族親疎ノ序ニ由リ、入テ大位ヲ嗣グ、若シ止ムコトヲ得ザルトキハ女統入テ嗣グコトヲ得。

上ノ定ムル所ニ依リ而シテ猶未ダ帝位ヲ繼承スル者ヲ得ザルトキハ、皇族親疎ノ序ニ由リ入テ大位ヲ嗣グ。

議官　東久世通禧　意見

議官　大給　恆　意見

本案各條皆極メテ重大ノ事件ニシテ、其果シテ完全無缺ナルコト容易ニ斷定ス可ラザル者アリ。今其最モ不可ト認取スル者意見左ニ進呈ス。

第一篇　第二章　第三條

上ノ定ムル所ニ依リ而シテ猶未ダ帝位繼承スル者ヲ得ザルトキハ、皇族親疎ノ序ニ由リ入テ大位ヲ嗣グコトヲ得。

末條ニ所謂《イハユル》女統ナル者、皇女他人ニ配シテ擧グル所ノ子若クハ孫ナルトキハ、則現然異姓ナリ。譬《タト》ヘバ仁孝天皇ノ皇女故將軍家茂ニ降嫁スルガ如キ若シ其所在アレバ即德川氏ニシテ王氏ニアラズ王族ニアラザルナリ果シテ然ラバ大ニ第一章第一條ニ牴觸《テイショク》ス。如何トナレバ異姓ノ子ニシテ帝位繼承スルコトヲ得バ之ヲ萬世一系ノ皇統ト云可《イフベカ》ラズ。故ニ其入嗣ノ文、男統全ク盡キ千萬止ムヲ得ザルノ際ニ備フル者ト雖《イヘ》ドモ、恐ル後來言フ可ラザルノ弊害ヲ生ゼン。因テ朱書ノ如ク修正アランコトヲ希望。

議官　河田　景與　意見

若シ以下ヲ削除《サクジョ》スベシ。

議官　伊丹　重賢　意見

若シ以下二十一字ヲ削除スベシ。

副議長　佐々木高行　意見

この元老院案は、立憲を尚早とする岩倉等によって葬られた。しかし、その翌年の明治十四年には大隈重信の解任といふ政変がおこり、国会開設、憲法制定の勅諭が渙発《かんぱつ》されるにいたった。それで十四年十五年には、在野でも憲法私案作成の熱心な気流が生じた。この時に大隈と進退を共にして退官した島田三郎等は、在野政党人となり民権憲法の研究をすすめたが、島田三郎や沼間守一は、日本固有法の立場で女統女帝の説には強く反対してゐる。

元老院の女統女帝説は、その後も在朝の皇室典範起案の重要人物のなかでこの説を固守する人々があったらしいが、井上毅が強く反対してゐる。後年、井上が反対意見書を提出する時に、七、八年も前の反政府の政党人である島田三郎の意見を冒頭にかかげて、それに全面的に同意を示してゐるのは注目をひく。井上毅が、憲法起草に際して在野の民論をよく研究したことは前にも詳説したが、典範についても、政治的反対者、論敵の意見でも正理とみとめるものは、大切に参考して生かすにつとめた。これはその好一例といってもいいであらう。ここに引用するのは、井上毅が参考として提示した「島田三郎の女統女帝を否とするの説」である（もっともこの文を収めた『秘書類纂』帝室制度資料では、井上の文を明治廿二年四月三日付として、島田説に同感して典範起草に女統説を入れるのに反対した井上毅本人の主張を掲げてゐる。しかし、この日付では典範確定後の主張となるので、この年月は誤字と断じて差支へあるまい)。

謹具意見　　井上毅

皇室典範中ニ於テ皇統ニ關係アル事件ハ上モナキ重大ナル事ナレバ、他ノ細目ヲ閣《オ》キ、先ヅ二個條ノ意見ヲ述ブベシ。

第一　男系絶ユルトキハ女系ヲ以テ繼承スル事

此事ニ就テ論者往々歐羅巴各國ノ女系相續ト我ガ國ノ女帝即位ノ例トヲ以テ混雜シテ同一ノ見解ヲ下スコトアリ。蓋《ケダ》シ事情ヲ分析セザルモノタルコトヲ免レザルベシ。曾《カツ》テ嚶鳴社ト稱《トナ》フル政黨ノ人々ノ此事ヲ討議セルノ論ヲ得タレバ、茲《ココ》ニ其記錄ヲ抄出ス。

女帝ヲ立ルノ可否（雄辯美辭軌範ニ見ユ）

（發議者）島田三郎氏曰ク、予ハ本題ノ可否ニ就テ自說ヲ陳《ノ》ブルニ先ダチ、首トシテ題意ヲ定ムルヲ以テ必要ト思考スルナリ。我國既ニ國會ノ開期定マレリ、然ラバ則チ憲法設立ノ期モ亦既ニ近シト云フベシ。本題ハ我國ニ於テ憲法ヲ設立スル時ハ女帝ヲ立テマヒラスノ定例ヲ置クベキ乎《カ》、抑《ソモソ》モ皇位ハ男統ニ限リテ登ラル、ヲ國憲トナスベキ乎ノ問題ニ係レリ。予ハ我國ノ情狀ニ於テハ、皇女ヲ帝位ニ立マヒラスルノ制ニ與《クミ》セズシテ、男統ノ登極ニ限ルコトトセント冀望《キボウ》スルナリ。斯《カ》ク論斷セバ、此ニ二條ノ反對說ヲ出スベシト信ズルヲ以テ、豫《アラカ》ジメ其反對說ヲ設ケ、逐一之ヲ論破シ去リ、予ノ主論ヲシテ鞏固《キョウコ》ナラシメントス。第一ノ反對ハ、我國古來女帝ヲ立ツルノ慣習アリ、今ニ及ンデ男統ニ限ルトスルハ是レ慣習ヲ破壞スルナリト、是レ論者ハ古來ノ慣習ヲ尊重スルノ人ニシテ、國書ニ通ズル者ニ多カルベシ。又第二ノ反對者ハ將《マサ》ニ言ハントス、現時社會ノ風氣大ニ開ケ、昔時唯武是レ尙《タット》ブノ氣運ニアラザルヲ以テ、隨テ體力ニ長ズル男子ノ專權ヲ悪《ニク》ムノ論其力ヲ逞《タクマシ》クシ、男女ノ権利漸《ヤウヤ》ク將ニ平ヲ得ントス。古ヘ男統ニ限レルノ國ト雖モ、今ハ男女同ジク皇位ヲ繼襲スルニ至レリ。各國ノ憲法ヲ通觀スルニ、大抵然ラザルハナキナリ。是レ幽谷《ユウコク》ヲ出デテ喬木《キヨウボク》ニ遷《ウツ》レルモノト云フベキノミ。然ルニ我國獨リ之ニ反シテ憲法上卽位ノ例ヲ立テザラントスルハ、十九世紀ノ氣運ニ反スルモノナリ。況《イハ》ンヤ古來女帝立位ノ國風アルニ於テヲヤ。今ニ及ンデ之ヲ斷《タタ》ントスルハ、之ヲ文明ノ却歩ト云ハザル可ラズト、是ノ類ノ論ヤ必ラズ洋書ヲ解スルノ人ニ多カルベシ。予ハ此二種ノ論ヲ排撃スルニ、先ヅ左ノ一言ヲ以テセントス。曰ク、女帝ヲ立テザルヲ以テ古來ノ慣習ヲ破ルト云フノ論者ハ、唯《タ》ダ我國女帝卽位ノ例アルヲ知リテ、其情態ノ甚《ハナハ》ダ今日ニ異ナルコトヲ思ハザルノ人ト云ハザル可ラズ。請フ其實蹟ヲ略述セン。神功皇后ノ應神ヲ攝シ、飯豐青尊ノ顯宗卽位ノ前ニ朝ニ臨ミ玉ヒシガ如キハ、史家之ヲ大統ノ中ニ列セザルヲ以テ、固《モト》ヨリ女帝ノ例ニ引用スベキニアラズ。其ノ二千五百有餘年間、皇女ニシテ九王ノ位ヲ踐《フ》マセラレ玉ヒシハ、推古天皇ヨリ後櫻町天皇ニ至ル迄《マデ》實ニ八世、推古ト云ヒ、皇極ト云ヒ、持統ト云ヒ、元明ト云ヒ、元正ト云ヒ、孝謙ト云ヒ、明正ト云ヒ、後櫻町ト云フ、其皇極ノ再祚シテ齊明ト稱セラレ、孝謙ノ再祚シテ稱德ト仰ガレ玉ヒシハ、固《モ》ト各々御一人ノ事ナレバ、今又別ニ之ヲ算セザルベシ。抑モ此ノ八代ノ女帝ニシテ始終配偶ノ君マシマサズ、處女ノ御身ヲ以テ大統ヲ繼承セラレタルハ孝謙以下四帝ノミ。其ノ他ハ皆一旦《イツタン》皇配アラザルハナキナリ。夫《ソ》レ推古ハ敏達帝ノ皇后ナリ。崇峻暴明(ママ)ノ後ニ大位ニ卽《ツ》キ玉ヘリ。且ツ直チニ廐戸皇子ヲ立テ皇太子トセリ。是レ時ヲ竢《マツ》テ位ヲ太子ニ傳フルノ意、其卽位ノ初メニ定マルナレバ、大位ニ登リ玉フト云フト雖モ其實ハ甚ダ攝位ニ類セリ。皇極帝ハ舒明帝ニ配シテ其崩後ニ大統ヲ承《ウ》ケタリ、識者云フ、是レ其生ミ玉ヘル中大兄皇子ノ年長シ玉フヲ竢テルナリト、天武帝ノ後ニ大統ヲ承ケラレシハ、實ニ其ノ皇后ニシテ持統帝是レナリ。卽チ草壁皇子ノ長ズルヲ待ツニアリシト云フ。元明帝ハ初メ實ニ草壁皇子ノ妃ナリキ、其立ツヤ首皇子ノ長ズルヲ待ツニアリ。其嘗《カツ》テ配偶ノ位置ニ立チ玉ハズシテ帝位ニ登ラレタルハ元正帝ヨリ初マル。繼イデ孝謙帝アリ、然レドモ元正ノ立ツヤ、儲位《チヨイ》ニ首皇子アリ、孝謙ノ立ツヤ前ニ皇太子道祖王ヲ置キ、後ニ皇太子大炊王ヲ置ケリ。其後久シキヲ經テ明正帝ノ後水尾ノ遜位ヲ承ケラレタルハ、御齡纔《オンヨハヒワツ》カニ七歳ニシテ又儲嗣ノ事ナシ。是レ獨リ異例ナリトス。而シテ後櫻町帝ノ立ツヤ、實ニ英仁親王ノ長ズルヲ待ツニアリシト云フ。以上擧グル所ヲ通觀スルニ、八帝中嘗テ配偶ノ位置ニ立チ玉ハズシテ終始獨處セラレタルハ元正帝以下四帝ニシテ、卽位ト共ニ儲君ヲ置カレザリシハ獨リ明正帝御一人アルノミ。亦《マタ》以テ古來我國女帝ノ外國今日ニ於テ立ツル所ノモノト同ジカラザルヲ見ルベキナリ。且ツ女帝ノ事ニ於テハ古來ノ慣習ヲ引イテ今日ノ定例トスベカラザル要件アリ。何ゾヤ女帝ノ配偶ヲ置クノ一事卽チ是レナリ。夫レ天地アリテ人類アリ。人類アリテ男女アリ、男女アリテ夫婦アリ、夫婦ノ道ハ古今上下ノ別ナク天理ノ自然ニシテ人情ノ至レルモノナリ。今ヨリ以後憲法ニ於テ女帝ヲ立ルコトトセンカ、其獨處シ玉フコトハ是レ天理人情ノ至情ノ至極セルモノニアラズ、則チ予ガ我國女帝ノ古例ハ之ヲ今日ノ定制トス可ラズト云フ所以《ユヱン》ナリ。然ラバ卽チ歐西立君國ノ制ニ傚ヒ、大婚ノ禮ヲ行フテ皇婿《コウセイ》ヲ立テラレンカ、如何ナル人ヲ至尊ニ配シテ其位置ニ適スルトセン。歐西諸國ハ外國ノ皇親ヲ奉迎スルノ例アリテ其便ヲ得ルト雖モ、我國ハ言語風俗ヨリ考フルモ、又上下ノ人情ヨリ考フルモ、歐西ノ皇族ニ論ナク、支那ノ皇族ト雖モ亦我ガ女帝ト大婚ヲ相爲ス可ラザルハ吾人ノ認メテ疑ハザル所ナリ。然ラバ則チ我ガ皇國內ノ人ニ皇婿ヲ求メンカ、是レモ亦甚ダ不可ナルモノアリ。夫レ皇帝ノ大位ヲ尊崇シ奉リ、人臣ノ得テ近ヅク可ラザルモノトスルハ、君制國ノ第一主義ナリ。天ニ二日ナク、國ニ二主ナキハ是レ亦君制國ノ第一主義ナリ。故ニ上御一人ヲ除キテハ日本國人悉《コトゴト》ク臣民ナリ。臣民ニシテ至尊ニ配侍スルコトアラバ、其尊嚴ヲ損セザル無キヲ得ンヤ。或ハ云ハン、理ニ因テ推スニ男女固ト尊卑ノ別ナシ、皇妃ハ人臣ニシテ至尊ニ配ス、皇婿人臣ヨリ出ヅル固ヨリ不可ナルコトナシト、予ハ此説ニ同意スル能ハザルナリ。何ゾヤ、政治ハ時勢人情ヲ以テ之ガ基本トセザル可ラズ、我國ノ現狀男ヲ以テ尊シトナシ、之ヲ女子ノ上ニ位セリ。今皇婿ヲ以テ憲法上女帝ヲ第一尊位ニ置クモ、通國ノ人情ハ制度ヲ以テ之ヲ一朝ニ變ズル能ハザルモノナルガ故ニ、女帝ノ上ニ一ノ尊位ヲ占ムルノ人アルガ如キ想ヲ爲スハ、日本國人ノ得テ免カル、能ハザル所ナルベシ。豈皇帝ノ尊嚴ヲ損スルコトナキヲ得ンヤ。且ツ夫レ皇婿暗々裏ニ女帝ヲ動カシテ間接ニ政事ニ干渉スルノ弊ナキヲ保ツコト能ハズ。若シ此レアランカ、唯ダ女帝ノ威徳ヲ損スルノミナラズ、併セテ國家ノ福利ヲ破ブルニ至ラントス。古來我國ノ女帝ハ登極ノ後、獨處シテ至尊ノ位ヲ占メ玉ヒシガ故ニ、其威徳ヲ損スルコトナシ。然リト雖モ是レ道理人情ニ適スル制度ニアラズシテ、之ヲ今日ニ行フ可ラズ。泰西ノ諸國ハ外國ノ皇族ニ結婚スルノ風習アリ、且ツ男女ヲ區別シテ尊卑ノ位置ヲ定ムルコト我國人ノ如キニアラズ、故ニ其尊嚴ニ害ナシト雖モ、外國トノ結婚ハ我國狀ノ未ダ適セザルモノアリ。是レ予ガ我國ニ於テハ假令《タトヘ》皇親ノ遠キニ取ルモ之ヲ男統ニ限ルヲ可トシ、徒《イタヅ》ラニ其近キニ取リテ女帝ヲ立ツ可ラズト云フ所以ナリ。（反對ノ論之ヲ略ス）

（井上意見書には、沼間守一の島田説に同意の詳論もあるが略する）

ここには女統反対説を引いて国憲案の批判のみを記したが、この国憲案にも評価すべき点がある。とくに天皇に代って大権を行使する摂政を、中古いらいの古例などに全く拘泥《こうでい》しないで皇族に限定したのは、維新の精神にも一致し、かつまた立憲君主制にとって大切な要件である。立憲君主制では、政治権力の行使者、責任者としての政府と、政権の移行にかかはらず国家の永続性を表示する政治的無答責の君主との区別を立てねばならない。この政治的無答責の君主は、超党派的本質を国民に公認させるに足る有資格者でなくてはならない。その点で、日本の国民心理からして、皇族に非ざる者が君主の大権を代行するのは、立憲制と一致しがたい障害となる。国憲案が多くの古例古制を参考としながらも、中古いらいの摂関制を無条件的に廃除し、その大綱が後に起草される幾多の皇室憲章に一つの決定的な指針を与へたことは評価さるべきであろう。

二、岩倉綱領以後のこと

明治十三年に提出された元老院の国憲草案は廃棄されたけれども、明治十四年の政変に際して、憲法を立て国会を開くことが明治二十三年との確定期限を付して勅諭された。政府は、その勅諭を奉じて制憲の準備を急ぎ、明治十五年には岩倉の建言にもとづいて、その大方針の原則を立てた。立憲史上、俗に「岩倉綱領」と称せられるものであるが、その大切な一条として

帝位継承法ハ祖宗以來ノ遺範アリ、別ニ皇室ノ憲則ニ載セラレ帝國ノ憲法ニ記載ハ要セサル コト（帝室之繼嗣法ハ祖宗以來ノ模範ニ依リ新タニ憲法ニ記載スルヲ要セサル事）

との原則が立てられた。それ以来、憲法と皇室の憲則（後の皇室典範）とは、これを法形式の上で全く分離して、二つの別の法典として立案されることに決した。元老院国憲案の第一編（特にその第二章、第三章）の問題は、これより以後は終始して皇室の憲則の問題となる。

岩倉が、憲法と皇室の憲則とを明白に分けることを主張したのには二つの理由があったと見られる。その一つは、皇位継承法は政治法典と混同さるべきではないとの思想である。皇位継承は皇室と国家の重大事で

あって、日本の歴史では皇位継承に異例の論議を生ずる時には、必ずといっていいほどに国政の混乱を生じてゐる。これは日本の国体として当然の理義である。したがって、政治の法典としての憲法と皇位継承法とを明白に分つ一線を画して、皇位継承が政治論議とはまったく別に、不動不変の聖則として確立されることこそ、皇室のため国家のため安泰を期する上に必須《ひっす》なる要件であると信じたのであらう。

それと同時に、ここまでにいたる岩倉の文書を見てゐると、かれは憲政の前途について不安の念が著しく強い。かれは明治八年の詔にも私的には疑念をもってゐたが、大詔が下った以上、敢《あへ》て立憲や国会開設に反対の主張はしなかったまでである。ただ漸進を力説して、元老院の国憲案を審議もしないで葬った。しかし十四年の勅諭によって、明治二十三年を期して立憲国会を開くことが公定された。かれは努めて漸進慎重を期して、憲法の綱領においても国政の動揺混乱をさけるための周到な注意をしてゐるが、なほ十分の確信がない。法典をいかに定めても、政治といふものは勢ひによって動く。岩倉が民撰国会に対して不信感を強くもったのは否定しきれない。

民撰国会の前途によっては、憲法は、あるいは大きな変更や中止の余儀なきにいたらないとも限らない。しかし、万一そのやうな混乱があったとしても、皇室の憲則だけは決してその余波を蒙ることなく、微動だもせぬ権威あるものでなくてはならない、と岩倉は信じた。かれが制憲後の前途にふかい不安と憂念とを禁じ得なかったことは疑ひない。それを示す文書は多いが、特に皇室財産についての晩年の建言書（後述）などには、それが端的に見られる。これが、皇室の憲則と憲法とを別にしなくてはならないと信じたもう一つの理由と見られる。

明治十五年に、この綱領を基にして伊藤博文が、憲法調査のために渡欧した。この時に宮内省から、岩倉具定、西園寺公望等が、各国の帝室制度の調査の特命をうけて同行してゐるが、かれらの任務は皇室典範の準備調査にあったといっていいであらう。この時に元老院で国憲案を研究した幹事の柳原前光は、ロシア公使として露都に在ったが、かれは皇室制度の研究者として岩倉が特に信頼した人物であった。かれは、憲法と皇室法とを別法典とする以上は、渡欧の調査も別系列にすべきだとの意見であったらしい。

西園寺や岩倉は、伊藤一行と同時に渡欧したが、露都に柳原前光を訪うて、今後の調査方針などについて詳しい相談をしてゐる。柳原前光は、露都に公使として在任中も、諸外国王朝の制度研究につとめて、自ら皇室法の私案をいくつも試作してゐる。岩倉歿後もその後継者伊藤博文が、典範案の作成に際して柳原案をもっとも重く見たことについては、下記に詳しく述べるであらう。

宮内省には、柳原前光、岩倉具定、西園寺公望等の外国王朝諸制度の調査結果が集められたのみでなく、諸外国駐在の外交官あるいは来日外人を通じても外国王室制度の知識が集められた。とくに日本と列国との外交が進んで、皇室が外交上の大きな役割りを果されることとなり、外賓への接待や礼遇がほとんど洋風化される過程における宮内省の外国王朝研究は、徹底して行はれた。とくに英独露王朝についての知識は、すでに研究し知悉《ちしつ》したといっていいのではないかと思ふ。その調査研究のあとは、一々述べる煩に堪へないといっても過言ではあるまい。

もっとも皇室典範の制定史といふ点から見ると、その多くの研究報告者のなかで、前記の柳原、西園寺、岩倉等の調査とともに大切なのは、侍従藤波言忠の研究報告や建言であらう。藤波は、勅命によってウィーンのスタインを訪問して憲法講義を聞いて帰朝し、天皇に詳しくその憲法論の報告を御進講した。かれは、スタインの説を聞いたのみでなく、英国王朝についての研究をして詳しい報告書を提出、さらに典範起草に際しても意見書を提出してゐる（後述）。これは『秘書類纂』帝室制度資料の上巻に収められてゐるが、典範起草者の参考となった点が少なくないやうに思はれる。なほ『憲法資料』の下巻には、藤波言忠の「英国王室費一斑」および「英国帝室諸例取調書」の二文があるが、これは意見や主張ではなく、ただ客観的に精細な研究報告である。

三、岩倉綱領以後「皇室財産」等

皇室典範において、もっとも大切な問題は皇位継承法の確定であり、また皇室の伝統精神を確保すべき祭儀礼典の制度に関することであるのはいふまでもない。しかし典範は、そのほかにも皇室財産の事などについても定めてをり、この皇室財産の制度については、典範起草にさきだって、重臣側近等の間にすこぶる論議の多かった問題でもあるので、その大要沿革について述べておく。

維新以前の皇室は、その精神的権威が高いにかかはらず、その財力の乏しかったことは周知の通りである。王政復古いらい、太政官が帝国政府としての施政をはじめてから大いに改進の政策を推進したが、そのためには国の支出はすこぶる多く、しかも歳入は少なく、財政は決して余裕あるものではなかった。会計制度なども幾変転したが、宮内省費、皇族費等の間の整理も行きとどかないで、明治の八年、九年ころになっても皇族のなかには、政府の中堅官僚程度の家計支出のできない宮家すらあったらしい。これは維新に際して神仏判然の令が出て、門跡の宮などが仏門を去って新しい宮家を立てられ皇族が急増したのに、新しい制度の対応ができなかった事情などもあった。

この情況を慨して、皇族、宮内の会計を整備し、皇室財産を確立して、その財力により天皇に窮民救助とか社会厚生への御下賜をしていただいたり、皇族への御補助をしていただきたいと切望したのは、木戸孝允であった。木戸は太政大臣の三條實美、右大臣岩倉具視、大蔵卿大隈重信などに対して説得した。そのころ木戸は、内閣顧問の立場で再度の洋行を希望してゐたが、天皇の奥羽御巡幸にお伴しての旅中に、特に皇室経済のことが非常に気になったもののやうで、帰京後、岩倉具視あてに次のやうに申し出てゐる。木戸はその後、三條、大隈、大久保利通等にも申し入れ、伊藤博文、井上馨等にも命じて、皇室財産確立のために働いてゐるが、その時の木戸の思想心理を見る一資料として、岩倉あての書状を引用する。

謹呈先以御清福被爲渡奉大賀候、サテハ昨朝ィ曲縷々《ルル》陳上仕候通、供奉《グブ》中ニモ奪慮 奉窺《ウカガヒタテマツリ》 候處則二段ニ而《テ》、其一段ハ　皇室之御規模ニ關係候儀ニ而、卒土皆王土ト申候モノハ 盡《コトゴト》ク地檢（ママ）御發行之後ハ決而《ケッシテ》從來之通ニ無御座、然ル處ツラ〳〵今日之形勢ヲ推視仕候ニ、自分此貴ヲ被爲保候處實ニ本邦之平安人民之幸福ニ御座候 帝位之貴重ヲ被爲保候已上《イジョウ》ハ乍恐《オソレナガラ》　皇室相當之富有ハ被爲占、隨而《シタガッテ》　王子皇族モ實ニ其御品位無御坐而ハ、何ヲ以其貴重ナルモノヲ被爲保候哉《ヤ》、且學校貧院其外於時機格別之　特旨ヲ以、物之生育或ハ事之艱難等モ御救助ヲ玉ワリ候丈ケ之御活用ハ被爲調不申而ハ眞心實以不安、從來苦心仕候末時々申上試候儀ハ御坐候得共、勢被行候場合ニモ至リ不申、竊《ヒソカ》ニ痛歎 仕居《ツカマツリヲリ》 候處御發輦《ハツレン》前段々御内意奉窺候ニ付、何卒《ナニトゾ》此好機ヲ不被爲失、大隈ヘモ篤ト御口詰モ被在置度御事ト奉願候通ニ而、實ニ又今日之機會ヲ被爲失候而ハ、將來甚《ハナハダ》難カルベクト尙其後ニモ言上候通、孝允ドモ、精々盡微力御決定ニ至リ候處萬祈《バンキ》仕候次第ニ御坐候、（後略）

七月二十四日朝

公は皇威の益《ますます》發揮せんことを冀《ねが》ひ、御財産の富裕ならんことを望み奉りて建言せる其忠誠を窺ひ知るに足る、是に於て、具視は公の悃款《こんがん》至誠を深念し、二十七日博文に內意を含めて訪問せしめ、皇室に關する廟議《びょうぎ》の趣旨を說かしめ、公の宮內省一等出仕を拜命して君德輔導の任に當らんことを慫慂《しょうよう》せしむ、云々

（『松菊木戸孝允公傳』）

木戸の提言には重臣一同同感で、会計の法なども整理が進みつつあったが、西南の役で大きな財政支出があって中断の形となった。しかし西南の役の乱が鎮定されると間もなく、香川敬三（宮内大書記）が皇室財産確立の急務を力説して、閣内に多くの同感者を得た。香川敬三の論は、外国王室の豪華な財産制度のことなどを引用し、帝室山林、皇族山林の制を立てることを進言したものであったが、その思想には違和感をもつ人もあって、侍補の元田永孚などが、東洋王道の立場から厳然として反対した。『明治天皇紀』より下記、香川と元田との見解要領を引用する。

宮內大書記官香川敬三、帝室の歳入を定め、且官有山林の一部を帝室に供すべきの議を太政大臣三條實美・右大臣岩倉具視に呈す、其の建議の略に曰く、我が朝保元平治以降、王綱紐《ひも》を解き干戈《かんか》止む時なし、慶長元和の交、德川家康海內を一統し、蒼生漸く其の所を得と雖も、政權尙朝廷に歸せず、王室の衰替前日の如し、曩時《のうじ》幕府奉る所の供御の料と稱するもの僅《わづ》かに米數千石に過ぎず、供進の諸品廉價を主とするが故に、御饌《ぎょせん》の鯛《たひ》の如きも常に腐敗して御箸《おはし》を下したまふこと能はずと云ふ、然るに天運循環行いて回《めぐ》らざることなく、明治の初年に至りて

政權全く朝廷に歸し、今や天下の富を有《も》ちたまふ、然りと雖も、其の實に至りては、曩日式微の時に比し、僅かに其の歳供の額を増加せるのみにして、彼の幕府の歳入に比すれば、十の一二に過ぎざるべし、方今海外各國と對峙《たいじ》し交通するの時に當り、宜《よろ》しく先づ帝室の歳供を定め以て其の體裁を備へずばあるべからず、惟《おも》ふに諸藩主嘗《かつ》て邦土を私有するの非を悟りて之れを朝廷に奉還するや、朝廷更に其の藩主に賜ふに各藩の石高十分の一を以てせし準則に據《よ》り、全國歳入の十分の一若しくは十分の幾分を帝室の歳供と定めたまふとも、決して朝廷の私にあらざるべし、王政一に歸し至尊天下に君臨するの時に當りて之れを定めずば、他日臍《ほぞ》を嚙《か》むとも及ぶ無きの悔あらん、且官有物の内、曩《さき》に幕府及び諸藩の所有たりし山林あり、是れ亦宜しく帝室に附し、以て非常の用に供すべし、歐洲各國皆帝室山林・皇族山林等の設ありと聞く、本邦亦宜しく之れに倣ふべきなり、其の造林保護の方法の如きは、山林局を設置し、其の事務に錬達せる者を以て之れが職に充てば必ず宜しきを得んと、而して信濃・美濃・飛驒・土佐・出羽・武藏・相模・上野八箇國の官有山林を帝室に附せんこと、及び獨逸國に於ける帝室森林・皇族森林等の制を別紙に附議す、當時又民權擴張の論熾《さかん》なるを以て、今にして帝室の所有地を定めずば終《つひ》に取るべきの地無きに至るべしとの議あり、三月五日、侍補元田永孚之れが得失を論ず、其の概要は、帝室の賴りて永遠に維持せらるゝ所以のものは、土地の恃《たの》むべきものあるが故にあらずして、至德大仁の能く民心を繫《つな》ぐに外ならざるを論じ、土地の人民私有たるべきは、天下の公理にして、往昔と雖も政府は租税として唯其の幾《いく》何《ばく》を上納せしむるに止まれるを說き、次に君權・民權に論及し、民義を務めて取るべきの權あらば君先づ之れを與ふべし、君德を修めて取るべきの權あらば民固より之れを奉ずべし、今至德大仁是れ修めず、而して人民私有の土地を取りて帝室の私有と爲さんとす、是れ帝室、人民と同等の利を爭ひ自ら帝權を損するものなり、況《いは》んや帝室私有の土地は其の人民亦帝室の私民となると雖も、其の餘は化外の民の如くにして、帝室の休戚《きゆうせき》に毫《ごう》も痛痒《つうよう》を感ぜざるに至らん、是れ帝室自ら人民に絕つなりと辨じ、地租の幾分を割きて帝室保護税と定め、之れを全國に賦課するを以て、今日に處する正大公明の策なりとし、自今以往、益〻至徳大仁を施して人民を愛育せば、人心の帝室を思慕敬重すること愈〻《いよいよ》深く、天下悉く我が私有の土地の貢租を擧げて帝室に供するに至らん、苟《いやし》くも人心を失はんか、悉く天下の土地を有すとも民皆起ちて之れを奪はんとす、是れ天理にして人心自然の感應疑ふべからざるなりと論ずるにあり、

元田の「土地の所有に恃むべからず、民心を得るに在り」との論は、正に東洋王道の理想を高く掲げ、わが朝、皇祖皇宗の精神伝統を明らかに示す卓説であった。いやしくも日本の文明を知り皇室の清風を知る者にとっては、一語の反論をも許さない義と理とを論ずるものであった。それは君側の清風を保つ高貴の論である。

しかしながら、元田の論だけで、今は亡き木戸孝允が痛歎したやうな時弊が、現実具体的に解決されてしまふものではなかった。その精神は敬重さるべきであるが、行政的にも制度的にも解決して行かねばならない皇室経済上の実際的な課題は、依然として残されてをり、財政的実務家は、精神論だけで事を打ち切ることはできなかった。当時の財政実務の責任者は大隈重信であり、かれは民撰議会開設後の国家予算についての憲政運用などをも考へて、構想を練った。大隈の憲政思想は、英国憲政に影響されるところ大きかったので、その皇室財産についての構想も自然に英国風となった。

英国では、王室は国家予算の政治的決定は議会の朝野政党に一任してゐて、敢てその政論には介入しない。しかし王室は、国会審議の圏外に自ら大きな財産を所有してをり、英国人社会にとって好ましいと思はれる社会厚生、学芸教育等々の事業に対して補助金を与へ奨励することによって、大きな信望を保ってゐ

る。十九世紀の議会政党の論争では、概《おほむ》ね国民の納税負担の少ないことを競ふ風潮が一般的であって、そのために、国民にとって必要な、または望ましい社会事業や文化事業への国費支出をも惜しむ風があった。このやうな時代風潮のなかで王室財産を財源として、王室が議会権限に制約されることなく支出し、多くの貴族や富豪にも篤志の献金をすすめることは、英国の社会発展のためにも、王朝の信望を高めるのにも有効であった。大隈は、このやうな裕福な王室財産を所有する英国の王室を模することが、日本においても望ましいと考へたやうである。

大隈は、明治十三年五月の建言のなかで、次のやうに提案した。

第三　御領ヲ定ムルノ議

維新開國ノ法令中ニ於テ最モ公明ニシテ爾後《ジゴ》法律經濟ノ原則トナリタル法令ノ一ツハ人民ニ於テ土地ヲ所有スルノ權ヲ定許シタルモノ是レナリ萬世一系ノ御國體普天率土皆是レ天祖ノ遺傳ニシテ卽チ　聖上ノ臣土タルコトハ獨リ古今ノ史乘ニ徵シテ顯然タルノミナラス苟モ御國民タル者ノ腦裏ニ感銘シテ失セサルナリ惟《オモンミ》ルニ維新ノ盛擧ニ大義ヲ看破シ數百ノ侯伯封土ヲ奉還シタルノ時ニ際シ朝廷ハ斷然正理ノアル所ニ基キ無比ノ卓見ヲ以テ之ヲ各民ニ分與スルノ實ヲ示シテ所有ノ權ヲ定許シタリ彼ノ歐洲諸國ニ於テ人智ノ發達事物ノ開進ニ感動セラレタル人民ノ抗衡强迫ニ因テ始メテ土地ノ私有權ヲ認定シタルノ比ニアラサルナリ然リ而シテ以降倍々《マスマス》改進ノ政圖ヲ計畫シテ怠ラス八年四月ニ至リ更ニ　詔勅アリテ漸々立憲ノ政體ヲ構成セントス是ニ因テ有司各々擔任ノ政務ヲ修整シテ立憲ノ基礎ヲ鞏《カタ》フセンコトヲ孜々トシテ是レ勉ム此際全國ノ土地中ニ就テ御領ヲ定メ土地ノ種別ヲ明確ニ爲スコト寔《マコト》ニ緊要ナリトス

歐洲諸國ニ於テ一國ノ土地（土地ノミニアラス他ノ財産モ亦然リト雖モ畢竟《ヒツキヨウ》土地ノ附屬物タルヲ以テ其主ノミヲ擧ケ其從

ヲ略ス）ヲ大別シテ第一國有第二官有第三民有ノ三種トス蓋シ河港城寨《ジョウサイ》兵器船艦ノ工廠《コウショウ》等該國ノ存立ニ必要ナル土地ニシテ決シテ賣買讓與若クハ期滿得權ニ依テ所有權ヲ移轉スルヲ得ヘカラサルモノヲ第一種トシ動産ト不動産トヲ問ハス行政ノ定規ニ從フトキハ恰《アタカ》モ一箇人所有ノ財産ト均《ヒト》シク賣買讓與等ニ依テ其所有權ヲ移轉スルヲ得ヘキ財産ニシテ官府ノ所有ニ係ルモノ及ヒ國中主ナキノ財産ヲ第二種トス又此第二種中ニ於テ帝王ノ私領ヲ分チ森林宮殿等ヲ以テ之ニ充ツ第三種ハ即チ人民各自私有ノ土地是ナリ英國ノ如キハ國有ト官有トノ稱ヲ別《ワカ》タス單ニ英王ノ所有ト稱シ且看做《ミナ》スカ如シト雖モ財産ノ性質上自ラ其別アルハ仍《ナ》ホ他ノ諸國ト異ナルコトナシ夫レ斯《カク》ノ如ク土地ヲ種別シ帝王ノ私領ヲ定ムルノ所以ハ第一國費ト宮內ノ用度トノ會計法ヲ異ニシ宮內ノ用度ニ就テハ一ニ帝王ノ特權ヲ以テ其支出ヲ計リ敢テ一般會計法ノ檢束ヲ受ケス以テ帝位ノ光榮ヲ悠久《ユウキュウ》ニ保續センカ爲メナリ第二時勢ノ變遷不慮ノ禍亂ニ因テ政體ノ變更アルトモ帝家ノ面目後嗣ノ威儀ヲ辱シメサランカタメナリ

本邦ニ於テ御領ヲ定メントス冀望《キボウ》スル所以ハ彼ノ歐洲諸國ニ於テ帝王ノ私有財産ヲ定ムル所以ト同一ナルニアラスト雖モ宮內ノ用度中御領ノ收入ニ係ルモノハ一般ノ會計法ニ依ラス專ラ　聖上ノ御思召《オボシメシ》ヲ以テ學士工人ノ藝能奬勵ノ特典無告奇特者ノ恩賜皇族諸宮ノ用度等ニ活用セント欲スルノ點ハ同一ナリ而シテ特ニ山林ヲ以テ御領ト爲サントスルハ之ヲ管理スルニ易ク且森林ノ保護培栽ノ方モ自ラ改良ニ赴クヲ以テナリ全國官有ノ山林ヲ計スルニ七百二十六萬七千三百八拾三町二段餘即チ四千六百七十二方里而シテ其枯木下タ草實果等ノ收入六萬三千四百四拾九圓（十年度決算額）營業資本金拾萬圓收支差引益金壹萬四百五拾七圓（十一年度決算額）ト外ニ拾八萬六千六百六拾四圓餘ニ當ル木材其他ノ現品アリ山林局ノ豫算ニ依レハ十五年度ニ至レハ收支差引益金五萬貳千百八拾三圓餘ト三拾九萬三千九百四拾三圓餘ニ當ル木材ノ貯蓄ヲ有シ總計四拾四萬六千百貳拾六圓ノ益金ヲ收入シ得ルモノト爲《ナ》セリ以後管理ノ方法ノ如何ニ依テハ多少收支ノ金額上ニ增減アルヘシト雖モ追年運輸ノ便栽培ノ法宜キヲ得ハ前段ノ豫算ニ大差ナキ收入アルニ至ラン是ニ因テ仰キ願クハ即今先以テ御領ヲ定ムルノ議御裁定アランコトヲ

幸ニ御聴許ヲ蒙《カウム》ラハ内務宮内等ノ諸官吏中ヨリ委員ヲ命シ御領山林元簿ノ調製管理ノ方法等ヲ審議セシメンコトヲ希望ス（『大隈重信關係文書第四』から引用）

これによって、大蔵当局を中心にして調査立案が進められることとなったが、翌年の政変で大隈は退官させられることになった。しかし大隈は、この皇室財産設定には非常に熱心で、野に下って改進党総裁となっても、その施政要議では「我が党は大いに皇室の財産を聚《あつ》め帝室の威望を維《つな》がせ給ふ上に十全ならんことを期す」と唱道してゐる。大隈の立憲君主制においては、皇室財産の設定は、一つの必要不可欠の条件であった（渡邊幾治郎著『明治史研究』および『大隈重信』等）。

大隈を政府から追放した太政官の諸参議は、その憲政思想では大隈に反対であったが、皇室財産設定には同感であったので、大隈の着手した調査案は、その後もつづけられ、大蔵、内務両当局で一案を作成して、明治十五年の七月に参事院に提案した。しかしこの案は、岩倉の強い反対があって否決された。

岩倉はなぜ反対したのか。岩倉は、明治十四年いらい一つの危機感をもって新構想を立てた。かれは、国会開設、憲法制定をみとめはしたものの、その前途に不安と憂念との禁じがたいものがあった。かれは、立憲以前に強大な皇室財産を確立することを急務として、次のやうな意見書を提出した。それは木戸から大隈へいたる間の皇室財産制とは、全く質を異にするものであった。

具視皇室財産ニ關シ意見書ヲ閣議ニ提出スル事

是ヨリ先キ内閣ニ於テ委員ヲ命シ官有財産ヲ調査セシム是ニ於テ土地名稱ノ區別ヲ改定シ皇有地國有地民有地ノ三種ト爲スノ議アリ二月具視官有山林ヲ擧ケテ悉皆《シツカイ》皇室御料地ニ編入シ且官有鐵道及諸製造所等其性質ニ因リ之

ヲ皇室財產部ノ管轄ニ移サントノ意見ヲ書シ以テ閣議ニ提出ス其文ニ曰ク

爲政ノ要ハ大權ノ鈞石《キンセキ》ヲ和スルニ在リ而テ和鈞ノ道時ト勢トニ隨テ其宜ヲ異ニス君主專制ノ時ニ於テハ大權ノ下移ヲ恐レ君民共治ノ時ニ於テハ大權ノ動搖上下センコトヲ恐ル故ニ大權一タヒ其鈞石ヲ失フコトアラハ君其位ヲ保ツコト能ハス民其生ヲ聊《リョウ》スルコト能ハス往々ニシテ革命ノ大變ヲ生スルニ至ルコト有リ謹テ惟《オモン》ミルニ朝廷曩《サ》キニ立憲政體漸立ノ詔ヲ下セシヨリ庶政ノ方針人民ノ思想大ニ變革スル所アリ乃チ目今ノ機會宜ク大ニ皇室ノ基礎ト政府ノ組織トヲ鞏固ニシ因テ以テ大權ノ鈞石ヲ和セサル可カラス具視此ニ見アリ先キニ憲法ノ要目ヲ建議シ皇威政權兩《フタツ》ナカラ鞏固ナランコトヲ冀《ネガ》ヘリ然ルニ憲法ナル者ハ一法律ニシテ文ナリ華ナリ苟モ皇室ノ基礎タル實質ニシテ鞏固ナラス 焉《イツクン》ソ其文ト華トヲ永遠ニ保ツコトヲ得ンヤ是レ佛人ノ徒ラニ法律文華ニ整備ヲ求メテ其實質ノ鞏固ヲ務メス大權ノ所在動搖定マラス終ニ 屢《シバシバ》國命ヲ革《アラタ》メ潰裂渙散《カイレツカンサン》復《マ》タ如何トモスル能ハサリシ所以ニ非スヤ我國今將ニ憲法ヲ建定セントセハ先ツ皇室ノ基礎タル實質ヲ鞏固ニシテ以テ千萬歳後大權動搖ノ弊ヲ今日ニ防遏《ボウアツ》セサル可カラス皇室ノ基礎ヲ鞏固ニスルノ道一ニシテ足ラスト雖今日ニ於テ尤《モット》モ急務トナスモノ皇室ノ財產（法律ニ於テ定メタル所ノ帝室費或ハ帝俸ニ關係スルモノニアラス）ヲ定ムルニ在リ夫レ率土ノ濱王土ニ非ラサルコトナキハ我建國ノ體ナリ然ルニ明治五年人民ニ土地所有ノ權ヲ與ヘラレテヨリ人民各自其土地ヲ私有シ政府ヲ維持スルニ其租稅ヲ納《イ》ル、コトヲ以テス於レ是人民參政權ノ進取ヲ論スルモノ輩出シ隨テ憲法建定ノ期ヲ促セリ乃チ眼眶《ガンキョウ》ヲ合セテ國會開設以後我邦ノ景況如何ヲ瞑想《メイソウ》スルニ激進ノ民權論ハ常ニ其適當ノ程度ヲ超過スルカ故ニ非政府ノ論議ハ益ゝ其勢力ヲ得可ク而テ人民自治ヲ務メスシテ自由ヲ求メ官民乖離《カイリ》ノ情況ハ今日ノ府縣會議ヲ以テ之ヲ推察スルニ足ルヘシ然ル後ハ民權論次第ニ激進シ憲法ノ明文其力ヲ實際ニ保ツコト能ハス天子ト雖國會ニ左右セラレ皇位ハ有レトモ無キカ如ク大權遂ニ其鈞石ヲ失ヒ萬世不易ノ國體ヲ損シ外ハ其侮ヲ受ケ內ハ其民ヲ安ンスルコト能ハサルニ至ラン此事ノ必無ヲ今日ニ保證スルハ甚タ難シ然レハ憲法ノ力ヲ保ツカ爲メニハ其實質卽チ皇室ノ財產ヲ富贍《フセン》ニシテ陸海軍ノ經費等ハ悉皆皇室財産ノ歳入ヲ以テ支辨スルニ足ル可ラシムヘシ此《カク》ノ如クニシテ後ニ國會ニ於テ如何ナル過激論ノ起ルコトアリトモ又國庫ノ經費ヲ議定セサルコトアリトモ之ヲ鎭撫《チンブ》シ之ヲ和順セシムルニ於テ何カ有ラン故ニ大權ノ鈞石ヲ失ハサラント欲セハ國民ノ財産ト皇室ノ財産トヲシテ大差等ナカラシムルニ在リ今夫レ調査濟官林ノ數四百八拾壹萬八千町ノ如キモ之ヲ民有地ノ四百八拾壹萬八千三百五拾町餘ニ比較スレハ大差等アルコトナシ而テ之ニ北海道未調ノ官林ヲ合セハ其額民有ニ超過スヘシ乃チ今ノ官有地ヲ一括シテ皇室ノ財産トシ一タヒ宮内省ニ引上ケ更ニ内務省ニ致シ皇室領トシテ之ヲ管轄セシメ其歳入ハ從前ノ如ク大藏省ノ國庫ニ收納シテ政府維持ノ費途ニ支出シ 是ニ於テ政府ハ純《モツパ》ラ民人ノ租税ニ因テ維持スルノ名ナク人民ハ常ニ皇家ノ恩惠ニ依ルノ實アリ 農商務省ヲシテ其利益ノ蕃殖《ハンシヨク》ヲ圖ラシム是ニ於テ乎《カ》所レ謂 上下所有ノ權衡其平均ヲ得ルニ至ルコトヲ望ム可シ英國政治家ノ語ニ曰ク政權ハ財産ニ比例スト是レ實ニ政理ニ通スルノ言ナリ我邦ノ法古來皇室ハ全國ヲ奄有《エンユウ》シ人民ハ尺寸ノ私地アルコトナシ然ルニ明治五年以來土地ニ官有民有ノ區別ヲ判然立テタリ其レ官府ナル者ハ卽チ朝廷ニシテ朝廷ハ卽チ皇室施政ノ明堂ナリ故ニ今ノ官有地ヲ擧テ悉皆皇室領トナスニ於テ誰カ異議ヲ其間ニ挿《サシハサ》ム者アランヤ 我カ官有地ヲ以テ他邦ノ國民共有地ニ比スルハ大ナル謬《アヤマ》リ也 然リト雖立憲政體擧行ノ日ニ於テハ則チ大ニ政府ナル者ノ形質ヲ變スルカ故ニ官有地亦其性質ヲ變セサルコトヲ得ス具視故ニ曰ク皇室ノ財産ヲ定ムルハ實ニ今日 憲法制定ノ前 ノ急務ナリ前段ノ理由ナルヲ以テ憲法ノ實力ヲ保ツハ皇室ノ實力ヲ保ツニ在ルコトハ明ラカナル可シ而テ皇室實力ノ一部 卽チ財産 中官有地ノ外ニ於テ鐵道及諸製造所等ノ性質ニ依テ皇室ノ所有ニ歸ス可キモノ 獨乙ノ如キハ城砦《ジヨウサイ》鐵道ヲ以テ皇室ノ所有ト爲シ事アルニ當テ兵士急行ノ道ヲ梗塞《コウソク》スルノ患ナカラシム 及財産ノ中他人ニ賜與ス可カラサルモノ賜與自由ナルモノ等ノ差別又ハ總《スベ》テ皇室財産ヲ處分スルノ方法規則等ヲ調査スルハ實ニ重大ニシテ缺ク可カラサルノ急務ナルヲ以テ宜《ヨロシ》ク今日人民未タ官有地ノ事ニ論議ヲ挿マサルノ時ニ於テ乃チ宮内省或ハ太政官中ニ皇室財産取調局ヲ設ケ參議二人及宮内卿其事ヲ主《ツカサ》トリ大臣一人之カ總裁ニ任シ以テ其事務ヲ憲法建定ノ前ニ整頓ス可シ顧《オモ》フニ皇威ノ萬億斯年《シネン》ノ下ニ赫々トシテ大權其鈞石ヲ失フコト無ク因テ以テ民生ヲ保安スルノ道多シト雖尤當《マサ》ニ急ニスヘキモノ斯ノ如シ

乃チ爰《ココ》ニ其要領ヲ述テ擧行ノ速ナランコトヲ望ム謹議

具視

（『岩倉公實記』より引用）

岩倉意見書は、明治十五年二月のものであり、あまりにも膨大なものであって、その翌年に岩倉が病歿してしまったので実現されることはなかった。しかし、皇室財産形成の一過程において、このやうな思想が政府の最高実力者のなかに存在したといふことは、歴史的に無視しがたいものがある。

岩倉は、少なくとも民権論者に対しては全面的に、不信といふよりも強烈な敵意を禁じ得なかった。本書の「憲法篇」において述べたやうに、日本の明治民権は、君権に敵対する民権ではなくして、官権に対抗するのみで、天皇、皇室、日本帝国に対しては忠誠であったのであるが、岩倉はそれを信じ得ないでゐる。憲法が制定され国会が開かれれば、やがては民権家が国会に勢力を占めて国家予算を制約し、帝国の存立を危くするやうな情況を呈するにいたることを予想せねばならないと考へた。そこで国有財産のすべてを皇室財産とし、日本国の財産を二分して、少なくも日本の山林の半分を皇室所有とし、やうやく発展して来た近代工業についても、鉄道および当時第一級の国有工場を皇室所有とする。この巨大な皇室財産の財源は、おそらく全国民の国税と相対抗するに足る。その財源をもって、民撰国会が支出することを欲しない帝国陸海軍の国防費でも何でも、帝国の存立に必要な公費は、すべて皇室財産の収入によって賄ふとの構想である。

岩倉構想によれば、政府の財源は、おそらく国民の国税より以上に、皇室財産からの所得によって賄はれるであらう。憲法では、皇室財産の所得を財源とする支出については国会の制約を許さぬこととする、といふのであらう。その思想は、前記の元田永孚の無私、無所有こそが天子の君徳の基礎であるとの思想とまったく対極線上にある。財の所有こそが君権強大の基礎であるとの思想を力説してゐる。それは欧洲の覇王の権力思想と同じである。

岩倉は、幕末にあっては、長薩の志士と相結んで維新の功業を成したが、その維新の必然的発展として伸びて来た民権家を信頼することができなかった。そして、憲法ができ議会が開かれれば、議会に忠良の思想なく、皇室も国家も無視するやうな政治潮流が伸びて来るのではないかと憂へた。その対策として強大な皇室財産を設定しようとする。それには、木戸や大隈などが立てたやうな消極的な構想の流れをくむ御有地布告案などでは何ともならない。この案を廃棄すべく命をうけたのが、岩倉の秘書的立場にあった井上毅である。

十五年七月十日参事院ニ於テ地所名稱區別ノ件ニ關スル會議ヲ開ク内務部財務部聯合主査發議ス其議案ニ曰ク

御有地布告案

明治七年十一月第百貳拾號布告地所名稱區別中官有地ノ名稱ヲ廢シ更ニ左ノ名稱ヲ設ク

御有地

官有地

右奉ニ勅旨ニ布告候事

年　月　日

太政大臣
内務卿
大藏卿

二十番議官井上毅 御有地ト官有地トヲ區分スルハ得策ニ非《ア》ラストノ論ヲ述フ曰ク我邦ニ於テハ古來未タ嘗《カツ》テ帝室ト官トヲ別ツコト無シ帝室卽チ官ニシテ官卽チ帝室タリ故ニ地ノ苟モ稱シテ官有ト云フモノ何《イツ》レトシテカ帝室ノ御有ニアラサルナカラン然ルニ今ニ及ンテ遽《ニハカ》ニ之ヲ分離シテ全ク別種ノモノトナサントス抑《ソモソモ》亦何等ノ要アリテ然ルモノカ本官等ノ不敏ハ之カ理由ヲ發見スルニ苦ム知ラス天皇陛下ノ外ニ於テ更ニ官ナル一所有主ヲ設ケ以テ陛下ノ御有地ト之カ所有地トヲ區別セント欲スルニアルカ然ラハ是レ實ニ思ハサルノ甚キモノト謂フヘシ國ノ共和政タルニ於テハイサ知ラス苟《イヤシクモ》其立憲帝政タルニ於テハ實際上ハ措《オイ》テ論セス名義上何レノ政府トシテカ帝室ノ政府タラサルナカラン何レノ官有地トシテカ帝室ノ御有地ニアラサルナカラン彼ノ英國ノ如キニ於テスラ御有官有ノ別ヲ立ツルコト無ク一槩《イチガイ》ニ之ヲ稱シテ「カラウンランド」帝室御有地ト云フニアラスヤ然ルヲ況ヤ我邦ノ如キニ於テヲヤ人或ハ言ハン子ノ論誤レリ御有地官有地均《ヒトシ》ク是レ帝室御有地タリ惟《タダ》御有地ハ帝室ノ私有地ヲ云ヒ官有地ハ其公有地卽チ政府ノ所有地ヲ云フノ區別アルノミ實ニ然リ本官ニ於テモ亦聊《イササカ》此等ノ區別アルコトヲ知ル然リト雖此區別タルヤ原《モ》ト是レ國會ヲシテ之ニ議及スルヲ許スト否《シカ》ラサルトニ就キ之ヲ立ツルニ過キサルモノナルヲ以テ立憲議院政體ノ國ニ在テハ之ヲ立テサルヲ得サル必然ノ理由アリト雖我邦ノ如キニ於テハ今日之ヲ立ツルモ將又《ハタマタ》何等ノ益アランヤ今ニシテ世ノ輕佻《ケイチョウ》ノ風潮ニ動カサレ忽卒《ソウソツ》ニ此等ノ一大事ヲ決定スルコトアルニ於テハ後ニ至リ萬囘臍《ホソ》ヲ噬《カ》ムモ亦及フナキニ至ラン豈《ア》ニ其レ謹マサルヘケンヤ且夫レ爰《ココ》ニ一歩ヲ退ケ假令《タト》ヘ之ヲ區別スルノ必須《ヒッス》ノ理由アリトスルモ抑亦何等ノ目安ニ依リ之カ區別ヲ立テ何レノ種類ノ地ヲ以テ御有地トシ何レノ種類ノ地ヲ以テ官有地ト定メントスルカ蓋《ケダ》シ地ノ御有ニ屬スルト官有ニ屬スルトヲ分ツハ實ニ至難至困ノ事業ニシテ容易ニ之

カ判定ヲ爲シ得ヘキニアラス若シ御有ノ分ニシテ少キニ失セシムルコトアランカ入額ハ以テ宮中費ヲ償フニ足ラス供御或ハ乏キヲ告クルコト有ルニ至ラン事若シ爰ニ至ラハ不忠不臣ノ甚キ何モノカ之ニ過キン若シ又御有ノ分ヲシテ多キニ過クサシムルコト有ランカ或ハ恐ル後日國會開設アルノ日ニ至リ其議及權アル官有地ノ僅少ニ失セルカ爲メ却《カヘツ》テ反動力ヲ生シ百方策ヲ回《メグ》ラシテ以テ御有地ヲ減削スルニ至ルコト有ラン殷鑑《インカン》遠カラス彼ノ日耳曼ニ在リ區分ノ困難ナルヲ以テ知ル可キノミ然ルニ今之カ土地ノ種類ヲ示スコト無ク又之カ區分ノ方法ヲ定ムルコト無ク惟漫然ト周章狼狽《ロウバイ》シテ之カ名稱ノミヲ定メ置カントスルカ如キハ本官等ノ實ニ驚訝《キヨウガ》ニ堪《タ》ヘサル所ナリ蓋シ名ハ實ノ賓《ヒン》タリ實アツテ而シテ後ニ名アリ未タ嘗テ名アツテ而シテ後ニ實アルモノヲ聞カス然ルニ今ヤ事之ニ反シ彼此《ヒシ》全ク相顚倒《テントウ》セリ抑亦事急ニシテ區分ノ調成ヲ待ツノ遑《イト》マナキニ依ルカ其レ然リ豈ニ其レ然ランヤ之ヲ要スルニ本案ノ如キハ徹頭徹尾不備不整ノモノタルヲ免レサルナリ況ヤ亦前段陳述スルカ如キノ理由アルニ於テヲヤ依テ本案ハ一ト先ツ此議席ヨリ排除シ若シ果シテ御有地ヲ定メサルヲ得サルノ理由アルニ於テハ啻《タヾ》ニ名稱ノミニ止《トド》マラス其土地ノ種類ヲモ指示シタル完全無闕《ムケツ》名實相協《カナ》フノ議案ヲ再ヒ提出アランコトヲ冀望《キボウ》ス卽チ廢案說ヲ唱フル所以ナリ

是ニ於テ議長田中不二麿其可否ヲ起立ニ問フ廢案ヲ可トスル者過半數ナリ終ニ本案ヲ廢棄スルコトニ決ス

（『岩倉公實記』より）

井上毅がこの「御有地布告案」を廃棄せしめた経過を述べた小早川欣吾著『明治法制史論』では、「此れ井上毅と岩倉の意見の疎通せる事を示すもので、井上の此の意見は、要するに岩倉の意見の代辯である」と割りきってゐる。それは誤りとはいひ得ないが、しかし岩倉意見と井上の陳述との間に存する微妙なニュアンスの差を無視してゐるのではあるまいか。

井上は（その地位と実力のためか）ここでは、表では政治的に岩倉の指令にしたがって、御有地布告案を廃棄する主役をつとめてゐる。しかし井上は、心中から岩倉構想に全面的に同感してゐるのではない。その陳述意見の前段を見ると、岩倉意見そのままのやうな語調に見える。けれども後段になると、御有地の分の過少なることも多くに過ぎることもよろしくない、しかもその区分は至難であり慎重でなくてはならない、といってゐる。岩倉意見では、多ければ多いほどいいので、御料地は国有の全部に及び、それでも足りないから鉄道も工場も皇室有に編入せよといってゐるのである。将来の構想の論理は、岩倉と井上とでは大いにちがふ。井上の立場としては、この段階では、岩倉の廃棄説にしたがって、廃案として時を稼ぎ、情況が推移して行く好機を見て、改めて岩倉に対しても本質的な修正考慮をもとめる余地を残すやうな発言をしたものと解せられる。

しかし、皇室御料地の設定案を廃案にしたことには、不満の参議も少なくなかったらしい。山県有朋などは、同年九月に極めて熱心に、御料地決定を緊急とすることを力説した建議をしてゐる（大山梓編『山県有朋意見書』）。なほ井上毅は、同十一月山尾あての意見書で、かれが御料地案を否定したのは「疎暴発論」で意をつくさなかったが、憲法制定の時に、然るべく御料を定められたがいいと論じ、その意を山県議長へ通ぜられたいと書いてゐる（井上毅伝『史料篇第一』）。それは、ただの反対でないとの諒解《りょうかい》をもとめてゐるやうである。

皇室財産をぜひとも設定せねばならないとの意見は、山県有朋ばかりでなく、松方正義なども熱心に主張した。松方は、大隈の去った後での財政政策の実力者となったが、今までの皇室財産構想がすべて御料地（不動産）を目標としてゐたのに、証券動産も編入して行くことを考へて、実施した。

松方は、大蔵卿として、皇室経費の予算を高めたのみでなく会計制度をも改めて行った。その後、官制的にも内閣制度が樹立され、内閣の大蔵省と宮内省との区分が明白にされ、ここに皇室財政と内閣の国費との関係が一段と明白になった。宮内省は国庫より一定額の皇室費を受け入れて、独自の会計を立てることになり、独立して皇室財産を管理することが一段と明白にされた。

大蔵大臣松方正義は、さらに建議して、皇室には国庫より供進する経費のほかに相当の「私産」あることを要するとして、政府所管の日本銀行株式および横浜正金銀行の株式を、皇室の私産へ編入することに決した。その後、宮内大臣土方久元の建議により明治二十一年に、かなりに広い官林（九十万町歩）が皇室財産に編入された。

これらの皇室財産形成の過程において、君側の元田永孚や佐佐木高行等からは「皇室財産を設定せねばならないとするならば、その財産の理義を明らかにせよ」との意見が提出されてゐる。かれらは、皇室財産が、単に一般人民が所有するところの「私産」と同一の意味で、皇室が私有されるといふことでは、国体の理義が明らかとならないとして、その財産所有の目的、その必要なる存在意義を明示することをせまった。

皇室財産の形成に努力して来た人としては、ここで述べたところは木戸孝允、香川敬三、大隈重信、岩倉具視、山縣有朋、松方正義、土方久元等の名を挙げたにすぎないが、事実においては更に多数の人々がある。かれらは、いづれも皇室財産の必要を痛感したといふ点では共通してゐた。しかし、その財産の存在理由の思想については必ずしも同一でなく、多様多種の思想があって一致してゐない。とくに大隈の皇室財産論と岩倉の意見とは、どちらもそのままには実現しなかったが、全く相反する思想根底の上に立ってゐる。

しかし、その存在理由の理論は一致しないままに、皇室財産そのものとしては、諸家の意見が相合流して、明治二十二年の皇室典範制定以前までに、かなりに大きなものが編入された。

　ここでは特徴的な木戸、元田、大隈、岩倉等の論を詳記したが、その存在理由には、それぞれの差のあることが明らかであると思ふ。そのほかにも皇室財産に関する建言書はすこぶる多い。その多様さを示す参考例として、次に皇室典範起草の担任者、伊藤博文の異色ある一例と、侍従藤波言忠の意見書とを合はせて掲記しておきたい。博文の意見は、当時の諸家の皇室財産設立についての希望意見の多様多種であったことを示す一参考となるであらう。藤波の意見は、皇室典範制定の直前の論ではあるが、かれが君側の侍従であって、博文が特に親しくしてゐたやうな事情から考へると、典範で皇室財産の章を法定するに際してその法思想を整理して行くのに、藤波意見は少なからぬ参考となったのではないかと察せられる。

御料地選定ニ關スル議　　　拝呈　伊藤伯爵

宮内省ハ目下御料ノ地トシテ官有地ノ幾分ヲ帝室ニ屬セシメラル、ノ議アリト傳聞ス。依テ竊《ヒソカ》ニ考フルニ、北海道ノ沃土《ヨクド》、木曾ノ良材、固《モ》ト官有ニ屬シテ且ツ帝國ノ富源ト稱ス。宜シク入レテ帝室御料ニ加ヘラルベシト雖モ、抑モ亦是ヨリ先キニ最モ急務ナルモノノ在テ存スルナリ。何ゾヤ、曰ク古聖帝王ノ往時、苟クモ龍躅《リユウチヨク》ノ地タリ、若クハ殊ニ蒙塵《モウジン》ノ場所タルモノニシテ、其官有ニ屬スル部分ハ勿論《モチロン》、民有ニ屬スルモノト雖モ亦將ニ歴史上憑跡《ヒヨウセキ》判然タルモノハ速ニ之ヲ帝室御料ニ加ヘラレントスト是レナリ。乞《コ》フ其理由ヲ開陳セン。

　凡《オヨ》ソ君主國ノ國民ヲシテ忠君愛國ノ念ヲ起サシムルモノ其國ノ歴史ニ如《シ》クモノハナシ。何トナレバ一國ノ歴史ハ國民ヲシテ啻《タダ》ニ古今變遷ノ情態ヲ知ラシムルノミナラズ、依テ以テ治亂興敗ノ由來スル所ヲ審《ツマビラカ》ニ察スルトキハ、國體ノ在ル所、國是ノ存スル所、勢ヒ忠君愛國ノ念ヲ起サシムルハ自然ノ道理ナレバナリ。而シテ此ノ精神ヲシテ益々熾《サカン》ナラシメント欲セバ、載籍ノ歴史ノミヲ以テ足レリトセズ、又宜シク地理ノ歴史ニ依テ精神ノ發揚ヲ促サヾルベカラズ。彼ノ忠臣義士ノ事跡ヲ吊《トムラ》ヒ、英雄豪傑ノ壙墓ヲ過ギ、其往時ニ於テ王家ノ爲メ國家ノ爲メ盡シタルコトヲ追想スルトキニ、覺エズ人ヲシテ忠君愛國ノ精神ヲ起サシメ、沛然《ハイゼン》防グベカラズ勃然《ボツゼン》禁ズベカラザルモノ是レ地理的歴史ノ效ニ依ラザルハナシ。是ノ故ニ載籍歴史ノ保存スベキハ謂《イ》フマデモナシト雖モ、地理的歴史ニシテ其殊ニ顯著ナルモノ亦永ク保存スル必要アルナリ。況ンヤ古聖帝王ノ龍躅ノ地、若クハ蒙塵ノ場所タルニ於テ抑モ亦王家ノ歴史ト共ニ保存スルノ必要アルヲヤ。

是レヲ外國ノ例ニ問ハンニ、歐洲諸國殊ニ君主國ニ在テ到ル所ニ是等舊跡故地ノ保存セラレザルハナシ。而《シカ》シテ之ヲ保存スルノ方法多クハ王家ノ所有ニ屬セリ。是レ豈徒ラニ舊跡故地ヲ存シテ遊観ノ場所ニ供スルモノナランヤ。或ハ皇子王孫ノ此ノ場ヲ經過シ、國體ノ忘ルベカラザルヲ起念シ、又國民ヲシテ忠君愛國ノ精神ニ富マシムルニ外ナラザルナリ。顧《オモ》フニ我國ノ如キ舊國ニ在テ此等ノ靈場舊跡ヲ求ムルハ決シテ少ナカラズ、假令《タトヘ》バ制度欽定《キンテイ》ノ開始トモ稱スベキ天智帝ノ都ヲ定メラレタル滋賀ノ舊趾《キユウシ》ニ於ケルガ如キ、國運式微ニ際シテ順德帝ノ遷座セラレシ隱岐《(ママ)》ノ故跡ニ於ケルガ如キ、後醍醐帝ノ笠置ニ於ケル、護良親王ノ鎌倉ニ於ケル、一々之ヲ擧グレバ其例枚擧ニ暇《イトマ》アラザルベシ。若シ帝室ノ御料ニシテ增加セラル、ナラバ、宜シク先ヅ此等龍躅ノ地タリ蒙塵ノ場所ヲ擇《エラン》デ帝室ニ屬セシメラレ、永ク王家ノ歴史ト共ニ保存シテ湮滅《インメツ》ニ歸セシメザルハ豈今日ノ急務ニアラズヤ。幸ニ我國民ノ淳朴《ジユンボク》ナル、假令之ヲ帝室ニ屬セシメザルモ、尚《ナ》ホ能《ヨ》ク保存ニ怠ラザルベシト雖モ、歳月ノ久シキ世態ノ變遷ニ逢《ア》フテ終ニ狐兎ノ巣窟《ソウクツ》タラシムル恐レナシトセズ。殊ニハ他日外人ノ雜居トモナリ、萬一此等靈場舊跡ヲ一旦彼等ノ所有ニ歸セシムレバ亦如何トモスベカラザルニ至ラントス。豈又遺憾ノコトナラズヤ。

右ノ理由ナルヲ以テ宮内省ニシテ若シ御料地選定ノ議アラバ、北海ノ沃土、木曾ノ良材宜シク入レテ帝室ニ屬セシメラルベシト雖モ、今日ノ急務ヨリ之ヲ論ズレバ以上述ベタル如ク先ヅ古聖帝王ノ靈場舊跡ニ屬スル部分ヲ御料ニ加ヘラレ、内ハ以テ上皇子王孫ノ時ニ此場ヲ經過セラレタルトキ、古聖帝王ノ往昔ヲ回顧セラレ、又下國民ノ拜觀ヲ許サレテ忠君愛國ノ念ヲ起サシメ、外ハ以テ外人ノ巡覽ヲ望ム者ハ王家ノ歷史ト共ニ舊跡保存ノ主意ヲ示サレンコトヲ希望ニ堪ヘザルナリ。

(『秘書類纂』帝室制度資料・上)

帝室御財産ノ件

藤波言忠

帝室ノ御財産ハ帝室ノ尊嚴ヲ萬世ニ保持シ、確固不拔ノ基礎ヲ建ツルモノニシテ、國民億兆ノ仰グ所、且ツ慈惠榮譽ノ源泉タル帝室ニシテ御財産薄乏ナルニ於テハ、大ニ帝威ヲ赫耀《カクヨウ》タラシムルノ御活動御意ノ如クナラズ。從テ國民ノ尊敬愛戴ノ感情モ亦幾分カ厚カラシムル能ハザルノ憾《ウラミ》ナキニ非ラズ。故ニ御財産ヲ定ムルハ一大要件タリ。熟々《ツラツラ》我國土地ノ成立ヲ歷史上ヨリ考フルニ、初メ神武天皇一統ノ功ヲ奏シ玉ヒシヨリ、以來普天ノ下、率土ノ濱ニ至ルマデ、國土悉ク　天皇ノ有ニ非ザルハナシ。中世ヨリ武家ヲシテ之ヲ領セシメタリト雖モ、其ノ性質上ヨリ考フルニ、一時之ヲ托シタルニ止マリ、決シテ永世ニ之ヲ賜フテ動カス可カラザルモノニ非ラズ。何トナレバ、天皇ヨリ政權ヲ委任シタル幕府ニ於テ之レガ與奪分合ヲ爲スノ權ヲ握リタルニ非ラズヤ。降《クダツ》テ明治維新ノ世ニ及ビ、地劵ヲ發行シテ一個ノ人民ニ土地ノ所有權ヲ與ヘラレタリト雖モ、其ノ餘ノ土地ニシテ官有ノ地ト稱スルモノニ至リテハ、悉ク是レ　天皇ノ直有財産ニシテ、決シテ之ヲ他ニ與ヘタルモノニ非ラズ。然レドモ斯ノ如キモノハ多ク各省廳ニ於テ之ヲ管理シ、全ク帝室ノ國有財産タルベキモノノ名分確立セズ。緩慢《カンマン》ニ流レテ殆ンド帝室ノ御有タル形迹《ケイセキ》ナキニ至リタルガ如キハ甚ダ遺憾ノ至リナリ。今日帝室ノ財産ト爲スベキモノヲ確立スルノ時ニ當リテハ、各省ニ照會シテ協議ノ上之ヲ定ムルノ有樣ナルモ、是レ素ヨリ
皇帝陛下ノ御有タルノ土地ガ自然ニ各省廳ノ管理ニ歸シタルモノヲ引上ゲルノミニシテ、決シテ省廳ノ眞ニ所有スルモノヲ帝室ニ貰《モラ》ヒ受クルト云フガ如キ道理ニ非ラズ。サレバ之ヲ帝室ニ屬スルノ日ニ於テ、宮内ノ官吏ト各

省ノ官吏トノ間ニ於テ決シテ面倒ナル掛合ノ起ルベキ筈《ハズ》ニ非ラズ。斯ノ如キ思想ヲ人民ノ脳裡《ノウリ》ニ能ク浸漸《シンゼン》セシムルニ非ザレバ、國會開設ノ日ニ當リテハ彼レ是レ帝室ノ財産上ニ就キ論難スル議ヲ出スヤモ計リ難シ。故ニ今ノ時ニ當テ宜シク判然ト之レガ區別ヲ立テ、永ク省廳ニ於テ管理スベキモノト、帝室ノ御財産タルベキモノト分タザルベカラズ。顧ミルニ國會ノ開設アルニ至リテハ、國庫ヨリ帝室費トシテ納ムベキ金額ハ毎歳宮内大臣ニ於テハ之レガ豫算表ヲ作リテ國會ニ呈出スル時ニ當リ、假令ヒ帝室費ハ幾何《イクバク》ト云ヘル豫算アルニモセヨ、實際帝室ニ於テ要スルダケノ費用ヲ國庫ヨリ納メシムルモ決シテ道理上不可ナルコトナカルベシ。然レドモ臨時ニ多額ノ金員ヲ請求スルハ策ノ得タルモノニ非ラズ。斯ノ如ク年々國庫ヨリ納メシムル金額略《ホ》ボ一定スルトキハ、帝室費ヲ國會ニ呈出スルニ當リ、國會ハ帝室費ニ彼レ是レ議論ヲ容《イ》ルヽハ帝室ノ尊嚴ヲ損スルノ恐レアリトシテ之ヲ議セザルノ習慣ヲ作ルコトヲ得ベキナリ。凡ソ海外各國ニ於テハ、帝王即位ノ初メニ於テ、其在位中年々要スル所ノ帝室費ヲ定メテ之ヲ國會ニ請求シ、其後ハ唯ダ之ヲ呈出スルニ止マリテ之ヲ議セザルヲ通常トス。サレバ我國ニ於テモ國會開設ノ初メニ於テ一度之ヲ定メ、後來屢々《シバシバ》之ヲ議セシメザルヲ宜シトス。而シテ國會ニ於テ彼レ是レ帝室費ニ議ヲ容レザルガ如キ習慣ヲ作ラントスルニハ、帝室費ヲ定ムル初發ニ於テ精密ニ之ヲ調査シ、成ルベク毎歳増減ナキヲ要ス。寧《ムシ》ロ少額ナルモ過多ニシテ國會ノ議論ヲ生ゼシムルコト無キ様ニ爲サヽルベカラズ。一度國會ヲシテ帝室費ノ多寡ヲ議スルコト有ラシメバ、是レ亦後年ノ惡習慣ヲ作ルノ憂ヒナキニ非ラズ。故ニ國會ハ帝室費ノ豫算ヲ少ナキニ過グルトシ、更ニ増額アランコトヲ希望スルコトアルモ、決シテ豫算ヲ多シトシテ不遜《フソン》不敬ノ議ヲ建ツル者ナキ計畫ヲ爲シ置カザルベカラズ。果シテ然ラバ國庫ヨリ納ムル帝室費ヲ以テ支辨スルコト能ハザル諸種ノ費用ハ何ヲ以テ支辨センカ、是レ御財産制定ノ必要ナル所以ナリ。素《モト》ヨリ帝室ノ事タル巨多ノ蓄財ヲ旨トシ、殷富《インプ》ヲ致サンコトヲ主トスベキニ非ラズ。寧ロ國民ノ爲ニ之ヲ薄クスルニ至ルハ美徳ト稱スルニ足ルト雖モ、今日ヨリ從來ノ事ヲ慮《オモンパカ》ルニ、帝室ニシテ固有ノ財産ナキトキハ國家ノ元君タルベキ　皇帝タルノ御活動ヲ自在ニ遊バサルヽコト難カルベシ。蓋シ帝室ハ國民ニ對シテ慈惠愛撫《アイブ》ヲ施スノ必要起ルノミナラズ、國家ノ爲ニ率先シテ黎庶《レイショ》ヲ誘導スルニモ亦其費途ナカルベカラズ。加之《シカノミナラズ》軍人ノ功績アル者ニハ賞賜ヲ與フル等、種々ノ御活動アルガ故ニ、必ラズ之ニ備フル源泉ナカラザルベカラズ。是《ココ》ヲ以テ今茲《ココ》ニ帝室ノ御財産ヲ豊カニシテ之レニ備ヘ、一方ニ於テハ帝室費トシテ國庫ヨリ納メシムベキモノ、例ヘバ三百萬圓トスルトキハ之レヲ二百萬圓ニ減ズル等ノ事トシテ、御財産ノ收益ヨリ得ル所ヲ以テ苟クモ帝室タル御義務ヲバ御意ノ儘《ママ》ニ存分之ヲ行ハセラルヽガ如キ計畫ヲ爲サバ、大ニ其ノ宜シキヲ得ンカ。抑モ帝室御財産ノ種類ヲ擧グレバ左ノ如クナルベシ。

第一　帝位ニ屬スル財産

第二　帝室ノ世襲財産

第三　皇帝ノ私産

此三種ノ中第一種帝位ニ屬スル御財産ハ皇城、離宮及ビ宮殿、禁園、御歷代ノ御物、儀式ニ關スル御物、並ニ二條、大阪、仙臺、名古屋、廣島、熊本ノ城等ノ類ナレバ、之レニ依リテ收利アルモノニ非ラズ。第二種世襲ノ御財産ハ卽チ不動産ニシテ、一度確定シタル上ハ如何ナル事變アルモ變動スベキモノニ非ラズ。萬世ニ傳ヘテ帝室ノ御財産トシテ、毫《ゴウ》モ減少スベカラザルモノナリ。第三種ノ御財産ニ至テハ第一種、第二種ト全ク其ノ性質ヲ異ニスルモノニシテ、卽チ第二種ノ不動産ヨリ生ジ來ル收益及ビ其他諸種ノ收利ニシテ　聖慮ノ自由ニ任セテ使用セラルベキモノナリ。然ルトキハ第三種ノ財産ニシテ充分ナラザレバ　皇帝ニ於カセラレテ御不自由ヲ感ジ玉フノミナラズ、國民愛撫ノ上ニ關スル慈惠榮譽等ノ事ニ至ツテモ、御意ノ如ク之ヲ行ヒ玉フ事ヲ得ザルベシ。然ラバ萬世不易ノ帝室ニ屬スル不動産ノ制定セラルヽト共ニ、第二種ノ御財産ヲ增殖スルノ計畫ナカラザルベカラズ。

今日宮內省ニ於テ御料地ヲ增加スルノ御計畫アリテ、現ニ各府縣下ニ其ノ區分ヲ立テラルヽニ至リタルハ甚ダ喜バシキ限リナリ。然ルニ帝室ノ御財産ハ前ニモ記シタルガ如ク、三種ニ分ツモノニシテ、且ツ御財産ニ係ル諸件ヲ規定スベキ法規ナカラザルベカラザルヲ以テ、先ヅ内廷規則ヲ制定セラレテ其ノ基礎ヲ立テ、二十三年マデニ帝室憲法ト共ニ其ノ成功アランコトヲ希望ス。假令ヒ充分ニ帝室ノ御財産ヲ定メラレタリトテ、之レガ法規ヲ立テザルニ於テハ、再ビ緩慢ニ流レテ良地ヲ失フガ如キノ弊害ヲ生ズルコトナシトモ言ヒ難カルベシ。又今日御料地ヲ制定セラルヽニ當リ、各府縣下ニ於テ充分收利ノ有スベキ官林等ヲ以テセラルヽ事ナルベキガ、之ヲ爲スニ當リテハ當今大ニ目立タズシテ將來ニ收利多カルベキ見込アルモノヲ編入スルコト得策ナルベシト思考ス。餘リ目立チダルモノヲ引上ゲテ人民ノ失望ヲ來タスニ於テハ、帝室ノ御爲ニ宜シカラザルベシ。又當今ハ荒蕪《コウブ》ノ地ナルモ、將來ニ見込アルノ山野等ハ年々帝室ノ費用ヲ計リテ漸々之ヲ開墾スルコトモアルベシ。或ハ國庫ヨリ一時開墾費ヲ支出セシメテ後年收利ヲ見ルノ用ニ至リテ漸次之レガ償却ヲ爲スノ方法ヲ制定セラルヽコトモ有ルベシ。斯クスルトキハ大藏省ニ於テモ當今不毛ノ地ヨリ後年多クノ租税ヲ收ムルコトヲモ得ベキ双方適宜ノ良法タルベシ。元來帝室ノ御料地タル官ノ仕法組ヲ以テ之ヲ管理スルガ故ニ、年々ノ收利甚ダ輕少ナリトス。故ニ今ヨリ帝室ノ領地ハ人民一己ノ所有地ト等シキ性質ヲ有スルモノトシ、開墾シタル地ト云ヒ在來ノ山林ト云フモ、少シタリトモ收利ノ許多《アマタ》アル樣ニ計畫セザルベカラズ。斯ノ如クナレバ充分其ノ經濟ノ才ニ富ミテ處理ニ熟シタル者ヲ撰ンデ之レガ計畫ヲ爲サシメザルベカラズ。抑モ歐洲各國帝室ノ如キハ其ノ領地ヲ直接ニ支配シテ小作人ヲ入レ、之ヲ耕耘《コウウン》セシムルモノナキガ如シ。多クハ土地アレバ之ヲ人民ニ貸附シテ之ヲ耕作セシムルナリ。是レ他ナシ、官吏ノ農事ヲ支配スルハ到底收利ヲ見ルコト少ナキヲ以テナリ。又山林及ビ農事ノ如キモ一切之ヲ大藏省ニ依托シテ其ノ收益ノミヲ帝室ニ納ルヽガ如キ所モ無キニ非ラズト雖モ、是レ其ノ帝室ノ御料ノ局ニ之ヲ管理スル人物ノ乏シキニ因ルナルベシ。我ガ帝室ノ如キハ當今益々御擴張ノ節ナレバ、御料地ハ悉ク之ヲ帝室ニ於テ管理スルモ、農事ヲ自カラ支配スルガ如キハ其ノ收支到底相償ハザルベシ。宜シク後來ノ計畫ヲ立テ、前ニ記シタルガ如ク開墾ヲ行ヒ全ク耕作スベキヲ得ルニ至ツテ、之ヲ人民ニ貸附シテ其ノ利益ヲ納ムルヲ可トス。斯クスルトキハ人民ニ於テモ大ニ利ヲ得テ生活ヲ安ラカニセシムルコトヲ得ベシ。若シ又農事ノ如キモ御料局ニ於テ直接ニ之ニ従事スルトセバ、元來帝室ハ人民ノ先導者タルベキモノナルヲ以テ、宜シク收利ノ多キガ如キ方法ヲ執リ行ハザルベカラズ。決シテ人民ニ對シテ主義ノ立タザルガ如キコトヲ爲スベカラズ。苟クモ之ヲ御料局ニ於テ爲ストスルトキハ、充分人民ノ規範ト爲リ經濟ノ手本ト爲ルベキ樣ニ爲サシメタキコトヲ希望スル所ナリ。

（『秘書類纂』帝室制度資料・上より引用）

四、柳原の皇室典範内案

明治十八年の歳末に太政官制が廃せられて初めて内閣制度ができ、十九年の正月からは着々として憲政準備が進んだ。指導責任者は、内閣総理大臣と宮内大臣とを兼ねた伊藤博文である。井上毅がこの十九年から帝国憲法の起案を初めたことは明らかに知られてゐるが、それと相前後して皇室の憲章の試案も作成された。伊藤博文編『秘書類纂』帝室制度資料上巻には、その初期の起案と見られる「皇室制規」および「帝室法則綱領修正案」の二案が収められてゐる。法制史家の間では、これらの案は十九年前半の起案と推定されてゐる。その執筆者は確認されてゐないが、当時、憲法をはじめ法案構想が伊藤博文等を中心に進められたのは周知のところであるが、皇室法についてはその外に、宮中関係華族の多くの関与があったし、典範制定史上の三條實美や柳原前光の存在は大きい。

柳原前光は、かつて元老院の幹事として国憲案の起草に当ってをり、その後も外交官として、また宮内官として諸外国王朝制度の調査研究につとめて来た。公家のなかでの国際知識人として知られた秀才で、新華族制度の制定に際しても伊藤博文を援助して、岩倉具視の説得などにつとめてをり、宮内大臣としての伊藤が、柳原に第一の起案者としての期待をかけたのは自然であったと思はれる。(註)

まづ皇室典範の最初の試案と目されてゐる「皇室制規」を見ると、条文わづかに二十七条であって、皇位継承の事を主としてゐるが、そこには元老院国憲案と同じく、男統男子の皇位継承者なき時は、皇女に伝へ、皇女なき時は、皇族中他の女系に伝ふ、との明文がある(皇室制規第一、第六、第七)。

皇室制規

皇位継承

第一　皇位ハ男系ヲ以テ継承スルモノトス、若《モ》シ皇族中男系絶ユルトキハ皇族中女系ヲ以テ継承ス、男女系各嫡ヲ先キニシ、庶ヲ後ニシ、嫡庶各長幼ノ序ニ従フベシ。

第二　皇位ハ皇子ニ傳フベシ。

第三　皇位ヲ繼承スベキ皇子若シ薨去《コウキヨ》ノトキハ皇孫ニ傳フベシ。

(ママ)四　皇位ヲ繼承スベキ皇子孫ナキトキハ皇兄弟及ビ其孫ニ傳フベシ。

第五　皇兄弟及ビ其子孫ナキトキハ皇伯叔父其子孫ニ傳へ、皇伯叔及ビ其子孫ナキトキハ皇太伯叔父以上及ビ其子孫ニ傳フベシ。

第六　皇族中男系盡《コトゴト》ク絶ユルトキハ皇女ニ傳へ、皇女ナキトキハ皇族中他ノ女系ニ傳フルコト第三、第四、第五條ノ例ニ據ルベシ。

第七　皇女若クハ皇統ノ女系ニシテ皇位繼承ノトキハ其皇子ニ傳ヘ、若シ皇子ナキトキハ其皇女ニ傳フ。皇女ナキトキハ皇族中他ノ女系ニ傳フルコト第三、第四、第五條ノ例ニ據ルベシ。

第八　遺服ノ皇子皇女ハ皇位ヲ繼承スルコト天皇在世中ノ皇子皇女ニ異ルコトナシ。

第九　天皇在世中ハ譲位セズ、登遐《トウカ》ノ時儲君《チヨクン》直ニ天皇ト稱スベシ。

第十　立太子ノ式ヲ行フトキハ此制規ニヨルベシ。

丁年及結婚ノ事

第十一　天皇ノ丁年ハ滿十八歳トス。

第十二　皇后ハ皇族及ビ公爵ノ中ヨリ迎フルモノトス。

第十三　女帝ノ夫ハ皇胤《コウイン》ニシテ臣籍ニ入リタル者ノ内皇統ニ近キ者ヲ迎フベシ。

攝政ノ事

第十四　天皇未丁年又ハ政務ニ堪ヘザル間ハ攝政ヲ置クベシ。

第十五　攝政ハ丁年以上皇統最近ノ皇族ヲ以テ之ニ充ツベシ。

皇族ノ事

第十六　皇胤ニシテ臣籍ニ列セザルモノヲ總《スベ》テ皇族ト稱ス。

但シ親王、諸王ノ妃ハ皇族ノ待遇ヲ享《ウク》ルモノトス。

第十七　皇子ハ親王、皇女ハ内親王ト稱ス。

第十八　親王ノ第二代目ヨリ諸王トナシ世襲タルベシ。

第十九　親王及ビ諸王ノ二男以下ハ華族ノ養子トナルコトヲ得。

第二十　親王、諸王ノ二男以下丁年以上ニ至レバ華族ニ列スルコトアルベシ。

第廿一　内親王嫁スル時ハ皇族及ビ公侯爵ノ家ニ限ルベシ。
第廿二　親王ノ妃ハ皇族及ビ公爵ノ家ヨリ娶《メト》ルベシ。
第廿三　諸王ノ妃ハ皇族及ビ華族ヨリ娶ルベシ。
第廿四　皇族ノ女子嫁スル時ハ皇族及ビ華族ニ限ルベシ。
第廿五　皇族ノ繼嗣ハ實子孫實弟ニ限ルベシ。
第廿六　皇孫ノ嫁娶《カシュ》及ビ皇族ニシテ他家ノ養子トナルトキハ天皇ノ允裁《インサイ》ヲ受クベキモノトス。
第廿七　皇族庶出ノ子ハ私生トナシ、皇族ノ待遇ヲ與ヘザルモノトス。

これは日本の皇統史に例のない法であることは前記したが、日本人の皇統に対する君臣の意識を根底から混乱させるものがある。右の「制規」によれば、その第廿一に明示されるやうに、内親王は公侯爵の家に嫁することが予想される。しかも皇位継承権者として女統をみとめるとすれば、藤原系の公家、諸大名あるいは将来の功臣の子孫が、皇位を継承することもある。その条文第廿四から推論すれば、もっとひろく華族の子孫のなかに、皇位継承権者を生じないとも限らない。抽象理論の是非黒白は別としても、これは伝統的な日本人の君臣の大義に関する意識を、その根底から動揺させるおそれがある。

元老院国憲案の時から強い反対のあった女統説が、その後に年を経ても根づよく残ってゐたのは何故であらうか。女統継承権肯定論者も、もとより男統の優先原則をみとめてはゐる。しかしかれらは、法理を抽象的に考へてみて、男統がすべて絶えてしまった時にどうするか、と設問する。男統が全く絶えたが、女統は存在するとすれば、天皇制を廃するよりも、女統でも存続したがいいではないか、とのロジックなのである。しかも、かれらのこのロジックを強めたのには、外国法の影響も見のがし得ないやうである。

制規条文第廿七は、庶出を特に排除する明文を掲示してゐる。しかも、皇族の多いのは皇族の尊貴を害することをおそれてか、制規第二十において、男統皇族の臣藉降下を急ぐかのやうな思想が見える。このやうな制規を立てて、千年二千年の皇朝史を考へれば、男統の絶える場合の予想も、あながち抽象的架空の論ともいひがたいであらう（現に神武天皇いらい百二十余代の歴史を顧みても、その半分近くの五十余代が皇庶子による継承である。この制規は、さすがに天皇の庶子は否認しないらしいが、皇族庶出の子の皇族たることを否認し、親王の二男以下の臣藉降下を是としてゐる。男統の絶えることを予想せざるを得なくなる）。

しかし、これは容易ならぬ大事である。女統継承権を各条文にかかげて、伝統的な日本人の君臣の意識を動揺させ、混乱させるのではないか。それよりも、まづ男統の絶えない制度を優先的に慎重に考へるべきではないか。この点では伊藤博文、井上毅を初め多数の強力な反対があって、女統女帝の皇位継承権肯定説は、この明治十九年の「皇室制規」を最後として（ロエスラーなどの外人は別として）全く消え去ったかに見える。次の「帝室法則綱要修正案」では、皇位継承は男統男子に限る、と明記してゐる（第八条）。

しかしこの「帝室法則綱要修正案」も、条文わづか二十八条に附則がついたにすぎないもので、皇室の大憲則としては不備がすくなくない。十九年の後半から柳原前光の本格的な起案が始まることになるが、柳原前光は、元老院の国憲案いらい一つの問題点であった女統説を全く棄てて、改めて起案に全力をつくすこととなった。

その執筆に際して伊藤宮相は、帝国憲法との調整の必要をみとめて、憲法立案中の井上毅との連絡を命じてゐる。井上は、柳原の案文を見て数通の意見を書きおくってゐる。その交渉経過については省略するが、井上は、さすがに立法の技術については専門家なので、柳原の条文の辞句が二様に解釈されるやうな語法については、明確な表現に改めることを勧告したりしてゐるが、条文の内容の可否については他日の再協議を期したものの如く、あまり強い対決主張をすることを遠慮する考へもあってか、参考意見を供するやうな形での文を書いてゐる。

柳原は、井上のそれらの意見を参考しつつ、ともかくも柳原案の最終稿（再稿）を作成して、伊藤宮相に提出した。伊藤は、この柳原案を底本として、井上毅、柳原前光を会談させ裁決する方針を立てた。柳原前光の「皇室典範再稿」を次に引用する。

皇室典範再稿　　柳原前光（内案）

目録

第八章　自第七十二條至第九十一條　皇族制規

第九章　自第九十二條至第百四條　皇族裁判、懲戒

第十章　自第百五條至第百九條　皇族列臣籍

第十一章　自第百十條至第百十九條　附則

第一章　皇位繼承

第一條

大日本帝國皇位ハ恭シク

天祖ノ大詔ニ則《ノツト》リ其皇統之ニ當ルコト天壤ト與《トモ》ニ窮リナシ。

第二條

皇位ハ（祖宗ノ皇統ヲ承ケ）男系ノ男子之ヲ繼承ス。（括弧内は朱筆加筆）

第三條

皇長子在ラサル時ハ皇長孫以下ニ傳フ、皇長子及其子孫皆在ラサル時ハ皇次子及其子孫ニ傳フ以下之ニ準ス。

第五條

皇子孫ノ皇位ヲ繼承スルハ嫡出ヲ先ニス、皇庶子孫ノ皇位ヲ繼承スルハ長系、次系ノ皇嫡子孫皆在ラサル時ニ限ル。

第六條

皇子孫皆在ラサル時ハ皇兄弟及其子孫ニ傳フ。

第七條

皇兄弟及其子孫皆在ラサル時ハ皇伯叔父及其子孫ニ傳フ。

第八條

皇伯叔父及其子孫皆在ラサル時ハ其以上ニ於テ最近ノ皇族ニ傳フ。

第九條

皇兄弟以上ハ同等内ニ於テ嫡ヲ先ニシ、庶ヲ後ニシ、長ヲ先ニシ、幼ヲ後ニス。

第十條

天皇崩シ皇嫡子孫ナク皇后遺胤《イイン》ヲ懐妊スル時ハ其誕生ヲ待ツコト。

應神天皇ノ例ニ依ル。

第十一條

天皇支系ヨリ入テ大統ヲ承《ウク》ル時ハ之ヲ原位トシ、前數條ニ照シ繼承ノ順序ヲ定ム。

第十二條

天皇ハ終身大位ニ當ル、但シ精神又ハ身體ニ於テ不治ノ重患アル時ハ元老院ニ諮詢《シジユン》シ皇位繼承ノ順序ニ依リ其位ヲ讓ルコトヲ得。

第十三條

皇嗣精神又ハ身體ニ於テ不治ノ重患アルカ若クハ重大ノ事故アル時ハ元老院ニ諮詢シ繼承ノ順序ヲ換フルコトヲ得。

第二章　尊號、踐祚

第十四條

皇位ノ尊號ヲ天皇トス、外國ニ對シ皇帝ト稱シ、祭祀《サイシ》ニ天子ト稱スルコト。

文武天皇大寶令ノ制ニ依ル。

第十五條

譲位ノ後ハ太上天皇ト稱スルコト。

文武天皇大寶令ノ制ニ依ル。

第十六條

天皇崩後諡號《シゴウ》ヲ奉ルコト。

文武天皇以來ノ制ニ依ル、太上天皇ヘモ亦同シ。

第十七條

天皇崩シ又ハ讓位ノ日皇嗣踐祚シテ卽チ尊號ヲ襲《オソ》ヒ祖宗以來ノ神器ヲ承ク。

第十八條

皇后遺胤ヲ懷姙シ又ハ正當ノ皇嗣本邦ニ在サル時ハ其間空位ト定メ、前條ノ限ニ在ス。

第十九條

卽位ノ大禮ハ祖宗ノ例ニ依リ西京宮殿ニ於テ之ヲ行フ。

第二十條

踐祚ノ後元號ヲ建ルコト。

第廿一條

孝德天皇以來ノ例ニ依ル、但シ一世間再ヒ改メサルハ明治元年ノ定制ニ從フ。

第廿二條

踐祚、卽位、改元ハ詔書ヲ以テ之ヲ公布ス。

即位ノ後大嘗會ヲ行フコト。
祖宗以來ノ例ニ依ル。

第三章　皇室制規

第廿三條

天皇及皇族ノ位次ヲ定メ左ニ開列ス。

第一、天皇
第二、太上天皇
第三、太皇太后
第四、皇太后
第五、皇后
第六、皇太子
第七、皇太子妃
第八、皇太孫
第九、皇太孫妃
第十、親王
第十一、內親王
第十二、親王妃
第十三、諸王
第十四、女王

第十五、諸　王　妃

第廿四條

天皇ノ祖母ヲ太皇太后、母ヲ皇太后、配ヲ皇后ト稱ス。

第廿五條

儲嗣《チヨシ》タル皇子孫ヲ皇太子、皇太孫ト稱ス。

第廿六條

天皇踐祚ノ日嫡出ノ皇子アル時ハ直チニ之ヲ皇太子ニ冊立ス。

第廿七條

第廿四條、第廿五條ノ諸號ハ冊立ノ日詔書ヲ以テ之ヲ公布ス。

第廿八條

皇玄孫以上ハ生《ウマレ》ナカラ男ハ親王、女ハ內親王ト稱ス、其以下ハ生ナカラ王、女王ト稱ス。

第廿九條

天皇支系ヨリ入テ大統ヲ承ル時ハ皇兄弟姉妹ハ親王、內親王ノ號ヲ宣賜ス。

第三十條

親王、諸王ノ位次ハ總テ皇位繼承ノ順序ヲ以テ準トス、內親王、女王ハ男子ノ順序ニ依ル、親王及諸王ノ妃ハ其夫ノ位次ニ準ス、但シ位次疑議ニ涉《ワタ》ル時ハ勅裁ヲ以テ之ヲ定ム。

第卅一條

天皇、太上天皇、太皇太后、皇太后、皇后ヘノ敬稱ハ陛下ト定ム。

第卅二條

皇太子、皇太子妃、皇太孫、皇太孫妃、親王、內親王、親王妃ヘノ敬稱ハ殿下トシ、諸王、女王、諸王妃ヘノ敬稱ハ高閣下ト定ム。

第卌三條

天皇、皇太子、皇太孫ハ滿十八年ヲ以テ成年ト定ム。

第卌四條

前條外ノ皇族ハ滿二十年ヲ以テ成年ト定ム。

第卌五條

皇后及皇太子妃、皇太孫妃ハ皇族又ハ公侯ノ家ヨリ册立ス。

第卌六條

親王、內親王、諸王、女王ハ皇族又ハ華族ニ就テ嫁娶ス。

第卌七條

皇室ノ徽章《キシヨウ》ハ歷代ノ例ニ依リ菊花ヲ用ヒ、桐之ニ亞《ツ》ク、太上天皇ハ菊唐章ヲ用ユ。

第卌八條

皇室諸部ノ勅奏任官ハ勅旨ヲ承ケ宮內大臣省ニ於テ之ヲ奉宣ス。

第四章　攝　政

第卌九條

空位又ハ左ノ事項ニ關シ天皇政ヲ親《ミツカ》ラスル能《アタ》ハサル間ハ攝政一員ヲ置クコト神功皇后以來ノ例ニ依ル。

一、天皇幼年ノ時。

一、天皇本邦ニ在サル時。

一、天皇ノ精神又ハ身體ノ重患アル時。

第四十條

攝政ハ大政ヲ攝行スルコトヲ掌管ス、皇太子、皇太孫成年ニ達シタル時ハ之ニ任ス。

第四十一條

皇太子、皇太孫幼年或ハ其人ナキ時ハ左ノ順序ニ依リ攝政ニ任ス。

第一、最近ノ皇族男子
第二、皇　　　后
第三、皇　太　后
第四、太　皇　太　后
第五、最近ノ皇族女子

第四十二條

前條項ニ記載セル者皆滿二十年以上ト定メ、皇族女子ハ未タ婚姻セサル者ニ限ル。

第四十三條

第四十一條ニ記載セル皇族男子及女子ハ各皇位繼承ノ順序ニ準ス。

第四十四條

最近ノ皇族未タ成年ニ達セサルカ又ハ其他ノ事故ニ由リ不順序ノ者攝政ニ任シタル間、其事由既ニ除クト雖モ皇太子及皇太孫ニ對スルノ外其任ヲ讓ルコトナシ。

第四十五條

攝政タルヘキ者精神又ハ身體ノ重患若クハ重大ノ事故アル時ハ元老院ニ諮詢シ之ヲ換ルコトヲ得、攝政タルヘキ者皆在サル時モ亦同シ。

第四十六條

攝政ハ職務ノ責ニ答ヘス。

第四十七條

攝政ハ就職ニ際シ嚴重ノ法式ヲ用ヒ、元老院ニ於テ宣誓ス。

第四十八條

前條ノ宣誓書ハ元老院ニ於テ尙藏ス。

第四十九條

特別ノ勅旨アル時ハ攝政參議ヲ置ク、四員又ハ二員ト定ム。

第五章　太　傅

第五十條

天皇幼年ノ時ハ攝政ノ外太傅《タイフ》ヲ置ク。

第五十一條

太傅ハ幼帝保育ヲ掌管ス、一員又ハ三員ト定ム。

第五十二條

太傅ニ撰任スヘキ者左ニ開列ス。

一、親王幼帝ノ皇太后

一、太皇太后

一、皇　族

一、先帝特撰ノ者

第五十三條

勅旨ヲ以テ太傅ヲ撰任セラレサル時ハ前條ニ照シ人選シ、攝政ヨリ元老院ニ諮詢シ之ヲ決定ス。

第五十四條

第五十二條ニ照シ太傅ニ撰任スヘキ者皆在サル時ハ元老院ニ諮詢シ之ヲ決定ス。

第五十五條

太傅ハ攝政及其子孫之ニ任スルコトヲ得ス、但シ親王幼帝ノ皇太后攝政ヲ以テ之ヲ兼ヌルハ此限ニ在ラス。

第五十六條

太傅ハ元老院ニ諮詢シタル後ニ非サレハ攝政ヨリ之ヲ退職セシムルコトヲ得ス。

第五十七條

太傅ハ就職ニ際シ嚴重ノ法式ヲ用ヒ元老院ニ於テ宣誓ス。

第五十八條

前條ノ宣誓書ハ元老院ニ於テ尙藏ス。

第六章　皇室財產

第五十九條

皇宮及離宮ハ諸稅ヲ支出セス。

第六十條

御料地ハ地方稅ヲ支出ス。

第六十一條

皇室常産ヲ定メ歴代ニ傳承スルモノトシ、分割譲與スルコトヲ得ス。

第六十二條

皇室常産ニ編入スルモノ左ニ開列ス。

一、皇宮及離宮

一、御料地

一、歴代遺傳及皇位ニ屬スル貴重ノ諸物品

第六十三條

公債證書又ハ政府ノ保證アル會社ノ株券ハ皇室常産ニ編入スルコトヲ得。

第六十四條

在位中儲蓄《チヨチク》シタル不動産及證書株券ハ賜與遺命總テ天皇ノ意ニ隨フ。

第六十五條

前條ノ不動産及證書株券特別ノ勅旨ナク遺留シタル時ハ總テ皇室常産ニ編入ス。

第六十六條

皇室ニ於テ不動産ヲ賣買スル時ハ御料局長官ノ名ヲ以テス、證書株券ニ於テハ内藏頭ノ名ヲ以テス。

第六十七條

皇室常産ニ編入スルモノハ宮内大臣ヨリ官報ヲ以テ之ヲ公布ス。

第七章　皇室經費

第六十八條

特ニ定ムル皇室歳費ハ皇室諸般ノ費用ヲ支辨ス。

第六十九條

前條ノ皇室歳費ヲ以テ支辨シ難ク又ハ非常ノ需用アル時ハ其科目ヲ掲ケ元老院ニ諮詢シ國庫ヨリ徴收ス。

第七十條

皇室歳費ノ諸科目、豫算、決算其他規則ハ、皇室理財法ヲ定メ之ニ依ル。

第七十一條

皇室ニ屬シ檢計職ヲ置キ會計檢査ノコトヲ掌管セシム。

第八章　皇族制規

第七十二條

皇族屬籍ハ元老院ニ於テ尙藏セシメ、皇位繼承權ノ本證トス。

第七十三條

皇族ノ誕生、命名、薨去、結婚、離緣、成年及賜姓ハ宮內大臣勅ヲ奉シ、官報ヲ以テ之ヲ公布ス。

第七十四條

前條ノ時ニ當リ宮內大臣ハ勅ヲ奉シ嚴重ノ書式ヲ用ヒ之ヲ元老院議長ニ通報ス。

第七十五條

皇統譜ハ圖書寮ニ於テ尙藏ス。

第七十六條

天皇ハ諸皇族ヲ統理シ之ヲ保護監督ス。

第七十七條

攝政在職ノ時ハ前條ノ權ヲ執行ス。

第七十八條
皇族幼年間ノ教育ハ天皇親ラ之ヲ監察シ特ニ教員ヲ置クコトアルヘシ。
第七十九條
皇族男女幼年ニシテ父ナキ者ハ天皇ハ其ノ父母ノ撰擧《センキヨ》ニ由リ後見人ヲ認可シ、又ハ別ニ勅撰スルコトアルベシ、但シ後見人ハ成年以上ノ皇族ニ限ル。
第八十條
皇族ノ婚嫁ハ必ラス勅許ヲ請フヘシ、其順序ニ依ラサル契約ハ總テ無效トス。
第八十一條
皇族ノ婚嫁ヲ勅許スル時ハ親署ノ璽書ヲ用ヒ、宮内大臣之ニ副署ス。
第八十二條
勅許ヲ經スシテ結婚スル時ハ其妃ハ諸般ノ禮遇特權ヲ有セス、所生ノ子ハ庶子ニ準ス。
第八十三條
内親王、女王勅許ヲ經スシテ嫁スル時ハ粧費及歳費ヲ賜ハス。
第八十四條
皇族ハ他人ヲ以テ繼嗣トナスコトヲ得ス、但シ皇位繼承ノ順序ヲ紊《ミダ》ラサル者ハ特ニ請願スルコトヲ得。
第八十五條
皇族ハ勅旨ヲ承ケ他皇族ノ家ヲ繼承スルコトアルヘシ、但シ皇位繼承ノ順序ハ其等親ノ原位ニ依ル。
第八十六條
他皇族ノ家ヲ繼承スル者ハ家屬教養其他ノ義務ニ任ス。

第八十七條

皇族ハ外國及本住地外ヘ旅行スル時勅許ヲ請ヘシ。

第八十八條

皇族ハ必ラス勳章ヲ受佩《ジユハイ》ス。

第八十九條

皇族各家ノ徽章ハ皇室菊花ノ樣式ヲ損益シ之ヲ用ユ。

第九十條

皇族ノ禮服及乘艦ノ旗、皇族ニ對スル陸海軍ノ禮砲、家職ノ規則ハ別ニ定ムル所ニ依ル。

第九十一條

內親王、女王臣籍ニ嫁シ、誕生セル男女ハ各其父ノ分限ニ從フ。

第九章　皇族裁判懲戒

第九十二條

皇族相互ノ訴訟及皇族ノ身分ニ係ル訴訟ハ皇族會議ヲ開キ之ヲ裁判ス。

第九十三條

皇族ト人民トノ間ニ起ル物件ノ民事及違警罪ノ訴訟ハ普通ノ法衙《ホウガ》ニ於テ之ヲ裁判ス、但シ皇族ハ其財產ノ主任員ヲ以テ法律上ノ代人トシ、自ラ訴訟ニ當ルコトナシ。

第九十四條

皇族ノ重輕罪ハ元老院ニ於テ委員ヲ勅撰シ之ヲ裁判セシム。

第九十五條

皇族ハ勅裁ヲ得ルニ非サレハ拘引スルコトヲ得ス。

第九十六條

皇族會議ハ成年以上ノ皇族ヨリ勅撰ス、但シ内大臣、宮内大臣、司法大臣、元老院議長、大審院長、其ノ他皇室諸部ノ勅任官中ヨリモ特撰シ其會議ニ參列セシム。

第九十七條

天皇ハ皇族會議ヲ親提ス、或ハ皇族中ノ一員ニ命シ議長タラシム。

第九十八條

皇族會議及第九十四條ノ裁判ハ勅裁ヲ得タル後之ヲ執行ス。

第九十九條

皇族會議及第九十四條ノ裁判ハ普通ノ法式ニ拘《カカハ》ラス。

第百條

皇族其品位ヲ辱ムルノ所行アリ又ハ皇室ニ對シ忠順ナラサル時ハ皇族特權ノ全部又ハ一部ヲ剝奪《ハクダツ》シ若クハ停止シテ之ヲ懲戒ス。

第百一條

皇族蕩産《トウサン》ノ所行アル時ハ治産ノ禁ヲ宣告シ、其管財者ヲ任ス。

第百二條

前二條ハ皇族會議ニ諮詢シタル後之ヲ執行ス。

第百三條

皇族會議及第九十四條ノ裁判、第百條、第百一條ノ懲戒ハ控訴又ハ上告スルコトヲ得ス。

第百四條

皇族ノ科罰ハ刑法ニ依ル。

第十章　皇族列臣籍

第百五條

皇位繼承權アル者十員以上ニ充《ミ》ツル時ハ、皇玄孫以下疎遠ノ皇族ヨリ遞次臣籍ニ列スルコトアルヘシ。

第百六條

皇族蕃殖《ハンショク》シ皇位繼承權アル者不足ナキ時ハ皇玄孫以上モ亦臣籍ニ列スルコトアルヘシ、此時ニ於テハ前條ノ限ニ在ラス。

第百七條

皇族臣籍ニ列スル時眷屬《ケンゾク》ノ女子ハ之ニ附籍ス、事宜ニ由リ庶兄及子弟モ亦此例ニ依ル。

第百八條

皇族臣籍ニ列スル時ハ祖宗以來ノ例ニ依リ姓ヲ賜ヒ府縣ニ貫屬セシム。

第百九條

皇族臣籍ニ列スル時ハ爵ヲ授ク。

第十一章　附　則

第百十條

現在ノ皇族既ニ親王ノ號ヲ宣賜シタル者ハ舊ニ依ル。

第百十一條

現在親王ノ號ヲ宣賜シタル者ヨリ皇位繼承ノ順序近キ諸王ハ成年ニ達シタル後特ニ親王ノ號ヲ宣賜スルコトアルヘシ。

第百十二條

現在既ニ皇養子、皇猶子又ハ他ノ繼嗣タル者ハ舊ニ依ル、今後ハ之ヲ許サス。

第百十三條

皇位繼承ノ順序現今ノ皇族又ハ其子孫ニ及フ時ハ總テ實系ノ等親ニ依ル、皇養子、皇猶子又ハ他ノ繼嗣タリシ故ヲ以テ混スルコトナシ。

第百十四條

天皇及皇族元服ノ制ヲ廢止ス。

第百十五條

親王、內親王ノ敍品、諸王、女王ノ敍位ヲ廢止ス。

第百十六條

神宮、賢所、神器、陵墓ヲ尊崇奉護スル、以下諸規則ハ皇室典例ヲ定メ之ニ依ル。

第百十七條

皇室諸禮ハ

祖宗　例ニ傚ヒ、明治式ヲ定メ之ニ依ル。

第百十八條

皇族ノ財產歲費以下諸規則ハ皇族條例ヲ定メ之ニ依ル。

第百十九條

此典範ニ屬スル諸規則ハ別ニ之ヲ定ム。

追記　この「皇室典範再稿」（柳原案）は、後述するやうに内閣総理大臣伊藤博文、帝室制度取調局総裁柳原前光、宮内省図書頭井上毅の三者の意思統一のための討議基礎資料となる重要文書であるが、右の資料には多少の問題点がある。この時の討議の各条を見ると、第十九条は、右の資料とかなりに異なってゐる点がある。著しい一例としては、「即位ノ大礼ハ神武天皇以来ノ例ニ依ル之ヲ西京宮殿ニ於テ行ヒ元老院ヲシテ参列セシム」となってゐる。伊藤博文によって大きく修正されるけれども、条文のちがひは、再稿提出の後、会議直前にでも修正変更されたものかどうか、その事情を明らかにし得ない。

次に右条文での第四条が欠けてゐて不審を感じさせる。既刊の法制史の諸著もこの資料によるものが多く、欠けたままになってゐる。会議の要録を見ると、討議の前に各条文をかかげてあるが、この点は、「第二条から第九条まで」は三人共に異見なし、として条文掲示が略されてゐて、第四条条文の有無如何が分らない。以上おことわりしておく。

この柳原案では、皇位継承権者は男系の男子と限定されてゐる。その継承の順位については、ほぼ『令義解』巻四、継嗣令の原則によったと見られる。これは千年有余の古い伝統ある日本の古法として日本人一般の良識慣習にも浸透したものであって、基準とすべき適当なものとみとめられた（但し、五世王の条については、その採否が後に一つの論点となる）。

〔**参考例**〕「令義解」巻四、継嗣令に次のやうな記録がある。

継嗣令第十三謂。継嗣者。子。即罰不レ及レ嗣。是也。

凢肆條

凡《オヨソ》皇ノ兄弟皇子ヲ。皆為ヨニ親王トー。女帝ノ子モ亦同シ。謂。云テ據下嫁ニ四世以上一所上生。何者。案ニ下條一。為ニ五世王不レ得レ娶ニ親王一故也。以外ハ並為ヨニ諸王トー。自《ヨリ》ニ親王一五世ハ。雖レ得ニタリト王ノ名ヲ一。不レ在ニ皇親ノ之限ニ一。凡三位以上ノ継嗣ハ者。皆嫡相承《ウ》ケヨ。若无《ナ》ニカラム嫡子一。及有ニラハ罪疾一者。立テヨニ嫡孫ヲ一。謂。其子與レ孫。叙法各殊。即雖ニ嫡子已叙一。身死及有ニ罪疾一。猶亦得レ立ニ嫡孫一。若无ニ嫡孫一者。不レ可レ立ニ嫡子同母弟一。何者。為ニ嫡子先既叙訖一故也。无クハニ嫡孫一。以レ次ヲ立テヨニ嫡子ノ同母弟ヲ一。モ〔紅〕无クハニ母弟一。立テヨニ庶子ヲ一。无クハニ庶子一。立テヨニ嫡孫ノ同母弟ヲ一。无クハニ母弟一。立テヨニ庶孫ヲ一。四位以下ハ。唯立テヨニ嫡子ヲ一。謂フニ庶人以上ヲ一。其八位以上ノ嫡子。未シテレ叙セ身亡シ。及有ラハニ罪疾一者。更聴《ユル》セニ立テ替ルコトヲ一。謂。四位以下。其四位以下者。不レ立ニ嫡孫一。若嫡子已叙。身死及罪疾者。不レ聴ニ更立一。不レ可ニ再叙ニ嫡子之位一故也。其子ノ宗《ソウ》ハ者聴レケ勅《チヨク》ヲ。

柳原案の一つの特徴は、大宝令以来の古法古制を精細に検討して採用したことである。それは至るところに見えるが、中古以来の例により、践祚の儀と即位の大礼とを区別することによって、皇室の儀礼の大綱を示すことになったのは注目すべきことである。

践祚とは、新帝が祖宗の神器を承けられ、皇位を実質的に御嗣ぎになることを意味する。これは日本書紀に、

吾兒視此寶鏡、當猶視吾、可與同床共殿以爲齋鏡（天孫降臨の神勅）

と記録された古伝承にもとづく皇統継承の第一義とされて来たところである。神器、とくに御鏡を承けられるのは「齋鏡」を承けられることであって、皇祖神の祭り主としての祭祀の責任と大権との継承である。ここに祭政一致と称せられる源泉がある。この践祚によって、皇位は実質的に確立する。即位の大礼とは、そのことを天下に明らかにひろく公示されて、祝賀される盛儀と解すべきであらう。

この、践祚と即位との二つの儀礼を分つことについては、後の『皇室典範義解』（伊藤博文著）では、日本書紀の允恭天皇いらいの皇位継承の儀の沿革を論じて、遠くは践祚と即位とが一つであったのが、それが二儀に分れたのは天智天皇いらいの御制であるといってゐる。しかし植木直一郎著『皇室の制度典禮』では、詳しい沿革を述べて、その制度が明瞭に区分されたのは、やや下って貞観儀式であると解してゐる。帝国学士院編『帝室制度史』も明瞭に伊藤の義解を否定して、貞観儀式、延喜儀式の時代に固まったとする。

〔**参考例**〕

天皇皇位を承けたまふを踐祚と謂ふ。踐祚は、古書に、或は之を即位、即祚又は登極と稱し「アマツヒツギシロシメス」と訓《よ》めり。中世以後、崩御の後を承けたまふ場合を踐祚と謂ひ、讓位の後を承けたまふ場合を受禪《じゅぜん》と謂ひ、之を區別するを例と爲すに至りたれども、踐祚の語は、其の何《いづ》れたるかを問はざるを本義とす。

上古に於いては、踐祚の儀と即位の禮との區別なく、踐祚と即位とは、全く同意語として用ひられたり。令義解に「天皇即位、謂二之踐祚一、祚位也」と見え、令集解に「踐祚之日、謂二即位之日一也」とあるは、之を示すものなり。之を國史に徵するに、神武天皇より齊明天皇に至る三十七代の間は踐祚即ち即位にして、二者別に其の儀を行はれたることなし。第三十八代天智天皇は、齊明天皇崩御の後、朝に臨み稱制したまふこと六年餘に及び、七年正月始めて即位したまふ。皇室典範義解には「是レ踐祚ト即位ト兩樣ノ區別ヲ爲シタルノ初ナリ」と云へりと雖も、稱制の間は尙皇太子と稱したまひ、即位の事あるに及びて、始めて天皇と稱したまへるに徵すれば、稱制を以て踐祚なりとし、踐祚と即位との區別が此の時に始まりたりとするは、恐らくは當らず。持統天皇も、天武天皇崩御の後、朝に臨み稱制したまふこと三年餘に及びたれども、日本書紀持統天皇四年正月即位の條に「奉二上神璽劍鏡於皇后一、皇后即二天皇位一」とあるに依れば、稱制の間は尙皇位に即《つ》きたまはざりしことを察するに足る。要するに、兩天皇が稱制の後即位したまひしは、未だ踐祚と即位との別あるに至りしものと爲すを得ず。
踐祚の後時を隔てヽ即位の儀ありしは、文武天皇の元年八月一日受禪即位したまひ、次いで同月十七日即位の詔を宣したまひしを以て、蓋し其の最初と爲すべし。後七代を經て、桓武天皇の、天應元年四月三日受禪即位したまひ、次いで十一日伊勢神宮に即位の由の奉幣あり、同月十五日大極殿に御して即位の詔を宣したまひてより、皇位を承けたまひて後、時を隔てヽ即位の儀を行ひたまふこと、漸く常例を爲すに至り、平城天皇は、大同元年三月十七日神器を受けたまひ、五月十八日即位の儀を行ひたまひ、嵯峨天皇は、大同四年四月一日皇位を承けたまひ、同月十三日即位の儀を行ひたまふ。是より後、歴代天皇は皆其の例に倣ひたまひ、皇位を承けたまふの儀と即位の事を公に宣示したまふの儀とが區別せられて、兩者時を異にして行はるヽことが恆例《こうれい》を爲すに至れり。されど斯かる慣例を生じたる後も、當初より一を踐祚又は受禪と謂ひ、一を即位と謂ひ、判然之を區別したるに非ず。其の名稱の區別が、何れの時に定まりたるかは明白ならざれども、恐らくは村上天皇の頃より後のことなるべし。但し嵯峨天皇の弘仁儀式に、即位儀と讓國儀との二儀を分ち、淸和天皇の貞觀儀式及び醍醐天皇の延喜儀式にも、之を承けて同じく讓國儀と即位儀とを分てるに依りて見れば、其の頃に既に儀禮に於いては、讓國即ち受禪の儀と即位の儀とが、明らかに區別せられたることを知るを得べし

（帝國學士院編『帝室制度史』第四巻）

その精細な歴史考証はともあれ、法典正文で、践祚に際しての神器相承の儀が明記されたことは重要である。それが皇室の第一の大法であることは、一般周知のことで、とくに幕末維新の国体論では、もっとも力説された大法である。それはあまりにも明白すぎるので、今までの試案では不文のままにしたのであらう

が、柳原案は、この二つの儀式礼典を分つことを明記したので、神器の相承も明文化することとなった。これはいかに周知明瞭のこととはいへ、不文の法を明文の法典とする時には、当然に銘記すべき貴重な条文であるといふべきであらう。

神器相承の大義が明文化されると共に、天皇の祭儀礼典のことも、その第一義的な点は、これを典範に明記すべきであるとして、即位の礼、大嘗会、建号のことが、第十九条、第二十条、第二十一条、第二十二条に列記して掲げ示された。その事の意義の重くして大切なことは、すでに第一章においてかなりに詳しく論じたので、ここには改めて説明しない。それらの祭儀礼典の大事が、特に、桓武天皇いらい一千年の皇都としての伝統を有する京都の地（本案では西京の語を用ひた）において執行さるべきことも、既に明治十六年の岩倉具視の切なる建言があって、天皇が親しく勅をもって定められた不動の大則である。柳原は、その不動の大則にしたがって成文しただけであって、これらの条文は、決してかれの作案と見るべきではない。しかし、これらの皇室にとっての第一義的な重大事を皇室典範の明条として掲げたことは、立案者としての柳原の功として評価さるべきであらう。

柳原は、前にも述べたやうに当時の国際知識人として第一級者であったが、その出身がもともと公家であって、皇室の典故旧例にも知識があり、とくに本格的な典範の執筆に際しては、改めて詳細に『令義解』などを精読して、由緒ふかい皇室の典範としての荘重で優雅な憲則を作らねばならないとして、苦心したらしく見える。その労は、これを多とせねばならない。

〔**参考例**〕　柳原案第十四条の皇位の尊号は、『令義解』の次の条を参考せること明らかである。

儀制令第十八 謂。儀者。朝儀。即蓋《キヌカサ》 皇太子紫表條以上是也。制者。法制。即祖父母 患重條 以下是也。　九貳拾陸條

天子。祭祀ニ所レ稱スル。謂。告ニ于神祇ー。稱爲ニ天子ー。凡自ニ天子ー至ニ車駕ー。皆是書記所レ用。至ニ風俗所レ稱別。不レ依ニ文字ー。假如。皇御孫《スメミマノ》命。及須明樂美御《スメラミコト》德之類也。天皇。詔書ニ所レ稱スル。皇帝。華夷《クエイ》〔紅〕ニ所レ稱スル。謂。華華夏也。夷夷狄《チヤク》也。言王者詔ニ誥於華夷ー。稱ニ皇帝ー。即華夷之所レ稱亦依レ此也。陛下。上表ニ所レ稱スル。太上天皇。讓位ノ帝ニ所レ稱スル。乘輿。服御ニ所レ稱スル。謂。凡物御ニ王者ー。皆稱ニ乘輿御物ー。不ニ敢媟黷《ナレ》ー以言。故託ニ乘車駕ー以名之。假如。乘輿御馬。乘輿御食。乘輿御書等之類也。車駕《キヨ》〔紅〕。行幸ニ所レ稱スル。

同じく第三十一条「天皇、太上天皇、皇太后、皇后ヘノ敬稱ハ陛下ト稱ス」とか、皇族の順位の書き方にしても、その基準参考としたのは『令義解』である。それは、この条文から太上天皇を削り太皇太后を入れた確定後の『皇室典範義解』においても明白に「大寶ノ令ニ三后ニ上啓スルハ殿下ト稱《トナ》フ本條ニ太皇太后皇太后皇后皆陛下ト稱フルハ嫡后、國母ハ至尊ニ齊匹シ至尊ト倶《トモ》ニ臣民ノ至隆ナル敬禮ヲ受クヘケレバナリ、但君位ハ一アリテ二ナシ皇后ハ固《モト》ヨリ他ノ皇族ト均《ヒトシ》ク人臣ノ列ニ居ル而シテ大寶ノ制ト其稱ヲ殊ニシテ仍《ナホ》其實ヲ同クスルコトヲ失ハサルナリ」と解義してゐる。

このほかにも柳原案は、大宝の制等の古法を参考としたところすこぶる多い。

もっとも柳原は、外国王朝法にも詳しいし、ここでは諸外国で皇后の順位の高いのを気にしてゐた。しかし、当時の列国の王朝のなかでも権威ある存在としてみとめられてゐたロシア王朝の法が、この『令義解』に示されたところと相似てゐるといふので、国際的に公示しても懸念ないと判断したやうである（ロシアの例は、後段で二、三度出るので略する）。このほか典範立案者は、柳原のみでなく井上毅でも、一般が予想する以上に、欧洲諸国の王朝法との比較に神経を労してゐる。

柳原案の条文は全文百十九条の精細なものである（これは後に典範でなく附属の皇室令で律せられたやうな諸

問題までもふくんでゐる事情もあるからである）。この案は、帝室制度取調局総裁としての柳原が、日本の古法、皇朝史および諸外国の王朝法に関する豊富な宮内当局の資料知識を集めて作案したもので、皇室の憲則として定むべきあらゆる問題点に及んでゐる点で、前掲の皇室制規、帝室法則綱要などよりも遙かに研究が進んでゐる。

それは前記の参考例でも示したやうに、日本の古法、古例をすこぶる多く採用してゐる。その条文を見ると、「應神天皇ノ例ニ依ル」、「文武天皇ノ大寶令ニ依ル」、「孝徳天皇ノ制ニヨル」とか、「神武天皇以來ノ例ニ依ル」、「神功皇后ノ例ニ依ル」などと明記されてをり、そのほか中古以来の「譲位」、「空位」等の場合も古制に準じて規定されてゐる。

これは立法者の発想なり意図をしめすのには明らかでいい。しかし、そのやうな古例や古法が近代法典の正文に明記されるのには問題があらう。應神天皇、神功皇后の例とか神武天皇の例などといへば、その詳しい史実については歴史学者のなかでも当然に異説が生ずる。おそらく古例の史実とは、その当時の現実具体的な諸条件と相関連して形成されたものである。それらの古い時代の諸条件を近代法の法概念決定について、どの程度に採択せねばならないかといふことになると、諸説乱立して混乱を生ずる懸念も大きい。

著しい一例をあげれば、摂政の条の神功皇后の例である。神功皇后の摂政時には、皇室国家に異常の危機があって、皇后は幼冲《ようちゅう》の天皇の摂政をされたのみでなく、應神天皇が中年をすぎられても退任されなかったことが史書に明記されてゐる。それはその時の国情として必要だったともいひうるであらう。しかし柳原案によれば、その次の第四十条で皇太子が成年に達した時には、摂政は退任すべきものと定められてゐるが、その前条の正文で「神功皇后ノ例ニ依ル」との明記があれば、神功皇后の場合と似た危機情況であれば摂政期間の延期がありうるとの説も出てきて、第四十条の退任期の規定をより決定的に重いとする説との間で、解釈論が分れるおそれもあるのではないか。

有名な一七〇一年の英国の王位継承法などは、徒らに現実具体的な継承権者の固有名詞を書きならべ、事実を長々と論じてゐて、その立法意図はよくわかる。柳原も英国の王位継承法や権利章典などはよく知ってをり、その立法意図を明瞭にするのには、現実具体的な古例や事実を掲示した方がいいと思ったのかもしれないが、これは立法技術としては拙い。立法の理由を解義する声明文とか著書に、豊富な古例や古法を引用するのは、法の淵源《えんげん》を理解させるのにはいいが、法典正文にこのやうな引例をするのは厳正論理的な法概念の決定の妨げとなるおそれがある。このほかにも、柳原案を批判する立場から見ればその弱点は少なくない。

柳原は、すでに前記したやうに、伊藤博文の命によって、この稿案の執筆中から、井上毅とも行きとどいた連絡をしてをり、伊藤、井上にはその案の概要は予想されてゐたと思はれる。明治二十年二月に、再稿案は伊藤博文に対して正式に提出されたが、伊藤にも井上にも、それぞれに少なからぬ批判と異見とがあった。

しかしながら、この案は、少なからぬ弱点を有するとしても、皇室の憲則として必要なあらゆる問題点のすべてに及んでゐる。その後、しばしばの討議や会議が重ねられて確定した後の皇室典範を見ると、柳原案の条文は、各条とも悉くといっていいほどに修正されたり、条を合はせたり、削除されたりしてゐる。しかしながら、その骨格とした点の多くは採用されてをり、柳原案に欠けてゐる重大事を新しく追加立法したといふ条文は、ほとんどない。この柳原案は、その後に大きく修正されるけれども、皇室の大法典作成について討議すべき基礎資料として、十分な労作だったとみとめていい。

井上毅は、これと併行して別に自らも試案を作成してゐたが、より簡単なものであった。伊藤博文は、まづ柳原案を基礎として討議研究することを決めた。明治二十年三月二十日、柳原、井上を高輪に集めて会談し、大法典立案者間の意思統一をすることにした。この日の会談は、皇室典範の制定史上もっとも大切な意思統一の会議であった。

この会議を主宰した伊藤議長（総理大臣兼宮内大臣）の態度は、すこぶる明快であった。柳原、井上に存分に意見を陳述させて、その対立意見を聞いて後に、すべて伊藤が採否を決定した。柳原、井上が一致するかに見える条文でも、伊藤は自ら反対を確信するところは、これを説明して立案の方針を確定し、命令した。憲法条文の作成では、伊藤の指示に不服があれば、あくまでも抗論を辞さなかった井上も、皇室典範については、それほどの抗論もしないで伊藤の断案に服したかに見える。

この高輪会議の決定で、ほとんど皇室典範立案の大綱は決定されたと見ていい。その後、この決定にしたがって柳原、井上が条文化の作業をし、これを枢密院に諮問した。枢密院の審議でも多くの討議修正が行はれたが、しかし大綱的には、この会議での決定事項が本質的に修正されたところはほとんどないといっても過言ではない。

この会議では、伊藤博文、柳原前光、井上毅の三人が主として討論し、伊東巳代治が秘書として出席して議事録を作成した。この会議は特に大切な段階として重視すべきものと思はれるので、伊東巳代治の『皇室典範・皇族令草案談話要録』（憲法資料編纂会。国会図書館憲政資料室蔵）によって、次章でその注目すべき諸点を概説する。この要録は、写本で約三十枚にすぎないが、極めて要領よく意見の対立と決裁の事情を書き残した貴重な資料といひうる。

〔註〕　皇室制規・帝室典則の起案執筆者については、小島和司・稲田正次等の専門学者の詳しい考証研究があるが、断定しがたい（昭和四十八年十一月発行・富士論叢所収「明治十九年における皇室制規と帝室典則の起草について」の稲田論文は結論に近いかと思はれるが、なほ疑点が残る）。この皇室制規の皇位継承法では、元老院国憲案いらいの「男系が絶えた時に女系を承認する」との条があり、この制規の案は主としてスタインの「帝室家見意見」（伊東巳代治訳ほか和訳あり）の影響によるところ大きいと推測されてゐるが、この継承法の思想が、以後否定されて行く次第は、本文記述の通りで国体法上重要な点である。

第三章　皇室典範の欽定

一、柳原試案検討の会談

明治二十年三月二十日、内閣総理大臣、宮内大臣伊藤博文は、かねて提出されてゐた帝室制度取調局委員長柳原前光の皇室典範試案を検討するため、図書頭井上毅をも招致して東京の高輪別邸で会談した。この会談の要領は、同時に出席した伊東巳代治が筆録してゐるので、その筆録によって三人の意見を見て行くことにする。この筆録で大臣とあるのが伊藤博文であることはいふまでもない（『伊東伯爵家文書』の「皇室典範・皇族令草案談話要錄」＝憲政史編纂會寫本＝以下、伊東要錄と略称）。

会談は、まづ前段階では、柳原が起案者としての見解を説明して、最高責任者たる伊藤博文に採否を質《ただ》す形で進行し、後段では井上毅が柳原案に対して批判的質問をして討議し、伊藤博文が裁決を下してゐる。

柳原　草案各條ニ就キ大臣ノ意見ヲ承知シ且自分考案ノ主意ヲ辨スル前ニ於テ抑《ソモ》モ此法案ハ何等ノ名稱ヲ付スヘキモノナルヤヲ定メンコトヲ望ム若シ皇族法ト云《イ》フカ如ク法ノ名ヲ付スルトキハ其名稱ヨリ立法上ノ議定ヲ經フ(ママ)ヘキモノ、如キ感ヲ惹《ヒ》キ起スヘシ

大臣　余ノ所見ニ依《ヨ》レハ諸君提案ノ如ク皇室典範皇族法ト名稱スルヲ穩當ナリトス但此二法ヲ稱シテ獨逸ノ所《イハ》謂《ユル》「インペリアルハウスロー」ニ當リ其意義適切ナリ今之ヲ法ト名稱スルトキハ必ス議院ノ議ヲ經ルモノ、如キ感ヲ生スヘシトノ配慮モアリト雖《イヘド》モ此皇室典範皇族法ノ定リダル後ニアラサレハ議院ヲ創設スルコトナシ歐洲ニ於テモ未《イマ》タ必スシモ議院創設前ノ諸法ハ法ト稱セストノ理アラス故ニ之ヲ法ト云フモ更ニ妨クル所ナシ

ここで「法」といふ語について、伊藤がいろいろと論じて、柳原の語法に多少の異見も述べてゐるが、結局、王室法を「皇室典範」の名称とすることが決定した。

次いで柳原は、典範の発表手続き、副署等について質してゐるが、伊藤は一応の私見を述べて最後決定を保留した。次に、

柳原　皇嗣精神又ハ身體ノ不治ノ重患又ハ重大ノ事故アルトキ繼承ノ順序ヲ換フル爲ニ要スヘキ諮詢《シジユン》ノ方法ハ各個人ニ就テスルカ又ハ會議ニ於テスルカヲ知ラスト雖モ寧《ムシ》ロ是等ノ煩雜ヲ避ケ各國ノ事例ニ倣《ナラ》ヒ上院即チ元老院ニ之ヲ下問セラル、ヲ便トス然レトモ天皇ハ王室ノ家長トシテ親《ミツカ》ラ法ヲ作ルノ權アレバ其繼承ノ順序ヲ變換スルモ獨リ天皇ノ專權ニ屬スヘキモノカ將《ハタ》宮中顧問官ノミニ下問セラルヘキカ皇族及元老院ニ諮詢セラルヘキカ若シ元老院ニ下問セラル、コト、セバ之ヲ典範ニ明記スヘキカ既ニ王室ノ法トスルトキハ立法者ノ干《アツ》カルベキ所ニアラサルベシ然ルニ元老院ハ政治上ノ組織ニ成ルモノナレバ其王室法ニ之ヲ揚クルハ不可ナランカ此問題ハ係ル所最モ重大ニシテ然カモ事ノ憲法ニ渉《ワタ》ルアレハ特ニ審議ヲ要スヘシ

大臣　繼承ノ順序ヲ變更スルニ二樣ノ場合アルヘシ其一タヒ帝祚《テイソ》ヲ踐《フ》ミ玉ヒタル君ハ何等ノコトアルモ之ヲ動スヲ得ス故ニ繼承ノ順序ヲ易《カ》フルハ皇太子以下ニ限リ假令《タトヘ》皇太子ニアラサルモ親王以下ナリ之ヲ要スルニ憲法ハ政治上ノ組織ニ係ルヲ以テ王家ノ事ニ關《アツ》カルコトナシ況《イハ》ンヤ元老院ニ諮詢スルカ如キハ事理ニ當ラズ宜《ヨロ》シク之ヲ

皇族幷《ナラビニ》貴族ノ評議ニ付スヘシ畢竟《ヒツキヨウ》元老院ハ政治上ノ組織ニ成ル一個ノ集合體ナレバ勢ヒ政治界ノ風潮ニ隨ヒ貴族ノミヲ以テ永遠ニ構成スルコトヲ得ズ其止ムヲ得ザルノ時機ニ至ラハ幾分カ民政主義《デモクラジツク》ノ元素ヲ容ル、コトアルベシ既ニ此元素ノ混入シタル以上ハ之ニ皇位繼承ヲ諮詢セバ　徒《イタヅラ》ニ王室ト政治上ノ分界ヲ混一スルニ至ラン歐洲ニ於テモ獨リ英國ヲ除クノ外ハ上院ト云フモ純然タル貴族院ニアラス又内閣員ハ政府ノ大臣ナルガ故ニ其意見ヲ問フハ可ナリト雖モ内閣員決シテ恃《タノ》ムニ足ラス百年ノ後若シ政黨内閣トナリテ當時ノ内閣民政主義ヲ代表スルノ宰臣ノミナランニハ君權ヲ浸瀾（潤）センカ爲ニ天子ノ聖明ナラサランコトヲ欲シ私意ヲ　狹《サシハサ》ンテ故《コトサ》ラニ暗愚ノ皇子ヲ擇《エラ》ミ以テ自黨ノ非謀ヲ計ルコトナキヲ保スヘカラス孰《イツ》レニセヨ政治上ノ關係ヲ斷ツ王室ノ爲メニ十全ノ良計ナリト信ス柳原伯ノ草案第十三條諮詢云々ハ寧ロ皇族及帝國ノ貴族ヲ會同シテ之ニ諮詢スルノ明文ヲ掲クヘシ而シテ其詳細ノ方法ニ至テハ之ヲ掲載スルノ要ナシ……

ここで元老院といってゐるのは、おそらくその当時に存在してゐた明治八年設立の元老院ではなくして、憲法成立後の上院（帝国議会の貴族院）を予想したものであらう。伊藤が皇位継承のことを政治的議会に諮問すべきでないといふのは、国体論上理解できるが、貴族に諮問するのはいいといふのはどうか。華族制度の創設者としての伊藤には、いささか貴族偏重の感がある。

次に柳原が「親王宣下及世襲皇族ノ制ヲ廢シ、親王及諸王ノ制ヲ定ム」ることにつき説明し、「内親王又ハ女王ノ他姓ニ嫁シタル場合」のことを述べたのに対し、

大臣　内親王ト雖モ一旦華族ニ降嫁シタルニ及ンテハ其配偶者ノ位置ニ從ヒ臣籍ニ屬シテ皇族ノ尊稱ヲ失フコト當然ナリ夫レ既ニ皇族ヨリ降リテ華族ニ列ス華族ノ妻ハ其配偶者ニ均《ヒト》シキ優待禮遇ヲ受クヘキコト華族令ノ指定スル所ナリ

と述べ「内親王及女王ノ他姓ニ嫁スルトキハ其配偶者ノ分限ニ従フヘキコト」との原則を決めた。次に皇室財産について、

柳原　皇室財産ノ事ハ典範ニ明條ヲ設ケテ其要領ヲ掲クト雖モ猶《ナ》ホ其物件ヲ指定シ併セテ免税ノ事ヲモ載セサルヘカラス免税ハ單ニ國税ノミニ止マルヘキ乎《カ》将タ地方税及町村費ヲモ免ル、ヘキカ若シ典範中ニ免税ノ事ヲ載スルトセハ其免税ノ範圍ヲモ掲ケサルヘカラス貴説果シテ如何

大臣　典範ニハ皇室ノ財産ヲ組織スルト云フ一事ヲ載スヘシト雖モ更ニ其細微ニ渉リ皇族財産ヲ組織スヘキ物件ヲ指定スルハ甚《ハナハ》タ不可ナリ例ヘハ會社ノ株券又ハ公債證書ノ如キ普通民法ノ羈束《キソク》ヲ免ルヘカラサルモノニシテ物件ヨリ生スル權利義務ハ所有者其人ニ隨テ増減アルヘカラス會社ノ株券及公債證書ニ至ルマテ一旦《イツタン》皇族ノ掌中ニ歸スルニ及ンテ免税ノ特權アリトスルトキハ物權ニ關スル民法上ノ原則ヲ蹂躙《ジユウリン》スルコト甚シ故ニ免税ノ事ハ不動産ニ限ルヲ要ス不動産ト雖モ必ス一概ニ之ヲ論斷スヘカラス収穫ヲ目的トスルカ如キ御料地ニ至テハ其性質ニ隨ヒ多少ノ斟酌《シンシヤク》ヲ加ヘサルヘカラサルモノアリ況ンヤ其他貨殖ノ資ニ供スヘキ動産ニ於テヲヤ是ヲ以テ典範ニハ單ニ皇室財産ヲ組織ストノミ明條ヲ備ヘテ更ニ其組織物件ノ細微ニ渉ラサルトキハ實際皇室財産ヲ組織スルニ臨ミ現當リ狀況ニ應シテ利害ヲ考察シ且法理ヲ研究シテ便宜措辨スルコトヲ得ルノ利アリ柳原伯起案ノ「第六十三條公債證書又ハ政府ノ保護アル會社ノ株券ハ　皇室常産ニ　編入スルコトヲ得」ノ一條ハ全文削除スルヲ可トス免税ノ範圍ニ付テモ亦《マタ》一概ニ論スヘカラス單ニ之ヲ國税ノミニ止ムヘキ乎將タ地方税及町村費ニ至ルマテ悉《コトゴト》ク皇室財産ノ物件ニ課セサルヘキカト云フノ一題ニ至テハ最モ考案ヲ盡サ、ルヘカラス現ニ町村費ノ如キハ之ヲ徴收スルニ權制執行ノ手段ヲ以テスルカ爲ニ純然タル徴税ノ性質ニ屬スト雖モ之ヲ支辨スルノ用途ハ之ヲ徴收スル地方ノ區域内ニ於テ土地ノ便宜ヲ増シ其所在ノ改良ヲ籌《ハカ》ルノ用途ニ充ルモノナルカ故ニ其利益ハ其税ヲ納ムル者

ノ直接ニ享受《キヨウジユ》スル所ナリ是ヲ以テ皇室財産ニ屬スル土地ト雖モ均シク其利益ヲ享受スヘキヲ以テ其所在地方ノ便宜ヲ増シ且其改良ヲ籌ルノ費途ニ供スヘキ費用ニ至テハ必ス其徴收ニ應セサルヘカラスト云フノ一説アリ此ノ説モ素《モト》ヨリ一理ナキニ非ス（中略）之ヲ要スルニ免税云々ノ一事ハ之カ明條ヲ皇室典範ニ掲クルノ要ナシ寧ロ現行ノ土地名稱區分等ノ如キ行政上ノ法律ヲ以テ指定スル方穩當ナラン

と、伊藤が滔々《とうとう》として税法を論じ、皇室財産に関する柳原案の第五十九条、第六十条、第六十三条についての修正や削除を命じた。その後に、皇室費の議院予算権についての問答があって、柳原の側からの発言は終った。

　これから後段に移って、主として井上毅が質問し、討論した。まず柳原案の

　第一條　大日本國皇位ハ恭シク　天祖ノ大詔ニ則《ノツト》リ其皇統之ニ當ルコト天壤ト與《トモ》ニ窮リナシ

について、

井上　此事ハ憲法ニ載スヘキモノニシテ之ヲ皇室典範ノ首條ニ置クハ不可ナリ但シ憲法ニ載スルモ唯《タ》タ其上諭ノ部ニ記シテ之ヲ法律ノ部ニ混一スヘカラザルモノナリ旁《カタガタ》々此場合ニ於テハ削除センコトヲ望ム

柳原　本條ハ皇位ノ原則ヲ顯示シ日本建國ノ大則ヲ掲載スルニ在リ素ヨリ皇室典範ハ天皇陛下ノ欽定《キンテイ》タリト雖モ一タヒ定メラレタル上ハ隨時變更スルナキノ重キヲ證シ之ヲ一言スレハ我國體ノ義ヲ彰《アラ》ハサントスルノ意ニ出ツ

　まず井上は、皇位と国家との関係を定めた条文は、憲法で定むべきで、典範からは削るべきだと主張した。これは憲法と典範との法的性格を決する上でも必要であるし、万一にも二つの大法典で別の辞句になっては、法解釈で混雑を生ずる。柳原は、第一条を国体の義を彰はす意だと主張したが、結局、伊藤が、国体の

淵源《えんげん》は柳原伯の説の通りであっても、これは法律上は「皇室典範」からは削除するに決する、と裁定した。

第二条から第九条までは、皇位の継承法であって、典範ではもっとも重大な条文が列《つら》ねられてゐるが、ここは既に事前の討議で原則が一致してゐたので討論を省いた。ただ第十条、第十一条、第十二条は皇位継承の異例の場合で、ここでは議論を生じた。

第十條　天皇崩シ皇嫡子孫ナク皇后遺胤《イイン》ヲ懐妊スル時ハ其誕生ヲ待コト　應神天皇ノ例ニ依ル

第十一條　天皇支系ヨリ入テ大統ヲ承《ウク》ル時ハ之ヲ原位トシ前數條ニ照シ繼承ノ順序ヲ定ム

第十二條　天皇ハ終身大位ニ當ル但シ精神又ハ身體ニ於テ不治ノ重患アル時ハ元老院ニ諮詢シ皇位繼承ノ順序ニ依リ其位ヲ讓ルコトヲ得

大臣　本案ハ其意ノ存スル所ヲ知ルニ困《クル》シム天皇ノ終身大位ニ當ルハ勿論《モチロン》ナリ又一タヒ踐祚シ玉ヒタル以上ハ隨意ニ其位ヲ遜《ノガ》レ玉フノ理ナシ抑《ソモソモ》繼承ノ義務ハ法律ノ定ムル所ニ由ル精神又ハ身體ニ不治ノ重患アルモ尚ホ其君ヲ位ヨリ去ラシメズ攝政ヲ置テ百政ヲ攝行スルニアラスヤ昔時讓位ノ例ナキニアラスト雖モ是レ浮屠《フト》氏ノ流弊ヨリ來由スルモノナリ余ハ將《マサ》ニ天子ノ犯冒スヘカラサルト均シク天子ハ位ヲ避クヘカラスト云ハントス前上ノ理由ニ依リ寧ロ本條ハ削除スヘシ

井上　「ブルンチエリー」氏ノ説ニ依レハ至尊ト雖人類ナレハ其欲セサル時ハ何時ニテモ其位ヨリ去ルヲ得ヘシト云ヘリ

柳原　但書ヲ削除スルナレハ寧ロ全文ヲ削ルヘシ「ブルンチエリー」氏ノ説ハ一家ノ私言ナリ

大臣　然リ一家ノ學説タルニ相違ナシ本條不用ニ付削除スヘシ

ここでは伊藤博文の裁決が明快である。柳原案は、天皇の譲位の場合を予想しての条文構成になってゐる。井上も、ブルンチュリー説などを引用して自由退位をみとめる意見であった。しかし伊藤は、断固として皇位の無条件的終身制、退位の全的否定を力説した。おそらく会談での問答は、要録に書き残されてゐるよりも詳しく各人の意見が主張されたであらう。

柳原は、中古いらいの多くの譲位のなかに真にやむことを得なかったとすべき例を多く見て、譲位や太上天皇についての条文案を書いたのであらう。井上も、ただここに書いたやうに、ブルンチュリーの説や後記のロエスラーの助言だけで自由退位制を考へたのではなくて、それ相応の理論があったのであらう。しかしこの点では、内外古今の学に詳しい井上や柳原よりも、伊藤博文の信念の方が強かった。ともすれば洋学風として批評された伊藤ではあるが、ここでは幕末勤王党の志士として東奔西走した時代の割り切った国体論が強く現はれてゐる。譲位は中古いらいの弊風で、日本の国体では古代にはなかったとして、断然たる皇位不動の大義を力説してゐる。

伊東要録は、少しく簡にすぎるかの感じがする。初めに柳原が譲位をみとめる案を出して、井上がそれを支持する説を述べたはずなのに、要録の文では、柳原が井上の自由意思による譲位説に反論したかのやうな形になってゐる。これは、長い討論の進行中に柳原の方が、井上よりも一歩先に博文の無条件退位否定説に服して、全文削除に同意したといふことなのであらう。

　第十四條　皇位ノ尊號ヲ天皇トス外國ニ對シ皇帝ト稱シ祭祀《サイシ》ニ天子ト稱スルコト　文武天皇大寶令ノ制ニ依ル

大臣　諸君ハ本條ノ明文ヲ讀下シテ如何ンニ觀察セラルヽ乎天皇ト稱シ皇帝ト稱シ又天子ト稱スルコト一國ニ

君臨シテ三種ノ尊號ヲ帯フルコト各國未タ曾《カツ》テ其例アルヲ聞カス但外交上ノ慣例ニ於テ彼我往復ノ公文ニハ互ニ皇帝ノ尊號ヲ用ユト雖モ其實天皇ノ字ヲ外國語ニ譯スルニ Emperor 即チ皇帝ノ字ヲ以テスルニ過キス之ヲ以テ皇位ノ尊號ニ二種アリト速了スヘカラス例ヘハ露國ノ皇位ヲ「ツァール」ト云ヒ之ヲ英語ニ譯シテ猶ホ Emperor ト言フニ過キサルナリ天皇ノ字ハ曾テ清國ト交渉ノ案件ヲ商議スルニ當リ本邦ノ使臣ト清廷トノ間ニ辨難ノ端ヲ啓《ヒラ》キタルコトアリタルヲ以テ嚮後《キョウコウ》ト雖モ清宮ト往復スルニ當リ支牾《シゴ》ヲ免レスト云フノ議アリ然レトモ是亦毫《ゴウ》モ意ニ介スヘキノ事ニ非ス本朝皇位ノ尊號ノ天皇ト稱スヘキ定制アリトセハ往復ノ原書ニハ天皇ノ字ヲ用ヒ譯書ニ皇帝ト書スルモ妨ケナシ瑣事《サジ》ニ拘泥《コウデイ》シテ皇位ノ尊號ヲ三種ニ分ツカ如キハ余ノ最モ採ラサル所ナリ宜ク本條ヲ削除シテ更ニ尊稱ノ事ニ渉ラサルヲ善シトス

第十五條　譲位ノ後ハ太上天皇ト稱スルコト　文武天皇太(大)寶令ノ制ニ依ル

大臣　譲位ノ事ハ既ニ前ニ論シタルヲ以テ今復贅《フクゼイ》スルヲ要セス既ニ一タヒ登極シタル天子ハ何等ノ場合ト雖モ位ヲ譲ルコトヲ得スト云フノ主義一定シタル以上ハ本條太上天皇ノ尊號ヲ設クルノ必要ナシ　故ニ全文ヲ削ルヘシ

これも伊藤に否定された。柳原としては、同一の皇位であっても、その作用する側面によって尊号を異にする古法の文学的情感に、浅からぬ意味を感じて練ったのにちがひない（その後立憲されても、日清日露戦争の有名なる宣戦布告の文には、いづれも「皇帝」の語が用ひられてゐる）。伊藤の否定の語は、いささか無理解の感がないでもないが、古制と近代制とでは、その基礎的諸条件が変ってゐる。柳原案のやうに三区分を法的に定めて固めておくと、近代法では、実際的にどの尊号を用ひるのが適法か、といふやうな繁雑で区別しがたい場合も生ずる。伊藤の裁決にも一理があらう。

第十七條　天皇崩シ又ハ讓位ノ日皇嗣踐祚《センソ》シテ卽チ尊號ヲ襲ヒ祖宗以來ノ神器ヲ承ク

第十五條ノ理由ニ依リ左ノ修正ヲ加スルニ決セリ

天皇崩スルトキハ皇嗣卽チ踐祚シ祖宗ノ神器ヲ承ク

第十八條　皇后遺胤ヲ懷妊シ又ハ正當ノ皇嗣本邦ニ在ラサル時ハ其間空位ト定メ前條ノ限ニアラス

大臣　王位ハ死セスト云フ格言ヨリ論スルトキハ　苟《イヤシク》モ一國ヲ統治スル主權ノ中絶セサル限リハ皇位ノ一日モ空虛ナルコトアルヘカラス種々ノ事例ヨリ推シテ之ヲ極論スレハ或ハ事實ニ於テ須(臾《シュ》)更ノ間皇位ノ空虛ナルコトナキ能《アタ》ハスト雖モ是豈《アニ》主權ノ中絶ト認ムルコトヲ得ヘケンヤ皇后ニ遺腹ノ子在ラセラル、時ハ其誕生前ト雖モ懷妊中ノ遺胤ハ先帝崩御ノ日既ニ皇位ニ臨マセラル、モノト認メ又皇嗣本邦ニ在サ、ル時モ亦先帝崩御ノ日既ニ歸朝シテ皇位ニ臨マセラル、モノト認ムルトキハ皇位ノ空虛ニ屬スヘキ事由アルヘカラス故ニ本條ヲ削ル

伊藤の裁決は明快であるが、注目すべき点は、かれは国体理論の立場で「空位」を決定的に否定してゐるが、胎中の皇子の継承権を否定してゐるわけでない。この条は、後世の学説でも異論の残る問題点なのであるが、この時点での伊藤の説は、「胎中の皇子」は、先帝崩御の日に胎中において践祚された、との法理解釈に立てば、空位などの条文は不用だと断ずるのである（この問題は後で詳述する）。

第十九條　卽位ノ大禮ハ神武天皇以來ノ例ニ依ル之ヲ西京宮殿ニ於テ行ヒ元老院ヲシテ參列セシム

大臣　元老院ヲ參列員ニ加ユルハ不可ナリ假令之ヲ加スルトスルモ各國公使モ參列スヘケレハ獨リ元老院ニ限ルノ理由ナシ又神武天皇ノ例ニ依ルトキハ橿原ニ於テ行フヘキニ西京ノ宮殿ニ於テ之ヲ行フト云フニ至テハ神武天皇卽位ノ例ニ依リト云フノ明文ニ抵觸スルノ嫌ナキ能ハス（中略）

大臣　本條ハ左ノ通リ修正スヘシ

即位ノ大禮ハ祖宗ノ例ニ依リ西京宮殿ニ於テ之ヲ行フ

第二十一（ママ）條　即位ノ後元號ヲ建ルコト孝德天皇以來ノ例ニ依ル但シ一世間再ヒ改メサルハ明治元年ノ定制ニ從フ

大臣　本條ニ付テハ別ニ異議ナシ即位ノ字ヲ改メテ踐祚ノ二字ニ作ルヘシ

伊藤博文は、前記の譲位絶対否認論で見るやうに、往年の幕末勤皇党らしい信念が心中に生きてゐる。しかしこの人は、玉松操流の神武天皇論や古代精神論は、これを前代遺老の説として敬遠するところがあった。法典の正文に「神武天皇」を明記したのでは、その前代の遺老風の法解釈論に応待しきれないやうな事態を生じかねないと思って削除したのであらう。

柳原案には特徴的に古例引用が多いことは、前章で述べたが、この会議では元号について「孝徳天皇以來ノ例ニ依ル但シ一世間再ヒ改メサルハ明治元年ノ定制ニ従フ」といふのが残ったが、ほとんどが消えた。ところがこの孝徳天皇以来「明治元年ノ定制」の史実によれば、明治天皇は慶応二年の歳末に践祚されて、約一年半の後の慶応四年八月に即位され、この年の八月の即位で明治と改元された。この践祚又は即位の次の年に改元される次年改元といふのは、孝徳天皇以来の元号史では、その例がすこぶる多い。明治の制は一世一元の新例を示されたが、次年改元といふ点では多くの古例に準じて行はれた。

おそらく柳原案では、その次年改元を考へたのではないかと察せられるが、伊藤の修正意図は、その点では明治の場合と異なって、さらに一歩を進めて「踐祚の後」とは践祚と同時の意味だったらしい。しかしこれは、法典正文を見ただけでは「孝徳」「明治」の語があるので必ずしも断定しがたい。しかしそれは、後に明治四十二年制定の登極令によって「第二條　天皇踐祚ノ後ハ直ニ元號ヲ改ム、元號ハ樞密顧問ニ諮詢シタル後之ヲ定ム」との条文が立てられて、この「直ニ」の語が入って、明治元年のやうな後年の即位改元でなく、践祚と同日の改元の意であるとの立法意図が疑念なく明確となって、大正天皇も、昭和の今上天皇も、践祚と同時に改元せられることになった。法が過去の歴史事実を深く考へて立法されるのは、大いに意味ふかく大切なことであるが、過去の事例が法典正文の語になると、とかくむつかしい問題を生じやすい。

次に、

第二十三條　天皇及皇族ノ位次ヲ定メ左ニ開列ス

第一　天皇
第二　太上天皇
第三　太皇太后
第四　皇太后
第五　皇后
第六　皇太子
第七　皇太子妃
第八　皇太孫
第九　皇太孫妃

親王以下略ス

井上　天皇ヲ最初ニ突出スルハ好マサル所ナリ皇族ノ位次ヲ論スルニ當リ天皇其首座ニ在ラセラル、コト明條

ニ載スルマテモナシ其以下皇族ノ位次ノミニ關シテ之ヲ典範ニ掲クルヲ要セス寧ロ皇族令ニ譲ルヘシ依テ之ヲ削ル

柳原　露國ニ於テハ皇太皇后ハ皇后ノ上ナリ獨國ニテ之ヲ顚倒《テントウ》シテ皇后ヲ上トス然ルニ本朝ハ露國ト同シク皇太皇后ハ皇后ノ上ニ在《マシ》マス此ノ如《カク》ク彼此《ヒシ》位次ヲ異ニスルアレハ寧ロ之ヲ確定シテ一ノ制度タラシメンコトヲ欲シ本條ヲ設ケタリ然レトモ茲ニ載スルヲ不可トセハ移シテ皇族令ニ載セサルヘカラス

大臣　先ツ本條ハ削除スヘシ

伊藤は、柳原案に片はしから修正と削除を命じた。おそらく会談の場では、柳原は原案の趣旨説明につとめたのであらうが、要録には詳記されてゐない。

最後に第四章の摂政については、

第三十九條　空位又ハ左ノ事項ニ關シ天皇政ヲ親ラスル能ハサル間ハ攝政一員ヲ置ク　神功皇后以來ノ例ニ依ル

一天皇幼年ノ時

此他二項略ス

本條中空位又ハノ四字神功皇后以來ノ例ニ依ル十一字ヲ削除ス

第四十條　攝政ハ太(大)政ヲ攝行スルコトヲ掌管ス皇太子皇太孫成年ニ達シタル時ハ之ニ任ス

本條ヲ左ニ修正ス

攝政ハ皇后及成年ニ達シタル皇太子皇太孫ヲ以テ之ニ任ス

第三十七條以下ハ別ニ理由ヲ附記スルノ要ヲ見サレハ略之

これで要録は終ってゐる。第一条から第四十条の摂政までと、その前に皇室財産の条文の細目を削る大綱を決めてゐる。しかし、これで皇室典範の骨格は決定したといってもいい。その主たる決定事項は、

一、皇室の基本憲則は、皇室典範と称する。

二、皇位継承の順位での一致。

三、皇嗣に万止むを得ざる条件を生じた時は継承順位を変更するが、その決定には、議会上院などの政治機関に関与させない。

四、格別異例の条件があれば皇嗣の変更はありうるが、一度御位につかれた天皇の退位は絶対にあり得ないことを大原則とする。したがって譲位、空位等の場合をあり得ぬ事として全く否定する主義をとる。

五、践祚に際して祖宗の神器を相承され、即位の礼、大嘗会の執行、一世一元の改元等の重儀を典範に明記し、大礼は西京において行はれるが、その諸儀は、伝統的古式に由るとの大綱のみをしめし、詳細条規は後日にゆづる。

六、皇室財産設定の大綱はこれを明示するが、その維持管理、課税等の問題は後日の法規で決める。

七、皇族の位次の事などすこぶる複雑な諸件の詳細は、後日に決める（したがって柳原案の少なからざる条文が、典範以外の後年の問題として繰越されることになった）。

これらの決定は、主として伊藤博文の裁定によって決したこと前記のとほりであるが、これだけ決定されれば、ほとんど典範の構造の大綱方針は定まったといってもいい。

この高輪会談で決定された統一方針にしたがって、柳原前光と井上毅とが相協力して、天皇に捧呈《ほうてい》すべき

典範の御諮詢案を条文化することとなった。この会議の前にも十分の予備研究と討議とが積み重ねられてゐたためでもあるが、この日の会談で決定された重要事項は、その後に、いろいろと条文の推敲《すいこう》修正はされるが、本質的な点での大きな変更はなかったといってよい。皇室典範制定史上大切な一日であった。

二、諮詢案の作成に至るまで

皇室典範の制定は、帝国憲法との緊切なる法的関連を要する。憲法起草の任に当ってゐた井上毅は、典範起草者としての柳原前光と連絡して意思の統一をはかり、伊藤博文の裁決をもとめるとともに、憲法起草の助言者としてのロエスラーに対しても当然に多くの問題点を提出してその見解をもとめた。ロエスラーの井上に対する回答意見は、『秘書類纂』帝室制度資料上巻に詳しく収められてゐる。それを各条ごとに紹介する必要はあるまいが、ただロエスラーの意見のなかで、㈠かなりに重要なものとして参考にされたと思はれる文、㈡まったく外人の説として無視され棄てられた意見、㈢そのほかにおそらく井上の所信と一致してゐて、井上のその後の主張に確信を与へたのではないかと察せられる文例の三種について一通りの解説をしておきたい。ロエスラーは、憲法と王室の家憲との関係につき次のやうに述べてゐる（傍点は引用者）。

普國ニ於テモ王家ノ事件ハ一モ政府ノ事件ト見做《ミナ》サヾルガ故ニ立憲上ノ事務執行ニ關スル原則ヲ家事ニ適用スルヲ得ズ。
此レニ由テ之ヲ観レバ左ノ原則ハ理由アルモノヽ如シ。

第一　皇帝ハ家憲ヲ發スルコトニ關シ最上ノ全權ヲ有ス、但シ憲法ノ制限ニ從フベク、且ツ皇族ノ權理ヲ損シ或ハ之ヲ動カス場合ニ於テ其承諾ヲ受ルヲ要ス。

第二　宮內大臣ノ對署ハ事務上ノ處置ニシテ、立憲ノ意義ニ於ケルニ非ラズ、其效力ヲシテ大臣責任ノ要件タラシムルニ非ラズ。

第三　皇族及ビ內閣ニ對スルノ通告ハ頒布ニ代用スルモノトス。其果シテ通告ヲナシタルヤ否ヤヲ確認スルガ爲ニハ總理大臣ノ對署アルヲ可トス。豫《アラカ》ジメ皇族及ビ內閣ノ意見ヲ問フハ政事上ノ理由ニ於テ嘉《ヨミ》スベキノ事ナリト雖モ國法上ノ必要アルニ非ラズ。

第四　憲法ヲ變更スルニ非ザル限リ議院ノ承諾ヲ要セズ。

此事タル學者ノ著書中ニ論及シタルコトナキガ故ニ、實際國王ト國會トノ間ニ爭議ヲ生ジ易キヲ以テ「ハンノフエル」憲法第二十六條ノ如キ一條ヲ憲法ニ揭グルヲ可トス。曰ク、「家憲ハ國會ノ承諾ヲ要セズ、但シ家憲ヲ以テ現行憲法ヲ變更スルヲ得ズ」ト。

二月三日

ハ、ロエスレル拜

井上が、皇室典範の法典の地位を判断して、典範は、その立法も、その後の改正変更も、全く議会の議を経ることを要せずと断じ、しかも典範の規定は、憲法を変更することを得ない、憲法に一致する範囲内でのみ立法され改正されうる（帝国憲法第七十四条）との原則を立てたのに、前掲ロエスラーの文は参考となったであらう。

次にロエスラーは、明治二十年になっても女統継承権肯定説を論じ立ててゐるが、これは全く無視されて一顧もされなかった。

答

王位繼承權ノ公權タルコトハ一般ニ是認セラレタルモノナリ。何トナレバ其ノ繼承物件ハ往時ノ主義ニ從ヒ之ヲ國土ナリトスルモ、又近世ノ主義ニ從ヒ之ヲ主權全體ナリトスルモ、均シク公權ニ屬スレバナリ。但シ國王ノ私有遺産ニ於ケル私法上ノ相續ハ全ク此レヨリ區別スベシ。故ニ王位繼承權ハ國法ノ觀察ニ依テ定ムベキナリ。

英國ハ王位繼承ノ事ニ關シ左ノ原則ヲ取ル。即チ王位ヲ繼承スル相續ノ權ハ特種ノ權、即チ私法上ノ相續權ト異ナルモノナリ。王位繼承權ハ無限ノモノニ非ラズ。時宜ニ依リテハ國王ノ承諾ヲ得、議院ノ決議ヲ以テ之ヲ變更スルヲ得ベク、即チ王位繼承者ノ全ク不能力ナル時、又ハ或ル宗教ヲ奉ズル時ノ如キ是レナリ。英國ニ於テハ變革ノ爲メ議院ニ於テ王位繼承法ヲ顚覆《テンプク》シタルコト往々之アリ。但シ英國ニ於テモ亦攝政ノ制度ナキニ非ラズ。

獨逸國ニ於テモ亦英國ト同一ノ原則行ハル。但シ巴威爾及ビ普國ノ如キハ王位繼承者或ハ國王ノ不能力ナル場合ニ於テ、憲法上必ラズ攝政ヲ置クベキコトヲ定メタルハ例外トス。故ニ獨逸諸國ニ於テモ實際不能力者ヲ王位ヨリ黜《シリゾ》ケタルコトアリ、例ヘバ當世紀ニ於テモ「フラウンシユワイヒ」國王ガ國權ヲ濫用シタルガ爲メ、巴丁大公ガ精神病ニ罹《カカ》リタル爲メ、之ヲ王位ヨリ黜ケタルガ如キ是レナリ。而シテ巴丁國ノ繼承者一時攝政トナリテ政務ヲ執リタル後、尙ホ大公存命中ニ於テ位ニ卽ケリ。

故ニ此ノ王位繼承ノ事ハ自由ナル考案ニ從ヒ隨意ニ家憲又ハ憲法ニ揭グルヲ得ベシ。

第一　皇女ヲシテ王位ヲ繼承セシメザルコトニ關シテ意見ヲ陳《ノ》ベン。抑モ皇女ハ政務ヲ執ルノ能力ヲ有セザルモノニ非ラズ。露國、墺國、西國、英國ノ如キ君主國ニ於テ、女王ノ政務ニシテ好結果ヲ得シコト往々之アリ。支那ニ於テモ現在皇太后ハ未丁年ノ皇帝ニ代テ政務ヲ執ル、故ニ女王ノ政務ヲ以テ不能ナリト斷言スルヲ得ズ。今ヤ日本ニ於テ國民ノ思想上婦人ニ政務ヲ執ラシムルヲ是認スルヤ否ヤハ予ノ断言シ能ハザル所ナルガ故ニ、従來ノ舊政ヲ存スルヲ以テ可トナスベキカ。予《ヨ》ノ一個ノ意見ニ據レバ、男系ハ常ニ女系ニ先《サキダ》ツベシト雖モ、男系全ク絶ユル時ハ女系モ亦王位ヲ繼承スルヲ得ベク、而シテ女系ノ子孫ニ於テハ再ビ男系ヲ先ンズベキナリ。此法ニ依レバ王位系ヲ絶ツノ患《ウレ》ヒヲ免ル、コトヲ得ベク、従テ王國ノ統緒永遠安全ナルノ効果アリ。

第二　精神又ハ身體上不治ノ不能力ノ場合ニ於テハ王位繼承ノ權ヲ失ハシメ、或ハ王位ヲ黜《シリゾ》カシムルコト事理ニ適スルモノトス。是レ英國及ビ或ル獨逸諸國ニ於テ屢々《シバシバ》見ル所ナリ。但シ攝政ヲ設クルノ寛和ナル處分ヲ取ルノ例尤《モツト》モ多シ。例ヘバ英國ニ於テハ「ゲオルグ」第三世ノ精神病ニ罹リタル時、巳丁ニ於テハ前陳シタル場合ノ如キ是レナリ。攝政ヲ置ク理由數様アリ、即チ疾病ノ不治ナルコトハ始メヨリ之ヲ診斷シ難キコトアリ、疾病ニ罹リタル王位繼承者又ハ國王ニシテ能力アル卑屬親ヲ有スルコトアリ。又未丁年、不在、臨時ノ疾病（巴威爾ニ於テハ一年以上ノ疾病）ノ場合ノ如キハ攝政ヲ置カザルベカラザルガ如キ是レナリ。又政治上ヨリ觀察スルモ、不能力ノ皇子ニシテ全ク王位繼承ノ權ヲ失ハシムルニ於テハ、榮譽ヲ好ムノ皇族或ハ反對黨ヨリ輙《ヤヤ》モスレバ王位ノ爭議ヲ起スノ憂ヒアリ。例ヘバ當時ノ露西亞帝ハ數々《シバシバ》新聞紙上ニ其精神病ニ罹レルコトヲ記載セリ。此ノ如キ浮説ニシテ國内ニ傳播《デンパ》スルトキハ國民ニ廢立ノ思想ヲ生ゼシメ、終《ツヒ》ニハ革命ノ基トモナルベシ。故ニ攝政ヲ置クコトハ其ノ實ハ固《モト》ヨリ王位ヲ廢シ、或ハ繼承權ヲ失ハシムルニ同ジト雖モ、因テ以テ王位繼承ヲ變更スルモノニ非ラザレバ君主國ニ於テ必要ノ事タリ。

然レドモ攝政ノ制ハ左ニ掲グルガ如キ患害ナキニ非ラズ

第一　攝政ハ或ル國ノ憲法ニ據レバ、主權者ト同一ノ主權ヲ有スルモノニ非ラズ、例ヘバ巴威爾憲法第二章第十八條及ビ第十九條ニ從ヘバ、攝政ハ總テノ重大ナル事件ニ關シテハ攝政《レゲントシヤ》參議《フツラート》ノ意見ニ檢束セラル、

普國ニ於テハ此ノ制限アルコトナシ

第二　攝政其人ハ主權者ニ非ラズ。故ニ主權者ノ如ク其ノ身體ハ侵スベカラザルヤ、且ツ無責任ナルヤ否ヤノ疑問ヲ生ズ。

攝政ニシテ永續スルトキハ爲ニ國家並ニ王家ノ利益ヲ容易ニ妨害セラル、モノナリ。

故ニ予ハ通常ノ輕微ナル場合ニ於テハ、攝政ヲ置クノ簡便ナル方法ヲ採リ、實際永久不能力ナルノ場合ニ於テハ攝政ヲシテ王位ヲ繼承セシムルヲ以テ可トス。此場合ハ王位繼承者ナル攝政或ハ皇族總員ノ意見ニ依テ決セシムベク、又皇族ナキトキハ爲ニ置ク所ノ攝政、參議或ハ普國憲法第五十七條、巴威爾憲法第二章第十三條ニ従ヒ撰定セラレタル攝政ノ決定スル所ニ據ルベシ（普は内閣會議、巴ハ王后又ハ首相、攝政ニ當ル）。

攝政ヲ置クニハ國會ノ承諾ヲ得ルヲ例トス。然レドモ予ハ單一ナル未丁年ノ場合ニ於ケルト均シク、國會ノ承諾ヲ以テ必要ナラズトスルノミナラズ、全ク其當ヲ失ヒタルモノトス。蓋《ケダ》シ議院ニ於テ攝政ノ權ヲ爭フハ害アリテ益ナキコトナリ。

千八百八十七年一月廿二日

ハ、ロエスレル拜

ロエスラーは、外人助言者のなかでは、知識的にも人格的にももっとも深く信頼されてゐた。この答は、前記の高輪での会談に先立つ一ケ月余り前のものである。

井上は明らかにロエスラーの女帝不可論を期待して質問してゐるのだが、ロエスラーは、特殊異例の場合には女帝も女統をも肯定すべきことを勧めてゐる。かれは英独王位継承法を論じて、「男系ハ常ニ女系ニ先ツベシト雖モ、男系全ク絶ユル時ハ女系モ亦王位ヲ継承スルヲ得ベク、而シテ女系ノ子孫ハ再ビ男系ヲ先ンズベキナリ、此法ニ依レバ王位系ヲ絶ツノ患ヒヲ免ルルヲ得ベク、従テ王国ノ統緒永遠安全ナルノ効果アリ」と主張する。しかしロエスラーの他の文書によれば、「他家ニ婚嫁シタル王族ノ女子ハ王族ニ婚嫁シタル場合ヲ除クノ外ハ王族タルノ資格ヲ失フ」との原則を明示してゐるので、これは、王家に継承の王男子なく王女あれば、日本の例でいへば「養子制」をみとめよといふことなのであらう。養子制は、日本でも臣下の間ではひろく行はれたが、井上毅は、この点に関しては皇室の祖法、伝統に反するとして助言を拒否してゐる。

次に摂政については、ロエスラーは、その制が永くつづくことは君主国においては患害の多いことを論じて、君主が「実際永久不能力ナル場合ニ於テハ摂政ヲシテ王位ヲ継承セシムルヲ以テ可トス」と主張した。前記の高輪での会談における井上毅の意見は、ブルンチュリーの説のみでなく、このロエスラー意見も参考としたのではないかと察せられるが、これは伊藤博文によって決定的に拒否されてゐる。ただ摂政を設くるに際して議院の承諾を求めるの例は「害ありて益なきこと」とする点だけは、日本当路の同意するところであった。

ロエスラーの助言はすこぶる多いが、このほかに「皇后ハ其餘ノ皇族ト均シク臣下ニ属ス」等の法理論は、井上の立法の精神に一つの確信を強めさせる参考ともなったかもしれない。

井上毅は、柳原前光が大宝令いらいの古法を固守して「五世以下の王は皇親の限りに非ず」とする案を立てるのに反対してゐた。井上は、その点について、それは中古以来の例にすぎないとして反対理論の構成につとめてゐたが、諸外国の王族法の法理をも十分に確めたいと思って、ロエスラーに対して「王族ノ系統ノ子孫ハ何代ニ至テ降テ人臣トナルヤ」と質した。これに対して「王族ノ系ハ国王ノ允許《インキョ》ヲ得タル正当ノ同族ノ婚姻ニ由テ降誕スル子孫ハイツマデモ王族ナリ」との回答を得た。

これは、いはゆる永世皇族制の理論である。井上は、前記したやうに、女統には皇位継承権なしとの強い主張をもってゐる。しかし男統の皇族が乏しくなり継體天皇のやうな場合を考へればどうするか。それには男統の皇族が絶えることのない条件を具備しなくてはならない。皇族が臣籍に降下して男統男子皇族のなくなるのを憂へ、永世皇族制を考へてゐる。井上にとってロエスラーのこの説は、一つの根拠資料とされたであらう。これは「五世以下の王は、皇親の限りに非ず」との古法を主張する柳原（後には三條實美）と一致しがたい点で、その後も一つの論争点となるところである。

さて柳原は、三月の高輪での会議決定にもとづいて条文の修正推敲につとめて、約一ケ月の後に、皇室典範草案を提出した。

この四月提出の案は、全文七十九条に要約されてゐて、その後に伊藤博文から天皇へ捧呈された諮詢案と、その骨格はほとんど同じなので、ここに改めて全文引用をしない。もっとも、この時に提出された柳原案には、その後に伊藤博文、井上毅の諮詢案によって修正されたところも数点ある。ここには、その改められたり削られたりしたもののなかで特に目に立つ数条のみを掲げておく。柳原の最終提出の条文では、

第十條　天皇崩スル時ハ皇嗣卽チ踐祚ス

第十一條　皇嗣踐祚スル時ハ祖宗ノ神器ヲ承ク

となってゐるのが、伊藤（井上）諮詢案では、

第十條　天皇崩スル時ハ皇嗣卽チ踐祚シ　祖宗ノ神器ヲ承ク

との一条となり簡明な法文となってゐるが、その法意は全く変ってゐない。

第十五條　卽位ノ後、大嘗會ヲ行フコト祖宗ノ例ニ依ル

は、諮詢案では「大嘗會《え》」の語を「大嘗祭」と改めた。「會」は仏語の嫌ひありとされたらしい。他の文辞はそのまま。

ただ、この柳原案のなかに明記されてゐて、その理由を申し立てたにかかはらず伊藤、井上の諮詢案で否定され、消された条文として、次の三条が目に立つ。

第六十一條　皇族ノ重輕罪ハ元老院ニ於テ之ヲ裁判セシメ其裁判員ヲ勅撰ス

第七十一條　皇位繼承權アル者增加スルニ從ヒ皇位ヲ距ルコト五世以下疎遠ノ皇族ヨリ遞次《テイジ》臣籍ニ列スベシ

第七十二條　皇族臣籍ニ列スル時ハ姓ヲ賜ヒ爵ヲ授ク

これは会談後の柳原対井上との意見交換でも一致しなかった点であるらしい。特に柳原が伊藤、井上の反対を予期しつつも書いた条文である。諮詢案は、柳原案のこの条文を否定したが、枢密院で、三條實美がとくにこの柳原の五世以下の臣籍降下案を力説した。枢府の会議のことは後述するが、そこでも三條實美の案は否定されるにいたったが、この柳原案の趣旨は、つひに明治四十年の「皇室典範增補」によって、条文表現は穏やかであるが承認されることになった歴史的なものである。柳原が、その四月草案についてその趣旨理由を書いた「皇室典範箋評」は、次の通りである（この四月の柳原案と諮詢案との比較は、前記の『伊東要錄』、『秘書類纂』ならびに稲田正次『明治憲法成立史』による）。

皇室典範箋評

伯爵　柳原前光

一、典範公布ヲ要ス。

詔案ニハ發布ノ字アリ、說明ニハ公布セズトアリ、其意如何、愚考ヲ以テスレバ之ノ典範ハ法令ノ上ニ位シ、憲法ト同視シ、詔勅ニハ總理、宮內、司法三大臣連署シテ一併與ニ公布然ルベシ。此典範内ニハ裁判ニ關スルコトモアル上、今上帝先例ヲ祖述シ、後世ヲ憲章スルノ盛擧アルニ當リ、發布ナクテハ現今將來遵守セシムルヲ得ザルベシ、別紙ハ「アノプル」、魯國ノ例參照ニ供ス。

一、皇族ノ重罪及ビ禁錮《キンコ》ニ該《アタ》ルベキ輕罪ハ現行治罪法ニ高等法院ニ於テ裁判ノコトアリ、故ニ典範ニ省カレタリト考フ。愚見ニハ英、葡ノ例ニ依リ同裁判ノ主義（皇族議員タリ）ヲ採リ、上院ニ於テ裁判スルヲ可トス。仍《ナ》ホ憲法ニ於テ乞高考。

一、典範ノ大旨ハ勉メテ祖宗歷代ノ制ニ基ヅキ、止ムヲ得ザル外變ゼザルヲ可トス。蓋シ千載ノ慣例ハ人心ニ入ル牢固《ロウコ》ナレバナリ。本案卅五條（親王妃ノ内親王ト稱ス云々）四十七條（皇族女子ノ臣籍ニ嫁ス云々）ニ修正論ヲ主張スルモ此主義ニ出ヅ、若シ歐洲例ニ合セズトセバ皇庶子帝位ニ即《ツ》クコトスラ行ハルベカラザルナリ。

一、永世皇族ヲ設クルノ利害。

○利

一、皇位繼承者常ニ乏シカラズ。

一、皇族安堵《アンド》ス。

一、歐洲ノ例ニ合ス。

○害

一、皇族蕃昌《ハンショウ》ニ從ヒ帝室其費ニ耐ヘズ、薄俸ナレバ貧窮ニ苦ミ皇室ノ威嚴ヲ損セン。且ツ遙々《ヨウヨウ》タル皇胤ノ支葉ヲ保護スル爲メ皇室根本ノ費ヲ減ズルハ長策ニ非ラズ。

一、本邦ニ賜姓列臣籍ノ制アルハ千載ノ慣例ニテ、皇室費ヲ省ク外、君臣ノ分ヲ明カニシ、皇室ノ尊ヲ維持スル所以《ユエン》ト考フ。

一、歐洲ノ永世宗室ヲ存スルハ一夫一妻ユヱ本邦ノ如ク芰蔓セズ、又新建ノ王室ニテ我萬世一系ノ類ニ非ラズ。

一、永世皇族ヲ設クル上ハ、皇族ヨリ出テ華族ノ養子タルヲモ禁ズルカ、將タ許スモ如何、且ツ親王、諸王ノ區別アレドモ皇族ト概稱ス、然ラバ親生ノ皇子モ百世ノ皇徹モ皆包含セリ、之ガ待遇ヲ甲乙スルノ道ニ於テモ其術ニ苦マン乎。

一、伏見宮ノ血統ハ皇位ヲ距ル將ニ廿世ニ垂《ナンナ》ントス。現ニ貞愛親王ノ弟澁谷家殿モ（閑院宮及ビ小松宮繼嗣兄ナリ）華族ニ列セリ。且ツ崇光帝以降伏見宮ヨリ皇胤近キ者今華族タル人枚擧スベカラズ。

一、山階、久邇兩宮ノ如キハ伏見家ノ支派ニテ、近年僅々《キンキン》二代皇族ノ命アリ、今此案發布ニヨリ百世ニ傳フ轉變モ亦甚シ。

一、今ヤ皇胤ニ乏シ、故ニ山階、久邇兩宮ノ子息ヲ除ク外（梨本宮ハ久邇宮ノ子ナリ）漫《ミダ》リニ臣籍ニ下シ難シト雖モ、將來賜姓列臣籍時ハ、皇族會議及ビ樞密院ニ諮詢スルトセバ繼承者闕乏《ケツボウ》ノ弊ナシ。

拙者ハ祖宗ノ例ヲ保守シ、疎屬ヨリ遞次臣籍ニ列スルノ持説ナリ。但シ本案永世皇族ヲ設クルニ決セラレタル上ハ、波瀾《ハラン》ヲ避ケ謹デ緘默《カンモク》傍觀ス。仍テ安意ヲ乞フ。但シ遲クモ卅年以內ヲ出デズ實際大ニ困《クルシ》ミ、必ラズ此事件ヨリ典範修正アラン、若シ不幸ニシテ其事ニ遭《ア》ハヾ、閣下冀《ネガハ》クバ僕ノ先見者タルヲ保證セラレンコトヲ願フ耳《ノミ》。恐悚《キヨウシヨウ》々々。

一、本案ノ決定ニ應ジ説明書ヲ改ムルコト勿論《モチロン》ナリ、乍過慮注意ヲ乞《コ》フ。

柳原は文末に「必ラズ此事件ヨリ典範修正アラン、若シ不幸ニシテ其事ニ遭ハヾ、閣下冀クバ僕ノ先見者タルヲ保證セラレンコトヲ願フ耳」との満々たる自信を示してゐる。果して二十年後に、増補修正が行はれたが、その時には井上、柳原はすでに遠くこの世を去り、伊藤博文あるのみであった。伊藤が柳原先見の証言をしたか否かは知らないが、柳原の一見識であらう。かくの如き経過を経て、柳原案をさらに修正削除推敲して、次の諮詢案が決定した。

皇室典範諮詢案

第一章　皇位繼承

第一條　大日本國皇位ハ祖宗ノ皇統ニシテ男系ノ男子之ヲ繼承ス

第二條　皇位ハ皇長子ニ傳フ

第三條　皇長子アラサルトキハ皇長孫以下ニ傳フ皇長子及其ノ子孫皆在ラサルトキハ皇次子及其ノ子孫ニ傳フ以下皆之ニ例ス

第四條　皇子孫ノ皇位ヲ繼承スルハ嫡出ヲ先ニス皇庶子孫ノ皇位ヲ繼承スルハ長系次系ノ皇嫡子孫皆在ラサルトキニ限ル

第五條　皇子孫皆在ラサルトキハ皇兄弟及其ノ子孫ニ傳フ

第六條　皇兄弟及其ノ子孫皆在ラサルトキハ皇伯叔父及其ノ子孫ニ傳フ

第七條　皇伯叔父及其ノ子孫皆在ラサルトキハ其以上ニ於テ最近親ノ皇族ニ傳フ

第八條　皇兄弟以上ハ同等内ニ於テ嫡ヲ先ニシ庶ヲ後ニシ長ヲ先ニシ幼ヲ後ニス
第九條　皇嗣精神若ハ身體ノ不治ノ重患アリ又ハ重大ノ事故アルトキハ皇族會議及樞密院ニ諮詢シ前數條ニ依リ
繼承ノ順序ヲ換フルコトヲ得

第二章　踐祚即位

第十條　天皇崩スルトキハ皇嗣即チ踐祚シ祖宗ノ神器ヲ承ク
第十一條　即位ノ禮ハ西京ニ於テ之ヲ行フ
第十二條　即位ノ後大嘗祭ヲ行フコト祖宗ノ例ニ依ル
第十三條　踐祚ノ後元號ヲ建テ一世間ニ再ヒ改メサルコト明治元年ノ定制ニ從フ

第三章　成年立后立太子

第十四條　天皇及皇太子皇太孫ハ滿十八年ヲ以テ成年トス
第十五條　其他ノ皇族ハ滿二十年ヲ以テ成年トス
第十六條　儲嗣《チヨシ》タル皇子ヲ皇太子ト稱《トナ》フ皇太子在ラサルトキハ儲嗣タル皇孫ヲ皇太孫ト稱フ
第十七條　皇后又ハ皇太子皇太孫ヲ立ツルトキハ詔書ヲ以テ之ヲ公布ス

第四章　敬　稱

第十八條　天皇太皇太后皇太后皇后ノ敬稱ハ陛下トス
第十九條　皇太子皇太子妃皇太孫皇太孫妃親王親王妃内親王ノ敬稱ハ高殿下トス
第二十條　王王妃女王ノ敬稱ハ殿下トス

第五章　攝　政

第二十一條　天皇幼年又ハ精神若ハ身體ノ不治ノ重患ニ由リ大政ヲ親ラスルコト能ハサル間ハ攝政一員ヲ置ク

第二十二條　攝政ハ成年ニ達シタル皇太子又ハ皇太孫之ニ任ス

第二十三條　皇太子皇太孫未タ成年ニ達セサルトキハ左ノ順序ニ依リ攝政ニ任ス

第一皇族男子　第二皇后　第三皇太后　第四太皇太后　第五皇族女子

第二十四條　皇族男子ノ攝政ニ任スルハ皇位繼承ノ順序ニ從フ其ノ女子ニ於ケルモ亦之ニ準ス

第二十五條　皇族女子ノ攝政ニ任スルハ未タ婚嫁セサル者ニ限ル

第二十六條　最近親ノ皇族未タ成年ニ達セサルカ又ハ其ノ他ノ事故ニ由リ他ノ皇族攝政ニ任シタルトキハ後來最近親ノ皇族成年ニ達シ又ハ其ノ事故既ニ除クト雖皇太子及皇太孫ニ對スルノ外其任ヲ譲ルコトナシ

第二十七條　攝政タルヘキ者精神若ハ身體ノ重患アリ又ハ重大ノ事故アルトキハ皇族會議及樞密院ノ議ヲ經テ其ノ順序ヲ換フルコトヲ得

第六章　太《タイ》傅《フ》

第二十八條　天皇幼年ノ時ハ太傅《フ》ヲ置キ保育ヲ掌《ツカサド》ラシム

第二十九條　先帝遺命ヲ以テ太傅《フ》ヲ任命セサリシトキハ攝政ヨリ皇族會議及樞密院ニ諮詢シ之ヲ撰任ス

第三十條　太傅ハ攝政及其ノ子孫之ニ任スルコトヲ得ス

第三十一條　攝政ハ皇族會議及樞密院ニ諮詢シタル後ニ非サレハ太傅ヲ退職セシムルコトヲ得ス

第七章　皇　族

第三十二條　皇族ト稱フルハ太皇太后皇太后皇后皇子孫皇女皇女孫及皇子孫ノ妃ヲ謂フ

第三十三條　皇子ヨリ皇玄孫ニ至ルマテハ生レナカラ男ハ親王女ハ内親王ト稱フ五世以下ハ生レナカラ王女王ト稱フ

第三十四條　天皇支系ヨリ入テ大統ヲ承クルトキハ皇兄弟姉妹ノ王女王タル者ニ特ニ親王内親王ノ號ヲ宣賜ス

第三十五條　親王ノ妃ヲ内親王ト稱ヘ、諸王ノ妃ヲ女王ト稱フ
第三十六條　皇族ノ誕生命名薨去結婚離婚ハ宮内大臣ヨリ官報ヲ以テ之ヲ公布ス
第三十七條　皇統譜及前條ニ關スル記錄ハ圖書寮ニ於テ尙藏ス
第三十八條　皇族ハ天皇之ヲ監督ス
第三十九條　攝政在任ノ時ハ前條ノ事ヲ攝行ス
第四十條　皇族男女幼年ニシテ父ナキ者ハ宮内ノ官僚ニ命シ保育ヲ掌ラシム事宜ニ依リ天皇ハ其ノ父母ノ撰擧セル後見人ヲ認可シ又ハ之ヲ勅撰スヘシ
第四十一條　皇族ノ後見人ハ成年以上ノ皇族ニ限ル
第四十二條　皇族ノ婚嫁ハ同族又ハ勅旨ニ由リ特ニ認許セラレタル公侯ノ家ニ限ル
第四十三條　皇族ノ婚嫁ハ勅許ニ由ル
第四十四條　皇族ノ婚嫁ヲ許可スルトキハ勅書ニ親署シ宮内大臣之ニ副署ス
第四十五條　皇族ハ養子ヲナスコトヲ得ス
第四十六條　皇族國疆《コクキヨウ》ノ外ニ旅行セントスルトキハ勅許ヲ請フヘシ
第四十七條　皇族女子ノ臣籍ニ嫁シタル者ハ皇族ノ列ニ在ラス但シ特旨ニ依リ仍《ナホ》内親王女王ノ稱ヲ有セシムルコトアルヘシ

第八章　皇室常產

第四十八條　御料ノ土地物件ニシテ皇室常產ト定メタル者ハ分割讓與スルコトヲ得ス
第四十九條　皇室常產ニ編入スル土地物件ハ勅書ヲ以テ之ヲ定メ宮内大臣ヨリ官報ヲ以テ公布ス
第五十條　皇室常產ニ屬セサル御料ノ土地物件ハ賜與及遺命處分總テ天皇ノ意ニ從フ

第九章　皇室經費

第五十一條　皇室諸般ノ經費ハ特ニ常額ヲ定メ國庫ヨリ支出セシム

第五十二條　皇室經費ノ豫算決算檢査及其ノ他ノ規則ハ皇室會計法ノ定ムル所ニ依ル

第十章　皇族訴訟及懲戒

第五十三條　皇族相互ノ訴訟ハ宮内省ニ於テ特ニ裁判員ヲ命シ裁判セシメ勅裁ヲ經テ之ヲ執行ス

第五十四條　皇族ト人民トノ間ニ起ル民事ノ訴訟ハ控訴裁判所ニ於テ之ヲ裁判ス但シ皇族ハ代人ヲ以テ訴訟ニ當ラシメ訟廷ニ出頭スルヲ要セス

第五十五條　皇族ハ勅許ヲ得ルニ非サレハ勾引《コウイン》シ又ハ裁判所ニ招喚スルコトヲ得ス

第五十六條　皇族其ノ品位ヲ辱ムルノ所行アリ又皇室ニ對シ忠順ヲ缺クトキハ勅旨ヲ以テ之ヲ懲戒シ其ノ重キ者ハ皇族特權ノ一部又ハ全部ヲ停止シ若ハ剝奪《ハクダツ》スヘシ

第五十七條　皇族蕩産《トウサン》ノ所行アルトキハ勅旨ヲ以テ治産ノ禁ヲ宣告シ其ノ管財者ヲ任スヘシ

第五十八條　前二條ハ皇族會議ニ諮詢シタル後之ヲ勅裁ス

第十一章　皇族會議

第五十九條　皇族會議ハ成年以上ノ皇族男子ヲ以テ組織シ内大臣宮内大臣司法大臣樞密院議長大審院長ヲ以テ參列セシム

第六十條　天皇ハ皇族會議ニ親臨シ又ハ皇族中ノ一員ニ命シテ議長タラシム

第十二章　補　則

第六十一條　現在ノ皇族五世以下親王ノ號ヲ宣賜シタル者ハ舊ニ依ル

第六十二條　皇位繼承ノ順序ハ總テ實系ニ依ル現在皇養子皇猶子又ハ他ノ繼嗣タリシ故ヲ以テ之ヲ混スル

コトナシ

第六十三條　親王內親王王女王ノ品位ハ之ヲ廢ス

第六十四條　親王ノ家格又ハ世襲親王ノ諸達其ノ他皆典範ニ抵觸スル者ハ總テ之ヲ廢ス

第六十五條　皇族ノ財産歲費及諸規則ハ別ニ之ヲ定ムヘシ

第六十六條　將來此典範ノ條項ヲ變更シ又ハ增補スヘキノ必要アルニ當テハ皇族會議及樞密院ニ諮詢シテ之ヲ決定スヘシ

（伊東巳代治筆錄『皇室典範草案樞密院會議筆記』による。国立国会図書館憲政資料室蔵）

三、枢密院会議審議の問題点

皇室典範諮詢案は、明治二十一年五月八日から枢密院会議で審議された。第一日から明治天皇が親臨されて、御前での会議がつづいた。議長は伊藤博文で、五月二十八日から本格審議が始まり、六月十五日に終ってゐる。その後に帝国憲法の審議に入ることになった。

帝国憲法の審議については、前の「憲法篇」で述べたやうに、かなりに激しい討論があった。議院の上奏権および法案提出権、それに議会の予算権等の問題は、将来の日本政府の性格を決するものであり、責任内閣制から議院内閣制への道を開くか、それを全く拒否するかについての問題に関する政治思想の対決が、その根底にあった。討論は激しかった。

しかし皇室典範については、顧問官の間に思想の対決はなかった。専ら皇室の安泰と尊栄を思ふ精神で一致してゐた。典範制定史上の一つの問題点として注目された女統継承権認否の論も、すでに結論がついてゐた。第一義的な点での論争はなかった。それで諮詢案に多少の辞句修正を加へたにすぎない。

枢密院での本質的な修正はなかった。しかしながら、この会議録『伊東伯爵家文書、皇室典範草案　樞密院會議筆記』（憲政史編纂會写本。国立国会図書館憲政資料室蔵）で、その会議の進行情況を見て行くと、二、三の問題ではかなりに活潑《かつぱつ》な修正案提出の主張が記録されてをり、それに対して提案者の側の立法意図も明らかになり、この典範制定当時の重要人物の思想を知るのにも、参考となる点が少なくない。それに後年の典範増補との関連討議もある。それで前記の伊東巳代治筆記の写本のなかから注目すべき問答の諸点を、いささか引用することにしたい。

会議は、初めは第一読会と第二読会とで終る予定で、第一読会では条文の意味不明の点についてのみ質問応答し、第二読会で討議して採否を決定するはずであった。第一読会の質疑応答は、予定の時間より早く終った。議長が天皇の御意思を伺ったところ、「そのまま第二読会に入るやうに」との御沙汰《ごさた》があった。

第二読会では、条文審議に入る前提として、提案者が「典範を公布しない」としてゐる点に多数の批判が集中した。いろいろ論議した結果、「典範は、将来ともに議会や国民の批判の対象となる一般の法律や勅令の類を公文式によって公布するのとは本質がちがってゐる。しかし国民にひろく公知させる方法をとることには異議なく、そのやうにする」といふ点で、合意した。

第一章の皇位継承では「萬世一系」とか「天祖」の語を加へたいといふ辞句修正案が出たが否決された。第三読会で少しの文辞修正があったのみで、第一章には議論らしいものは殆《ほとん》どなかった。

(第二章の踐祚即位)

第十條　天皇崩スルトキハ皇嗣卽チ踐祚シ祖宗ノ神器ヲ承ク

この条は満場一致、ただ一語の批判を発する者もなく可決された。しかし

第十一條　即位ノ禮ハ西京ニ於テ之ヲ行フ

の条文になると俄《には》かに活潑な議論を生じた。これは、すでに第一章で述べたやうに、維新直後の京都派対東京派の鋭い対決の前史がある。外山、愛宕等の公家が死罪となり、玉松操が岩倉具視と決裂した。岩倉には悲痛な生涯の記録であったし、臨終直前に建言して天皇の勅を得たとの前史がある。岩倉と特に親近して今日の地位を得た伊藤博文、柳原前光、井上毅等は、本来の思想はむしろ東京派であったらうが、その前史を知る以上「西京」をみとめざるを得なかった。

しかし東久世通禧は、すでに東京が帝都になったとして、京都は、むしろ多くの内外人士を集める大礼の地としては不適、不便だと主張した。吉井友實も河野敏鎌も、東久世説に同意した。この問題について熾仁親王は、熱心に「京都」説を主張された。彰仁親王、威仁親王等の皇族が相次いで「京都」説で、佐野常民および吉井の両顧問官も同意し、西京の語を、はっきりと京都と修正せよと主張した。

この説は議場の大勢を制する形勢となって、伊藤議長が採決しようとしたところ、報告員の井上毅が「西京」の語の原案を固執する特別発言をしてゐる。ここでの議論では、十数年前の岩倉をめぐる遷都論争には表では一語もふれないで、モスコウとかペトログラードの例などで話してゐるが、その心中ではよく承知のはずである。井上は特に岩倉の晩年の悲痛な回想談を『梧陰存稿』にも書いてゐる。かれは、岩倉の悲願で

あった意思には反すまいとして「西京」説をとって来たのではあるが、明瞭に「京都」と皇室典範で書くときには、玉松流やその亜流の前近代派に力を与へて、立憲コースに妨げになるとでも思ったのであらうか。

番外（井上）一番殿下（註・熾仁親王）ノ修正説ハ已《スデ》ニ議場ノ問題トナリタレトモ西京ノ字ハ改メサルヲ可トス若シ西京ヲ京都トセハ東京ハ江戸トナリ西京コソ帝都トナリテ東京ノ東ノ字ハ京都ニ相對シテ第二ノ地ニ位スルノ稱トナラン然レトモ一タヒ東京ヲ輦下《レンカ》ト定メラレタル以上ハ事實東京ハ乃《スナハ》チ我國ノ主府ナリ是レ故《コト》サラニ西京トシタル所以ナリ今廿三番（註・佐野常民）ヨリ現ニ西京ヲ京都府ト稱スルヲ以テモ宜シク舊名ヲ存スヘシトノ説出テタリト雖モ是レ尚ホ大津ヲ滋賀縣ト稱シタル類ノミ若シ此典範ニ於テ西京ヲ改メテ京都トセハ京都ハ乃皇居ノ地ニシテ東京ハ自ラ離宮ノ姿トナルヘシ

井上は、熱心に「西京」の語を固執しつづけたけれども、副島がまた京都説に同意したので、議長が採決した。この「京都修正案」は、起立者十一人で一票差で可決された。次の第十二条の大嘗祭は、満場一致で可決、第十三条の元号の件も圧倒的多数で原案どほり可決した。

その後の議事では、皇族の敬称を高殿下、殿下と分けることに多少の議論があった。伊藤は、英語で英国風にしたのだといって可決となったが、これは第三読会で修正された。

摂政の章では、「天皇幼年」の語は、あいまいであるとして、河野敏鎌、佐佐木高行、土方久元、元田永孚等が修正をもとめて「未タ成年ニ達セサルトキハ」と修正決定。この摂政の章については、副島種臣、東久世通禧をはじめ皇后以下の女性の摂政を不可とする説が少なくなかった。また河野敏鎌は、皇后、皇太后の摂政のみは格別にみとめても、そのほかの皇族女子の摂政をみとめないとの修正説で、これには元田永孚、佐佐木高行等が同意して、かなりの議論紛糾があった。

二十四番（副島） 此條ニ掲ケタル攝政ニ任スヘキ方々ニ付愚存ヲ述ヘントス

典範第一條ニ據レハ天子ノ祚ヲ踐ムハ男系ノ男子ニ限リ男系ノ男子ニシテ始メテ皇位ヲ繼承スルヲ得ルモノトセリ其他男ヲ先キニシ女ヲ後ニスルハ典範全體ノ精神タルカ如シ而シテ實ニ我國古來ノ佳例《カレイ》タリ乃チ本條ノ如キモ亦願クハ此佳例ニ準依シ攝政ハ皇族男子ニ限ルトシ女子ヲ之ヨリ省クヘシ或ハ男女同等ノ學說アリト雖トモ（原文ではこの部分は一度書いたのち抹消）（若シ此學說ヲ適用セハ）皇統モ亦男系ニ限ルヘカラス既ニ皇統ヲ男系ニ限ルヲ得ルトセハ獨リ攝政ニ限リテ女子ヲ加ハヘサルベカラサルノ必要ヲ見ス且又女子ノ進退擧動ハ特ニ鄭重《テイチヨウ》ナルヲ要スルモノニシテ例令ヘハ人ニ接見スルカ如キ官女數人傍ニ侍スルニアラサレハ敢《アヘ》テセス是亦我朝ノ佳例ナリ今女子ニシテ攝政ニ任センカ國家ノ機務ヲ聽斷スルニ方《アタ》リ往々侍臣ヲ斥《シリゾ》ケ單身人ニ接見セサルベカラサルノ要用アリ而シテ嫌疑從テ生スルノ惧《オソレ》ナシトセス依テ女子ヲ省キ獨リ皇族男子ノミ攝政ニ任スルヲ可トス

二十二番（東久世） 二十四番ヲ贊成ス皇后攝政ノ事ハ歐洲ニモ其例アリ又我國ニ於テハ神功皇后ヲ以テ著明ノ例トス然レトモ皇葉ノ繁茂スルヤ決シテ男系男子ノ斷絕スヘキ患《ウレヒ》ナシ且ツ皇后ハ人臣ノ家ヨリ冊立セラル、コトモアルヘキヲ以テ之ヲ攝政ノ列ニ加ハヘサルヲ可トス依テ二十四番（註・副島種臣）ヲ贊成ス

報告員井上毅は、副島説にも河野説にも反対して次のやうに討論、これに対して河野敏鎌は再反論してゐる。

番外（井上） 十八番（註・河野敏鎌）ノ動議ニ對シ原案ノ主旨ヲ說明セン

原案ニ第五ヲ設ケタル趣意ハ皇室典範ニ於テ皇朝ノ先例ヲ最モ尊重スルコト其第一ナリ中古以來支那ノ風俗習慣ノ入リタル以來ハ暫《シバ》ラク論セス其以前ニ於テ行ハレタル所謂ル眞正ノ御國風《ミクニブリ》ナル舊例古格ハ一層鄭重ニ崇敬

セサルヘカラス今古代ノ歴史ニ就テ皇族女子ノ攝政ニ任セル例ヲ按《アン》スルニ清寧天皇崩シ顯宗仁賢兩天皇未タ位ニ卽カス此時ニ方テ飯豐青尊三年ノ間攝政ノ位ニ在リ飯豐青尊薨《コウ》シテ後顯宗天皇卽位シ玉ヘルハ著明ノ事實ナリ飯豐青尊ハ純然タル攝政ニシテ既ニ神皇正統紀ノ如キモ之ヲ御代數ニ算セス歴史上皇族女子攝政ノ例ニシテ神功皇后ノ事ト共ニ支那風ノ未タ我國ニ入ラサルノ前ニアリ我國固有ノ格例ニシテ天理人道ニ矛盾セサル限ハ皇室典範ニ依テ之ヲ廢セサランコトニ最モ注意セサルベカラス且今皇族女子ノ攝政トナルヲ禁セハ歴史ニ溯《サカノボ》リテ飯豐青尊ノ攝政ヲ如何ニ論セントスルカ

第二ニハ攝政ハ皇嗣未タ成年ニ達セラレス又ハ御病氣ノ時ニ要スル者ニシテ皇嗣ト同シカラス之ヲ要スル時モ少シトセス故ニ其人物ヲ指定スルニ於テ成ルベク其區域ノ廣ヲ要ス第五ヲ除クトキハ其結果如何ント云フニ外國ニ於テハ内閣ニ於テ攝政ヲ撰擧スト定ムルモノアリ國會ニ於テ之ヲ撰フトスルモノアリ之レ固ヨリ不祥《フシヨウ》ノ惡例ニシテ我皇室典範ノ模範ヲ取ル所ニアラス既ニ皇族女子ニシテ在マセハ此惡例ニ倣フヲ要セス宜シク皇族女子ヲ以テ攝政ニ任スヘキナリ

十八番（河野）　報告員ノ辨明ハ舊慣古例ヲ重ンセサルベカラスト云フコト第一ノ要點ナリ然ラハ則チ皇室典範ニ於テハ舊慣古例ヲ一切變更セサルカ決シテ然ラス既ニ我國ノ古代ニ女帝ノ踐祚アリ皇祖日神ノ如キ亦女體ノ神ト云フニアラスヤ今日典範ヲ編制スルニ當テ曾《カツ》テ僅《ワツ》カニ一回若シクハ一回ニテモ實行セラレタルコトハ變更スルヲ得ストスルノ必要ヲ見ス皇室幾萬世ノ繁榮ヲ期シナカラ其利害ヲ顧ミス强テ一二先例ヲ拘守《コウシュ》セントスルハ今日典範憲法制定ノ時ニ於テ國家ノ利益ト云フヲ得ス（以下略）

しかしこれらの修正説は、結局まとまらずに否決された。

次いで議論の生じた問題は、第七章の皇族の称であった。ここで副島は、徳川幕府以来の語たる「皇族」

の語を用ひないで「皇親」の古語への修正を望んだが、これも否決。ただ第三十三条に関する三條實美の修正意見は意味深いものがあり、これには土方以下かなりの同感者があった。その意見は、前記した柳原案と相通ずる。

第三十三條　皇子ヨリ皇玄孫ニ至ルマテハ生レナカラ男ハ親王女ハ内親王ト稱フ五世以下ハ生レナカラ王女王ト稱フ

六番（三條）本條ノ文面五世以下ハ王女王ト稱フトアルニ據レハ百世ノ後ニ至ルモ皇族ハ永世皇族ナルカ如シ皇統ノ御繁榮ハ固ヨリ願フ所ナリト雖トモ例令ヘハ百世ト云フトキハ皇統ヲ距ル既ニ遠シト云フヘシ而シテ皇族ノ數モ甚タ增加スヘキニ付或ハ帝室ヨリノ御支給充分ニ行屆カスシテ却《カヘツ》テ皇族ノ體面ニ關スルカ如キコト起ラサルヲ保セス故ニ或ハ但シ書キヲ以テスルモ可ナリ桓武天皇以來ノ成例ヲ存シ姓ヲ賜フテ臣下ニ列スルノ餘地ヲ存シ置タシ然ラスシテ他日已《ヤ》ムヲ得サルノ場合ニ臨ミ遽《ニハ》カニ姓ヲ賜フテ臣籍ニ列スルノ例ヲ復スルカ如キコトアラハ一旦確定セラレタル典範ノ條規ヲ傷クルノ嫌アリ故ニ前述ノ但書ヲ加ヘンコトヲ請フ

二十九番（土方）六番ノ說ヲ贊成ス皇族ノ御繁榮ハ慶賀スヘキコトナリト雖トモ然シナカラ數百年ニ繼續シ皇族ノ御人數大ニ增加スルトキハ御疎遠ニ厚カランカ爲メニ却テ御近親ニ薄カラサルヲ得サルカ如キ事情ヲ生スヘシ他日典範ヲ改正スルノ道ナキニアラサルベキモ明治中興ノ時ニ方テ定メラレタル典範ヲ後世屢々變更セシムルハ典範ヲ重ンスル所以ニアラス依テ皇族會議樞密院ノ議ヲ經テ五世以下ハ姓ヲ賜フトシタシ

これに対しては、報告員井上の反論、三條の再論が次のやうに展開された。

番外（井上）五世以下皇族ニアラストスレハ忽《タチマ》チ御先代ニ差支ヲ生スヘシ繼體天皇ノ如キハ六代ノ孫ヲ以テ入テ大統ヲ繼キ玉ヘリ不幸ニシテ皇統ノ微繼體天皇ノ時ノ如キコトアラハ五世六世ハ申ス迄《マデ》モナシ百世ノ御裔孫《エイソン》ニ

至ル迄モ皇族ニテ在《オ》ハサンコトヲ希望セサルベカラス

又姓ヲ賜フテ臣籍ニ列スルノコトハ太（大）寶令ノ時ニハ未タ之ナシ太（大）寶令ニ據レハ五世以下ハ王ト稱スルモ不在皇親ノ限トアリテ皇族ニアラスト云ハス姓ヲ賜フテ臣籍ニ列スルノコトハ太（大）寶令ニモ之ヲ載セス畢竟《ヒツキヨウ》中古以後王室式微ノ時代一時ノ便宜ニ從テ御處分アリシ事ナルカ如シ太（大）寶令ニハ姓ヲ賜フテ臣籍ニ列スルコトナク唯タ不在皇親之限トアルヲスラ文武天皇ハ遺憾ニ思召《オボシメ》サレ今五世之王雖有王名已絶皇親之籍遂入諸臣之例顧念親々之恩不勝絶籍之痛自今以後五世之王在皇親之限其承嫡者相承爲王自餘如令ト詔《ミコト》ノラセ玉ヘリ即チ其承嫡者ハ代々皇親トシ玉ヘルナリ但シ此制聖武天皇ノ時ニハ五世王嫡子已上娶孫王生男女者入皇親之限トナリ桓武天皇延暦十年遂ニ令ノ制ニ復セリ又外國ノ例ヲ擧クレハ外國ニ於テハ凡《スベ》テ王位繼承ノ權アル者ヲ王族ト云フト解釋セリ妥當ノ解釋ナリト信ス既ニ前ニモ述ヘタル如ク繼體天皇ハ六代ノ孫ヲ以テ入テ大統ヲ繼キ玉ヘリ又宇多天皇ノ如キハ一タヒ姓ヲ賜ヒ臣籍ニ列シ玉ヒタル後再ヒ入テ踐祚シ玉ヘリ之レ既ニ歴史家ノ其不都合ヲ論シタル所ニシテ姓ヲ賜フテ臣籍ニ列スルコトアレハ從テ臣下ニシテ皇位繼承ノ權ヲ有スト云フカ如キ矛盾ヲ生セサルヲ保セス或ハ皇葉大ヒニ御繁榮マシマシテ御世帶向ニ困難ヲ來サスヤトノ懸念モ一應道理ナキニアラスト雖トモ事ノ大小輕重ヲ計ルニ果シテ此ノ如クニ皇葉ノ御繁榮マシマサハ是レ誠ニ喜フベキ事ニシテ繼體天皇宇多天皇ノ御場合ノ如キハ大ニ不祥ノ事ト云ハサルベカラス然ラハ假令多少ノ支障ハアラントモ成ルベク皇族ノ區域ヲ擴張スルコト誠ニ皇室將來ノ御利益ト云フヘシ

六番（三條）　本官ノ意ハ敢テ五世六世ノ如キ近キ皇族ヲ臣籍ニ列スヘシト云フニアラスシテ更ラニ御疎遠ノ皇族ヲ云フナリ例令ヘハ百世ノ後ト云ヘハ其御血統モ既ニ遠ク且ツ百世迄モ皇族トスルトキハ皇族ノ御人數大ヒニ蕃殖スヘシ

三條實美の修正案は、十対十四で否決されたが、その論旨は二十年後の皇室典範増補によって採決されてゐる。皇室典範の会議では、三條實美、元田永孚などいつも政策論議には寡黙だった人が、熱心に発言してゐる（憲法審議の時には殆ど発言しなかった）。

次に問題となったのは、皇族の結婚に関する制約であるが、一般に議官の間では、あまりにも選択の範囲をきびしく制約しすぎるのではないかとの感想が少なくなかった。これに対し伊藤は、次のやうに説明してゐる。

議長　歐洲各國ノ例ニ依レハ其王女ヲ嫁セシムルニハ嚴密ナル制度ヲ設ケス或ハ位地ノ低キ貴族ニ王女ヲ嫁セシムルコトヲ得ルモ皇子ノ配偶ヲ選フニハ嚴重ナル制規アリ是レ卽チ王權ヲ繼承スル血統ニ關係アレハナリ故ニ歐洲大陸ニ於テハ皇太子皇太孫ノ妃ヲ選フトキニハ王權ヲ有スル家ニ限リテ普通ノ貴族ニ依ラサルナリ本邦ノ如キハ外國トノ婚姻ナキカ故ニ公侯ノ家トシテ從來ヨリモ其區域ヲ廣クシタルモノナリ

皇室財産の章については、この財産の維持について東久世通禧が、諸外国の諸例の異同を論じて、皇室財産に国税を免ずるのはいいが地方税は必ず納めるべきである、それでなくては皇室御料の存在が当該地区の住民の負担税率を過重ならしめて喜ばれなくなる、などと周到慎重な注意を与へてゐる。

次の問題点は裁判に関する章で、山田法相がいかにも法律家らしい理論を立てて、皇族を「勾留」するのは勅許を要するとしても「勾引」には勅許不要だ、との修正意見を熱心に主張してゐる。この山田説には三條實美も同意してゐるが、その修正案は採決で少数となり、否決された。

第六十三条の皇族の品位を廃した条文について、報告員井上毅は次のやうな説明をして、総員の同意を得てゐる。

番外（井上）　是亦未來ノ問題ニ屬スト雖トモ甚タ重要ニ屬スルニ依テ一應原案取調ノ際ノ主意ヲ說明セン品位ヲ廢セラレテ席次ヲ定メラレサレハ混雜ヲ生シ易シトハ至極當然ノ論ニシテ既ニ原案取調ノ際ニモ席次ハ等親ニ依ル又ハ皇位繼承ノ順序ニ依ル等ノ案モアリシト雖トモ席次ハ御內規トシテ例令ヘハ式部寮等ニ於テ定メラル、方便宜ナラントノ說ヲ以テ遂ニ等親繼承等ノ案ハ削除セラレタリ蓋《ケダ》シ之ヲ典範ニ揭クルトキハ困難アリ通常席次ハ皇位繼承ノ順序ニ依ルモノニシテ獨逸各國ノ例ノ如キ槪子《オホムネ》皆然リ然ルニ東洋古來ノ風習ニハ長幼ノ序ト云フコトアリ獨リ皇位繼承ノ順序ニ依ルトキハ此長幼ノ序ニ矛盾ヲ生シ今日ノ理義人情ニ於テ穩カナラサル所アリ皇位繼承ノ順序ヲ云フトキハ皇位ハ先ツ皇子孫ニ傳フルモノニシテ其皇子孫ト云フハ獨リ皇嫡子孫ノミナラス皇次子孫皇三子孫皆皇子孫ナリ此皇子孫ノ御系統全ク盡キテ始メテ皇兄弟ニ移ル其ノ之ニ移ルヤ先ツ一人ノ皇兄弟ニ移ルトキハ其御系統ノアラン限リ皇位ハ此御系統ニ止マリ此系統盡キテ始メ第二ノ皇兄弟及其御子孫皇位ヲ繼承シ玉ヒ第二盡キ第三第四ト移リ皇兄弟全ク盡キテ皇伯叔ニ及フモノナルカ故ニ皇位繼承ノ順序ニ依リ席次ヲ定ムルトキハ當今ノ御兄弟御伯叔ニシテ皇太子ハ申ス迄モナシ皇次子孫ノ末席ニアルコトアリテ長幼ノ序轉倒シ不都合ヲ生スヘシ尤モ歐洲ニ於テハ此ノ如クナルモ差支ナカルヘシト雖トモ東洋ニ於テハ長幼ノ序ト云フコト人倫ノ關係ニ於テ重大ノ地位ヲ占ムルカ故ニ實行シ難シ歐洲ニモ然シナカラ又稍東洋流ノ席次ヲ取ルモノアリ即露士亞ノ如キ皇太后ハ皇后ノ上席ニアリ太皇太后ハ皇太后ノ上席ニアリテ凡テ先帝ヲ標準トシテ席次ヲ立ツルハ大ヒニ東洋長幼ノ序ニ合セリ要スルニ席次ノ事ハ皇位繼承ト長幼ノ序トヲ斟酌《シンシヤク》シ追テ式部寮ニ於テ御內規トシテ定メラル、方穩當ナラント云フヲ以テ原案中品位ノ事ノミヲ存シ其他ヲ削除セリ若シ之ヲ一括シテ簡單ニ典範ニ明揭スル時ハ却テ支障多カラン

二十九番（土方） 報告員ノ辨明ニ據テ席次ノ甚タ綪（錯）雑ニシテ典範ニ掲ケ難キヲ了セリ追テ皇族令ヲ定メラレ典範ニ掲ケサル所ノ細目ヲ補フノ擧アルベキニ付席次ノ事モ其擧ニ讓ルヲ可トスヘシ依テ前ニ提出セル本官ノ修正説ヲ取削ス

なほ第二読会の終末に際して、土方久元が神功皇后の例やスペインの例をひいて、胎中皇子の継承権について質疑したのに、井上毅報告員が次のやうに回答してゐる。

番外（井上） 二十九番ノ質問ニ答フヘシ如何ニモ御尤ノ疑ナリ其事ニ付テハ既ニ一應其條モ取調ノ時ニ設ケラレタ（レ）トモ其後再評議ニ當テ削除ニ決シタリキ其理由ハ此ノ如キ入込ミタル事ハ其場合ニ臨ミ皇族會議幷《ナラビ》ニ樞密院ノ評議ニ讓ルヘシト云フニ在リ尚詳言セハ斯計《カクバカ》リノ大事ヲ典範中ニ正條トシテ掲ケスト云ヘハ掲クル事ニ困ル事情ナリ蓋此事ハ一口斷ニ論斷スヘカラス成程《ナルホド》各國ニ於テ實際二十九番ノ云ハル、例モアリ且學者ノ典範ニ付テ述ヘタル理論ニ付テハ往々疑議（義）ニ屬スルコトヲ免レス而シテ各國ニ於テモ典範中此條ヲ設クルハ甚タ稀ナリ獨逸各國ノ如キモ亦此條ヲ見ス而シテ其理由トスル所蓋シ漫《ミダ》リニ將來ヲ豫想シ曲折ニ渉リテ豫シメ之ヲ指定センヨリ寧ロ當時ノ事情ニ應シ臨機宜ニ從ヒ之ヲ酌定スルノ勝レルニ若《シ》カストスルニ在リ
神功皇后ノ御子應仁（神）天皇ハ遺腹ニシテ胎中天皇トアリタルハ他ニ庶子モナケレハ胎子ノ御出生ヲ待チ奉ルヲ以テ至當トスト雖本邦ニハ嫡庶ノ差別アリテ若シ先帝ノ正嫡ノ皇后ニ御子ナク而シテ別ニ庶子アリテ國民之ヲ景慕シ殊ニ立太子ノ御沙汰《ゴサタ》アリタル後皇嫡子ノ御降誕アラセラル、トキハ如何況ヤ皇后御懐妊中未タ男女ヲ知ルヘカラサルニ於テヲヤ然ルモ尚ホ其出生ヲ待ツハ理論上繼承ノ順序ヨリ論スル時ハ或ハ妥當ナラント雖國家ノ形勢ヨリ事ノ玆《ココ》ニ出ルヲ許サ、ルコトアルヘキヲ奈何《イカン》セン畢竟典範ハ百年ノ後ヲ慮《オモンバカ》リ徒ニ文字ニ拘泥セス其時ノ事情ニ應シ臨機ノ處置ヲ施シ以テ遺憾ナカラシムヘキナリ是ヲ以テ將來ヲ遠慮シ初メ一タヒ設ケタルノ條

モ之ヲ削正スルニ至リタルハ蓋之レカ爲メノミ

二十九番（土方）　明瞭ニ解セリ最早別ニ意見ナシ

これは柳原案いらいの討議苦心の経過を答へたものではあるが、立案者たちが、いろいろの政治条件を考へたのは分るが、結局は認否いづれとも法的に決しかねて、その時の皇室の評議に任せるといふのである。それで後世の学者のなかで、この点については法理論が分れて学説が対立することになった。

皇室典範では、二千年の古い皇朝史が研究され、討議されてゐる。皇位継承史など、保元平治から吉野朝にいたるまでの事情は、一見してすこぶる錯綜《さくそう》してゐるかに見える。しかしそれは、徳川時代を通じての先学の史論研究の結果が明らかとなってゐて、立案者は、法規範を立てるのに少しも迷はずに正否の判断を下し得た。しかし立案者たちが、もっとも苦心し、したがって難問としたのは、繼體天皇および應神天皇（神功皇后）の二例である。この二例の解釈がもっとも困難であったことが、典範制定史のあとを見る者に印象づよい。

〔参考例一〕　美濃部達吉『憲法撮要』

稀ナル場合ニ於テハ天皇崩御ノ際何人ガ皇嗣ナルカノ不明ナル場合ヲ生ズルコトナシトセズ。其場合ニ二アリ。

一ハ天皇崩御ノ際皇嗣尚母ノ胎内ニ在ル場合是ナリ。此場合ニ付テハ皇室典範ニ別段ノ規定ナシト雖モ、假ニ攝政ヲ置キテ其誕生ヲ待チ若シ男子ナルトキハ直ニ踐祚シ先帝崩御ノ時ニ溯リテ在位アリタルモノト看做《ミナ》スベク、若シ女子又ハ死産ナルトキハ最近ノ順位ニ在ル皇族男子直ニ踐祚シ、等シク先帝崩後ノ時ニ溯リテ在位アリタルモノト看做スベシ。或ハ之ニ反シテ皇嗣ハ天皇崩御ノ際現ニ生存セル皇族ニ付イテ之ヲ決スベキモノニシテ、胎兒ノ繼承權ヲ認ムベキニ非ズト爲ス説アレドモ、皇位ハ之ヲ直系子孫ニ傳フルヲ正則トシ之ヲ傍系ニ傳フルハ唯直系子孫全ク在ラザルトキニ限ルコトハ我ガ國法及皇室法ノ最モ重要ナル原則ニシテ、假令尚胎内ニ在リトスルモ現ニ直系ノ皇子アルニ拘ラズ之ヲ措キテ傍系ニ傳フルハ斷ジテ我ガ國法ノ趣意ニ非ズ。

一ハ天皇崩御ノ際皇嗣ノ生死不明ナル場合是ナリ。皇族ノ生死不明ナルコト三年ニ及ブトキハ勅旨ニ依リ失踪《シツソウ》ヲ宣告スト雖モ、未ダ三年ニ滿タザル間ニ天皇崩ズルトキハ未ダ失踪ノ宣告ナク、隨テ一時皇嗣ノ不明ナル場合ヲ生ズ。此場合ニ於テモ假ニ攝政ヲ置キ、生死分明トナルカ又ハ三年ノ期滿ツルヲ待ツノ外ナシ

〔**参考例二**〕　上杉愼吉『新稿憲法述義』

胎中皇子　天皇崩シ、皇子尚ホ胎中ニ在ルトキ、其ノ出生ヲ待チテ皇位ニ即キタマハンコトヲ望ムハ、至情ノ止ミ難キ所ナリト雖モ、皇位繼承ノ規定ハ嚴ニ之ヲ解釋シテ、弛廢《シハイ》ノ端ヲ開クヲ避ケサルヘカラス、胎中皇子ヲ既ニ生レタルモノト看做スハ、明文ナケレハ、之ニ從フコトヲ得ス。

〔**参考例三**〕　佐々木惣一『日本憲法要論』

天皇崩御ノ際母胎内ノ兒卽チ所謂胎中皇子ハ皇位繼承ノ資格ヲ有セズ。蓋シ所謂胎中皇子ノ地位ニ就テハ我制定法上何等ノ規定ナシ。家督相續ニ付胎兒ヲ以テ既ニ生レタルモノト看做ストスル民法第九百六十條ハ固ヨリ適用セラルベキニ非ズ。故ニ條理ニ依テ決スベシ。抑モ皇位繼承ノコトハ我國ノ國體ニ關スル最モ重要ナル根本原則ナレバ之ヲ明確ニスルコトヲ要ス。故ニ我國法ハ此ノ點ニ付制定法ニ於テ詳細ノ規定ヲ設クルノ主義ヲ取ル。從テ制定法上明ニ皇位繼承ノ資格ヲ認メラレザル者ハ皇位繼承ノ資格ナシトスルヲ條理トスルナリ。

なほ、佐々木、上杉の否定説、美濃部の肯定説の中間にあって、この問題は法理論だけでは決着つけがた

いとして、改めて明文規定を望む学者もあった(皇室典範の増補か)。

〔参考例四〕　清水澄著『帝國憲法講義』

民法ニ於テ家督相續ニ付テハ胎兒ハ既ニ生レタルモノト看做ス旨ヲ規定セルモ皇位繼承ニ付テハ胎中皇子ニ關シ何等規定存セサルカ故ニ其ノ繼承資格ニ付疑義ナキ能ハス而シテ之ハ我國體上重要ナルヲ以テ明文ヲ以テ詳細ニ規定スルヲ要ス（傍点引用者）

この見解は、立法関係者が複雑な幾多の場合を考へて、つひに法文明示をさけた事情を知悉《ちしつ》してゐて、継承権をみとめる条件と、みとめない条件とを詳細に区分することの必要を考へた第三の学説である。前記の傍点「詳細ニ」の語に着目すれば、清水澄には一私案があって、しかも公表するのを憚《はばか》ったかに見える。

これを最後に第二読会は終った。しかし議官たちは、皇室の尊厳を保つ大法典としては、未だその文辞辞句に不十分の点があるとして第三読会を希望した。伊藤議長も同感するところあって、規則を改定して第三読会を開いた。ここでは理論論争はなかったが、第二読会よりも多くの辞句修正ができて、六月十五日に終った。

その後も提案責任当局と帝室制度取調局との間で条文文辞の推敲への努力がつづけられ、憲法案がほぼまとまった二十二年の一月十八日に、また枢密院会議を再開して修正討議が行はれた。初めの「皇室常産」が「世傳御料」と改められたり、「高殿下」の敬称が消されたり、辞句はかなりに改められたが、その法思想は諮詢案いらいほとんど改定されたところはない、といってもいいであらう。そして二月八日にいたり、典範には国務大臣の副署をしないで憲法発布（二月十一日）とともに発表されることに決した。これは伊藤博文の主張によるといふ。

四、皇室典範の欽定と御奉告

明治二十二年二月十一日の朝、真白の雪に浄められた皇居において、明治天皇は群臣をしたがへて、皇祖皇宗の神前に謹しんで皇室典範、帝国憲法制定のよしを奉告された。この日、神宮神社においても命によって、この皇室国家の大事の奉告が行はれ、また、この大業を輔翼した功臣の墓前には勅使を遣はせられた。この日のことは、前に憲法制定の日の威儀として記したので、ここでは省略する。

天皇は、明治維新から二十有二年にして、この大業の成就したことに深い御感銘があったと思はれる。御製に、

橿原の宮のおきてにもとづきて
　わが日本の國をたもたむ

とあるが、これが典範、憲法に対せられる明治天皇の大御心の存するところであった。この時に欽定された皇室典範の御奉告文と正文とは次の通りである。

皇室典範　明治二十二年二月十一日

天祐《テンユウ》ヲ享有《キヨウユウ》シタル我カ日本帝國ノ寶祚ハ萬世一系歴代繼承シ以テ朕カ躬《ミ》ニ至ル惟《オモ》フニ祖宗肇國《チヨウコク》ノ初大憲一タヒ定マリ昭《アキラカ》ナルコト日星ノ如シ今ノ時ニ當リ宜ク遺訓ヲ明徴ニシ皇家ノ成典ヲ制立シ以テ丕基《ヒキ》ヲ永遠ニ鞏固《キヨウコ》ニスヘ

シ茲《ココ》ニ樞密顧問ノ諮詢ヲ經皇室典範ヲ裁定シ朕カ後嗣及子孫ヲシテ遵守スル所アラシム

皇室典範

第一章　皇位繼承

第一條　大日本國皇位ハ祖宗ノ皇統ニシテ男系ノ男子之ヲ繼承ス

第二條　皇位ハ皇長子ニ傳フ

第三條　皇長子在ラサルトキハ皇長孫ニ傳フ皇長子及其ノ子孫皆在ラサルトキハ皇次子及其ノ子孫ニ傳フ以下皆之ニ例ス

第四條　皇子孫ノ皇位ヲ繼承スルハ嫡出ヲ先ニス皇庶子孫ノ皇位ヲ繼承スルハ皇嫡子孫皆在ラサルトキニ限ル

第五條　皇子孫皆在ラサルトキハ皇兄弟及其ノ子孫ニ傳フ

第六條　皇兄弟及其ノ子孫皆在ラサルトキハ皇伯叔父及其ノ子孫ニ傳フ

第七條　皇伯叔父及其ノ子孫皆在ラサルトキハ其ノ以上ニ於テ最近親ノ皇族ニ傳フ

第八條　皇兄弟以上ハ同等內ニ於テ嫡ヲ先ニシ庶ヲ後ニシ長ヲ先ニシ幼ヲ後ニス

第九條　皇嗣精神若ハ身體ノ不治ノ重患アリ又ハ重大ノ事故アルトキハ皇族會議及樞密顧問ニ諮詢シ前數條ニ依リ繼承ノ順序ヲ換フルコトヲ得

第二章　踐祚卽位

第十條　天皇崩スルトキハ皇嗣卽チ踐祚シ祖宗ノ神器ヲ承ク

第十一條　卽位ノ禮及大嘗祭ハ京都ニ於テ之ヲ行フ

第十二條　踐祚ノ後元號ヲ建テ一世ノ間ニ再ヒ改メサルコト明治元年ノ定制ニ從フ

第三章　成年立后立太子

第十三條　天皇及皇太子皇太孫ハ滿十八年ヲ以テ成年トス

第十四條　前條ノ外ノ皇族ハ滿二十年ヲ以テ成年トス

第十五條　儲嗣タル皇子ヲ皇太子トス皇太子在ラサルトキハ儲嗣タル皇孫ヲ皇太孫トス

第十六條　皇后皇太子皇太孫ヲ立ツルトキハ詔書ヲ以テ之ヲ公布ス

第四章　敬　稱

第十七條　天皇太皇太后皇太后皇后ノ敬稱ハ陛下トス

第十八條　皇太子皇太子妃皇太孫皇太孫妃親王親王妃内親王王王妃女王ノ敬稱ハ殿下トス

第五章　攝　政

第十九條　天皇未タ成年ニ達セサルトキハ攝政ヲ置ク

天皇久キニ亘ルノ故障ニ由リ大政ヲ親ラスルコト能ハサルトキハ皇族會議及樞密顧問ノ議ヲ經テ攝政ヲ置ク

第二十條　攝政ハ成年ニ達シタル皇太子又ハ皇太孫之ニ任ス

第二十一條　皇太子皇太孫アラサルカ又ハ未タ成年ニ達セサルトキハ左ノ順序ニ依リ攝政ニ任ス

第一　親王及王

第二　皇后

第三　皇太后

第四　太皇太后

第五　内親王及女王

第二十二條　皇族男子ノ攝政ニ任スルハ皇位繼承ノ順序ニ從フ其ノ女子ニ於ケルモ亦之ニ準ス

第二十三條　皇族女子ノ攝政ニ任スルハ配偶アラサル者ニ限ル

第二十四條　最近親ノ皇族未タ成年ニ達セサルカ又ハ其ノ他ノ事故ニ由リ他ノ皇族攝政ニ任シタルトキハ後來最近親ノ皇族成年ニ達シ又ハ其ノ事故既ニ除クト雖皇太子及皇太孫ニ對スルノ外其ノ任ヲ讓ルコトナシ
第二十五條　攝政又ハ攝政タルヘキ者精神若ハ身體ノ重患アリ又ハ重大ノ事故アルトキハ皇族會議及樞密顧問ノ議ヲ經テ其ノ順序ヲ換フルコトヲ得

第六章　太　傅

第二十六條　天皇未タ成年ニ達セサルトキハ太傅ヲ置キ保育ヲ掌ラシム
第二十七條　先帝遺命ヲ以テ太傅ヲ任セサリシトキハ攝政ヨリ皇族會議及樞密顧問ニ諮詢シ之ヲ選任ス
第二十八條　太傅ハ攝政及其ノ子孫之ニ任スルコトヲ得ス
第二十九條　攝政ハ皇族會議及樞密顧問ニ諮詢シタル後ニ非サレハ太傅ヲ退職セシムルコトヲ得ス

第七章　皇　族

第三十條　皇族ト稱フルハ太皇太后皇太后皇后皇太子皇太子妃皇太孫皇太孫妃親王親王妃内親王王王妃女王ヲ謂フ
第三十一條　皇子ヨリ皇玄孫ニ至ルマテハ男ヲ親王女ヲ内親王トシ五世以下ハ男ヲ王女ヲ女王トス
第三十二條　天皇支系ヨリ入テ大統ヲ承クルトキハ皇兄弟姉妹ノ王女王タル者ニ特ニ親王内親王ノ號ヲ宣賜ス
第三十三條　皇族ノ誕生命名婚嫁薨去ハ宮内大臣之ヲ公告ス
第三十四條　皇統譜及前條ニ關ル記錄ハ圖書寮ニ於テ尙藏ス
第三十五條　皇族ハ天皇之ヲ監督ス
第三十六條　攝政在任ノ時ハ前條ノ事ヲ攝行ス
第三十七條　皇族男女幼年ニシテ父ナキ者ハ宮内ノ官寮《(ママ)》ニ命シ保育ヲ掌ラシム事宜ニ依リ天皇ハ其ノ父母ノ選擧

セル後見人ヲ認可シ又ハ之ヲ勅選スヘシ
第三十八條　皇族ノ後見人ハ成年以上ノ皇族ニ限ル
第三十九條　皇族ノ婚嫁ハ同族又ハ勅旨ニ由リ特ニ認許セラレタル華族ニ限ル
第四十條　皇族ノ婚嫁ハ勅許ニ由ル
第四十一條　皇族ノ婚嫁ヲ許可スルノ勅書ハ宮内大臣之ニ副署ス
第四十二條　皇族ハ養子ヲ爲スコトヲ得ス
第四十三條　皇族國疆ノ外ニ旅行セムトスルトキハ勅許ヲ請フヘシ
第四十四條　皇族女子ノ臣籍ニ嫁シタル者ハ皇族ノ列ニ在ラス但シ特旨ニ依リ仍内親王女王ノ稱ヲ有セシムルコトアルヘシ

第八章　世傳御料

第四十五條　土地物件ノ世傳御料ト定メタルモノハ分割讓與スルコトヲ得ス
第四十六條　世傳御料ニ編入スル土地物件ハ樞密顧問ニ諮詢シ勅書ヲ以テ之ヲ定メ宮内大臣之ヲ公告ス

第九章　皇室經費

第四十七條　皇室諸般ノ經費ハ特ニ常額ヲ定メ國庫ヨリ支出セシム
第四十八條　皇室經費ノ豫算決算檢査及其ノ他ノ規則ハ皇室會計法ノ定ムル所ニ依ル

第十章　皇族訴訟及懲戒

第四十九條　皇族相互ノ民事ノ訴訟ハ勅旨ニ依リ宮内省ニ於テ裁判員ヲ命シ裁判セシメ勅裁ヲ經テ之ヲ執行ス
第五十條　人民ヨリ皇族ニ對スル民事ノ訴訟ハ東京控訴院ニ於テ之ヲ裁判ス但シ皇族ハ代人ヲ以テ訴訟ニ當ラシメ自ラ訟廷ニ出ルヲ要セス

第五十一條　皇族ハ勅許ヲ得ルニ非サレハ勾引シ又ハ裁判所ニ召喚スルコトヲ得ス

第五十二條　皇族其ノ品位ヲ辱ムルノ所行アリ又ハ皇室ニ對シ忠順ヲ缺クトキハ勅旨ヲ以テ之ヲ懲戒シ其ノ重キ者ハ皇族特權ノ一部又ハ全部ヲ停止シ若ハ剝奪スヘシ

第五十三條　皇族蕩產ノ所行アルトキハ勅旨ヲ以テ治產ノ禁ヲ宣告シ其ノ管財者ヲ任スヘシ

第五十四條　前二條ハ皇族會議ニ諮詢シタル後之ヲ勅裁ス

第十一章　皇族會議

第五十五條　皇族會議ハ成年以上ノ皇族男子ヲ以テ組織シ內大臣樞密院議長宮內大臣司法大臣大審院長ヲ以テ參列セシム

第五十六條　天皇ハ皇族會議ニ親臨シ又ハ皇族中ノ一員ニ命シテ議長タラシム

第十二章　補　則

第五十七條　現在ノ皇族五世以下親王ノ號ヲ宣賜シタル者ハ舊ニ依ル

第五十八條　皇位繼承ノ順序ハ總テ實系ニ依ル現在皇養子皇猶子又ハ他ノ繼嗣タルノ故ヲ以テ之ヲ混スルコトナシ

第五十九條　親王內親王王女王ノ品位ハ之ヲ廢ス

第六十條　親王ノ家格及其ノ他此ノ典範ニ牴觸スル例規ハ總テ之ヲ廢ス

第六十一條　皇族ノ財產歲費及諸規則ハ別ニ之ヲ定ムヘシ

第六十二條　將來此ノ典範ノ條項ヲ改正シ又ハ增補スヘキノ必要アルニ當テハ皇族會議及樞密顧問ニ諮詢シテ之ヲ勅定スヘシ

五、皇室典範増補と皇室令の制定

明治二十三年、帝国議会が開かれ、「萬機公論に決す」との君民多年の切望が実現し、立憲政治の御代となった。帝国議会は、次々に法案を審議し決議し、天皇の裁可を経て、数多くの法律が制定された。政府は、憲法にもとづいて勅令以下の行政命令を発した。かくして法治国日本の法制は、時とともに、整備されて行った。

一方、皇室典範の方は、制定史において見たやうに、皇室制度の大綱は明示されたが、その詳しい規定については後に譲られたところが少なくなかった。皇室典範に附属すべき法規（皇室令）については、事を急ぐよりも、調査研究の慎重を期せられた。

明治天皇が、皇室典範、帝国憲法の制定会議に、欠かすことなく親臨されて、非常な熱意をもって討議を開かれたことは、よく知られてゐる。議官たちは、天皇の御熱意に励まされてそれぞれの所信を主張し、自由活潑な討論を行った。天皇は各自の論旨をいちいち明敏に判断されたが、天皇の御立場からの指示はなさらなかった。条文の断片的な優劣よりも、忠誠なる臣僚の公議の成果結実を重んぜられたのであらう。議長伊藤博文などは、天皇に明確な御判断のあることを察知して、側近の元田永孚などから聖旨を承はることにつとめたらしい。天皇は、ひそかに感想を洩らされても、会議への干渉的指示はなさらなかった。

『明治天皇紀』によれば、皇室典範の討議が始まって、提案者（伊藤博文、井上毅）が永久皇族制の原則に立ち、三條實美が賜姓臣籍降下の制を明白にすべき主張をして討論し、結局は、三條修正案が少数否決となった時のことが明記されてゐる。天皇は「あれは三條の説の方に理がある」とひそかに洩らされた。しかしそれは固く秘められたままであったらしい。未だ後には帝国憲法の重大な論議が予定されてゐる。聖旨とわかれば、当然に決議も変更されるであらうが、憲法論議にしても各人が聖旨を気にして討論を憚るおそれがある。典範の増補改正は、聖旨が決まれば、憲法よりも遙かに速かにできることであるし、国体の第一義に関するほどの条文でもないし、特に秘められたものと察せられる。

これより後、明治三十二年八月、公爵九條道孝の第四女節子を以て皇太子妃に内定し、その御成婚の礼について、帝室制度調査局に命じて、その儀制の案を草せしめられた。同局総裁伊藤博文は、三十三年四月に「皇室婚嫁令」を作案して奉答、枢密院の諮詢を経て、四月二十五日に制定された。本令は第一章大婚、第二章皇族婚家の条文二十六条から成り、附式において、大婚式、皇太子成婚式、親王成婚式および書式の四編から成る。五月十日の賢所御成婚の礼はこの婚嫁令の定むるところにより、万民奉祝の中に執り行はれた。

この賢所神前の御儀の厳かにも優雅なることは、国民にも非常にふかい感銘を与へ、この皇室の風にあこがれ、あやかりたいとする国民のなかに神前結婚の儀式を望む者があり、それがやがて日比谷大神宮を中心に全国に普及して、日本民族の一つの結婚儀礼の大きな潮流となるにいたった。

皇太子　嘉仁親王（後の大正天皇）、明治三十三年、御成婚の儀があり、その後、裕仁親王、明治三十四年四月二十九日に御誕生（第一皇子）。

雍仁親王、明治三十五年六月二十五日に御誕生(第二皇子)。

宣仁親王、明治三十八年一月三日に御誕生(第三皇子)。

かくて、いよいよ皇室の御繁栄が確信された。皇室典範の制定が起案されたころ、皇統が万世を通じて絶えることなく確保されねばならない、との熱意に発したことではあったが、伊藤、井上が考へた永久皇族制的な理論よりも、皇室の古例を主とした三條、柳原の説の方が、より事実に即して優れてゐると考へられるにいたった。明治四十年二月に、皇室典範は増補された。これまでの典範では、皇族について、

第三十一条　皇子ヨリ皇玄孫ニ至ルマテハ男ヲ親王女ヲ内親王トシ五世以下ハ男ヲ王女ヲ女王トス

との条文があるのみであった。これは永久皇族制の法理の上に立って起案したのであるが、三條實美(その前には柳原前光)等の強い反対があった。枢府の会議場では、伊藤議長は三條の反論に対して「本條モ決シテ(皇族ヲ)人臣ニ下スヲ得ズト云フコトナシ説明モ人民ニ下スヲ禁ズルノ意ニ非ズ」といふやうな釈明もしてゐたけれども、人臣に下す場合の規定は用意されてゐない。それに『皇室典範義解』では、その第三十一条の立法意図を説明して、

大寶令五世以下ハ皇親ノ限ニ在ラス而シテ正親司ノ司《ツカサド》ル所ハ四世以上ニ限ル然ルニ繼體天皇ノ皇位ヲ繼承シタマヘルハ實ニ應神天皇五世ノ孫ヲ以テス此レ乃中古ノ制ハ必シモ先王ノ遺範ニ非サリシナリ本條ニ五世以下王女王タルコトヲ定ムルハ宗室ノ子孫ハ五世ノ後ニ至ルモ亦皇族タルコトヲ失ハサラシメ以テ親々ノ義ヲ廣ムルナリ

と明記して、永世皇族制の主義を趣旨とし、臣籍降下(賜姓)のことには全く言及してゐない。もっとも枢府会議での伊藤議長の法解釈のやうに、これは臣籍へ下すのを禁ずるのでないと解することもできるであら

うけれども、皇室典範の正文そのものに賜姓、臣籍へ下すとの条文が全くないと、その必要を生じた時に当然にいろいろと疑義を生ずるでもあらう。その点について明瞭な条文をもって示されたところに増補の第一の意義がある。

次に皇室令の準備（皇室典範附属の法規）が、やうやく進んできたが、それらの法規と一般の法律、勅令との法的関係をいかに定めるかを明示することが必要とされた。

憲法と典範との関係についても、法学者のなかに憲法優位説と典憲対等説とがあった。しかし、これは法論理としては、学説の相違はあっても、ともかくも実際的には混乱を生ずる余地がない。皇室典範は、一般法律（憲法も）とは異なって帝国議会の議を経ることなくして立法される。しかし、皇室典範をもって帝国憲法を変更することは許されない、との大原則が明示されてゐる。典範は、必ず憲法と一致しなくてはならないことは明瞭である。しかし一般法律との関係はどうなるのか。その点について皇室典範増補は、次の通りに定めた。これは端的にいへば、皇室典範およびそれにもとづく規定は、憲法以下の一般法律、行政命令よりも（皇族に適用するかぎりにおいては）法的に優位を占めることを示したものである。

第七條　皇族ノ身位其ノ他ノ權義ニ關スル規定ハ此ノ典範ニ定メタルモノノ外別ニ之ヲ定ム
皇族ト人民トニ渉ル事項ニシテ各々適用スヘキ法律ヲ異ニスルトキハ前項ノ規定ニ依ル
第八條　法律命令中皇族ニ適用スヘキモノト規定シタル此ノ典範又ハ之ニ基ツキ發スル規則ニ別段ノ規定ナキトキニ限リ之ヲ適用ス

ここに皇室典範増補の際の御告文ならびに皇室典範増補の正文をかかげる。

皇室典範增補　明治四十年二月十一日

御告文

皇朕《スメラワ》レ謹ミ畏ミ
皇祖
皇宗ノ神靈ニ告ケ白《モウ》サク皇室典範ハ
皇祖
皇宗ノ遺範ヲ明徵ニシ天壤無窮ノ宏基《コウキ》ヲ鞏固ニスル所以ニシテ紹述以來茲ニ十有九年
皇朕レ我カ諸昆ト俱ニ之ヲ欽遵《キンジユン》シテ敢テ違越スルコトナシ今ヤ國祺《コクキ》倍ゝ《マスマス》昌隆ニシテ
皇祖
皇宗ノ威靈遐《トホ》ク四裔《シエイ》ニ顯赫《ケンカク》タルノ時ニ膺《アタ》リ進運ヲ照察シ成典ヲ增益シ以テ尊嚴保維ノ圖ヲ廓《ヒロヨカ》ニシ子孫率由ノ道
ヲ裕《ユタカ》ニスルハ亦
皇祖
皇宗聖謨《セイボ》ノ存スル所ニ外ナラス皇朕レ茲ニ皇室典範增補ヲ制定シ仰テ
皇祖
皇宗ノ神祐ヲ禱《イノ》リ永遠ニ履行シテ愆《アヤマ》ラサラムコトヲ誓フ庶幾《コヒネガハ》クハ
神靈此ヲ鑒《カンガ》ミタマヘ

天祐ヲ享有シタル我カ日本帝國皇家ノ成典ハ祖宗ノ洪範ヲ紹述シテ敢テ違フコトアルナシ而シテ人文ノ發展ハ寰《カン》宇《ウ》ノ進運ニ隨ヒ制度ノ燦備《サンビ》ハ條章ノ增廣ヲ必トス是ノ時ニ當リ朕ハ祖宗ノ丕基ヲ永遠ニ鞏固ニスル所以ノ良圖ヲ惟ヒ且憲章ニ由テ以テ皇族ノ分義ヲ昭ニセムコトヲ欲シ茲ニ皇族會議及樞密顧問ノ諮詢ヲ經テ皇室典範增補ヲ裁

定シ朕カ子孫及臣民ヲシテ之ニ率由シテ愆ルコトナキヲ期セシム

皇室典範増補

第一條　王ハ勅旨又ハ情願ニ依リ家名ヲ賜ヒ華族ニ列セシムルコトアルヘシ

第二條　王ハ勅許ニ依リ華族ノ家督相續人トナリ又ハ家督相續ノ目的ヲ以テ華族ノ養子トナルコトヲ得

第三條　前二條ニ依リ臣籍ニ入リタル者ノ妻直系卑屬及其ノ妻ハ其ノ家ニ入ル但シ他ノ皇族ニ嫁シタル女子及其ノ直系卑屬ハ此ノ限ニ在ラス

第四條　特權ヲ剝奪セラレタル皇族ハ勅旨ニ由リ臣籍ニ降スコトアルヘシ

前項ニ依リ臣籍ニ降サレタル者ノ妻ハ其ノ家ニ入ル

第五條　第一條第二條第四條ノ場合ニ於テハ皇族會議及樞密顧問ノ諮詢ヲ經ヘシ

第六條　皇族ノ臣籍ニ入リタル者ハ皇族ニ復スルコトヲ得ス

第七條　皇族ノ身位其ノ他ノ權義ニ關スル規程ハ此ノ典範ニ定メタルモノノ外別ニ之ヲ定ム

皇族ト人民トニ渉ル事項ニシテ各〻適用スヘキ法律ヲ異ニスルトキハ前項ノ規程ニ依ル

第八條　法律命令中皇族ニ適用スヘキモノトシタル規定ハ此ノ典範又ハ之ニ基ツキ發スル規則ニ別段ノ條規ナキトキニ限リ之ヲ適用ス

明治四十年に皇室典範が増補されて後に、

皇室祭祀令（明治四十一年九月十八日）が、皇室令第一号として定められた。全文二十六条ではあるが、大祭式および小祭式について、賢所の儀、皇霊殿の儀、神殿の儀、新嘗祭神嘉殿の儀、神宮、山陵に関する諸儀が明確詳細に定められた。この皇室祭祀令に次いで明治四十二年二月十一日に、登極令が裁可公布された。条文十八条に、詳しい附式がついてゐる。これは皇室典範の践祚、即位、大嘗祭、改元等の大儀を実施されるについての詳しい次第を定めた。践祚については直ちに賢所に御告文を奏せられると同時に、剣璽渡御の儀を行はせられる次第が詳しく定められてゐる。即位の大礼、大嘗祭の式の儀式次第から、この重儀が終って後の神宮への親謁の儀にいたるまでいちいちその次第が示された。同日、摂政令、立儲令、皇室成年式令等の皇室令が制定された。四十三年三月には皇族身位令、皇室親族令、同じく十二月に皇室財産令、皇室服喪令の制定があり、皇室令の整備が大いに進んだ。皇族身位令では、典範起草の際に討議され未確定とされた皇族の班位をはじめ、四十年の典範増補で示された臣籍降下に関する詳しい規定が示された。

明治天皇は、初めは皇室令については、時を急ぐことなく、誤りなきやう慎重を期して御制定のおつもりであったらしい。維新の精神は、その最初の五事の御誓約にあるやうに、「廣ク智識ヲ世界ニ求メ大ニ皇基ヲ振起スヘシ」として国際知識をもとめる進歩改新の側面と、神武創業の始めにもとづくとの復古精神の側面との綜合の上に立つものであった。明治天皇の大御代には、国史上かつて前例を見ない新知識の文明開化が進んだ。天皇は、国民の総力をあげての文明開化の進歩には、もとより御満足あらせられたが、皇室の制度、とくに皇室の祭儀については、古儀、伝統の確保と復古とを重んぜられた。

あまてらす神のさづけしたからこそ
動かぬ國のしづめなりけれ

わがくには神のすゑなり神まつる

昔の手ぶりわするなよゆめ

さだめたる國のおきてはいにしへの
　聖《ひじり》のきみのみ聲なりけり

そして、明治天皇の御晩年、最後の年である明治四十五年には次の御製がある。

神　社

いにしへの姿のままにあらためぬ
　神のやしろぞたふとかりける

をりにふれたる

國を思ふ臣のまことは言の葉の
　うへにあふれてきこえけるかな

しる人の世にあるほどに定めてむ
　ふるきにならふ宮のおきてを

ここに掲げた最後の二首は、明治天皇が、崩御直前にいたるまで、忠誠なる臣僚の公議の論に信頼なされ、かつ復古の精神をもって、さらに皇室の御制を完備することをお望みなされたものと拝せられる。明治四十五年七月三十日、万民の悲しみのなかに崩御あらせられた。

皇室典範の定めによって大正天皇践祚、すべて明治天皇の定められた御制のままに進められたが、大正二年大礼使官制（勅令）の裁可公布があり、同十五年十月（今上陛下、皇太子として摂政中）皇室陵墓令等の詳細なる皇室令の御制定があったのも、皇祖考の晩年の御遺志を継承されたものと拝察すべきであらう。皇室の制度典礼の体系的成文化としては、古くは大宝令、貞観儀式、延喜式などの貴重な古典が残されてゐるが、明治天皇の大御代における皇室典範および皇室令は、故《ふる》きを温《たづ》ねて現今を照らす、最高の整備された御制であると称せられた。

六、皇室典範、皇室令の史的意義

昭和年代にいたり日本は、大東亜戦争を戦ひ、忠良なる二百万の戦歿者を生じ、全国土を廃墟と化するやうな犠牲を払って、敗戦のやむなきにいたった。日本国の全土は、連合軍の占領するところとなり、多くの臣民が投獄され裁判された。さらにおびただしい国民が追放令によって、政府議会等の公職から大学、学校、言論機関等の社会的影響力を有するあらゆる地位から片はし追放されたのみでなく、政治発言を厳禁せられ、占領軍の命令のままの政治が強行された。このやうな日本人の独立と自由なき惨たる情況下に、占領軍は帝国憲法の全面的改正を命じた。それが現行の日本国憲法である。その憲法については多くの問題があるが、本書は、現行憲法の問題はこれを他の多くの著書の論にゆづって、ここには論じない。

ただ一語するならば、日本国憲法は、その名称から法体系にいたるまで全面的に改革されたにもかかはらず、それは立法の手続きについては、すべて欽定憲法第七十三条の改正条規に由った。すなはち、天皇の発議により、帝国議会での法定の議を経て、天皇の諮問機関たる枢密院の同意を得て、天皇裁可のもとに勅語をもって公布された。これは、明治天皇欽定憲法の精神的権威が国民全般のなかに根づよく生きてをり、前記のやうな絶対的占領軍権力のもとにおいても、このやうな欽定の手続きなきかぎりは、到底憲法の成立し得ないことを、占領軍が十分に知りぬいてゐたことを意味する。ここでは、新憲法についてはこれ以上の論議には言及することなく、皇室典範について、その後の次第を述べておく。

帝国憲法は、前述のやうに「改正」されたのであるが、皇室典範ならびにそれにもとづいた多くの皇室令は「改正」されることなくして失効させられた。新しい憲法にもとづいて、明治の欽定典範と同一の名称を有する「皇室典範」といふ法が、議会において立法されたけれども、これは法理的には典範の改正ではなくして、前の皇室典範とはなんらの法的連続性なく、まったく別に新しい立法として現はれたものであり、皇室法制史の上でいへば全面的な変革の法である。

しかしながら、その変革の法である議会立法の新皇室典範を見ると、その法文は、占領軍当局の許可しうる限度において、欽定皇室典範の各条文を典型として、それを模することに努力したものであることは、一見して明らかである。それは欽定皇室典範と法的には断絶したものであるけれども、精神的には欽定典範の後継法として、皇室の伝統を温存すべく可及的な努力をしたあとが歴然と見える。

ふつう、欽定皇室典範の失効とともに、それにもとづいて制定された数多くの皇室令もまた法的には失効したとされてゐる。しかし、明治から大正へかけて半世紀にわたって研究され制定されて来た皇室令に代って新しい法令を立てることは望みがたいことであり、それらの皇室令の定めた皇室の御制は、法的には空白のままとなった。それで皇室典範、皇室令の失効、廃止を直前にして宮内府では、今後のことについての五ケ条の依命通牒《つうちょう》を発した。それには次のやうな条項がある。

一、新法令ができてゐるものは、当然それぞれの条規によること

三、従前の規定が廃止となり新しい規定ができないものは、「従前の例に準じて」事務を処理すること

これは当然に占領軍の許可を得たものであるが、前記の（三）は、とくに意味ふかい。皇室の祭祀をはじめ多くの皇室令は、法的に廃止となったが、この第三項によって、皇室の祭祀その他の重大事は、成文法規としてでなく「従前の例」として、ほぼ欽定の皇室令のままの御制が生きてゐる（元掌典八束清貫著『皇室祭祀百年史』による）。とくに明治天皇に対する御追慕の念ふかき今上陛下は、折あるごとにその御心を洩らされて、皇室の御祭りを厳修なされ、皇祖考の御制を「従前の例」として重んじさせられてゐる。法形式では、欽定の皇室典範および皇室令は、過去法とされた形とはなったが、それは「従前の例」として、皇室の御制の伝統的精神の基準を掲げ示すものとして、厳として生きつづけてゐる。わが皇室の御制のいかなるものであるかを学ばんとする者は、今もなほ明治天皇欽定の「皇室典範」、「皇室令」について知ることを第一要義とする。それなくしては、不文の皇室制度の伝統的精神を知ることを得ない。法形式の上では失効しても、それは不文の伝統的精神を知る上での最高の権威ある史的典拠として生きつづけてゐる。

祖国の惨たる悲境下にあって、今上陛下は祖宗の遺訓を守るべくつとめられた。占領軍司令官マッカーサーは、いはゆる神道指令を発して、これを占領中の思想政策の重要な柱とした。しかしかれは、陛下の御高風に敬愛の情をいだいてゐたので、さすがに宮中の祭祀への干渉には遠慮した。だが、陛下が戦時中もキリスト教徒の信教自由のために御心配になったこともよく知ってをり、ひそかに陛下のキリスト教への改宗を

望み、キリスト者の講話をお聞きになるやうにと勧めた。

陛下は極めて好意的に熱心に、キリスト者知識人の話をおききになった。これは、GHQでも、もし御改宗があれば皇室、神宮への祭祀がどうなるかと、非常な関心をもって注目してゐた（William. P. Woodard: *Allied Occupation of Japan 1945—1952 and Japanese Religions*）。日本人の中にも、この風聞を憂へた者があったが、しかし陛下は、キリスト者の信教自由は大切だと思召されたが、おん自らの改宗はなされないことが新聞でも報道された（昭和二十三年九月六日、神社新報）。陛下は、祖宗の遺訓を守り、皇祖考のお定めになった皇室令の御制に準じて神明への御祭りをつづけられた。ここには、その新聞報道のあったころの御製一首をかかげて本文を終る。

冬枯のさびしき庭の松ひと木
　色かへぬをぞかがみとはせむ

跋　文

明治神宮の伊達巽宮司を会長とし、「大日本帝国憲法制定史調査会」が発足したのは昭和五十二年七月のことであった。

その第一回総会において、第一に審議された問題は「大日本帝国憲法制定史」の編集方針であった。

大日本帝国憲法は、明治天皇が皇祖皇宗の遺訓を体して欽定されたものであるから、大日本帝国憲法の精神的基礎を成す日本思想を理解することなくしては、大日本帝国憲法の制定史を語ることはできないのである。そこで、調査会としては、日本思想に徹した専門家に原案の執筆を委嘱することを決めた。もちろん、大日本帝国憲法は明治維新の大業を法的に総括したものであるから、原案の執筆者は特に明治維新史に徹底した理解を持つ人でなければならない。それだけではない。憲法制定史は法制史であり、法理を無視するわけにはゆかないのであるから、執筆者は法理にも明るい人でなければならない。

調査会が一致して、原案執筆者として葦津珍彦委員を委嘱することに決めたのも、このような観点からである。葦津委員は、爾来憲法制定史の執筆に専念し、その心血を注いで作成された原案は、総会および専門委員会において各章ごとに審議補筆され、全員一致の可決を得て最後的決定を見るに至ったものである。

大日本帝国憲法は、現憲法から見れば旧憲法である。しかし、社会は刻々として変る。占領目的達成の手段として作らされた現憲法も、いつまでもつづくといふわけにはゆかないのであり、いつかは変らなければならないだらう。その時は、大日本帝国憲法の根本精神が新憲法の名においてよみがへって来るだらう。この意味において、大日本帝国憲法はこれからの日本の進路を示す光として今も生きているのである。

昭和五十四年三月吉日

大日本帝国憲法制定史調査会委員長
京都大学名誉教授 法学博士 大石義雄

大日本帝国憲法制定史

価九〇〇〇円

昭和五十五年三月十五日　第一刷

編者　明治神宮

著者　大日本帝国憲法制定史調査会

発行　サンケイ新聞社
発行者　清水大三郎
発売　サンケイ出版
東京都千代田区大手町一の七の二
電話　〇三（231）七一一一番
大阪市北区梅田二の四の九
電話　〇六（343）一二二一番

印刷
製本　凸版印刷

（これは旧版刊行時の奥付です）

大日本帝国憲法制定史

平成三十年二月十一日　第一刷

編著　明治神宮

著者　大日本帝国憲法制定史調査会

発行　神社新報社（時の流れ研究会）

東京都渋谷区代々木一―一―二
電話〇三―三三七九―八二一一

印刷 製本　富士リプロ

『五箇條御誓文』乾　南陽 筆（聖徳記念絵画館所蔵）

明治元年３月14日、京都御所・紫宸殿に設けられた御神座を前に新国家建設の指針「五箇條御誓文」が天神地祇に誓われた。御誓文は明治維新に至る政治的実践の総括であり、近代日本の理念ともなった。奉読しているのが副総裁・三条実美、玉座で白い装束を召されているのが明治天皇

『枢密院憲法会議』五姓田芳柳 筆（聖徳記念絵画館所蔵）
明治21年6月から約半年間にわたり枢密院において憲法草案の審議が重ねられた。絵は6月18日、赤坂仮皇居で開かれた枢密院憲法会議の様子。中央に明治天皇、その右隣に立つ枢密院議長・伊藤博文が憲法草案の趣旨を説明している

『憲法発布式』和田英作 筆（聖徳記念絵画館所蔵）
明治22年２月11日、新しく竣功した皇居正殿で行われた憲法発布式の様子で、明治天皇から内閣総理大臣・黒田清隆に憲法の原本が授けられる場面。これにより日本はアジアで最初の立憲国家となった。明治天皇はこの日、宮中三殿で憲法発布・皇室典範制定を御奉告のあと憲法発布式に臨まれた。手前段上には皇后（昭憲皇太后）のお姿も

『帝国議会開院式臨御』小杉未醒 筆（聖徳記念絵画館所蔵）
明治23年11月29日、我が国における初めての議会が開かれた。絵は第一回帝国議会開院式の様子。皇族・大臣・枢密顧問官などが侍立する中、中央の明治天皇から貴族院議長・伊藤博文に開院式の勅語が授けられる場面。階下左は衆議院議長・中島信行

はしがき

本書『明治憲法の制定史話』は、昭和六十一年五月から六月にかけて日刊紙「世界日報」に掲載された同名の連載を書籍化したものである。連載はアジア初の近代憲法となった大日本帝国憲法の制定をめぐり、朝野の先人が奔走しながら明治二十二年の発布にこぎつける歴史をひもといた労作であり、長らく書籍化が望まれるところであった。

本年は、明治天皇が新国家建設の指針「五箇条の御誓文」を天神地祇に誓われた明治元年（慶応四、一八六八）より数えて百五十年となる。「明治維新百五十年」として官民による幅広い関連事業も実施されており、平成三十年を契機にあらためて明治の精神に学び、近代日本の歩みを次世代に引き継いでいくための格好の機会とする必要があろう。

そこで今般、神社新報社では、明治維新百五十年記念出版として『大日本帝国憲法制定史』（明治神宮編、昭和五十五年）を復刊し、併せて右記連載の書籍化を図ることとした。

連載の著者である葦津珍彦は九百頁近い大著『大日本帝国憲法制定史』の編纂においても原案執筆を担うなど中

心的役割を果たしており、両書の内容および性格には共通する部分が少なくない。そのため本書を今般復刊する『大日本帝国憲法制定史』のダイジェスト版と位置付け、同書の別冊附録として同梱するとともに、単体の書籍としても頒布することとした次第である。

本書および『大日本帝国憲法制定史』を通じ、英明なる明治天皇のもと君民一体となって制定された大日本帝国憲法の神髄に触れていただき、今後の諸問題を考える際の縁にしていただければ幸いである。

なお本書の編集については、なるべく連載当時の原文に依拠したが、明らかな誤字・脱字や表記の揺れを含め、読みやすさを考慮して部分的に修正を施した。また巻末には、参考資料として大日本帝国憲法・（旧）皇室典範、人物略歴、関係略年表および人名索引を新たに付し、読者の理解に資するようつとめた。

最後に、本書刊行にあたり格別の御理解と御協力を賜った世界日報社に対し、深甚なる謝意を申し上げる次第である。

平成三十年二月十一日

神社新報社代表取締役社長　高　山　亨

目　次

明治憲法の制定史話

葦津珍彦

強大な「憲法の権威感」—条文より歴史に起因—

憲法制度の国百年

日本国がアジアでただ一国、近代的憲法制度の国となってから、すでに百年になる。憲法制度の国とそれ以前の国との違いはいろいろあるが、その一つは憲法権威のある国では、政権の推移が法によって流血の惨を避けて平穏に行われる。ただ憲法という形式の法典があっても、それが事実上は政治の上で行われないで、政権移動が憲法の定め通りに進まないで「実力行使」を必要とするというのでは、実際上の憲法制度の国ではあるまい。

フィリピンでの憲法は、国民投票で大統領を選ぶ投票をして、その集計を見て国会が次の大統領を選ぶことに定めてある。ところが投票は行われたが、それに権力干渉とか激しい抵抗があって、集計の進行中に百人以上もの死者が出た。マルコスは不正だとの声が反対党ばかりでなく、援助国のアメリカでも強くなり、米国がアキノ支持だと分かると、今までマルコス独裁を支えていた軍閥が反マルコスへと急転して、放送局を造反軍が散発戦で占領し、本当はアキノ支持票が多かったのだといって、アキノを大統領にした。米国も日本も「流血なき平和的民主的政変に祝意を表する」と新政権を承認した。

それのよしあしは別として、これは当たり前の憲法政治の国ではない。投票が不正だったならば、公正な選挙をやり直すが法だろう。それでなくては、アキノが百万票多かったか五百万票多かったか、それは永久に分からない。それに法定の国会決議などしていると、マルコスの残党が多いというので、これは無視してともかく憲法の手続は採らなかった。昨日まで威張っていたマルコスは、自国に住むことの自由も許されないで米国に強制連行された。

それがフィリピンの政治に現実的によいか、わるいかは論評しないが、この国で「民主的憲法の行われていない」のは事実である。「流血なき民主的政変」との日米政府の声明も、ややおかしい。どう強弁しても「予想より少ない流血革命」の語以上でない。

流血のない政変は、むしろタイ王国の軍事政変の慣例となっている。ここでは必ず非憲法的な軍事クーデターで政権が推移する。しかしこの国のクーデターは巧妙で、フィリピンの投票ほどの流血もなく、戦力格差を判定して、あっさり政権の推移が行われる。しかしこの方式も、決して憲法制度とは認めがたい。

改正法手続きが頑固

韓国には李承晩初代大統領以来、外国の法学者が高く評価するほどの「憲法典」があった。しかしその運用を見ると、流血政変かクーデターだ。全斗煥大統領は「流血なき憲法的政権移行」を一義的目標としてかかげている。しかし反体制派の全斗煥憲法に対する反対が政争の核となっている。

こう見て来ると、アジア諸国の中で日本が憲政国であるということは注目されていいことだ。他の諸国よりも、よりよい「憲法典」を有するからでは決してない。今の憲法は一世紀前の明治憲法を「継承する」との法手続きで、国民言論の自由のない時代に改正されたものだ。その時から今にいたるまで、現憲法への批判や不信は大きい。国民の過半が改正希望者である事実は、現憲法で永久政権を保っている自民党が「憲法改正」のキャッチフレーズを棄てては、第一党の地位を保ちがたい事実を見れば分かる。

それなのに何故に憲法改正ができないのか。それは改正の法手続きが、非常識なまでに頑固であるためだ。しかも国民が「改正」を要望しつつも「一国の憲法は合法的に改正されない限り決して破棄すべきでない」との「憲法制度そのものへの権威感」が、驚嘆すべきほどに根が深く強いからだ。

その憲法制度の権威感が、何故それほどに強大なのか。それは逆説的に見えるかもしれないが、明治の「帝国憲法」が生んだのだ。この憲法は、軽薄な法制史家がいうような外国法典の安易な模写でもなく、五年や十年の政治家、学者の所産でもなかったのだ。

大きくいえば二千年の日本国史、短期的に見ても五十年間の国家社会の風潮を根拠にして、あらゆる流派の対立を統合しつつ、練り上げられた。起案の素の実務者の官権にもっとも強烈に抗弁した民権の戦士・犬養毅が最後の渙発《かんぱつ》の日に「この大典の制定の歴史は、万邦に対して範たるべき歴史だ」といったものだ。この法典の内容条文より以上に、その制定の歴史こそが、日本人の憲法権威感を固めたゆえんを銘記すべきだろう。

立憲の社会条件 ―現実政治の潮流が要求―

幕府が祖法を緩和

日本国民の立憲要望の歴史は古い。近代史家は、それを弘化嘉永年代ころからの実際政治の必要上、古い徳川の祖法（幕府閣老の集団独裁制）をゆるめたころからのことと見る。幕府は、京都の天朝の権威に援助を求めるとともに、全国諸藩からの自由な国政意見を求めて、会議政治による外政国論の統一策を考えざるを得なくなった。それはたちまちにして、全国の士族は勿論、農商知識人の言論思想表現の自由を誘発して、門閥身分の封建制の基礎を動揺させるにいたった。

幕府はそれが幕藩体制そのものを根底からおびやかすことを憂えて、しばしばブレーキをかけようとしたが、時勢の大潮流は止めがたく、政局多端、あらゆる苦闘の後に徳川の大政奉還、明治維新となった。

その間に、全国の志士や有識者の間に、多彩な新しい政治体制を求める構想が現れた。それは反徳川の諸有志のみでない。徳川の幕臣ブレーンの側からも現れた。むしろ徳川幕府は諸藩よりも遥かに権力財力も大きく、知識人も多い。それに三世紀に近い鎖国時代を通じて外交権を独占し、幕府のみがオランダ中国等を通じて諸外国の政治軍事社会事情についても、豊富な知識資料をも所有していた。社会事情の転化に応じて、日本の現実的条件の上に、外国の知識を利用するとの構想を立てるには有利な立場にあった。

幕末二十年の政治の現実は、日本が近代的統一国家としての新しい体系を立てることを求めていた。それは、議会政治による国民心理の統一である。幕臣の西周などが、慶応年間にすでに憲法典案を作成して慶喜に進言した。それは当然に徳川的憲法である。

その憲法の構想は概していえば、ヨーロッパの諸侯国連邦制に似ている。天皇を国の精神的権威として立てるが、徳川幕府が政治実権の中枢に立ち、諸藩の連合会議をまとめて行くような政体を考えている。外人の中にも、日本の情勢から見て、中央集権的近代国家になるまでの過渡政体として似たような予想をした者もあった。

五箇条の御誓文〝四民平等思潮〟の興起

これは幕臣としての一構想ではあったが、時の勢いはすでにそれより進んでいた。一国家の一天皇の下に「広く会議を興し、万機公論に決すべし」とし、一元首の下に四民平等を目標とせねばならないとの思潮が高まっていた。幕藩封建の身分制の枠を破り、「官武一途庶民に至る迄、各其志を遂げ、人心をして倦まざらしめんことを要す」との機会均等の人権思想が成長していた。それは国情の現実情況から生み出されたもので、それがいわゆる五箇条の御誓文の維新の国是となるべき社会条件を生み出していた。

世の一般の明治憲法制定史では、この五箇条の御誓文をもって、帝国憲法のスタートとして説明するのが一般となっている。それは勿論誤りでない。しかしこの五箇条の御誓文は少数者のみの新案として、明治維新の政変によって忽然として現れた思想なのではない。

多くの思想史家（藤井甚太郎、佐々木惣一博士など）は、それが少なくとも維新前約二十年間の実際政治の上から現実的に日本人の間で成長した思想であることを証明している。天皇の権威の下に、広く会議を興して万機公論に決すること、この大綱を確実にするためには封建身分制を廃すること（後の語でいえば、四民平等の人権保障の必要）という思想は、あれこれのひとにぎりの思想家や学者の卓説から出て来たものではない。日本の現実政治の流れの中で、徳川政権自らもその必要を感ぜざるを得なかった。

しかも、この憲法的基礎思想が固められ宣言されてから、それが大憲章として法典条文として固まるまでには、国政の中心課題として二十二年の研究討議を経ている。実に半世紀に及ぶ間の国民熱意の結晶であった。それは決して一政派のその場の政策都合や、一学派の思想家や法学者の所産でない。そこには五十年の一国の熱意の総合的重みがかかっている。この制定の歴史の重みが、日本人に「憲法」というものへの格別の権威感を生じさせた。

それが当座局面の政治にとって利か不利かは別の論もあり得よう。アジア諸国では次々に近代憲法ができたが、次々に流血革命で新政権ができれば、前の憲法は棄て去られて新憲法ができる。同一政権でも、政治路線の変更の必要で新憲法が現れる。それは新政権にとって好都合であるのみでなく、政治革新のためにも有利で便利だとの見解も確かにあり得るだろう。

民撰議院建白の前後 ―民権家の動き活発化―

西郷、板垣ら下野

明治維新、王政復古の五条の大国是の第一条は「広く会議を興し、万機公論に決すべし」というのである。それは天皇の統合の下に、あらゆる国政についての会議をおこし、やがて天皇制下の議会政治を目標とする。

事実維新早々から、公議所（やがて集議院と改称）が開かれ頻繁な政治会議が開かれて討議は熱心だったが、全国諸藩代表の国政大局に関する見識が不十分で、将来の議会となるべき公議所・集議院の決議は、それほど重要な成果をあげなかった。

緊急な新政治の決定は、ほとんど政府（太政官）が当たった。明治四年、廃藩置県で統一国家体制が固まり、国際外交を重く見た政府の重鎮、岩倉、木戸、大久保以下がエリート新官僚団を引き連れて米欧列強を訪問、あわせて国際知識を学んだ。

その不在間の政府では三条も残ったが、西郷、板垣、副島、江藤、それに大隈等の留守政府が政務に当たった。ところがこの洋行組と留守政府との間に、政見についての大きな開きができて、明治六年の秋に対韓政策を中心として激論を生じた。朝議は岩倉、大久保等の洋行組によって留守政府が採択した案が否決となったので、西郷、板垣、後藤、江藤、副島以下の諸参議は政治責任上下野して政府は全く二分の形となった。

この時に下野した諸参議は、岩倉、大久保をもって、あらゆる点で維新の国是に背くものと信じた。かれらは国民の公論の絶対的多数を代表したものと確信し、万機公論に決する民撰議院が設立されさえすれば、自らの政見が公論として国政を決するのは当然自明として、退官直後に相連署して建白書を提出し公開した。いわゆる「民撰議院設立の建言」は、

臣等伏して方今政権の帰する所を察するに、上帝室に在らず、下人民に在らず、而して独り有司（官僚、役人の意）に帰す

との有名な冒頭の句に始まる。

「今の有司（役人）専制は、天皇の政治でもなく人民の政治でもない」との痛烈な書き出しで議会開設を要求した。

諸参議の中でもっとも熱烈だったのは板垣であろう。建白の正式提出は明治七年一月十七日だが、板垣はそれより前の十二日にすでに愛国公党を結成しており、十四日には板垣系の武市熊吉を隊長とする激派の一隊が岩倉を襲撃し、岩倉は危うく逃れて一命をとりとめた。この熱情のアピールは天下の人々を動揺させた。

全国から請願殺到

岩倉、大久保政府も強気だった。洋学知識人を動員して「時期尚早」の論をおこし、新装備の軍隊を出動させて、民撰議院論を激しく主張している江藤新平等の一党を佐賀城下で挑発して、乱を準備したとしてその一党を破砕し、首領の江藤を惨殺した。

板垣は、維新の兵変に際しては、その武功は大藩薩摩の兵をひきいた西郷ほどの大軍を有しなかったので武功は西郷には及ばなかったが、精鋭の武将としては当代第一と称せられ、土佐の兵力も強大で、佐賀のようにわずかの兵力では鎮圧困難であった。このような殺気天に満つる情況下に、板垣は急速に各地の民権家との連絡をとり、八年には大阪で全国民権家の精鋭代表の集会を開いて政府に対して威圧政策を採った。

政府は板垣と木戸を会談させて、立憲目標の和解政策を採ったが、明治八年四月以後、この大阪会議に結集した土佐以外の民権家の多くが、明治十年の西郷の西南の役の一翼に参加して戦死している。

西南の役の政治性格は複雑であるが、中江兆民や福沢諭吉のような在野民権家の泰斗までが、ひそかに大きな期待をよせた。西南の役は近代史上の最大の内戦となったが、西郷が城山に斃れて兵変はひとまず鎮圧された。

しかし西郷の残党、特に民権激派（加賀、島田一良等の一党）は、政府の大久保利通を襲撃して暗殺し、政府を動揺させた。これを機として全国の民権家が再結集して、議会開設の要望をかかげて福岡県、岡山県、高知県を始めとして全国各府県から議会開設の請願が殺到した。

後世から見れば、請願とは平和合法の運動である。しかしその請願運動を組織し動員しているのは、西南の役前後の叛乱から大久保襲撃隊の残党にいたる戦闘者たちである。しかも、その公然たるリーダーが大政奉還の維新政変での主たる演出者の後藤象二郎、維新兵変で赫々たる武功を認められた板垣退助等々である。

木戸、大久保亡き後の政府閣僚よりも上のランクではあっても下でない。御用学者の「時期尚早論」などで時を稼いだ五、六年前の政治情況とは全く変わって来た。

英明の立憲君主　―14年の政変に範示す―

元老院案立ち消え

怒濤のような在野の議会開設要求までに、政府の側でもただ何事もしないで放任していたのではない。国会開設、憲法政治は維新以来の天皇の御誓約であり、その精神はその後の詔勅にも示されている。時期尚早とはいい得ても、原則的に反対はできない。明治八年には懇切な詔書が渙発されて、「御誓文の意を拡充して国家立憲の政体を立てる」として「立法機関として元老院」の官制を立てられた。しかしこれは政治的には前記の板垣対木戸の協定で進んだはずだったが、板垣の急進論に木戸が反対して政治的には決裂した。

元老院の官制は残り、堂々たる一級の議官の名を列ねてはいるが、事実上は重視されなかった。ただ議官・福羽美静、幹事・細川潤次郎等がいて、かなりの数の学者を用いて、日本の法制史や外国憲法の訳書、立憲意見文書などを作った。これは後年の憲法起草の討議資料としては役立った。また元老院としての国憲案の草案も作成したが、第三次案（明治十三年）まで各条文に各議官の同意決議が得られないまま、ともかく陛下の御参考までにとして提示された。しかし政府の実権者・岩倉が元老院案には全く不信で立ち消えとなった。

しかし政府は、切迫した国会請願に対して、政府の見解を統一すべく参議要人にその意見を提出させた。各人異色はあるが、概ねは「在野の要求におしきられたのみでは、国政が破綻する」として強気の言語姿勢を示しながらも、しかも実質的には国会開設、憲法制定への慎重な、漸進的準備の要を認めた者が多い。

ただ大隈参議だけがどうしても提出しない。左大臣の有栖川宮が強いて要望されると、「同僚には見せない」との条件で長文の上奏文を捧呈した。それは明治史上有名な文で、多少詳しい政治史には必ず出ているから改めて書かないが、端的にいえば二、三の日本的例外があるだけで、ほとんど英帝国憲法そのままの議院内閣制的な憲法意見書である（ただ英国と異なる点は、欽定憲法主義を原則とし、英国憲法の王位継承法とか国教制度主義を全く無視しており、最高高官として三大臣の永久官制を設ける構想などが目につく）。

これは矢野文雄に執筆を命じたというが、それをほとんど法典化したのが後の交詢社憲法案となる。「天皇は、政府の宰相を任命なさるが、議会の立法権、予算権を強固なものとして、その議会多数党を指導し得る者に内閣首相を任命するとの憲法習律を立てたがいい」というのである（これは大正から昭和の初年までに事実上行われた）。

この意見書を、三条太政大臣の手許で伊藤博文が筆写してその過激急進なのに憤り、岩倉他薩長の全閣僚と連合して、大隈を追放することにした。しかも政局をさらに険悪にしたのは薩閥の黒田清隆が大きな国有財産を破格の安値で払い下げする案を立てて、閣議で大隈以外の閣僚の同意を得ていた。大隈だけが渋って同意しなかったのが民間に洩れて、途方もない利権汚職事件として、在野の新聞や政党から猛烈な攻撃を生じた。議会を設けず、藩閥専制で行くからこのような不義不正が横行すると痛論された。

一人の流血もなし

薩長の閣僚は、大隈と過激野党が通謀して汚職を名として、薩長人をすべて政権から追放して、過激な憲政を決行するのだと解した。これでは維新以来の薩長政権を守るためには何としても大隈を謀反人として、兵力を動員してでも弾圧せねばならないと一決した。

その時に大隈は明治天皇に随行して地方旅行に出ていたが、大隈罷免の勅許を得るべく、警察軍隊の出動を準備して待機した。天皇が帰京なさると全閣僚が一同そろって参内して大隈謀反につき罷免致したいとの勅許を求めた。しかし聖上は極めて冷静で、新聞のみでなく特殊の情報をもたれていた。

天皇は次々に閣僚を指名して質問なされた。国有財産払い下げの正しさを立証し主張し得る者がなくて、それは撤回させられた。大隈謀反の証拠についての御質問に対しても、各閣僚の奉答は次々にあいまいになった。聖上が閣議決定に御不信の御様子は、みなに察せられた。しかし聖上が「大隈を信ずる。薩長政治家すべて退任」とでも命ぜられたらどうなるか。理非はともかく、当時の国政は中央地方を通じて大動揺混乱におちるの他あるまい。

聖上は、大隈が全閣僚と一致しないなら「辞職させるがいい。多年の功もある者だから勅使を以て懇ろに辞任をさせ」と命ぜられた。大隈は辞表を捧呈して門を閉ざし、緊急情況の沈静を見るまで沈黙を守った。大隈直系として活動した高級、中級の官吏多数がすべて野に下った。かれらが民間人として、やがて立憲改進党を創立する中核となった。

維新以来、大きな政治変動では必ず流血の惨事を生じた。それは憲政確立前の外国でも日本でも、避けがたい政治権力の作用であった。明治天皇はそのいくたびかの悲惨をなげき、憲政の大道を志とせられたが、明治十四年の政変に際しては、一人の流血の犠牲もなかった。未だ憲法典はなかったが、すでに聖上は卓抜にして英明なる立憲君主の範を示すほどの修業を積まれていた。

後年に大隈は、往年を回想して「明治天皇の御英知がなければ、あの時におれの命は絶たれて、首を斬られていただろうと思う」と感慨を洩らしたという。

大隈重信の憲法思想 ―英国の議院内閣制模す―

福沢の助言受ける

大隈はその時まで閣僚中で、岩倉を別とすれば第一の実力者だったであろう。かれの政治上の熱意ある助言者は福沢諭吉で、政府の優秀ブレーンも多かった。かれらが立憲改進党をつくった。

維新後の政治的大波乱を通じて、今まで政権の中枢にあって、議会と憲法とをもっとも嫌っていた岩倉も、憲法制定の必要やむべからざるを覚悟した。かれは自ら憲法の大構想を立てるブレーンとして、新進の英才・井上毅を登用して信頼した。井上はこの世紀の大業の中枢として史的な大業を果たすこととなるが、岩倉はすでに老年であり、参議の中に代表的政治家がなくてはならない。井上は、その人物は伊藤博文以外にないと進言した。かくして憲法制定の政府のバックボーンは、岩倉具視、伊藤博文、井上毅が形成することになって行った。

そのころまで、明治初期以来、日本の法近代化のためには、公法でも私法でもフランス法学、アメリカ法学の影響が圧倒的に強かった。お雇い外人の数も多かったが、フランス法学ではその本国のパリ大学でも英才として認められたボアソナードが新立法に大きな影響を与えており、井上毅なども深くその指導を受けて刑法の改正などで協力していた。

伊藤博文、森有礼などは早くから米国法の勉学につとめており、信教自由、政教分離の法理とか、三権分立の法理などを力説していた。英法学の影響は、明らかに米仏に及ばなかった。それなのに大隈がどうしてほとんど英法の形（法理思想の質にはかなりの異質性があるけれども、形としては）英法そのままともいい得る憲法構想を打ち出したのであろうか。一つの問題点である。

その理由の一つは、ただの刑法民法などでなく、全般的な憲法ということになれば、米仏のような共和大統領制の憲法を参考にするのは、日本国の国体との関連上、至難としたこともあろう。現に在野民権の泰斗・福沢諭吉でも中江兆民でもフランスの大統領制が不安定で、真の民権レスピュブリカの点では、英帝国の方が遥かに勝ると力説していた。それのみでなくフランスは大革命以来、共和制も安定せず、皇帝制（ボナパルト帝政、ブルボン王朝、オルレアン王朝）などが次々に現れて、実質的には官僚行政権が有力である。

民撰議会、国民望む

米国の大統領制は、民主的とはいっても行政権の政府権力が強くて、議会の勢力は存外に弱い。日本の国民が熱望している民権というのは、憲法とはいっても主として民撰議会の権力のことである。木戸孝允などは、まず三権分立で専制を改めるを第一段階とし、議会の伸張は時代の進歩によって徐行するとの憲法構想であったが、民撰議会第一を主張する板垣とは相決裂した。事実、日本近代化に関心深い外人の助言は木戸方式が有力で、板垣流でない。

大隈は私的に板垣とは友好的でなかったが、国民の要望は民撰議会の建白以来、明らかに民撰議会の強力を欲している。その国民の要望に対応して行くのには、三権分立論などにこだわらず、世界でもっとも議会権限の強大な英国法を最高目標としてかかげるがいい。現実政治の歩みは当然に反対派との交渉、妥協も必要となるし、大胆にアドバルーンをあげたがいいと考えたのではないか。

欽定主義を前提とする以上、英法に在朝有司がやすやすと同意するはずもない。それで大隈としては「他の閣僚に見せない」との条件で陛下の御参考として急進論を捧呈した。

それが全閣僚に洩れて、大隈は過激な謀反人だとして追放される破目になった。しかし、英明なる聖上は格別に驚きもなさらなかった。ただ「大隈が決して他見させないでくれと頼んだ文を他見させてしまったから大騒ぎになったのが当然だ」とだけ洩らされたと伝えられている。聖上はあらゆる臣民の声を求められた。

この大隈の英国流議院内閣制憲法に、政府が大きな刺激を受けた。政府はこれを在野反対説の中心的目標として対抗して、精力的な研究をすることとなるが、その前に日本の政府が憲法構想について聞いていた有力なフランス、アメリカ、英国人等の助言参考を少しく語っておきたい。

ボアソナードとグラント ―民撰議会設立に反対―

フランス流自然法学

明治八年の元老院設置の前後には、多くの憲法私案が作成されている。しかし政府官僚すじの洋学開明派は、すべてといっていいと思われるが在野の民撰議院には反対である。そのころ洋風の新法制化のためには、外人の教師の雇われた者が少なくないが、中でもフランス人・ボアソナードはパリ大学の教授で本国でも名声の高い一流の権威者だった。

明治政府は多くの優秀な外人専門家を招くのに卓抜な能力を示したが、ボアソナードのような一流学者を日本に連れて来たのは、いささか不思議の感すらある。ボアソナードは多くの日本の秀才に法学の高度の基礎知識を授業し、新しい法律の作成にも多くの業績を残しているが、かれが文明刑法のために拷問禁止の法理を熱情的に講義し建言して、新進の立法官・井上毅が深い理解と協力をして人間的にも、もっとも親交を深めた話は有名である。

明治八年に元老院ができた時に、ボアソナードは司法卿に対し「憲法草案」を提出したが、その草案は今まで残っていないといわれる（大久保泰甫著『日本近代法の父―ボワソナアド』）。

かれの法学はフランス流の自然法学で、右の大久保著によれば「憲法備考」等の文があり、その法思想はほぼ推察理解できるが、当時の日本の国民知識を未だ不十分と考えてか、民撰議会の設立は時期尚早と見てか設立しないで、ただ行政権から独立した立法府を天皇が確立すれば、それで専制政治からの一歩前進ができると助言したようである。

それは木戸孝允などをトップとする開明派官僚の見解と似たものらしく思われるが、当時の日本国民の要求からすれば全く保守的にすぎるもので、元老院あたりでも重視しなかったらしく、草案そのものが残されていないらしい。井上毅などは、立憲途上でも条約改正問題などについては、このフランス法学者に強烈な影響を受けているが、憲法については、フランス法の自然法学流の憲法説は、その後の歴史法学、社会法学の抬頭とともに、時代おくれのものと考えたらしい（ボアソナードは、フランスでは憲法学や経済学の講義をしていた）。

これはフランス人でなく米国人などでも似たものだった。明治十年に米国の大統領を引退したグラント将軍が来日して、明治天皇に親しく新政についての忠告助言をしている。グラントという人物は興味がある。南北戦争で北軍に入り、その才能を高く評価されて、最高司令官として名声を高め大統領となり、一八七〇年三月「選挙権は、人種、体色、以前の服役（南方敗戦者）の如何によって制限せられざるものなり」との憲法修正条項を制定したことは、アメリカ憲政史上特筆さるべき業績である。

かれは大衆の好意を集中し得る非凡の好漢であったが、それが側近の党人や官僚に利用されて、大きな経済的汚職事件をおこして、二期の任期を終わって海外旅行に出た。しかもこの大失策にもかかわらず、経済的なお人好しは改まらず、大きな私的債務を生じて大統領年金などでは始末がつかなくなった。それで出版社から自伝執筆を頼まれて懸命に書いた。その波乱に満ちた自伝は驚嘆すべきベストセラーとなり、大きな印税収入を得た。かれは苦病のベッドで最後まで（死の四日前まで）印税を稼いで債務を支払って病死した。米人好みの英雄である。

新興日本に強い期待

かれは、その経歴で分かるように、当時の白人にはまれな人種平等主義に熱情をもつ人で、新興の日本に大きな期待をかけた。そして、おそらく議会や政党にも不信感があったかもしれない。グラントは二カ月も日本に滞在し聖上にもしばしばお会いしたが、特に明治十二年、陛下の御希望によって浜離宮で、熱心に日本の国政についての忠告対話をした。

かれは痛烈に白人列強政府の不義不正のエゴイズムについて怒りの情を示して、アジアの日清両国が強く相和して、独立を失わないよう努力することを勧告している。

そして日本の新聞紙上に見える民撰議会設立の論に対しては、急進過激で同意しがたいと力説し、議会制を設ける前には、

議会にあまり権限を与えてはならない。まず初めは国民の指導的な人物を挙用して、討論の機会を与える諮問機関程度のものとし、立法の法的権限を与えないがいい。そして国民の政治知識を進歩させ、その上で漸進の策を採るがいい

というのである（正しくは『グラント将軍との御対話筆記』参照）。

グラント案では、議会は法律制定権も予算決定権もない。ただ国民の意思と希望とを請願し陳情する場を与えられるだけである。決定権は政府にあるというのだから、その程度（請願権、陳情権）は法定してはいなくても、すでに日本では実質的に幕末以来行われているといってもいい。フランス法学者・ボアソナードと似たりよったりの保守的意見だった。

これらの外人は日本の現地に来て、日本の科学技術の近代化のスピードの急速なのを認め、感歎しているのである。しかし議会とか憲法の近代化は、その程度の保守の線が合理的だろうと思っている。次に日本の現地は見ていないが、そのころ国際的に自由進歩の哲学者として有名だった英国の哲学的思想家・スペンサーの対日意見を見てみよう。

外人の憲法意見 ―日本人私案より保守的―

スペンサーの助言

そのころ英人・スペンサーは、国際的にも徹底した強硬な自由思想家として名声高い碩学であった。その『社会平権論』などは、明治十年に尾崎行雄の抄訳があり、後に松島剛の訳本も出た。これは当時の日本民権青年にもっとも熱情的感動を与えた。この書にショックを受けて、必死のテロまで決意した者もあるほどの書であるが、洋行不便の時代のこととて民権家でこの著者に直接に交渉して理論研究した人がない。

スペンサーに直接に親しく交じわったのは、明治六年ころの森有礼であろう。スペンサーは森を信頼して懇切な助言教示を惜しまなかった。ところがスペンサーの指導には進化論が深く刻みこまれている。

かれは英国数百年の歴史の進化の成果としての十九世紀の「自由」を論じているのであって、かれの知る限りの日本知識をもってすれば、十九世紀の日本の憲法は、日本人のだれが考えている私案よりも保守的なものでなくては国を亡ぼすという主張だった。

森はスペンサーのきびしい論理に影響されて、日本の洋学知識人ではだれでもが驚くような前近代的な草案を作成した。しかしスペンサーの批判は徹底してきびしかった。スペンサーは頑固に日本政府に森を通じて、その保守主義を助言した。いささか後年になるが、明治十六年か、板垣退助がロンドンに来た時に、森はスペンサーとの会談をすすめた。

板垣は、スペンサーが自由思想家として有名だったので会見したが、日本の憲法の話になると全く対話ができないほどの鋭い対決を生じた。スペンサーは「日本で民撰議会が法制定権をもったり、予算決定権をもつのは四世代も五世代も百年の後のことで、十九世紀の日本人がそんな議会を望むのは国を亡ぼす」との論である。それは板垣にしてみれば、日本の論敵、岩倉、伊藤などよりも遥かに反動の論だ。

かれが日本で自由思想最高の書として国民にすすめていた著者から、このような反論を聞いては黙っておれない。席を立って怒り相罵倒して別れた。

板垣はフランスでもイギリスでも、かれの理想とする「自由」を見聞し得なかった。かれは帰朝後の歓迎会でも、英仏の現実については語らなかったが、維新以来の「自由」への情熱は、晩年の大正時代まで失わなかった。後年、台湾に行って島民の自由精神を鼓吹した。

誤解された森有礼

戦後の明治憲法批判者の中に「伊藤・井上が、やたらとドイツ法学者の助言を求めて憲法を保守反動のものとしたが、米英仏人に学んでおれば今少しく自由なものとなっただろう」という学者がある。全く無知の甚だしいものだ。ここにはフランス人・ボアソナード、米人・グラント、英人・スペンサーなど一流の学者、政治家の話を書いてみたが、かれらは日本人に助言したドイツ法学のどの学派の者よりも、議会（人民）の権限と自由の制約を助言したのだった。

憲法ができた後で金子堅太郎が欧米の学者の批評を求めて歩いたが、その報告書はほぼ儀礼的にほめている文を集めている。しかし、この書には出ていないけれども碩学・スペンサーなどは「あまりにも進歩的で軽薄なのに絶望。私の助言をこれほど無視する日本政府への交際は断る」とまで書いた文が『スペンサー全集』にある。

森有礼はスペンサーに深く影響されて、議会政党政治に痛烈に反対して、極端な保守反動の憲法案を書いたばかりでなく、制憲会議ではいちいち官権主義を力説して、伊藤議長から発言停止を命ぜられた。かれは憲法渙発の日の朝、全くの「誤解」で憂国の壮士に刺殺された。

だがこの「誤解」には理由があった。森という人物は、同情的に評すれば直情径行でいかなる急進洋化論（国語を英語にする論）でも、いかなる反動論（政府不信任禁止論）でも、世の常識を無視して所信を力説する人物で、剛直ではあったが「政治家」としての資質には欠けていた。当時の新知識・徳富蘇峰が森の死に際して書いた評論（『蘇峰文選』にあり）は、いささか冷酷の感をまぬかれないが、当時の世評を代表している。かれは現代でも「誤解」されつづけている。

大隈流「英国憲法」──「交詢社憲法案」成る──

前期は岩倉流に運用

大隈重信が、著名外人などが議会主義憲法などとはほど遠い見解を助言している時に、明治十四年に英国憲法そのままのような憲法構想を上奏した。そのため一大政変がおこった。しかも大隈意見は多少の修正を加えて整理されて、法学的にはいよいよ英国憲法らしいものになった。交詢社憲法案である。政府ではこれを主たる論敵目標として「岩倉憲法綱領」を立てて、草案の研鑽を積んだ。

その結論として制定された憲法は、その表の形から見ると、表の形は岩倉綱領をそのまま法典化したようなものになっている（穂積八束の説）。しかし大隈法の構想も浸透していて、吉野作造がいったように「朝野の二つの政治勢力の交錯線上に成立した」ようなものとなり、端的にいえば、明治憲法はその前期は岩倉流に、後期は大隈流に運用されることともなった。それで大隈流の「英国憲法」がどんなものかを一通り説明しておく。

十九世紀の大英帝国は、地球の全域を植民地化し奴隷化して、その覇権は世界列国の遠く及ばざる大帝国主義だった。この大帝国主義権力のパワーの根源こそは「英帝国々内に限定された自由議会制」の威力だった。これは逆説的に聞こえるかもしれないが、犠牲者の印度の思想家たちがよく解明している。

英国の憲政史は、遠く七世紀前（日本では鎌倉時代）の中世、マグナカルタ大憲章に基づく。それは君権と地方諸侯との戦闘闘争とその停戦条約ともいうべきものであって、その後の国家基本法も概ね同じと見ていい。この君権に激しく対決戦闘した諸侯や聖職者の集団が議会である。歴史の進展とともに、この議会に郷士や市民が加わる。

英国王室がローマ教会に反抗して聖公会を立てて以来、政争の中心題目は各教会間の宗教戦争となり、おびただしい流血の内戦がつづくが、その勝敗を決する戦場の核は議会である。清教徒クロンウェルは議会とその兵力によって国王チャールス一世やその高官を、議会決議によって断頭台上で死刑に処する。クロンウェルは議会の権威を高めた功績者として英国議会の前に今も大銅像が立てられている。

協定憲法避ける

やがて王党が勢力を盛り返して、クロンウェルの遺骸をウェストミンスターから引きずり出してテームズ川に流し、その残党を掃滅した。国王として良心的に死をも畏れなかったチャールス一世の銅像が地下から掘り出されて、ロンドンの中心の広場に立てられて（ヴィクトリア時代）今も王党の敬意の象徴として立っている。チャールス一世も反対のクロンウェルもともに生きている。王政復古後にジェイムス二世は、議会との闘争に敗れて海外へ亡命する。

しかし、議会は「聖公会を国教と認め国王が反カソリックで、プロテスタント防衛者たる任務に忠であること」を条件として、海外からの王朝血統の子孫を迎えて即位させて王位継承法を立てる。君権は六、七百年にわたって、しばしば議会反対党の主力――その主勢力は、時代とともに変わって行く――と激しい苛烈な戦闘をしては停戦講和の歴史を積みながら「国家基本法」を作って行った。

その法は数十百にも上るが、それは複雑で一法典にまとめがたいので、英国民はそれを総合して良識的に運用して行く。その良識運用が巧みなので、これを「不文憲法」と称している。名誉革命で成り立った王位継承法確定以後は二、三の危機はあったが、議会の権力は君権よりも徐々に優位を占めて、文明国憲法の典型とされるにいたった。

これは議会を六、七百年の主戦場として来た英国史なくしてはその真精神は理解しがたい。議会の本質は戦場なのであり、議院には剣をおく設備がある。議場は敵味方の間にロープを張って相対決して討論する。憲法とは朝野の戦闘後の講和であり、それを守り守らせるのが憲政である。数百年の戦闘で鍛錬された国民が敵味方相一致した時に、その戦闘力の強大なのはいうまでもない。

しかしこの憲法は、七百年の議会という戦場の歴史があって初めてできた緊張感の強烈なもので、一通りの法理論や政治理論から出て来るものでない。大隈が英法を利用しつつも英法の第一義、協定憲法（筆者の停戦講和主義）を第一に避けているのは賢い（平和な日本人には全く不向きである）。

政府高官の初めの私案は、国土条章から始まる編成だったが、最後案では交詢社案にならって、第一章の天皇から始まる文案となる。また議会の政府不信任決議権が承認され、議会の立法権、財政権が政府の当初案よりも事実上、拡大されて行くこととなった。

交詢社憲法意見 ―在野憲法草案の白眉―

優秀な研究者が参加

大隈重信の上奏文では「内閣組織については、多数党の党首」への任命を論じているが、これは英法としても通俗にすぎる。たまたま英国では、二大政党の風潮が長くつづいた。憲法条文の上では、首相を任命する大権は君主の法権であるけれども、議会の立法権、財政権が強くなっているので、絶対多数の第一党の党首を首相に命ずれば統治が行われるが、少数党の政治家では議案で全的に否決されて何もできない。それで第一党党首が首相となるとの憲政習慣ができた。

これは二大政党という政治実情が生み出したもので法なのではない。現に第二次大戦前の政局混乱の時には、多党化して第一党でも第二党でも議会を制御しがたい情況となった。国王ジョージ五世は多くの政治家と会談して結局、第三少数党のマクドナルドを首相に命じて、第一党をして支援させて、英国が国際財政的に破綻に瀕していた難局の乗り切りの大道を開いた。

ジョージ五世のこの時の首相任命権の行使は憲政運用の卓抜なものとされている。それは英国憲政史上有名なことであるが、それは日本人が立憲論争していた時代から三、四十年もの後に生じたことである。

しかし二大政党制などは憲法で法定できることではなく、憲政の英法学の論理から考えればこのようなことの生ずるのは、予想できることである。大隈の構想に従った交詢社憲法の立案者にはなかなかの法学研究者が参加していて、ここのところは、

第一条　天皇ハ宰相並ニ元老院国会院ノ立法両院ニ依テ国ヲ統治ス
第二条　天皇ハ神聖ニシテ犯ス可ラサルモノトス、政務ノ責ハ宰相之ニ当ル
第三条　日本政府ノ歳出入租税国債及諸般ノ法律ハ元老院国会院ニ於テ之ヲ議決シ、天皇ノ批准ヲ得テ始テ法律ノ効アリ
第四条　行政ノ権ハ天皇ニ属シ行政官吏ヲシテ法律ニ遵ヒ総テ其事務ヲ執行セシム
第七条　天皇ハ内閣宰相ヲ置キ万機ノ政ヲ信任スヘシ
第十一条　内閣ノ議決定セサルトキハ首相之ヲ決シテ上裁ヲ仰クヲ得ヘシ
第十二条　首相ハ天皇衆庶ノ望ニ依テ親シク之ヲ撰任シ、其他ノ宰相ハ首相ノ推薦ニ依テ之ヲ命スヘシ

となっている。明文法の理義においては皇帝の至高権を示し、実際政務の執行権は議院多数の支持する内閣がその権限と責任において当たるとの英法をかなり精緻に採っている。しかも英法にとっては重要な、聖公会を国教と定める条件だとか、協定憲法から必然に生ずる王位継承法（国王の権限停止、退位の条件）などは、全く知らないものかのように無視し去っている。

政府高官らが猛攻撃

当時在野の私擬憲法では、筑前共愛会案などがより急進的（普通選挙）で国粋的（家の重視）な異色を有したが、他の諸案は法学体系の基礎知識なく、法的内部矛盾の多い混乱したもので、交詢社案が政府の論争対抗すべき、ほとんど唯一の存在といってもいいであろう。

政府の高官たちはこの案をもって、天皇統治の大権（特に首相任命の大権）を抹殺して大権を議会にうばい、国体を破壊するものとして猛反撃した。そして表面全く相異なる憲法の起草を進めて行くのだが、その過程において

事実上はこの交詢社案を参考として採り入れた点も少なくない（例、政府高官の草案構成は、初めすべて国家国土の構成などから始まる国家権力構成法で、皇帝は権力の強い行政権者として中ごろから出て来る。政府高官の案は、井上毅のそれでもこの型であった。ところが交詢社憲法案では、前記したようにまず第一条から天皇の条が始まる。この編成は大切な点で、政府案は常に交詢社案を非難しつつも、いつしか次第に交詢社型の第一章を天皇とする編成に移って行った）。

次に大隈意見で、太政大臣以下の永久高官の制があったのが交詢社案では消えている。大隈は上奏にただこの一条を入れて三条太政大臣以下の三大臣を驚かせないための策で書いたものか、それとも後年の元老のように聖旨と議会意思とを疎通させるためとして考えていたのかは分からない。雄弁家として知られ、また沈黙の重大さをよく知った人としての大隈の真意は分かりがたい。しかし首相宰相任命権については、交詢社案は大隈文書よりも遥かに法学的に用意周到に進歩しているといっていい。

井上毅とドイツ法学 ―英法学に対抗で利用―

江藤の教訓が影響

帝国憲法起草の井上毅が初めて本格的に洋風近代化法学の研究を始めたのは、明治五年に大久保利通に随行して渡欧したころからだろう。これは司法卿・江藤新平の指名によるものだったが、江藤の教訓が井上のその後の学風に影響したところが強いように思う。

江藤は「文明開化を急進して条約改正を断行するためには、民法などはフランス法典をそのまま訳して出せばいい。それが国情に不都合ならば、後で改正すればいい」といったとの有名なエピソードを残しているが、ただの過渡時代の軽薄者ではなかった。江藤は井上に対し「各国の制度文物の視察は、各国文明のすべてを学んですべてを採るためでなく、その長を採り短を棄てるためであるから、学習するためでなく観察批評する精神をもって見てこい」と強く力説し銘記させた（『日本の思想家』―朝日ジャーナル編）。

これは井上の学風の特徴となった。かれはフランス民刑法の美点を深くその長を知ってボアソナードと親交を結ぶ。しかし次いでドイツに行ってはドイツ法学の長所を鋭く発見する。各国別の専攻法学者ほどに詳細の知識はないが、世界列国の法学の長短を観察批判する比較法学者としては当代第一人者となった。かれは英法学に対抗するのには、ドイツ法学を利用すべきことを決断し公然表明した。しかしかれはドイツ法学の専攻者でない。ドイツ法学の専門知識は絶えずロエスラーに質し、その長と認めた点を採ったともいえるが、むしろその多くを批判し棄てている。

ここでドイツ法学について概説したい。当時のドイツ、プロシヤの憲法は、英法をまねたベルギー憲法をさらに修正して、君権が強く議会の権限が少ない。英帝国の国権に劣って、それに追いつく目標に熱心な国が君権による国権統一の必要を感じて、議会権限を小さくした。その可否については、法学者の間に多彩で精緻な学説論争が発展した。国権主義も自由主義もあった。日本の自由主義法学者として著名になる美濃部達吉とか佐々木惣一等々の法思想も、ドイツ法学のイェリネックの流れともいうべきか、同じくドイツ法学といっても現行実定法のドイツ（プロシヤ憲法）を良法とする学もあれば、これに批判的で改良を欲する自由主義的ドイツ法学がある。それは区別すべきだ。それを混同すると論理が分からなくなる。

井上毅が明治十四、五年に公然とドイツ法学を利用すべきことを主張したのは、この二者をともに参考すべきだとするドイツ法学だと解していい。しかしその後に、井上の法学は一大進展して「日本固有法の近代化」の線を進むこととなり、伊藤博文などとも二度三度と激しい対決論争を生ずる。

ここに法思想史を混乱させるのは、プロシヤにビスマルク法思想なるものが現実勢力として大きく流行したからである。ビスマルクは、もともとプロシヤ憲法で強い力をもたない議会権限すらも嫌い、人民の自由権すらも無視して、憲法上の議会の予算権も無視した。独断専制で軍備予算の大支出を行い、反政府の政治活動に大弾圧を加える「鉄血政治」を行った。

当然に自由主義者、多くの法学者は「憲法違反」として猛反対したが、ビスマルクの鉄血政策は世界を感歎させるほどの赫々たる業績をあげ、ドイツの勝利と光栄とは多くの国民の礼讃するところとなった。憲法違反としてビスマルクに反対していた議会の諸政党の多くも、権力の謀略によって分裂されて微弱化した。ビスマルクの感歎すべき政治的成功と外交軍事の勝利の連続は、ドイツ人のみでなく十九世紀の外国政治家をも感歎させた。日本の大久保利通や伊藤博文も、ある意味での憧れを感じた。

伊藤案を撤回させる

英国王室と親族関係にあるプロシヤ王室では皇后以下ほとんどがビスマルクの反憲法独裁に反対だったが、ビスマルクは皇帝を引きずって勝利と成功の連続を記録した。この現実不動の事実を見て、法学者の中でもビスマルク違憲反対の説は消極的となり、あるいはビスマルクの権力主義に妥協する者も多くなって来た。世にこれをビスマルク憲法と称する者が現れて来た。伊藤博文などはビスマルクの政治能力に感歎するのみでなく、その政治意見を憲法に反映させる誘惑を感じたことも確かである。

しかし井上毅はビスマルク主義をもって、近代憲法そのものの否定であると確信して、ビスマルク主義を憲法典に入れることには、終始熱烈に反対しつづけて志を達した。

特に議会の予算権をあいまいにしようとした伊藤博文の案が出た時に、井上は痛烈に「閣下はビスマルクの反憲法主義に学ぶのか。ビスマルク主義などを認めるのならば、日本に憲法など作らないがいい」と反対して、博文の案を全的に撤回させている。反ビスマルク主義を信条とした井上の「前年度予算承認」の条文を見て、日本の法学者の中に「これはドイツのビスマルク憲法をまねた」などという者がいるのは呆れた無学である。

この井上の反ビスマルク主義憲法論がいかに痛烈だったかに関心ある人は、明治神宮編『大日本帝国憲法制定史』第十六章を見られたい。

この「前年度予算承認」の条文は、当時のスペイン及びスウェーデン憲法から、その合理性を認めて採択したもので、社会民主国スウェーデンの憲法に今も存続している。この条文はビスマルクが権勢を振るった時代のドイツ、プロシヤ憲法の中にはない。ビスマルクは前年度予算などには何の関係もなしに、国権の必要とする軍事費の拡大支出をやったのだ。

独法の泰斗・グナイスト ―強い国権主義を主張―

社会主義の危険力説

明治十五年、伊藤博文は岩倉綱領を授けられて、多数の随員を従えて憲法調査のために、はなばなしく渡欧する。俗間ではここで伊藤が憲法構想を練ったかのようにいうがそれは誤りだろう。須貝脩一博士（京都大学名誉教授）

は地味堅実な篤学者であるが、結論として伊藤はシュタインやグナイストの碩学と会談して、すでに岩倉の許ででていた立憲主義的綱領の思想の確認を受けて帰って来たにすぎないとの論旨を書いているが、それが「法学的」には真相だと思う。

岩倉綱領は、ロエスラーの調査知識によって、井上毅が研究し立案して岩倉の思想に一致させて書いたものと思われる。須貝説では、伊藤はそれを確認しただけで何もプラスしなかったことになる。法学理論としてはそう見ざるを得ないが、その綱領を一国の大憲章としてリアライズするには、日本の各流各派の政治勢力との間の複雑な政策交渉などが極めて大切であるし、それには伊藤のような政治能力者が自ら「確認」して自信をもつのでなくてはできない。渡欧も徒労ではなかった。伊藤が会談した主たる学者は、ベルリン大学の権威グナイストとウィーン大学で国際的に社会法学の最高権威とされたシュタインである。

グナイストはもともと英国法流の自由主義法学者として、ドイツ法学界で第一流人の地位を占めたが、伊藤や日本人と会談した諸資料を見ると、ビスマルクの圧力もあったかもしれないが、日本側よりも強い国権主義を主張していて保守的である。そしてしきりに社会主義の将来の危険を力説して、議会の選挙権には高い納税資格条件の必要を論じているが、さすがにドイツ流の等級選挙制は無理だろう、日本にはその社会基盤がないといっている。国民の権利についても、日本の帝国憲法よりも遥かにきびしい自由制約の必要を力説している。

その中でも特に興味深いのは、日本の伝統的な宗教によって「国教」を確立して、できればキリスト教も排するがよいが――おそらくかれは合理主義的非キリストの思想を内包していたのではないかと思われる――少なくともゼスイット教会の礼拝堂で、公然と鐘を打ち鳴らすようなことを許すのは断固として禁圧すべきだという。このグナイストの説では、反社会主義、反カトリック主義は、熱心に繰り返されている（以上のことは、明治神宮編『大日本帝国憲法制定史』第十章を参考されたい）。

グナイストは日本政府にロエスラーがいることを知っていた。ロエスラーは遥かに新進学者であるが、グナイストに対して鋭い反対論なども書いたことがある。かれは「ロエスラーは危険な自由主義者だから、ドイツ政府、法学界でも信用がない」といって注意して、グナイストの門弟・モッセを推挙した。伊藤はグナイストの長時日の講義助言に礼儀正しく謝意を表して、かれの推挙したモッセを日本政府で使用することにした。

官僚が次々に訪問

しかし来日後のモッセの提言はことごとくロエスラーに反論されていて、井上毅も伊藤もモッセをロエスラーより遥かに下位に見下しており、モッセは非常に不満だった。ただ日本の要人では山縣有朋がモッセの知識を評価して、憲法ではなくて地方自治政策についてモッセの知識を参考としたといわれている。

伊藤博文の報告書簡などでは、ドイツ法学の第一人者・グナイストとの会見を報じて、大いに得るところがあったとしているが、これは伊藤流の文飾ではないか。かれの真意を端的に推察すれば、ドイツ法学の第一人者でもこの程度ならば、日本政府が考えている憲法が「保守的だ」などとの非難を受けることは決してないとの安堵感に「自信確認」を得たという程度のものだろう。事実モッセが助言したような保守的反動的助言は、帝国憲法の条文の中に見出すことができない。

しかし世の学者の中には、明治憲法とはグナイストの指導下にできたようにいう人が少なくないのは不思議である。ただかれらは具体的に条文をあげての論証をしない。強いて条文を求めれば、グナイストの論の中には当然に十九世紀憲法にはなくてはならない条文の話がいろいろ出て来る——例、議会が立法予算に関与するとか、私有財産は保証されるとか、等々——それを引用してグナイストの指導というとすれば、それはあまりにも形式論にすぎる。

ともかくグナイストは、ベルリン大学の代表法学者としての地位にある。日本の官僚は次々にグナイストを訪問して「近代憲法学」そのものを学んだ。一般憲法学、附属法等の通則を日本人がグナイストを通じて学んだことは少なくない。しかしグナイスト本人の特殊主張を帝国憲法に対して強く進言したことは、すべて日本側では保守的にすぎるとして採択されなかったと判断して誤りないだろう。

一時『西哲夢物語』というかなり権力主義的な書が流布されて、それが政府原案と誤解されて一騒ぎを生じたことがある。それは政府原案ではなくてグナイストの憲法講義テキストにすぎなかった。帝国憲法と相対比すれば明らかだ。

シュタインの論説 ―日本人自ら で作るべき―

社会法学の大巨柱

伊藤博文がもっとも敬意を感じたのは、法学者としてはウィーンのシュタインだった。ヨーロッパの法学史は、フランス革命ころからの自然法学は論理的にも実証的にも旧説として消えて、歴史法学の時代となり（前記のグナイストなど）、その歴史法学を批判する社会法学が進出して来た時代である。シュタインはこの社会法学の大巨柱として国際的にも学名を高めた。

このような精神文化では当時のアメリカは非常におくれており、博文が米国で学んだ法学は時代おくれの自然法学だった。「開明派」の博文としては、その点でもまず敬意を感じたかとも思う。もっとも日本の新憲法というのは、博文が明治三、四年に米国で学んだ旧説自然法学を基礎的本質とし、それではあまりにもアナクロすぎるというので、半世紀ばかり前に欧州の新説を移入して多少の修正を加えたものである。

シュタインが教えた憲法思想は、要約すると下記のようなことになる。「法を考えるのに、人類共通の自然法で考えるなどとは全く意味をなさない。国法はその国の歴史と伝統の文化に一致すべきものであるから、日本の歴史文化の研究こそがもっとも大切である。今の日本ではその点での注意が不足するのではないか。ヨーロッパの議会はただ市民の税の少ないことのみを考えているが、今の時代には各国とも新しく各種の社会問題を生じて、階級闘争を始め社会文化の問題で解決すべきことが山積しているが、議会は全く怠っている。ただ国政を議会の決議に待っていたのでは、国家には行きづまりが来る。議会の提案を待たないでも、政府はその行政権によって、法律の許す限り積極的に社会問題の解決のために見識をもって活動する必要がある」というような論旨を滔々《とうとう》として熱弁に語り聞かせた。

かれの特徴は行政法学に詳しく、行政官の見識と努力によって社会問題の解決と進歩を目標とする点にあった。伊藤は長時日の講話を聞き、多くのエリート官僚にシュタインの説を学ばせている。西園寺公望が駐ウィーン公使として親しくしていたが、伊藤とは友好的でない在野の後藤象二郎とか谷干城、それに国粋家の海江田信義、丸山作楽等にいたるまで、日本人のシュタイン訪問研究者はすこぶる多い。

それでシュタインの資料は決して少なくないが、かれの洋行日本人に対する評価はあまり高くない。「日本人は即時当用の知識を求めるに急で、深い法哲学の理解がない」とも洩らしている。西園寺が古風の女性人形を贈ったら「これは優美だ。自分は洋装の日本女性を見て、日本人の美的センスを疑っていたが、日本伝統文化には素晴らしい美のセンスがある」といったとか伝えられる。

渡日要請を辞す

また「日本の文化を大陸漢文化の一部のように解している者が少なくないが、私には同感しがたい。いかなる点からしても、日本には全く異質の特殊文化があるはずだ。歴史研究を深めよ」といったようなエピソードが多い。世には海江田の『須多因氏講義筆記』が有名であるが、むしろ谷干城との問答の方が正確にかれの思想を伝えているかもしれない。

伊藤がどこまで深く法哲学を理解したかは保証しがたいが、かれは最高の礼をつくして、来日して憲法制定への援助を求めた。これに対してシュタインは、陛下の思召に恐懼した長文の拝辞文を書いているが名文である。その中で、特に注目をひく重要点は、

自分は日本語を知らない。それでは日本人の真の民情を知り得ず、旧来の歴史慣行を採択することができない。これでは到底お役に立たないのは必然であり、寸功もあげ得ないのは分かりきっている

と切言している。日本の憲法は、日本語を解し、日本の歴史伝統習慣と現実の深い民情をよく知りつくした者、日本人自らの作るべきものだとのかれの主張の第一義が渡日辞退の理由だ。ただかれは、二義的に外国法を参考に検討される時には、自分は英仏独法等の調査批判資料を参考に供するには十分の自信があると述べている（原文は、『伊藤博文伝』に長い全文がある）。

『明治文化全集』で、有名な法学者がシュタインの進歩的地位をほめて、帝国憲法条文にその影響の見えないのは、当局者がシュタインの進歩主義を敬遠したのだろうなどと評しているのを見たが、見当違いも甚だしい。伊藤は憲法制定がすむまで、最高の助言者として高い礼金を贈りつづけており、多くの研究者をシュタインのところにやった。敬遠などとは全く見当違いである。

ただシュタイン的条文といい得るのは、第九条（これは自然法学者からは反動的といわれたものだが、社会法学では進歩的と評された）があるのみである。その影響条文の見えないのは、かれが「日本の憲法は日本人のみが作り得るし、作るべきだ」との法哲学の根本を教えるのに熱心で、その主張に忠実だったからである。

ロエスラーの助言 ―「万世一系」で宗教上の異論―

反ビスマルク主義者

日本の立憲当時では、国際的にビスマルクのプロシヤへの批判は少なくなかったが、「ドイツ法学」の評価は高く、英国のダイシーでも日本がドイツ法学を参考としたのは賢明だとほめている。しかし現実に立憲の作業に参加したのはほとんどロエスラーのみで、グナイスト系のモッセは圏外におかれたも同じ形で、不平満々であった。ただロエスラーは岩倉綱領以来、井上毅とともに協力した人物で、その存在は決して無視できない。

ロエスラーはキリスト教の熱心な信者であったが、ドイツ法学者の中でもっとも精鋭な反ビスマルク主義者として名声があって、前にグナイストもいったようにドイツの各大学でも敬遠されていて、海外亡命でもする他ない情況にあった。その情況を十分に知ってか否かは分からないが、日本政府へ招く契約をした。これを聞いて、鉄血宰相ビスマルクは激怒して青木日本大使を招致し、「日本政府は反ビスマルク主義者を支援するつもりなのか」と詰問した。

弱小日本の公使としてこの詰問は、かなりの重圧だったろう。公使は契約ずみのことでもあったので、

日本政府には、全くそんな意思はない。ロエスラーを雇った任務は、ただ外国法の調査技術等の下級のポスト
で、政府の政策に影響するような高級な仕事はさせない
と弁明してやっと了解を得て来日させた。ロエスラーはベルリン大学のグナイストからすら「過激自由思想者」と評された人だ。明らかにドイツ法学者ではあるが、かれは代表的反ビスマルク主義者である。近代史家の明治史に、こともなげに「ビスマルク、グナイスト、ロエスエル等のドイツ法学を範として、憲法を作った」などと平然と書いたものがある。これは「外人は右翼も左翼も同じ邪宗門の紅毛人」という認識と似た程度のもので、何とも評する言葉がない。

ロエスラーのまじめで誠実な人間像は、上智大学教授J・ジーメス著『日本国家の近代化とロェスラー』等によく示されている。かれが来日したころの最高官は三条実美であるが、この太政大臣に対しては忠直の人として敬しているが、閣僚級の政治家は（伊藤をもふくめて）名利を求める俗物だと見ている。ただ中堅・新鋭のエリート官僚の中に、愛国的で文明進歩を求める士の存在を認めて、日本国の将来に理想と期待とをもっている。

かれの学識は、日本の要人の中で十分に高く評価されている。協力者の井上毅は大小となくロエスラーに調査を依頼したり、その見解を質している。実に問答は頻繁である。ただ注目すべき点は、ロエスラーの「外国知識」は信頼し高く評価するが、それの採否は日本人たる者がしなくてはならないとの意識が、井上の側にはいつも強く働いている。

頻繁に井上と論議

それは分かりきった話だが、ロエスラーとしてはその主体性を有する日本人は伊藤博文であって、井上毅でないと思ったのだと思われる。そこで井上対ロエスラーの間では、しばしば政策の可否についての論争を生じている。

その資料は多いが主たるもの三、四をあげる。

「大日本帝国ハ万世一系ノ天皇之ヲ統治ス」。ロエスラーは熱心で忠実なキリスト者として、将来永遠を意味する「万世一系」の語を人間が法定するのは神を畏れず、神の摂理に対する不敬の語で、天を怒らせると断ずる。熱烈かつ深刻に反対したが、井上はそれをキリスト的宗教迷信として全く無視して退けた。

次に「天皇ハ神聖ニシテ侵スヘカラス」。井上は天皇への神聖感はあるが、この条文を嫌った。この神聖感は自然の国民感情で、それを世俗国家法で法定するのは却って品格がよくない。これを外国憲法の君主無答責原則として書きたければ、ただ「神聖ナリ」の一語でいい。ことさら「侵スヘカラス」などと明記するのは風格を下げるだけだと反対した。

しかしロエスラーは立憲法治国となる以上、諸外国立憲君主の通例にならってこの条文を明記するのは、特別の裁判との関連などを考えて絶対必要だと力説して、伊藤以下諸高官を説得して条文化した。これを日本憲法の特例と考える者が世間に多いが、これは日本固有法説の井上を破って、ロエスラーの洋学憲法が採択された著しい一例である。

男統の皇位は絶対

またロエスラーは、皇室の皇位継承法では、日本の元老院案や公家の柳原前光などと同じく、男統男子の優位を認めながらも、その適格者のない時には女統の男女でも承認するのが皇室の世襲制のためにいいと信じて、最後の一人になるまで主張している。これはオランダ、英国等の法にならったものだ。

しかしこれは、在野大隈系の島田三郎などが早くから反対しており、政府側では井上毅が決定的に反対して抹殺された。

日本の歴史では女帝の例は存外に少なくないが、すべて男統（その父なる方が皇統）のみで、女統の例は男帝も女帝もともに、全くない。それは分かりやすくいえば、皇統から藤原等の公家とか徳川などのような名門に嫁した女性の子であって、それは一度は臣下となった人である。それを皇位につけるのは、日本人の伝統的な民族感情からして、君臣の大義をみだるものとなる。また皇室内の親戚関係をみだす。

日本の固有法では不文法時代以来、男統の皇位というのは絶対条件である。女統論者はその国史の重みを知らないで、ただロジックで「適格者のない場合」などというが、日本では皇統適格者を必ず存在させる制度こそ必要である。適格者が万一少ないと思われる時には皇統の皇族を長く保存し（五世以下でも皇族とする）、皇族が多きにすぎる時には姓を賜って臣籍に下せばいいとの法思想が根底にある。これは日本の固有国体法をよく知る者として正しい。

島田三郎、井上毅の案が結局は勝利を得たが、日本人の女統説論者・柳原前光が沈黙した後も、ロエスラーは最後まで女統承認説だった。

そして予算についての論争がある。伊藤博文が憲法起案中に議会権限の制約を考えたことがあった。井上毅は猛反発して、伊藤案のようなものなら憲法はない方がいいとまで言明して論争した。ロエスラーは調停の意もあってか、政府と議会とが不一致で混乱する時はその情況を見て天皇の君権を発動し、天皇が改めて「裁決」する案を示した。井上は「伊藤のみでなくロエスラーまでもがビスマルク主義となったか」と怒り、痛烈な論争で一歩も当初原案から退かないで、悲壮な論争をして立憲議会の権限を守りぬいた。

伊藤もロエスラーも後退した。この論争資料だけを見ると、井上の悲壮な威力に感激するのみである。しかし伊藤を撤退させたのは井上の憲法法理のみではなかったらしい。

そのころ伊藤は外政上の必要から長年の間、相敵対した大隈と和解協力する必要にせまられていた。大隈は和解条件として憲法案の一致を要求した。伊藤はその一致を公約しなかったが、数度の会談である程度の「精神的了解」をせざるを得なかった。この大隈との和解の必要という政治が、伊藤をして議会権限に固執する井上案承認の圧力作用となったというのが、どうも政治の実相らしい。

自然法学者から批判

中江兆民などは、そのころ『三酔人経綸問答』を書いて、その原稿を井上毅に内示してその感想を求めて懇談していたし（『蘇峰文選』に明記）、「その印税では米塩の資に足らぬから借金したい」と大隈に気楽に依頼している。このような情報通の自由なオピニオン・リーダーが存在する社会情況下で、朝野の情報がかなりの確度で相通じ、間接影響を及ぼしていたと推測するのは決して無理ではない。

ロエスラーの日本の憲法に与えたもっとも大きなものは第九条である。

天皇ハ法律ヲ執行スル為ニ又ハ公共ノ安寧秩序ヲ保持シ及臣民ノ幸福ヲ増進スル為ニ必要ナル命令ヲ発シ又ハ発セシム但シ命令ヲ以テ法律ヲ変更スルコトヲ得ス

これは事実上、政府行政権に広い命令権を与えたものであり、国政全般を議会の立法する法律によるべきことを第一義とする自然法学者からの批判がきびしい。初めは井上毅も迷ったという。自然法学の影響下にある法学者は、これが非立憲の専制に流れるおそれがあると批判した学者が少なくない。しかしここに社会法学の端的な主張がある（ロエスラーは歴史法学のグナイストに反対したが、シュタインの社会法学には敬意を表した）。

社会法学者・ロエスラーの研究者としてジーメスとか須貝脩一は、この法こそ日本の急速な近代化を進めたとの功績の側面を評価するもののようである。議会人の見識や熱意が十分であれば法律万能主義もいいだろうが、現実にはどこの議会も無能無知で怠け者が多い。社会法学が進出したのはそこに確かに一理があったし、しかも「命令ヲ以テ法律ヲ変更スルコトヲ得ス」との明らかな但書は、立法府議会に見識がありさえすれば、決して官僚専制に流れる余地のないことを保障しているのではないか。議会はいつでも行政命令を否定する権限を保留していたといい得る。

戦後に憲法制定史を論評する人は、一般にそのころのヨーロッパの思想史の知識に不足するのではないか。十九世紀の後半のヨーロッパの進歩思想は、各流の社会主義の猛然とおこった時代で「国家とか国法憲法は、本質的に支配階級の人民抑圧の手段にすぎない」との主張が広まった時代だ。この社会主義の急上昇に対して、英独仏の法学者はほとんど保守的だった時代だ（グナイストなども著しい。英仏法学者も、ほぼ同じ）。

社会法学者が社会主義には不同意ながらも、その発展に一理のあることを認めて、無知なブルジョワ議会ではなくて、「賢明な君主と行政官」によって社会改革の必要を主張していた。ロエスラーなどもその風が著しい。かれの行政命令権への期待する第九条はその現れで、それを旧説の自然法思想以前の官権主義と混同して反動的だとあっさり評する者は、法学思想史の知識に欠けているのではないか（『日本国家の近代化とロェスラー』J・ジーメス著、本間英世訳等参照）。

条約改正外交の難関　―伊藤博文、大隈に接近―

パーティー外交に力

伊藤博文と大隈重信とは、明治十四年の政変以来は朝野の相対決する巨頭として、特に憲法問題で全く反対者の代表のように見られて来た。ところが日本外交の重大懸案であった条約改正外交の必要上、この両者の間に接近の機会が生じて来た。

日本と諸列強との国交条約は不平等で、日本には諸外国との関税についての対等権がなく、また在日外人に対しての裁判権に著しく不平等で対等独立国としての権利がなかった。これを対等独立の条約に改正したいとの切望は維新以来、日本の朝野一致のものであった。それには日本が外国に劣らない近代文明国であるとの印象を列強に与えねばならない。

伊藤内閣は、そのために日本の国法の近代化を急いだ。日本の貴族高官を欧化近代化の新風に導き、外人との親善的社交をすすめて、史上いわゆる鹿鳴館時代のパーティー外交に熱中した。内閣としては、それは日本国を諸先進国と劣らない文明国として認めさせ、不平等条約を改正するための基礎作りとして必須のものと確信した。しかしこの貴族高官の洋風的文化の変質が、一般国民の間にはすこぶる反感を誘発して、特権階級の軽薄贅沢な外人追従と見えた。

有司の専制を憤って国会開設に直進していた急進民権の戦闘集団（筑前玄洋社など）は、日本文明を高揚し、誇り高き日本国としての条約改正を主張した代表的なものであるが、日本の在野民権勢力にそれと相似た欧化礼讃反対のナショナリズム的国粋の気風が成長して来て、政府と著しい対極を示した。

在朝の高官は、在野のような主張では現実外交はできないと確信した。井上馨外相などは、青年時代には攘夷派の激烈な志士であったが、外交の長官としては、今や「日本帝国の困難と危機」を論じて、公然と「本大臣ハオモエラク、之ニ処スルノ道ハタダ我帝国及ビ人民ヲ化シテ、アタカモ欧州邦国ノ如ク、アタカモ欧州人民ノ如クナラシムルニ在ルノミ。即チ之ヲ切言スレバ、欧州的一新帝国ヲ東洋ノ表ニ造出スルニ在ルノミ」と閣議で主張した（『世外井上公伝』）。

かれは欧化の急を力説するのあまり、欧化教育、社交のみでは間に合わないとて、白人との国際結婚までも力説し奨励した。かれは条約改正が一気にできねば、まず国家財政の緊急の必要上、関税についての平等条約を結び、日本の新立法は事前に先進国に通告し、裁判官に先進国判事を入れてもいいと主張した。しかも伊藤首相と井上外相は維新前からの無二の同志親友で、その議は内閣を圧した。

この時に政府内で必死の反対をおこしたのが親日の外人・ボアソナードだったのは銘記すべきだ。井上外交の論は良識を失っているが、かれの戦闘的威力は閣内を圧していた。しかしボアソナードは、これでは日本は利を求めて独立を失うと信じた。特にかれは、かれが協力している新立法を外国に事前通告する義務を認めるとは、一国の立法に外国の修正希望を認めることとなり全く独立国となり得ないとした。

かれは閣僚に進言してもいれられないで、最後に井上毅を訪問して「この日本の高官には、ただ一人の憂国者もいないのか。貴官は何故にこの大事を無視するか」と井上外交の非を詳細に論述して、その決起を求めた。この来訪の時、ボアソナードは軽薄なパーティー外交、社交の流行を憤慨して詰問的にせまった。その親日憂憤の情況、その論理の決然とした印象は井上毅がありのままに詳しく筆記している。その文は感動的である。井上毅も決断して山田法相に同意を求め、山田も井上外交反対となる。井上外相は初め「ボアソナードを国外に追放せよ」などと怒ったが、形勢逆転して、ついに外相を退くことになる。

憲法構想で交渉

条約改正外交の失敗は、政府にとって致命的な破綻だった。井上案を修正して政府内を統制することはできても在野に満ちた政府への不信反抗は抑制の道がない。

ここで伊藤は、大隈重信ならば現実的理性の話が分かる男でもあるし、少なくとも在野反対者の半分には強い影響力もある。それに決断すれば、生死を無視して動じない剛毅の人物である。久しい不和を解消して、日本外交の困難を克服するのは大隈以外にないと思って、親しく会談して危機克服の道を懇談したいと思った。この時の伊藤の心情は、私心を棄てきって国を憂うるものと評していいだろう。

明治二十年の九月ころから、伊藤・大隈会談が始められる。大隈は、伊藤の外政についての考えの大綱には了解したが、かれは憲法問題について政権を追われた時には生死の危地に立たされた人物だ。しかも多くの在野同志を指導して来た。この重大事を無視して、伊藤外交の後始末だけするわけに行かぬ。当然憲法構想についての再討議をしなくてはならない。大隈の提案は往年同一線上にあったが政治家としては成長し進歩している。

大隈の法制参謀の主たる者は、明治十四年の上奏文の代筆者・矢野文雄である。矢野は名文家として知られ『経国美談』などのベストセラーを書いたが、その後ヨーロッパの視察に行き、特に英国では詳しく議会政治の実情を見聞して学んだ。かれは、

立憲の政治がただ抽象的な理想や観念、あるいは法典の作成などでできるものではなく、国民の気風こそが大切なのだと痛感した。ラテン系諸国がラジカルな法典を作っても成功しないし、英国では法典そのものは古典的な型のままでもその気風によって進歩的な憲政も行われる

との論で、この趣旨を徳富の『国民之友』などで社会的に主張するのみでなく、大隈にも説得した。大隈は実際政治家であり、矢野の論を待つまでもなく分かっていただろう。

伊藤が外政で行きづまり、大隈に外政協力を求めて来たのを好機として、矢野は入閣条件として憲法構想についての大綱一致の交渉を求めた。

伊藤・大隈の懇談 ―両者に「精神的了解」―

責任内閣制を主張

明治二十年九月から翌年の一月まで約五カ月にわたって、しきりに伊藤・大隈会談が行われている。大隈の謀将は矢野であり、大隈のその時の主張は矢野の文書として残っているが、もっとも大切な点は、大隈が五年前のような「議院内閣制」――内閣の進退をすべて議院が決するとの制度――の形は固執しないけれども、責任内閣制――議会で不信任され、解散してもなお議会信任を得られない内閣は責任をとって辞するとの制度である――を、憲法構想とすべく主張したことである。

政府側としては今まで野党案を一切否定して、内閣の進退は専ら天皇大権によって決すべきものであると主張して来た大綱目の変更であって事重大である。現に山縣などは、伊藤・大隈会談を危険視して、しばしば警告している始末である。

この間に矢野が進言した文書は残っているが、伊藤・大隈の会談記録は、全くない。伊藤直系の金子堅太郎は、関係者がすべて死んだ後に、あの時は伊藤が文書を焼いて大隈案を全的に拒否して入閣させたと語っているが、金子の回顧談なるものは史学的に検証して、他にも不信の例が随分と多い。

大隈研究の史家・渡辺幾治郎は、この時に文書の公約はしなかったが、両者の間で「精神的了解」ができて、大隈が入閣したとの説である。

渡辺説が正しいであろう。五カ月もの長期交渉で、大隈がすべて拒否されたままなら政敵関係が強まりこそすれ、何も命懸けの外交責任を引き受けるはずもない（現に大隈は、それから一年有半の後に爆撃されて死生の間をさまよって片脚を失った）。それに伊藤としても絶対に妥協しがたい大隈を、一年有半後に必ず制定渙発しなければならない憲法案を検討中に、副総理の外相に推挙依頼することもないだろう。もともと責任内閣制というのは、法典条文で明記しなくてはならないわけでない。議会の立法権、予算決定権、決議権等が強くなれば自然にできるものなのだ。

前に述べた井上毅が伊藤に対して、そのビスマルク主義的に議会の予算決議権を圧縮しようとするのには悲壮な反対論争を始めたのは明治二十年九月であって、あたかも伊藤・大隈の極秘政治交渉が始まったのと同一時である。伊藤対井上の法理論争の文中には、一語として大隈の名は出ていない。しかし論争は同時期に進行している。

伊藤は下僚の井上の反論を読みながら、井上の反論すらも聞き入れないでは大隈との妥協など到底望みがたいことは、分かりすぎるほど分かったはずだ。

この時に内閣機密の任務にある井上毅が間接的にでも大隈と連絡したことは決してあるまい。しかし井上毅が上司・伊藤に激しい反論をしたのが存外に聞き入れられたのは、大隈の憲政論が間接に大きな作用をしたと推測するのは、極めて自然である。

井上の反論聞き入れ

井上は政府の中枢にあって、しかも反対野党の思想理論のみでなく、その反対論の熱度をも、もっともよく知り政府権力の限界線をはっきりと認めて条約改正の政府案にも強く反対忠告したし、伊藤のビスマルク的条文にも断固反対した。それは朝野の間の対決を宥和して行く作用をした。

明治十四年の政変以来、政府と理論的にもっとも対決の主流だった改進党は、大隈党首の入閣によって、ともかく政府と一致を求めて話し合いのできる関係になった。

しかし野党の中でも、いわゆる自由党系は大阪事件、福島事件、静岡事件、秩父事件等の小反乱的事件を頻発させ、板垣退助は聖上に対して政府の非政を糾弾する痛切な上奏文を呈し、特に華族制度の特権設定に反対した。板垣は維新の功によって伯爵とされたが、その辞退を懇請したものの、伊藤が授爵辞退を拒否した。政府は世界の制憲史を見て、少数野党の反対はやむことを得ないと見て、明治二十年の歳末に保安条例を発して、主として自由党の急進野党分子に東京から強制退去を命じた。

ただ過激壮士のみでなく、当代一流の理論家・中江兆民などまで追放されて、かれは大阪に退去して、新聞を発行して進歩的憲法思想の必要を全国に対してアピールしつづけた。井上毅は、これを暴圧として政府部内で警察当局に抗議している。この時に在野の勝海舟なども、追放された側に明らかに同情している。

海舟は旧幕臣で政治的要位にはいないが、その卓抜な見識と才能は根強く残存しており、新聞人などには進歩派でも海舟の影響が深かった。言論界でも新進の徳富蘇峰、それに中江兆民などは特に勝と親近の間にあった。

憲法発布公約一年前の政情は決して静穏ではなかった。ただ例外的なエピソードとしては、筑前玄洋社の頭山満が新橋の宿に滞在しており、警官隊が退去を命じたのに対して、超人的ともいうべき威圧の一語をもって拒否し、そのまま滞京していたと伝えられている。頭山の政治史上の事蹟は自ら書き残したものはなく、余人の伝承のみであって確証しがたいことが多いが、この時点での頭山の事蹟は定かでない（かれの門弟・来島恒喜が大隈外相を爆撃する一年半前）。

井上毅の日本固有法 ―王道思想とほぼ一致―

精力的に国典を研究

明治憲政史を見る上で、岩倉、伊藤にとって必須のブレーンだった井上毅の心理は極めて注目さるべきである。かれは初めドイツ法学の利用に熱心だったが、そのドイツ法学は初めから反ビスマルク主義だった。かれが権勢におもねるところなく、伊藤のビスマルク主義的議会予算権縮小に反対し、また同じく保安条例の暴圧にも反対した。その根底には、かれの法思想そのものがただのドイツ法学中の立憲主義利用から、日本固有法学の研究へと変遷して来たことを見ておくことが大切だと思われる。それはあたかも改進党の矢野文雄が、純然たる英法学主義から「国風」論へと変遷して来たのと相対応している。

井上毅の日本固有法研究は、憲法上の天皇及び皇室典範の研究について、国史国典研究の必要を感じたところから始まったと思われる。かれは古典律令制研究者の小中村清矩にしばしば諮問し、その門弟・池辺義象を直接の助手として側近においた。その研究の熱心だったことは、井上の『梧陰存稿』を編集した池辺義象の文が印象的である。かれは問題意識をもつごとに、池辺に調査させた。

ある冬の日、井上は鎌倉雪の下の道で池辺に質問した。池辺はその質問に確答する参考原典を持参していないと答えた。井上はそれでは直ぐ帰京しようといった。

そのころの鎌倉には未だ鉄道がなくて、藤沢まで行かねばならなかった。井上は霏々として雪降る田の道を、藤沢に向かって走るように急いだ。池辺はその後について雪道を急ぎ、藤沢経由で帰京して原典を確かめた。その日の光景を池辺は書いて、井上の国典研究がいかに情熱的で精力的に急速に進んだかを追慕した文を書いている。かれは国史国典の中にヨーロッパに見られない政治、法制のすぐれた思想を発見し得ると信じた。かれの比較法学の中で、日本固有法がドイツ法学以上の大きな重みを感じさせた。

憲法発布後に伊藤博文の名をもって発行された『帝国憲法義解』の文は主として井上の執筆であるが、その義解では第一章の天皇でも、臣民の権利でも、あらゆる点で国史国典の引用の多いのが注目される。かれが自ら結論して「我が国の憲法は、ヨーロッパの憲法の写しにあらずして、即遠つ御祖の不文憲法の今日に発達したるものなり」と断定しているのは決して文飾ではなくして、思想信条の表白である。もっともかれの日本固有法というのは『古事記』『日本書紀』もあるけれども、小中村流の律令思想が強く、思想史的に見れば漢学の東洋王道思想とほぼ一致すると見ていい。

その点では中江兆民と相通ずるものが見られる。兆民はフランス民権論で人民啓蒙に力があったが、その兆民は「民権は西洋の専売に非ず」として、古代の東洋の孟子などの王道と同一の哲学であると結論した。その法哲学は極めて接近している。だが井上と中江とが明治憲法の構想について、同一になったというのではない。

英国への憧れ弱まる

ただ明治二十年の時の流れが、条約改正論などをめぐって著しく朝野のブレーンの思想を接近させた。かつて「墨田川の水はテームズに通ず」などと称していた民権壮士も、英国がいかにアジアに対する暴圧非道の国であるかとの知識を得て、ビスマルクのドイツを好まないほどでなくても、英国を憧れるような気風はなくなった。日本では、日本の「国風」による民権でなくてはならない。それに議会（日本人民の代表府）を強化せねばならないとの精神になって来た。

それには政府のブレーンも本質的には反対ではないが、議院内閣制になってしまうほどに議会の権限を拡大するのは、決して国家国政のために得策でないと思っている。その思想の差は接近して来たが、最後のゴールにいたるまでは、それぞれの所信に従ってなお相討論し、国論を盛り上げる必要性が残されている。

後藤象二郎と謀将・犬養 ―小異棄て大同団結へ―

後藤、政府を弾劾

条約改正問題で野党の猛攻を浴び、閣内も分裂して危局に立った伊藤博文は、二十年の九月から大隈との政治交渉懇談に入った。そして二十一年の二月に大隈をやっと外務大臣として、二十一年の四月には黒田清隆首相、大隈外相を骨格とする新内閣を作って、伊藤は専ら憲法の制定に当たることになった。

大隈との政治妥協で、ともかく憲法での一大政敵であった大隈改進党とは（どの程度までの精神的了解をしたかは分からないが）少なくとも大隈が内閣の副首相格として、同じテーブルについての「話し合い」につくことだけは明らかとなったわけだ。

しかし残るところは、板垣・後藤系の自由党である。自由党系では、これまでも非合法的反抗を頻発させている。しかも大隈との会談進行中の十月には、後藤象二郎が自由党のみでなく全野党の諸派によびかけて、小異を棄てて大同団結しての猛運動に決起することとなった。

後藤象二郎は維新に際して王政復古の政局大転向をした劇的な功臣である。その後藤が天皇陛下に政府弾劾の切々たる上奏文を捧呈している。それは、かの王政復古の往年の君民一致の大理想から説きおこし、以後の政権がその理想に背いて官民抗争のやむなき専制をつづけていることを糾弾する切々たる大文章である。

『伯爵後藤象二郎』の著者・大町桂月はその全文をかかげて、これを兆民、中江篤介の代筆としている。兆民の文としても名文であるが、それが王政復古の後藤象二郎が往年の君臣の間を回想して捧呈した文として読む時には、国民を感動させるに足る大文章である。大同団結の精神が赫々としている。

しかもこの大同団結は自由党のみではなく、改進党の新鋭として名声のある木堂、犬養毅が初めから改進党員をひきいて参加しているのみでなく、その中心的謀将として注目された。それは急進諸派のみでなく、政府不信の諸流派を合流せしめた。

伊藤内閣は、反政府分子を東京三里の外に追放するとの保安条例で弾圧したのは前に書いたが、後藤の大雄弁は全国各地方に及んだ。この大同団結は伊藤をビスマルク主義と非難し、大隈をも不信の徒として論難した。

改進党は党首・大隈直系と新鋭の犬養とで分裂した形となり、犬養をもって「大隈への背信」「裏切り者」として非難を集中した。この時には大隈も憤っていたらしいが、犬養は大隈に対して長文の私信を出している。その要点は、

私は、閣下に背いて後藤伯の下に走ったわけではない。現状のままでは、後藤伯以下自由党を虚無党（過激テロ派の意）に走らせるだけのことになるから、私が進んでその中に入って、かれらを虚無党から脱しさせるように指導しているのだ。後藤伯の大言壮語に閣下は怒っておられるらしいが、直接懇談し、優待されれば話は通ずることだ。しばしばの会談をおすすめしたい。しかし後藤伯を今入閣させるわけには行かぬ地方情勢もある。私の意見と異なるとの非難はいいが、改進党、閣下への謀反というのには弁明しておかねばならない（本文は渡辺幾治郎著『明治史研究』）

ということになる。この書簡をもって当時の木堂を「戦国縦横の謀略の士」と評する人もあるが無理もない。かれは後日の大隈との和解を念じてはいるが、「我が戦略をもって、大隈も後藤も板垣も引きずりまわす」との雄略がある。はたして後藤はそれから一年有余の後に、憲法発布の直後に、政府と和解して入閣した。これに反政府の激派で後藤の和解に失望した者は少なくなかったが、犬養や中江の真の意図は、明治神宮編の『大日本帝国憲法制定史』が解明している。

後藤入閣に激派失望

憲法をただ伊藤の思うままにしてはならない。最後の欽定まで強烈な民権主張が必要である。そのためには在野の力が必要である。それには猛攻を浴びせて議会民権を強くすることが大切だ。そして最後の欽定の時を、真の朝野一致の時とするとの構想である。この構想には、板垣も勝安房あたりまでもが了解していたと見るべき十分の資料がある。

現に憲法渙発直後に、後藤は政府と和解して入閣した。反政府激派の中には、後藤に失望した激派が板垣の決起を求めたのに対して、板垣は切々として後藤の急転を弁護して説得の演説をしている。後藤、板垣にはよほど深い了解があったと見るべきだ。

中江兆民が入閣後の後藤象二郎と勝安房との間をしきりに往来していた事実が幸徳秋水の「兆民先生の伝」中に明記されている。当時の中江はいわゆる自由党系で、犬養は進歩党系であるが、この二人は格別の間だったと見ていい。

一年後の議会に二人とも出るが、兆民は議会の現実に失望して議員を辞して去るが、第一回議会の記事の中で木堂と西毅一のみをほめている。「西毅一先生——犬養毅君——此両君の挙動は——近頃愉々快々なりき、我衆議院をして少しく議院らしからしめたりき、厚く両君に謝す——犬養君の反駁論は——官吏の奢靡の頭上に鉄槌を下したるが如きは、聴者をして毛髪竦然たらしめたりき——」と（『木堂犬養毅』—日米評論社）。兆民の木堂評は非常に高い。その最終の名著『一年有半』の中では、

犬養木堂、其状貌を相るに精悍の気盎然外に溢る、是れ定めて胆気有る可し。其目光炯々たるを以てすれば、是れ定めて機智餘有る可し——惟ふ其人や、餘り東洋的に、餘りに三国志的にして、事を事とせず、寧ろ晝眠以て三顧を待ち——意地きたなく進取するを好まざる可し、然れども終に是れ得易からざる材なる可し

として、新進政治家中で第一の評を残している。おそらく大同団結時に気脈相通じた木堂の機略縦横の機智、胆気をなつかしむ情が秘められているのではあるまいか。

明治21年の政府 —法典の仕上げを急ぐ—

宮中府中の別

明治二十一年、伊藤博文は大隈重信との間にともかく精神的了解をとりつけて、大隈を外務大臣として入閣させ、四月三十日には黒田清隆が首相、大隈が実質的副総理として新政権を固めて、伊藤は枢密院議長となった。五月からいよいよ皇室典範の公式審議が始まり、六月から枢密院で本格的に憲法審議が始まる。この年は日本の政体が史上初めての立憲制に転回した時であって、朝野ともに多事多端、記録すべきことがすこぶる多い。

まず政府の側では、伊藤が井上毅、金子堅太郎、伊東巳代治等とともに憲法草案の仕上げ、皇室典範案の最終結

論に熱中した。これまで皇室典範にはあまり言及しなかったので、ここで一言述べておきたい。

憲法の起案は、すでに述べたように明治十四年に岩倉具視が元老院の国憲案を廃棄して、いわゆる「憲法綱領」の大原則を立てたのに始まるが、この綱領の中で、ある意味でもっとも大きな重点は、国家の国政は「広く会議を興し、万機公論に決す」との方針で行うが、天皇の国政国務とは別に、皇室に直結する憲章は別に立て、この宮中のことは国政国務の外におくとの原則を立てたことである。

これは明治維新以来、西郷隆盛、大久保利通、木戸孝允等がすべて維新前の古い陋習《ろうしゅう》を一洗して、宮中府中の別を立てねば公明正大なる国政はできないとの点で一致していた大原則であって、その原則に基づいての宮中改革が進んでいた。これは厳正な保守派も進歩派もすべてが一致していたことで、朝野の憲法論争でもほとんど論争のなかったことである。

しかし皇室は日本国の中核であって、岩倉は皇室の憲章こそ帝国憲法にも劣らない慎重重大なものと信じた。それで維新以来、大きな皇室財産の制度を立て、経済的には皇室の経費は主として国費以外の皇室財産によって支弁し、官吏も「国家の官吏」と「皇室の官吏」とを区別して「皇室の官吏」が政党政派に絶対関与しないのは勿論のこと、国家国政の行政にも関与してはならないことを原則とした。これは皇室及び君側の宮内官を徹底的に「政治不関与」の者とすることで進歩派も大いに同意したし、保守派も宮中の問題を政治論争圏外のこととして、その伝統的尊厳を保ち得るものとして同感した。

この皇室の憲章の立案は、初めは公家出身で、しかも外交官として諸外国王朝の制度の事実知識に詳しい柳原前光が中心となって起案を進めていた。多くの問題点が検討され、詳しい草案もできたが、「天皇」に関する規定等で憲法との間に不一致を生じさせてはならない。伊藤博文が議長となり、柳原と井上毅の間で討議させ、博文が採決して（多くの後年の皇室令で法定された諸事項は保留したまま）その大綱を決したのが皇室典範案となった。

憲法の方でも、国会開設となれば同時に議院法、選挙法等の多くのいわゆる附属法典が必要となる。これは当時、もっとも米法知識に詳しく、米人知識人にも交際の深い金子堅太郎が起案の任に当たった。この附属法典と憲法本文との関連、柳原の皇室法とそれを修正する憲法との関係など、繁雑な仕上げの会議が精力的に進められた。

制定会議は非公開

これらの会議は伊藤博文自らが議長となって裁決したが、伊東巳代治が常にその書記幹事役をつとめた。かれは幼少のころから外語、特に英語に国語と同じく通暁した男で、井上ほどの法哲学はなく、金子ほどの深く詳しい米法知識はなかったが、その知性は論理的で、諸会議の記録作成には卓抜の能力があった。

憲法制定会議は非公開で速記もとらせなかったが、伊東巳代治がすべて各議員の発言と答弁とを記録した文が重要な「憲法資料」として残されている。各人の論議を明白整然と記録しており、この伊東巳代治文書を後学の者が読むと、後世の国会速記録以上に討議の論旨がよく分かる（速記は発言の語の重複とか前言の語の修正とか論旨に無用の贅語とかをそのままに写しているので、読者にとってしばしば理解に難渋を感じさせることがある。だが伊東巳代治の語録は、その「要旨」「論理」「言語」を正しく整理しているので速記以上によく分かる名記録である）。

憲法起案の伊藤博文、井上毅の二人は明治年代に歿して、伊東巳代治、金子堅太郎の二人が大正、昭和時代まで生き残り、特に金子は多くの回想録など残しているが、ただの「記憶」による「回想録」の中には貴重なものもあるが、史学的に検証して明瞭に「記憶違い」と断定し得るものも少なくない。制定史を語るに際し、欠くことのできない二人について、一語補っておきたい。

明治天皇のお怒り —伊藤の放恣を戒める—

陛下御自ら法学研究

明治二十一年五月八日の第一回枢密院会議が開かれる前日、聖上が激怒されたことが宮内省の『明治天皇紀』に公然と明記されている。伊藤博文が開院式の勅語案を草して、宮内大臣・土方久元に渡して「式ではこれをお読みいただきたい」といって帰った。おそらく伊藤は、平常の未決準備用の事務報告書を聖上が黙って報告のままにお受けとりになるので、勅語も儀礼の文と考えて御嘉納いただくものと思ったのであろう。明らかに伊藤は、自分の案に対する聖上の御信任を過信したのであろう。

聖上は、その前に勝安房が、伊藤の憲法方針や内閣の政治に反対の憂念を書いて黒田内閣に提出、黒田が聖上に御覧に入れた時に深くお読みになり、黒田、元田永孚等に精読せよと命ぜられた。天皇は諸臣の公論一致に非常な熱意を秘められていた。来るべき会議の討論の重大性に御熱心だった。

陛下は御自らも独自に憲法学の研究に御熱心で、国史を学び外国法もよく学ばれた。その御熱意、憂念が伊藤には十分に実感されないで、当局原案をほぼ通過と思い、開院を儀礼とのみ考えたのではあるまいか。伊藤が帰った後の夜に案文を読まれて、聖上が激しくお怒りを示して土方宮相に対して「これをそのまま朕に読めというのか。伊藤の放恣にして誠実を欠くことかくの如し。朕は開院式に臨むを欲せず。文は之を博文に戻せ」と叱られた。

土方は色を失って恐れたものの開院式にお出でが取り消しとなれば、聖上が当局御不信任との国論推測も発生しかねない一大事となる。「博文を直ちに参内せしめ深謝させて文を改めさせます」と申し上げたがお怒りは鎮まらず、博文の案文を机上にたたきつけて「お前らで勝手にせよ」と叱って退下させられ、土方は途方にくれた。全く常にないお怒りであったが、その後深夜に徳大寺侍従長を召して「明日は開院式に臨み、型通りに勅語を読む。その旨を土方に伝えよ」といわれたと書いてある。土方はそのありのままを伊藤に伝えた。

伊藤を戦慄させる

この聖上の異常なほどのお怒りの言動が、いかに伊藤博文を戦慄させたかは想像にあまりある。「伊藤の放恣にして誠実を欠くことかくの如し」と怒られて、案文を机上にたたきつけられたのである。かれは自分の法案で陛下を十分に満足させたとし、この案で皇威を背景にして会議をおしきるなどという過信を一挙にして破砕しつくされてしまった。聖上は反対論も当局案と同じに評価されている。原案提出者として議長をつとめても、反対論を謙虚に聞き、十分な審議をつくすのでなくては「欽定」の大憲章はできないと、骨髄に徹するまで思い知らされたわけである。

かれは、板垣、後藤などは維新の際には伊藤よりも上級の功労者ではあっても、明治六年以降はほとんど現実政権の実情を知らないで過激書生のボスになったようなもので、実際政治の運用をともに語るに足らざる者と見ていたらしい。かれらは聖上に対して不敬ではないかとすら疑われる激越の上奏をする。聖上はそれを黙々としてお読みになっているが、ただ旧功ある旧臣の文だからお読み下さるだけで、御信任はただ一方的に現当局側にあると信じていたらしい。

勝安房にいたっては旧幕臣で在野社会に残存影響力の強大な事実は知っている。しかし、その当局批判では新しい民権論じみた説もいうが、旧幕政治には今の政府よりよい点がいくらもあったなどと列記している。聖上はその文を元田永孚に渡されたと聞くが、この元田という男もいわゆる一世代前の進歩的漢学者で、明治十年ころより新時代の「洋学」知識がない。そのために伊藤がいくたびか公然とその反近代思想に反抗し、論争してその提案を拒絶した時代錯誤者であるとした。

その政府の拒絶に際しても陛下は格別に政府への強い干渉もなさらなかった。おそらく陛下は元田の忠誠の人格を御信任なさるだけで、政治は現役政権の新研究を理解し、御信任なさっていると思ったらしい。

だがいよいよの公式会議直前の日になって「伊藤の放恣にして誠実を欠くことかくの如し」として、自分の案文をたたきつけて激怒なさった。目がくらむ思いだったろう。

伊藤は米法研究ではナンバーワンで、かなりラジカルな世俗近代国家論、信教自由論を力説して、元田の「東洋王道的道義政論などは反現代だ」と一蹴して来た。さらに米法とは異なる墺独の新学説も熱心に学んだ。それでも陛下は「内閣総理」の日常行政には干渉されなかったが、回顧し深思すると聖上は必ずしも伊藤の近代主義に一方的に御満足とは思われない点もあったかと思う。伊藤は夜も寝れないで聖上のお怒りについて考えたであろう。

立憲枢密院会議 —反対者にも発言させる—

勝、元田を重く見る

皇室典範・帝国憲法審議の場に臨んだ伊藤博文は聖旨の深きを察して、慎重公正につとめる議長として、反対者にも十分の発言をさせた。特に今までの伊藤とは趣が異なり、勝安房、元田永孚の存在を重く見たらしい。元田とは今まで教育文化論などで鋭く対立した仲であった。元田は議場では多くの発言を求めていないが、伊藤は条文採決の前に私信で元田の見解を問い合わせたりしている。

勝は熱心に議場で討議に聞き入っていたが自らは一語も発言しない。しかし伊藤議長あてに書いた私信がいくつか残っている。提案者として注目していた勝が黙しているのを気にして金子堅太郎が意見を聞いたら「議案を見るまではドイツ風の案かと懸念したが、存外によい案なので今は討議を熱心に聞いて勉強している」と答えたのみとの話が有名である。

そのころ民党で「これが政府案だ」として『西哲夢物語』（実はグナイスト見解）を秘密に大量出版して、その反動的色彩が社会を刺激した。勝もあるいはこんなものが出るのかと懸念していたような話しぶりである。勝が会議最終のころに伊藤にあてた文は「急進激派」の者に昨日か今日会ったかのような語感で書いてある情報通信だが、これは多分、中江兆民が情報源だろう。

幸徳秋水が、師・兆民があまりにも勝を当世第一の人物として畏敬するので多少の疑念を示したら、恐ろしく叱られたと書いている（『兆民先生・兆民先生行状記』──幸徳秋水）。勝安房の側が中江をどの程度に評価していたかは確かでないが、中江が熱心に勝に真意真情を訴えたのは明らかだと推測していい。

伊藤が「放恣にして不誠実」の情を棄てて、真剣に国論の全般を見ようとすれば、封建的幕臣、旧江戸町人から洋学急進激派のオピニオン・リーダーにいたるまで、広汎で多彩な不平分子の信頼を一身に集めた感のあった勝安房の情報は大切なはずである。それは見識もない数百人の警察スパイ情報などとは比較にならない卓抜さのものであることは分かるはずだ。陛下が特に勝の建言を重視されたのは、さすがである。

会議が始まると陛下は終始して熱心に討議に聞き入って、心中ひそかにあれこれと考えられたが一語の評もせず、表情にも示されなかった。ただ対決討論の法理の正確さが聞きとりにくかった時には、後で伊藤か井上を召されて意見対決の論旨の解明をさせられたが、それがお分かりになるとそれまでで、是非の感想は法案提出者の伊藤にも報告者の井上にも洩らされなかった。

再審議の命受ける

聖旨が一方を是とし、一方を非とされると分かると自由討論が進まないからである。ただ最側近の宮内大臣・土方、時に元田永孚にひそかに討論の優劣の感想を洩らされたこともあるらしいが、土方は伊藤議長にも決していわなかった。

『明治天皇紀』によれば、三条実美が皇族の範囲について伊藤・井上の原案に強く反対して修正が決しなかった時に「あれは本当は三条に理がある」と洩らされたが、討議者はどちらも聖旨が分からないままに討議し採決をして三条案は少数で否決されたままである。

天皇は「当分はそれでもいい」と思われたらしく、三条案否決のままの条文が御裁可公布になっている。しかしそれが二十年後の皇室典範増補に際しては三条案（聖上が可とされた）論旨のものに改められている。

討論は活発だったが、討議者が初めて提案条文を見たのだから予備知識がなかったし、ほぼ似た批判派の間にも連絡がなくて、ほぼ原案が可決されて一通りの報告書ができた。陛下は内閣総理大臣・黒田清隆に対して「重大法典だから再検討せよ」と命ぜられたのみである。枢府では議院法、選挙法などの附属法が審議されたが、憲法典はその後約五カ月の長期にわたって再審議された（公式閣議を開いたか、この間の事情は専門研究者も詳しく書いていない）。しかし内閣総理・黒田への命である以上、伊藤・大隈・黒田の三人が主たる討議者だったのは確かだろう。枢府では大隈見解は河野敏鎌が代弁したが、この段階では大隈重信が自ら積極主張したのは明らかだと思う。多くの修正案が出て来ている。

黒田はもともと法学などは分からないが、存外に大隈を支援したらしい。黒田という男は乱暴者で強引な薩閥ボスとしてのエピソードが多いが、激情家で知性的でない。敵対者とは猛烈に戦うが、ひとたび相和すると急転して強烈な相親者となる素質の男だったらしい。

大隈とはかつて猛烈に敵対したが、相和して大隈を外相として入閣させると、大隈外交をもっとも強引に支援したことはよく知られている。条文審議でも大隈に好意的だったのではないか。ともかくこの憲法が渙発される時には、憲法の条文でも原則からしても、国務大臣としての黒田清隆、大隈重信の副署は絶対に必要なのである（憲法発布に際しての副署は、実際には第一位黒田清隆、二位伊藤博文、三位大隈重信以下各大臣となった）。

伊藤博文としては、その修正要求はもっとも拒否しがたい相手なのだ。多くの修正案文ができて、陛下に奉告、勅命で今一度枢府に内閣修正案を提出する。その説明には伊藤が当たっているが、その語感には明らかに消極的同意の語が現れている。

再審議の命を受けた枢密院では、前よりも法案についての知識が大いに進んでいて熱論が展開された。

憲法審議熱烈の論 ―陛下の断なくつづく修正―

会議では無言の勝

欽定憲法の正式審議の準備ができ、その会議は新しく選ばれる枢密顧問官と内閣全閣僚によって行われた。その顧問官には日本の有力な世論意見を代表するすべての者を入れ「万機公論に決す」との議をつくさせたいというのが聖旨だった。

これまでの天下の公論として政府見解にもっとも理論的な反対勢力としては、改進党党首・大隈重信があったが、かれは重要閣僚としてすでに議席を有したのみでなく、党副総裁をつとめた河野敏鎌をも顧問官に入れた。河野は議場で活発に発言したし、大隈は議場の外で伊藤議長や他の閣僚とも交渉した。

この他に反対者としては、かつて伊藤内閣の閣僚だった谷干城があった。かれは閣僚として渡欧し、ウィーンのシュタインと深く懇談研究し、フランス等にも長期の滞欧視察をして帰ったが、帰京した直後に伊藤と激論して内閣を去った。谷はすべての政策で（憲法構想でも外交政策でも）伊藤内閣に強烈な反対を表明した。谷干城は西南の役で武名をあげた名将で、犬養毅などからも親しく畏敬されていたし、そのころ始まった在野精鋭の反政府の大同団結運動では、自由党の林有造等の同志間ではその党首領として谷をおし立てたいとの要望が強かったが、谷が辞したので後藤象二郎を首領とした経緯がある。

谷は大同団結には加わらなかったが、その反政府激論は依然として痛烈で、政府では危険視して常に多数の密偵を放って、その動静とかれの門に入る者をすべて厳戒していた。天皇は特にその谷をも顧問官に入れて発言させたいと思われていたので、多くの知人が枢府入りをすすめたが承知しない。最後には聖上自ら勅使を立てて召されたが「陛下への忠節は守りますが、顧問官は拝辞致したい」として、頑固に拒否しぬいた。

次に反政府の運動としては、欧化主義反対をかかげた雑誌『日本』を中心とする知識人グループがあった。雑誌は三宅雪嶺などが編集発行したが、論客多く当時の世論には大きな影響力があった。このグループは勝安房とか保守中正と称して政府を批判した鳥尾小彌太等の長老にも近く、犬養木堂等とも連絡があった。勝安房は政府の時弊を糾弾する勧告文を政府に提示したのを陛下がその文を特に精読されたのは前に話した。これらのグループの代表とも目していい鳥尾、勝は顧問官に入った。

鳥尾は議場では河野敏鎌以上に鋭く、原案に批判を加えるに熱心だった。勝は会議には熱心に必ず出たが、終始一語も発言しなかった。しかし議場外で伊藤議長に忠告した。勝の忠告は、雑誌『日本』グループの他に急進民権派の意思などをも「世論情報」という形で伝えたらしい。

最終段階ころの勝の伊藤あての文では、反政府激派の意思を「客観情報」の文体で書いている。勝自らが激派に同意とも反対とも書いてはいない。参考に知らせるというだけである。

勝の幕末激変の際の縦横の才は有名だが、名文を書いて事を決したわけではなく、一語の断で大事を決する人である。たまたま残存する私信などから察すると会議の前か後かに一語の忠告をして、議事進行に影響を及ぼしたことの方に重さがあったかとも思う。

反対派も同意の線に

この重要会議に参加しなかった反政府系代表人物としては、大同団結の後藤象二郎と板垣退助がいる。後藤象二郎は憲法審議中にも在野の精鋭をひきいて各地方へ遊説して歩き、豪壮、激越に伊藤と政府とを猛攻撃しつづけた。伊藤としては、後藤、板垣とは同座して審議する気にもなれなかったかとも見える。しかし君側の何者かが後藤、板垣とも地下交渉していたと推察せざるを得ない事情がある。

それは明治民権史の重要資料とされる板垣退助監修の『自由党史』を見ても察せられる。この書は自由党板垣系の中でも急進左派人の筆と見られるが、憲法審議中の最後の記事にいたるまで、伊藤博文を官権主義者として鋭く非難しつづけている。それなのに最後の一章、二月十一日の文のみは急転して天皇欽定の憲法を絶賛して、それをあたかも自由党とその同志の戦果であるかのような聖徳感激の文となっている。

実際政治では今までの反政府の闘将・後藤象二郎が入閣し、板垣退助がそれを弁明し、支持している。この急転の事実の背景理由は、いわゆる文書資料では解明し論証しがたいものがある。板垣監修『自由党史』を評価する研究者の中には、最後の憲法渙発礼讃の結論の文章だけは、その前の上中下三巻の論となじまないと感ずる研究者が少なくない。

だがそれを推測するのは大切ではないか。歴史というものは実証し得る資料の残るものの他に、実証資料の残らない領域が大きくてしかも深いものだ。重大な歴史には文書実証では断定しがたい推測領域がいくらも残るので、後世百年も二百年も史家の研究推測心をそそってやまない問題を残すものなのだ。

憲法審議は最後まで熱心に討議されて、陛下の断が下されないで修正がつづいた。修正には表裏の交渉が重ねられた（その実証資料は、あちこちに残っている）。伊藤の原案の法文形式はほぼ守られたが、実際的重点でかなりの修正が進み、最後には板垣、後藤の反対派でも同意し得る程度の線にまで民党主張の線に近づいたともいい得る（民党がその後に藩閥を攻める時には、必ず「憲法擁護」の語をキャッチフレーズの第一とし得るような憲章となった）。

在野の政治犯は憲法渙発ですべて獄中から釈放されて、あたかも凱旋の戦士のように国民歓呼の中に迎えられた。かれらにとって欽定憲法とは「伊藤憲法の原案承認」なのではなくして、全く本質的に「修正」を加えられた天皇欽定の憲法として迎えられたのである。そう解するのでなくてはその後の明治・大正の政治史は分からない。

大正デモクラシーの政治学者・吉野作造は帝国憲法を解明して「岩倉・伊藤系の在朝者と、在野の自由・改進党との朝野の主張の対決交錯線上に成立した」との見解を示しているが、まず公平の見解だろう。反政府の自由党員が帝国憲法をもって「伊藤博文憲法」ではなくして、それとは質の異なる憲法として修正欽定されたと解したのには、それだけの理由があったともいい得る。

聖上黙して厳然　―公論の一致統合を切望―

政治の実際は大隈型

欽定された憲法には、初めの原案で修正された条文が少なくない。明治憲法学の泰斗・穂積八束博士は、東大の講義で「帝国憲法は、岩倉綱領の骨格のままに成立した」と講じて、それが長く一般説化した。確かに岩倉綱領は大きな骨格となっている。しかし重大な修正が加えられたことをも直視すべきだ。

岩倉綱領はその根本を厳格な大権内閣主義（大臣以下の文武官の進退はただの法的名目のみでなく、実質上確実に専ら大権によるべきこと）とした。それが議院内閣制の大隈流交詢社案との決定的対立点だった。この大原則を守るためには、議会の権限が強くなることを抑止せねばならないので「凡そ議案は政府より発すること」と定めた。

それで伊藤は議会の上奏権の事項を制限したり、内閣不信任決議を禁じたり、議会が立法の提出権を行使することを避けたかった。日本の国体で第一条件とされるのは「君民一致」で、君民対決がないということになっている。それなのに国民を代表すると目すべき議会が政府不信を上奏したり、内閣不信任を決議し議会を解散しても依然不信任派が多数を占めるとすると、天皇が（ドイツ法学的にそれを無視して）行われては君民の意思対決が明示されることになる。これでは日本国体の第一義が保てない。その明白な日本の国風・国体を考えれば、伊藤は上奏権の範囲を限定しようとしたり、不信任決議権を否定しようとして懸命に努力した。

しかし会議では「上奏は国政万般に及び限界なし。議会は不信任決議権を有するのみでなく法律制定の提案権をもつ」と決した。岩倉綱領で議会の法律提案権を認めないのは大切な条件だったのだ。ここまで修正されてはドイツのように皇帝の拒否権乱発のできない国体の日本では、ビスマルク的政権は到底できない。伊藤は一時ビスマルク主義思想で財政権を考えたりしたが、井上の反対でそれは「前年度予算承認」の線以上は望めないとあきらめた。

明治の近代急進化の社会経済で「前年度予算承認」とは、ただ会期末に予算不成立の時でも一カ月か三カ月か行政ストップを避け得るだけだ（英国でも憲政慣例として行政ストップを避ける道がある）。しかも予算の先議権が衆議院のものとして確定された。諸条文を総合すれば、衆議院一院でも政府反対党が強い不信任の決意をすれば、政権のビスマルク的運用は決してできない。

法律条文の形は岩倉綱領——伊藤案の原型に似た線を守り得たが、在野民党が衆議院の過半数を強く制すれば、議会自らが政権担当者を選ぶ法定権限はないが、不信任の政権を引退させることができる実際的力を得たわけである。政治的には前述した伊藤・大隈会談での「責任内閣制」の基礎が事実として固められたわけである。

憲法渙発直後に、伊藤はしきりに法の名目上の条文を力説して「我が憲法は議院内閣制ではなくして、大権内閣制を採った」と演説した。あるいは伊藤は大権内閣制で政党を謀略によって分裂しコントロールし得ると思ったのかもしれない。これに反して政府の大臣として大隈は、これで政党が健全に成長し、上は陛下と下は国民の信任を得れば英国と同じく議院内閣制ができると公然と解明し演説した。

事実、国会開設後にはいかなる強権内閣でも議会過半数の反対を無視して、四カ月も五カ月も政権を保ち得た内閣（ビスマルク的内閣）は一つも現われなかった。法文の名目的形はいかにも伊藤型の形式をとったが、政治の実際は大隈型（民党論）の責任内閣制とならざるを得ないことになった。

策謀論なくなる

憲法発布の日に歓呼した東京市民は、新聞社の前でしきりに「大隈万歳」を絶叫したと書いている島田三郎の記事は、少なくとも多少の法知識ある市民の声として理にかなっている。

有名な『自由党史』の編者たちが最後にいたるまでも伊藤を敵視した文を書き、党派的には大隈に対しても好感を示さないが、その法理思想そのものは大隈とほぼ近かったのだし、修正が裁可されたとの欽定の報に際しては、聖上の英明と憲法の確定を礼讃する熱情的な文を書いているのは当然であると解すべきで、少しも怪しむべき理由はないと私は思う。

この憲法典の成立の歴史は多年の国政の成果ではあるが、明治十四年に将来九年の後、（明治二十三年までには）国会を開くとの聖旨が表明された。それには二十二年までに憲法典ができねばならない。しかもその構想については、朝野相対決して在野にもいくたの対決の異論があった。それをみごとに調整して、万民朝野の統合を成しとげたのは、第一に絶大なる明治天皇の熱意ある統合のお力であった。

天皇は黙々として自由なる討議をお聞きになり一度の御欠席もなかった。ある日、議長がひそかに陛下に小声で何事か申し上げると陛下は肯かれたが、そのままに熱心な討議を予定通りに進められ、陛下はいつもと同じ熱心さで臨ませられ、予定の時刻の終了の後で御帰還になった。御帰還後に議長の報告によれば、かねて御憂念の親王の御薨去を報じて会議の中止を申し上げたのに、陛下が討議続行を命ぜられたのだった。これを承った審議官は陛下の国政を重んぜられる御心中をお察しして慄然とした。

陛下は一語も洩らさず、自由なる公論の討議一決を求められている。憂国の公論を限りなく重んぜられている。しかもそこに一片の偏私もなく、公論の一致統合を何よりも切望されている。会議はその後も熱論をつづけるが、私的党閥の利を思う駆け引きの策謀論などは一切なくなり、速やかに「万機公論に決す」との聖旨に忠でありたいとの一念に集中して行く。それは無用の駆け引きや策謀論の余地をなくし、会議の進行を速やかにするのに大きな力ともなった。

兆民、中江篤介は、そのころ『平民の目さまし』の大衆通俗書を書いて、官尊民卑の旧風を論難し、議会人民の権利を力強く主張したが、特に天皇については「天子様は政府方でも無く、国会や我々人民方でも無く、別に御位を占させ給ふて、神様も同様なり」と明記した。制憲史上の聖上のお姿はまことにしかり、天皇はまさに朝野官民の最高の統合者であらせられた。

万民歓呼す憲法発布 ―伊藤、欽定憲法を強調―

告文も完美と礼讃

明治二十二年二月十一日、古代神武天皇の建国を記念する日に、大日本帝国憲法が渙発された。この日の東京は白雪におおわれた清らかな日であったが、天皇は朝早くに皇祖の賢所及び歴代天皇の皇霊の前にて御拝、告文を奏せられた。

建国の精神、国史の進展を顧みて、皇祖皇宗の御精神、御遺訓に従って、近代国家の情況に応じてここに憲法を制定致しました

との御趣旨を荘重な文をもって告げさせられた。それは憲法の条文ではないが、その制憲の精神を示された名文として、後日にその訳文を見たシュタインもグナイストも、特にこの告文をもっとも完美なるものとして礼讃している。

午前十時からの憲法発布の儀式が文武高官、地方議会議長等を参集して執行され、午後には青山で観兵式、夜は

宮中で祝宴が開かれた。翌日は上野公園に行幸して祝賀会に臨まれたが、会場のみでなく沿道も市民が群集して、陛下の万歳を絶叫してやまなかった。当時の鮮やかな万民歓呼の情景の写真や絵画の類は極めて多い。

これとともに、今まで立憲のために官権に抗して投獄されていた政治犯五百四十人がすべて大赦によって釈放された。国民はこの釈放者をあたかも凱旋将兵のようにして迎えた。中でも有名なのは大阪事件の大井憲太郎などで、市民大歓迎大会に迎えられ、大井等は華々しい旗を立てて騎馬行進をして注目を引いた（平野義太郎著『大井憲太郎』）。福島事件の河野広中は特に郷党の歓迎が著しく、歓迎の県民は沿道の広中に従って延々たる長蛇の列をなした（『河野磐州伝』）。

その他、入獄中ではなかったが法令で諸般の政治活動を制約されていた林有造、竹内綱、尾崎行雄、中江篤介等以下の者もすべて帰京しての自由活動を認められた。新聞社の前には市民が群集して熱狂していた。国民歓呼の声は天に満つるとの感があった。

戦後の史家の間には、この国民歓呼の情況を評して、当時の大衆には帝国憲法についての法学知識がなくて喜んだにすぎないと評する学者が少なくない。敢えていえばその評に一理もあろうが、国民はこの制憲史の真相ムードを批評者よりも遥かに明らかに知っていた。この憲法がただの官憲法典ではなくして、この在野の戦士たちの熱情をも深く洞察しつくされた聖上の「欽定」の意義に感激していたのだ。

非議院内閣主義声明

この釈放され自由を許された戦士たちの大多数は、一年後の選挙ではすべて高点で国民選挙で当選しているのみでなく、議会内でも直ちに中枢のポストを占めている。国民はこの憲法が官憲の作成でもなく、非合法急進革命の所産でもなく、官民一致協力につとめられた聖上の「欽定」なされたものとの意味をしっかりとムードで実感していたのだ。

多くの祝賀会で演説が行われた。立案責任者の伊藤博文は、この憲法が欽定の憲法であることを力説して「天子の特許して臣民に賜与し給ひしもの」なることを銘記し、天皇主権の意義重大なことを論じつつ「此の憲法に於て日本国民たる者の享受すべき権利の境域は、甚だ広汎にして、普通憲法学上より之を論ずるも殆ど完全なりと云ふも敢て不可なかるべし」とし、なお議会の慣用をも論じているが「宰相の如きも独り天皇の任免し給ふところにして敢て他の干与を待たず」として、非議院内閣主義を声明している。

当時の伊藤の言としては格別のことではないが、感想をいえばこの憲法は先進文明諸国の「普通憲法学上より見ても全きもので決して劣らない」という点と、政府は論敵の主張した議院内閣制を採らず、あくまでも天皇大権下の「責任内閣」以上のものではない、としている点が注目される。

外国に劣らない文明憲法だと主張したい、論敵の「責任内閣説」にはある意味で歩みより妥協もしたと解されるが、議院内閣制はこれを否定して、岩倉綱領以来の理論主張を固守したのだとの面目を保つにつとめたい心理が目につく（政府は天皇に直接責任を負い間接に議会に責任を負うとの学説を立てるにいたる）。

これに対し黒田首相は公然と「憲法は超然内閣を理想とし政党内閣を否定する」と放言して、民党の側を激しく刺激した。

大隈は公然と政党が君民の信を得れば「英国と同じく議院内閣制への道が開けた」と演説している。帝国憲法の副署者の第一が黒田清隆、第二が伊藤博文、第三が大隈重信――。ところが同じく祝賀していて、最高の責任者が同一法典にそれぞれ異なる解釈を公表していた。

明るい自由の気風 ―10年待たずに議院内閣実現―

高官すら一致見ず

憲法典は渙発されて国民は歓呼したが、その法典解釈については詔書に相ならんで副署した高官すらが必ずしも一致していない。黒田、伊藤、大隈それぞれ差がある。一般国民の集会にもさまざまの論があるだろう。政府の警察はそれにいかに対すべきか。警視総監の問い合わせに対して、内閣の井上毅が指示回答したものは自由にして明快である。

憲法の各条項に対して得失を論じ異同を唱うるは警察の禁じ得る所に非ず。但し民約憲法でなくてはならぬと主張して、親裁憲法に従わないと直接演説する者あらば、現行集会条例第六条で禁止又は停止すべし（正確な原典は『井上毅伝　史料篇第二』）

と指示した。欽定憲法反対を制するだけで、その条文批判は自由の意である。

井上にしてみれば、この条文については聖上御信任の各顧問からもその得失の論が激しく出て、やむなく修正された政府原案も少なくない。井上本人でも一民間人としての立場であれば、かれ独自の見識をもって批判したい修正条文もあるのだ。忠良の民の中に論があるのは当然で自由だと信じた。その後に間もなく中江篤介（兆民）が議会で各条について点検して、その所感を聖上の御参考に供したいとの論を立てたが、この内閣指示ではそのような論議は少しも疑点のない合法主張だった。

もっともそれが合法でも、国民や議会は枢密院顧問ほどに各条批判の必要を感じなかったので、中江提案は立ち消えになった。

政府は小さな条文得失論については自由に論議することには干渉しなかった（昭和十年まで）。その法文解釈や運用についての政治主張は勿論自由であった。現に大隈重信は第一級の副署署名者で、重い責任者であるが「議会の政党が健全なる発展をして、上は陛下の御信任を得、下は国民の支持を得れば、英国などと同じく議院内閣制の憲政を実行し得る憲法なのだ」と演説した。

それは論理的に一つの正当さがあった。事実十年の後に大隈・板垣連立の議院内閣ができている。ただそれが大隈流に解すれば、議会政党そのものの発展が不健全で、政府与党内の派閥抗争で行政が進まないで自ら崩れ去るの他なかったので大隈が引責辞任したのだ。この時の議院内閣制破綻の理由と責任は、憲法にあるのでなく政党の発達不健全にあるのは、大隈重信その人がもっとも深く痛感した。

政党が未だ能力が不足しているので、これまで長期の実務行政に経験ある政治家が組閣する他ない。しかしかれらも今や議会を無視しては何もできない。必ず何らかの政策条件で議会の政党と合意し、多数派を与党としてその信頼関係を保つのでなくては、立法も財政も一歩も進まない。

ゆがめられた憲法史

伊藤博文が明治十四年以来、野党ともっとも鋭く対決したのは「議院内閣制の憲法は断じて作らない」という点にあった。しかし第一次議院内閣が政治業績をあげ得なかったのは事実だが、ともかく十年を待たないで憲政の事実として議院内閣が実現したのも事実である。

「帝国憲法は議院内閣制の憲法でない」との法理論は、伊藤のみでなく政府要人の多くが主張したし、何よりも東京・京都の官立大学の理論だった。

しかし憲法は、まさに議院内閣を法文で定めたわけでないが（それは英国でも同じ）、議会の政党が健全に有能に発達して行けば、議院内閣を決して否定するものでなく、むしろ責任内閣の運用には、議院内閣制の前途に期待する者が多くなった。法学のロジックはともかくとして、憲政の政治予見では大隈が伊藤よりも一歩進んでいたと評していいだろう。

それは伊藤博文のその後の政治コースを見れば明らかである。伊藤は議会政党としての政友会を組織し自らその総裁となった。しかし伊藤の特殊経歴と国家的立場は政党員としてふさわしくないとして、その地位を利用しないで代わりに西園寺公望を総裁とした。伊藤が議院内閣制を実際政治の上で認めるにいたったことは疑いない。もとより伊藤が認めたからとて、その後も議院内閣制の憲政に反対の学者や思想家がなくなったのではない。

しかし明治末期から大正への時代には、社会一般では「帝国憲法は、その構造において責任内閣を必要とするし、その目標は議院内閣制にある」との憲法論が圧倒的に優勢となった。特に明治の末期からは決定的な世論となり、議院内閣制の要求は常に「憲法擁護」「憲法護持」の大旗の下に進められ、それはいわゆる大正政変で桂内閣を倒して以来は、滔々たる世論良識となってしまったかの時流を形成した。

明治の憲法の歴史が現代では全くゆがめられている。それが官権の専制権力的な法であったとする戦後の俗説通りのものだったとすれば、在野民権家の先人や自由思想者が官憲権力への政治抗争において、常に「憲法擁護」「憲法護持」を第一のキャッチフレーズとした有名な歴史の論理は意味が分からないであろう。在野民党は、真にこの憲法を「自由民権の憲法」と解釈したのである。

犬養毅の制憲論 ―「万邦の範たるべし」―

民権強化に敢闘

犬養毅は明治十四年の政変では大隈重信に従って退官し、改進党の名文理論家として精鋭な活動をした。しかし大隈が伊藤博文、黒田内閣と妥協のコースをたどり始めると、一時期これと全く相反して、後藤象二郎を首領とする大同団結の戦略参謀として戦い、憲法における民権の強化のために敢闘しつづけた。議会の権限を強化することが主目的だったのは明白である。

この大同団結の戦線で、兆民と相結合したのは前にも話した。最後に兆民が特に主張したのは、草案提出者の伊藤博文が議院内閣制を嫌っていて、議会の意思では政権の進退を決することができないように議会に法案提出権を認めないこと、議院の上奏権には政権の進退に論及しないこと、議院の決議では内閣不信任決議をさせないこと等を制憲会議の公認解釈として認めさせたい意図を有するのに対しての強い反対だった。その審議情況について兆民がどの程度の確たる情報をもっていたか、あるいは推理したかは実証資料はないが、その重点をついて痛烈な民権を主張し高揚した。犬養の主張も同じだったと見ていい。

この主張要点は、約十カ月の審議の間にほぼ実現し得たと見ていい。議会の法案提出権は明白に明文化された。上奏権行使範囲の制限とか不信任決議をさせまいとする伊藤の論は審議会で激しく反対されて、伊藤の主張は公認されなかった。

それで大隈は欽定渙発と同時に、この憲法は議会の政党が健全に発展して、上は聖上の御信任を得て、下は世論の健全なる支持を得れば、議院内閣制への大道を開くものであると公然演説した。犬養もその限りにおいて同意、同感だった。後藤象二郎も板垣退助も理論的にはほぼ同じだったろう。

ただ中江兆民は後藤、犬養とは同感でも、在朝の伊藤や黒田の心中に残る超然内閣主義を徹底的に破砕しておきたいと思ったのであろう。国会が開かれれば上奏し御裁可を得て、しかる後に憲法の各条文を点検して、国会の所感を上奏し天皇の御参考に供したいとの論を立てたが、これは同意者が少なくて立ち消えとなった。

戦後の史家には、この立ち消えの論をもってあたかも兆民が革命思想家で憲法に反対だったかのように特筆する者があるが、それは無理である。

当時では内閣の井上毅ですら「各条の得失」の批判は一般国民の自由だといっている。いわんや公的国家機関としての議会があらかじめ礼をつくして上奏御裁可を経て後に各条文の得失を論ずるか、二、三の追加増補でも請願すれば、おそらく御裁可になる条文がいくつもあっただろう。それは兆民のいうように君民一致、欽定の権威を重からしめても傷つけることには決してなるまい。

精彩ある大論文

現に各条について顧問官が激しく討論して、多数で決した条文である。国会議員が顧問官と同じく聖上補佐の論をして何がわるいか。その時点での精神気流は、明治年代中でもっとも自由の気に満ちていたのだ。政治犯が国士扱いされ、これまで公式に朝敵とされていた西郷隆盛の墓に天皇が勅使を立てられ賊名を消すのみでなく、立憲途上の功績者として格別の贈位までなされたのだ。

しかし中江と民権同志として活動した犬養は中江「点検」論とは大いに異なる精彩ある大論文を書いた。

皇祖神武皇帝紀元の節日に社稷宗廟を祭り神祇に告げて、帝国憲法欽定の大典を行わせ給う。五州万邦歴世の帝王にかくの如きはなかった。欧米の憲法には美なるものもあるが、いずれも君民の間に徳なく誠なくして悲史の後に得られたもので、陛下の聖徳のごとき制憲の歴史はなかった。

今や憲法制定は実に東洋万邦生民以来かつてあらざる所、我邦は永く之が儀表となり、万邦をして以て則る所あらした。然らば即ち、東洋万邦の人民あまねく陛下の御徳に浴するであろう。何ぞ独り我が臣民の幸のみならんや。ああそれ偉なるかな。今まで基教白人のみのものとせられた自由政体が、これからは東方のものとなる。われらは以後『憲法評論』の一欄を設けて、聖旨のあるところを知らしめたい（朝野新聞の社説。原典は木堂一流の長い名文であるが、その中から特に目につく点のみを現代語訳した。明治神宮篇の『大日本帝国憲法制定史』には原典全文の引用あり）

伊藤の演説は、ともかく日本が文明国なみの「普通憲法学上」の条件をそろえた新憲法として、日本が文明国に追いついたとの内容だ。大隈は第一文明国の英国憲法に近づき得るというのだ。しかるに犬養は米英その他に例もない「万邦をして則る所を知らしむ最高の制憲だ」という。事実かれはその感激をもって「憲政擁護」の第一人者として終始した。印度、越南、フィリピン、中国、韓国の近代的独立主義者の親友として、精彩あるアジア、インタナショナリストとしての政治生活に終始した。

かれは少壮在野の一戦士にすぎなかったが、その憲政の雄大なる気風は、維新の功臣と称した伊藤博文、大隈重信、黒田清隆等の一世代前の高官よりも断然と高く、その文は遥かに荘重にして威厳があった。明治・大正・昭和の三代にわたって、犬養毅が憲政護持の第一人者と称せられたのも故なしとしない。

制憲以後の話 ―法典条文は万全ではない―

時には鋭い解釈対決

明治の憲法は、半世紀にわたる国家波乱の経験を経た日本人の心骨を労した名作であった。日本の古い国史と固有法の上に、列国の比較法学の知識を慎重に利用参考した。しかも一時一局の政権者の当座当面の都合ではなくして、可及的に各流各派の意思を総合するために、卓抜な聖上の英知に導かれて結論づけられた。それは日本政治史上の銘記すべき所産であった。

それはまさに井上毅が「ヨーロッパの憲法の写しにあらず」と切言するだけの貴重な我が国風の中から生まれたものであった。また犬養毅が「何ぞ独り我が臣民の幸のみならんや」「万邦をして則るところを知らしむ」と絶賛しただけの堂々たる制憲史であった。

しかしかく絶賛するからとて、それは「制憲の歴史」のみごとさをいうのであって、法典条文の各条がすべて万全至上だったと独断するのでは決してない。人間の仕事に万全は期しがたい。話はいくらもあるが一例をあげると「陸海軍の武力を発動するのは、厳として天皇統帥の大事として、一切国政の圏外におき『政治中立』に徹底させねばならない。しかも軍の編成財務等のことは軍政のこととして国務大臣の国政補佐圏内においた」。この原則は極めて賢明であり、在野のあらゆる民権家も陸海軍武官も全的に一致した公議公論の成果であった。しかし軍政と統帥との区別を立てる条文があまりに簡にすぎて、軍統帥と軍政の別を実際的に立てる段になると一流の法学者の見解も二説にも三説にも分かれ、政治家や文武官の間にも時によっては鋭い解釈対決を生じて、そのたびに憲政に混乱を生じた。今少しく憲法明文で区別条件を明示されることが望ましかった。次に議会の貴族院制度の基礎となる五爵の華族制度設定などは、立案中に井上毅が反対だったし岩倉にも疑義があったが、これは伊藤の切なる要望が入れられてできたものだが、事後の成績から見ると問題点を残している。

次に枢密院。天皇が大切な意思決定をされるのに内閣の大臣以外にも賢明な臣下に諮問なさるのは大切であるが、それは時と事とによって随意に人を選んで諮問なされるのがしかるべきで、憲法上の重大な固定機関として枢密院官制を立てるのには反対だとの理論が内外にあった。それは一定機関外の臣下への陛下の自由な諮問を軽からしめ、憲法上の法定補佐機関としての内閣と枢府の混線を生ずる懸念があるとの理論であった。天皇の諮問は自由不文にしておく方がよりよいとの論である。これも問題点の一つであった。次に信教自由と祭政一致の維新の大綱領との関係が明白を欠いた。

しかし法は、国政を決する重大な存在であるが、法文がよければただそれだけで良政が実現し得るものではない。国民と政治家が賢明であれば多少の法の不備を補っても良政ができるし、国民が愚かであればいかに良法が存在しても国政が行きづまることもある。憲法制定の歴史と、憲政運用の政治史との間には深い関連があるとともに、区別も必要である。

さらに条文批判についていえば、改正条項が改憲の条件を天皇の発議に限って、議会三分の二の出席者の三分の二で可決し得るとした。これを現代人は非常に固い硬直性のものと考えているが、現憲法よりも遥かに自由柔軟である。

法理論と実際とは別

ただの法理論でいえば、英国法は議会の過半数で何でも改正変更し得るとなっているが、実際的には全く別である。大英帝国の憲法の中には、断じて一時の議院過半数では改変を許さない大事がある、との信条が国風として厳に生きている。学者風にいえば「改正限界説」に近い。この改正限界を明文で規定した国もあるが不文の信条として生きている国も多い。一例をあげると一九一四年、英国のロイド・ジョージ内閣がアイルランド問題を議会で決した時に、保守党が猛烈に反対し、国王の将兵も反対して内乱の危機に瀕した。国王が朝野両党首を招致して調停につとめて「保留」した。その直後に世界大戦がおこって国際情勢が全く一変したので、改めて一通りの解決をつけた。しかし今もアイルランド問題は再び燃え上がって、この十年有余も英国の深いなやみとなっているが、それは決して議院の過半数決議だけで安易な決着はつかない。

米国では有名な例として「奴隷解放、人種平等」の問題があった。これは議会の決議では何ともならない重大事だった。長期の凄惨な大内戦を経て、初めて改正された。国民の深い信条に基づく「権威ある憲法」の本質的な部分の改正は、ただの法形式手続きでは解決されないのが「政治の実際」である。フランスでは大革命以来、日本の立憲時代まで頻々として憲法が改変されたが、それはすべて流血革命か軍事クーデターの結果であった。

その点で日本の国風は欧米諸国と全く異なっていた。共和国の大統領も立憲国の国王も頻々として拒否権を行使したし、特にビスマルクを首相とするドイツ皇帝はその著しいものだった。だが日本では天皇裁可権は名目上重んぜられたが「君民一体を第一義」とする以上、初めからこれを拒否権として常用することは考えられなかった。「拒否権こそが政治権力」との意識は、ほとんどなかった。その代わりに、天皇の精神的影響力の絶大さは朝野ともによく心得ていた。国家社会の時代条件が変わって来て天下の公論が高揚して来た時に、天皇が独自の法権を発動して条文改正を提案されれば、出席議員の三分の二が平和的に可決することはほぼ至難でないと考えられた（現行憲法は天皇の発議権を認めない。しかも出席議員の三分の二でなく全議員定数の三分の二を要し、しかもその後で国民投票の条件をも加えている。その法文の形は一見似ているかに見えるが、政治運用上では全く別で、時代条件の変化に応じての平穏な改正を極度に至難としている)。

端的にいえば、明治天皇は二千年来の歴史的な絶大な権威をもって、しかも半世紀の国史の公論を重んじて、権威ある憲法を制定された。米将マッカーサーは一時の占領権力者として、わずか半年にして、征服者の武力のみをもって類例まれな改正至難の硬直憲法を強制立法させた。

明治の憲法制定の歴史は、世界に比を見ない天下の公議公論を総合した憲法であった。しかしその制憲史は万邦無比と称し得るとしても、その後の運用史については正直にいってそれほどまで高い評価はできない。制憲の史話の終わりに当たって、端的にその点にも簡略な話をしておく。

欽定憲法の権威 ―「国家の同一性」保つ―

地方開発の道開く

明治の制憲以後では、遺憾ながら国民の政治能力が不足して欽定憲法が期待したほどに十分な成果をあげ得なかった。日本固有法を誇った井上毅が間もなく死んで憲法学そのものが、東京・京都の官立大学ですべて制憲に無関係だったドイツ法学者で解釈され、国権派も自由派もどちらもドイツ法学の理論で憲法解釈学を立てた。それが政府にも政治家にも影響した。それに政党者の政治能力なり見識が不足して、せっかく議院内閣を作った隈板内閣が惨たる結果に終わった。

それに加えて議会政治家が藩閥との取引策謀を事として、少数の例外者を別とすれば甚だしく汚染された。議会が実力を発揮し得る時代になっても国民に根強い信頼感がなくて、昭和の五・一五事件以来、議院内閣による憲政の運用は止まってしまったかの感があった。

しかし憲政史はただ無意味だったわけでは決してない。国民大衆の国家意識は憲法と議会によって格段と高められ強められた。立憲以前の政府はひたすら中央集権のみで直進し、地方（特に維新に功のなかった諸藩のごとき）は蔑視されたが、議会ができて後は地方の民衆の投票と声が次第に政府にも反映して、地方開発に公正の道が開かれた。教育、医療、交通、産業開発、財政援助等々。

「日清日露の役での日本の勝利とは、文明立憲の日本が憲法なき清露に勝ったのだ」との国際世評は一般的であったが、無意味ではない。犬養などの理想にはほど遠いとしても日本の憲政の事実がアジア諸邦の民権、独立解放への少なからざる刺激ともなった。それは先人が理想とした線には遥かに及ばなかったとしても、これは憲政史の明るい側面と見ていい。

ただ議会政党が汚染された側面も否定しがたい史実である。その消息はこの話では詳説しない。だが政争が激しくて原敬が暗殺されても政権は同一政党の総裁・高橋是清が継承し、浜口雄幸が斃されても同一政党党首の若槻礼次郎が政権を継承し、流血による政変は憲法の許さざるところであるとの政治原則は、これを固守した。これは憲法の権威があったればこそである。

しかし五・一五事件で犬養毅が斃されて、ここで議院内閣制による憲政は崩れた。犬養は政党人にまれな清節の士と認められたが、汚染された政権党・政友会には国民の信を保つ自信がなくなっていた。ここで憲法上の一説である議院内閣制は崩れたが、帝国憲法そのものへの反抗は現れなかった。以後の政権もその政治能力は貧困であったが憲法に明示された条章を守り、反抗者も憲法を変更するのは躊躇した。

国歩艱難の非常時がつづき、日本人は当時勢威隆々たるヒトラーのドイツと同盟して、その強大な影響を受けた。

ヒトラーはドイツ共和国のワイマール憲法を一夜にして廃棄して、議会を蔑視し人民の権利を無視して、独裁奔放の威力を示した。日本の文武官には往年のビスマルクを憧れた者があった以上にもヒトラーを憧れる者が多かった。

外国軍が強制改変

しかしそれを新時代の大潮流と称する者はあっても、明治天皇欽定の憲法への反抗提案は出て来なかった。ドイツでは反政府主義者、自由思想者、ユダヤ人などの人民が、法を無視して五百万人、六百万人も殺された。近代史家では当時の日本をドイツと同視する者がある。しかし日本には、その時代に政治的不法犠牲者がなかったとはいわないが、それはドイツの万分の一にも達しない。これをただの数量的万対一の差だけだったとすることはできない。

それは明治欽定の憲法の権威とワイマール憲法との精神的権威の本質的な根の深さの差なのである。消極的な側面ではあるが、権威高く根の深い憲法が「国家の同一性」を保ち、人権を守り得た歴史は決して忘れ去られてはならない。

私は再びいう。この憲法はすでに一世紀以前の立法であり、その後に波乱曲折の歴史を経た。その経験に基づいて、独立国としての日本が真に日本国独自の立場で憲法条文を改正するとすれば、それは当然のことである。法は時の宜によって修補されるべきものだ。

しかしそれが真の意味では天皇の発議でもなく、国民の要望でもなく、一時的に日本を武力占領した外国軍司令官によって強制改変されたことは許しがたい。これは実質的にはハーグの占領法規にも反する無法にして乱暴の沙汰である。しかもそれに実質上は、国民の絶対多数者が不信であっても改正しがたいほどの無理強引な硬性改正条項をつけて絶対不変のものとした。

しかし日本人は独立国民である以上、これを黙認し隷属しつづけることはできない。いかに至難を経ても日本人の公議公論による「憲法」を回復しなければならない。この話の前に、今のアジアには真に権威のある憲法が未だできてないといった。その意味や事情は多少違うが日本にも真の権威ある憲法がなくなっている。ここで私は一世紀前の制憲に際して犬養が「アジア諸邦に立憲の則るところを知らしめた」といった語を想起する。

それは何も国史、法思想史、国体の異なる外国に対して、日本憲法の条文を模することをすすめたのでは決してない。各自その国に固有の法思想史、長い文化史を有する各民族の心理慣習、その伝統の基礎の上に立って、しかも将来の進歩とする理想目標をかかげて、一党派の主張のみでなく、及ぶ限り「全国民の公議公論」を総合しての大憲章を作るということだ。

その立法技術としては列国の比較憲法学の知識を参考するのは大いに有益であるが、その精神骨格は「外国法を模したるもの」でなくて、その民族固有の精神骨格がなくてはならない。公議公論の結集には一党派の主張のみでは足らない。

政党二派がその主張を力説するのは当然至極であるが、他流派との合流を求める英知も大切だ（例、犬養は本来大隈直系だったが、時には大隈の敵視する後藤象二郎や改進党の政敵とした自由党系有力者とも大同団結する勇気と知性があった。憲法権威確立のためには、時の条件を見ては首領の後藤が黒田内閣に入るのにも同意した）。

それがなくては各党派の上に位して一国の同一性と継続安定性を保障する「憲法」は成立しないし、いつまでも政変は流血の惨となり、合法的コースを進むのを期待しがたい。明治の憲法制定の歴史には、今日もよき憲法を生み出すための貴重な参考となる話が多い。

大日本帝国憲法・(旧) 皇室典範

皇室典範及び大日本帝国憲法制定の御告文

皇朕レ謹ミ畏ミ
皇祖
皇宗ノ神霊ニ誥ケ白サク皇朕レ天壌無窮ノ宏謨ニ循ヒ惟神ノ
宝祚ヲ承継シ旧図ヲ保持シテ敢テ失墜スルコト無シ顧ミルニ
世局ノ進運ニ膺リ人文ノ発達ニ随ヒ宜ク
皇祖
皇宗ノ遺訓ヲ明徴ニシ典憲ヲ成立シ条章ヲ昭示シ内ハ以テ子
孫ノ率由スル所ト為シ外ハ以テ臣民翼賛ノ道ヲ広メ永遠ニ遵
行セシメ益々国家ノ丕基ヲ鞏固ニシ八洲民生ノ慶福ヲ増進ス
ヘシ茲ニ皇室典範及憲法ヲ制定ス惟フニ此レ皆
皇祖
皇宗ノ後裔ニ貽シタマヘル統治ノ洪範ヲ紹述スルニ外ナラス
而シテ朕カ躬ニ逮テ時ト倶ニ挙行スルコトヲ得ルハ洵ニ
皇祖
皇宗及我カ
皇考ノ威霊ニ倚藉スルニ由ラサルハ無シ皇朕レ仰テ
皇祖
皇宗及
皇考ノ神祐ヲ祷リ併セテ朕カ現在及将来ニ臣民ニ率先シ此ノ
憲章ヲ履行シテ愆ラサラムコトヲ誓フ庶幾クハ
神霊此レヲ鑒ミタマヘ

〔大日本帝国憲法〕

大日本帝国憲法発布の勅語

朕国家ノ隆昌ト臣民ノ慶福トヲ以テ中心ノ欣栄トシ朕カ祖宗ニ承クルノ大権ニ依リ現在及将来ノ臣民ニ対シ此ノ不磨ノ大典ヲ宣布ス

惟フニ我カ祖我カ宗ハ我カ臣民祖先ノ協力輔翼ニ倚リ我カ帝国ヲ肇造シ以テ無窮ニ垂レタリ此レ我カ神聖ナル祖宗ノ威徳ト並ニ臣民ノ忠実勇武ニシテ国ヲ愛シ公ニ殉ヒ以テ此ノ光輝アル国史ノ成跡ヲ貽シタルナリ朕我カ臣民ハ即チ祖宗ノ忠良ナル臣民ノ子孫ナルヲ回想シ其ノ朕カ意ヲ奉体シ朕カ事ヲ奨

順シ相与ニ和衷協同シ益々我カ帝国ノ光栄ヲ中外ニ宣揚シ祖宗ノ遺業ヲ永久ニ鞏固ナラシムルノ希望ヲ同クシ此ノ負担ヲ分ツニ堪フルコトヲ疑ハサルナリ

大日本帝国憲法上諭

朕祖宗ノ遺烈ヲ承ケ万世一系ノ帝位ヲ践ミ朕カ親愛スル所ノ臣民ハ即チ朕カ祖宗ノ恵撫慈養シタマヒシ所ノ臣民ナルヲ念ヒ其ノ康福ヲ増進シ其ノ懿徳良能ヲ発達セシメムコトヲ願ヒ又其ノ翼賛ニ依リ与ニ倶ニ国家ノ進運ヲ扶持セムコトヲ望ミ乃チ明治十四年十月十二日ノ詔命ヲ履践シ茲ニ大憲ヲ制定シ朕カ率由スル所ヲ示シ朕カ後嗣及臣民及臣民ノ子孫タル者ヲシテ永遠ニ循行スル所ヲ知ラシム

国家統治ノ大権ハ朕カ之ヲ祖宗ニ承ケテ之ヲ子孫ニ伝フル所ナリ朕及朕カ子孫ハ将来此ノ憲法ノ条章ニ循ヒ之ヲ行フコトヲ愆ラサルヘシ

朕ハ我カ臣民ノ権利及財産ノ安全ヲ貴重シ及之ヲ保護シ此ノ憲法及法律ノ範囲内ニ於テ其ノ享有ヲ完全ナラシムヘキコトヲ宣言ス

帝国議会ハ明治二十三年ヲ以テ之ヲ召集シ議会開会ノ時ヲ以テ此ノ憲法ヲシテ有効ナラシムルノ期トスヘシ

将来若此ノ憲法ノ或ル条章ヲ改定スルノ必要ナル時宜ヲ見ルニ至ラハ朕及朕カ継統ノ子孫ハ発議ノ権ヲ執リ之ヲ議会ニ付シ議会ハ此ノ憲法ニ定メタル要件ニ依リ之ヲ議決スルノ外朕カ子孫及臣民ハ敢テ之カ紛更ヲ試ミルコトヲ得サルヘシ

朕カ在廷ノ大臣ハ朕カ為ニ此ノ憲法ヲ施行スルノ責ニ任スヘク朕カ現在及将来ノ臣民ハ此ノ憲法ニ対シ永遠ニ従順ノ義務ヲ負フヘシ

御名御璽

明治二十二年二月十一日

内閣総理大臣　伯爵　黒田清隆
枢密院議長　伯爵　伊藤博文
外務大臣　伯爵　大隈重信
海軍大臣　伯爵　西郷従道
農商務大臣　伯爵　井上　馨
司法大臣　伯爵　山田顕義
大蔵大臣兼内務大臣　伯爵　松方正義
陸軍大臣　伯爵　大山　巌
文部大臣　子爵　森　有礼
逓信大臣　子爵　榎本武揚

大日本帝国憲法

第一章　天皇

第一条　大日本帝国ハ万世一系ノ天皇之ヲ統治ス

第二条　皇位ハ皇室典範ノ定ムル所ニ依リ皇男子孫之ヲ継承ス

第三条　天皇ハ神聖ニシテ侵スヘカラス

第四条　天皇ハ国ノ元首ニシテ統治権ヲ総攬シ此ノ憲法ノ条規ニ依リ之ヲ行フ

第五条　天皇ハ帝国議会ノ協賛ヲ以テ立法権ヲ行フ

第六条　天皇ハ法律ヲ裁可シ其ノ公布及執行ヲ命ス

第七条　天皇ハ帝国議会ヲ召集シ其ノ開会閉会停会及衆議院ノ解散ヲ命ス

第八条　天皇ハ公共ノ安全ヲ保持シ又ハ其ノ災厄ヲ避クル為緊急ノ必要ニ由リ帝国議会閉会ノ場合ニ於テ法律ニ代ルヘキ勅令ヲ発ス

2　此ノ勅令ハ次ノ会期ニ於テ帝国議会ニ提出スヘシ若議会ニ於テ承諾セサルトキハ政府ハ将来ニ向テ其ノ効力ヲ失フコトヲ公布スヘシ

第九条　天皇ハ法律ヲ執行スル為ニ又ハ公共ノ安寧秩序ヲ保持シ及臣民ノ幸福ヲ増進スル為ニ必要ナル命令ヲ発シ又ハ発セシム但シ命令ヲ以テ法律ヲ変更スルコトヲ得ス

第十条　天皇ハ行政各部ノ官制及文武官ノ俸給ヲ定メ及文武官ヲ任免ス但シ此ノ憲法又ハ他ノ法律ニ特例ヲ掲ケタルモノハ各々其ノ条項ニ依ル

第十一条　天皇ハ陸海軍ヲ統帥ス

第十二条　天皇ハ陸海軍ノ編制及常備兵額ヲ定ム

第十三条　天皇ハ戦ヲ宣シ和ヲ講シ及諸般ノ条約ヲ締結ス

第十四条　天皇ハ戒厳ヲ宣告ス

2　戒厳ノ要件及効力ハ法律ヲ以テ之ヲ定ム

第十五条　天皇ハ爵位勲章及其ノ他ノ栄典ヲ授与ス

第十六条　天皇ハ大赦特赦減刑及復権ヲ命ス

第十七条　摂政ヲ置クハ皇室典範ノ定ムル所ニ依ル

2　摂政ハ天皇ノ名ニ於テ大権ヲ行フ

第二章　臣民権利義務

第十八条　日本臣民タル要件ハ法律ノ定ムル所ニ依ル

第十九条　日本臣民ハ法律命令ノ定ムル所ノ資格ニ応シ均ク文武官ニ任セラレ及其ノ他ノ公務ニ就クコトヲ得

第二十条　日本臣民ハ法律ノ定ムル所ニ従ヒ兵役ノ義務ヲ有ス

第二十一条　日本臣民ハ法律ノ定ムル所ニ従ヒ納税ノ義務ヲ有ス

第二十二条　日本臣民ハ法律ノ範囲内ニ於テ居住及移転ノ自

由ヲ有ス
第二十三条　日本臣民ハ法律ニ依ルニ非スシテ逮捕監禁審問処罰ヲ受クルコトナシ
第二十四条　日本臣民ハ法律ニ定メタル裁判官ノ裁判ヲ受クルノ権ヲ奪ハルヽコトナシ
第二十五条　日本臣民ハ法律ニ定メタル場合ヲ除ク外其ノ許諾ナクシテ住所ニ侵入セラレ及捜索セラルヽコトナシ
第二十六条　日本臣民ハ法律ニ定メタル場合ヲ除ク外信書ノ秘密ヲ侵サルヽコトナシ
第二十七条　日本臣民ハ其ノ所有権ヲ侵サルヽコトナシ
2　公益ノ為必要ナル処分ハ法律ノ定ムル所ニ依ル
第二十八条　日本臣民ハ安寧秩序ヲ妨ケス及臣民タルノ義務ニ背カサル限ニ於テ信教ノ自由ヲ有ス
第二十九条　日本臣民ハ法律ノ範囲内ニ於テ言論著作印行集会及結社ノ自由ヲ有ス
第三十条　日本臣民ハ相当ノ敬礼ヲ守リ別ニ定ムル所ノ規程ニ従ヒ請願ヲ為スコトヲ得
第三十一条　本章ニ掲ケタル条規ハ戦時又ハ国家事変ノ場合ニ於テ天皇大権ノ施行ヲ妨クルコトナシ
第三十二条　本章ニ掲ケタル条規ハ陸海軍ノ法令又ハ紀律ニ牴触セサルモノニ限リ軍人ニ準行ス

第三章　帝国議会

第三十三条　帝国議会ハ貴族院衆議院ノ両院ヲ以テ成立ス
第三十四条　貴族院ハ貴族院令ノ定ムル所ニ依リ皇族華族及勅任セラレタル議員ヲ以テ組織ス
第三十五条　衆議院ハ選挙法ノ定ムル所ニ依リ公選セラレタル議員ヲ以テ組織ス
第三十六条　何人モ同時ニ両議院ノ議員タルコトヲ得ス
第三十七条　凡テ法律ハ帝国議会ノ協賛ヲ経ルヲ要ス
第三十八条　両議院ハ政府ノ提出スル法律案ヲ議決シ及各々法律案ヲ提出スルコトヲ得
第三十九条　両議院ノ一ニ於テ否決シタル法律案ハ同会期中ニ於テ再ヒ提出スルコトヲ得ス
第四十条　両議院ハ法律又ハ其ノ他ノ事件ニ付各々其ノ意見ヲ政府ニ建議スルコトヲ得但シ其ノ採納ヲ得サルモノハ同会期中ニ於テ再ヒ建議スルコトヲ得ス
第四十一条　帝国議会ハ毎年之ヲ召集ス
第四十二条　帝国議会ハ三箇月ヲ以テ会期トス必要アル場合ニ於テハ勅命ヲ以テ之ヲ延長スルコトアルヘシ
第四十三条　臨時緊急ノ必要アル場合ニ於テ常会ノ外臨時会ヲ召集スヘシ
2　臨時会ノ会期ヲ定ムルハ勅命ニ依ル

第四十四条　帝国議会ノ開会閉会会期ノ延長及停会ハ両院同時ニ之ヲ行フヘシ

2　衆議院解散ヲ命セラレタルトキハ貴族院ハ同時ニ停会セラルヘシ

第四十五条　衆議院解散ヲ命セラレタルトキハ勅令ヲ以テ新ニ議員ヲ選挙セシメ解散ノ日ヨリ五箇月以内ニ之ヲ召集スヘシ

第四十六条　両議院ハ各々其ノ総議員三分ノ一以上出席スルニ非サレハ議事ヲ開キ議決ヲ為ス事ヲ得ス

第四十七条　両議院ノ議事ハ過半数ヲ以テ決ス可否同数ナルトキハ議長ノ決スル所ニ依ル

第四十八条　両議院ノ会議ハ公開ス但シ政府ノ要求又ハ其ノ院ノ決議ニ依リ秘密会ト為スコトヲ得

第四十九条　両議院ハ各々天皇ニ上奏スルコトヲ得

第五十条　両議院ハ臣民ヨリ呈出スル請願書ヲ受クルコトヲ得

第五十一条　両議院ハ此ノ憲法及議院法ニ掲クルモノ、外内部ノ整理ニ必要ナル諸規則ヲ定ムルコトヲ得

第五十二条　両議院ノ議員ハ議院ニ於テ発言シタル意見及表決ニ付院外ニ於テ責ヲ負フコトナシ但シ議員自ラ其ノ言論ヲ演説刊行筆記又ハ其ノ他ノ方法ヲ以テ公布シタルトキハ一般ノ法律ニ依リ処分セラルヘシ

第五十三条　両議院ノ議員ハ現行犯罪又ハ内乱外患ニ関ル罪ヲ除ク外会期中其ノ院ノ許諾ナクシテ逮捕セラル、コトナシ

第五十四条　国務大臣及政府委員ハ何時タリトモ各議院ニ出席シ及発言スルコトヲ得

第四章　国務大臣及枢密顧問

第五十五条　国務各大臣ハ天皇ヲ輔弼シ其ノ責ニ任ス

2　凡テ法律勅令其ノ他国務ニ関ル詔勅ハ国務大臣ノ副署ヲ要ス

第五十六条　枢密顧問ハ枢密院官制ノ定ムル所ニ依リ天皇ノ諮詢ニ応ヘ重要ノ国務ヲ審議ス

第五章　司法

第五十七条　司法権ハ天皇ノ名ニ於テ法律ニ依リ裁判所之ヲ行フ

2　裁判所ノ構成ハ法律ヲ以テ之ヲ定ム

第五十八条　裁判官ハ法律ニ定メタル資格ヲ具フル者ヲ以テ之ニ任ス

2　裁判官ハ刑法ノ宣告又ハ懲戒ノ処分ニ由ルノ外其ノ職ヲ免セラル、コトナシ

3　懲戒ノ条規ハ法律ヲ以テ之ヲ定ム

第五十九条　裁判ノ対審判決ハ之ヲ公開ス但シ安寧秩序又ハ風俗ヲ害スルノ虞アルトキハ法律ニ依リ又ハ裁判所ノ決議ヲ以テ対審ノ公開ヲ停ムルコトヲ得

第六十条　特別裁判所ノ管轄ニ属スヘキモノハ別ニ法律ヲ以テ之ヲ定ム

第六十一条　行政官庁ノ違法処分ニ由リ権利ヲ傷害セラレタリトスルノ訴訟ニシテ別ニ法律ヲ以テ定メタル行政裁判所ノ裁判ニ属スヘキモノハ司法裁判所ニ於テ受理スルノ限ニ在ラス

第六章　会計

第六十二条　新ニ租税ヲ課シ及税率ヲ変更スルハ法律ヲ以テ之ヲ定ムヘシ

2　但シ報償ニ属スル行政上ノ手数料及其ノ他ノ収納金ハ前項ノ限ニ在ラス

3　国債ヲ起シ及予算ニ定メタルモノヲ除ク外国庫ノ負担トナルヘキ契約ヲ為スハ帝国議会ノ協賛ヲ経ヘシ

第六十三条　現行ノ租税ハ更ニ法律ヲ以テ之ヲ改メサル限ハ旧ニ依リ之ヲ徴収ス

第六十四条　国家ノ歳出歳入ハ毎年予算ヲ以テ帝国議会ノ協賛ヲ経ヘシ

2　予算ノ款項ニ超過シ又ハ予算ノ外ニ生シタル支出アルトキハ後日帝国議会ノ承諾ヲ求ムルヲ要ス

第六十五条　予算ハ前ニ衆議院ニ提出スヘシ

第六十六条　皇室経費ハ現在ノ定額ニ依リ毎年国庫ヨリ之ヲ支出シ将来増額ヲ要スル場合ヲ除ク外帝国議会ノ協賛ヲ要セス

第六十七条　憲法上ノ大権ニ基ツケル既定ノ歳出及法律ノ結果ニ由リ又ハ法律上政府ノ義務ニ属スル歳出ハ政府ノ同意ナクシテ帝国議会之ヲ廃除シ又ハ削減スルコトヲ得ス

第六十八条　特別ノ須要ニ因リ政府ハ予メ年限ヲ定メ継続費トシテ帝国議会ノ協賛ヲ求ムルコトヲ得

第六十九条　避クヘカラサル予算ノ不足ヲ補フ為ニ又ハ予算ノ外ニ生シタル必要ノ費用ニ充ツル為ニ予備費ヲ設クヘシ

第七十条　公共ノ安全ヲ保持スル為緊急ノ需用アル場合ニ於テ内外ノ情形ニ因リ政府ハ帝国議会ヲ召集スルコト能ハサルトキハ勅令ニ依リ財政上必要ノ処分ヲ為スコトヲ得

2　前項ノ場合ニ於テハ次ノ会期ニ於テ帝国議会ニ提出シ其ノ承諾ヲ求ムルヲ要ス

第七十一条　帝国議会ニ於テ予算ヲ議定セス又ハ予算成立ニ至ラサルトキハ政府ハ前年度ノ予算ヲ施行スヘシ

第七十二条　国家ノ歳出歳入ノ決算ハ会計検査院之ヲ検査確定シ政府ハ其ノ検査報告ト倶ニ之ヲ帝国議会ニ提出スヘシ

2　会計検査院ノ組織及職権ハ法律ヲ以テ之ヲ定ム

第七章　補則

第七十三条　将来此ノ憲法ノ条項ヲ改正スルノ必要アルトキハ勅命ヲ以テ議案ヲ帝国議会ノ議ニ付スヘシ

2　此ノ場合ニ於テ両議院ハ各々其ノ総員三分ノ二以上出席スルニ非サレハ議事ヲ開クコトヲ得ス出席議員三分ノ二以上ノ多数ヲ得ルニ非サレハ改正ノ議決ヲ為スコトヲ得ス

第七十四条　皇室典範ノ改正ハ帝国議会ノ議ヲ経ルヲ要セス

2　皇室典範ヲ以テ此ノ憲法ノ条規ヲ変更スルコトヲ得ス

第七十五条　憲法及皇室典範ハ摂政ヲ置クノ間之ヲ変更スルコトヲ得ス

第七十六条　法律規則命令又ハ何等ノ名称ヲ用ヰタルニ拘ラス此ノ憲法ニ矛盾セサル現行ノ法令ハ総テ遵由ノ効力ヲ有ス

2　歳出上政府ノ義務ニ係ル現在ノ契約又ハ命令ハ総テ第六十七条ノ例ニ依ル

〔(旧) 皇室典範〕

皇室典範上諭

天佑ヲ享有シタル我カ日本帝国ノ宝祚ハ万世一系歴代継承シ以テ朕カ躬ニ至ル惟フニ祖宗肇国ノ初大憲一タヒ定マリ昭ナルコト日星ノ如シ今ノ時ニ当リ宜ク遺訓ヲ明徴ニシ皇家ノ成典ヲ制立シ以テ丕基ヲ永遠ニ鞏固ニスヘシ茲ニ枢密顧問ノ諮詢ヲ経皇室典範ヲ裁定シ朕カ後嗣及子孫ヲシテ遵守スル所アラシム

御名御璽

明治二十二年二月十一日

皇室典範

第一章　皇位継承

第一条　大日本国皇位ハ祖宗ノ皇統ニシテ男系ノ男子之ヲ継承ス

第二条　皇位ハ皇長子ニ伝フ

第三条　皇長子在ラサルトキハ皇長孫ニ伝フ皇長子及其ノ子孫皆在ラサルトキハ皇次子及其ノ子孫ニ伝フ以下皆之ニ例ス

第四条　皇子孫ノ皇位ヲ継承スルハ嫡出ヲ先ニス皇庶子孫ノ皇位ヲ継承スルハ皇嫡子孫皆在ラサルトキニ限ル

第五条　皇子孫皆在ラサルトキハ皇兄弟及其ノ子孫ニ伝フ

第六条　皇兄弟及其ノ子孫皆在ラサルトキハ皇伯叔父及其ノ子孫ニ伝フ

第七条　皇伯叔父及其ノ子孫皆在ラサルトキハ其ノ以上ニ於テ最近親ノ皇族ニ伝フ

第八条　皇兄弟以上ハ同等内ニ於テ嫡ヲ先ニシ庶ヲ後ニシ長ヲ先ニシ幼ヲ後ニス

第九条　皇嗣精神若ハ身体ノ不治ノ重患アリ又ハ重大ノ事故アルトキハ皇族会議及枢密顧問ニ諮詢シ前数条ニ依リ継承ノ順序ヲ換フルコトヲ得

第二章　践祚即位

第十条　天皇崩スルトキハ皇嗣即チ践祚シ祖宗ノ神器ヲ承ク

第十一条　即位ノ礼及大嘗祭ハ京都ニ於テ之ヲ行フ

第十二条　践祚ノ後元号ヲ建テ一世ノ間ニ再ヒ改メサルコト明治元年ノ定制ニ従フ

第三章　成年立后立太子

第十三条　天皇及皇太子皇太孫ハ満十八年ヲ以テ成年トス

第十四条　前条ノ外ノ皇族ハ満二十年ヲ以テ成年トス

第十五条　儲嗣タル皇子ヲ皇太子トス皇太子在ラサルトキハ儲嗣タル皇孫ヲ皇太孫トス

第十六条　皇后皇太子皇太孫ヲ立ツルトキハ詔書ヲ以テ之ヲ公布ス

第四章　敬称

第十七条　天皇太皇太后皇太后皇后ノ敬称ハ陛下トス

第十八条　皇太子皇太子妃皇太孫皇太孫妃親王親王妃内親王王王妃女王ノ敬称ハ殿下トス

第五章　摂政

第十九条　天皇未タ成年ニ達セサルトキハ摂政ヲ置ク

2　天皇久キニ亘ルノ故障ニ由リ大政ヲ親ラスルコト能ハサルトキハ皇族会議及枢密顧問ノ議ヲ経テ摂政ヲ置ク

第二十条　摂政ハ成年ニ達シタル皇太子又ハ皇太孫之ニ任ス

第二十一条　皇太子皇太孫在ラサルカ又ハ未タ成年ニ達セサルトキハ左ノ順序ニ依リ摂政ニ任ス

第一　親王及王

第二　皇后

第三　皇太后

第四　太皇太后

第五　内親王及女王

第二十二条　皇族男子ノ摂政ニ任スルハ皇位継承ノ順序ニ従フ其ノ女子ニ於ケルモ亦之ニ準ス

第二十三条　皇族女子ノ摂政ニ任スルハ其ノ配偶アラサル者ニ限ル

第二十四条　最近親ノ皇族未タ成年ニ達セサルカ又ハ其ノ他ノ事故ニ由リ他ノ皇族摂政ニ任シタルトキハ後来最近親ノ皇族成年ニ達シ又ハ其ノ事故既ニ除クト雖皇太子及皇太孫ニ対スルノ外其ノ任ヲ譲ルコトナシ

第二十五条　摂政又ハ摂政タルヘキ者精神若ハ身体ノ重患アリ又ハ重大ノ事故アルトキハ皇族会議及枢密顧問ノ議ヲ経テ其ノ順序ヲ換フルコトヲ得

第六章　太傅

第二十六条　天皇未タ成年ニ達セサルトキハ太傅ヲ置キ保育ヲ掌ラシム

第二十七条　先帝遺命ヲ以テ太傅ヲ任セサリシトキハ摂政ヨリ皇族会議及枢密顧問ニ諮詢シ之ヲ選任ス

第二十八条　太傅ハ摂政及其ノ子孫之ニ任スルコトヲ得ス

第二十九条　摂政ハ皇族会議及枢密顧問ニ諮詢シタル後ニ非サレハ太傅ヲ退職セシムルコトヲ得ス

第七章　皇族

第三十条　皇族ト称フルハ太皇太后皇太后皇后皇太子皇太子妃皇太孫皇太孫妃親王親王妃内親王王王妃女王ヲ謂フ

第三十一条　皇子ヨリ皇玄孫ニ至ルマテハ男ヲ親王女ヲ内親王トシ五世以下ハ男ヲ王女ヲ女王トス

第三十二条　天皇支系ヨリ入テ大統ヲ承クルトキハ皇兄弟姉妹ノ王女王タル者ニ特ニ親王内親王ノ号ヲ宣賜ス

第三十三条　皇族ノ誕生命名婚嫁薨去ハ宮内大臣之ヲ公告ス

第三十四条　皇統譜及前条ニ関ル記録ハ図書寮ニ於テ尚蔵ス

第三十五条　皇族ハ天皇之ヲ監督ス

第三十六条　摂政在任ノ時ハ前条ノ事ヲ摂行ス

第三十七条　皇族男女幼年ニシテ父ナキ者ハ宮内ノ官僚ニ命シ保育ヲ掌ラシム事宜ニ依リ天皇ハ其ノ父母ノ選挙セル後見人ヲ認可シ又ハ之ヲ勅選スヘシ

第三十八条　皇族ノ後見人ハ成年以上ノ皇族ニ限ル

第三十九条　皇族ノ婚嫁ハ同族又ハ勅旨ニ由リ特ニ認許セラレタル華族ニ限ル

第四十条　皇族ノ婚嫁ハ勅許ニ由ル

第四十一条　皇族ノ婚嫁ヲ許可スルノ勅書ハ宮内大臣之ニ副署ス

第四十二条　皇族ハ養子ヲ為スコトヲ得ス

第四十三条　皇族国彊ノ外ニ旅行セムトスルトキハ勅許ヲ請フヘシ

第四十四条　皇族女子ノ臣籍ニ嫁シタル者ハ皇族ノ列ニ在ラス但シ特旨ニ依リ仍内親王女王ノ称ヲ有セシムルコトアル

ヘシ

第八章　世伝御料

第四十五条　土地物件ノ世伝御料ト定メタルモノハ分割譲与スルコトヲ得ス

第四十六条　世伝御料ニ編入スル土地物件ハ枢密顧問ニ諮詢シ勅書ヲ以テ之ヲ定メ宮内大臣之ヲ公告ス

第九章　皇室経費

第四十七条　皇室諸般ノ経費ハ特ニ常額ヲ定メ国庫ヨリ支出セシム

第四十八条　皇室経費ノ予算決算検査及其ノ他ノ規則ハ皇室会計法ノ定ムル所ニ依ル

第十章　皇室訴訟及懲戒

第四十九条　皇族相互ノ民事ノ訴訟ハ勅旨ニ依リ宮内省ニ於テ裁判員ヲ命シ裁判セシメ勅裁ヲ経テ之ヲ執行ス

第五十条　人民ヨリ皇族ニ対スル民事ノ訴訟ハ東京控訴院ニ於テ之ヲ裁判ス但シ皇族ハ代人ヲ以テ訴訟ニ当ラシメ自ラ訟廷ニ出ルヲ要セス

第五十一条　皇族ハ勅許ヲ得ルニ非サレハ勾引シ又ハ裁判所ニ召喚スルコトヲ得ス

第五十二条　皇族其ノ品位ヲ辱ムルノ所行アリ又ハ皇室ニ対シ忠順ヲ缺クトキハ勅旨ヲ以テ之ヲ懲戒シ其ノ重キ者ハ皇族特権ノ一部又ハ全部ヲ停止シ若ハ剥奪スヘシ

第五十三条　皇族蕩産ノ所行アルトキハ勅旨ヲ以テ治産ノ禁ヲ宣告シ其ノ管財者ヲ任スヘシ

第五十四条　前二条ハ皇族会議ニ諮詢シタル後之ヲ勅裁ス

第十一章　皇族会議

第五十五条　皇族会議ハ成年以上ノ皇族男子ヲ以テ組織シ内大臣枢密院議長宮内大臣司法大臣大審院長ヲ以テ参列セシム

第五十六条　天皇ハ皇族会議ニ親臨シ又ハ皇族中ノ一員ニ命シテ議長タラシム

第十二章　補則

第五十七条　現在ノ皇族五世以下親王ノ号ヲ宣賜シタル者ハ旧ニ依ル

第五十八条　皇位継承ノ順序ハ総テ実系ニ依ル現在皇養子皇猶子又ハ他ノ継嗣タルノ故ヲ以テ之ヲ混スルコトナシ

第五十九条　親王内親王王女王ノ品位ハ之ヲ廃ス

第六十条　親王ノ家格及其ノ他此ノ典範ニ牴触スル例規ハ総テ之ヲ廃ス

第六十一条　皇族ノ財産歳費及諸規則ハ別ニ之ヲ定ムヘシ

第六十二条　将来此ノ典範ノ条項ヲ改正シ又ハ増補スヘキノ必要アルニ当テハ皇族会議及枢密顧問ニ諮詢シテ之ヲ勅定スヘシ

人物略歴

※論旨に関連性が深い人物のみを抽出した（五十音順）
※旧暦を変換する性質上、元号と西暦が一律でない箇所もある

板垣退助（いたがき・たいすけ）＝天保8年（1837）～大正8年（1919）
土佐藩で藩政運営の中核を務めるが、意見が容れられず討幕派と連携、戊辰戦争でも活躍した。明治六年征韓論をめぐって下野。七年後藤象二郎らとともに民撰議院設立建白書を政府に提出。愛国公党や立志社を設立し、自由民権運動の先頭に立った。十四年自由党を結成。三十一年最初の政党内閣である隈板内閣の内相を務めた。つとに「一代華族論」を唱え、叙爵を拝辞したものの許されなかったため、遺言により子孫の襲爵の手続きを怠らしめてその遺志を全うした。

伊藤博文（いとう・ひろぶみ）＝天保12年（1841）～明治42年（1909）
吉田松陰に師事し、松下村塾に学ぶ。木戸孝允、高杉晋作らとともに尊皇攘夷運動に参加。明治四年岩倉遣外使節団の副使として欧米を巡歴した。十四年の政変により対立した大隈重信を政府から追放し、政府の実権を握る。十五年憲法調査のため渡欧。十八年内閣制度を創設し自ら初代内閣総理大臣となる。大日本帝国憲法の制定でも中心的役割を果たし、枢密院議長、貴族院議長、首相（四度）、初代韓国統監等を歴任。四十二年ハルビン駅頭で韓国の独立運動家・安重根により射殺され、国葬をもって送られた。

伊東巳代治（いとう・みよじ）＝安政4年（1857）～昭和9年（1934）
早くから長崎で英語を修め、伊藤博文の知遇を得て明治新政府に出仕。明治十五年伊藤の欧州憲法調査に随行し、帰国後は伊藤の秘書官として井上毅、金子堅太郎とともに大日本帝国憲法、皇室典範その他諸法典の起草に当たった。以後、首相秘書官、枢密院書記官長、貴族院勅選議員、第二次伊藤内閣書記官長、第三次伊藤内閣農商務相、枢密顧問官等を歴任。「憲法の番人」を自任し、枢密院の重鎮として昭和初期まで政界に影響力を及ぼした。

犬養毅（いぬかい・つよし）＝安政2年（1855）～昭和7年（1932）
『郵便報知新聞』の記者として西南戦争に従軍。『東海経済新報』記者等を経て、大隈重信が結成した立憲改進党に参画、大同団結運動で活躍した。明治二十三年第一回総選挙で衆議院議員に当選、以後四十二年間にわたり第十八回総選挙まで連続当選する。第一次大隈内閣文相、第二次山本内閣逓相等を務め、第一次護憲運動では尾崎行雄とともに「憲政の神様」と称された。昭和四年立憲政友会総裁。六年首相となるが、七年五・一五事件で暗殺された。政治的な言動からしばしば策士と評されることもあった。号は木堂。

井上馨（いのうえ・かおる）＝天保6年（1836）～大正4年（1915）
高杉晋作らとともに尊皇攘夷運動に参加するも早くに開国論に転じる。維新後は参与、外国事務掛、大蔵大輔等を務めた。明治八年元老院議官となり、九年特命副全権大使として日朝修好条規を結んだ。十八年第一次伊藤内閣の外相に就任。鹿鳴館に象徴される欧化政策を展開し、不平等条約の改正に取り組んだが、国民の反対運動が高まり辞職。その後は農商務相、内相、蔵相等を歴任した。紡績や鉄道など実業界の発展にも尽くし、引退後も元老として影響力を保持した。

井上毅（いのうえ・こわし）＝天保14年（1844）～明治28年（1895）
明治四年司法省に出仕、五年江藤新平の指名により渡欧。以降、岩倉具視・伊藤博文らの命で、各種の重要政策を起案した。十四年欽定憲法構想立案や国会開設の勅諭を起草、大日本帝国憲法や皇室典範の起草にも参加した。二十一年枢密院書記官長として憲法制定会議の司会を務める。二十三年枢密顧問官となり、「教育勅語」を起草。理論の明敏さとそれを表現する文才に特に秀で、立憲議会制国家の基礎を構築した官僚として名高い。「明治国家のグランドデザイナー」とも称される。号は梧陰。

岩倉具視（いわくら・ともみ）＝文政8年（1825）～明治16年（1883）
安政元年孝明天皇の侍従となる。公武合体派として和宮降嫁を強く推進したため尊攘派から糾弾され、慶応三年まで蟄居となる。以後、討幕へと転回し、大久保利通らと王政復古を主導した。明治元年三条実美とともに副総裁に挙げられ、新政府の柱石として活躍。一世一元制は岩倉が建議した。四年特命全権大使として使節団を伴い欧米を視察。欽定憲法制定の方針を確定し、皇室や華族の擁護にも力を注いだ。十六年臣下として初めて国葬で葬られた。二十二年の大日本帝国憲法発布式当日、明治天皇はこの日を待たずして没した岩倉、大久保、木戸孝允らの墓前に勅使を差遣され、憲法発布を申告されるほど大きな功績を残した。

江藤新平（えとう・しんぺい）＝天保5年（1834）～明治7年（1874）
尊皇攘夷運動に加わり、その後開国論に転ずる。文久二年木戸孝允を頼って脱藩し皇権回復の密奏を企てるも失敗、藩から無期謹慎を命ぜられる。明治元年新政府成立後、徴士として出仕、岩倉具視に江戸遷都を建議した。五年司法卿となり、司法権の独立や司法制度の整備、民法編纂などに尽力。六年参議となるが征韓論争に敗れて下野した。七年民撰議院設立建白書に署名しながらも、同年帰郷後に佐賀征韓党の首領となり、佐賀の乱を起こすが敗れて処刑された。

大久保利通（おおくぼ・としみち）＝文政13年（1830）～明治11年（1878）
島津久光のもとで公武合体運動を推進するが、次第に討幕派へと進む。薩長連合を結ぶ一方、岩倉具視らとともに王政復古を実現。討幕に指導的な役割を果たし、新政府の基礎を固めた。明治四年岩倉遣外使節団に副使として随行。帰国後、留守政府で懸案となっていた征韓論争で征韓派参議を下野させるとともに、参議兼内務卿として政府の中心的存在となる。佐賀の乱から西南戦争に至るまで各地の士族反乱の鎮圧に当たったが、十一年紀尾井坂で士族・島田一郎（一良）らに暗殺された。木戸孝允、西郷隆盛と並んで「維新三傑」の一人に挙げられる。

大隈重信（おおくま・しげのぶ）＝天保9年（1838）～大正11年（1922）
尊攘激派として活躍。維新後、外国事務局判事などを経て、明治三年参議、六年大蔵省事務総裁ついで大蔵卿となり、大隈財政を展開した。十四年の政変で下野、多くの大隈派官僚も辞職した。十五年立憲改進党を結成、東京専門学校（現・早稲田大学）を創立した。二十一年外相となるが、二十二年条約改正交渉をめぐり反対派の爆弾による襲撃を受け片脚を失うとともに辞職。三十一年板垣退助とともに憲政党を結成、最初の政党内閣である隈板内閣で首相に就任した。

勝海舟（かつ・かいしゅう）＝文政6年（1823）～明治32年（1899）
安政元年ペリー来航に際して提出した海防意見書が幕臣・大久保一翁の目に留まり、二年蕃書翻訳御用を命ぜられる。元治元年軍艦奉行に就任、神戸に海軍操練所を開き、坂本龍馬ら諸藩の学生、志士を教育した。戊辰戦争では徳川家の保全、慶喜の助命、江戸城の無血開城に大きく尽力。新政府では海軍大輔、参議兼海軍卿、元老院議官等を歴任するも多くは直ちに辞し、明治八年以降は在野で政治・社会を論じたが、政界の影の相談役として重要な地位を保った。二十一年枢密顧問官となり枢密院憲法会議にも出席した。海舟は号で、安房、安芳とも名乗った。

金子堅太郎（かねこ・けんたろう）＝嘉永6年（1853）～昭和17年（1942）
明治四年アメリカに留学し、ハーバード大学で法学を修める。帰国後に出仕、首相秘書官等を務める。大日本帝国憲法や皇室典範の草案起草に参画し、諸法典の整備にも尽力。第三次伊藤内閣農商務相、第四次伊藤内閣司法相を歴任。日露開戦時にはアメリカに派遣され、留学時代の級友セオドア・ルーズベルト大統領と折衝、広報外交を展開する。三十九年枢密顧問官。大正六年に創設された日米協会の初代会長も務めるなど、生涯にわたり日米友好に力を尽くした。

木戸孝允（きど・たかよし）＝天保4年（1833）～明治10年（1877）
吉田松陰の松下村塾に入門。後に江戸で剣術、西洋兵学、蘭学を学ぶ。長州藩の藩論を討幕へと導き、慶応二年薩長同盟の締結に尽力。王政復古後は五箇条の御誓文の起草にも参画、明治天皇が公卿・諸侯・百官を率いて神前に誓う形式は木戸の発意による。版籍奉還や廃藩置県の断行でも存在感を示し、明治四年岩倉遣外使節団に副使として参加。数々の開明的な建言と政策を実行し、立憲制の漸進的樹立を唱えた。

グナイスト（ルドルフ・フォン・グナイスト）＝1816年（文化13）～1895年（明治28）
ドイツ（プロシア）の法学者。ベルリン大学教授、後にドイツ帝国議会議員、プロシア上級行政裁判所の裁判官も務めた。イギリス憲政史の研究家で保守的な自由主義者といわれ、プロシア王室やビスマルクの信任を得た。一八八二年（明治十五）渡欧した伊藤博文や伊東巳代治ら日本の憲法調査団に法学を講義。後年、伏見宮貞愛親王、土方久元にも講義した。これらの説が明治二十年『西哲夢物語』として民間により秘密出版された。その後もグナイストの弟子で日本政府の顧問となったモッセを通し、伊藤や山縣有朋などに示唆を与えた。

グラント（ユリシーズ・シンプソン・グラント）＝1822年（文政5）～1885年（明治18）
アメリカ合衆国の軍人、政治家。南北戦争当時の北軍総司令官、第十八代大統領。南北戦争で北軍に勝利をもたらすなど大きな戦功を挙げ、一八六八年（明治元）大統領に当選。二期八年務めたが、在任中は汚職やスキャンダルに悩まされた。大統領退任後は世界周遊に旅立ち、明治十二年国賓として来日。アメリカ合衆国大統領経験者として初めて日本を訪れ、東京・浜離宮で明治天皇と会談、憲法制定や国会開設について進言した。

黒田清隆（くろだ・きよたか）＝天保11年（1840）～明治33年（1900）
薩長同盟の成立に奔走し、戊辰戦争では五稜郭の戦いを指揮。敵将・榎本武揚から貴重書『海律全書』を託され、榎本の助命を強く主張、実現した。維新後は開拓次官、開拓長官として北海道経営にあたり、札幌農学校の設立、屯田兵の創設など開拓の基礎を築く。明治十四年開拓使官有物払下事件で世論の攻撃を受け、政変の原因をつくった。第一次伊藤内閣の農商務相を務め、二十一年首相。二十二年二月の大日本帝国憲法発布時も首相として式典の挙行に当たった。その後も枢密顧問官、枢密院議長等を歴任。没後の葬儀委員長は榎本が務めた。

後藤象二郎（ごとう・しょうじろう）＝天保9年（１８３８）～明治30年（１８９７）
土佐藩主・山内容堂に登用され、藩政の実権を握る。慶応三年坂本龍馬の「船中八策」に賛同し、容堂を説得、将軍・徳川慶喜に大政奉還を建白した。維新後は新政府内で要職に就くが、明治六年征韓論争に敗れて下野、七年板垣退助らと民撰議院設立建白書を提出した。十四年板垣と自由党の結成に加わり、十五年ともに渡欧、オーストリアでシュタインの影響を受けた。二十年民間有志を集めて反政府的な大同団結運動を展開。国会開設を目指して民党の結成に力を注いだが、二十二年突如として黒田内閣の逓信相に就任し、世間を驚かせた。

西郷隆盛（さいごう・たかもり）＝文政10年（１８２８）～明治10年（１８７７）
慶応二年薩長同盟を結ぶなど幕末・明治維新に功績を残し、四年勝海舟との会談で江戸城無血開城を実現させた。新政府でも参議として改革を断行、明治六年陸軍大将となるが征韓論争に敗れて下野した。十年郷里の私学校生徒の暴発により挙兵（西南戦争）するも政府軍に敗れ、城山で自刃。生前に官位を褫奪され、死後は賊軍の将として遇されたが、二十二年大日本帝国憲法発布に伴う大赦で正三位を追贈された。

三条実美（さんじょう・さねとみ）＝天保8年（１８３７）～明治24年（１８９１）
尊皇攘夷派公家の中心的存在として頭角を現したが、文久三年公武合体派により尊攘派の京都追放を画策した八月十八日の政変が起こり、七卿落ちの一人として長州、後に太宰府に下る。王政復古後は表舞台に復し、新政府で副総裁、右大臣、太政大臣等を歴任、新政府の最高首脳として国運の発展に大きく貢献した。明治十八年内閣制度創設後は内大臣となり、常侍輔弼の重責を担う。二十二年黒田内閣辞職後、一時首相を兼任した。生前（死去当日）正一位に叙せられ、国葬の礼を賜った。

シュタイン（ローレンツ・フォン・シュタイン）＝１８１５年（文化12）～１８９０年（明治23）
ドイツの法学者、思想家。ウィーン大学教授であった一八八二年（明治十五）憲法調査のため渡欧していた伊藤博文らに講義。

「日本はその歴史的国体を尊重した独自の立憲君主国憲法を作るべきである」との主張は伊藤に大きな感銘を与え、その後も多くの政府要人が渡欧して教えを受けた。大日本帝国憲法制定過程において、政府内部の思想的統一を図る上でシュタインの存在は大きな役割を果たした。講義した内容は『須多因氏講義筆記』『大博士斯丁氏講義筆記』などにうかがうことができる。

スペンサー（ハーバート・スペンサー）＝1820年（文政3）～1903年（明治36）
イギリスの哲学者、社会学者。自由放任主義を唱え、日本における自由民権運動の思想的支柱とされた。明治十四年松島剛によって訳された『社会平権論』が当時の民権青年に熱狂的に支持され、「民権の教科書」と評されるほどのブームを生じさせた。その一方、日本人に直接与えた助言は極めて保守的で、社会進化論に基づいた「急速な近代化政策は採るべきではない」との忠告は海外駐在中であった森有礼に大きな影響を与えた。その後も制定された大日本帝国憲法について「自由の大盤振る舞い」と批判した記録が残っている。

谷干城（たに・たてき）＝天保8年（1837）～明治44年（1911）
尊皇攘夷運動に加わるが、慶応二年の上海出張を経て攘夷論を捨て、三年西郷隆盛や大久保利通と討幕を密約、準備に奔走した。明治九年熊本鎮台司令長官に再任されると翌年の西南戦争で熊本城を死守。五十日間にわたる籠城によって西郷軍の鋭鋒を制する。十七年学習院長に就任。十八年第一次伊藤内閣で農商務相を務めるが政府の欧化主義、条約改正案を批判し大臣を辞職。保守的な姿勢を貫き、土佐派の重鎮としてその言論を重んじられた。

徳富蘇峰（とくとみ・そほう）＝文久3年（1863）～昭和32年（1957）
平民主義を唱え、明治十九年に著した『将来之日本』が好評を博して上京。民友社を創設し、『國民之友』『國民新聞』を創刊する。日清戦争後の三国干渉を機に国権主義へと転じ、三十年第二次松方内閣の内務省勅任参事官に就任、三十四年に成立した桂内閣にも深く関与した。昭和二十七年には大正期から執筆していた大著の史書『近世日本国民史』（百巻）が完結。明治・

大正・昭和の三代にわたりオピニオン・リーダーとして活躍した。

中江兆民（なかえ・ちょうみん）＝弘化4年（1847）〜明治34年（1901）
長崎、江戸でフランス学を学ぶ。明治四年フランスに渡り、帰国後に仏学塾を開く。十四年『東洋自由新聞』を創刊、主筆。自由民権運動の理論的指導者として知られ、「東洋のルソー」と称される。二十年保安条例により東京追放処分を受ける。二十二年大日本帝国憲法発布に伴う大赦で追放を解かれ、二十三年第一回衆院選に当選したが翌年辞職。ルソー『民約論』の翻訳『民約訳解』、『三酔人経綸問答』、『平民の目さまし』、『一年有半』など多くの翻訳・著作がある。兆民は号で、本名は篤介（篤助）。

土方久元（ひじかた・ひさもと）＝天保4年（1833）〜大正7年（1918）
文久元年土佐勤王党に加わり、三年藩命により上京、三条実美の信頼を得る。同年八月十八日の政変により七卿が追放されると、三条に従い長州、後に太宰府に下る。その後、中岡慎太郎とともに薩長同盟の実現にも尽力。明治二十年第一次伊藤内閣で農商務相、次いで宮内相に転じ、翌年枢密顧問官を兼ね、大日本帝国憲法の草案審議にも加わった。大正三年宮内省臨時帝室編修局総裁に就き『明治天皇紀』の編纂に携わる。晩年は皇典講究所長、國學院大學長、東京女学館長等も務めるなど教育関係の仕事に尽力した。

ビスマルク（オットー・フォン・ビスマルク）＝1815年（文化12）〜1898年（明治31）
ドイツの政治家。一八六二年（文久二）プロイセン首相に任命され、軍政改革を断行。「鉄血宰相」の異名をとる。その後も普墺戦争、普仏戦争に相次いで勝利し、ドイツ統一の中心人物としてドイツ帝国首相を兼務。巧みな外交政策で当時のヨーロッパに「ビスマルク体制」と呼ばれる国際関係を構築したが、強権的で排他的な政権運営が批判されることも少なくなかった。一八七三年（明治六）ドイツ訪問中の岩倉遣外使節団と面会し、大久保利通や伊藤博文は深い感銘を受けたといわれる。一八八二年（明治十五）伊藤が憲法調査のため渡欧した際にも会談し、ベルリン大学教授であったグナイストを伊藤に紹介するなど、ドイツ法学を参考する日本に協力的な姿勢を示した。

ボアソナード（ギュスターヴ・エミール・ボアソナード）＝1825年（文政8）～1910年（明治43）
フランスの法学者。パリ大学で教鞭をとっていた一八七三年（明治六）井上毅ら日本人留学生に講義し、これを機に日本政府に招聘され同年来日。フランス法学と自然法学を講じ、日本国内の法学者育成に尽力した。明治七年台湾出兵後の北京での交渉に同行、十五年壬午事変の際にも意見書を提出するなど外交上も大きな役割を果たした。二十年井上馨外相の外国人司法官任用案に反対意見書を提出。国内法整備にも大きく貢献し、「日本近代法の父」とも称される。二十八年の帰国に際して日本政府は勲一等瑞宝章を授け、年金二千円を贈るなどその業績が高く評価された。

モッセ（アルベルト・モッセ）＝1846年（弘化3）～1925年（大正14）
ドイツの法律家。ベルリン市裁判所判事だった一八七九年（明治十二）在ドイツ日本公使館の顧問に就任。一八八二年（明治十五）憲法調査のため渡欧していた伊藤博文、伊東巳代治らに師・グナイストとともに講義し、明治十九年法律顧問として来日した。二十年山縣有朋を委員長とする地方制度編纂委員会はモッセの意見書を基礎として地方官治・府県・郡・市町村などの体制を編成。二十一年に公布された市制・町村制にも大きな影響を与え、「日本の地方自治制度の恩人」と呼ばれた。

元田永孚（もとだ・ながざね）＝文政元年（1818）～明治24年（1891）
明治三年熊本藩主の侍読となる。四年宮内省へ出仕、明治天皇の侍講となる。以後二十年余にわたり明治天皇の側近として儒学を講じた。名実ともに天皇を頂点とした政治体制を主張し、十二年天皇親政運動を展開するが頓挫した。十九年宮中顧問官、二十一年枢密顧問官。「教学大旨」の起草、「幼学綱要」の編纂に携わり、「教育勅語」の起草にも当たった。明治天皇の信任が厚く、「御手許機関の顧問」として意見を求められることもしばしばあった。

森有礼（もり・ありのり）＝弘化4年（1847）～明治22年（1889）
慶応元年留学生としてイギリスに留学、アメリカを経て明治元年帰国すると新政府で徴士、外国官権判事、公議所議長心得等を務める。アメリカ駐在後の六年明六社を設立するなど、欧米思想の啓蒙運動に活躍した。八年私財を投じて商法講習所（現・一橋大学）を設立。十二年駐英公使。十八年第一次伊藤内閣の文相となり近代教育制度の改革に当たった。海外駐在中にスペンサーらと交わったこともあり独自の政治観・国家観を有するにいたった。開明的な性格であると同時に国家主義的な一面も併せ持つことが誤解を招いたとされ、二十二年大日本帝国憲法発布式の当日朝、国粋主義者に襲われて翌日死亡した。

柳原前光（やなぎわら・さきみつ）＝嘉永3年（1850）～明治27年（1894）
戊辰戦争では東海道鎮撫副総督等を務め、明治二年外務省に入省。日清修好条約の締結にも尽力し、七年駐清公使となる。その後も元老院議官、枢密顧問官、宮中顧問官等を歴任。西南戦争では勅使として鹿児島に差遣された。憲法その他の諸法典の調査・審議に当たったほか、皇室典範など皇室諸制度の制定でも大きな役割を果たし、公家出身官僚の俊秀と評された。大正天皇の生母・柳原愛子は妹にあたり、昭和天皇の侍従長を長く務めた入江相政は孫にあたる。

矢野文雄（やの・ふみお）＝嘉永3年（1851）～昭和6年（1931）
明治十一年大蔵省入省を経て、太政官大書記官兼統計院幹事に就くが、十四年の政変で大隈重信に従い退官。政変の一因となった「大隈参議国会開設奏議」は矢野の筆によるものといわれる。十五年「東洋議政会」を率いて立憲改進党結成に参加。すでに社長に就任していた『郵便報知新聞』を党の機関紙として党の発展に尽力した。二十三年の第一回帝国議会開院式には明治天皇の侍従として参列した。龍渓の号で政治小説などの文筆活動を展開。政界から身を引いた後も多くの政論・随想を残した。

ロエスラー（ヘルマン・ロエスラー）＝1834年（天保5）～1894年（明治27）
ドイツの法学者、経済学者。ビスマルクの非立憲的な政治手法を批判したことで学界から敬遠されたことなどを背景に明治十一年来日。商法典の起草に携わりながら大日本帝国憲法の制定準備にも関わった。とくに井上毅とは多くの議論を積み重ね、大日本帝国憲法の内容・構成・条文において多大な影響を与えた。自身が関与した大日本帝国憲法、商法の公布を見届けた二十六年オーストリアに帰国。明治天皇は長期にわたる顧問としての功績に謝辞を述べ、銅花瓶一対を下賜した。ロエスレル、レースレルなどと表記されることもある。

※『明治維新人名辞典』『国史大辞典』(ともに吉川弘文館)、国立国会図書館ホームページ「近代日本人の肖像」(http://www.ndl.go.jp/portrait/) などを参照

出来事 おもに神社・神道に関する事項（慶応４年／明治元年以降）	年代
—	嘉永６(1853)
—	嘉永７(1854)
—	安政５(1858)
—	文久３(1863)
—	慶応２(1866)
—	慶応３(1867)
神祇事務科設置。神祇事務局を経て神祇官となる 神社を兼務する僧侶に還俗の命令 神仏混淆の廃止（仏像、仏具の撤去）いわゆる神仏分離令（神仏判然令） 切支丹宗他邪宗門の禁制を達する 神職は神葬式に改めしむる件 神仏分離令の趣旨を諭し、僧侶のみだりに復飾するのを禁止する	慶応４／ 明治元(1868)
明治天皇、神宮御参拝 明治天皇の思召により、東京招魂社が創建（後の靖國神社） 神祇官・太政官制の設立、宣教使を設置	明治２(1869)
神祇鎮祭の詔、大教宣布の詔が出される 神祇官神殿鎮座（天神地祇、八神、歴代皇霊奉斎）	明治３(1870)
社寺領上知令公布 神社は国家の宗祀につき、神宮以下神社の世襲神職を廃し精選補任の件 政府、全国の神社に対し、社格を制定 神祇官が神祇省へ改組	明治４(1871)

年代	出来事 おもに大日本帝国憲法制定過程等に関する事項
嘉永6(1853)	ペリー(アメリカ東インド艦隊)、浦賀に来航
嘉永7(1854)	ペリー再来日、日米和親条約が調印される
安政5(1858)	日米修好通商条約が調印される 安政の大獄始まる
文久3(1863)	急進尊攘派公卿らが京都から追放され、三条実美をはじめ七卿が長州、後に太宰府へ下る(8月18日の政変)
慶応2(1866)	薩長同盟が結ばれる
慶応3(1867)	将軍・徳川慶喜、大政奉還上表を朝廷に提出 王政復古の大号令が発せられ新政府が樹立、総裁・議定・参与の三職制が定められる(1868年1月)
慶応4/明治元(1868)	戊辰戦争が勃発、江戸無血開城に至る 五箇条の御誓文が天神地祇に誓われる 政体書が発せられ、三権分立の思想に基づき太政官制が樹立 江戸を東京と改称、明治に改元、一世一元の制を定める
明治2(1869)	版籍奉還
明治3(1870)	
明治4(1871)	廃藩置県 岩倉具視を特命全権大使とする使節団が欧米に派遣される(6年9月帰国)

出来事 おもに神社・神道に関する事項	年代
教部省設置（社寺管掌） 元神祇省鎮座天神地祇八神両座宮中へ遷座（後の神殿）仰出さる 三条の教則（敬神愛国、天理人道、皇上奉戴・朝旨遵守）が出される 自葬を禁じ、葬儀は神官・僧侶に依頼すべき件 神官総て教導職に補する件	明治5（1872）
切支丹宗禁制の高札撤去	明治6（1873）
明治天皇が東京招魂社（後の靖國神社）へ初の行幸	明治7（1874）
神社祭式制定 府県社以下祭式は官国幣社祭式に準ずべき件 信教の自由保障の口達	明治8（1875）
	明治9（1876）
教部省を廃止し、内務省に社寺局を設置	明治10（1877）
	明治11（1878）
東京招魂社を靖國神社と改称、別格官幣社となる	明治12（1879）
	明治13（1880）
	明治14（1881）

関係略年表

年代	出来事 おもに大日本帝国憲法制定過程等に関する事項
明治5(1872)	
明治6(1873)	征韓論争に敗れた西郷隆盛・板垣退助・後藤象二郎ら諸参議が下野（明治6年の政変）
明治7(1874)	愛国公党結成 板垣退助・後藤象二郎らが民撰議院設立建白書を提出 江藤新平らが佐賀の乱を起こす
明治8(1875)	大久保利通・木戸孝允・板垣退助らが会合（大阪会議）、木戸・板垣の参議復帰が実現 立憲政体樹立の詔が出される 元老院が設置される
明治9(1876)	元老院に国憲起草を命じる勅語が出される 元老院、第一次草案を作成
明治10(1877)	鹿児島で西郷隆盛が挙兵、西南戦争が勃発する
明治11(1878)	元老院、第二次草案を作成
明治12(1879)	米前大統領・グラント来日、東京・浜離宮で明治天皇と会談
明治13(1880)	元老院、第三次草案を作成するも、岩倉具視・伊藤博文らの反対により不採択
明治14(1881)	大隈重信が早急な憲法制定・国会開設・英国流議院内閣制の採用等を奏議 矢野文雄を中心とした交詢社私擬憲法案が作成される 岩倉具視、憲法制定に関する意見（大綱領）を提出。欽定憲法、皇位継承法は別立て、プロシア（ドイツ）憲法を範とする等の方針が定まる 開拓使官有物払下問題が表面化。大隈が罷免され、大隈派官吏も一斉に辞官（明治14年の政変） 国会開設の勅諭が出され、明治23年を期して国会開設、それまでに憲法を制定する方針が確定する 自由党結党（総理・板垣退助）

出来事 おもに神社・神道に関する事項	年代
神官と教導職の兼補を廃し、葬儀に関与せざらしむる件 神宮皇學館、設置 皇典講究所、設置認可	明治15(1882)
	明治16(1883)
神仏教導職を廃止し、教師の等級進退のことを各管長に委任 葬儀執行方の件（自葬の禁解除）	明治17(1884)
	明治18(1885)
内務省官制を定め、社寺局に神社課と寺院課とを置く	明治19(1886)
官国幣社保存金制度の制定 靖國神社、内務省を離れ、陸海軍省二省のみの所管となる	明治20(1887)
	明治21(1888)
衆議院議員選挙法（神官、僧侶、教師は被選挙人たることを得ざること）公布 神社界、神祇官興復運動の開始	明治22(1889)
神宮職員官等表中改正で祭主は皇族であることを付け加える 政府、皇紀2550年を記念して橿原神宮を創建、官幣大社に列せられる 皇典講究所を母体として國學院が設立され開院式を挙行	明治23(1890)

関係略年表

年代	出来事 おもに大日本帝国憲法制定過程等に関する事項
明治15(1882)	伊藤博文らが憲法調査のため欧州を巡歴、グナイスト・モッセ・シュタインの講義を受ける（翌16年帰国） 立憲改進党結党（総理・大隈重信）
明治16(1883)	
明治17(1884)	宮中に制度取調局を設置（長官・伊藤博文）、井上毅・伊東巳代治・金子堅太郎を御用掛として憲法体制の準備が進められる
明治18(1885)	太政官制が廃止、内閣制度が定められる（初代首相・伊藤博文）
明治19(1886)	井上馨外相の条約改正交渉案（外国人判事任用等）に政府内から異論相次ぎ、交渉が暗礁に乗り上げる
明治20(1887)	井上馨外相辞任、伊藤博文首相の兼務を経て翌21年政敵である大隈重信が外相として入閣 後藤象二郎らが大同団結運動を図る 保安条例が公布される
明治21(1888)	枢密院が設置され（議長・伊藤博文）、大日本帝国憲法・（旧）皇室典範の草案を審議する枢密院会議が始まる
明治22(1889)	２月11日、皇居・正殿で大日本帝国憲法発布式がおこなわれ、同日に（旧）皇室典範も制定
明治23(1890)	第一回衆議院議員総選挙 教育勅語が発布される 11月29日、第一回帝国議会開院式が開かれ、同日に大日本帝国憲法施行

人　名　索　引

※「人物略歴」に掲載した人物に限る
※各章ごとに本文初出の頁数のみを記載
※同一頁で異なる章の場合は次頁以降の初出を記載

表紙写真説明

写真はすべて国立国会図書館蔵

葦津珍彦（あしづ・うずひこ）
神道思想家。明治42年7月17日福岡県生まれ。終戦直後の昭和21年、宮川宗徳・吉田茂らとともに神社本庁設立に尽力。同年に創刊された神社界の機関紙「神社新報」の運営にも携わり、神社界のオピニオンリーダーとして時局論や神道ジャーナリズムの文を多数書いた。その後も伊勢の神宮に奉祀される神鏡の法的地位確認をはじめ、靖國神社国家護持、紀元節復活、剣璽御動座復古、元号法制化などの国民運動で重要な役割を果たし、理論的指導者として活躍。自ら「神道の社会的防衛者」を任じ、「神道の弁護士」「神道防衛者」などと呼ばれた。平成4年6月10日、鎌倉の自宅にて帰幽（82歳）。
著作は多数にのぼるが、主な著書に『天皇・神道・憲法』『明治維新と東洋の解放』『武士道』『国家神道とは何だったのか』『天皇―昭和から平成へ―』など。過去の論考をまとめたものに『葦津珍彦選集』（全3巻）、『「昭和を読もう」葦津珍彦の主張シリーズ』（全6巻）などがある。

明治憲法の制定史話

平成三十年二月十一日　第一刷

著者　葦津珍彦

発行　神社新報社
（時の流れ研究会）
東京都渋谷区代々木一―一―二
電話〇三―三三七九―八二一一

印刷
製本　富士リプロ